2021

福建产业经济年鉴

FUJIAN INDUSTRIAL ECONOMY YEARBOOK

总第7卷

福建产业经济年鉴编委会 编

指导单位：福建社会科学院

海峡出版发行集团 THE STRAITS PUBLISHING & DISTRIBUTING GROUP | 福建科学技术出版社 FUJIAN SCIENCE & TECHNOLOGY PUBLISHING HOUSE

图书在版编目（CIP）数据

2021福建产业经济年鉴/福建产业经济年鉴编委会编.—福州：福建科学技术出版社，2021.9

ISBN 978-7-5335-6539-8

Ⅰ.①2… Ⅱ.①福… Ⅲ.①产业经济-经济发展-福建-2021-年鉴 Ⅳ.①F269.275.7-54

中国版本图书馆CIP数据核字（2021）第168760号

书　　名　**2021福建产业经济年鉴**
编　　者　福建产业经济年鉴编委会
出版发行　福建科学技术出版社
社　　址　福州市东水路76号（邮编350001）
网　　址　www.fjstp.com
经　　销　福建新华发行（集团）有限责任公司
印　　刷　福州力人彩印有限公司
开　　本　889毫米×1194毫米　1/16
印　　张　50.5
插　　页　4
字　　数　1357千字
版　　次　2021年9月第1版
印　　次　2021年9月第1次印刷
书　　号　ISBN 978-7-5335-6539-8
定　　价　495.00元（含光盘）

特 别 致 谢

下列单位为本书编撰提供了大量翔实的数据资料和产经信息，福建科学技术出版社为本书出版进行了精心的审读与编校，在此一并致以真诚的谢意！

福建省人民政府，各设区市、县（市、区）人民政府，平潭综合实验区管委会
福建省发展和改革委员会
福建省国有资产监督管理委员会
福建省卫生和健康委员会
福建省农业农村厅
福建省工业和信息化厅
福建省住房和城乡建设厅
福建省商务厅
福建省交通运输厅
福建省科学技术厅
福建省文化和旅游厅
福建省财政厅
福建省民政厅
福建省审计厅
福建省公安厅
福建省自然资源厅
福建省生态环境厅
福建省水利厅
福建省人力资源和社会保障厅
福建省教育厅
福建省退役军人事务厅
福建省应急管理厅
福建省统计局
福建省林业局
福建省海洋与渔业局
福建省粮食和物资储备局
福建省地质矿产勘查开发局
福建省煤田地质局
福建省地方金融监督管理局
福建省市场监督管理局
国家税务总局福建省税务局
福建省新闻出版局
福建省广播电视局
福建省体育局
福建省医疗保障局
福建省药品监督管理局
福建省通信管理局
福建省邮政管理局
中国人民银行福州中心支行
中国人民银行厦门市中心支行
中华人民共和国福州、厦门海关
中国银行保险监督管理委员会福建监管局
中国银行保险监督管理委员会厦门监管局
中国证券监督管理委员会福建监管局
中国证券监督管理委员会厦门监管局
中华人民共和国福建海事局
福建社会科学院
福建省农业科学院
福建省供销合作社联合社
福建省总工会
中国共产主义青年团福建省委员会
福建省妇女联合会
福建省科学技术协会
中国国际贸易促进会福建省委员会
福建省企业与企业家联合会
福建省乡村振兴促进会
福建省轻工业联合会
福建省汽车工业行业协会
福建省开发区协会
福建省统计学会
福建省工艺美术学会

（以上单位排名不分先后）

《2021 福建产业经济年鉴》
编　委　会

《2021 福建产业经济年鉴》
编　辑　部

编 辑 说 明

一、《2021 福建产业经济年鉴》是系统汇集福建产业经济发展重要文献和基本情况的资料性年刊，正式出版，国内外公开发行，自 2015 年创刊以来每年编撰一卷。

二、《2021 福建产业经济年鉴》以习近平新时代中国特色社会主义思想为指导，宣传福建产业经济发展的指导思想，反映产业经济发展的新进展、新成就和出现的新情况、新问题，总结经验，提供信息，留史存真，服务产业经济发展。

三、《2021 福建产业经济年鉴》收录内容从 2020 年 1 月 1 日至 12 月 31 日（除注明外），分为：重要文献、产经总览、发展重点、市县概况、开发园区、品牌建设、年度纪事、政策文件、数据资料和高级人才十篇，比较客观、翔实地记载了 2020 年福建产业经济发展的实际情况。

四、《2021 福建产业经济年鉴》中的一些论述仅代表作者观点，所引用的数据和资料均采用政府各部门正式发布的数据和资料；由相关协会提供的稿件，因统计口径不尽相同，个别数据可能有差异。读者如需引用数据和资料，请向相关单位查证，以相关单位提供的数据和资料为准。

五、《2021 福建产业经济年鉴》的编辑出版工作，得到了福建省委、省政府以及省内各级政府、省直各有关单位、各有关社会组织和社会各界人士的大力支持，在此一并致以衷心的感谢。在本书编撰过程中，参考、引用了一些专著或资料，因沟通渠道的制约，无法一一与原作者取得联络，请有关作者看到本书后与编委会联系，我们将支付稿酬并深表谢忱。限于经验和水平，难免存在疏漏和欠妥之处，谨请广大读者指正。

目　录

第一篇　重要文献

第二篇　产经总览

第三篇　发展重点

第四篇　市县概况

第五篇　开发园区

第六篇　品牌建设

第七篇　年度纪事

第八篇　政策文件

第九篇　数据资料

第十篇　高级人才

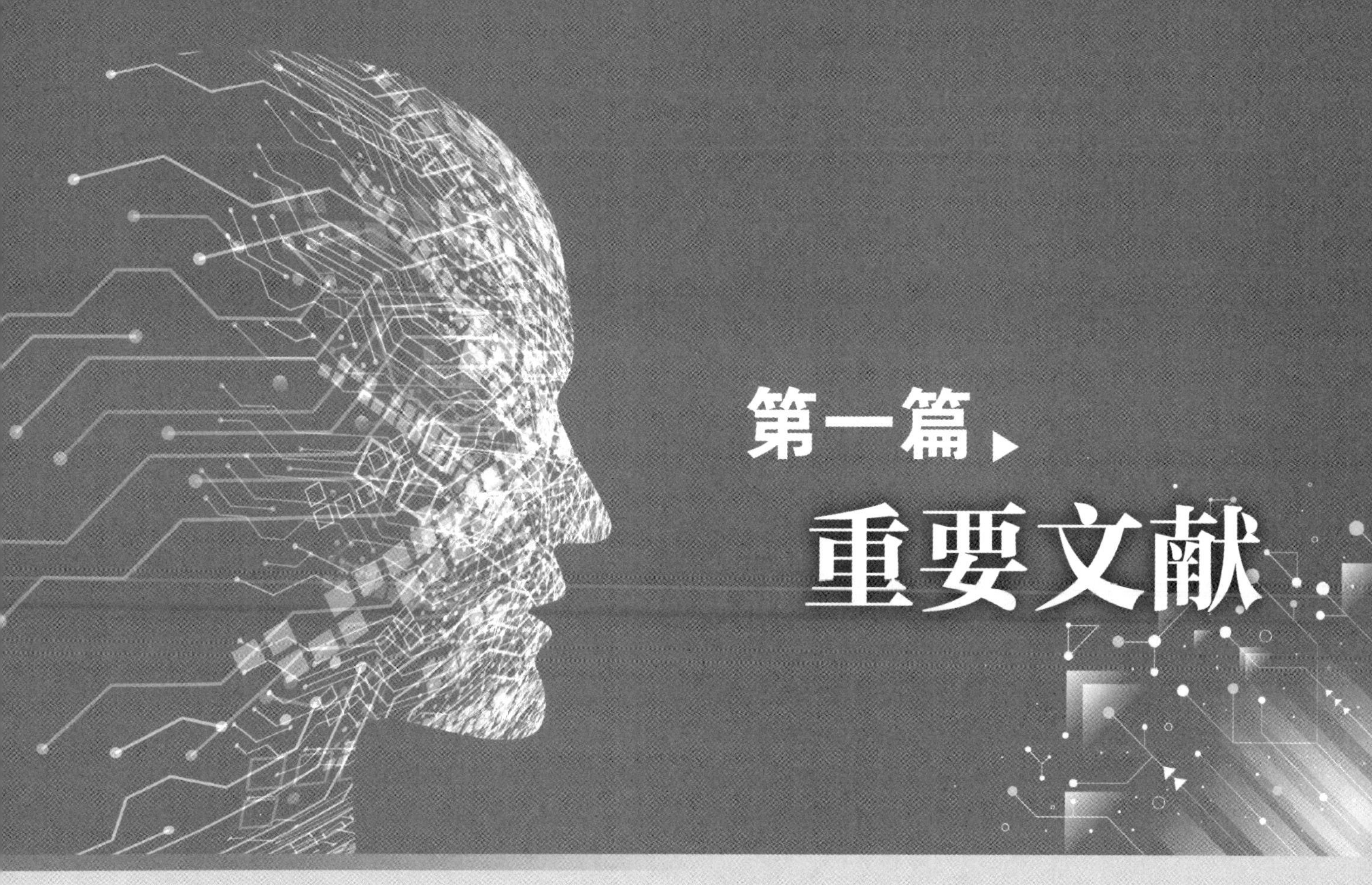

第一篇 重要文献

中共福建省委关于制定福建省国民经济和社会发展第十四个五年规划和二〇三五年远景目标的建议

（2020年12月21日中国共产党福建省第十届委员会第十一次全体会议通过）

中国共产党福建省第十届委员会第十一次全体会议，认真学习贯彻党的十九届五中全会精神，紧密结合福建实际，就制定福建省国民经济和社会发展“十四五”规划和二〇三五年远景目标提出以下建议。

一、全面建成小康社会取得决定性成就，开启福建全面建设社会主义现代化新征程

1. “十三五”时期新福建建设取得重大成就。“十三五”时期，面对错综复杂的外部形势、艰巨繁重的改革发展稳定任务特别是新冠肺炎疫情的严重冲击，省委坚决贯彻习近平总书记重要讲话重要指示批示精神和党中央决策部署，团结带领全省人民不忘初心、牢记使命，秉承习近平总书记在福建工作期间的创新理念、重大实践和优良作风，矢志不移推进习近平总书记亲自为福建擘画的“机制活、产业优、百姓富、生态美”的新福建建设，持续在高质量发展、高品质生活、高效能治理、高颜值生态上发力，推动经济社会发展和各项事业取得重大成就。全省地区生产总值接连跃上三万亿元、四万亿元台阶，经济总量实现赶超目标，人均地区生产总值突破十万元，分别位居全国第八位和第五位；经济结构持续优化，高新技术产业、现代服务业、数字经济等比重持续上升，特色现代农业产业体系更加完善，两大协同发展区建设稳步推进；高质量打赢脱贫攻坚战，提前一年实现现行扶贫标准下农村建档立卡贫困人口全部脱贫、二千二百零一个贫困村全部退出、二十三个省级扶贫开发工作重点县全部摘帽；污染防治攻坚战深入推进，主要污染物排放量持续下降，生态环境质量全国领先，森林覆盖率保持全国第一；省域治理体系和治理能力现代化“四梁八柱”基本确立，营商环境建设、重点领域改革取得重要阶段性成果，生态文明、医药卫生、农村集体产权、科技特派员等方面改革措施在全国复制推广；对外开放持续扩大，自由贸易试验区取得一批全国首创创新成果，二十一世纪海上丝绸之路核心区建设成效显著；闽台各领域融合不断深化，台胞台企同等待遇政策有效落实；文化事业和文化产业繁荣发展，教育、医疗、养老、城乡基础设施等民生社会事业领域短板加快补齐；人民生活水平显著提高，居民收入增速保持高于经济增速，社会保障体系全面覆盖，疫情防控取得重大战略成果，社会安定有序、团结和谐、充满活力；全面从严治党向纵深推进，良好政治生态持续巩固发展。“十三五”规划主要目标全面完成，全面建成小康社会胜利在望，新时代新福建建设向前推进了一大步，为开启全面建设社会主义现代化新征程奠定了坚实基础。

2. 新发展阶段面临的机遇和挑战。当今世界正经历百年未有之大变局，新一轮科技革命和产业变革深入发展，新冠肺炎疫情影响广泛深远，经济全球化遭遇逆流，世界进入动荡变革期。我国已转向高质量发展阶段，经济长期向好，发展韧性强劲，社会大局稳定，继续发展具有多方面优势和条件。我省正全方位推动高质量发展超越、奋力谱写全面建设社会主义现代化国家福建篇章，具有扎实发展基础，拥有难得发展机遇。习近平总书记在福建工作期间的一系列重要理念和重大实践，亲自擘画的新福建建设宏伟蓝图，是福建发展的科学指引，必将继续引领我们攻坚克难、奋勇前行；党中央明确支持福建探索海峡两岸融合发展新路，多区叠加的政策优势持续显现，进一步凸显福建在全国区域发展格局中的战略地位；我省处于工业化提升期、数字化融合期、城市化转型期、市场化深化期、基本公共服务均等化提质期，内生动力强，潜力空间大；政治生态风清气正，广大干部群众干事创业热情高涨，各方面积极因素加速汇聚，完全有基础、有条件、有信心、有能力在新发展阶段取得更大突破。同时，也要清醒看到发展中仍然存在一些短板弱项，科技创新能力还不适应高质量发展要求、产业结构不优、产业链发展水平不高、重大项目接续不足、重点领域关键环节改革仍需突破、城乡区域发展不够平衡、居民收入水平有待提升、基本公共服务供给任务较重、生态环保和社会治理亟待加强等。我们必须胸怀“两个大局”，抢抓机遇、应对挑战，发扬充沛顽强的斗争精神，集中精力办好福建的事。

3. 到二〇三五年基本实现社会主义现代化和全方位高质量发展超越的远景目标。到二〇三五年，我国基本实现社会主义现代化，我省基本实现全方位高质量发展超越，“机制活、产业优、百姓富、生态美”的新福建展现更加崭新的面貌。展望二〇三五年，我省经济实力将大幅跃升，经济总量和城乡居民人均收入再迈上新的大台阶，基本实现新型工业化、信息化、城镇化、农业现代化；科技创新能力大幅提高，全面建成创新型省份；产业结构全面优化，建成现代产业体系；基本实现省域治理体系和治理能力现代化，人民平等参与、平等发展权利得到充分保障，建成法治福建、法治政府、法治社会；建成文化强省、教育强省、人才强省、体育强省、健康福建，国民素质和社会文明程度达到新高度，文化软实力显著增强；广泛形成绿色生产生活方式，美丽福建基本建成；形成对外开放新格局，在构建更高水平开放型经济新体制上走在全国前列；人民生活更加美好，人均地区生产总值率先达到中等发达国家水平，城乡区域发展差距和居民生活水平差距明显缩小，基本公共服务实现均等化，平安福建建设达到更高水平，人的全面发展、全体人民共同富裕取得更为明显的实质性进展。

二、沿着习近平总书记指引的方向前进，奋力谱写全面建设社会主义现代化国家的福建篇章

4. “十四五”时期经济社会发展的总体要求。高举习近平新时代中国特色社会主义思想伟大旗帜，深入贯彻党的十九大和十九届二中、三中、四中、五中全会精神，全面贯彻党的基本理论、基本路线、基本方略，紧紧围绕统筹推进“五位一体”总体布局和协调推进“四个全面”战略布局，增强“四个意识”、坚定“四个自信”、做到“两个维护”，坚持党的全面领导，坚持以人民为中心，坚持新发展理念，坚持深化改革开放，坚持系统观念，坚持稳中求进工作总基调，以全方位推动高质量发展超越为主题，以深化供给侧结构性改革为主线，以改革创新为根本动力，以满足人民日益增长的美好生活需要为根本目的，统筹发展和安全，努力在建设现代化经济体系上有新的更大进展，在服务全国构建新发展格局上展现更大作为，在积极探索海峡两岸融合发展新路上迈出更大步伐，在推进省域治理体系和治理能力现代化上取得更大突破，实现经济行稳致远、社会安定和谐，不断增强人民群众获得感、幸福感、安全感，奋力谱写全面建设社会主义现代化国家的福建篇章。

5. “十四五”时期经济社会发展的主要目标。今后五年经济社会发展要努力实现以下目标，在全方位推动高质量发展超越上迈出重要步伐。

——经济实力更强。经济持续健康发展，总量超越优势进一步扩大，创新型省份格局基本形成，经济结构更加优化，产业基础更加牢固，产业链现代化水平明显提高，数字福建建设和数字产业集群发展形成新高地，民营经济、海洋经济发展质量显著提升，城乡区域发展协调性明显增强，现代化经济体系建设取得重大进展。

——改革开放更深入。厦门经济特区、自由贸易试验区、平潭综合实验区、二十一世纪海上丝绸之路核心区、福州新区等建设再上新水平，金砖国家新工业革命伙伴关系创新基地建设展现新作为，多区叠加优势更加彰显，重点领域和关键环节改革取得新突破，更高水平开放型经济新体制基本形成，台胞台企登陆的第一家园建设取得新的重要进展，对台先行示范作用进一步凸显。

——社会文明程度更高。习近平新时代中国特色社会主义思想在福建根深叶茂，社会主义核心价值观深入人心，人民思想道德素质、民主法治素质、科学文化素质和身心健康素质明显提高，公共文化服务体系、文化产业体系更加健全，红色文化、海丝文化、朱子文化、闽南文化、客家文化、妈祖文化、闽都文化等八闽文化交相辉映，文化软实力和影响力进一步增强。

——生态环境更优美。国家生态文明试验区建设探索形成更多可复制推广的制度创新成果，省域国土空间治理体系更加健全，绿色发展导向全面树立，绿色生产生活方式加快形成，主要污染物排放总量持续减少，生态环境质量保持全国领先，森林覆盖率保持全国第一，高颜值的美丽福建成为亮丽名片。

——人民生活更幸福。实现更加充分更高质量就业，居民收入增长和经济增长基本同步，收入分配结构不断优化，基本公共服务均等化水平稳步提高，高质量教育体系、健康福建基本建成，社会保障体系、养老服务体系更加健全，人民安居乐业，民生福祉达到新水平。

——治理体系更完善。社会主义民主法治更加健全，平安福建、法治福建建设取得新进展，依法依规“马上就办”成为常态化，行政效率和服务水平大幅提升，以党建为引领的基层社会治理水平明显提高，防范化解重大风险体制机制不断健全，突发公共事件应急能力显著增强，自然灾害防御水平明显提升，国家安全东南屏障更加牢固。

三、把科技创新作为第一动力源，全面建设创新型省份

坚持创新在现代化建设全局中的核心地位，强化科技自立自强，深入实施科教兴省、人才强省、创新驱动发展战略，大力营造有利于创新创业创造的良好发展环境。

6. *建设高水平创新平台体系*。瞄准新技术领域，打好关键核心技术攻坚战，凝练和推进一批科技重大专项、重大平台、重大工程。深化福厦泉国家自主创新示范区建设，打造科技创新走廊、沿海科技创新产业带。实施高水平科创平台建设行动，高标准建设省创新研究院，全力支持光电信息、能源材料、化学工程、能源器件等省创新实验室建设，打造一批制造业创新中心、工程研究中心、企业技术中心等高水平研发机构，争创国家实验室。发挥高校、科研院所、企业的创新源头作用，推动科研力量优化配置和资源共享，强化基础研究和源头创新，提高创新链整体效能。规划建设若干重大科学研究基础设施。积极引进大院名校，谋划建设中国东南（福建）科学城，支持优势企业设立创新飞地，支持各地建设特色鲜明的高能级科创平台。

7. *不断壮大创新型企业群体*。实施企业创新能力提升行动，完善高技术企业成长加速机制，促进各类创新要素向企业集聚，推动成长一批核心技术能力突出的创新型领军企业，培育一批掌握产业“专精特新”技术的隐形冠军企业，发展一批活跃的科技型中小微企业群体。发挥企业在技术创新中的主体作用，完善企业研发投入激励机制，大幅提高规模以上工业企业设立研发机构的比例。坚持以用为导向，推进产学研深度融合，支持企业牵头组建创新联合体、建设新型研发机构。发挥大企业的引领支撑作用，加强共性技术平台建设，推动产业链上中下游、大中小企业融通创新。

8. *激发人才创新活力和潜力*。深化人才发展体制机制改革，打好引才育才聚才用才“组合拳”，构建更具竞争力吸引力的人才政策体系和服务体系。深入实施省引才“百人计划”、青年拔尖人才“雏鹰计划”和“八闽英才”培育工程。推动产业链与人才链精准对接，深化校地人才交流合作，强化重大人才工程与重大科技计划相衔接、招商引资与招才引智相协同。以解决问题的能力、实际贡献的大小作为重要衡量标准，健全科技人才评价体系。健全创新激励和保障机制，构建充分体现知识、技术等创新要素价值的收益分配机制，完善科研人员职务发明成果权益分享机制。弘扬工匠精神，实施知识更新工程、技能提升行动，壮大高水平工程师队伍，培养更多能工巧匠和技能大师。加强基础研究人才培养，鼓励发展新型研究型大学。

9. 完善科技创新体制机制。深入推进科技体制改革，完善科技创新治理体系，推动重点领域项目、基地、人才、资金一体化配置。改革科技计划形成机制和组织实施机制，健全科技重大专项“揭榜挂帅”攻关等制度。完善科技评价机制。加快科研院所改革，扩大科研自主权。构建知识产权运营体系、公共服务体系和保护体系，推动“知创福建”知识产权公共服务平台全覆盖。实施促进科技成果转化应用工程，完善各类创新平台技术转移功能，培育发展专业化技术转移机构。实施全社会研发投入提升行动，财政扶持资金优先支持研发投入强度大的企业，完善对高校、科研院所和科学家长期稳定支持机制。完善金融支持创新体系，推动科技金融紧密融合，促进新技术产业化规模化应用。弘扬科学精神，营造崇尚创新的社会氛围。

四、全面优化产业结构，加快构建现代产业体系

坚持把发展经济着力点放在实体经济上，深入推进先进制造业强省、质量强省、数字福建建设，做大做强电子信息和数字产业、先进装备制造、石油化工、现代纺织服装、现代物流、旅游六大主导产业，提挡升级特色现代农业与食品加工、冶金、建材、文化四大优势产业，培育壮大新材料、新能源、节能环保、生物与新医药、海洋高新五大新兴产业，打造“六四五”产业新体系，提升产业链供应链现代化水平，强化经济高质量发展的战略支撑。

10. 大力加快数字福建建设。把数字福建建设作为推动高质量发展的基础性先导性工程，持续放大数字中国建设峰会平台效应，深化国家数字经济创新发展试验区建设，充分发挥数字化的放大、叠加和倍增作用。推进数字产业化，提升物联网、大数据、云计算、卫星应用等优势产业，大力发展人工智能、区块链等未来产业，推动集成电路、工业软件、网络通信、核心元器件及关键材料等基础产业迈向中高端，打造具有较强竞争力的数字产业集群。推进产业数字化，实施工业互联网创新发展战略，深入推进智能制造工程和“上云用数赋智”行动，拓展数字技术集成应用场景，培育新技术、新产品、新业态、新模式，促进平台经济、共享经济健康发展。优化提升数字经济产业集聚区。加强数字社会建设，提升公共服务、社会治理等数字化智能化水平。加强公共数据资源共建共享，坚决打破信息孤岛，把“数据池塘”汇聚成“数据海洋”。探索数字化基础制度和标准规范，完善数据资源基础平台。保障数据安全，加强个人信息保护。提升全民数字技能，缩小城乡区域数字鸿沟，实现信息服务全覆盖。

11. 建设先进制造业强省。毫不动摇把新型工业化作为实现现代化的着力点，保持制造业增加值比重在三分之一左右。持续强链补链延链，推动电子信息、先进装备制造、石油化工、现代纺织服装等制造业主导产业全产业链优化升级。深入实施企业技术改造专项行动，提升食品、冶金、建材等传统优势制造业质量品牌和发展层次。实施战略性新兴产业集群发展工程，在新材料、新能源、节能环保、生物与新医药、海洋高新等重点领域，培育一批特色鲜明、优势互补、结构合理的战略性新兴产业集群。推进强龙头重引领专项行动，加快培育创新型生态型龙头企业，支持龙头企业开展产业链垂直整合和横向拓展。加大重要产品和关键核心技术攻关力度，提升产业基础制造和协作配套能力，推动产业链供应链多元化。发展服务型制造。完善质量基础设施，加强标准、计量、专利等体系和能力建设。提高工业（产业）园区标准化集约化水平。

12. 加快发展现代服务业。做优做强现代物流、金融业，加快发展研发设计、法律服务、知识产权服务、会展等服务业，发展总部经济，推动生产性服务业向专业化和价值链高端延伸。提升文旅、康养、育幼、体育、家政、物业等服务业发展水平，推动生活性服务业向高品质和多样化升级。推动现代服务业与先进制造业、现代农业深度融合。加快服务业数字化、标准化、品牌化建设。

五、把实施扩大内需战略同深化供给侧结构性改革有机结合，积极服务并深度融入新发展格局

坚持扩大内需这个战略基点，扭住供给侧结构性改革，同时注重需求侧管理，形成需求牵引供给、供给创造需求的更高水平动态平衡。

13. 打造国内大循环的重要节点。完善扩大内需的政策支撑体系，以市场化改革打通制约产业循环、市场循环、经济循环的痛点堵点，推动生产、分配、流通、消费体系优化升级，推动人才、信息、资金、技术等优质要素有效集聚。强化科技创新、标准引领和品牌建设，推动“福建制造”向“福建智造”、“福建创造”转型升级，以创新驱动、高质量供给引领和创造需求。推动金融、房地产同实体经济均衡发展。健全现代流通体系，推进国家物流枢纽和国家骨干冷链物流基地建设，构建产供销全链条服务，构建货畅其流、货优其流的物流生态。

14. 构建国内国际双循环的重要通道。充分利用国内国际两个市场、两种资源，推动市场顺畅对接、产业深度链接、规则有序衔接，促进内需与外需、出口与进口、引进外资和对外投资协调发展。提升海港、空港、陆港功能，完善集疏运体系，大力发展海陆空铁多式联运，打造贯通南北、联接东西、通江达海的大动脉，成为服务“一带一路”、中西部及周边地区的前沿枢纽。探索实现内外贸一体化的政策机制，积极推进同线同标同质，帮助企业加快内外销转型。优化国内国际市场布局、商品结构、贸易方式，提升出口质量，扩大优质产品和服务进口。推进贸易投资融合，加强优势领域对外合作，积极与“一带一路”沿线国家和地区合作共建产业链供应链。用好促进国内国际双循环的重要力量，发挥我省民营经济比重大、侨胞数量多的特色优势，推动民营企业家成为开拓市场、畅通循环的主力军，推动侨资侨智成为经贸合作、融通内外的桥梁纽带，让更多高端资源要素汇聚福建，让更多福建产品和服务走向全国、走向全世界。

15. 全面促进消费扩容提质。增强消费对经济发展的基础性作用，提升传统消费，培育新型消费，适当增加公共消费。深入实施增品种、提品质、创品牌战略，完善“互联网+”消费生态体系，鼓励消费新模式新业态发展，促进线上线下消费融合，开拓城乡消费市场。实施“电动福建”建设行动，支持新能源汽车消费。促进住房消费健康发展。发展服务消费，促进消费服务需求与供给有效对接。落实带薪休假制度，扩大节假日消费，发展夜间经济。培育区域性消费中心城市。创建安全放心的消费环境。

16. 积极扩大有效投资。优化投资结构，保持投资合理增长，发挥投资对优化供给结构的关键作用。加快补齐市政工程、农业农村、公共安全、生态环保、公共卫生、物资储备、防灾减灾、民生保障等领域短板，加快“两新一重”建设，加大技术改造和设备更新投入力度，扩大先进制造业、现代服务业、战略性新兴产业投资。健全抓重大项目激励机制，形成比学赶超抓项目、促发展的良好氛围。深化“五个一批”项目推进机制，加强重大项目争取和储备，强化省市县联动和要素保障，推进一批强基础、增功能、利长远的重大项目建设。健全市场化投融资机制和促进民间投资工作机制，探索政府投资新模式。

17. 构建现代化基础设施体系。统筹推进基础设施建设，提高服务发展、服务民生、服务国防建设水平。实施新型基础设施建设行动计划，加快第五代移动通信、工业互联网、大数据中心、充电桩、换电站等建设。全面建设交通强国先行区，推动综合立体交通网由“通”向“优”全方位转变。进一步加强并优化出闽大通道建设，密切与长三角、粤港澳等经济区以及中西部经济区联通。推进省内重要铁路、都市圈和市域轨道、国省干线公路、港口、机场等重大项目建设，构筑多层级、一体化综合交通枢纽，加快形成省内“二一一”交通圈，实现多种交通方式无缝衔接，让人民群众出行更加便捷舒适。推进“四好农村路”高质量发展。优化能源基础设施布局，完善能源产供储销体系，建设智慧能源系统，打造绿色、智慧、安全的现代化电网。推进“五江一溪”防洪工程、沿海防潮工程，加强大中型水库、引调水和堤防工程建设，提高水资源优化配置和水旱灾害防御能力。

六、完善市场经济体制机制，以深层次改革激发新发展活力

坚持和完善社会主义基本经济制度，充分发挥市场在资源配置中的决定性作用，更好发挥政府作用，推动有效市场和有为政府更好结合。

18. 持续深化国资国企改革。深入推进国企改革三年行动，加快国有经济布局优化和结构调整，推动国有资本向先进制造业、现代服务业集中。支持有条件的国有企业积极走出去，面向国内国际两个市场配置资源，培育具有国际竞争力和品牌影响力的企业集团。加快完善中国特色现代企业制度，实现党的领导与公司治理有机融合。健全市场化经营机制，完善企业考核激励薪酬体系。积极稳妥推进国有企业混合所有制改革，深入推进员工持股、综合改革“双百行动”等改革试点工作。健全管资本为主的国有资产监管体制。推进自然垄断行业改革，有序放开竞争性业务，提高市场化程度。

19. *充分激发民营经济活力*。创新发展“晋江经验”，鼓励引导民营企业心无旁骛做实业，掀起新一轮创新创业大潮。破除制约市场竞争的各类障碍和隐性壁垒，在基础设施、社会事业等领域按国家部署有序放宽市场准入、实现公平竞争，让民营企业易准入、快准入、真准入。依法平等保护民营企业产权和企业家权益，完善支持民营企业、中小微企业和个体工商户发展的法治环境和政策体系。健全企业家恳谈会等机制，提高“政企直通车”服务效能，构建亲清政商关系。实施中小企业梯度培育行动，完善中小企业公共服务体系。弘扬企业家精神，加快建设世界一流企业，打造勇于创新、敢拼会赢的闽商群体。

20. *完善地方财税金融体制*。加强中期财政规划管理，增强与重大改革、重要政策和重大项目的协调衔接，发挥财政保运转、保民生、促发展作用。深化预算管理制度改革，推进财政支出标准化，稳步推行零基预算管理，构建全方位、全过程、全覆盖的预算绩效管理体系。稳步推进省以下财政事权和支出责任改革，完善省对市县转移支付制度，增强基层财政公共服务保障能力。健全规范政府举债融资机制，强化政府债务限额管理。用好用足地方税管理权限，推进地方税体系建设。完善金融有效支持实体经济体制机制，深化金融改革创新开放，支持企业直接融资，改善面向民营企业、中小微企业的金融服务供给。支持中小金融机构和地方金融组织持续健康发展。加快建设两岸区域性金融服务中心。推进龙岩、宁德国家普惠金融改革试验区建设。建立健全金融风险预防、预警、处置、问责制度机制，营造良好金融生态环境。

21. *推进高标准市场体系和营商环境建设*。实施高标准市场体系建设行动，促进形成高效规范、公平竞争的统一市场。健全产权执法司法保护制度。全面实施市场准入负面清单制度，落实“全国一张清单”管理模式。健全公平竞争审查实施机制，加强反垄断和反不正当竞争执法，维护公平竞争。推进土地、劳动力、资本、技术、数据等要素市场化改革，强化区域性公共资源交易平台功能。纵深推进“放管服”改革，持续优化市场化法治化便利化国际化营商环境。全面实行政府权责清单制度，建立健全“马上就办”常态化机制，让市场主体能办事、好办事、快办事、办成事。加强事中事后监管，对新产业新业态实行包容审慎监管。全面建设数字政府，加强跨部门协作、线上线下协同，推动“互联网＋政务服务”升级，加快实现一网好办、跨省通办。持续深化机关效能建设，推动作风更实、效率更高、服务更优。推进统计现代化改革。更好发挥行业协会和中介机构作用，支持商会组织改革发展。

七、加快农业农村现代化，走符合福建特点的乡村振兴之路

坚持农业农村优先发展，把解决好“三农”问题作为重中之重，全面实施乡村振兴战略，强化以工补农、以城带乡，促进农业全面升级、农村全面进步、农民全面发展。

22. *实现巩固拓展脱贫攻坚成果同乡村振兴有效衔接*。践行“弱鸟先飞”理念，发扬“滴水穿石”精神，落实“四个不摘”要求，把富有闽东特色的脱贫工作同全省乡村振兴结合起来。建立农村低收入人口和欠发达老区苏区县帮扶机制，在资金、项目、政策等方面继续倾斜支持。健全完善防止返贫监测和帮扶机制，健全农村社会保障和救助制度。深化产业、就业、科技帮扶，做好易地扶贫搬迁后续帮扶工作，发展壮大扶贫产业，增强内生发展动力。弘扬闽宁对口扶贫协作援宁群体“时代楷模”精神，深化东西部协作和对口支援机制，发挥社会力量帮扶作用。

23. *提高特色现代农业发展水平*。适应确保国计民生要求，健全农业支持保护制度。坚持最严格耕地保护制度，全面实行永久基本农田特殊保护，深入实施藏粮于地、藏粮于技战略，着力稳面积、攻单产、优品质、强产能，提高粮食综合生产能力。深化农业供给侧结构性改革，加快构建现代农业产业体系、生产体系、经营体系。实施特色现代农业高质量发展“三二一二”工程，做大做强做优茶叶、水果、畜禽、水产、林竹、花卉苗木、食用菌等十大乡村特色产业。建设茶叶等特色农产品专业电商平台。坚持科技兴农质量兴农绿色兴农品牌兴农，健全完善农业科技支撑体系，加强种业科技创新，扎实推进农田标准化、农业良种化、生产机械化、种养规模化，建设智慧农业，为农业插上科技的翅膀。健全重要农产品供给保障体系，提高生猪、蔬菜、禽蛋、水产品等安全保障能力。开展粮食节约行动。推动县域经济特色化发展，推动农村一二三产业紧密融合，丰富乡村经济业态，拓展农民增收空间。

24. *因地制宜推进乡村建设*。统筹县域城镇和村庄规划建设，完善乡村规划体系，留住乡愁，留住记忆。加强乡村水、电、路、气、通信、广播电视、物流等基础设施建设和管理，保障农房安全和建设质量。推进城乡供水一体化，巩固提升农村饮用水安全。实施新一轮农村人居环境整治，深入推进“一革命四行动”，梯次建设“绿盈乡村”。推进县乡村公共服务一体化。完善农村文化基础设施网络，保护传统村落、民族村寨、传统建筑和历史风貌。深化新时代科技特派员制度，推动科技特派员与农民结成利益共同体。培育造就新型农村专业人才队伍，吸引各类人才到农村创业创新，推进乡村人才振兴。

25. *深化农业农村改革*。建立健全城乡融合发展机制，推进国家城乡融合发展试验区建设。稳定农村土地承包关系，稳妥开展第二轮土地承包到期后再延长三十年试点，加快培育农民合作社、家庭农场等新型农业经营主体，健全农业专业化社会化服务体系，发展多种形式适度规模经营，实现小农户和现代农业有机衔接。完善农村承包地“三权分置”制度，规范引导农村土地经营权有序流转。实施新一轮农村宅基地制度改革试点，稳妥推进农村集体经营性建设用地入市制度改革。深化农村集体产权制度改革，创新农村集体经济有效组织形式和运行机制，探索实施村级留用地政策。巩固提升集体林权制度改革经验，深入推进林业改革。健全农村金融服务体系，推动农业保险扩面提质。

八、构建高质量发展的国土空间布局，推进区域协调发展和新型城镇化

坚持实施区域协调发展战略、主体功能区战略，健全区域协调发展体制机制，实施新型城镇化战略，促进生产空间集约高效、生活空间宜居适度、生态空间山清水秀。

26. *建立健全国土空间规划体系*。科学统筹布局生态、农业、城镇等功能空间，优化重大基础设施、重大生产力和公共资源布局，优化提升以“两极两带三轴六湾区”为主架构的空间开发战略格局，以主要河流为廊道、主要山脉和海岸为屏障的生态安全战略格局，以三条特色现代农业产业带为主体、永久基本农田为基础的农产品安全供给战略格局。支持城市化地区高效聚集经济和人口、保护永久基本农田和生态空间，支持农产品主产区增强农业生产能力，支持生态功能区把发展重点放到保护生态环境、提供生态产品上，支持生态功能区的人口逐步有序转移。全面完成省市县国土空间总体规划编制，完善规划法规政策体系，建立全省统一的国土空间基础信息平台。

27. *推进宜居宜业的新型城镇化*。坚持以人为核心，统筹城市规划、建设、管理，提升城镇化发展质量，促进大中小城市和小城镇协调发展。优化行政区划设置，加快福州都市圈建设和厦漳泉都市圈一体化，形成区域发展增长动力源。推进以县城为重要载体的城镇化建设。实施城市更新行动，加大老城区改造提升力度，分类改造提升城镇老旧小区，推动一批县城更新改造，提高城市承载能力。推进有条件的地区高质量建设城市新区。推进市县污水管网全覆盖，增强城市防洪排涝能力，建设海绵城市、韧性城市。实施智慧设施建设工程，打造“智慧城市”大脑，推动治理方式向精细化转型、配套资源向街道社区下沉。推动建筑业现代化，培育新时代建筑业产业工人大军。坚持房住不炒，加快形成多主体供给、多渠道保障、租购并举的住房体系。深化户籍制度改革，完善城镇新增建设用地规模与农业转移人口市民化挂钩政策，强化基本公共服务保障，加快农业转移人口市民化。

28. 做深做实新时代山海协作。深化闽东北、闽西南两大协同发展区建设，健全领导机制和工作推进机制，充分发挥福州、厦门龙头带动作用，推出一批创新性政策、牵引性改革、引领性平台，统筹推进一批重大基础设施、重大民生项目建设。探索跨市县联合招商，支持合作共建产业园区，统筹抓好重大产业协作链群建设。建设一批山海共建共享创新创业平台。推动就业、教育、医疗卫生等资源共享，强化政务服务、区域应急、环保治污、对外开放等方面协同。健全跨地区利益分享和补偿机制。探索市际毗邻区协同发展机制，打造若干协同发展示范区。全面对接长三角一体化发展和粤港澳大湾区建设。

29. 大力建设“海上福建”。坚持陆海统筹、向海进军，建设海洋强省。推进福州、厦门国家海洋经济发展示范区建设。做强做优海洋渔业、船舶制造、海工装备等产业，培育海洋生物、海水综合利用等新兴产业，积极发展滨海旅游，支持有条件的地区建设“海上牧场”。提升海洋科技发展水平，建设智慧海洋。加快全省港口资源整合，构建一企主体、多元发展的新格局，推进核心港区整体连片开发，做优做强做大厦门国际航运中心，打造世界一流港口群。支持有条件的地区打造现代化湾区。强化海洋环境治理，推进岸线自然化和生态修复。

30. 全面振兴老区苏区。带着感情带着责任做好老区苏区工作，继续争取扶持老区苏区发展的政策，完善和落实对口支援机制，确保老区苏区在现代化进程中一个都不掉队。坚持绿色、红色、特色导向，支持和引导产业项目落户老区苏区，推动老区苏区传统工业基地转型升级，支持发展特色农林业、优势矿产业、文旅康养等。弘扬老区精神，传承红色基因，整合红色资源，弘扬红色文化，发展红色旅游。建设一批飞地园区、生态旅游文化产业园、山海协作产业园，支持创建绿色发展示范区。加快补齐交通、能源、水利等基础设施短板，提升教育、医疗等公共服务质量，加大技术、人才协作力度。

九、推动文化繁荣兴盛，加快建设文化强省

坚持马克思主义在意识形态领域的指导地位，坚持以社会主义核心价值观引领文化建设，加强社会主义精神文明建设，坚定文化自信，强化守正创新，更好满足人民文化需求、增强人民精神力量。

31. 全面提高社会文明程度。我省是习近平新时代中国特色社会主义思想重要孕育地和实践地，坚持不懈用新思想武装党员、教育人民，推动形成适应新时代要求的思想观念、精神面貌、文明风尚、行为规范。推进马克思主义理论研究和建设工程，推动党的创新理论深入人心。推动理想信念教育常态化制度化，加强党史、新中国史、改革开放史、社会主义发展史教育，加强爱国主义、集体主义、社会主义教育。以加强社会公德、职业道德、家庭美德、个人品德为着力点，深入推进公民道德建设。实施文明创建工程，深化群众性精神文明创建活动，拓展新时代文明实践中心建设。健全志愿服务体系，广泛开展志愿服务关爱行动。大力推进移风易俗，提倡艰苦奋斗、勤俭节约，开展以劳动创造幸福为主题的宣传教育。加强家庭、家教、家风建设。加强网络文明建设，健全网络综合治理体系，发展积极健康的网络文化。

32. 提升公共文化服务水平。全面繁荣新闻出版、广播影视、文学艺术、哲学社会科学事业。健全完善文艺精品和文化产品创作生产传播的引导扶持机制，实施文艺高峰工程，增加高品质文化供给。实施哲学社会科学创新工程。推进新型智库建设，提高决策咨询能力。推动媒体深度融合，打造自主可控、传播力强的新型网络传播平台，建强用好县级融媒体中心。推进城乡公共文化服务体系一体建设，创新实施文化惠民工程，推动公共文化数字化建设，推进智慧广电等工程。推动优秀传统文化创造性转化、创新性发展，让敢拼会赢、开拓进取、海纳百川、多元共生的八闽文化熠熠生辉、焕发生机。加强文物保护利用和文化遗产保护传承，实施革命文物保护利用工程，推进长征国家文化公园规划建设。办好第四十四届世界遗产大会。办好第十八届世界中学生运动会。

33. 健全现代文化产业体系。坚持把社会效益放在首位、社会效益和经济效益相统一，深化文

化体制改革，完善文化产业规划和政策，加强文化市场体系建设，优化文化产业结构和区域布局。实施文化产业龙头促进计划，支持文化企业上市和跨区域、跨行业兼并重组。提升文化产业园区建设水平，打造文化产业链、产业集群。实施文化产业数字化战略，推进国家文化大数据体系（福建）建设，积极发展新型文化企业、文化业态、文化消费模式。坚持以文塑旅、以旅彰文，推动文化和旅游融合发展，打响“清新福建”、“全福游、有全福”品牌，发展乡村旅游，加快建设全域生态旅游省。推进一批影视基地、网络视听产业基地建设，打造丝绸之路国际电影节、中国电影金鸡奖活动等节展品牌。实施“海丝”文化交流工程，推动福建文化“走出去”。

十、持续实施生态省建设战略，打造高颜值的美丽福建

坚持绿水青山就是金山银山理念，坚持尊重自然、顺应自然、保护自然，坚持节约优先、保护优先、自然恢复为主，促进经济社会和生态保护协调发展，构建生态文明体系，建设美丽中国示范省份。

34. *深化拓展国家生态文明试验区建设*。落实生态保护红线、永久基本农田、城镇开发等空间管控边界，健全完善国土空间规划和用途管控制度。建立以“三线一单”为核心的生态环境分区管控体系。深化自然资源资产产权制度改革，健全自然资源资产负债表制度，完善资源环境产权交易制度，全面实施领导干部自然资源资产离任审计。持续推动生态产品市场化改革，探索不同资源禀赋地区生态产品价值实现路径。健全生态保护补偿机制，逐步扩大生态补偿范围。落实党政领导生态环境保护目标责任制，完善生态文明建设目标考核评价制度。健全生态环境司法保护机制，实行生态环境损害赔偿和责任终身追究。

35. *促进绿色低碳发展*。树立循环发展、永续发展理念，强化绿色发展的法规和政策保障，推进经济生态化、生态经济化。支持绿色技术创新，全面推进重点行业清洁生产和绿色化改造，促进全产业链和产品全生命周期绿色发展，深化绿色园区示范创建，构建绿色制造体系。发展环保产业，做强专业化节能环保骨干企业。发展绿色金融，建设省级绿色金融改革试验区。推动能源清洁低碳安全高效利用。发展绿色建筑。倡导绿色低碳生活方式，开展节约型机关、绿色家庭、绿色校园、绿色社区等创建活动。制定实施力争碳排放提前达峰行动方案，推动低碳城市、低碳园区试点建设，探索建立碳排放权交易市场。

36. *实施蓝天碧水碧海净土工程*。增强全社会生态环保意识，深入打好污染防治攻坚战，建立地上地下、陆海统筹的生态环境治理制度，解决好群众身边突出生态环境问题。实施蓝天工程，强化细颗粒物与臭氧协同控制，强化面源污染精细管控，加强区域联防联控和污染天气应对。实施碧水工程，实行全省水系治理“一张图”，强化流域上下游、左右岸、干支流协同治理。实施碧海工程，创新海洋环境治理与生态保护模式，强化近岸海域综合治理、海岛环境治理、海漂垃圾治理。实施净土工程，推进化肥农药减量化，强化重点区域土壤污染治理修复，加强白色污染治理。加快推进危险化学品生产企业搬迁改造，降低城镇人口密集区安全和环境风险。深化城乡生活污水治理和工业园区污水治理，基本消除县级以上城市建成区黑臭水体。提升危险废物资源化利用比重，提高医疗废物收集处理能力。重视新污染物治理。完善省级生态环境保护督察制度。

37. *加强生态系统整体保护和修复*。坚持山水林田湖草系统治理，推广筼筜湖、木兰溪治理和长汀水土流失治理经验，系统推进闽江、九龙江等主要流域大保护和可持续发展。深入推进武夷山国家公园建设和管理机制创新，建立完善以国家公园为主体的自然保护地体系。深化落实河湖长制，全面推行林长制。持续开展重点生态区位商品林赎买，精准提升森林质量，持续开展“三个百千”绿化美化行动。保护生物多样性，加强外来物种管控。加强废弃矿山地质环境恢复和综合治理。推进安全生态水系建设。实施重要湿地生态系统保护与恢复工程。

38. *推进资源全面节约高效利用*。强化用水强度控制，完善工业、农业用水定额管理制度，加快建设节水型社会。坚持最严格的节约用地制度，严格落实建设用地总量和强度双控制度，强化“以亩产论英雄”，大力盘活存量土地，推进低效用地再开发。健全海洋资源保护开发制度，严管违法违规用海行为。提高矿产资源开发保护水平，建设绿色矿业发展示范区。提高全民节约意识，全面推进垃圾分类处理，构建废旧物资回收和循环利用体系。

十一、深化二十一世纪海上丝绸之路核心区建设，全面提高对外开放水平

坚持更大范围、更宽领域、更深层次对外开放，坚持以开放促改革、促发展、促创新，建强用好重大开放平台，以“一带一路”建设引领全面开放，塑造国际合作和竞争新优势，加快建设开放强省。

39. *充分发挥多区叠加优势*。深入推进“丝路海运”、“数字丝路”、“丝路飞翔”等二十一世纪海上丝绸之路核心区标志性工程建设，加强与沿线国家和地区的基础设施互联互通、经贸合作和人文交流。深化自由贸易试验区改革开放，加强制度集成创新，推广运用多式联运“一单制”等创新举措，探索实施自由贸易港部分政策，进一步推动投资、贸易、金融、运输、人员往来等领域自由化便利化，适时推动扩区建设。提升厦门经济特区开放水平，深入推进“提升本岛、跨岛发展”战略，率先构建更高水平开放型经济新体制，建设高素质高颜值现代化国际化城市。建设金砖国家新工业革命伙伴关系创新基地，深化与金砖及“金砖+”国家政策协调、人才培养、项目开发等领域合作。推进平潭综合实验区开放开发，推进“一岛两窗三区”建设，打造台胞台企登陆的第一家园桥头堡。实施强省会战略，深化福州新区全域开放，高水平建设滨海新城，加快建设现代化国际城市。推动各类开发区（园区）整合提升、高质量发展。

40. *提高国际贸易和投资水平*。切实转变外贸发展方式，实施市场多元化、外贸品牌化战略，培育壮大跨境电商、市场采购贸易、外贸综合服务平台等新业态新模式，增强对外贸易综合竞争力。深化服务贸易创新发展，大力发展数字贸易，推进服务贸易国际合作。提升利用境外资金和先进技术水平，用好中国国际投资贸易洽谈会等合作平台，精准招引外资大项目大企业。用好区域全面经济伙伴关系（RCEP）协定规则红利，深入研究对接政策条款，主动拓展与成员国地方经贸合作。鼓励闽商闽企走出去开展海外并购、国际品牌创建。高标准建设境外经贸合作区，统筹推进“两国双园”建设。推动中欧班列高水平运作。

41. *构建更高水平开放型经济新体制*。健全跨境贸易便利化体制机制，持续拓展升级国际贸易“单一窗口”，实行关、港、贸、税、金一体化运作。加强与“一带一路”重要节点上自由贸易试验区协同合作。全面实施外商投资准入前国民待遇加负面清单管理制度，推动规则、规制、管理、标准等制度型开放，健全事中事后监管体系。健全外商投资企业投诉办理等机制，保护外商合法权益，促进内外资企业公平竞争。健全促进境外投资政策和服务体系，推进境外投资安全保障体系建设，增强企业竞争力和风险防控能力。

十二、改善人民生活品质，扎实推动共同富裕

坚持把实现好、维护好、发展好最广大人民根本利益作为根本目的，尽力而为、量力而行办好民生实事，加强普惠性、基础性、兜底性民生建设，解决好群众“急难愁盼”问题，让人民群众共享现代化成果。

42. *多渠道促进居民增收*。坚持多劳多得，鼓励通过辛勤劳动、诚实劳动、创造性劳动增收致富，完善工资制度，健全工资合理增长机制，提高劳动报酬在初次分配中的比重。健全各类生产要素由市场评价贡献、按贡献决定报酬的机制。探索通过土地、资本等要素使用权、收益权增加中低收入群体要素收入。实施“四大群体增收计划”，增加居民工资性、经营性、财产性、转移性收入。加大税收、社保、转移支付等再分配调节力度和精准性，重视改善困难群众基本生活，逐步缩小收入差距。发挥第三次分配作用，大力发展慈善等社会公益事业。

43. *实现更加充分更高质量就业*。强化就业优先政策，坚持经济发展就业导向，扩大就业容量，提升就业质量。统筹做好高校毕业生、农民工、退役军人等重点群体就业，扩大公益性岗位安置，帮扶残疾人、零就业家庭成员就业，促进失业人员再就业。完善就业公共服务体系，营造公平就业制度环境。健全劳动关系协调机制，构建和谐劳动关系。更加注重解决结构性就业矛盾，实施

“技能福建”行动，加快提升劳动者技能素质。完善促进创业带动就业、多渠道灵活就业的保障制度，支持和规范发展新就业形态，健全就业需求调查和失业监测预警机制。

44. 建设高质量教育体系。全面贯彻党的教育方针，落实立德树人根本任务，加强师德师风建设，促进学生德智体美劳全面发展。健全学校家庭社会协同育人机制，建设高素质专业化创新型教师队伍。深化教育领域综合改革，建立健全新时代教育评价体系。建立公平公益优质的基础教育体系，推动义务教育均衡发展和城乡一体化，完善普惠性学前教育和特殊教育、专门教育保障机制，鼓励高中阶段学校多样化特色发展。健全现代职业教育发展体系，增强职业教育适应性，实施高水平职业院校和专业建设计划，深化职普融通、产教融合、校企合作。推动高等教育内涵式跨越式发展，分类推进“双一流”建设，争取在大学数量、办学质量上有大的突破。开展新工科、新医科、新农科、新文科建设，加快培养理工农医类专业紧缺人才。支持和规范民办教育发展，规范校外培训机构。发挥网络教育和人工智能优势，建立健全继续教育体制机制，构建终身学习体系，建设学习型社会。

45. 健全社会保障体系。坚持应保尽保，健全完善社会保险制度，深入实施全民参保计划。落实渐进式延迟法定退休年龄政策，发展多层次、多支柱养老保险体系。推进基本医疗保险、失业保险、工伤保险省级统筹，健全重大疾病医疗保险和救助制度，落实异地就医结算，稳步建立长期护理保险制度。加强社会保险基金风险防控，完善职业年金基金市场化投资运营机制。健全灵活就业人员社保制度。完善退役军人工作体系和保障制度。健全分层分类的社会救助体系。保障妇女儿童合法权益，健全农村留守儿童和老年人、残疾人关爱服务体系，完善帮扶残疾人、孤儿等社会福利制度。

46. 全面推进健康福建建设。坚持预防为主方针，坚持防治结合、联防联控、群防群控，努力为人民群众提供全生命周期的卫生与健康服务。加强疾病预防控制体系建设，完善重大疫情防控体制机制，健全公共卫生应急管理体系，提高突发公共卫生事件应对能力，创新医防协同机制，构建强大公共卫生体系。巩固提升“三明医改”经验，推动“三医联动”向“全联”、“深动”发展，健全完善分级诊疗、现代医院管理等制度。加快优质医疗资源扩容和区域均衡布局，加强区域医疗中心、县域医共体等建设，补齐医疗卫生人才、床位等短板。加强社区卫生服务中心和乡镇卫生院建设。坚持中西医并重，促进中医药传承创新发展。提升健康教育、慢病管理和残疾康复服务质量，重视精神卫生和心理健康。支持社会办医。扎实开展“互联网 + 医疗健康”示范省建设。大力弘扬伟大抗疫精神，在全社会营造尊医重卫良好风尚。广泛深入开展爱国卫生运动。普及全民应急救护知识和技能。大力倡导和推动全民健身活动开展。提高优生优育服务水平，发展普惠托育服务体系，降低生育、养育、教育成本。增加普惠型养老服务供给，培育养老新业态，构建居家社区机构相协调、医养康养相结合的养老服务体系，健全养老服务综合监管制度。

47. 加强和创新社会治理。完善党委领导、政府负责、民主协商、社会协同、公众参与、法治保障、科技支撑的社会治理体系。健全党组织领导的自治、法治、德治相结合的城乡基层治理体系，完善基层民主协商制度，实现政府治理同社会调节、居民自治良性互动。发挥群团组织、新经济组织、新社会组织在社会治理中的作用，畅通和规范市场主体、新社会阶层、社会工作者和志愿者等参与社会治理的途径。推动社会治理重心向基层下移、向基层放权赋能，加强城乡社区治理和服务体系建设，减轻基层特别是村级组织负担，加强基层社会治理队伍建设，构建网格化管理、精细化服务、信息化支撑、开放共享的基层管理服务平台。推进市域社会治理现代化试点。

十三、统筹发展和安全，建设更高水平的平安福建

坚持总体国家安全观，全面落实国家安全战略部署，维护和塑造国家安全，切实防范化解现代化进程中各种风险，筑牢国家安全东南屏障。

48. 保障人民生命安全。坚持人民至上、生命至上，把人民生命安全摆在首位，全面提高公共安全保障能力。完善和落实安全生产责任制，建立安全隐患排查和安全预防控制体系，加强房屋结构安全、非煤矿山、道路交通、危险化学品、工贸等重点行业领域治理，有效遏制重特大安全事故。强化生物安全保护，构建国门生物安全综合治理体系，持续深化“餐桌污染”治理，完善食品药品安全现代化治理体系。开展灾害风险普查，加强精准监测预警，提升洪涝干旱、森林火灾、地质灾害、台风、地震等自然灾害防御工程标准。推进水库、堤防和水闸除险加固，提高洪水优化调度水平。完善应急管理体系，加强应急物资保障体系建设，提高防灾、减灾、抗灾、救灾能力。

49. 提高经济安全保障能力。建立健全经济风险预警和化解机制，保障和维护重要产业、基础设施、战略资源、重大科技等领域安全。常态化开展供应链风险排查，提高产业链供应链韧性。实施粮食安全战略，保障粮食和重要副食品生产稳定，加强粮食仓储、物流和应急供应能力建设。实施能源安全战略，提升能源储备能力和应急保障能力。维护区域金融稳定，严厉打击违法违规金融活动，守住不发生系统性区域性金融风险底线。确保生态安全，保障核与辐射安全，维护新型领域安全。

50. 维护社会稳定与安全。落实平安建设目标责任制度，健全平安建设协调机制和考核评价体系。弘扬“四下基层”、“四个万家”优良传统，坚持和发展新时代“枫桥经验”，完善“四门四访”等信访制度和各类调解联动工作机制，构建源头防控、排查梳理、纠纷化解、应急处置的社会矛盾综合治理机制。全面实施“智慧政法”战略，建立健全跨部门大数据平台和基层社会治理智能化平台，深化“雪亮工程”建设联网应用。建立健全社会心理服务体系和危机干预机制，完善特殊人群服务管理体系。坚持专群结合、群防群治，建设立体化信息化社会治安防控体系，坚决防范和严厉打击暴力恐怖、黑恶势力、新型网络犯罪和跨国犯罪。推动扫黑除恶专项斗争长效常治，全面铲除黑恶势力滋生土壤。

51. 巩固国家安全防线。完善国家安全工作体系，增强全民国家安全意识。坚定维护国家政权安全、制度安全、意识形态安全，全面加强网络安全保障体系和能力建设。严密防范和坚决打击敌对势力渗透、破坏、颠覆、分裂活动。积极服务国防和军队现代化建设，完善军民融合发展体制机制，建设军民融合深度发展典范区域。统筹推进军用设施与民用设施规划建设。大力发展国防科技工业，加快标准化通用化进程。完善国防动员体系，全力支持部队练兵备战。健全强边固防机制，实施海防城网融合工程，推进“智慧海防”建设。持续加强双拥共建工作，强化全民国防教育，巩固军政军民团结。

十四、积极探索海峡两岸融合发展新路，加快建设台胞台企登陆的第一家园

贯彻落实党中央对台大政方针，坚持一个中国原则和“九二共识”，高度警惕和坚决遏制“台独”分裂活动。以两岸同胞福祉为依归，着眼大局大势，注重落细落实，深化闽台各领域融合，为促进两岸关系和平发展、促进祖国统一发挥更大作用。

52. 深化经济领域融合。提升闽台经贸合作畅通，着力打造两岸共同市场。深化优势产业融合，引导和支持台资企业参与强链补链，加快建设海峡两岸集成电路产业合作试验区、两岸石化产业合作基地和闽台精密机械制造产业园区。推动台湾农民创业园升级发展，加快闽台农业融合发展产业园建设。持续抓好金融、文创、健康生技、冷链物流等领域合作。支持符合条件的台资企业在大陆上市。深化行业标准共通，扩大对台资质采认和台湾地区职业技能资格直接采认，优化对台贸易监管。推进闽台科技协同创新，推动与台湾高科技企业、领军人才共建创新平台。

53. 深化基础设施领域融合。推动闽台基础设施联通，构建立体式对台通道枢纽。加强对台直航口岸基础设施建设，构建适应常态化疫情防控需要的闽台海空直航方式，持续提升“大三通”、“小三通”航线便利往来功能。持续推进金门、马祖同福建沿海地区通水、通电、通气、通桥，促进厦门与金门、福州与马祖率先融合。推进闽台通信合作，拓展电子商务、云端服务、话务中转等新领域合作。建设两岸能源资源中转平台，推动两岸电力联网、天然气互联。

54. 深化社会领域融合。完善保障台湾同胞福祉和享受同等待遇的政策和制度，强化分类指导、精准服务，构建台胞台企登陆的第一家园服务体系。坚持“非禁即享”，落实落细惠台利民政策举措，推进基本公共服务均等化、普惠化、便捷化，促进在闽台胞社会服务保障水平与基本公共服务水平同步提高。建设数字“第一家园”对台一体化服务平台。完善台湾青年来闽实习就业创业政策措施，优化台湾青年在闽学习、工作和生活环境。推进闽台基层治理交流合作，探索完善闽台合作乡建乡创的新模式，支持台湾同胞参与社区治理和乡村振兴。

55. 深化文化领域融合。提升文化交流质量体量能量，共同传承中华优秀传统文化，促进同胞心灵契合。实施对台文化交流品牌提升工程，持续办好海峡论坛、海峡青年节、两岸企业家峰会、两岸文博会等活动，加强闽台青年交流。深化民间基层交流，持续推动宗亲、乡亲、姻亲、民间信仰等对台文化交流。推进祖地精品文化走进台湾，办好福建文化宝岛行系列活动，支持非遗文化、民间曲艺入岛巡展巡演。创建两岸融合发展文化教育交流基地，建设闽台文化产业试验园区，打造两岸影视产业基地。扩大教育、科技、卫生、司法、档案等各领域交流合作。

十五、充分调动一切积极因素，为实现“十四五”规划和二〇三五年远景目标而奋斗

实现“十四五”规划和二〇三五年远景目标，必须充分发挥党总揽全局、协调各方的领导作用，坚持党的全面领导，广泛团结一切可以团结的力量，形成推动发展的强大合力。

56. 坚持党中央集中统一领导。深入学习贯彻习近平新时代中国特色社会主义思想，增强“四个意识”、坚定“四个自信”、做到“两个维护”。全面落实新时代党的建设总要求，以党的政治建设为统领，全面推进党的各方面建设，落实全面从严治党主体责任、监督责任，完善上下贯通、执行有力的组织体系，提高党的建设质量。弘扬党的优良传统，巩固拓展“不忘初心、牢记使命”主题教育成果，教育引导广大党员干部为党和人民事业不懈奋斗。全面贯彻新时代党的组织路线，把政治建设摆在首位，落实好干部标准，提高各级领导班子和干部适应新时代新要求抓改革、促发展、保稳定水平和专业化能力，加强对敢担当善作为干部的激励保护，以正确用人导向引领干事创业导向。把严的主基调长期坚持下去，不断增强党自我净化、自我完善、自我革新、自我提高能力。锲而不舍落实中央八项规定及其实施细则精神和我省实施办法，持续深化整治形式主义、官僚主义，健全基层减负常态化机制。完善党和国家监督体系，强化对公权力运行的制约和监督。加强政治监督，紧盯“关键少数”，做到“见人见事”。高质量推进巡视全覆盖，完善巡视巡察上下联动工作格局。坚持无禁区、全覆盖、零容忍，一体推进不敢腐、不能腐、不想腐，持续营造风清气正的良好政治生态。

57. 推进社会主义政治建设。坚持和完善人民代表大会制度，支持和保证各级人大及其常委会依法行使职权，加强对“一府一委两院”的监督，保障人民依法通过各种途径和形式管理国家事务、管理经济和文化事业、管理社会事务。坚持和完善中国共产党领导的多党合作和政治协商制度，加强中国特色社会主义参政党建设，加强人民政协专门协商机构建设，坚持发扬民主和增进团结相互贯通、建言资政和凝聚共识双向发力，努力建设“政协大省”。完善大统战工作格局，支持民主党派、工商联和无党派人士履行职能、发挥作用，铸牢中华民族共同体意识，提高宗教工作法治化水平，健全同党外知识分子、非公有制经济人士、新的社会阶层人士的沟通联络机制，促进政党关系、民族关系、宗教关系、阶层关系、海内外同胞关系和谐。健全基层群众自治制度，增强基层群众自我管理、自我服务、自我教育、自我监督实效。发挥工会、共青团、妇联等群团组织作用，把各自联系的群众紧紧凝聚在党的周围。

58. 深化法治福建建设。坚持法治福建、法治政府、法治社会一体建设，全面推进科学立法、严格执法、公正司法、全民守法，逐步实现治理制度化、程序化、规范化、法治化，更好把社会主义法治优势转化为治理效能。健全宪法实施与地方立法体制机制，加强重点领域、新兴领域立法，提高立法质量和效率。全面深化司法体制综合配套改革，落实司法责任制，完善监察权、审判权、检察权运行和监督机制，促进司法公正。

加快转变政府职能，深化行政执法体制改革，构建职责明确、依法行政的政府治理体系。深入推进诚信建设制度化，加快社会信用体系建设，提高全社会诚信意识和信用水平。健全普法责任制，增强全社会法治观念，建设社会主义法治文化。

59. 深化闽港澳侨合作。闽籍海外侨胞与福建人民血脉相连。深化闽港澳侨在金融、物流、旅游、文化、教育、科技、人才等领域交流合作，携手参与“一带一路”建设，实现福建与港澳同胞闽籍海外侨胞发展共赢。完善联系联谊平台，系紧闽籍港澳同胞乡情纽带。推动闽港闽澳青少年交流常态化机制化，建设港澳青少年实习实训基地、双创中心。实施便利港澳居民在闽发展政策措施。加强新时代侨务工作，强化与海外侨团侨亲联谊联络，保护利用侨批档案文献，推进为侨服务信息化便利化，广泛凝聚侨心侨力。

60. 健全规划制定和落实机制。坚决贯彻党中央决策部署，按照本次省委全会精神，制定“十四五”规划纲要和专项规划，形成定位准确、边界清晰、功能互补、统一衔接的区域规划体系。健全政策协调和工作协同机制，完善规划实施监测评估机制，确保“十四五”发展各项决策部署落到实处。

全省上下要更加紧密地团结在以习近平同志为核心的党中央周围，坚持以习近平新时代中国特色社会主义思想为指导，同心同德谋发展，沉心静气促超越，苦干实干、拼搏进取，加快新时代新福建建设，奋力谱写全面建设社会主义现代化国家的福建篇章！

中共福建省委关于深入学习贯彻习近平总书记重要讲话重要指示批示精神全方位推动高质量发展超越的决定

（2020年8月17日中国共产党福建省第十届委员会第十次全体会议通过）

为深入学习贯彻习近平总书记重要讲话重要指示批示精神，全方位推动高质量发展超越，作出如下决定。

一、充分认识全方位推动高质量发展超越重大意义和深刻内涵，坚定自觉用习近平总书记重要讲话重要指示批示精神统一思想和行动

1. 全方位推动高质量发展超越，是习近平总书记亲自擘画、亲自部署、亲自推动的重大战略。党的十八大以来，习近平总书记对福建工作作出一系列重要讲话重要指示批示，2014年来闽考察时，亲自擘画建设“机制活、产业优、百姓富、生态美”的新福建宏伟蓝图。2019年全国两会期间，习近平总书记亲临全国人大福建代表团参加审议并发表重要讲话，要求我省探索海峡两岸融合发展新路，建成台胞台企登陆第一家园，为我们进一步指明了前进方向、提供了根本遵循。在实现“两个一百年”奋斗目标的历史交汇点，在我省坚持高质量发展落实赶超取得重要成果之际，习近平总书记又作出重要指示批示，赋予我们全方位推动高质量发展超越的重大使命。这是新时代新福建建设征程中又一件具有里程碑意义的大事，充分体现了习近平总书记对八闽大地的深厚感情，极大激发广大干部群众把对习近平总书记无比爱戴之情转化为新时代新福建建设强大动力，在新起点上开创新局面。

2. 全方位推动高质量发展超越，是以习近平同志为核心的党中央赋予福建的重大历史使命和重大政治责任，是新时代新福建建设的重大历史机遇。全方位推动高质量发展超越，是以习近平同志为核心的党中央着眼实现“两个一百年”奋斗目标、实现中华民族伟大复兴的中国梦作出的重大战略举措，既是重大发展任务、又是重大政治任务，既是福建必须担负起的重大历史责任、又是新时代新福建建设的重大历史机遇。要切实提高政治站位，牢记肩负使命、扛起重大责任、把握重大机遇，把全方位推动高质量发展超越，作为新时代新福建建设的鲜明主线和重大战略，乘势而上、不懈奋斗，以更加扎实成效彰显党的领导和我国社会主义制度、国家治理体系的显著优越性。

3. 全方位推动高质量发展超越还要走很长的路，必须保持战略定力，苦干实干、久久为功。全方位高质量发展超越，是充分彰显党的领导和中国特色社会主义制度优势的发展超越，是体现“五位一体”总体布局、“四个全面”战略布局的发展超越，是贯彻新发展理念、加快实现经济高素质和生态高颜值的发展超越，是更高质量、更有效率、更加公平、更可持续、更为安全的发展超越，是坚持以人民为中心、更加注重增强人民群众获得感幸福感安全感的发展超越。我们要始终保持坚韧的定力和毅力，科学谋划新的目标和举措，突出发挥比较优势，补齐科技创新、产业结构、居民收入等短板，一届接着一届、一年接着一年干，一步一个脚印，实现新的目标，不断增强“四个意识”、坚定“四个自信”、做到“两个维护”。

二、准确把握全方位推动高质量发展超越的总体要求和战略目标

4. *总体要求*。以习近平新时代中国特色社会主义思想为指导，全面贯彻党的十九大和十九届二中、三中、四中全会精神，深入学习贯彻习近平总书记对福建工作的一系列重要讲话重要指示批示精神，紧紧围绕统筹推进“五位一体”总体布局和协调推进“四个全面”战略布局，坚持稳中求进工作总基调，坚持新发展理念，坚持以供给侧结构性改革为主线，坚持以改革开放为动力，不断满足人民群众对美好生活的需要，始终保持战略定力，增强机遇意识和风险意识，发扬斗争精神，勇于担当作为，更好统筹常态化疫情防控和经济社会发展工作，全方位推动高质量发展，着力推进科技创新、产业结构、居民收入等方面超越，不断深化闽台各领域融合，努力谱写新时代新福建新篇章，为促进祖国统一发挥更大作用。

5. *主要目标*。到2035年，我国基本实现社会主义现代化之时，我省基本实现全方位高质量发展超越，“机制活、产业优、百姓富、生态美”的新福建展现崭新局面。

到2025年，全方位高质量发展超越迈出重要步伐。经济质量效益明显提升；国家创新型省份格局基本形成，科技进步贡献率明显提升；产业基础高级化和产业链现代化水平明显提升，现代产业体系建设取得重要进展；中等收入群体比例持续提高，教育、医疗、养老等领域短板加快补齐；生态环境质量保持优良；省域治理现代化水平得到新提升。

到2030年，全方位高质量发展超越取得显著成效。发展质量和效益迈上新水平；国家创新型省份基本建成，科技进步贡献率持续提升；现代产业体系基本建立，制造业全产业链发展水平显著提升；收入分配格局持续优化，就业、教育、文化、医疗、住房等公共服务体系更加健全；生态优势巩固提升；省域治理现代化取得重大进展。

到2035年，全方位高质量发展超越基本实现。经济实力、科技实力大幅跃升；全面建成国家创新型省份；产业结构全面优化，建成现代产业体系；居民收入达高收入经济体水平，基本公共服务均等化基本实现；美丽福建基本建成；基本实现省域治理现代化。

三、全方位推动高质量发展

6. *推动科技创新超越*。实施创新驱动发展战略，加快建设高水平创新型省份。改革财政科技计划形成机制和组织实施机制。推进以高技术企业成长为导向的全生命周期激励制度改革，完善国有企业技术创新业绩评价机制。完善科技成果转移转化激励机制。健全应对重大公共事件科研储备和支持体系。深化福厦泉国家自主创新示范区建设，沿福厦泉轴线打造科技创新走廊、沿海科技创新产业带。高标准建设省实验室和省创新研究院。全面推进实施“智能一代”等重大科技工程项目，深入实施企业技改专项行动，引导全社会加大研发投入。完善高技术企业成长加速机制，培育一批核心技术能力突出、集成创新能力强的创新型领军企业。完善人才发现、培养、激励机制。深入推进新时代科技特派员制度，推动实现“订单式”需求对接、“菜单式”服务供给。

7. *推动产业现代化发展超越*。推进产业基础高级化和产业链现代化，着力实施电子信息制造、机械装备、石油化工、纺织鞋服、食品、冶金建材、新兴产业、数字产业、现代农业、现代服务业等十大产业提升工程，打造一批百亿龙头企业、千亿产业集群、万亿主导产业。加快建设先进制造业强省，进一步提升电子信息、机械装备、石油化工三大主导产业，壮大新一代信息技术、高端装备、新材料、新能源等新兴产业，推动冶金、建材、轻工等传统产业向数字化网络化智能化转型，培育壮大若干新的主导产业。加快工业（产业）园区标准化建设。实施数字经济创新发展工程，布局区块链、物联网、大数据、人工智能等一批重量级未来产业，建设数字中国样板区和数字经济发展高地。推动物流、金融、旅游等现代服务业提速增质。实施特色现代农业高质量发展“3212”工程，推动十大乡村特色产业全产业链发展。

8. *推动经济内生动力超越*。坚定实施扩大内需战略，主动融入以国内大循环为主、国内国际双循环相互促进的新发展格局。超前布局新型基础设施建设，加快“5G+宽带”双千兆网络建设，建设新一代高性能大数据、云计算、边缘计算、智能计算等。推进新型城镇化建设，推动老旧小区和棚户区改造，加强地下综合管廊系统建设，加快垃圾分类及处置。加快交通、水利等重大工程建设，实施新一轮补短板工程，加大综合交通网、铁路网、高速公路网、轨道交通、物流枢纽、海铁联运等投资建设。顺应消费升级趋势，优化市场供给，深入实施增品种、提品质、创品牌的“三品”战略，推进线上线下融合。

9. *推动民生社会事业超越*。坚持尽力而为、量力而行，加强普惠性、基础性、兜底性民生建设。突出调高、扩中、提低“三轮驱动”，实施城镇职工、农民、困难群体、高端人才“四大群体增收计划”，增加居民工资性、经营性、财产性、转移性收入。构建更高质量更充分的就业促进机制。扩大优质教育资源供给，推进学前教育普及普惠、义务教育优质均衡、普通高中多样特色发展，健全校企深度融合的现代职业教育体系。支持高校加快“双一流”建设。补齐人才、床位等医疗卫生领域的短板，推动“三医联动”向“全联”“深动”发展。完善重大疫情防控体制机制，健全公共卫生应急管理体系。构建居家社区机构相协调、医养康养相结合的养老服务体系。

10. *推动城乡协调发展超越*。以闽东北、闽西南两大协同发展区为抓手，形成各具特色、优势互补、山海联动、城乡融合的发展新格局。加快提升福州、厦门、泉州等中心城市综合承载力、核心竞争力、辐射带动力。持续推进闽东北、闽西南两大协同发展区重大项目、重点平台、重要改革。谋划一批县域城市改造提升项目。加快老区苏区全面振兴发展，加大扶持和增强内生动力并重，巩固脱贫攻坚成果，因地制宜培育特色产业，加快补齐基础设施和公共服务短板。持续实施乡村振兴“十大行动”，全面推进产业、人才、文化、生态、组织振兴。建设世界一流海洋港口。

11. *推动对外开放超越*。充分发挥多区叠加优势，扩大高水平对外开放，打造市场化法治化国际化营商环境。推进“海丝”核心区建设，积极参与“陆海空天能网”建设，深入实施“丝路海运”等一批标志性工程。推进自贸试验区创新发展，加强改革系统集成，适时推动扩区建设。推进外贸市场多元拓展，推动服务贸易创新发展。推进利用外资提质增效，创新招商引资方式。深化“一趟不用跑”和“最多跑一趟”改革。

12. *推动生态文明建设超越*。以习近平生态文明思想为统领，全面加强生态省建设。突出机制创新，深入推进国家生态文明试验区建设，深化自然资源资产产权、国土空间规划和用途统筹协调管控、生态产品价值转化、严格生态环境保护责任等制度改革创新。突出问题导向，着力解决与群众密切相关的突出生态环境问题，统筹山水林田湖草一体化保护和修复，深入实施“蓝天工程”“碧水工程”“净土工程”，一体建设美丽城市、美丽城镇、美丽乡村。突出绿色发展，实施绿色制造工程，加快构建以生态产业化、产业生态化为主体的生态经济体系。

13. *推动文化软实力超越*。围绕举旗帜、聚民心、育新人、兴文化、展形象使命任务，全面加强宣传思想文化工作。着力铸魂育人，拓展新时代文明实践中心建设，深化群众性精神文明创建。着力延续文脉，加强文物保护利用和文化遗产保护传承，加强历史文化名城名镇名村和传统村落保护。着力融合传播，加快融媒体建设，健全网络综合治理体系。着力文化惠民，深入实施文艺高峰工程和影视繁荣创作计划，加快核心领域文化产业发展。

14. *推动社会治理效能超越*。以提高治理体系和治理能力现代化水平为目标，以预测预警预防各类重大风险为着力点，加强系统治理、依法治理、综合治理、源头治理。坚决维护国家政治安全，打击各种渗透颠覆破坏及暴恐犯罪活动。完善社会治安防控体系，提升基础防范和源头管控水平。创新发展新时代“枫桥经验”，大力推行“四门四访”等。切实保障公共安全，强化对重点领域、重点部位、重点环节、重点人群公共安全隐患常态化排查整治。健全城乡社区治理体系，推动自治法治德治融合。

四、全面深化闽台各领域融合

15. *深化经济领域融合*。完善闽台共赢发展的经济合作机制，推动优势产业对接，促进闽台企业共同研发、共建标准、共创品牌、共拓市场。

发挥厦门经济特区、自贸试验区等平台作用，降低台企市场准入门槛。深入推进闽台区域合作，加快涉台园区建设，支持厦门与金门、福州与马祖率先融合。推动平潭综合实验区发挥先行先试作用，加快建设新兴产业区、高端服务区、宜居生活区，打造台湾同胞“第二生活圈”。深化闽台农业融合发展。

16. 深化基础设施领域融合。加快实现金门、马祖同福建沿海地区通水、通电、通气、通桥。做大“小三通”黄金水道，支持发展海铁多式联运，推进闽台海空航线与“丝路海运”“丝路飞翔”及中欧班列对接。建设两岸能源资源中转平台。拓展电子商务、云端服务等新领域应用，持续推进在闽台胞通讯资费优惠政策落实。

17. 深化社会领域融合。坚持“非禁即享”，推进各项惠台政策落地，进一步研究更多促进台湾同胞在文化教育、医疗卫生、社会保障和基本公共服务等领域享受同等待遇新举措，逐步为台湾同胞在闽学习、创业、就业、生活提供与大陆同胞同等的待遇，像为大陆百姓服务那样造福台湾同胞。建设数字“第一家园”对台一体化服务平台。健全台湾青年实习就业创业市场机制，更好吸引和支持台湾青年来闽发展。持续推进台湾职业技能资格采认，优化服务支持体系。

18. 深化文化领域融合。深化民间基层交流，持续办好海峡论坛、海峡青年节、妈祖文化论坛、海峡西岸文博会等品牌活动，持续实施亲情乡情延续工程。拓展文化交流领域，增进台湾同胞对民族、对国家的认知和感情，更好促进两岸同胞心灵契合。

五、以坚强有力的党组织确保全方位推动高质量发展超越各项工作落深落细落实

牢记习近平总书记“党的建设一刻也不能放松”重要要求，全面贯彻新时代党的建设总要求和新时代党的组织路线，落实省委“五抓五看”“八个坚定不移”具体部署，按照省委“三四八”贯彻落实机制，推动全面从严治党向纵深发展，为全方位推动高质量发展超越提供坚强政治保证。

19. 坚持以党的政治建设为统领，全面推进党的各方面建设。坚定自觉把“两个维护”这一最高政治原则和根本政治规矩扎根在思想深处、落实到具体工作和实际行动中，坚定政治信仰、坚持党的政治领导、提高政治能力、净化政治生态。学懂弄通做实习近平新时代中国特色社会主义思想，把《习近平谈治国理政》第一、二、三卷作为整体深入学习，用好《习近平在福建》《习近平在厦门》《习近平在宁德》《习近平在福州》等系列采访实录鲜活教材，持续巩固“不忘初心、牢记使命”主题教育成果。要建设忠诚干净担当的高素质干部队伍，推动基层党组织全面进步、全面过硬，巩固发展反腐败斗争压倒性胜利。

20. 发扬充沛顽强的斗争精神，勇于担当作为。要知重负重、迎难而上，敢于涉险滩、啃硬骨头、接烫手山芋，深入开展突破“难、硬、重、新”工作行动，全力破解当前面临的急难险重任务、多年难啃的“硬骨头”、经济社会发展和民生事业的重点工作、重大改革创新突破点。要加强思想淬炼、政治历练、实践锻炼、专业训练，充分发挥各级党组织战斗堡垒作用和广大党员先锋模范作用。

21. 持续改进作风，力戒形式主义、官僚主义。各级领导干部要当好全方位推动高质量发展超越的“施工队长”，坚持人民至上，立足实际、把握实质、拿出实招、务求实效，以细化的目标、实化的任务、硬化的措施狠抓落实。大力弘扬“四下基层”“四个万家”“马上就办、真抓实干”等优良作风，深入开展形式主义、官僚主义集中整治，持续为基层减负。

全省各级党组织和广大党员干部要更加紧密地团结在以习近平同志为核心的党中央周围，勇担使命、真抓实干，攻坚克难、奋发有为，努力夺取全方位推动高质量发展超越新胜利，加快新时代新福建建设，为促进祖国统一、实现中华民族伟大复兴的中国梦作出更大贡献！

中共福建省委　福建省人民政府印发《关于营造更好发展环境支持民营企业改革发展的若干措施》

2020 年 7 月 2 日《福建日报》刊发：近日，中共福建省委、福建省人民政府印发《关于营造更好发展环境支持民营企业改革发展的若干措施》，并发出通知，要求各地各部门结合实际认真贯彻落实。

《关于营造更好发展环境支持民营企业改革发展的若干措施》公布如下：

为深入贯彻落实习近平总书记重要讲话重要指示批示精神，营造有利于创新创业创造的良好发展环境，进一步激发民营企业活力和创造力，充分发挥民营经济在推进供给侧结构性改革、建设现代化经济体系中的重要作用，扎实做好“六稳”工作，全面落实“六保”任务，全方位推动高质量发展超越，根据《中共中央、国务院关于营造更好发展环境支持民营企业改革发展的意见》，结合我省实际，制定如下措施。

一、在市场准入方面一视同仁。全面实施市场准入负面清单制度，民营企业等各类市场主体依法平等进入清单以外的行业、领域、业务等，不得因所有制形式不同，设置或者变相设置差别化市场准入条件。各级各部门要配合做好市场准入负面清单的信息公开工作，不得自行发布市场准入性质的负面清单，不得违规另设市场准入行政审批。鼓励民营企业参与电力、铁路、石油、天然气等重点行业领域相关业务以及养老、医疗、教育、文体等事业。

二、实施公平公正监管。推行行政执法公示制度、执法全过程记录制度、重大执法决定法制审核制度，不得对民营企业采取选择性执法和监管。推行“双随机、一公开”跨部门联合监管，避免多头执法、重复检查。实施信用分级分类监管，对信用好、风险低的民营企业减少抽查比例和频次；依法对民营企业及其经营管理者公共信用信息进行管理，不得违法增设监管措施和惩戒措施，对已纠正失信行为的企业要依法及时进行信用信息修复。实施“互联网 + 监管”，运用云计算、人工智能等信息技术手段开展“智慧监管”。对新技术、新产业、新业态、新模式等实行包容审慎监管。

三、保障各类市场主体公平竞争。认真贯彻落实《中共中央、国务院关于构建更加完善的要素市场化配置体制机制的意见》，充分发挥市场配置资源的决定性作用，进一步减少政府对要素的直接配置，畅通要素流动渠道，破除阻碍要素自由流动的体制机制障碍，扩大要素市场化配置范围，实现要素价格市场决定、流动自主有序、配置高效公平。在制定实施产业政策、土地供应、资金安排、资质许可、项目申报、金融服务供给、科技创新、人才服务、数据信息服务、分配能耗指标、实施污染物排放标准及其他资源要素配置方面，不得因所有制形式不同而设置不平等标准或条件，保障不同市场主体平等获取生产要素，确保权利平等、机会平等、规则平等。建立有违公平竞争问题的投诉举报和处理绿色通道，并及时向社会公布处理情况。

四、保障各类市场主体平等参与政府采购和招标投标。实施全省统一的政府采购和招标投标规则，不得违法将企业所有制形式、注册地、注册资本金、成立年限、在本地登记或设立分支机构等，作为参与政府采购和招标投标活动的资格要求或加分条件，不得提出与项目不相适应的资质、技术或业绩要求。开展政府采购和招标投标领域营商环境整治，依法清理纠正各种以不合理条件排斥、限制民营企业的做法。创新监管方式，建设“福建省工程领域招投标在线监管平台”，强化全过程监管，防范“量身定制”、恶意串通、违法分包转包等问题。

五、全面落实减税降费政策。落实好普惠性减税和结构性减税并举政策，实质性降低企业负担。缓解企业资金周转困难，加快退还符合条件的企业增值税期末留抵税额，推广以金融机构保函替代现金缴纳涉企保证金。对政府性基金、涉企行政事业性收费、涉企保证金以及实行政府定价的经营服务性收费，实行目录清单管理并向社会公开，目录清单之外的一律不得收费。继续扩大电力直接交易市场主体范围和电量规模。完善电价形成机制，降低企业用电成本。现有工业用地在符合规划和安全生产要求、不改变原用途的前提下，提高工业用地土地利用率和增加容积率，不再补缴土地出让金及相关费用。除法律法规规定外，任何单位和个人不得强制或者变相强制企业参加评比、达标、表彰、培训、考核、考试以及类似活动，不得借前述活动向企业收费或变相收费。严格清理整治违规涉企收费和第三方截留减税降费红利等行为，畅通投诉举报渠道，对社会反映集中的政府部门转嫁收费、中介机构违法违规收费、转供电主体乱收费行为进行重点查处。

六、加大银行机构的融资支持。支持发展地方中小法人银行机构，为中小微企业提供多样化的金融服务。鼓励银行机构增加民营企业信贷投放，提高新发放公司类贷款中民营企业贷款户数和金额比重。引导银行业机构健全授信尽职免责机制，在内部绩效考核制度中落实对普惠型小微企业不良贷款容忍度的要求。优化民营企业授信评价机制，注重企业正常生产经营活动产生现金流量的审核，对生产经营情况正常、资信良好的企业融资提供便利条件。提高信用贷款、中长期贷款等比重，不随意抽贷、断贷、压贷。同等条件下，银行机构对各类市场主体的贷款利率、贷款条件应当保持一致。大力推广应收账款、特许经营权、政府采购订单、收费权、知识产权等质押融资方式，拓宽银行抵（质）押物范围。大力推广“信易贷”、“税易贷”、“快服贷”等产品和模式，引导企业充分利用“全国中小企业融资综合信用服务平台”、“金服云”等平台进行融资。

七、扩大民营企业直接融资。指导民营企业开展规范化股份制改制，支持更多符合条件的民营企业到主板、中小板、创业板、科创板、“新三板”、海峡股权交易中心等多层次资本市场上市、挂牌。对在全国中小企业股份转让系统和海峡股权交易中心新挂牌交易的小微企业，省级财政给予最高30万元补助。支持民营企业通过增资扩股、发行债券等方式融资，鼓励发行小微企业增信集合债，对符合条件的给予贴息。

八、帮助民营企业纾难解困。在做好常态化疫情防控的前提下，继续加强要素保障，给予民营企业稳定支持。着力保市场主体，打通政策链、服务链、操作链，帮扶中小企业有效应对疫情影响、渡过难关，提高中小企业生存和发展能力。设立省级中小微企业应急纾困专项贷款，支持中小微企业纾难解困。用好省级纾困基金和纾困专项债，重点支持符合条件的上市公司纾解股权质押风险，帮助短期流动性出现困难的上市企业渡过难关。各级政府性融资担保机构要通过综合应用风险补偿、保费补贴、代偿补偿等手段，为民营企业提供融资增信支持。省级财政统筹安排一定资金，对融资担保机构从事政策性担保业务予以奖补。符合国家调整产业结构和土地集约利用要求、纳税确有困难的企业，可申请减征或免征城镇土地使用税。

九、整治拖欠民营企业账款。各级政府及其所属事业单位、国有企业要严格履行在招商引资、政府与社会资本合作等活动中与民营企业依法签订的各类合同，不得违约拖欠民营企业货物、工程、服务等账款，确保无分歧拖欠账款立清立还，有分歧拖欠账款也要通过调解、协商、司法等途径加快解决，决不允许增加新的拖欠。按照“属地管理、分级负责，谁监管、谁负责”的原则，切实加强对清欠工作的组织领导，强化政策协同，形成工作合力。将清欠工作完成情况列入巡视巡察整改、审计监察和各级政府绩效考核，提高政府部门及其所属事业单位、国有企业的拖欠失信成本，构建严防新增拖欠的长效机制。

十、保护民营企业和民营企业家合法权益。加强对民营企业的刑事保护。提高司法审判和执行效率，防止因诉讼拖延影响企业生产经营。依法慎用羁押性强制措施和查封、扣押、冻结等措施，禁止超范围、超标的保全。建立履行宽限期制度，在宽限期内，暂不发布被执行人失信或者限制消费信息；期限届满，被执行人仍未履行生效法律文书确定义务的，再发布其信息并采取相应惩戒措施。及时公正地甄别纠正侵犯民营企业和企业家人身财产权的冤错案件。对侵犯企业合法权益等违法犯罪行为，要依法惩处。健全知识产权侵权惩罚性赔偿制度，合理降低权利人举证难度，加大源头侵权、重复侵权、恶意侵权和规模侵权的赔偿力度，按规定增设知识产权法庭。

十一、支持民营企业改革发展。鼓励民营企业加快建立现代企业制度，通过多种方式参与国有企业混合所有制改革。支持优势企业通过并购重组，整合产业链上下游资源做大做强。对企业兼并重组重大项目发生的评估、审计、法律顾问、财务顾问等前期费用和并购贷款利息予以补助，单个项目补助不超过300万元。鼓励企业聚焦实业，加快转型升级，对新认定的省“专精特新”中小企业和国家专精特新“小巨人”企业，分别给予不低于10万元、50万元奖励；对新认定的省制造业单项冠军和国家制造业单项冠军，分别给予不低于50万元、100万元奖励。

十二、支持民营企业科技创新。支持民营企业参与重大科学技术项目攻关。加快向民营企业开放国有重大科研基础设施和大型科研仪器。对民营企业开展科技创新和成果转移转化给予经费支持。对新认定的国家工程研究中心，按国家给予的补助金额，予以1∶1配套奖补；对新认定的国家企业技术中心给予500万元奖励；对新认定并经评审为优秀的省级工程研究中心，给予500万元奖励；对新认定的省企业技术中心和省级新型研发机构分别给予50万元奖励，对被认定的省级制造业创新中心试点牵头单位给予100万元资金扶持，对被认定的省级制造业创新中心牵头单位给予1000万元资金扶持，激发民营企业创新活力，提高核心技术开发能力。优化高新技术企业认定流程，落实企业研发费用分段补助、税前加计扣除和高新技术企业所得税减免等政策。

十三、支持企业人才建设。在人才引进支持政策方面，对民营企业一视同仁，加大认定和支持力度，做好高层次人才的服务保障工作。实施产教融合，大力推进校企合作，通过产学研合作、共建实习实训基地等方式，培养培训符合企业需求的各类人才。对民营企业人才参加全省各系列、各层次职称评审的，在评价标准、评审程序等方面平等对待。

十四、完善市场主体退出机制。提升企业注销网上服务水平，实现企业注销“一网”服务。进一步推进企业简易注销登记改革试点工作，探索将简易注销适用范围扩大到未实质性开展经营活动、无债权债务的非上市股份有限公司、各类企业分支机构、农民专业合作社及其分支机构；建立简易注销容错机制，解决企业注销难问题。落实“府院联动”处置破产工作统一协调机制，统筹协调破产重整程序中的企业注销、涉税事项办理、资产处置、职工权益保护等问题。

十五、支持民营企业拓展发展空间。鼓励民营企业用好我省“多区叠加”政策优势，积极参与“海丝”核心区、闽东北闽西南两大协同发展区建设，支持民营企业在共建“一带一路”、推进乡村振兴中发挥更大作用。引导和支持民营企业拓展海外市场，促进闽台产业深度融合，深化闽港澳交流合作。深入实施军民融合发展战略，加强民营企业与军工央企集团对接合作和“走出去”，引导民营企业按规定进入基础设施建设、国防科技工业和军队后勤保障改革等领域，发展壮大军民融合产业，形成若干具有示范带动作用的军民融合产业基地或园区。

十六、关心关爱民营企业家。发布我省年度民营企业100强名单。在各类评选表彰活动中，平等对待优秀民营企业和企业家。鼓励引导民营企业和企业家心无旁骛办实业，守法合规经营，增强社会责任，参与社会公益事业。加强对民营企业家特别是年轻一代的培养教育，弘扬优秀企业家精神，促进民营企业家健康成长。加强舆论引导，慎重发布对企业生产经营产生重大影响的负面信息，为民营企业改革发展营造宽松包容的良好社会氛围。

十七、构建亲清政商关系。建立规范化机制化政企沟通渠道，落实党政领导干部与企业家恳谈会制度，定期召开企业家座谈会，专题听取企业家意见和诉求。各级政府召开的经济类会议，可邀请民营企业参加。建立政务咨询、诉求回应机制，通过“政企直通车”、人大代表建议、政协委员提案等，充分发挥工商联、行业协会商会作用，广泛听取企业诉求和意见，及时处理和反馈。公职人员在依规依纪依法的前提下，要大胆开展工作，积极主动到企业或行业协会商会开展政策宣传、调查研究、招商引资、征求意见等，经批准可参加企业或行业协会商会举办的会议及活动，为民营企业发展靠前服务、排忧解难。公职人员尤其是党员领导干部在与企业及企业家交往过程中，要严格遵守党纪法规，不搞权力寻租、不谋取私利、不厚此薄彼，既严于律己、把握底线，又积极为企业服务，坦荡真诚同企业家接触交往。

十八、狠抓惠企政策落实。制定涉企政策前，要广泛调研、聚焦关切，充分听取行业协会商会和企业家的意见建议。制定政策时，要同步研究配套解读材料、申报流程图、办事指南及示例，将政策性支持和补助项目细化、申报流程具体化，方便查询申请。政策出台后，要按规定通过政府门户网站、网上办事大厅、新闻媒体、微信微博、移动客户端等多渠道多形式及时公布、宣传解读，更多利用闽政通 APP、“政企直通车”等平台集中发布、精准推送惠企政策。对马上实施有困难的，要合理设置缓冲过渡期，给企业留出必要的适应调整时间。要适时开展执行情况和实施效果评估，对确需调整的及时按程序调整，推动惠企政策真正落地见效。要加强政策储备，让政策跑在受困企业前面。

十九、提升政务服务水平。坚持“马上就办”，面向企业的依申请政务服务事项，除涉密外全部入驻省网上办事大厅和各地行政服务中心，实时更新，动态管理。全面推行行政审批标准化，公开办事指南、明示办理流程、统一申报材料，同一事项实行无差别受理、同标准办理。大力推行“互联网+政务服务”，构建省市县乡政务服务“一张网”，提升“全程网办、一网通办”和“一趟不用跑”、“最多跑一趟”事项比例，实现“马上办、网上办、掌上办、就近办”。各地可依托行政服务中心、工业园区（开发区）推行代办服务，为企业投资建设项目审批等提供免费帮代办，对重大项目积极开展全程帮代办。落实政务服务“好差评”制度，服务绩效由企业和群众评判。

二十、强化民营经济统计监测和分析。建立健全民营经济统计监测、分析制度，在统计分析报告中体现民营经济相关指标数据和运行情况。各级政府要建立风险监测制度，利用大数据等技术对存在或者可能存在的市场风险进行分析和评估，及时向民营企业发出预警信息，防范市场风险。

二十一、加强组织领导。坚持党对支持民营企业改革发展工作的领导。各级要建立支持民营企业改革发展的领导协调机制，省级要发挥好福建省促进中小企业发展工作领导小组的协调推动作用。指导民营企业设立党组织，积极探索创新党建工作方式，开展党的活动，努力提升民营企业党的组织和工作覆盖质量。将支持民营企业发展相关指标纳入高质量发展绩效评价体系，作为党政领导班子和领导干部工作考核的重要内容。各级各部门要因地因时因业施策，在统筹推进疫情防控和经济社会发展工作中，持续加大对民营企业精准帮扶力度。探索评选改革发展标杆民营企业和民营经济示范城市，发挥示范引领作用。全面贯彻实施《优化营商环境条例》，开展营商环境评价，努力为民营企业营造稳定、公平、透明、可预期的发展环境。

各级各部门要充分认识营造更好发展环境支持民营企业改革发展的重要性，认真贯彻落实党中央、国务院决策部署，按照省委和省政府工作要求，结合各自实际，完善工作机制，细化支持政策，创新具体举措，确保各项政策措施落地见效，真正让民营企业有更多获得感。

2021 年福建省人民政府工作报告

——2021 年 1 月 24 日在福建省第十三届人民代表大会第五次会议上

福建省人民政府省长　王宁

各位代表：

现在，我代表福建省人民政府，向大会报告政府工作，请予审议，并请省政协各位委员和其他列席人员提出意见。

一、2020 年和“十三五”时期工作回顾

2020 年是极不平凡的一年，是众志成城、共克时艰的一年。新冠肺炎疫情突如其来，经济发展备受冲击，外部环境严峻复杂，我们在以习近平同志为核心的党中央坚强领导下，坚持以习近平新时代中国特色社会主义思想为指导，全面贯彻党的十九大和十九届二中、三中、四中、五中全会精神，认真落实党中央、国务院决策部署和省委工作要求，增强“四个意识”、坚定“四个自信”、做到“两个维护”，奋力战疫情、保民生、稳经济、促发展，夺取了疫情防控和经济社会发展“双胜利”。

这一年，习近平总书记亲自作出系列重要指示批示，赋予福建全方位推动高质量发展超越的重大使命，亲自向第三届数字中国建设峰会等致贺信，亲自宣布建立厦门金砖国家新工业革命伙伴关系创新基地，给予福建极大关怀，为我们进一步指明了前进方向，增添了巨大动力。

这一年，我们坚持把人民群众生命安全和身体健康放在第一位，在省委领导下，打赢了新冠肺炎疫情防控的人民战争、总体战、阻击战。从公布首例确诊病例到住院患者清零只用了 46 天。先后派出 12 批 1393 名医护人员，圆满完成驰援湖北武汉、宜昌任务，组建 2 支医疗专家组赴意大利、菲律宾协助抗疫，组建 1 支核酸检测队赴香港协助新冠病毒核酸检测工作，为抗疫大局作出积极贡献。

这一年，我们取得了决战脱贫攻坚的决定性胜利。现行标准下 45.2 万农村建档立卡贫困人口全部脱贫，2201 个建档立卡贫困村全部退出，23 个省级扶贫开发工作重点县全部摘帽。闽宁对口扶贫协作援宁群体被中宣部授予“时代楷模”称号，福州·定西东西部扶贫协作入选“联合国全球减贫案例”。

这一年，我们扎实做好“六稳”工作、全面落实“六保”任务，深入实施“八项行动”，保持了经济社会持续健康发展。初步统计，全省生产总值 43903.9 亿元，增长 3.3%；一般公共预算总收入 5158.4 亿元，增长 0.2%；地方一般公共预算收入 3079 亿元，增长 0.9%；居民消费价格总水平上涨 2.2%；城镇登记失业率 3.8%；城镇居民人均可支配收入 47160 元，增长 3.4%；农村居民人均可支配收入 20880 元，增长 6.7%；节能减排任务全面完成。

一年来的主要工作和成效是：

（一）坚持创新发展，内生动力持续增强

创新支撑更加有力。4 家省创新实验室和 10 家制造业创新中心加快建设，新增国家高新技术企业 1400 家、企业技术中心 7 家、工程研究中心 9 家，新增省级新型研发机构 54 家。省创新研究院正式启动运转。发明专利授权量增长 14.4%，厦门大学研发的新冠肺炎疫苗获批开展临床试验。新增省级以上技术转移机构 26 家，技术合同成交额增长 25.9%。省级科技特派员创业和技术服务实现乡镇全覆盖。

产业发展提质增效。新型显示、集成电路、半导体照明等全产业链加快发展，新增省级以上制造业单项冠军企业47家，工业战略性新兴产业增加值占规上工业增加值的25.6%。加快数字产业化、产业数字化，数字经济增加值增长15%。推进特色现代农业高质量发展“968”工程，十大乡村特色产业全产业链总产值突破2万亿元。新增国家全域旅游示范区4家，湄洲岛成功创建国家5A级旅游景区，实现“市市有5A景区”，平潭国际旅游岛影响力持续增强，“全福游、有全福”品牌效应进一步扩大。

内需潜力有效释放。深化“五个一批”，突出“两新一重”，推动设立500亿元稳投资补短板应急专项融资资金，发行1353亿元地方政府专项债，集中开工建设997个重大项目、总投资7640亿元。新增高速公路里程468公里、铁路运营里程264公里，新建改造城市道路和各类市政管网7300公里。5G基站实现县级以上城区全覆盖，“海丝一号”遥感卫星成功发射升空，实现了福建卫星零的突破。福清核电“华龙一号”全球首堆并网成功，白濑水利枢纽工程大坝开建。开展“全闽乐购”等系列活动，发放消费券3.4亿元、撬动千亿消费，大力培育夜间经济，发展直播经济、网红经济，网络零售额增长24.7%。

营商环境不断优化。全省依申请审批服务事项网上可办率超过97%，“一趟不用跑”“最多跑一趟”占比达到98%，企业开办实现“一网通办”，工程建设项目审批制度改革评估获得全国第一名。“政企直通车”企业来件办结率达100%。着力帮扶企业，设立200亿元中小微企业纾困专项资金和600亿元稳外贸专项贷款，普惠型小微企业贷款余额增长31.9%。新增减税降费超过600亿元，累计减轻企业负担超过1300亿元，新登记市场主体增长40.3%。

（二）坚持协调发展，城乡区域统筹更加均衡

闽东北、闽西南协同发展区加快建设。加强基础设施互联互通，衢宁铁路、福平铁路开通运营，平潭海峡公铁大桥建成通车，漳汕高铁、温武吉铁路、福莆宁城际铁路、厦漳泉城际铁路等重大项目前期工作扎实推进。福州新区、厦门环东海域新城建设全面提速，南平行政中心搬迁平稳顺利。闽江流域山水林田湖草生态保护修复工作深入推进，九龙江流域启动试点，全流域协同治理水平不断提高。

城乡融合持续深化。加快完善城乡路网体系，建成普通国省干线公路364公里，新建、改造农村公路1886公里，80%以上陆域乡镇实现30分钟内上高速。加快以县城为载体的新型城镇化，10个县（市）列入国家县城新型城镇化建设示范点。城乡供水一体化全面展开，农村基层政务、商务信息化应用加快普及。推动乡村振兴“百镇千村”试点示范建设，农村人居环境整治三年行动全面收官。

老区苏区加快发展。精准落实帮扶措施，建立“一键报贫”等监测和帮扶机制，有效防止返贫，加快老区苏区、少数民族地区脱贫奔小康。12个原中央苏区县纳入中央国家机关及有关单位对口支援范围。武夷山机场迁建、龙岩新机场等重大项目加快推进，老区苏区所有县城15分钟内上高速。

双拥共建开创新局。成功举办2020年“中国航天日”主场活动和中国航天大会，我省成为北斗三号全球卫星导航系统全国首批落地省份。海防建设管理和国防动员成效明显。军人军属、退役军人和其他优抚对象优待工作进一步深化，国防教育全面加强，连续五届实现全国双拥模范城“满堂红”。

（三）坚持绿色发展，经济生态实现良性互动

国家生态文明试验区建设迈出新步伐。39项改革经验推广全国，数量居全国首位。武夷山国家公园体制改革试点任务全面完成。创新推出“三明林票”“南平生态银行”等改革试点。生态环境损害赔偿制度体系基本健全。排污权、碳排放权、用能权交易总额持续扩大。“三线一单”正式编制实施，生态保护红线评估调整工作基本完成。

污染防治攻坚战成效显著。臭氧污染有效遏制，PM2.5浓度同比下降16.7%。主要流域优良水质比例同比提高1.4个百分点，小流域优良水质比例同比提高4.1个百分点，设区城市建成区基本消除黑臭水体。实施饮用水安全“六个100%”工

程，县级以上集中式生活饮用水水源地100%达标。土壤环境风险防控试点扎实推进。近岸海域优良水质比例82.9%，三都澳海上养殖综合整治成为养殖产业绿色转型的样板。

绿色生产生活方式加快形成。严格能耗总量和强度“双控”。坚持节约集约用地，超额完成国家下达的批而未供、闲置土地处置任务，连续21年实现耕地占补平衡。推进农业绿色发展，畜禽粪污综合利用率达90%。扎实开展绿色生活创建行动，城市公交车中新能源汽车占80%，城镇新增建筑中绿色建筑面积占比达77%，设区城市建成区生活垃圾分类全面铺开。

（四）坚持开放发展，以开放促改革促发展

开放水平不断提升。与共建“一带一路”国家和地区贸易额增长7.2%，东盟成为第一大贸易伙伴，丝路海运航线达70条，中欧（厦门）班列发运271列。自贸试验区新增6项成果在全国复制推广，上线国际贸易单一窗口4.0版。成功举办厦洽会、海交会，全省服务业实际使用外资增长37.2%。积极参加第三届进博会，采购商规模和采购金额双增长。闽港闽澳合作持续深化，闽籍侨亲、侨商作用进一步发挥。深化泛珠三角区域合作，闽粤电力联网工程获批建设。加强粮食产销合作，成功举办第三届中国粮食交易大会。援疆援藏援宁援甘工作成效显著。

闽台融合发展取得新进展。闽台贸易额增长10.9%，实际使用台资增长77.3%。首家两岸合资全牌照证券公司揭牌开业。向金门日均供水超万吨，向金马供气福建侧已基本具备条件。平潭率先构建覆盖职业资格、企业资质、商品检验的全链条采信体系，我省直接采认台湾地区部分技能人员职业资格改革事项在全国推广。厦门、泉州、莆田等地设立台胞医保服务中心。实施亲情乡情延续工程，海峡论坛、海峡青年节、两岸企业家峰会等重大活动成功举办。

重点领域改革扎实推进。公立医院运行机制改革等多项经验在全国推广，4个设区市纳入国家城市医联体建设试点，26个县（市、区）纳入国家紧密型县域医共体试点，率先开展省疾控中心综合改革。统筹推进宁德、龙岩国家级普惠金融改革试验区和三明、南平绿色金融改革试验区建设。政府债务余额控制在限额以内，隐性债务存量有效化解，网贷机构全部退出市场。省属企业整合重组全面铺开，省港口集团顺利组建。农村集体产权制度改革整省试点任务全面完成。全域土地综合整治试点深入开展。三明获批建设全国首个林业改革发展综合试点市。审计常态化“经济体检”作用有效发挥。

（五）坚持共享发展，人民群众获得感不断提升

民生福祉日益增进。28件省委省政府为民办实事全面完成。坚持减负稳岗扩就业保就业并举，实施“1234”稳就业工作法，城镇新增就业54.6万人，失业人员再就业24万人。开工棚户区改造4万套、公租房2.4万套、老旧小区改造24万户。城乡居民基础养老金省定最低标准提高到130元、高出国家标准37元，城镇职工退休人员基本养老金增长5%。省级稻谷储备增加40万吨，主要农产品量足质优价稳。

公共服务不断完善。新开工建设226所公办幼儿园，学前三年入园率达98.8%，随迁子女公办学校就读率保持在90%以上。高考综合改革稳步推进，职业教育产教融合、校企合作不断深化，高等教育内涵式发展迈出新步伐。省儿童医院建成投用，省疾控中心、福州新区滨海新城综合医院基本建成，全省11752个村卫生所开通医保服务。居家社区养老服务照料中心实现街道和中心城区全覆盖，农村养老设施覆盖率达72%。公共法律服务三大平台实现城乡全覆盖。文化和自然遗产保护利用、城乡面貌品质“两个新提升”成效明显。“送王船”项目列入联合国非物质文化遗产代表作名录。成功举办第33届中国电影金鸡奖颁奖活动。全民健身活动大力开展，竞技体育竞争力不断提升，体育产业逆势增长。社会福利和慈善事业持续提升。妇女儿童、老龄、残疾人等事业不断推进，民族团结宗教和睦。

社会大局保持稳定。平安建设向更高水平迈进，群众安全感率达99%。扫黑除恶专项斗争持续深化，信访制度改革深入推进。深刻汲取泉州欣佳酒店“3·7”坍塌事故教训，扎实开展安全生产专项整治三年行动和各领域安全隐患大排查大整治，各类事故起数和死亡人数持续下降。严

格食品药品安全监管，食品评价性抽检、药品抽检合格率分别为99.4%、99.8%。全面完成第七次全国人口普查现场登记工作。扎实做好防汛防台风抗旱工作，综合防灾减灾能力进一步提高，人民群众生命财产安全得到有效保障。

过去一年，我们巩固深化“不忘初心、牢记使命”主题教育成果，严格落实中央八项规定及其实施细则精神和我省实施办法，政府系统全面从严治党向纵深推进，风清气正、干事创业、担当作为的氛围更加浓厚。我们加快法治政府建设，提请审议地方性法规22件，制定修改废止政府规章9件，办理人大代表建议822件、政协提案848件，办结率均为100%。我们持续深化机关效能建设，统筹督查增效和基层减负，力戒形式主义、官僚主义，政府行政效能和服务水平进一步提升。

2020年是“十三五”规划收官之年，也是具有里程碑意义的一年。“十三五”时期，全省生产总值接连跃上3万亿元、4万亿元台阶，人均生产总值接近11万元，新时代新福建建设迈出了新步伐。

五年来，我们围绕“机制活”，坚持深化改革扩大开放，发展活力潜力充分激发。自贸试验区累计推出196项全国首创举措，各方面建设取得积极成效，获得习近平总书记批示肯定。圆满完成金砖国家领导人厦门会晤筹备和服务保障任务，海丝核心区建设走深走实，进口规模提升到全国第7位，出口规模保持全国第6位，实际使用外资、对外投资年均增长5.9%和7.4%，国际友城达115对。台胞台企登陆的第一家园加快建设，台湾百大企业超过一半在闽落户，农业利用台资项目数和实际到资规模保持大陆首位，台胞入闽超过1400万人次。省域治理体系和治理能力现代化“四梁八柱”基本确立，营商环境明显改善。医改、林改、农村承包地确权登记颁证、河湖长制、农村公路路长制等工作走在全国前列。

五年来，我们围绕“产业优”，坚持优化结构转型升级，现代产业体系加快构建。国家创新型省份、福厦泉国家自主创新示范区获批建设，国家高新技术企业突破6200家，是2015年的3倍多。特色现代农业产业体系更加完善，农产品质量安全合格率稳定在98%以上。工业增加值跃升至全国第6位，三大主导产业增加值年均增长8.4%，实现“机器换工”约7万台（套）。厦航荣获第二届中国质量奖，实现全省零的突破。数字经济增加值突破2万亿元、占GDP比重45%左右。海洋生产总值年均增长10%左右。第三产业高质量发展，占GDP比重从41.6%提高到47.5%。

五年来，我们围绕“百姓富”，坚持改善民生补齐短板，人民生活水平明显提高。城镇累计新增就业299.94万人，居民人均可支配收入从2015年的25404元增加到37202元，最低工资标准平均水平从2015年的1123元提高到1628元。医疗机构床位总数增加4.1万张，常住人口人均预期寿命达78.4岁、比全国水平高0.8岁，居民主要健康指标稳居全国前列。所有县成为“全国义务教育发展基本均衡县”，基本消除大班额。厦门大学、福州大学入选国家“双一流”建设高校。建成“两纵三横”综合交通运输大通道，福州、厦门迈入“地铁新时代”，所有建制村通客车。新建改造城市道路、绿道及各类市政管网4万多公里，70万户居民搬出棚户区（旧屋区）住进新房，27.9万户居民住进公租房。

五年来，我们围绕“生态美”，坚持人与自然和谐共生，生态环境质量保持全国领先。获批建设首个国家生态文明试验区，生态文明体制机制创新走在全国前列。设区城市空气优良天数比例98.8%、高于全国平均水平11.8个百分点，主要流域优良水质比例97.9%、高于全国平均水平14.5个百分点，水质综合合格率99.9%，市县生活垃圾无害化处理率100%、污水处理率94.9%。森林覆盖率66.8%、继续保持全国首位，九市一区全部晋级国家森林城市。

各位代表！“十三五”改革发展成就来之不易，这是习近平同志作为党中央的核心、全党的核心领航掌舵的结果，是习近平新时代中国特色社会主义思想科学指引的结果，是全省人民攻坚克难、团结奋斗和各方面大力支持的结果。我代表省人民政府，向全省人民，向人大代表、政协委员、各民主党派、工商联、人民团体和社会各界人士，向中央驻闽单位、驻闽人民解放军、武警部队官兵、公安干警和消防救援队伍，向所有关心支持福建发展的台港澳同胞、海外乡亲和国际友人，表示衷心感谢！

我们也清醒地认识到，我省经济社会发展中仍然存在不少困难和问题，主要是：创新能力不适应高质量发展要求，全社会研发投入水平偏低，产业结构不优，产业链发展水平不高，重大项目接续不足，重点领域关键环节改革仍需突破，城乡区域发展不够平衡，居民收入水平有待提升，基本公共服务供给任务较重，生态环境保护和社会治理亟待进一步加强，少数干部不担当、不作为的现象仍然存在。我们必须坚持问题导向，发扬斗争精神，切实加以解决，努力把工作做得更好。

二、实施“十四五”规划，奋力谱写全面建设社会主义现代化国家的福建篇章

各位代表，“十四五”时期是开启全面建设社会主义现代化国家新征程的第一个五年，也是我省全方位推动高质量发展超越、加快新时代新福建建设的关键五年。

根据省委十届十次、十一次全会的部署，到二〇三五年我国基本实现社会主义现代化之时，我省基本实现全方位高质量发展超越，“机制活、产业优、百姓富、生态美”的新福建展现更加崭新的面貌。这就是，全省经济实力大幅跃升，经济总量和城乡居民人均收入再迈上新的大台阶，基本实现新型工业化、信息化、城镇化、农业现代化；科技创新能力大幅提高，全面建成创新型省份；产业结构全面优化，建成现代产业体系；基本实现省域治理体系和治理能力现代化，人民平等参与、平等发展权利得到充分保障，建成法治福建、法治政府、法治社会；建成文化强省、教育强省、人才强省、体育强省、健康福建，国民素质和社会文明程度达到新高度，文化软实力显著增强；广泛形成绿色生产生活方式，美丽福建基本建成；形成对外开放新格局，在构建更高水平开放型经济新体制上走在全国前列；人民生活更加美好，人均地区生产总值率先达到中等发达国家水平，城乡区域发展差距和居民生活水平差距明显缩小，基本公共服务实现均等化，平安福建建设达到更高水平，人的全面发展、全体人民共同富裕取得更为明显的实质性进展。

锚定二〇三五年远景目标，我们要立足新发展阶段、贯彻新发展理念、积极服务并深度融入新发展格局，努力在全方位推动高质量发展超越上迈出重要步伐。今后五年我省经济和社会发展的指导思想是：高举习近平新时代中国特色社会主义思想伟大旗帜，深入贯彻党的十九大和十九届二中、三中、四中、五中全会精神，全面贯彻党的基本理论、基本路线、基本方略，紧紧围绕统筹推进“五位一体”总体布局和协调推进“四个全面”战略布局，增强“四个意识”、坚定“四个自信”、做到“两个维护”，坚持党的全面领导，坚持以人民为中心，坚持新发展理念，坚持深化改革开放，坚持系统观念，坚持稳中求进工作总基调，以全方位推动高质量发展超越为主题，以深化供给侧结构性改革为主线，以改革创新为根本动力，以满足人民日益增长的美好生活需要为根本目的，统筹发展和安全，努力在建设现代化经济体系上有新的更大进展，在服务全国构建新发展格局上展现更大作为，在积极探索海峡两岸融合发展新路上迈出更大步伐，在推进省域治理体系和治理能力现代化上取得更大突破，实现经济行稳致远、社会安定和谐，不断增强人民群众获得感、幸福感、安全感，奋力谱写全面建设社会主义现代化国家的福建篇章。

我们要奋力实现更高质量的发展。加快转变经济发展方式，加快新旧动能转换，进一步扩大总量超越优势，推动经济实力更强。强化科技自立自强，深入实施科教兴省、人才强省、创新驱动发展战略，加强知识产权保护，实施一批科技创新重大工程，全面建设创新型省份。深入推进先进制造业强省、质量强省、海洋强省、数字福建建设，做大做强主导产业，提档升级优势产业，培育壮大新兴产业，加快发展现代服务业，打造数字中国样板区和数字经济发展高地，提升产业基础高级化、产业链现代化水平，推动现代化经济体系建设取得重大进展。

我们要奋力实现更有效率的发展。聚焦重点领域和关键环节改革，立足更深层次、更宽领域、更大范围的对外开放，推动改革开放更深入。坚持有效市场和有为政府有机结合，深化“马上就办”，持续优化营商环境。创新发展“晋江经验”，充分激发民营经济活力。发挥区位枢纽优势，全面建设交通强国先行区，科学谋划构建大通道，发展大流通，开拓大市场，依靠拓展内需积极融入国内大循环。发挥多区叠加优势，主动融入共建“一带一路”，充分利用国内国际两个市场两种资源，发挥闽籍侨胞重要力量，促进内需与外需、出口与进口、引进外资与对外投资协调发展。积极探索海峡两岸融合发展新路，为促进两岸关系和平发展、促进祖国统一发挥更大作用。

我们要奋力实现更加公平的发展。坚持以人民为中心，加强普惠性、基础性、兜底性民生建设，推动共同富裕，努力让人民生活更幸福。强化就业优先政策，实现更加充分、更高质量的就业，促进居民收入与经济增长基本同步。构建高质量教育体系，实施健康福建战略，健全多层次社会保障体系，改革完善社会救助制度，努力提高基本公共服务均等化水平。加快建设法治福建，推进科学立法、严格执法、公正司法、全民守法，让人民群众切身感受到公平正义。

我们要奋力实现更可持续的发展。深入贯彻习近平生态文明思想，持续实施生态省战略，围绕碳达峰、碳中和目标，全面树立绿色发展导向，构建现代环境治理体系，努力实现生态环境更优美。落实主体功能区战略，健全省域国土空间治理体系。实施区域协调发展战略，做深做实新时代山海协作，倾情倾力推进老区苏区全面振兴。全面实施乡村振兴战略，做好巩固拓展脱贫攻坚成果同乡村振兴有效衔接，稳步提高土地出让收益用于农业农村的比例，促进农业高质高效、乡村宜居宜业、农民富裕富足。深化闽东北、闽西南协同发展区建设，加快福州都市圈建设和厦漳泉都市圈一体化，促进大中小城市和小城镇协调发展，推进宜居韧性有温度的新型城镇化。坚持以社会主义核心价值观引领文化建设，提升公共文化服务水平，健全现代文化产业体系，延续八闽文脉，推动社会文明程度更高。

我们要奋力实现更为安全的发展。坚持总体国家安全观，统筹发展和安全，建设更高水平的平安福建，筑牢国家安全东南屏障，推动治理体系更完善。完善和落实安全生产责任制，有效遏制重特大生产安全事故。加强生物安全监管和风险防控。持续深化“餐桌污染”治理、建设食品放心工程，提高食品药品安全保障水平。完善应急管理体系，提高防灾、减灾、抗灾、救灾能力。实施粮食安全战略，加强种子库建设，稳定粮食综合生产能力，确保粮食播种面积和产量只增不减，自给率稳步提高。实施能源安全战略，提升能源储备能力和应急保障能力。维护区域金融稳定，守住不发生系统性金融风险的底线。确保生态安全，保障核与辐射安全，维护网络空间安全。完善社会治安防控体系，健全矛盾纠纷多元化解、源头稳控机制，推动扫黑除恶专项斗争长效常治，切实维护社会稳定安全。积极服务国防和军队现代化建设，加强军队后续改革服务保障，完善国防动员体系，持续加强双拥共建工作，巩固军政军民团结。

三、凝心聚力、开拓进取，全力做好2021年工作

2021年是我国现代化建设进程中具有特殊重要性的一年，做好今年工作意义重大。我们要以习近平新时代中国特色社会主义思想为指导，全面贯彻党的十九大和十九届二中、三中、四中、五中全会精神，坚持稳中求进工作总基调，立足新发展阶段，贯彻新发展理念，积极服务并深度融入新发展格局，以全方位推动高质量发展超越为主题，以深化供给侧结构性改革为主线，以改革创新为根本动力，以满足人民日益增长的美好生活需要为根本目的，坚持系统观念，巩固拓展疫情防控和经济社会发展成果，更好统筹发展和安全，扎实做好“六稳”工作、全面落实“六保”任务，科学精准施策，努力保持经济运行在合理区间，坚持扩大内需战略，强化科技战略支撑，扩大高水平对外开放，以新时代新福建建设的优异成绩庆祝建党100周年。

今年经济社会发展的主要预期目标是：全省生产总值增长7.5%左右；居民消费价格总水平涨幅3%左右；城镇登记失业率控制在5%以内；城镇居民、农村居民人均可支配收入分别增长7%和8%；单位GDP能耗控制在国家下达的目标内；粮食总产量稳定在500万吨。

实现以上目标，必须深入学习贯彻习近平总书记关于统筹疫情防控和经济社会发展重要论述，弘扬伟大抗疫精神，坚持人民至上、生命至上，坚持联防联控、群防群控、人防技防相结合，毫不松懈抓好各项防控工作，积极构建疫情防控和经济社会发展工作中长期协调机制。坚持严字当头、周密部署，科学防控、精准施策，压实“四方责任”，严格落实“四早”要求，守住城市社区防线，突出抓好农村管理和防控，严防出现聚集性疫情，严防散发病例传播扩散。抓紧抓实“外防输入、内防反弹”工作，强化“人”“物”同防，严格实施国内中高风险地区和境外入闽人员闭环管理，加强对进口冷链食品等检测和消毒，落实重点涉疫场所防控措施。严格疫苗全流程管理，有序组织疫苗接种，尽快建立人群免疫屏障。强化监测预警报告，提升核酸检测能力，做好应急物资和人员准备，一旦出现疫情，迅速依法依规、科学精准处置，确保人民生命安全和身体健康，为经济社会发展奠定基础。

今年重点抓好以下九项工作：

（一）大力推进科技创新，加快建设创新型省份

做强高能级创新平台。加快福厦泉国家自创区建设，深化“双自联动”，推动福州建设福建科学城、厦门建设未来科技城、泉州建设时空科创基地。创建更多国家创新型县市，力争实现省级以上高新区设区市全覆盖。进一步对接高端创新资源，争创国家实验室。高标准建设省创新实验室、省创新研究院，新布局建设省生物医药领域创新实验室、10 家以上省级临床医学研究中心，打造一批工程研究中心、制造业创新中心、企业技术中心，新增省级新型研发机构 30 家以上。深化京闽科技合作，支持三明中关村科技园建设。实施国防科技工业创新工程，推动国家高新技术产业创新示范基地建设。

提升企业技术创新能力。完善高技术企业成长加速机制，大力吸引和培育独角兽企业，力争省级以上高新技术企业突破 1 万家。完善企业研发投入激励机制，提高规模以上工业企业研发活动和研发机构的比例，力争全社会研发投入增长 20% 以上。建立健全产业重点攻关技术目录（库），支持领军企业牵头组建创新联合体，实施 10 个以上省科技重大专项。探索科技型企业金融服务新模式，加大种子企业储备和上市扶持力度。推动大众创业万众创新向纵深发展，新增省级众创空间 20 家以上。

激发人才创新活力和潜力。深入实施引才“百人计划”和“八闽英才”培育工程，实施青年拔尖人才“雏鹰计划”，深化校地人才交流合作，加强基础研究人才培养，以产引才、以才促产。持续提高技能人才待遇，加强技能人才队伍建设。加快实施产业自主知识产权竞争力提升领航计划，用好“知创中国”知识产权公共服务平台，探索建设省市县三级知识产权协同保护体系，推广建设知识产权司法协同中心。大力弘扬科学精神和工匠精神，营造尊重劳动、尊重知识、尊重人才、尊重创造的社会氛围。

完善科技创新体制机制。落实“军令状”“揭榜挂帅”等机制，推广省卫生行业联合基金等资助模式，大力支持基础前沿研究，推进前沿技术和军民两用技术转化，努力突破“卡脖子”技术难题。充分发挥科技奖励政策激励作用，健全科技人才评价体系和服务体系，完善科研人员职务发明成果权益分享机制，让有作为的科技人员“名利双收”。深入实施新时代科技特派员制度，推动科技特派员创业和技术服务行政村全覆盖。

（二）持续优化产业结构，加快发展现代产业体系

大力发展数字经济。深化数字福建建设，加快建设国家数字经济创新发展试验区，办好第四届数字中国建设峰会，推动更多行业领域数字化应用，打造“数字应用第一省”，力争数字经济增加值达 2.3 万亿元。推动省超算中心二期、省区块链主干网、数字福建产业园、福州区块链经济综合试验区、泉州芯谷、厦门国家数字服务出口基地建设。新开通 5G 基站 3 万个。深入实施“上云用数赋智”行动，推动 5000 家企业上云上平台，培育壮大一批工业互联网示范平台和应用标杆企业。加快发展卫星应用、北斗导航产业，积极布局量子信息等未来产业。

做大做强海洋经济。深耕海上福建，抓好六大湾区建设，促进港湾、产业、城市联动发展。加快发展福州、厦门国家海洋经济发展示范区，培育壮大深海养殖、临海工业、海洋生物医药、海水综合利用等产业。积极建设厦门国际航运中

心、福州国际深水大港，整体连片开发东吴、江阴、古雷、泉州湾等重点港区。提升自然资源部海岛研究中心、第三海洋研究所等国家级平台功能，建设一批海洋协同创新平台，打造“蓝色硅谷”。

培育壮大绿色经济。创新碳交易市场机制，大力发展碳汇金融。开发绿色能源，完善绿色制造体系，加快建设绿色产业示范基地，实施绿色建筑创建行动。加快漳州、南平国家农业可持续发展试验示范区建设，推进农药化肥减量增效、农业生产废弃物减排降污。大力发展绿色信贷、绿色债券、绿色保险、绿色投资。

加快建设先进制造业强省。实施产业链提升工程，增强集成电路、新能源汽车、储能等重点产业链韧性和竞争力。实施产业基础再造工程，打牢基础零部件、基础工艺、关键基础材料等产业基础。实施战略性新兴产业发展工程，推进新能源产业创新示范区发展，加快建设国家级战略性新兴产业集群。实施龙头企业培优扶强工程，力争规模超百亿企业达50家。实施技术改造升级工程，完成500项以上省重点技改项目。实施园区标准化建设工程，抓好16个试点园区建设。

发展壮大现代服务业。大力布局建设智慧物流园，加快打造国家物流枢纽承载城市、国家骨干冷链物流基地和东南沿海航空货运枢纽。深化“清新福建”“全福游、有全福”品牌建设，着力打造武夷山世界级旅游景区、厦门旅游休闲城市、平潭国际旅游岛，提升福州三坊七巷等一批文化旅游休闲街区，激发县域旅游潜力。坚持金融服务实体经济导向，有效保障重点领域、重大项目资金需求。营造良好金融生态，加快发展普惠金融、绿色金融、供应链金融，支持金融机构在闽发展壮大。积极推动住宿餐饮、交通运输等行业加快恢复增长。

加快建设特色现代农业。强化“米袋子”“菜篮子”保障，制止耕地“非农化”、防止耕地“非粮化”，建设高标准农田135万亩，确保粮食播种面积稳定在1250万亩以上。落实415万吨粮食储备，保持生猪存栏900万头以上，稳定蔬菜等副食品生产。全面推进30个重点现代农业产业园、20个重点优势特色产业集群、100个农业产业强镇和2000个“一村一品”示范村创建，培育更多“福”字号优质绿色农产品。推进新一轮种业创新和产业化工程，支持三明打造“中国稻种基地”，争取突破一批具有自主知识产权的优新品种。大力发展设施农业，实施主要农作物全程机械化行动。培育现代职业农民。

（三）坚持扩大内需战略基点，不断激发经济内生动力

打造国内大循环的重要节点。建设“211”省内交通网，完善铁路网、轨道交通网、公路网，加快推进福州机场二期、厦门新机场、福厦客专、温福高铁、龙龙铁路、昌福（厦）高铁等重大项目，拓宽“陆海空”大通道。加大港口整合力度，大力发展海铁联运、内河航运、港区物流，推广多式联运“一单制”，促进大流通。积极对接京津冀、长三角、泛珠三角、粤港澳大湾区，用好省际合作平台，提高闽货市场占有率，开拓大市场。

积极扩大有效投资。加快“两新一重”建设，深入实施新基建三年行动计划，统筹推进福州和厦门地铁、漳州核电等重大基础设施建设。加快宁德时代锂离子动力电池生产基地、古雷炼化一体化一期、福州申远聚酰胺一体化、永荣石化己内酰胺、厦门天马第6代柔性面板生产线等一批重大产业项目建设。创新多元化投融资机制，用好地方政府专项债，加大用地、用林、用海保障力度，激发社会投资活力。

推动消费扩容提质。持续推进“全闽乐购”促消费行动，做优做活商圈经济、夜间经济，建设一批省级步行街、省级示范商圈，抓好国家文化和旅游消费试点城市建设。支持网红经济、社区电商、农村电商发展。稳定和扩大大宗消费、重点消费，推进家电、电子产品等更新消费，支持新能源汽车消费。落实带薪休假制度，扩大节假日消费。提升乡村商贸水平，扩大乡村消费。强化市场监管，营造放心消费环境。

（四）全面深化改革扩大开放，更好吸引优质生产要素集中集聚

以深化改革激发新发展活力。落实国企改革三年行动实施方案，推动省属企业集团新一轮战略性重组整合，做强做优做大国有资本和国有企业。加强预算收支平衡和绩效管理，扩大零基预

算改革实施范围。把推进改革同防范化解重大风险结合起来，多措并举防范化解政府隐性债务、房地产金融、企业债务违约等风险，严厉打击非法金融活动。坚持“三医联动”，深化公立医院综合改革，健全分级诊疗服务体系，推进支付方式和药品、高值医用耗材集中带量采购改革。深化供销合作社综合改革。

着力打造一流营商环境。深入推进“放管服”改革，持续开展“减证便民”，打破政务数据共享壁垒，推动更多高频政务服务“省内通办”“跨省通办”，实施统一的市场准入负面清单制度，完善要素交易规则和服务体系，让创新创业创造在福建更快捷、更方便、更易成功。全面推行“双随机一公开”监管，更多采用信用监管、大数据监管，完善包容审慎监管，加强公平竞争审查，强化反垄断和防止资本无序扩张。健全企业家恳谈会、服务民营企业“四访四通”等机制，办好企业家活动日，依法平等保护民营企业产权和企业家权益。完善减税降费落实工作机制，推行惠企政策“免申即享”。优化提升“金服云”平台功能。

构建国内国际双循环的重要通道。深入实施“丝路海运”“丝路飞翔”等标志性工程，主动对接中欧投资协定和RCEP协定成果，持续扩大“朋友圈”。高标准推进厦门金砖国家新工业革命伙伴关系创新基地建设，打造一批标志性平台和旗舰型项目。积极争取自贸试验区扩区。培育跨境电商、市场采购贸易，壮大服务外包产业聚集区。坚持引资引技引智紧密结合，办好厦洽会、海交会。拓展升级国际贸易“单一窗口”，提升外贸综合服务数字化水平。密切闽港闽澳合作。实施侨资侨智侨力引进工程，鼓励引导侨胞回乡投资兴业，支持新生代侨胞参与共建“一带一路”。

积极探索海峡两岸融合发展新路。加快建设海峡两岸集成电路产业合作试验区、生技和医疗健康产业合作区，推进台湾农民创业园升级发展和闽台农业融合发展产业园建设。促进两岸行业标准共通。支持台资企业在大陆上市，推进海峡股权交易中心“台资板”创新试点。推进“小四通”项目建设，促进厦金、福马率先融合发展。加大平潭对台先行先试力度。落实惠台利民政策措施，扩大台湾地区职业资格采认，在更大范围、更宽领域为台胞台企提供同等待遇。加强民间基层交流交往，支持台湾青年参与闽台乡建乡创、工业设计研发，持续办好海峡论坛、海峡青年节等品牌活动，促进两岸同胞心灵契合。

（五）着力补齐不平衡不充分短板，更大力度推进城乡区域协调发展

念好新时代“山海经”。稳步实施闽东北、闽西南两个协同发展区发展规划，推动重大项目共建、公共资源共享、产业配套协作、生态保护协同、社会治理联动。突出绿色、红色、特色导向，完善促进老区苏区振兴发展机制，加强基础设施建设，支持发展特色农林业、红色旅游、文旅康养，促进群众整体增收，推动社会事业提质升级。扶持少数民族地区、库区发展。深化东西部协作机制，做好援疆援藏援宁工作，提高协作层次和水平。

大力提升城市功能品质。实施城市更新行动，新改造完工城镇老旧小区15万户，新建改造各类市政管网3000公里，新改扩建城市道路500公里，新增公共停车泊位2万个，新建提升福道1000公里、公园绿地900公顷。全面开展城市设计工作，保护好城市山水格局。加快建设改造无障碍设施，确保今年有明显成效。加快福州都市圈建设，推进厦漳泉都市圈一体化，提升综合承载能力和核心竞争力。高标准推进福州新区等新区新城建设，着力打造15分钟宜居生活圈。

全面推进乡村振兴。坚决守住脱贫攻坚成果，落实五年过渡期要求，保持现有帮扶政策总体稳定，健全防止返贫动态监测和帮扶机制，加强低收入人口常态化帮扶，接续推进脱贫地区乡村振兴。实施乡村振兴战略“十大行动”，建设5000个以上“百镇千村”试点示范项目，打造100条乡村振兴示范线。实施乡村建设行动，规范村民住宅建设管理，高质量建设“四好农村路”，强化县乡村公共服务、基础设施一体化。开展农村人居环境整治提升五年行动，重点抓好改厕和污水垃圾处理。深化农村基本经营制度、集体产权、林权制度改革，稳妥开展二轮土地承包到期后再延长30年试点，稳慎推进农村宅基地制度改革试点。

（六）持之以恒推进生态省建设，积极为建设美丽中国多做贡献

深化国家生态文明试验区建设。完善国土空间规划和用途管控制度，实施“三线一单”分区管控，健全生态补偿机制。推动生态产品市场化改革，建设全省统一的资源环境权益交易市场。全面推行林长制，开展“三个百千”绿化美化行动。持续深化武夷山国家公园体制改革。推进自然资源资产产权制度改革，开展全民所有自然资源资产所有权委托代理机制试点。加快生态云平台3.0建设。探索新污染物治理机制。

深入打好污染防治攻坚战。持续推进中央生态环境保护督察整改，继续做好第二轮省级例行督察。深入实施“蓝天工程”，强化区域联防联控，提升臭氧和颗粒物协同治理水平。深入实施“碧水工程”，深化河湖长制，推进闽江、九龙江流域山水林田湖草系统治理，开展“美丽河湖”试点建设，基本完成千人以上农村集中供水饮用水水源地生态环境整治。深入实施“净土工程”，加强土壤污染防治，提升垃圾终端处理水平和医疗废物处置能力。深入实施“碧海工程”，加强海漂垃圾综合治理，建设美丽海湾。

促进绿色低碳发展。制定实施二氧化碳排放达峰行动方案，支持厦门、南平等地率先达峰，推进低碳城市、低碳园区、低碳社区试点。强化区域流域水资源“双控”。加大批而未供和闲置土地处置力度，推进城镇低效用地再开发。深化“电动福建”建设。实施工程建设项目“绿色施工”行动，坚决打击盗采河砂、海砂行为。大力倡导光盘行动，革除滥食野生动物等陋习，有序推进县城生活垃圾分类，推广使用降解塑料包装。积极创建节约型机关、绿色家庭、绿色学校。

（七）切实保障和改善民生，不断拓展社会发展新局面

着力提高居民收入。实施“四大群体”增收计划，增加工资性、经营性、财产性、转移性收入。大力发展企业年金、职业年金、个人储蓄性养老保险和商业养老保险，增加退休人员收入来源。落实公务员分类改革工资政策，加大对基层干部关心关爱力度。拓宽低收入群体增收渠道，发展慈善等社会公益事业。

强化就业优先。实施高校毕业生就业创业促进计划和基层成长计划，扎实做好重点群体就业。扶持创业带动就业，鼓励灵活就业，支持发展新就业形态，帮扶残疾人和零就业家庭成员就业，全省城镇新增就业50万人，城镇失业人员再就业10万人。实施“技能福建”行动，全年培训技能人才30万人次。

扎实推进健康福建建设。实施公共卫生应急管理体系建设行动，完善重大疫情防控机制，持续提升卫生应急处置能力，完成省疾控中心搬迁，加快建设3个重大疫情救治基地，深入开展爱国卫生运动。健全重特大疾病医疗保险和救助制度，继续推动医疗“创双高”，加快国家区域医疗中心建设，深化“互联网+医疗健康”示范省建设，加快省妇产医院、省立医院金山院区二期等项目建设，强化中医药服务体系内涵和能力建设，加大全科医生培养力度。

推动教育公平发展和质量提升。扩大普惠性学前教育资源，新增公办幼儿园学位4万个。继续实施高中阶段教育质量提升计划，推动义务教育均衡发展和城乡一体化，提高进城务工人员随迁子女在公办学校就读比例。持续实施“双一流”建设计划，加快福州大学城、福州新区职教城建设，支持华侨大学高水平发展。继续推进高职扩招，加快发展现代职业教育。支持民办教育健康发展。办好特殊教育、继续教育、老年教育。

加大基本民生保障力度。规范完善企业职工基本养老保险省级统筹制度，推进社会保险参保扩面。发展居家社区养老托育服务，推动医养结合，新增养老床位1万张以上。提供更多智能化适老产品和服务，认真解决老年人运用智能技术的困难。健全社会救助体系，关心关爱空巢老人、残疾人等特殊群体。坚持“房住不炒”，全面落实城市主体责任，精准调控，因城施策，培育发展住房租赁市场，提高商品住房全装修成品交房比例。

（八）加快建设文化强省，广泛凝聚人民精神力量

践行社会主义核心价值观。坚持马克思主义在意识形态领域的指导地位，深入开展习近平新时代中国特色社会主义思想学习教育。推进理想

信念教育常态化制度化，加强党史、新中国史、改革开放史、社会主义发展史教育，加强爱国主义、集体主义、社会主义和全民国防教育。加强新时代公民道德建设。广泛开展群众性精神文明创建活动，推进新时代文明实践中心和县级融媒体中心建设。健全志愿服务体系。

保护传承历史文化。高水平办好第44届世界遗产大会，推动“泉州：宋元中国的世界海洋商贸中心”申遗。加强文物建筑、历史建筑和传统风貌建筑保护。开展史前遗址、南岛语族文化遗址、水下文化遗址等重大考古项目研究。高起点高标准规划建设长征国家文化公园福建段，提升万寿岩国家考古遗址公园。加大非遗资源普查力度，实施一批非遗保护传承示范项目，大力打造建盏、白瓷、漆器等艺术品牌。

加快发展文化事业和文化产业。繁荣文化艺术产品创作生产，推出一批精品力作。加快发展新闻出版和广播影视事业，打响“视听福建”海外播映品牌。办好第八届丝绸之路国际电影节、第五届海上丝绸之路国际艺术节、第34届中国电影金鸡奖颁奖活动和首届中国电视剧大会，加快打造一批特色影视基地，建设影视强省。加快建设省美术馆、艺术馆、仓储式图书馆、地方戏曲博物馆，支持非国有博物馆发展。加强和改进新时代学校体育工作，精心筹办第18届世界中学生运动会、第十七届省运动会，激发全民健身新热潮。加强哲学社会科学、档案、地方志等工作，做强做优新型智库。

（九）加强和创新社会治理，加快建设更高水平平安福建

推进法治社会建设。健全公共法律服务体系，完善人民调解、行政调解、司法调解联动工作体系，构建大调解工作格局。完善守法诚信褒奖机制和违法失信惩戒机制，建设诚信社会。充分发挥村规民约等作用，推进法治乡村建设。积极探索建设中央法务区，打造有影响力的法治平台。依法治理网络空间，发展积极健康的网络文化。加强社区矫正工作，完善法律援助和司法救助。实施“八五”普法规划，推进民法典实施，增强全社会法治观念。

完善社会治理体系。坚持发展新时代“枫桥经验”，大力推行“四门四访”和信访评理机制，强化信访积案化解。学习推广新时代“漳州110”精神，完善社会治安防控体系，建立扫黑除恶专项斗争常态化长效机制。严密防范和坚决打击各种渗透颠覆破坏及暴恐犯罪活动。提升劳动关系治理能力。加强城乡社区网格化服务管理标准化建设。编制新一轮妇女、儿童发展纲要，深入实施福建省中长期青年发展规划，推动老龄、残疾人事业健康发展，支持工青妇等群团组织更好发挥作用。推进民族团结进步事业发展，引导各宗教坚持中国化方向。

持续深化双拥共建。积极支持配合军队政策制度改革，巩固深化双拥模范城创建成果，全面落实各项拥军优属政策措施，积极为驻闽部队排忧解难，不断拓展军政军民团结良好局面。深化国防动员体制改革，推动构建一体化国家战略体系和能力。

切实维护公共安全。持续开展安全生产专项整治三年行动，坚决遏制重特大事故发生。严密防范应对各类自然灾害，抓好森林防灭火、防病虫害工作，健全防汛防台风工作机制。落实“四个最严”要求，深入开展食品生产质量安全提升行动，完善“一品一码”追溯体系，持续治理“餐桌污染”，坚决守住食品药品安全底线。

四、切实加强政府自身建设，以更加奋发有为的精神状态抓好各项工作

全省各级政府和政府工作人员要全面贯彻习近平法治思想，始终牢记政府前面的“人民”二字，不断提高政治判断力、政治领悟力、政治执行力，加快建设法治政府，推动各项工作在法治轨道上落地落实，以实际成效做到“两个维护”。

敢于担当作为。知责于心、担责于身、履责于行，不折不扣落实习近平总书记重要讲话重要指示批示精神和党中央、国务院决策部署。再学习、再调研、再落实，发扬“滴水穿石”精神，攻坚克难，啃下“硬骨头”，创出新业绩。完善容错纠错、正向激励机制，旗帜鲜明地为担当者担当，让履职者尽责。

勤于为民服务。坚持一心为百姓、全力惠民生，确保完成29件为民办实事项目。大力弘扬“四下基层”等优良作风，深入一线、深入群众，了解群众所思所盼，千方百计解决好群众的“急难愁盼”。持续深化机关效能建设，强化督查督办，优化提升“12345 热线”功能，让老百姓感受到政府就在身边、服务就在身边。

勇于改革创新。解放思想、与时俱进，自觉运用系统观念、改革思维、创新办法来解决问题、推动发展。善于借鉴他山之石，大力推动政府治理理念创新、行政方式创新、体制机制创新。尊重基层首创精神，鼓励八仙过海、各显其能，进一步营造比学赶超、勇当先进的浓厚氛围。

善于真抓实干。牢固树立正确政绩观，力戒形式主义、官僚主义，坚持马上就办，出实招、办实事、重实效，以干事创业、发展实绩论英雄。坚持任务项目化、项目清单化、清单具体化，定人定岗定责定时，确保事事有人抓、件件都落实。持续深化拓展基层减负工作，让干部集中精力抓落实。

严于清正廉洁。落实全面从严治党要求，把党的政治建设摆在首位，严格执行中央八项规定及其实施细则精神和我省实施办法。自觉接受人大监督、民主监督、监察监督，高度重视行政监督、司法监督、群众监督、舆论监督，充分发挥审计监督、统计监督作用。艰苦奋斗、勤俭节约，用人民政府的“紧日子”换来人民群众的“好日子”。

各位代表！今年是我们进入新发展阶段的第一年，任务艰巨，责任重大，使命光荣。让我们更加紧密地团结在以习近平同志为核心的党中央周围，高举中国特色社会主义伟大旗帜，在省委的领导下，同心同德、顽强奋斗，全方位推动高质量发展超越，加快新时代新福建建设，为促进祖国统一、实现中华民族伟大复兴的中国梦作出新的更大贡献！

关于福建省2020年国民经济和社会发展计划执行情况及2021年国民经济和社会发展计划草案的报告

——2021年1月24日在福建省第十三届人民代表大会第五次会议上

福建省发展和改革委员会

各位代表：

受福建省人民政府委托，现将福建省2020年国民经济和社会发展计划执行情况及2021年国民经济和社会发展计划草案提请省十三届人大五次会议审议，并请省政协各位委员和其他列席人员提出意见。

一、2020年国民经济和社会发展计划执行情况

2020年，面对严峻复杂的国际形势、艰巨繁重的改革发展稳定任务，特别是新冠肺炎疫情的严重冲击，全省各级各部门坚持以习近平新时代中国特色社会主义思想为指导，全面贯彻党的十九大和十九届二中、三中、四中、五中全会精神，深入贯彻落实习近平总书记重要讲话重要指示批示精神，按照党中央、国务院决策部署，落实省委工作要求，增强“四个意识”、坚定“四个自信”、做到“两个维护”，统筹疫情防控和经济社会发展，认真执行省十三届人大三次会议审议批准的《政府工作报告》和2020年国民经济和社会发展计划，落实省人大财政经济委员会的审查意见，扎实做好“六稳”工作、全面落实“六保”任务，“十三五”规划主要目标全面完成，疫情防控有力有效，经济社会发展呈现持续向上向好态势。

初步统计，全省生产总值43903亿元，增长3.3%，其中一、二、三产业增加值分别增长3.1%、2.5%、4.1%；一般公共预算总收入增长0.2%，地方一般公共预算收入增长0.9%；固定资产投资下降0.4%；进出口增长5.5%；实际使用外资增长10.3%；社会消费品零售总额下降1.4%；居民消费价格总水平上涨2.2%；城镇登记失业率3.8%；城镇居民人均可支配收入增长3.4%，农村居民人均可支配收入增长6.7%；节能减排降碳年度目标可以实现。

一年来国民经济和社会发展成效主要体现在六个方面：

（一）积极抗疫情，全力以赴打好疫情防控阻击战

疫情防控取得重大战略成果。坚持把人民群众生命安全和身体健康放在第一位，早部署、早落实，坚持依法科学精准防控，迅速建立统一高效的指挥体系，及时科学制定防控政策举措，完善社区防控措施，严守“四道关口”，筑牢“三道防线”，织密“五张网”，3月7日，我省成为全国第三个新冠肺炎住院患者清零的省份，截至2021年1月22日，全省已累计331天无新增本土确诊病例。开发上线全国首个省级健康码“八闽健康码”，在线制码超过3600万人，亮码超过4.6亿次，入选全国十大优秀创新案例。用好“新冠肺炎疫情防控便民服务平台”等数字防疫手段，推动全省285家机构具备核酸检测能力，医用口罩、防护服等重要防疫物资供应有效保障，口罩产能从疫情前的最高日产量不足30万个在2个月内提高到3000万个以上，国家下达的调拨任务全部完成。完成8批次5.4万件抗疫应急物资调运。累计派出12批1393名医护人员支援湖北、对口支援宜

昌抗击疫情，累计治愈出院2013人，实现出院患者“零回头”、病区“零投诉”、医务人员“零感染”、安全管理“零事故”；按照国家部署，先后选派2支医疗专家组赴意大利、菲律宾协助抗疫，以实际行动传递了同舟共济、守望相助的中国情怀。

复工复产推动实体经济恢复发展。扎实推进重大项目重点产业复工复产、满产达产，相继作出全力打通“五难”操作链、深入实施“八项行动”等工作部署，及时出台复工稳岗、稳外贸稳外资促消费等扶持政策，上半年基本实现重大项目和主要行业企业复工复产，社会经济秩序基本恢复正常。通过包飞机包动车包客车等“点对点”一站式服务，畅通省外务工人员复工返岗路径；设立200亿元省中小微企业纾困专项资金，保障企业资金需求；落实“一难一策、一事一策、一业一策、一企一策”，全力稳定供应链产业链。认真落实减税降费和惠企纾困政策，不完全统计，全省累计减轻企业负担超过1300亿元，其中新增减税降费超过600亿元（含阶段性减免社会保险费261.15亿元）。

（二）强化创新支撑，产业链供应链保持稳定

创新能力不断增强。实施科技创新行动计划，加快福厦泉国家自主创新示范区建设，持续推进高水平科技创新平台建设，光电信息、能源材料、化学工程、能源器件4家省创新实验室全面启动建设，争创先进光伏国家工程研究中心、精准靶向药物国家工程研究中心等创新平台。国家发展改革委批复我省创建新能源产业创新示范区。宁德时代储能微网、福建晋江100MWh级储能电站列入国家首批科技创新（储能）试点示范。启动实施省级战略性新兴产业集群发展工程，推动福州新型功能材料、厦门新型功能材料、厦门生物医药及莆田新型功能材料等四个集群纳入国家战略性新兴产业集群发展工程。获批7家国家企业技术中心，数量居全国第二。全省高新技术企业突破6000家，技术合同成交金额突破183亿元。推进福州、厦门国家级海洋经济发展示范区建设，强化海洋科技创新对区域经济发展带动作用。泉州晋江、福州软件园、东侨经开区等6家双创主体列入第三批国家级双创示范基地。发挥“知创中国”“知创福建”知识产权公共服务平台综合效应，加快实施产业自主知识产权竞争力提升领航计划，在全国率先探索建设覆盖省市县三级知识产权协同保护体系。

制造业高质量发展取得新进展。实施优化产业结构行动和企业技术改造行动，以智能制造为主攻方向，做大做强主导产业，改造提升传统产业。实施一二三产业“百千”增产增效行动，加快畅通产业循环，打通产业链供应链堵点断点。全省规上工业增加值增长2.0%，38个工业大类行业中有21个实现正增长。实施制造业优势龙头企业和小巨人企业高质量发展三年行动计划，产业转型升级取得新进展，钧石能源“二代异质结太阳能电池生产装备”、通尼斯新能源“V型10MW级垂直轴海上风力发电机组”纳入国家能源领域首台（套）重大技术装备项目清单。电子信息、机械装备、石油化工和高技术产业增加值分别增长6.6%、1.1%、10.6%、8.0%，产值超千亿产业集群达20个，规模超百亿元企业达47家。

数字经济持续发展壮大。成功举办第三届数字中国建设峰会，签约数字经济重点项目426个，总投资3316亿元。深入实施新型基础设施建设三年行动计划，制定出台促进5G产业、线上经济、平台经济、区块链、信息消费等一系列政策措施，京东数字经济产业园、百度人工智能、比特大陆区域总部等一批重大项目加快建设，美图、网龙等6家企业上榜2020年全国互联网百强名单，6家企业入围2020年度中国软件企业竞争力百强，全省数字经济增加值突破2万亿元。推动5G网络建设和应用创新，建成5G基站2.2万个、NB－IoT基站3.6万个，基本实现县级以上城区全覆盖。

服务业转型升级有序推进。制定实施服务业重点领域高质量发展行动方案，深入推进千家服务业企业增产增效，服务业增加值增长4.1%。现代商贸流通体系加快建设，福州市列入国家首批骨干冷链物流基地，国家A级物流企业达413家，居全国第四位。金融业增加值增长6.4%，本外币各项存贷款余额分别增长13.1%、13.7%。全省新增32家境内外上市企业（含过会），其中台资企业5家，创历史新高，全省境内上市公司达151家，居全国第七位。“清新福建”“全福游、有全

福”品牌持续打响，福州、厦门、三明入选第一批国家文化和旅游消费试点城市名单，新增湄洲岛妈祖文化旅游区为国家5A级旅游景区，实现“市市有5A景区”，三明市泰宁县、三明市尤溪县、泉州市德化县和厦门市集美区等4地入选第二批国家全域旅游示范区，13个文旅融合示范项目列入国家文旅部典型案例，晋江市围头村等26个村入选第二批全国乡村旅游重点村。

特色现代农业加快发展。深入实施特色现代农业高质量发展“968”工程和农业“百千”增产增效行动，建成一批现代农业产业园、优势特色农业产业集群和农业产业强镇强村，十大乡村特色产业全产业链总产值突破2万亿元。农产品精深加工加快推进，新建改造农产品产地初加工和商品化处理中心370个，农产品加工转化率提高到72%。创建优质农产品标准化示范基地301个，累计认证“三品一标”农产品5016个，评选年度十大福建农产品区域公用品牌和30个福建名牌农产品。全面推进闽台农业融合发展，6个国家级台创园连续3年包揽国家年度综合考评前六名，首批9个闽台农业融合发展产业园建设加速推进，农业利用台资数量和规模保持全国第一。

粮食能源安全保障有力。农产品有效供给，粮食播种面积1251.65万亩、总产量502.32万吨，生猪存栏910.90万头，完成国家下达目标；蔬菜产量1492万吨，家禽出栏10.31亿只、增长3.7%，主要禽蛋产量53.66万吨、增长10.5%，水产品产量830.34万吨、增长1.9%。压实粮食安全主体责任，连续四年在全国粮食安全省长责任制考核中获得优秀等级。粮食和救灾物资保障基础进一步夯实，新增省级稻谷储备40万吨、应急大米储备1.7万吨、食用油储备2千吨。石油、天然气、电力、煤炭等能源基础设施项目加快推进，互联互通福州联络线、海西管网二期福州—福鼎段、华龙一号全球首堆福清核电5号机组等项目建成投产，电力新增装机578万千瓦，能源保障能力进一步增强。

（三）稳投资促消费，内需市场稳步复苏

投资结构调整优化。出台实施稳投资政策措施，发行地方政府专项债1353亿元，占全国的3.6%；争取中央专项再贷款73.31亿元，775家企业被纳入全国名单，居全国第二位。加大基础设施等领域补短板投资力度，设立500亿元稳投资补短板应急专项融资资金，投放额达550亿元。工业投资增长0.7%，其中改建和技改投资增长4.1%，高技术制造业投资增长16.2%。民间投资增长1.0%。社会领域投资增势较好，教育、卫生、文化体育娱乐业投资分别增长2.1%、8.0%、4.1%。

项目支撑作用增强。深化“五个一批”项目推进机制，加强重大项目攻坚，1257个在建重点项目完成投资5494亿元，超额完成年度计划489亿元。分4批次集中开工重大项目997个，总投资7640亿元。积极筹划新基建项目，省级数字经济项目库已入库1725个，总投资1.35万亿元。重大招商项目“云签约”391个，总投资7836亿元。中化泉州乙烯及炼油改扩建、泉州百宏PTA、金龙汽车龙海迁建、晋南热电联等项目基本建成。福厦客专、福州和厦门地铁、厦门钨业稀土永磁电机、三安半导体研发生产、省妇产医院、省疾控中心等一批项目顺利推进。一批重大项目前期工作取得新突破，福州机场二期可研获批，福州、厦门地铁第二期建设规划调整方案获批。

消费增长点不断拓展。落实促进消费相关政策举措，持续开展“全闽乐购”“闽山闽水物华新”“八闽美食嘉年华”等促消费活动，福州、厦门等多地推出消费券，社会消费品零售总额18626.45亿元。线上线下融合的消费新模式新业态不断呈现，网络零售额增长24.7%，体育娱乐用品类商品零售额增长6.3%。

（四）纵深推进改革开放，发展活力不断增强

营商环境持续优化。持续减环节减时限减负担，企业开办时间压缩至3个工作日内；不动产一般登记时限压缩至5个工作日，抵押登记办理时限压缩至3个工作日；贸易通关时间压缩2/3以上。市场主体活力加速释放，新登记市场主体137.45万户，增长40%。“信易贷”平台帮助全省1.9万余家中小微企业获得3.7万笔、919亿元贷款。全面实施市场准入负面清单制度，推动“非禁即入”普遍落实。厦门、福州在国家发展改革委2019年全国营商环境评价中，分别有12个和4个指标被列为标杆指标，经验在全国复制推广。实现“双

随机、一公开”跨部门联合抽查常态化，以信用为基础的新型监管机制逐步建立。全面建成省、市两级政务数据汇聚共享平台。数字政府建设总指数位居全国前列，政府网站名列省级政府第二名，数字政府服务能力位居全国优秀档次。依托全省行政审批“一张网”实现97%以上行政审批和服务事项可网上办理，“一趟不用跑”“最多跑一趟”占比达到98%。“闽政通APP”基本实现高频便民事项“马上办、掌上办”。建立政务服务“好差评”制度，推行“政府做的好不好群众来打分”，推动实现行政审批服务事项“五级十五同”。

重点领域改革扎实推进。深入推进财税体制改革，扎实推进交通运输、教育、生态环境、科技等领域省与市县财政事权和支出责任划分改革。上线运行省“金服云”平台，实施普惠金融“百千万”工程，助力中小微企业融资纾困。推进公共资源交易“应进必进”，提高资源市场化配置效率。推动国资国企改革，推动全省港口资源一体化整合重组，剥离企业办社会职能等历史遗留问题等基本解决。出台支持民营企业改革发展的政策措施，完善“政企直通车”平台，实现省市县三级促进中小企业发展工作协调机制全覆盖。稳步推进电力体制改革，目前全省共有17个试点项目。持续推进价格改革，完成第二监管周期电网输配电价核定和电价调整。完成整省推进农村集体产权制度改革试点任务，比全国提前一年。

重点领域风险防控有力。加强对企业信贷、上市公司股票质押、债券违约、房地产债务风险等重点企业流动性风险关注，对相关风险点做到早发现、早识别、早预警、早处置。不良贷款率1.09%，下降0.05个百分点。高风险农合机构化险处置取得阶段性成果，有序推动网贷风险出清，非法集资陈案积案化解提前超额完成三年攻坚总目标。深入实施房地产精准调控，房地产市场总体平稳。

国家生态文明试验区建设取得阶段性成效。中央部署的38项改革成果全面完成，部分成果处于全国首创或领先水平。加强凝练福建经验，39项改革举措和经验做法入选国家发展改革委推广清单，居四个试验区推广总数首位。新增同安区、武夷山市等6个生态产品市场化改革试点，引导探索多元化生态产品价值实现路径。全面完成污染防治攻坚战阶段性目标，生态环境质量保持全优、领先全国，中央生态环境保护督察问题整改取得显著成效。加强能耗“双控”工作，国家下达我省“十三五”能耗“双控”目标预计可以全面完成。积极推进绿色生活创建，进一步加强塑料污染治理，禁止、限制部分塑料制品的生产、销售和使用。污水垃圾处理能力提质增效，医疗废物收集处置设施短板加快补齐。宁德三都澳海上养殖综合整治取得良好成效。

稳住外贸外资基本盘。落实落细稳外贸稳外资各项政策措施，建立我省外贸外资协调机制，支持外贸企业线上线下结合抢订单，进出口14035.7亿元、增长5.5%，其中出口8474.4亿元、增长2.3%，进口5561.2亿元、增长10.6%。培育壮大外贸主体，深化工贸对接，加快市场采购全省推广扩容，晋江国际鞋纺城获批新试点。创新招商引资方式，强化“不见面”招商，开展“福建投资促进季”等活动，稳定外资企业供应链，推动现有外资企业增资扩产，一批外资龙头企业陆续增资、到资，实际使用外资347.9亿元、增长10.3%。稳步推进重大外资项目，推动厦门电气硝子玻璃基板三期项目列入国家重大外资项目专班。2020厦洽会共签约合同项目282项，总投资152.4亿美元。有序推进采矿业、制造业等领域国际产能合作，对外投资项目220个，中方协议投资额52.3亿美元，增长36.4%。

海丝核心区建设走深走实。积极融入共建“一带一路”，深入实施“丝路海运”“丝路飞翔”“数字丝路”等标志性工程，成功举办2020“丝路海运”国际合作论坛，“丝路海运”命名航线达70条，开行超过2400航次，联盟成员超过200家。成功举办21世纪海上丝绸之路博览会。中欧（厦门）班列扩线增量，累计发运271列、货值67.9亿元。福州至洛杉矶跨境电商包机航班开通。与共建“一带一路”国家和地区进出口增长7.2%。积极推动“两国双园”建设。

福建自贸区建设加快推进。成功举办福建自贸试验区高端论坛等系列活动。福州出口加工区、福州保税港区、厦门象屿保税物流园区、厦门海沧保税港区等4个海关特殊监管区获国务院批准整合优化为综合保税区；深化方案136项重点试验任务已实施126项；新推出70项制度创新举措，其中全国首创39项、对台13项。滨海新城累计启动270余项重点项目建设，完成投资超1700亿元。厦门片区率先实施跨境电商B2B出口监管试点业务。平潭国际旅游岛建设加快推进，累计接待游客459万人次。闽港、闽澳交流合作持续深化，闽澳合作第三次会议举行。

深化闽台各领域融合。健全完善各项惠台政策措施，加快建设台胞台企登陆的第一家园。两岸应通尽通步伐加快，向金门日均供水超万吨，向金马供气福建侧已基本具备条件，通电、通桥有序推进。两岸标准共通实现突破，由两岸共同研制的台式乌龙茶4项国家标准和地方标准获批发布。首家两岸合资全牌照证券公司挂牌经营，在全国首创银行直联两岸电商平台跨境人民币服务，扩大台商台胞金融信用证书颁发试点。举办海峡论坛、两岸企业家峰会、海峡影视季等300多场“线上+线下”活动，累计参与台胞超过500万人次。

（五）优化区域布局，城乡区域发展更加均衡

闽东北、闽西南协同发展区建设取得重要进展。发展规划实施稳步推进，重点领域协作持续深化，区域联动发展成效显现。一批重大协作项目取得重要进展，闽东北区域京台高速公路长乐至平潭段建成通车，衢宁铁路、福平铁路开通运营，平潭海峡公铁大桥建成通车；福州至长乐机场城际铁路F1线、厦门轨道交通6号线角美延伸段工程等项目开工建设。闽西南区域厦漳泉城市联盟路全线贯通，福莆宁城际铁路F2线、F3线和厦漳泉城际铁路R1线前期工作扎实推进。

决战脱贫攻坚取得决定性胜利。建立完善“一键报贫”等防止返贫监测帮扶机制，全省现行标准下农村建档立卡贫困人口全部脱贫，2201个建档立卡贫困村全部退出，23个省级扶贫开发工作重点县全部摘帽。扎实做好易地扶贫搬迁，全省20666户、65138人国定贫困人口易地扶贫搬迁任务全面完成。积极克服疫情影响，多渠道帮助贫困人口发展生产稳岗就业，强化城乡居民基本医疗保险、大病保险、医疗救助、精准扶贫医疗叠加保险等健康扶贫政策落实。着力实施农村饮水安全巩固提升工程，“两不愁”质量水平持续提升，“三保障”和饮水安全总体保障到位。中宣部授予闽宁对口扶贫协作援宁群体“时代楷模”称号，对口支援新疆西藏工作在国家绩效综合考核中被评为优秀等次。

推动老区苏区振兴发展。龙岩、三明12个原中央苏区县纳入中央国家机关及有关单位对口支援范围。基础设施持续改善，漳汕高铁、温武吉铁路、温福高铁、武夷山机场迁建、龙岩新机场等项目前期工作持续推进。加快泉州白濑、连城福地、罗源昌西等大中型水库工程建设。积极发展金铜、稀土、石墨烯新材料等精深加工，发展新能源汽车、环保装备、林产加工、生物医药等产业，打造特色优势产业集群。实施教育现代化推进工程、全民健康保障工程，加快补齐公共卫生服务、应急物资保障领域短板，民生福祉持续提升。

深入实施乡村振兴战略。编制完成省市县三级实施乡村振兴战略规划。深入实施“一革命四行动”，农村公厕建制村全覆盖，户用厕所无害化普及率98.6%；完成79个乡镇生活垃圾转运系统提升，乡镇生活垃圾转运系统全面建成；实现乡镇生活污水处理设施全覆盖，农村生活污水治理率72.1%；建设改造农村公路1886公里，村容村貌明显改善，农村人居环境整治三年目标任务全面完成。渔港建设加快推进，推动在建渔港项目28个，新开工建设渔港57个。

加快推进新型城镇化建设。国家发展改革委将福州都市圈列入国家年度新型城镇化建设重点工作，批复《福州临空经济示范区总体方案》。推进城乡融合发展试验区建设，晋江、闽侯等10个县（市）列入国家发展改革委县城新型城镇化建设示范名单。持续推进特色小镇高质量发展，长乐东湖数字小镇促进产城人文融合等经验入围国家发展改革委“第二轮全国特色小镇典型经验”。

（六）民生保障有力有效，人民群众获得感幸福感持续提升

增进民生福祉。28件省委省政府为民办实事项目全面完成。民生相关支出占一般公共预算支出比重为75.2%。全省13.39万名建档立卡贫困人口纳入兜底保障范围。将城乡低保标准由每人

每年平均7350元提高到8260元；城乡居民基础养老金省定最低标准提高到130元、高于国家标准；城乡居民医保财政补助标准提高到每人每年不低于550元。持续实施保障性安居工程建设，完成棚户区改造4.01万套。

就业总体保持稳定。实施援企稳岗行动，惠及企业23.58万家、职工410.21万人。组织实施“十个一批”扩岗行动，千方百计拓宽高校毕业生就业渠道，推动农民工转移就业，抓好退役军人扶持安置，实施就业扶贫“挂图作战”，强化失业风险防控，落实就业困难人员兜底安置。城镇登记失业率3.8%，稳定在预期目标以内；全省城镇新增就业54.6万人。重点群体就业保持稳定，失业人员再就业24万人，就业困难人员实现就业3.34万人；高校毕业生就业率达88.86%。

教育事业稳步发展。组织实施学前教育推进、义务教育提升、职业院校基础能力建设等工程。加大普惠性民办幼儿园支持补助力度，城镇小区配套幼儿园整治完成率达100%。持续推进义务教育学校管理标准化建设，统筹做好城镇中小学扩容建设、消除大班额和随迁子女入学，全省乡村小规模学校全部达到省定基本办学标准。启动实施普通高中新课程，加快职业教育与区域发展、行业企业深度融合，做好泉州市国家产教融合型城市试点建设。推进高等教育内涵发展，加快厦门大学、福州大学“双一流”高校建设。推动教育部支持闽南师范大学申报博士学位授予点，支持龙岩学院等申报硕士学位授予点。加快新工科、新医科、新农科、新文科试点建设，推进人工智能、生物医药等高水平学科创新平台建设。

医疗健康服务更加完善。持续深化医药卫生体制改革，深化公立医院综合改革，推进“三医联动”向“全联、深动”迈进。加快补齐公共卫生短板，稳步推进省疾控中心综合改革试点，加强公共卫生防控救治能力建设。第一批区域医疗中心试点福州滨海新城综合医院、复旦大学附属中山医院厦门医院项目建设方案获批实施，继续推动医疗“创双高”，持续提升县域医疗服务能力。省儿童医院建成投入使用，推进重大疫情救治基地、国家重点中医医院、县级中医医院建设，持续推进“互联网+医疗健康”示范省建设。加快国家临床医学研究中心分中心和省级中心建设，在心血管系统疾病、神经系统疾病、恶性肿瘤等领域布局建设一批临床研究中心，推动重大传染病临床救治技术研究。

养老、文化、旅游、体育等社会事业加快发展。扎实推进养老服务高质量发展，支持养老、社会福利等领域81个基础设施项目建设，养老机构和设施总数达1.4万个，各类养老床位总数达24.75万张，养老服务设施基本覆盖城市社区和72.1%建制村，每千名老年人拥有养老床位数达37.1张。支持普惠托育服务机构项目24个，推进婴幼儿照护试点建设。加快文化强省和全域生态旅游省建设，世遗大会筹备工作稳步推进，成功举办福建—东盟友城大会文化旅游交流合作分论坛、第六届海上丝绸之路（福州）国际旅游节、第十六届海峡旅游博览会等大型活动。省图书馆升级改造工程有效推进，新建18个智慧体育公园、3个全民健身中心，漳州、南安、霞浦列入全国社会足球场地设施建设专项行动重点推进城市。实施公共体育普及工程，新增社会足球场地276片，全省人均体育场地面积达2.28平方米。

保供稳价工作取得实效。持续启动平价商店销售机制，累计销售粮油肉蛋菜等平价商品3万多吨，有效减轻人民群众“米袋子”“菜篮子”负担。实施“优质粮食工程”，承办第三届中国粮食交易大会，进一步巩固拓展引粮入闽渠道。落实社会救助和保障标准与物价上涨挂钩联动机制，价格临时补贴阶段性提标扩围，累计发放4.86亿元，惠及737万余人次。全省居民消费价格总水平上涨2.2%，控制在3.5%左右的目标内。

总的看，2020年全省经济运行保持基本稳定，主要指标回升情况好于全国，就业、物价、节能减排等主要预期指标进展顺利，“十三五”规划实施取得丰硕成果。但同时我们也要清醒认识到，新冠肺炎疫情对我省经济社会发展带来明显影响，地区生产总值、固定资产投资、社会消费品零售总额等主要指标与省十三届人大三次会议审议通过的国民经济和社会发展计划目标任务还有较大差距，经济社会发展还面临不少困难和问题。一是创新能力不足，产业发展水平有待提高。研发经费投入强度低于全国平均水平；受传统工业产业占比较大且恢复较慢等因素影响，工业下行压力仍然较大，娱乐、旅游、餐饮、住宿等行业增长仍较缓慢。二是重大项目储备接续不足。受要素保障制约等因素影响，部分项目推进难度较大，投资增长仍存压力。三是外贸出口受疫情影响较大。受产业结构影响，出口恢复慢于全国，鞋服箱包等我省优势商品出口仍低于去年同期。四是财政收支平衡压力较大。财政收入持续回升的基础还不够稳固。“六稳”“六保”等重点支出保障压力大，特别是基层财政收支矛盾仍然突出。同时，民生社会事业领域仍存在不少短板等等。面对这些困难和问题，我们要高度重视，采取有力措施积极应对。

二、2021 年国民经济和社会发展主要预期目标和任务

2021 年经济社会发展的主要预期目标是：

一是经济保持稳定增长。预期全省生产总值增长 7.5%左右；固定资产投资增长 8%左右；社会消费品零售总额增长 8%左右；出口增长 7.5%左右，实际使用外资增长 6%。主要考虑：2021 年是“十四五”开局年，是进入新发展阶段的第一年，也是建党一百周年的重要年份，我省面临全方位推动高质量发展超越带来的历史机遇，主要预期目标与省委十届十一次全会精神和“十四五”规划目标相衔接，经济运行仍将保持在合理区间。

二是现代产业体系加快构建。供给侧结构性改革进一步深化，结构升级继续提速，创新驱动、产业转型升级步伐加快，新经济新动能加快培育，日益成为经济发展的重要支撑力，预期 R&D 经费支出占地区生产总值比重达到 2.09%。

三是民生福祉持续增加。始终坚持以人民为中心的发展思想，促进全体人民共同富裕的相关政策举措得到较好贯彻落实，居民收入稳定增长的基础较稳固，预期城镇居民人均可支配收入增长 7%，农村居民人均可支配收入增长 8%；公共服务供给能力进一步提升，预期一般公共预算总收入增长 4.5%左右，地方一般公共预算收入增长 4.5%左右；城镇登记失业率控制在 5%以内；居民消费价格总水平涨幅 3%左右；每千人口拥有执业（助理）医师数达到 2.67 人，每千人口医疗机构床位数达到 5.41 张；每十万人口高等教育在校生数达到 2959 人；保持生态环境质量优良，完成节能减排降碳任务。

为实现上述目标，我们要以习近平新时代中国特色社会主义思想为指导，全面贯彻党的十九大和十九届二中、三中、四中、五中全会精神，深入贯彻落实习近平总书记对福建工作的重要讲话重要指示批示精神，坚持稳中求进工作总基调，立足新发展阶段，贯彻新发展理念，积极服务并深度融入新发展格局，以全方位推动高质量发展超越为主题，以深化供给侧结构性改革为主线，以改革创新为根本动力，以满足人民日益增长的美好生活需要为根本目的，坚持系统观念，巩固拓展疫情防控和经济社会发展成果，更好统筹发展和安全，扎实做好“六稳”工作、全面落实“六保”任务，确保“十四五”开好局、起好步，以优异成绩庆祝建党 100 周年。重点要组织实施好七个方面工作：

（一）深入实施创新驱动发展战略，加快构建现代产业体系

大力提升科技创新能力。发挥福厦泉国家自主创新示范区先行优势，推动福州建设福建科学城、厦门建设未来科技城、泉州建设时空科创基地。加快省创新研究院建设，推动 4 家省创新实验室发展壮大，在能源材料等领域争创国家实验室。建立健全产业重点攻关技术目录（库），围绕人工智能、集成电路、生物医药等领域，实施 10 个以上省科技重大专项，开展核心技术产学研联合攻坚。实施高新技术企业“双倍增”专项行动，加强以企业为主体的创新能力建设，健全高新技术企业培育库，完善科技型中小企业备案和服务机制，大力吸引和培育独角兽企业，扶持一批有潜力的科技型企业加速成长为国家高新技术企业、科技小巨人企业，紧盯有基础、有潜力、有条件的优质企业精准施策、精准服务，力争国家高新技术企业突破 6500 家。支持领军企业组建创新联合体，带动中小企业创新活动。深入实施高端人才聚集计划、“八闽英才”培育工程，健全科技人才评价体系和服务体系。开展科技成果转化应用行动，完善激励机制和科技评价机制，探索实施与科技成果应用挂钩的分配制度，落实好攻关任

务“揭榜挂帅”等机制，扩大科研机构和人员自主权。办好第19届创新项目成果交易会。推动海峡两岸共建一批高水平科技成果产业化基地和产学研合作示范基地，支持两岸信息技术、农业技术、新材料技术等领域重大科技成果转移转化。

大力发展数字经济。加快国家数字经济创新发展试验区建设，进一步推动数字经济和实体经济深度融合，精心筹办好第四届数字中国建设峰会，全力打造“数字应用第一省”，力争数字经济增加值达2.3万亿元。抓紧成立省大数据公司，承担全省公共数据资源一级开发和授权开放任务。加快5G、工业互联网等建设，培育扶持优质企业做大做强，形成一批未来领军型创新企业。加快数字产业化和产业数字化，发展网络视听和超高清视频等产业，深入推进“上云用数赋智”行动，建设一批中小企业数字化转型促进中心，推动传统产业高端化、智能化、绿色化。实施数字经济园区提升行动计划，重点推进福建省区块链主干网、工业互联网标识解析二级节点、城市大脑、智能视觉AI开放平台、海洋大数据中心（一期）等项目建设。

培育“三新”经济增强新动能。积极发展以新产业、新业态、新商业模式为主体的“三新”经济。推动一批创新型产业“落地生根”，大力推动平台经济、共享经济、楼宇经济、街区经济、总部经济等发展。发挥福州、厦门等主要城市的总部经济效应，集聚大型企业和高端人才等要素，辐射带动区域经济发展。有序推广“社区电商”“社区生活管家”等新模式，支持发展网红经济、在线教育培训等新业态。

增强产业链供应链自主可控能力。强化“六四五”产业体系建设，做大做强电子信息和数字产业、先进装备制造、石油化工、现代纺织服装等主导产业，提挡升级特色现代农业与食品加工、冶金、建材等优势产业。实施龙头企业“培优扶强”工程，力争规模超百亿企业达50家。统筹推进补短板，加强制造业创新中心和企业技术中心建设，发挥行业技术开发基地作用，实施一批产业重大技术攻关课题，突破一些产业发展技术瓶颈，推动重点产业龙头企业原材料、设备国产化。完成500项以上省重点技改项目，推动传统产业向数字化、智能化升级。加快培育和发展新兴产业，加快建设新能源产业创新示范区，加快建设新型功能材料、生物医药产业等4个国家级战略性新兴产业发展集群，支持生物医药、医疗器械、精密仪器设备研究制造，布局人工智能、前沿材料、量子科技、智能机器人、生物创新药、空天科技等未来产业。实施军民融合工程，大力发展国防科技工业，服务国防和军队现代化建设。加快发展海洋经济，做大做强海上福建，持续推动福州、厦门国家海洋经济发展示范区建设，加快“海上牧场”、海上风电场、海上生态智慧养殖等项目建设。

深入挖掘服务业发展新增长点。实施现代服务业提升工程，持续推进千家服务业企业增产增效，做大做强现代物流、旅游等主导产业，加快发展文创服务、商贸服务、健康养老等产业。加快交通与物流融合发展，培育全产业链供应服务平台企业，提升港口物流和冷链物流基础设施，推进国家物流枢纽承载城市和国家冷链物流基地建设。加快发展普惠金融，持续实施“引金入闽”工程，做大做强地方法人金融机构。深化“清新福建”“全福游、有全福”品牌建设，组织实施数字文化产业加速行动、文化科技创新行动、文化和旅游深度融合行动等六个重点专项行动，高标准、高起点推进建设长征国家文化公园，建设提升一批高品质旅游景区和度假区。

实施农业质量效益和竞争力提升工程。全力保障重要农产品有效供给，粮食播种面积稳定在1250万亩以上、总产量稳定在500万吨，生猪存栏保持900万头以上，水产品总产量保持800万吨以上。实施新一轮种业创新工程，加快培育一批具有自主知识产权的优新品种，高水平建设“中国稻种基地”。实施特色现代农业高质量发展“3212”工程，做强做优做大十大乡村特色产业。促进农产品一二三产业融合发展，大力发展农村电商、冷链物流，实施“互联网+”农产品出村进城工程，积极培育休闲农业等新产业新业态。推进农业品牌建设，创建优质农产品标准化示范基地250个，培育“三品一标”农产品240个以上，创建一批农产品区域公用品牌和福建名牌农产品。

（二）注重需求侧管理，促进形成强大内需市场

培育和扩大消费需求。坚持扩大内需这个战略基点，打通堵点，补齐短板，继续开展“全闽乐购”促消费行动，激发居民消费潜力。加快冷链物流、港口物流、快递物流建设，推动供应链应用与创新试点。支持生活性服务类商贸流通设施改造升级、提挡发展，推进数字化、智能化改造和跨界融合。培育服务消费热点，促进线上会诊、线上课堂、远程办公等消费新业态加快发展。稳定和扩大大宗消费，扩大乡村消费。支持龙头企业在知名第三方电商平台建设传统优势产品网店。促进旅游消费加快恢复，推进全域生态旅游省建设，大力发展夜间经济，打造一批文化旅游演艺项目，建设一批高端民宿和精品主题酒店，更好地满足多样化、多层次的旅游消费需求。

推动“五个一批”项目良性接续。用好“五个一批”工作机制，发挥中央预算内投资在外溢性强、社会效益高领域的引导和撬动作用，在新基建与数字经济发展、新型城镇化建设、传统基础设施提升、战略性新兴产业集群发展、生态文明建设、民生保障等“八大工程”领域，谋划一批大项目好项目，加快推动实施。加强与央企、民企、外企对接，实施招商引资专项行动，对接招引一批产业链缺失项目、升级项目。扩大制造业设备更新和技术改造投资。建立健全重大项目前期工作推进机制，努力实现早开工多开工。及时帮助解决项目推进中存在的梗阻问题，全力加快在建重大重点项目进度，多形成实物投资量。

强化重点项目支撑。初步安排省重点项目1557个、年度投资5239亿元。推进兴泉铁路、浦梅铁路（建宁至冠豸山段）、莆炎高速公路、古雷炼化一体化一期、省委党校、省妇产医院等重大项目建成投用，加快建设福厦客专、漳州核电、福州和厦门地铁、江阴万华MDI、厦门天马第6代柔性面板生产线等在建重点项目，积极争取厦门新机场、福州机场二期、漳汕高铁、中沙古雷150万吨乙烯、闽粤电力联网工程、长汀金龙高性能稀土永磁材料扩建等重大项目开工建设，加快温福高铁、中石油福建LNG接收站、宁德核电5、6号机组等项目前期工作，争取昌福（厦）高铁纳入国家“十四五”规划。

补好投资短板。聚焦交通、能源、市政、水利、环保等关键领域和薄弱环节，加大基础设施领域补短板力度，深入实施新基建三年行动计划，加快基础设施投资企稳回升。实施城市更新行动，新改造完工15万户城镇老旧小区。综合考虑行政区划、人口分布、现有设施情况等因素，加强公共服务领域设施建设。聚焦县城补短板强弱项4大方面17个公共领域，针对医疗、教育、养老等领域民生短板，加快建设一批社会事业重大项目，推动民生改善与扩大内需有机衔接。

（三）建设开放新高地，推进更高水平对外开放

高质量建设“海丝”核心区。深入实施“丝路海运”“丝路飞翔”“数字丝路”“生态海丝”等重大工程，构建国内国际双循环的重要节点、重要通道。高标准高水平规划建设厦门金砖国家新工业革命伙伴关系创新基地，深化金砖国家在工业化、数字化、创新、包容增长、投资领域合作。加快建设“两国双园”和境外经贸合作区，深化国际产能合作。提升空港口岸竞争力，推进通关便利化，完善单一窗口4.0版功能，推动中欧班列提质增效。

深化自贸试验区建设。积极争取扩区，进一步推进投资、贸易、金融、运输、人员往来的便利化自由化。积极推动规则标准等制度型开放，争取电信、医疗、金融等服务业领域率先扩大开放，把自贸试验区打造成吸引外资新高地。坚持制度创新与功能培育相结合，推动物联网、航空维修、集成电路设计研发、进口商品等重点平台建设，打造具有国际竞争力的产业高地。

增强外贸综合竞争力。优化市场布局，深化工贸、科贸、产贸合作，支持企业出口转内销，加快市场采购贸易方式全省复制推广。推进跨境电商综合试验区建设，鼓励建设高水平海外仓。推动重点企业开展海空快运业务，壮大货运航线、对台专线、跨境电商物流业务。深入对接中欧投资协定和《区域全面经济伙伴关系协定》（RCEP），帮助企业用好降低关税、开放市场、区域累积原产地规则等政策，鼓励纺织服装等传统产业转型升级。推进全面深化服务贸易创新发展

试点，推动福州、厦门、平潭国家级服务外包示范城市加快培育产业聚集区。推进跨境贸易提效降费减时。

提高利用外资水平。强化服务业、制造业等重点领域招商，推动“五个一批”、重点外资、“云签约”、厦洽会签约项目落地见效，推动网上招商常态化。落实鼓励类外商投资项目相关优惠政策，引导外资投向先进制造业、新兴产业、高新技术产业等领域。积极吸引知名跨国企业来闽设立总部，鼓励外商来闽投资设立研发中心。

积极探索海峡两岸融合发展新路。推进闽台产业、科技、教育、医疗等领域深度融合，努力打造两岸共同市场。推动落实同等待遇，提升经贸合作畅通、行业标准共通，提升科技创新合作水平，联手打造高水平创新平台。推动基础设施互联互通，探索建设两岸融合发展的台海通道工程，打造两岸往来综合枢纽。持续推进金门、马祖同福建沿海地区通水、通电、通气、通桥。加大平潭对台先行先试力度。完善保障台湾同胞福祉和享受同等待遇的政策和制度，持续实施亲情乡情延续工程，增进台湾同胞对民族、对国家的认知和感情，吸引台湾青年来闽发展。围绕半导体、现代服务业等产业，加大对台湾百大企业、龙头企业招商力度，加强与台湾“专精特新”中小企业对接合作。加快海峡两岸集成电路产业合作试验区、生技与医疗健康产业合作区、台湾农民创业园、闽台农业融合发展产业园等平台建设。

持续深化闽港澳侨合作交流。密切闽港闽澳合作，聚焦新开放领域及生物和新医药、环保等新兴产业，加大招商力度，提升利用港澳资水平。充分发挥香港和澳门作为国际经贸合作桥梁纽带作用，推进闽港澳“并船出海”。发挥侨胞桥梁纽带作用，用好闽商大会、世界福建同乡恳亲大会等交流合作平台，推动闽商闽企走出去，实施侨资侨智侨力引进工程，鼓励侨资侨胞回闽创新创业发展，把侨的传统优势转化为新福建建设的重要力量。

（四）全面深化改革，进一步激发市场主体活力

持续深化“放管服”改革。全面推行行政审批服务标准化规范化，实现全省同一事项无差别受理、同标准办理，“一趟不用跑”事项比例提高到70%以上。实现工程建设项目全流程在线审批。全省各地企业开办时间压缩至1个工作日内。编制公布省级行政许可事项清单，全面推行证明事项和涉企经营许可告知承诺制，推行证照分离改革全省全覆盖。完善“双随机、一公开”监管、“互联网+监管”和以信用为基础的新型监管机制，对重点领域实行重点监管。推出更多“一事一次办”改革服务事项。打响数字福建“一网好办”数字政府服务品牌，加快推进企业生产经营和个人服务高频事项“跨省通办”，在厦漳泉都市圈开展一批高频事项“省内通办”试点。

深入推进重点领域改革。在省级预算编制中全面实施零基预算改革，切实提高财政资金配置效率和使用效益。持续推进公共资源交易平台建设，完善各类公共资源交易监管规则。落实国企改革三年行动实施方案，推动集团层面新一轮战略性重组整合，积极培育上市后备企业，加快推进员工持股试点、科技型企业股权和分红激励。努力促进第三支柱养老保险健康发展，加快发展专业化经营市场主体，加大养老保险产品创新。推进价格机制改革，落实2021—2022年输配电价和销售电价调整方案，完善气价疏导方案，扎实推进农业水价综合改革。持续稳妥推进电力体制改革。

加快营造良好营商环境。加快推进我省营商环境立法，强化营商环境评估与督导，加大典型经验和创新做法的总结、宣传和复制推广力度。精准落实惠企政策，推行惠企政策“免申即享”，确保政策资金兑现到位，让创新创业创造在福建更快捷、更方便、更易成功。助力实体经济特别是制造业发展，加快完善“金服云”平台功能，加大对中小企业的上市孵化培育力度。稳步推进区域金融改革创新，完善金融风险监测、评估和处置机制。强化反垄断和防止资本无序扩张，加快社会信用体系建设，出台省社会信用条例，拓展信用信息在政务服务等方面的运用，加快培育第三方信用服务机构。继续打好防范化解重大金融风险攻坚战，维护我省经济金融稳定。

促进民营经济健康发展。传承创新“晋江经验”，鼓励引导民营企业做实业，推动新一轮创新创业大潮。落实支持民营企业改革发展的措施，继续加大金融、财政等支持力度，切实清理与企业性质挂钩的歧视性规定和做法，健全企业家恳谈会等机制，把亲清政商关系体现在具体服务中，优化民营经济发展环境。健全公平竞争规则，让更多的民营企业健康成长。

（五）突出城乡融合，优化城乡区域发展格局

做深做实新时代山海协作。以福州都市圈、厦漳泉都市圈为引擎，持续推进两大协同发展区重点领域深度协作，进一步促进基础设施联通、产业配套协作、公共资源共享和生态保护协同。加快福州至长乐机场城际铁路F1线、厦门轨道交通6号线角美延伸段工程等项目建设，加快推进厦漳泉城际铁路R1线、福莆宁城际铁路F2线、F3线等项目前期工作，打造设区市中心城区至县城1小时交通圈。强化区域产业上下游联动和产品购销合作，精准策划一批产业链缺失项目、延伸项目和升级项目。加快建立公共资源服务共享平台，促进中心城市优质资源向周边地区辐射延伸。建立健全跨区域环境治理跟踪机制、协商机制和仲裁机制，形成一体化的科学考核体系和生态环境监督体系。

全面实施乡村振兴战略。实施乡村建设行动，加快基础设施提挡升级、公共服务扩面提标，谋划开展农村人居环境整治提升五年行动，改善农村生产生活条件。实施乡风文明提升工程，推动乡村治理体系和治理能力现代化。支持老区苏区加快推进产业、基础设施和公共服务设施建设。推动巩固拓展脱贫攻坚成果同乡村振兴有效衔接，严格落实五年过渡期要求，保持帮扶政策总体稳定，对脱贫地区和脱贫人口继续在产业、就业、金融、教育等方面予以扶持，增强可持续发展能力。

推进宜居宜业的新型城镇化。编制实施福建省新型城镇化规划（2021　2035年）。推进城乡融合发展试验区建设，加快形成工农互促、城乡互补、全面融合、共同繁荣的新型工农城乡关系，为东部沿海地区乃至全国城乡融合发展提供可复制可推广典型经验。促进特色小镇规范健康发展，做精做强主导产业，完善产业配套设施，打造宜居宜业宜游的新型空间。

（六）坚持绿色发展，深入推进生态文明试验区建设

促进生态文明试验区建设成果新突破。继续推广39项国家生态文明试验区典型经验和做法，学习借鉴其他试验区实践成果，研究出台“十四五”深化国家生态文明试验区建设实施方案，扎实推动试验区建设往广度深度拓展。推广连江、顺昌等试点市场运作模式，引导沿海和山区根据不同资源禀赋培育发展生态资源运营平台，建立特色化发展模式和收益分配机制。健全多元化生态补偿机制，对森林、湿地、耕地、海洋等自然生态系统和重点生态功能区予以保护补偿。健全生态司法保护机制，总结推广共建共治的“生态司法+”工作机制，探索建立生态环境损害赔偿制度与环境公益诉讼有效衔接机制。

培育壮大绿色经济。实施绿色产业指导目录，推进市场导向的绿色技术创新。建设绿色产业示范基地，持续推动生态产品市场化改革试点。推进绿色制造体系建设，培育壮大节能环保、清洁生产、清洁能源等产业。建设农业绿色发展先行区，组织实施化肥农药减量增效等专项行动，推进水产养殖业绿色发展，开展海上养殖综合整治。开展绿色建筑创建行动。制定实施二氧化碳排放达峰行动方案，支持厦门、南平等地率先达峰，推动碳排放权、排污权、用能权交易，加强能源消费双控工作。完善绿色金融支持保障机制，推进三明、南平省级绿色金融改革试验区建设。加快推行生活垃圾分类，完善绿色产品消费激励措施，推行绿色产品政府采购制度。

巩固提升环境治理。完善国土空间规划和用途统筹协调管控制度，建立以“三线一单”为核心的生态环境分区管控体系。实施生态环境监管能力提升行动。深入打好污染防治攻坚战，持续实施“蓝天、碧水、碧海、净土”四大工程。推广木兰溪治理和长汀水土流失治理经验，推进闽江、九龙江等主要流域大保护和可持续发展。加强城市建成区黑臭水体治理，推进农村生活垃圾处理和污水治理。严守农用地和建设用地土壤环境安全，进一步优化危废医废集中处置能力。探索建立“湾（滩）长制”，推进美丽海湾、美丽海岸带建设。实施重要湿地生态系统保护修复工程，

推进武夷山国家公园体制改革试点建设和管理机制创新，建立以国家公园为主体的自然保护地体系。

（七）强化民生兜底，持续提升群众获得感幸福感安全感

努力增加居民收入。增加低收入群体收入、增大中等收入群体。实施城镇职工、农民、困难群体、高端人才等四大群体增收计划，增加工资性、经营性、财产性、转移性收入，扎实推进共同富裕，争创国家共同富裕示范区。

强化就业优先政策。落实“十个一批”扩岗行动，切实做好高校毕业生、退役军人和农民工等群体就业工作，紧紧兜住就业困难群体，确保就业局势总体稳定。加强人力资源培训，提高劳动者技能水平，推动更高质量就业。全年城镇新增就业50万人，城镇失业人员再就业10万人，城镇登记失业率控制在5%以内。

补好民生社会事业短板。继续推进医疗卫生补短板强弱项，推进构建强大的公共卫生体系和优质高效的医疗服务体系。加强国家区域医疗中心项目建设，积极争取省儿童医院、晋江市医院、四川大学华西厦门医院等列为国家第二批区域医疗中心建设试点，推进省属优质医疗资源扩容提升，加强基层医疗服务体系建设。完善居家社区养老服务网络，改造提升养老机构护理能力，鼓励社会资本投资兴办养老机构。实施普惠养老城企联动专项行动，推出更多适老化数字产品和服务，认真解决老年人运用智能技术的困难。实施普惠托育服务专项行动，发展3岁以下婴幼儿照护服务。持续治理“餐桌污染”，建设食品放心工程。完善普惠性学前教育和特殊教育保障机制，新增4万个公办幼儿园学位。推进义务教育城乡一体化、提高均衡发展水平，提高义务教育服务能力，鼓励普通高中特色多样发展。深化产教融合、校企合作，实施高水平职业院校和专业建设计划，提升职业院校服务产业发展能力。加快“双一流”建设，支持天津大学—新加坡国立大学福州联合学院建设，引进国内国外知名高校开展合作办学。实施全民健身设施补短板工程，完善全民健身设施网络。实施社会服务设施兜底线工程，推动区域性儿童福利设施、未成年人保护设施、流浪乞讨人员救助（管理）站、殡葬服务设施、精神卫生福利设施、残疾人无障碍通道等社会福利服务体系建设。

促进房地产市场平稳健康发展。坚持房子是用来住的、不是用来炒的定位，精准调控、因城施策。加快保障性租赁住房建设，完善长租房政策，逐步使租购住房在享受公共服务上具有同等权利。培育发展长租房市场，新增各类租赁住房2万套。降低租赁住房税费负担，整顿租赁市场秩序，规范市场行为。

全力做好粮食安全保障和保供稳价工作。落实藏粮于地，藏粮于技战略，加强种质资源保护和利用，有序推进生物育种产业化应用。坚决遏制耕地“非农化”、防止耕地“非粮化”，规范耕地占补平衡，加强高标准农田建设，加强农田水利建设。提高粮食和重要农副产品供给保障能力，落实粮食安全省长责任制，实施引粮入闽奖励政策，办好第十七届粮食产销协作福建洽谈会，确保省内粮油市场供应充足；强化价格监测预警，持续做好重要民生商品价格调控工作，保持价格总水平基本稳定。

各位代表，做好2021年经济社会发展工作意义重大、任务艰巨、使命光荣。我们要更加紧密地团结在以习近平同志为核心的党中央周围，以习近平新时代中国特色社会主义思想为指导，不折不扣贯彻落实党中央、国务院决策部署，认真落实省委工作要求，落实省十三届人大五次会议决议，自觉接受省人大的监督，认真听取省政协的意见和建议，强化机遇意识、风险意识，改革创新、锐意进取，为全面建设社会主义现代化国家、全方位推动高质量发展超越、加快推进新时代新福建建设而努力奋斗！

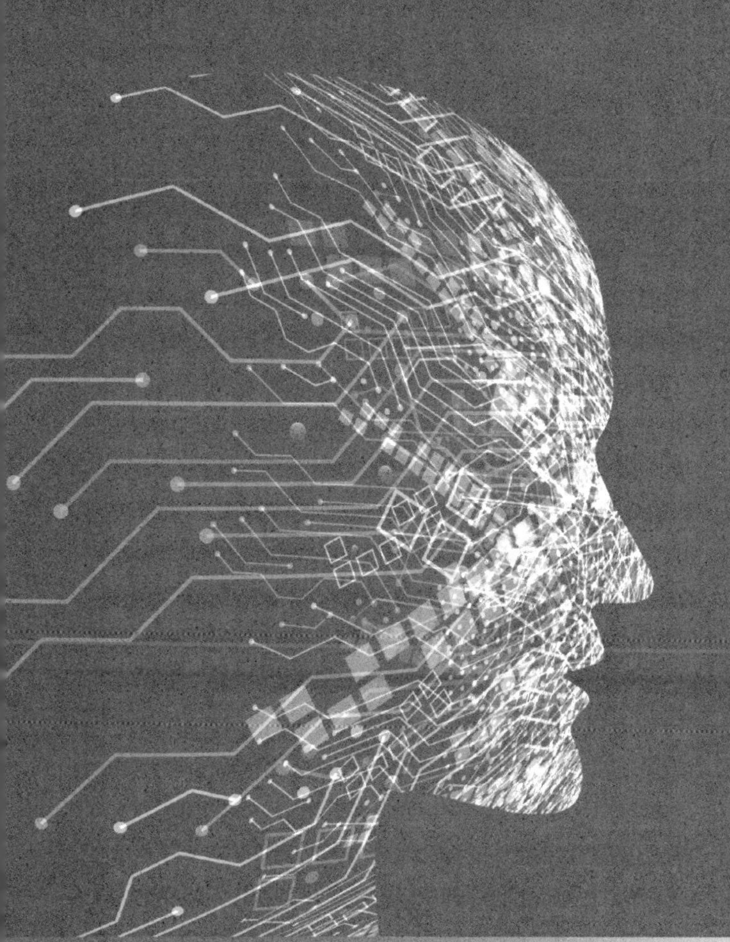

第二篇
产经总览

2020年福建经济回顾与2021年展望

2020年伊始，面对新冠肺炎疫情巨大冲击和复杂严峻的国内外环境，全省各地各部门认真贯彻落实习近平总书记重要讲话重要指示批示精神，贯彻落实党中央、国务院各项决策部署，科学统筹疫情防控和经济社会发展，扎实做好“六稳”工作，全面落实“六保”任务，前三季度生产复工复产水平持续回升，经济增速由负转正，保持稳定向好的发展态势。分季度看，一季度全省地区生产总值同比下降5.2%、上半年转为增长0.5%、前三季度同比增长2.4%，比全国平均增速高1.7个百分点，全年地区生产总值比增3.3%。其中，第一产业增加值2732.32亿元，比上年增长3.1%；第二产业增加值20328.80亿元，增长2.5%；第三产业增加值20842.78亿元，增长4.1%。

表1　2020年国家与福建GDP核算数据

	全国		福建	
	增加值（亿元）	增长（%）	增加值（亿元）	增长（%）
GDP	1015986	2.3	43903.89	3.3
第一产业	77754	3	2732.32	3.1
第二产业	384255	2.6	20328.80	2.5
第三产业	553977	2.1	20842.78	4.1

一、2020年经济发展基本态势

经国家统计局统一核算，2020年一季度我省地区生产总值为8999.09亿元，同比下降5.2%。其中第一产业实现增加值443.95亿元，同比增长2.2%；第二产业增加值4008.27亿元，同比下降8.8%；第三产业增加值4546.87亿元，同比下降2%。上半年全省实现地区生产总值19901.39亿元，由一季度同比下降5.2%转为增长0.5%，经济运行态势明显好转。其中，第一产业实现增加值1001.23亿元，同比增长3.3%；第二产业增加值9390.19亿元，同比下降0.8%；第三产业增加值9509.97亿元，增长1.6%。前三季度实现地区生产总值31331.55亿元，同比增长2.4%。其中，第一产业实现增加值1654.84亿元，同比增长3.5%；第二产业增加值14910.36亿元，同比增长1.8%；第三产业增加值14766.34亿元，同比增长2.8%。其中，宁德市2020年实现生产总值2619亿元，同比增长6%，高于全省平均水平2.7个百分点，为全省唯一连续四个季度保持正增长的设区市。

表2 2019—2020年全省各地主要经济指标

地市	2019年GDP（亿元）	2020年GDP（亿元）	增量（亿元）	增速（%）
泉州	9946	10158	212	2.13
福州	9392	10020	628	6.68
厦门	5995	6384	389	6.48
漳州	4741	4747	6	0.12
龙岩	2678	2880	202	7.54
三明	2601	2705	104	3.99
莆田	2595	2700	105	4.04
宁德	2451	2630	179	7.3
南平	1991	2000	9	0.45
合计	42395	43904	1829	3.31

（一）三次产业运行态势

1. 农业生产稳中有升。全省农林牧渔业生产受疫情影响相对较小，增幅较为平稳。一季度农林牧渔业实现总产值829.78亿元，按可比价计算同比增长2.8%，增幅仅比上年同期回落0.7个百分点。上半年农林牧渔业实现总产值1833.52亿元，同比增长3.3%，较一季度提高0.5个百分点。前三季度农林牧渔业实现总产值2978.55亿元，较上年同期增长3.6%。其中，农林牧渔业分别同比增长3.7%、3%、2.6%和4.3%，农林牧渔服务业产值增长4.5%。主要农产品产量保持增长。全省春、夏粮食产量分别为24.25万吨、77.26万吨，同比分别增长5.2%、2%；蔬菜产量1006.58万吨，增长3.9%；肉蛋奶总产量234.71万吨，同比增长4.5%，其中，肉类产量184.72万吨，同比增长2.4%。2020年全年农林牧渔业实现总产值4901.07亿元，按可比价计算比上年增长3.3%。其中，农、林、牧、渔业产值分别增长4.0%、3.0%、3.6%和1.9%，农林牧渔服务业产值增长4.2%。

2. 工业生产持续恢复。一季度全省规模以上工业实现增加值同比下降6.8%，38个工业大类行业中，1—2月份仅烟草制品、化学纤维制造、石油加工、医药制造等9个行业增加值保持增长，到3月份有28个行业实现增长，其中，石油加工、医药制造、烟草制品等10个行业实现两位数增长。一季度全省高技术产业、三大主导产业增加值分别同比下降2.5%和3.9%，属降幅较小的产业。二季度全省工业生产恢复较快，带动上半年规模以上工业增加值同比实现增长，从1—5月下降1.3%转为增长0.1%，较一季度提高6.9个百分点。分行业看，上半年38个工业大类行业中，有35个行业实现增加值增幅提升、降幅收窄或由负转正，其中，化学纤维制造、有色金属矿采选、石油加工、医药制造业等20个行业增加值保持增长。但规模以上工业销售产值同比下降1.4%，工业产品出口交货值仍下降9%。前三季度全省规模以上工业增加值同比增长1.8%，增幅较一季度、上半年分别提高8.6和1.7个百分点。全省规模以上工业销售产值同比增长0.3%，累计增速首次转正；产销率96.27%，比上半年提高0.46个百分点；高技术产业、三大主导产业增加值分别同比增长4.4%和5%，增幅比上半年均提高2.5个百分点。2020年全年规模以上工业增加值比上年增长2%，其中，规模以上高技术产业增加值增长8%，增幅比前三季度提高3.6个百分点；三大主导产业成为工业平稳复苏的“压舱石”，规模以上三大主导产业增加值增长5.7%，比全省平均水平高3.7个百分点。其中，电子信息产业增长6.6%；机械装备产业增长1.1%；石油化工产业增长10.6%。2020年全省各设区市中，宁德市规模以上工业增加值由年初增长0.4%逐月提高至7.4%，高于全省平均水平5.4个百分点，居全省各设区市增幅首位，“十三五”全市规模以上工业增加值年均增长8.2%，高于全省平均水平1.1个百分点。

3. 服务业运行趋于好转。疫情对传统消费和服务业造成较大冲击，但各级政府部门出台了诸多促进消费政策，企业拓展线上平台、开展直播带货等促销活动，“宅经济”“网红经济”较快成长，新业态新模式快速发展，成为经济发展新引擎，促进线上消费和智能经济较快增长。一季度全省服务业实现增加值同比下降2%，但限额以上批发和零售企业网上商品零售额同比增长0.9%，占全省限上零售额比重15.8%，占比同比提高2.7个百分点；部分高技术产品保持增长，特别是平板电脑、计算机整机等产品需求增长快，带动相关产品生产量的大幅增长。上半年服务业实现增加值由负转正，从一季度下降2%转为增长1.6%，提高3.6个百分点。分行业看，信息传输与软件服务业、金融业实现增加值分别增长10.6%、6.9%；批发和零售业、住宿和餐饮业分别下降0.7%、15.1%，降幅比一季度分别收窄11.9、12个百分点。前三季度服务业实现增加值同比增长2.8%，比一季度、上半年分别提高4.8和1.2个百分点。分行业看，软件和信息技术服务业、金融业增加值分别增长12.3%、6.6%；批发和零售业由负转正，从上半年下降0.7%转为增长1.9%；住宿和餐饮业下降9.4%，降幅比上半年收窄5.7个百分点。2020年全年第三产业实现增加值比增4.1%，比前三季度提高1.3个百分点。分行业看，信息传输、软件和信息技术服务业，金融业增加值分别增长10.7%、6.4%，增速分别快于第三产业6.6、2.3个百分点。

（二）三大需求发展情况

1. 固定资产投资降幅收窄。一季度全省固定资产投资（不含跨省铁路项目）同比下降16.9%，分产业看，第一产业投资下降31.8%，第二产业投资下降16.7%，第三产业投资下降16.6%。分类型看，内资企业投资下降17.5%，港澳台商投资下降32.9%，民间投资下降16.6%，但民生和防疫物资领域投资加大，教育、卫生、医药制造业投资分别增长5.4%、13.7%和11.2%。上半年全省固定资产投资同比下降0.8%，降幅明显收窄。分领域看，基础设施投资下降6%，制造业投资下降0.6%。前三季度全省固定资产投资同比增长1.4%，增幅比一季度、上半年分别提高18.3和2.2个百分点。分领域看，全省房地产开发投资4605.14亿元，同比增长7%，其中，住宅投资3368.71亿元，同比增长8.2%，占房地产开发投资比重达73.2%；制造业投资增长0.9%，基础设施投资下降3.9%。分产业看，第一产业投资下降8.9%，第二产业投资增长3.8%，第三产业投资增长0.7%，三次产业投资结构由上年同期1.9∶30.1∶68调整为1.7∶30.8∶67.5。前三季度全省重点项目投资进度持续加快，在建重点项目累计完成投资4133亿元，占年度计划的82.6%，比序时进度提高7.6个百分点，同比增长14.1%。2020年全年固定资产投资比上年下降0.4%，分领域看，房地产开发投资增长6.2%；制造业投资下降2.3%，其中高技术制造业投资增长16.2%；基础设施投资下降5.5%。分三次产业看，第一产业投资下降8.3%；第二产业增长0.7%，其中工业投资增长0.7%；第三产业下降0.7%。民间投资增长1.0%。

在全省各地市中，2020年福州市固定资产投资同比增长10.9%，增速分别较一季度（-11.3%）、上半年（4.7%）、前三季度（8.0%）提升22.2、6.2、2.9个百分点，高于全省平均水平（-0.4%）11.3个百分点。其中，房地产开发投资完成1960.37亿元，增长15.0%；项目投资增长8.2%，增速较去年同期提升6.8个百分点。宁德市2020年民间投资同比增长11.9%，增速快于全市固定资产投资增速11.2个百分点，占比由上年的52.5%提高至2020年58.4%。

2. 消费品市场持续回暖复苏。一季度全省实现社会消费品零售总额4114.74亿元，同比下降12.5%。分地域看，城镇市场零售额下降13%；乡村市场零售额下降9.1%。分消费形态看，餐饮收入额下降23.7%，商品零售额下降11.1%，但生活必需品仍保持增长，特别是粮油、肉禽蛋、蔬菜类限上消费品零售额分别同比增长23.7%、36.1%、15.1%；防疫物资消费保持增长，西药类限上消费品零售额同比增长5.1%。上半年全省实现社会消费品零售总额8652.34亿元，同比下降5.4%，比一季度收窄7.1个百分点。前三季度全省社会消费品零售总额13354.79亿元，同比下降

2.5%，降幅比一季度、上半年分别收窄10和2.9个百分点。分地域看，城镇市场零售额下降2.7%，乡村市场零售额下降1%；分消费形态看，餐饮业收入额下降9.7%，商品零售额下降1.7%，汽车类零售额下降5.1%。2020年前三季度网络零售保持快速增长，全省限额以上网络零售额增长14%，占全省限上零售额比重达16.9%，同比提高2.5个百分点。2020年全年社会消费品零售总额18626.45亿元，同比下降1.4%。分地域看，城镇市场实现零售额下降1.5%；乡村市场实现零售额下降0.8%。分消费形态看，餐饮收入额下降6.9%；商品零售额下降0.8%。

3. 外贸外资持续增长。一季度全省海关进出口总额2874.15亿元，同比下降3.6%，降幅低于全国平均水平2.8个百分点。其中，出口1652.66亿元，下降10.3%，进口1221.49亿元，增长7.1%，实现贸易顺差431.17亿元。上半年全省海关进出口总额6175.86亿元，同比下降3.2%，呈现出口降幅收窄、进口增幅提高，实现贸易顺差1133.32亿元。前三季度全省海关进出口总额10136.3亿元，同比增长3.8%，增幅比一季度、上半年分别提高7.4和7个百分点。其中，出口6021.9亿元，下降2.3%，进口4114.4亿元，增长14.2%，贸易顺差1907.5亿元，呈现货物进出口增幅提高，贸易顺差持续扩大特征。2020年前三季度厦门货物贸易进出口5052.7亿元人民币，同比增长8.3%，占全省进出口总值的49.8%；增速高于同期全省4.5个百分点，拉动全省进出口增速4个百分点。2020年全年海关进出口总额14035.65亿元，比增5.5%，其中，出口8474.41亿元，增长2.3%；进口5561.25亿元，增长10.6%，贸易顺差2913.16亿元。

2020年全省实际利用外商直接投资347.91亿元，比增10.3%。其中，厦门、福州实际使用外资规模分别增长23.8%、7.3%。利用外资结构进一步改善，在高技术制造业吸收外资方面，光电子器件制造业增长45.1%，通信设备、雷达及配套设备制造业增长10.9%。服务业实际使用外资增长37.2%，其中，住宿和餐饮业增长141%，租赁和商务服务业增长98.7%，批发和零售业增长70.6%。大项目支撑作用显著。全省累计到资亿元以上企业68家，到资金额增长21.1%，拉动全省实际使用外资增长16.1个百分点。其中，到资10亿元以上企业有古雷石化、联芯集成电路等7家。

（三）财政与居民收入情况

1. 财政收支降幅逐季收窄。一季度全省一般公共预算总收入1328.69亿元，同比下降10.7%，其中，地方一般公共预算收入765.37亿元，同比下降10.3%；一般公共预算支出1301.27亿元，同比下降5.2%。上半年全省一般公共预算总收入2677.72亿元，同比下降9.1%，其中，地方一般公共预算收入1568.11亿元，同比下降8.4%，一般公共预算支出2423.51亿元，同比下降11.5%。前三季度全省一般公共预算总收入3913.52亿元，同比下降4%，降幅比一季度、上半年分别收窄6.7和5.1个百分点；其中，地方一般公共预算收入2316.6亿元，同比下降3.1%，增幅高于全国平均水平0.7个百分点，收入降幅持续收窄，到9月份全省首次实现总收入和地方级收入两位数增长，分别同比增长12.8%和16.3%。2020年全年一般公共预算总收入5158.35亿元，比增0.2%，较前三季度提高4.2个百分点。其中，地方一般公共预算收入3078.96亿元，增长0.9%。2020年全年一般公共预算支出5214.62亿元，比增2.7%，增幅比前三季度提高9.2个百分点。教育、科技、医疗卫生、文化体育与传媒、社会保障和就业、住房保障支出比上年分别增长5.7%、11.3%、11.6%、6.8%、13.0%和27.4%。

2. 居民收入增速由负转正。一季度全省居民人均可支配收入10357元，同比名义增长1.1%，扣除价格因素实际下降3.2%。上半年全省居民人均可支配收入18991元，比上年同期名义增长2.2%，增幅比一季度提高1.1个百分点。前三季度全省居民人均可支配收入28771元，同比名义增长3.5%，增速比一季度和上半年分别提高2.4和1.3个百分点，扣除价格因素实际增长0.6%，实现增幅转正。2020年全年居民人均可支配收入37202元，比上年名义增长4.5%，扣除价格因素实际增长2.2%。其中，城镇居民人均可支配收入47160元，名义增长3.4%，扣除价格因素实际增长1.1%；农村居民人均可支配收入为20880元，名义增长6.7%，扣除价格因素实际增长4.5%。

二、2020 年经济运行中存在的主要问题

2020 年以来，面对新冠肺炎疫情对经济运行造成的影响和复杂严峻的国内外发展环境，我省按照中央的总体部署，统筹疫情防控和经济社会发展各项工作，稳步推进“六稳”“六保”政策，经济社会秩序加快恢复，形成强大的供给能力、适应能力和修复能力，经济长期向好的基本面和内在向上趋势没有改变。但也要看到，虽然全省经济总体呈现恢复状态，但疫情与发展环境对经济造成的冲击、损失弥补尚需时日。

1. 经济下行压力持续加大。受疫情向欧洲、美洲以及全球扩散的影响，导致今年全球经济出现大幅下降，对国内、省内经济增长造成极大的压力。我省地区生产总值已从 2010 年 13.9% 回落至 2019 年 7.6%，2020 年仅增长 3.3%。

2. 服务业运营还未恢复正常。从全省情况看，住宿业、餐饮业、旅游业、文化娱乐等人员相对聚集的服务业运营尚在恢复中，与去年同期我省服务业实现增加值比增 8.2% 相比较，2020 年前三季度服务业实现增加值同比仅增长 2.8%，其中，社会消费品零售总额同比下降 2.5%（城镇、乡村消费品零售额分别下降 2.7% 和 1%）；住宿和餐饮业下降 9.4%。厦门市 2020 年前三季度限上住宿餐饮业营业额下降 9.7%，规模以上文化、体育和娱乐业营业收入同比下降 35.8%，广播、电视、电影和录音制作业营业收入下降 83.3%，娱乐业营业收入下降 14.2%。宁德市 2020 年前三季度居民生活消费支出中，教育文化娱乐消费支出下降 16.8%，交通和通信类消费支出下降 20.9%。

3. 工业企业效益指标有待提升。2020 年前三季度全省规上工业实现增加值同比增长 1.8%，虽比一季度、上半年分别回升 8.6、1.7 个百分点，但与 2019 年同期规上工业实现增加值 8.8% 相比较，回落了 7 个百分点。2020 年前三季度全省规模以上工业实现利润 2497.17 亿元，同比下降 5.6%，降幅虽比上半年收窄 6.5 个百分点，但多数中小企业效益指标尚处于恢复态势中，营业收入、利润总额尚处在负增长区间。同时，工业企业生产经营单位成本有所上升，导致营业利润率下降，亏损额与亏损面较大。如宁德市在规上工业 34 个行业中，仅有 11 个行业实现增加值增长，增长面仅 32.4%；减停产企业 576 家，占企业总数 55.8%，特别是小微工业企业增加值同比下降 3.4%。

4. 投资率处于较低水平。2020 年前三季度全省固定资产投资同比增长仅为 1.4%，除房地产开发投资增长 7%、继续保持较强的增长态势外，主要是项目投资处于低速增长。前三季度全省项目投资下降 1.1%，其中，第二产业投资同比增长 3.8%，第三产业投资增长 0.7%，第一产业投资下降 8.9%，特别是民间投资同比增长仅为 2.1%，基础设施投资同比下降 3.9%。莆田市 2020 年前三季度项目投资比全省平均水平低 0.6 个百分点，房地产开发投资同比下降 11.9%，比全省平均水平低 18.9 个百分点；民间投资比全省平均水平低 20.2 个百分点。厦门市 2020 年前三季度民间投资下降 3.3%，增速比全省平均水平低 5.4 个百分点。

三、全省经济发展预测与对策建议

2020 年是我省全面建成小康社会和“十三五”规划圆满收官之年，根据国内外经济形势分析，预计全省地区生产总值比增 4%，2021 年预计增长 8% 左右。为此，提出以下建议：

1. 持续巩固疫情防控成果推动经济恢复增长。总体看，疫情对我省经济发展的短期冲击已逐步消除，全省经济长期向好的基本面和持续向上的发展势头没有改变。但也要看到，疫情导致全球经济低迷，贸易和投资大幅萎缩，将会对我省经济造成负面影响。为此，要坚决贯彻落实党中央国务院和省委省政府的决策部署，巩固疫情防控成效，加快形成以国内大循环为主体、国内国际双循环相互促进的新发展格局，通过激发企业主体动力活力，提高经济增长内在动力，促进经济高质量发展，确保“十四五”规划开启之年主要经济指标持续向好的方向发展。

2. 持续推进全方位高质量发展落实超越。围绕全方位推动高质量发展超越，着力创新驱动、转型升级、区域协调、乡村振兴、改革开放、生态建设、改善民生，着力“机制活”，增强经济发展活力动力；着力“产业优”，加快产业结构优化升级；着力“百姓富”，增进民生福祉持续改善；着力“生态美”，促进绿水青山向金山银山加快转

化。要把高质量发展超越作为推进全省经济社会发展的动力，以供给侧结构性改革为主线，坚持做大总量与提升质量并重，突出重点难点、精准发力、精准施策，打好防范化解重大风险、精准脱贫、污染防治三大攻坚战，努力推进高质量发展与落实超越有机统一，开创新时代新福建建设新局面。

3. 持续深化改革增强内生发展动力。针对我省在体制机制创新、政府职能转变尚不到位，营商环境尚需进一步优化等问题，着力深化体制机制改革。突破利益固化的藩篱，要用好用足中央赋予的先行先试政策，破除各方面体制机制弊端，力争在重要领域和关键环节改革上取得更多实质性成效；推进供给侧结构性改革，着力破除无效供给，用市场化、法治化手段化解过剩产能，健全“僵尸企业”出清、重整机制，盘活低效资产。激发市场主体活力，加快培育发展新动能，形成生产要素从低质低效领域向优质高效领域流动的机制；降低实体经济成本，加快国有企业混合所有制改革，完善国有资本授权经营体制，鼓励国有资本与非国有资本双向投资、共同发展；完善民营企业市场准入、投融资支持政策，加快打造一流营商环境。

（撰稿：福建社会科学院　伍长南）

福建农业农村经济运行态势及展望

2020年以来，面对复杂严峻的国内外形势，福建全省各级农业农村部门深入贯彻习近平总书记重要讲话重要指示批示精神，全面落实党中央国务院决策部署和省委省政府工作要求，坚持全方位推动高质量发展超越，围绕做好“六稳”工作、落实“六保”任务，有效应对新冠肺炎疫情、严重洪涝灾害、重大病虫害偏重发生等风险挑战，千方百计抓好粮食和生猪生产，多措并举促进农民就业增收，统筹推进农业农村改革发展各项工作，农业农村经济呈现总体稳定、持续向好态势，农林牧渔业生产形势一季好于一季。2020年全省农林牧渔业总产值4901.07亿元，比上年增长3.3%。农村居民人均可支配收入20880元，比上年增长6.7%，扣除价格因素，实际增长4.5%。

一、农业农村经济运行情况

（一）主要农产品量足质优价稳

对标粮食安全责任制，落实属地责任，实施种粮奖补政策，压茬推进各项措施，强化“米袋子”“菜篮子”保障。

1. 粮食生产平稳增长。福建省努力保障“米袋子”生产，制定任务清单，按季节分品种推进，实施奖补政策，鼓励多种粮食，由于气候适宜，粮食长势良好，春、夏粮食播种面积和产量均呈增长。稳定发展粮食生产，全面落实种粮补贴政策，出台扩种奖励措施，粮食面积、单产、总产“三增长”，全年粮食产量502.32万吨，比上年增加8.42万吨，增长1.7%。其中，稻谷产量391.75万吨，增加2.96万吨，增长0.8%。粮食播种面积1251.65万亩，比上年增加18.00万亩。其中，稻谷播种面积902.58万亩，增加3.72万亩。烟叶种植面积71.29万亩，减少3.99万亩；油料种植面积118.97万亩，增加2.71万亩；蔬菜种植面积895.46万亩，增加25.76万亩。

2. 特色经济作物增长较快。茶叶、蔬菜、水果、食用菌、肉蛋奶等特色农产品普遍增产、品质提升、效益较好，农产品质量安全监管全面加强，福建省主要农产品例行监测总体合格率99.5%，保持全国前列。一是蔬菜产量增长较快。着力优化蔬菜供给结构，补上叶菜和夏淡短板，支持新建温室大棚1.4万亩，带动全省新增设施蔬菜面积超过10万亩。福建省蔬菜种植面积扩大，蔬菜种植面积895.46万亩，增加25.76万亩。多数品种单产较上年同期有所提高，全省蔬菜产量达1492.30万吨，增长3.8%。二是食用菌生产形势逐季好转。新冠肺炎疫情严峻期间，福建省部分交通运输受阻，食用菌生产企业原材料及产品运输受到一定影响，防控等级降低后，食用菌生产逐步正常。全省食用菌产量137.88万吨，同比增长3.4%。三是茶叶产量较快增长。全省茶叶产量46.14万吨，同比增长4.9%。白茶持续走俏，南平、宁德等地扩大生产，前三季度，全省白茶产量增长17.6%。四是园林水果获得丰收。全省园林水果产量764.58万吨，同比增长5.1%。荔枝、柚子、青梅、龙眼、李和青枣等增长幅度较大。五是花卉及盆景园艺增长较快。前三季度，全省花卉及盆景园艺播种面积50.78万亩，同比增长4.4%。

3. 畜牧业生产总体向好。全年肉蛋奶总产量330.88万吨，比上年增长3.8%。肉类总产量259.39万吨，增长1.7%。其中，猪肉产量103.75万吨，增长0.7%；主要禽肉产量146.56万吨，增长3.3%；牛肉产量2.46万吨，增长15.0%；羊肉产量2.28万吨，增长3.0%。年末生猪存栏910.90万头，增长42.0%；生猪出栏1299.86万头，增长

0.2%。牛奶产量16.93万吨，增长17.1%。一是生猪生产逐步恢复、出栏止跌回升。福建狠抓疫情防控和生猪稳产保供工作，不断推进规模生猪养殖场增养补栏，加快万头以上生猪养殖场落地建设，生猪生产呈现持续回升态势，生猪产业加快升级发展。二是主要家禽存栏增长、出栏与上年基本持平。三是草食动物增长较快。福建各地积极调整养殖结构，草食动物得到较快发展。

4. 渔业生产增长较快。福建渔业部门全力推进复工复产和水产养殖综合治理，升级改造养殖网箱，优化养殖布局，有力地促进了水产生产发展。全年水产品产量830.34万吨，比上年增长1.9%。其中，淡水产品产量92.49万吨，增长1.6%；近海捕捞产量152.90万吨，下降5.1%；远洋捕捞产量58.15万吨，增长12.6%；海水养殖526.80万吨，增长3.1%。

5. 林产品产量保持增长。前三季度，全省木材产量888.08万立方米，同比增长1.7%。竹子和竹笋干产量保持较快增长。近年来，竹笋干作为纯天然绿色食品，市场需求量大，我省在竹林资源丰富的地区大力扶持竹业生产。前三季度，毛竹产量3.57亿根，同比增长6.6%；篙竹1.89亿根，增长6.0%；竹笋干产量32.72万吨，增长6.0%。

（二）特色现代农业提质增效

推动农业产业升级，实施乡村特色产业高质量发展“968”工程，以现代农业产业园、特色农产品优势区、优势特色产业集群、农业产业强镇为抓手，培育了安溪铁观音、平和蜜柚、古田食用菌、福鼎白茶、光泽肉鸡、蕉城大黄鱼、建瓯笋竹等特色产业百亿强县，带动形成了一大批产业强镇、强村，推动特色产业向优势区域集中，茶叶、蔬菜、水果、畜禽、食用菌等十大乡村特色产业全产业链总产值突破2万亿元，十个产业全部超过千亿元。加强品牌农业建设，宣传推介“生态福建·绿色农业”，主要农产品规模基地全部按标生产，建成优质农产品标准化示范基地600个，累计认证“三品一标”农产品5016个，创建40个农业区域公用品牌和116个福建名牌农产品，“福”字号福建绿色优质农产品影响力、竞争力不断增强。深入实施农业绿色发展专项行动，不用化学农药绿色茶园基本全覆盖，化肥、农药连续五年减量增效，畜禽粪污综合利用率达90%，均居全国前列。加快发展农产品电商，开展“县长带你买好货”、驻村第一书记和网红等直播带货活动，带动农产品网络销售362亿元、增长41%。拓展农业多种功能，规模以上休闲农业经营主体发展到3706家，年接待游客4751万人次。

（三）闽台农业融合发展持续深化

深入实施闽台农业融合发展推进行动，提升台湾农民创业园建设水平，打造形成“一园一特色、一区一产业”发展格局，6个国家级台湾农民创业园在国家年度综合考评中包揽前六名。9个闽台农业融合发展产业园加快建设，在现代种业、特色农机、休闲农业等方面实现更高层次对接合作。加强闽台农业合作推广示范县建设，累计引进台湾农业良种2500个、先进实用技术和新农药、新肥料1000多项，先进农机具和加工设备2万多台套，推广面积超过1000万亩。成功举办线上海峡论坛?两岸特色乡镇交流对接活动，密切两岸基层、青年交流交往，5000多名台胞常年在闽发展现代农业。全年新批办台资农业项目68个、合同利用台资1.6亿美元，农业利用台资数量和规模保持全国第一。

（四）农业科技装备水平持续提升

加快用现代设施、装备、技术手段武装农业，不断提高农业综合生产能力。推进种业创新工程，选育、审定、认定106个农作物及畜禽新品种，设施茄果类蔬菜、白羽肉鸡品种突破国外垄断。启动新一轮7个现代农业产业技术体系建设，组建15个农业科技创新专业联盟，深入实施科技助力乡村产业振兴“千万行动”，面对面帮助农民解决生产技术难题。全面落实农机购置补贴政策，补贴购置农机具超过11万台（套），农机化作业面积达1845万亩次，全省农作物综合机械化率达70%。新建高标准农田148万亩，全省高标准农田保有量超过1100万亩。加快数字乡村建设，福建“农业云131”信息工程投入运营，建成现代农业智慧园50个、农业物联网运用基地600个，“互联网+”农产品出村进城工程启动实施，安溪、福安等5个县（市）入选全国试点县。加快信息进村入户，益农信息社覆盖85%以上建制村。

（五）农业农村改革不断深化

扎实推进省委深改委确定的四方面 23 项年度农业农村改革，着力激发农民发展动力、提升农村产业发展活力、增强农村集体经济实力。加快完善农村基本经营制度，1563 万亩承包地确权到 470.6 万承包农户，推动农村土地“三权分置”，土地经营权流转率达 35%。整省推进农村集体产权制度改革，15391 个村（居）全面完成清产核资，确认集体经济组织成员 2922.8 万名，股份合作制改革基本完成。培育壮大新型农业经营主体，全省农民合作社、家庭农场超过 14 万家，形成 50 万人新型职业农民队伍。加快农业综合执法改革。省市县三级农业综合执法机构全部出台“三定”方案、制定公布权力清单和责任清单，8 个农业综合行政执法机构分别被评为全国农业综合行政执法示范单位和示范窗口。

（六）脱贫攻坚扎实推进

紧紧围绕老区苏区脱贫奔小康，突出巩固提升脱贫成果，开展全省脱贫攻坚质量调研，扶持贫困户发展产业项目 13.6 万个，支持贫困人口返岗务工 14.4 万人，推动 3781 户 10204 人纳入低保兜底保障。采取“一键报贫”等方式，确定 7293 户 23989 人为监测帮扶对象，单列管理、重点帮扶、防止返贫致贫。召开闽宁两省区第 24 次联席会议，援宁援甘资金 15.7 亿元全部到位、县均规模位居全国前列，闽宁对口扶贫协作援宁群体被中宣部授予“时代楷模”称号。

（七）农村人居环境明显改善

福建省政府召开全面建成小康社会补短板暨农村人居环境整治工作会议，推动“三年行动”收官之年各项任务加快落实。扎实推进“一革命四行动”，农村公厕行政村全覆盖，农村户用厕所无害化普及率达 96% 以上，乡镇生活垃圾收运体系全覆盖，农村生活污水治理率达 66.5%，整治农房 73267 栋，完成村庄绿化 2.42 万亩，改造农村公路 1324 公里，村容村貌进一步改善。设立“互联网 +”督查投诉举报平台，开通投诉举报热线 96 条，鼓励群众参与监督，及时发现问题，督促整改落实。参照国务院大检查做法，牵头 21 个部门开展联合检查，发现问题 309 个，点对点下达整改清单，督促各地整改到位。

（八）乡村振兴迈出新步

按照“五级同抓、千村试点、万村推进、全面振兴”要求，推进美丽、文明、善治、殷实乡村建设。坚持规划引领，省市县三级编制完成实施乡村振兴战略规划，乡镇和村全部制定实施计划（方案）。健全政策体系，突出支持产业发展、促进闽台融合、完善服务体系、加大要素保障等方面，制定乡村振兴“十条措施”，推动“四个优先”要求落地。实施项目带动，组织开展农村党建引领、文明乡风塑造、人才科技支撑等“十大行动”，落实年度 100 项重点任务，推动乡村振兴重点工作落地落实。强化辐射带动，省级整合 100 亿元资金支持“百镇千村”试点示范，建成项目 5244 个，完成年度投资工程包 78 亿元，形成 200 条乡村振兴示范线。举办第三个“中国农民丰收节”系列庆祝活动，全省累计举办活动 150 多场，现场参与群众超 300 万人次，全面展示了实施乡村振兴战略的新成效。

二、农业农村发展面临的形势分析

当前，全省正在实施全方位推动高质量发展超越重大战略，省委省政府对“三农”基础性地位将进一步强化，各方面投入保障力度也将不断加大，农村改革发展进入快车道，农业全面升级、农村全面进步、农民全面发展步伐必将进一步加快。

与此同时，农业农村还面临一些突出的困难问题。一是农业供给侧结构性改革还需进一步深化，农业产业链条不够完整，农产品加工和冷链物流仍存在短板，农业产业化龙头企业整体实力不强、带动能力不足，切实增加绿色优质农产品供给，更好地适应以国内大循环为主体、国内国际双循环相互促进的新发展格局。二是农业农村投资明显下滑，在全社会固定资产投资转正的情况下，前三季度全省第一产业固定资产投资同比下降 8.9%，农业农村发展后劲不足。三是影响城乡融合发展的体制机制障碍尚未根本消除，道路、饮水、通讯、网络等基础设施虽然已实现全覆盖，但通达档次较低；教育、医疗、卫生、养老等公共服务已基本覆盖所有乡村，但保障水平还不高，城乡差距较大；农村人居环境整治总体水平还需进一步提高，厕所、污水、垃圾等设施建设管护机制不够健全。四是受疫情影响，整个经济正在恢复之中，一定程度上抑制了农民工资性收入增长；部分农产品销售困难，特别是主供餐饮业的高附加值农产品需求尚未完全恢复，农民经营性收入受到较大影响。

三、2021 年农业农村工作展望

2021 年是全面建成小康社会、实现第一个百年奋斗目标之后，乘势而上开启全面建设社会主义现代化国家新征程、向第二个百年奋斗目标进军的第一年，做好农业农村工作、巩固提升“三农”发展好形势意义重大。要深入学习贯彻习近平总书记重要讲话重要指示批示精神，按照中央决策部署和省委省政府工作要求，坚持全方位推动高质量发展超越，以实施乡村振兴战略为总抓手，以实现农业农村现代化为总目标，以深化农业供给侧结构性改革为主线，更好统筹常态化疫情防控和农村经济社会发展工作，全方位推动“三农”高质量发展，力夺“十四五”开门红。

（一）全力保障重要农产品有效供给

一是稳定粮食生产。对标粮食安全省长责任制，着力稳面积、攻单产、提品质、强产能，将粮食播种面积稳定在 1250 万亩、总产量 500 万吨。二是抓好重要农产品生产。优化蔬菜供给结构，保持生猪存栏 900 万头以上，大力发展名优茶、特色水果、珍稀食用菌和特色畜禽，持续增加绿色优质农产品供应，确保农产品量足质优价稳。三是加强农产品质量安全监管。全面推行“一品一码”和合格证制度，加强检打联动，保持农产品质量安全总体合格率全国领先。

（二）切实加快特色现代农业建设

一是培育壮大乡村特色产业。加快建设现代农业产业园、优势特色产业集群、农业产业强镇，实施现代农业建设项目 800 个，新增投资 300 亿元以上，打造一批农业产业强县、强镇、强村，推进特色产业向优势区域集聚发展。二是加强品牌建设。创建优质农产品标准化示范基地 250 个，培育“三品一标”农产品 200 个以上，实施农产品地理标志保护工程，创建一批农产品区域公用品牌和福建名牌农产品，不断扩大“福”字号福建优质绿色农产品影响力。三是深化对台对外合作。实施闽台农业融合发展推进行动，加强国家级台湾农民创业园、闽台农业融合发展产业园建设，保持对台农业合作领先优势。加快农业“走出去”步伐，推进“海丝茶道”建设，深化“闽茶海丝行”等系列经贸活动，更好开拓国际市场、利用国际资源。四是促进产业融合发展。新建改造农产品产地初加工中心 250 个，大力发展农产品精深加工，农产品加工转化率提高到 74%。大力发展农村电商、冷链物流，实施“互联网 +”农产品出村进城工程，积极培育休闲农业等新产业新业态。

（三）扎实推进农业绿色发展

一是推进农业投入品减量增效。实施地力提升工程和病虫害绿色防控行动，提高不用化学农药绿色茶园建设水平，化肥、农药使用量比 2020 年减少 2% 以上。二是整省推进畜禽粪污资源化利用。实施畜禽粪污资源化利用提升工程，畜禽粪污资源化利用率 93% 以上，保持全国领先水平。三是实施田园环境整治行动。扩大秸秆、农膜、农药包装废弃物回收利用试点，秸秆综合利用率达到 90% 以上、农膜回收利用率达到 80% 以上。四是加快农业绿色发展先行先试示范区创建。支持漳州、南平、永泰 3 个国家级和福安、晋江等省级示范区建设，总结推广一批农业绿色发展先进模式。

（四）大力提升农业物质技术装备水平

一是持续实施种业创新工程。强化育种联合攻关，推广优质专用新品种 100 个以上，加快农作物和畜禽品种更新换代。二是改进农业设施装备。建成高标准农田 140 万亩，新增设施农业 10 万亩。实施主要农作物全面全程机械化推进行动，主要农作物耕种收综合机械化率提高到 72%。三是加快推进农业信息化。建设“农业云 131”信息二期工程，新建 10 个现代农业智慧园、150 个农业物联网应用基地，实施信息进村入户工程。

（五）持续深化农业农村改革

一是完善农村基本经营制度。落实农村土地承包关系稳定并长久不变政策，开展二轮土地承包到期后再延长 30 年试点，推进“三权分置”，鼓励发展多种形式适度规模经营。二是构建新型农业经营体系。实施农民合作社规范提升行动、家庭农场培育计划和高素质农民培育计划，培育农民合作社示范社、家庭农场示范场各 1000 家，培训农民 100 万人次以上，带动小农户融入现代农业发展轨道。三是深化农村集体产权制度改革。创新农村集体经济有效形式和运行机制，扩展农民集体资产股份权能，多渠道发展壮大集体经济。四是稳妥推进农村宅基地改革试点。指导 3 个宅基地改革试点县（市、区）稳慎推进改革试点，完善宅基地审批制度，健全宅基地监管机制，研究制定我省农村宅基地管理办法。

（六）积极探索具有福建特色的乡村振兴之路

一是实施十大行动。策划实施年度重点项目 100 项，推动十大行动重点任务落地落实。二是抓好试点示范。持续推进 50 个重点县（市、区）、100 个特色乡（镇）、1000 个试点村建设，实施“百镇千村”试点示范投资工程包总投资 150 亿元以上（年度 50 亿以上），推进创点连线成片，培育各具特色乡村振兴样板。三是深化农村人居环境整治。谋划实施农村人居环境整治五年提升行动，突出农村厕所无害化改造和污水治理，统筹推进垃圾治理、农房整治、村容村貌提升，完善农村人居环境整治长效机制。四是接续推进脱贫攻坚与乡村振兴有机衔接。对已脱贫地区和贫困人口继续在产业、就业、金融、教育等方面予以扶持，巩固脱贫攻坚成果，探索建立解决相对贫困长效机制。

（撰稿：福建社会科学院　蔡雪雄　李富生）

福建工业经济运行分析与发展前景预测

2020年新冠肺炎疫情突如其来，经济发展备受冲击，外部环境严峻复杂。福建工业坚持稳中求进的工作总基调，做好“六稳”工作、落实“六保”任务，全方位推动工业高质量发展超越。全省全部工业增加值15745.55亿元，比上年增长1.7%。规模以上工业增加值增长2.0%。

一、福建工业运行基本态势

（一）工业增速略低于全国水平

由于新冠肺炎疫情的影响，福建工业发展增速明显下降，第二产业增加值20328.80亿元，同比增长2.5%；规模以上工业增加值同比增长2.0%，规模以上制造业增加值同比增长1.9%。增速分别比去年同期下降5.8%、6.8%和7.3%。

福建工业增速也略于全国水平，第二产业增加值、工业增加值、制造业增加值分别比全国平均水平低0.1%、0.7%和1.5%。与沿海周边地区相比，处于中游偏下的水平。如表1所示。

表1　2020年福建省规模以上工业增加值增速与沿海周边地区的比较

上海	江苏	浙江	安徽	福建	江西	山东	广东	辽宁
1.4	6.1	5.4	6.0	2.0	6.1	5.0	1.5	1.8

数据来源：各省统计局网站

（二）工业结构不断优化

从轻重工业看，轻重比为50.5∶49.5，轻工业增加值下降0.2%，重工业增加值增长4.3%，重工业比重上升1.1%。分登记注册类型看，股份制企业增加值增长3.1%，国有控股增长9.4%，外商和港澳台投资企业下降0.4%。分三大门类看，采矿业增加值同比增长1.2%，制造业增长1.9%，电力、热力、燃气及水生产和供应业增长3.8%。分行业看，38个大类行业有21个行业实现增长，增长面为55.3%，而一季度和上半年的增长面分别仅为23.7%和52.6%。其中，医药制造业增长29.7%，化学纤维制造业增长23.7%，电气机械和器材制造业增长8.9%，化学原料和化学制品制造业增长7.4%，有色金属冶炼和压延加工业增长6.9%，计算机、通信和其他电子设备制造业增长6.6%。工业结构不断优化，三大主导产业增加值增长5.7%、战略性新兴产业增加值增长4.5%、高技术制造业增加值增长8.0%，均高于全省平均水平。

（三）工业经济逐渐恢复增长

2020年前两个月，受新冠肺炎疫情的影响，福建大部分规模以上工业企业推迟复工，工业生产短期内受到较大冲击，规模以上工业增加值下降高达13.3%。在38个工业大类行业中，有31个行业同比下降。其中，通用设备制造、造纸和纸制品、酒饮料和精制茶制造、纺织服装服饰、皮革和制鞋等传统行业受新冠肺炎疫情影响较大，行业增加值同比均下降超过20%。3月份新冠肺炎疫情稳定后，工业加速复产，增速实现单月由负转正（3.6%）。4月份工业生产进一步恢复，4—10月份连续6个月工业增加值在4%—6.3%增长区间运行。其中5月份和9月份规上工业增加值增长达到 6.3% 和 6.0%，是全年两个高峰。但四季度，工业增加值增长有所回落，尤其是 12 月，同比增长仅 3.2%，创年内次低值。如图 1 所示。

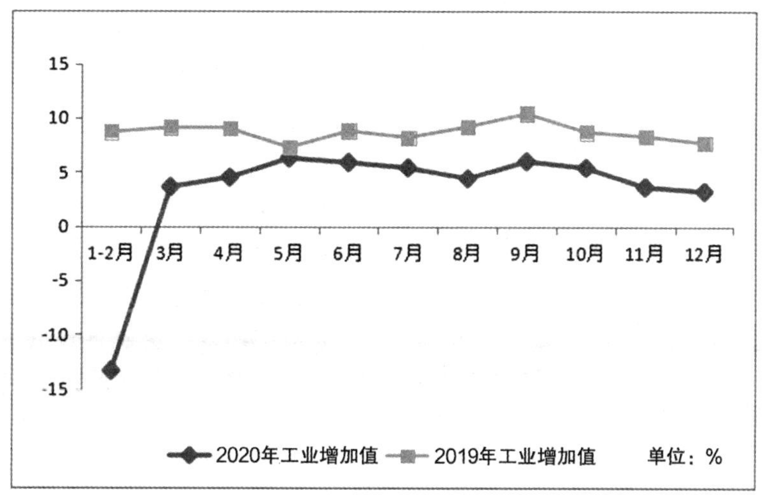

图 1　2020 年及 2019 年规模以上工业增加值月度增速

（四）工业生产者价格指数同步下降

2020 年，工业生产者购进价格（IPI）下降 1.4%。9 个大类有 6 个上涨，3 个下跌。其中，农副产品类在去年上涨 5.4% 基础上进一步上涨 10%，有色金属材料类也上涨 4.5%。燃料动力类下降高达 7.9%，而化工原料类由于石油价格暴跌导致下降 7.3%。

2020 年，工业生产者出厂价格（PPI）下降 1.6%。生产资料价格下降 2.9%，其中原材料下降高达 6.8%。生活资料继续上涨 0.8%。其中，食品、一般用品和衣着，分别上涨 1.7%、1.0%、0.6%，而耐用品价格下降 2.2%。

2020 年，生猪存栏量急剧下降导致食品价格逆市大涨，福建的食品衣着等生活资料出厂价格保持上升势头。而由于石油、煤炭等原材料价格显著下降，我省工业生产价格环境相对友好。

（五）宁德市工业增长全省领先

一季度，宁德市在全省九地市中保持唯一增长；到上半年，龙岩、厦门、福州、三明等市工业增加值由负转正；至年底，全省各设区市中有 8 地市工业增加值实现同比正增长。

宁德市全年规上工业增速 7.4%，增速居全省首位，实现 2018 年以来“三连冠”。主导产业带动明显，锂电新能源、不锈钢新材料、铜材料、新能源汽车等四大产业工业增加值同比增长 16.2%，拉动全市规模以上工业增加值增长 10.1 个百分点。厦门市规模以上工业增加值增长 6.0%，规模以上高技术产业实现工业增加值 765.67 亿元，增长 8.9%。其中医疗相关行业快速增长，高技术医疗仪器设备及仪器仪表制造业、高技术医药制造业增加值分别增长 94.3% 和 43.4%。龙岩市工业增加值增长 5.1%，亿元企业拉动力显著，产值超亿元企业（510 家）增加值占工业增加值的 90.5%，拉动工业增加值增速 5.4 个百分点。

（六）工业利润明显下降

2020 年，规模以上工业企业实现利润 3470.08 亿元，同比下降 9.7%。在 38 个工业大类行业中，27 个行业利润总额同比下降，11 个行业利润总额同比增长。利润下降较大的主要行业有：石油、煤炭及其他燃料加工业下降 73.3%，汽车制造业下降 43.4%，黑色金属冶炼和压延加工业下降 32.3%，化学原料和化学制品制造业下降 30.9%，有色金属矿采选业下降 28.5%，农副食品加工业下降 28.5%，木材加工和木、竹、藤、棕、草制品业下降 24.7%，食品制造业下降 20.8%。

2020 年，规模以上工业企业实现营业收入同比下降 3.5%。营业收入利润率 6.26%，同比降低

0.42 个百分点；每百元营业收入中的成本为 86.51 元，同比增加 0.17 元。应收账款平均回收期为 29.6 天，同比增加 4.1 天；产成品存货周转天数为 13.4 天，同比增加 1.2 天。

（七）出台有效举措，帮助工业企业复工稳产

早在新冠肺炎疫情初期，福建省委办公厅和省政府办公厅就印发了《福建省应对新型冠状病毒感染的新冠肺炎疫情扎实做好“六稳”工作的若干措施》，大多数措施都针对制造业，特别是中小制造企业。从金融服务保障、减轻中小企业税费负担、降低企业运营成本、支持企业增产增效、推进重大项目建设、加大援企稳岗力度等方面，全力支持各类生产企业复工复产。

除了落实“六稳”24 条，福建还出台了复工复产 21 条、复工稳岗 12 条、支持企业恢复发展 16 条、促进工业企业复产达产 13 条等措施，全力帮助企业复工稳产。其他省直部门也陆续出台支持措施，如省商务厅出台《应对当前新冠肺炎疫情，稳外贸、稳外资、促消费的政策措施》，省税务局出台《关于充分发挥税收职能作用助力打赢疫情防控阻击战十二项措施的通知》，省科技厅出台《关于疫情防控期间进一步做好科技创新工作的若干措施》，省人社厅、工信厅等 6 厅委出台《关于支持企业疫情防控期间复工稳岗的通知》等。

全省各地市也积极落实省委省政府工作部署，福州（10 条）、厦门（15 条）、泉州（9 条）、三明（12 条）、莆田（10 条）、南平（16 条）等地纷纷出台鼓励措施，积极应对疫情、帮助中小企业共渡难关。

二、新冠肺炎疫情对福建工业发展的影响

从国内看，新冠肺炎疫情对工业的影响主要在前 3 个月，随着国内疫情防控成效不断显现，复工复产进度加快推进，正常生产生活秩序不断恢复，疫情影响从二季度起逐渐减弱，特别是前期压抑的一些经济活动逐步释放。下半年在鼓励政策作用下，福建工业发展更加稳健。但是从国外看，全球疫情仍处于快速蔓延的阶段，由于美国等发达国家未能很好地遏制疫情发展，导致全球经济大概率陷入衰退，一些工业企业产品市场需求萎缩，订单减少、销售受阻、成本上升，效益下滑等，工业经济面临新的下行压力。

（一）一季度疫情对工业的造成较强冲击

新冠肺炎疫情对工业的影响是全方面的，特别是在一季度，企业的生产、物流、销售、回款等经营活动受到严重干扰。一些企业停工停产，尤其是纺织、服装、制鞋等劳动密集型企业，受影响较严重。

首先，是复工进度严重延宕。据了解[①]，被调查企业中约一半企业省外员工占比超过 50%，由于各地要求外地人员返回工作地须隔离 14 天，而中小制造企业普遍无法满足这么多的单间条件，企业考虑到可能存在的安全风险，只能延期复工。至 2020 年 2 月 19 日，全省规上企业复工率达 75.8%，但复工企业也面临着员工到岗率低、无法满足正常生产需要等问题。被调查企业中，返岗率 80% 及以上企业占全部复工企业的比重仅为 40%，返岗率 50%—80% 企业占比 34.8%，有超过二成的企业返岗率不到一半。

其次，是企业经营困难。短期市场需求的剧减，导致大量企业营业收入急速下降。不少企业由于无法精准判断疫情发展情况，难以给客户信心争取订单，造成订单流失。被调查企业中约有一半的企业预计一季度营业收入较上年同期下降 50% 及以上，大部分企业上半年营业收入较上年同期下降 30% 及以上。

再次，企业运营成本仍持续高企。新冠肺炎疫情造成的交通物流运输不畅，人员流动受限，直接或间接导致物流成本上升，部分原材料成本逆市上涨，人工成本和销售成本居高不下等，企业生产运营成本并未因疫情而下降。收入的下降和成本的上升，使得多数企业利润大幅度下降，甚至出现亏损。近一半企业一季度为亏损状态。

以上问题主要发生在今年上半年，在企业奋力自救和政府大力支持下，福建工业不断巩固稳定态势。到 3 月 6 日，规模以上工业企业复工率已达 98.1%，工业增加值从一季度下降 6.8% 回升到

① 资料来源：福建省华通市场研究公司《疫情对福建省企业发展影响分析》

上半年增长0.1%，实现正增长。常态化疫情防控措施的有效开展，使福建工业已经渡过最危险的时期。但由于人员流动尚未完全自由、市场活力尚未完全释放、物流链尚未完全畅通，第一波冲击的尾部效应仍将长期存在。

（二）工业外部需求不振

新冠肺炎疫情对全球贸易带来前所未有的巨大冲击和挑战。受新冠疫情冲击，本就脆弱的世界经济陷入衰退，2020年全球GDP下降约4.2%，除中国外主要经济体均陷入萎缩。国际需求持续不振，使2020年全世界货物贸易罕见地萎缩5.3%。进入三季度后，全球贸易有所恢复，集装箱吞吐量和制造业出口订单开始增加，但由于不同国家和地区的疫情防控效果不同，各国各地区复苏呈现分化态势。2020年我省前三季度外贸明显下降，直至四季度才有所恢复。全年我省出口8474亿元，同比增长2.3%，比进口增幅低7.3%，其中对欧洲出口下降2.7%、对香港地区下降13.2%、对沙特阿拉伯下降2.7%、对日本下降1.7%。对美国仅增长3.7%。

外需下降对传统产业影响尤其严重。以福建最有优势的鞋服箱包为例，进入下半年商品订单虽有恢复但仍低于去年同期，据全国纺织商会预测，扣除口罩等防疫物资后全年纺织服装出口下降20%，轻工商会预测轻工产品出口下降10%。出口企业普遍面临交付难、接单难等诸多难题，陷入“有单无力接”“有单不敢接”的窘境。

另外，新冠肺炎疫情也对国际金融市场带来剧烈波动。疫情初期，人民币汇率逐渐走低，5月29日人民币兑美元中间价达7.1356，较去年底贬值2.4%。但此后随着中国经济的恢复和海外疫情的长期化，人民币汇率不断升值，至9月30日已升至6.5274，较5月29日升值9.2%，对福建净利润率较低的传统劳动密集型企业出口带来较大的影响。

（三）供应链安全形势严峻

新冠肺炎疫情对供应链影响的大概有四个阶段，一是因我国境内疫情暴发而在境内停产停工；二是国际供应链因中国停产停工而断裂；三是因世界各国相继暴发疫情而导致国际需求减少，反过来影响我国供应链的安全。四是由于疫情的常态化，世界供应链被迫重构。当前大致处于第三阶段向第四阶段转变期。

除民生工业外，福建多数高技术产业无法做到完全自我循环，产业链上游不少产品受制于人。特别是半导体制造机械、光学仪器和金属加工中心等关键领域，以及高端芯片、数控机床核心零部件、机动车变速箱等关键中间品，原先有不少是从美欧等发达国家进口。随着新冠肺炎疫情的不断扩大，主要供应方的产能无法正常维持，容易出现断供或涨价风险，使得依赖上游供应的产业链上的行业受损。

尤其是特朗普政府以国家安全为名，滥用技术出口管制等手段，钳制我国供应链正常运转，对我国的高科技企业进行打压，意图巩固强化其世界霸权地位。如美国政府制裁福建晋华集成电路公司，要求美国公司不得向其出售软件、技术和产品。作为福建晋华的技术合作方，台湾联电暂停了与福建晋华的内存研发合作与支持，使晋华的经营基本停滞。

三、做好“六稳”、落实“六保”，推动福建工业高质量发展

福建工业要全面落实党中央决策部署，坚持稳中求进工作总基调，扎实做好稳就业、稳金融、稳外贸、稳外资、稳投资、稳预期工作，全面落实保居民就业、保基本民生、保市场主体、保粮食能源安全、保产业链供应链稳定、保基层运转任务，努力克服新冠肺炎疫情带来的不利影响，有针对性地为实体企业提供扶持政策，确保全面建成小康社会目标，全方位推动高质量发展超越。

（一）扎实稳定工业基本盘

当前，境外疫情持续蔓延，世界经济陷入衰退，不稳定不确定因素显著增多。党中央充分估计困难、风险和不确定性，于2019年提出“六稳”后，2020年提出“六保”，其中稳就业、保居民就业被放到“六稳”、“六保”的首位。福建工业就业人数达到910万人，占所有就业人数的32.7%，稳定工业基本盘就是稳就业、保就业，维护经济发展和社会稳定大局。

一是拓展主导产业。全力突破关键技术、强壮产业链条。新一代信息技术产业要重点发展新型显示、高性能集成电路、超高速光纤与无线通信、物联网、大数据与云计算、数字虚拟等新一代信息技术。机械装备产业重点突破核心基础零部件、先进基础工艺、高端装备等领域。石化产业以“两基地一专区”为核心，做大做强烯烃、芳烃等产业链条，发展聚氨酯、高端聚合材料等新材料，形成上下游一体化的石化产业集群，打造全国一流的石化产业基地。

二是提速新兴产业。聚焦新产业、新技术，集中优质资源，重点支持一批新兴产业重点项目、龙头企业和示范工程。新能源汽车产业要以宁德时代为核心，重点推动动力电池、储能电池及关键原辅材料等产业链拓展，加快与国际顶级车厂和国内知名汽车厂商建立了合作关系，推动项目落地。新材料产业要以福州、厦门为创新核心区，推进纳米、超导、智能等共性基础材料研发和产业化，在石墨烯、高性能稀土磁性材料、激光晶体材料等领域建设一批全国领先的新材料产业基地。智能制造产业重点发展高档数控机床、工业机器人、智能化专用装备、自动高效生产线等高端设备。

三是升级传统产业。纺织服装、食品加工、建材、冶金等传统产业是福建的优势产业，也是福建工业吸纳就业的“大户”。要以延长产业链、增加价值链为目标，突出智能化、品牌化，赋予传统产业“新生命”。深入实施“中国制造2025”，运用“互联网+”“数字化+”“标准化+”，推进工业互联网基础设施建设与产业生态培育。鼓励企业采用流程制造、离散制造、柔性生产、小批量定制等智能制造技术或制造模式进行改造升级。

（二）千方百计保证供应链安全

随着经济全球化的发展，市场日益成熟，分工和产业链环节愈加复杂，不同产业和领域之间形成了你中有我、我中有你的紧密联系。其中我国在全球供应链上具有独特的地位，是全球产业链供应链最为重要的一环，目前没有任一国家可以替代。但必须居安思危，我国仍有一些中间产品甚至不少核心零部件需要从国外获得。如果因为疫情或国际政治的原因，在某些环节上出现“断供”，连锁反应会快速传导至全产业链中，诱发多个产业生产活动混乱甚至停滞。因此采取正确的战略举措推动供应链安全和稳定至关重要。

扎实推动固链补链强链工作。要进一步加大对核心关键供应链上企业技术研发的支持，围绕集成电路、新材料、生物医药、高端装备、精细化工等产业链短板，拉出清单、列出计划、重点攻关，解决关键技术领域“卡脖子”的问题。要加大产业链国内闭环体系建设，针对具有高附加值的核心零部件、原材料以及研发、生产、测试设备等进口产品，积极寻找国内替代和国产化，提高国内产业配套水平，形成国内完整的产业供给体系。对重点行业的龙头企业实施全球供应链“备链”计划，建立柔性供应链，减少供货对一个国家（特别是美国、澳大利亚等“五眼国家”）的过分依赖，构建重点行业供应链安全管理体系。

稳住产业链需求。对外贸企业，要梳理重点、优势、特色产业的产业链企业名单，掌握企业的主要困难和核心政策诉求，完善响应机制，加强资金、用工、原材料、用能、物流、订单开发等方面的政策支持，落实落细相关政策。简化通关手续，用足用好出口退税、出口信保和财政贴息等政策工具，帮助企业稳住海外市场和订单。要随时跟进国内外疫情最新信息及各国政策，建立快速应急机制，帮助企业迅速做出正确的决策。支持出口产品转内销，要抓住消费回补窗口期，实施有效扩大内需政策，简化出口转内销产品认证程序，依托各类电商平台搭建内销新渠道，推动内需供应链体系分层优化。

强化供应链开放合作。仍然要推动与世界各国的区域合作，利用各国独特的资源、地域优势，打通产业合作全链条，实现优势互补。要积极加快自贸试验区建设，利用福建自贸试验区的制度创新为输入国际优质资源和输出福建制造产品提供更为便利的国际环境。鼓励我省优势企业走出去，加强全球资源整合和海外建厂，了解世界各地的消费需求与偏好，利用产业复工环境稳定和加速提高的研发能力，构建人、研、产、销、供的供应链全球化布局。与东盟、日本、韩国等周边地区在已经形成的颇为紧密的产业链基础上，实现优势互补，通过更紧密的产业链合作，降低自身的脆弱性，提升应对国际经济环境中风险与不确定性的能力。

（三）多方协作共同支持中小企业

保中小企业就是保市场主体。疫情爆发以来，中小企业尤其是中小制造企业，由于复工复产进度慢、市场需求疲软、企业生产成本上升、资金周转困难，人流物流不畅，面临极大压力。要确保中小企业支持政策落实到每一个企业、每一个车间、每一个环节，坚定投资者和企业家的信心，激发他们的内生动力。

一是加大财税对中小企业倾斜力度。重点聚焦纺织服装、食品加工、日用轻工等就业吸纳能力强、受疫情影响大、中小微企业比重高的行业，落实税收减免、税款延期缴纳及按比例返还等政策。实施更大规模的减税，降低受疫情影响的企业所得税税率，允许企业将本年的亏损往前或往后结转，形成退税或减税优惠。进一步提高面向中小企业政府采购的金额和比例。统筹运用税收优惠和研发补贴等财税政策工具支持中小企业持续开展创新研发。

二是推进更为明显的降费措施。适当下调社保费企业缴费费率并提高个人缴费费率，免收进出口货物港口建设费，降低货物港务费、港口设施保安费、铁路保价、集装箱延期使用、货车滞留、政府管理的机场服务等政府定价收费标准。清理规范地方收费项目，加大对乱收费查处和整治力度。

三是加大金融输血力度。重点落实中小企业贷款扶持、抗疫专项低息贷款、银行贷款财政贴息等政策。深入推进金融供给侧结构性改革，努力降低融资成本。引导金融机构通过内部节支降低信贷运营成本，要求银行承担社会责任并维持中小企业信贷余额，严禁金融机构对受疫情影响大、有发展前景的中小企业抽贷、断贷、压贷。大力发展小微金融，依托“互联网＋”的技术手段，促进“互联网＋小微金融”的产品开发，降低中小企业与金融机构的交易成本。

（四）全方位推动工业高质量发展超越

全方位推动高质量发展超越，是习近平总书记为福建亲自擘画、亲自部署、亲自推动的重大战略，为福建未来的发展指明了前进方向、提供了根本遵循、赋予了重大使命，福建工业要深入学习贯彻重要指示批示精神，攻坚克难、奋发有为，全方位推动高质量发展超越。

一是提升创新发展水平。创新是引领发展的第一动力，谁在创新上先行一步，谁就能拥有引领发展的主动权。要加快高水平创新型省份建设，大幅度提高产业自主创新能力。深化福厦泉国家自主创新示范区建设，沿福厦泉轴线打造科技创新走廊、沿海科技创新产业带。完善高技术企业成长加速机制，培育一批核心技术能力突出、集成创新能力强的创新型领军企业。进一步加快智能制造、机器人技术、智能＋、物联网、大数据、云计算、智慧制造、人工智能、互联网＋、区块链等新兴前沿技术与制造业的深度融合，从引进技术、模仿制造向自主创新转变，不断提高原始创新能力。

二是提升绿色发展水平。深入推进国家生态文明试验区建设，构建以生态产业化、产业生态化为主体的生态经济体系。加快实施节能技术装备产业化示范工程，推广应用节能技术装备，推动高耗能行业、终端用能产品提升能效水平。在钢铁、建材、石化、有色等重点行业企业推广采用先进适用清洁生产技术，加快清洁生产技术改造。力争规模以上单位工业增加值能耗比全国平均水平低30%，污染物排放保持国内先进水平。

三是提升开放发展水平。充分发挥福建多区叠加的政策优势，打造市场化法治化的国际化营商环境，加快投资、贸易便利化。推进海丝核心区建设，积极参与“陆海空天能网”建设，深入实施“丝路海运”等一批标志性工程。推进自贸试验区创新发展，加强改革系统集成，适时推动扩区建设。加强闽台产业融合发展，引导台商投资导向由生产型向知识型、服务型产业转变，提升闽台新一代信息技术、生技医药、绿色制造等领域的合作。

（撰稿：福建社会科学院　黄继炜）

福建省服务业展现强大韧性

2020年，面对新冠肺炎疫情的巨大冲击，在以习近平同志为核心的党中央坚强领导下，福建坚持统筹疫情防控和经济社会发展，服务业展现强大韧性，生产经营稳步复苏，经济指标持续改善，新动能茁壮成长，不断推进服务业高质量发展超越。

一、服务业展现强大韧性

（一）服务业增加值比重超越二产

初步核算，2020年全省服务业增加值20842.78亿元，比上年增长4.1%，增幅比GDP和第二产业分别高0.8和1.6个百分点，比全国平均水平高2.0个百分点。三次产业结构由2019年的6.1∶47.4∶46.5调整为6.2∶46.3∶47.5。自1993年以来，第三产业增加值比重首次超过第二产业，呈现“三二一”格局。服务业对GDP增长贡献率为56.6%，拉动GDP增长1.9个百分点。

（二）服务业投资规模保持稳定

2020年，全省服务业固定资产投资规模总体保持平稳，下降0.7%。现代服务业投资增长加快，金融业，信息传输、软件和信息技术服务业投资分别增长20.1%和7.4%。民生服务补短板投资持续推进，居民服务、修理和其他服务业，文化、体育和娱乐业，教育，卫生和社会工作投资分别增长14.6%、4.1%、2.1%和0.6%。服务业实际使用外资增长37.2%，住宿和餐饮业，租赁和商务服务业，批发和零售业分别增长141.0%、98.7%和70.6%。

（三）服务业企业经营持续好转

2020年，全省5999家规模以上服务业企业实现营业收入5419.11亿元，增长7.6%，增幅比一季度、上半年和前三季度分别高13.4、6.9和2.9个百分点，比全国平均水平高5.7个百分点，居全国第2位。从行业看，生产性服务业快速恢复，实现营业收入4760.27亿元，增长9.4%。其中，租赁和商务服务业增长20.3%，科学研究和技术服务业增长16.7%。生活性服务业营业收入658.85亿元，下降4.4%，降幅比上半年和前三季度分别收窄5.4个和0.8个百分点。

二、服务业新动能孕育发展新机

（一）消费市场平稳恢复，全闽乐购持续打响

2020年，通过落实《福建省促进消费行动方案》，政府协会搭台组织，企业商户共同参与，省市县三级联动，“全闽乐购”品牌持续打响，互联网消费快速增长，电子商务蓬勃发展，消费回升势头有效巩固。全省实现社会消费品零售总额18626.45亿元，下降1.4%，降幅比全国小2.5个百分点，居全国第8位，比一季度、上半年、前三季度分别收窄11.1、4.0和1.1个百分点，呈现持续恢复态势。限额以上网络零售额增长14.2%，占限额以上零售额的比重为17.0%，比上年提高2.4个百分点。批发和零售业增加值4667.60亿元，增长5.3%；住宿和餐饮业增加值614.44亿元，下降7.7%。全省实现电商交易额1.15万亿元，增长14.7%，比全国平均水平高10.4个百分点。交易额及增速分居全国第8和第6位。全省2020年中国淘宝村441个、淘宝镇153个，分居全国第6和第5位。

（二）交通保障能力提升，网络货运蓬勃兴起

2020年，交通运输行业全力保障物流供应畅通，全省交通运输、仓储和邮政业实现增加值1497.31亿元，增长4.8%，占GDP比重为3.4%，对GDP增长贡献率为5.9%。全省完成货物发送量13.99亿吨，增长4.7%；货物周转量9020.34亿吨公里，增长8.7%；旅客发送量2.55亿人，下

降48.4%；旅客周转量661.97亿人公里，下降44.4%。沿海港口货物吞吐量6.21亿吨，增长4.5%。取消高速公路省界收费站并实现平稳运行，减免车辆通行费95.3亿元。开行“丝路海运”快捷航线，船舶平均通关效率提升20%。公路水路固定资产投资完成额1048.16亿元，增长13.9%。交通运输现代服务业蓬勃兴起，在全国率先出台网络货运税务征管优惠政策，全省网络货运企业44家，物泊、好运联联入围全国首批5A级网络货运企业，网络货运企业收入增长76.8%，带动规模以上道路运输业实现营业收入735.88亿元，增长17.8%。

（三）邮政电信较快增长，新基建提档加速

2020年，邮电业积极服务疫情防控和经济发展，全省邮电业务总量4764.31亿元，增长22.8%。其中，邮政业务总量856.48亿元，增长32.6%；电信业务总量3907.83亿元，增长20.8%。全省邮电业务收入818.77亿元，增长8.1%。其中，邮政业务收入368.88亿元，增长14.0%；电信业务收入449.88亿元，增长3.7%。全省快递服务企业完成业务量34.32亿件，增长31.0%；快递业务收入302.56亿元，增长16.7%。信息基础设施建设持续推进，光网和4G全面覆盖城乡，建成5G基站2.25万个，县级以上区域实现5G覆盖，各设区市和平潭综合实验区均建成高水平光网城市，固定宽带家庭普及率、移动宽带用户普及率分居全国第2和第7位。依托数字经济和互联网产业发展，规模以上信息传输、软件和信息技术服务业实现营业收入1415.44亿元，增长5.6%。其中，互联网和相关服务业增长12.2%，软件和信息技术服务业增长5.6%。6家企业入选2020年中国互联网百强，居全国第4位，被评为互联网行业发展典型省份。

（四）金融业运行稳健，金融改革持续推进

2020年，金融业积极服务实体经济，有效防控金融风险，金融改革持续推进。全省金融业增加值3418.36亿元，增长6.4%，占GDP比重为7.8%，对GDP增长贡献率为14.2%。2020年末，全省金融机构本外币各项存款余额56386.92亿元，增长13.1%；本外币各项贷款余额59859.66亿元，增长13.7%。保险业实现保费收入1242.25亿元，增长5.7%。疫情挑战下，政银企联动，统筹推动金融支持稳企业保就业工作，出台中小微企业临时性延期还本付息、产业链协同复工复产金融服务等应急纾困政策。全省普惠型小微企业贷款余额增长31.9%。宁德、龙岩国家级普惠金融改革试验区及三明、南平绿色金融改革试验区建设统筹推进。自贸区金融改革“试验田”作用有效发挥，对台金融开放创新成效显著。海峡股权交易中心、厦门两岸股权交易中心“台资板块”共挂牌展示台企1700多家。首创“台胞信用证担保”服务，融资担保余额9.5亿元。深入实施资本市场提升工程，截至2020年12月29日，A股上市公司总市值2.99万亿元，总资产10.18万亿元，分居全国第7和第5位。

（五）房地产开发稳中向好，房地产服务逐步回暖

2020年，房地产市场逐步复苏，各项指标稳中向好。全省房地产业实现增加值2904.80亿元，增长3.0%，占GDP比重为6.6%，对GDP增长贡献率为4.2%。从投资情况看，全省房地产开发投资6026.80亿元，增长6.2%。其中，住宅投资4372.10亿元，增长7.3%，占房地产开发投资的比重为72.5%。从销售情况看，商品房销售面积6607.18万平方米，增长2.3%；其中，住宅销售面积5210.03万平方米，增长2.7%。商品房销售额7497.75亿元，增长8.1%；其中，住宅销售额6343.34亿元，增长11.6%。2020年末，商品房待售面积1807.37万平方米，下降2.9%。其中，住宅待售面积479.44万平方米，下降10.0%。从房地产服务行业看，规模以上物业管理营业收入实现两位数增长，增长14.6%；规模以上房地产中介服务、房地产租赁经营、其他房地产业营业收入降幅逐步收窄，分别下降19.6%、3.9%和16.3%。

（六）文旅市场有序复苏，品牌价值不断提升

2020年，文化和旅游业有序推进企业复工复产，持续打响“全福游、有全福”品牌。全省接待国内旅游人数36981.07万人次，下降29.8%，降幅比前三季度收窄15.7个百分点；国内旅游总收入4927.72亿元，下降33.3%，降幅比前三季度收窄19.3个百分点。多地推出“全闽乐购”文

旅优惠活动，景区景点推出门票减免、消费送礼等优惠措施，吸引游客集聚人气，做热假日文旅消费市场。国庆黄金周期间，全省接待游客3928.45万人次，比上年国庆假日增长5.5%；实现旅游总收入340.88亿元，比上年国庆假日增长10.2%。以文旅融合发展为重点，着力打响“全福游，有全福”品牌。举办“全福游，有全福”最美福建·旅游产品创意设计大赛、第十六届海峡旅游博览会、“山海福厝”2020福建文创市集等文旅特色活动。组织首届福建非遗购物节，出版“福建的世遗”丛书，“全福游，有全福”品牌价值不断提升。

（七）生活服务逐步恢复，产业数字化转型加快

2020年，新冠疫情对生活性服务业冲击较为严重，同时也倒逼企业创新发展模式，加快数字化转型，生产经营逐步恢复。规模以上居民服务、修理和其他服务业，卫生和社会工作，文化、体育和娱乐业营业收入分别下降1.9%、3.2%和22.5%，降幅比上半年分别收窄3.4、10.3和6.9个百分点；教育业营业收入增长1.0%，比上半年提高3.9个百分点。疫情影响下，线上培训教学成为教育新常态，规模以上教育业中开展线上教育的企业数是上年的2.4倍。网龙旗下互联网教育平台成为联合国教科文“远程学习解决方案”官方推荐平台及埃及教育部指定的全国K12教育远程学习平台。新型文化产业在互联网技术助力下加速数字化转型升级，规模以上互联网数据服务、互联网接入及相关服务、互联网广告服务营业收入分别增长106.8%、92.5%和82.8%。

三、存在问题

（一）部分指标低于全国水平，内部结构待进一步优化

2020年，服务业占GDP比重为47.5%，比全国平均水平低7.0个百分点。服务业固定资产投资下降0.7%，全国服务业固定资产投资增长3.6%。从服务业内部结构看，传统服务业占比较高，现代服务业比重偏小，产业结构有待进一步优化。批发和零售业，交通运输、仓储和邮政业，住宿和餐饮业，房地产业，公共管理、社会保障和社会组织等传统服务业占第三产业增加值比重达53.4%。信息传输、软件和信息技术服务业，租赁和商务服务业，科学研究和技术服务业等现代服务业产业规模偏小，占第三产业增加值比重仅为14.3%。

（二）生产性服务融合发展不足，生活性服务经营恢复较慢

生产性服务业与制造业融合发展水平较低。从投入产出情况看，制造业对自身的直接消耗系数为0.5730，占制造业总中间消耗的75.3%，高于全国10.2个百分点；对生产性服务业的直接消耗系数为0.0624，占制造业总中间消耗的8.2%，低于全国6.9个百分点。制造业对自身的直接消耗为制造业对生产性服务业的直接消耗的9.2倍，说明制造业发展主要依靠制造业自身，制造业与生产性服务业融合发展水平较低。疫情冲击下，生活性服务业经营恢复较为缓慢。2020年，住宿和餐饮业，文化、体育和娱乐业，居民服务、修理和其他服务业，零售业增加值分别下降7.7%、3.2%、2.5%和0.3%。规模以上旅行社及相关服务、游览景区管理、旅游会展服务、游乐园等行业营业收入分别下降70.8%、49.6%、45.4%和32.7%。

（三）企业规模偏小压力较大，自主创新意愿能力不足

从户均规模看，5999家规模以上服务业企业户均营业收入0.90亿元，是全国平均水平的64.4%；户均资产3.57亿元，是全国平均水平的55.7%。从成本费用看，全省规模以上服务业营业成本4315.53亿元，增长12.3%，营业成本与销售、管理、研发、财务费用合计占营业收入比重达98.3%，比上年高2.4个百分点。1664家企业经营亏损，总计亏损211.45亿元，比上年增亏107.83亿元。企业规模小、经营压力大造成企业在转型升级过程中面临更多风险，融资渠道单一、民间借贷利息高、招不来留不住人才等问题，制约了服务业企业自主创新意愿和能力。

四、几点建议

（一）谋划好“十四五”服务业发展规划

针对统筹疫情防控和经济发展下，服务业发展呈现出的新特点新态势，科学谋划“十四五”现代服务业发展专项规划。一是持续扩大服务业

有效投资，对投资规模大、带动能力强、科技含量高的服务业项目和企业，给予更大的扶持力度和更优的营商环境。二是着力推动物流、金融、旅游等三大新兴主导产业高质量发展，完善现代物流产业体系，提高金融服务实体经济效能，深化“全福游、有全福”品牌建设。三是谋划推动我省服务业融入“国内大循环为主体、国内国际双循环”的新发展格局，确保“十四五”时期服务业发展迈上新台阶。

（二）推进好服务业创新与融合发展

一是推动生产性服务业与现代农业、先进制造业融合发展。重点支持现代绿色农业、高端装备制造、电子信息制造、新能源汽车等产业与信息服务业、科技服务业、商务服务业等知识密集型服务业间的深度融合，提升农业、制造业生产流程智能化、数字化、网络化、服务化水平，实现价值链向高端提升。二是推动生活性服务业标准化、数字化发展。支持电子商务创新发展，推广社群电商、内容电商、直播电商、农村电商新模式。以在线教育、线上医疗、数字文旅、智慧养老为重点推进领域，引导企业“互联网＋生活性服务”融合发展。

（三）扶持好服务业企业增产增效

当前疫情防控形势仍复杂严峻，针对服务业各行业运行特点，细化疫情防控工作机制，强化对生活性服务业企业、小微服务业企业的帮扶力度，进一步延长减税缴费、金融服务、简化审批等帮扶政策实施期限，有序推进服务业企业增产增效行动目录任务落实，及时协调解决企业经营困难，化解疫情反弹带来的不利影响。

（撰稿：福建省统计局　杨峰）

2020 年福建利用外资概况与前瞻

2020 年以来，福建深入贯彻落实新发展理念，按照中央“六稳”“六保”的决策部署和省委省政府的工作要求，制定和出台一系列外资政策，有效克服国际环境叠加新冠肺炎疫情带来的不利影响，不仅稳住了外资基本盘，利用外资稳步发展，而且外资质量和效益提升，为全方位推动高质量发展超越提供了保障。前三季度，全省合同外资 626.05 亿元人民币（下同），实际使用外资 265.2 亿元人民币，增长 19.3%，完成全年目标任务 81.6%，超过序时进度 6.6 个百分点。

一、福建利用外资的基本特征

2020 年以来，福建坚持以高质量发展为主线，加快推进供给侧结构性改革，着力开放国内市场，积极拓宽外资渠道，利用外资具有以下的特点。

1. 从外资来源看，香港地区实际到资占据优势。前三季度，福建新设外资企业 1576 家，下降 12.4%；合同外资 626.05 亿元，下降 11.5%；实际使用外资 265.11 亿元，增长 19.3%。按外资来源地划分：香港地区实际到资 180.33 亿元，增长 38.5%；台湾地区实际到资 10.6 亿元，增长 112.5%；欧洲实际到资 5.90 亿元，增长 75%；澳门地区实际到资 1.87 亿元，增长 113.5%。同期美国、东盟、萨摩亚、维尔京群岛实际到资下降。按实际到资排序，依次为香港地区 180.33 亿元（占 68%）、台湾地区 10.60 亿元（占 4%）、东盟 9.82 亿元（占 3.7%）、欧盟 5.90 亿元（占 2.2%）、维京群岛 5.94 亿元（占 2.2%）、萨摩亚 4.43 亿元（占 1.7%）、澳门地区 1.87 亿元（占 0.7%）、美国 0.1434 亿元（占 0.1%），如表 1 所示。

表 1　2020 年 1—9 月部分国家、联盟或地区对福建直接投资情况表

金额单位：万元人民币

国家、联盟或地区	新设企业数		合同外资			实际使用外资		
	本年累计	去年同期	本年累计	去年同期	比重（%）	本年累计	去年同期	比重（%）
香港地区	428	395	3598376	4582510	57.5	1803298	1301977	68.0
澳门地区	52	33	42920	30124	0.7	18697	8759	0.7
台湾地区	875	1047	1816510	1198992	29.0	105997	49876	4.0
东盟	52	82	334417	575033	5.3	98170	175115	3.7
欧盟	29	43	110642	39352	1.8	58969	25276	2.2
美国	31	26	23452	33651	0.4	1434	15841	0.1
维尔京群岛	4	3	64850	18284	1.0	59369	79954	2.2
萨摩亚	1	12	7507	97519	0.1	44284	95515	1.7
其他国家/地区	104	158	261776	502124	4.2	461393	471147	17.4
总额	1576	1799	6260450	7077589	100	2651611	2223460	100

2. 从外资投向看，一、三产业实际到资增长。前三季度，福建第一产业实际使用外资 9525 万元，增长 17.7%，占全省实际使用外资比重 0.4%；第二产业实际使用外资 124.16 亿元，下降 5.4%，占全省实际使用外资比重 46.8%；第三产业实际使用外资 140.05 亿元，增长 55.1%，占全省实际使用外资比重 52.8%。在二次产业中，三大支柱产业实际使用外资 70.27 亿元，增长 0.8%，占全省实际使用外资比重 26.5%。从实际使用外资增长看，前两位分别为通信设备、雷达及配套设备制造业、光电子器件制造业。在三次产业中，实际使用外资增长的前三位分别为租赁和商务服务业、住宿和餐饮业、批发和零售业，如表 2 所示。

表 2　2020 年 1—9 月福建省外商直接投资分行业情况表

金额单位：万元人民币

行　业	新设企业数		合同外资			实际使用外资		
	本年累计	去年同期	本年累计	去年同期	比重（%）	本年累计	去年同期	比重（%）
第一产业	75	52	530445	89547	8.5	9525	8090	0.4
第二产业	167	218	1211900	1757202	19.4	1241606	1312396	46.8
其中：三大支柱产业	42	72	416949	953937	6.7	702733	697295	26.5
石油化工	9	14	87952	134454	1.4	375004	273604	14.1
机械装备	24	45	125954	600205	2.0	36805	186700	1.4
电子信息	9	13	203043	219278	3.2	290924	236991	11.0
第三产业	1334	1529	4518105	5230841	72.2	1400480	902975	52.8
合计	1576	1799	6260450	7077587	100	2651611	2223460	100

3. 从外资区域看，沿海地区实际使用外资居前。前三季度，厦门、福州、泉州合同外资实现增长，分别达到 263.25 亿元、135.81 亿元、129.72 亿元；漳州、平潭、莆田、龙岩、三明、宁德、南平合同外资下降，分别为 31.20 亿元、26.98 亿元、13.64 亿元、8.89 亿元、7.63 亿元、5.19 亿元、3.76 亿元。从实际使用外资看，厦门、福州、泉州和漳州分别达到 129.62 亿元、47.3 亿元、38.63 亿元、33.39 亿元，累计 248.94 亿元，占全省实际使用外资的 93.88%。其中，厦门、福州、泉州和漳州实际使用外资分别增长 38%、16.5%、16.5%、10.6%，南平、三明、平潭增幅下降，沿海地区利用外资比较优势凸显，如表 3 所示。

表 3　2020 年 1—9 月福建省外商直接投资情况表

金额单位：万元人民币

地市	新设企业数		合同外资		实际使用外资			
	本年累计实绩	上年累计实绩	本年累计实绩	上年累计实绩	本年累计实绩	上年累计实绩	年度目标完成进度	
							目标	完成比例（%）
全省	1576	1799	6260450	7077589	2651611	2223460	3250000	81.6
福州	211	232	1358098	1255254	472959	405857	710000	66.6
厦门	743	1000	2632495	2240385	1296201	939445	1200000	108.0
漳州	72	87	312007	487023	333864	301847	460000	72.6
泉州	261	244	1297184	889133	386344	331608	480000	80.5

续表

地市	新设企业数		合同外资		实际使用外资			
	本年累计实绩	上年累计实绩	本年累计实绩	上年累计实绩	本年累计实绩	上年累计实绩	年度目标完成进度	
							目标	完成比例（%）
三明	30	25	76229	308527	10991	12250	31000	35.5
莆田	19	31	136365	301716	96158	85535	93000	103.4
南平	20	29	37615	272925	20544	53550	80000	25.7
龙岩	34	30	88798	95783	21657	19455	44000	49.2
宁德	19	15	51891	174991	11486	10200	22000	52.2
平潭	167	106	269768	1051852	1407	63713	130000	1.1

4. 从外资进度看，厦门、莆田超额完成年度目标任务。从表3看出，前三季度，福建实际使用外资势头较好，虽然已完成年度目标进度81.6%，但各地市发展不平衡，差异性较大。如厦门、莆田实际使用外资已完成年度目标任务108.0%、103.4%，平潭、南平、三明、龙岩、宁德、福州、漳州则仅完成年度目标任务的1.1%、25.7%、35.5%、49.2%、52.2%、66.6%、72.6%，明显低于全省平均水平。

5. 从外资作用看，大项目拉动增长作用明显。前三季度，福建累计实际到资在亿元以上的外资企业49家，合计金额达到219.1亿元，增长37.3%，拉动全省实际使用外资增长26.8个百分点。其中，石油化工新增企业9家，实际使用外资37.50亿元，单项实际到资额4.17亿元；电子信息新增企业9家，实际使用外资29.09亿元，单项实际到资额3.23亿元，大项目拉动增长作用显著。

二、福建利用外资面临的主要问题

2020年以来，福建相继出台稳外贸稳外资促消费工作26条和“加强版”28条措施，通过“一对一”挂钩帮扶百大重点外资企业和60个重点促到资项目，建立省市县三级联动工作专班，有效推动外资增长，也存在着一些问题。

1. 外资来源地区集中度高。前三季度，在福建新增外资企业中，港澳台地区1355家，合同外资额545.78亿元，实际使用外资额192.80亿元，分别占到全省新设外资企业85.98%，合同外资额87.18%和实际使用外资额72.71%。其中，香港地区占到福建新设外资企业数27.16%%、合同外资额57.48%和实际使用外资额68.01%，一枝独秀居主导地位，如表1所示。

2. 外资投向行业集聚度高。前三季度，福建一、二、三次产业外资新增企业分别为75家、167家和1334家，占新增外资企业的4.76%、10.69%和84.65%；合同外资额相应为5.31亿元、121.19亿元和451.81亿元，分别占8.5%、19.4%和72.2%；实际使用外资相应为9525万元、124.16亿元和140.05亿元，分别占0.4%、46.8%和52.8%。外资大量集聚在第三产业，行业投资集中度明显提高，对弥补福建现代服务业短板，有效优化产业结构，增加高质量的商品和服务供给具有重要意义，如表2所示。

3. 外资区域增长趋势不同。前三季度，国际复杂环境叠加新冠肺炎疫情影响，从合同外资额增长看，排序依次为维尔京群岛（254.7%）、欧盟（181.2%）、台湾地区（51.5%）、澳门地区（42.5%），外资增长率下降的国家和地区有萨摩亚、东盟、美国和香港地区。从实际使用外资增长看，排序依次为欧盟（133.3%）、澳门地区（113.5%）、台湾地区（112.5%）和香港地区（38.5%），外资增长率下降国家和地区有美国、萨摩亚、东盟和维尔京群岛。

4. 利用外资区域不够平衡。受区域位置、经济发展水平不同等影响，福建利用外资以厦门、福州、泉州和漳州为主，内陆地区占比低，区域差距大，沿海与内陆地区利用外资不平衡现象更加明显。前三季度，厦门、福州、泉州和漳州累计新设外资企业1287家，占全省比重81.66%；

累计合同外资 559.98 亿元，占全省比重 89.45%；累计实际使用外资 248.94 亿元，占全省比重 99.88%。

5. 外资实际到资比率不高。前三季度，全省外资实际到资比率（合同外资额/实际利用外资额）为 42.36%，增长 10.95 个百分点。按到资率高低排序，依次为萨摩亚（589.9%）、维尔京群岛（91.55%）、欧盟（53.3%）、香港地区（50.11%）、澳门地区（43.56%）和东盟（29.36%）。从各地市看，按到资率高低排序，依次为漳州（107.01%%）、莆田（70.52%）、南平（54.62%）、厦门（49.24%），其他地市到资率均在 40% 以下，其中，福州到资率 34.83%、泉州 29.78%、龙岩 24.39%、宁德 22.13%、三明 14.12%、平潭 0.52%。

6. 各地利用外资成效不同。前三季度，从福建实际使用外资看，前五位地市分别为厦门、福州、泉州、漳州和莆田；前 10 位县（市区）分别为厦门火炬高科技产业开发区、福建自贸区厦门片区、漳州古雷经济开发区、翔安区、同安区、思明区、晋江市、仓山区、海沧台商投资区和鼓楼区。从实际到资增幅看，前五位为厦门、福州、泉州、宁德和莆田；前 10 位县（市区）分别为邵武市、泉港区、清流县、新罗区、惠安县、长乐区、涵江区、鼓楼区、宁化县、武夷山市。从合同外资到资比率看，前五位分别为漳州、南平、厦门、泉州、福州；前 10 位县（市区）分别为集美区、龙文区、漳州古雷经济开发区、福清融侨经济技术开发区、建阳区、洛江区、尤溪县、明溪县、武夷山市、邵武市。

三、福建利用外资的影响因素与前景预测

为降低中美贸易摩擦叠加新冠肺炎疫情影响，福建着力创新利用引资方式，精准开展在线招商、远程招商、线上洽谈，及时协助企业解决实际困难，优化外资营商环境，增强外商投资信心。福建利用外资主要受以下因素的影响。

1. 全球经济增长下降影响。2020 年以来，全球地缘政治、贸易格局和世界经济结构发生了深刻变化，叠加中美贸易摩擦和新冠肺炎疫情等因素影响，发达国家经济增长整体乏力，新兴经济体经济增速明显回落，全球经济增长压力大，不少新冠疫情国家经济负增长，大幅回落迹象明显，已严重打击投资者信心，削弱了外商投资增长动力，国际大环境对我省利用外资带来了不利影响。

2. 中美全面博弈深化影响。近年来，美国加大去中国“产业链”，随着中美贸易摩擦升级，影响领域扩大，已经由经济领域向科技、知识产权保护、金融服务等延伸，我国企业和经济组织相继被美国列入“实体清单”制裁范围。尽管我国加快落实中美贸易协议，但美国加征关税仍未取消，中美贸易不稳定性不确定性，导致我国部分外资企业转往其他国家和地区生产。据《2019 中国商务环境调查报告》显示，有近 1/4 接受调查的企业拟推迟在华投资，对福建利用外资带来了不利影响。

3. 要素资源优势变化影响。我国经济已进入高质量发展阶段，随着企业生产成本提高，依赖低要素成本投入的生产方式已不可持续。以企业用工成本为例，我省人口红利已逐渐消失，尽管降税减负取得了明显成效，但企业税负依然较高，一定程度上削弱了企业国际竞争力。据美国税收基金会《2018 年全球企业所得税报告》，2018 年全球企业所得税均值为 23.03%，其中亚洲地区 20.65%，欧洲地区 18.38%，同期我国企业所得税税率 25%，明显高于全球和亚洲、欧洲平均水平，一定程度上制约了外商投资增长。

为降低利用外资的不利影响，福建要对标国际经贸规则，充分发挥市场在资源配置中的决定性作用，加快构建高水平开放型经济，全面提高对外开放水平，以吸引优质外资推动产业转型升级。

一是优化国际营商环境。世界银行全球投资竞争力报告指出，政治稳定安全、有效的法律和监管环境是跨国投资的首选因素。要持续优化营商环境，深化“放管服”改革，按照公开公平透明的市场原则，完善投资准入前国民待遇加负面清单管理制度，扩大服务领域对外开放，推动行业标准共通，进一步吸引外资、留住外资。要强化事中事后监管，改革外资管理体制，简化《外商投资产业指导目录》，打通政策落地的“最后一公里”，着力解决政策不配套、不衔接、不落地问题。要实行“服禁即享”，全面减少对外资企业限制，支持外资企业恢复正常生产经营秩序，有效降低外资企业经营成本，依法保护外资企业合法权益，以优良环境吸引外资，提高利用外资质量和水平。

二是提升载体引资功能。要以“海丝”核心区、福建自贸试验区、福厦泉自主创新示范区为载体，充分发挥叠加政策效应，创新高新区、国家开发区和台商投资区管理机制，有效延伸生态链，巩固提升产业链、价值链地位，增强外资企业融合度与嵌入度。要实施差别化引资政策，完善利用外资行动方案，通过联动招商、精准招商和滚动招商，促进要素资源集聚集中，提升外资集聚规模效应。要强化各类载体引资引智作用，提升各类园区集聚发展功能，增强高新区、开发区和台商投资区承载力，推动外资转型升级，加快培育一批千亿级外资企业，打造一批万亿级外资产业集群，赋能高质量发展超越，加快新时代新福建建设。。

三是拓宽外资来源渠道。要有效挖掘外资资源，办好厦门投资贸易洽谈会等一系列重要商事活动，加快构建重点招商引资项目库，引导外资发展特色精致农业、先进制造业、战略性新兴产业和现代服务业，以优质服务促进外资“逆势”增长。要以“一带一路”沿线国家和地区为依托，鼓励外资企业绿地投资、并购重组、增资扩股和开展股权收购，积极参与国有企业混合制改造，加快引进一批“世界500强”企业、海外重点侨商企业和台湾“百大企业”，打造新兴产业链，推进传统产业高端化、智能化、绿色化，提高要素资源配置效率。要充分发挥外资企业市场优势，有效拓宽营销渠道，加快延伸产业链，积极参与国际竞争，不断拓宽利用外资空间，为全方位推动高质量发展超越注入新动能。

四是加快创新驱动发展。以科技创新为导向，鼓励外资企业向技术型、效益型转变，加快引进关键技术、先进管理经验、高端人才和新业态、新模式，从低端制造向中高端制造转变，促进产业转型升级和融合发展。坚持引资引智相结合，充分发挥跨国公司技术创新优势，鼓励外资企业设立研发机构、技术中心和区域总部经济，加快建设一批科技成果转化和技术创新基地，引进一批“小巨人”“独角兽”和行业龙头，增强外资技术溢出效应。大力吸引海外优秀科技人才，通过合作研发、技术入股和项目加盟，加快引进高技术含量、高附加值外资企业，推动制造业质量变革、效率变革、动力变革，着力打造创新生态链，促进区域经济发展和产业转型升级，全面建设创新型省份，推动高质量发展迈上新台阶。

五是完善区域投资布局。充分发挥比较优势，提高区域经济开放度、粘合度，促进要素资源集聚，引导外资转向服务化、高端化、集约化，优化利用外资结构，增强外资的辐射带动能力。加快发展湾区经济，以闽江口、厦门湾和泉州湾为重要载体，加快完善基础设施，提升通道腹地和枢纽集聚能力，进一步培育壮大电子信息、光电显示、集成电路等产业集群基地，加快建设高新技术产业带。推进闽东北、闽西南两大协同发展区建设，积极打造国内大循环的重要节点和国际国内双循环的重要通道，强化区域合作交流，鼓励外资产业梯度转移，缩小区域发展差距，提升资源配置能力，不断提高利用外资质量和水平。

总之，随着经济实力、科技实力、综合实力增强，经济结构持续优化，对外开放扩大，国家治理体系和治理能力现代化加快推进，将为全方位推动福建高质量发展超越提供保障。据此预计，随着全球经济逐步复苏，投资环境不断改善，2021年福建利用外资将实现较快增长，合同外资和实际使用外资创历史新高。

（福建社会科学院副院长、研究员　李鸿阶）

2020 年福建省固定资产投资比上年下降

2020 年，全省固定资产投资比上年下降 0.4%。

分产业看，第一产业投资比上年下降 8.3%；第二产业投资增长 0.7%；第三产业投资下降 0.7%。第二产业中，工业投资增长 0.7%。其中，采矿业投资增长 32.1%；制造业投资下降 2.3%；电力、热力、燃气及水的生产和供应业投资增长 19.8%。

分登记注册类型看，内资企业投资比上年下降 1.0%；港澳台商投资企业投资下降 8.4%；外商投资企业投资增长 62.0%。

从隶属关系看，中央投资比上年增长 3.0%；地方投资下降 0.5%。

从施工和新开工项目情况看，施工项目计划总投资比上年增长 7.8%；新开工项目计划总投资增长 28.0%。

从到位资金情况看（5000 万以上项目和房地产项目），到位资金比上年增长 4.8%。其中，国家预算资金增长 25.3%；国内贷款下降 11.8%；利用外资下降 39.1%；自筹资金增长 4.2%。

2020 年固定资产投资主要数据

指　标	比上年增长（%）
固定资产投资	-0.4
其中：国有及国有控股	-1.4
分隶属关系	
中央	3.0
地方	-0.5
分产业	
第一产业	-8.3
第二产业	0.7
第三产业	-0.7
分行业	
其中：农林牧渔业	-6.4
采矿业	32.1
制造业	-2.3
电力、热力、燃气及水的生产和供应业	19.8
建筑业	-32.5
交通运输、仓储和邮政业	-16.1
水利、环境和公共设施管理业	-6.3

续表

指　　标	比上年增长（%）
教育	2.1
卫生和社会工作	0.6
文化、体育和娱乐业	4.1
公共管理、社会保障和社会组织	-10.2
分注册类型	
其中：内资企业	-1.0
港澳台商投资企业	-8.4
外商投资企业	62.0
分施工和新开工项目	
施工项目计划总投资	7.8
新开工项目计划总投资	28.0
固定资产投资到位资金	4.8
其中：国家预算资金	25.3
国内贷款	-11.8
利用外资	-39.1
自筹资金	4.2

注：1. 此表中速度均为未扣除价格因素的名义增速。

2. 此表中到位资金含5000万以上项目和房地产项目到位资金。

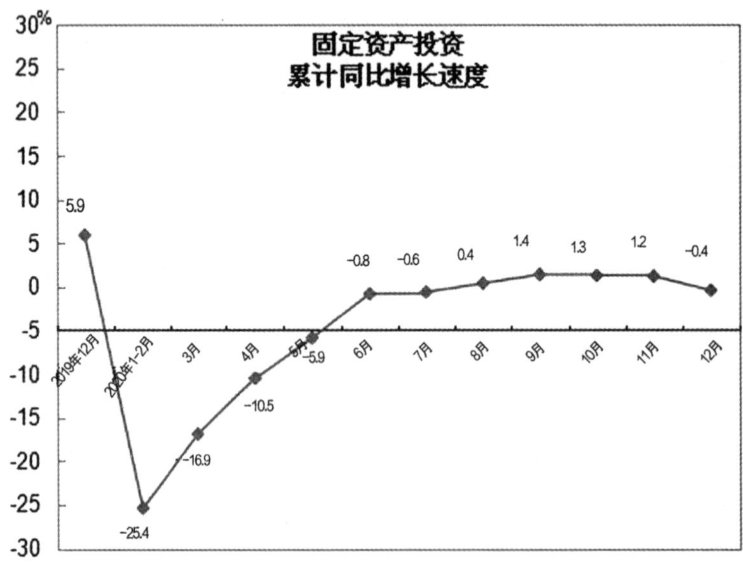

（来源：福建省统计局网站　摘编：李元）

2020年福建省房地产开发和销售情况

一、房地产开发投资完成情况

2020年，全省房地产开发投资6026.80亿元，比上年增长6.2%，增速与1—11月持平。其中，住宅投资4372.10亿元，增长7.3%，占房地产开发投资的比重为72.5%。

2020年，房地产开发企业房屋施工面积34556.77万平方米，比上年增长1.2%；其中，住宅施工面积22929.82万平方米，增长2.1%。房屋新开工面积6637.99万平方米，增长3.7%；其中，住宅新开工面积4549.05万平方米，下降1.4%。房屋竣工面积3804.07万平方米，增长32.0%；其中，住宅竣工面积2403.09万平方米，增长32.5%。

二、商品房销售和待售情况

2020年，商品房销售面积6607.18万平方米，比上年增长2.3%；其中，住宅销售面积5210.03万平方米，增长2.7%。商品房销售额7497.75亿元，增长8.1%；其中，住宅销售额6343.34亿元，增长11.6%。

12月末，商品房待售面积1807.37万平方米，同比下降2.9%。其中，住宅待售面积479.44万平方米，下降10.0%。

三、房地产开发企业到位资金情况

2020年，房地产开发企业到位资金7355.03亿元，比上年增长7.0%。其中，国内贷款753.75亿元，下降8.3%；利用外资7.23亿元，下降68.0%；自筹资金3173.46亿元，增长10.5%；定金及预收款1901.33亿元，增长9.3%；个人按揭贷款1138.86亿元，增长0.7%；其他资金380.39亿元，增长33.3%。

2020年房地产开发和销售情况主要数据

指　标	绝对量	比上年增长（%）
房地产开发投资（亿元）	6026.80	6.2
其中：住宅	4372.10	7.3
房屋施工面积（万平方米）	34556.77	1.2
其中：住宅	22929.82	2.1
房屋新开工面积（万平方米）	6637.99	3.7
其中：住宅	4549.05	-1.4
房屋竣工面积（万平方米）	3804.07	32.0
其中：住宅	2403.09	32.5
商品房销售面积（万平方米）	6607.18	2.3
其中：住宅	5210.03	2.7
商品房销售额（亿元）	7497.75	8.1
其中：住宅	6343.34	11.6

续表

指　标	绝对量	比上年增长（%）
商品房待售面积（万平方米）	1807.37	-2.9
其中：住宅	479.44	-10.0
房地产开发企业到位资金（亿元）	7355.03	7.0
其中：国内贷款	753.75	-8.3
利用外资	7.23	-68.0
自筹资金	3173.46	10.5
定金及预收款	1901.33	9.3
个人按揭贷款	1138.86	0.7
其他资金	380.39	33.3

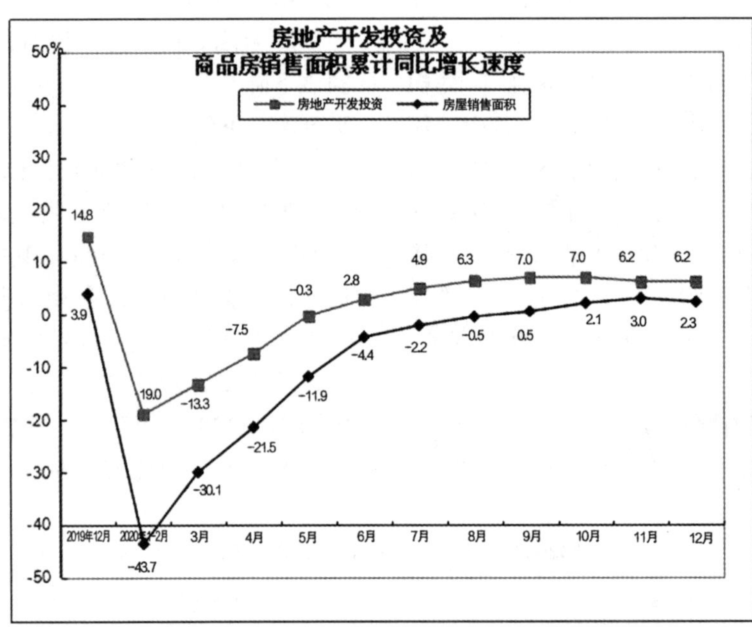

（来源：福建省统计局网站　摘编：李元）

2020年福建省社会消费品零售总额下降

2020年，全省实现社会消费品零售总额18626.45亿元，比上年下降1.4%（名义下降，下同）。其中，12月份全省实现社会消费品零售总额1742.07亿元，增长0.2%。

按销售单位所在地分，2020年，城镇消费品零售额16178.61亿元，下降1.5%；乡村消费品零售额2447.84亿元，下降0.8%。其中，12月份城镇消费品零售额1526.13亿元，增长0.7%；乡村消费品零售额215.94亿元，下降3.6%。

按消费形态分，2020年，餐饮收入额1739.56亿元，下降6.9%；商品零售额16886.89亿元，下降0.8%。其中，12月份餐饮收入额161.17亿元，下降1.1%；商品零售额1580.90亿元，增长0.3%。

2020年福建省社会消费品零售总额主要数据

指　标	12月		1—12月	
	绝对量（亿元）	同比增长（%）	绝对量（亿元）	同比增长（%）
社会消费品零售总额	1742.07	0.2	18626.45	-1.4
按销售单位所在地分				
城镇	1526.13	0.7	16178.61	-1.5
乡村	215.94	-3.6	2447.84	-0.8
按消费形态分				
餐饮收入	161.17	-1.1	1739.56	-6.9
商品零售	1580.90	0.3	16886.89	-0.8

注：此表速度均为未扣除价格的名义增速。

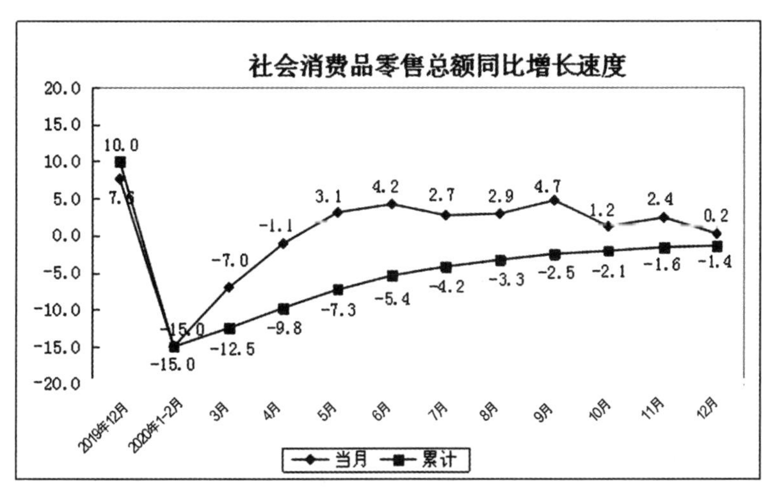

附注：

1. 指标涵义

社会消费品零售总额：是指企业（单位、个体户）通过交易直接售给个人、社会集团非生产、非经营用的实物商品金额，以及提供餐饮服务所取得的收入金额。

2. 调查对象

从事商品零售活动或提供餐饮服务的法人企业、产业活动单位和个体户。其中，限额以上单位是指年主营业务收入2000万元及以上的批发业企业（单位）、500万元及以上的零售业企业（单位）、200万元及以上的住宿和餐饮业企业（单位）。

3. 调查方法

对限额以上单位进行全数调查，对限额以下单位进行抽样调查。

（来源：福建省统计局网站　摘编：李元）

2020年福建省规模以上工业实现利润下降

2020年全省规模以上工业企业实现利润3470.08亿元，比上年下降9.7%。

在规模以上工业企业中，国有控股企业实现利润366.72亿元，下降14.7%；股份制企业实现利润2320.00亿元，下降6.3%；外商及港澳台投资企业实现利润1111.15亿元，下降16.1%。

采矿业实现利润31.34亿元，下降11.0%；制造业实现利润3212.50亿元，下降10.7%；电力、热力、燃气及水生产和供应业实现利润226.24亿元，增长8.1%。

在38个工业大类行业中，26个行业利润总额同比下降，11个行业利润总额同比增长，1个行业亏损。利润下降较大的主要行业有：有色金属矿采选业下降28.5%，非金属矿采选业下降18.5%，农副食品加工业下降28.5%，食品制造业下降20.8%，木材加工和木、竹、藤、棕、草制品业下降24.7%，家具制造业下降14.6%，石油、煤炭及其他燃料加工业下降73.3%，化学原料和化学制品制造业下降30.9%，黑色金属冶炼和压延加工业下降32.3%，汽车制造业下降43.4%，仪器仪表制造业下降19.7%，金属制品、机械和设备修理业下降59.5%；利润增长的主要行业有：黑色金属矿采选业增长31.7%，烟草制造业增长1.1倍，医药制造业增长31.2%，化学纤维制造业增长16.8%，金属制品业增长9.6%，专用设备制造业增长53.4%，计算机、通信和其他电子设备制造业增长21.9%，燃气生产和供应业增长11.2%。

2020年规模以上工业企业实现营业收入55475.40亿元，比上年下降3.5%。12月末，规模以上工业企业应收账款5065.86亿元，同比增长17.2%；产成品存货1888.90亿元，增长4.6%。

2020年规模以上工业企业营业收入利润率6.26%，比上年降低0.42个百分点；每百元营业收入中成本为86.51元，比上年增加0.20元；每百元资产实现营业收入141.58元，比上年减少12.30元；人均营业收入146.25万元，比上年增加6.35万元；产成品存货周转天数为13.4天，同比增加1.2天；应收账款平均回收期为29.6天，同比增加4.1天。12月末，资产负债率为50.4%，同比下降0.4个百分点。

2020年规模以上工业企业主要经济指标

指标名称	营业收入		利润总额	
	1—本月（亿元）	同比增减（%）	1—本月（亿元）	同比增减（%）
总　计	55475.40	-3.5	3470.08	-9.7
其中：采矿业	702.94	-2.8	31.34	-11.0
制造业	52236.65	-3.7	3212.50	-10.7
电力热力燃气及水生产和供应业	2535.81	0.3	226.24	8.1
其中：国有控股企业	7407.31	1.0	366.72	-14.7
非公有企业	47643.69	-4.2	3075.17	-9.2

续表

指标名称	营业收入		利润总额	
	1—本月（亿元）	同比增减（%）	1—本月（亿元）	同比增减（%）
其中：集体企业	231.79	4.6	6.04	8.8
股份合作企业	51.05	2.6	2.02	-13.7
股份制企业	38674.02	-1.9	2320.00	-6.3
外商及港澳台投资企业	16008.24	-7.4	1111.15	-16.1
其中：私营企业	29455.37	-2.8	1786.04	-7.6
其中：轻工业	27360.36	-4.5	1884.69	-7.9
重工业	28115.04	-2.6	1585.39	-11.7
其中：大型企业	15902.93	-4.1	1104.64	-13.6
中型企业	15582.66	-4.0	1103.33	-4.1
小型企业	23352.30	-0.6	1224.95	-7.6
微型企业	637.50	-46.5	37.17	-57.3

2020 年规模以上工业企业主要经济指标（分行业）

分行业	营业收入		利润总额	
	1—本月（亿元）	同比增长（%）	1—本月（亿元）	同比增长（%）
总　计	55475.4	-3.5	3470.08	-9.7
煤炭开采和洗选业	80.48	-15.0	4.79	-12.9
黑色金属矿采选业	230.51	-0.7	7.43	31.7
有色金属矿采选业	87.29	11.0	3.66	-28.5
非金属矿采选业	304.66	-4.0	15.46	-18.5
农副食品加工业	3193.33	-8.5	170.64	-28.5
食品制造业	1650.99	-9.3	143.28	-20.8
酒、饮料和精制茶制造业	1015.29	-11.1	83.1	-13.1
烟草制品业	309.46	4.6	20.59	108.2
纺织业	3248.04	-5.1	153.27	-15.7
纺织服装、服饰业	2538.15	-2.4	169.84	-7.6
皮革毛皮羽毛及其制品和制鞋业	3804.07	-9.3	263.65	-14.1
木材加工和木竹藤棕草制品业	1280.41	-12.3	49.55	-24.7
家具制造业	636.83	-0.1	32.97	-14.6
造纸和纸制品业	1246.32	-2.8	98.03	-1.1
印刷和记录媒介复制业	477.19	1.9	28.6	-1.4
文教工美体育和娱乐用品制造业	2122.01	-5.6	147.05	-11.2
石油、煤炭及其他燃料加工业	1408.65	-9.2	25.92	-73.3
化学原料和化学制品制造业	2437.85	-2.7	113.06	-30.9

续表

分行业	营业收入		利润总额	
	1—本月（亿元）	同比增长（%）	1—本月（亿元）	同比增长（%）
医药制造业	459.55	10.4	71.06	31.2
化学纤维制造业	1497.66	5.8	62.15	16.8
橡胶和塑料制品业	1861.57	-5.5	118.34	8.3
非金属矿物制品业	4569.34	2.5	364.53	-6.7
黑色金属冶炼和压延加工业	2169.41	1.1	107.19	-32.3
有色金属冶炼和压延加工业	2910.69	11.5	99.09	-5.8
金属制品业	1884.93	-1.1	98.21	9.6
通用设备制造业	1373.7	-4.8	102.53	-11.5
专用设备制造业	1163.53	0.8	119.55	53.4
汽车制造业	1092.93	-16.8	45.13	-43.4
铁路船舶航空航天和其他运输设备制造业	262.43	-9.0	-4.71	*
电气机械和器材制造业	2560.56	3.0	253.26	0.7
计算机、通信和其他电子设备制造业	4189.66	-7.9	233.66	21.9
仪器仪表制造业	272.08	-3.7	16.14	-19.7
其他制造业	263.78	-3.0	16.46	-4.6
废弃资源综合利用业	222.07	11.0	3.14	-45.1
金属制品、机械和设备修理业	114.16	-46.2	7.21	-59.5
电力、热力生产和供应业	2056.58	0.9	184.81	8.1
燃气生产和供应业	384.87	-3.6	31.28	11.2
水的生产和供应业	94.36	5.5	10.15	-1.3

* 说明：铁路船舶航空航天和其他运输设备制造业同期利润2.78亿元。

（来源：福建省统计局网站　摘编：李元）

2020年福建省规模以上工业增加值比上年增长

2020年12月，全省规模以上工业增加值同比增长3.2%；2020年规模以上工业增加值比上年增长2.0%。

分三大门类看，12月采矿业增加值同比增长3.5%，制造业增长2.9%，电力、燃气和水的生产和供应业增长11.2%。

分经济类型看，12月国有控股企业增加值同比增长10.7%，集体企业增长13.6%，股份制企业增长6.1%，外商及港澳台商投资企业下降3.3%。

分行业看，12月38个大类行业中有25个行业增加值同比增长。其中，纺织业增长7.7%，纺织服装、服饰业增长6.2%，石油、煤炭及其他燃料加工业增长7.1%，化学原料和化学制品制造业增长1.2%，非金属矿物制品业增长9.0%，有色金属冶炼和压延加工业增长7.6%，计算机、通信和其他电子设备制造业增长2.8%，电力、热力生产和供应业增长10.8%。

分产品看，12月汽车2.99万辆，增长77.6%，其中，轿车1.30万辆，增长90.2倍；水泥1005.57万吨，增长12.7%；

钢材363.81万吨，增长6.1%；发电量237.41亿千瓦时，增长5.4%；原煤59.31万吨，同比下降6.2%；十种有色金属6.59万吨，下降10.0%；12月工业企业产品销售率为97.61%，比上年同期增长0.30个百分点。工业企业实现出口交货值788.73亿元，同比下降2.0%。

2020年1—12月福建省规模以上工业生产主要数据

	12月		1—12月	
	绝对量	同比增长(%)	绝对量	同比增长(%)
规模以上工业增加值	…	3.2	…	2.0
分三大门类				
采矿业	…	3.5	…	1.2
制造业	…	2.9	…	1.9
电力、燃气和水的生产和供应业	…	11.2	…	3.8
分经济类型				
国有控股	…	10.7	…	9.4
集体企业	…	13.6	…	13.6
股份制企业	…	6.1	…	3.1
外商及港澳台商投资企业	…	-3.3	…	-0.4
主要行业增加值				
农副食品加工业	…	-11.1	…	-6

续表

	12 月		1—12 月	
	绝对量	同比增长（%）	绝对量	同比增长（%）
纺织业	…	7.7	…	5.9
纺织服装、服饰业	…	6.2	…	-0.3
皮革、毛皮、羽毛及其制品和制鞋业	…	-4.4	…	-7.0
石油、煤炭及其他燃料加工业	…	7.1	…	20.0
化学原料和化学制品制造业	…	1.2	…	7.4
非金属矿物制品业	…	9	…	4.8
黑色金属冶炼和压延加工业	…	-5.7	…	5.8
有色金属冶炼和压延加工业	…	7.6	…	6.9
计算机、通信和其他电子设备制造业	…	2.8	…	6.6
电力、热力生产和供应业	…	10.8	…	3.1
主要产品产量				
纱（万吨）	63.18	26.4	548.47	-6.0
布（亿米）	6.96	-4.6	77.84	-24.6
化学纤维（万吨）	79.87	5	870.8	4.0
成品糖（万吨）	2	24.2	15.28	38.8
卷烟（亿支）	53.36	-12.6	886.45	0.8
新闻纸（万吨）	—	—	—	—
彩色电视机（万台）	114.31	-6.3	1330.02	68.2
原煤（万吨）	59.31	-6.2	645.85	-23.1
发电量（亿千瓦时）	237.41	5.4	2537.12	5.2
其中：火电（亿千瓦时）	148.43	5.8	1561.41	10.7
水电（亿千瓦时）	9.97	-4.5	207.60	-29.5
粗钢（万吨）	216.03	4.5	2466.5	3.2
钢材（万吨）	363.81	6.1	3861.65	3.5
十种有色金属（万吨）	6.59	-10	73.97	0.7
其中：精炼铜（电解铜）（万吨）	5.97	-11.3	66.78	2.9
原铝（电解铝）（万吨）	0.6	7.3	7.05	-15.1
水泥（万吨）	1005.57	12.7	9703.81	2.7
硫酸（万吨）	24.32	-21.9	332.75	-3.4
纯碱（万吨）	1.92	-37.4	25.49	-12.3
烧碱（万吨）	3.53	-8.5	35.9	-7.9
农用氮、磷、钾化学肥料（折纯）（万吨）	4.53	-50.3	86.25	-4.5
发电设备（万千瓦）	15.14	50	138.2	24.8
汽车（万辆）	2.99	77.6	18.04	11.4

续表

	12 月		1—12 月	
	绝对量	同比增长（%）	绝对量	同比增长（%）
其中：轿车（万辆）	1.3	9017.5	2.64	238.2
集成电路（亿块）	1.77	36.2	16.95	37.5
移动通信手持机（万台）	120.58	-51	2382.81	32.2
微型电子计算机设备（万台）	97.49	-56.2	1493.63	-31.9
产品销售率（%）	97.61	0.3	96.53	-0.71
出口交货值（亿元）	788.73	-2	8411.72	-6.6

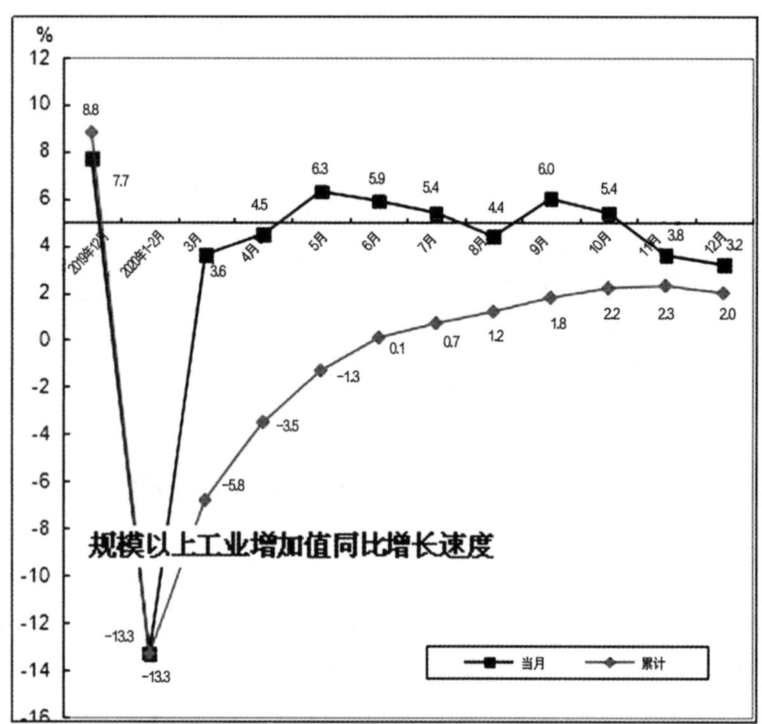

（来源：福建省统计局网站　摘编：李元）

2020 年福建运输邮电业发展情况

2020 年，面对来势汹汹的新冠肺炎疫情，全省各部门深入贯彻落实中央和省委、省政府的各项决策部署，攻坚克难，实现交通运输业先降后升，邮电业逆势上行，为全省经济增长回稳向好提供了重要保障。据初步核算结果，2020 年，全省交通运输、仓储和邮政业实现增加值 1497.31 亿元，较上年增长 4.8%，增幅高于全省 GDP1.5 个百分点；增加值占 GDP 的比重为 3.4%，对 GDP 增长贡献率为 5.9%，拉动 GDP 增长 0.2 个百分点。

一、货物运输稳步回升，旅客运输降幅收窄

随着疫情防控的常态化，企业陆续复工复产，人们选择公共交通方式出行的意愿逐渐增加。2020 年，全省铁路、公路、水运和民航四种运输方式累计货运量 139926.97 万吨，比上年增长 4.7%，货物周转量 9020.34 亿吨公里，增长 8.7%。客运量 25489.75 万人，降幅从 1—4 月的 60.3% 收窄到 48.4%；旅客周转量 661.97 亿人公里，降幅从 1—4 月的 57.2% 收窄到 44.4%。

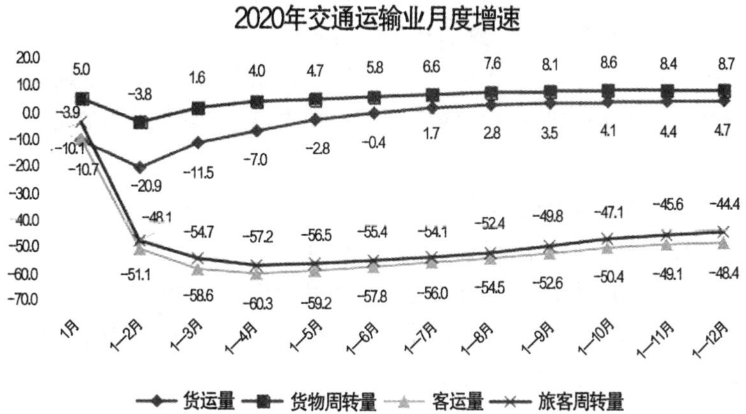

（一）铁路运输恢复较慢

2020 年，全省铁路货运量 3749.92 万吨，比上年下降 8.2%，货物周转量 180.90 亿吨公里，下降 5.6%。客运量 7539.34 万人，下降 40.8%，降幅比年内最低值收窄 17.0 个百分点；旅客周转量 223.13 亿人公里，下降 43.7%，降幅比年内最低值收窄 13.6 个百分点。

（二）公路运输有序恢复

2020 年，全省公路货运量 91136.61 万吨，比上年增长 4.4%，货物周转量 1021.69 亿吨公里，增长 6.2%。客运量 14882.10 万人，下降 52.3%，降幅比年内最低值收窄 9.2 个百分点，旅客周转量 90.64 亿人公里，下降 52.3%，降幅比年内最低值收窄 9.3 个百分点。

（三）水路货运率先转正

2020 年，全省水路货运量 45017.65 万吨，比上年增长 6.5%，货物周转量 7811.73 亿吨公里，增长 9.5%，货运量及货物周转量自年初 1—3 月起恢复正增长且增幅逐渐提高。客运量 741.55 万人，下降 59.3%，降幅比年内最低值收窄 9.0 个百

分点；旅客周转量0.77亿人公里，下降71.1%，降幅比年内最低值收窄5.2个百分点。

（四）航空运输受冲击较大

2020年，全省民航货邮吞吐量22.80万吨，比上年下降17.7%，货邮周转量6.02亿吨公里，下降13.2%。客运量2326.77万人，下降35.7%，降幅比年内最低值收窄18.8个百分点；旅客周转量347.40亿人公里，下降42.2%，降幅比年内最低值收窄13.4个百分点。

2020年，全省民用机场旅客吞吐量3181.99万人，比上年下降38.5%；货邮吞吐量47.73万吨，下降11.4%。其中，高崎机场旅客吞吐量1671.02万人，下降39.0%；长乐机场886.18万人，下降40.0%；晋江机场562.06万人次，下降33.4%；武夷山、冠豸山、三明机场旅客吞吐量分别下降64.0%，36.4%和2.3%。

（五）港口生产总体平稳

2020年，全省沿海主要港口货物吞吐量6.21亿吨，比上年增长4.5%；集装箱吞吐量1720.19万标准箱，下降0.3%。全省外贸货物吞吐量2.35亿吨，下降0.9%。福州港、湄洲湾港、泉州港和厦门港的货物吞吐量分别为2.49亿吨、0.98亿吨、0.67亿吨和2.07亿吨，增速分别为17.1%、4.0%、-10.4%和-2.8%。

二、数字经济动能强劲，邮电业发展乘势而上

得益于消费市场加快线上线下融合发展，我省邮电业展现了强劲韧性和巨大潜力。2020年，全省邮电业实现业务总量4764.31亿元，比上年增长22.8%；业务收入818.77亿元，增长8.1%。

（一）邮政业大幅增长

2020年，福建省邮政企业和快递服务企业业务总量856.48亿元，比上年增长32.6%，增幅比上年提高3.1个百分点，比全国平均水平高2.9个百分点，增速居全国第11位；业务收入（不包括邮政储蓄银行直接营业收入）368.88亿元，增长14.0%。

1. 快递业务量居全国前列。快递作为线上消费最主要的交付渠道，对邮政业支撑作用显著。2020年，全省快递业务量34.32亿件，比上年增长31.0%，增幅比上年提高7.2个百分点，总量居全国第6位；快递业务收入302.56亿元，增长16.8%，增幅回落8.6个百分点。其中，同城业务量3.63亿件，增长5.1%；异地业务量29.93亿件，增长34.7%；国际及港澳台业务量0.76亿件，增长45.5%。

2. 传统邮政业务量下滑，包裹报纸业务小幅回升。2020年，全省邮政函件业务累计完成3267.89万件，比上年下降31.3%；包裹业务量67.17万件，增长11.9%，增幅比上年提高5.9个百分点；订销报纸业务量69418.24万份，增长1.8%；订销杂志业务量2261.53万份，下降5.5%，降幅比上年收窄3.4个百分点；汇兑业务量24.38万笔，下降34.0%。

（二）电信业发展较快

新冠肺炎疫情发生以来，大数据、云计算、物联网、人工智能等前沿数字技术应用在生产生活各个领域加速落地，全社会数字化进程的加快进一步推动电信业快速发展。2020年，全省电信业实现业务总量3907.83亿元，比上年增长20.8%，总量居全国第15位；实现业务收入449.88亿元，增长3.7%，增幅提高3.6个百分点。

1. 互联网用户保持增长，电话用户小幅减少。2020年末，全省固定宽带用户1831.02万户，增长2.9%，移动互联网用户3979.60万户，增长1.6%。全省电话用户总数5472.35万户，同比下降0.2%，其中，固定电话用户733.07万户，移动电话用户4739.28万户，净增166万户，移动电话中，4G电话用户3900.93万户，增长0.6%。

2. 5G网络建设持续推进，基站数量增加。2020年底，全省建成移动电话基站32.3万个，较上年末净增3.3万个。其中，4G基站20.5万个，净增9517个，占移动电话基站总数比重达63.5%，5G基站2.2万个，净增2万个。固定宽带接入端口3370万个，较上年末净增138万个，其中：光纤接入（FTTH/O）端口3110.4万个，净增167.3万个，占比由上年末的91.1%提升至92.3%。

三、值得关注的领域及建议

（一）关注交通现代服务业，培育交通运输新动能

疫情防控期间，全省网络货运、快递服务、

城市绿色配送、陆地港、多式联运、智慧出行等交通运输新业态为助力各行业复工复产发挥了重要作用，同时促进了传统交通运输业向现代交通运输业的转型升级。要大力发展交通运输现代服务业，促进云计算、大数据、物联网、智能技术与交通运输业的深度融合，推动智能交通产业化，建设现代综合交通运输体系，增强交通运输业对经济的辐射带动能力。

（二）关注5G网络建设，提升电信服务水平

5G网络投入商用以来，在经济社会发展数字化、网络化、智能化等方面作用突出，潜力巨大。要加快5G网络建设和产业发展，增强网络供给能力，提升5G服务质量，为“数字福建”快速发展提供技术支撑。

（撰稿：福建省统计局　陈洁）

福建省2020年汽车工业发展情况

一、基本概况

经过发展，目前福建省汽车工业有11家汽车整车生产企业，49家专用车生产企业，有近千家汽车总成零部件制造企业，从业人员超过7万人。

在福建闽东闽中地区，形成了以东南汽车、福建奔驰汽车为主的福州青口乘用车以及新能源汽车产业集群；以云度汽车为主的莆田涵江新能源汽车产业基地；以上汽乘用车福建分公司为主的宁德蕉城新能源汽车产业基地；在福建闽南闽西北地区，形成了以金龙客车、金旅客车为主的厦门客车及新能源汽车产业集群；以金龙汽车、新福达汽车为主的漳州龙海客车及新能源汽车产业集群；以新龙马汽车为主的龙岩微型车及新能源汽车产业基地；以福建海西汽车为主的三明永安埔岭载重汽车产业基地。

另外，在汽车零部件产业方面，形成了以宁德时代为主的宁德蕉城汽车动力电池产业集群；以漳州猛狮为主的漳州诏安汽车动力电池产业基地；以福耀玻璃为主的福州福清汽车玻璃产业基地；以正兴车轮为主的漳州汽车轮毂产业基群。

2020年末，福建汽车保有量731万辆，比上年末增长7%。其中，私人汽车保有量632万辆，增长7%。轿车保有量441万辆，增长6%。其中，私人轿车保有量404万辆，增长6%。

二、生产经营

——主要产品产销量。2020年福建省汽车生产18.06万辆，同比增长11.7%；销售18.35万辆，同比增长9.0%；改装车生产1.51万辆，同比增长－9.6%；销售1.49万辆，同比增长－11.2%；摩托车生产16.39万辆，同比增长－6.8%；销售16.54万辆，同比增长－6.2%；新能源汽车生产2.58万辆，同比增长65.1%；销售2.59万辆，同比增长420.5%；

——主要经济指标完成情况。全省主要汽车生产企业完成工业总产值695.43亿元，同比增长－22.4%；主营业务收入639.49亿元，同比增长－27.1%；利润总额54.23亿元，同比增长－39.2%；税金总额19.46亿元，同比增长－22.2%；出口交货值159.22亿元，同比增长－23.9%。

——生产经营亮点不少。面对新冠疫情和行业下行，福建省汽车企业努力拼搏，全年汽车产销实现正增长，十分不容易。

特别是上汽乘用车福建分公司量产发力，实现年产销5.15万辆，同比增长608.1%；

福建奔驰汽车产销汽车2.99万辆，同比增长6.2%，主营业务收入超过107亿元，利税总额超过27亿元，十分抢眼。

宁德时代动力电池配套蔚来、特斯拉、小鹏、宇通、理想、长城、北汽、威马、广汽、吉利等国内主机厂，同时还配套了北京奔驰、华晨宝马、上汽大众、广汽丰田、北京现代、上汽通用等合资品牌，2020年实现实现锂离子电池销量46.84GWh，同比增长14.36%，其中动力电池系统销量44.45GWh，同比增长10.43%，连续四年实现全球动力电池装机第一。宁德时代的年报显示，2020年公司实现营业总收入50319亿元，同比增长9.90%，净利润为55.83亿元，同比增长22.43%。

表 1　2020 年福建省主要汽车工业主要经济指标

亿元

汽车工业总产值	汽车工业增加值	主营业务收入	利税总额
695.43	232.74	639.49	73.69

表 2　2020 年福建省整车及关键零部件产销量

辆（台）

主要产品种类	产量	同比增长（%）	销量	同比增长（%）
汽车	180600	11.7%	183500	9.0%
其中：新能源汽车	25800	65.1%	25900	420.5%
改装车	15100	-9.6%	14900	-11.2%
摩托车	163900	-6.8%	165400	-6.2%
汽车发动机				
动力电池（单位：GWH）	44.45GWh	10.43%	44.45GWh	10.43%
……				

三、产业发展

（一）综述

2020 年，福建省汽车企业面对突如其来的新冠疫情和复杂多变的国际形势，深入贯彻落实习近平总书记重要讲话、重要指示、批示精神，落实党中央决策部署和省委省政府工作要求，主动融入国内国际双循环的发展新格局中，贯彻高质量发展的新理念、新思想、新战略，把创新摆在核心地位，积极推动科技创新、产业创新、市场创新、产品创新、业态创新、管理创新，全力以赴打好疫情防控和企业发展两场战役，实现了“十三五”发展的良好收官。

（二）全力打赢疫情防控阻击战

2020 年初，百年不遇的全球突发新冠肺炎疫情，造成汽车行业运行停摆，企业产品研发、认证、生产、销售无法正常开展。面对疫情，福建省汽车企业积极响应党中央国务院和省委省政府的号召，全力以赴坚决打赢疫情防控阻击战。福汽集团紧急组织生产负压救护车，保质保量完成了国务院联防联控机制和福建省下达的 157 辆负压救护车应急生产任务；金龙汽车迅速研制推出全健康客车、口罩机、无人消毒车、CT 健康体检车、核酸检测车和智能防疫工作站等防疫新产品；龙马环卫推出疫情专用密闭式桶装垃圾车和防疫消毒卫士产品助力战疫一线；东南汽车研发通过 CN95 认证的“带口罩”防疫车；金旅客车售后团队奔赴抗疫前线。同时，福耀玻璃曹德旺捐赠 1.4 亿元抗击新冠肺炎疫情，宁德时代捐赠 1000 万元驰援武汉抗击疫情，福汽集团向厦门、福州、宁德等地捐赠了价值 500 余万元的负压救护车和智能防疫工作站，龙马环卫捐赠逾 500 万元物资全力以赴共抗疫情，福建侨龙捐款 100 万元抗疫情，福建奔驰为火神山雷神山医院捐赠救护车等，捐赠钱物抗击新冠肺炎疫情的动人事迹。展现了福建企业社会担当，为打赢疫情防控阻击战和实现福建汽车工业平稳运行贡献力量。

（三）实现“十三五”发展的良好收官

统计数据显示，“十三五”期间，福建省完成汽车产销 103.64 万辆，实现利润总额 445.06 亿元，实现汽车产品出口交货值 616.96 亿元。汽车项目建设方面，新建成了“金龙汽车龙海新能源产业基地项目”、“上汽乘用车宁德基地项目”、“云度新能源汽车项目”、“福建金霸龙汽车项目”等 4 个整车项目。改装车项目建设方面，新建成了 21 个改装车项目，福建闽西革命老区——龙岩市出台了支持专用车产业加快发展措施，推进了龙岩专用车之城项目建设，成为国内重要的改装车生产基地。汽车零部件项目建设方面，新建成

"宁德东侨锂电新能源小镇项目"和"宁德时代新能源科技股份有限公司"项目，完成产业投资额200多亿元，吸纳就业4万多人，锂电新能源产业年产值超过500亿元，宁德时代公司新能源汽车动力电池出货量连续四年居全球第一。客车出口海外市场建设方面，金龙汽车产品远销170多个国家和地区，累计出口各类型客车超过10万辆。

（四）重点产业项目建设方面

——2018年开始建设的上汽集团乘用车福建分公司项目，2020年进入了量产。上汽宁德基地项目一期占地面积2200亩，总投资约50亿元，具备整车生产的冲压、焊接、涂装、总装等四大工艺，产能24万辆。

——福汽集团金龙汽车龙海基地项目一期，完成建安工程和工艺设备安装，进入全面预验收阶段。

——云度新能源汽车项目，2020年6月，焕新出发，快速完善组织架构建设，组建了一支具有国际化视野又经验丰富的管理团队，大量引入中高端技术和营销人才，新推出了π3 E-SHOCK曜越版车型上市，目标是成为一家真正的科技型公司，打造15万以内市场区间最纯粹的纯电汽车品牌。2020年，云度汽车新建"云度A平台车型产品提升"项目，总投资2亿元。通过项目建设，将云度产品进行技术提升，促进云度实现产业结构调整和优化升级。

——福建天际汽车绍兴项目，一期厂区面积约500亩，建筑面积约为12万平方米，工厂包括冲压、涂装、焊装和总装在内完整的四大工艺，年规划产能为6万台。2020年完成建设，豪华智能电动SUV天际ME7在绍兴量产。

——宁德时代锂离子电池项目，2020年宁德时代新投资数百亿，在江苏溧阳、四川宜宾、福建宁德增建锂离子电池制造基地，其中，投入40亿元用于宁德时代湖西锂离子电池扩建项目，投入55亿元用于江苏时代动力及储能锂离子电池研发与生产项目，投入30亿元用于四川时代动力电池项目，将为公司补充新增产能合计97GWh。

——福建星云电子新能源汽车电池智能制造装备及智能电站变流控制系统产业化项目，完成建设，进入生产。该项目总投资3.01亿元，年产1000台新能源汽车动力锂电池检测系统、自动化设备1500台及智能电站变流控制系统2500台。

——宁德时代21C创新实验项目，2020年6月24日正式奠基。项目总投资33亿元，占地约270亩，预计2021年底建成部分投入使用，规划未来五年内发展至千人规模。实验室中短期研究方向专注于金属锂电池、全固态电池、钠离子电池等下一代电池研发，同时还将广泛布局锂离子电池可靠性模型开发、无损检测技术开发等与商业化应用，联系紧密的技术开发，助力行业高质量发展。

（五）产业科技创新方面

——金龙客车获得工信部"国家技术创新示范企业"称号，金龙客车联手京东打造自动驾驶物流车，标志着业界首个量产无人配送车正式走进大众生活；联手百度推出L4级自动驾驶中巴，实现了自动驾驶汽车从微巴到中巴，从封闭园区运营到开放道路运营的双跨越。

——东南汽车积极探索和研究增程式电动车，采用的是国内主流传统的两缸机+发电机的增程器方案，完成增程式电动车的样车开发。同时，还推出了更具国际范和豪华质感2020款DX7新车，得到市场认可。DX7星跃车在参加2020中国量产车性能大赛·江苏省连云港市东海站赛事，战绩斐然，一举夺得紧凑型SUV组（10万级）0—100km/h加速、蛇形绕桩、60km/h车内匀速噪声等6项冠军。

——金旅客车的工业设计能力获得国家级认可，进入第四批国家级工业设计中心名单。推出的金旅星辰纯电动微循环客车，荣膺2019—2020年度微公交客车之星奖项，得到广泛认可。除在北京大兴投放外，星辰微循环公交还在无锡环太湖的观光巴士、漳州的快速公交、温州的社区巴士等场景应用，还先后在四川、陕西、福建、江苏、浙江等地投入了运营。

——龙马环卫推出FLMSD18纯电动无人驾驶扫路机，是全新开发、性能领先于行业的智能化清扫设备，是环卫装备智能化发展中的标杆产品。FLMSD18纯电动无人驾驶扫路机自动驾驶作业工况下，应用高精度环境感知、定位、自适应作业等全方位智能化系统，具备灵活设置作业路径、主动避障等功能。智能化水平，可依据路面垃圾情况，自动调节强力、保洁、节能三种作业模式，达到降低能耗、提高效率的目的，同时具有远程监控、远程故障诊断等功能，为环卫作业带来全新的改变。另外，龙马环卫倾力打造性能优越的天然气洗扫车，具有多功能作业模式，工作装置采用“中置四盘扫（前两个扫盘可选装单独控制）+中置V型喷水架+中置双吸口窄吸嘴结构”布置形式；具有多种作业模式，实现路面的清扫、清洗、洗扫及吸尘；采用液压浮动扫刷地距自动调节技术，使扫刷与地面的接触力保持在一个固定值，扫刷与地面接触面保持不变，扫刷磨损后可以自动补偿，不需进行人工调整，确保洗扫效率不受影响。

——重汽福建海西汽车推出增程式新能源轻卡豪曼冷藏版车型，是国内首款量产增程轻卡，，备受用户好评；面对国家政策和市场需求变化，重汽福建海西汽车还推出H3轻量化6×4小三轴自卸车和H5轻量化8×4四轴自卸车，通过对汽车零部件重量测量和轻量化方案制定，做到了行业同系列产品重量最低。车身减轻，载货量随之增加，自然成为客户的首选。

（六）产业实施小巨人企业和专精特新企业培育成效显著

2020年又有龙岩市龙工（福建）桥箱有限公司、福建威而特旋压科技有限公司、龙岩市海德馨汽车有限公司、中汽客汽车零部件（厦门）有限公司、福建艺达电驱动股份有限公司、福建晋江励精汽配有限公司等多家汽车相关企业入选国家级“专精特新”小巨人企业名单。另外，又有福建帕特汽车零部件有限公司的“客车装饰件”产品、福州华鹰重工机械有限公司的“多片离合器片（汽车自动变速箱）”产品、霞浦县汇通汽车零部件制造有限公司的“汽车刹车报警传感线”产品、福州六和机械有限公司“自动变速箱油泵盖”总成、厦门金龙联合汽车工业有限公司“柴油型中型客车”产品、福建万润新能源科技有限公司“纯电动动力系统总成”产品、福建华威钜全精工科技有限公司“汽车发动机进排气系统铝合金摇臂”产品、龙岩市万腾车桥制造有限公司“系列车桥总成”产品、泉州市凯鹰电源电器有限公司“阀控式密封铅酸蓄电池”产品、厦门日上集团股份有限公司“钢制汽车轮毂”产品、福州金锻工业有限公司“车用齿轮、传动和驱动部件”产品、福建金杨科技股份有限公司“二氧化锰原电池（组）等入选批制造业单项冠军企业（产品）名单。

四、汽车产业园区情况

（一）宁德市蕉城三屿园区（上汽乘用车福建分公司宁德汽车产业集群）

宁德市蕉城三屿园区（宁德汽车产业集群）用地6879亩，其中主机厂总用地2200亩，物流用地约690亩，配套零部件园区面积约1462亩。1个主机厂上汽乘用车福建分公司，30多家零部件厂，总投资超200亿元。

上汽乘用车福建分公司项目，主要布局车型为荣威、名爵等品牌新能源和传统能源乘用车。上汽乘用车福建分公司项目一期产能24万辆，入驻的配套企业30多家，布局在整车厂南北侧，基本涵盖了底盘车架、电泳及注塑、空调系统、轮胎总成、保险杠、电池组装、整车线束、座椅系统、仪表中控、软饰系统、车身小分拼、冲压件等零部件生产项目。

上汽乘用车福建分公司项目一期建设2018年开工，2019年底竣工，2020年量产，2021年3月5日，上汽集团乘用车福建分公司第10万辆车下线。

（二）福州市闽侯青口投资区（福建奔驰、东南汽车产业集群）

福州市闽侯青口投资区（福建奔驰、东南汽车产业集群）是福建省重点打造的汽车产业基地，投资区56平方公里的园区内，集聚了福建奔驰汽车有限公司和东南（福建）汽车工业有限公司2家整车厂，180多家汽车零部件配套生产企业，以整车制造为龙头、零部件业务广覆盖的汽车产业体系正在加速形成。2020年，福建奔驰汽车主营业务收入超过107亿元，利税总额超过27亿元，连续4年纳税超10亿元。整车厂良好表现，给投资区产业发展带来强劲动力。青口投资区将大力推进新能源汽车、东南汽车三期、福建奔驰新能源等项目落地，支持汽车及二手车交易市场发展，培育稳定投资区百亿企业，力争汽车产业产值突破500亿元。

（三）漳州龙海市汽车产业园区（金龙新能源汽车产业基地）

漳州龙海市汽车产业园区，规划占地5000亩，总投资逾100亿元，分为节能与新能源客车整车制造区、核心零部件区和生活配套区三大功能区，规划年产3万辆节能与新能源大中型客车、1万辆考斯特和10万辆轻型客车。同时，引进新能源“三电”系统、动力总成、底盘零部件等，逐步形成完善的汽车产业集群。漳州金龙新能源汽车产业基地，按照“一次规划，分期实施”原则推进，项目先行启动节能与新能源客车整车制造区一期项目建设，占地2100亩，总投30亿元，2019年底，厂房建设设备安装完成，举行客车下线仪式，2020年进入量产。

（四）厦门集美机械工业集中区（金龙客车产业基地）

厦门集美机械工业集中区位于厦门集美区灌口镇，是以汽车制造、工程机械及其配套产业为主的现代化工业区，集中区用地15.42平方公里。入驻的企业有厦门金龙联合汽车工业有限公司（金龙客车），还有金龙礼宾车、金龙汽车车身、玉柴发动机、理研工业、民兴工业、台湾江申车架、东风德纳车桥、正新轮胎、金龙汽车物流等100多家企业。“十四五”期间，厦门集美机械工业集中区将培育金龙客车，推进客车高端化、智能化发展，扩大新能源汽车生产规模，年产值向百亿元突破。同时，还将推进电动汽车动力电池和驱动电机产业基地建设。

（五）三明永安市埔岭汽车工业园区（中国重汽福建海西汽车产业基地）

三明永安市埔岭汽车工业园，围绕中国重汽重汽海西汽车发展规划，“全力建设永安汽车城，打造千亿汽车产业”的目标，高起点设计、高标准实施。已有入园企业30多家，涵盖整车制造、专用车、车用轴承、其他零部件及汽车商贸物流企业，初步形成以重汽福建海西汽车为龙头，以载货汽车、新能源汽车、专用车为主，以零部件配套产业为辅的汽车产业发展格局。

2020年，园区龙头企业重汽海西汽车产销同比增长103.16%，营业额同比增长87.21%，实交税金总额同比增长230.91%。龙头带配套、配套促龙头。2020年，园区引进汽车产业链配套项目6个，实现引资8.15亿元，有力推动汽车零部件配套产业集聚，全年汽车工业园完成规模以上工业产值66.26亿元，实现税收4500万元，比增160%。

（六）龙岩高新技术产业开发区（新龙马汽车产业基地）

龙岩高新技术产业开发区，涉及新罗区东肖、红坊和永定县高陂、坎市、培丰等五个乡镇部分区域，面积130多平方公里。开发区内，集聚了1家主机厂，多家专用车厂，数十家汽车零部件企业。主机厂福建新龙马汽车已形成15万辆汽车年产能，产品覆盖微客、MPV、SUV三大乘用车市场领域，在售产品包括微客启腾M70、MPV启腾EX80、SUV启腾V60、M70纯电动车及含医疗车、邮政车在内的微客6款专用车型。

五、出台政策

表3　2020年福建省出台汽车产业相关政策信息汇总

出台时间	发布部门	政策名称	政策类别
2020年7月	福建省工业和信息化厅、福建省发展和改革委员会、福建省科学技术厅、福建省公安厅、福建省财政厅、福建省住房和城乡建设厅、福建省交通运输厅、福建省文化和旅游厅、福建省人民政府国有资产监督管理委员会、福建省机关事务管理局	关于印发《进一步加快新能源汽车推广应用和产业高质量发展推动“电动福建”建设三年行动计划（2020—2022年）》的通知	闽工信法规〔2020〕99号

六、发展规划

2020年7月福建省发布《关于进一步加快新能源汽车推广应用和产业高质量发展推动“电动福建”建设三年行动计划（2020—2022年）》，旨在推动制造业优势龙头企业和小巨人企业做强做大做优，更好地发挥辐射带动和示范引领作用，加快全省汽车产业高质量发展。

工作目标：是到2022年，在全省制造业领域培育若干个千亿级、五百亿级世界一流的大企业大集团，55家营业收入超百亿元企业，250家制造业单项冠军企业（产品），带动形成20个以上规模超千亿的产业集群和更多龙头企业、“专精特新”企业。

重点培育和打造新能源汽车、储能电池、新能源装备产业集群，壮大和延伸产业链。到2022年，全产业链产值超过2800亿元；全省累计推广应用新能源汽车标准车56万辆。

——在整车方面：做大乘用车、做优客车、做精专用车。支持宁德上汽扩大产销规模；金龙客车继续保持产销优势，拓展负压救护车等应急装备；海西重汽研发生产新能源卡车。推动东南、云度、新龙马和新福达汽车加快转型升级、引入战略投资者、优化股权结构。支持宁德上汽、龙海金龙、闽侯青口、三明埔岭等汽车工业园加快建设，通过龙头招商、产业链招商等多种模式，促进优质生产要素集中集聚，全面提升园区发展水平。支持省内新能源汽车（含专用车）生产企业做大做强、扩大规模，继续安排专项资金予以扶持。

——在“三电”方面：支持动力电池龙头企业扩大产销规模，继续保持产品技术领先，到2022年全省动力电池产能超过150GWh，规模居全球第一，带动电池正负极材料、隔膜、电解液等配套产业链发展。支持研发生产车用高性能驱动电机、电控系统。支持锂电新能源特色小镇、永磁电机产业园、稀土精深加工园等建设。对于主导园区产业链招商的新能源汽车整车、“三电”系统及其他零部件龙头企业给予技改专项资金、技改基金、工业（产业）园区标准化建设方面的支持。

——在政策措施方面：一是对省内新能源汽车生产企业新开发的新能源汽车车型（含扩展车型）自获得国家《公告》和《推荐目录》起一年内销售量达500辆及以上的客车、2000辆及以上的乘用车或物流专用车，每款车型分别给予一次性新产品开发奖励100万元、500万元；二是新开发的智能汽车经过国内权威测试机构认证达到L4等级的无人驾驶新能源汽车车型（含扩展车型），至认定之日起一年内实现量产的每款车型给予一次性新产品开发奖励100万元。三是支持企业加大研发投入，对在年度单项研发经费投入1000万元以上的企业，采用“一事一议”方式，随时申请企业研发经费分段补助；对上年度研发投入1亿（含）元以上的企业，按上年度核定补助额实行预补助，由省级财政预拨经费全额垫付，及时拨到企业。

表4　2020年福建省主要整车企业基本情况

企业名称	主要产品	所在城市	2020年产量	本地产能	单位
东南（福建）汽车工业有限公司	轿车、多功能乘用车、商用车	闽侯县	0.97	15	万辆
福建奔驰汽车有限公司	中高档商务车	闽侯县	2.99	4	万辆
福建新龙马汽车股份有限公司	微客、商用车	龙岩市	0.48	15	万辆
厦门金龙联合汽车工业有限公司	大中轻型客车	厦门市	2.07	6	万辆
厦门金龙旅行车有限公司	大中轻型客车	厦门市	1.63	6	万辆
福建新福达汽车工业有限公司	客车，货车	福州市	0.68	4	万辆
中国重汽集团福建海西汽车有限公司	货车	永安市	3.38	10	万辆
福建天际汽车制造有限公司	客车、商用车	泉州市	—	1	万辆

续表

企业名称	主要产品	所在城市	2020 年产量	本地产能	单位
云度新能源汽车有限公司	新能源汽车	莆田市	0.14	6.5	万辆
福建金霸龙汽车有限公司	货车	漳州市	0.22	3	万辆
上汽集团乘用车福建分公司	轿车，多功能乘用车	宁德市	5.14	24	万辆

（撰稿：福建省汽车工业行业协会信息部　杨养臣）

福建省体育产业发展状况

2019 年，福建省将发展体育产业、促进体育消费摆在重要位置，召开全省体育产业高质量发展现场推进会，率先在全国出台了《福建省关于促进体育产业高质量发展的若干措施》，紧紧围绕推动体育制造业转型升级、加快体育服务业全产业链发展、优化体育产业发展环境等重点，激发市场主体创新活力，不断培育产业发展新动能，推进体育产业高质量发展，并取得显著成效。2019 年福建省体育产业规模持续扩大，继续保持全国前列，体育产业总产出和增加值继续保持两位数增长，发展质效稳步提升，呈现较好发展态势。

一、产业发展现状

（一）产业规模不断壮大

2019 年，福建省体育工作以体育产业高质量发展为主线，突出项目带动，强化示范引领，加大要素保障，激发市场活力和消费热情，推进产业转型升级、做大做强做优。全年全省体育产业实现总产出 4982.81 亿元，比上年增长 12.1%，增速比上年提高 0.3 个百分点；实现增加值 1704.16 亿元，增长 11.5%，快于同期全省地区生产总值的增长速度 1.9 个百分点。其中体育服务业实现总产出 641.01 亿元，增长 11.5%，实现增加值 373.56 亿元，增长 11.4%，增速高于全省服务业增加值增速 1.4 个百分点；体育用品及相关产品制造实现总产出 4264.27 亿元，增长 11.9%，实现增加值 1309.78 亿元，增长 11.5%，增速高于全省工业增加值增速 2.1 个百分点；体育场地设施建设实现总产出和增加值 77.53 亿元、20.82 亿元，分别增长 31.8% 和 11.6%。

福建省体育产业总产出和增加值稳步增长，总体呈加速发展态势。体育产业总产出从 2016 年的 3619.60 亿元扩大至 2019 年的近 5000 亿元，年均增长 11.2%；增加值从 2016 年的 1241.90 亿元增长至 2019 年的 1704.16 亿元，年均增长 11.1%，体育产业发展规模不断壮大，继续走在全国前列。

表 1　2016—2019 年福建省体育产业总产出、增加值及增速

单位：亿元、%

类别	2016 年	2017 年	2018 年	2019 年
总产出	3619.60	3974.45	4443.66	4982.81
总产出增速	6.5	9.8	11.8	12.1
增加值	1241.9	1364.51	1528.42	1704.16
增加值增速	7.6	9.9	12.0	11.5

注：因 2018 年数据根据第四次经济普查数据进行修正，故 2016 年和 2017 年也相应修正。

表 2　2019 年福建省体育产业分行业总产出、增加值及增速

单位：亿元、%

	总产出		增加值	
	总量	比上年增长	总量	比上年增长
体育产业	4982.81	12.1	1704.16	11.5
体育服务业	641.01	11.5	373.56	11.4
体育管理活动	28.31	2.2	14.57	2.2
体育竞赛表演活动	5.84	0.1	2.19	0.1
体育健身休闲活动	70.87	21.9	43.13	17.7
体育场地和设施管理	44.35	4.4	24.06	6.4
体育经纪与代理、广告与会展、表演与设计服务	6.88	21.5	2.65	18.4
体育教育与培训	19.38	20.5	14.91	19.8
体育传媒与信息服务	19.79	17.9	8.13	20.9
其他体育服务	130.85	-1.3	69.38	-1.8
体育用品及相关产品销售、出租与贸易代理	314.74	16.8	194.53	16.2
体育用品及相关产品制造	4264.27	11.9	1309.78	11.5
体育场地设施建设	77.53	31.8	20.82	11.6

（二）产业结构持续优化

受多元大众体育需求和政策利好的引导激励，体育服务业快速发展。2019 年，福建省体育服务业中除其他体育服务（以体育彩票销售为主，下同）外，其他 8 个服务业行业增加值均实现增长，其中体育传媒与信息服务，体育教育与培训，体育经纪与代理、广告与会展、表演与设计服务，体育健身休闲活动，体育用品及相关产品销售、出租与贸易代理 5 个行业增加值均实现 15% 以上快速增长。同时，体育与健康、文化、旅游等产业融合不断深化，各类新消费模式迅速崛起，体育服务业外延不断扩展，推动福建省体育产业转型升级步伐加快。2016 年以来，福建省体育服务业增加值占比稳步上升，体育制造业占比明显下降，体育产业结构持续优化，以体育体育用品装备制造为支柱，体育健身、竞赛表演、体育旅游、体育培训等服务业协调发展的产业结构体系加快构建。2019 年，全省体育服务业增加值占体育产业的比重为 21.9%，比 2016 年提高 9.4 个百分点；体育制造业增加值占体育产业的比重为 76.9%，比 2016 年下降 10.5 个百分点；体育建筑业增加值占体育产业的比重为 1.2%，比 2016 年提高 1.1 个百分点。

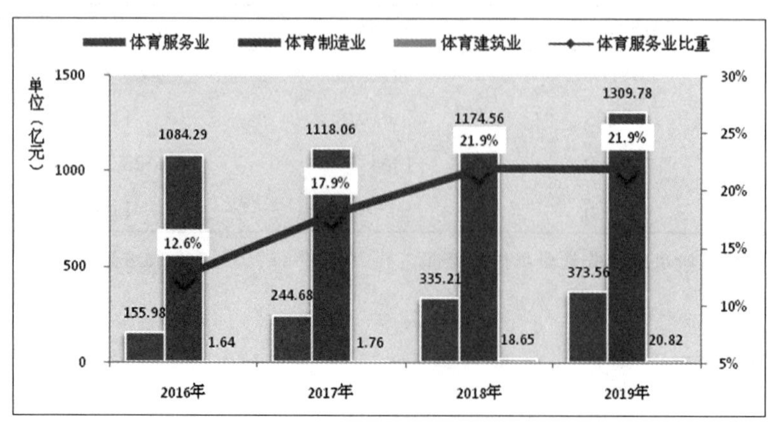

图1　2016—2019年福建省体育产业结构变动情况

表 3　2016—2019 年福建省体育产业增加值占比情况

单位:%

体育产业类别名称	2016 年	2017 年	2018 年	2019 年
体育管理活动	0.5	0.5	0.9	0.9
体育竞赛表演活动	0.2	0.8	0.1	0.1
体育健身休闲活动	1.0	2.2	2.4	2.5
体育场地和设施管理	1.6	1.5	1.5	1.4
体育经纪与代理、广告与会展、表演与设计服务	0.1	0.2	0.1	0.2
体育教育与培训	0.8	0.8	0.8	0.9
体育传媒与信息服务	0.5	0.5	0.4	0.5
其他体育服务	0.3	5.0	4.6	4.1
体育用品及相关产品销售、出租与贸易代理	7.7	6.6	11.0	11.4
体育用品及相关产品制造	87.3	81.9	76.8	76.9
体育场地设施建设	0.1	0.1	1.2	1.2

（三）体育消费潜力释放

福建省围绕体育产业高质量发展目标，积极培育发展壮大体育服务业，促进体育消费潜力释放。一方面，加大体育与旅游、文化、会展、康养及互联网等行业深度融合发展，积极拓展体育产业发展外延，丰富体育产品和服务供给，体育消费呈现出多元化、个性化、品质化发展特征。另一方面，积极推动运动项目产业化发展，除了传统的篮球、足球、羽毛球等球类运动，户外、水上、冰雪运动以及轮滑、攀岩、击剑、马术、帆船、跳伞等新兴时尚运动项目日渐火爆，为体育消费提升注入新的活力。此外，厦门马拉松赛、世界铁人三项赛、世界沙滩排球巡回赛、福州国际马拉松赛、中国羽毛球公开赛、平潭国际自行车公开赛等体育赛事经济效益明显，有效延长产业链，促进体育消费增长。据不完全统计，2019 年福建省共举行投资 200 万元以上的大中型商业化赛事近百场，拉动消费超过 50 亿元，“思明体育时尚季”等一系列节庆活动，有效激发体育消费市场活力，带动住宿、交通、餐饮、旅游、购物、娱乐等经济效益提升。据统计，2019 厦门马拉松赛参赛人数达 2.82 万人，带来综合经济效益 3.83 亿元；2019 年思明区体育时尚季创造消费超 2 亿元。

为了解 2019 年福建省居民体育消费情况，通过网络调查的方式对福建省常住居民进行问卷调查，共采集有效样本 1000 个。根据调查数据测算，全省人均体育消费金额约为 2150 元，超过全国人均体育消费水平。其中运动鞋服及装备器材类、会员费、体育培训类支出位居体育消费支出额度前三位，分别占人均体育消费金额的 30.2%、8.4% 和 6.1%，围绕日常健身的装备器材、培训等正成为体育消费的主导。与先进省市相比，受经济发展水平和居民人均可支配收入低等因素影响，福建省人均体育消费金额分别低于上海市（2849 元/人）和江苏省（2442 元/人）699 元和 292 元。

实物型消费是体育消费的主要内容，占体育消费额的 51.2%，其中运动鞋服和运动鞋帽成为体育实物消费中最经常的支出项，近九成被访者表示 2019 年有运动服装和运动鞋帽方面消费支出；有运动营养食品和保健品、运动设备与器材、体育智能与可穿戴设备方面花费支出的比例均超五成。以场馆租赁、比赛门票和体育培训为代表的服务型消费以及体育旅游及其他消费分别占比 25.1% 和 23.7%，有待提升。

二、体育企业发展情况

（一）产业单位分布情况

得益于产业发展政策的持续完善以及市场环境的不断优化，福建省体育产业市场主体数量稳步增加，市场主体规模扩大，产业发展活力和动力持续增强。截至 2019 年末，福建省拥有体育产业单位43883家，比上年增加2017家，其中拥有体育产业法人及产业活动单位32975家，当年新增注册体育产业法人及产业活动单位985家，增长势头良好；拥有个体工商户10908家，增加1690家。43883家，体育产业单位中主营体育产业单位占比62.2%，兼营单位占比37.8%。

全省体育产业单位区域分布呈三级阶梯式分布，第一梯队为泉州、厦门和福州三地，集中了全省八成以上的体育产业单位。截至2019年末，泉州、厦门和福州三地分别拥有体育产业单位20009家、7924家和7380家，占全省体育产业单位的比重分别为45.6%、18.1%和16.8%，合计占比达80.5%，比上年提高1.3个百分点；莆田、漳州、宁德、龙岩和三明位于第二梯队，单位数量介于1000家至2000家之间，南平和平潭位于第三梯队，单位数量均不足1000家，占比在2.0%及以下。全省体育产业单位区域分布差异较为明显，总体呈沿海地市多、内陆地市少的状态。

体育产业法人及产业活动单位区域分布方面，截至2019年末，泉州拥有体育产业法人及产业活动单位17864家，占全省体育产业法人及产业活动单位的54.2%；厦门和福州体育产业法人及产业活动单位均超过4000家，占比分别为18.2%和13.2%；宁德和莆田体育产业法人及产业活动单位也超过1000家，占比超3%；其他地市体育产业法人及产业活动单位均不足1000家，占比均在2.5%以下。

体育产业个体工商户区域分布方面，截至2019年末，福州体育产业个体工商户数量超3000家，占全省体育产业个体工商户数量的27.7%；泉州和厦门体育产业个体工商户数量在2000家左右，分别占比19.7%和17.6%；漳州、莆田、龙岩和三明体育产业个体工商户数量介于500至1000家之间，占比介于5%至10%之间；宁德、南平和平潭分别拥有体育产业个体工商户460家、298家和28家，占比均不足5%。

全省体育产业行业分布从产品制造、健身休闲、体育服务、教育培训、器材装备生产销售、策划及赛事运营和体育旅游等，几乎包括了体育行业从上游到下游的全产业链。具体来看，福建省体育产业单位以服务业单位为主，截至2019年末，全省拥有体育服务业单位超3万家，占全省体育产业单位的70.7%；拥有体育用品及相关产品制造单位12687家，占比28.9%；体育场地设施建设单位数量较少，占比不足1%。服务业单位中以传统服务业体育用品及相关产品销售、出租与贸易代理行业单位数居多，单位数量超15000家，占全省体育产业单位的比重为35.2%；体育健身休闲活动单位数近8000家，占比18.0%；体育管理活动、体育教育与培训单位数量也超1000家；其他服务业细分行业单位数量占比均在2%及以下。

表4 2019年福建省体育产业单位分行业分布情况

单位：家、%

体育产业行业大类		单位	占比
体育服务业	体育管理活动	2121	4.8
	体育竞赛表演活动	857	2.0
	体育健身休闲活动	7903	18.0
	体育场地和设施管理	703	1.6
	体育经纪与代理、广告与会展、表演与设计服务	894	2.0
	体育教育与培训	1188	2.7
	体育传媒与信息服务	699	1.6
	其他体育服务	1209	2.8
	体育用品及相关产品销售、出租与贸易代理	15437	35.2
	小计	31011	70.7

续表

体育产业行业大类	单位	占比
体育用品及相关产品制造	12687	28.9
体育场地设施建设	185	0.4
总计	43883	100.0

作为民营制造业大市，泉州集中了全省近八成的体育用品及相关产品制造单位和近五成体育用品及相关产品销售、出租与贸易代理单位；厦门和福州成为全省体育服务业单位主要集聚地，其中厦门集中了全省近五成的体育传媒与信息服务单位，体育竞赛表演活动和其他体育服务单位占全省的比重也均接近四成，体育健身休闲活动和体育教育与培训单位占比也均在25%以上；福州汇聚了全省超过五成的体育经纪与代理、广告与展会、表演与设计服务单位，体育场地和设施管理单位也超四成，体育竞赛表演活动和体育健身休闲活动单位也超两成。此外，福州和厦门两地集中了全省66.5%的体育场地设施建设单位。其他地市（含平潭综合实验区，下同）体育产业单位均不足2000家，占全省体育产业单位的比重均不足5%。

表5　2019年各地市分行业体育产业单位分布情况

行业	福州	厦门	漳州	泉州	三明	莆田	南平	龙岩	宁德	平潭
合计	16.8	18.1	3.9	45.6	2.5	4.5	2.0	2.6	3.6	0.4
体育管理活动	19.2	11.5	8.3	20.3	8.9	4.3	11.2	7.8	7.5	1.1
体育竞赛表演活动	23.6	38.6	2.3	18.3	2.6	2.7	4.1	3.7	4.0	0.1
体育健身休闲活动	22.7	25.1	9.7	19.3	4.5	7.1	2.3	5.1	3.8	0.4
体育场地和设施管理	43.8	12.2	3.7	15.2	4.4	4.0	2.3	10.4	3.3	0.7
体育经纪与代理、广告与会展、表演与设计服务	51.7	26.1	2.7	10.5	2.1	0.4	2.8	0.8	1.2	1.7
体育教育与培训	15.7	26.3	6.9	15.2	7.6	7.6	7.0	5.1	8.2	0.5
体育传媒与信息服务	15.0	47.8	2.3	15.3	2.4	1.0	4.7	0.3	11.2	0.0
其他体育服务	24.0	38.6	4.0	15.2	5.8	1.4	5.0	1.2	3.8	0.9
体育用品及相关产品销售、出租与贸易代理	18.4	18.1	2.4	47.4	1.7	5.1	1.0	1.9	3.5	0.4
体育用品及相关产品制造	5.6	8.5	1.4	77.9	0.3	3.0	0.4	0.6	2.2	0.0
体育场地设施建设	37.8	28.6	7.6	10.3	2.2	1.1	2.2	5.9	3.8	0.5

注：（以全省为100）

（二）龙头企业发展情况

产业市场主体不断发展壮大，在全省众多体育产业企业中，涌现了安踏体育、特步、清禄鞋业、柯林等专注运动鞋服制造企业，文广体育、天翔体育等赛事运营管理企业，懒人易健、汉岚体育、牡丹健身等健身服务品牌，爱动巅峰、龙岩星火体育等体育培训品牌，这些企业已发展成为各自领域内知名度较高的龙头企业，引领行业积极发展。

同时，经过多年探索和发展，福建省体育产业培育出诸多闻名全国的体育品牌。近年来，借力产品创新、跨界联名、柔性供应链、电商创新等，福建体育品牌转型升级步伐加快，逐步迈向品牌国际化，影响力显著提升，示范引领作用逐步显现。

体育运动鞋服品牌方面，安踏、特步、361度、匹克、乔丹等大批知名鞋服品牌家喻户晓，其中多数完成了上市并借助资本市场继续发展壮大。在安踏、李宁、特步、361度国内四大运动鞋服品牌中，福建品牌占据三大席位，体育品牌影响力彰显。从2019年业绩看，国内四大运动鞋服品牌营业总收入合计超600亿元，安踏以营业总收入339.28亿元、净利润53.44亿元稳居榜首，其中安踏品牌收益高达人民币174.50亿元，占其营业总收入的51.4%。不管是营业总收入还是净利润，安踏都超过李宁、特步、361度三家之和，处于遥遥领先地位。2017年至2019年，安踏营业总收入增长了一倍多，李宁增长了近70%，特步也增长了近60%，361度增长相对缓慢。截至2019年底，安踏体育旗下安踏品牌（包括安踏儿童）门店总数为10516家；FILA（斐乐）品牌门店，含FILA KIDS（斐乐儿童）和FILA FUSION（斐乐潮牌），1951家；迪桑特（DESCENTE）在中国门店136家，可隆体育（KOLON SPORT）185家，成为中国运动品牌的老大，在全球范围内成为第三大运动品牌，仅次于耐克、阿迪达斯。

体育运动器材品牌方面，2019年初，福建省运动器材企业名录收录相关企业数量1087家，其中舒华体育和康乐佳在中国十大健身器材品牌排行中榜上有名。以舒华体育为例，作为体育健身器材及健身方案的提供商，舒华体育的“舒华”和“伯康”两大品牌系列产品远销海外多国，同时在国内各大城市都有相应布点，拥有专利技术超过170项。经过20多年的发展，舒华在国内健身器材领域已处于领先地位，并于2019年入围“中国轻工业体育用品行业十强企业”“2019年度轻工业二百强企业名单”。经营管理上，除在产品质量上严格把关，舒华在产品售后服务上亦下足功夫，并获得“2019年全国售后服务十佳单位”的称号，为舒华体育品牌形象的进一步提高和业务宣传添砖加瓦。

体育上市企业发展方面，2019年，福建省体育上市企业总体经营状况良好，重点体育产业企业不断做大做强，市场竞争力和影响力不断提升。2019年报告期内，全省21家体育及相关产业上市企业营业总收入合计达756.25亿元，比上年增长21.5%。其中安踏体育、多想互动、特步国际、舒华体育、悠度股份、金达威、361度等13家企业营业总收入均实现增长，其中安踏体育、特步国际和361度分别实现营业总收入339.28亿元、81.83亿元和56.32亿元，分别增长40.8%、28.2%和8.6%；奥佳华营业总收入也超50亿元，金达威营业总收入超30亿元，邵氏兄弟控股（美克）、多想互动营业总收入实现30%以上较快增长。

表6　福建省体育及相关产业部分上市企业2019年营业总收入情况

单位：亿元、%

序号	证券名称	营业总收入	比上年增长
1	安踏体育	339.28	40.8
2	特步国际	81.83	28.2
3	361度	56.32	8.6
4	奥佳华	52.76	-3.1
5	金达威	31.92	11.1
6	浔兴股份	19.19	-15.5
7	贵人鸟	15.81	-43.8
8	舒华体育	13.34	12.9
9	喜得狼	4.74	4.4
10	多想互动	3.92	34.9

续表

序号	证券名称	营业总收入	比上年增长
11	邵氏兄弟控股（美克）	3.02	38.6
12	悠度股份	1.51	11.8
13	欣思源	0.89	-13.5
14	毅宏游艇	0.42	-38.3
15	中桥传媒	0.16	-5.3
16	哥仑步	0.0023	-93.3
17	三棵树	59.72	66.6
18	七匹狼	36.20	3.0
19	九牧王	28.60	4.5
20	鸿博股份	6.27	-11.2
21	橙力文化	0.35	54.7
	合计	756.25	21.5

注：三棵树、七匹狼、九牧王、鸿博股份和橙力文化5家企业为体育产业相关行业企业，仅有部分业务涉及体育，文中使用营业总收入为企业总营业总收入，非体育相关营业总收入。

体育产业上市企业发展两极分化较为严重，安踏、特步、361度与其他公司的差距越拉越大，凸显“马太效应”。2019年，安踏体育营业总收入增长40.8%至339.28亿元，连续两年增速超过40%，营业利润增长52.5%至86.95亿，公司净利润创新高为人民币53.44亿元，增长30.3%，连续三年增长30%以上，表现亮眼。特步取得历史最佳业绩，营收81.83亿元创新高，同比增长28%，净利润则提升11%，达到7.28亿元；361度实现营业额56.32亿元，同比增长8.6%，纯利4.32亿元，同比增长42.4%，增速为近五年来最高。而曾经的“A股运动品牌第一股”贵人鸟却因偏离主业，全年业绩持续跳水，净利润亏损超10亿元。又如国内曾与探路者齐名、跻身于国产户外用品一线品牌行列的哥仑步，由于公司管理层波动事件等因素影响，2016年以来一直处于资不抵债的情况，2015年开始一直处于连续亏损状态。2019年哥仑步营业总收入22.81万元，净利润亏损388.52万元。

纵观福建省体育上市企业，近九成为制造业企业，服务业企业仅有多想互动、中桥传媒和橙力文化3家。不过，体育服务业上市企业虽然数量和规模都比较小，却展现出旺盛的发展活力。如聚焦“时尚+体育”内容的整合营销服务商多想互动2019年实现营业总收入3.92亿元，比上年增长34.9%；归属于挂牌公司股东的净利润为8007.73万元，比上年增长40.4%；基本每股收益为1.57元，比上年上升0.45元，企业发展势头良好。又如赛事运营板块的中桥传媒，虽然2019年公司营业总收入比上年下降5.3%（主要是因为公司公交候车亭及内坑BOT项目代理经营权到期导致户外广告收入减少83.99万元），但2019年中桥传媒成功运营了国际四星级赛事“晋江文旅杯”2019年世界沙滩排球巡回赛（晋江站）、2019年晋江国际篮球对抗赛，并承担了2019年国际大体联足球世界杯吉祥物及衍生品的开发与推广、新闻发布会和配套活动的策划执行等项目，公司体育赛事运营商品牌知名度进一步提高。

（三）企业生产经营情况

为了解重点企业发展状况，通过电话布置及催收、网络调查、入户调查等方式抽取近1300家企业进行问卷调查。调查数据显示，重点企业单位总体经营状况良好，为体育产业发展壮大增添动力。数据显示，近七成被访体育产业企业表示2019年营业收入比上年增长或与上年持平，其中有37.0%的企业表示营业收入实现增长，25.7%

的企业表示增长10%及以上。企业主要产品及服务订单量变化方面，有36.8%的被访体育产业企业表示2019年有所增长，还有30.1%的企业表示与上年基本持平。分行业看，体育用品及相关产品制造企业总体经营状况好于服务业企业。被访体育用品及相关产品制造企业中有73.3%的企业表示2019年营业收入比上年增长或与上年持平，高于服务业企业7.9个百分点。从福厦泉三地被访企业情况看，被访泉州企业中有42.9%表示2019年营业收入比上年增长，高出厦门和福州7.5个和11.5个百分点，其中有10.1%的被访泉州企业表示2019年营业收入比上年增长30%及以上。相对而言，泉州企业总体经营状况好于厦门和福州。

三、产业发展困难与问题

（一）体育竞赛表演业规模小

2019年，福建省体育竞赛表演活动总产出和增加值增速仅为0.1%，在体育产业各行业中相对落后，行业总产出和增加值占全省体育产业总产出和增加值的比重仅为0.1%，为体育产业各行业最低。与上海、广东、浙江等省市相比，福建省体育赛事有效供给不充分，国际性赛事较少，且运动项目职业化发展程度低，缺少高水平职业俱乐部和自主知识产权赛事，缺少具有国内外知名度的赛事运营机构，体育赛事经营管理水平不是很高，市场化和产业化程度都较低，盈利能力不强。2019年，全省规模以上体育竞赛表演组织单位营业收入为1.25亿元，比上年下降24.4%。总体而言，福建省体育竞赛表演业行业规模较小、整体发展落后。

（二）体育场馆服务发展滞后

2019年，福建省体育场地和设施管理实现总产出和增加值44.35亿元和24.06亿元，比上年分别增长4.4%和6.4%，在9个体育服务业行业中增速靠后，其中总产出增速与全国增速基本持平，增加值增速则低于全国增速12.0个百分点，场馆运营管理效益较低。福建省体育场地和设施管理总产出和增加值占全省体育产业总产出和增加值的比重分别为0.9%和1.4%，低于全国比重8.4个和7.6个百分点。2017年以来，福建省体育场地和设施管理总产出占全省体育产业总产出的比重不超过1%，增加值占比不超过2%；而2017年全国体育场地和设施管理行业总产出占全国体育产业总产出的比重为6.1%，增加值占比达8.7%，2019年总产出和增加值占比更是上升至9.3%和9.0%。相对而言，福建省体育场地和设施管理行业发展较慢，且规模较小。体育场馆是体育事业和体育产业发展的重要物质基础和依托，同时也是演艺、旅游、娱乐等产业的重要承载者。但就目前而言，福建省体育场馆市场化运营程度不够高，社会机构参与体育场馆经营管理还比较少，一定程度上制约了体育场地和设施管理行业发展壮大。

（三）体育专业人才缺口较大

2019年福建省体育产业企业发展状况调查显示，有56.4%的企业表示存在用工缺口，其中体育培训与教育，体育用品及相关产品制造和体育健身休闲业均有超六成企业表示存在用工缺口。同时，有四成企业表示面临人员招聘难、易流失的问题，其中体育培训与教育、体育用品及相关产品制造和体育健身休闲业表示存在人员流失问题的企业占比均超四成。一方面，高层次、高技能体育人才缺口仍然较大，产业转型升级引发的人才需求变化与人才培养之间不相匹配。2019年福建省体育产业企业发展状况调查显示，近三成被访企业最缺技术工，尤其是体育用品及相关产品制造业，超四成企业表示缺乏技术工。另一方面，随着新兴体育运动项目的普及推广，相关专业人才缺口较大。如2019年福建省持续推出系列冰雪普及活动，冰雪运动培训人数大幅增加，加上冰场的陆续建立，全省冰雪运动教练员面临较大缺口，无法有效满足现代消费者个性化、专业化的体育消费需求。

（四）融资困难问题较为突出

当前，省内体育产业领域内投融资渠道较为狭窄、方式相对单一，资金主要来源于市场主体投资；金融领域对体育产业支持力度还不够，惠企不足，大量中小微体育企业可抵押资产少，在贷款、融资等方面无法得到有效支持，发展艰难。2019年福建省体育产业企业发展状况调查显示，在有融资需求的被访体育产业企业中近六成企业表示融资“困难”，近四成企业表示融资难度“一般”，仅有3.7%的企业表示“容易”。尤其是体育经纪与代理、广告与会展、表演与设计服务，体育培训与教育等新兴体育服务业企业，表示融资"困难"的企业占比均在70%以上。此外，有融资需求的体育服务业企业中超七成企业表示没有融到资，尤其是体育竞赛表演业，超九成企业表示没有融到资。整体而言，体育产业企业融资依旧较为困难，其中体育用品及相关产品制造企业由于有额外的可抵押、质押资产，相对体育服务业而言没有融到资的比例较低，但即便如此在有融资需求的企业中，仍然有近半数体育用品及相关产品制造企业表示没有融到资。企业融资难成为体育产业发展的一个瓶颈。

（五）经营成本压力不断加大

随着房租、用工成本上涨，许多单位经营成本升高，盈利空间进一步挤压，市场主体经营成本压力不断加大。2019年福建省体育产业企业发展状况调查显示，近六成企业表示2019年营业成本比上年增长，其中近四成企业表示增长10%及以上；而仅有12.1%的被访企业表示有所下降。其中，体育经纪与代理、广告与会展、表演与设计服务，其他体育服务，体育用品及相关产品制造，体育健身休闲活动，体育用品及相关产品销售、出租与贸易代理5个行业被访企业中认为营业成本增长的比例均超过六成，明显高于其他行业。

从福厦泉三地被访企业情况看，泉州企业2019年营业成本上升更为明显，被访企业中有63.1%表示2019年营业成本比上年有所增长，高于厦门和福州6.4个和3.0个百分点；厦门企业降本减负政策措施效果明显，但仍有56.7%的企业表示营业成本比上年增长。生产经营成本过高成为企业生产经营过程中遇到的最主要问题之一。

四、产业发展建议

（一）加快智能制造，加速产业转型升级

当今世界，新一轮的科技革命和产业革命方兴未艾，互联网、人工智能技术、大数据等正成为重塑产业发展的新兴力量。因此，要牢牢把握科技革命浪潮，以《福建省关于促进体育产业高质量发展的若干措施》为引领，大力发展体育智能制造，在数字化转型、科技研发和品牌升级等方面多点发力，加速推进体育用品制造业转型升级，助推体育产业高质量发展。一是以科技为本，引导和支持体育制造业企业加大科技研发投入，加快新材料和新技术的研发应用，借助科技创新加快转型升级步伐，提升产品技术含量和品牌附加值，提高产品核心竞争力。二是以数字赋能，加大虚拟现实（VR）技术在体育领域的推广与应用，鼓励建设智能工厂和数字化车间，培育、引领体育用品智能制造骨干企业和创新团队开发新型运动康复装备、运动健身指导技术装备、可穿戴式运动设备等，推动体育制造业品牌企业加快数字化转型发展。三是以个性化为方向，以创意、时尚为依托，在国产体育制造品牌身上融入更多的"科技""时尚"元素，并鼓励发展与跑步、骑行、登山、钓鱼等群众性参与度高的运动项目相关联的专业化运动装备产业，积极开展个性化体育用品定制服务，提升品牌魅力。四是鼓励和支持体育制造业企业积极探索发展现代物流、电子商务等生产性服务业，转型发展健身休闲业和竞赛表演业，扩展产业链上下游，形成"制造+服务"全产业链发展模式，延伸产业链、提升价值链，形成集聚效应，推动体育用品制造业转型升级。

（二）补齐发展短板，促进服务业发展壮大

以发展壮大体育服务业为核心，补齐行业发展短板，拓宽体育服务业发展空间，打造现代体育服务业新板块，提升体育产业综合竞争力。一是继续加大体育基础设施投入和产业扶持，大力培育健身休闲、竞赛表演、场馆服务、体育经纪、体育培训等服务业态，并加大云计算、物联网、大数据、人工智能等现代信息技术在体育服务业领域的创新应用，创新商业模式，延伸产业链条，加快体育服务业发展。二是以体育竞赛表演业为核心，积极推动网球、马拉松、自行车、攀岩、帆船（板）等运动项目产业化发展，带动体育培训、传媒、健身休闲、场馆运营等细分行业实现跨越式发展，带动区域旅游、住宿、餐饮等消费提升。三是深入挖掘福建山水资源，挖掘融合创新功能，促进体育与文化、旅游、乡村振兴、森林康养、数字经济深度融合，推进体育产业多元跨界发展，拓宽服务业发展空间。如加大招商引资力度，引进一批具备全国领先水平的体育旅游、体育互联网、运动康复康养等产业融合项目落地福建，促进体育消费增长。四是鼓励和支持各地市学习“厦门经验”，推动学校体育场地设施免费或低收费开放，并通过政府购买服务等方式委托专业机构集中运营符合对外开放条件的学校体育场馆，提高体育场馆利用率；与教育部门联合出台相关政策文件，从政策层面明确推进中小学与体育培训机构合作，规范体育培训机构管理，购买学校课后体育服务，切实推动体教融合，助力青少年体育培训。

（三）强化政策引导，共推竞赛市场繁荣

充分发挥产业政策在行业发展中的引导作用，持续推进体育赛事管理体制改革，加大政府组织领导、政策扶持力度，培育行业做大做强。一是大力推进体育赛事服务体制改革，营造良好的市场经营环境。坚持政府引导、市场运作、社会参与，持续推进“放管服”改革，构建科学高效的赛事组织体系，实现赛事组织体系和能力现代化，为行业发展奠定坚实基础。同时坚持政府体制与市场机制相结合，推进竞赛表演产业化、商业化运作。二是充分发挥好政策“指挥棒”作用，推动体育竞赛表演业与资本市场对接，积极引导社会力量参与产业发展。一方面，支持省内具有行业影响力的体育赛事企业通过品牌输出、管理输出、专业技术和人才输出等形式实现规模化、集团化、专业化运营，培育体育赛事运营管理的市场龙头和行业标杆。另一方面，努力培育各类体育赛事中介组织，支持其进入体育赛事申办、筹备、举办、评估等领域，延伸产业链，助推行业发展壮大。三是丰富赛事活动，完善赛事体系。在办好厦门马拉松赛、中国羽毛球公开赛等大型赛事的同时，创新引进更多、更具影响力的高水平国际性赛事、全国性赛事，并加大本地自创赛事 IP 培育，为体育竞赛表演业发展增添活力。四是加大体育赛事与旅游、文化、会展、传媒等相关行业的深度融合，发挥赛事对餐饮、住宿、交通、职业体育、专业体育、群众赛事等领域的拉动作用，持续放大赛事综合效应，共同繁荣体育竞赛市场。

（四）创新运营管理，提升场馆服务水平

一是积极推动体育场馆开展场地开放、健身服务、体育培训、竞赛表演、运动训练等传统体育专业技术服务，并加强能承办国际顶级大赛的重大体育场馆设施布局建设，增强体育场馆的赛事文化属性，盘活全省体育场馆资源，提升场馆盈利能力。同时从快捷服务提升、便民服务提升、硬件改造提升、公益服务提升、环境改造提升、文化氛围提升等方面推动体育场馆服务全面提升。二是加强无形资产的开发和多业态的融合。支持大型体育场馆发展体育商贸、体育会展、康体休闲、文化演艺、体育旅游等多元化业态，打造体育服务综合体，提升体育场馆运转活力，拉长服务链，拓宽盈利面，推动体育场馆运营进入良性循环。三是探索“互联网+体育”场馆运营模式，打造智能化体育场馆。加快全民健身场地设施智能化改造升级，推进物联网、数据中心等新技术在健身场地深度应用，打造集体育场馆管理预订、门票销售、活动赛事管理、全民健身大数据等诸多功能于一体的智慧化体育场馆，为市民提供更加智慧、舒适、科学的运动体验。四是探索开展体育场馆服务提升试点工作，打造典型，促进全省体育场馆服务提升。在全省范围内挑选一批大型公共体育场馆试点单位，从改革管理体制、改进服务方式、改善运营环境等方面进行改造提升，打造一批运动休闲综合体、文体培训大本营、竞赛表演集聚区、场馆运营新典范，推动全省体育场地和设施管理发展。

（五）注重人才培养，凝聚产业发展动力

人才是体育产业高质量发展的核心资源，要大力加强体育人才培养体系建设。一是鼓励省内普通高校、职业院校增设体育产业相关专业，探索导师制、校企联合制等人才培养创新模式，持续推进人才体系建设。尤其是注重发挥职业教育对体育人才培育的积极作用，在专业体系设计中紧扣产业发展趋势，对接产业发展和技术升级的需要，形成有效支撑体育产业发展的高层次人才培养体系。二是加强职业培训和数字技能教育。探索建立省内体育人才培养的职业培训平台，提供更多国内外前沿体育管理知识；并通过线上线下双管齐下，强化培训交流，提升从业人员的整体水平，提高体育产业人才质量。三是开展校企合作模式，加速对专业运动项目人才的培养，探索建立各类专项运动人才的培养和管理体系，以满足市场需求。同时，要注重综合性体育人才培养，以满足体育营销、体育经纪、体育赛事管理、体育与互联网科技融合等体育产业范围内的细分行业需求。四是强化与浙江、广东等周边省份合作，采取联合人才培养等方式缓解人才短缺问题，并整合政策资源，为体育专业人才来闽创业和工作创造更加宽松有利的条件。要加强体育经纪、赛事管理、智能装备等各行业高层次人才的引进，逐步把我省打造成为体育高端人才和专业人才集聚区，为体育产业高质量长远发展提供智力支持。

（六）加大支持合作，优化金融生态环境

一是加大财政资金对体育产业发展的支持力度。进一步修订完善省级体育产业发展资金政策，加大对优质体育产业项目、重点品牌赛事的资金扶持力度，优化资金使用方向。同时创新资金支持方式，逐步减少甚至取消“点对点”式直接补贴方式，更多采用“拨改保”“拨改投”等间接支持方式，通过贷款贴息、投资参股等方式，放大财政资金导向和杠杆效应，撬动更多社会资本和金融资本，提高资金使用效益。二是搭建银企对接平台，引导金融机构在依法合规、风险可控、商业可持续的前提下加大对体育产业领域的信贷支持。如加强与银行等金融机构合作，通过债务融资工具、资产证券化、理财直接融资工具等公司类信用债券，以及结构化融资等投行组合产品，积极拓宽体育产业企业融资渠道；组合采用信用、抵押、质押、保证等多种方式，更好地满足体育产业小微企业多元金融需求。三是探索建立体育产业发展基金/投资基金，拓宽体育产业融资渠道。探索建立省级体育产业发展基金/投资基金，并鼓励有条件的地市设立体育产业发展资金，调动社会投资体育产业的热情，撬动更多社会资本投资进入体育产业领域，产生“四两拨千斤”的乘数效应。

（七）坚持创新驱动，促进产业加速发展

创新是引领发展的第一动力，是建设现代化经济体系的战略支撑。创新驱动也是体育产业实现高质量发展的最重要抓手，全省体育系统要围绕创新驱动，加快体育产业创新发展，全面释放和激发行业发展活力，提高体育产业核心竞争力。一是强化顶层设计，制定体育产业创新发展相关政策，加快探索不同行业、不同领域、不同层次体育产业创新驱动新模式，激发市场潜力，推动体育产业发展质量提升。二是积极构建以企业为主体、市场为导向、产学研深度融合的技术创新体系，发展一批产学研合作示范企业，推动人工智能、大数据、物联网、5G 通信技术等新技术在体育产业相关领域的转化和应用，促进科技成果转化和产业化。三是积极引导市场主体加强技术创新和应用，以创新求变缓解企业生产经营压力。如积极推进“智能化”在体育健身设施建设领域的运用，为市场主体创新发展搭建平台。通过开展全民健身设施提升工程，加快智慧健身设施改造升级以及大型体育场馆信息化建设，探索搭建全民健身信息服务平台，加速公共体育服务的科技化、智能化供给。又如鼓励市场主体创新商业模式，围绕目前异常火爆的直播健身、线上培训、网络赛事等，推动智能化、线上化发展，探索数字体育、在线健身、线上培训等新业务，培育发展智能消费、信息消费、定制消费、时尚消费新模式，提升竞争力。

（供稿单位：福建省体育局）

2020年福建工艺美术产业发展概况

一、行业运行基本情况

2020年是不平凡的一年。新冠肺炎疫情带来的冲击前所未有，但各级政府为应对疫情冲击，积极的财政政策、稳健的货币政策、就业优先政策纷纷发力，逐步克服疫情带来的不利影响，工艺美术行业整体呈恢复性增长和稳步复苏态势，经济运行情况良好。

据不完全统计，2020年全省工艺美术行业企业上万家，从业人员百万人，规模以上工业企业785家。实现营业收入1615.38亿元，利润总额116.56亿元。

二、产业分布与产品产量

福建工艺美术历史悠久，品类繁多，具有独特的民族风格和浓郁的地域特色。福建工艺美术工作者秉持“专心致志，以事其业”的信念，精心描绘祖国壮美山河与人民幸福生活，传播中华民族传统美德与文化，取得了极高的艺术成就。工艺美术产业集聚成效显著，已形成各具特色、相对集中的文化区域品牌。其中，建窑建盏产业异军突起。各级政府高度重视建窑建盏产业发展，南平10个县市区发展以建窑系为主，建窑建盏又以建阳为主。目前，建阳建盏企业约有4000家。武夷山、建瓯、延平等地也大力发展建窑建盏业。政府主动作为，重视建窑建盏文化的保护、传承和发展，助推建盏文化产业复兴，培育了一批中、初级工艺美术师近400人，以及南平市级工艺美术大师，建立健全建窑建盏非遗传承体系；加大建窑建盏文化宣传力度，产业规模不断壮大。

三、行业重大活动

为深入贯彻落实习近平总书记关于统筹做好疫情防控和经济社会发展工作的重要讲话重要指示批示精神，落实省委、省政府工作要求，进一步加大工作力度，破解难点堵点问题，推动企业加快复产、释放产能、达产满产，促进工业经济稳定增长，各地主管部门落实扶持政策，为做好传统工艺美术传承保护工作，为行业梳理技术和文化研究资料，开展评审认定工作，为技艺传承发展打好基础。

（一）助力复工复产

工艺美术主管部门一手抓疫情防控、一手抓复工复产，急企业之所急，应企业之所呼，开展支持帮助企业复工复产暖企文明实践志愿服务。5月20日至22日，省工美中心组织调研组先后到惠安县城镇集体工业联合社、福建豪翔集团、惠安霞飞石雕工艺有限公司、泉州星艺石雕装饰有限公司、惠安县新海峡石业艺术有限公司、国明雕艺园等企业调研复工复产情况。调研组一行详细了解企业在疫情防控、复工复产、政策落实等方面的情况，与当地联社和企业共同分析企业及市场的发展趋势，共商企业发展中面临困难问题的解决办法。省工美中心还组织志愿服务队走访企业、大师工作室，就企业防控措施落实情况、企业员工返工情况、企业员工上岗情况和车间当前运转状况进行现场调研，将《关于切实加强疫情科学防控有序推进企业和项目复工复产的意见》《工业企业和建筑施工企业新冠肺炎防控技术方案》等相关政策传达到企业。

仙游着力落实莆田市《关于应对新型冠状病毒感染的肺炎疫情支持中小微企业共渡难关十条措施的通知》，联合县商务局发出《关于给予工艺企业适度减免租金众志成城共抗疫情的倡议书》，发动相关业主为工艺企业减免租金1200多万元，切实减轻企业负担。积极对接银行金融机构，为企业协调减息免息、贷款展期等，上报三批170多

业职工走技能成才、技能报国之路，加快高技能人才队伍建设。

福建省工艺美术行业发展促进中心为贯彻落实国务院《传统工艺美术保护条例》和《福建省传统工艺美术保护办法》，根据《福建省人民政府关于加快发展对外文化贸易的实施意见》（闽政〔2014〕55号），于2020年11月12日—16日在惠安县举办“第三届福建省工艺美术创意设计大赛”。本次大赛共评出金奖40名、银奖60名、铜奖102名、优秀奖144名。

8月15日，由福州市脱胎漆器行业协会、福建省工艺美术工业有限公司联合主办的“漆彩茗品——福州市首届大漆茶器展”在福建省工艺美术大楼隆重举行。琳琅满目，款式不一的精美茶器在此次展会中争奇斗艳，亮点纷呈，不仅能欣赏到精彩绝伦的茶艺表演，还能近距离与漆艺家对话，现场选购或私人定制心仪的漆艺作品。

由福建省科协、南平市政府主办，省工艺美术学会及建窑建盏专委会和南平市建窑陶瓷研究所共同承办的“中国建窑建盏创新发展论坛”于11月13日在武夷新区举行。邀请中科院上海硅酸盐研究所专家，与清华大学美术学院陶瓷艺术设计、北京大学历史文化资源研究所、福州大学厦门工艺美术学院、福建省博物馆等专家学者到会演讲。论坛结合非遗生产性保护传承重点，探讨建窑建盏新造型、传统釉色新配方，提高设计艺术水平，探索建窑建盏与茶文化、旅游融合的新路径，继续打好建窑建盏文化品牌，推动中国建窑建盏文化产业健康发展，让中国的建窑、世界的建盏持续享誉全球。

（撰稿：福建省工艺美术学会）

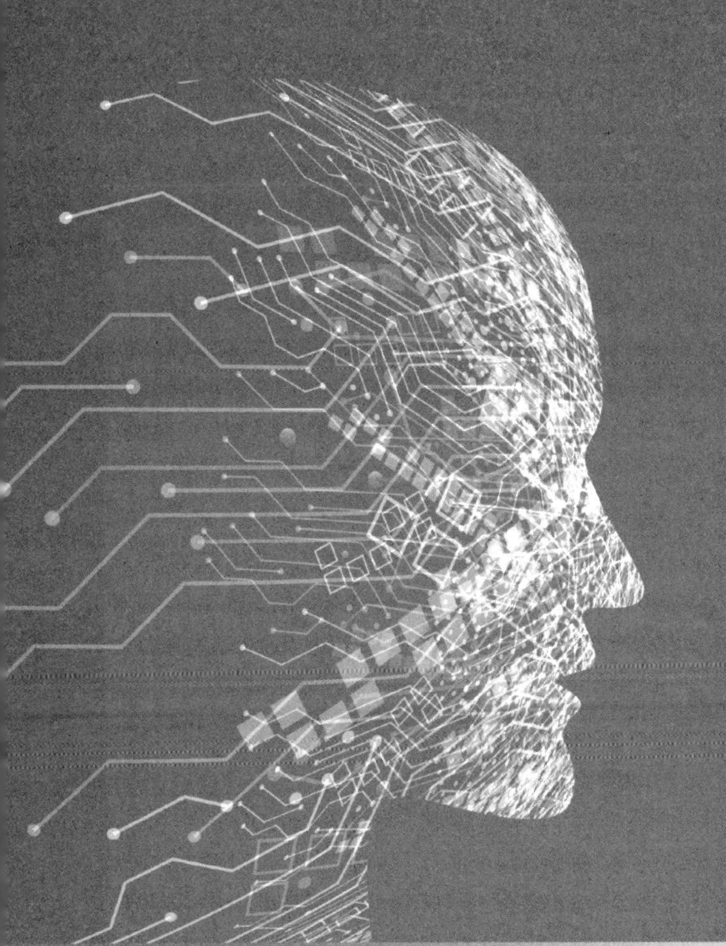

第三篇
发展重点

2020 年度福建省级重点招商项目

为贯彻落实中央和省委省政府关于统筹推进新冠肺炎疫情防控和经济社会发展的决策部署，推动全省经济发展提质增效，2020 年 4 月 12 日省发改委筛选推出 248 项 2020 年度福建省级重点招商项目，总投资 5978 亿元。

248 项项目中，三大主导产业项目 41 项，总投资 996 亿元；战略性新兴产业项目 69 项，总投资 2712 亿元；传统特色产业项目 35 项，总投资 493 亿元；生产性服务业项目 27 项，总投资 652 亿元；生活性服务业项目 48 项，总投资 846 亿元；现代农业项目 16 项，总投资 89 亿元；基础设施项目 12 项，总投资 190 亿元。

据悉，这些重点招商项目是在符合国家发展改革委、商务部发布的《外商投资准入特别管理措施（负面清单）（2019 年版）》和《鼓励外商投资产业目录（2019 年版）》的基础上，根据福建省培育千亿产业集群推进计划和推动产业基础高级化、产业链现代化的发展要求，从电子信息、石油化工、机械装备等三大主导产业，新一代信息技术、高端装备、新材料、新能源、生物医药、节能环保、海洋高新等战略性新兴产业，传统特色产业，生产性服务业，生活性服务业，现代农业等重点领域筛选推出的，具有较好的产业基础和资源优势，预期投资收益较好。

（摘编：陈闽声）

福建省公布数字经济重点建设项目

2020 年 4 月 20 日省发改委消息，经省政府同意，为充分发挥数字经济对经济社会发展的驱动引领作用，省数字办日前发布 2020 年省数字经济重点建设项目 251 个，总投资 5878 亿元，年度计划投资 1084 亿元。其中，数字新基建项目 52 个，总投资 729 亿元，年度计划投资 286 亿元；数字经济重点园区基础设施项目 7 个，总投资 724 亿元，年度计划投资 111 亿元；数字经济产业项目 192 个，总投资 4425 亿元，年度计划投资 687 亿元。

省数字办已上线省数字经济项目信息管理系统，全省入库项目 1695 个，总投资达 1.32 万亿元。

（摘编：翁宁）

福建省2020年省级智能制造重点项目

2020年8月17日福建省工业和信息化厅下发《关于印发2020年省级智能制造重点项目的通知》（闽工信函装备〔2020〕395号）提出，为加快推动我省智能制造发展，促进产业转型升级，省工信厅组织编制《2020年省级智能制造重点项目》，现印发你们，请你们认真组织实施。有关事项一并通知如下：

一、加强项目管理服务。2020年省级智能制造重点项目共计234项，请各设区市做好项目协调、服务工作，加强政策宣导，及时协调解决项目实施过程中存在的困难和问题，推进项目按计划实施，充分发挥项目社会效益和经济效益。

二、做好项目分类指导。2020年省级智能制造重点项目主要包括智能制造试点示范企业项目、智能制造系统解决方案供应商项目、首台（套）重大技术装备保险补偿项目、首台（套）重大技术装备认定项目、重大短板装备项目等5种类型。各设区市应根据各项目申报指南要求，做好项目申报的指导工作。

三、优先给予政策支持。入选项目原则上是省级智能制造相关项目的重点支持对象，同时也作为申报国家相关项目的优先推荐对象。地方配套政策对省级智能制造重点项目给予优先支持。

2020年省级智能制造重点项目

序号	地市	项目实施单位名称	项目名称	项目类型
1	福州	福建海源复合材料科技股份有限公司	汽车碳纤维复合材料车身HP－RTM模压成型技术与装备	重大短板装备项目
2	厦门	沙迪克（厦门）有限公司	精密慢走丝线切割机床ALN/VL系列	重大短板装备项目
3	厦门	厦门捷昕精密科技股份有限公司	卧（立）式车铣（磨）复合加工中心	重大短板装备项目
4	厦门	厦门捷昕精密科技股份有限公司	精密慢走丝线切割机床	重大短板装备项目
5	厦门	厦门市荟智精密机械科技有限公司	立式车铣（磨）复合加工中心，型号HZ－VTM800型	重大短板装备项目
6	漳州	漳州市钜钢精密机械有限公司	超精密五轴加工中心	重大短板装备项目
7	三明	机械科学研究总院海西（福建）分院有限公司	CAMHX－BP480大口径五轴数控气囊式抛光机床	重大短板装备项目
8	三明	机械科学研究总院海西（福建）分院有限公司	CAMHX－UPG80超精密非球面成型磨床	重大短板装备项目

续表

序号	地市	项目实施单位名称	项目名称	项目类型
9	福州	福建华拓自动化技术有限公司	高速隧道储能备电系统	智能制造系统解决方案供应商项目
10	福州	福建华鼎智造技术有限公司	智能装备全生命周期健康大数据平台	智能制造系统解决方案供应商项目
11	福州	福建星云电子股份有限公司	智能制造系统解决方案供应商项目	智能制造系统解决方案供应商项目
12	福州	福建摩尔软件有限公司	摩尔云智造系统	智能制造系统解决方案供应商项目
13	福州	福建振邦信息科技发展有限公司	振邦工业互联网数据运营平台	智能制造系统解决方案供应商项目
14	厦门	厦门嵘拓物联科技有限公司	工业物联网智能制造解决方案（高端制造智能监测与预测管理云平台）	智能制造系统解决方案供应商项目
15	厦门	厦门嵘拓物联科技有限公司	嵘拓智造“工具云”	智能制造系统解决方案供应商项目
16	厦门	厦门尚为科技股份有限公司	雷达配套环境动力监控系统	智能制造系统解决方案供应商项目
17	厦门	厦门物之联智能科技有限公司	城市轨道交通综合安全监测体系平台	智能制造系统解决方案供应商项目
18	厦门	厦门航天思尔特机器人系统股份公司	机器人装备系统解决方案供应商	智能制造系统解决方案供应商项目
19	厦门	厦门海普锐智控软件有限公司	制造执行系统（MES）	智能制造系统解决方案供应商项目
20	厦门	厦门市索联软件科技有限公司	索联制造执行系统	智能制造系统解决方案供应商项目
21	泉州	嘉泰数控科技股份公司	智能智能制造系统解决方案供应商	智能制造系统解决方案供应商项目
22	莆田	中电（福建）工业互联网研究院有限公司	智能制造系统解决方案	智能制造系统解决方案供应商项目
23	龙岩	福建省世能科泰节能设备有限公司	冷端优化节能监控系统（COS－8000）	智能制造系统解决方案供应商项目
24	龙岩	龙合智能装备制造有限公司	终端物料智能无人装车设备及系统解决方案	智能制造系统解决方案供应商项目
25	福州	福建省马尾造船股份有限公司	海洋工程支持居住船（84 米双体半潜自航式居住辅助平台 MW610－3）	首台（套）重大技术装备保险补偿项目
26	福州	福建省马尾造船股份有限公司	1700 吨远洋金枪鱼围网渔船（MW817－3）	首台（套）重大技术装备保险补偿项目
27	龙岩	福建龙净环保股份有限公司	汕尾电厂超低排放改造项目之烟气换热器	首台（套）重大技术装备保险补偿项目
28	龙岩	福建龙净环保股份有限公司	国投钦州发电有限公司综合治理总承包工程设备	首台（套）重大技术装备保险补偿项目

续表

序号	地市	项目实施单位名称	项目名称	项目类型
29	龙岩	福建龙净环保股份有限公司	吉林省公主岭市中心城区热电联产集中供热新建工程烟气治理岛总包工程	首台（套）重大技术装备保险补偿项目
30	龙岩	福建龙净环保股份有限公司	吉林省公主岭市中心城区热电联产集中供热新建工程污水处理装置	首台（套）重大技术装备保险补偿项目
31	龙岩	福建龙净环保股份有限公司	污泥干化处理设备（广州华润热电有限公司湿污泥干化处置（EPC）总承包工程合同）	首台（套）重大技术装备保险补偿项目
32	龙岩	福建龙净环保股份有限公司	LGGH烟气余热回收－再热装置系统（国投湄洲湾第二发电厂2＊1000MW新建项目EPC总承包工程）	首台（套）重大技术装备保险补偿项目
33	龙岩	福建龙净环保股份有限公司	超净烟气治理岛多污染物协同治理装备（福建华电邵武三期2＊660MW项目环保岛设计采购施工调试总承包EPC）	首台（套）重大技术装备保险补偿项目
34	龙岩	福建龙净环保股份有限公司	干法烟气脱硫除尘脱汞一体化装备（兖煤菏泽能化有限公司赵楼综合利用电厂一期机组超低排放改造项目EPC总承包）	首台（套）重大技术装备保险补偿项目
35	龙岩	福建龙净环保股份有限公司	干法烟气脱硫除尘脱汞一体化装备（内蒙古京海煤矸石发电有限责任公司脱硫脱硝除尘超低排放改造EPC总承包合同）	首台（套）重大技术装备保险补偿项目
36	福州	福建时代星云科技有限公司	光储充检智能微网系统（500kwh）	首台（套）重大技术装备认定项目
37	福州	福建星云电子股份有限公司	动力电池包装配线（18650型）	首台（套）重大技术装备认定项目
38	福州	福建新大陆环保科技有限公司	NLQ－400K紫外消毒系统	首台（套）重大技术装备认定项目
39	福州	福建建中建设科技有限责任公司	MCWP－30/10智能导架爬升式高空作业平台	首台（套）重大技术装备认定项目
40	福州	福州科杰电子衡器有限公司	KJ－CG01一卡通骨料定量装车系统	首台（套）重大技术装备认定项目
41	福州	福建东南造船有限公司	海上风电运维服务船（海电运维101）	首台（套）重大技术装备认定项目
42	福州	福耀集团（福建）机械制造有限公司	汽车风窗夹层玻璃炉内双片压制炉/TSL22－01	首台（套）重大技术装备认定项目
43	福州	福建省马尾造船股份有限公司	大部件更换运维平台（海电运维801）	首台（套）重大技术装备认定项目
44	福州	福建省马尾造船股份有限公司	SSFF150单柱半潜式深海养殖渔场	首台（套）重大技术装备认定项目

续表

序号	地市	项目实施单位名称	项目名称	项目类型
45	福州	福建瑞玻玻璃有限公司	9MW 余热发电机组	首台（套）重大技术装备认定项目
46	厦门	厦门精升力科技有限公司	P19 化油器自动组装生产线	首台（套）重大技术装备认定项目
47	厦门	厦门嘉戎技术股份有限公司	集装箱式渗滤液处理设备	首台（套）重大技术装备认定项目
48	厦门	泰普斯（厦门）环保科技有限公司	吸污净化设备 FHQ5080TWJME	首台（套）重大技术装备认定项目
49	厦门	厦门福信光电集成有限公司	端子走线 AOI 设备 SL－17－D4A	首台（套）重大技术装备认定项目
50	厦门	厦门福信光电集成有限公司	AOI 检察机 SL－17－D4R20&D3A20	首台（套）重大技术装备认定项目
51	厦门	沙迪克（厦门）有限公司	数控慢走丝线切割机床 ALN600Q	首台（套）重大技术装备认定项目
52	厦门	厦门大显科技有限公司	自动投叉机 DTC300－GD	首台（套）重大技术装备认定项目
53	厦门	大禾众邦（厦门）智能科技股份有限公司	CU 全自动换型多用途龙骨设备（MF300）	首台（套）重大技术装备认定项目
54	漳州	漳州立达信灯具有限公司	LED 大面板灯智能自动化生产线	首台（套）重大技术装备认定项目
55	泉州	福建鸿益机械有限公司	仿石路侧石成型生产线	首台（套）重大技术装备认定项目
56	泉州	嘉泰数控科技股份公司	龙门焊铣复合加工中心 JT－FSW2317	首台（套）重大技术装备认定项目
57	泉州	灰犀牛（泉州）医疗科技有限公司	静电纺丝设备 3PJ7_ S2	首台（套）重大技术装备认定项目
58	泉州	福建信亿机械科技有限公司	双针床凸轮单贾卡纱架经编机 RD-PJ7/1－T－EL－E24	首台（套）重大技术装备认定项目
59	泉州	晋江市鹏太机械科技有限公司	三贾卡双针床经编机	首台（套）重大技术装备认定项目
60	泉州	福建泉工股份有限公司	二次加工劈裂生产线	首台（套）重大技术装备认定项目
61	泉州	泉州市三联机械制造有限公司	全自动伺服墙地砖生产线	首台（套）重大技术装备认定项目
62	泉州	泉州市三联机械制造有限公司	立式立模复合轻质节能墙板自动生产线	首台（套）重大技术装备认定项目
63	泉州	福建长江工业有限公司	六轴四工位清光机 NC64－L	首台（套）重大技术装备认定项目
64	泉州	泉州市泰智机械发展有限公司	板旋式一体化无内胎铝合金车轮生产线	首台（套）重大技术装备认定项目
65	泉州	泉州坤泰机械精工制造有限公司	TA465 日用陶瓷智能自动成型生产线	首台（套）重大技术装备认定项目
66	三明	机械科学研究总院海西（福建）分院有限公司	CAMHX－ZDCQ001 转炉钢水机器人自动测温取样设备	首台（套）重大技术装备认定项目

续表

序号	地市	项目实施单位名称	项目名称	项目类型
67	三明	机械科学研究总院海西（福建）分院有限公司	CAMHX－UPG80 超精密非球面成型磨床	首台（套）重大技术装备认定项目
68	三明	机械科学研究总院海西（福建）分院有限公司	CAMHX－BP480 五轴数控气囊式抛光机床	首台（套）重大技术装备认定项目
69	三明	机械科学研究总院海西（福建）分院有限公司	CAMHX－HQCJJ－00001 竹帘浸胶沥胶自动化输送设备	首台（套）重大技术装备认定项目
70	三明	机械科学研究总院海西（福建）分院有限公司	GMW－4020 激光焊铣复合机床	首台（套）重大技术装备认定项目
71	三明	机械科学研究总院海西（福建）分院有限公司	GC－1613 石墨舟加工专机	首台（套）重大技术装备认定项目
72	三明	福建玮士迈科技有限公司	SH－82NMP0121 型 NMP 回收系统	首台（套）重大技术装备认定项目
73	莆田	福建屹立智能化科技有限公司	全数字化簇绒地毯织机	首台（套）重大技术装备认定项目
74	龙岩	华达（福建龙岩）环卫科技有限公司	斜压分体式垃圾压缩设备（钩臂式HDXYJ－2000）	首台（套）重大技术装备认定项目
75	龙岩	福建威而特旋压科技有限公司	旋压带轮智能制造成套装备	首台（套）重大技术装备认定项目
76	龙岩	龙岩亿丰机械科技有限公司	全自动分体式超微粉体加工设备	首台（套）重大技术装备认定项目
77	龙岩	福建侨龙应急装备股份有限公司	适应复杂环境的大功率远程供排水系统	首台（套）重大技术装备认定项目
78	龙岩	福建省舟拓智能制造集团有限公司	智能八轴铆合称重收料系统	首台（套）重大技术装备认定项目
79	龙岩	福建省舟拓智能制造集团有限公司	压合自动分板线	首台（套）重大技术装备认定项目
80	龙岩	福建省得力机电有限公司	多片圆锯机制材生产线（套）	首台（套）重大技术装备认定项目
81	龙岩	龙合智能装备制造有限公司	ZNZC10－001 垛装物料智能无人装车设备	首台（套）重大技术装备认定项目
82	宁德	宁德思客琦智能装备有限公司	Busbar 激光焊接机 SKEQI－BUSBAR－R－A	首台（套）重大技术装备认定项目
83	宁德	百能数控设备（福建）有限公司	玻璃刻花机	首台（套）重大技术装备认定项目
84	宁德	福建浦汇科技发展有限公司	MPLC160－2 型超高效铸铝转子精细化形磁流体铸造生产线	首台（套）重大技术装备认定项目
85	宁德	福建中资新能源动力制造有限公司	CQY25 行李牵引车（电动式）	首台（套）重大技术装备认定项目
86	宁德	福建省霞浦县众源机械有限公司	金刚石多组绳锯机	首台（套）重大技术装备认定项目

续表

序号	地市	项目实施单位名称	项目名称	项目类型
87	福州	福建骏鹏智能制造有限公司	福建骏鹏智能制造有限公司综合智能生产调度平台	智能制造试点示范企业项目
88	福州	福州新福兴浮法玻璃有限公司	新福兴新能源汽车产业园一期项目	智能制造试点示范企业项目
89	福州	福建省新宏港纺织科技有限公司	高档针纺织品生产及多功能性整理加工绿色智能制造项目	智能制造试点示范企业项目
90	福州	福建友谊胶粘带集团有限公司	智能立体仓库	智能制造试点示范企业项目
91	福州	福建中能电气有限公司	一二次智能配电项目	智能制造试点示范企业项目
92	福州	福建顺景机械工业有限公司	福建顺景机械工业有限公司引进木制家居配件智能化生产线项目	智能制造试点示范企业项目
93	福州	福建瑞玻玻璃有限公司	超白太阳能光伏优质浮法玻璃和特种玻璃项目	智能制造试点示范企业项目
94	福州	宝钢德盛不锈钢有限公司	宝钢德盛设备远程智能运维平台系统	智能制造试点示范企业项目
95	福州	福建省海峡星云信息科技有限公司	国产芯片高端整机先进制造生产基地项目（一期）	智能制造试点示范企业项目
96	厦门	厦门光莆电子股份有限公司	超小型 SMT 智能化生产线建设项目	智能制造试点示范企业项目
97	厦门	沙迪克（厦门）有限公司	高精密高端设备工厂的精益化智能制造	智能制造试点示范企业项目
98	厦门	厦门金龙汽车新能源科技有限公司	新能源汽车动力电池 PACK 研发及生产建设项目（一期）	智能制造试点示范企业项目
99	厦门	厦门捷昕精密科技股份有限公司	模具制造生产智能化	智能制造试点示范企业项目
100	厦门	厦门身份宝网络科技有限公司	智能感知多功能检测终端研发与产业化	智能制造试点示范企业项目
101	厦门	厦门市科力电子有限公司	云上 MES、SRM	智能制造试点示范企业项目
102	厦门	厦门赢晟科技有限公司	无菌纸铝塑包装制品项目	智能制造试点示范企业项目
103	厦门	厦门市吉士汀食品有限责任公司	年产 6000 吨奶酪食品建设工程	智能制造试点示范企业项目
104	漳州	青蛙王子（福建）婴童护理用品有限公司	青蛙王子婴童护理用品净化智能制造项目	智能制造试点示范企业项目
105	漳州	福建大北农水产科技有限公司	基于办公自动化系统的功能性水产饲料智能制造示范项目	智能制造试点示范企业项目
106	漳州	漳州蒙发利实业有限公司	按摩产品技改项目	智能制造试点示范企业项目
107	漳州	福建恒隆塑胶工业有限公司	新增年产 1 亿个食品包装盒智能化生产线扩建项目	智能制造试点示范企业项目

续表

序号	地市	项目实施单位名称	项目名称	项目类型
108	漳州	漳州万利达科技有限公司	高端智能信息终端产品自动化生产线综合技术项目	智能制造试点示范企业项目
109	泉州	七星电气股份有限公司	改进型数控化智能环网柜生产线	智能制造试点示范企业项目
110	泉州	泉州华数机器人有限公司	华数智能装备云管控平台	智能制造试点示范企业项目
111	泉州	福建纳川管材科技股份有限公司	钢骨架塑料复合管智能制造生产线	智能制造试点示范企业项目
112	泉州	三六一度（福建）体育用品有限公司	智能自动隧道整烫机	智能制造试点示范企业项目
113	泉州	福建晋江天然气发电有限公司	3 号车间控制系统和燃烧系统智能改造项目	智能制造试点示范企业项目
114	泉州	福建欣兴泰新材料股份有限公司	功能性卫生材料无纺布智能制造数字化车间	智能制造试点示范企业项目
115	泉州	信泰（福建）科技有限公司	新型环保鞋面材料智能工厂智能制造试点示范	智能制造试点示范企业项目
116	泉州	泉州三安半导体科技有限公司	半导体核心器件智能制造示范项目	智能制造试点示范企业项目
117	泉州	华辉玻璃（中国）有限公司	玻璃深加工智能化工厂改造	智能制造试点示范企业项目
118	泉州	福建省德化明英华陶瓷有限公司	自动化日用陶瓷生产线技术及信息化技术改造项目	智能制造试点示范企业项目
119	泉州	福建省泉州景玉纸业有限公司	瓦楞纸箱包装智能化生产车间	智能制造试点示范企业项目
120	泉州	福建省德化同鑫陶瓷有限公司	日用陶瓷标准化厂房及数字化车间建设项目	智能制造试点示范企业项目
121	泉州	陆升（福建）集团有限公司	高档酒店瓷自动化和信息化生产项目	智能制造试点示范企业项目
122	泉州	德化县鑫源再生资源有限公司	陶瓷废模石膏环保循环利用加工项目	智能制造试点示范企业项目
123	泉州	德化县宏顺陶瓷有限公司	日用陶瓷生产自动化及信息化技术应用项目	智能制造试点示范企业项目
124	泉州	泉州市健德建材实业有限公司	商品混凝土生产项目	智能制造试点示范企业项目
125	泉州	福建省德化龙顺陶瓷有限公司	龙顺日用陶瓷生产线改造	智能制造试点示范企业项目
126	莆田	莆田市涵江区依吨多层电路有限公司	制造印制电路板的智慧工业平台 MES 设备工况采集系统	智能制造试点示范企业项目
127	莆田	福建恒而达新材料股份有限公司	双金属带锯条数控智能制造项目	智能制造试点示范企业项目

续表

序号	地市	项目实施单位名称	项目名称	项目类型
128	莆田	福建省莆田协丰模具有限公司	射出生产自动化及主要设备节能升级	智能制造试点示范企业项目
129	莆田	福建安恒致远鞋业有限公司	安恒致远智能制鞋项目	智能制造试点示范企业项目
130	南平	南平华田机械工业有限公司	新品生产线智能系统化改造	智能制造试点示范企业项目
131	南平	福建南平南孚电池有限公司	高容量碱锰电池生产线及配套供配电智能化改造项目	智能制造试点示范企业项目
132	南平	福建晨光塑业有限公司	复膜水泥包装袋增资扩产二期	智能制造试点示范企业项目
133	南平	福建闽瑞新合纤股份有限公司	高性能复合纤维智能化制造车间	智能制造试点示范企业项目
134	南平	松溪县好味食品有限公司	数字化自动连续式脱水蔬菜生产线	智能制造试点示范企业项目
135	南平	福建武夷山国家级自然保护区正山茶业有限公司	茶叶智能加工设备升级改造	智能制造试点示范企业项目
136	南平	武夷山正华竹木制品有限公司	新建竹牙刷自动化生产线	智能制造试点示范企业项目
137	南平	福建味家生活用品制造有限公司	智能制造与全流程信息化协同管理	智能制造试点示范企业项目
138	南平	邵武市福宝供应链有限公司	猪包包食品生产加工	智能制造试点示范企业项目
139	南平	福建诚安蓝盾实业有限公司	智能防火门生产线改造及竹木新产品开发	智能制造试点示范企业项目
140	龙岩	福建省格兰尼生物工程股份有限公司	格兰尼天然维生素E及衍生产品生产项目	智能制造试点示范企业项目
141	龙岩	福建龙麟环境工程有限公司	利用水泥窑处置危险废物	智能制造试点示范企业项目
142	龙岩	福建威而特旋压科技有限公司	年产250万件汽车动力部件生产线	智能制造试点示范企业项目
143	龙岩	龙岩市海德馨汽车有限公司	应急专用车智能健康服务系统平台试点示范	智能制造试点示范企业项目
144	龙岩	福建宏祥科技有限公司	复合袋和纸袋生产线技改	智能制造试点示范企业项目
145	龙岩	紫金矿业集团股份有限公司紫金山金铜矿	有轨电机车无人驾驶改造	智能制造试点示范企业项目
146	龙岩	福建亿瑞电力科技有限公司	配电智能运维综合服务平台	智能制造试点示范企业项目
147	龙岩	福建龙德新能源股份有限公司	年产6000吨新能源材料智能工厂项目	智能制造试点示范企业项目

续表

序号	地市	项目实施单位名称	项目名称	项目类型
148	龙岩	福建金泰机械制造有限公司	高强度汽车制动鼓精密制造智能化改造提升工程项目	智能制造试点示范企业项目
149	龙岩	福建塔牌水泥有限公司	智能水泥工厂建设	智能制造试点示范企业项目
150	龙岩	福建创隆纺织有限公司	粗细络联自动化生产线	智能制造试点示范企业项目
151	龙岩	福建省舟拓智能制造集团有限公司	线路板内+压智能制造项目	智能制造试点示范企业项目
152	龙岩	福建康莱宝运动用品有限公司	物联网下的智能生产制造体系建设	智能制造试点示范企业项目
153	龙岩	福建爱的电器有限公司	直流水泵精益生产+网络协同制造项目	智能制造试点示范企业项目
154	龙岩	谊美吉斯光电科技（福建）有限公司	智能显示玻璃运程运维	智能制造试点示范企业项目
155	龙岩	福建漳平协龙高新化纤有限公司	年产 1000 吨双贾卡鞋服面料生产项目	智能制造试点示范企业项目
156	龙岩	福建福迩金生物科技有限公司	年处理10000吨植物甾醇建设项目技术改造	智能制造试点示范企业项目
157	龙岩	欧麦香（福建）食品有限公司	压缩饼干专业生产线	智能制造试点示范企业项目
158	龙岩	福建中晶科技有限公司	蓝宝石图形化衬底 PSS 智能制造项目	智能制造试点示范企业项目
159	龙岩	福建建豪建筑科技有限责任公司	PC 构件智能制造项目	智能制造试点示范企业项目
160	龙岩	福建龙马环卫装备股份有限公司	智能制造 1.0 项目	智能制造试点示范企业项目
161	宁德	上海汽车集团股份有限公司乘用车福建分公司	上汽乘用车福建分公司智能制造项目	智能制造试点示范企业项目
162	宁德	延锋安道拓（宁德）座椅有限公司	延锋安道拓宁德工厂工业 4.0 项目	智能制造试点示范企业项目
163	宁德	宁德厦钨新能源材料有限公司	宁德厦钨智慧工厂一期	智能制造试点示范企业项目
164	宁德	福建华龙化油器有限公司	化油器研产供销集成数字化车间建设项目	智能制造试点示范企业项目
165	宁德	华益机电有限公司	通用电喷燃油供给系统生产线技改升级项目	智能制造试点示范企业项目
166	宁德	福建鑫中顺机械有限公司	年新增 500 万套汽摩配改装件项目	智能制造试点示范企业项目
167	福州	福建东龙针纺有限公司	提升绿色生态型内衣面料档次及深加工项目	智能制造试点示范企业项目
168	福州	福建兰天包装材料有限公司	新型多层高阻隔、多功能塑料软包装材料项目	智能制造试点示范企业项目

续表

序号	地市	项目实施单位名称	项目名称	项目类型
169	福州	福建坤彩材料科技股份有限公司	年产3万吨珠光材料项目	智能制造试点示范企业项目
170	福州	福建华冠光电有限公司	华冠液晶显示无边框产品智能制造	智能制造试点示范企业项目
171	福州	福建金风科技有限公司	福建金风大型海上风电设备智能化生产线项目	智能制造试点示范企业项目
172	厦门	厦门三安光电有限公司	半导体照明核心器件智能制造新模式应用	智能制造试点示范企业项目
173	厦门	厦门ABB开关有限公司	厦门ABB开关有限公司智慧工厂项目	智能制造试点示范企业项目
174	厦门	厦门豪帝卫浴工业有限公司	智能卫浴数字化生产车间	智能制造试点示范企业项目
175	厦门	厦门倍杰特科技股份有限公司	智能马桶盖板的智能制造试点示范	智能制造试点示范企业项目
176	漳州	漳州盈塑工业有限公司	基于多平台的智能精密塑胶件生产试点示范项目	智能制造试点示范企业项目
177	漳州	漳州伟伊化纤有限公司	年产1000吨包覆纱自动化生产线建设项目	智能制造试点示范企业项目
178	漳州	东山腾新食品有限公司	东山腾新食品智能制造试点示范企业建设项目	智能制造试点示范企业项目
179	漳州	漳州松霖智能家居有限公司	高端家居产品智能工厂	智能制造试点示范企业项目
180	漳州	漳州宏兴泰电子有限公司	智能注塑工厂建设项目	智能制造试点示范企业项目
181	泉州	石狮市新华宝纺织科技有限公司	石狮市新华宝纺织科技有限公司印染改扩建项目	智能制造试点示范企业项目
182	泉州	福建逸锦化纤有限公司	年产20万吨聚酯高强低伸棉型短纤生产数字化车间	智能制造试点示范企业项目
183	泉州	晋江万兴隆染织实业有限公司	晋江万兴隆面料染整加工智能制造生产线示范项目	智能制造试点示范企业项目
184	泉州	大发科技集团有限公司	高档面料智能生产线引进及织造管理系统的开发	智能制造试点示范企业项目
185	泉州	金鹰（福建）印刷有限公司	金鹰数码印刷智能制造生产线示范项目	智能制造试点示范企业项目
186	泉州	晋江市远大服装织造有限公司	晋江市远大服装织造有限公司年产3500万码多功能化纺织品技术改造项目	智能制造试点示范企业项目
187	泉州	福建顺成面业发展股份有限公司	全自动智能面粉生产车间	智能制造试点示范企业项目

续表

序号	地市	项目实施单位名称	项目名称	项目类型
188	泉州	聚隆（福建）包装有限公司	瓦楞纸板全自动数字化生产车间	智能制造试点示范企业项目
189	泉州	福建省晋江市普斯特针织服装有限公司	针织面料生产智能制造车间	智能制造试点示范企业项目
190	泉州	晋江市永固纺织涂层有限公司	高档织物面料智能制造试点示范项目	智能制造试点示范企业项目
191	泉州	福建省向兴纺织科技有限公司	染整生产、包装、仓储一体化智能制造项目	智能制造试点示范企业项目
192	泉州	晋江市天守服装织造有限公司	运动服装数字化智能制造试点示范项目	智能制造试点示范企业项目
193	泉州	泉州市六源印染织造有限公司	染整车间智能制造项目	智能制造试点示范企业项目
194	泉州	福建合盈食品有限公司	生产高端固态调味料智能车间技改项目	智能制造试点示范企业项目
195	泉州	福建回头客食品有限公司	烘焙类系列产品生产线智能制造试点示范项目	智能制造试点示范企业项目
196	泉州	永悦科技股份有限公司	不饱和聚酯树脂智能制造生产线建设项目	智能制造试点示范企业项目
197	泉州	裕忠（福建）新材料科技有限公司	高端差别化复合短纤智能制造试点示范项目	智能制造试点示范企业项目
198	泉州	福建省中科生物股份有限公司	植物工厂产业化项目	智能制造试点示范企业项目
199	泉州	福建良瓷科技有限公司	九牧永春智慧制造产业园（一期）	智能制造试点示范企业项目
200	泉州	玖龙纸业（泉州）有限公司	年产65万吨高档牛卡纸智能制造项目	智能制造试点示范企业项目
201	莆田	福建钜能电力有限公司	HDT太阳能电池及组件智能制造生产线	智能制造试点示范企业项目
202	莆田	福建华佳彩有限公司	显影智能生产线	智能制造试点示范企业项目
203	莆田	双驰实业股份有限公司	双驰企业鞋业工业互联网示范项目	智能制造试点示范企业项目
204	莆田	福建省莆田市双源鞋业有限公司	智能制造车间升级项目	智能制造试点示范企业项目
205	莆田	福建永荣科技有限公司	年产60万吨己内酰胺项目一期工程（年产20万吨己内酰胺）	智能制造试点示范企业项目
206	龙岩	龙岩海德馨汽车有限公司	应急专用车智能健康服务系统平台试点示范	智能制造试点示范企业项目
207	龙岩	福建建豪建筑科技有限公司	PC构件智能制造项目	智能制造试点示范企业项目

续表

序号	地市	项目实施单位名称	项目名称	项目类型
208	龙岩	福建易动力电子科技股份有限公司	新能源电池集成系统生产项目	智能制造试点示范企业项目
209	龙岩	龙工（福建）机械有限公司	“龙工”牌装载机改扩建项目	智能制造试点示范企业项目
210	龙岩	福建紫金铜业有限公司	福建紫金铜业智能工厂项目	智能制造试点示范企业项目
211	龙岩	福建天守纺织新材料有限公司	智能化纺织数字车间项目	智能制造试点示范企业项目
212	福州	中铝瑞闽股份有限公司	高端铝合金功能材料智能制造新模式	智能制造试点示范企业项目
213	厦门	厦门卫星定位应用股份有限公司	基于物联网的公交智能电子站牌	智能制造试点示范企业项目
214	厦门	厦门路桥信息股份有限公司	一路云维护	智能制造试点示范企业项目
215	厦门	厦门麦丰密封件有限公司	麦丰橡胶密封件离散型智能制造项目	智能制造试点示范企业项目
216	厦门	厦门齐强胜模具有限公司	齐强胜智能制造管理系统	智能制造试点示范企业项目
217	厦门	厦门市佳贝美集团有限公司	佳贝美集团服装智能制造车间	智能制造试点示范企业项目
218	漳州	漳浦县海泰鞋业有限公司	年加工200万双经编鞋面项目	智能制造试点示范企业项目
219	漳州	车城汽车配件（福建）有限公司	汽车拉杆球接头智能化焊接、数控加工生产线项目	智能制造试点示范企业项目
220	漳州	福建新峰科技有限公司	新峰科技 CNC 项目	智能制造试点示范企业项目
221	漳州	漳州金钥匙机械有限公司	吐司面包自动生产线生产应用	智能制造试点示范企业项目
222	泉州	福建钟山化工有限公司	办公生产网络集成系统	智能制造试点示范企业项目
223	泉州	泉州鹏泰服饰有限公司	鹏泰 C2M 数字化智能快反制造服务项目	智能制造试点示范企业项目
224	泉州	乔丹体育股份有限公司	生产流水线改造项目	智能制造试点示范企业项目
225	泉州	冠达星股份有限公司	年产实木家具2.4万——东西之间个性化定制	智能制造试点示范企业项目
226	泉州	晋江力绿食品有限公司	年产30万件岩烧海苔生产项目	智能制造试点示范企业项目
227	泉州	福建大方睡眠科技股份有限公司	年产值8千万 MDI 透气凝胶枕头智能制造项目	智能制造试点示范企业项目
228	泉州	中化泉州石化有限公司	石油化工智能制造系统试点示范项目	智能制造试点示范企业项目
229	泉州	福建立亚新材有限公司	CASAS－300 特种陶瓷材料产业化项目	智能制造试点示范企业项目

续表

序号	地市	项目实施单位名称	项目名称	项目类型
230	三明	中机数控科技（福建）有限公司	大功率激光切割机产业化建设项目	智能制造试点示范企业项目
231	三明	德美特斯（三明）液压制造有限公司	液压零部件智能制造车间执行系统（MES）建设项目	智能制造试点示范企业项目
232	三明	福建三明南方水泥有限公司	福建三明南方水泥有限公司窑系统综合节能技改项目	智能制造试点示范企业项目
233	三明	福建省中坚环保科技有限公司	工业物联网智慧园区综合管理平台项目	智能制造试点示范企业项目
234	龙岩	上杭县紫金佳博电子新材料科技有限公司	年产6吨键合金丝建设项目	智能制造试点示范企业项目

（摘编：林汇智）

2020年度第一批福建省工业和信息化重点新产品推广目录

2020年8月6日福建省工业和信息化厅下发《关于印发〈2020年度第一批福建省工业和信息化重点新产品推广目录〉的通知》（闽工信函科技〔2020〕365号）提出，按照《福建省经济和信息化委员会关于印发〈福建省工业和信息化重点新产品征集和发布工作实施细则〉的通知》（闽经信政法〔2018〕177号）要求，根据企业申请，经研究，同意将型钢无内胎（神奇）车轮（9.0－20）等27项新产品列入《2020年度第一批福建省工业和信息化重点新产品推广目录》，现予以公布，有效期2年。请你们对目录进行宣传推广，加大对新产品市场开拓、商业模式培育等的支持力度。

2020年度第一批福建省工业和信息化重点新产品推广目录

序号	企业名称	产品名称及型号	地市	备注
1	福建华佳彩有限公司	高清全面显示屏065WE、062WB、101FA	莆田	
2	福建华峰运动用品科技有限公司	光致变色鞋面材料	莆田	
3	福建永晶科技股份有限公司	电子工业气体四氟化碳（8L钢瓶）	南平	
4	正兴车轮集团有限公司	型钢无内胎（神奇）车轮（9.0－20）	漳州	
5	福建省天骄化学材料有限公司	高固含量聚合物多元醇TPOP－2045	泉州	
6	泉州匹克鞋业有限公司	匹克态极运动鞋（跑鞋）/E91617H	泉州	
7	福建三钢闽光股份有限公司	35MnBH合金结构钢热轧圆钢	三明	
8	福建三钢闽光股份有限公司	ML20MnTiB冷镦钢热轧盘条	三明	
9	中铝瑞闽股份有限公司	新能源动力电池外壳用3003H14铝合金板带	福州	
10	福建恒捷实业有限公司	仿麻锦纶6复合纤维丝40D/72F	福州	
11	弘扬软件股份有限公司	弘扬区域医疗卫生信息一体化平台V1.0	福州	
12	福建升腾资讯有限公司	可信终端/TS660	福州	
13	福建华威钜全精工科技有限公司	美国福特摇臂RK03610	福州	
14	福建中信网安信息科技有限公司	华安星数据安全监管系统	福州	
15	福建中信网安信息科技有限公司	华安星等级保护综合管理系统	福州	
16	厦门渊亭信息科技有限公司	DataExa－Insight人工智能中台系统V3.2	厦门	
17	厦门海普锐科技股份有限公司	线缆自动化加工机SPC－31/32	厦门	

续表

序号	企业名称	产品名称及型号	地市	备注
18	厦门久贤新能源科技有限公司	久贤物联网智慧路灯	厦门	
19	厦门强力巨彩光电科技有限公司	室内全彩 LED 显示屏镁丽系列箱体	厦门	
20	厦门立达信照明有限公司	全护眼 LED 黑板灯 B21 - LE2800 - 01	厦门	
21	厦门云知芯智能科技有限公司	云听会议系统 V1.0	厦门	
22	厦门市美亚柏科信息股份有限公司	DC - 7100 汽车取证大师	厦门	
23	厦门市美亚柏科信息股份有限公司	DC - 7300 物联取证大师	厦门	
24	厦门金龙联合汽车工业有限公司	XMQ6105/6125AGBEVL 系列纯电动低地板城市客车	厦门	
25	厦门南讯股份有限公司	南讯客道云电商用户数字化经营系统 V1.0	厦门	
26	中航太克（厦门）电力技术股份有限公司	动态电压恢复器 AVR	厦门	
27	厦门市致创能源技术有限公司	智慧路灯杆及其综合管理系统	厦门	

（摘编：尤文凡）

福建省 2020 年下半年省重点技术改造项目

2020 年 12 月 4 日福建省工业和信息化厅下发《关于发布 2020 年下半年省重点技术改造项目名单的通知》（闽工信函投资〔2020〕596 号）提出，为持续推进新一轮技术改造专项行动，加快传统产业改造提升、先进制造业创新发展，2020 年，省工信厅优化提升省重点技改项目管理模式，建立了常态化受理申报、审核入库、集中发布制度。下半年，累计审核入库 2020 年省重点技术改造项目 255 项、总投资 777 亿元，年度计划投资 174 亿元，项目建成达产后预计新增销售收入 1238 亿元以上。其中，福州 39 项、总投资（下同）140 亿元；厦门 3 项、2 亿元；漳州 56 项、103 亿元；泉州 41 项、74 亿元；三明 17 项、44 亿元；莆田 30 项、307 亿元；南平 21 项、24 亿元；龙岩 18 项、27 亿元；宁德 27 项、54 亿元；平潭 3 项、2 亿元。另根据项目实施单位申请和项目动态管理要求，对上半年 5 项入库项目进行调整。现将项目名单予以集中发布。

（摘编：翁宁）

福建省第二批工业互联网示范平台标杆企业及重点项目

2020年12月25日福建省工业和信息化厅下发《关于发布第二批工业互联网示范平台标杆企业及重点项目的通知》（闽工信函信息〔2020〕623号）提出，为贯彻落实省政府《关于深化"互联网+先进制造业"发展工业互联网的实施意见》（闽政〔2018〕7号）精神，深入实施工业互联网"十百千万"工程，根据省工信厅《关于开展2020年工业互联网项目推荐工作的通知》（闽工信函信息〔2020〕100号）及省财政厅、省经信委《关于印发〈福建省省级工业企业技术改造专项资金管理暂行办法〉的通知》（闽财企〔2018〕14号）要求，经企业申报、各设区市工信部门推荐、专家评审、现场察看、网上公示等程序，确定福建省工业互联网示范平台8个、福建省工业互联网应用标杆企业73家（第二批），同时征集"互联网+先进制造业"重点项目535个，现将名单予以公布，并就有关事项通知如下：

一、实施奖励政策

对评选确定的8个福建省工业互联网示范平台、73家福建省工业互联网应用标杆企业，除厦门外，各设区市工信局、平潭综合实验区经发局应当按照企业注册所在地，统筹省级工业和信息化转移支付专项资金，对每个工业互联网示范平台和应用标杆企业分别给予不超过200万元和不超过50万元奖励（厦门市可参照执行）。同时严格执行比对排重相关规定。资金安排流程按照省经信委《关于印发〈福建省经信委惠企政策项目网上公开运行管理暂行规定〉（修订）的通知》（闽经信办〔2017〕108号）规定执行。省工信厅建立"互联网+先进制造业"重点项目库，对征集入选的535个项目，优先推荐为国家项目申报对象。

二、加强跟踪服务

省工信厅建立动态跟踪机制，对工业互联网示范平台、应用标杆企业及"互联网+先进制造业"重点项目实行跟踪管理，总结推广典型经验。各设区市工信局、平潭综合实验区经发局要认真做好示范平台、标杆企业、重点项目的跟踪服务工作，加大政策配套支持和宣传推广力度，推动工业互联网有序健康发展。

（摘编：唐启阳）

2020 年福建省工业质量品牌建设工作重点

2020 年 4 月 16 日福建省工业和信息化厅下发《关于印发 2020 年福建省工业质量品牌建设工作要点的通知》（闽工信函科技〔2020〕167 号）提出，为贯彻落实工信部和省委省政府工作部署，加快提高工业质量品牌水平，促进制造业高质量发展，根据工信部办公厅《关于做好 2020 年工业质量品牌建设工作的通知》（工信厅科函〔2019〕53 号）和省质量强省工作联席会议办公室《关于做好 2020 年质量强省工作的通知》（闽质强省办〔2020〕4 号）要求，提出我省 2020 年工业质量品牌建设工作要点，主要内容如下：

一、推进企业质量管理升级

推动企业落实质量主体责任，建立健全质量管理和考核制度，增强产品全生命周期质量追溯能力，严格执行强制性标准，主动对产品和服务质量进行自我声明，接受社会监督。推动企业质量管理创新，组织各地市开展质量标杆经验学习交流活动，引导广大工业企业通过学习与对标，导入现代质量管理方法和质量工程技术，探索构建以数字化、网络化、智能化为基础的全过程质量管理体系。指导质量协会等有关行业组织和相关专业机构，组织企业学习卓越绩效、精益制造、六西格玛等先进质量管理方法，开展质量管理小组等群众性质量活动，开展制造业质量品牌专业人才培训，提高企业质量管理能力和水平。

二、提升质量技术基础水平

将质量提升与智能制造、绿色制造、工业互联网建设等工作相结合，加大质量升级技术改造和技术创新支持力度。推动企业加快实施智能化改造和“机器换工”技术改造项目。支持企业开展质量技术攻关，组织实施一批基础条件好、带动作用强的省重点工业强基工程项目，省、市技术创新重点项目继续重点支持产品质量提升项目。加强制造业创新中心、企业技术中心、工业设计中心、工业设计研究院等创新平台建设，支持海西研究院、机械研究院海西分院等院省共建创新平台的建设与重点项目研发。深化产学研精准对接，加快突破重点产业关键核心技术和短板装备，支持首台（套）重大技术装备研发。发挥标准对行业质量提升的支撑与引领作用，加强重点产业领域标准体系的研究，征集重大标准预立项项目，组织有条件的单位和企业制定一批引领产业发展、促进产业升级的先进标准。

三、促进重点产业质量提升

深入开展消费品工业“三品”专项行动、装备制造和原材料工业质量提升行动。加快纺织鞋服、食品、医药等产业数字化、绿色化、品质化转型，积极引导企业发展中高端消费品，在服装、制鞋、家具、陶瓷等行业重点推行个性化定制模式，推进食品工业企业诚信体系建设，支持医药企业仿制药质量和疗效一致性评价工作。提升装备制造竞争力，支持新能源汽车产业发展，实施智能制造和高端装备创新工程，攻关核心智能化技术装备、重点加大对离散型智能制造、流程型制造、大规模个性化定制、网络协调制造、远程运行维护等智能制造新模式的培育与推广。提高基础原材料供应能力，拓展中下游产业，加快发展 400 系列不锈钢、稀土新材料、绿色建材、高品质水泥，新型深加工玻璃等产品，提高产品附加值。鼓励消费品、机械装备、原材料等行业企业积极参与工业产品质量分级试点和示范应用，促进优质产品生产和消费。

四、深化开展工业品牌培育

深入推进企业品牌建设，引导企业构建品牌

战略，积极参与工业企业品牌培育管理体系标准宣贯活动，建立品牌培育工作机制，增强品牌培育能力，提升品牌价值，加快形成一批主业突出、竞争力强、拥有自主品牌的行业领军企业。促进产业集群区域品牌与企业品牌互动发展，引导重点产业集群和新型工业化产业示范基地加强技术服务平台建设，通过完善标准、注册集体商标、宣传推广等方式提升产业竞争力和区域品牌影响力。支持举办鞋服、食品、工艺美术等网上直播和线上展销活动。结合“中国品牌日”“质量月”“品牌故事大赛”等重大活动，大力宣传和推广一批优秀工业企业和品牌，讲好福建品牌故事，扩大品牌知名度和美誉度，推动福建工业品牌“走出去”。

五、强化公共服务平台支撑

推动制造业创新中心、行业基地、行业协会、中小企业公共服务平台、质量品牌专业机构等为工业企业质量品牌升级提供服务，加强质量品牌宣贯，面向企业开展技术开发、标准提升、质量分析、质量诊断等技术服务和质量品牌体系建设、专业人才培训、经验交流等活动，引导企业结合行业及自身特点，增强质量品牌创新升级能力。重点加强对疫情防控与民生保障直接相关产品的产业链上下游企业的指导，促进产业链质量提升。

（摘编：尚岩）

2020年福建省城市建设工作重点

2020年3月24日福建省住建厅网站发布《2020年福建省城市建设工作要点》，主要内容如下：

2020年是城乡基础设施建设“十三五”规划收官之年。按照全省住房城乡建设工作会议部署要求，聚焦推进城市建设高质量发展，以世遗大会城乡面貌新提升为契机，继续实施民生基础设施补短板9大工程建设，大力推动老旧小区改造和城市更新，抓实污水处理提质增效，提升城市供水品质，持续推动行业管理创新，切实加强市政公用行业安全管理。

一、扎实推进老旧小区改造，试点探索城市更新工作

以老旧小区改造为切入点，按照“小区街区片区”推进原则把老旧小区改造成基础设施完善、防灾防疫设施完备、居住环境整洁、社区服务配套、管理机制长效、文明和谐的宜居社区，连线成片推进城市更新。指导福州新一批国家老旧小区改造试点，省厅重点跟踪指导30个省定试点项目、100个列入省委省政府为民办实事项目，全省力争启动33万户老旧小区改造，推动创建绿色社区。开展城市更新课题研究和试点探索。

二、有效治理城市水环境，全面提升城市供水水质

（一）实施城市污水处理提质增效三年行动。指导设市城市制定出台污水处理提质增效实施意见，持续开展排水管网排查，实施“一厂一策”，力争用2—3年完成城市市政雨污错接混接点治理、破旧管网修复改造和雨污分流改造，完成污水厂进水BOD浓度和生活污水集中收集率年度目标。全省新建改造城市市政污水管网1000公里以上。

（二）巩固黑臭水体治理成效。指导福州、漳州、莆田三个国家黑臭水体整治示范城市治理。推进中央生态环境保护督察相关问题整改，加快扫尾工程项目建设，巩固设区市黑臭水体治理成果，建立健全长效管护机制，防止水体水质反弹。开展黑臭水体整治效果评估，指导各地做好完成交账销号工作。

（三）提升城市供水水质。持续推进城市供水供质三年行动，加快城市供水设施提升改造，全省新建改造供水管网1000公里（其中老旧管网450公里），提升55座水厂、3.35万户“一户一表”改造，供水管网漏损率控制在10%以内。持续开展二次供水水箱（池）清洗消毒专项行动，适时开展督查。完成供水水质信息系统建设，年内实现出厂水、管网水水质在线监测和生产过程视频监控联网。开展节水型城市创建，指导漳州、石狮创建国家级和福州、晋江、东山等创建省级节水型城市。

三、着力提升城市品质，推进城市建设高质量发展

（一）实施城市道路交通提升工程。优化城市路网结构和道路交通体系，畅通“微循环”，治理一批道路交通堵点，新改扩建城市道路1200公里，新增公共停车泊位2万个（其中1万个列入省委省政府为民办实事项目）。会同省道安办开展城市道路安全监管三年行动，完成26处城市道路隐患和临水临涯整治，全面完成城市桥梁安全护栏升级。指导各地完善城市步行和非机动车交通系统，有条件的设区市开展自行车专用道建设试点，改善城市绿色出行环境。

（二）全面推进海绵城市和综合管廊建设。指导福州市国家海绵城市试点全面验收，10个未完成海绵城市规划编制城市加快完成。开展海绵城市建设评价，力争全省城市建成区20%以上面积达到海绵城市建设要求。因地制宜推进城市地下综合管廊建设，推进沿路管线入廊。结合综合管廊建设和缆线下地，推行多杆合一，试点推进市政多功能智慧杆建设。

（三）加强排水防涝设施建设。完善省级排水防涝应急指挥平台，实现省市互联互通。建立城市排水防涝安全责任人及重点易涝点信息及整治责任人名单制度，完善全省排水防涝应急设备和物资清单，指导各地开展排水防涝汛前检查和应急演练。全省新建改造雨水管网1500公里以上。

四、加强市政公用设施管理，切实保障城市安全运行

（一）增强安全保障能力。推动城市天然气应急调峰储备设施建设，各地城市燃气企业落实年供气量5%的储气任务，提升城市天然气供应保障能力。扩大燃气管网覆盖面，推动商业街区供应“瓶改管”，加快武夷山市管道燃气设施建设，全省新改扩建燃气管道1000公里。全面落实城市桥梁结构定期检测，加快城市桥梁移交。开展污水运行评估考核、供水行业规范化管理考核和供水企业安全运行评估以及供水水质抽检，提升污水供水企业安全生产水平。

（二）开展安全隐患大排查大整治。开展市政公用行业大排查大整治专项行动，全面排查城市燃气、桥梁（隧道）、供排水等安全隐患，实行清单销号狠抓整改落实，建立健全行业安全管理常态化机制。督促市政公用企业及时完善各类应急预案，加强应急物资设备储备和抢险队伍建设，增强突发事件的应对处置能力。

（三）创建安全发展环境。持续开展市政公用行业扫黑除恶专项斗争，切实加强在全国“两会”、中秋国庆、重大活动等重要时段、敏感时期市政公用行业安全防范和反恐维稳工作，积极应对高温、台风洪涝、低温冰冻等恶劣天气，加强预警预报，健全行业安全防控机制，将各项安全生产责任制落到实处。进一步加强城市地下管线建设管理，推进市政管线普查数据更新，完善管线信息管理系统，保障城市地下管线和地下综合管廊安全运营。

五、加强管理创新，持续增强行业发展动力

（一）强化规划引领。总结评估“十三五”相关规划落实情况，深化调研，开展全省城乡基础设施“十四五”规划编制，指导各地完善市政公用设施专项规划。

（二）加强督导服务。发挥省政府对各市政府目标管理绩效考核机制和省民生基础设施项目信息平台作用，推动年度目标任务落实。推进行业信息化建设，加强行业技术标准规范。加强行业主管部门、技术骨干等政策宣贯和业务培训。

（三）坚持项目带动。在统筹做好疫情防控和复工复产工作的同时，抓好项目调度稳投资，重点围绕城乡民生基础设施补短板、应急防灾、中央生态环境保护督察问题整改和城市运营安全等方面加大投入稳投资，指导各地积极谋划储备项目，充实完善项目库。加紧项目前期工作，积极争取中央预算资金补助、国家及地方专项债支持。继续发挥国家补助资金、省级专项资金引导作用，支持市政基础设施项目建设。

（摘编：翁宁）

2020 年福建省村镇建设工作重点

2020 年 3 月 4 日福建省住建厅网站发布《2020 年福建省村镇建设工作要点》，主要内容如下：

一、全力完成 5 项目标

（一）农村危房改造（贫困家庭住房安全有保障）

2020 年，实现建档立卡等各类贫困户住房安全有保障，确保贫困家庭不住危房。

一是推进年内动态新增贫困户的危房改造，新增一户、解决一户，确保贫困家庭不住危房。二是完成危房改造“回头看”排查整改，发现问题在今年 6 月底前整改到位；3 月底前全面排查建档立卡贫困户与非贫困户共同居住的联体房安全情况，影响贫困房住房安全的统筹解决、消除隐患；继续推进建档立卡贫困户等各类贫困户全覆盖危房鉴定，确保一户不漏，9 月底前将各类贫困户现状房屋危险等级、鉴定时间、鉴定单位等信息采取挂牌、上墙等形式逐户标明。三是完成脱贫攻坚验收农户档案信息录入，建立全省所有建档立卡贫困户住房安全的档案信息，县级住建部门会同扶贫部门 4 月底前完成审核录入；四是完善贫困户住房安全保障动态监测机制，做到安全隐患及时发现、及时解决。省市县建立投诉处理机制、县乡建立脱贫户住房安全保障跟踪管理机制，对反映的问题及时进行处理。五是强化农村危房改造成效宣传，充分运用电视、报纸、新媒体等多种渠道，加大对先进事迹和人物的宣传和表扬，形成农村危房改造政策成效的积极舆论氛围。

此外，推进泉州、漳州农房抗震改造试点，编制农房抗震鉴定和加固技术导则，协助市县区开展技术培训，市县编制出台试点实施方案和结构抗震设计通用图集，跟踪指导落实。

（二）农村公厕建设管护

2020 年，实现乡镇（集镇区）每万人有 3—4 座公厕，村村建成 1 座以上水冲式公厕。

各地在 2020 年“为民办实事”乡镇公厕 400 座、村庄公厕 1000 座的基础上，摸排剩余未实现万人指标的乡镇、未建成水冲式公厕的村庄，要求全部 2020 年建成，逐一列明清单，建账销号。省级对列入为民办实事的项目予以补助，其他项目由各地自筹资金实施。加快健全公厕日常管理长效机制，公厕纳入村庄日常保洁。3 月底前落实“一长两员”（公厕长、管理员、保洁人员）及联系方式和管理制度上墙。宣传推广农村公厕建设管护“一张图”。省、市、县开展暗访。按规定时限完成国务院农村人居环境整治大检查发现问题的整改，对照“个别公共厕所管理不到位”“公共厕所打扫不及时，恶臭强烈”“公厕洗手池并未连接下水管，无法正常使用”等一系列问题，立行立改、举一反三，全面排查整改，3 月底前将排查整改情况由设区市汇总后上报省厅。

（三）农村生活垃圾治理

2020 年，所有乡镇（集镇区）和 90% 以上村庄的生活垃圾得到有效处理，乡镇生活垃圾无害化处理率达到 90% 以上，农村生活垃圾收运处置体系覆盖所有乡镇（集镇区）和行政村、90% 以上自然村组，全面推进农村生活垃圾“干湿分离”。为落实国务院农村人居环境整治大检查整改要求，加快完成简易填埋设施（含焖烧炉，下同）和非正规垃圾堆放点整治。

一是完成农村生活垃圾简易填埋设施整治。加快推进第一轮中央环保督察反馈问题的 483 处简易填埋设施整治，商请生态环境部门参与验收，6 月底前全面完成整治销号。二是完成非正规垃圾堆放点整治。6月底前完成全部113处的整治验收销号。为落实国务院农村人居环境整治大检查反馈问题整改要求，各地要组织开展全面再排查非正规垃圾堆放点和农村垃圾随意堆放、随意倾倒现象，坚决查处、立查立改，3月底前将排查整改结果报送省厅，对于新增非正规垃圾堆放点，要纳入整治台账，于6月底前同步完成整治验收销号。非正规垃圾堆放点验收也要商请生态环境部门参与，确保整治过关。三是提升乡镇生活垃圾转运系统。对照国务院大检查发现的设施不足、运力不足、规模不够等问题，各地要抓住时机，组织所属县市区积极申报乡镇垃圾转运系统提升项目，进一步健全乡镇生活垃圾收运体系。严格落实相邻县区、乡镇转运站共建共享机制。四是完善农村生活垃圾治理常态化机制。进一步夯实市县乡巡查常态化机制。编制出台《偏远地区、海岛农村生活垃圾治理技术指南》，推动建立偏远地区、海岛垃圾常态化治理机制。各地要落实《福建省城乡生活垃圾管理条例》规定，总结推广2019年每县一个试点村经验，宣传推广农村生活垃圾分类“一张图”，全面推动农村生活垃圾“干湿”分类。五是推行农村生活垃圾治理市场化。借鉴闽清等地做法，推行以县域为单位将农村生活垃圾转运、清扫保洁、公厕管护一并打包，统一委托第三方运营，全面提升农村生活垃圾治理水平。

（四）乡镇生活污水治理

2020年，乡镇污水处理率达到70%，重点镇污泥无害化处置率比2015年底提高5个百分点，初步实现建制镇污泥统筹集中处理处置。

一是大力推进乡镇生活污水治理市场化。推广永泰等地做法，对全域乡镇生活污水处理厂及延伸管网提升改造、运行维护捆绑打包，委托第三方专业机构统一运营管理，根据合同按效付费，定期对运维商考核评价，确保有效运行，实现常态治理。二是加快推进乡镇生活污水设施提升改造和管网完善，提升设施负荷率和污水收集率。编制出台《福建省乡镇生活污水处理设施运营维护标准》，督促指导各地落实。三是提高进出水水质和水量监测能力。规模3000吨/日（含）以上乡镇污水处理厂（站），安装进出水水量和水质监测设备，水质监测指标包括COD、氨氮、总磷；3000吨/日以下乡镇污水处理厂（站），安装进出水量计量装置。水量和水质监测设备应符合标准，今年6月底前安装完成，乡镇要验收存档，省级予以奖补。各地要逐一排查，全面配备，逐步建立起乡镇污水处理设施运行监控机制。

落实2017—2018年建设的农村生活污水治理（三格化粪池）排查整治回头看，按照国务院农村人居环境整治大检查反馈问题整改要求，对照“三格化粪池容积不足”“管网设计不合理、技术指导不到位，导致管网建设不能有效覆盖，一些农户家中污水无法接入管网，只能直排沟渠”“已经铺设了污水管网，但没有投入使用”“污水管道破损”“出现污水管道检查井渗漏、溢流情况”等一系列问题，立行立改、举一反三，全面排查整改，于3月底前将排查整改情况由设区市汇总后上报省厅，于6月底前全面完成整治。

（五）既有农房整治和村容村貌提升

2020年，实现既有农房整治“镇镇有示范”，全省完成裸房整治10万栋以上。福州、厦门、泉州完成95%的村庄房前屋后整治，漳州、莆田、平潭综合实验区完成90%的村庄整治，其他设区市完成85%的村庄整治。提升镇区品质，每个乡镇镇区建成1条以上整洁有序“示范街”。各县（市、区）创建1条以上美丽乡村特色景观带，全省创建10条以上优秀美丽乡村特色景观带。

根据2月28日全省农村人居环境整治工作视频会部署要求，各地要大力推进既有农房整治，推动我省村庄建筑风貌年内有明显改观。总结推广铁路沿线环境综合整治和中心村整治做法经验，形成指导本地区既有农房整治的技术方案和工作方法，积极配合乡村振兴试点工作，加大力度推进既有农房整治，落实“镇镇有示范”要求，全面完成年度农房整治目标任务。完善农村生活垃圾治理常态化机制，完成2017—2018年农村生活污水治理问题排查整治，推进农村人居环境提升试点，配合开展“村庄清洁”行动，完成村庄房前屋后整治目标。

二、加快健全4项机制

村镇建设工作点多面广线长、庞杂具体，需要针对客观实际和现状问题，分类指导、健全机制。一是健全市场化机制，以推进市场化作为破解村镇建设工作难题，提升专业化、规范化水平的重要举措，大力推进乡镇污水提升改造和运行维护、农村生活垃圾治理和公厕管护市场化，以市域或县域为单位捆绑打包 PPP 或政府购买服务项目，积极吸引第三方专业机构参与。各级安排补助资金对市场化项目倾斜，对市场化工作滞后的县市，列出名单、列为重点监管区域，督促推进；规范合同双方履约行为，避免政府违约形成恶性循环、企业违约影响民生，杜绝层层转包行为。二是健全投诉处理机制，省市县乡建立投诉举报处理机制，3 月底前设立农村危房改造、乡镇生活污水治理、农村生活垃圾治理、农村公厕建设管护、2017—2018 年农村生活污水治理项目专门投诉举报电话，在本部门官网上相应设立专门投诉举报窗口，收集问题图片投诉举报，及时发现问题、及时处理，避免问题上交。三是建立差异化监管指导和暗访机制，对以下几类县乡村分别列出名单，重点暗访、重点督促、跟踪推动：1. 各类审计、巡视和督查检查中问题频发或多次被投诉举报的；2. “六江两溪”流域周边一公里以内、土楼保护区和其他生态敏感区域的乡镇生活污水处理设施负荷率、收集率低的；3. 市场化推动滞后的；4. 当年建设或整改任务重的。四是建立分级培训机制。今年起农村建筑工匠和村镇干部实行省市县分级培训，省厅重点培训农村建筑工匠师资和市县主管部门分管领导、部门负责人，设区市对市县两级分工作出安排。农村建筑工匠由县级统一组织实施，具体按照省厅《关于加强农村建筑工匠管理的通知》（闽建村〔2019〕10 号）执行，县市区 3 月底前制定年度培训计划并组织实施，确保轮训一遍，尽快建立起一支合格的农村建筑工匠队伍。县市区培训计划由设区市统一收集汇总后 4 月 10 日前报省厅备案，省市逐月调度、跟踪落实。

三、持续推进 3 项提升

（一）“两高”沿线环境

加快推进杭深线、合福线、向莆线、赣龙复线、龙厦线、福厦高铁客专等境内铁路沿线环境整治，实现“绿化全覆盖、全线不露白、基本无裸房、面貌大改观”；建立长效管护制度机制，做到“整治一线、巩固一线”。配合相关部门推进铁路沿线安全隐患项目整治。配合省高指推进国高网主通道等路段综合整治，打造高速公路绿色走廊。

（二）乡村建筑风貌

落实县县编制推广具有地域特色的农房立面图集，请设区市逐县核查出台的图集、建账销号，已完成的及时将图集报省厅备案，省市加强编制工作的指导；选取优秀案例补充到省级图集进行全省推广，公布一批优秀设计队伍信息。积极配合自然资源部门编制村庄规划、农房审批和验收，加强乡村建筑风貌管控。继续推进一批省级村镇住宅小区建设试点，着眼整体宜居和村民生活，突出乡土建筑风貌、室内合理布局和社区空间营造，建成一批功能完善、布局合理、风貌乡土、成本经济、结构安全、绿色环保的宜居型示范农房，今年对列入省级村镇住宅小区试点且按照试点设计方案建设的，按照小区面积对其基础设施给予补助。探索闽派民居建设，依山就势自然布局，规划适宜公共空间，体现传统建筑风貌，推广农家庭院绿化，彰显地域乡土特色。探索推广适宜农村的建筑材料和绿色节能新技术、新产品、新工艺。因地制宜推广钢结构装配式农房建设。推进设计下乡和闽台乡建乡创合作，对于委托台湾建筑师团队提供 1 年以上、以提升农房建筑风貌（包括新建农房和农房整治）为主要服务内容、开展陪伴式指导服务的村庄，省级给予补助。

（三）农房质量安全

宣传落实质量安全“一张图”，印发至镇村一线、建房户和工匠队伍，建房现场张贴；督促乡镇落实农民建房前谈话提醒制度。启用全省农村建筑工匠管理系统，督促各县开展农村建筑工匠信息登记，建立农村建筑工匠名录和档案库，进行电子化管理。落实既有房屋安全隐患排查整治，对已排查发现但仍未完成整治的农村重大安全隐患房屋，建账销号。

四、积极探索 2 项试点

（一）共同缔造试点

推进全国第一批“美好环境与幸福生活共同缔造”精选试点村（厦门市海沧区青礁村院前社、厦门市思明区曾厝垵社、福州市晋安区寿山乡九峰村）和试点县（宁德市屏南县）试点工作，列为“福建省美好环境与幸福生活共同缔造现场教学基地”并开展业务培训和经验交流，扩大培训覆盖面，选择一批有条件的镇村深入开展“共同缔造”活动，进一步探索“纵向到底、横向到边”的五级共建机制，探索“协商共治、共同富裕”的全员经合社机制，推行“村民参与、投工投劳”的雇工购料法，推动建立“共建共治共享”的社会治理体系。

（二）新时代农村社区试点

开展新时代农村社区建设试点。每个设区市选取1个以上资源条件较好的村民集中居住区（占地3公顷、常住人口100人以上），委托高水平、接地气的规划设计团队，村民全程参与，围绕提升宜居水平，探索美好环境与幸福生活共同缔造的“共谋、共建、共管、共评、共享”模式、建筑风貌管控、农房建设节约用地、审批管理等机制，实施建筑立面整治，完善村民交流、民俗活动、文化休闲等公共空间，接入周边景观、人文资源，着力打造有区域特色建筑风貌、有现代完备功能、有良好社区关系的示范小区。试点区域可在省级农村人居环境整治提升试点村中选定，或另外精选。

（摘编：翁宁）

福建省农业农村厅落实省委、省政府 2020年农业农村重点工作部署

2020年1月22日福建省农业农村厅下发《关于落实省委、省政府2020年农业农村重点工作部署的实施意见》（闽农综〔2020〕1号）提出，2020年是全面建成小康社会、打赢脱贫攻坚战、完成“十三五”规划的收官之年，做好“三农”工作具有特殊重要意义。全省农业农村工作总的要求是：以习近平新时代中国特色社会主义思想为指导，全面贯彻党的十九大和十九届二中、三中、四中全会以及中央农村工作会议精神，落实省委十届七次、八次、九次全会和省委农村工作会议部署，坚持新发展理念，坚持高质量发展落实赶超，以实施乡村振兴战略为总抓手，对标全面建成小康社会目标，集中力量完成打赢脱贫攻坚战和补上全面小康“三农”短板两大重点任务，全力抓好农业稳产保供和农民持续增收，推进农村改革发展，提升农民群众获得感幸福感安全感，确保脱贫攻坚圆满收官，确保农村同步全面建成小康社会。主要预期增长目标是，全省农林牧渔业增加值增长3.5%、农民人均可支配收入增长8.5%。

一、高质量打赢脱贫攻坚战

1. 压实攻坚责任。聚焦老区苏区脱贫奔小康，按照“四个不摘”要求，推动各级各部门全面落实脱贫攻坚政治责任、主体责任、帮扶责任，保持攻坚态势，做到频道不换、靶心不散、力度不减，确保“一个都不掉队”。

2. 强化精准施策。围绕45.2万已脱贫建档立卡贫困人口稳定脱贫，推动产业、就业等关键性扶贫措施落地，加快补齐“三保障”和饮水安全短板，及时将返贫人口和新发生的贫困人口纳入帮扶，持续巩固提高脱贫质量。

3. 加强监测预警。建立健全防止返贫监测预警机制，对已脱贫但不够稳定的4557户14157人实行单列管理、按季监测、重点帮扶，多措并举防止返贫。

4. 落实兜底保障制度。统筹推动医疗、低保、救助等社会保障措施落实，对无法依靠产业就业帮扶脱贫的特殊贫困人口，做到应保尽保。

5. 探索建立解决相对贫困长效机制。支持三明、屏南等国家级改革试验区和其他有条件的地方开展试点，推动脱贫攻坚与实施乡村振兴战略有机衔接。

6. 深化东西部扶贫协作。落实“联席推进、结对帮扶、产业带动、互学互助、社会参与”的闽宁扶贫协作机制，紧盯宁夏和甘肃定西市、临夏州尚未脱贫的贫困人口、贫困村和贫困县，牵头各相关部门持续加大帮扶力度，确保完成任务。

二、全力保障重要农产品有效供给

7. 抓好“米袋子”。对标粮食安全省长责任制，着力稳面积、攻单产、提品质、强产能，开展粮食绿色高产高效创建1000万亩次，发展优质稻600万亩，完成高标准农田建设130万亩，推进800万亩水稻生产功能区建设，不断提升粮食综合生产能力，确保完成粮食播种面积1250万亩、总产量500万吨任务。

8. 抓好“菜篮子”。严格落实省负总责、“菜篮子”市长负责制，强化县级抓落实责任。深入实施稳定生猪生产促进转型升级三年行动计划，坚持不懈抓好非洲猪瘟防控，加快恢复生猪产能，生猪存栏恢复到900万头。实施畜禽产业提升工程，新增肉鸡3000万羽、蛋鸡250万羽、牛羊兔等草食动物100万头（只），实现肉蛋奶总产量327万吨。支持千亩以上蔬菜基地建设，扶持蔬菜设施栽培，全年

高优蔬菜种植面积860万亩，新增10万亩。

9. 抓好特色农产品生产。大力发展福建百香果等特色水果和绣球菌等珍稀食用菌，建设1000个优质水果示范基地，食用菌产量达到470万吨。

三、切实加快特色现代农业建设

10. 培育壮大乡村特色产业。持续推进特色现代农业"五千工程"，加强省级以上84个特色农产品优势区和60个现代农业产业园创建，组织实施现代农业重点项目450个、新增投资130亿元以上，打造一批农业产业强县、强镇、强村，推进特色产业向优势区域集聚发展，力争十大乡村特色产业全产业链总产值突破2万亿元。

11. 发挥龙头带动作用。支持省级以上龙头企业加快发展，培育省级农业产业化示范联合体，鼓励企业通过品牌、资本、技术等与各类农业经营主体结成利益共同体。

12. 加大品牌培育力度。支持创建优质农产品标准化示范基地250个，带动规模生产基地全部按标生产。加强农产品质量安全监管，推行"一品一码"，试行合格证制度，农产品质量安全总体合格率保持全国前列。认证"三品一标"农产品200个以上，评选农产品区域公用品牌10个和福建名牌农产品30个，提高"福"字号福建绿色优质农产品知名度和竞争力。

13. 深化对台对外合作。围绕打造台胞台企登陆发展特色现代农业第一家园，组织实施闽台农业融合发展推进行动，促进国家级台湾农民创业园、闽台农业融合发展产业园建设上新水平。加快农业"走出去"步伐，支持新建20个国际标准农产品示范基地，深化"闽茶海丝行"等系列经贸活动，更好开拓国际市场、利用国际资源。

14. 促进农村一二三产业深度融合发展。加快补齐加工短板，新建农产品产地初加工中心300个；发展农产品精深加工，会同有关部门支持食品产业重大技术改造、建设粮油、蔬果、畜禽等加工示范基地，农产品深加工转化率提高到71%。发挥特色农产品产销联盟、供应链协会作用，加强实体营销，推动村级电商服务站点建设，促进骨干冷链物流基地改造提升，畅通农产品销售渠道。鼓励和引导返乡下乡人员创新创业创造，加快发展休闲农业等新产业新业态。

四、扎实推进农业绿色发展

15. 实施农业投入品减量增效行动。力争全省化肥、农药使用量比2019年减少2%以上。实施地力提升"3323"工程，示范推广绿肥种植300万亩、实施稻草秸秆还田300万亩、示范推广有机肥2000万亩、推广测土配方施肥3000万亩次；推广绿色防控新技术、新产品、新机具，完成病虫害统防统治1200万亩次、绿色防控3000万亩次；加快建设不用化学农药示范茶园，基本实现茶园不用化学农药。

16. 实施畜禽粪污资源化利用整省推进行动。加快建设畜禽粪污资源化利用整县推进项目，支持利用畜禽粪便生产有机肥，突出沼液、肥水还田利用，建立健全种养循环发展机制，推进规模养殖场粪污处理设施装备全覆盖，确保畜禽粪污综合利用率达到90%以上。

17. 实施田园环境整治行动。强化产地环境监测，会同有关部门推进受污染耕地安全利用，利用率达到91%以上。扩大秸秆、农膜、农药包装废弃物回收利用试点，完善回收利用设施，全省秸秆综合利用率达到90%以上、农膜回收利用率达到80%以上。

18. 实施农业绿色发展先行先试示范区创建行动。支持漳州、南平、永泰3个国家级和福安、晋江等8个省级示范区建设，总结推广一批农业绿色发展先进模式。

五、大力提升农业物质技术装备水平

19. 实施种业创新与产业化工程。选育具有自主知识产权品种20个以上，示范推广优质专用绿色农作物新品种100个以上，高标准建设"中国南方稻种基地"，支持建宁建设国家级种子产业园，支持圣农集团开展白羽肉鸡育种联合攻关。

20. 推进农业设施化。完善购置补贴政策，实施主要农作物全程机械化推进行动，农作物耕种收综合机械化率提高到70%，水稻耕种收综合机械化率提高到77%。继续实施设施农业温室大棚补贴项目，组织开展设施农业保险保障专项行动，设施农业总面积超过220万亩。

21. 加快农业信息化建设。完成"农业云131"信息工程一期建设，启动二期可研，进一步提升农业信息化服务管理能力。加快物联网、大数据、区块链、智能装备等现代信息技术和装备在农业领域的应用，支持新建10个现代农业智慧园、150个农业物联网应用基地。全面推进信息进村入户工程，推动益农信息社建制村基本覆盖，探索建立可持续运营机制。

六、持续深化农业农村改革

22. 完善农村基本经营制度。落实农村土地承包关系稳定并长久不变政策，巩固土地确权成果，推进“三权分置”，鼓励发展多种形式适度规模经营。支持沙县开展第二轮土地承包到期后再延长30年试点，研究制定土地延包具体实施办法。

23. 构建新型农业经营体系。实施农民合作社规范提升行动、家庭农场培育计划，建设整县推进试点县，培育农民合作社示范社、家庭农场示范场各1000家。实施高素质农民培育计划，完成实用技术培训100万人次以上。支持农业新型经营主体通过技术指导、服务带动、代购代销、品牌共享等，与小农户建立紧密型利益联结机制，把小农户引入现代农业发展轨道。

24. 整省推进农村集体产权制度改革。加快股份合作制改革步伐，有经营性资产的村（居）全面完成改革任务。积极推动新型集体经济组织登记赋码，完善农村集体“三资”监督管理制度，盘活集体资源、资产，多渠道发展壮大集体经济。

25. 稳妥推进农村宅基地改革试点。组织开展新修订的《土地管理法》等培训，启动全省农村宅基地和农房使用现状调查，研究制定我省农村宅基地管理办法。

七、全面推进农村人居环境整治

26. 统筹推进“一革命四行动”。紧盯农村人居环境整治三年行动目标任务，完成农村户用厕所无害化改造7.5万户，会同有关部门推进农村公厕新建改造、污水治理、垃圾治理、农房整治、村容村貌提升等任务落实，牵头开展验收工作。

27. 持续开展村庄清洁行动。扎实推进“三清一改”，全省85%以上的村完成房前屋后整治，健全完善村庄清洁建设和运行管护长效机制。

八、加强和改进乡村治理

28. 健全工作机制。完善乡村治理体系建设联席会议制度，推动市、县两级建立健全相关领导机构，定期研究协调推进重点工作。

29. 加强协同配合。会同有关部门加强农村基层党组织建设、打造和谐平安乡村、深化文明村镇创建、推进移风易俗等。办好中国农民丰收节，以“庆丰收、迎小康”为主题，组织开展具有地方特色的庆祝活动，传承八闽农耕文化，弘扬文明乡风。

30. 注重典型引路。扎实推进自治、法治、德治相结合的乡村治理体系建设试点示范，支持晋江、海沧、长泰等3个县（市、区）和上杭县古田镇等44个乡镇（村）创建全国试点县、示范村镇，组织10个县、100个乡镇、1000个村开展“十百千”省级试点。

九、积极探索具有福建特色的乡村振兴之路

31. 完善规划体系。推动900多个乡镇、1.4万多个村全面制定实施乡村振兴战略方案，加快编制“多规合一”的实用性村庄规划，基本完成县域层面村庄布局。

32. 实施十大行动。牵头组织省12个专项小组，策划实施重点项目100项，采取季度通报、年度报告、实绩考核等措施，推动十大行动重点任务落地落实。

33. 抓好试点示范。全面落实领导挂钩、部门联系、人才支撑、干部驻村、资金奖补等措施，持续推进50个重点县（市、区）、100个特色乡（镇）、1000个试点村建设。对未列入试点的地方，每年确定100个工作实绩突出村给予奖补。

全省农业农村系统要提高政治站位，深入学习贯彻习近平总书记关于“三农”工作的重要论述和做好今年“三农”工作的重要讲话精神，不断巩固提升“不忘初心、牢记使命”主题教育成果，进一步增强“四个意识”、坚定“四个自信”、做到“两个维护”；要强化能力建设，加强“三农”政策理论和业务知识学习，培育“一懂两爱”的“三农”工作队伍，充分履行党委工作部门和政府组成部门职能，努力用改革创新办法破解“三农”发展难题；要改进工作作风，弘扬“马上就办、真抓实干”精神，组织开展农业农村系统绩效提升行动，深化“放管服”改革，持续推进“百名干部进千村入万户”调研实践活动，更加注重时效、提升实效；要加强党风廉政建设，严格落实中央八项规定精神，坚决反对“四风”，严守廉政底线。

（摘编：龙文凡）

福建省出台二十三条措施加快推进重大项目建设

2020年3月9日《福建日报》报道，为深入贯彻落实习近平总书记关于统筹做好疫情防控和经济社会发展工作的重要讲话重要指示批示精神，扎实做好“六稳”工作，我省近日出台《关于加快推进重大项目建设促进稳投资的若干措施》，全力推进重大项目建设，积极扩大有效投资。

加大项目生成力度

1. 聚焦重点谋划项目。强化主要领导抓项目机制，按照“五个一批”项目工作要求，聚焦主导产业、龙头企业、“三高”企业、技术改造等产业补链强链，聚焦交通、能源、市政、水利等重大基础设施，聚焦5G、物联网、人工智能、大数据、区块链、创新平台等新业态，聚焦节能减排、生态修复、污染防治等环保工程，聚焦教育、康养、文旅、体育等社会事业，聚焦应急救助、公共卫生体系、农村公共服务等短板领域，策划生成一批引领性、带动性、根植性强的重大项目。

2. 推动项目进规入盘。成立工作专班，主动衔接国家“十四五”规划及相关重点专项规划，积极谋划推动一批重大项目列入国家规划盘子。把抓重大项目策划生成纳入“五个一批”正向激励考评。

加大招商引资力度

3. 开展“大招商”“招大商”。强化“一把手”招商，拓展产业链招商、高端嫁接招商、基金招商、第三方招商、创新人才和创新团队招商、闽商回归招商等渠道，央企、民企、外企项目齐抓，全方位、多层次增加项目源。

4. 创新招商引资方式。用好数字中国建设峰会、创交会、投洽会等平台，大力推进“线上招商”“在线洽谈”，依托门户网站、微信、微博等网络平台和媒体，持续开展网络招商。运用大数据、物联网、人工智能等技术，精准推送项目对接需求，拓展智能招商。

5. 强化招商引资激励。对市、县（区）新引进或增资的符合产业发展导向且投资额超过一定规模的项目，给予前期工作经费奖励，其中，投资额超过50亿元的项目，实行“一事一议”奖励政策。对2020年符合条件的第三方招商引资单位引进的固定资产投资额5亿元及以上（原省级扶贫开发工作重点县和中央苏区县3亿元及以上）民营工业和信息化领域项目，按固定资产投资额给予分档奖励。

加大前期工作力度

6. 成立前期工作专班。实行“一项目一专员一班子”，“门对门”“点对点”精准服务，指导帮助建设单位围绕规划选址、可研、初设、施工图设计等环节和用地、用林、用海、环评、稳评、节能等评估论证，备齐审批要件，并联平行作业，交叉加快推进。

7. 落实前期工作经费。从省级预算内投资中安排5000万元的重大项目前期工作经费，支持铁路、机场、水利、高速公路等重大基础设施、产业和社会事业项目前期工作。地方相应加大投入。

加大审批推进力度

8. 优化审批服务。推动审批事项“网上办”“掌上办”“预约办”，完善在线办理申报、进度查询功能，实现网上审批、网上出件。全面推广审批代办制，完善网上中介服务超市，一地入驻、全省通用。充分运用电话、微信、网络办公平台等方式“远程办公”“多点联动”，最大限度缩短审批时间。

9. *落实审批要素*。各要素审批部门坚持“马上就办”，指导做好组卷、报批工作，成熟一个、获批一个。对省重点项目投资完成较好的县（市、区），省级耕地占补平衡补助资金给予倾斜支持。对前期工作进展缓慢、延迟补正的项目，要组织跟踪、限时督办。

加大项目开工力度

10. *加快重大项目建设*。省发改委梳理年内计划新开工重大项目清单，指导各地集中力量、强化保障，尽快落实开工条件，力争全年新开工重大项目500个以上、总投资超万亿元。

11. *鼓励多开工早开工*。用好“五个一批”正向激励措施，将省重点项目实物投资完成量纳入考评范围。对2020年计划开工的省重点项目提前三个月以上实现主体工程开工，且完成年度投资不少于5亿元的，从省级预算内投资中按完成投资额的千分之一给予项目建设单位不超过200万元的奖励。

加大在建投资力度

12. *加强复工调度*。落实“一项目一方案、一工地一办法、一困难一对策”，一线协调解决在建项目员工复工、施工装备、原辅材料、防疫物资等方面困难问题；协调帮助有关地方通过包车、包飞机、包火车专列（车厢），“点对点”一站式接回返岗复工人员。将省重点项目建设所需防疫物资纳入属地保供范围。

13. *推行封闭式施工管理*。加强施工单位驻地—上下班线路—工地“两点一线”封闭式管理，对防疫抢险救灾急需使用政府储备用地的，可以先行使用土地，各地予以配套水电气路支持，防疫结束后施工单位应当恢复原状并交还。

14. *全力加快建设进度*。加快推进施工单位全员返岗、开足马力、挂图作战，实施“作战图”强力推进，紧扣“进度图”对标推进，盯牢“监测图”提升强度，实现在建省重点项目尽快全部复工、3月下旬基本实现满负荷复工，确保年度计划5005亿元投资全面完成。对超额完成年度投资计划30%以上的省重点项目，予以倾斜激励。

加大融资保障力度

15. *设立稳投资应急专项*。设立融资总量500亿元的补短板稳投资应急专项，支持年内新开工和续建的基础设施、补短板、重点产业项目和疫情防控重点名单企业建设，给予专项优惠。

16. *用好地方政府专项债*。积极争取中央各类资金支持，做好地方政府专项债项目储备，加大对交通、能源、农林水利、生态环保、社会事业、城乡冷链物流、市政和产业园区基础设施以及城镇老旧小区改造、应急医疗救治设施、公共卫生设施、职业教育设施等等重大项目支持力度。加快实施2020年提前批项目，抓紧准备后续批次项目，多形成实物工作量。

17. *拓展多元筹资渠道*。运作好省级铁路、高速公路投资基金和省技改基金，鼓励各地因地制宜探索设立各类产业和基础设施投资基金；鼓励银行、保险、证券等金融机构创新推出重大项目“快服贷”等金融产品，提高审批效率，降低融资成本；全面落实减税降费政策，纾解民营企业困难，调动民间投资积极性。

加大征迁攻坚力度

18. *压实征迁属地责任*。健全市县区、街道乡镇、社区村庄、征收单位“四位一体”征迁工作机制，组建工作专班，列出清单，做深做细群众工作，营造无障碍施工环境。对征迁工作成效突出的市、县（区），在下年度省重点项目安排上给予倾斜。

19. *加强迁改工作协调*。加强迁改工作的沟通联动，千方百计争取理解支持，打通征迁交地“最后一公里”。

加大建材供应力度

20. *落实建材属地保障*。重点项目所在地要积极帮助落实项目建设所需的建材地材和物资供应，建立区域平衡调度机制，加大采购力度，加强供水、供电、供气、通信、交通保障，强化工程材料市场价格监督，确保项目施工建设顺利推进。

21. *加强建筑砂石供应*。各地要加快机制砂项目审批、出让、建设，为省重点项目配套提供砂石的新建机制砂生产项目，视同省重点项目予以服务保障；在砂石采矿权出让时，应统筹考虑省重点项目的砂石需求。依法依规有序开采河砂，优先保障重大项目控制性工程使用；规范利用海砂，满足重大项目回填需求。

加大靠前服务力度

22. 健全协调调度机制。完善“一月一协调、一季一督查”的重点项目工作机制，强化日常调度，确需省级协调的事项第一时间组织协调，做到困难及时解、问题不耽搁。

23. 落实分级管理责任。省级重点推进100个带动力强的“重中之重”项目，明确挂钩部门，由厅级干部担任“服务专员”，组建“手牵手”帮扶专班；市县分级推进其他重点项目，逐项落实责任单位和责任人，分级分类、及时解决项目推进中的困难和问题。强化安全生产“一岗双责”和企业主体责任，确保安全生产和工程质量。

（摘编：马榕威）

福建省出台十八条措施
进一步支持5G网络建设和产业发展

为深入贯彻落实习近平总书记重要讲话重要指示批示精神，全面贯彻党中央决策部署，扎实推进我省5G网络建设和商用步伐，2020年3月7日我省在落实《福建省加快5G产业发展实施意见》的基础上，就进一步支持我省5G网络建设和产业发展出台十八条措施。

加强统筹规划

1. 组织编制5G基站专项规划；专项规划要衔接国土空间总体规划，并纳入国土空间详细规划，规划数据进入国土空间基础信息平台统筹利用。

2. 各市、县（区）每年将5G基站及机房等配套设施用地需求统筹纳入土地利用年度计划；对征迁基站的，应严格按照有关规定落实补偿。

3. 加快制定我省建筑物通信基础设施建设标准，将5G基站和室内分布系统等通信基础设施与建筑物同步规划、同步设计、同步审批、同步施工和同步验收。

开放公共资源

4. 整合利用路灯杆、信号杆、监控杆、电力杆、通信杆等各类杆塔资源，统筹推进“一杆多用”智慧杆建设。新建、改扩建道路要统一规划和建设智慧杆，支持相关单位按需将现有道路各类存量杆塔逐步改造为智慧杆。

5. 加大公共设施资源以及城市道路、绿化带、公园广场、公交站等场所和各类杆塔设施开放力度，支持5G基站及机房等配套设施建设。公共资源产权人、管理人或使用人无正当理由，不得拒绝开放公共站址资源。

6. 住宅、公共建筑、公共设施的所有单位或管理单位，应当为5G基站建设、运营、维护提供通行便利，并保障公平进入。除必要的成本和管理费用外，禁止任何单位和个人在5G基站建设、运行、维护过程中违规收取额外不合理费用。

降低用电成本

7. 对具备条件的5G基站及机房等配套设施实施直接供电。支持基础电信企业、铁塔公司、省广电网络集团开展5G基站智能电表改造，并以市为单位统一计算用电量。

8. 严格落实转供电电价政策，清理规范转供电环节加收的其他费用，纠正违规加价等行为。

优化服务环境

9. 推广“一窗受理”模式，开展5G铁塔、管线、局房等设施建设并联审批，提高审批效率。推进5G设施建设事项审批“一网通办”，实现全流程“不见面审批”。

10. 建立5G基站及机房等配套设施用电报装绿色通道，提供“一证办电”“网上办电”等便捷服务，保障设施正常用电需求。

11. 加强5G基站保护，依法惩处无故阻挠基站建设和盗窃、破坏基站等违法行为，加大对伪基站打击力度，健全基站干扰协调机制，开辟基站设置使用审批绿色通道。

加快应用推广

12. 鼓励企业和高校院所重点围绕新型网络架构、编译码、高效传输、射频芯片、微波器件等领域开展5G关键共性技术攻关。

13. 支持企业在5G新型半导体材料、中高频功率放大器、滤波器、阵列天线、光芯片、智能网联汽车、无人机、AR/VR、超高清视频、工业互联网及终端应用产品等领域打造一批5G技术创新中心。

14. 鼓励企业在超高清视频、工业互联网、远程医疗、公共卫生、在线教育、远程办公、广播电视、自动驾驶、智慧城市、AR/VR、人工智能等领域建设一批对产业带动作用明显的5G新技术、新业态、新模式示范应用项目。

15. 引导企业在5G核心设备、芯片、器件、模组及终端等领域加大产品研发力度，加快推进产品产业化。

16. 对企业生产的5G核心设备进入基础电信企业集中采购名录，且年营业收入首次超过4000万元、1亿元的，分别给予一次性奖励。鼓励企业申报我省首台（套）重大技术装备认定。

健全保障机制

17. 将5G网络建设列入地方政府年度重点工作，建立健全5G网络建设协调小组。优先支持5G网络部署在疫情防控重点区域。

18. 将5G网络建设列入我省投资工程包，创新完善市场化运作机制，积极吸引社会资本参与，着力补齐通信基础设施领域短板。

（摘编：陈闽声）

福建：实施一二三产业“百千”增产增效行动

为深入贯彻落实习近平总书记重要讲话重要指示批示精神，全面贯彻落实党中央、国务院决策部署，加快推动和有序推进我省复工复产、复商复市，2020年4月28日我省出台《实施一二三产业“百千”增产增效行动方案》，把工作重心落到重点行业、重点企业、重点项目上，支持推动优势特色产业和优势企业满产超产，引领产业上下游联动发展，培育发展新动能，实现疫情防控和经济社会发展双胜利。

《行动方案》明确，实施“百个以上农业特色产业和企业”增产增效行动、“千个以上制造业优势产业和企业以及建筑业企业”增产增效行动、“千个以上服务业重点产业和企业”增产增效行动的重点任务和工作措施，进一步支持优势产业和企业发挥潜能、做大做强，力争把疫情造成的损失降到最低限度，为加快经济社会秩序全面恢复提供有力支撑。

实施“百个以上农业特色产业和企业”增产增效行动

1. 全面推动满产超产：确保重点农业特色产业和企业全部实现复工复产，年内新改扩建一批重点项目。

2. 加快产业集聚发展：发挥龙头带动作用，全面推进安溪铁观音等10个现代农业产业园和武夷岩茶等8个优势特色产业集群建设，为实现今年十大乡村特色产业全产业链产值突破2万亿元提供有力支撑。

3. 加大技改提升力度：实施一批重点企业技改提升项目，提高乡村特色产业全产业链增值能力。

4. 着力打响优势品牌：新认证一批“三品一标”农产品，推进福建农产品区域公用品牌、福建名牌农产品创建，构建“福”字号优质农产品品牌集群优势。

5. 深化农村三产融合：推进种植与养殖融合，发展农牧统筹、稻鱼共生、林下种养。推进农业与流通融合，大力推广中央厨房、直供直销等。推进农业与文化、旅游、教育、康养等产业融合，发展创意农业、功能农业。

6. 完善联农带农机制：推广“龙头企业＋合作社＋农户”等组织方式，打造一批农业产业化联合体。推广“订单收购＋分红”“农民入股＋保底收益＋按股分红”等模式，让农民分享更多产业发展红利。

实施“千个以上制造业优势产业和企业以及建筑业企业”增产增效行动

1. 推动企业达产满产超产：支持制造业优势企业实施兼并重组、研发创新、技术改造、智能制造、绿色制造项目等。支持建筑业大型施工企业、重点项目建设单位与主要材料供应商对接，保障建设需要。

2. 加强分类指导推进：电子信息产业重点拓展柔性显示、化合物半导体、芯片设计、封装测试等领域。机械装备重点突破核心基础零部件、先进基础工艺、高端装备等。石油化工重点延伸烯烃、芳烃等上下游链条。纺织服装、制鞋、食品加工等传统产业实现数字化、绿色化、品质化、集群化转型。支持建筑业优势企业与央企对接组建联合体投标，共同拓展城市轨道交通等基础设施工程。

3. 培育壮大产业集群：开展工业园区标准化建设试点，带动形成计算机和网络通信、集成电路和光电、高端装备、石化一体化等20个产值超千亿元重大产业集群。

4. 支持企业改造升级：鼓励优势企业加快更新改造，带动实施500项以上省重点技改项目，引导传统产业利用新一代信息技术实施升级改造和“机器换工”。支持优势企业开展智能制造试点示范，建设一批智能制造样板车间、数字化工厂。

5. 提升产业创新水平：推动优势企业参与产业创新中心、工程研究中心、企业技术中心、重点实验室、工业设计中心等创新平台建设，引导上下游企业加快构建协同创新体系。

实施“千个以上服务业重点产业和企业”增产增效行动

1. 推动商贸服务业持续发展：对社会消费品零售总额增长达到一定规模的商贸企业给予奖励。大力发展“互联网＋”消费，支持新能源汽车消费，扩大地方名特优产品消费。推动便利店品牌化连锁化经营发展。推动步行街改造提升。对利用电商平台实现实物商品网络年零售额达到一定规模的企业给予奖励，对服务电商企业年业务量达到一定规模的快递企业给予奖励。

2. 促进旅游业加快复苏：对成功创建国家5A、4A级景区，国家级、省级旅游度假区和生态旅游示范区，以及获评国家、省级全域旅游示范区进行奖励。扶持一批研学旅行示范基地、标志性产品项目及文旅融合产业示范园区、文旅惠民项目等。适时组织“全福游、有全福”主题消费活动。支持有条件的地方和单位发放旅游消费券。

3. 支持现代物流业做大做强：推动更多企业获评国家A级物流企业。继续组织实施物流园区提升工程包。继续创建省级示范物流园区。完善冷链物流体系。推动“互联网＋”数字物流发展。

4. 培育发展软件信息和科技服务业：积极创建福州、厦门中国软件名城。加快拓展5G网络覆盖面和5G技术应用领域。加快培育建设一批国家和省级技术转移机构。支持福厦泉国家自主创新示范区带动省内其他高新区建设一批创新创业服务载体。

5. 引导体育服务业创新发展：推动体育培训业开发“体育＋互联网”生态体系，发展在线健身培训服务、个性化定制培训服务等增值服务产品。推动体育用品制造企业扩展服务业项目。积极打造新的一批全国性体育旅游目的地和精品线路。

（摘编：蔡志轩）

福建省进一步促进夜间经济发展

2020年5月27日福建省应对新型冠状病毒感染肺炎疫情工作领导小组商务发展服务小组下发《关于印发进一步促进夜间经济发展九条措施的通知》（闽商务明电〔2020〕9号）提出，《关于进一步促进夜间经济发展九条措施》已经福建省应对新型冠状病毒感染肺炎疫情工作领导小组商务发展服务小组会议审议通过，现印发给你们，请抓好贯彻落实。主要内容如下：

为贯彻落实党中央、国务院的决策部署及省委、省政府关于统筹推进新冠肺炎疫情防控和经济社会发展的工作要求，扎实做好"六稳"工作，落实"六保"任务，推进服务业企业增产增效，进一步繁荣夜间经济，促进消费，现提出以下措施。

一、升级商圈消费

鼓励各地主要商圈与文旅娱等深度融合，引进更多国内外著名品牌和商品，实现多业态有机衔接，提升核心商圈聚集度，不断创新夜间经济发展模式，提升夜间购物时尚度和体验度，营造夜间消费氛围。对开展夜间经济成效明显的商圈在省级示范商圈评选时予以优先支持。鼓励美容、温泉、摄影等生活服务业入驻商圈、步行街、居民生活聚集区，提供个性化、便利化、品质化服务，满足人民群众多元化需求。

二、打造消费地标

鼓励有条件的地区安排专项资金或基金支持步行街改造提升，建立政府支持引导、社会多元参与的步行街改造提升项目投融资机制，提升步行街营商环境和消费环境，对评为省级特色步行街的给予一定资金奖励。鼓励老字号等品牌企业入驻步行街，推动福州三坊七巷、厦门中山路步行街创建全国第二批示范步行街试点，支持福州上下杭步行街和"八闽商埠"建设。

三、便利夜间购物

鼓励百货商场、购物中心、超市、便利店等实体零售商户夜间开展多形式多频次促销活动。增加夜间商品种类，方便社区就近就便消费，打造"一刻钟便民生活服务圈"。积极引导利用5G技术，打造"互联网+"新零售模式下的无人零售新驿站，并放置于生活小区、商圈、街区等公共区域。

四、繁荣夜间餐饮

支持各地持续开展八闽美食嘉年华活动，举办形式多样、富有特色的夜间美食节、夜间小吃节等活动，做大餐饮市场夜间消费规模。支持开展福建省美食街（城）创建活动，推进中餐、西餐、休闲餐饮等各种餐饮业态均衡发展，打造茶文化一条街、咖啡一条街、酒吧一条街、海鲜大排档、小吃夜市等特色消费场景，培育各具特色的精品餐饮夜市。在人口密集区域，打造一批24小时"深夜食堂"。

五、融合"网红经济"

充分发挥夜间经济传统商品优势，用好直播电商"带货"功能，培育一批网红夜间商品，提振夜间消费。鼓励企业借助网红直播、短视频等新业态，为消费者夜间消费提供精准导购服务，提升消费体验。以各大商圈等为代表，打造一批夜间消暑消费网红点、网红夜间街区、夜间旅游打卡点，带动夜间消费人气和流量，提升线下消费热度。

六、延长经营时间

落实省政府进一步促进消费增长措施，鼓励商场、商圈延时经营，至2020年底，年用电量150万千瓦时以上的商业用户，将21：00至23：00调整为低谷时段。鼓励有条件的便利店24小时营业。完善夜间公共交通等服务保障，增设夜间停车位，鼓励地铁、公交延长运营时间。探索试行适当放宽夜间经济特定时段、特定区域的管制。

七、加强银企合作

在夜间经济体验示范街区开展数字化升级改造，提高移动支付覆盖率，支持云闪付、支付宝、微信、各银行APP等新兴支付方式和金融解决方案发展。鼓励商圈、步行街管理机构和银联、阿里巴巴、腾讯、各商业银行联合开展惠民活动。

八、营造发展氛围

支持夜间经济环境的优化、亮化、美化工程改造提升，指导和推进夜间经济集聚区开展夜间灯光造景，做好街景打造、装饰照明、标识指引等工作，完善夜间经济休闲设施、环卫设施、公共Wi－Fi及5G通讯等配套设施建设，营造良好夜间消费氛围。积极发挥主流媒体作用，充分利用融媒体优势，加强对夜间经济的正面宣传引导，营造良好舆论氛围，提振消费信心，激发消费热情。引导餐饮企业做好常态化防控措施，提供消毒测温服务，倡导分餐和使用公勺公筷，让消费者安心进店，放心消费。

九、加大支持力度

各级财政加大推动夜间经济发展的扶持力度，对商圈商业设施改造提升、开展促消费等繁荣夜间经济的相关措施给予支持；对商业主体因延长营业时间增加的水电、人工等费用进行补贴。鼓励银行业机构创新信贷产品，服务夜间消费；鼓励保险机构创新夜间消费相关险种，提高保险服务水平；支持各类投资机构加大对夜间经济商业主体和项目的投资。

（摘编：陈闽声）

2020厦门国际投资贸易洽谈会暨丝路投资大会与“云上投洽会”相辅相成

2020年9月11日，为期4天的2020厦门国际投资贸易洽谈会暨丝路投资大会圆满落幕。本届厦洽会与“云上投洽会”相辅相成，朝国际化、专业化、品牌化精耕细作，以实际行动宣示中国高水平对外开放的决心，凝聚起抗击疫情、提振全球投资合作信心的共识。

作为常态化疫情防控期间举办的一场重大国际经贸活动，2020厦洽会共吸引1018个客商团组参会，包括来自69个国家、地区的境外驻华客商团组248个。线下展览面积达11万平方米，同期“云上投洽会”3D展厅精彩亮相，近千家境内外投资机构闪亮登场，近百名国内外嘉宾在投资促进主题论坛中线上线下共同研讨。大会期间共有2300多个项目达成合作协议，协议总投资额超8000亿元人民币。

大会设置16个专业展区，全方位展示全球投资环境和最新产业发展成果，吸引32家省市成员单位及中国开发区协会，英国、德国、比利时、奥地利、日本、韩国等42个国家和地区踊跃参展。此外，近百位境外嘉宾通过线上线下研讨国际投资趋势。

“云上投洽会”为境内的省、自治区、直辖市及38个国家和地区设置了云展馆和3D展厅，共发布境内外各类招商项目超过16000个，开展了18场视频会议或会议直播活动。

（摘编：苏小雨）

第三届数字中国建设峰会成果丰硕

第三届数字中国建设峰会2020年10月14日在福州落幕。三天来，峰会聚焦“创新驱动数字化转型，智能引领高质量发展”主题，交流思想，展示成果，深化合作，凝聚共识，取得了丰硕的成果。

峰会内容丰富。国家发改委发布了数字经济百项应用场景，启动了第二批“数字化转型伙伴行动”；国家卫健委发布了50项“互联网+医疗健康”典型案例。数字中国创新大赛吸引了来自各大高校、企业的9000余支队伍2.6万人参赛。山东、河南、海南等主宾省，充分展示了数字化建设成果。院士峰会行、“三坊七巷·对话未来”等特色活动主题鲜明、内容精彩。峰会期间还同步举办了数字福建建设20周年相关活动。73家媒体421位记者做了大量有深度、有热度的报道，传播了峰会声音，扩大了峰会影响。

峰会创新荟萃。体现数字特点，峰会设立了“云上峰会”平台，线上线下同步展现峰会盛况，打造“常年展示、永不落幕”的峰会。数字中国成果展汇聚了200多家知名企业，展示了最新的数字科技和成果应用，展示了数字化、网络化、智能化发展的最新动态，一批最新尖端成果集中亮相，新技术新产品首展率超过50%。特别是数字抗疫板块，集中展示了社会各界在疫情防控、医疗救治、复工复产中的创新探索与成功实践，分享了数字抗疫的“中国经验”。峰会实现了5G信号主场馆全覆盖，全场景刷脸支付、地铁人脸识别、智慧停车等一批智慧应用场景和贴近生活的高科技，为参会者带来5G和智能化的新体验。虽然根据防疫要求控制流量，但观展人数仍络绎不绝，到目前，已有近10万人次前来参观。

峰会集聚智慧。一批两院院士和来自国家有关部委、相关省市及大型央企、知名企业的嘉宾参加了峰会相关活动。峰会主论坛和12场分论坛及各类对话活动参加人数超过8000人次，239位嘉宾作了精彩发言，思想交流、相互启迪，碰撞出许多智慧的火花。峰会为政府与企业、企业与企业深化交流合作提供了更加开放的平台，推广应用了一批电子政务成果，对接签署了一批合作协议，签约落地了一批数字经济项目。初步统计，本届峰会共签约数字经济项目426个，总投资3316亿元，涵盖了人工智能、5G、工业互联网、区块链等前沿领域，将有力推动数字产业化、产业数字化。峰会的平台效应和溢出效应更加凸显。

（摘编：尤文凡）

第十八届中国·海峡创新项目成果交易会启动“云上海创会”

2020年12月10日，第十八届中国·海峡创新项目成果交易会（以下简称海创会）在福州举办了云上海创会启动仪式。本届海创会以“汇聚‘三创’活力，驱动高质量发展”为主题，采取“线上+线下”的方式举办。在线上展会方面，设置了网上展厅、论坛活动、科技商城、创新成果板块，搭建了展会、展商详细信息展示以及线上观众和展商互动交流的一体化展会平台。在线下，同期将举办福建普惠金融工作推进会、供应链生态金融推介会、海西竹产业创新赋能对接会等近十场会议、论坛活动。

在启动仪式现场，福建省招标采购集团有限公司与厦门大学、福建工程学院、三明市投资发展集团有限公司，华为技术有限公司与三明新基建产业发展有限公司等签署了系列合作协议。

（摘编：苏小雨）

第十三届海峡两岸（厦门）文化产业博览交易会实现“云展览”

第十三届海峡两岸（厦门）文化产业博览交易会（文博会）2020年12月7日在厦门闭幕。4天展期内，共有93个文旅项目达成合作意向，项目总金额388.21亿元；现场签约项目20个，签约额67.55亿元；现场交易额82.65亿元，大会期间总参观人数近10万人次。

本届文博会线下展览面积达6.8万平方米，设文化旅游、数娱影视、创意设计、工艺美术四大板块，包括AR文旅场景应用展、两岸高校设计展、文旅IP跨界展等14个主题展区，同期举办主旨论坛、引资专场、专业赛事等20场活动。同时利用5G、XR、AR等技术搭建云展平台，实现“云展览”“云洽谈”等功能，共计927家两岸展商参与线上云展。

为继续保持对台特色，本届文博会设线下台湾展位236个，集合法蓝瓷、春稻等台湾知名品牌；线上台湾展商365家，特邀共生岛新媒体艺术美育、华瀚文创科技等品牌，展现台湾企业的数字创新成果。线上线下参展台企总数与往届基本持平。

（摘编：郑平名）

第三届海丝博览会暨第二十二届海交会启动线上展会

2020年11月28日，第三届21世纪海上丝绸之路博览会暨第二十二届海峡两岸经贸交易会在福州仓山万达广场启动线上展会。省委常委、福州市委书记林宝金，副省长郭宁宁出席活动，共同启动本届海丝博览会暨海交会线上VR展会平台。马来西亚驻华大使拉惹·拿督·努西尔万、两岸企业家峰会大陆方面理事长郭金龙、两岸企业家峰会台湾方面理事长萧万长、中国贸促会副会长张慎峰等通过视频方式发来祝贺。

今年以来，面对新冠肺炎疫情的严峻挑战，全省上下团结奋战，坚决贯彻习近平总书记重要讲话重要指示批示精神，认真落实中央决策部署，统筹推进疫情防控和经济社会发展，取得重大战略成果，主要经济指标企稳向好、加速回暖，好于预期、好于全国。本届展会正值学习贯彻党的十九届五中全会精神，全方位推动高质量发展超越，谋划“十四五”，展望奋进新时代新福建远景蓝图的重要阶段，展会紧紧围绕加快构建以国内大循环为主体、国内国际双循环相互促进的新发展格局，创新增设线上展会，通过线上与线下相结合的方式，积极拓展内需与外需，推动进口与出口、投资与贸易协调发展，策划组织一系列贸易、投资、消费促进活动，政府搭台、大家唱戏，欢迎海内外朋友们在线上线下积极参与。

本届展会以“拓展海丝合作、深化两岸融合、共享发展机遇”为主题。当天启动的线上展会平台分为协作城市馆、福建福州馆、海丝精品馆、海峡特色馆等四大展馆，共有1232家企业展商参与线上展会，含60个国家馆和1个海淘馆。

启动仪式后，林宝金、郭宁宁走进云直播间，与受邀参会的刘仪伟、何雯娜等主播互动交流，亲身体验VR线上平台，随后还察看了线下展销活动。

（摘编：马榕威）

第六届中国（泉州）海上丝绸之路国际品牌博览会启幕

2020年10月30日第六届中国（泉州）海上丝绸之路国际品牌博览会在泉州石狮市国际食品城举办。本届博览会聚焦食品产业贸易升级，通过线上线下相结合的方式，展出30多个国家和地区的400多家企业逾万种商品，卖家在直播推销。展会设置泉州馆、国内馆、境外馆、酒类馆及服贸馆等，全力打造更加专业化和品质化的交流平台。

（摘编：陈闽声）

第十六届海峡两岸林博会做实绿色三明文章

2020 年 11 月 6 日上午，第十六届海峡两岸（三明）林业博览会暨投资贸易洽谈会（简称“林博会”）在三明会展中心开幕。本届林博会以“深化海峡两岸合作、做实绿色三明文章”为主题，发挥三明“林深水美人长寿”生态优势，展示三明生态文明建设成果，展销两岸绿色生态森林食品，持续打响“中国绿都·最氧三明”品牌，促进海峡两岸林业交流融合。两岸 537 家参展企业带来 2200 多种产品，参展嘉宾客商 3218 人，其中台湾展区参展企业 50 家，台湾嘉宾客商 225 人。

本届林博会设立主会场、分会场和线上会场。在三明会展中心主会场看到三明特色产业展和位于广场区域的森林食品展，同时在电信广场还设有海峡两岸特色小吃展。客商在三明特色产业展可以看到细分的绿色三明展示区、台湾商品展销区、“康养好物　乐购三明”直播间、绿色金融超市、茶产品展示区等 11 个展馆。分会场设在三明各县（市、区）辖区内，分别开展三元“榜养自然”、清流“温泉浴乐汇”等 12 场主题活动。同时，e 三明“掌上林博会”线上同步展播，推动供采双方线上对接。

本届林博会已落实签约合同项目 103 项，项目总投资 217.83 亿元，合同利用区外资金 213.84 亿元，其中台外资项目 11 项，合同利用外资 13855 万美元。

（摘编：林汇智）

第十四届海峡两岸茶业博览会突出两岸交流合作

2020 年 11 月 16 日第十四届海峡两岸茶业博览会在武夷山市开幕。本届茶博会首次启用武夷山茶旅小镇会展中心，总建筑面积 11.2 万平方米，展览功能区设置“全国名茶馆、政府组团及台湾馆、茶机械茶配套馆、茶包装馆”四大主题展馆。参展企业 811 家，邀请 VIP 采购商 4000 家，比去年增加 1000 家。

本届茶博会突出海峡两岸交流合作，主办单位 10 个，台湾占了 5 个，分别是台湾农会、台湾茶协会等。台商台企踊跃参会，台湾馆 110 个展位预订一空，参展企业 89 家。另外，茶博会期间还将同期举办海峡两岸民间斗茶赛、两岸养老与健康产业论坛等活动。

茶博会期间还将举办第五届中国有机大会暨首届武夷山论坛、第四届中国（武夷）生态食品博览会、“万里茶道”环中国自驾游集结赛等。

（摘编：唐启阳）

第十一届海峡两岸机械产业博览会暨第十三届中国龙岩投资项目洽谈会主题为发展共赢

2020年11月8日，由国务院台湾事务办公室、福建省人民政府指导，中国机械工业联合会主办，中国国际商会、福建省台港澳办、工信厅、商务厅和台湾有关商（协）会共同支持、协办的第十一届海峡两岸机械产业博览会暨第十三届中国龙岩投资项目洽谈会（以下简称“机博投洽会”）在福建省龙岩市开幕。

本届展会以“两岸合作，发展共赢”为主题，展览展示面积3万平方米，设置产业发展、工程和环保机械、专用车和应急装备、台湾机械、智能制造、配件等六大展区，参展企业623家，现场展示工程机械、环卫机械、专用车辆、军民融合设备、应急装备、智能制造等机械设备600多台（套），仪器、工具、功能部件、配件5000多件。现场还举行了项目签约仪式，现场共签约项目42个，总投资244.2亿元。

大会活动还包含产业发展高峰论坛、首届龙岩互联网大会暨2020年龙岩市数字产业发展项目对接洽谈会、“谋发展·促融合”海峡两岸（龙岩）青年创业就业论坛、普惠金融与“创业、创新、创投”融合发展论坛、2020龙岩专用车检测平台推介会、俄罗斯—福建汽配线上经贸对接会、投资考察及经贸洽谈等二十多项子活动。

（摘编：王一星）

第二十一届宁德投资洽谈会聚焦先进制造业

2020年10月16日，第二十一届宁德投资洽谈会产业招商推介及签约仪式在宁德举行，25个项目现场集中签约。经过前期的洽谈对接，本届投洽会共对接项目365项，总投资844亿元。其中，工业项目202项，总投资507.43亿元；服务业项目163个，总投资336.57亿元。对接的亿元以上项目中，四大主导产业项目投资额占比超过一半。

面对今年新冠肺炎疫情的影响，宁德市委、市政府加强招商工作的领导，精准施策、科学应对，积极转变招商方式，持续优化营商环境，聚焦先进制造业和现代服务业项目招商，推进防控疫情、招商引资“两手抓”，全方位推动高质量发展超越。推介会上，宁德市商务局还就锂电新能源、新能源汽车、不锈钢新材料、铜材料等四大主导产业和现代服务业发展情况、招商方向、招商重点进行推介。

（摘编：游永贵）

第四篇

市县概况

福州市产业经济发展综述

2020年，第三届数字中国建设峰会在福州成功举办，习近平总书记发来贺信，给全市人民以巨大鼓舞。一年来，全市上下凝心聚力、攻坚克难、锐意进取，全力打好新冠疫情防控阻击战，全力落实“六稳”“六保”任务，各项工作都取得了新的进展。全市地区生产总值突破1万亿元；一般公共预算总收入1108.4亿元，增长1.2%；地方一般公共预算收入675.6亿元，增长1.1%；进出口总额2526亿元，与上年持平；实际利用外资70亿元，增长7.2%；社会消费品零售总额突破4200亿元，增长0.8%；城镇居民人均可支配收入49358元，增长3%；农村居民人均可支配收入22600元，增长6%；固定资产投资增长10.5%；居民消费价格总水平上涨2.8%；城镇登记失业率2.9%。完成省下达的节能减排降碳任务。一年来，经济发展主要体现在：

疫情防控有力有效。围绕“内防反弹”，严守入榕、村居、单位、家庭“四道关口”，做到国内中高风险地区人员进入福州第一时间发现、第一时间掌控、第一时间处置。围绕“外防输入”，坚持人物同防，对境外入榕人员，严格落实统一检测、统一转运、统一隔离；对进口冷链食品，严格落实全面检测、全面消毒、全面追溯。围绕防控能力建设，紧急配备检测设施、救治物品和防护装备，立即动建滨海新城医院（二期）感染楼、新疾控中心，累计下达疫情防控资金15.75亿元。围绕复工复产，减免企业社保费60亿元，发放企业稳岗补贴22亿元，对防疫企业及受疫情影响企业新增贷款3457.3亿元。

经济运行企稳回升。出台促进粮食生产八条措施等支农惠农政策，完成粮食种植面积123.86万亩，七大农业特色产业全产业链总产值达2024亿元。

一产增加值突破540亿元、增长4%。开展“抓项目促跨越”专项行动，构建“晾、晒、奖、惩”项目推进机制，落实重点项目2960个，“五个一批”综合考评位居全省第1位。开展“双百双千”增产增效专项行动，全方位精准帮扶重点企业2660家，其中2625家实现正增长。开展“百项千亿”技改专项行动，从基金、融资、要素等方面予以支持，实施技改项目313项，完成技改投资940亿元。

二产增加值突破4000亿元、增长4.8%。开展“新基建”专项行动，实施人工智能、工业互联网等新基建项目175个，建成5G基站5723个、电动汽车充电桩2000个。开展“惠聚榕城消费季”专项行动，通过发放消费券、直播带货等措施，直接拉动消费40.1亿元，15个夜色经济示范街区建成开街。

三产增加值突破5500亿元、增长6%。开展“网络招商、视频招商”专项行动，通过线上洽谈、线上推介等方式，签约华电福瑞能源、恒拓原油集散平台等产业项目6479个。实施“引金入榕”工程，引进浙商银行、光大永明保险等一批金融机构。打造晋安湖、东湖、旗山湖等“三创园”，集聚国家级高新技术企业140家。

“十三五”经济发展取得显著成效。

经济发展提质增效。地区生产总值从5777亿元提高到突破1万亿元，五年跨越五个千亿台阶，在全国省会城市中排名从第13位提高到第10位；人均地区生产总值从7.74万元提高到12.5万元，在全国省会城市中排名从第11位提高到第6位；农林牧渔业总产值稳居全省首位。水产品产量和产值跃居全国地级市第1位。粮食安全省长责任制考核连续三年全省第1，“菜篮子”市长负责制考核连续四次全省第1；工业总产值从8195亿元提高到突破1.1万亿元。产值超百亿工业企业数量占全省三分之一；上市企业数量从69家增加到91家，总市值超万亿元；国家级高新技术企业从444家增加到2052家，数量翻了两番多；战略性新兴产业增加值占规上工业增加值比重从21.8%提高到29.3%；全社会研究与试验发展经费投入强度从1.76%提高到2.2%，投入总量从98.8亿元提高到232亿元、连续四年全省第1。

改革开放蹄疾步稳。福州新区地区生产总值年均增长9%，占全市比重从22.1%提高到24%左右。自贸区福州片区推出创新举措230项，其中全国首创79项、全国复制推广25项。国家自主创新示范区福州片区推出创新举措29项，其中全省推广13项。获评国家创新型城市。国家海洋经济发展示范区开工建设全国第3个国家级远洋渔业基地。生态文明试验区24项重点改革任务全面完成，其中4项改革举措在全国推广。发起成立“21世纪海上合作委员会”，27个国家的62个城市和组织成为会员单位。荣获国际友好城市特别贡献奖。进出口总额从2065亿元提高到2526亿元。累计新设台资企业897家，合同利用台资20.3亿美元。数字政府发展排名位居全国省会城市第4位，政府数据开放指数位居全国第6位。

基础设施日臻完善。福州港集装箱吞吐量从全球第73位跃升到第49位，货物吞吐量从1.4亿吨增加到2.48亿吨、跃居全省第1位。长乐国际机场航线从106条增加到119条，航点从73个增加到94个。旅客吞吐量从1088万人次增加到1476万人次，新开通纽约、巴黎、莫斯科等重要国际航班。机场第二跑道开工建设。铁路运营里程从474.6公里增加到542.3公里。福州到平潭铁路建成通车。高速公路通车里程从588公里增加到754公里，“三纵三横”高速公路网基本形成。新建、改造农村公路800公里。国省道从803公里增加到1291公里。市政道路从1256公里增加到2461公里。市政路网密度从每平方公里4.8公里提高到8.3公里，跃居全省第1位。地铁1号线、2号线60公里开通运营。地铁4号线、5号线、6号线、滨海快线170.4公里同步开建。城镇供水管网从3369公里增加到5288.6公里，供水能力从每日232.3万吨提高到330万吨，污水处理能力从每日133.5万吨提高到151.5万吨。

2021年是奋进“十四五”、逐梦新征程的开局之年。福州将立足新发展阶段，贯彻新发展理念，融入新发展格局，解放思想、坚定信心、埋头苦干，全方位推动高质量发展超越。经济社会发展的主要预期目标是：地区生产总值增长8.5%，地方一般公共预算收入增长5%，固定资产投资增长10%，社会消费品零售总额增长9%，出口总额增长8%，实际利用外资增长6%，城镇居民人均可支配收入增长8%，农村居民人均可支配收入增长8.5%，城镇登记失业率控制在3.5%以内，完成节能减排降碳任务。产业经济发展重点抓好以下几个方面工作：

把科技创新作为第一动力源。加快“一区二十四园”建设，发挥国家自主创新示范区福州片区改革“试验田”作用。依托高新区、软件园、大学城，建设生态型环城科创走廊。支持光电信息创新实验室、海西创新研究院、柔性电子创新实验室等平台建设，力争实施技术创新专项40项以上。新培育国家级高新技术企业300家、省级以上制造业单项冠军8家、省级以上“专精特新”企业25家、市级以上众创空间10家。持续开展人才提质聚榕专项行动，办好“榕博汇”，引进培养高层次人才3000人、高技能人才1.5万人以上。

深化重点领域改革。推动自贸区扩区，推出“首创性”举措30项以上，争取本外币合一账户试点、原油非国营进口配额等重大政策落地。优化国有资本布局，做优做大国有企业。加大国企债券发行力度。探索乡村治理“积分制”。加强农村宅基地管理，严格落实“一户一宅”制度。深化公立医院改革，探索组建市属医疗集团。深化居家社区养老服务集成改革试点。推动“邮林贷”“惠林贷”等普惠林业金融增量拓面。

构建东南沿海开放新高地。积极申报空港综合保税区，打造福州（长乐）国际航空城。探索实施自由港部分政策，打造丝路海港城。办好海丝博览会暨海交会、海丝国际旅游节、丝路国际电影节等活动。推进中日（福州）地方发展合作示范区、中国—印尼“两国双园”建设。

构筑服务国内大循环的重要节点。加快中通、韵达、丰大冷链基地等一批项目建设，打造现代物流城。继续构建闽东北综合交通枢纽等13个平台，全面推进沿海大通道、深海养殖合作等重大区域协作项目，加快闽东北一体化进程。深化泛珠三角、闽浙赣皖区域协作，积极承接长三角、粤港澳大湾区等先进地区相关产业转移。加快推进福莆宁城际铁路、温福高铁等重大互联互通项目，打造福莆宁岚1小时经济圈。继续抓好与渭南对口合作，做好与西藏八宿、新疆奇台对口支援工作。

推进“三个福州”建设。办好第四届数字中国建设峰会。打造全国数字应用第一城。建设清华—福州数据研究院、鲲鹏生态创新中心等产业创新服务平台10个以上，培育东湖数字小镇、金牛山互联网产业园等数字经济特色集聚区5个以上，推出数字驾驶舱、智慧停车等数字应用示范场景100个以上，建成菜鸟网络、中电数据产业园等数字福州项目30个以上。推动城市大脑建设。力争数字经济规模突破5000亿元。培育宏东、宏龙等海洋经济骨干企业50家以上。实施正太新材、现代水产品交易中心等重点海洋产业项目100个以上。建设福州（连江）国家远洋渔业基地。力争海洋生产总值突破3000亿元。加快纺织化纤、冶金钢铁等行业购销供应链平台建设，做大做强晋安数字产业园、仓山互联网小镇等一批平台企业集聚区，推动朴朴电商等一批平台企业向百亿级企业迈进，扶持永辉供应链、榕滴能源等一批龙头平台企业打造行业标杆。力争平台经济交易额突破2000亿元。

建设先进制造业强市。围绕打造大龙头、大集群、大产业，继续实施“双百双千”增产增效专项行动，精准帮扶重点企业2700家。继续实施“百项千亿”技改专项行动，落实重点技改项目230个，完成投资1000亿元以上，新增“上云上平台”工业企业450家以上。继续实施龙头扶引专项行动，支持恒申控股、大东海集团、永荣控股、中景石化等优质企业发展壮大。继续实施战略性新兴产业领跑专项行动，聚焦新型材料、新能源汽车等领域，支持阿石创新材料、天马科技、礼恩科技等一批企业快速做大，力争战略性新兴产业产值突破3200亿元。盯紧16条产业链，动建祥鑫特种合金铝、科麟环保等强链补链项目。

推动服务业跨越发展。加快商业步行街提档升级，引进国内外品牌首店、旗舰店和体验店，发展“网上餐厅”“网上超市”，打造直播带货、短视频制作、新媒体运营等一批直播平台，大力培育消费新业态。持续开展“惠聚榕城”“美食嘉年华”等特色促销活动，挖掘内需潜力。建设闽都文化城、船政文化城等一批重点旅游景区，促进旅游业加快恢复。办好中国跨境电商交易会，打造1—2个产业链完整、专业性强的跨境电商产业园。发展普惠金融、绿色金融、供应链金融，推动兴业银行金融科技产业园建设。办好第56届全国工艺品交易会、世界华人保险大会等大型展会。新引进企业总部50家。

发展现代特色农业。落实粮食安全省长责任制，确保粮食种植面积稳定在122万亩以上，新增高标准农田11万亩，生猪存栏108万头，农作物良种覆盖率达98.5%以上。新建果蔬菌等设施农业2000亩以上、林下经济示范基地10个，新增“三品一标”农产品22个，新培育市级以上休闲农业示范点5个、休闲渔业示范基地5个。新建一批省级现代农业智慧园、农业物联网应用基地。办好中国（福州）国际渔业博览会、中国食用菌产业博览会。

（摘编：马榕威）

鼓楼区产业经济发展概述

2020年是全面建成小康社会和“十三五”规划收官之年，也是发展进程中极不平凡的一年。一场突如其来的新冠肺炎疫情席卷各地，给鼓楼区带来了严峻挑战。

疫情就是命令，鼓楼区闻令而动、全员冲锋。贯彻落实中央和省、市决策部署，把人民群众生命安全和身体健康放在第一位，广大医务工作者和党员干部、社区工作者、志愿者坚守一线，企业家、海内外乡亲捐款捐物，全区人民众志成城，汇聚起了打赢疫情防控人民战争总体战阻击战的磅礴力量。防技就是责任，鼓楼区尽心尽责、全面布防。采取“平台式”管理、“套娃式”防控、“组团式”服务，联防联控守好全区大门小卡，“一人一档”加强重点风险地区来访人员分类管控，应检尽检做好重点人员核酸检测，及时保障防疫和民生物资供应，筑牢了“外防输入、内防反弹”的坚固防线。坚持就是胜利，鼓楼区紧抓不懈、全力以赴。始终绷紧常态化疫情防控这根弦，坚持“人物同防”，建立健全境外来访人员、进口冷链食品等风险管控机制，强化综合防控应急演练，完善公共卫生应急管理体系，切实增强群众防护意识，牢牢守住了疫情防控的底线。

一年来，鼓楼区坚持以习近平新时代中国特色社会主义思想为指导，全面贯彻党的十九大和十九届二中、三中、四中、五中全会精神，在深入推进常态化疫情防控的同时，以“争当排头兵”系列竞赛活动为抓手，攻坚克难、砥砺奋进，保持了经济社会平稳健康发展。全年地区生产总值突破2000亿元，一般公共预算总收入增长1.3%，地方一般公共预算收入增长2.5%，社会消费品零售总额增长2.1%，城镇以上固定资产投资增长8%，实际利用外资增长141.7%，城镇居民人均可支配收入增长2%。获评全国首批法治政府建设示范区、中国领军智慧城区；位列全国百强区第18名、全国营商环境百强区第22名，均为全省第一。一年来产业经济发展的主要工作和成效体现在：

突出稳中求进，经济发展质量更高。“三大经济”活力迸发。“数字经济”加速领跑，17家企业入选全省数字经济领域独角兽、瞪羚创新企业，占全省19.1%；23个项目入选全省数字经济百项应用场景典型案例，数量全省第一；新落地数字经济项目190个，总投资250亿元。“总部经济”持续壮大，新引进企业总部10家，新培育市级总部企业10家；企业上市创历年最好水平，新增2家境内上市企业，6家企业新晋或更替上市进程。“平台经济”快速发展，新认定市级平台企业31家，企业数和纳统销售额均居全市第一。产业载体提档升级。全面打造星级楼宇标杆，新建、改造商务楼宇31.5万平方米，税收超千万元、超亿元楼宇分别达110栋、24栋，获评中国楼宇经济焕新发展城区。大力实施商圈品牌战略，开展“指尚东街口”等各类促销活动140场次，东街口商圈销售额达85亿元。在全省率先推出夜色经济工作导则，打造了三坊七巷市级夜色经济示范街区和12个夜间经济集市。扎实推动园区蓄力发展，软件园成功入选第三批国家双创示范基地，技工贸总收入突破1200亿元，A区数谷大厦对外招商，E区光电芯片产业基地改造扩容，全省首个国产化软硬件适配中心落户园区；洪山科技园技工贸总收入突破500亿元，新引进互联网企业21家，互联网产业规模占比达65%。新产业新业态集聚发展。新落地中科星泰、博创时空等区块链相关企业，建成政务数据共享、数据存证服务等区块链技术应用平台。“云服务”赋能产业发展，华为云、阿里云、天翼云等云服务市场规模达80亿元。馄鹦（信创）产业辐射带动力增强，关联企业实现营业收入15亿元。直播行业加快集聚，松果小镇网络科技等一批直播企业落户运营，打造了100个特色直播品牌馆。永辉生活、谊品生鲜、7-Eleven，六意等便利连锁门店超过360家。首店经济壮大发展，新增品牌首店52家。

聚力项目攻坚，发展动能持续增强。专项行动加压奋进。“抓项目促跨越”行动开工项目143个、竣工项目69个，总投资分别达541.8亿元、132.5亿元。“双百双千”增产增效行动共414家企业实现正增长，增产面达98.8%。服务业跨越发展行动实施项目28个，完成投资67.7亿元。“新基建”行动建成新能源汽车充电桩303个，5G基站951个，在全省率先实现5G信号全覆盖。

重点项目快速推进。43个“五个一批”项目完成年度投资57.5亿元，一季度正向激励综合考评进入全省前十。62个省、市级重点项目完成年度投资188.2亿元，超序时8.1个百分点。招商引资成绩斐然，坚持以商招商、产业链招商、资本招商等，新引进招商项目468个，总投资938亿元，其中10亿元以上项目14个，福化环保、字节悦动等大项目、好项目相继落地。

重点改革蹄疾步稳。扎实推进国家知识产权强县工程示范区、“三新”经济统计试点等13项国家级、省级改革试点。全面完成经合社集体经济组织产权制度改革。“一线处置”机制获全市改革创新项目第一名。深化国资国企改革，与华润、首程控股、欧力士等大型央企、国企、外企合作，成立了润楼金投、诚驿停车、智慧城市运营等合资企业。

创新活力持续释放。新增国家高新技术企业144家、科技小巨人领军企业22家，总数分别占全市29%、25%。新增省级龙头企业1家、“专精特新”企业3家，新增省级新型研发机构、技术转移机构共10家。1人入选国家级重大人才项目，10个团队（个人）入选省引才“百人计划”，新增高技能人才310名。新引进博士、硕士221名，位列全市第一。

协作交流深入推进。深度融入“海丝”核心区建设，6个“海丝”项目完成年度投资6亿元，新引进外资项目16个。深化与纽约布鲁克林区、马来西亚诗巫市等友城交流。圆满完成东西部扶贫协作任务，累计投入财政帮扶资金1.4亿元，实施产业帮扶项目85个，就业扶贫8942人次，助力岷县如期脱贫摘帽。与新疆奇台县、西藏八宿县、永泰县等对口帮扶、山海协作取得新进展。

“十四五”时期发展的主要目标和2035年远景目标是：站在更高起点上谋划创新之举，着力打造全省领先的高质量发展超越先行区、全国知名的服务业发展示范区、充满活力的改革创新样板区、令人向往的品质生活幸福家园。到2025年，地区生产总值突破3000亿元，进入全国百强区前15名，城镇居民人均可支配收入与经济发展保持同步增长。到2035年，率先实现全方位高质量发展超越，经济实力、科技实力、综合竞争力再迈上一个大台阶。

2021年经济社会发展的主要预期目标是：地区生产总值增长8.7%，地方一般公共预算收入增长5%，城镇以上固定资产投资增长7%，社会消费品零售总额增长9%，外贸进出口总额增长1%，实际利用外资增长3%，城镇居民人均可支配收入增长5%，城镇登记失业率低于全市平均水平，完成能耗“双控”目标任务。

（摘编：陈闽声）

台江区产业经济发展概述

2020年是极不平凡的一年，既是决胜全面建成小康社会、决战脱贫攻坚之年，也是“十三五”规划收官之年，更是面对突如其来的新冠肺炎疫情冲击，台江区不畏险阻、砥砺前行的奋进之年。一年来，台江区坚持以习近平新时代中国特色社会主义思想为指导，全面贯彻党的十九大和十九届四中、五中全会精神，认真落实习近平总书记重要讲话重要指示批示精神，坚持“马上就办、真抓实干”，弘扬勇于拼搏、争先创优的“台江精神”，凝心聚力、攻坚克难，扎实做好“六稳”工作，全面落实“六保”任务，统筹推进疫情防控和经济社会发展，各项工作都取得了新的进展。地区生产总值达600.81亿元，增长6.3%，位居全市第三；第二产业增加值、第三产业增加值分别增长12.7%和5.3%，均居全市第一；一般公共预算总收入24.99亿元，地方一般公共预算收入16.19亿元；实际利用外资7.8亿元；固定资产投资177.7亿元，增长19.2%；社会消费品零售总额245.3亿元，增长3.5%。一年来产业经济发展的主要工作情况是：

疫情防控成效显著。坚持人民至上、生命至上，坚决贯彻中央“坚定信心、同舟共济、科学防治、精准施策”决策要求，认真落实省、市和区委部署，织密织牢疫情防控“五张网”，全力以赴筑起防疫“铜墙铁壁”，全年始终保持“无疫情区”良好态势。围绕“外防输入、内防反弹”，紧盯进口冷链食品管理、中高风险地区人员管控等关键环节，实施核酸检测4.7万人次，累计集中医学观察6171人、居家隔离2911人；在公共场所全面推行“亮码通行”，消杀农贸市场、超市等重点场所1395万平方米。全力推动复工复产复商复市，高效落实减租、稳就业奖补等一系列政策举措，发放企业复工复产指南3.6万份；用好抗疫专项贷款，助力48家企业申请融资贷款25亿元；坚定不移落实减税降费，全年为市场主体减税2.52亿元、社保降费6.74亿元；集中力量推动市场复苏回暖，全年新增市场主体1.5万户，同比增长20%。

产业转型步伐加快。主动融入“三个福州”建设大局，着力发展新产业、新业态、新商业模式。重点打造“平台经济”，培育和挖掘平台经济项目51个，华锦贸易、易鲜冷链等13家企业被认定为首批福州市平台企业。“苏万宝”商圈成功引进蔚来新能源汽车等高端业态，入选省级示范商圈。朴朴电商、土土优选等新零售业态初具规模。开展“全闽乐购”“520台江云告白”等线上直播、线下促销活动600余场，带动消费39亿元。夜色经济方兴未艾，成功打造万科广场等三大夜色经济体验示范街区，“上下杭·金银里”高品质步行街顺利开街。深入实施楼宇经济“倍增计划”，精心组织“楼宇企业回归”行动，新增税源回归企业825家，入库税款4600万元。抢抓新基建新机遇，累计建成5G基站406个，在全市率先实现5G网络信号全覆盖。出台促进企业高质量发展、加快服务业发展等系列惠企政策，兑现奖补资金1.05亿元；进一步落实“一企一议、一事一议”工作机制，协调解决问题685个，有效助推企业成长壮大。

发展后劲显著增强。一以贯之落实“五个一批”项目推进机制，全年完成341个“五个一批”项目和37个市级重点项目，均超年度投资计划。以“抓项目促跨越”专项行动为抓手，海峡电子商务产业基地三期等137个项目顺利开工，瑞特大厦等61个项目实现竣工，超额完成市下达开竣工任务数。全力开展“双百双千”增产增效行动，重点企业正增长率达98.4%。历史文化街区建设提速增效，苍霞特色历史文化街区建筑保护修缮、外立面景观整治等工程基本完工，南公园街区保护修缮工程一期全面完成。招商工作成效显著，成功引进春申股份、华清东方、雪链物联网等优质项目超千个，总投资879亿元。新增国家级高新技术企业81家。

改革创新持续深化。营商环境3.5版改革成效凸显，区级“一趟不用跑”事项占比超七成，“信易批”“打包办”“全城通办”等服务广受好评。简化投资审批办事流程，开设重点项目业务办理“绿色通道”，电子证照增量生成率达100%。15家区属国有企业全面改制整合，区国投集团、城投集团正式揭牌成立。街道机构改革、经营类事业单位改革全面完成。融媒体中心建成投用。食品安全“一品一码”体系建设深入推进。全方位推广“家园事务服务中心”“五事工作法”及“三社联动”工作模式，创新推出“邻里议事厅”“人民勤务岗”等做法，实现服务群众“零距离”。教师“区管校聘”改革全面推进。居家社区养老服务集成改革经验获全市推广。

城市品质稳步提升。243个新一轮城市品质提升项目、358个老城区“十位一体”综合提升项目全面完成，城乡基础设施投入达26.18亿元。打铁垱新村、河口东里等22个零星旧改项目顺利完成，滨海快线南公园站、中平花园1号楼等重要节点项目净地交付。红星地块安商房基本封顶，柔远雅苑、融信洋中城顺利交房，1.5万户居民完成回迁选房。高标准整治提升宁化新村、凤凰新村等39个老旧小区，惠及群众1.4万户，改造数量及投资额居全市之首。房屋结构安全隐患大排查大整治取得阶段性成效，整改隐患问题278处、群租房1819户。开展整理“城市客厅”专项行动，市容市貌管理等十大专项工作扎实推进，道路保洁、园林绿化等综合排名明显提升，创建4条市容严管街。新增停车泊位1234个，打造海峡金融商务区、闽江北岸中央商务区及上下杭历史文化街区三大规范停车示范区。实施拆墙透绿70处，新增绿地110亩，建成街头公园38个、城市绿道8公里，闽江北岸公共空间贯通工程建成开放。新改扩建市政道路10条，完成城市标识系统更新。全面落实垃圾分类“四定”工作，分类准确率达80%以上。苍霞街道入选“福建省首批生活垃圾分类示范片区创建街镇”。打好污染防治“三大战役”，空气质量优良率达99.7%。

“十四五”规划的主要目标是：到2025年，地区生产总值达到862.5亿元，年均增长7.5%左右，第三产业增加值占地区生产总值比重超过90%，R&D经费投入年均增长20%以上。到2035年，全面补齐科技创新、产业结构、居民收入等短板，在我国基本实现社会主义现代化时，率先实现全方位高质量发展超越。

2021年工作安排。2021年是实现第一个百年奋斗目标的决胜之年，也是“十四五”规划的开局年、起步年和基础年。台江区将立足新发展阶段，贯彻新发展理念，融入新发展格局，进一步坚定信心、解放思想、苦干实干，全方位推动高质量发展超越。今年经济社会发展的主要目标是：地区生产总值增长8.7%，一般公共预算总收入增长5%，地方一般公共预算收入增长5%，固定资产投资增长7%，社会消费品零售总额增长9%，城镇居民人均可支配收入增长8.5%。

（摘编：林汇智）

仓山区产业经济发展概述

2020年，面对突如其来的新冠肺炎疫情，仓山区坚持以习近平新时代中国特色社会主义思想为指导，深入贯彻落实党的十九大和十九届二中、三中、四中、五中全会精神，统筹推进疫情防控和经济社会发展，全力打好疫情防控阻击战，扎实做好“六稳”工作，全面落实“六保”任务，坚持“一手抓产业提升，一手抓城建提质”的总体思路，深入开展优二强三提升、城建提质、绿化仓山提质、干事创业提效、营商环境优化五大专项行动，各项工作都取得新进展。全区完成地区生产总值890亿元；社会消费品零售总额489亿元，增长0.1%；固定资产投资增长10.0%；进出口总额267亿元，增长0.04%；实际利用外资12.3亿元，完成年计划的125.5%；居民人均可支配收入45830元，增长3%；一般公共预算总收入41亿元，增长-6.4%；地方一般公共预算收入27.2亿元，增长-4.7%；完成市下达的节能减排降碳任务。“五个一批”第二、三季度综合考评分别位居全省第8、第3，招商工作综合考评位居全市第2。一年来产业经济发展的工作成效主要体现在：

坚持科学施策，疫情防控有力有效。新冠肺炎疫情发生以来，区委、区政府坚持“人民至上、生命至上”理念，运用“网格化+大数据”等方式开展地毯式摸排，创新建立“六个一”“钥匙开门”等工作机制，严格落实各项防控措施，压紧压实“四方”责任。常态化防控疫情，坚持人物同防，先后开设8个集中医学观察点，重点抓好入境人员、中高风险地区来仓山人员、进口冷链食品等防控工作。加强物资保障，累计下达各级财政疫情防控资金5747万元，紧急配备大量检测设备和防护装备，春晖制衣成为全市首家转产医用防护服企业。围绕复工复产，创新企业“指导员”等做法，抽调140多名干部挂钩服务企业，发放失业保险稳岗返还资金1.43亿元，发放一次性稳就业补贴1861.47万元，提前兑现工业技改补助资金270万元。在疫情防控过程中，广大医务工作者白衣逆行、无私奉献；各级党员干部坚守岗位、忠诚履职；各界企业家、海内外乡亲捐款捐物、倾情支援；全区人民团结一心、众志成城，共同构筑起疫情防控的坚固防线。

加快转型升级，产业结构不断优化。二产加快提质发展。工业园区标准化建设高效推进，金山片、浦上片等4个工业园区片区控规调整完成公示，园区总体容积率从1.0提高到2.1，提升后可新增高标准厂房近300万平方米；金山工业园区橘园片规范提升试点工作快速推进，A地块15万平方米高标准厂房实现主体封顶，提前对接32家优质企业入驻，D地块正加快施工，C地块成功出让；奥特帕斯公司自主提升项目开工动建；推动奥体21号、红星农场南侧等5幅地块调整为临时工业用地，总面积1350亩。

智能产业蓬勃发展，引进落地大唐网络5G智能高精度定位等302个项目、总投资603亿元，完成智能城管平台等十大应用场景建设，智能产业全年产值突破550亿元。生物医药产业快速发展，编制完成产业发展规划，出台促进产业高质量发展八条措施等扶持政策，引进落地精准与再生医学研究中心等101个重点项目、总投资328亿元，生物医药产业“两园两中心”揭牌运营，产业集聚式、园区式发展模式初步形成，产业规模突破150亿元。

三产持续发展壮大。加快绿榕商业综合体等16个服务业重点项目建设，实现投资97.83亿元，完成年计划的116.1%。平台经济稳步发展，彩食鲜企业购等55个重点平台项目实现销售额355.23亿元。商圈经济持续壮大，开展“惠聚榕城消费季”专项行动，通过直播带货、鼓励促销等措施，带动消费242.99亿元；发挥仓山万达广场省级示范商圈优势，打造了万达（金街）市级夜色经济体验示范街，带动爱琴海、万象里等6个区级夜色经济街区提升；融侨外滩一号商业综合体试营业。金融招商力度加大，浙商银行福州分行落地试营业。电商产业加速发展，网络零售企业达2389家，网络销售总额189.07亿元、位居全市第1。全年新增提升限上商贸业、规上服务业单位192家。

科技创新步伐加快。锐捷网络工业互联网高实时网关等16项市级“百项千亿”技改项目加快推进，累计完成投资16.78亿元，比增65.7%，增速位居全市第4；新申报国家级高新技术企业179家，位居全市第2；新增科技小巨人领军企业17家，福建吉诺、凯米网络等2家企业入选福建省数字经济领域未来“独角兽”企业，福州交通信息、骏鹏易丰等6家企业入选福建省数字经济领域“瞪羚”创新企业。

营商环境不断优化。“放管服”改革持续深化，企业开办时限压缩至4个工作小时，老年人优待证发放等6项服务在全市率先实现跨镇街通办；以自贸区为试点，在各县（市）区首推刻章“零费用”服务。出台推动工业经济发展等41项105条惠企政策，兑现各级扶持资金1.6亿元。加强政银企对接，帮助腾龙鞋业等1406家企业获得金融贷款189.3亿元。落实减税降费13亿元。开展“双百双千”增产增效专项行动，全方位精准帮扶310家重点企业，其中308家实现正增长。“一企一议”帮助企业解决问题745个，办结率100%、位居全市第1。

征迁交地成果丰硕。实施“征地拆迁百日攻坚”行动，大力推进福乐新苑等120个项目征迁，完成征迁面积151.36万平方米，净地交地53个项目、共5610.17亩。清理批而未供土地4800亩，数量位居全市第1。全年出让土地29宗、共3219.45亩，成交金额440.59亿元，出让面积、成交金额分别占四城区的69.64%、59.85%。

重点项目加快建设。“抓项目促跨越”专项行动有力推进，世茂帝封江等229个总投资1694.37亿元的项目开工，项目数、总投资均位居全市前列；三迪创富广场B区等109个项目竣工，完成全年任务的121.1%；正荣观江樾等61个市级重点项目累计完成投资402.28亿元。新型基础设施建设全速推进，新建5G基站1325个，“T3出行”网约车平台等18个市级项目完成投资11.06亿元。区属国投公司与中海油合作开发运营的三江口加油站项目顺利开工。

招商引资成效显著。创新“云洽谈”“云签约”等方式，建立区级领导联动招商、“一把手”招商等机制，掀起了“全员大招商”热潮；全年引进落地国家管网集团闽投（福建）天然气管道等项目609个，总投资1721.62亿元，其中，50亿元以上项目2个，10亿元以上项目26个，项目总数、重点在谈项目转化落地数均位居全市前3。

三江口片区开发加快推进。完成梁福小区等21个项目95.2万平方米征迁。马航洲湿地保护修复工程等5个总投资77.13亿元的项目顺利竣工，梁厝河滨水商业街、嘉里樟岚中心等86个总投资1019亿元的项目正加快建设。福泉高速连接线拓宽改造工程、清凉山消防站等30个公共配套项目建设有序推进，福州学校初中部建成招生，最美区域雏形初显。

2021年是全面实施“十四五”规划的开局之年。根据当前宏观形势，初步确定今年经济社会发展的主要预期目标是：地区生产总值增长9.0%；一般公共预算总收入增长5.0%；地方一般公共预算收入增长5.0%；社会消费品零售总额增长9.0%；固定资产投资增长9.0%；居民人均可支配收入增长7.5%；实际利用外资增长3.0%，进出口总额增长1.0%，完成市下达的节能减排降碳任务。

（摘编：邓新民）

晋安区产业经济发展概述

2020年是“十三五”规划收官之年，也是应对疫情考验极不平凡的一年。一年来，晋安区坚持以习近平新时代中国特色社会主义思想为指导，全面贯彻落实党的十九大和十九届二中、三中、四中、五中全会精神，以昂扬的斗志、奋进的姿态，干在实处、走在前列，着力统筹疫情防控和经济社会发展大局，全力战胜各种风险挑战，各项工作取得新的成效。全年实现地区生产总值985亿元，增长5.5%；一般公共预算总收入33.6亿元；地方一般公共预算收入22.9亿元；规上工业增加值增长3.7%；全社会固定资产投资额616.1亿元，增长7.3%；社会消费品零售总额910.8亿元，增长1.8%；进出口总额232亿元，增长3%；实际利用外资9亿元；城镇居民人均可支配收入4.85万元，增长4.2%；农村居民人均可支配收入2.33万元，增长6.8%。一年来产业经济发展的主要工作和成效是：

疫情“阻击战”坚决有力。新冠肺炎疫情突袭而至，在区委的统一领导下，第一时间建立起战时防控机制，按照“外防输入、内防扩散”“外防输入、内防反弹”等阶段性防控策略，聚焦重点领域和关键环节，强化联防联控、群防群控、智防智控、人物同防，筑牢火车站、汽车北站“大门”，守住村居、厂区、商区“小门”，管好开学复课学校“校门”，把紧进口冷链食品“库门”，疫情防控阻击战取得阶段性成果。

发展“操作链”有效打通。克服疫情带来的不利影响，奋力打通复工复产“五难”操作链，扎实做好“六稳”工作，全面落实“六保”任务。推出“投资晋安”平台，通过线上“云签约”、线下“一把手招商”，落地华为福建区域总部等618个招商项目，开竣工永正检测中心等347个项目，抓促、招商等专项行动考评稳居全市前列，“五个一批”正向激励综合考评可望2个季度跻身全省前三。248家重点企业列入“双百双千”增产增效行动，全部实现正增长。各级惠企政策有效落实，发放援企稳岗奖补2亿元，下达科技扶持资金6500多万元，帮助企业纾危解困850个。高层次人才政策加快落地，助推企业自主创新，引进各类高层次人才296人、高技能人才148人，四创软件获评国家级博士后科研工作站，拓天生物列入国家重点研发计划项目库，高意通讯获评省级专家服务基地。新增国家级、省级高新技术企业213家，新增省科技小巨人领军企业6家、省级新型研发机构4家，14家企业入选省级重点上市后备企业。“智汇晋安”人才驿站入选首批省级人才驿站，73位专业人才选认科技特派员。

产业“新体系”加速构建。全面启动工业园区标准化建设，晋安湖“三创园”在全市率先挂牌成立，累计出让产业用地6幅、121亩，改造提升低效厂房（用地）4个、61亩，福州数字内容产业园、麦克赛尔新生产基地、欧居智能研发中心、德弘科技研发中心、天盟大厦等26个好项目先后落地，总投资74.6亿元，一个支撑光电通讯、智能制造、新能源、数字产业集聚发展的现代化产业园正全方位提速建设。坚持数字赋能，推动服务业迭代升级。总部经济、平台经济加速发展，新增企业总部16家，卖好车、榕滴成品油零售等一批优质服务平台相继落地。“全闽乐购”深入开展，商圈经济、夜色经济进一步繁荣，全省首个宜家商业广场正式开业，东二环市级夜色经济示范街区建成开街，爱摩轮商业广场开工建设。“多约北峰”全域品牌持续打响，新增“三品一标”特色农业品牌2个，鼓岭、皇帝洞等景区提升工程有序推进，龙巢野生动植物王国等大型旅游项目开工建设，精品民宿、休闲农家乐、文创产品等旅游配套加快补齐，九峰村获评省级金牌旅游村，成为福州首批全省全域生态旅游示范区。

2021年是中国共产党成立一百周年，是实现第一个一百年奋斗目标的收官之年，也是“十四五”发展的开局之年。晋安区将立足新发展阶段，贯彻新发展理念，融入新发展格局，永葆“闯”的精神、“创”的劲头、“干”的作风，全力以赴做好“十四五”开局工作。

2021年经济社会发展的主要预期目标是：地区生产总值增长9%；一般公共预算总收入、地方一般公共预算收入增长5%；全社会固定资产投资额增长9%；社会消费品零售总额增长9%；规上工业增加值增长8.5%；第三产业增加值增长9.6%。为实现上述目标，产业经济重点抓好以下几个方面工作：

强化创新驱动。鼓励组建创新联合体，力争新增国家级、省级高新技术企业66家以上。落实各类科技创新惠企政策，促进企业研发投入持续增长，力争R&D投入总量达8亿元以上。深化科技特派员制度，选认科技特派员70名以上。推动“产学研用”深度融合，支持高水平研发机构发展，打造人工智能、工业互联网、物联网等创新服务平台。实施人才强区战略。谋划建设市人才“三创”综合体。发挥“智汇晋安”省级人才驿站示范引领作用，持续实施“才聚晋安”计划，引进培养高层次人才320人、高技能人才360人以上。

突出项目支撑。强化抓大项目、大抓项目导向，开展“抓项目促提升”专项行动，落实“五个一批”项目推进机制，实施“六大提升工程”，推动155个重点项目开工建设、97个项目竣工投产。盘整全区招商资源，深入实施产业链招商、以商招商、园中园招商，落地生效一批带动力强、支撑作用突出的产业项目。积极申请中央预算内投资、地方政府专项债券等政策资金，抓好重大项目谋划储备与建设。落实“一企一议”协调机制，聚焦“难、硬、重、新”问题，缩减项目周期，全力保障项目建设有序推进。

发展战略性新兴产业。实施工业园区标准化建设行动，推动老旧厂房加快改造提升，新建标准化厂房20万平方米以上。提速晋安湖“三创园”建设，加快市城投建筑总部大楼、兆丰华疫苗厂等在建项目建设，完成8幅、110亩产业用地整合收储出让，引进落地一批优质产业项目。强化高意、华科、麦克赛尔等龙头企业引领作用，培育一批“专精特新”中小企业，推动全产业链优化升级。大力发展“三新”经济，深化“5G+工业互联网”应用，支持企业技改、扩大投资，实现技改投资增长10%以上，推动传统企业延链、补链、强链。

实施数字经济领跑行动。坚持以“数字晋安”培育发展新动能，推动数字经济和实体经济深度融合。依托阿里巴巴、华为等数字巨头，瞄准大数据、人工智能、区块链、5G商用等领域，开竣工数字经济项目10个以上，引进数字企业60家，全力打造福州数字内容产业园。系统布局新型基础设施，再建一批5G基站，支撑各行业、各领域数字化转型。聚焦公共服务、城市管理、社会治理等领域，推出一批数字应用场景，争取更多成果亮相第四届数字中国建设峰会。

加快发展现代服务业。提升东二环等重点商圈智慧化水平，鼓励引进品牌首店、旗舰店等高端消费业态，推动宜家商业广场、世欧广场争创省级示范商圈。加快打造晋安湖中央商务区，抓紧建设爱摩轮商业广场。培育新型消费，发展生鲜电商、无人零售、直播销售等新兴业态，促进线上线下消费融合。继续推进13个夜色经济街区建设，开展“全闽乐购”等特色促消费活动，充分挖掘内需潜力。建成区楼宇经济管理平台，打造一批品牌楼宇、特色楼宇，推动宏捷、福万等企业自建总部。加快建设盛辉智慧云产业园、福州烟草区域物流中心，扶持发展物流服务、电商销售、基金服务等平台。

（摘编：李元）

马尾区产业经济发展概述

2020年是极不平凡的一年。一年来，马尾区凝心聚力、锐意进取，全力打好新冠疫情防控阻击战，全力落实“六稳”“六保”任务，全力推进产业高质量发展“12345”工程和城市品质提升“六大”行动，各项工作都取得了新的进展。全区地区生产总值640亿元，增长6%；一般公共预算总收入31.6亿元，下降9.6%；地方一般公共预算收入21亿元，下降8.1%；固定资产投资201亿元，增长10%；社会消费品零售总额191.5亿元，增长1.5%；实际利用外资7.5亿元，下降30%；城镇居民人均可支配收入54978元，增长3.5%；农村居民人均可支配收入29530元，增长6.5%；完成市下达的节能减排降碳任务。获批国家骨干冷链物流基地、全省唯一专利与标准融合机制创新试点。产业经济发展的主要工作包括：

疫情防控有力有效。面对突如其来的新冠疫情，区委、区政府果断决策、快速反应，全区上下同舟共济、众志成城，共同构建了一道道守护人民生命健康的安全防线。

经济运行稳中有进。扎实开展一系列行之有效的专项行动，着力稳经济、稳供应链、稳产业、稳企业、稳就业、稳预期，实现经济平稳健康发展。通过“抓项目促跨越”“五个一批”等行动，全年开工项目151个，竣工项目72个，完成省市重点项目投资200亿元，超年度计划10个百分点，一季度“五个一批”项目综合考评位居全省第一；通过“双百双千”增产增效行动，打通“五难”操作链，实现农林牧渔业、工业、建筑业、三产重点企业总产值分别增长51.8%、12.3%、26%、36%；通过“百项千亿”行动，有效实施企业技改项目35项，完成投资18亿元，促进星云电子、腾景科技等一批企业在疫情影响下逆势上扬；通过“云招商”“招商年”等行动，建立健全“1+N+X”招商工作机制，全年落地招商项目409个，总投资超700亿元。

产业发展提质增效。“三个马尾”建设再上新台阶，数字经济总产值破700亿元，新落地项目80个；海洋经济总产值超900亿元，建成海洋经济示范项目12个，“海上福州”项目考评连续两个季度居全市第一。园区标准化建设迈出新步伐，实施“老三园”改造提升项目81个，清理批而未供土地778亩，处置低效产业用地260亩；“新三园”中物联网产业创新发展中心已入驻企业55家，并形成“一楼一品”的鲜明特色，拥有41万平方米“升级版”标准厂房的联东U谷和万洋众创城项目均顺利开工并加快建设；继续谋划生成了均和云谷光电物联产业园、新材料产业园、新型建材产业园等“又三园”，产业承载能力进一步增强，发展空间进一步拓展。基金业展现新成效，管理规模超1600亿元，年纳税2.6亿元，并启动实施小镇二期建设，形成与一期的错位发展，推动小镇从吸引私募股权基金集聚向发展多元化私募基金业态转变，被第十四届中国私募基金高峰论坛授予“最具影响力基金小镇”称号。旅游市场保持繁荣，年接待游客量达200万人次。

2021年是奋进“十四五”、逐梦新征程的开局之年。马尾区将立足新发展阶段，贯彻新发展理念，融入新发展格局，锐意进取，奋发有为，全方位推动高质量发展超越迈好第一步、见到新气象。经济社会发展的主要预期目标是：地区生产总值增长8.7%，地方一般公共预算收入增长5%，固定资产投资增长10%，社会消费品零售总额增长9%，进出口总额增长1%，实际利用外资增长3%，城镇居民人均可支配收入增长6.5%，农村居民人均可支配收入增长7%，城镇登记失业率控制在3.5%以内，完成节能减排降碳任务。经济发展重点抓好以下几个方面工作：

建好创新平台。依托高新区马尾园、红光湖“三创”基地等载体，打造沿江、环湖科创走廊。支持物联网开放实验室等平台创建国家重点实验室，推动落地上润纳米数字图像传感实验室，加快中铝东南材料研究院研发中心、福光超精密光学加工实验中心、创识科技研发中心等项目建设。推动中检研究院福建分院投入运营，落地建设检测行业相关实验室8家。推进专利与标准融合机制创新试点工作，争取培育试点企业5家以上，发布各类标准50项以上。

扶持创新主体。发挥企业在技术创新中的主体作用，促进各类创新要素向企业集聚。全面落实企业研发投入分段补助、促进科技成果转化、金融支持科技创新等政策措施，加强知识产权保护，鼓励企业加大研发投入，力争全社会研究与试验发展经费投入总量增长20%。

拓展承载空间。推进工业园区标准化建设，实施园区“七通一平”补短板项目80项以上，鼓励区内企业开展“零增地”技术改造。改造提升低效工业用地，逐步实现“老三园”面貌提升、配套提标、产业提质、效率提高。加快物联网产业创新发展中心企业引进培育和产业生态营造，同步推进联东U谷、万洋众创城项目建设和招商引资，力争“新三园”新增入驻企业50家，形成工业产值50亿元以上。

壮大市场主体。营造有利于创新创业创造的良好环境，促进新经济、新产业、新模式、新业态不断催生，争取新增市场主体6100家以上。持续抓好“两转”工作，力争新增规上工业企业15家以上、限上商贸企业100家以上。鼓励企业加大技改投入，实施重点技改项目40项以上。支持大中型制造业企业建立销售、研发、运营等职能型总部，推动腾景科技、中电合创等高成长企业从单一制造向供应链、技术、设计多元化方向发展，打造先进制造业与现代服务业融合发展示范区。建立行业“隐形冠军”清单，精准辅导企业申报省级以上制造业单项冠军。加强上市后备企业孵化工作，争取新增上市企业4家以上。

发展战新产业。围绕产业高质量发展“12345”工程，聚焦物联网、新型汽车电子、软件信息服务、光电、海洋等五大产业，抢占战略性新兴产业发展制高点，培育壮大新兴产业集群。聚焦国家级物联网产业示范基地建设，精心筹备第四届数字中国峰会物联网分论坛，着力打造物联网产业创新生态圈，新引进物联网核心技术企业15家以上。鼓励慧翰、时代星云等企业增资扩产，推进大唐高鸿车路协同项目建设，加快发展新能源汽车电子产业。支持新大陆、国脉等企业在区块链技术领域开展技术创新，推动区块链技术与行业应用融合发展。

做优现代服务业。推动现代服务业发展提速、比重提高、质量提升，打造特色现代服务业集聚区。盘活商业楼宇资源，聚焦航运、建筑等13个特色主题，加快发展“一楼一品”楼宇经济。壮大马尾基金小镇，加快二期项目建设，集聚基金企业400家以上，力争基金管理规模突破2000亿元。动建保宏跨境电商产业园，加快融达通跨境电商产业园、中交京东冷链跨境电商虚拟产业园建设，推动跨境电商监管中心投入使用，培育跨境电商本土品牌，打造跨境电商综合集聚区。

扩大对外开放。坚定国家级经开区功能定位，继续发挥好稳外资稳外贸作用。加强自贸区改革创新，推出全国“首创性”举措2项以上。推进综合保税区建设，推广增值税一般纳税人资格试点，加快低效土地资源整合，建立冷链供应链综合产业和跨境电商综合服务平台。全面融入闽东北协同发展区，对接推进福州新区闽江口组团开放开发，服务保障第二机场高速、城际铁路F3线等重大基础设施顺利建设。坚持海丝引领战略，推动东盟海交所复盘，促成海丝版权港等项目落地实施，争取中日产业园项目取得进展，努力打造海丝门户枢纽。实施侨商回归工程，发挥海外华人华侨在促进国内国际“双循环”中的作用，鼓励引进新产业、新技术和高层次人才。

（摘编：陈闽声）

长乐区产业经济发展概述

2020年，面对艰巨繁重的发展任务和新冠肺炎疫情的严重冲击，长乐区以习近平新时代中国特色社会主义思想为指导，坚决贯彻落实党的十九大和十九届二中、三中、四中、五中全会精神，统筹推进疫情防控和经济社会发展，扎实做好“六稳”工作、全面落实“六保”任务，全力打好三大攻坚战，积极融入“三个福州”建设，认真开展“当先锋打头阵、抓项目促跨越”主题竞赛活动，全方位推动高质量发展超越，较好地完成了年初确定的各项任务。全区地区生产总值突破千亿元，增长6.5%；第一产业增加值增长3.5%；规模以上工业增加值增长7.5%；第三产业增加值增长5.5%；固定资产投资增长15%；一般公共预算总收入增长5.2%；地方一般公共预算收入增长3.5%；实际利用外资完成6.92亿元；进出口总值完成175亿元；社会消费品零售总额完成158.4亿元；居民人均可支配收入增长3.5%；城镇登记失业率2.37%；完成市下达的减排降碳目标。第七次全国人口普查登记工作顺利完成。一年来产业经济发展的主要工作有：

疫情防控坚决有力。坚持人民至上、生命至上，按照坚定信心、同舟共济、科学防治、精准施策的总要求，全力打好疫情防控的人民战争、总体战、阻击战。认真落实“外防输入、内防反弹”工作要求，健全完善常态化疫情防控机制，坚持人物同防、海陆联防、群防群控，压实“四方责任”，采取了严守“四道关口”、救治患者“四早”“四集中”、运用大数据“智慧抗疫”、冷链食品“三个全面”等措施，建成全省首个“方舱”PCR实验室，核酸检测提级扩面，坚守长乐国际机场“第一道防线”。

滨海新城加快建设。坚持规划引领，启动长乐区国土空间规划、福州新城区概念规划等5项规划，完成12项滨海新城及临空经济区规划。坚持和谐征迁，滨海新城及其临空经济区征交地1.58万亩、拆迁135.7万平方米，滨海新城安置房二期、三期、五期顺利完成选房，安置房四期竣工、六期动建。坚持产城融合，成功承办第三届数字中国建设峰会长乐分会场活动，签约总投资499亿元的卫星互联网、天津大学产学研等49项战略性新兴产业项目，中国移动数据中心一期、电信东南信息园、省精准医学产业创新中心、贝瑞和康一期等11个产业项目竣工，滨海信息产业园一期、中电数据、均和云谷等69个项目集中开工，长乐功能区119家规上工业企业实现产值1243.66亿元、增长3.94%。

三大攻坚战有效实施。金融运行总体平稳，重视防范化解金融风险，“信用长乐”建设持续推进，突出金融支持实体经济，帮助265家中小微企业申请纾困专项贷款21.8亿元、16家全国疫情防控重点企业发放优惠再贷款11亿元，“海峡·长乐周转贷”为21家企业提供过桥资金27笔共11.06亿元。脱贫攻坚决战决胜，加强对困难群众的走访帮扶，实施城乡居民一体化保障标准和社会救助保障金增长机制经验做法获国务院第七督查组表扬，与定西漳县的东西部扶贫协作、南平松溪的山海协作、宁德周宁和福安康厝乡、龙岩永定的对口帮扶深入开展，帮助漳县巩固全县脱贫摘帽成果。污染防治持续推进，第二次污染源普查工作通过国家生态环境部验收，九大类77项生态环境保护目标任务、第二轮中央生态环境督察反馈问题整改工作有序推进，闽江流域长乐段山水林田湖草生态保护修复项目基本完成，闽江河口湿地生态保护提升、闽江沿线长乐段环境整治进展顺利，龙峰渣土资源化利用项目一期建成投产、二期建成试运行，空港污水处理厂启动建设，投入7.7亿元建成污水管网1066公里，17条河道清淤整治13.7公里。

产业发展活力增强。334项省市区重点项目完成投资602亿元，“五个一批”第三季度正向激励综合考评位居全省第一，“一抓一促”综合考评位居全市前列。大力实施数字经济赋能先进制造业，坚持用工业互联网打通产业链供应链操作链，已打造骏鹏智造、景丰科技等5个智能化工厂，恒申合纤、雪人制冷等8个数字化示范车间，近200家工业企业接入长乐纺织工业互联网平台。开展“百项千亿”技改专项行动，76项省市工业重点技改项目完成投资185亿元，技改投资增量贡献率位居全市前列。大东海实业、恒申集团、永荣控股上榜2020中国企业500强，金纶高纤等4家企业上榜2020中国民营企业500强，长源纺织等5家企业上榜2020中国制造业民营企业500强。新增国家级高新技术企业23家、省级21家，获批省市科技计划项目9个，列入重点上市后备企业56家，工业企业规下转规上44家，华渔教育科技、网龙普天教育科技分别入选省级数字领域“独角兽”企业、“瞪羚”企业，新认定省科技小巨人领军企业4家、“专精特新”企业2家、院士工作站1个，“5G+智慧教育应用示范”等4个项目入选省数字经济百项应用场景。现代服务业发展壮大，26个市级服务业重点项目完成投资145.9亿元，商贸服务业企业限下（规下）转限上（规上）73家，京东、菜鸟等电商物流开始运营。平台经济健康发展，23家平台企业（项目）纳统销售额突破300亿元。组织开展“全闽乐购·惠聚榕城”等线上线下活动230场，东湖数字小镇、万星青鸾广场2个夜色经济示范街区建成开街，实现消费回补和潜力释放。

乡村振兴扎实推进。实施特色产业发展、人居环境整治等乡村振兴十大领域96个重点工作任务，乡村振兴示范试点扎实推进。落实“米袋子”省长责任制，粮食种植面积基本稳定在17.45万亩以上，土地整理5.5万亩，耕地抛荒撂荒整治1256.16亩，耕作层表土剥离再利用34万立方米，新增高标准农田2万亩。落实“菜篮子”市长负责制，稳定蔬菜供给、生猪生产，扩建生猪养殖场4家。特色现代农业建设取得新进展，新认证“三品一标”农产品16个。现代渔业加快转型，梅花五显鼻二级渔港加快建设。农村集体产权制度改革完成清产核资、成员界定、股权量化等工作，完成农村宅基地和集体建设用地使用权及房屋所有权确权调查工作，全面推进农村土地承包确权档案数字化建设。选派省市区科技特派员124名，实现所有行政村全覆盖。围绕“整洁长乐”“绿色长乐”“人文长乐”和“拆、整、清、绿、护”五个专项，深入开展“美丽长乐”大行动，城乡人居环境明显改善。投入1.5亿元新建21个、再提升24个美丽乡村，新改建公厕49座，整治农房2050栋，梅花镇、江田南阳村省级“十镇百村”项目有序推进，营前长安村获评省级美丽休闲乡村、福州十大魅力乡村。农村公路建设持续提升，完成农村公路示范提升及安全生命防护工程189公里。城乡供水一体化建设持续推进，启动松下镇城乡供水一体化试点，完成金峰、首占等农村饮水安全巩固提升项目11个。处置“两违”187万平方米，农村乱占耕地建房专项整治工作强力推动。清理批而未供和闲置土地1397亩。

2021年是现代化建设进程中具有特殊重要性的一年。根据“十四五”发展的总体要求和目标任务，2021年长乐区经济社会发展主要预期目标是：地区生产总值增长8.5%，第一产业增加值增长3%，规模以上工业增加值增长9%，第三产业增加值增长10%，固定资产投资增长11%，一般公共预算总收入增长5%，地方一般公共预算收入增长5%，实际利用外资增长2%，社会消费品零售总额增长8%，居民人均可支配收入增长7%，进出口总值、城镇登记失业率完成市下达的目标，完成节能减排降碳任务。

（摘编：尚岩）

福清市产业经济发展概述

2020年是福清撤县建市30周年，也是福清发展历程中极不平凡的一年。面对严峻复杂的国内外疫情防控和经济形势，福清市以习近平新时代中国特色社会主义思想为指导，认真贯彻党的十九大和十九届二中、三中、四中、五中全会精神，深入开展“五大提升行动”，以“三重一大五保障”为抓手，扎实做好“六稳”工作，全面落实“六保”任务，统筹推进疫情防控和经济社会发展，各项工作取得新进展。主要成效体现在“三项桂冠、四大突破、五个第一”。

“三项桂冠”，即荣获第六届“全国文明城市”；取得全国双拥模范城“三连冠”；天宝陂入选世界灌溉工程遗产名录。

“四大突破”，即规上工业总产值突破2000亿元，三大千亿产业集群加速崛起；龙江流域治理体系取得突破，六大系统治理工程齐头并进，流域水质不断提升；龙高半岛饮水难问题取得突破，创新“市统管、村自建”模式，依靠群众做好群众工作，龙高半岛50万群众将在春节前喝上和城市一样的自来水；全省县域集成改革试点取得突破，进入2020年全国营商环境百强县前20名。

“五个第一”，即“五个一批”行动第二季度取得全省第一，第四季度再获第一；“抓项目促跨越”行动排名福州市第一；招商专项行动排名福州市第一；一般公共预算总收入、地方一般公共预算收入总量和增速均位列福州市第一；规上工业增加值增速排名福州市第一。一年来产业经济发展的主要工作和成效是：

着力抓好疫情防控，守护人民群众生命健康。面对突如其来的疫情，我们认真学习贯彻习近平总书记关于新冠肺炎疫情防控工作的重要讲话和指示批示精神，坚持以人为本、生命至上，与时间赛跑、与病毒较量。第一时间落实防控措施，推行“五不漏”工作法，织密防控网络，仅用7天建成福清市医院新感染病区。市财政累计投入1.37亿元用于疫情防控。当医疗防护物资告急时，海外融籍乡亲千里驰援，仅市层面就接收约700万只口罩、3.3万套防护服、2.2万副护目镜等捐赠物资。当国外疫情暴发时，我们严格落实“外防输入、内防反弹”防控策略，并筹集6批物资反向驰援海外乡亲。当疫情防控转入常态化时，强化冷链食品等重点环节监管，建成福州市首个核酸检测基地，核酸日检测能力最高可达30万人份。瘟疫无情，玉融有爱！全市广大医务工作者、疾控工作人员、社区村居工作者、公安民警、新闻工作者、志愿者、企事业单位职工、党员干部以及广大人民群众，齐心协力、众志成城，筑起坚强的人民防线。自2月26日本土病例“清零”以来，至今没有发生本土新增确诊病例。

着力稳企业稳增长，经济运行稳中向好。以“双百双千”增产增效行动为抓手，多措并举保市场主体、保产业链供应链稳定。全市367家“双百双千”企业实现增量600亿元，稳住经济发展基本盘。落实“一企一议”机制，开展“登门”“摆摊”行动，主动送政策上门，累计兑现各级奖补资金9.2亿元，减税降费12.6亿元，帮助企业渡过难关。开展“全民消费节”“百企千万促消费”“直播带货”等活动，激发消费活力，提振市场信心。用好用足国家政策，全市普惠小微贷款余额达137.7亿元，较年初增长37%。通过努力，我们顶住了疫情对经济带来的巨大冲击，主要指标实现逆势增长。全市地区生产总值1270亿元，比增7.1%；农业总产值190.4亿元，比增3.5%；一般公共预算总收入155.3亿元，比增11.5%；

地方一般公共预算收入91.3亿元，比增7.3%；社会消费品零售总额315.7亿元，比增3.5%；城镇居民人均可支配收入4.97万元，比增2.4%，农村居民人均可支配收入2.6万元，比增4.7%。

着力优化产业结构，发展内生动力明显增强。备案旭川化学、联东U谷等182个项目，总投资1555亿元。动建万华化学40万吨/年MDI、万达光电、元洪食品展示交易中心二期等237个项目，总投资1921亿元。投产友谊新材料科技园、元洪食品展示交易中心一期、鸿生再生资源回收利用等108个项目，总投资364.7亿元。开展“百项千亿”技改专项行动，完成技改投资210亿元。福清核电“华龙一号”全球首堆正式并网发电，三峡海上风电国际产业园首批机组出口“一带一路”沿线国家。开展园区标准化建设，投入16.9亿元，实施四大园区基础配套提升工程。开展“清盘攻坚”专项行动，处置批而未供土地1580亩，完成征地6557亩。推动江阴港城经济区东部围填海历史遗留问题通过自然资源部备案，新增用地7000多亩。推进“服务业跨越发展”专项行动，动建喜盈门商业综合体等26个服务业重点项目。整合提升清昌、福和万达两大商圈，打造夜色经济体验示范街区。完成3.5万亩高标准农田建设，整治抛荒撂荒耕地8890亩，全年粮食产量达到10.7万吨。光阳蛋业、星源农牧国家级畜禽数字农业试点项目完成建设，“一都枇杷”获国家地理标志登记证书。举办第三届福州（福清）枇杷节、东张煎茶节等系列农业节庆活动，推动特色农业与乡村旅游融合发展。

着力抓改革促开放，营商环境进一步优化。以全省县域集成改革试点为抓手，扎实推进7大类、32项改革任务。深化营商环境集成改革，探索“开卷式审批”“云代办”等机制，企业开办全流程审批压缩至1个工作日。市民服务中心投入使用，为市民提供“一站式”便捷服务。深入实施“融聚英才”计划，引进省级高层次人才54名、省工科青年专业人才237名、教育医疗领域高层次人才82名。元洪国际食品展示交易中心列入国家骨干冷链物流基地，获批设立进境肉类指定监管场地。中国－印尼“两国双园”列入国家“一带一路”境外合作重点项目库。福州保税港区升级为福州江阴港综合保税区，江阴港新增5条航线，开创“一箱到底”全程多式联运，进口通关时间压缩至21.6小时。

着力打好三大攻坚战，发展短板加快补齐。打好防范化解重大风险攻坚战，强化金融风险防控，全市金融机构不良贷款率降至0.64%。开展安全生产专项整治三年行动，排查整治各类隐患7860处。推进房屋结构安全隐患大排查大整治百日攻坚，摸排整治各类安全隐患1433处。深化更高水平的“平安福清”建设，推进扫黑除恶专项斗争“六清”行动，“平安三率”再创历史新高。打好污染防治攻坚战，持续抓好两轮中央环保督察整改工作，267件信访件全部办结销号，如期完成一坝底82万方陈年垃圾挖掘筛分任务。投入2.8亿元，开展江阴港城经济区水环境综合整治提升行动，实施污染源溯源整治、企业雨污排放治理等108项整改项目，已圆满完成年度任务84个。推进7条农村小流域综合治理，实施20个治理项目，小流域水质均达到考核要求。打好脱贫攻坚战，持续巩固脱贫攻坚成果，全面完成与通渭、连城等地对口帮扶任务，代表福州市在全国“携手奔小康”研讨会上作典型发言。

2021年是我国现代化建设进程中具有特殊重要性的一年，也是“十四五”开局之年。今年全市经济社会发展的主要预期目标是：地区生产总值增长9.1%；农业总产值增长3.5%；规模以上工业总产值增长9%；一般公共预算总收入增长8%，地方一般公共预算收入增长12%；全社会固定资产投资增长12%；社会消费品零售总额增长9.5%；城镇居民人均可支配收入增长8.5%，农村居民人均可支配收入增长8.6%；城镇登记失业率控制在3.9%以内；确保完成上级下达的年度节能减排降碳等其他各项任务。

（摘编：李元）

闽侯县产业经济发展概述

2020年，是全县干部群众同心协力统筹疫情防控和经济社会发展的攻坚之年，也是八闽首邑儿女决战决胜“十三五”的收官之年。闽侯县聚焦滨江新城建设，谋划推进“十个专项行动”和“16项重点工作”，全方位推动高质量发展超越实现新突破。全年GDP完成782亿元，增长5.5%；重大项目开工188个、竣工92个，带动固定资产投资完成625亿元；一般公共预算总收入、一般公共预算收入分别完成126.05亿元、78.14亿元，总量均保持全省前列。县域经济综合竞争力、县域经济实力分别再上全国百强榜、全省十强榜，县域投资潜力跻身全国第9位。产业经济发展的主要工作和成效是：

精准防疫情、稳增长。认真落实中央及省市一系列防控工作要求，创新开展“敲门行动”、师生“报平安”、“战‘疫’播报”、“挂图作战”保复工、发热患者“规范就诊”等系列行动，在战“疫”中，广大医务工作者白衣为甲、逆行出征，广大干部群众不惧风险、冲在一线，广大在外乡亲出钱出力、千里驰援，他们以生命赴使命、用挚爱护苍生，他们用朴实行动构筑起守护生命的铜墙铁壁。

推出系列措施抓产业、促提升。249家“双百双千”增产增效行动企业正增长率96%，完成产值1050亿元。重大工业项目开工107个、竣工37个，66个“百项千亿”技改项目完成投资107.66亿元，新增福州市名优产品目录企业28家产品93个，新认定省级企业技术中心3个，青口投资区、闽侯经济技术开发区标准化建设加快推进，高新区入围国家绿色产业示范基地。纳统“平台福州”项目8个，打造上街永嘉天地、南屿正荣广场等市县级夜色经济街区5个，“来闽侯，吃住游乐购”等系列促销（直播）活动成效明显。出台《闽侯县乡村民宿管理办法（试行)》，昙石山特色历史文化街区作为全市开街仪式主会场亮相央视新闻联播。新增百亩以上超级稻示范点2个、市级龙头企业4家、省级“一村一品”示范村5个，闽侯金鱼再获海峡渔业周全场总冠军等众多奖项。

实施项目提品质、增颜值。入选全国县城新型城镇化建设示范县，全县项目完成房屋征收217万平方米。福州大学城实施三批整治提升项目，沙堤市民公园建成开园；东南汽车城打通东南大道三期等12条“断头路”；县城新增公园7个、公共停车泊位1476个，新建（提升）农贸市场3个，公交停车场建成投用；南通科学城“十策治十乱”城市品质提升工作成效明显；基本完成雪峰山城片区单元控规。新建农村公路138公里，完成农村安全饮水提升改造工程，打造乡村振兴试点村70个，青口后福、荆溪仁洲、白沙林柄、洋里梧溪等村分获全国及省市级荣誉称号。启动荆溪徐家村古村落风貌区建设，473处文物全部落实测绘、落图、立碑定点管理，2个项目入选福州市第六批非遗项目名录。闽侯二桥、旗山湖等重大基础设施项目加快推进，61个项目建成投用。286个新一轮城市品质提升、城镇综合提升“十位一体”项目完成投资5.96亿元，依法处置“两违”面积142.5万平方米，整治裸房113.5万平方米。造林绿化和森林经营面积5.3万亩，5个村获评省级森林村庄、青口镇获评省级森林城镇。“整洁闽侯”行动持续深化，新建公厕31座，铺设污水管网100公里，县垃圾焚烧发电厂点火运营。“散乱污”企业整治、“污水不入河”行动扎实推进，获闽江流域山水林田湖草生态保护修复试点正向激励，空气质量优良率99.7%，闽江流域干流水质

Ⅰ—Ⅲ类比例达 100%。

2021 年是“十四五”的开局之年，也是我国现代化建设进程中具有特殊重要性的一年。坚持以习近平新时代中国特色社会主义思想为指导，扎实做好“六稳”工作、全面落实“六保”任务，巩固拓展疫情防控和经济社会发展成果。经济社会发展的主要预期目标是：地区生产总值增长 8.5%；一般公共预算总收入增长 5%；固定资产投资增长 9%；实际利用外资增长 3%；社会消费品零售总额增长 9.5%；城乡居民人均可支配收入增长 7.5%；城镇登记失业率控制在 3% 以内；全面落实节能、减排、降碳任务。经济发展重点抓好以下工作：

拓展投资空间。发挥投资对优化供给结构的关键作用，推动新型基础设施、重大科研、民生保障等领域项目建设，实施甘蔗旧改三期安置房、福特科二期等重点项目 480 个，完成年度投资 500 亿元以上，开工 110 个、竣工 80 个以上。支持民营企业发展，激发民间投资活力，完成民间投资 450 亿元、增长 10% 以上。

促进消费升级。推进需求侧管理，打通消费堵点，增强消费对经济发展的基础性作用。培育壮大海峡农副产品批发物流中心等专业市场，持续提升永嘉天地、万家广场等夜色经济街区和城市综合体。持续开展直播带货促销活动，放宽服务消费领域市场准入，强化消费者权益保护。

发挥出口作用。坚持“优出优进”，加快培育以技术、品牌、质量、服务为核心的竞争新优势。加大外贸企业扶持力度，继续实行企业出口保险制度，支持发展跨境电商，鼓励自主品牌扩大出口。融入自由贸易试验区、海丝核心区建设，支持汽车、机电等产业先进技术设备、关键零部件进口。

做强做优工业。推动东南汽车城建设，着力东南汽车股权重组，提升奔驰汽车产能，引进新能源整车，延伸产业链条，完善销售服务体系。推动园区提质扩容，加快青口投资区、闽侯经济技术开发区标准化建设，通过提升容积率、完善配套等措施做大规模。推动传统产业升级，加快建设闽乾工艺品等 122 个建设项目、祥鑫军民融合特种铝材等 70 个技改项目，做好补链延链强链工作。

加快发展三产。加强上街高速物流园等大型物流园区、集散地和分拣中心建设，支持第三方物流企业融入生产企业供应链管理，实施智慧物流云平台项目，提升物流企业发展效益。梳理楼宇资源，打造总部经济发展基地，引进企业总部 3 家以上。加快地铁 2 号线竹岐、5 号线荆溪上盖项目建设，培育发展地铁商圈。做好昙石山民俗文化旅游片区申报国家 4A 级旅游景区工作，推动闽越水镇开业运营，建成县旅游集散中心，开通旅游直通车线路 3 条以上。

健全基础配套。积极推动地铁 2 号线、5 号线及滨海快线延伸段项目，谋划启动三条战略通道，加快实施光明互通、林森大道延伸段等一批路网项目，建成江滨路品质提升、洪塘大桥至国宾大道拓宽改造等 15 个项目，打通荆溪溪下中路、南通聚福路等 14 条“断头路”，提升国省道 12.4 公里，建设“四好农村路”40 公里，推动公交客运更加便民惠民。持续推进闽江防洪工程四期、六期和溪源泄洪洞等 5 个重点水利工程，建成旗山湖水利工程和县城区应急备用水源工程。系统优化各片区水厂及管网布局，全面实施城乡一体化供水工程。

促进乡村振兴。一是大力实施乡村建设行动。持续推进 70 个试点村建设，打造 4 条精品路线。完善乡村基础设施，提升农房建设质量，推进农村垃圾污水治理，改善农村人居环境。提高农民科技文化素质，推动乡村人才振兴。二是深化农村产权制度改革。拓展集体资产股份权能，创新农村集体经济运行机制，做好农村承包地确权登记颁证扫尾工作。培育农民合作社、家庭农场等新型农业经营主体，新增县级以上示范场（社）5 个以上。健全农村金融服务体系，发展农业保险。三是巩固拓展脱贫攻坚成果。健全防止返贫监测、困难群体帮扶工作机制，强化农村社会保障和救助工作，接续推进村集体经济发展。坚持东西部协作和对口支援、社会力量参与帮扶等机制，提升脱贫攻坚成色。

（摘编：王一星）

连江县产业经济发展概述

2020年是特殊的一年，是艰难开局的一年，却也是砥砺意志、奋勇前进的一年。一年来，连江县众志成城、攻坚克难，全力打好新冠疫情防控阻击战，扎实做好“六稳”工作，全面落实“六保”任务，各项工作都取得了新的进展。全县地区生产总值突破600亿元；一般公共预算总收入56.87亿元，增长7.4%；地方一般公共预算总收入34.76亿元，增长4.1%；进出口总额84.9亿元，增长11.9%；实际利用外资3.98亿元，完成市下达任务；社会消费品零售总额129亿元，与上年持平。城镇居民人均可支配收入39959元，增长2%；农村居民人均可支配收入20455元，增长4.7%；固定资产投资增长11%；城镇登记失业率2.1%。完成市下达的节能减排降碳任务。获评全国双拥模范县、全省首批全域生态旅游示范县，再次蝉联“中国鲍鱼之乡”称号。一年来，产业经济发展的主要工作和成效是：

疫情防控坚决有效。面对突如其来的新冠肺炎疫情，在县委坚强领导下，严守“四道关口”，全面落实“四早”“四集中”等防治措施，发现了全省首例新冠肺炎病例、全省首例境外输入病例。全县累计收到社会各界和海外爱心捐款4700余万元。组织开展了四轮健康管理“走透透”行动，发动基层党员8000余名、群众9万余名、社会组织377个，参与疫情群防群控工作。

经济运行企稳向好。出台45条政策意见，全力支持企业复工复产、持续发展。“双百双千”增产增效行动深入开展，141家优质存量企业新增产值200亿元。丹阳蛋鸡产业园、长龙现代茶产业园等项目取得良好效益。华翔农业发展公司入选国际农产品标准化示范园、粤港澳大湾区“菜篮子”生产基地。实施市以上重点工业技改项目26项，完成投资160亿元。英迪特智能制造、福立方智能家居、锦程高科民用长丝等项目动工，富林机械、茶花二期、海大饲料等项目竣工。现代服务业加快发展，万家城市广场、万星商业广场等商圈业态不断提升，夜色经济日益繁荣。海峡汽车及冷链物流产业园、万纬物流园、永盛现代物流园开工建设，中通物流福建总部和对台业务基地顺利落地。福州软件园连江分园二期工程启动，浪竞时代网络、菁莴科技等项目入驻园区。滨海旅游、温泉旅游、生态旅游、红色旅游实现联动发展。筱埕镇获评全省“全域生态旅游小镇”。

海洋产业集聚壮大。《福州（连江）国家远洋渔业基地建设规划》获市政府正式批复，核心区母港一期启航大道等工程动建。水产品产量预计达124万吨，渔业产值达240亿元，首次跃居全国县级第一。自主培育的“福鲍一号”广受市场青睐。宏东产业园、佳昆食品等水产品加工企业竣工投产。“百台万吨”深远海养殖计划全力推进，“泰源”系列养殖平台陆续下水。“海洋牧场”建设进展顺利，5000亩标准化海带养殖示范区建成。宏东、正冠等远洋渔业企业新建远洋渔船18艘。加快打造渔港经济区，苔菉国家中心渔港主体工程完工，黄岐国家中心渔港完成整治提升，浦口中麻等6个渔港建成。工业园区标准化建设加快推进，可门工业园区通过全省首批化工园区认定。建设申远新材料一体化产业园，恒申电子材料、绿色纺织产业园等项目顺利签约。中科院福建育成中心先进材料产业化基地有望落地。

改革开放持续深化。全年为企业减免社保费约1.25亿元，减免国有资产类经营性房产租金约630万元，完成各类退税8.2亿元。金融机构存贷款余额增长14.9%，企业直接融资1046.4亿元。

拓展海域使用权证、养殖设施资产抵押贷款业务，全县 18 家商业银行共发放水产行业贷款超 100 亿元。对外开放步伐加快，黄岐口岸正式开放即将通过市级验收。连江县深远海区生态养殖模式列入国家发改委印发《国家生态文明试验区改革举措和经验做法推广清单》。

2021 年是奋进“十四五”、逐梦新征程的开局之年。连江县将立足新发展阶段，贯彻新发展理念，融入新发展格局，坚定信心、埋头苦干，全方位推动高质量发展超越。经济社会发展的主要预期目标是：地区生产总值增长 8.3%，地方一般公共预算总收入增长 5%，固定资产投资增长 9%，社会消费品零售总额增长 10%，实际利用外资、出口总额增幅高于全省平均水平，城镇登记失业率控制在 3.8% 以内，完成市政府下达的节能减排降碳任务。重点抓好以下几个方面工作：

提升科技创新能力。坚持创新核心地位，着力推动数字经济、平台经济发展，打造高质量发展新引擎。充分发挥区位优势，全面建设福州软件园连江分园二期。积极跟踪引进大珑网络科技、青蜂牛云平台等项目，建设福州数字娱乐产业园。加强与京东等现代物流企业合作，依托连江水产、建筑等传统产业优势，发展产业供应链金融。推动建设福州理工学院“三创产教融合示范基地”、中科院福建育成中心先进材料产业化基地，促进科技成果转移转化。

加快向海进军步伐。谋划建设海洋经济产业园，全面动建福州（连江）国家远洋渔业基地，积极打造海洋产业集群。实施新一轮养殖规划修编。开展海洋资源普查，大力发展海葡萄、海胆等高优水产品养殖。发挥鲍鱼、海带等育种优势，支持反哺北方水产养殖业。深入推广深远海养殖，扎实推动“百台万吨”深远海养殖计划，加快建设黄湾屿新型“海洋牧场”。积极发展休闲渔业、观光渔业。支持宏东渔业、止冠渔业等企业拓展海外渔场。培育壮大水产品加工龙头企业，引进海洋低值蛋白肽开发、丁香鱼精深加工等 6 条生产线。启用宏东水产品交易中心，进一步拓展水产品销售渠道。

振兴临港产业集群。围绕申远新材料“一中心、四组团”规划布局，建设一体化产业园，力促申远二期、申马二期等项目建成投产。加快建设格林达数码、超白浮法玻璃等项目，再落地一批先进化学品、工程新材料产业，推动化工产业发展向精细化和价值链高端延伸。

打造区域物流枢纽。大力建设福州现代物流城，谋划建设福州港城快速通道，启动丹贵公路、丹江大道、104 国道丹阳至新洋段等一批交通路网建设。加快建设正祥国际海峡农产品物流园、中通物流福建总部和对台业务基地、国通冷链物流园，争取再落地一批现代物流项目。持续推进可门港开放开发，动建可门作业区 6—7 号泊位，力争 4 号泊位列入国家 40 万吨级码头布局。全面建成可门港铁路支线，启动建设港口后方铁路（北段）杜坞—樟林—透堡段。筹建电商产业园，完善农村电子商务服务体系。

构建开放商贸体系。发展壮大夜色经济、直播经济、网红经济，打造一批消费新地标。鼓励发展新模式新业态，开拓城乡消费新市场。争创国家级全域旅游示范县，加快贵安温泉旅游度假区创建国家级旅游度假区。编制全域旅游发展规划，完善旅游服务配套，吸引“过路客”变“过夜客”。提升精品旅游线路，做好“＋旅游”融合文章。建设现代金融服务体系，用好“仓单质押”“金融数字授信”等金融产品，帮助海产品养殖户、加工厂拓宽融资渠道。

拓展对外交流合作。积极参与闽东北区域协作、福州·宁德山海协作。围绕稳外贸、稳外资，鼓励外贸企业拓展海外市场，降低外商投资企业经营成本。坚持全面梳理、系统谋划，更好地发挥项目投资关键作用。抢抓“两新一重”建设机遇，全年安排“抓项目促提升”专项行动开工项目 123 个，总投资 246 亿元；竣工项目 95 个，总投资 190 亿元。动建福建向马祖地区水源保障工程、黄岐后沙至苔菉公路，力促黄岐口岸尽快正式开放。积极发挥“侨”在“引进来、走出去”的纽带作用，壮大“回归工程”。

（摘编：游永贵）

闽清县产业经济发展概述

2020年，闽清县坚持以习近平新时代中国特色社会主义思想为指导，全面贯彻落实党的十九大和十九届二中、三中、四中、五中全会精神，全面做好“六稳”工作，落实“六保”任务，坚决打赢“三大攻坚战”，奋力夺取疫情防控和经济社会发展“双胜利”，全县地区生产总值354亿元，比增5%：一般公共预算总收入29亿元，比增0.3%：地方一般公共预算收入16亿元，比增1.5%；固定资产投资122亿元，比增20%；城镇居民人均可支配收入35600元，比增4%；农村居民人均可支配收入17308元，比增7.5%。一年来产业经济发展的主要工作和成效是：

突出精准施策，疫情防控有力有序。快速响应抓调度，第一时间组建县疫情防控工作领导和指挥体系，果断成立重点乡镇、企业、教育等六个分指挥部，全县机关干部取消节假期，全员下沉一线集结、重点部位专班蹲守、基层单元精密布控，形成全县“一盘棋”的“临战”格局。生命第一抓救治。3天改建县总医院隔离院区，统筹隔离病房38间，实现“床等人”。全县1466名医务人员无惧风险，始终挺立在救治和流调一线，在全市首创“CT前置筛查”，7例确珍病例、8名疑似病例得到有效救治，累计核酸检测超8万人次，各类重点人群实现应查尽查、应检尽检、应收尽收、应治尽治。群防群策抓管控。落实“四早”措施，摸排各类人员2499人，设立检查网点600余处，配置县乡隔离点19处，1万余名党员干部和志愿者“敲门送暖”开展排查，日夜坚守大小卡点，细致入微提供服务。全力以赴抓保障。县财政下拨抗疫专项经费3780万元，累计接收企业家、乡贤华侨、社会各界爱心人士捐款1005万元。齐心协力抓复苏。随着疫情形势持续向好，果断按下“快进键”，出台支持企业复工复产一揽子政策措施，33名县领导挂钩189家企业、108个项目，实现最短时间内企业达产满产、学校开学复学和经济社会稳步复苏。

突出提质增效，发展态势稳中向好。项目支撑更加有力。219个重点项目完成投资140.4亿元，鑫闽鼎建筑、丰诚环保等123个项目开工建设，上莲风电、拓优陶瓷等59个项目竣工投产。“五个一批”项目第四季度综合考评全省前十。通过“双百双千”增产增效专项行动，95家减停产企业四季度实现转正。壹品天成、礼乐文化产业综合体等514个项目通过招商考评，总投资1035亿元，全省首个阿里巴巴线上供应链金融“文衍春秋新零售产业园”项目落地我县，预计年销售额50亿元。

农业基础不断夯实。全年农林牧渔总产值59亿元，增长4.7%。落实粮食安全省长责任制，新建高标准农田2万亩，稳定粮播面积14.3万亩，粮食总产量5.3万吨：持续抓好非洲猪瘟防控和生猪稳产保供。成功举办第三届中国农民丰收节、第四届中国·福州橄榄节。特色农业形成规模化发展态势，梅溪石湖、云龙官庄、塔砖茶口、桔林后洋入选全省“一村一品”示范村，新增省级农业龙头企业6家，海西汇农获评全国农民合作社示范社。深化省级农产品质量安全示范县创建，建成鑫河江橄榄、东桥绿辉蔬菜等4家省级优质农产品标准化基地，277家生产主体纳入农产品质量安全追溯平台。

工业经济稳中有进。全年新增规上工业18家，规上工业产值246.6亿元，规上工业增加值增长4.3%。大园区经济凸显新成效。白金工业园新开工鑫际达、国惠电子等10个项目，投产迪士尼水晶鞋、佳尔特油画布等5个项目，园区河道护岸、污水管网等15个基础设施提升项目加快建设。中建绿色建筑产业园完成三期控规修编，新落地晶尚格门窗、SPC石塑地板等6个产业链项目。大莲电瓷、力鑫电器等30家企业投入36.3亿元实施技改扩产。新增国家级高新技术企业9家、省级科技小巨人领军企业2家、国家地理标志证明商标3件，专利授权1071件，增长32.5%。全社会R&D经费投入1.66亿元，增长78.4%。双棱竹业获评“福建省知识产权优势企业”，战略新兴产业占规上工业比重达40.27%。建筑业持续壮大，九鼎集团获评福州市综合型总部企业，新增二级以上建筑企业8家，建筑业增加值增长6.1%。房地产及建筑业入库税收7.6亿元。

第三产业创新创优。全年第三产业增加值121亿元，增长5%；社会消费品零售总额45.1亿元，比增3.2%。周末集市、直播带货、夜色街区等多形式、多渠道活跃市场，新增限上规上商贸服务业23家，梅城印记特色历史文化街区成为深受群众喜爱的网红打卡地。成立县文投公司，宏琳厝景区完成修缮并重新对外营业，实现蝶变升级。建成东桥溪沙停车场及游客集散中心，瓷天下海丝精灵谷获评国家3A旅游景区，七叠温泉、黄楮林景区、留云心谷入选全国第六批森林康养基地试点单位，塔庄莲宅获评省级乡村旅游三星级旅游村，坪街村入选福州市第二批乡村旅游精品示范村。全年接待游客190万人次，旅游收入11.3亿元。

城乡品质提档升级。新城开发提速增效。投入15亿元，建成府前广场景观工程及地下停车场。中心城区焕发活力。投入15.7亿元，完成龙洲路、龙洲公园景观改造、重要节点夜景灯光、智慧路灯等市政提升项目，综合整治广宇老旧小区及台山片区等3条背街小巷，启动旧气象局片区征迁和江滨自行车道（二期）台山桥至赖下桥段建设。全面铺开城区生活垃圾分类工作，建设垃圾分类屋（亭）70座，新增公共停车位500个，停车场、户外广告、居民小区物业、建筑垃圾堆放等管理进一步规范。

“大交通”日趋完善。建成X125线池园潘亭至上莲段等10条41公里公路，完成316国道闽清段15公里道路“白改黑”。“大通道”亮夜工程全线亮灯，开启“内联外畅”新格局。完成农村道路养护示范提升145公里、安全生命防护工程13.7公里，检测桥梁306座，整治隐患22处，获评省级“四好农村路”示范县。投入2318万元，加快城乡公交客运一体化，更新公交线路2条，新增新能源公交车17部，实现65周岁以上群众免费乘车全覆盖。

“十四五”发展的指导思想是：高举习近平新时代中国特色社会主义思想伟大旗帜，深入贯彻党的十九大和十九届二中、三中、四中、五中全会精神，紧紧围绕统筹推进“五位一体”总体布局和协调推进“四个全面”战略布局，坚定不移贯彻创新、协调、绿色、开放、共享的新发展理念，坚持稳中求进工作总基调，坚持“3820”战略工程思想精髓，以全方位推动高质量发展超越为主题，以深化供给侧结构性改革为主线，以改革创新为根本动力，以满足人民日益增长的美好生活需要为根本目的，大力实施“三大三强”发展战略，推进高质量发展、高效能治理、高颜值生态、高品质生活，提升县域治理现代化水平，在更高起点上加快建设幸福新闽清。主要目标是：到2025年，实现农林牧渔总产值突破70亿元，工业总产值突破400亿元，服务业总产值突破200亿元，一般公共预算总收入超过37亿元，地方一般公共预算收入超过19.9亿元，地区生产总值实现翻一番。

2021年经济社会发展的主要预期目标是：地区生产总值增长8.5%；一般公共预算总收入增长5%，地方一般公共预算收入增长5%；固定资产投资增长12%；社会消费品零售总额增长10%；城镇居民人均可支配收入增长7.5%，农村居民人均可支配收入增长8.5%。

（摘编：蔡志轩）

罗源县产业经济发展概述

2020年是极不平凡的一年。罗源县坚持以习近平新时代中国特色社会主义思想为指导，全面贯彻党的十九大和十九届二中、三中、四中、五中全会精神，统筹推进疫情防控和经济社会发展，扎实做好“六稳”工作，全面落实“六保”任务，全方位推动高质量发展超越，县域经济运行持续恢复向好。全年完成地区生产总值335亿元，增长6.5%，位居全市前列。固定资产投资180亿元，增长18.2%；进出口总额35亿元，增长35.76%；一般公共预算总收入15.4亿元，地方一般公共预算收入9.68亿元。城镇居民人均可支配收入36430元；农村居民人均可支配收入17270元。一年来产业经济发展的主要工作和成效是：

疫情防控取得成效。面对来势汹汹的疫情，习近平总书记亲自指挥、亲自部署，打响一场气壮山河的人民战争、总体战、阻击战。全县上下认真贯彻落实习近平总书记重要讲话重要指示批示精神，在县委的正确领导下，县政府快速反应、高效指挥，把疫情防控作为最重要的中心工作，采取有力措施“外防输入、内防反弹”，先后197次下发紧急通知，面向社会发出18次通告，设立10个检查点，累计筛查车辆7.9万辆、13.6万人次，动车站体温检测69.1万人次，摸排湖北（武汉）等重点地区来罗人员8462人。在这场大战大考中，各乡镇、各部门履职尽责、冲锋在前，广大医务人员、基层干部勇挑重担、英勇奋战，社区工作者坚守岗位、默默奉献，全县人民风雨同舟、守望相助，海外侨胞、在外乡贤及社会各界捐款捐物、倾情奉献，建立起联防联控抗击疫情的巍峨长城。经过艰苦卓绝的努力，全县连续357天未发生本土新增病例。在抓好疫情防控的同时，全力推进复工复产，第一时间出台11条政策措施援企稳岗，分区分级差异化推动1211家企业全面复工复产。宝钢德盛、华东船厂、霍口水库等重点企业和项目连续生产不停工。落实纾困惠企各项政策，发放困难企业稳岗补贴2047万元，助力企业复工复产。毫不松懈抓好疫情常态化防控，牢牢守住“四道关口”，做到人物共防、海陆联防、群防群控。对境外来罗人员，严格落实统一检测、统一转运、统一集中隔离；对进口冷链食品，严格落实全面检测、全面消毒、全面追溯，坚决守住疫情不反弹底线。

经济运行企稳向好。坚持产业转型升级引领高质量发展，扎实开展“双百双千”增产增效行动，“一企一议”解决企业困难问题509个，带动182家重点企业全面实现增产增效。工业产业集群发展，全年完成规模以上工业产值565.5亿元，增长9.6%，增速排名全市第1；工业固定资产投资112亿元，增长47%，排名全市第1；技改项目完成投资67.59亿元，增长61.5%，增量、增速均位居全市前列。宝钢德盛二期项目建设加快，1780mm热轧项目热负荷试车成功。罗源闽光产能置换及配套项目完成一期建设，钢铁产能持续加大。德塔智能应急电源、金吕金属铝制品等一批工业科技企业加快建设，以钢铁产业为龙头，汽车配件、机械制造、船舶修造等为重点的临港产业体系初具规模。第三产业持续跃升，完成社会消费品零售总额50.2亿元，增长5.0%，在全市率先实现正增长，排名全市第1。新增提升限额以上商贸企业53家、规模以上服务业企业31家、企业总部2家。兴业证券在罗设立分支机构，县域金融布局进一步优化。开展“传统特色美食店”“十佳农特产品”评选、政府搭台带货直播等消费推介活动，发放“罗川惠民消费季”活动消费券

1000万元，带动实体经济消费7000万元。建成三中路夜色经济示范街区，夜间消费市场活力持续激发。打响“畲风海韵”旅游品牌，全年接待游客145万人次，旅游收入达14.3亿元。农业产业换档升级，第一产业实现增加值48.1亿元，增长4.5%。全年共安排2000万元专项资金，扶持食用菌、茶叶、花卉苗木等特色产业发展，逐步实现“一乡一业”“一村一品”。新增市级以上农业知名品牌7个，建成市级农业（茶业）产业园、农业物联网应用示范点。加快推进起步镇国家级食用菌产业强镇建设，“一菇独秀”走向全国。

发展动能加速积聚。以大龙头引领大产业，以大项目推动新发展。“抓项目促跨越”专项行动深入开展，全年123个重点项目开工建设，58个重点项目竣工投产。招商引资取得成效，开展精准招商、产业链招商，全年招商引资273个项目，总投资762亿元，其中落地动建103个重点项目，完成年度投资111.35亿元，引进宝钢德盛产能置换、东鎣原油2个投资超百亿元项目。营商环境持续优化，“减税降费”红利加快释放，全年减免各类税费3.5亿元。完成136项提升营商环境工作任务，营商环境升至全国县域第76位。新增国家级高新技术企业5家、省级高新技术企业2家，规模以上企业研发投入经费6.78亿元。基础配套不断完善，环罗源湾工业产业布局规划及环评通过审批。将军帽作业区1号泊位正式对外开放，新增年货物吞吐量1000万吨，将军帽港区配套进港道路验收通车，罗源湾港区正式跻身国内超大吨位散货港区行列。华能罗源电厂正式投产运行，年发电量70亿千瓦时。台商投资区“三通一平”步伐加快，4个乡镇原石材厂房逐步盘活。敖江引水工程建成投用，霍口水库、昌西水库等重点水利项目继续推进。新建乡镇道路58公里、供电线路86公里、供气管道10公里。历史遗留难题有力破解，27天完成白塔乡赤岭村应德村1200亩土地征收，白塔乡乡村振兴产业园项目加速推进；9天完成群力塘项目征地，福州台商投资区9000亩连片用地有效盘活。持续巩固“还山退海”成效，全面清退300亩海域超规划养殖，持续推动矿山生态修复治理。

乡村振兴深入实施。松山、起步、白塔“三个组团”集成政策、整合资源，找准薄弱环节，集中力量攻坚，形成强大合力。推动资金流向乡村，创新发行1.92亿元乡村振兴专项债券，统筹安排财政资金7000万元，实施99个乡村振兴项目。深化“政银担”三方合作，为263个农业经营主体增信贴息，新增涉农贷款1.3亿元。因地制宜、多途径发展集体经济，189个行政村集体经营性收入超10万元。全市乡村振兴金融现场会在罗召开，推广我县金融赋能乡村振兴模式。合作成立海峡两岸乡村创客培训学院，举办4期专题培训。新建提升33个美丽乡村，建设“畲风海韵”特色景观带，有序推进生活垃圾分类试点，乡村“颜值”不断提高。

2021年工作安排。2021年是实现第一个百年奋斗目标的收官之年，也是“十四五”发展的开局之年，罗源县牢记习近平总书记关于“把罗源建设成为闽江口及闽东南的一颗明珠”的殷殷嘱托，坚定不移传承弘扬“3820”战略工程思想精髓，进一步坚定信心、解放思想，全方位推动高质量发展超越。今年全县经济社会发展的主要预期目标是：地区生产总值增长8.3%，固定资产投资增长12.0%，社会消费品零售总额增长10.0%，进出口总额增长2.0%，实际利用外资增长3.0%，地方一般公共预算收入增长5.0%，城镇居民人均可支配收入增长7.0%，农村居民人均可支配收入增长8.0%，居民消费价格总水平涨幅控制在3.0%以内，完成节能减排降碳任务。

（摘编：尤文凡）

永泰县产业经济发展概述

2020年，永泰县政府坚持以习近平新时代中国特色社会主义思想为指导，全面贯彻党的十九大和十九届二中、三中、四中、五中全会精神，凝心聚力，奋勇攻坚，统筹推进疫情防控和经济社会发展，各项工作取得新的成效。全县生产总值首次突破300亿大关，达到313.5亿元，增长7.5%；一般公共预算总收入20.42亿元，地方一般公共预算收入12.46亿元，分别增长0.4%和1.4%；规模以上工业产值76.95亿元，增长10.5%；社会消费品零售总额43.9亿元，增长2.6%；实际利用外资3192万元；进出口总值11.9亿元，增长31%；城镇居民和农村居民人均可支配收入分别增长3.5%和5.8%，基本完成县十七届人大四次会议确定的目标任务。一年来产业经济发展的主要工作和成效是：

疫情防控有力有效。第一时间成立防控指挥部，动员全县力量投入疫情防控。建立“守乡护村”“1配3”居家医学观察等工作机制，及时发现并治愈2例输入病例，未发生本土确诊病例。严把外防输入关口，累计排查境外和国内中高风险地区来樟人员3万多人次。

专项行动稳步开展。“六稳”工作扎实推进，“六保”任务全面落实，“一企一议”解决涉企问题511项，减税降费3.5亿元。建立“政银企”对接机制，小微企业获得抗疫贷款3.2亿元。开展“抓项目促跨越”行动，中欧康养等119个项目开工建设，绿色食品产业园等59个项目竣工投产。完成固定资产投资131.6亿元，增长15.6%。三季度“五个一批”正向激励综合考评位列全省第四。实施“双百双千”专项行动，59家规模以上重点企业全部实现增产增效。

产业结构持续优化。现代农业加快发展。整治抛荒耕地2万亩，居全市首位；建立省级优质稻新品种示范片1800亩，推广种植10万亩；加快建设梅百华青梅产业园、闽台农业融合发展产业园、光阳蛋业金蛋工程；嵩口镇获评全国农业产业强镇。建筑产业继续提升。永富集团、华荣集团晋升市级总部企业；新增3家一级施工总承包企业。数字产业加快培育。青云“三创园”动工建设，利尼尔机器人竣工投产，智慧信息产业园成功开园，入驻企业139家，实现数字经济产值100亿元，税收超1亿元。平台经济方兴未艾。税费通、格瑞通平台签约落地，国家级电子商务进农村综合示范县建设加速推进。韵达福建（永泰）电商产业园成功落地。文旅产业全面发力。召开首届文旅产业发展大会，成立全域旅游产业联盟，上线旅游年卡；开展直播带货、千万红包发放、“百场活动百场会议”、“百名导游探永泰”系列活动，全面激活旅游消费。

乡村振兴扎实推进。制定乡村振兴五年规划，编制19个省级和23个市级试点村村庄规划。嵩口镇获评全省乡村振兴重点特色乡镇，力星村获评全省乡村振兴实绩突出村。建设美丽乡村58个。改建水冲式公厕46座，新建净化槽62个，拆除旱厕2700个，整治裸房1760栋，铺设污水管道70公里。完成造林2.5万亩，建设森林景观带1000亩。农村人居环境整治成效受国务院办公厅通报激励。省、市、县选派驻村第一书记61名，招聘硕士28人，引导各类人才投身乡村振兴。建立“政府引导+民间理事会”保护古庄寨的永泰模式，引导乡村治理走向良治善治。

2021年是实现第一个百年奋斗目标的收官之年，也是“十四五”的开局之年。要进一步坚定信心，按照上级党委和县委的决策部署，着力固根基、扬优势、补短板、强弱项，推动“十四五”发展开好局、起好步。经济社会发展主要预期目标是：地区生产总值增长9.5%；一般公共预算总收入增长3.7%、地方一般公共预算收入增长3%；固定资产投资增长14%；规模以上工业产值增长9.5%；社会消费品零售总额增长12%；进出口总值12.7亿元；实际利用外资3447万元；城镇居民和农村居民人均可支配收入分别增长7%、8%；城镇登记失业率控制在4.4%以内；主要污染物排放和单位地区生产总值能耗控制在市下达指标内。着力抓好以下几个方面工作：

大力推进科技创新。加大科技经费投入，R&D经费投入增长19%。新增国家级高新技术企业2家、省级2家、科技型中小企业3家、“专精特新”企业1家，省市众创空间2家。强化与清华大学、北京大学、厦门大学及福州本地院校的合作，搭建产学研基地。建设高新技术创业服务中心，引进培养企事业高层次人才30人以上。落实科技特派员制度。实施技术改造和“两化融合”，完成30个新基建和技改项目，建成600个5G基站站点，基本实现21个乡镇5G网络全覆盖。

深化重点领域改革。持续深化农村集体资产股份权能改革。依托县级农村产权流转服务中心，流转成片土地2000亩。开展农村宅基地及房屋确权登记发证工作，试点梧桐镇宅基地制度改革。深化国资国企改革，组建国投、城投、智投、文投4大集团公司。出台向上争取项目资金奖励考评办法。建立项目策划包装工作机制。落地1家证券公司。探索乡村治理“积分制”管理，积极创建省级乡村治理试点示范村。

建好产业园区。参照“一区二十四园”创建标准，加快完善智慧信息产业园人才公寓、智慧中心等配套设施建设，推动网驿智能制造产业园早日建成投产，集聚园区人气。强化中海创、今日头条等龙头企业上下游招商，落地智能制造、信息技术等企业40家，确保数字经济产值达150亿元，税收超2亿元。加快与福建轻纺集团招商谈判，推动塘前绿色食品产业园启用见效。谋划城峰工业园和马洋工业园退城，腾笼换鸟，在县城周边再规划建设工业园区，打造纺织服装、食品加工等工业集中区。动建梧桐工业园，建成3万平方米高标准厂房。

培育龙头企业。支持胜华农业、顺达食品等公司打造国家级、省级农业产业化重点龙头，引导企业组建农业产业化联合体。动建装配式建筑生产基地，推动永泰建筑工程公司完善现代企业制度，新增特级企业1家、一级企业2家，培育建筑龙头企业和综合型总部企业，完成建筑业总产值849亿元。推进旅游资源整合重组，做大做强文旅投资集团，构建文旅产业投融资平台。培育规上工业企业3家、限上商贸服务业企业10家。

发展新兴产业。主动融入福州现代物流城战略布局，建设省会城市通往闽西南、闽东北的重要物流承载节点，启动政永高速永泰至德化段前期工作，谋划昌福铁路永泰站和长庆越行站货场建设，规划建设物流专用充电站和快速充电桩70个。动建韵达福建（永泰）电商产业园，争创省级示范物流园区。大力招引苏宁、京东等大中型物流企业，完善冷链冷库基础设施，改造21个乡镇综合运输服务站点，新建171个农村物流服务站点，打造电商物流产业集群。继续办好环福州·永泰国际公路自行车赛、大青云越野赛，加快推进桃源境医养融合、中欧康养等项目，全力发展康养产业。

打造旅游旗舰产品。启动旅游景区提升改造三年行动，推动云顶景区创建国家5A景区，海洋极地世界、云湖溪谷创建4A景区，嵩口古镇、永阳文化中心、幸福庄园创建3A景区。落地欧乐堡梦幻世界、青云胜景项目，加快斗湖开发建设，促成赤壁乾景园林项目开业，启动空铁示范线项目建设，打造葛岭文旅产业集群。加紧与上海景域集团、北京华控文旅集团谈判，推动嵩口古镇大樟溪滨水观光带、清嵩里休闲新镇项目落地，加快月洲文旅、嵩口下坂旅游综合体等项目建设，打造嵩口休闲旅游特色小镇。全力推进野生动植物共生园、蚂蚁小镇等文旅项目。

（摘编：苏小雨）

厦门市产业经济发展综述

2020年是厦门发展极不平凡的一年。面对严峻复杂的外部形势、艰巨繁重的改革发展稳定任务特别是新冠肺炎疫情的严重冲击，厦门市坚持以习近平新时代中国特色社会主义思想为指导，深入学习贯彻党的十九大和十九届二中、三中、四中、五中全会精神，全面贯彻落实习近平总书记对福建、厦门工作的重要讲话重要指示批示精神，统筹推进疫情防控和经济社会发展，扎实做好“六稳”工作，全面落实“六保”任务，坚定“抓招商促发展、抓项目增后劲”，经济运行持续回稳、稳中向好，社会大局保持稳定安定。全市地区生产总值增长5.7%；固定资产投资增长8.8%；财政总收入、地方级财政收入分别增长1.7%和2%；全体居民人均可支配收入稳步增长；居民消费价格涨幅2.5%；完成年度节能减排任务。一年来产业经济发展的主要工作和成效是：

坚定信心、同舟共济、科学防治、精准施策。坚持人民至上、生命至上，始终把人民生命安全和身体健康放在第一位，大力弘扬伟大抗疫精神，严防死守、盯死看牢。本地确诊病例35例，仅用42天就实现“清零”，自2020年2月16日后至今再无新增，实现确诊患者“零死亡”、医务人员“零感染”、境外输入疫情“零扩散”。

迅速建立疫情防控体系。第一时间成立疫情防控指挥部，严格落实“四早”“四集中”，率先要求必须在公共场所佩戴口罩，率先开发投用市民口罩预约摇号系统，确保口罩供应充足有序。落实居家隔离措施、确定集中隔离酒店，全力推进联防联控，疫情防控能力位居全国前列。

持续筑牢外防输入防线。严守全国第三大入境口岸，坚持“人物同防”，率先运用“大数据+网格化”模式开展重点人群排查和疫情监测溯源，率先实行入厦人员网上预登记制度，率先实施核酸和血清抗体双检测、“14+7”等措施，严格全过程闭环管理。在全省率先实行进口冷链食品集中监管，落实批批检测、件件消毒、一码通行。

全力做好医疗诊断救治。快速组建定点救治医院，对确诊病患“一人一专班”进行治疗，成功救治8例重症病例。全市17家二级以上医院规范设立发热门诊，39家社区卫生机构全部开放发热哨点诊室。快速提升核酸检测能力，确保重点人群应检尽检。

主动服务抗疫大局。率先协调组织16家企业开足马力生产防疫物资，通过市属国企向境外紧急采购口罩、防护服。在防疫物资最紧张的阶段，为全国全省提供口罩1.2亿只、护目镜47万个、防护服28.4万套等，先后选派五批302名医务人员驰援湖北武汉，积极向国际社会支援防疫物资、分享抗疫经验。

企业纾困帮扶成效明显。率先谋划复工复产复市，及时推出“暖企15条”“稳增长24条”“工程建设20条”“金融支持28条”等200多条扶持政策，建立“五个一”机制，经济社会秩序全面恢复。全年为企业减负近400亿元，协助融资超5500亿元。兑现扶持资金超百亿元，发放中小微企业应急还贷资金63.2亿元，设立30亿元技改服务基金、首期16亿元中小微企业融资增信基金。新设商事主体13.2万户，增长8.8%。

“招商引资与项目建设攻坚年”成果丰硕。成功举办厦洽会和电子信息、生物医药、总部经济、海洋经济等产业发展大会，新增落地项目8411个，总投资1.64万亿元。实际使用外资增长23.8%，增幅和规模均居全省首位。一批百亿量级项目落地。完善“1+3+1”决策推进机制，推动“6+2+8”

主体赋能，实施百日冲刺行动，415 个市重点项目完成投资 1767.8 亿元。

消费潜力加快释放。出台旅游会展、餐饮住宿、电商等系列扶持政策，实行阶段性景区免费、公交免费、展馆免费，开展各类消费促进活动 1200 多场，成功举办“云上石材展”等重大活动，首店经济、夜间经济、直播经济等新兴商业模式蓬勃发展。限上批发零售业销售额增长 28.2%，位居全省首位。

科技创新步伐加快。自主创新示范区新策划 25 项创新事项。净增国家高新技术企业 354 家，总数达 2282 家。296 家“三高”企业实现倍增发展，新建项目 311 个，完成投资 254 亿元。新增 4 家国家级和 21 家省级企业技术中心、15 家省级新型研发机构。发明专利授权增长 30.8%。超额完成“三个六”引才目标。

先进制造业提质增效。启动金砖国家新工业革命伙伴关系创新基地建设。规上工业增加值增长 6%。天马六代线等 39 个投资亿元以上项目开工建设，浪潮产业园等 35 个重点项目竣工投产，电气硝子三期等 43 个大项目增资扩产。产融合作试点工作成效居全国第二。促进工业稳增长和转型升级等 4 项改革创新举措获国务院通报表扬。

现代服务业加快提升。安达仕、华尔道夫等一批高端酒店开业，字节跳动、京东数科等一批营收超百亿元项目签约落地。总部经济企业营收增长 10%。港口集装箱吞吐量连续六个月单月突破百万标箱，人民币存贷款余额增长 14%，新增境内上市公司 12 家（含过会），成功举办第 33 届中国电影金鸡奖系列活动。

重点领域改革持续深化。自贸试验区新推出 18 项全国首创举措。全面实施零基预算改革，在全国率先编制政府保障事项清单。组建国有资本投资运营公司，市属国企营收增长 20.4%。深化“放管服”改革，“不见面审批”办件量提升至 58%，60 个事项“秒批秒办”，企业开办实现全程电子化，纳税服务指标全国第一。口岸进出口通关时间较 2017 年分别压缩 71% 和 93%，提前完成国务院下达任务。“e 政务”便民服务站项目入选国务院办公厅典型经验案例。设立“厦门企业家日”，构建“亲而有度、清而有为”的新型政商关系，获评全国营商环境标杆城市，公共服务质量满意度全国第三。

开放型经济水平不断提升。实现进出口总额 6915.8 亿元，增长 7.8%，占全省 49.3%。象屿保税物流园区、海沧保税港区获批成为综合保税区。航空维修等 14 个重点平台带动效应增强，启动跨境电商 B2B 出口试点，9610 模式出口量增长 67 倍。获批全国深化服务贸易创新发展试点、全国进口贸易促进创新示范区、国家数字服务出口基地。中欧（厦门）班列发货量、货值分别增长 33% 和 34%。“丝路海运”开行航次增长 35.6%。对“一带一路”沿线国家和地区进出口增长 12.1%。新增对外投资项目 116 个，实际投资 10.6 亿美元。

两岸交流融合稳步推进。新批台资项目 577 个，合同使用台资增长 88.1%。两岸首家全牌照合资证券公司金圆统一证券开业，建霖家居等台企在 A 股上市。进一步放宽台胞职业资格采认，台湾人才来厦就业 1864 人。成功举办海峡论坛、两岸企业家峰会年会、文博会等两岸交流活动。厦金通电、通气、通桥前期工作取得积极进展。

“岛内大提升、岛外大发展”全面推进。策划生成未来三年亿元以上项目 1224 个，计划总投资 1.88 万亿元。东坪山整治提升成效明显。全市累计完成房屋征收 1081 万平方米，增长 56.1%。岛外重大片区完成投资 1620 亿元，环东海域新城初步形成滨海高端酒店群，“三谷三园”建设和产业招商协同推进；集美新城十年集聚成城，产城融合加速，特斯拉中心等一批项目落地；马銮湾新城环湾大道、南岸生态岛等基本建成；同翔高新城加快集聚新能源等优势产业；东部体育会展新城新体育中心、新会展中心开建。

基础设施不断完善。新机场航站区综合交通枢纽等工程加快建设。地铁 3 号、4 号线进展顺利，6 号线林埭西至华侨大学段开工。福厦高铁关键节点取得突破，远海码头铁路专用线开建。海沧隧道基本贯通，翔安大桥等一批交通重点工程加快推进，“两环八射”快速路网基本形成。长泰枋洋水利枢纽工程具备应急供水能力，新建改造供水管网 80.3 公里。建成 5 个世界一流城市输电网综合示范区。新建改造燃气管道 123.1 公里。全国首个5G全场景应用智慧港口、公交综合智慧系统入选国家新基建示范工程项目。

乡村振兴深入推进。都市现代农业全产业链产值1021亿元，增长10.9%。建成农村公路88.7公里，改造提升24个山区农村饮水安全工程，农村自来水普及率达97.8%。推进28个自然村生活污水治理，城乡环卫实现一体化。完成既有农房“平改坡”2459栋、裸房整治1509栋，完成263户困难家庭住房安全保障任务。

脱贫攻坚任务全面完成。我市结对帮扶的甘肃省临夏州贫困县全部脱贫摘帽，累计援助资金22.4亿元，实施扶贫项目1336个，帮助引进企业59家，援建扶贫车间258个，输转来厦就业9273人，就地就近和第三地就业4.1万人。援宁援藏援疆援渝各项工作进展顺利，省内山海协作扎实推进。

污染防治成效显著。全力推进中央生态环保督察反馈问题整改，新建改造污水管网160公里，新建扩建5座污水处理厂，全市污水处理能力达每日150万吨，整治入海排放口171个，全面完成海域养殖退养。空气质量在全国168个重点城市中排名第四，主要流域国省控断面和饮用水水源地水质优良率达100%，土壤环境质量保持稳定。公众对生态环境质量满意率全省第一。

重大风险有效防控。排查整治涉众型经济金融风险，基本出清网贷风险。厦门国际金融仲裁中心揭牌。不良贷款率0.83%，保持全国低位水平。地方政府债务风险安全可控。落实房地产市场调控长效机制，规范住房租赁行业管理，房地产市场平稳健康发展。

“十四五”发展的指导思想是：高举中国特色社会主义伟大旗帜，深入贯彻党的十九大和十九届二中、三中、四中、五中全会精神，坚持以马克思列宁主义、毛泽东思想、邓小平理论、“三个代表”重要思想、科学发展观、习近平新时代中国特色社会主义思想为指导，深入学习贯彻习近平总书记重要讲话重要指示批示精神，全面贯彻党的基本理论、基本路线、基本方略，紧紧围绕统筹推进“五位一体”总体布局和协调推进“四个全面”战略布局，坚定不移贯彻新发展理念，坚持稳中求进工作总基调，以全方位推动高质量发展超越为主题，以深化供给侧结构性改革为主线，以改革创新为根本动力，以满足人民日益增长的美好生活需要为根本目的，统筹发展和安全，加快建设现代化经济体系，主动服务以国内大循环为主体、国内国际双循环相互促进的新发展格局，积极探索海峡两岸融合发展新路，勇当城市治理体系和治理能力现代化排头兵，实现经济行稳致远、社会安定和谐，成为国家高质量发展引领示范区，为谱写全面建设社会主义现代化国家的厦门篇章开好局、起好步。

2021年是中国共产党成立100周年，是第二个百年奋斗目标和“十四五”规划的开局之年，也是厦门经济特区建设40周年，做好今年工作意义重大。发展的主要预期目标为：地区生产总值增长7.5%以上，规上工业增加值增长7.5%，固定资产投资增长8%左右，财政总收入、地方级财政收入分别增长5.5%和5%，社会消费品零售总额增长8%，外贸进出口总额增长3%，实际使用外资增长6%，居民消费价格涨幅控制在3%左右，全体居民人均可支配收入保持稳定增长，完成国家和省下达的节能减排任务。

（摘编：郑平名）

思明区产业经济发展概述

2020年，是全面建成小康社会和“十三五”规划的收官之年。思明区坚持以习近平新时代中国特色社会主义思想为指导，全面贯彻党的十九大和十九届二中、三中、四中、五中全会精神，坚持稳中求进工作总基调，坚持新发展理念，坚持以改革开放为动力，全方位推动高质量发展超越，统筹推进疫情防控和经济社会发展，扎实做好“六稳”工作，全面落实“六保”任务，坚决打好三大攻坚战，经济社会保持平稳健康发展。

贯彻“坚定信心、同舟共济、科学防治、精准施策”总要求，率先全省打造“火烧云”健康管理平台，织密“九张网”，把好“四道关”，筑起了疫情防控的铜墙铁壁。累计投入疫情防控经费1.1亿元，接收境外入厦集中医学观察人员4.2万人、居家医学观察2840人；完成核酸检测24.5万人次、进口冷链食品及环境样本采集检测1.2万份。经过艰苦卓绝的努力，疫情防控取得重大成果，自2月13日本土病例清零以来，实现社区传播“零发生”、复工复产“零发病”、境外输入“零感染”。

积极应对严峻复杂的内外部环境变化，保持定力、勇于破局，下好先手棋、打好主动仗，GDP增速在三季度由负转正，全年完成地区生产总值2053亿元，增长4.5%，呈现“一季好于一季”的良好态势。财政总收入逆势增长，按新口径全年达390亿元，增长12.5%，在连续5年雄踞全省各县市区首位的同时，进位超越6个设区市，紧跟厦福泉。一年来产业经济发展的主要工作和成效：

纾困惠企成效明显。用真心实意和真金白银与企业共渡难关。第一时间组建复工复产工作专业团队，建立“一对一”机制，为企业和项目提供个性化服务。推广“掌上办”“邮寄办”等“不见面审批”新模式，实现企业开办“一窗通办、一日办结、零收费”。精准出台“稳六条”等系列政策，累计减税降费43亿元，兑现各类扶持资金12.4亿元，帮助企业获得信贷投放121亿元，减免租金5583万元，组织配售防疫物资587万元，切实减轻企业负担。率先全省发放消费券1030万元，直接撬动居民消费超2.5亿元，繁荣磐基中心、建发JFC等商圈夜经济，有效刺激市场回暖。获国家发改委支持，辖内企业申请债券可享受“即报即审”。主要行业景气逐步复苏，批发零售销售额、固定资产投资逆势上扬，分别增长12.4%、11%，其中互联网销售增长19.4%、民间投资增长103.4%。全区新增商事主体2.8万家，增长6%，市场主体信心有力提振。

产业动能充分释放。紧抓全市总部经济大会契机，先行配套区级五条措施，吸引优必选、达尔威等区域总部落户，202家总部企业占全市半壁江山，全年税收达55亿元。出台金融科技产业园专项政策，金融业增加值实现512.9亿元，同比增长5.3%，包揽全市2家新增法人金融机构，区产业引导基金总规模突破500亿元。软件信息业实现营业收入293亿元，同比增长4.3%，4家企业入选“中国互联网百强”，占全省近七成。“金鸡效应”更加凸显，引进融创文化、恒业影业等优质影视项目30个，投资规模达109.8亿元。获评全省首批全域生态旅游示范区，华尔道夫、安达仕等高星级酒店开业运营，力促厦鄂四地开通“2小时航空旅游通道”。引进抖音文化等头部企业，中国国际广告节永久落户思明。打造才子汇大健康产业楼宇。51社保、上海师域等专业机构相继落户，高端专业服务业提质增效。

创新资源加速集聚。拥有市级科技小巨人领军企业171家、“三高”企业672家，国家高新技术企业达590家，均居全市第一。新增上市企业3家。与厦门大学等高校深化产学研协作，高技术企业产值增长14%。率先全省开展大数据专业职称评审，创新“CSO携手CLO”人才服务机制，打造全省首个“扎堆”人才社区，在四川大学、华中科技大学等30所高校建立首批引才基地。新引育高层次人才152名，柔性引才2622名，加快以人才集聚厚植发展优势。

“岛内大提升”加快推进。11个重点片区建设全面铺开，旧城旧村改造进入新一轮提速发展期。开元创新社区建设强势推进，泥窟、石村片区仅用24天实现预签约95%；湖滨片区首轮预签约突破99.6%，创造厦门建市以来单一项目征迁工作牵涉户数最多、签约速度最快的历史记录；何厝、岭兜片区奋力攻坚，拆除房屋1596栋、面积达62.6万平方米；滨海片区再创征拆新速度，26天即实现黄厝会议中心项目整村签约；中山路片区改造提升工程按下加速键，东山东坪山片区基础设施全面升级，滨北超级总部基地、沙坡尾等片区改造提升顺利推进。率先全市成立区城市更新和土地整备专业机构，开发“智慧土管”信息系统，梳理地块31宗，成功出让农科所、开元工业园B04、27号哨所等地块，促成土地资源与产业项目高效嫁接。

招商引资成果丰硕。借力全市大招商大发展之势，主动出击、精准发力，全员招商理念深入人心。完成合同外资114亿元，实际使用外资30.1亿元。生成招商项目2108个，总投资6393.4亿元，项目落地率较去年提升36%，吸引紫金矿业物流、新希望集团等64个高能级项目落户，招商引资实绩竞赛居全市前列。设立区级招商引资管理信息平台，“1+10+N”招商机制持续优化。大力开展“云招商”，通过不见面方式与能链集团、中科招商等优质项目顺利签约。创新联动招商、资本招商等模式，与自贸区、火炬管委会合作引进元气森林、中融三桥消防科技等项目，联合德屹长青基金投资引入鲸准、京颐科技等企业，持续为产业发展注入新动能。

开放合作持续深化。主动融入自贸区、“一带一路”支点城市建设。发挥闽西南发展投资基金作用，助力“闽西南”区域协同发展。落细落实在厦台胞台企同等待遇等政策。积极探索海峡两岸融合发展新路，吸引首家两岸合资券商金圆统一证券落户。筹建台青“心家园”，成立思明台胞驿站福祥联谊点，为台湾青年来大陆学习、实习、就业及创业创造更好条件。继续办好郑成功文化节、两岸大学生文化创意节、“中华情·中国梦”等活动，两岸同胞情感交流不断增进。成功助力“送王船”项目列入人类非物质文化遗产代表作名录。

三大攻坚战更显实效。积极参与市金融司法协同中心建设，有效处置涉众型金融案件16起，挽回群众经济损失1.5亿元。安排对口帮扶资金9317万元，实施教育医疗基础领域扶贫项目135个，通过就近、就地、输转来厦等方式实现就业3238人。新增临夏县12个贫困村结对帮扶，实现临夏县挂牌督战贫困村帮扶全覆盖。圆满完成临夏市、临夏县、彭阳县、武平县对口帮扶任务。强力推进第二轮中央环保督察反馈问题整改，146件主办信访件全部办结。深化落实河湖长制，启动污水“两高”建设，完成全区雨污管网溯源排查，39个排海口整治到位。扎实推进三轮守护蓝天百日攻坚行动，在莲前街道东坪山片区建成全省首个近零碳排放区示范工程，空气质量优良率达100%。年度节能减排任务顺利完成。

2021年工作安排。2021年是中国共产党建党100周年，也是第二个百年奋斗目标和“十四五”规划的开局之年。全区经济社会发展的主要预期目标为：地区生产总值增长7.5%，财政总收入和地方一般公共预算收入均增长5%，固定资产投资增长15%，实际使用外资25.15亿元，城镇登记失业率控制在4.5%以内，完成市下达的节能减排任务。

（摘编：陈闽声）

湖里区产业经济发展概述

2020年，面对突如其来且仍在全球肆虐的新冠肺炎疫情，湖里区坚持以习近平新时代中国特色社会主义思想为指导，坚持把人民生命安全和身体健康放在第一位，统筹推进疫情防控和经济社会发展，扎实做好“六稳”工作、全面落实“六保”任务，全力推进“岛内大提升”，顺利实现经济全面企稳回升、持续向好发展。全年实现地区生产总值1360亿元、增长5.0%左右，财政总收入226.9亿元、增长4.75%，其中区级财政总收入49.1亿元、增长-1.0%，服务业增加值增长6.5%，限上批零业销售额增长27.0%，固定资产投资增长25%，实际利用外资增长15.0%，城镇居民人均可支配收入增长7.0%，主要经济指标基本完成年初既定目标。入选全国进口贸易促进创新示范区。顺利通过国家和省市文明城区测评。第三季度“五个一批”项目综合考评排名进入全省前十。涌现一批全省抗击新冠肺炎疫情先进集体、先进个人。产业经济发展的主要工作和成效是：

疫情防控工作取得显著成效。硬核举措“防扩散”。第一时间启动突发公共卫生事件一级响应，在530个小区（自然村）设置970个卡口，对进出人员实行有效管理。全区共发现3例确诊病例和1例无症状感染病例（均为输入性），于4月13日实现本地疫情全面清零。联防联控工作机制得到国务院联防联控机制工作指导组充分肯定，5项经验做法被市防控指挥部发文推广。先后3批51人次医护人员驰援湖北武汉。

精细管控“防反弹”。坚持人物同防，设立万翔集中监管仓，增设进口冷链食品防控组，对11月20日后入仓的834批19万件货物实行批批检测、件件消毒。对辖区内238个冷库存量食品全部采样、消杀，实现批发市场和冷链食品监管监测“全覆盖”。完成各类人员核酸及血清抗体检测共29.3万份（含血样7.2万份）。

生产生活秩序快速恢复。及时出台支持企业复工复产八条措施，制定落实“服务企业特派员”制度，开展“千名干部深入万家企业”活动，“一对一”协调解决企业复工复产实际问题。提前兑现惠企政策资金1.7亿元，减免企业税费近60亿元，推动辖区重点企业实现100%复工复产、复商复市。接待游客1843.6万人次，实现旅游总收入248.4亿元。51所中小学、168所幼儿园分批复学复课。“菜篮子”“米袋子”供应充足，粮油价格保持稳定。

产业转型发展提速增效。新增“三高”企业87家，22家“三高”企业进入全市重点上市后备企业库。平板显示产业增长13.0%，浪潮、宸鸿等龙头企业增产102.5亿元。设立区级产业引导基金，建成古地石基金小镇，吸引京东数科等行业龙头拓展新设金融业务。批发零售业销售总额跃居全市首位。

招商引资引智再创佳绩。深入开展“招商引资和项目建设攻坚年”活动，建立招商项目“双促”机制，开展“线上+线下”活动22场次，狠抓招商项目落地率，京东数科、百雀羚等105个高能级项目签约落户。“两地一区”协同引进象屿中能国裕、微软厦门人工智能等优质项目。合同利用外资34.2亿元，实际利用外资20.6亿元。招商引资实绩竞赛连续8次领跑全市各区。引进和培育“双百人才”等高层次人才132名。

公共服务体系优化升级。召开全区教育大会，实施“十大教育发展工程”；新开办5所公办校（园），新增5466个学位；成立湖里实验小学教育集团，探索集团化办学模式；开办特殊教育学校（嘉禾学校）。全国首批国家区域医疗中心落户复旦中山厦门医院；“5+3+8”基层医疗卫生机构体系完成全面布局；区社会福利服务中心建成投用。首家省级普惠托育中心开办运营。区文化馆、图书馆新馆等建成开馆。公布实施首批2个区级文物保护单位，制订东部旧改片区范围内未定级文物保护方案。

东部旧改全面提速。东部旧改需拆迁总量约900万平方米，累计完成房屋征收签约812.5万平方米、完成率89.0%，拆除674万平方米、完成率73.5%，其中2020年完成签约400万平方米，拆除601万平方米。23个自然社完成整村拆除，提交净地2918亩，推出6幅地块挂牌出让。出台安置房建设标准和管理办法，优先保障安置房和社区发展用地项目供地。全区4个安置房项目竣工，14个安置房项目和高林－金林社区发展中心项目正紧锣密鼓加快建设。

项目建设有序有力。构建“1+3+8”工作体系，实行并联式审批提升重点项目服务效率，制定推进落地项目前期工作实施办法，开创项目提供净地后60天开工建设工作机制。118个落地项目进入前期储备库，63个省市重点项目、42个区重点项目完成年度投资计划114.4%，其中22个项目如期开工，15个项目全面竣工，在省、市重点项目完成情况综合排名中连续六个月位居全市各区第一。

城区管理科学精细。引入第三方机构采集城市管理问题，“数字湖里”公共管理集成平台日均受理城市管理事件3000多件，结案率达99.9%。完成违建别墅整治任务。拆除违建8.7万平方米，实现新增“两违”零形成。制订湖里区绿地建设导则，健康步道沿线景观全面升级。创新建立共享单车常态长效管理机制。新增公共停车泊位1350个，打通4条断头路，改造17座公厕。在2次市对区城市综合管理考评、文明城区测评中均名列榜首，8次垃圾分类考评中7次位居第一。

对口帮扶精准有效。拨付省内外6个对口帮扶地区各项帮扶资金突破1亿元。帮助东乡县新设立13个扶贫车间，输转建档立卡贫困户735人到厦就业，采购东乡县消费扶贫产品1359万元，助力东乡县于11月21日实现脱贫。落实“四个不摘”政策，助力去年脱贫摘帽的浦城县经济社会持续健康发展。

污染治理成果显著。全力推进第二轮中央生态环保督察反馈问题整改，在全市率先办结销号中央督察组交办的40件信访件。完成管网溯源排查2887公里，新建污水管网13.7公里、雨污分流改造78.7公里；完成289个排水单元和127条市政道路雨污混接改造，基本实现68个排海口晴天污水“零排放”。空气质量优良率达100%。地表水实现100%达标。涉疫医废实现100%日产日清、100%安全处置。

重大风险可防可控。加强政府投资项目管理，依法依规融资举债，无政府隐性债务，政府债务风险被省、市评定为绿色等级，属于低风险可控范围。加强国企债务和隐性债务监管，国企债务水平维持在合理区间。持续开展涉众型金融风险隐患排查整治，累计排查1.2万多家企业，引导4家网贷机构线上存量清零。严厉打击金融领域电信网络新型违法行为，有效遏制黑灰产业链犯罪。

2021年是中国共产党成立100周年，是“十四五”规划开局之年。进入新发展阶段，湖里区要坚持新发展理念，主动融入新发展格局，坚持目标导向、问题导向和结果导向，扎实做好“六稳”工作，全面落实“六保”任务。坚持创新驱动，全力推进全国进口贸易促进创新示范区建设，主动对接金砖国家新工业革命伙伴关系创新基地建设，大抓招商引资、大抓项目建设、大抓产业发展，奋力夺取疫情防控和经济社会发展“双胜利”。经济社会发展主要预期目标为：地区生产总值比增8.0%以上，规模以上工业增加值比增6.0%，批发零售贸易业销售总额比增15.0%，财政总收入比增4.03%，区级财政收入比增4.2%，全社会固定资产投资比增5.0%，城镇登记失业率控制在4.0%以内，完成省市下达的节能减排任务。

（摘编：林汇智）

集美区产业经济发展概述

2020年是集美发展极不平凡的一年。面对突如其来的新冠肺炎疫情，集美区坚持以习近平新时代中国特色社会主义思想为指导，全面贯彻党的十九大和十九届二中、三中、四中、五中全会精神，认真落实党中央国务院、省委省政府和市委市政府决策部署，坚持稳中求进工作总基调，立足新发展阶段，贯彻新发展理念，积极服务并深度融入新发展格局，全方位推动高质量发展超越，以“招商引资与项目建设攻坚年”为重要抓手，统筹推进疫情防控和经济社会发展，扎实做好“六稳”工作，全面落实“六保”任务，经济社会保持平稳健康发展。全年实现地区生产总值增长5.5%；固定资产投资增长16.7%；规上工业总产值1186亿元（含火炬企业），增长6.8%；财政总收入145亿元，增长8.5%，其中区级财政收入40.2亿元，增长6%；城乡居民人均可支配收入增幅高于经济增速。完成年度节能减排任务。上榜“中国工业百强区”，成为全市首个国家“全域旅游示范区”，全市唯一入选省级县域集成改革试点。一年来产业经济发展的主要工作和成效：

疫情防控卓有成效。始终秉持对人民负责、对生命负责的鲜明态度，全力落实属地责任，率先全市梳理制定新冠肺炎疫情工作处置流程。坚决守好厦门北站、三个高速路口、集美长途汽车站入厦防线，坚决扛起嘉庚体育馆人员分流和酒店境外入境人员健康管理责任，坚决做好市定点救治医院第一医院杏林分院服务保障。全力构建联防联控、群防群治机制，广大医务工作者、社区工作者奋战在一线，认真细致、尽职尽责，牢牢把守疫情防控“第一关口”；广大党员、干部下沉在一线，夜以继日、如履薄冰，积极为群众排忧解难，在最短时间内实现本地疫情“清零”。

护航企业乘风破浪。营商环境评估在全市六区排名第一。复工复产按下“快进键”，第一时间出台20条政策支持企业共渡难关，5天内即兑付第一笔扶持资金，累计兑付疫情期间企业扶持资金超亿元，其中为承租政府性资产经营用房的中小企业和个体工商户减免租金3800万元。全年减税降费超5亿元。深化“放管服”改革，承接“强区放权”审批服务事项32项，“一趟不用跑”“最多跑一趟”事项占比达98.4%，67个高频事项实现秒批秒办。率先全市开通省外务工人员“返厦直通车”。率先实现新设立企业“一窗通办”。推出“阿集在线”“集美i企宝”“在线坐席+不见面审批”等创新举措，为企业提供线上政策兑现、供应链招商等服务，被人民网等中央媒体报道。全年新增商事主体19128家，累计数量达98342家，规模居岛外各区第一。

招商引资和项目攻坚成果丰硕。建立“1+N+1”闭环管理机制，创新“云招商”“云签约”，聘请12名商海精英、业界翘楚担任招商投资顾问。神州鲲泰厦门生产基地从选址到投产仅用时3个月，中粮·大悦城、海峡两岸（厦门）直播电商产业合作园、中建五局海西投资等99个高能级项目落地。全年新增洽谈项目2094个、落地项目1136个、落地投资总额2119亿元，分别是上一年度的4.7倍、12.4倍、12.8倍。实施“百日冲刺行动”，新增“五个一批”项目155个，总投资1270亿元，创历史新高。福厦客专、闽南戏曲艺术中心等165个重点项目投资超额完成全年计划。征收工作再掀新高潮，基本完成蔡林、潮瑶等8个整村征收任务，全年完成征地8800亩、房屋征收163.5万平方米，市对区重点项目和征收项目考核综合排名全市第二。

主导产业质效双升。制造业加快转型升级。规上工业企业产值同比增长6.8%，实现营业利润增长超过40%。康柏机械、扬森数控等10家企业入围工信部“专精特新”小巨人榜单。奥佳华、厦晖气门嘴等行业龙头项目竣工。软件信息业势头强劲。软件园三期新增交付研发楼52万平方米，注册企业增至3900余家，入驻企业超2500家，员工超3.8万人。电子城·国际创新中心一期交付使用。齐悟科技、云茂互联等项目签约落地。石头城、宇信科技等一批新兴龙头企业迅速成长。商贸物流业加快推进。闽南首家特斯拉中心开业，云城万科里全面开街。“云逛街”直播带货、“集美欢乐购”等活动撬动消费超7亿元。橙联跨境电商产业园、达达物流园等项目加快建设，德邦智慧物流产业园项目落地。文创旅游业稳步回升。成功举办首届电视制片大会，厦门影视拍摄基地建成投用，凤凰卫视等一批影视企业落地，累计注册影视企业近700家，集美已成为影视拍摄热门取景地和产业投资聚集区。杏林湾水舞光影秀、科探奇妙夜成为夜游网红打卡点。全年接待游客1100万人次，实现旅游收入66亿元，助力我市成为疫情背景下旅游人气恢复最快城市。

发展要素加速集聚。修订出台“三高”企业、软件信息企业发展奖励政策，兑现奖补资金超1.4亿元。新增“三高”企业103家，累计入库488家。成立“高校产业技术联盟”，组建“高校专家技术问诊团”，推动产学研深度融合。连续五年新增市“双百”人才落户数、人才专项投入、市对区目标责任制考核全市第一。区产业引导基金参股子基金数量及规模继续保持全市第一，鼎晖、阳光融汇等一批国内知名基金总部落地，杏林湾基金聚集区基金管理规模突破600亿元，正成为东南最具影响力的金融高地。政府性融资担保各项考核指标稳居全市各区第一。新增境内上市公司4家（含过会待发行1家），占全市增量三成，年度上市企业数创历年之最。

乡村振兴亮点频出。基本建成新324国道和许溪溪林两条乡村振兴示范动线，全面串联沿线9个省级乡村振兴试点村和19个乡村特色景区。“一革命四行动”深入推进，新改建农村公厕19座，完成农房整治超3300栋，村容村貌发生较大转变。完成许庄、双岭等17个农田水利基础设施建设，培育壮大品诚源花卉等一批现代农业项目，塔斯曼中药材、仙景芋等特色农产品持续发展。三李城商业中心等村集体发展项目有序推进。实施引智下乡工程，吸引高校师生团队和台湾青年参与乡村建设。后溪镇蝉联三届、后溪村首次获评“全国文明村镇”。

“十四五”主要发展思路和二〇三五年远景目标。突出“人文集美”的特色和优势，着力抓招商促发展，构建高端制造业、现代服务业融合发展的全省经济高质量发展示范区，着力激发全社会创新创业创造活力，打造产城学人深度融合的科技新城、人文新城，着力推动城市规模品质双提升，在“岛外大发展”中率先成为产城融合、宜业宜居的城市副中心，着力加强普惠性、基础性、兜底性民生建设，建设人民福祉持续增进的品质之城、幸福之城，基本建成高素质高颜值跨岛发展最美新市区，在率先实现全方位高质量发展超越中争当排头兵，为全省全市发展大局作出更大贡献。“十四五”期间经济社会发展的主要目标为：地区生产总值力争到2025年突破1330亿元，现代化经济体系建设取得重要进展，三次产业结构进一步优化；全社会研发投入占GDP比重达3.5%，形成以创新驱动为主引擎的发展动力机制；基本公共服务和民生保障水平不断提升，人均预期寿命达到82岁；生态文明治理体系更加完善，森林覆盖率提高到40.22%。

2021年主要工作。2021年是中国共产党建党100周年，也是第二个百年奋斗目标和“十四五”规划的开局之年，做好2021年工作至关重要。明年经济社会发展主要预期目标为：地区生产总值增长7.5%，财政总收入、区级财政收入分别增长5.1%和6%，城乡居民人均可支配收入稳定增长，完成市级下达的节能降耗指标任务。

（摘编：吴建翰）

海沧区产业经济发展概述

2020年，面对突如其来的新冠肺炎疫情，海沧区坚持以习近平新时代中国特色社会主义思想为指导，全面贯彻党的十九大和十九届二中、三中、四中、五中全会精神，紧紧围绕全面建成小康社会目标任务，坚持稳中求进工作总基调，坚持新发展理念，全方位推动高质量发展超越，统筹推进新冠肺炎疫情防控和经济社会发展，扎实做好“六稳”工作，全面落实“六保”任务，稳中向好的态势进一步巩固。全年实现地区生产总值850亿元，增长4.5%左右；财政总收入186.6亿元；区级财政收入33.9亿元；固定资产投资增长3%；规上工业产值1390亿元；规上工业增加值增长8%；城镇居民和农村居民人均可支配收入增速超过全省平均水平。一年来，产业经济发展的主要工作和成效是：

疫情防控有力有效。第一时间启动指挥部作战体系，实现疫情防控精准指挥、高效调度。运用“大数据+网格化”措施，筑牢村（居）防线，严密交通防控，有序管控境外和国内中高风险地区入厦人员，实现确诊病例“零死亡”、境外关联病例“零发生”，3月1日海沧即降为低风险区。充分发挥生物医药产业优势，保障防疫物资生产企业春节不停工，为稳定全国防疫物资供应贡献海沧力量。抓细抓实常态化疫情防控，落实重点人群核酸检测“应检尽检”；制定秋冬季疫情防控方案，开展应急演练，建立3个月防疫物资储备机制，具备5日内完成全员核酸检测能力。坚持“人物同防”，加强进口冷链食品常态化检测，及时高效处置进口冷链食品核酸阳性事件；服务全市大局，设立万纬冷链集中监管仓，坚决守住进口冷链食品疫情输入“第一关口”。

“六稳”“六保”全面落实。在统筹推进疫情防控的同时，提前谋划复工复产，春节假期结束后仅3周，实现规上工业企业及重点项目复工率“两个100%”。严格学校疫情防控措施，分批次安全有序复学复课。落实就业帮扶，“零材料”发放企业稳岗补贴1.4万家次；开展“点对点、一站式”精准服务，从湖北、甘肃等省份接回返厦员工2500余人。推进降本减负，提前预拨技改资金3627万元，1—11月累计兑现扶持资金6.8亿元。

主导产业显现活力。集成电路产业发展态势良好，通富、士兰化合物等项目投产，半导体产业基地实现封顶；举办集成电路企业联合产品发布会，展现海沧“芯力量”。生物医药产业结出硕果，1—11月实现产值225.9亿元，逆势增长41.7%。首个国产二价宫颈癌疫苗获批上市，万泰凯瑞、安邦等3家企业的新冠病毒检测试剂盒获批上市，艾德、宝太等14家企业的新冠病毒检测试剂进入商务部出口白名单；厦门生物医药港综合竞争力跃升至全国第12位，并在龙头竞争力单项榜单中位列第8。新材料产业稳步发展，厦钨新材料产业园、金鹭硬质合金项目加快建设。

现代制造业提质增效。优势产业发展态势稳定，恩仕、瑞尔特等智能卫浴产品市场表现突出；法拉、宏发等企业的行业龙头地位进一步稳固。产业根基持续壮大，盈趣等5个项目竣工验收；通达四期、海嘉等项目开工建设；力鼎等5个重点增资扩产项目顺利推进。

现代服务业加速培育。营利性服务业新增长点不断涌现，蓝色光标等项目效益显现。商贸业高速增长，保时捷销售中心投入运营，引进国贸信达整车进口等项目。新经济新业态加快布局，云创直播小镇、淘宝花卉直播基地等项目落地。文旅产业多元发展，成为影视剧热门取景地，一批知名影视艺术家在海沧成立个人工作室。航运服务业保持稳定发展，1—11月海沧港集装箱吞吐量762.8万标箱，货物吞吐量超1亿吨。

招商引资成效显著。借助厦洽会、“云签约”等活动，1—11月新引进项目1692个，总投资3860亿元；实际利用外资12亿元，增长30.9%。东岭、三木等38个项目实现当年落地、当年入统。落地艾迪康等26个高能级项目。恒瑞、海特等9个总部项目顺利推进。

项目攻坚提速提效。项目生成加快推动，新增“五个一批”项目54个，总投资454亿元，第三季度考评排名全省第二。项目建设持续加力，省市区重点项目超额完成序时进度。项目服务精准有效，固杰实现“当年用地出让、当年开工、当年投产”。

创新要素更加集聚。实施“三高”企业倍增计划，兑现奖励扶持资金3.4亿元。新增上市企业3家，占全市增量的1/4。完善科技政策体系，实施10批科技项目。培育高新技术企业和“双百人才”企业47家。联合清华大学（微电子学研究所）共建SiP公共技术平台。与中科院苏州医工所共建的厦门健康院加快推进。抓实引才工作，新引进毕业生4582人，新增柔性引才1105人，超额完成人才引进工作任务。

自贸优势不断增强。海沧保税港区获批成为综合保税区。拓展海铁联运，中欧中亚班列稳定运行，1—11月发运172列。整车进口平台、跨境电商监管中心有序运营。黄金产业园效益凸显，年产值突破百亿元。东南燕都产业园集聚效应初显，累计入驻企业55家。

两岸融合亮点频现。“云端”举办保生慈济文化节，乐活节等涉台活动反响热烈，首度与台湾媒体合办金沙书院散文奖。发挥开台文化资源优势，颜思齐写入国家历史教科书取得实质性进展。台湾青年助力疫情防控、乡村振兴、脱贫攻坚等工作，得到国台办和全国台联肯定。

营商环境优化提升。深化“放管服”改革，全省首推免费“双向邮寄”服务，让群众从“最多跑一趟”到“一趟不用跑”。完善政务服务平台，全流程网上办理事项增长92.6%。推行“一件事”集成套餐服务。企业服务更加高效，率先全市推出证照联办；设立企业专窗，事项办理时限进一步压缩。

片区开发形成气势。土地房屋征收加快推进，率先全省完成福厦高铁项目净地交付，孚中央整村征收签约刷新海沧速度，鼎美等3个整村征收工作取得重大进展。马銮湾新城开发建设加快，落地SM等项目，策划生成“三馆合一”等公建配套。鳌冠新城加快规划编制。临港新城产城融合稳步推进。

基础设施日趋完善。第二西通道左线隧道全线贯通；海疏立交（海新路主线）顺利通车，有效连接海沧生活区和马銮湾片区；海沧疏港通道、芦澳路（马青路—翁角路段）等加快建设。59个市政基础设施项目有序推进，新建（改造）道路10.3公里。新增公共停车位567个。海沧污水处理厂扩建工程建成投用。开展排水管网溯源排查和正本清源改造工作。轨道6号线建设有序推进，轨道4号线前期工作加快。

乡村振兴深入实施。深化首批全国乡村治理体系建设试点工作。青礁村入选第二批全国乡村旅游重点村。过坂社区绿盈乡村建设入选福建省案例选编。加大农村集体经济项目建设力度，莲花汤岸公寓顺利封顶。现代农业加快发展，伊甸园等项目动工建设。开展农业企业“百千”增产增效行动，贞岱现代农业设施示范园稳步推进。深化农村人居环境整治，获评“福建省村庄清洁行动先进区”。推进铁路、高速公路沿线环境综合整治，实施农房平改坡及裸房整治，有效提升立面景观。

2021年是中国共产党建党100周年，也是“十四五”规划的开局之年，起好步、开好局至关重要。全年经济社会主要预期目标是：地区生产总值增长7.5%以上，规上工业增加值增长8%，固定资产投资增长5%，区级财政收入增长3.3%，社会消费品零售总额增长5%，城镇居民和农村居民人均可支配收入增速超过全省平均水平。

（摘编：尤文凡）

同安区产业经济发展概述

2020年是极不平凡的一年，面对突如其来的新冠肺炎疫情及国内外风险挑战明显上升的复杂局面，同安区坚持以习近平新时代中国特色社会主义思想为指导，全面贯彻党的十九大和十九届二中、三中、四中、五中全会精神，坚持稳中求进工作总基调，扎实做好“六稳”工作，落实“六保”任务，围绕全市“招商引资与项目建设攻坚年”的目标任务，统筹推进疫情防控和经济社会发展，全方位推动高质量发展超越。2020年地区生产总值增长7.9%；规模以上工业总产值达1098.0亿元，增长6.8%；财政总收入完成104.3亿元；区级财政收入完成26.3亿元；社会消费品零售总额完成394.6亿元；居民人均可支配收入增长6.4%；完成年度节能减排任务。一年来产业经济发展的主要工作和成效：

疫情防控有序有效。疫情发生后，第一时间启动指挥部作战体系，按照“外防输入、内防扩散”的策略，全力推进联防联控、群防群控、精密智控。设置6个交通卡口和1300多个临时检查点，创新“以房管人”机制，累计排查41万人次，全面筑牢疫情防控防线。千方百计服务保障大局，共为全国、全省提供口罩1.3亿个，选派31名医护骨干组成援鄂援杏医疗队，圆满完成医疗支援和物资调拨任务。疫情稳控后，有序推动分级精准复工复产，稳步推进开学复课，以最快速度恢复正常生产生活秩序。

企业帮扶精准有力。认真执行上级推进企业复工复产各项政策，出台“稳岗援企15条”等一揽子纾困措施，兑现3568家（次）企业惠企资金15.3亿元。全面落实“减税降费”政策，为商事主体减负13.4亿元。设立中小微企业融资增信基金，累计为280家（次）企业提供增信服务额度达4.6亿元。为2313家（次）民营小微企业提供扶持资金7017万元。在政策“加油”和服务“助力”下，企业迅速恢复发展，辖区企业贷款余额同比增长16.64%。全年工业用电同比增长11.5%，位居全市第一。

招商引资成效显著。坚持搭平台、引龙头、优服务，深化“三个一”招商机制，招商质效进一步提升。高能级项目落地30个。年纳税上亿元的华彬“总部+基地”、美瞳结算总部等项目注册运营，宝龙大型城市综合体摘牌落地，优尔智能、弓立医疗等21个项目增资扩产，腾讯云区域总部、寺库区域总部等50多个优质项目加快引进。东亚机械在深交所创业板IPO审核通过，全区上市（主板）挂牌企业增至6家，新增后备6家。“9·8”厦洽会签约项目投资总额达896亿元，位居全市六区第二，项目签约、投资总额均创历史新高。

有效投资全力推进。91个省市重点项目完成投资603亿元。同集路跨线桥等项目建成投用，福厦高速铁路等项目顺利推进，新经济产业园等项目开工建设。全力实施415个“岛外大发展”项目建设，地铁4号线同安段贯通，直达岛内的地铁9号线项目启动前期，形成“十字”轨道线型。新增“五个一批”项目121个，总投资906亿元。完成土地征收1万亩、房屋征收149万平方米，分别居全市第二、第三。征拆工作各项考核指标连续5年保持全市领先。同安新城、同翔高新城两个重大片区征地拆迁快速推进，19个自然村整体搬迁工作扎实开展。

内外需求全面激发。争取抗疫特别国债等中央直达资金7.3亿元，用于支持稳岗援企等民生领域。实施提振消费专项行动，发放政府补贴1024.6万元，举办大型消费购物活动15场，引导金牌厨柜等企业开辟线上带货直播，全力促进消费回补，批零销售额增长41.4%，位居全市前列。支持传统外贸企业通过出口转内销重回发展快车道。鼓励企业开拓国际市场，健身器材、家居卫浴、小家电等行业海外订单大幅增长。

先进制造业成长迅速。746家规模以上工业企业完成工业增加值278亿元，同比增长8.5%，位居全市第一。海辰新材料、麦丰密封件等13个项目开工建设，泰亘信智能制造、冠烽医疗等7家企业摘牌落地。机械装备、新材料等6条重点产业链产值同比增长12%，234家规模以上高新技术企业产值同比增长12%以上，三高企业增至346家。晋大纳米科技项目被列入国家“科技助力经济2020”重点专项，康乐佳获评“国家体育产业示范单位”。

现代服务业加快提升。第三产业占GDP比重达到45.7%。金融服务综合改革试点工作加快推进，厦门大家居投资并购基金等行业子基金项目正式落地，比财科技等金融科技总部企业注册落户。住宿餐饮业有序恢复，住宿业和餐饮业营业额增幅分别高于全市平均水平38.7和7.5个百分点。仁励窝网络科技、爱琴海购物公园等现代服务业项目顺利落户。

农业经济稳步发展。完成农业产值23.2亿元。落实最严格的耕地保护制度，加强粮食储备和粮食应急网点建设管理，完成粮食安全责任考核任务。500亩高标准农田工程动工建设。康喜福、九龙谷等7个都市现代农业项目竣工投产，百利龙程、傲农夏商等23个产业项目扎实推进，闽台农业融合发展产业园入驻种苗企业10家。22个“一村一品”特色品牌实现收入超6.7亿元。累计认定新型职业农民388人，培育新型农业经营主体861个，数量均位居全市首位。

创新驱动加速推进。新增省、市级“科技小巨人领军企业”60家，省市级企业技术中心11家。支持高新技术企业加大研发投入，获国内专利授权2871件，增长7.6%。引进网易研究院、福建中医药大学研究生院，推进产学研深度融合。全市首个智能创新中心开工建设，总投资42亿元。“才聚银城”人才战略扎实推进，新引进培育高层次人才52名，柔性引进人才435名。

对外开放步伐加快。主动融入厦漳泉都市圈建设，区域综合运输大通道加快构建，协同高效的发展格局加速形成。推动对台交流紧密融合，引进钰德服装科技等台资项目45个。持续吸引台湾专业人才集聚，引进“双百计划”创业人才4名。积极建设开放型经济，新设外资企业62家，冠烽医疗等22个项目实现增资。全年合同利用外资完成34.6亿元，实际利用外资完成18.9亿元，完成比例位居全市前列。

乡村振兴取得实效。农村人居环境整治三年行动顺利收官，获评“省村庄清洁行动先进区”。15个“千村试点、万村推进”试点村建设稳步推进，9个美丽乡村项目有序实施，以全省第二名的成绩获评“四好农村路”示范区。全力打造汀溪、莲花两条乡村振兴动线，规划提升竹坝片区。探索乡村社会治理新模式，建设省级家风家训乡贤馆，五显镇、莲花镇获评“省乡村治理示范镇”。汀溪镇入选“全省乡村振兴特色乡镇”，军营村列入“全国乡村旅游重点村”，古坑村获评“2020年中国美丽休闲乡村”，省级以上休闲农业示范点数量位居全市第一。

重大风险有效防控。扎实推进涉众型经济金融风险专项整治等工作，排查整治1000多家涉金融企业。健全稳企业防风险工作体系，不良贷款率0.87%。不断优化地方政府债券期限和债券结构，确保风险安全可控。落实房地产调控机制，着力化解涉房地产信访及历史遗留问题，保障房地产市场平稳健康发展。

精准扶贫有力开展。扎实推进与临夏州康乐县东西部扶贫协作、与漳州市诏安县省级扶贫开发、与龙岩市上杭县山海协作，加大资金支持、产业合作、消费扶贫和社会帮扶力度，劳务输转1232人。帮助康乐县、诏安县引进6家企业，安排扶贫项目71个，带动1.6万人脱贫增收。完善协同救助工作机制，困难群众生活基本保障到位。

（摘编：尤文凡）

翔安区产业经济发展概述

2020年是极不平凡的一年，翔安区坚持以习近平新时代中国特色社会主义思想为指导，全面贯彻党的十九大和十九届二中、三中、四中、五中全会精神及党中央决策部署，在市委、市政府的坚强领导下，紧紧抓住“岛内大提升、岛外大发展”等重要战略机遇，统筹抓好疫情防控和经济社会发展，扎实做好“六稳”“六保”工作，经受严峻考验、付出艰苦努力，较好地完成了年初确定的各项目标。全年完成地区生产总值705.9亿元，增长8%；规模以上工业增加值406.8亿元，增长6.9%；固定资产投资增长20.7%；财政总收入80.7亿元，增长12.9%；区级财政收入22.5亿元，增长7.5%；社会消费品零售总额120.5亿元，增长1.6%；批发零售业销售额798.7亿元，增长77.9%；城镇居民人均可支配收入43816元，增长4.4%，农村居民人均可支配收入24206元，增长7.7%。其中，地区生产总值、财政总收入、区级财政收入、批发零售业销售额、城镇和农村居民人均可支配收入等6项指标增幅领跑全市，固定资产投资、社会消费品零售总额等2项指标增幅排名全市前二。11项对标全省指标增幅全部达标，“加快高质量发展”竞赛活动考评位居全市各区前列。

面对突如其来的新冠肺炎疫情，翔安区牢记疫情就是命令、防控就是责任，全面落实党中央和省、市统一部署，同时间赛跑、与病魔较量，第一时间启动指挥部作战体系，迅速筑牢“外防输入、内防扩散”严密防线，不到40天实现确诊、疑似病例“双清零”，继而建立健全精准化常态化防控机制，确保本土病例“零新增”、防疫人员“零感染”、关键节点“零反弹”。统筹谋划疫情防控和经济社会发展工作，实施“春暖业翔”行动，助力企业全面复工复产，经济社会秩序率先恢复，为全市经济企稳回升作出了有力贡献。我区的工作做法在全省大会上作交流、64次被央媒报道，23名援鄂医护人员被湖北省委、省政府授予新时代“最美逆行者”，5人和2家单位获省委、省政府表彰，25人获市委、市政府通报表扬。一年来产业经济发展的主要工作和成效是：

支柱产业稳健壮大。认真落实援企稳岗政策，帮助企业渡过难关，为企业减税降费3.3亿元、扶持补助3.5亿元、协助融资2.2亿元，规上工业企业增产面达67%。推动艾翔迪科技等6宗区属工业地块挂牌出让，中航锂电首期等32个项目竣工投产，电气硝子等45个项目增资扩产，友达光电等93个项目完成技改，电子信息产业产值超900亿元，占全市比重达55%。引进中建一局、中建二局、上海建工等大型建筑业企业，完成建筑业产值356亿元、增长33%，增幅全市第二。

“四新”经济快速发展。全区首家五星级标准酒店悦华酒店正式营业，高端商业综合体奥特莱斯全面封顶，“欢购好车·翔你所爱”汽车消费补贴等促消费活动火热，投入810万元财政补贴带动消费达20亿元，夜间经济、直播电商强势“带货”，电子商务销售额增长39%。金融产业加速集聚，落地国务院唯一授权的中小微企业融资信用平台“信易贷”等92个金融项目。数字经济、健康医疗蓬勃发展，数字经济产业园入驻了钟南山院士团队领衔的厦门联合呼吸健康研究院、张文宏教授任首席科学家的珐瓒实验室、医疗大数据独角兽零氪科技等280家优质企业。

创新动能加快培育。成功举办由科技部指导的中国创新创业大赛，与厦门大学、哈尔滨工业大学建立战略合作关系，建成厦门南方海洋研究中心，落地厦大嘉庚创新实验室、哈工大大数据产业园，新认定国家高新技术企业106家、市级以上企业技术中心10家。加大“三高”企业培育力度，新入库52家“三高”企业，26家实现倍增发展，高技术产业增加值占规上工业增加值达53%，超全市13个百分点。引育高层次人才117人，柔性引才926人，接收高校毕业生4235人。

招商引资成果丰硕。积极参与中国·海峡项目成果交易会、全市电子信息产业大会等省市招商大会，精心举办百家上市企业（券商）推介会、直播电商新经济大会等区级招商活动。全年新增市级招商入库项目2362个、总投资6852亿元，落地924个、总投资2394亿元，重点引进了苏宁广场等35个高能级项目、凯恩股份等3个区域总部、国贸会展酒店等5个高星级酒店、快库电商直播等7个直播电商平台、金逸影业等19个文化影视项目。中介招商、基金招商成效明显，区级产业引导基金利用1.7亿元撬动157亿元社会资本返投翔安区。实际利用外资22.6亿元、增长21.6%。

重大片区全面提速。“四座新城”完成投资590亿元，占全区固定资产投资总量的86%，新机场航站区综合交通枢纽加快建设，新体育中心、新会展中心全面动建，天马六代主厂房核心区封底，双十中学初中部、实验小学翔安校区顺利竣工。109个省市重点项目完成投资637亿元，项目数及投资额全市“双第一”。“五个一批”新增项目146个，综合考评今年两次、累计六次进入全省前十。

征地拆迁强势推进。创下机场高速公路45天、天马六代40天、新体育会展中心30天整村搬迁的“翔安新速度”，大嶝阳塘、新店东山提前完成签约任务，马巷琼头片区实现突破。完成土地交地1.26万亩（不含海域退养）、房屋拆除92万平方米，省市重点项目土地房屋征收工作综合考评位居全市第一，获市委、市政府主要领导多次“点赞”。

乡村振兴成效显著。投入5.5亿元高标准建设9个试点示范村和3条乡村振兴动线，澳头、大帽山等乡村游景点人气火爆，全区接待游客420万人次、旅游收入10.5亿元，成立全省首家农业产业研究院，大宅火龙果种植基地一年内12次上央视，成为网红打卡点。全面推行城乡环卫一体化机制，扎实推进“一革命四行动”，全省农村人居环境整治三年行动考核优秀。

改革开放持续深化。改革创新亮点纷呈，“谁执法谁普法”动态智能管理平台获司法部表扬，农村基层组织“1152”工作机制、“三度”基层治理模式等16项改革举措被省级以上媒体报道。相对集中行政许可权改革试点方案获省政府批复，创新推行“一窗受理、集成服务”模式，惠企政策率先实现全流程网办。服务构建“国内大循环为主体、国内国际双循环相互促进”的新发展格局，积极融入闽西南协同发展区建设。两岸交流往来持续深化，金嶝青少年夏令营、宋江阵民俗文化节列入国家对台交流重点项目。

交通设施加快建设。轨道3号线（火车站—蔡厝站）实现轨通、4号线翔安段区间完成过半，城际轨道R1线机场段预留工程桩基完工，福厦高铁、第二东通道等重大线性工程被央视集中报道31次。机场高速公路（内厝段）提前三个月动工，机场快速路南段、滨海浪漫线二期建成使用，海翔大道连接泉州“最后一公里”、舫山东二路等“断头路”成功打通。建成2个公交场站、42座公交候车亭，优化18条公交线路，开通15条校园定制专线。

市政配套不断完善。国内最长跨海地下管廊－机场快速路综合管廊过海段全线贯通，建成5公里综合管廊、243个5G基站，开工建设翔安电信5G机楼。启用东部垃圾焚烧发电厂二期、翔安污水处理厂四期，溯源排查排水管网72平方公里，新建污水管道60公里，全区污水纳管、收集和处理能力稳步提升。完成翔安水厂、舫山水厂扩建及管网互联互通，每日新增供水17万吨，建成投用新圩泵站、汀溪水库向银鹭水厂应急供水等项目，有效解决新圩用水“孤岛”问题。

（摘编：游永贵）

漳州市产业经济发展综述

2020年是极不平凡的一年。在以习近平同志为核心的党中央坚强领导下，在省委和省政府以及市委的正确领导下，漳州市坚持以习近平新时代中国特色社会主义思想为指导，全面贯彻党的十九大和十九届二中、三中、四中、五中全会精神，深入学习贯彻习近平总书记对福建工作的重要讲话重要指示批示精神，统筹推进常态化疫情防控和经济社会发展，扎实做好“六稳”工作、全面落实“六保”任务，坚持不懈“大抓工业、抓大工业”，全方位推动高质量发展超越。全市完成生产总值4545.61亿元；一般公共预算总收入350.65亿元，下降1.6%，地方一般公共预算收入218.56亿元，下降0.4%；进出口807.5亿元，增长11.3%；实际利用外资41.14亿元，增长8%；社会消费品零售总额1697.15亿元；居民消费价格指数（市辖区）上涨1.7%；城镇居民人均可支配收入40008元，增长2.7%；农村居民人均可支配收入21103元，增长6.1%；城镇登记失业率3.59%；完成年度节能减排任务。产业经济发展主要工作和成效有：

过去的一年，战疫情、保发展，双胜利目标基本实现。始终把人民群众生命安全和身体健康放在第一位，建立健全联防联控机制，坚持常态化防控和应急处置相结合，2020年2月14日至今持续保持新冠肺炎本土确诊病例和疑似病例“零新增”，具备5日内完成全市全员核酸检测能力。迅速推动复工复产复商复市，深入开展“奋战下半年、勇夺双胜利”竞赛活动和突破“难、硬、重、新”工作行动，出台促进“六稳”工作18条等一揽子政策，开展产业链供应链固链、中小微企业纾困等行动，累计新增减税降费55.35亿元，金融机构本外币贷款增量突破500亿元，创历年新高。加快打造工业新城，实施“1144”工程，启动工业园区标准化建设三年行动计划，古雷开发区跻身“中国化工园区30强”。落实农业稳产保供，扎实推进乡村振兴，特色现代农业加快发展。

过去的一年，扩内需、稳外贸，双循环效应初步显现。坚定实施扩大内需战略，深化“五个一批”项目建设，持续开展“云招商”“云签约”，谋划实施“中国女排娘家”基地、古雷炼化一体化二期等一批重大项目，漳州核电三期等752个、总投资超4800亿元的新项目顺利签约，97个、总投资589亿元的重大项目集中开工，市级在建重点项目完成投资1724亿元。加快打造区域性旅游目的地城市，推进文化旅游体育和会展夜间经济融合发展。通过开展“全闽乐购”“你消费、我买单，亿元奖励等你拿”等促进消费活动，拉动消费超50亿元。创新“田野直播间”等模式，电商交易额突破500亿元、增长19.7%，邮政快递业务总量增长75.8%。出台支持外贸企业稳定发展系列政策，落实扶持资金9857.5万元，获批国家跨境电子商务综合试验区，漳州台商投资区保税物流中心（B型）封关运营。

过去的一年，促改革、补短板，攻坚战取得显著成效。深化“放管服”改革，推进开发区体制机制改革向县管开发区延伸，企业开办审批时间压缩至1个工作日内，企业开办“零成本”改革经验在全省推广，全市92.4%的审批事项“一趟不用跑”、82.86%的事项全流程网办，位居全省第一。深入开展国资国企综合改革，组建农业发展集团、信息产业集团、人才发展集团，推动国有企业做强做优做大。深化漳台全面融合，漳浦台湾农民创业园考核位居全国第一，台资实际到资金额位居全省第一。围绕打好打赢“三大攻坚战”，落实“四个不摘”要求，全面推行缓解相对贫困人口政策，市本级扶贫资金增长39.8%；加快推进中央环保督察反馈问题整改，探索开展市级环保督查，大力开展矿山环境整治专项行动，启动东山八尺门综合治理生态修复工程，推动河湖长制落实，排查整治污染源1.88万个，市区空气质量优良率为98.1%、提高0.8个百分点，主要流域国、省考断面Ⅰ-Ⅲ类水质比例均为100%；有效防控重点领域金融风险，严控政府债务余额，全市不良贷款率降至0.93%。

“十三五”时期，全市生产总值和城乡居民人均可支配收入均比2010年翻一番，全市建档立卡贫困人口全部脱贫，全面建成小康社会目标圆满完成。这五年，是“大抓工业、抓大工业”，产业结构不断优化的五年。培育形成食品加工、装备制造、新材料三大千亿产业集群，“4+4”产业体系日趋完善，三次产业结构优化为11.0∶45.2∶43.8。这五年，是科技引领、创新驱动，发展动能换挡提速的五年。全市拥有国家级高新技术企业350家，比2015年增加235家，全社会研发投入年均增长超20%。这五年，是深化改革、扩大开放，体制机制日臻完善的五年。“会审制”改革、“商务110”等经验做法在全国推广，开放型经济新体制综合试点试验成果顺利通过国家验收，累计新引进台资项目334个、实际利用台资127.2亿元。这五年，是生态优先、绿色转型，人居环境持续提升的五年。探索推进“生态+”模式，布局建设“五湖四海”项目，全市森林覆盖率从63.58%提高到64.78%。这五年，是统筹城乡、加快融合，基础设施显著改善的五年。全市常住人口城镇化率从54%提高到61%，中心城区建成区面积扩大到123.47平方公里，乡村振兴战略开局良好，“四难一差”问题明显缓解，高速公路密度达到发达国家水平。

“十四五”时期是我国开启全面建设社会主义现代化国家新征程、向第二个百年奋斗目标进军的第一个五年，也是漳州市全方位推动高质量发展超越、加快富美新漳州建设的关键五年。漳州市坚决贯彻党中央、国务院的战略部署，按照省委和省政府的工作要求，以及市委十一届十二次、十三次全会的工作安排，当好新时代新福建建设先锋、新增长极和重要引擎，全方位推动高质量发展超越。

坚定不移推进“大抓工业、抓大工业”，着力实现更高质量的发展。把发展经济的着力点放在实体经济上，加快建设现代产业体系，重点壮大“三大三新”产业，大力培育新兴产业，发展现代服务业，提升现代农业“六化”水平，加快向工业新城、农业强市迈进，力争到2025年全市生产总值超过6500亿元，规模工业总产值突破万亿大关，服务业增加值比重超42%，数字经济规模达到3000亿元，农业全产业链总产值超4000亿元。创建国家创新型城市，强化企业创新主体作用，力争国家级高新技术企业突破500家、研发经费投入强度达到2.4%。

坚定不移实施深层次改革、高水平开放，着力实现更有效率的发展。深化重点领域和关键环节改革，破除制约高质量发展的体制机制障碍。把实施扩大内需战略同深化供给侧结构性改革有机结合起来，加强需求侧管理，加快形成需求牵引供给、供给创造需求的更高水平动态平衡。高质量参与“海丝”核心区建设，加快国家跨境电子商务综合试验区建设，推动贸易和投资自由化、便利化，努力建设更高水平开放型经济新体制。继续发挥好台胞主要祖籍地优势，在闽台融合发展上迈出更大步伐，为促进祖国统一作出更大贡献。

坚定不移推动富民增收、促进共建共享，着力实现更加公平的发展。全面实施乡村振兴战略，打造宜居宜业乡村样板。强化就业优先政策，实施居民增收行动，城镇新增就业15万人，居民人均可支配收入年均增长7.2%。构建高质量教育体系，推进健康漳州建设，健全多层次社会保障、养老服务和住房保障体系，努力提高基本公共服务均等化水平，力争到2025年主要劳动年龄人口平均受教育年限达到12年、新增各类养老床位5000张、人均预期寿命提高到79.63岁。

坚定不移建设现代都市、打造生态之城，着力实现更可持续的发展。围绕“一核、两湾、三片、四极”，构建主体功能明显、优势互补、高质量发展的国土空间格局，加快推进以人为核心的新型城镇化，全面提升城市能级和综合承载力，到2025年常住人口城镇化率达到65%。全面树立绿色发展导向，构建绿色低碳产业体系，持续深化污染防治，提升生态系统碳汇能力，确保森林覆盖率不低于63%，单位GDP能耗和二氧化碳排放等生态文明指标严格控制在省下达目标内。

坚定不移提升治理能力、建设平安漳州，着力实现更为安全的发展。统筹发展和安全，持续完善防范和化解重大风险体制机制。加强应急管理，落实安全生产责任制，有效遏制较大及以上生产安全事故发生。维护区域金融稳定，牢牢守住不发生系统性金融风险底线。推进扫黑除恶专项斗争长效常治，完善社会治安防控体系，健全矛盾纠纷多元化解、源头稳控机制，推动创建全国市域社会治理现代化试点合格城市。

扎实做好2021年工作，事关“十四五”开局，事关新发展阶段起步，事关全方位推动高质量发展超越。漳州市要以习近平新时代中国特色社会主义思想为指导，全面贯彻党的十九大和十九届二中、三中、四中、五中全会精神，坚持稳中求进工作总基调，立足新发展阶段，贯彻新发展理念，积极服务并深度融入新发展格局，以全方位推动高质量发展超越为主题，以深化供给侧结构性改革为主线，以改革创新为根本动力，以满足人民日益增长的美好生活需要为根本目的，坚持系统观念，巩固拓展疫情防控和经济社会发展成果，更好统筹发展和安全，扎实做好“六稳”工作、全面落实“六保”任务，突出抓防控抗疫情、抓工业强实体、抓开放扩内需、抓改革优环境、抓城乡促协调、抓民生补短板，努力保持经济运行在合理区间，确保“十四五”开好局，加快建设富美新漳州，奋力当好新时代新福建建设先锋、新增长极和重要引擎，以优异成绩庆祝建党100周年。主要预期目标是：全市地区生产总值增长7.5%左右；一般公共预算总收入增长4%左右，地方一般公共预算收入增长3%左右；固定资产投资增长8%左右；进出口增长3%左右，实际利用外资增长5%左右；社会消费品零售总额增长6.5%左右，居民消费价格指数（市辖区）涨幅3%左右；城镇登记失业率控制在5%以内；城镇居民、农村居民人均可支配收入分别增长7%和8%左右；完成节能减排任务。

（摘编：唐启阳）

芗城区产业经济发展概述

2020年是极不平凡的一年，芗城区既承担着全面建成小康社会和“十三五”规划收官的历史重任，也面对着新冠肺炎疫情带来的严峻挑战。一年来，芗城区统筹推进常态化疫情防控和经济社会发展，扎实做好“六稳”工作，落实“六保”任务，坚决打好三大攻坚战，按照“一二三四五”工作格局，全力推进“大抓工业、抓大工业”，深入推进老城区建设管理“十项行动”、乡村振兴重点工作“八项行动”和五个“三年行动计划”，加快建设现代化中心城市，团结带领全区人民，全力以赴实现经济社会发展目标。全年实现地区生产总值780亿元，增长1.1%；农林牧渔业总产值20.8亿元，增长4.2%；规模工业总产值748亿元，比降20.72%，规模工业增加值186亿元，比降18.53%；固定资产投资259.6亿元，比降7.96%；一般公共预算总收入28.7亿元，比降6.24%；地方一般公共预算收入15亿元，比降6.62%；实际利用外资1亿元，外贸出口58.6亿元；社会消费品零售总额220亿元，比降5%；城镇居民人均可支配收入45294元，增长3.6%，农村居民人均可支配收入21027元，增长6.4%。完成年度节能减排降碳任务。一年来，产业经济发展的主要工作和成效是：

勠力战疫情，社会大局稳定有序。慎终如始“外防输入、内防反弹”，全区9900余名党员干部下沉村居、联防联控，入户摸排426万人次，落实核酸应检尽检32万份，做到排查全覆盖。严格落实“四早四集中”要求，1951名医务工作者险中逆行，坚守疫情防控第一线。经过艰苦奋战，我们向人民群众交出了确诊病例“零死亡”“零回头”、医务人员“零感染”的成绩单。迅速推动复工复产复商复市，深入开展“奋战下半年，勇夺双胜利”竞赛活动和“难、硬、重、新”工作行动，积极为企业纾危解困，落实各级稳增长、保发展政策，累计为企业减税降费6.26亿元；兑现企业各级政策补助及奖励资金2.43亿元；强化银企对接、指导企业向上申报、推动动产抵押、知识产权质押贷款，累计帮助企业融资40多亿元。

聚力高质量，产业升级提质增效。坚持“大抓工业、抓大工业”，落实“1144”工程，三宝新1号高炉、顺兴食品、余气余热发电工程等项目竣工投产，三宝139万吨优质高速线/棒材等一批钢铁深加工项目开工建设。新增10家省级工业新增长点企业。大力培育创新主体，新增国家级高新技术企业20家，省科技小巨人领军企业5家。金峰经济开发区综合发展水平考核评价在全省89家国家级、省级开发区中位列第七，入选工信部“国家级绿色工业园区”。积极发展数字经济，漳州信息产业集团落户我区，南威科技城、美亚柏科等项目签约。推动文旅体和会展、夜间经济融合发展，女排娘家基地、金峰中心广场、三宝广场等重点项目开工建设；升级商圈消费，古城商圈获评省级示范商圈，古城、天下广场等美食街荣获“福建省美食街”称号。创新直播带货，全平台观看量超360万人次。

蓄力增后劲，发展动能持续增强。建立区级重点项目服务管理平台，对全区239个项目全周期跟踪管理。累计上报“五个一批”项目46个，省、市重点项目完成投资240亿元。招商引资持续发力，签约亿元以上项目20个。持续优化营商环境，推动审批服务事项全流程网上审批，梳理公布第一批“一趟不用跑”事项660项和“全程网办”事项663项，全面推行企业开办“一件事一站式”办理，企业开办时间压缩至一个工作日。

积极争取各级财政补助资金 8 亿元、一般债 1.1 亿元、专项债 11.51 亿元、抗疫特别国债 0.58 亿元，有效保障产业园区、老旧小区改造和公共卫生等重点项目建设需要。全年报批农转用地 2326 亩、林地 1614 亩，有效保障重大项目用地用林需求。

全力提品质，城市面貌焕然一新。老城区建设管理“十项行动”首战告捷，初步实现“区内干净、路面整洁、设施完备、交通有序”，为漳州市蝉联全国文明城市作出重要贡献。拓展城市发展空间，女排娘家基地项目基本完成 41.88 万平方米征迁任务；漳州古城延安南入口、侨芗剧场、文庙片区等老“地标”展现新形象；西湖片区 8 所学校开工，6 个安置房及 11 条道路加快建设，迈出崛起新步伐；11.8 平方公里北部新城概念性规划加快编制。持续提升市政设施水平，完成 15 条背街小巷整治提升，新增公共停车位 206 个，完成 11 个农贸市场、40 个老旧小区改造。开展机动车违停集中整顿、电动自行车和人力客运三轮车等专项治理，查处交通违法违规行为上万起。进一步规范“地摊经济”，夜市搬迁后成为“新网红”。成立国有芗江物业公司，顺利接管 41 个小区物业服务。

致力促振兴，农业农村稳步发展。以乡村振兴重点工作“八项行动”为抓手，持续推动“三农”发展。坚决打赢脱贫攻坚战，巩固提升“两不愁三保障”和饮水安全工作，完成 52 户建档立卡贫困户住房改造修缮。建成“四好农村路” 29 公里，城乡供水一体化项目开工，新建高标准农田 4600 亩，建设 4 个优质农产品标准化示范基地。深入实施农村“一革命四行动”，清运农村垃圾 5.1 万吨，完成裸房整治 632 幢，拆除“两违”面积 61.8 万平方米，初步实现“路面干净、水沟畅通、边角清楚、门前整洁”。严格落实河（湖）长制，扎实推进小流域治理，农村生活污水收集处理 PPP 项目全部完工，建立畜禽养殖污染常态化巡查检查机制。持续抓好中央生态环保督察反馈问题整改，完成 6455 个污染源整治。全区空气优良率达 97.5%。

2021 年工作安排。2021 年是中国共产党成立 100 周年，是“十四五”开局之年，芗城区要以习近平新时代中国特色社会主义思想为指导，全面贯彻党的十九大和十九届二中、三中、四中、五中全会精神，坚持稳中求进工作总基调，立足新发展阶段，坚持新发展理念，构建新发展格局，以推动高质量发展为主题，以深化供给侧结构性改革为主线，以改革创新为根本动力，以满足人民日益增长的美好生活需要为根本目的，坚持系统观念，巩固拓展疫情防控和经济社会发展成果，更好统筹发展和安全，继续做好“六稳”工作、落实“六保”任务，坚持市委“大抓工业、抓大工业”，建设工业新城主基调，围绕“一二三四五”工作格局，突出党建引领、突出实体经济、突出城乡统筹、突出人民至上、突出生态保护、突出社会治理，做到对标先进、全面提升、勇当先锋，努力打造现代化中心城区，以优异成绩向建党 100 周年献礼。

2021 年经济社会发展的主要预期目标是：地区生产总值增长 7.6%；农林牧渔业总产值增长 4%；规模工业总产值增长 7.8%，规模工业增加值增长 7.5%；固定资产投资增长 8%；一般公共预算总收入增长 4%，地方一般公共预算收入增长 3%；实际利用外资与上年持平；外贸出口增长 5%；社会消费品零售总额增长 8%；城镇居民人均可支配收入增长 7%，农村居民人均可支配收入增长 8%；完成市下达的节能减排降碳任务。

（摘编：马榕威）

龙文区产业经济发展概述

2020年是极其不平凡的一年。龙文区坚持以习近平新时代中国特色社会主义思想为指导，全面落实区委决策部署，统筹推进疫情防控和经济社会发展，“奋战下半年，勇夺双胜利”，全方位推动高质量发展超越。同时，针对统计口径调整和统计方式改变，主动开展统计“四清一查”，推动全区上下轻装上阵再出发，知重负重勇前行。全年地区生产总值完成361.36亿元，增长持平；一般公共预算总收入17.02亿元；一般公共预算收入11.25亿元；规模工业总产值291.01亿元；固定资产投资150亿元；实际利用外资1.55亿元；社会消费品零售总额218亿元；进出口总值41亿元；城镇居民人均可支配收入45886元；农村居民人均可支配收入22746元。一年来的产业经济发展的工作和成效主要体现在：

两手抓双胜利，经济稳中求进。全力打好防控人民战争。新冠肺炎疫情发生后，全区总动员，守好主阵地，采取指挥部集中办公、联合作战、当日会商、定期督办等机制，成功拦截处置唯一一例输入性病例。常态化防控以来，严格落实联防联控责任，实施“外防输入，内防反弹”策略，启用集中隔离点，安全接收入境人员378人；启动“人”“物”同防，建成2个核酸检测实验室，摸排进口冷链企业43家。完成抗疫项目投资3750万元、省级卫生乡镇创建率100%、健康码申领率120.7%，三项指标均居全市第一。自1月23日以来，没有本土确诊病例、疑似病例，持续定格“低风险地区”。全面落实“六稳”“六保”任务。以精准措施对冲疫情影响，促进复工复产复商复市，兑现各类奖励9765万元，兑现外贸扶持资金1260万元。招商引资逆势而上，签约66个项目，总投资259.8亿元，引进亿元以上项目24个，总投资90亿元的闽南老家前期进展顺利，恒美丽姿等项目当年签约、当年开工、当年投产。省市在建重点项目分别完成投资27.47亿元、130亿元，48个项目开工，43个项目竣工。“难、硬、重、新”有效突破，征迁攻坚力度进一步加大，完成征地3600亩、拆迁135万平方米。争取专项债券项目5个，资金5.22亿元。

产城人促融合，发展质量趋好。城市产业提质。总部经济渐成规模，入驻金融机构96家，融信金融中心年纳税超2亿元；90%的快递业企业市级总部落户，业务量占全市47%；建筑业加速集聚，88家重点企业产值49.6亿元；跨境电商实现破局，线下展示体验中心、线上服务平台、海关监管服务场所等项目一体推进，交易额突破70亿元。出台促进产业集约发展提高投资效益政策措施，盘活闲置厂房22.8万平方米，新增国家高新技术企业31家、省级高新技术企业35家，均居全市第一；新增76家科技型中小企业、7家科技小巨人领军企业，思特电子获科技部重点立项，东方食品获评省级工业和信息化龙头企业。城市进程提速。市行政服务中心开工，启动“龙江新城”、“一江两岸”等重点片区城市设计，深化蓝田开发区体制机制改革，政企各司其职、有机融合，重新编制镇街和部门权责清单，城市运行趋势向好、未来可期。城市人气提升。第七次人口普查常住人口总量29万，锦绣碧湖等城市社区持续投建，宝龙广场开业，海丝钟表博物馆评定为3A景区，华东里特色文化项目列入市文体旅招商大会，旅游美食季、商圈购物节等成功举办，碧湖商圈、闽南水乡、福隆商圈、蓝田开发区夜经济日益繁荣。

下足绣花功夫，城乡品质提升。配套设施升

级。实施城建项目172个，投资178亿元，北仓路等11条城市道路完工，建元东路等7条城市道路和5条农村道路通车，建成6个支渠引水工程，双向泵站投用，实施6个城市污水垃圾项目，东墩污水处理厂二期竣工，新增公共停车场2个。治理能力深化。投入1746万元改造3个老旧小区，投入1970万元打造平安大数据系统，碧湖街道列入省首批垃圾分类示范片区并获奖励，全市率先开展外立面“牛皮癣”专项整治。成立首个市级新时代文明实践中心和全市首家物业行业党委，社区（乡村）110成效显现，“护企110”、万达商圈“门前三保”、锦绣社区成为市域社会治理亮点。推进高速沿线和农村人居环境整治，完成裸房整治416栋，建设美丽乡村。文化保护加强。“陈淳的传说”被评为市第八批非遗项目，新增湘桥华佗庙等3处区级文物保护单位、闽南盐鸡传统制作技艺等3项区级非遗项目。省级非遗项目“何阳拳”入校推广。生态环境改善。河长制“三三”机制获省河长办肯定，排查整治640个污染源，铺设雨污管道105公里，清淤20公里，北溪、西溪流域平均水质达到Ⅲ类水质考核要求，集中式饮用水源水质达标率100%，小流域Ⅲ类水质达标率100%；建设81个大气污染热点网格及预警处理系统，降尘抑尘专项行动深入开展，空气优良率98.7%；实施土壤污染防治，受污染耕地安全利用率98.3%。

“十三五”时期经济发展的主要成效是：突出创新发展，供给体系总量明显提升。5年地区生产总值1382.36亿元，年均增长7.7%，实现增长翻番。产业结构升级，三产比重由2.9∶53.4∶43.7优化为1.6∶38.2∶60.2，服务业增加值占比超过60%。坚持不懈“大抓工业、抓大工业”，规模以上工业企业167家，总产值、增加值年均增速7%以上。

突出协调发展，城乡区域建设呈现新貌。全域城市化加速，步文、朝阳、蓝田撤镇设街，增设碧湖、景山街道，31个行政村撤村设居。蝉联全国文明城市、省级文明城区。城乡发展齐头并进，实施城建项目804个，城区品质日益提升；实施乡村振兴，落实对口帮扶，郭坑口社村获评省级乡村振兴实绩突出村，打造3个裸房整治示范村。

突出绿色发展，生态环境质量保持优良。追求生态环境“高颜值”，经济发展“高素质”，建成市民公园、闽南水乡、湘桥湖等生态项目，新增绿地51.5公顷，人均公共绿地面积从14.6提高至15.8平方米。打好污染防治攻坚战，完成“十三五”主要污染物约束指标控制。高品位实施水系连通工程，创新河长治水，整治黑臭水体，实现河畅水清岸绿景美。开展“一革命四行动”，整治“散、乱、污”企业，推行绿色环保拆除，开展餐饮油烟治理，获评国家生态区。

突出开放发展，交流合作空间持续扩大。深化“放管服”改革，推进市域社会治理现代化，营商环境评估位居全市首位。新设外资企业44家，ADM、普洛斯、大润发、奥佳华等一批世界500强企业和行业龙头落户。境内外电子商务业态能级跃升，汽车销售量、快递收派件量全市第一，社会消费品零售总额年均增速8.9%。打造“海峡两岸中华武术大家练”“海峡两岸朱熹陈淳研讨会”等一批交流品牌，招引台湾等地各类人才来龙文就业创业。

“十四五”时期国民经济和社会发展的主要目标：全区地区生产总值年均增速保持在6.5%左右，高于全市平均水平，城市发展能级跃升到新的高度。我们要坚决贯彻区委的战略部署，全力推动龙文从几何中心向城市中心转变，加快建设产城人深度融合发展的滨江产业新城、富美中心城区。

2021年国民经济和社会发展的主要预期目标是：全区地区生产总值增长7.5%左右；规模工业总产值增长8.1%；一般公共预算总收入增长5%，一般公共预算收入增长4%；固定资产投资增长8%；社会消费品零售总额增长6.5%；城镇居民人均可支配收入增长7%；农村居民人均可支配收入增长8%；落实节能减排降碳任务。

（摘编：邓新民）

龙海市产业经济发展概述

2020年是极不平凡的一年，面对新冠肺炎疫情影响，龙海市紧扣全面建成小康社会目标任务，做好“六稳”工作，落实“六保”任务，坚定不移“大抓工业、抓大工业”，突出重点区域发展、重点项目建设、重点工作落实，奋力夺取疫情防控和经济社会发展双胜利，全方位推动高质量发展超越取得新成效。全年完成地区生产总值560亿元，增长5%；规模工业总产值716亿元，增长5%；规模工业增加值200亿元，增长4.7%；固定资产投资150亿元，下降29.8%；一般公共预算总收入31亿元，下降6.85%；地方一般公共预算收入19亿元，下降4.76%；社会消费品零售总额157亿元，增长1.2%；农林牧渔业总产值112.2亿元，增长4.2%；实际利用外资0.8亿元，增长3.7%；进出口总值33亿元，增长3.55%；城镇和农村居民人均可支配收入达40854元和22359元，分别增长2%和6.8%。一年来产业经济发展的主要工作和成效是：

产业经济逆势而上。积极克服疫情影响，抓早抓实抓细复工复产、复商复市，经济发展稳定好转。工业率先企稳回升，出台促进“六稳”、加快复工复产等惠企帮扶政策，助力企业化危为机、加快发展，一季度工业产值迅速“扭负为正”，金龙客车实现试投产，漳州LNG项目2个罐体顺利封顶，正新橡胶三期正式投产，完成工业投资48亿元；建筑业持续壮大，新增一级资质企业2家，泷澄建筑工业化二期加快推进，长劲鹿新型建材竣工投产，完成建筑业总产值178.7亿元，增长3.1%。三农基础更加稳固，实施乡村振兴“十大行动”，加快“345”示范工程、1个省级特色乡镇、15个省级试点村建设，完成高标准农田项目2.1万亩，新改扩建6个规模生猪养殖场，4家农业龙头企业和新型经营主体入选漳州市“十强”“十佳”。第三产业活力增强，重视发展文化旅游体育和会展夜间经济，实施项目106个，总投资146.2亿元；电商快递量突破5700万件，增长31.7%；房地产业健康发展，完成投资46.6亿元，销售50.2万平方米；旅游接待244.8万人次、总收入29.2亿元。

发展动能持续增强。深化“放管服”和工程建设项目审批制度改革，推广“企业+N秒办”，压缩审批服务事项470个，全部事项实现“最多跑一趟”，“一趟不用跑”占比提高至87.4%，落实减税降费8.32亿元，营商环境持续优化。突破“难、硬、重、新”制约问题，强化土地、政策、资金等要素保障，获批专项债项目6个8.6亿元，90个重点项目完成投资170亿元，超额完成年度计划。深化开发区管理体制改革，组建龙海经济开发区管委会龙江办事处，开展工业经济高质量发展“三提升三创新”行动，编制完成3个工业园区规划，盘活用地727亩，首批16家增产增效试点企业产值增长27%，完成技改投资41.9亿元，国家级高新技术企业达到10家，凯傲漳州工厂一期、协能科技一期等项目建成投产。招商引资取得新成果，入库“五个一批”项目109个，总投资657.7亿元，签约招商项目66个，总投资252.2亿元，南溪湾创业园、璟沃产业园新增入驻企业34家，万洋众创城、太阳电缆等一批大项目、好项目签约落户。

三大攻坚战成效凸显。持续巩固脱贫攻坚成果，出台应对疫情决胜脱贫攻坚十九条措施，落实干部挂钩帮扶和财政兜底保障，加大产业和就业扶贫力度，全市19个贫困村、244户贫困户、509个贫困人口实现稳定脱贫。打好污染防治攻坚战，持续开展采砂洗砂、畜禽水产养殖、散乱污企业、海漂垃圾、建筑垃圾等突出生态环境问题整治，加强入河、入海排污口监管；完成第二轮中央生态环保督察信访件整改销号，扎实推进共性问题整改，开展第二次全国污染源普查，基本完成污染源治理任务；加强饮用水源地保护，实施南溪河口生态清淤，建设万里安全生态水系42.3公里，增殖放流鱼虾苗5亿尾，推进一比疆等7场废弃矿山市场化生态修复，完成水土流失综合治理7835亩，造林绿化7627亩，创建“绿盈乡村”54个，4个行政村入选国家森林乡村。坚持底线思维，防范金融风险，严厉打击恶意逃废债、非法集资等行为，不良贷款率保持在1%以下，政府债务余额严控在核定限额内。

2021年是“十四五”开局之年，也是站在新起点上全方位推动高质量发展超越的关键之年，为确保“十四五”顺利开篇，要坚持稳中求进工作总基调，以全方位推动高质量发展超越为主题，以深化供给侧结构性改革为主线，以改革创新为根本动力，以满足人民日益增长的美好生活需要为根本目的，努力在危机中育先机，于变局中开新局，全力做好“六稳”工作，全面落实“六保”任务，坚持不懈“大抓工业、抓大工业”，着力抓好重点区域发展、重点项目建设、重点工作落实，加快新时代新龙海建设，奋力谱写全面建设社会主义现代化国家的龙海篇章。经济发展的主要预期目标是：力争地区生产总值增长8%左右，规模工业总产值增长10.7%左右，规模工业增加值增长10.3%左右，固定资产投资增长8%左右，一般公共预算总收入增长4%左右，地方一般公共预算收入增长3%左右，社会消费品零售总额增长4.9%左右，农林牧渔业总产值增长3.8%左右，实际利用外资增长15%左右，进出口总值增长5%左右，城镇和农村居民人均可支配收入增长8%左右，城镇登记失业率控制在3.6%以内，节能减排指标控制在漳州下达范围之内。产业经济发展重点做好以下几个方面工作：

持之以恒抓经济稳增长。坚持工业立市强实力，实施产业龙头促进计划，深化“三提升三创新”行动，稳住工业基本盘。做大做强装备制造，确保金龙客车、正新橡胶三期全面达产，加快推进凯傲二期、协能科技二期、宁波国创电池热管理、太阳电缆等项目建设。做精做深健康食品，鼓励海新、绿新等龙头企业自主研发，提高核心竞争力，加快推进格林、多麦等食品企业厂房建设，支持卡尔顿、然利等优势企业更新技术、创新发展。扶持壮大新能源，力争漳州LNG项目一期建成投产，探索推进LNG冷能利用，支持华阳电厂绿色升级。扶持新兴产业发展，培育一批科技小巨人领军企业，加快新一代电子信息、生物技术、临港工业、新材料等产业发展。

紧盯项目优平台强配套。加快“一江滨两新区”城市发展，做好后港片区老城、石码历史文化街区、古月港历史风貌区和老旧小区修缮提升，实施6个安置房、云都人防工程和万科城市综合体等配套建设，推进芦州大道二期、紫云新区接省道208复线等市政道路，实施半地下式城区污水处理厂扩建和西溪桥闸除险加固工程，市场化推进智慧停车场，加强城市精细化治理，引领生活垃圾分类新时尚。提升“南太武南溪湾”建设水平，启动科创小镇前期工作和滨海新城核心区二期项目，规划建设创业大厦，推进万洋众创城、片区污水处理设施、格林卓岐安居工程、竹坑尾机制砂等项目建设，确保滨海新城核心区“七路三河两景观”竣工投用。

聚焦三农稳基础提水平。深入实施现代农业发展三年行动，培育壮大优势特色产业，扎实抓好55个乡村振兴示范项目，推进新希望、海新等环保型规模生猪养殖场建设，启动石码渔业码头改造提升，实施港尾一级渔港扩建项目，加快农产品精深加工和冷链物流发展，培育省市级农业龙头企业10家，打造东园“全国农业产业强镇”。实施农产品品牌战略，打造“一镇一品”全产业链，支持农民发展休闲农业、农村旅游，规范提升民宿行业管理，打造精品旅游路线，鼓励发展特色农产品伴手礼，促进农民增收。

（摘编：翁宁）

漳浦县产业经济发展概述

2020年，漳浦县在省委省政府、市委市政府的坚强领导下，高举习近平新时代中国特色社会主义思想伟大旗帜，全面贯彻党的十九大和十九届二中、三中、四中、五中全会精神，有力有效抗击新冠疫情，扎实做好“六稳”“六保”，全方位推动高质量发展超越，经济社会保持平稳健康发展。全年实现地区生产总值423.8亿元、规模以上工业总产值279.18亿元、规模以上工业增加值81.85亿元、固定资产投资185亿元、一般公共预算总收入23.77亿元、地方一般公共预算收入15.41亿元、社会消费品零售总额187.5亿元、实际利用外资2.6亿元、外贸进出口总值50亿元、城镇居民人均可支配收入42800元、农村居民人均可支配收入23200元。一年来产业经济发展的主要工作和成效体现在：

疫情防控有力有效。面对突如其来的新冠疫情，全县上下勠力同心、团结抗疫，医务人员、公安民警、基层干部和广大党员奋战防疫一线，持续织密织牢联防联控网络，扎实推进企业复工复产、店铺复商复市、学校复学复课，在最短时间内实现经济社会全面复苏、逆势前进，创造出百万人口大县“零疑似、零确诊”的阶段性战果。建成县医院、中医院、妇幼、疾控中心4个核酸检测实验室；出台应对疫情促进企业发展十条措施，兑现奖励838万元，为企业减税降费3.45亿元；健德、源鸿等企业全力以赴生产防疫物资，万辰生物、美丽家香列入全国疫情防控重点保障单位，贡献了“漳浦力量”。

大抓工业成效显著。实现工业投资105亿元、增长12%；新上规模企业28家、总数达270家。强化“一把手”招商、“云”招商，与联盛纸业、明阳能源、中国物流、巨信器材等一批工业企业达成投资意向并顺利签约。深化项目服务攻坚和突破“难、硬、重、新”工作行动，累计处置批而未供和闲置土地1656亩，鹏利玩具、海新饲料等一批亿元以上项目开工建设，达川食品二期、欧康化妆用具等一批亿元以上项目建成投用。福船一帆亚洲最大风塔设备完工交付，天福纳税再上亿元，新华东、泉丰、元新等5家企业入选省级龙头。

乡村振兴全面提质。投入1亿元，加快打造溪坂—东升—后坑、大埔—东厝—后垅、近院—轧内—东坂3条乡村振兴示范线。以农村人居环境整治为抓手，深化铁路高速公路沿线环境整治，绿化美化花化7000平方米、4.5公里，推进湖西苏溪、赤土溪东等5个村裸房整治，改造农村无害化户厕2609户。绥安大埔入选全国文明村，盘陀官陂、长桥东升等5个村入选省级文明村，赤湖前湖、前亭桥仔头等17个村入选省级乡村治理示范村。漳浦台创园考核位列全国第一。在全省率先开展“百场带货直播”，销售总额超亿元。丰滋雅、丰收园等4家企业入选省级农业产业化龙头，荔海、农达等5个家庭农场入选省级示范。

城乡配套日臻完善。投入17.9亿元，实施城建项目115个。蓝理路、金鹿东路等市政道路建成通车，龙湖大道人行天桥开工建设，东平、朝阳2个小区列入国家老旧小区改造计划。古雷石化生活配套项目落户滨江南岸，鹿溪两岸开发步伐加快。朝阳水库进入全面建设阶段，导流洞实现贯通。东部自来水厂投用，城乡供水一体化扎实推进。启动建设浯江溪、赤湖溪等5条流域沿线村庄污水处理设施和马坪、长桥等5个中小流域整治项目。港城大道基本建成，万安、前亭、佛昙、湖西至沿海大通道连接线，观音亭至象牙坂旧线加快建设。

生态环保纵深推进。践行“绿水青山就是金山银山”的发展理念，坚决打好污染防治攻坚战，持续深化矿产资源秩序整治，一体推进城市黑臭水体、流域水环境综合治理。第二轮中央生态环保督察102件信访交办件全部办结销号。在全国首创招聘森林土地资源保护协管员100名。深入排查污染源头899个，污染源大数据库持续完善。绥东溪黑臭水体整治、万安溪河道整治等18个水质提升项目加快推进，鹿溪流域水质有效提升。近岸海域国省控站点及重点港湾水质100%达标。造林绿化1.22万亩；退养转产野生动物养殖场79家；县医院获评国家级节约型公共机构示范单位。

“十三五”期间，是漳浦经济高质量发展的五年。始终坚持新发展理念，加快推动转型升级，产业结构由19.5∶40.5∶40调整为16.3∶34∶49.7，获评全国县域经济强县。

新型工业持续做大。新增规模工业企业34家，规模工业总产值、增加值年均增长6.5%、6.2%。新上工业项目502个、完成投资501亿元。13个月完成古雷整岛搬迁，9个月完成万安1.58万亩连片征地，2个月完成联盛5130亩土地征收，相继创造出古雷奇迹、万安速度、联盛故事。为72家工业企业补办不动产证的做法成为省市推广典型。食品加工、绿色皮革、装备制造、生物制药等产业集聚效应日益显现。

现代农业持续做优。实现农林牧渔产值162.9亿元，年均增长3.4%。投入10亿元，建成石榴、赤土现代农业核心示范园，漳浦台创园入选首批国家农村产业融合发展示范园，石榴现代农业观光产业园被确认为省级田园综合体。投入1.5亿元，建成高标准农田10.4万亩，成为全国无公害蔬菜生产基地示范县。建成六鳌一级渔港、前湖二级渔港，漳浦渔港经济区纳入全国规划布局，岱嵩、岈仔山等渔港纳入省级规划，成为全国平安渔业示范县。

第三产业持续做强。第三产业产值年均增长8.5%，社会消费品零售总额年均增长11%。唱响“厦一站·漳浦”，接待游客2200万人次，实现旅游收入250亿元，欢乐岛、龙美湾入选3A景区，获评全国十佳生态休闲旅游城市、全国百佳乡村旅游目的地。总投资15亿元的长德商贸城投入使用，总投资10亿元的大南坂汽车产业园初具规模，新都、万新、永嘉、联创等商圈竞显繁华。建成电商创业园、物流仓储中心和201个村级服务站，电子商务实现交易额168亿元，跻身全国电商百强县、网络零售百强示范县。

脱贫攻坚决战决胜。紧扣“一个都不能少”，紧盯“两不愁三保障”，大力实施异地商会挂钩帮扶和百企挂百村工程，全县3941户11193人和5个贫困村于2017年在全市率先脱贫脱帽。投入1.37亿元，落实脱贫攻坚项目43个，改造贫困户危房1483户，开发公益岗位517个，农村低保标准由2800元/年提高至7908元/年。对口帮扶宁夏海原，精准实施帮扶项目59个，协助销售农产品3200万元，帮扶转移就业3212人。

2021年是“十四五”开局之年，漳浦县坚持以习近平新时代中国特色社会主义思想为指导，全面贯彻党的十九大和十九届二中、三中、四中、五中全会精神，坚持稳中求进工作总基调，立足新发展阶段，贯彻新发展理念，融入新发展格局，落实省委十届十一次全会、市委十一届十三次全会和县委十三届十二次全会精神，全力推进“大抓工业、抓大工业”，以起步就是冲刺、开局就是决战的状态，全方位推动漳浦高质量发展超越。预期目标是：地区生产总值增长8%，规模以上工业总产值增长9%，规模以上工业增加值增长8.8%，固定资产投资增长8%，一般公共预算总收入增长4.5%，地方一般公共预算收入增长3.5%，社会消费品零售总额增长6.5%，实际利用外资增长5%，外贸进出口总值增长3%，城镇和农村居民人均可支配收入分别增长7%、9%。

（摘编：王一星）

云霄县产业经济发展概述

2020年，云霄县以习近平新时代中国特色社会主义思想为指导，深入学习贯彻党的十九大精神，全面落实习近平总书记对福建工作的重要指示要求，树牢“四个意识”，坚定“四个自信”，坚决做到“两个维护”，牢牢把握“六稳”“六保”和高质量发展要求，统筹推进常态化疫情防控和经济社会发展，迎难而上，砥砺奋进，较好推动了经济社会平稳有序运行。实现地区生产总值180亿元，农林牧渔业总产值60.6亿元，规模工业总产值96亿元，规模工业增加值28亿元，实际利用外资3200万元，固定资产投资90亿元，公共财政总收入10.08亿元，地方公共财政收入6.62亿元，限额以上社会消费品零售总额30.8亿元，城镇和农村居民人均可支配收入分别增长至35658元和19601元。一年来产业经济发展的主要工作和成效是：

致力于“两手抓、两手硬、两促进”，取得疫情防控阶段性成效。面对疫情，第一时间进入一级响应状态，建立最强有力的战时组织指挥体系，动员全社会的资源和力量进入战备状态，迅速形成强大合力。提供最完备的物资供应和市场保障，市民生活必需品物价稳定、供应充足，把疫情对群众生产生活的影响降到了最低；坚持疫情防控和经济社会发展“两手抓、两手硬、两促进”，规模企业全面复工复产，各类学校有序开学复课，群众生活秩序恢复正常，疫情防控工作取得了阶段性胜利。

致力高质量发展，产业经济企稳回暖。坚定不移“大抓工业、抓大工业”，深入开展“两区两园、四比四看”行动，完成工业投资65亿元，占固定资产投资比重72.2%。招商引资持续发力，成立长三角（沪云）商会，全年共签约三维项目47个、计划总投资135.9亿元，已落地项目20个、落地率43%。企业生产运营企稳，出台《云霄县支持企业复工复产九条措施》，组建8个服务专班助力企业共克时艰，兑现惠企政策资金2470万元，帮助企业争取各类贷款45.63亿元，支持拓奇实业、瑞顿户外用品等3家企业快速转产医用防护领域，年度新增规模工业企业3家，实现工业税收2.12亿元，同比增长3.67%。对外贸易逆势增长，新增进出口权企业17家，豪锦化妆品外贸出口达7.8亿元，全县全年完成出口创汇12亿元、增长71.2%，增幅位居全市前列。

致力项目攻坚，保障支撑不断强化。全力突破“一区三路两站四园”，成立十个重点工作攻坚指挥部，全县187个重点项目超序时进度完成年度投资计划，其中总投资亿元以上项目128个，国道357线（常山—陈岱）路面改造、顾恒茶叶等79个项目开工建设，峰头水源工程、诚发不锈钢等93个项目竣工投用（投产）。重大项目取得突破，云平高速建成通车，漳州核电一期项目不断刷新建设进度，二期项目仅用15天完成两万亩收海任务，富佳宝食品科技园一期28万平方米厂房建成投用。城建项目稳步推进，威惠庙片区全面完成改造建设，点亮“夜间景观+民俗文化+餐饮娱乐”的夜间经济新业态；下港片区棚改项目奠基开工，正式进入实质性建设阶段；产城融合新标杆——投资15亿元的华龙科技文化城项目正式启动。要素保障扎实有效，深入开展突破“难、硬、重、新”工作行动，累计向上争取资金21.36亿元，完成土地报批936亩，盘活闲置用地750亩，获批使用林地1815亩。

致力乡村振兴，三农工作取得实效。成功召开全县现代农业发展大会，持续推进“六十工程”

建设，建成农产品产地初加工中心4个、优质农产品标准化示范基地7个，绿州农业入选国家农业科技示范展示基地，马铺乡百草园获评“福建省休闲农业示范点”；举办线上枇杷节、丰收节等活动，下河、客寮两村跻身全国乡村特色产业亿元村；在全省率先成立地理标志产业协会，辖区地理标志商标增至37个，“下河杨桃”斩获2020中华品牌商标博览会金奖。全域旅游蓬勃发展，梾树村、下河村分别获评“福建省金牌旅游村”“福建省美丽休闲乡村”称号。乡村治理更加有效，开展“百路千村”专项行动和农地“非农化”整治，深化“两违”综合治理，处置“两违”面积71.6万平方米。持续推进农村人居环境整治“一革命四行动”，深化“两高”沿线环境整治，新建改造城乡公厕44座，整治裸房1300栋，全县生活垃圾全部实现焚烧发电处理。生态建设持续推进，紧盯中央环境保护督察反馈问题和“一点两库三区”生态环境敏感区域开展整治攻坚，突出抓好八尺门海域综合治理生态修复、涉河涉海非法采砂船清零行动和高塘断面水环境整治，红树林保护区提前4个月完成年度3411亩退养任务，排查治理污染源334个，完成人工造林更新19061亩。认真开展脱贫攻坚“回头看”，严格落实“四不摘”要求，圆满完成脱贫攻坚稳定提质年度目标任务。

2021年，要继续统筹推进常态化疫情防控和经济社会发展，做好“六稳”工作，落实“六保”任务，全力以赴推进经济社会各项事业再上新台阶，确保“十四五”发展开好局、起好步，以优异成绩向中国共产党成立100周年献礼。经济社会发展的主要预期目标是：地区生产总值增长7.5%，农林牧渔总产值增长3.2%，规模工业总产值增长8%，全社会固定资产投资增长10%，实际利用外资增长5%，外贸出口增长4%，社会消费品零售总额增长与去年持平，公共财政总收入增长4%，地方公共财政收入增长2%，城镇居民和农民人均可支配收入分别增长7%和8%。实现上述目标任务，重点抓好以下几个方面工作：

同舟共济稳企业。落实落细国家和省市减税降费、稳生产等扶持政策，做到应补尽补、应扶尽扶，携手企业共克时艰。深化“追问题、解难题、促发展”工作机制，落实领导挂点帮扶责任，着力破解企业审批、用工、用地等关键要素制约，及时为企业纾困解难。引导金融机构通过金融创新、减负让利等举措，全力支持实体经济发展，确保全年贷款增幅不低于全市平均水平。

全面提升工业经济。坚持“大抓工业，抓大工业”，聚焦“2+2”产业培育计划，提升电子信息、新能源两大支柱产业，培育壮大建材、食品加工两大潜力产业，推动形成龙头引领、链条延伸、集群共进的产业发展新局面。继续扶持华威电源、华锐锂能等企业做大做强，加快培育为乐电气、澳林美等8家企业新上规模，力争实现市级以上工业龙头企业零的突破。加快工业园区标准化建设，完善园区道路、污水处理等基础设施和商贸配套，完成600亩闲置土地和批而未供用地处置，全力打造工业高质量发展有效载体。

集中突破农村经济。以工业化理念、产业化思维谋划农业，着力构建现代农业产业体系、生产体系、经营体系，力争到2021年全县农林牧渔业总产值突破63亿元。突出市场化运作，注重涵养本地特色品牌，做优做精“一村一品”“地标农产品”，推动农产品线上线下并行销售，力争11个特色产业全产业链总产值突破287亿元。

做精做优三产经济。坚持线上、线下两手抓，加快发展现代服务业新业态新模式。打造一流电商产业基地，大力实施促进直播电商发展“四个一”工程，培育本土直播人才；推进云霄公共品牌和37枚地标品牌的授权使用；完善城乡末端配送网络，畅通农产品和消费品双向流通渠道。加大旅游品牌创建和“一馆三站”建设，打响“漫步云霄”旅游品牌；改善景区基础设施和配套服务体系建设，争创1处3A级旅游景区，新建2座旅游公厕；积极参加省内外旅游推介会，全力推介旅游品牌和精品旅游线路。

（摘编：游永贵）

诏安县产业经济发展概述

2020年，面对突如其来的新冠肺炎疫情冲击，经济下行压力加大等诸多困难挑战，在党中央的坚强领导下，诏安县坚持以习近平新时代中国特色社会主义思想为指导，深入贯彻落实习近平总书记重要讲话重要指示批示精神，统筹推进疫情防控和经济社会发展，扎实做好“六稳”工作，全面落实“六保”任务，全力开展“生态建设年”“项目服务攻坚年”“大干150天、奋战下半年、勇夺双胜利”等活动，经济社会保持平稳向好发展。全县完成地区生产总值285.75亿元，增速高于全市平均水平；农林牧渔业总产值96.5亿元，增长5.5%；规模工业总产值383.3亿元，其中规模工业增加值115亿元；第三产业增加值97.12亿元；固定资产投资71亿元，增长2.6%；一般公共预算总收入10.9亿元，增长6.12%，其中地方一般公共预算收入6.9亿元，增长8.86%；实际利用外资0.42亿元；出口总值35亿元，增长3.0%；社会消费品零售总额104.21亿元；农村居民人均可支配收入18621元，增长5.0%；城镇居民人均可支配收入33152元，增长3.2%。荣获“中国生态牡蛎之乡”“中国天然氧吧”称号，彰显产业优良、气候舒适、宜游养生的良好生态。产业经济发展的主要工作和成效是：

勇夺双胜利，经济发展稳中向好。出台应对新冠肺炎疫情扎实做好“六稳”工作等惠民惠企措施，兑现各类奖补资金1150.35万元，新增减税降费1.12亿元；召开7场政银企对接会，促成207家企业授信金额18.14亿元，其中落实企业纾困贷款29笔授信1.24亿元。有力保障实体经济复工复产。

新增规模工业企业14家，春邦实业等79个工业项目新开工，益生健生物科技等59个工业项目新投产。线上线下同步招商，促成中闽渔鑫水产等48个项目签约，总投资155.3亿元。在全省首创“院士团队科技特派员”，安邦水产获评省级工业龙头企业、神爽水产科技通过省级重点实验室认定，实现零的突破；麦凯智造、润科生物基本完成深交所创业板IPO申报准备。举办5场项目集中开工活动，179个县级以上重点项目完成投资150.6亿元，占年度计划投资的107.7%。

坚决推进中央环保督察反馈问题整改，深入开展污染源排查整治，1865个污染源完成整治1850个，完成率99.2%。在全市率先开展非法设置长袖定置网等违规违禁渔具专项整治行动，清理长袖定置网334槽，清理海域面积1.9万亩，有效保护海洋生态。

聚力促振兴，乡村发展步伐加快。完成乡村振兴“一村一方案”编制，梅岭镇获评全省乡村振兴重点特色乡镇和省级乡村治理示范乡镇。特色产业丰产丰收，茶叶产量1.42万吨、增长9.4%；设施蔬菜产量10.7万吨、增长9.2%；牡蛎产量28.8万吨、增长7%。农业产业化步伐加快，获评省级海洋产业发展示范县，太平镇获评全国乡村特色产业十亿元镇，裕健龙生态农业等9家企业获评农业产业化省级龙头企业。“诏安红星青梅”“诏安八仙茶”获国家农产品地理标志登记保护，成功举办八仙茶春秋两季茶王赛、首届单丛茶王赛等活动，农特产品知名度得到提升。

开展扶持壮大村级集体经济试点工作，培育南诏镇五一村等14个村集体经济收入100万元以上经济强村。制定强化脱贫攻坚工作若干措施，建立“一月一帮扶”机制、“一键报贫”系统，全覆盖、地毯式开展贫困户“两不愁三保障”、住房“八有”和饮水安全排查，顺利通过全省脱贫攻坚质量调研评估。

2021年是开启全面建设社会主义现代化国家新征程中具有特殊重要性的一年。诏安县要坚持以习近平新时代中国特色社会主义思想为指导，全面贯彻落实党的十九大和十九届二中、三中、四中、五中全会精神，坚持稳中求进工作总基调，立足新发展阶段，贯彻新发展理念，构建新发展格局，坚持系统观念，巩固拓展疫情防控和经济社会发展成果，扎实做好“六稳”工作、全面落实“六保”任务，不断增强晋位意识、争先责任，全方位推动高质量发展超越，确保“十四五”开好局、新征程起好步，以优异成绩庆祝建党100周年。经济社会发展的主要预期目标为：全县地区生产总值增长9.0%；一般公共预算总收入增长5.0%，其中地方一般公共预算收入增长5.0%；规模工业总产值增长9.5%，其中规模工业增加值增长9.4%；农林牧渔业总产值增长5.5%；固定资产投资增长11.0%；进出口总值增长2.0%；实际利用外资增长2.0%；社会消费品零售总额增长4.5%；城镇居民人均可支配收入增长7.0%；农村居民人均可支配收入增长9.0%；节能减排指标控制在省市下达范围之内。为民办实事初步安排为：涉及城建、交通、水利、卫生等15个项目，总投资1.45亿元，年度计划投资1.34亿元。突出抓好以下几个方面的工作：

实施工业提质增效行动。开展产业链提升行动，聚焦青梅加工、水产品加工、婴童用品、海洋生物等优势产业，编制产业链目录清单，打通政策链、服务链、操作链，促进优势特色产业和优势企业增产增效。围绕铸链、补链、强链，开展市场化、专业化精准招商，对接引进投资规模大、科技含量高、创新能力强的产业项目。培强扶优龙头企业，抓好新一轮制造业龙头企业培育，支持麦凯智造、润科生物加快上市步伐，力争新增规模工业企业10家、省级工业龙头企业2-3家。鼓励企业加强技术改造，积极争取技改资金，力争列入省、市级重点技改项目10个以上。

实施现代农业提升工程。推进三姑娘骨干中型灌区续建配套与节水改造等农田水利工程，加强高标准农田建设。严格落实《中华人民共和国土地管理法》，坚决遏制耕地“非农化”、防止“非粮化”，全面落实粮食安全省长责任制。推进特色产业提升工程，大力发展设施大棚蔬菜，提升做优西潭现代农业核心示范园，打造设施蔬菜绿色高质高效示范基地。抓好青梅老果园改造提升示范推广，打造红星乡、太平镇青梅种植示范基地；建设标准化生态茶园3000亩。加快灰鹅养殖场改造，培育“一村一品”富硒蛋鸡养殖示范村，推动畜禽养殖专业化、集约化、规模化。

加快现代服务业发展。大力发展现代物流业，积极对接引进冷链物流项目，加快完善一体化现代物流体系。推进文旅品牌提升，培育壮大文化创意产业；统筹推进九侯山景区、梅岭滨海文化休闲度假旅游区、“丹诏古城”文化综合旅游区建设，持续完善旅游道路、停车场、公共服务站等景区配套，打响三大文化旅游品牌。积极推动气候颐氧、农村乐氧、文体康氧、美食硒氧等“天然氧吧+”产业发展，着力将气候资源转化成气候产品。

开展扩大有效投资攻坚。深入推进“五个一批”项目攻坚，积极推进“两新一重”项目建设，增强投资带动作用。开展重点项目建设提速增效专项行动，大力推进县级以上重点项目建设，重点推进诏安港区万吨级深水码头、城乡供水一体化等重大项目建设，确保固投保持稳定增长。开展“大招商、招大商”行动，全力引进体量大、带动性强的项目，以大项目落地带动大投资、促进大发展。创新多元化投融资机制，全力向上争取项目资金和政策性资金支持，确保项目投资有效接续。

大力实施乡村建设行动。坚持规划先行，有序推进镇区、村庄规划编制，科学布局乡村生产生活生态空间。落实“一户一宅”政策，健全农村宅基地管理机制；全面开展农房结构安全治理三年行动，提升农房建设水平和质量。

（摘编：尚岩）

东山县产业经济发展概述

2020年，东山县以习近平新时代中国特色社会主义思想为指导，贯彻党的十九大和十九届二中、三中、四中、五中全会精神，统筹疫情防控和经济社会发展，以“八大行动”、“6+4”乡镇考核为抓手，扎实做好“六稳”工作，全面落实“六保”任务，深入推进“大抓工业、抓大工业”，全方位推动高质量发展超越。全县生产总值完成247亿元，三次产业结构不断优化；一般公共预算总收入完成15.3亿元、增长-2%；地方一般公共预算收入完成10.5亿元，与去年持平；城镇居民人均可支配收入完成39979元、增长2.7%；农民人均可支配收入完成23939元、增长6.7%。一年来主要产业经济发展的工作和成效体现在：

有效应对疫情考验，顶住经济下行压力，经济社会平稳发展。全县上下认真贯彻习近平总书记“坚定信心、同舟共济、科学防治、精准施策”的总要求，创新“一码五关”等联防联控机制，抓实抓细常态化疫情防控，广大党员干部、医务疾控人员、公安民警、基层工作者坚守岗位，担当奉献，守护好全县人民的生命安全。科学统筹疫情防控和经济社会发展，落实税费减免、惠企资金超1亿元，引导53家水产品外贸企业拓展国内市场，销售额达28.5亿元。开展突破“难、硬、重、新”工作行动，积极向上争取项目资金2.2亿元，争取上级财政债券资金及抗疫特别国债资金8亿元，旗滨光伏玻璃等75个项目签约、48个项目落地，凯景水世界等66个项目开工，国旺水产等40个项目投产，重点项目完成投资超70亿元，努力把疫情影响降到最低程度。

加快推进乡村振兴，全力扶持优势产业，发展动能加速积聚。推进乡村振兴“八个一”活动，开展农业“百千”增产增效行动，新建省级优质农产品标准化示范基地2个，新增市级农业产业化龙头企业3家，水产品总产量45.7万吨、增长4%。建成水产品网上拍卖交易中心、跨境电商平台、西海岸直播基地，全县网络零售额16亿元、增长29%，跨境电商出口160万美元，占全市出口额1/3以上，获评国家级电子商务进农村综合示范县。加快推动文化体育旅游产业发展，承办海峡两岸融晴文化艺术展系列活动，东山关帝庙列入第八批中国华侨国际文化交流基地，成为全省首批全域生态旅游示范县。

认真践行“两山”理念，推进生态文明建设，宜居环境持续优化。成功创建国家“绿水青山就是金山银山”实践创新基地。决战决胜污染防治攻坚战，全面完成352个污染源排查整治，环境质量指标持续向好。启动八尺门海域综合治理生态修复工程，推进东南部沙滩修复二期项目建设。重拳整治盗采海砂行为，查处涉嫌非法销售海砂刑事案件29起。完成农村人居环境整治三年行动，城乡污水收集系统工程加快推进，城垵污水处理厂进水调试，入选全省首批农村生活污水治理试点县。加快环卫体制改革，成立东山城投环境公司，投用大件、园林及建筑垃圾处理厂，开展海漂垃圾综合治理，有力提升城乡垃圾常态化管护运维水平。推进“百路千村”整治，处置“两违”302宗80万平方米。推动农村住宅建设规范化管理，成为全省农房建设试点县。优化提升城区市容交通，新建改造10条市政道路、建成6处停车场，完善交通微循环。完成3个老旧小区改造和61个村“三线”整治，实施“平改坡”558栋，整治裸房160栋，城乡面貌进一步改善。

“十三五”时期的主要成效。顺利完成政府机构、行政综合执法和生产经营类事业单位改革，组建东山城投集团。深化“放管服”改革，承接上级下放事项59项、取消52项，全省首创“照章同步、银税代办”，登记企业户数和注册资本分别是“十二五”期间的2.6倍和2.3倍。加大招商力度，五年来落地项目189个，完成投资273.7亿元。积极融入闽西南协同发展区建设，谷文昌干部学院竣工投用，成为全国党员干部教育培训基地。对台小额贸易累计完成1.8亿美元，水产品出口总值稳居全省县级首位，获评全国农产品类外贸转型升级基地，对外开放水平进一步提升。

产业更优、实力更强劲。三次产业结构由2015年的19.6∶47.9∶32.5优化为15.6∶48.2∶36.2。获评国家级专家服务基地，新增2家省级院士工作站、5家高新技术企业，科技创新能力不断增强。服务业发展提速增效，东海岸保税物流园区、风动石·塔屿景区列入省级现代服务业集聚示范区。“十三五”期间，全县生产总值年均增长5.7%，人均生产总值10.9万元，2016—2017年连续两年荣获全省县域经济发展“十佳县”。

“十四五”时期经济社会发展的指导思想是：高举习近平新时代中国特色社会主义思想伟大旗帜，深入贯彻党的十九大和十九届二中、三中、四中、五中全会精神，以全方位推动高质量发展超越为主题，以深化供给侧结构性改革为主线，以改革创新为根本动力，以满足人民群众日益增长的美好生活需要为根本目的，统筹发展和安全，坚持陆海统筹、岛城一体，突出“一海、九湾、七基地”，着力建设“海上东山”，率先推进全域城镇化、全岛景区化、海洋产业生态化、闽台融合品牌化、乡村振兴示范化，全力打造“绿水青山就是金山银山”的实践创新样板，努力谱写“生态旅游岛·富美新东山”建设新篇章，朝着建设国际旅游岛的目标迈进。到二〇三五年的远景目标是：全县实现GDP超500亿元、财政总收入40亿元，基本实现全方位推动高质量发展超越和“国际旅游岛”的建设目标。

2021年主要工作。2021年是“十四五”规划、开启全面建设社会主义现代化国家新征程、向第二个百年奋斗目标进军的开局之年。东山县要进一步坚定信心、提振精神，抢抓机遇谋发展、乘势而上促超越，全力确保“十四五”发展开好局、起好步，以优异成绩庆祝建党100周年。经济社会发展的主要预期目标是：全县地区生产总值增长7.5%左右，一般公共预算总收入增长1%左右，地方一般公共预算收入增长0.5%左右；规模工业总产值增长8%左右，规模工业增加值增长7.7%左右，固定资产投资增长8%左右；外贸进出口增长4%左右；实际利用外资增长5%左右；社会消费品零售总额增长6%左右；城镇和农村居民人均可支配收入分别增长7%、8%左右。

（摘编：唐启阳）

平和县产业经济发展概述

2020年是极其不平凡的一年。平和县坚持以习近平新时代中国特色社会主义思想为指导，全面贯彻党的十九大和十九届二中、三中、四中、五中全会精神，扎实做好“六稳”工作，全面落实“六保”任务，统筹推进常态化疫情防控和经济社会发展，完成地区生产总值254.57亿元。入选全国“互联网+农产品”出村进城试点县。荣获“全国电商示范百佳县”“全国茶叶百强县”“国家农产品质量安全县”“中国特色农产品优势区”等多项荣誉、表彰。产业经济发展的主要工作和成效是：

疫情防控有力有效。坚决把人民群众的生命安全和身体健康放在第一位，第一时间建立疫情防控组织领导体系，第一时间部署落实防控措施，构筑联防联控、群防群治严密防线，成为全市唯一“零疑似”“零感染”的县份，守住了疫情防控“平和阵地”。

复工复产快速推进。因时因势调整工作着力点和应对措施，创设“五员”服务组，深入开展“奋战下半年、勇夺双胜利”和“难、硬、重、新”工作行动，有序恢复生产生活秩序。不折不扣落实减税降费优惠政策，新增减税降费14951万元，其中减税6018万元、降费8933万元，因疫情而新增减税降费就达8575万元。激发市场主体活力，新成立企业1016家、个体工商户8145户，新增规工企业11家。加大信贷投放，采取发放支农再贷款、无还本续贷等措施，全力支持复工复产，金融机构各项存款余额185.85亿元、增长1.95%，贷款余额111.10亿元、增长16.16%。

项目建设提速增效。39个省市重点项目完成投资53.87亿元，119个县重点项目完成投资73.57亿元，固投完成84.39亿元，自来水管网改扩建工程、小溪现代农业示范园区等项目扎实推进。新增“五个一批”项目134个，其中谋划21个、签约39个、开工41个、投产30个、增资3个。县党政“一把手”带队外出招商12次，全县共对接项目55个、签约项目34个，大珩商超、俊鑫木业等项目落地，总投资91.4亿元。高质量编制“十四五”规划，推动5个项目纳入省、市级“十四五”重大项目库。

工业加快转型升级。坚持不懈“大抓工业、抓大工业”，规模工业总产值完成154亿元。唐宗家居生产、众合木业等开工建设，嘉嘉之福阿胶明胶加工、泰香食品等持续推进，大芹陆宜威士忌酒业第三条生产线建成投产，规工增加值完成44.56亿元，工业投资完成37.16亿元，技改投资完成10.5亿元。工业用电5.68亿千瓦时，增长20.2%。工业园区、安厚莲塘工业小区（一期）基础设施不断完善，承载能力有效提升。

现代农业提质增效。农业总产值完成91.36亿元、增长2.13%。平和国家现代农业产业园创建通过国家考核认定，琯溪蜜柚文化展示馆、高标准生态柚园、大数据平台等相继建成；合益食品、益果园食品等蜜柚深加工生产线投用；举办第十六届平和蜜柚节、庆丰收蜜柚开采活动，打响“平和琯溪蜜柚正宗原产地”品牌；琯溪蜜柚首次出口美国。举办第十三届茶王赛；琯溪蜜柚、彭溪牌平和白芽奇兰茶获2020世界地理标志产业博览会金奖，白芽奇兰茶入选福建2020年地理标志农产品保护品种。温氏、海新等企业采取“公司+农户”的饲养模式，生猪存栏超20万头。

第三产业提速发展。扎实推进省全域生态旅游示范县创建，持续加快北斗七星土楼群、御龙山农业休闲山庄等项目建设，乡村游、红色游持续火爆。鼓励大世界、金恒盛等商超叠加促销活动，捷特姆超市开业，引导发展夜间经济，促进消费拉动内需。推出“柚趣平和·寻味十二时辰”直播日活动，打造“蜜柚+X”促销模式，蜜柚线上销售9.75亿元、增长175%；33家电商企业入驻电子商务服务中心，电子商务交易额完成27亿元。

基础设施不断夯实。交通工程完成投资2.04亿元，北环路延伸段道路工程持续推进，云平高速、县道芦大线改建等建成通车，实施农村公路示范路、路面挖补项目3个、农村安保工程24公里。水利水保完成投资1.68亿元，完成2个中小河流治理、9条小流域水土流失综合治理、5个安全生态水系等项目，投资6亿元的官峰水库全阶段勘察设计工作全面开展。电力能源完成投资0.66亿元，110kV文峰、西蝉输变电工程建成投用，新一轮农网改造升级工程完成147个。

“十三五”期间经济发展取得的主要成就。致力稳中求进、做大总量，综合实力跃上新台阶。国内生产总值由2015年的172.73亿元增加到254亿元。财政总收入由7.6亿元增加到8.9亿元，一般公共预算收入由5.7亿元增加到8.92亿元。社会消费品零售总额由49.18亿元增加到99.58亿元。城镇、农村居民人均可支配收入分别由25281元、13504元增加到34940元、20770元。致力转型升级、优化结构，产业发展迈出新步伐。扎实推进供给侧结构性改革，三次产业结构由2015年的30∶30.8∶39.2调整为2020年20.7∶28.4∶50.9。壮大生态木业、健康食品、新型建材、机械制造四大主导产业，培育国家级、省级高新技术企业4家、6家，高新技术企业实现零的突破；蜜柚重量分级、自动化包装机械研发制造处于国内领先水平。开展国家现代农业产业园、国家现代农业示范区、福建省农民创业园等建设，培育农业产业化省级重点龙头企业12家，现代农业取得长足发展。

扎实做好2021年工作。做好2021年的政府工作，事关“十四五”开局，事关新发展阶段起步，我们要坚持以习近平新时代中国特色社会主义思想为指导，全面贯彻党的十九大和十九届二中、三中、四中、五中全会精神，按照中央、省委省政府、市委市政府和县委的决策部署，坚持稳中求进工作总基调，立足新发展阶段，贯彻新发展理念，积极服务和融入新发展格局，以全方位推动高质量发展超越为主题，以深化供给侧结构性改革为主线，以改革创新为根本动力，以满足人民日益增长的美好生活需要为根本目的，坚持系统观念，巩固拓展疫情防控和经济社会发展成果，更好统筹发展和安全，扎实做好“六稳”工作、全面落实“六保”任务，突出抓防控抗疫情、抓工业强实体、抓开放扩内需、抓改革优环境、抓城乡促协调、抓民生补短板，努力保持经济运行在合理区间，确保“十四五”开好局，加快建设“生态·活力·闲适”新平和，以优异成绩庆祝建党100周年。

2021年经济社会发展的主要预期目标是：全县地区生产总值增长7.5%；财政总收入增长4%，地方级收入增长3%；规模工业产值增长8.2%；农业总产值增长4.5%；固定资产投资增长8%；进出口总值增长5%；实际利用外资增长9%；社会消费品零售总额增长6.5%；城镇、农村居民人均可支配收入分别增长7%、8%；落实节能减排降碳任务。

（摘编：杨福来）

南靖县产业经济发展概述

2020年是极不平凡的一年。南靖县深入学习领会习近平新时代中国特色社会主义思想，认真贯彻落实党的十九大和十九届二中、三中、四中、五中全会精神，团结带领全县人民，围绕全方位推动高质量发展超越的总体要求，扎实做好“六稳”工作，全面落实“六保”任务，特别是面对突如其来的新冠肺炎疫情，南靖县第一时间打响全民战“疫”，因时因势优化调整防控措施，迅速推动复工复产复商复市，并在全市率先举行疫情防控应急演练，统筹推进常态化疫情防控和经济社会发展工作取得积极成效。持续保持新冠肺炎确诊病例、疑似病例和无症状感染者“零新增”，全年完成地区生产总值318.8亿元；第三产业增加值102.8亿元；固定资产投资76.8亿元；一般公共预算总收入12.5亿元；地方一般公共预算收入8.2亿元；外贸出口15.4亿元；实际利用外资8958万元；社会消费品零售总额94亿元；城镇和农村居民人均可支配收入分别为37057元、19934元。人口自然增长率1.83‰。年度节能减排任务全面完成。一年来产业经济发展的主要工作和成效体现在：

工业经济稳步复苏。持续深化“大抓工业抓大工业”三年行动，扎实开展“三百行动”“五帮五促”，累计拨付涉企专项资金、产业扶持发展资金1亿元，减免企业税费1.4亿元。完成规模工业总产值424.2亿元、规模工业增加值118.8亿元、工业税收3.2亿元、工业投资43.5亿元、技改投资20.5亿元；新增新上规模工业企业20家，新认定国家级高新技术企业14家、省科技小巨人领军企业4家，6家企业入选市级重点上市后备企业名单，万宝能源科技、万利达科技分别获评省级企业技术中心、省级龙头企业。

现代农业提档升级。大力实施乡村振兴战略，成功举办现代农业发展暨乡村振兴大会，136个示范工程项目累计完成投资4.5亿元。积极举办农民丰收节、茶王赛等活动，鼓励发展直播带货新业态，进一步打响品牌、拓宽销路。预计完成农业总产值128.1亿元，增长4.3%。大力培育特色农业，加快农业设施建设，成功创建国际标准农产品示范基地2个、省级优质农产品标准化示范基地7个，新增“三品一标”1个、省级“一村一品”示范村2个，被列为省级“农产品质量安全县创建试点单位”“家庭农场示范县创建试点单位”和“农民合作社质量提升整县推进试点县”，南靖丹桂荣获“中华品牌商标博览会金奖”，南靖兰花入选“福建十大农产品区域公用品牌”，南靖金线莲入选“第二批福建特色农产品优势区”。

第三产业活力增强。积极开展“世遗文旅推进年”活动，成功举办“全域旅游融合发展大会”，加快实施官洋溪西岸景观提升、紫云寺扩建等文旅项目建设，上榜“首批福建省全域生态旅游示范县”，塔下村入选“第二批全国乡村旅游重点村”。持续加强土楼景区环境整治，成立土楼民宿协会，开展“土楼黄昏后”等营销活动，荣登《新闻直播间》等央视栏目。大力发展商贸服务业，新增限上贸易业企业6家，全县农村服务站点覆盖率达55%，实现电子商务交易额16亿元，同比增长30%。

项目实施推进有序。97个县级以上在建重点项目完成投资69亿元；“五个一批”项目完成91个；谋划储备“十四五”项目607个、总投资1792.7亿元。漳武高速（南靖段）及县道马山线、梅书线等一批重大交通基础设施项目加快实施。项目招引精准有力。围绕“4+2”主导产业，积极推行线上招商、链长制招商等新模式，着力延链补链强链。全年引进项目134个，总投资250.7亿元，其中上亿元项目87个，漳州理工职业学院、联海国际物流商贸城、集达金属结构制造等一批优质项目成功落户南靖。项目瓶颈破解有效。全年完成征地7580亩，拆迁19.7万平方米，补充耕地和水田531亩，储备工业用地800亩，处置批而未供土地1350亩，盘活闲置厂房21.1万平方米，建设标准厂房19.2万平方米。向上争取各类财政、债券资金19.4亿元；实现土地运作收入8.6亿元；荆江国投成功取得AA级企业主体信用等级，进入资本市场行列；县属国有投融资平台完成融资6.7亿元。处置企业不良贷款7.9亿元，政府债务风险良性可控。

“十三五”时期经济发展主要成效。这五年，南靖县致力追赶追梦，综合实力有效提高。地区生产总值净增106.6亿元、年均增长8.5%；一般公共预算总收入、地方一般公共预算收入年均分别增长3.8%、1.2%；累计完成全社会固定资产投资1071.5亿元、年均增长9.4%，“五个一批”项目工作连续三年排名全市第一。连续两年获评“全省县域经济发展十佳县”，靖城镇三次入选“全国综合实力千强镇”。

这五年，致力转型转产，产业结构持续调优。三次产业结构由21.0∶49.1∶29.9优化为21.9∶45.9∶32.2。新增规模工业企业86家、省级以上高新技术企业35家，规模工业总产值净增38亿元；工业税收年均增长4.2%；新增国际标准农产品示范基地5个、国家地理标志商标3个、省级农业标准化示范区14个，获评“全国县域数字农业农村发展百强先进县”；第三产业增加值年均增长10.1%，入选“全国农产品电商销售50强县”“省级农村电子商务示范县”“福建省全域旅游试点县”。

这五年，致力开拓开放，发展动能积聚迸发。深化“放管服”改革，积极开展相对集中行政许可权改革试点工作，营商环境持续优化。圆满完成县级机构、县属国企、税收征管体制等改革，全国承担行政职能事业单位改革试点工作通过验收，农业农村、教育卫生、生态环境及综合行政执法体制等各领域改革稳步推进，养老服务、河湖长制、林权改革等工作走在全省前列。成功举办首届靖商发展大会，异地商会数居全市第一。主动融入“一带一路”，成立首个海外商会——泰国南靖商会，累计引进外资项目45个，实际利用外资13.5亿元，对外开放不断拓展。

这五年，致力补缺补短，基础设施加快完善。新增村通自然村水泥路515公里，国省干线基本完成“白改黑”，实现“镇镇通公交”。积极推进县城“八大片区”建设，城市框架全面拉开。建成安全生态水系113.7公里，供电量提升至64.7亿千瓦时。

2021年工作安排。全面贯彻党的十九大和十九届二中、三中、四中、五中全会精神，坚持稳中求进工作总基调，立足新发展阶段，贯彻新发展理念，积极服务并深度融入新发展格局，以全方位推动高质量发展超越为主题，以深化供给侧结构性改革为主线，以改革创新为根本动力，以满足人民日益增长的美好生活需要为根本目的，坚持系统观念，巩固拓展疫情防控和经济社会发展成果，更好统筹发展和安全，扎实做好“六稳”工作、全面落实“六保”任务，科学精准施策，努力保持经济运行在合理区间，以新时代新南靖建设的优异成绩庆祝中国共产党成立100周年。2021年经济社会发展的主要预期目标：地区生产总值增长7.5%；固定资产投资增长8%；规模工业总产值增长8%；规模工业增加值增长8%；一般公共预算总收入增长4%，地方一般公共预算收入增长3%；社会消费品零售总额增长3.2%；实际利用外资增长5%；外贸出口增长5%；城镇和农村居民人均可支配收入均增长8%。落实节能减排降碳任务。

（摘编：邓新民）

长泰县产业经济发展概述

2020年是极不平凡的一年。面对突如其来的新冠肺炎疫情，面对错综复杂的国内外形势，长泰县紧紧依靠全县人民，全面贯彻党的十九大和十九届二中、三中、四中、五中全会精神，深入学习贯彻习近平总书记对福建工作的重要讲话重要指示批示精神，扎实做好“六稳”工作，全面落实“六保”任务，深入推进县委“三四八”重点工作，疫情防控和经济社会发展平稳有序，再次蝉联全省县域经济实力“十强县”，入选全国县域经济综合竞争力四百强、全国县域投资潜力两百强。一年来的产业经济发展的主要工作和成效是：

毫不松懈抓防控、保稳定，人民健康全力守护。全民全域同心抗疫。坚持人民至上、生命至上，各级各部门履职尽责，社会各界全力支持，1000多名医务人员英勇奋战，2名护理人员驰援武汉，杨彬珍荣获省抗击新冠肺炎疫情先进个人，广大党员、镇村社区工作人员、公安干警、志愿者尽锐出战，环卫、快递、新闻工作者、抗疫物资生产运输人员等各行各业劳动者勇挑重担，龙津儿女风雨同舟、守望相助，筑起了抗击疫情的坚固防线。落实落细防控措施。坚持外防输入、内防反弹，推进常态化疫情防控，全面细致排查，强化监测预警，开展爱国卫生运动，全力做好重点领域和重点对象管控。医护队伍、医疗设备、防护物资配足配强，每万人口拥有疾控人员1.5人，具备5日内完成全县全员核酸检测能力。3例确诊患者及时救治，有效遏制疫情蔓延。织密织牢保障体系。投入防控资金1亿多元，社会各界捐款751万元，捐赠口罩5万个。落实防疫及复工复产惠企政策，出台复工稳产增产八条措施，有力克服了疫情造成的冲击和影响。

凝心聚力稳增长、调结构，实体经济提质增效。工业经济稳中向好。新开工项目27个、投产43个，实施省级重点技改项目20个，新增新上规模工业企业22家，全县R&D投入占地区生产总值比重全市第一。宏发电声等107家规模工业产值实现逆境中平稳增长，工业用电量增长6.9%，居全市前列。立达信获评国家技术创新示范企业，3家企业获评国家级专精特新“小巨人”企业，23家企业获国家高新技术企业认定。长泰经济开发区实际利用外资位居全省开发区第四。现代农业不断做优。创建优质农产品标准化示范基地4个，建设省级现代水果产业园项目9个，引进新品种55个，落实耕地地力保护补贴1158万元，完成高标准农田建设1.03万亩、粮食种植面积9.03万亩，新增无公害农产品认证2个，成为省级农产品质量安全县创建试点单位。第三产业逆势增长。旅游集散中心建成投用，十里蓝山等景区景点改造提升，哈啰广场等商贸综合体投入运营，新增服务业市场主体3120户，新增限上批零住餐企业4家。引导企业线上对接“进博会”等重要展会，支持拓展跨境电商业务，带动开展直播带货等新型营销活动，实现电商销售额10.5亿元，第三产业增加值增速位居全市首位。

滚动接续推项目、破瓶颈，有效投资持续扩大。项目建设提速提效。161个县级重点项目完成投资189.6亿元，占年度计划的113.8%，71个项目开工建设，70个项目加快推进，50个项目建成投用。项目服务攻坚活动重点项目得分全市首位，“五个一批”新开工项目数全市第二。项目储备不断充实。新增“五个一批”项目122个，计划总投资356.8亿元，其中谋划项目数22个，计划总投资37.35亿元。新批办内资工业项目47个、外资项目6个，计划总投资48.25亿元，发展后劲更足。项目难题加快破解。开展突破“难硬重新”问题专项行动，攻坚首批急难问题17个。落实减税降费3.53亿元，兑现各级惠企政策资金1.11亿元。新增贷款16.27亿元，促成政银企、科技贷对接融资意向64亿元，惠及企业196家。征地7901亩，拆迁19.73万平方米，用28天的时间快速攻克了制约武德西路十年的征迁难题。处置批而未供土地790亩，清理闲置土地428亩，盘活闲置厂房30万平方米，获批用地329亩，保障林地指标4475亩，枋洋水利枢纽工程下闸蓄水，县文体中心重启建设，一批企业反映强烈的要素难题、历史遗留问题得到有效解决。

乡村振兴扎实推进。县财政落实乡村振兴专项资金1500万元，重点支持创建1个省级特色乡镇、7个省级试点村、1个省级实绩突出村。深化“一革命四行动”，农村生活垃圾收集率超95%、转运率100%。“网格化+云平台”智慧村居治理模式、农村厕所粪污处理及资源化利用模式成为全国先进典型，珪后村获评全国乡村治理示范村，叶高发荣获“全国先进工作者”称号。岩溪镇、坂里乡和10个村获评省级乡村治理示范镇村。脱贫成果持续巩固。落实扶贫资金4445万元，“两不愁三保障”“一户一方案”有效实施，全县建档立卡贫困户年人均纯收入达到17261元，实现稳定脱贫。

“十三五”经济社会取得新的历史性成就。加快全域发展，综合实力进一步提升。主要经济指标增幅高于全市平均水平、总量保持全市前列。人均地区生产总值2.22万美元，进入全省前十。连续十二年获评全省县域经济发展“十佳县”，五年内三次获得全省县域经济实力“十强县”。

狠抓项目建设，发展潜力进一步激发。批办内资项目225个，总投资202亿元；引办外资项目41个，实际利用外资27.7亿元，总量和增速均位居全市前列。实施县级以上重点项目477个，完成投资922.27亿元，发展后劲更加强劲。

紧抓实体经济，产业优势进一步增强。规模工业企业增加到273家，拥有国家级高新技术企业43家。新增限上批零住餐企业58家，马洋溪生态旅游区被列入省级现代服务业集聚示范区。推广设施农业3.6万亩，培育农业龙头企业23家，现代农业“六化”水平得到提高。

推动城乡一体，人居环境进一步改善。第三批国家新型城镇化试点扎实推进，县城区管网及道路改造全面完成，县城建成区扩大到9.6平方公里。获评全国乡村治理体系建设试点示范县、全国农村垃圾分类处理和资源利用示范单位，美丽乡村标准化经验全国推广。吴田山和南坑矿区关闭治理，石材加工企业全面整治、改造转型，绿色发展理念深入人心，污染防治成效深得民意。

全力补齐短板，幸福指数进一步提高。民生支出91.29亿元，占一般公共预算支出81%。实施县级为民办实事项目125个，累计投资49.06亿元。新增学位1.24万个，每千人口医疗机构床位数从3.68张提高到4.57张。城乡居民人均可支配收入分别增长42.7%、49.2%，新时代脱贫攻坚目标任务如期完成，群众的获得感成色更足、幸福感更可持续、安全感更有保障。

扎实做好2021年工作。2021年是中国共产党百年华诞，是“十四五”规划的开局之年。长泰县突出抓防控抗疫情、抓工业强实体、抓项目扩投资、抓改革增动力、抓城乡促协调、抓生态优环境、抓民生补短板，以起步就是冲刺、开局就是决战的状态，奋力当好全方位推动高质量发展先锋。主要预期目标是：地区生产总值增长7.5%左右；规模工业总产值增长8.5%左右；固定资产投资增长8%左右；一般公共预算总收入增长5%左右；外贸出口增长1.5%左右；社会消费品零售总额增长8%左右；城乡居民人均可支配收入分别增长4%和5%左右。

（摘编：蔡志轩）

华安县产业经济发展概述

2020年是历史上不平凡的一年，在以习近平同志为核心的党中央坚强领导下，华安县深入学习贯彻习近平新时代中国特色社会主义思想和党的十九大，十九届二中、三中、四中、五中全会精神，按照省、市和县委的部署要求，紧紧围绕“大抓工业、抓大工业”，深入实施乡村振兴战略，做好工业发展、城市建设、生态旅游“三篇文章”，念好茶、林、竹“三字经”，坚决打好三大攻坚战，统筹推进疫情防控和经济社会发展。2020年，全县地区生产总值完成170.76亿元；一般公共预算总收入7.94亿元，增长1.5%；地方一般公共预算收入5.4亿元，增长9.6%，增幅位居全市第一；规模工业总产值227.27亿元；规模工业增加值64.77亿元；固定资产投资79.21亿元；实际利用外资2400万元；社会消费品零售总额41.18亿元；城镇居民人均可支配收入3.73万元，增长2.7%；农民人均可支配收入2.06万元，增长5.2%；年度节能减排降碳任务可以完成。产业经济发展的主要工作和成效体现在：

抓项目、强保障，发展后劲不断增强。重点项目快推快进。深入开展“五个一批”项目服务攻坚，新增“五个一批”项目22个，总投资92.8亿元。20个省市重点项目完成投资37.62亿元，实现“在建项目零滞后、新建项目全开工”。铁路外移项目顺利开工建设、罗溪水库完成可研报告行业初审。招商引资有力有效。聚焦厦门、上海、深圳等地“退二进三”产业，实施精准招商，全年新引进项目30个，总投资83.11亿元，其中上亿元项目15个、总投资74.94亿元。服务保障到点到位。落实各项减税降费政策，为1232家企业减免税费1.2亿元。积极向上争取项目资金，全年到位资金16.66亿元。完成征地1.04万亩、林地报批1058亩，盘活闲置土地1304亩，清理闲置厂房9.3万平方米。

抓产业、提效益，综合实力稳步提升。现代农业亮点纷呈。全县农林牧渔业总产值完成60.3亿元，增长4.1%。建立“十大特色现代农业基地”，培育市级以上农业产业化龙头企业20个、“一村一品”特色农业产业示范村9个。谋划实施重点项目41个，总投资超40亿元。成功承办福建省2020年中国农民丰收节分会场活动。在全省率先成立县级乡村振兴研究会。在全市率先完成“一镇一计划、一村一方案”规划编制评审。全县茶叶产值达8.93亿元，水果种植7.64万亩，建设高标准农田2.05万亩。

工业全面升级。工业投资完成50.21亿元，占固定资产投资63.3%。新增新上规模工业企业16家。开发区新开工项目7个，总投资40.13亿元；新投产项目5个，总投资6.95亿元；9个省级重点技改项目完成投资2.3亿元。服务业焕发活力。全县服务业增加值占地区生产总值比重27.8%。商品房销售额5.73亿元。全年接待游客187.4万人次，实现旅游收入14.9亿元。

抓举措、求质效，三大攻坚卓有成效。重大风险稳定可控。金融服务实体经济力度加大，累计向企业发放纾困资金8624.2万元；全县金融机构不良贷款率0.8%。“平安华安”建设持续推进，扫黑除恶专项斗争不断深化，成功打掉1个黑恶势力；严格落实安全生产“党政同责、一岗双责”，大力推进安全生产专项整治行动和房屋安全隐患大排查大整治大提升行动，安全生产形势稳定向好。脱贫成效不断巩固。全县357户1201人贫困户“两不愁三保障”、饮水安全均得到解决，人均纯收入达1.73万元，23个贫困村村级集体经济收人平均26.78万元，连续三年实现稳定脱贫。污染防治纵深推进。严格落实河湖长制，在全市率先建立“河（湖）长+检察长”协作机制治河新模式。被确认为国家生态综合补偿试点县，空气质量优良天数比例、九龙江（华安段）水质环境功能区达标率、县城集中式饮用水源水质达标率均达100%；全市加强矿产资源管理工作现场会在我县召开，整治经验在全市推广；中央生态环保督察交办信访件全部完成整改销号；全县990个污染源全部完成整治；完成63家“散乱污”企业、69家石板材加工企业整治。

抓规划、谋长远，全域旅游势头良好。示范创建高效推进。出台《全域旅游高质量发展五年行动计划》《关于加快旅游产业发展的八条措施》，与闽南师大商学院等高校建立沟通协作机制。全力创建省级全域生态旅游示范县、省级文化和旅游产业融合发展示范区。核心景区加快建设。华特九龙水镇完成主体建设。投入1200万元，提升土楼景区道路和146亩农业观光项目建设。云谷雅舍精品酒店改造项目春节前可试营业。融合发展持续深化。成功举办2020全域生态旅游融合发展大会，土楼云漫花谷等13个项目签约，总投资37.6亿元。仙都镇获评“全省首批全域生态旅游小镇”，官畲村被评为“全国乡村旅游重点村、中国美丽休闲乡村”，坪水村获评“省级一村一品示范村、金牌旅游村”，大坪村、高石村分别被评为“省乡村旅游村”、“省级三星级乡村旅游村”。服务配套不断完善。8座A级旅游厕所建成投用，新增民宿、农家乐4家；旅游形象标识广泛运用，“华安如意，我也想去”旅游营销口号实现推广全覆盖。

抓基础、补短板，城乡发展深度融合。城市品质有效提升。县城中心区拆除危旧房7058平方米。荣成二期、雍华府等一批房地产完成主体建设；投入2500万元，完成真武山木栈道、平湖路文体公园景观提升；人同路、文化路等5条市政道路及配套工程动工建设。基础设施不断夯实。新改建城市污水、供水管网12.5公里、城市公厕5座，新增公共停车位210个。启动城乡供水一体化建设。全面落实“路长制”，荣获省“第四批‘四好农村路’省级示范县”。交通运输“十大工程”有序推进，投入1527万元，完成20.2公里生态示范路、123公里农村公路安防。推进芦新线、高龙公路建设。漳州北部垃圾焚烧发电PPP项目进入扫尾。人居环境持续改善。建立农村人居环境整治工作“流动红旗”评比制度，经验做法在全省农业农村系统推广；上榜“省村庄清洁行动先进县”。完成裸（农）房整治1200栋、新改建镇村公厕17座。农村生活污水处理PPP项目30个村开工建设，完成97公里污水管网和4座污水处理站建设。拆除“两违”61.9万平方米，黄枣村“百路千村”“两违”治理成果成为全市先进典型。完成造林绿化和森林经营13.4万亩。

今后五年的奋斗目标：到2025年，全县经济实现高质量发展，经济和科技实力显著提升，现代化县域经济体系基本建立，绿色发展成为基本方式，乡村振兴取得阶段性成果，城乡融合发展取得重大进展，法治华安基本建成，推进全县治理体系与治理能力现代化初见成效，社会文明达到新高度，人民生活更加宽裕，社会发展更加和谐。

2021年是中国共产党建党100周年、“十四五”规划开局之年。全县经济社会发展主要预期目标是：地区生产总值增长7.5%左右；固定资产投资增长8%左右；规模工业总产值增长6%左右；规模工业增加值增长5.7%左右；一般公共预算总收入增长5.22%，地方一般公共预算收入增长1%；实际利用外资增长3%左右；外贸出口总值增长8%左右；农林牧渔业总产值增长4.2%；社会消费品零售总额增长5%左右；城镇居民人均可支配收入增长5%；农村居民人均可支配收入增长8.5%；节能减排降碳控制在省、市下达指标范围之内。

（摘编：陈闽声）

泉州市产业经济发展综述

2020年极不平凡，突如其来的疫情给人民生命健康带来严重威胁，对经济社会发展产生空前冲击。在以习近平同志为核心的党中央坚强领导下，在省委、省政府直接领导下，始终坚持“人民至上、生命至上”理念，第一时间启动突发公共卫生事件一级响应，大年初一转入指挥部体制，市县乡村四级迅速行动，打响疫情防控的人民战争、总体战、阻击战。全市总确诊人数控制在较低水平，实现确诊患者零死亡、医护人员零感染。在做好疫情防控的基础上，扎实推进“六稳”工作，全面落实“六保”任务，经济逐步恢复常态，社会各项事业取得新成效。

围绕“经济要稳”，全方位推动高质量发展超越稳健起步。聚焦疫情对经济的巨大冲击，一季度破解“五难”操作链，二季度实施“六稳”“六保”追赶行动，三季度开展双循环攻坚，四季度组织年终冲刺，全市生产总值由一季度下降10.3%到全年增长2.9%。实施“百千”增产增效行动，梳理2237家重点扶持企业，兑现惠企资金48.2亿元、减税降费91.1亿元；建立企业金融服务顾问制度，开展“百名行长进企业”活动，为企业增贷、转续贷、降低利率、延期还款2400多亿元，创新开设“网络招聘超市”、推行共享用工，支持龙头企业与本地中小微企业产能对接810亿元。农林牧渔业增加值增长1.8%、工业增加值增长2.9%、第三产业增加值增长3.2%。

实施“四新”“八老”投资盘子，开展13个新基建新经济基地建设比拼，实行“龙头（平台）+产业链+基金+专班”专案运作；建成5G基站1万个，成为全国首批“双千兆城市”。启动千亿产业集群改造提升行动，实施强链补链、科技赋能等项目710个，新增数字化、智能化生产线124条，培育省级智能制造试点示范企业21家，新增“上云上平台”企业1000家，筛选培育明星梯队企业141家。攻坚推进“五个一批”项目，完成在建重点项目投资1498亿元，白濑水利枢纽工程大坝开建，中化乙烯、三安氮化镓砷化镓、百宏PTA、烯石新材料等98个重点项目竣工投产。

开展招商季活动，制定招引大区公司专项扶持措施，创新开展云招商、云签约，引进国亨化学、立邦新材料、中化化销等重大项目，全市新签约项目432个、总投资2281亿元。实施“全闽乐购”泉州促消费活动，发放各类消费券2亿元，组织线下百场促销；开展“海丝精品·好货不贵”等直播系列活动，网络零售额2574亿元、增长34.9%，数额全省第一；快递业务量破17亿件、增长41.2%，数量占全省一半；餐饮、住宿、旅游业稳步复苏，石牛山景区、八仙过海等项目开放运营，德化获评全国全域旅游示范区。实施出口突围拓展行动，出口增长3.4%。推广扩容石狮市场采购贸易和预包装食品出口，新增晋江鞋纺城获批市场采购贸易试点，实现省内通关一体化，市场采购贸易出口343亿元、增长98.2%；获批并实施跨境电商零售进口试点。

实施科技创新工程，获批“科创中国”试点城市；新增高新技术企业350家、科技小巨人领军企业141家；推动清源创新实验室实质运作，与湖南大学、上海大学、同济大学等合作建设研发平台，中科院大学智能制造学院迎来首批研究生。完善市政府质量奖评选办法，举办首届“刺桐杯”国际设计大赛。深入推进人才“港湾计划”，新认定高层次人才2907人、团队7个，开展自主认定试点企业116家，引进产业急需高校毕业生超万人，新认定技能人才3.8万人。

围绕“机制要活”，传承弘扬“晋江经验”创新前行。认真落实市委重点改革任务，全力增创发展新优势。深化“放管服”改革，全面推进“一窗通办”，整合“一件事集成套餐服务”事项54件，电力工程占用挖掘道路政企“一窗”联审模式全省推广；建成投用行政审批服务“中介超市”，推行“红黑榜”考评管理；组建国有大数据运营服务公司，启动政务数据汇聚与共享应用平台（二期）建设，基本完成市、县两级政务数据中心整合迁移和政务数据全量汇聚，在全省率先实现“区块链电子证照＋实体证照”同步颁发。营商环境在百座经济活跃城市综合排名升至第15位。

深化金融服务实体经济改革，获批国家产融合作试点城市。推动供应链金融、银税互动、云电贷等增户扩面，金融机构贷款余额增长13.1%；建设企业公益性综合信用评价体系，完成20万家企业公共信用评价；支持企业改制上市，精准实施分阶段奖励补助，新增上市企业3家；新设创新投资基金、科技成果转化基金。强化信贷风险防范化解，不良贷款率保持较低水平。

加快市属国企改革，稳妥推进市属国有外经贸企业整合重组。出台实施医改“1＋N”政策，深化“三医联动”改革，全市所有县级二级以上公立医院均建立现代医院管理制度，按病种收付费覆盖面、药品与医用耗材集中采购范围进一步扩大，职工医保、城乡居民基本医保政策目录范围内的报销比例分别提高到92.8%和68.5%，实现医保“村村通”；第一医院医疗集团实质运作，县（市）均建成紧密型县域医共体。推动对台对外交流合作稳中有进，创新疫情背景下与海丝沿线国家（地区）交流合作方式，与印度金奈缔结友好城市获全国友协批复同意；泉台贸易总额、利用台资分别增长50%和73.8%，安溪清水岩获批国家级对台交流基地；与港澳侨合作稳步拓展，南洋华裔族群寻根谒祖综合服务平台一期投入试运营。

2021年是实施“十四五”规划的开局之年，经济社会发展主要预期目标为：全市生产总值增长7.5%左右，农林牧渔业总产值增长2.5%左右，工业增加值增长7.5%左右，第三产业增加值增长8%左右；一般公共预算总收入增长5%，地方一般公共预算收入增长5%；固定资产投资增长7.5%左右；实际利用外资增长7%，出口商品总额增长7%；社会消费品零售总额增长7.5%左右，居民消费价格涨幅控制在3%左右；居民收入增长和经济同步增长；完成节能减排降碳任务。实现上述目标，做好疫情防控是前提和基础。产业经济发展的主要任务是：

实施全方位创新行动。发挥国家自主创新示范区先行优势，加速泉州科学城、环清源山科创走廊、泉厦科创走廊布点落子。推动规上工业企业研发活动全覆盖，支持领军企业组建创新联合体，实行攻关任务“揭榜挂帅”，力争新增高新技术企业300家。深化拓展与中科系、大学系、军工系、企业系等大院大所产学研合作，推出科技创新券，提高服务本地产业实效；建好用好清源创新实验室、中关村中试熟化基地等平台，正式运行中国（泉州）知识产权保护中心，再引进2—3家高水平研发平台。

改造提升传统产业。依靠科技赋能民生消费品产业，加强纺织新材料、高性能陶瓷、新型建筑等应用研究和示范推广，开发功能性、差异化产品；实施重点技改项目200项以上，推广应用数字化生产线120条；加快SAP、华为、海尔卡奥斯等工业互联网平台落地运作，新增1000家企业“上云上平台”。

培育壮大新兴产业。滚动推进时空产业、传感智造、新型显示等新基建新经济基地建设，力争新落地项目80个、总投资200亿元以上。培育壮大电子信息产业，加快三安、渠梁、慧芯激光、中石光芯等项目建设，延伸布局产业链条。加快新能源国家工程研究中心及产业园建设。规划发展原料药、海洋生物医药，培育本土优秀中成药品牌，建设中国医疗防护用品生产基地。

提质扩量第三产业。滚动推进服务业百大项目建设，发展壮大电子商务、现代物流、商贸会展、咨询服务等生产性服务业，培育市级以上服务型制造示范企业（平台）15个。发展直播电商，建设产播示范基地20个，举办直播活动100场以上；推进电商总部回归，培育本地电商平台。积极引进快递企业总部“入籍泉州”，推进快递“进厂”“进村”“出海”，推动港航物流、冷链物流、都市配送等提质增效。实施“一月一会展”活动，提升海丝国际品牌博览会实效，打造石狮服装城、食品城、晋江鞋纺城等内外贸融合发展的专业市场样板。

开展“项目攻坚2021”。实施在建重点项目538个，完成年度投资1500亿元以上，确保开工、竣工重点项目各90个。探索新招商机制，实施产业链精准招商，签约落地20亿元以上项目40个，滚动推进100个重点外资项目到资投产。强化用地、用林、用海、用碳、融资、火工油品等要素保障，“一地一策”加快处置批而未供和闲置土地。

提高农业质量效益。落实粮食安全责任制，抓好“米袋子”，稳定130万亩粮食播种面积，建设15万亩高标准农田，加强种质资源保护利用；拎好“菜篮子”，增加生猪存栏出栏数量，启动建设4个标准化屠宰场，新改建10个农贸市场。持续推进农业“五百”示范项目，十大特色产业全产业链产值增长6%。加快一二三产深度融合，建设农业物联网应用基地5个以上，扶持休闲农业示范点10个以上。

实施乡村建设行动。拓展创建315个乡村振兴试点村，培育50个典型示范村，加快23条示范线串点连线成片。启动农村人居环境整治提升五年行动，全面清除农村旱厕，逐步建立农村生活垃圾减量化机制和村庄清洁行动长效机制。深化农村宅基地制度改革试点，建设农村宅基地改革一体化管理平台，加强农村房屋建设管理，整治既有农房2.4万栋。

巩固拓展脱贫成果。落实“四个不摘”要求，对易返贫致贫人口实行常态化监测，强化欠发达地区和低收入群体帮扶，实施产业扶贫1500户以上、住房条件改善提升500户以上，扶持低收入村发展村财创收项目150个以上。扎实推进革命老区、中央苏区振兴发展。继续加强援藏、援疆、援宁对口帮扶和山海协作。

坚持以改革促发展。制定实施推动民营经济高质量发展“1＋N＋N”政策，关心关爱民营企业家，发挥泉籍商协会作用，争取在列入混合所有制改革试点、设立全国民营企业家培训基地等领域实现突破，创建全国民营经济示范城市。启动优化营商环境三年行动，推进审批流程标准化法治化，量化服务标准，压减自由裁量权；全面推广“一件事集成套餐”及“全城通办”服务模式，落实高频政务服务事项异地通办；建成政务数据汇聚与共享应用平台（二期），拓展电子证照应用场景，实现市县乡村四级“互联网＋政务服务”一体化平台全覆盖。实施产业信贷投放增户扩面行动，建设普惠金融大数据平台，提高首贷户比重和信用贷比重，力争增存700亿元、增贷700亿元以上；启动企业股改“蝶变行动”，推动4家企业上市；做优政府性融资担保体系，力争年化平均担保费率不高于1%，有效发挥支小支农作用；稳妥推进信贷风险防控，有力化解处置金融风险。落实政府债务限额管理和预算约束，有效防控化解政府债务风险。

高水平扩大开放。加快海丝先行区建设，抓住RCEP协议签订机遇期，争取增设自贸区泉州片区，探索在石化、石材等大宗商品交易与制造业保税研发等方面先行先试。开展“泉州品牌专区”全球推广计划，组织50场外贸“云展会”，举办30场“亚马逊走入泉州产业带”活动。推动石狮、晋江市场采购贸易差异化协作发展，加快市场采购贸易和预包装食品出口推广扩容，实现市场采购贸易出口400亿元；用好跨境电商综试区和跨境电商零售进口试点城市政策，实现跨境电商进出口额80亿元。

（摘编：唐启阳）

鲤城区产业经济发展概述

2020年是鲤城攻坚克难的一年。面对突如其来的新冠疫情，面对前所未有的各种困难压力和严峻挑战，鲤城区紧紧团结和依靠全区人民，奋勇拼搏，实干创新，落细落实“六稳”“六保”工作任务，有力推动全区经济社会实现平稳健康发展，全力将疫情影响降到最低程度，基本完成区九届人大四次会议确定的年度主要目标任务。全年产业经济发展主要工作和成效是：

在比拼中昂首争先，办成了一批任务重、意义大、影响广的大事要事，提振了“鲤城信心”。面对新冠疫情严重冲击，在全市率先出台“暖企”10条和14条补充意见等系列应对措施，精心开展工业增产增效、三产提质扩量、基建扩容等12个专项行动，接续启动重点项目建设大比拼、畅通“双循环”年终冲刺攻坚等活动，有力推动经济发展呈现企稳向好、好中趋优态势。全区生产总值自9月份首次实现扭负为正后，持续保持平稳增长，全年增长3.6%；固定资产投资增长15%，增速连续12个月保持全市第1；三产增加值增长5.1%，排名全市前列，其余主要指标增速达到全市中上水平。

传统产业智能化改造和数字化转型步伐持续加快，田中机械、众益太阳能、汉威机械等企业引进高端智能装备、新建数字化车间，总投资10亿元的16个省市技改项目全年增速超10%。全力推动企业改制上市，嘉亨家化登陆创业板，田中科技转板精选层、佰源机械股改步伐加快，高技修车等10家科技型企业挂牌海交中心。数字文创等新兴产业蓬勃兴起，发起设立5亿元泛文旅产业基金，新引进项目36个、总投资35亿元，古城数字文创动漫产业基地初具规模。新增高新技术企业18家、总数达82家，市级以上众创空间、科技孵化器数量居全市第二位。

在奋斗中务实创新，实施了一批基础性、长远性、全局性的战略举措，书写了“鲤城担当”。按照“跨江发展、跨域融合”理念，以大片区开发、新业态布局为支撑，滚动推进繁荣片区、站前大道西侧棚户区改造等龙头大项目，着力打造一批产城人融合样板工程。集结全区230名干部，集团式推进繁荣片区项目征收，仅用75天完成65.42万㎡征收任务，刷新“鲤城速度”，获评全省和谐征收示范项目。完成兴贤路中段片区改造等6个项目征收工作，解决江南花园城配套小学征收扫尾和新延路征收安置等一批多年未决的疑难问题。

采取“一街一特色，一巷一亮点”的方式，实施古城核心保护区街巷市政综合提升工程；率先出台文物全域普查和传统建筑构件回收利用管理暂行规定，收储一批传统特色建筑；开展中山路及周边商圈提升工程，策划启动“刺桐·鲤”项目，对接200多家国内外知名品牌商，加快商业、文化、旅游融合发展。

优化招商组织体系，健全招商工作机制，对街道及社区、区直各单位、社会机构或个人进行招商激励全覆盖，全市“招商季”比拼签约项目开工率及投产率均位居全市前三。按照“上挂下并”和“受益主体不变”原则，全面梳理整合区、街、社区三级公有载体资源，不断扩充国有经济总量；围绕“保投融资任务、保市场化经营、保资本化运作”，制定新一轮国企改革方案，稳步推进薪酬分配制度、经营业绩考核、国有资产战略重组、国企人员招聘等系列改革。区城建集团和江南高新园区公司获评AA信用等级。全面完成从事生产经营活动事业单位改革。

“十三五”时期发展回顾。“十三五”时期的五年，是鲤城发展史上极不平凡的五年。面对错综复杂的国际形势、艰巨繁重的改革发展稳定任务，鲤城区紧紧依靠广大鲤城人民，以习近平新时代中国特色社会主义思想为指导，深入贯彻党的十九大和十九届二中、三中、四中、五中全会精神，深入贯彻全方位推动高质量发展超越部署，团结一心、开拓奋进，打赢了一场场硬仗，攻克了一个个难关，胜利完成“十三五”规划确定的主要目标任务。

五年来，坚持增长和转型同频，经济实力实现新飞跃。地区生产总值从2015年的265.99亿元跃升至2020年的438.55亿元，年均增长6.8%，人均GDP接近11万元。纺织鞋服、机械汽配、电子信息产业总产值分别较5年前增长28.08%、44.29%和25.79%，培育市级以上龙头企业13家、产值超10亿元企业5家。新增高新技术企业38家、省级科技小巨人领军企业39家。以商贸服务、数字文创、文化旅游、电子商务为代表的现代服务业蓬勃发展，建成开元盛世广场、新天城市广场等大型现代化商场和刺桐时代村等一批特色旅游项目，第三产业占GDP比重比2015年提高6.63个百分点，对经济贡献率达72.3个百分点，成为驱动鲤城发展的“首位经济”。

五年来，坚持改革和开放联动，发展活力得到新提升。深化“放管服”改革，全区“一趟不用跑”事项超75%、“全程网办”事项超50%，市场主体增加约1.6万家，注册资本增加到88亿元，分别较五年前增长85.14%和118%。金融服务实体经济能力凸显，推动境内外上市、新三板挂牌企业13家，全社会融资规模超200亿元，企业贷款不良率从5年前的1.93%下降至0.85%。对外开放合作进一步深化，外贸进出口总额达到41亿元，“鲤城制造”影响力在“一带一路”沿线国家不断扩大，正式与斯里兰卡科特市缔结友城关系。山海协作取得新成果，对口帮扶的明溪县建档立卡贫困人口实现全部脱贫。

五年来，坚持古城和新区并举，城市面貌崭露新峥嵘。主动融入“环泉州湾”总体建设布局，对标主城定位，全面铺开124个城市建设项目，完成投资284.1亿元。深入实施古城保护提升计划，完成“生态修复、城市修补”、老旧小区改造等49个项目，提升37条背街小巷，建成11个口袋公园，逐步成为见人见物见生活的“活样本”，泉州古城文化生态旅游度假区获评省级旅游度假区。全面提速江南新区城市化步伐，启动实施繁荣片区、站前大道西侧棚户区改造等一批项目，建成笋江新城、滨江新城等优质城市展示面，完成站前大道等一批市政道路工程，改造升级南环路、笋江路等城市主干道、岔路口，打通爱国路、池峰路等一批断头路。城市管理更加精细，开展城市秩序整治提升“5+1”行动。顺利完成各项减排任务，获评国家生态文明建设示范区。

“十四五”时期经济社会发展主要目标：全区地区生产总值年均增长率不低于7%，力争到2025年，全区生产总值达到650亿元，工业增加值达到170亿元，第三产业增加值达到450亿元，占GDP比重超68%，服务业成为全区经济增长的重要引擎。一般公共预算总收入达到30亿元以上，固定资产投资年均增长10%以上。

2021年是贯彻落实党的十九届五中全会精神和实施“十四五”规划的开局之年，也是乘势而上开启全面建设社会主义现代化国家新征程的奋斗元年。结合上级要求、综合各方因素，新一年全区经济社会发展的主要预期目标是：全区生产总值增长8%，工业增加值增长5.5%，三产增加值增长9.5%；一般公共预算总收入增长5%，一般公共预算收入增长5%；固定资产投资增长15%；实际利用外资增长7%，出口增长7%；社会消费品零售总额增长9%，居民人均可支配收入与全区生产总值基本同步增长；完成节能减排任务。

（摘编：翁宁）

丰泽区产业经济发展概述

2020年是极不平凡的一年，突如其来的疫情给人民生命健康和经济社会发展带来了巨大挑战。在以习近平同志为核心的党中央坚强领导下，丰泽区团结和依靠全区人民，从容应考、沉着应战，交出了一份同心协力、实干担当的历史答卷。这一年，尤为不易的是，丰泽区打赢了疫情防控总体战。全区广大党员干部和医务人员冲锋在前、日夜奋战，港澳台侨乡亲、企业家心系故土、捐资捐物，市民群众主动参与、守望相助，筑起了疫情防控的人民防线，全区实现确诊病例零死亡、医务人员零感染、境外疫情零输入。倍感欣慰的是，稳住了经济发展基本盘。先后开展促“六稳”“六保”、畅通“双循环”年终冲刺等专项行动，在疫情对第三产业影响较大的情况下，地区生产总值由一季度下降11.5%快速扭负转正，全年增长3.9%、居全市第五。更加可喜的是，增进了人民群众幸福感。在财政压力加大的情况下，民生领域投入20.65亿元、占总支出的76.3%，全面建成小康社会胜利在望。令人振奋的是，凝聚了干事创业精气神。经过疫情防控、复工复产、安全生产大排查大整治、片区更新征迁等一系列考验，全区干部队伍强化了担当意识、提升了斗争本领、锤炼了工作作风，极大增强了我们战胜一切艰难险阻的信心决心。一年来产业经济发展的主要工作和成效是：

经济运行难中有进。稳企稳岗有新作为。建立复工复产“五个一”工作机制，强化政企互动，合力打通“五难”操作链，“四上”企业、重点项目实现100%复工，零售餐饮、文化旅游等服务行业有序复市。出台“稳企12条”等一系列政策，累计兑现帮扶资金4.22亿元，落实各项减免税费10.9亿元，新增企业1.2万户、增长18.9%。帮助中小微企业获省级专项纾困贷款资金3.46亿元，安通控股成功司法重整，不良贷款率控制在1.29%。率先推出企业“共享食堂”“共享员工”等措施，为2.4万家小微企业购买复工险，帮助企业点对点接回省外员工5000余人。

项目攻坚有新突破。精心组织“项目攻坚2020”活动，89个在建重点项目完成投资182.7亿元，16个项目开工建设，30个项目竣工投产。“五个一批”新增入库项目93个、总投资610.9亿元。积极争取地方政府专项债2亿元、为历年最高。突破一批征迁遗留问题，城东至北峰快速通道等9个项目实现征迁清零，完成土地征收486.3亩、房屋征迁89万平方米、土地招拍挂8宗。率先推行“云签约”招商模式，引进招航物流等项目191个、总投资285亿元。

内需拉动有新成效。率先举办“乐购嘉年华”等系列主题消费活动，发放消费券4000万元、撬动消费10亿元，完成社会消费品零售总额412亿元，新增限上商贸企业49家。打造“夜浦西”“夜色领秀”等一批市级夜间经济示范区。加快发展网红经济、平台经济，引进小米谷仓“科技+消费”等基地，限上电商零售额增长27.5%。培育“泉州伯勒小镇”等特色文旅品牌，策划生成15条精品旅游线路，领秀文旅集团获评“中国最佳文旅产业服务商”。

产业转型步伐加快。传统产业步向高端化。着力科技创新赋能，完成技改投资10.6亿元、增长26.8%。完成“两化融合”项目6个、总投资1.7亿元，入选泉州市“数控一代”示范项目5个、“两化融合”贯标体系企业5家，匹克态极运动鞋入列“第一批省工业和信息重点新产品推广目录”。加快制造业主辅分离，8家企业获评“市级服务型制造企业”。聚焦规模效应，9家企业入选省、市级龙头企业，南方路机等12家企业入选“上市及场外市场挂牌后备企业名单”。

新兴产业迈向集群化。制定数字丰泽建设发展规划，5个省级重点数字经济项目完成投资35.7亿元，建成703个5G基站，数字经济规模居全市第二。参与全市新基建新经济比拼，软件与工业设计基地新引进项目44个、总投资18.3亿元，实现税收增长137.7%；知创产业基地完成总体规划，建设中国（泉州）知识产权保护中心，建成三大技术检测公共服务平台，新引进项目14个、总投资7.1亿元。培育壮大军民融合产业，新增“民参军”企业、服务机构5家。现代服务业跨向多元化。深化“第三产业提升年”活动，67个在建重点项目完成投资167亿元，第三产业增加值增长5%。科学布局建筑服务、中介服务、数字经济等一批小微产业园，泉州建筑服务产业园入驻企业90家、实现产值15亿元。建成8栋高端商务楼宇，全区纳税千万元楼宇38幢，东海总部经济区加速繁荣。房地产市场平稳健康发展，商品房销售面积增长25%。创新发展供应链金融，鑫润航达等一批项目落地见效，金融机构存贷款余额增长14.3%，金融业增加值增长5.9%。

改革开放协同发力。重点改革更有深度。“放管服”改革扎实推进，“一趟不用跑”事项比增25%，推出17项“一件事”集成套餐服务，企业开办时限压缩至1个工作日，在全省首创个性化智能电子告知单，疫情期间“不见面审批”8.1万余件。全面推行部门联合“双随机、一公开”市场监管。街道机构改革全面完成。国有企业改革取得突破，区城建、国投两大集团资产总额达127亿元。探索街道、社区资产管理机制，盘活社区集体资产、资金。

创新驱动更具力度。实施区级科技计划项目34个，新认定国家高新技术企业79家、省级科技小巨人领军企业4家，高新技术企业实现产值150亿元。引进西安交通大学国家技术转移中心等一批科技平台，华创空间入选“国家备案众创空间名单”，领SHOW天地入选“国家小微企业创新创业示范区”。科技成果加速转化，专利授权3361件，认定登记技术合同118项，成交额2.5亿元、居全市第一。深入推进人才“港湾计划”，疫情期间率先出台人才引进十条措施，新增省、市高层次人才269人，引进国内外高校本硕博人才154名。

开放合作更显广度。拓展“一带一路”沿线国家市场，引进外资项目38个，实际利用外资2.28亿元，东海跨境电商生态圈获评第四批“泉州市现代服务业集聚示范区”。深化外事、对台、港澳、侨务工作，“海归E谷”留学生创业园签约入驻项目6个、总投资13.4亿元。加强与顺昌县交流协作，落实帮扶资金1200万元，顺丰共建产业园居全省扶贫重点县园区联合考评第二名。

“十四五”时期展望。总体要求是：高举习近平新时代中国特色社会主义思想伟大旗帜，深入贯彻党的十九大和十九届二中、三中、四中、五中全会精神，坚持党的全面领导，贯彻新发展理念，立足新发展阶段，积极服务并融入新发展格局，坚持稳中求进工作总基调，在全方位推动高质量发展超越过程中，统筹发展和安全，着力提升中心城区的创新高度、经济密度、服务温度、幸福厚度，努力打造“产业高端化、功能完善化、环境生态化、生活品质化”的现代化中心城市核心区。

2021年经济社会发展主要预期目标是：地区生产总值增长8%左右；工业增加值增长5%左右，第三产业增加值增长8.5%左右；一般公共预算总收入增长4%左右，地方一般公共预算收入增长3%左右；全社会固定资产投资增长8.5%左右；社会消费品零售总额增长8.5%左右；实际利用外资增长8%左右；出口总额增长8%左右；居民人均可支配收入与经济增长基本同步；完成节能减排降碳任务。

（摘编：杨福来）

洛江区产业经济发展概述

2020年，洛江区以习近平新时代中国特色社会主义思想为指导，深入学习贯彻党的十九大和十九届二中、三中、四中、五中全会精神，全面落实中央、省市和区委的决策部署，统筹推进疫情防控和经济社会发展，扎实做好“六稳”工作、落实“六保”任务，全年完成地区生产总值293亿元、增长3.5%；一般公共预算总收入超21.26亿元、实现正增长，一般公共预算收入超12亿元、增长5%，全方位推动高质量发展超越迈出坚实步伐。

2020年初，面对突如其来的新冠肺炎疫情，洛江区众志成城、科学防治，抗击疫情斗争取得重大成果。疫情发生初期，快速响应，第一时间成立防控指挥部，加强指挥调度，投入4763万元实施区、镇、村三级联防联控，采取“大数据+网格化”精准排摸来洛人员1.2万人次，全面落实物资保障，牢牢掌握疫情防控主动权。迅速科学救治唯一一例确诊病例，并于2月9日治愈出院，至今无新发病例、疑似病例。进入常态化防控期间，严格做好重点场所、重点人群防控，强化重点疫区和境外入洛人员管控，推广运用“八闽健康码”，使用率达到95.8%；推动核酸检测“应检尽检、愿检尽检”，累计检测近5.3万人次。根据秋冬季疫情情况，全面分析境外和国内高中风险地区疫情输入、进口冷链食品疫情输入、集中隔离人员传染等五个风险点，持续开展核酸检测，有序组织重点人群疫苗接种，做到精准防控、科学防控，为经济社会平稳健康发展提供了坚强保障。

综合施策稳住经济增长。帮扶企业展现新作为。落实省市深化服务民营企业“三个一百”活动，制定促进中小企业健康平稳发展扶持政策，出台《促“六稳”“六保”追赶行动方案》《畅通“内循环”秋季攻坚行动方案》《畅通“双循环”年终冲刺行动方案》，建立区领导、区直部门挂钩联系规上工业企业制度，全力打通“五难”操作链，完成规上工业产值650亿元、增长5.5%。全面落实减税降费、返岗稳岗、科技研发等政策，累计减免税费2.6亿元，兑现各级扶持企业政策资金超1.6亿元。

帮助中小微企业融资纾困，组织银企对接活动4场，新增授信企业31家，授信资金4.5亿元；通过清收、重组等方式化解不良贷款7381.2万元，有效防范化解金融风险。实施出口市场突围拓展行动，落实省市促进外经贸增长措施，支持企业发展“9610”跨境电商，对接市场采购新贸易方式，全年出口商品总值51.8亿元、增长4.5%。

项目建设催生新动能。开展“项目攻坚2020”活动，率先出台支持重点项目全复工开满工8条措施，83个区级在建重点项目完成投资84.2亿元、增长15.8%。列入省“五个一批”项目106个、总投资470亿元，全年新增谋划项目38个，新开工18个，竣工或部分竣工22个。强化要素保障，开展征迁“拔钉清障”行动，完成土地征收1744亩、房屋拆迁8.1万平方米，其中万虹路拓改工程及安置地块2个项目分别用时15天和18天完成清零任务，创造了洛江征迁新速度。

产业招商取得新成效。落实全市产业链招商季活动部署，梳理阳江新城片区等15个主要招商载体，出台《关于进一步完善招商引资工作机制的意见》《疫情防控期间线上招商实施方案》，创新线上招商模式，举办招商推介大会，主动走出去到北京、深圳、上海、杭州、长沙等地开展招商，与云箭集团、港中旅、京东、蓝城等知名企业洽谈合作事项，全年新签约优质项目43个、总投资150.5亿元；新增对接项目90个、总投资约320亿元。强化外资项目跟踪服务，实际利用外资6.5亿元、增长37.6%。

铆足干劲推动产业转型。第二产业质效提升快。落实全市新基建新经济基地建设比拼活动，传感智能制造产业基地加快建设，万洋众创城招商中心建成并开放，开工、投产项目12个、总投资59.9亿元。铁拓机械申请IPO获得受理，维盾电器、世创机械等重点企业扩产升级，精镁机械等9个项目建成投产，11家企业26项产品列入市级数控一代示范产品，智能装备产业完成产值120亿元，信和新材料和中科院宁波材料技术与工程研究所成功共建全市首个新型环保防腐涂料工程中心，泉州市云箭测控与感知技术创新研究院投入运营并启动研发项目。14个省市重点技改项目完成投资7.7亿元；新增国家高新技术企业18家，32家企业入选“福建省2020年入库科技型中小企业”；3家企业分别获得省科学技术进步奖二等奖、三等奖；规上企业研发经费投入2.4亿元、增长58%。省级数字经济项目完成投资8.6亿元，数字经济规模突破50亿元。推动建筑业稳产提质，选取15家建筑业企业进行“点对点”帮扶，实施“回归工程”，新增建筑业企业56家，总数达196家，建筑业完成产值225亿元、税收4.5亿元。

第三产业回暖势头好。落实全市第三产业提升年活动，19个在建服务业重点项目完成投资超16亿元。鼓励扩大消费，出台《推动夜间经济发展促进消费增长实施方案》，举办首届大美洛江线上生活节、洛阳桥夜间经济文化节、全闽乐购·洛江汽车产业带新零售、蝴蝶兰文化旅游节、虹山音乐啤酒节、“闽南韵·地瓜腔”等系列活动，联合商家发放300万元惠民消费券，限上社会消费品零售总额增长8.5%，增幅位居全市第一。推动直播与电商融合发展，全区网络销售企业近万家，网络零售额突破65亿元、增长17.4%，首次入选全国淘宝百强县区。引导文旅企业提档升级，投入1.56亿元完善旅游基础设施和服务配套，提升重点文旅项目13个，虹山乡获评“福建省三星级乡村旅游休闲集镇”，石龙谷获评“福建省体育产业示范单位”；通过海峡旅博会、文博会、宁夏银川文旅专场推介会、西街文旅专场展览等，宣传推介我区文旅资源，策划生成9条精品旅游路线，全年接待游客180.1万人次、旅游收入超25亿元。促进房地产市场平稳健康发展，全年新开工建设44.1万平方米、竣工57.8万平方米、销售额30.7亿元。

特色农业彰显竞争力。新建高标准农田1500亩，保障粮食、蔬菜、生猪生产供给，农业总产值增长2.5%，位居全市第三。加快发展智慧农业、绿色农业，全区已建成蔬菜智能温控大棚15.6万平方米，建立无公害农产品生产基地24个，通过“三品”认证基地面积3000亩。培育新型农业经营主体，现有省市级农业林业产业化龙头企业24家、农民专业合作社8家。

2021年主要工作安排。2021年是实施“十四五”规划的开局之年，政府工作的基本要求是：以习近平新时代中国特色社会主义思想为指导，深入学习贯彻党的十九大和十九届二中、三中、四中、五中全会精神，按照中央、省委、市委经济工作会议和省、市、区委全会部署，贯彻新发展理念，融入新发展格局，在新一轮发展中奋勇争先、走在前列，加快提升产业竞争力、城市集聚力、乡村吸引力、民生保障力，全方位推动高质量发展超越，全面建设更高水平的智造先行区、幸福生态城，为“十四五”发展开好局、起好步。

2021年经济社会发展主要预期目标为：地区生产总值增长8%；工业增加值增长8.5%；农业总产值增长2.5%；一般公共预算总收入、一般公共预算收入增长5%；实际利用外资增长1%；出口商品总值增长7%；全社会固定资产投资增长8%；社会消费品零售总额增长9%；居民人均可支配收入增速与经济增长基本同步；完成省、市下达的节能减排任务。

（摘编：陈闽声）

泉港区产业经济发展概述

2020年，泉港区以习近平新时代中国特色社会主义思想为指导，坚持稳中求进工作总基调，把统筹推进疫情防控和经济社会发展作为重中之重，全力建设活力泉港、宜居泉港、和谐泉港，较好地完成了年初确定的目标任务。全年实现地区生产总值增长3.8%；一般公共预算总收入下降7.8%；一般公共预算收入增长1%；居民人均可支配收入增长5.6%。一年来，把政府工作报告分解为157项任务，以“五个贯穿始终”全力推动落实，产业经济发展的主要工作和成效是：

坚持安全为先，把风险防范化解贯穿始终。以付出“一万”努力，防止“万一”发生的态度，坚决贯彻安全发展理念。疫情防控措施有力。创新采取计时排查法、邀约督查、闭环监督、1对1跟踪服务、百医连百校、千医连万企、海上入境智能化管控等做法，筑牢疫情防控坚固防线，泉港区成为福建沿海县市区少有的无疫情区，相关做法中央电视台予以报道。

厂居分离加快实施。石化安控区建设按下加速键，通过组建征迁攻坚突击队、出台专项绩效考评方案、一线管理考察干部等措施，建立起分级包干、人人担责的攻坚机制，累计完成房屋签约12369栋、签约率99.89%，腾空11871栋、腾空率95.87%，拆除11412栋、拆除率92.16%。出台《氯碱片区整体搬迁方案》，完成片区控规编制、土壤污染状况调查等前期工作，正按序时推进搬迁。

安全隐患全面整治。成立安全隐患大排查大整治、房屋安全隐患整治指挥部，坚持排查专业化、风险标识化、执法战役化、管控明细化，共排查安全隐患17345项，已整改17194项，其余151项按序时推进；房屋安全隐患排查整治以“零漏排”成绩通过市对区抽查验收，在全市率先实现重大安全隐患人员密集场所房屋、非人员密集场所房屋、督办件、交办件闭环处置“四清零”，处置进度居全市第一。

坚持发展为要，把落实六稳六保贯穿始终。实施“六稳”“六保”12个追赶行动，区域经济延续好的势头。产业发展跨台阶。石化项目新引进4个、开工3个、投产4个，石化产值在成品油及化工品价格大幅下降中仍稳定在千亿元以上。益海嘉里小麦制粉及大米加工改扩建、福海粮油四期项目顺利投产，食品饮料产业产值超百亿元。化肥催化剂国家工程研究中心投用，全区工业技改投资增幅居全市第一，企业创新赋能氛围浓厚。

项目攻坚大比拼。218个重点项目完成投资295亿元，新开工亿元以上项目15个，建成投产项目21个，工业投资增长48.4%，居全市首位。招大引强成效明显，新签约项目59个、总投资565.97亿元，实际利用外资增长277.9%，增幅居全市第一、全省第二，“云签约”台湾国亨化学项目是我市三年来投资额最大的台资项目，省委省政府主要领导专门见签。

企业服务走在前。出台打通“五难”操作链实施方案等援企稳岗政策，开展“三个三”服务跟踪，兑现惠企资金1.07亿元，全年新增减税降费4.87亿元；举办云购节、电商直播、美食嘉年华等促消费活动，开展线上招聘活动，在全省率先实现全链条复工复产、复商复市；外贸逆势上扬，完成进出口总额39.7亿元，增长4%。推出16条优化营商环境新举措，出台政府投资项目前期工作导则和加快社会投资工业项目落地办法，推行中介代理机构“点菜式”选择，获评全国公共资源交易百强县。

坚持生态为基，把推动产城融合贯穿始终。统筹做好生产、生活、生态三篇文章，让城市见文见物见生活。城市更新提速推进。扎实推进129个城建项目建设，完成投资99.25亿元。福厦客专泉港段全线完成征迁，南山北路启动改建，海南街东段（一中段）、南龙路东延伸段、学府路北延伸段等梗阻路贯通，“内联外畅”开启新格局。实施水利项目19个、完成投资3.6亿元，双溪水库、顶五孔水闸改建工程完工验收。

“十三五”时期产业经济发展的主要成效是：

产业提速、质量提档，泉港更具活力。加快“135”产业体系协同发展，形成搬不走的产业优势。区域经济呈现“节节攀升”势头。坚持把项目建设作为主抓手，五年累计征地征海1.05万亩、搬迁房屋591.9万平方米，建成投产重点项目226个、总投资410亿元。在项目的带动下，区域经济节节攀升，2015—2019年GDP连续突破300亿元、400亿元、500亿元、600亿元、700亿元大关，综合实力位列全国工业百强区，泉港石化园区连续8年跻身中国化工园区20强。

产业结构形成“四链一体”格局。产业链延长壮大，石化产业产值突破千亿量级，食品饮料产业产值达百亿规模。价值链初具雏形，基本建成“一基地五中心”物流贸易体系，泉港关区与“一带一路”25个国家的进出口额约占全省1/4。科技链有力支撑，建立省级清源创新实验室，“两院四中心”全面投用，连续两年上榜全国科技创新百强区。循环链持续完善，热电联供、火炬气回收等项目投产运营，循环化改造示范试点工作走在全国前列。

“十四五”总体目标。高举中国特色社会主义伟大旗帜，深入贯彻党的十九大和十九届二中、三中、四中、五中全会精神，深入学习贯彻习近平总书记重要讲话重要指示批示精神，坚定不移贯彻创新、协调、绿色、开放、共享的新发展理念，坚持稳中求进工作总基调，以全方位推动高质量发展超越为主题，以深化供给侧结构性改革为主线，以改革创新为根本动力，以满足人民日益增长的美好生活需要为根本目的，主动融入以国内大循环为主体、国内国际双循环相互促进的新发展格局，突出石化高质发展、产城高质融合，坚定不移推进“创新立区、主业强区、港口兴区、生态美区、和谐安区”，实现经济行稳致远、社会安定和谐，为努力建设新时代美好泉港，全面建设社会主义现代化开好局、起好步。“十四五”时期经济社会发展主要目标：坚持目标导向和问题导向相结合，坚持守正和创新相统一，努力实现经济实力实现新跃升、产城融合展现新活力、改革开放打造新样板、精神文明树立新风尚、生态环境塑造新颜值、民生福祉达到新水平、治理体系得到新提升，在全方位推动高质量发展超越上迈出重要步伐。至2025年，全区生产总值年均增长6.5%，提出经济发展、创新驱动、民生福祉、生态文明四大类23项指标。

在“十四五”规划预期目标的基础上，要力争实现“三项突破、三个翻番”：“三项突破”，即到2025年，地区生产总值要突破1000亿元大关，实现人均GDP全市第一；规上工业产值要突破3000亿元（其中，石化产值要突破2000亿元），实现工业亩均产值全市第一；一般公共预算总收入和海关代征增值税要突破300亿元，实现人均财税收入全市第一；“三个翻番”，即实现居民人均可支配收入比2015年翻一番；实现新兴服务业增加值、高端人才总量比2020年翻一番。

2021年经济社会发展预期目标为：全区生产总值增长8%，农林牧渔业总产值增长1%，工业增加值增长8%，建筑业增加值增长8%，第三产业增加值增长8%；一般公共预算总收入增长6%，一般公共预算收入增长6%，固定资产投资增长8%；实际利用外资增长持平，出口商品总值增长7%；社会消费品零售总额增长8%，居民人均可支配收入增长7.5%。

（摘编：杨福来）

石狮市产业经济发展概述

2020年是“十三五”规划的收官之年，是石狮发展历程中极不平凡的一年。面对突如其来的新冠肺炎疫情、严峻复杂的宏观经济形势和繁重艰巨的改革发展任务，石狮市认真贯彻落实中央、省、泉州市和市委决策部署，统筹推进疫情防控和经济社会发展，深入开展“五个年”活动，较好地完成了年初确定的主要目标任务。全年实现GDP955亿元，增长3%；一般公共预算总收入56.7亿元、一般公共预算收入36亿元；全体居民人均可支配收入56742元；全面小康指数位居全国县级市第20位、全省第2位，实现全国文明城市“二连冠”、全国双拥模范城“六连冠”。产业经济社会发展的主要工作和成效是：

坚决打好疫情防控阻击战，有效保障人民群众生命健康。严格落实“坚定信心、同舟共济、科学防治、精准施策”的总要求，按照“前期防输入、春节防聚集、节后应对复工复学压力”的策略，聚全市之力、以超常之举，迅速启动突发公共卫生事件应急响应机制，打响了疫情防控人民战争。

深入开展“产业攻坚年”活动，产业转型升级步伐不断加快。扎实推进复工复产。建立订单、资金、外贸等对接机制，兑现惠企资金7.2亿元、减免税费6.4亿元，帮助企业新增贷款50亿元、争取纾困贷款10.6亿元。出台六条转产鼓励政策，11天建成防疫物资生产链。从2月份起，坚持一月一盛会，举办一系列线上直播销售活动，被国务院新闻发布会点赞肯定。

扎实推进项目攻坚。组建5个专项招商小组，多方联动、条块齐抓推进招商选资，累计签约开工项目106个、总投资245.8亿元，实施工业提质项目178个、三产增效项目165个，一季度在全省“五个一批”项目竞赛中位居第6位。

扎实推进制造业提质。出台支持印染高质量发展、五金辅料提质增效、校服优化升级、纺织服饰创意设计发展等产业扶持政策，引导童装行业加快向校服方向延伸，推动中国纺织工程学会校园服饰标准技术工作组秘书处落地，建成五金水磨加工中心，获评中国校服产业创新基地。通达四期、九牧卫浴、建新轮胎、美佳爽新生产基地、特步一体化、信泰科技、兴迅新材料等项目加快建设，智能制造产业完成规上产值195亿元、增长10%。海洋食品园提速建设，累计落地海洋食品深加工项目22个，4个项目建成投产。

扎实推进服务业提升。市场采购贸易方式试点实现全省通关一体化，预包装食品出口试点产品关区、品类、目的地、金额限定进一步放宽，国际食品城开业运营并纳入市场采购贸易集聚区；完成市场采购贸易出口343.2亿元，增长98.2%。启动“一十百千万”网红城市发展计划，成功举办“海丝”品博会、海博会、校服展、网商大会，建成1000平方米以上的直播基地18家，带动网络销售额增长51%、快递业务量增长28%，获评中国服装网商创新示范基地、中国直播电商发展示范城市称号。

2021年是中国共产党成立100周年，也是“十四五”规划的开局之年，做好各项工作意义重大。石狮市将以习近平新时代中国特色社会主义思想为指导，全面贯彻党的十九大和十九届二中、三中、四中、五中全会精神，认真贯彻中央和省委、泉州市委经济工作会议精神，坚持稳中求进工作总基调，立足新发展阶段，贯彻新发展理念，融入新发展格局，扎实做好“六稳”“六保”工作，巩固拓展疫情防控和经济社会发展成果，为推动石狮高质量发展奠定坚实基础。主要预期目标是：地区生产总值增长8%左右；一般公共预算总收入增长5%，一般公共预算收入增长5%；农业总产值增长3%左右；工业增加值增长7.7%左右；第三产业增加值增长8.5%左右；固定资产投资增长10%左右；实际利用外资增长8%，出口商品总值增长7%；社会消费品零售总额增长8.5%，居民消费价格总水平涨幅控制在3%以内；居民人均可支配收入和经济同步增长；完成节能减排降碳任务。围绕上述目标，产业经济发展重点要做好以下几个方面的工作：

系统优化创新生态。深入开展“标杆企业培育”专项行动，强化高新技术企业成长分类扶持和靶向服务，梯度培育创新型领军企业、制造业单项冠军企业和“专精特新”企业，力争新增省级以上高新技术企业25家，全社会研发投入增长20%以上。全面梳理重点产业攻关技术目录，推动厦门大学、四川大学、西安工程大学等高校在石科研机构市场化、项目化运作，鼓励有条件的企业对接大院大所，构建校企合作联盟。深化创新人才“5R”计划，滚动更新产业紧缺人才目录，组建人才服务商家联盟，推动一批企业纳入泉州市高层次人才自主评价试点；对接产业需求，完成职业技能培训5000人以上，新培育一批技能大师工作室。

聚焦纺织鞋服全产业链提升。更加突出创新能级、亩产税收、安全环保等刚性约束，启动新一轮印染企业分级管理，鼓励龙头企业通过兼并重组做大做强，促进印染行业智能化、集约化、绿色化发展。依托“一馆一院两中心”等科研平台开展技术攻坚，促进工贸一体发展，提升面料研发能力和供应链反应速度。大力发展纺织鞋服高分子、功能性差别化纤维、生态环保等新型材料，加快特步一体化、信泰科技一期、百丝达无纺布、晋晖薄膜等项目建设。整合童装（校服）产业研发、生产、销售端资源，完善供应链协同生态圈，建设全国童装（校服）产业发展示范引领区。

聚焦先进制造业建链延链。持续做大机械装备产业规模，跟踪引进控制面板、数控机械、通讯设备、电子元配件等上下游项目，加快建新轮胎、九牧卫浴、通达四期等项目建设。全面梳理光子产业细分领域，建成中石光芯二期、汉视高清镜头等项目，全力打造光子产业发展创新集聚区。依托福建中医药大学（石狮）医疗保障研究院，开展项目对接和技术推广，支持中益制药建设标准化研究中心，积极培育新医药产业链。

聚焦第三产业提档升级。把旅游业作为服务业提升的关键抓手，高水平开发红塔湾、观音山、黄金海岸等优质资源，推动宝盖山风景区创建国家4A级景区，林銮渡（六胜塔）、世茂海上丝绸之路博物馆创建国家3A级景区，“十里黄金海岸”创建省级旅游度假区。突出旅游产品策划宣传，大力培育“旅游+”业态，推出“网红打卡”“研学旅行”“老街美食”等特色精品旅游线路10条，支持沙堤村、西偏村创建省级旅游村，力争全年接待游客增长15%以上。

聚焦高水平开放经济建设。突出以侨架桥、引侨聚侨，充分发挥港澳台侨胞桥梁纽带作用，鼓励侨资侨智侨力回乡投资兴业，吸引台湾青年来石就业创业。加强对自贸区、国际贸易“单一窗口”和RCEP等政策的研究运用，以“一带一路”沿线国家和地区为重点，常态化开展市场采购贸易、预包装食品出口试点推广，吸引更多优质货源和专业采购商聚集，打造千亿级别国际贸易集散中心。出台支持跨境电商发展的政策措施，建设跨境电商集聚区，大力招引知名跨境电商企业，提升跨境物流服务，抢占跨境电商蓝海。

深化乡村振兴战略。实施乡村建设行动，扎实推进省级特色镇和省级试点村建设，支持沿海镇区提升配套，打造2条泉州市级乡村振兴示范线路。深化“一革命四行动”，持续推进“绿盈乡村”建设，完成农村生活污水PPP项目，全面提升农村人居环境。加快特色农业、品牌农业发展步伐，启动祥芝中心渔港、东埔中心渔港、锦东一级渔港提升工程，完成国家水禽基因库改扩建。培育高素质农民、新型农业经营主体带头人50名以上，建设2个农业现代产业园。严守耕地红线，全力保障粮食安全。

（摘编：唐启阳）

晋江市产业经济发展概述

2020年，面对突如其来新冠疫情的巨大冲击，晋江市坚持以习近平新时代中国特色社会主义思想为指导，认真贯彻党的十九大和十九届二中、三中、四中、五中全会精神，坚持“晋江经验”引领，深入开展“三个年”活动，全力落实“六稳”“六保”要求，统筹抓好疫情防控和经济社会发展，全年地区生产总值增长4.0%，一般公共预算总收入227.67亿元、增长2.7%，其中本级收入139.28亿元、增长1.0%。一年来产业经济发展的主要工作和成效是：

疫情防控科学高效。第一时间建立战时指挥体系，率先成立指挥部，组建“一办十三组”，调拨4.07亿元防疫经费，全域动员、全员战疫，全面打响疫情防控阻击战。我们第一时间构建防控医治网络。设立市镇村企健康管理中心67个、集中收治医院6家，通过“大数据+网格化+铁脚板”排查管控58万人次，核酸检测77万人次，集中医学观察2.2万人次，2月24日本土病例清零，做到医护零感染、患者全治愈。海内外乡亲奔走筹集，大年初三360万片口罩驰援家乡；一批企业携手转产，大年初七第一件防护服生产下线，一个月内口罩从“一片难求”到自给充足、支援八方。我们第一时间转战常态化防控。坚持“外防输入、内防反弹”，科学精准落实“人物”同防，有序推动复工复产、复市复学，经济社会迅速焕发生机活力。

经济止跌回稳向好。打好“政策+服务”组合拳，稳住经济基本盘。精准帮扶纾困。聚焦打通“五难”操作链，快速出台30条纾困政策，统筹保障口罩620万片，协调用工8.6万人，率全省之先护航企业举办订货会38场，促成产能对接25亿元，争取上级纾困资金超50亿元，减免税费、兑现本级资金超40亿元，帮助企业转续贷430亿元，新增各类贷款270亿元。地区生产总值由一季度下降13.8%到上半年转正，持续保持回暖向好态势。攻坚内外循环。开启家博会、体博会、食交会“双线”展会模式，交易额超200亿元。开展全闽乐购、十行百场千企万店等系列促消费活动，发放消费券4000万元，全社会消费品零售总额逆势增长。举办产业直播系列活动，网络商品零售额超300亿元。上榜十大新国货之城。多维拓展外贸通道，获批市场采购贸易试点，落地阿里Lazada分拨中心，开通2条国际“客转货”航线，启用国际城市货站，国际及港澳快递业务量比增49%。扩大逆周期投资。541个在建重点项目超额完成年度投资任务，282个重点技改项目完成投资153亿元，恒安、三六一、特步、渠梁等48家龙头企业加快增资扩营，新增上市企业3家，舒华成为年度A股唯一上市体育公司。抢滩布局六大“两新”基地，晋华集成电路公司实现量产，聪勤装备、利郎物流园等34个项目动工建设，国际会展中心、京通物流等51个项目投产投用。安踏科研基地、中纺院绿纤、迪瑞医疗等145个项目签约落地，总投资680亿元。数字化赋能加快推进，5G网络组网运营，柒牌、百宏等5G智慧工厂建成启用，SAP创新中心、华为工业互联网平台落地运作，新增省级智能制造示范企业7家、两化融合贯标企业7家，规上企业上云普及率超80%。

办赛兴城提速提质。落实16个城市专项行动计划。高效筹办赛事。坚持“三不变三不降”备战世中运，常态运行国际中体联、中国中体协、执委办三方联络机制，如期建成30个比赛场馆，组建运作18个竞赛委员会，竞赛组织、市场开发、外事外联、志愿服务等有序推进，赛事效应加速释放。完善功能布局。“三区一走廊”加快建设，科创新区基本完成征迁，二体中心、清华附中、市民广场等20个项目建成投用，中心城区首位度持续增强。内外交通持续优化，厦漳泉城市联盟路通车，福厦客专加快建设，东石连接线完工，“聚城畅通”工程有序推进，11个交通项目建成投用。市政设施提档升级，公交枢纽站增至8座，公交线路加密6条，新增110千伏输变电站3个，建成公共充电站122座，天然气管网实现镇镇通，18个水利工程建成投用，3个自来水厂互联互通。

发展活力加速释放。纵深推进改革试点，集成改革全面铺开，新增县城新型城镇化建设示范、农村综合改革试验区等4项国家级改革试点。基本完成省级自然资源资产清查试点任务，清理批而未供和闲置土地3060亩。出台老旧工业园区改造配套政策，启动4个改造项目。完成国企第二轮整合重组，培育2A+国企2家。持续增强创新动能。科研平台实现归口管理，建设福大微电子研究院，投用皮革院二期，平台效应加快释放。新认定国家高新技术企业126家，新增省科技小巨人企业26家、省级以上“专精特新”企业6家、泉州市级以上新型研发机构12家，8项成果获评省科技进步奖。设立国家科技成果转化子基金，技术合同登记（晋江）分中心启用运作，技术合同登记金额翻两番，达5072万元。新增市级以上高层次人才1242名。获批鞋服（食品）国家级知识产权快速维权中心，万人发明专利拥有量突破10件。

“十四五”发展目标和主要任务。“十四五”时期是“两个一百年”目标的历史交汇期，也是大有可为的战略机遇期。按照市十三届党代会五次会议决策部署，以及“十四五”规划和二〇三五年远景目标建议，“十四五”时期经济社会发展的总体要求是：高举习近平新时代中国特色社会主义思想伟大旗帜，深入贯彻党的十九大和十九届二中、三中、四中、五中全会精神，全面贯彻党的基本理论、基本路线、基本方略，紧紧围绕统筹推进“五位一体”总体布局和协调推进“四个全面”战略布局，增强“四个意识”、坚定“四个自信”、做到“两个维护”，坚持党的全面领导，坚持以人民为中心，坚持新发展理念，坚持深化改革开放，坚持系统观念，坚持稳中求进工作总基调，以全方位推动高质量发展超越为主题，以深化供给侧结构性改革为主线，以改革创新为根本动力，以满足人民日益增长的美好生活需要为根本目的，统筹发展和安全，服务构建新发展格局，担纲全方位推动高质量发展超越主力领军，加快建设国际化创新型品质城市，不断传承创新发展“晋江经验”，全力当好全国县域经济发展典范、中小城市建设样板，奋力谱写全面建设社会主义现代化国家的晋江篇章。主要发展目标是：“十四五”期间，地区生产总值年均增长6.5%左右，一般公共预算总收入年均增长6%，支撑引领高质量发展的创新体系加快构建，共建共治共享县域治理格局更加完善，国际化创新型品质城市初步建成，县域综合实力争取在全国实现赶超晋位。到2035年，人均地区生产总值和居民可支配收入在2020年基础上实现翻番，品牌之都、创新高地、品质城市三张“金名片”全面确立，全方位推动高质量发展超越主力领军地位更加凸显，国际化创新型品质城市全面建成，率先基本实现社会主义现代化。奋进新征程，我们要自觉担负起新的历史使命，努力在社会主义现代化建设新征程、全方位推动高质量发展超越、打造市场化法治化便利化国际化营商环境中走前列。

2021年主要工作安排。2021年是“十四五”开局之年，经济社会发展主要预期目标是：地区生产总值增长7.5%，一般公共预算总收入增长5%、本级收入增长5%，全社会固定资产投资增长7.5%，城乡居民人均可支配收入增长8%。

（摘编：蔡志轩）

南安市产业经济发展概述

2020年是极其不平凡的一年，南安市经受住了新冠肺炎疫情的严峻考验，夺取了全面建成小康社会的伟大胜利，迈上了全方位推动高质量发展超越的新台阶。全面贯彻“坚定信心、同舟共济、科学防治、精准施策”要求，第一时间启用战时机制，运用“大数据+网格化”精准摸排，推行首接责任制强化重点人员闭环管控，整合产业链资源保障防疫物资生产，仅1个多月就遏制病毒输入扩散，2个月实现确诊病例“清零”。推出支持中小企业共渡难关12条、复工稳产16条、扶持外贸16条，专车专列专机接返员工，“点对点”调度企业融资，组建供应链公司补上产销断点，实行“百医连百校”“百警护百校”“百名行长进百企”机制，打通复工复产复学操作链，服务企业“三员”和“两增两稳一促”做法成为全省典型。慎终如始抓好常态化疫情防控，下达防控经费3.67亿元，核酸检测65万多人次。深入开展促“六稳”“六保”追赶行动和畅通“双循环”冲刺行动，经济大盘率先修复转正并持续向好，在大战大考中展现硬实力担当、彰显走前列作为。全市完成地区生产总值1340亿元、增长3.5%，一般公共预算总收入90.1亿元、增长1%，一般公共预算收入52.7亿元、增长5.3%。产业经济发展的主要工作和成效是：

稳中求进提优经济质效。打好逆周期投资攻坚战。创新前期指挥部机制，成建制攻坚征地1万多亩、拆迁近80万平方米，专班力量争取债券资金41.2亿元，534个重点项目完成投资673亿元，带动固定资产投资增长10%。重构招商全流程链条，绘制招商地图，成功对接项目151个、总投资近630亿元。打好市场主体保卫战。兑现惠企资金9.7亿元，落实减税降费16.5亿元。支持龙头企业扩能生根，推动大中小企业协作配套，遴选131家成长型企业重点培育，新增规上工业企业93家，5家企业入选省民营企业百强，“九牧”入选中国500最具价值品牌。突出以展带销促能，推行“线下+云端”融合办展模式，水暖泵阀交易会、农订会、石博会、智能装备博览会成效喜人。强化要素高效供给，清理盘活“批而未供”、低效闲置土地3300多亩，新增制造业贷款13.5亿元。

多向发力提速产业质变。抓强链补链。升级“泛家居”，线上平台完成A轮融资，线下体验馆落户北京，主题活动周和直播节亮眼吸金，产业联合会获评全国建材行业先进集体。推动“芯谷”产业集聚，三安高端半导体系列项目陆续投产，安芯半导体启动二期扩产，联东U谷半导体科技产业港签约落地。主攻智能制造，完成重点技改项目投资13.7亿元，推广自动化生产线180条，新增“上云上平台”企业7家，九牧厨卫、西河卫浴分别获评国家级和省级绿色供应链管理示范企业。抓科技赋能。引进海尔卡奥斯工业互联网平台和国家智能铸造产业创新中心，与上海大学、同济大学和华侨大学展开全方位战略合作，促成上海大学研究院、同济大学设计创新中心、华侨大学石材产业中心等14个产学研合作项目落地，新认定高层次科技人才124人，新增国家高新技术企业69家、省级科技小巨人领军企业23家，科技特派员做法成为全省典型。抓产业生态重构。实质推进工业园区整合，经济开发区“一区三园”架构成形。全面铺开小微产业园建设，高端装备智造园一期标准厂房即将投用，石材机械辅料专业市场、阀门产业园加快建设，高端智慧厨卫产业园正式签约。抓现代服务业提质。发力培育智能物流、供应链金融、直播电商等业态，完成服务业投资160亿元，国家水暖洁具产品质检中心顺利通过验收，东星奢石文创园入选省级工业旅游示范基地，英良印象五号石材文化创意园获评国家3A级旅游景区，网络零售额超250亿元。

靶向破题提领改革开放。“放管服”再出招。新行政服务中心建成投用，首批推出“一件事”集成套餐服务事项10件，“一趟不用跑”事项占比近75%，全流程网办事项占比超50%。企业开办实现“一窗通办、当日办结”，新增市场主体3.8万多家，位居赛迪营商环境百强县第17位。公共资源交易标准化、智能化扎实推进，节约政府资金5亿多元。重点改革再突破。乡镇（街道）机构改革稳步推进，市镇“属地管理”责任事项梳理工作成为泉州市唯一试点。市属五大国有集团整合重组为三大集团，市场化运作机制不断完善，资产总额超470亿元。成立中介组织执业管理专项督导组，推动中介服务走向阳光规范。修订政府投资小规模工程简易招投标规定。完善对乡镇财政转移支付管理机制，基层运转更有保障。对外开放再拓维。推广市场采购贸易方式，完成进出口额23.8亿美元，新引进台港澳资企业42家，外贸外资基本盘稳固。石井港区码头泊位和口岸通关中心加快建设，“三条通道”保持畅通。举办郑成功文化节，侨捐连续27年超亿元，海内外南安人更加紧密团结。与菲律宾曼达韦市建立友好城市关系。

赋能添彩提质乡村振兴。现代农业稳步发展。16家“百千”增产增效重点农业企业满产超产，21个特色产业提质增效项目扎实推进，实施土地整治1.87万亩，新增高标农田6万亩、“三品一标”认证8个，“金淘盐露豆干”获得国家地理标志证书。粮食生产超额完成任务。试点示范引领带动。积极创建27个省级乡村振兴试点村和3条示范线，完成5个整村裸房整治，新（改）建城乡公厕200座、三格化粪池2800个，新增二级污水处理设施16座、配套管网120公里，提级改造“四好农村路”50公里。富民强村扎实推进。出台应对疫情影响“17条”，投入1.6亿元巩固“两不愁三保障”和农村饮水安全，脱贫攻坚战胜利收官。完成农村集体产权制度改革，实施村集体经济“消薄倍增”行动，村集体经营性收入均超10万元，农村“三资”清理经验以省政府名义上报国务院。推行带设计方案审批，遏制农村建房乱象。仑苍、官桥入选省级乡村治理示范乡镇，向阳成为省级林下经济示范乡镇。美林溪州村获评全国文明村，省新满山红村、官桥洪岭村、向阳马迹村被认定为国家森林乡村，眉山高田村、省新满山红村、石井奎霞村入选省级传统村落名录。

融合并进提升城市能级。城市系统规划有机更新。立足为民建城、软性成长，聘请同济大学等高端团队开展城市空间更新专题研究，国土空间规划编制取得阶段性成果。重点片区改造有序铺开。成立城市建设委员会和10大指挥部，城南北山、三丰片区更新改造全面启动；城北唐道时代汇、万人体育场动工建设，美的智慧家居科创项目、武夷泛家展贸项目、兴泉铁路南安北站等节点稳步推进；溪美北山片区、丰州西华洋片区征迁创出南安新速度。通道建设加快推进。泉厦漳城市联盟高速路南安段建成通车，省道215线丰州至洪濑段拓改工程主体完工，茂盛路全线贯通，江滨南路二期、南金公路市政化改造二期基本完成，科院北路二期、武荣大桥开工建设。创城创园效应初显。投入70亿元实施62个城建项目，改造提升老旧小区18个，建成投用餐厨垃圾资源化处理厂，加快实施一批商业、市政、教育、医疗、养老等项目，城市功能配套不断完善。深入推进“八大文明提升”专项行动，省级文明城市创建取得新成效。

2021年是“十四五”规划的开局之年。经济社会发展主要预期目标是：地区生产总值增长8%，一般公共预算总收入增长8%，一般公共预算收入增长8%，固定资产投资（不含农户）增长10%，工业增加值增长8%，社会消费品零售总额增长7%，全体居民人均可支配收入增长8%。

（摘编：杨福来）

惠安县产业经济发展概述

2020年，面对突如其来的新冠肺炎疫情，惠安县坚持以习近平新时代中国特色社会主义思想领航定向，在上级党委、政府和县委的坚强领导下，始终坚持“人民至上、生命至上”理念，第一时间启动突发公共卫生事件一级响应，认真落实“四早”、“四集中”措施，迅速打响疫情防控的人民战争、总体战、阻击战。全县1181个基层党组织冲锋陷阵，500多名市县机关干部分赴村居一线，1600多名医务工作者和疾控工作人员逆行出征，广大公安干警、镇村干部、企业家及群众积极响应号召联防联控，以实际行动守护了人民的生命健康。全县保持低风险水平，取得了确诊病例“零”病亡、医护人员“零”感染、县内疫情“零”传播的阶段性胜利。全县生产总值增长3.3%、迈过“千亿”大关、达1010.2亿元，工业增加值增长4.8%，完成一般公共预算总收入76.18亿元、一般公共预算收入34.62亿元。农村危房改造工作得到国务院办公厅通报表扬，人口普查工作得到国务院人普办高度肯定，获评“全国县域经济综合竞争力百强”“中国工业百强”“中国创新百强”“全省县域经济实力十强”。产业经济发展的主要工作和成效是：

发展质效稳步提高。扎实做好“六稳”工作，全面落实“六保”任务，千方百计稳住经济发展基本盘。用心用情帮扶企业。认真落实中央和省、市系列援企政策，开展企业纾困解难专项行动，创新“税e链”办税平台，新增减税降费4.5亿元，兑现扶持资金5.5亿元，企业开办时间压缩至2个工作日，新增市场主体1.3万家、较上年增长25%。出台鼓励科技创新扶持办法，新认定市级龙头企业14家、瞪羚企业5家，建立企事业单位人才自主评聘制度，新增市级以上高层次人才300人。加大金融保障力度，发挥政策性融资担保功能，新增各类企业贷款54.2亿元，减轻利息负担3700多万元，处置盘活泉州船厂等一批闲置资产。突出保障重点群体就业，灵活开展招聘工作，发放企业稳岗补贴7276万元，新增城镇就业3277人，登记失业率控制在1.1%左右。

加快逆周期投资。发挥重大项目“压舱石”作用，滚动推进“项目攻坚2020”“春季攻坚行动”等多场战役，完善投资工程包推进机制，全力保障上下游产业链供应链稳定畅通，有效对冲经济下行压力，连续4年获得省上“五个一批”正向激励奖励。围绕“两新一重”策划项目盘子、开展比拼活动，创新“不见面”“云签约”等招商形式，落地远洋智慧物流产业园等82个项目、总投资超800亿元。

提升产业链水平。坚持调整存量与优化增量相结合，全面推动本土产业链规模大起来、实力强起来。传统产业加快强链，设立雕艺人才之家、雕艺文创人才基金，首次将中国（惠安）国际雕刻艺术品博览会“搬上云端”，高规格举办全国石雕职业技能竞赛、影雕创作现场技能大赛等多项活动，惠安雕艺影响力和美誉度持续提升；创新“建保贷”政银金融产品，完成建筑业总产值540.66亿元；食品饮料、纸制品等民生行业奋力开拓市场，实现逆势增长。重化产业加快补链，中化100万吨乙烯项目建成投产，炼油能力提升至1500万吨，顺利实现“炼化一体化”目标，林德空分项目建成投产，省级清源创新实验室中小试基地建成投用，泉惠石化工业园区综合指标排名中国化工园区第27位。高新产业加快建链，以“新基建新经济”为牵引，实施智慧城市等36个数字经济重点项目，建成700个5G基站和100个充电桩，创新混合所有制模式加快慧芯激光项目建设，引进音锋智能物流机器人、恒煦新一代显示屏、唐传生物科技产业园等项目，加速融入全市创新链价值链。

培育新业态新模式。主动把握国内大循环、内需大市场机遇，建成聚龙圣曼等7个直播基地并举办多场带货活动、成交额超2亿元，县域网络零售额居全国百强第70位。举办消费节、旅游节、美食节、音乐季、十月诗会等系列活动，获评首批“福建省全域生态旅游示范县”，发放各类惠民消费券1000多万元，带动消费3亿元以上。积极拓展市场采购贸易和跨境电商业务，完成进出口总额60亿元、增长3%，实际利用外资2.26亿元、增长近3倍。

持续完善基础设施。主动融入“交通强省”、“丝路海运”战略，兴泉铁路、福厦客运专线惠安段加快推进，联三线黄塘至虎窟段道路工程等一批重要交通项目顺利实施，斗尾港区外走马埭作业区16#－20#泊位建成投用，“七纵五横一环”现代交通路网基本成型。强化水资源调度保障，惠东应急备用水库正式蓄水运行，结束惠东地区长期没有“水缸”的历史，城乡供水“四同”目标基本实现，农村饮水安全巩固提升工程如期完成、累计受益23.7万人。

加快推进乡村振兴。全面落实乡村振兴战略20字总要求，深耕“绿链”、拓展“蓝链”，兑现各级支农惠农补贴超6亿元，建设高标准农田5.16万亩，新引进台湾农业品种10个，扎实做好猪肉等重要农产品保供稳价工作，涉渔“三无”船舶存量清零，通过省级农产品质量安全县考评验收。深化农村人居环境整治，有序推进村庄规划编制，高水平打造2条市级乡村振兴示范线，农村自住小区建设试点工作在国家发改委《改革内参》上刊发并得到市委主要领导重要批示，完成旧村复垦面积12亩，补充耕地600多亩，崇武镇入选省级乡村治理示范镇，螺阳镇尾透村等10个行政村入选省级乡村治理示范村。建立低保边缘困难群众定期生活补助制度，带着感情带着责任做好革命老区村振兴工作，深化与光泽县对口帮扶和山海协作，顺利实现“一个不掉队、一个不返贫”目标。

“十四五”奋斗目标和主要任务。根据县委十三届十二次全会通过的“十四五”规划和二〇三五年远景目标建议，编制了“十四五”规划和二〇三五年远景目标纲要（草案）。总体要求是：高举习近平新时代中国特色社会主义思想伟大旗帜，深入贯彻党的十九大和十九届二中、三中、四中、五中全会精神，坚持稳中求进工作总基调，立足新发展阶段，贯彻新发展理念，积极服务并主动融入新发展格局，以全方位推动高质量发展超越为主题，以深化供给侧结构性改革为主线，把“产、城、人”作为一个系统整体推进融合发展，统筹好“中长期发展”与“短期应对”、“做大总量”与“提升能级”、“盘活存量”与“优化增量”之间的关系，加快补齐科技创新、产业结构、居民收入等短板，切实把制度优势转化为治理效能，牢牢掌握工作主动权，致力打造海丝现代化工贸旅游港口城市，进一步提升惠安在全省、全市发展大局中的战略地位。“十四五”时期经济社会发展主要目标是：经济发展保持高于全市平均水平的增速，“一心两轴三片区”空间格局进一步优化，重点领域和关键环节改革取得实质性突破，人民生活品质稳步提高，全方位高质量发展超越迈出重要步伐。

2021年是“十四五”规划的开局之年，中国共产党将迎来百年华诞，做好新一年工作意义重大。经济社会发展主要预期目标是：全县生产总值增长8%左右，工业增加值增长8.5%左右，第三产业增加值增长8.5%左右；一般公共预算总收入增长5%，一般公共预算收入增长6%；固定资产投资增长2.5%左右；社会消费品零售总额增长8.5%；外贸出口增长8%；居民收入增长与经济增长基本同步。这些目标安排，既与“十四五”规划、全方位推动高质量发展超越目标相衔接，又兼顾了需要与可能。

（摘编：李元）

安溪县产业经济发展概述

2020年，安溪县统筹抓好常态化疫情防控和经济社会发展，扎实做好“六稳”工作，全面落实“六保”任务，经济运行在承压中平稳向好，各项主要经济指标完成情况良好。全年完成地区生产总值757.41亿元，增长3%；工业增加值增长4.8%；一般公共预算总收入43.8亿元，下降14.6%；一般公共预算收入28.38亿元，下降8.5%；固定资产投资增长1%；社会消费品零售总额增长1.5%；居民人均可支配收入增长5%；第三产业增加值、出口商品总值、实际利用外资等指标与上年度持平。一年来，产业经济发展的主要工作和成效：

深入抓好常态化疫情防控。在前期有序应对处置突发疫情、取得阶段性良好成效的基础上，准确把握国内外疫情防控的阶段性变化，严格落实“外防输入、内防反弹”防控策略，因时因势调整工作着力点和应对举措，全面落实重点人群、重点场所、重点环节管控，做好应对紧急突发情况准备，毫不放松抓紧抓实抓细常态化疫情防控工作，已连续335天无新增确诊和疑似病例，疫情防控工作取得重大战略成果。

深入开展房屋安全“百日大整治”、安全隐患大排查大整治、自建房加工场所消防安全攻坚行动，扎实抓好农村房屋安全隐患排查整治“回头看”，强力推进安全生产专项整治三年行动，连续4年未发生较大生产安全事故。

深化政银企对接、金融顾问等机制，为468家企业新增授信25.81亿元、新增贷款发放17.79亿元，帮助65家企业争取纾困专项资金贷款3.24亿元；万城壹号房地产项目顺利通过重整方案并启动续建，天将御园房地产项目确定重整预案；完成天纶纺织等重点风险企业不良贷款处置2.66亿元，全县辖内贷款不良率0.46%，居全市最低水平。

有力巩固提升脱贫成果。在全省率先出台应对疫情“18条措施”，全县未发生因疫返贫致贫问题；高标准实施控辍保学、健康“户户清”、住房保障、饮水安全巩固提升等行动，深化贫困边缘村、边缘户帮扶，脱贫成效更稳、质量更高；深化村集体经济“消薄倍增”专项行动，启动乡村振兴大厦建设，全县所有村集体经营性收入均超10万元、63%的村超20万元。

有为抓实推进污染防治。实施20个大气精准治理减排项目，空气质量优良天数比例达98%。深化河湖长制，成立“县河务中心”，累计投入治水资金5.38亿元，开展河湖“清四乱”“碧水清河”等专项整治行动，综合治理河流29.1公里，主要流域水质达到或优于Ⅲ类标准。全面落实山长制，扎实推进国家森林城市创建，植树造林1.43万亩，创建省级森林城镇1个、省级森林村庄7个、“绿盈乡村”266个；治理水土流失13.2万亩，全县水土流失率降至15.85%，水土流失面积降幅3.68%，居粤闽赣三省首位。加强土壤污染防治。抓好中央环保督察反馈问题整改。获评国家生态文明建设示范县。

项目攻坚更有力。始终把项目建设作为发展的根本抓手，高质量打好项目谋划、签约、落地、建设“组合拳”。项目推进力度加大。深入开展“项目攻坚2020”活动，462个县级重点项目完成投资430亿元，48个省市重点项目完成投资103亿元；完善“五个一批”项目机制，新增入库项目150个、总投资540亿元。启动安溪县综合立体大交通（大三环）规划建设，省道S217线（联四线）雅兴至东坑、东三环两个先行工程开工建设。

产业转型更扎实。始终把做实做强做优实体经济作为主攻方向，加快构建优势互补、协调发展的现代产业体系。精准施策扶企助企。先后出台“安三条”“安七条”以及促进工业经济增产增效、稳外资稳外贸、扶持龙头企业发展等一揽子政策措施，深入开展“政策敲门”行动，累计兑现各类扶企资金1.88亿元、减免税费2.97亿元。传统产业转型蝶变。闽光钢铁、凯鹰电源等38个县级以上重点技改项目完成投资36.64亿元；3家企业列入省级龙头企业名单、2个项目被确定为省第四批制造业单项冠军企业（产品）项目；中科三净、中科三安被确定为省重点上市后备企业。

新兴动能加速集聚。泉州芯谷安溪分园区二期建设有序推进，新引进合晶光电、天电光电EMC2.0等3个项目，光电产业链进一步完善。加速抢滩布局新基建新经济，数字福建（安溪）产业园深度融入全市比拼活动，推进“一中心、三链条”建设，新引进全球商业遥感卫星地面接收站网福建站及国际空天大数据产业园、中国电影资料馆安溪数字资源中心等7个产业链项目。2025产业园集群初显，入驻企业33家，尚品千艺、弘启实业等7家企业建成投产。

第三产业焕发新机。深化国家电子商务进农村综合示范县创建，建成302个农村电商服务站，淘宝镇增至10个、淘宝村增至36个，位列淘宝村全国百强县第33位。积极促进消费，开展“全闽乐购”安溪系列活动，组织“茶乡乐购·品鉴好货”线上直播活动，拉动消费3亿元，全县网络零售额达200亿元，增长86%。加快金融业发展，全县金融机构本外币存款余额560亿元、增长11.31%，各项贷款余额560亿元、增长17.09%；安溪农商银行挂牌开业。大力发展旅游民宿业，培育“茶香人家”63家；省级乡村旅游村增至19个，省级三星级旅游村增至4个，虎邱镇湖坵村获评省级金牌旅游村。创新活力竞相迸发。加大“四上”企业培育力度，新增入库企业128家。

深化科技创新平台建设，新增国家级高新技术企业5家、省级科技小巨人领军企业5家。年度R&D经费投入总额达5.5亿元，增长8.83%。深耕人才“港湾计划”，深入开展“溪引行动”，吸引162名高水平高校毕业生到我县工作，最高给予50万元安家补贴；搭建院士工作站等各类人才平台26个，获批设立国家级博士后科研工作站2个，新增高层次人才550余人，“台湾人才之家”入选首批省级人才驿站示范站。

茶业发展更稳健。始终把茶业作为工作之要，加快茶业高质量发展步伐。内生动力再增强。茶山生态提升5万亩，实施茶园土壤改良3.5万亩，建立有机肥替代化肥示范基地1.42万亩；获评全国农作物病虫害“绿色防控示范县”。与中科院合作推进安溪铁观音茶园生态系统多样性与功能调控研究。评选“十佳茶园”。成功举办第四届安溪铁观音大师赛。产业基础不断夯实，茶叶质价齐升、销路通畅。品牌影响再提高。出台“茶十条”，整合4050万元支持茶业品牌发展、市场开拓等。强化品牌管理，用标企业增至141家，安溪数字茶业云平台和安溪铁观音数字地标监管平台投入试运营。持续推进“年年有主题，月月有活动”公共品牌推广行动，深化与新华社民族品牌工程合作，借助新华社官方平台，在海内外120多家媒体上宣传推介安溪铁观音。开展国际茶日、开茶节等各类茶事活动32场。安溪铁观音入选中欧地理标志协定保护名录。安溪铁观音品牌价值增至1426.86亿元，位居全国地理标志产品区域品牌价值第一位。

2021年是中国共产党成立100周年，是实施“十四五”规划的开局之年，也是现代化建设进程中具有特殊重要性的一年，必须迈好第一步，见到新气象。全年经济社会发展主要预期目标为：地区生产总值增长8%左右，工业增加值增长8.5%，第三产业增加值增长8.5%，一般公共预算总收入增长5%，一般公共预算收入增长5%，固定资产投资增长8%，社会消费品零售总额增长8.5%，居民人均可支配收入增长8%。

（摘编：唐启阳）

德化县产业经济发展概述

2020年，面对突如其来的新冠肺炎疫情，德化县坚持以习近平新时代中国特色社会主义思想为指导，汇聚全县各方力量，沉着应对，积极应战，全面实施“五个年”活动，努力推动经济社会稳定健康发展。2020年产业经济发展主要工作和成效有：

坚守生命安全，严密布控，有为应对了疫情考验。疫情发生以来，坚决贯彻习近平总书记“坚定信心、同舟共济、科学防治、精准施策”总要求，按照中央、省、市防控部署，第一时间启动突发公共卫生事件一级响应，成立防控应急指挥部和工作专班，严格落实疫情防控责任和各项防控措施，定时集中会商研判，持续加强联防联控。采取“大数据＋网格化”排查，全面推行“八闽健康码”，及时组织防控物资，投入943万元高效建成3个PCR实验室，核酸检测12万多人次，疫情防控有序平稳，持续保持“零病例”。

抢抓复工复产，精准施策，全力稳住了经济大盘。始终把统筹推进疫情防控和经济社会发展作为重中之重，全力将疫情影响降到最低，经济运行实现较快回升，全县地区生产总值增长4.5%，主要指标保持平稳。突出助企帮扶。强化企业服务、政策支撑和金融输血，建立企业协办员制度，出台支持企业复工稳岗5条、做好“六稳”落实“六保”39条、促进陶瓷产业健康稳定发展58条等一系列政策措施，兑现政策资金2.4亿元，新增减税降费2.3亿元，向上争取各类资金15.08亿元、增长3.3%，企业应急保障周转金为企业转续贷5亿元，发放专利权质押贷款3.9亿元、纾困贷款2.58亿元，全力推动经济复苏。突出投资拉动。启动新一轮逆周期投资，全县213个重点项目完成投资151.3亿元，增长21.8%。新增“五个一批”项目88个、总投资427亿元。优化招商闭环管理办法，开展产业链招商季行动，全县新引进项目59个，协议总投资186亿元、增长10%，其中亿元以上项目23个；在谈项目74个，意向总投资159.96亿元。突出要素保障。统筹推进全县国土空间规划编制工作，供地1520亩，林地报批7492亩，清理批而未供与闲置土地735亩，争取政府债券资金11.64亿元、增长40.2%，有效保障项目用地用林及资金需求。开展“营商环境攻坚提质”活动，推行“三机制、四通办、五免费”举措，在全省率先推出“单环节”审批机制，企业开办35个事项全部实现“一日办”；加强“互联网＋政务服务”一体化平台建设，实现网上可办率达96.5%。

紧扣内外循环，转危为机，有效夯实了实体根基。陶瓷业在逆境中升级突围。扎实开展陶瓷转型突破年活动，全年陶瓷产值有望突破400亿元大关。全力稳住国外市场，组织参加首届线上广交会、陶瓷境外（波兰）线上经贸对接会、省外贸云展会，引导企业充分运用出口信保等政策规避风险，增加外贸经营权备案登记企业59家。新增国家级科技型中小企业、高新技术企业及省级高成长企业、科技小巨人领军企业、“专精特新”中小企业135家，列入市级产业集群龙头企业目录18家、重点上市后备企业59家。推进国家陶瓷工业设计研究院创建和陶瓷产业技术研究院建设，成立陶瓷智能装备研究院、高科技陶瓷中试研究院，引进自动化、半自动化生产线80台（套），工业技改投资19.37亿元、完成年度计划161.4%。新增专利1682件、国内商标6729件、国际注册商标44件。天猫服务中心、玩物得志平台、微拍堂落户德化，电子商务交易额达150亿元，增长

17.5%。成立德化陶瓷艺术大师联盟，与清华大学共建德化当代陶瓷艺术研究所，举办首届德化“中国白”中国传统陶瓷艺术双年展、首届德化“瓷谷仙境”柴烧作品展、中国德化陶瓷博览会暨茶具文化节、中国陶瓷行业职业经理人标准（德化）研讨会、清华大学美术学院陶瓷艺术创作交流会，开展“牛山牛瓷·十大牛瓷”征集创作和评奖活动，区域品牌影响力进一步扩大。

旅游业在升温中成形成势。扎实开展全域旅游呈现年活动，获评国家全域旅游示范区。石牛山景区重新开园营业，顺美陶瓷文化世界获评国家3A级旅游景区，水口获评福建全域生态旅游小镇，佛岭获评全国乡村旅游重点村，创建省级以上（金牌）旅游村、美丽休闲乡村4个。开展金牌导游、旅游饭店服务技能、“名小吃、特色乡村土菜”、精品民宿等赛事、评选活动。全年接待游客、旅游总收入分别达503万人次、55亿元。

农林业在壮大中特色发展。完成粮食生产播种面积13.52万亩，建设高标准农田1.83万亩。培育国家地理标志登记保护农产品示范基地6个，创建闽台农业融合发展示范基地4个，新增市级以上“一村一品”示范村7个、农民合作示范社19家、家庭农场示范场13家、休闲农业示范点3个，上涌列入全国农业产业强镇，“阿嬷家油”入选中国十佳粮油区域领导品牌。全县实现农业总产值25亿元，增长2.5%。

乡村振兴全面推进。投资1.49亿元实施172个乡村振兴项目，推进国宝省级特色乡镇建设，完成13个省级乡村振兴试点村规划编制，龙塔列入全省民族团结进步重点区、首批“省民族乡村振兴示范村”培育对象，2个村获评省乡村振兴实绩突出村，4个村列入省级传统村落，创建市级乡村振兴示范线2条。完成城关至上涌路段“白改黑”，建设上涌至桂阳镇镇通干线，获评“四好农村路”省级示范县。推进“一清二整三美化”专项整治，实施“一革命四行动”，完成农房整治1000栋，获评省村庄清洁行动先进县。

生态环境持续优化。率先在全市开展林业有害生物综合防治管理试点，造林绿化2.3万亩。创建国家森林村庄14个，戴云山森林步道列入省第一批森林步道名单。桂阳列入全国森林康养基地试点建设乡镇，石牛山入选省级森林康养基地。扎实开展浐溪水质提升“碧水清源”专项行动，完成浐溪水口和赤水段、涌溪桂阳段、春美双瀚溪、雷峰蕉溪等安全生态水系建设，治理水土流失3.26万亩。完成全国第二次污染源普查、中央第二轮生态环境保护督察整改，获评国家绿色矿业发展示范区，上榜“2020年中国县域全生态百优榜”。

“十四五”时期经济社会发展的主要目标任务是：力争至2025年，全县地区生产总值年均增长6.5%左右。经济发展迈上新台阶。进一步夯实实体根基，推动陶瓷产业强链、旅游产业补链、新兴产业建链，打好产业基础高级化、产业链现代化攻坚战，力争至2025年，工业总产值突破750亿元、第三产业比重达40%。坚持把创新摆在发展全局的核心位置，完善创新创业体系，力争至2025年，研究与试验发展（R&D）经费投入强度达2.3%，规上高技术产业增加值占规上工业增加值比重达2.5%。加快以人为核心的新型城镇化和乡村全面振兴协调推进，逐步解决好“小县大城关”发展模式下，城关独大、农村空心化严重的城乡发展格局，城乡区域发展和居民生活水平差距显著缩小，基本公共服务实现均等化，力争至2025年，常住人口城镇化率达80%左右，创建国家级县城新型城镇化示范县。

2021年是“十四五”规划的开局之年，经济社会发展主要预期目标为：全县地区生产总值增长8%，一般公共预算总收入、一般公共预算收入均增长6%，固定资产投资增长8%，居民人均可支配收入和经济增长基本同步，其他各项指标也作了相应安排。

（摘编：李元）

永春县产业经济发展概述

2020年，面对突如其来的新冠肺炎疫情，永春县坚持以习近平新时代中国特色社会主义思想为指导，深入贯彻落实党的十九大和十九届二中、三中、四中、五中全会精神，汇聚全县方方面面力量，沉着应对、积极应战，经济社会稳定健康发展，地区生产总值增长1.6%。一年来产业经济发展的主要工作和成效是：

严防控稳复产，迎难而上彰显作为。第一时间启动一级响应机制，组建指挥部作战体系，定期会商研判，分区分级精准防控，快速有序处置2例输入性新冠肺炎病例。建立大数据中心，成立工作专组，实行“大数据+网格化”排查工作法，强化重点人员健康管理，疫情形势总体平稳可控。坚持“两手抓、两手硬”，统筹推进疫情防控和经济社会发展，迅速有序恢复生产生活秩序。先后制定“复工复产11条措施”等一系列助企纾困政策，全力打通企业和项目复工复产操作链。205家规上工业企业3月份全部恢复生产，重点项目全部按时间节点复工；工业用电量增长在全市率先转负为正，经济“急刹车”后实现迅速重启。组织实施促“六稳”“六保”追赶行动，开展工业增产增效等12个专项行动，兑现各类扶持资金1.93亿元，减免各类税费、保费2亿元。新增市场主体7600户、增长12.3%。降低企业用气、物流成本，工业用户气价由3.7元/立方米下降到2.95元/立方米，电商物流成本与周边县（市）持平。

调结构促转型，发展质量不断提升。农业持续创优。建设高标准农田1.2万亩、新增耕地491亩。实施10个现代农业重点项目，完成投资28亿元。新建生态农业基地37个，新增芦柑标准园2000亩、生态茶园2000亩。引进沃柑、茂谷柑等品种，实现四季均有柑橘鲜果上市。入选全国“互联网+”农产品出村进城工程试点县。工业稳住大盘。传统产业做大做优，突破土地要素瓶颈制约，加大企业闲置土地和资产盘活，三信织造重组成功，奔达拍卖盘活，晋昇中润加大技改投资，福源锌业完成资产重组试生产。美岭水泥实施综合节能改造，年节约1500吨标准煤。新兴产业逐步向好，九牧永春智慧制造产业园一期顺利投产，博纯材料完成股改并加快三期半导体材料生产线建设，美宏科技一期彩色碳粉试投产，冠中环保新材料落地开工。有根产业集聚增效，建成中国香都产业人才传承发展中心，举办全国“心香杯”斗香赛、线上香博览会等活动，推广永春香品牌；新增4家香企入驻园区，推出生态香、中药家居香，香产业产值增长20%。盘活永春化肥厂火电车间，引入侨新老醋文创园项目。实施津源醋厂二期建设，得壹醋业投入生产。获评“中国红曲醋都”，举办首届中国红曲醋产业发展高峰论坛，老醋产业产值增长19%。完成苏坑陶瓷产业园二期、介福陶瓷产业园一期建设，苏坑镇荣获“中国陶瓷特色镇”称号。新引进陶瓷企业14家、投产11家，2项陶瓷生产专项技术荣获国家级科技进步奖，陶瓷产业产值增长20%。三产活力显现。举办“县长带你买好货”“老醋品牌直播”等线上促销活动，建设“美丽永春”直播带货基地，推广乡镇一把手、驻村第一书记直播带货。组织大型商超开展“永春好物节”等线下促销活动，促进消费回补，社会消费品零售总额117亿元，电商销售额32亿元。开发“畅游永春”旅游APP，获评首批省全域生态旅游示范县，五里街镇入选“全域生态旅游小镇”，县旅游集散中心被评为省十佳示范点。

抢项目强攻坚，发展后劲越来越足。项目推

进有力。落实“项目攻坚2020”，县领导直接挂钩包干重点项目，坚持问题导向，一线协调、一线解决。调整优化绩效年度考核方案，提高项目考核分值权重，增强项目攻坚主动性。全年103个县级重点项目完成投资109亿元。新增“五个一批”项目107个，总投资345亿元，其中央企项目2个。招商引资给力。组建5个产业链招商专班，创新“云洽谈”“云签约”招商模式，新引办千万元以上工业企业98个、年度投资45.1亿元。加速推进项目前期准备，20个“云签约”重大项目开工建设12个、投产4个。要素保障助力。扎实推进第三次国土资源调查，处置批而未供土地900亩，盘活闲置土地270亩、闲置厂房4.8万平方米。积极应对新《土地管理法》变化，提前规范前期报批程序，征收土地382亩。推行重点项目“三级联动”代办协办服务，为项目单位提供“一对一”专业、精准服务。建立专项债“多层次项目库”，申请专项债券项目4个，获发行4.84亿元。为156家企业新增授信14亿元，向356家企业发放贷款15亿元。拓展桃源融资担保公司业务，成立审批服务专班，与市中小企业担保公司建立合作关系。

拓空间增内涵，城乡面貌展现新颜。城市建设有序推进。组织开展国土空间总体规划编制，完善国土空间规划治理体系。实施积水点改造，解决18处城区内涝。新改建污水管网23公里、燃气管网15公里、给水管网13公里。完成9个老旧小区改造，惠及1773户家庭。启动实施榜头片区改造，推动桃场片区、金龟山片区开发建设。新建10个口袋公园，完成东平高速出口景观工程。开展违建整治，拆除两违18万平方米。推进新基建，建成420个5G基站。乡村振兴加快步伐。推进2个省级乡村振兴特色乡镇、20个试点村建设，打造3条市级乡村振兴示范线路。成功承办全省“中国农民丰收节”省级主会场活动。举办秋季茶王赛、厨王争霸赛、永春芦柑文化旅游节。推进农产品“一品一码”全过程可追溯，新获绿色食品认证7家。获评“全国县域数字农业农村发展先进县”。湖洋镇、岵山镇获评全国“一村一品”示范村镇。改建农村公路67公里、危桥6座，完成安保工程73公里、国省干线“白改黑”32公里。生态环境日益优化。加强大气污染防控，全年空气环境质量优良率保持在95%以上。落实河湖长制，完成晋江防洪工程等项目建设，东关桥等国、省控断面水质达到考核要求。河湖长制工作受国务院督查激励。列入全国第三批节水型社会建设达标县。51件中央环保督察整改事项全部验收销号。完成白濑水库（永春部分）征迁等前期工作，推进横口集镇区迁建，加快马跳水库建设。矿山生态修复44亩、植树造林1.3万亩，水土流失治理4.7万亩。

抓改革勇创新，发展动力持续增强。获评国家第四批“绿水青山就是金山银山”实践创新基地。桃溪国家湿地公园试点通过省级验收，荣获全国农村承包地确权登记颁证工作典型地区。完善县乡财政收入分享方案，提高乡镇分成比例，加大增收奖励力度，调动乡镇培植税源积极性。新增备案高新技术企业8家、科技小巨人领军企业11家、瞪羚企业6家、省级科技小院1家。设立福建（泉州）哈工大工程技术研究院永春工作站，深化产学研合作，提升企业创新能力。建成综合性第三类医疗药械车间，借助克里贝尔技术力量，实现CDMO模式化运营。推动优质资源改制挂牌交易，新增3家企业到海峡股权交易中心挂牌交易。

2021年是“十四五”规划的开篇之年，是全方位推动永春高质量发展超越的关键一年。主要的预期目标是：地区生产总值增长8%，农业总产值增长3.5%，工业增加值增长7.8%，三产增加值增长8%，一般公共预算总收入增长6%，一般公共预算收入增长6%，固定资产投资增长7.5%，实际利用外资增长8%，出口商品总值增长10%，社会消费品零售总额增长8.5%，居民人均可支配收入与经济增长基本同步。

（摘编：王一星）

三明市产业经济发展综述

2020年是极不平凡、很不容易的一年，面对新冠肺炎疫情等困难和挑战，全市上下坚决贯彻落实习近平总书记重要讲话重要指示批示精神，按照省委省政府和市委决策部署，战疫情、稳经济、保稳定、惠民生，全力做好“六稳”工作、落实“六保”任务，做实“四篇文章”、推进“四个着力”、深化“五比五晒”，促进了经济稳步回升和社会大局稳定。初步统计，全市生产总值2702.19亿元，增长4.1%；规模以上工业增加值增长3.1%；地方一般公共预算收入111.16亿元，增长3.2%；固定资产投资增长7.1%；外贸出口106.6亿元，增长－39.7%；实际利用外商直接投资1.41亿元，增长7.3%；社会消费品零售总额781.71亿元，下降0.3%；城镇居民人均可支配收入39270元，增长3.5%；农村居民人均可支配收入19410元，增长6%；居民消费价格总水平上涨1.3%；节能减排年度任务可以完成。一些重要领域、重点项目实现突破：

疫情防控受到上级肯定。国务院联防联控机制指导组充分肯定三明疫情防控工作“行动早、措施实、防控严、见成效”。三明市创新建立金融服务、交通物流、线上对接、“手拉手”等四大产业链协作配套平台，成为国务院联防联控机制典型案例，“数字抗疫”经验被公安部肯定。

项目建设走在全省前列。三明和大田、泰宁分别获得全省“五个一批”项目综合考评正向激励，全市新增开工项目数居全省第一，新增项目总数、投产项目数居全省第二。三明中关村科技园、全球最大锂离子电池负极材料供应商贝特瑞集团石墨烯导热膜、全省最大单体农业项目温氏集团肉鸭一体化等项目落地建设。莆炎高速公路、浦梅铁路、兴泉铁路建设取得重要进展。

龙头企业培育富有成效。三钢集团主业实现整体上市，位列中国500强企业第227位、福建制造业百强第6位；福建一建集团综合产值超百亿元，位列福建百强企业第86位、服务业百强第43位；翔丰华公司在深交所成功上市，位列福建战略性新兴企业百强第65位。南方制药、奥翔塑胶、金圣特钢、森美达4家企业获评国家级专精特新“小巨人”企业。2020年，主要工作和成效是：

统筹疫情防控和经济社会发展有力有效。坚持一手抓复工复产，第一时间出台支持中小微企业共渡难关12条、促“六稳”30条、提振消费12条、加快项目有序开工复工18条、打通复工复产“五难”操作链专项行动工作方案等系列政策措施，深化“访企业、解难题、促‘六稳’”专项行动，3月10日起，全市重点项目、规上工业企业、限上商贸企业、农业龙头企业复工率均达100%，全年累计减轻企业负担超过35亿元，我市减负做法被国务院减负专项督查确定为典型案例；大力实施扩大内需战略，深入开展“项目攻坚年”活动，建立“五个十”重大项目推进机制，784个重点攻坚项目成效明显；成功举办首届“乐购三明”直播节，当天销售额超亿元，分期发放总额3000万元普惠性居民消费券，带动全市超过1000家各类商贸企业参与促销，全市限上企业网上商品零售额增长21.3%。

“四篇文章”持续做实。持续做实“红色三明”，12个县（市、区）全部纳入长征国家文化公园福建重点建设区并启动建设，三明中央苏区革命纪念馆建成，5个原中央苏区县纳入中央国家机关及有关单位对口支援范围，全市向上争取各类补助资金175亿元、增长11.93%。持续做实“工业三明”，深入实施“百千”行动计划，新增签订“一企一策”56家，全市钢铁与装备制造产业实现产值1246.34亿元，新材料产业实现产值197.58亿元；实施新一轮技改行动计划，工业技改投资增长42.4%；出台加快人才集聚24条措施，持续推进三明氟化工研究院等“6+1”产业科技创新平台建设，全市新增国家级高新技术企业29家，高技术产业增加值增长12.6%，普诺维、科宏生物入选全省首批产业领军团队；开展市县联办园区体制机制改革，出台开发区高质量发展12条措施，推进园区标准化建设。持续做实“绿色三明”，建宁、宁化入选第四批国家生态文明建设示范县，泰宁、尤溪入选第二批国家全域旅游示范区，新增万寿岩文旅小镇等3个国家4A级旅游景区，闽江流域山水林田湖草生态保护修复项目获财政部绩效考评正向激励，全市文旅康养实现总收入642亿元，特色现代农业产值1620亿元。持续做实“文明三明”，全国精神文明建设展览馆（三明）项目扎实推进。

攻坚克难取得实效。聚焦破解“四篇文章”推进中难点堵点问题，深化开展“五个一批”项目攻坚专项行动，全市新增“五个一批”项目2406个、总投资4249.4亿元；深化重点产业招商引资专项行动，建立县（市、区）招商服务中心，组建16个专班集中突破重大工业招商项目，全力抓好16条百亿特色产业链，建立“链长制”工作机制，实行“招商地图工作法”，全年新签约亿元以上项目896个、总投资2295.2亿元；深化环保督察问题整改专项行动，第一轮、第二轮中央环保督察反馈涉及三明市的整改任务全部按序时进度推进，永安金银湖矿山、尼葛开发区异味扰民等突出问题整改基本完成；深化城市管理“五难”治理专项行动，全市新增停车泊位5813个、新（改）建标准公厕110座、整治农贸市场39个、治理背街小巷261条、治理和提升小区170个。

区域协同深入推进。闽西南协同发展区建设不断深化，泉三高端装备产业园累计入园企业26家，10家企业动工建设，安德凯重工、恒冠达重工2家企业投产；厦明火炬新材料产业园新增签约项目15个、总投资65.4亿元，台氟科技、福碳新材料等6个项目开工建设。5个山海协作产业园加快推进，厦门三明山海文旅合作深入开展。京闽（三明）科技合作取得重大进展，京闽（三明）科技合作“云签约”视频会议成功召开，首批31名北京科技特派员到我市开展科技帮扶，三明中关村科技园从签约到揭牌开园仅用100天，首批总投资58.23亿元的44家企业签约入驻，总投资45.26亿元的13个入驻项目正式开工。

城乡建设发展加快。持续抓好市区经济社会发展，169个市区经济重点项目完成投资108.2亿元，9个专业特色工业园区新增规上企业22家，六路商圈、荆东片区产教融合、夜间经济等项目加快实施；“城市双修”持续深化，建成贵溪洋生态湿地公园、市区老年儿童微游乐园等项目，23个老旧小区微改造和市区东侧后山地灾工程治理项目全部完成；“依法和谐征迁”强力推进，市区完成征迁1218.5亩，徐碧“城中村”等一批“老大难”问题有效解决；行政区划调整工作稳步推进，编制完成三沙生态旅游区总体规划，市区与沙县产业民生领域同城化步伐加快，生态新城发展提速，生态康养城、市第一医院生态新城分院、市委党校迁建等项目加快推进。全面实施乡村振兴战略，建宁现代种业产业园获批创建国家级产业园，沙县、泰宁列入国家武夷岩茶特色产业集群，大田被授予全国首批国家数字乡村试点地区，尤溪被评为第二批国家农村产业融合发展示范园；“一革命五行动”加快推进，建成1个省级重点特色乡镇和12个美丽乡村精品示范村、13个乡村振兴实绩突出村，完成农村公路提档升级1400公里，清流获评全国村庄清洁行动先进县。

改革开放持续深化。持续深化集体林权制度改革，累计发放“福林贷”“益林贷”等林业普惠性贷款140.7亿元，“林票”制度、“福林贷”、林业金融风险综合防控机制被列入《国家生态文明试验区改革举措和经验做法推广清单》，全年绿色贷款增长21.2%。推进市属国有企业深化经营业绩考核和薪酬管理制度改革，市投资集团主体信用评级提升到AA+。扎实开展农村产权制度改革和农村新型住宅小区集中建设试点，建立“两统筹、两统管”农房规划建设管理机制，在全省率先开展林票、地票、房票“三票制”改革，沙县列入全国农村宅基地制度改革试点。坚持“线上”“线下”开展国际交流合作，第一时间为国际友城匈牙利布达佩斯十五区和意大利等5个国家海外侨胞捐赠防疫物资，成功举办第16届林博会、第26届世界客属石壁祖地祭祖大典、纪念朱熹诞辰890周年等活动；鼓励企业“走出去”，充分利用网上广交会平台开拓国际市场，推动汇天药业等7家企业获得商务部出口白名单。

2020年是“十三五”规划收官之年，经过五年的艰苦努力，全市生产总值从2015年的1712.99亿元提高到2020年的2702.19亿元，增加近1000亿元，增长40.7%；人均生产总值达10.4万元，比2015年末增加3.6万元，增长36.6%；全市一般公共预算总收入从2015年的130.67亿元增加到170.15亿元、增长30.21%（加上减税降费和疫情影响，达到195.47亿元，同口径增长49.59%）；地方一般公共预算收入从2015年的93.68亿元增加到111.16亿元、增长18.65%（加上减税降费和疫情影响，达到126.63亿元，同口径增长35.17%）；城乡居民人均可支配收入从2015年的27393元、12806元分别提高到39270元、19410元，分别年均增长7.5%、8.7%，增幅均居全省前列；五年实施省市重点项目807个、总投资4078亿元，全市固定资产投资年均增长11.3%、保持全省前列水平，“五个一批”新增项目总数和新增开工数、新增投产数近三年连续保持全省前3名，产业项目占比提升至80.6%；五年共化解政府债务402.01亿元、处置不良贷款316亿元，不良贷款率从2015年最高8.58%下降至0.94%，全市金融机构贷款余额从2015年的1207.93亿元提高到1698.26亿元，增长40.6%；五年新增市场主体37.72万家，增量是“十二五”时期的5.8倍。

产业升级取得突破。“十三五”期间，三次产业比重由2015年末的13.3∶54.2∶32.5调整为2020年的11.6∶51.9∶36.5，形成钢铁与装备制造、新材料、文旅康养和特色现代农业四大主导产业，稀土、氟新材料、石墨（烯）、生物医药四个战略性新兴产业产值年均增长超20%，三明杂交水稻制种产业发展走在全国前列，面积和产量占全国的比重从2015年的11.3%和13.4%分别提高到20.2%和25%；第三产业增加值从2015年的556.13亿元提高到985.72亿元，增长48.4%；电商产业产值从2015年的13.1亿元提高到48.8亿元，增长272.5%。全社会研究与试验发展（R&D）经费投入年均增长16.6%，全市高新技术企业147家、较2015年末增长2.5倍。工业投资在2018年增长22.6%、2019年增长28%的基础上，2020年增长17.8%，均居全省前列，规上工业增加值2017年以来连续三年保持8%以上增幅，策划实施了计划总投资105亿元的三钢转型升级项目、计划总投资96亿元的顺源纺织产业链延伸项目、计划总投资33.2亿元的克劳斯玛菲高端智能注塑机项目、计划总投资31亿元的三化高纯超净电子级氟化氢项目、计划总投资28.2亿元厦钨新能源稀土产业项目、计划总投资22亿元的海西重汽技改提升项目、计划总投资22亿元的明一乳业项目、计划总投资12.2亿元的翔丰华高端石墨和石墨烯产业项目、计划总投资6.23亿元的月兔空调白色家电产业园项目等一批龙头企业支撑项目，计划总投资30亿元的科顺新型防水材料、计划总投资50亿元的韵达电商产业园等一批新引进重大产业项目落地开工或竣工投产。

（摘编：马榕威）

三元区产业经济发展概述

2020年，三元区牢牢把握“项目提速”“服务提升”“干部提振”工作主题，积极应对各种风险挑战，统筹新冠肺炎疫情防控和经济社会发展，全力做好“六稳”工作、落实“六保”任务，全区经济发展好于预期。初步统计，全区生产总值249.7亿元，增长4.5%；其中，第三产业增加值83.5亿元，增长4.8%。农业总产值22.45亿元，增长4%；规模以上工业增加值增长2.5%；固定资产投资增长5.5%；社会消费品零售总额69.6亿元，增长1.5%；地方一般公共预算收入4.68亿元，增长2%；城镇居民人均可支配收入43270元，增长5%；农村居民人均可支配收入22370元，增长6.5%；节能减排年度任务全面完成。

特别值得记载的是：

疫情防控、复工复产得到肯定。发现全市首例新冠肺炎确诊病例，第一时间组织全区上下投入抗疫，“管住人、用好人、温暖人”的疫情防控做法在全省作交流发言；2月21日在全市率先实现规上工业企业全部复工；“两统筹、两兼顾”工作得到国务院指导组充分肯定，莘口镇获评省抗击疫情先进集体。

项目落地、企业帮扶富有成效。克服疫情困难，采取“云签约”引进安美奇铝业外资项目并落地开工，经验做法在中央苏区三明讲坛作专题报告。新签订“一企一策”企业8家，实现对省级龙头企业和“专精特新”企业全覆盖；建立“一月一行一专场”政银企对接机制，辖区信贷规模比增17.12%，不良贷款率全市最低。

改革创新、担当作为蔚然成风。提前2个月完成城东乡行政区划调整，被市委林书记批示为担当作为的典型案例；“比学赶超·百日攻坚大会战”取得丰硕战果，荆东片区产教融合项目推进有力，历时7年的荆西红酒小镇遗留问题得到有效化解。

文化旅游、森林康养深入人心。万寿岩旧石器时代遗址保护纪实在《新闻联播》头条报道，对接21家主流媒体、130余家主流网站集中报道万寿岩200多篇。万寿岩文旅小镇升格国家4A级景区、格氏栲获评国家首批森林康养基地，万寿岩遗址博物馆晋级国家三级博物馆。

基层治理、社会服务创新推进。全市乡镇生态综合管护模式推广现场会在莘口镇召开，环保基层网格化创新工作得到省环保厅肯定。

2020年，产业经济主要工作和成效是：

强实体、保增长，稳住了发展势头。全年新增规上工业企业11家，主导产业主营业务收入占工业总量的53%。认定省级以上高新技术企业7家，“高性能特大型锰钢圆锥破碎机衬板关键技术研究及应用”项目获评省科学技术进步三等奖。培育富硒产品26个，初步形成了我区富硒农业产业的发展格局。“万寿岩红茶”在上海国际茶文化旅游博览会获“中国名优茶”红茶类金奖，“西际蜜桔”被评为“全国名特优新”农产品。冷链物流建设加快推进，鲜活农产品流通效率提高10%以上。万寿岩穴营暨三元民俗荟活动上新浪热搜榜，总曝光量突破2亿。组织参加“乐购三明”直播节、“美食嘉年华”等活动，带动各类商贸企业参与线上线下促销活动，促进优秀产品“走出去”。

聚动能、优环境，增强了区域活力。“五比五晒”加速，27个省市级重点项目完成投资26亿元，毅君关键零部件等11个新项目开工建设，牲畜屠宰冷链物流等10个项目建成。积极“走出去、引进来”，新增悦淳新材料有机胺中间体等签约项目75个，台氟科技等31个项目落地。引资引智并重，与三明学院在荆东工业园挂牌成立中央苏区（三明）大学生科创园。强化平台支撑，完成黄砂园规划环评修编工作，开展“亩均论英雄”竞赛活动和“五未”土地清理，新开发用地142亩，盘活闲置低效土地104亩，完成共1380.1亩“批而未供”土地处置。

强功能、提品质，刷新了城乡面貌。国道534槐林至荆东、国道205台江连接线建成通车。实施“依法和谐征迁”项目18个，完成土地征收716亩、房屋征收746户，白沙旧改剩余地块等一批项目完成扫尾清零。加快荆东片区开发，将市区南大门从东霞富兴堡向南拓展延伸6公里，盘活槐林片区、荆西片区近3000亩。实施“城市双修”、“五难”攻坚，新增停车位580个、完成公厕改造11座、农贸市场改造4个，红旗新村、地质队及周边等一批老旧小区微改造加快推进。推进农村人居环境整治，新建农村公厕12座、污水处理设施32座，绿化村庄560亩。格氏栲至上沙地、岩前至星桥中桥等项目建成通车。编制西际等省级乡村振兴试点“多规合一”村庄规划，张坑、乌龙、楼源入选国家森林乡村，西际村获评“全国文明村镇”。污染防治纵深推进，中央、省委环保督察反馈问题基本销号。辖区主要流域水质优良比例、环境空气质量优良比例均达100%。西际村、东牙溪饮用水源、东牙溪小流域入选《中国绿都·最氧三明》电视专栏“十佳”名录。

2020年各项工作的奋力推进，各项主要目标任务的基本完成，标志着“十三五”规划实现圆满收官。回顾过去的五年，三元区战胜了前所未有的困难和风险，经受住了严峻的挑战和考验，办成了许多打基础的实事、利长远的大事、补短板的难事，全方位高质量发展超越迈出了坚实步伐，为全面建设社会主义现代化国家奠定了扎实基础。

这五年，经济实力快速攀升。尽管在“十三五”期末，受新冠肺炎疫情影响，全区经济社会经受了前所未有的冲击，一些经济指标增速放缓，但总体上达到了预期目标。2020年地区生产总值达到249.7亿元，完成规划目标的124.9%；人均地区生产总值12.1万元，完成规划目标的118.6%；地方级一般公共预算收入年均增长2.9%；居民人均可支配收入年均增长8.5%。

这五年，产业调整彰显成效。积极推进农业品牌产业化基地建设，“万寿岩”公共农业品牌快速打响。传统产业通过技术改造，生产能力、创新能力得到普遍提高。新兴产业快速发展，氟硅新材料产业异军突起，产值年均增长20%。文旅康养产业朝气蓬勃，万寿岩国家考古遗址公园等一批项目建成投入使用。

这五年，城市品位提质上档。南龙铁路建成通车，“两横五纵”“两枢纽七互通”交通格局初显雏形。海西商贸城、东霞永嘉天地、御江首府项目加快建设，现代化南部新城初具规模，并不断向南前进。实施“城市双修”，加快道路白改黑、老旧小区微改造、“三供一业”提升、拆墙透绿景观改造及夜景工程改造，中心城区的面貌焕然一新。东霞社区、群二社区荣获“全国综合减灾示范社区”称号；成功实现全国文明城市“三连冠”，初步实现了“城市让人民生活更加美好”的愿景。

这五年，生态环境深刻变化。创新森林资源管护机制，连续34年无森林火灾，全区森林覆盖率从78.66%升至79.23%，位居全国前列。落实企业环境信用评价、年度审核和公示制度。推行环境责任保险，建立了工业园区整体投保机制。突出“生态、生产、生活”管控，打造“河湖长制”升级版，小流域水质均达Ⅲ类标准以上。城区环境质量优良天数比例达98%以上，主要污染物排放总量完成控制目标。

这五年，改革开放取得重大突破。全面完成农村集体产权制度改革、农村土地确权登记颁证工作。深化农村金融改革，“福林贷”“金穗快农贷”等金融产品大力推广。推进林业改革，完成国有林场改革，推行重点区位商品林赎买、林票改革。“三医联动”、总医院医联体建设等改革成果不断巩固提升，深化和拓展医改“三明经验”，医养结合服务新模式“乐龄家园”得到广泛赞誉。全方位拓展对外开放合作领域，白炭黑出口至全球50多个国家，主动融入闽西南经济协作区，招商引资取得重大突破。

（摘编：杨福来）

梅列区产业经济发展概述

2020年，面对新冠肺炎疫情带来的困难，梅列区坚持以习近平新时代中国特色社会主义思想为指导，深化“五比五晒”，经济运行持续回升。初步统计，全年实现地区生产总值361.5亿元，增长5%；规模以上工业增加值增长0.3%；农林牧渔业总产值9.67亿元，增长4%；地方公共财政收入7.73亿元，增长0.9%；固定资产投资增长5%；外贸出口9亿元，增长1%；实际利用外资2350万元；社会消费品零售总额120亿元，增长3%；城镇居民人均可支配收入45115元，增长2.5%；农村居民人均可支配收入20994元，增长4%；完成节能减排降碳年度目标。一些重要领域、重点项目取得突破：

重点产业逐步集聚。持续做活“钢”文章，抓龙头、铸链条，高端装备产业园建设加速推进，永兴盛机械等8个项目动工建设，安德凯重工、恒冠达机械等项目仅用8个月时间建成投产，高端装备制造产业逐步形成集聚效应。

项目驱动激发活力。项目“主引擎”作用更加有力，27个省、市重点项目超额完成投资任务，11个市级“五个十”重大项目超序时推进，三钢焦炉升级改造项目投资达6亿元、超额完成200%，为助推经济增长注入强劲动力。

2020年产业经济的主要工作和成效是：

战疫情、稳运行，产业发展健康向好。坚持一手抓疫情防控，下达保障资金740万元，坚决守住“五道关口”。坚持一手抓经济社会发展，出台支持小微企业共渡难关12条、提振消费8条等政策措施，实行专班服务，重点项目、规模工业企业、限上商贸企业、农业龙头企业复产复工率达100%。工业经济动能提升。主动融入“工业基地·活力新城”建设。持续壮大主导产业。钢铁及装备制造、城市矿产资源循环利用、装配式建筑等产业实现产值110亿元，占区属规模工业产值63%。三钢集团主业实现整体上市，吨钢效益继续保持全国前列。国投闽光全年回收废钢等再生资源突破40万吨。装配式建筑产品成果在金澜湾二期、中梁宸等多个项目得到推广应用。转型升级稳步推进。实施投资千万以上重点技改项目25个，投资总额达25亿元、增长10.6%，普诺维成为细分行业“单项冠军”。创新要素不断集聚。辖区科技创新投入达8.98亿元，居全市首位。金圣特钢、铜浪防水等企业获评省级“专精特新”称号，全年新增国家级、省级高新技术企业4家，通过国家科技型中小企业评价系统注册企业20家。现代服务业焕发活力。商圈特色更加鲜明。夏商百货、大润发等传统商圈人气集聚度持续上升，徐碧步行街获评省级诚信经营示范街区。六路商圈建设有序推进，万达广场“一站式游购娱”人气走旺，明品明味一条街、东乾二路交叉路口改造有序推进。加快“夜间经济、小店经济”发展，周周举办“夜三明·百姓大舞台”，城市夜间人气逐步集聚。流量经济初显成效。探索“线上商城+线下门店”形式，发动辖区企业参与直播带货等线上促销活动近500场，首届乐购三明直播节梅列专场实现零售额近4000万元，为全市最高。华盛集团成为全省首家被央视《匠心智造》宣传推广的食品制造行业企业。城郊农业更具特色。持续打响“中国绿都·最氧三明”品牌。做好“绿色+产业”文章。实施洋溪智慧农业园等6个市区重点现代农业项目，总投资超2亿元。万丰提子采摘园、祥瑞农场生态园等年销售额达1000万元。推动农业与都市休闲旅游、文化产业融合发展。打造瑞云山郊野地质公园、洋溪文旅小镇、小蕉生活文创园等精品农旅路线，砂蕉鲁冰花海、洋溪田园菊花成为“网红打卡点”，全年游玩人数超30万人次。

挖潜力、强基础，发展后劲持续增强。项目攻坚强力推进。深入开展“五比五晒”项目竞赛，全年新增“五个一批”项目204个，市交警车驾管中心、华力重工等35个项目开工建设，医职院综合实训大楼等45个项目顺利竣工。103个产城融合项目完成投资105亿元，超年度计划12.2%，完成国网输变电工程、陶人生活文化创意园等35个项目建设。突出产业链招商，全年共签约项目144个，总投资86.49亿元。承载平台加快建设。全年投入资金1.2亿元，收储土地600亩，平台整理450亩，处置闲置土地820亩，用地报批3400亩。园区污水管网改造全面完成，市政道路A、B线、明州二路、第二供水工程、生活配套服务区等项目有序推进，园区承载力持续增强。改革创新持续深化。金融改革扩面增效，发放“福林贷”2680万元，在棕南村和长溪村开展林票试点工作，发放票值达135万元。林业改革扎实推进，持续发展新型林业经营主体，新成立股份合作林场4个，合作面积达5.15万亩。深入推进农村集体产权制度改革，完成耕地确权面积达2.8万亩。

盯重点、促长效，三大攻坚有力推进。金融风险有效防范。完成不良贷款处置达6.54亿元，新增贷款32.53亿元，全区不良率降至1.15%，属地内不良率降至0.64%。依托应急转贷基金为中小企业办理转贷1.07亿元，及时推送“白名单”企业38家，申报纾困企业需求28批118家，获贷款资金投放1亿元，居全市首位。脱贫攻坚推进有力。深化扶贫改革试验区建设，投入1700万元实施扶贫项目37个。污染防治扎实开展。持续推进餐饮油烟、工地扬尘等专项整治，空气优良天数达标率100%。完成绿化造林面积2512亩，治理水土流失面积3181亩。全面深化“河长制”，小流域水质保持在Ⅲ类，乡镇集中式饮用水源地水质达标率为100%。

抓统筹、促提质，城乡环境更加宜居。城区建设步伐加快。完成三明卫校周边地块、陈大片区集体土地等20个征迁项目，其中市级重点项目11个，共征收土地741亩，征收房屋24.9万平方米。全力推动“城市双修”项目建设，立体式综合城市公园——贵溪洋湿地公园已开园试运行，市区后山地灾整治、交通沿线景观提升、老年儿童微游乐园等项目全面完工，城市变化可观可感。御龙天峰、康城一品等优质住宅区落地北部新城，城市框架逐步拉开。深化城市“五难”治理，深入推进垃圾分类，新（改）建公厕16座，新增停车泊位近800个，完成红岩新村、丹蓉新村等15个老旧小区改造，一批小区物业管理水平得到有效提升，农贸市场、背街小巷脏乱差等问题逐步得到解决。乡村振兴扎实推进。实施农村道路养护里程达320公里，抓好“两高”沿线环境整治。创建绿盈乡村15个，小蕉村获评国家级森林乡村，陈大镇获评省级全域生态旅游小镇，上街村、砂蕉村获评市级美丽乡村精品示范村。

2020年工作任务的完成，标志着“十三五”规划的主要目标任务基本完成。经过五年的艰苦努力，梅列区综合实力显著增强。地区生产总值从2015年的226.32亿元提高至361.5亿元，年均增长9%；人均地区生产总值达19.1万元，位居全市前列；社会消费品零售总额达到2015年的1.65倍，年均增长10.59%。实施“五个一批”项目408个，总投资达850.4亿元，在2016年全市“大干150天、加快推进‘五个一批’项目建设”活动、2019年全市“五比五晒”竞赛活动中获得一等奖。产业转型取得突破。按照“一产稳、二产进、三产优”的要求，产业结构不断优化，二产比重较2015年上升2个百分点，三产比重接近50%。新旧动能加速转化，规模以上工业总值年增幅为4.6%，实施投资千万元以上工业技改项目152个，投资年均增长5.8%。主导产业钢铁及装备制造业集群发展效应逐步凸显，装配式建筑、电子信息、循环经济为主的新兴产业形成发展雏形，梅列经济开发区获评“国家级循环化改造示范园区”。

（摘编：吴建翰）

永安市产业经济发展概述

2020年，是极不寻常的一年，面对突如其来的新冠肺炎疫情，永安市认真学习贯彻习近平总书记关于疫情防控工作的重要讲话重要指示批示精神，迅速落实上级指令，执行一级响应措施，3名确诊病例在短时间内得到治愈，全市疫情在1个月内得到有效遏制。疫情防控由应急状态转为常态化后，全力做好“六稳”工作、落实“六保”任务，促进经济稳步回升和社会大局稳定。初步统计，全市完成地区生产总值446.3亿元，增长3.6%；规模以上工业增加值增长2.9%；地方一般公共预算收入19亿元，增长4.1%；固定资产投资增长6.2%；出口总值15.1亿元；实际利用外资2887万元；社会消费品零售总额128.1亿元，增长2%；城镇居民人均可支配收入40236元，增长3.4%；农村居民人均可支配收入20784元，增长5.7%；节能减排任务全面完成。2020年的主要工作和成效是：

经济运行稳步恢复。致力稳增长，全力保实体，出台一系列政策精准有序推进企业复工复产、满产超产，新签订“一企一策”帮扶企业20家，全年兑现各类奖补资金5000多万元；帮助企业争取获得增产增效用电奖励270.2万元、稳岗惠企资金4367.2万元；帮助企业争取“疫情贷”“纾困贷”等政策支持，全年新增贷款34.6亿元，增长16.8%，投向实体经济贷款占比达85%，新发放贷款利率平均下降10%以上。全市新增实体经济税收4000万元，工业用电量增长6.8%，火电供汽量增长7.7%。努力促投资，全年新增“五个一批”项目179个、完成投资130.6亿元，翔丰华三期等40个项目开工建设，金牛水泥等59个项目竣工投产，29个三明市重点项目完成投资33.7亿元，超额完成投资计划；加大招商引资力度，新签约项目130个，总投资231.5亿元，引进投资亿元以上项目58个。

产业结构持续优化。坚持以供给侧结构性改革为主线，做实“3321”产业体系，夯实全方位推动高质量发展超越基础。三大主导产业不断壮大，汽车及机械加工、纺织新材料、石墨和石墨烯三大主导产业产值突破450亿元。汽车及机械加工产业配套企业达到41家，海西汽车产销量突破2.8万台，增长104.1%，2家汽车配套企业成功申报省科技小巨人领军企业；纺织新材料产业实现产值217.6亿元，占工业总产值的19.2%；石墨和石墨烯产业产值达20亿元，增长13.6%，总量占全省七成左右，翔丰华成功在深交所创业板上市，贝特瑞石墨烯导热膜等7个项目落地建设，康碳一期等11个项目实现开（竣）工，中国石墨烯产业发展竞争力指数首次在永安发布。三大传统产业持续提升，林竹、化工、建材三大传统产业产值实现472.3亿元，增长4.8%。和其昌年产10万立方米竹木胶合板生产项目顺利投产，科宏生物成功申报省第一批“产业领军团队”，新上安砂建福水泥二期项目，建成后全市旋窑水泥产能可达1400万吨。两大现代服务业加速发展，以物流业为重点的生产性服务业取得新突破，闽中公铁联运物流基地铁路港全面推进，韵达（永安）电商产业园开工建设，源通公司获批闽中首张“网络货运”运营牌照，新增物流企业30家，新增运力1.26万吨，增长35.2%，总运力突破4万吨；以文旅康养业为重点的消费性服务业取得新进展，抗战文化公园等11个文旅康养项目加快推进，安贞堡景区获评国家4A级旅游景区，我市成功申报“2020中国森林康养基地”，旅游接待人数450.5万人次、旅游收入50.5亿元。特色现代农业提质增效，实施国家级农林基地、地标产品、精深加工龙头企业三大品牌带动工程，创建省级优质农产品标准化基地6个，“小陶明椒”获评全国名特优新农产品，“槐南粉干”荣获国家地理标志证明商标，实现农林牧渔业总产值63.5亿元，增长3.6%。

改革创新继续深化。坚持把改革创新作为引领发展的第一动力，不断推动经济高质量发展。加快国有企业改革，永林集团与中国林业集团重组获得国务院国资委批复；城投集团、交投集团、园区国有平台实体化转型持续推进，城投集团内部管理体制不断完善，顺利完成经营性资产整合重组，获评AA信用评级，资产规模达121亿元，营收增长412%，纳税1.05亿元，成为城市建设、资源整合、风险化解的重要平台。提升林业改革，开展生态公益林、天然林补偿收益权质押贷款试点，探索“场村合作、发行林票”经营模式，合作经营面积2178亩，林票额621.7万元；开展竹林经营碳汇项目，实施面积约35万亩。深化农村改革，永安市被确定为省级农民合作社质量提升整县推进试点县，农村承包地确权登记颁证工作获全国通报表扬；持续推进农村金融改革，“福田贷”“福林贷”累计授信7.4亿元，惠及农户1.4万户；持续深化“路长制”，被交通运输部、财政部确定为“深化农村公路管理养护体制改革试点县”。

三大攻坚战扎实推进。打好精准脱贫攻坚战，建立保障性扶贫机制和防止返贫致贫监测帮扶工作机制。打好污染防治攻坚战，持续深化河湖长制，狠抓中央环保督察问题整改，尼葛开发区异味扰民问题得到有效治理，金银湖水泥矿山与石林景区重叠问题已基本完成整改，全年环境空气质量优良率达100%，主要流域水质均达到Ⅲ类以上标准，城区饮用水源水质达标率100%。打好防范化解重大风险攻坚战，政府债务风险有效防控，政府性债务控制在限额以内，全口径债务逐年下降，入围全国建制县隐性债务化解试点，获得再融资债券资金30.16亿元，有效缓解偿债压力；房地产风险持续化解，按照“一盘一策”化解思路，推动12个项目竣工交房或进场复工；工贸企业不良贷款持续压降，不良贷款率下降至0.9%，为近五年最低水平。

2020年工作任务的完成，为“十三五”规划画上圆满的句号。“十三五”末全市地区生产总值是2015年的1.4倍，年均增长6.6%；规模以上工业增加值、社会消费品零售总额和地方一般公共预算收入年均分别增长6.8%、6.6%和1.7%；金融机构存、贷款余额均突破240亿元，比2015年分别增加69亿元和43亿元。

“产业优”实现新突破。始终把产业转型升级作为推动高质量发展的根基，实施当好经济发展排头兵产业行动计划，推进高成长大企业培育，规模以上工业企业、利税过千万企业分别达到265家和35家。汽车及机械、纺织、建材、化工、林竹等五大产业产值突破900亿元，年均增长8.2%，特色农林产业链条产值突破90亿元。石墨和石墨烯产业产值年均增长超25%，被列入全省石墨烯产业“两核三区”的发展布局，石墨和石墨烯产业园区成为全省唯一的石墨烯产业专业园区，连续三年举办石墨烯创新创业大赛，累计6个参赛项目落地。现代商贸流通体系日臻完善，电子商务、金融保险、文化旅游等新业态快速发展，服务业实现税收11.5亿元，比2015年增加7.6亿元，对经济发展的拉动作用进一步提升。

“机制活”释放新活力。主动承接100余项改革任务，一批重点领域和关键环节改革取得重大进展。“福田贷”普惠金融改革被列入全国百个农村创业创新典型范例、全省十大金融创新项目；“路长制”农村公路管养、考核体系获得交通运输部肯定，被命名为“四好农村路”全国示范县；实施竹林经营碳汇项目，累计赎买重点生态区位商品林4.4万亩，被列为全省重点生态区位商品林赎买改革试点县；城投集团完成企业整合和市场化转型，营业收入达10.55亿元，为2018年的6倍。

（摘编：邓新民）

清流县产业经济发展概述

2020年，是应对大战大考、逆势奋进的一年。清流县深入学习贯彻习近平新时代中国特色社会主义思想，努力在危机中育先机，于变局中开新局，全力做好“六稳”工作、落实“六保”任务，统筹推进疫情防控和经济社会发展，经济运行呈二季度企稳、下半年稳定回升态势。全年实现地区生产总值153.34亿元，增长3.23%；规模以上工业增加值增长2.1%；县级一般公共预算收入4.25亿元，增长3.0%；固定资产投资增长4.3%；社会消费品零售总额48.94亿元，增长0.7%；城镇居民人均可支配收入34365元，增长3.3%；农村居民人均可支配收入18503元，增长6.2%。一年来的产业经济主要工作和成效是：

共克时艰，疫情防控展现新担当。面对突如其来的新冠肺炎疫情，全县人民众志成城、同舟共济，县乡村（居）三级防控网格持续筑牢。深入开展“访企业、解难题、促‘六稳’”专项行动，实施“一业一策”“一企一策”精准帮扶，解决复工复产、复商复市“五难”等实际困难100多个，汇编、制定援企惠企政策57条，争取各类补助资金4020万元，为企业减税降费减负5312万元，经济社会发展经受住了疫情考验。

迎难而上，经济发展再上新台阶。深入实施“百千”行动计划，传统产业加快升级，新兴产业持续壮大，南方水泥有限公司逆势发展，实现税收超亿元，氟新材料和林产工业产值达85亿元、增长8.9%，新增规上工业企业8家。气枪厂、诺德生物科技、丰隆农业通过国家高新技术企业认定，新增国家级科技型中小企业12家。房地产业企稳回升，商品住房库存去化周期降至7.02个月，销售面积增长11.96%。天芳悦潭被确定为国家级职工疗养基地、入选全国“劳动模范疗休养基地”，林畲村被列入全国第二批乡村旅游重点村，新增限上商贸企业和规上服务业企业10家。全面落实粮食安全生产省长责任制，着力推广“五新”集成高产栽培技术，新建高标准农田3.53万亩。大力推进老区苏区振兴发展，争取央企华润集团对口支援，农产品入超、中药材种植等多领域合作深入推进。

攻坚突破，发展后劲注入新动能。强化项目带动，深入开展“五比五晒”“项目攻坚年”活动，全力推进“五个一批”项目攻坚专项行动，新增省级“五个一批”项目233个、总投资343.69亿元。实施13个省重点、19个市重点、108个县重点项目建设，超额完成投资计划，28个项目建成投产或部分投产，50个项目开工建设，3个重点项目获得3.68亿元地方政府专项债券支持。创新小分队、“云签约”线上线下相结合招商方式，全年共新增签约项目122个、总投资141.24亿元，其中亿元以上项目39个，落地开工项目102个。

精准施策，三大攻坚取得新成果。持续巩固脱贫成果，实施扶贫项目57个，发放产业扶持资金1295万元，增设贫困户公益性岗位217个，扶贫消费化解因疫滞销产品513万元。持续打好污染防治攻坚战，城区空气质量保持在全省前10位，强化水源地保护与河道治理，水质达标率100%，获省环境质量提升奖励。持续防范化解重大风险，全年化解不良贷款6119万元，不良率降至1.0%，为近六年最低，地方政府债务余额控制在省核定的限额范围内。盘活政府性资金7823万元。

致力超越，改革开放释放新活力。全面完成农村集体产权制度改革，稳步推进林业金融贷款及林权流转，新增林权抵押贷款2092万元，流转面积1.4万亩。区域协同融合发展不断深化，集美（清流）共建产业园二期启动建设，新引进台资企业7家，清流台湾农民创业园被省级农订会组委会授予“最佳组织奖”。

统筹全域，城乡建设呈现新面貌。大力开展省级文明城市创建活动，深入推进城市管理“五难”治理专项行动。实施碧林新村、绿园小区、政府宿舍区等老旧小区改造，完成碧林南路、金鼎片区等街巷污水整治，新建改造城乡公厕26座，城区新增停车泊位616个。出台务实可行的城区零星危房改造政策，制定城区低效用地再开发专项规划，推进“三旧改造”，创新开展弃土弃渣综合回收利用，加快重点项目建设临时用地恢复治理。实施嵩口、嵩溪、赖坊、灵地、李家集镇街区改造，完成公路沿线农房建筑风貌改造提升1340余幢，拆除“两违”20余万平方米，全面完成乡镇垃圾转运站改造提升，荣获全市唯一“全国村庄住宅清洁行动先进县”，人居环境整治三年行动顺利收官。完成13个乡镇乡村振兴战略计划、111个行政村发展建设方案编制，赖坊镇南山村“村园一体化”发展模式入选全国乡村振兴优秀案例，林畲镇、嵩溪镇入选省级乡村治理示范乡镇。浦梅铁路、兴泉铁路（清流段）建设加快推进，火车站前广场、进站大道接近完工，永宁高速桐坑互通及连接线项目获得省上批复。启动全县国土空间规划编制。

2020年工作任务的完成，为“十三五”规划收官划上了圆满句号。回首一路艰辛，更加体会走过的不平凡道路和实现的历史性跨越。五年来，清流县征程业绩成色十足。综合实力显著提升，全县地区生产总值年均增长7.3%，人均地区生产总值突破10万元；地方一般公共预算收入年均增长4.3%，2017—2019年连续3年县级一般公共预算收入增幅和税性比均居全市第一位；规模以上工业总产值突破150亿元，年均增长7.2%，东莹化工、南方水泥先后实现税收超亿元；五年实施省市县重点项目599个、总投资1037.43亿元，全县固定资产投资年均增长11.0%；化解不良贷款7.45亿元，不良率下降5.06个百分点；五年新增市场主体2.96万家，较2015年增长4.9倍。2019—2020年连续两年获福建省县域经济发展“十佳县”，2016—2019年经济发展进步指数居全市第1位。2017—2018年连续两年获市“五比五晒”考评一等奖。

产业基础越发稳固。三次产业比重由2015年末的19.2∶49.1∶31.7调整为16∶54.2∶29.8，新增高新技术企业6家。五年新增开工或投产氟产业项目13个、总投资31.17亿元，东莹化工总公司三美化工股份有限公司在清流县布局制冷剂生产基地，上市公司中欣氟材成功收购高宝矿业，引进总投资7亿元的雅鑫电子新型超纯系列清洗材料，形成环保型制冷剂、含氟精细化学品、无机氟化物等3条氟新材料产业链，氟产业集群打造取得质的突破。新建集美（清流）共建产业园和库区移民工业创业园，入驻企业8家，年产值达2.3亿元。新天意购物商场、鹏鑫商贸城、麦当劳、清流大酒店投入运营，李家冷泉小镇、林畲红色小镇、赖坊古镇获批国家3A级景区，文旅康养、物流、电商等现代服务业加快发展。生态蛋鸡、花卉苗木、清流豆腐皮等七大特色农业规模提质增效，农林牧渔总产值达41.15亿元，年均增长4.4%，全市最高。

宜居环境更加凸显。中心城区建设加快推进，新建铜锣山绿道休闲公园、桥下人工湖，拓宽改造屏山二路、北山路、城西路等7条街道，及时修复灾毁市政设施，新建改造城区污水管网39公里，治理城区地灾6处，铺设燃气管网39.27公里。动工建设兴泉铁路、浦梅铁路（清流段），新改建白石至白塔、龙津至彭殊、蛟井至黄沙口等公路178公里，改造危桥41座，引进社会资金建设绿色共享出行系统，新能源公交比例从50%提升至90%以上。开工建设城区第二水厂，完成31个贫困村供水巩固提升工程，解决3万多人口饮水难问题。建设美丽乡村示范整治村50个、精品村3个、10公里连线景观带2条，嵩溪镇入选省级乡村振兴特色乡镇，赖坊镇南山村、嵩口镇沧龙村等10个村列入省级乡村振兴试点村。

（摘编：陈闽声）

宁化县产业经济发展概述

2020年面对突如其来的新冠肺炎疫情，宁化县深入学习贯彻习近平新时代中国特色社会主义思想以及党的十九大和十九大以来历次中央全会精神，战疫情、稳经济、保稳定、惠民生，深化“五比五晒”暨“项目攻坚年”活动，开展“百日攻坚大会战”，经济运行企稳回升。全年完成地区生产总值突破200亿元；地方级一般公共预算收入6.71亿元，与上年持平；固定资产投资增长5%；社会消费品零售总额62.43亿元，增长2%；城镇居民人均可支配收入31535元，增长3.5%；农村居民人均可支配收入17958元，增长7%。

产业转型速度更快，迸发出高质量发展新活力。工业快步求突破。全年规模以上工业增加值增长2.4%。实施工业产业升级行动计划，“一企一策”培育壮大企业，长宁混纺纱技改、省达空调空气能一体机、明玥玻璃、亿穗电子、纽凯斯家居儿童用品等一批项目投产，同位素生产堆及下游产业、陶瓷生产、循环经济产业等项目顺利推进，5家企业入选省一二三产业“百千”增产增效行动制造业重点企业名单，4家企业入选省工业和信息化高成长培育企业名单。农业喜获大丰收。扎实推进“中国好粮油”行动计划示范县项目，粮食总产量17.35万吨，2019年度粮食安全省长责任制考核居全市第一名，烟叶收购量21.08万担、增长37.8%，连续30年居全省首位。持续培育“两米两茶一稻种”特色产业，河龙贡米地理标志纳入中欧地理标志协定清单，宁化玉扣纸、客家黑笋干成功注册国家地理标志证明商标，城郊镇、水茜镇分别获评全国农业产业强镇、省级林下经济示范镇。三产融合促发展。全年实现第三产业增加值79.2亿元，增长2.5%。积极开展直播带货活动，电商交易额突破14亿元，增长2.56%。开展职工疗休养、半程马拉松赛等活动拉动旅游消费，天鹅洞景区获评国家3A级旅游景区。加快发展文旅康养产业，湖村镇、城南镇获评全国森林康养基地试点建设单位，治平畲族乡获评中国慢生活休闲体验区，创建中国森林康养人家2个、省级森林村庄4个、省级森林康养基地1个。做大宁化客家小吃产业，新开办小吃店210家，引进“客小翠”新型餐饮连锁企业，成功举办福建省烹饪技能竞赛、宁化客家小吃节等活动。

城乡建设环境更美，彰显出高质量发展新魅力。城市焕新颜。积极创建第六届省级文明县城，扎实推进城市管理“七难”治理攻坚行动，新建市政道路8公里，新增停车位258个，疏浚修复污水管网60公里，拆除“两违”面积1.5万平方米。实施城市亮化工程，“三溪六岸”夜景进一步提升。改造提升老城区，启动老旧小区改造试点3个，完成城市微改造工程6个，改造背街小巷2.73公里，市民幸福感持续提升。乡村改旧貌。深入实施乡村振兴战略，加快推进33个省市县乡村振兴示范村建设，乡村道路好路率达92%，行政村公厕覆盖率、污水处理率分别达100%、95%。生态创示范。打好蓝天、碧水、净土保卫战，治理水土流失面积14.87万亩，建设安全生态水系48.5公里，推广烤烟房“煤改电”70座，森林覆盖率达74.97%，空气质量居全省县级城市前十位，国省控和小流域断面水质达Ⅱ类标准，被国家生态环境部评为第四批国家生态文明建设示范县。

项目攻坚氛围更浓，比拼出高质量发展新后劲。项目推进加快。开展“百日攻坚大会战”，组建十个攻坚组，全年新增省市“五个一批”项目201个、总投资239亿元，预计全年完成投资

115.6亿元，54个项目竣工投产，43个项目实现开工转化。列入攻坚的211个项目有70个竣工投入使用，国道G356线何家园至城郊瓦庄段工程、小盾钢化玻璃等116个项目进展较快。招商引资加速。加快“一区多园”建设，完善招商引资优惠政策，全年新签约项目166个，鑫丰新型建筑材料、奔鹿无纺布等48个生产性项目签约落地开工。难题破解加力。深化“访企业、解难题、促‘六稳’”专项行动，全面落实减税降费各项政策，帮助企业解决问题149个，减免税费和兑现奖补资金1亿余元，争取贷款2.87亿元。

改革开放力度更大，激发出高质量发展新潜能。科技创新不断提升。规上工业研发经费投入7462.8万元、增长45.3%，增幅创历史新高。新增专利授权230件、省星火计划项目1个、省级星创天地企业1家，福特科光电通过国家高新技术企业复审，蛟湖小镇科普教育基地实践活动获评全国科普日优秀活动。重点改革不断深化。加快财政体制和预算管理制度改革，获财政部“2019年度县级财政管理绩效综合评价”前200名。启动林票制、地票制、房票制改革，农村新型住宅集中建设试点稳步推进。在全省县域内率先推行“总对总”批量担保业务模式。对外开放不断扩大。主动融入闽西南协同发展区建设，实施两岸客家融合发展行动计划，成功举办第二十六届世界客属石壁祖地祭祖大典和第八届石壁客家论坛系列活动，石壁客家祖地入选首批省政协港澳台侨交流基地，山海协作和对外交流更加密切深入。

2020年工作任务的完成，标志着“十三五”规划圆满收官。经过五年的努力，赶超目标顺利完成，三大攻坚战和全面建成小康社会取得决定性成果，为“十四五”发展奠定了坚实基础。五年来，宁化县上下同心共谋发展，综合实力明显提升。预计“十三五”末全县地区生产总值、地方级一般公共预算收入分别是“十二五”末的1.84倍、1.15倍，固定资产投资年均增长10.54%，根据市对各县（市、区）经济发展状况比较分析，2016年至2019年进步指数居全市前三，获评全国法治县创建活动先进单位、国家电子商务进农村综合示范县、省级文明县城等荣誉，2017年、2019年两次入选全省县域经济发展十佳县。

专注专心发展实体，产业结构不断优化。预计三次产业结构由“十二五”末的23.5：44.3：32.2调整为“十三五”末的15.6：44.8：39.6，一、二、三产增加值年均分别增长4.2%、6.9%、8.5%，新增市级以上龙头企业19家，鸡公岽风力发电、河龙贡米产业园、石壁家具产业园等项目投产，行洛坑钨矿、福特科光电被评为国家高新技术企业。

保持恒心改善条件，基础设施日趋完善。交通、水利、电力分别完成投资23.56亿元、20.23亿元、5.4亿元，年均分别增长17%、10.1%、5.1%，新改建国省道41.1公里、农村公路223.75公里，莆炎高速宁化段具备通车条件，浦梅、兴泉铁路宁化段将于明年建成通车；实施安全饮水项目21个，解决8.26万人饮水安全问题，隆陂水库引调水工程和东山水厂投入使用，城区饮水问题得到根本解决；220千伏瓦庄变、110千伏高堑变等重要变电站建成投入使用，基本消除配变“重过载”、用户“低电压”问题。

下定决心优化环境，城乡面貌大为改观。实施了一批客家风格立面改造、城区路面“白改黑”、绿化、亮化、净化等提升工程，新建市政道路22公里，城市建成区面积新增4平方公里、达13平方公里，常住人口城镇化率提高5.7个百分点、达46.4%，实施土地整理、旧村复垦等5万余亩，新增耕地6172亩，建成美丽乡村96个，治理水土流失面积40.91万亩，城乡脏乱差现象根本好转，城区水、空气质量稳居全省前列，城市品质、乡村环境、生态文明迈上新台阶。

坚定信心开拓创新，改革开放成果丰硕。预计“十三五”末规上工业研发经费投入、每万人发明专利拥有量分别是“十二五”末的3倍、5.5倍，新增授权专利862件；成功举办每年一届的世界客属石壁祖地祭祖大典系列活动，接待海内外客属团体700余个、3.5万余人次。

（摘编：李元）

建宁县产业经济发展概述

2020年，建宁县坚持以习近平新时代中国特色社会主义思想为指导，全面贯彻党的十九大和十九届二中、三中、四中、五中全会精神，深入践行习近平总书记在福建、在三明、在建宁调研时的重要讲话重要指示精神，做实做足“四篇文章”、推进“四个着力”、深化“五比五晒”，统筹新冠肺炎疫情防控和经济社会发展。全年完成地区生产总值139.8亿元、增长4.9%；农林牧渔业总产值35.8亿元、增长4.2%；规模以上工业增加值增长2.9%；第三产业增加值39.3亿元、增长6.1%；地方一般公共预算收入3.38亿元、增长2%；固定资产投资增长5%；社会消费品零售总额31亿元、增长1%；城镇居民人均可支配收入32532元、增长3.5%；农村居民人均可支配收入18245元、增长6.8%。

致力转型升级，重点产业持续发展。一是农业实力更强。粮食产能稳步提升，获省上粮食风险基金补助5000万元。“五子”特色产业持续壮大，全产业链产值达89.8亿元。水稻制种面积和产量均占全国10%左右，连续举办三届中国稻种基地发展大会，建宁现代农业（种业）产业园入选2020年国家现代农业产业园创建名单，并获袁隆平院士亲自题名。建宁通心白莲正式列入中欧地理标志协定保护名录。二是工业质效更优。明一国际生态高新科技园建成投产，上黎生态牧场投入使用。饶纸集团破产重组加快推进，和骏工业等一批重点项目落地投产，培育国家级高新技术企业3家，新增规上工业企业6家。大力开展“访企业、解难题、促‘六稳’”专项行动，落实减税降费6400万元，新增贷款8.89亿元，有效打通复工复产操作链。三是三产活力更旺。入选首批福建省全域生态旅游示范县，完成闽江源生态旅游区升级改造，高峰香溪花谷成功创建3A景区，莲海玉家等森林康养项目有序推进。完成中央苏区反“围剿”纪念馆、周恩来旧居陈列馆提升改造，打响“风展红旗如画”品牌。开展“为荷而来”“花海跑”“我在闽江源头有棵树”等主题活动，游客接待量、旅游总收入快速回升。电商销售逆势上扬，交易额增长17.7%。出台提振消费促进经济稳定增长12条措施，新增企业535户，较去年同期增长65.6%。

致力攻坚项目，发展后劲持续增强。一是项目比拼有战果。大力开展“五比五晒”“项目攻坚年”活动，实施“五个一批”项目254个，河东棚户区改造等101个项目开工，莆炎高速公路建宁西互通连接线等96个项目竣工或投产，完成投资85.1亿元。二是招商引资有成效。坚持招商不见面、服务不断线，开展各类线上线下招商活动158场（次），新签约云杉纺织、天马科技等项目194个、总投资208亿元。实际利用外资取得突破，到位资金510万美元。三是资金争取有突破。发挥老区苏区优势，把握省纪委监委及“6+1”单位挂钩帮扶机遇，大力推进14个挂钩帮扶项目，争取到位各类资金13亿元。四是要素保障有力度。成立招商服务中心，组建常态化服务专班，开通项目审批服务“绿色通道”。大力推进城区、园区和交通项目征迁攻坚行动，保障项目用地2000余亩。

致力统筹协调，城乡环境持续改善。一是城市增品位。城市建成区扩大至6平方公里，碧桂园等房地产项目有序推进。新改建市政道路5公里、污水管网15公里、公厕4座，新增停车泊位300个。实施衙前巷、城背巷、金钩山（二期）等老旧小区微改造，完成中山北路沿街建筑物立面改造和水南桥修复。发挥“e三明”“e建宁”作用，推行“网格＋微城管”管理模式，城市管理更加科学。创建省级文明县城取得重大成果，群众满意度大幅提升。二是乡村换新颜。扎实开展“一镇十村”省级乡村振兴示范建设，均口镇和14个村被列入省级乡村治理试点示范单位，高峰村荣获“2020中国最美村镇最美康养小镇”称号，上榜2020年福建省美丽休闲乡村名单。完成农村公路晋级改造35公里，通乡县道全部达到三级以上公路标准。三是生态立标杆。严格落实“三严四限六禁”，持续打好蓝天、碧水、净土保卫战。全面深化“河湖长制”，地表水质保持Ⅱ类及以上标准，成功争取全国首批水系连通及农村水系综合整治先行试点县。落实重点生态区位商品林赎买1.8万亩，禁柴改燃做法得到省林业局肯定，富强石材被评为“全国石材行业绿色矿山建设示范单位”。

致力化危为机，奋力夺取“双胜利”。面对突如其来的新冠肺炎疫情大考，全县上下按照党中央“坚定信心、同舟共济、科学防治、精准施策”的总要求，织密织牢防控网，抓紧抓细抓实各项防控措施，取得“零确诊、零疑似、零输入”的重大战略成果。同时，坚持复工复产早谋划、早行动，扎实做好“六稳”工作，全面落实“六保”任务，有力推进经济运行企稳回升，实现疫情防控和经济社会发展“双胜利”。

2020年取得的成绩为“十三五”收官画上了圆满句号。回顾过去的五年，建宁县走出了一条高质量发展路径。三次产业结构调优至14∶56.8∶29.2，地区生产总值年均增长7.4%，地方一般公共预算收入年均增长3.2%，城镇、农村居民人均可支配收入年均增长7.8%、9.3%。在顺利完成赶超目标的同时，发展质量也显著提升，2016—2017年连续两年被世界著名品牌大会评为“中国最具投资潜力特色魅力示范县”，2016—2019年连续四年进步指数居全市第二，2017—2020年连续四年获评全省县域经济发展“十佳县”。取得了一批重大攻坚战果。打赢三大攻坚战，决胜全面建成小康社会取得决定性成就。贫困发生率从7.74%降为零，1554户4808人农村贫困人口全部脱贫，省级扶贫开发工作重点县实现摘帽，“量化折股扶贫模式”获评全国精准扶贫十佳典型。累计化解不良贷款10.5亿元、地方政府隐性债务5.97亿元，财政管理绩效综合评价位居全国前列。突破了一批长期制约发展的瓶颈问题。莆炎高速建宁段、浦梅铁路建宁至冠豸山段进入收尾阶段，“两高两铁”交通格局即将形成，获评“四好农村路”省级示范县。220千伏变电站建成投运，高质量发展能源保障更加坚实。有效化解尚和国际、万家财富、南方国际、福城等烂尾楼盘和爱心宾馆、河东棚户区拆迁等历史遗留问题，城市发展空间有力拓展，城镇化率从42.9%提升至47.1%。新行政服务中心建成投入使用，营商环境更加优良。创建了一批“国字号”品牌。荣获第四批国家生态文明建设示范县命名，创建闽江源国家湿地公园。入选首批国家农村产业融合发展示范园、全国农民合作社质量提升整县推进试点单位，获评全国100个农村创业创新典型范例、全国第四批率先基本实现主要农作物生产全程机械化示范县。获评2017—2018年度全国电商示范百佳县，成功争创全国电子商务进农村综合示范县（升级版）。

2021年是“十四五”规划开局之年，是中国共产党建党100周年，建宁县将以习近平新时代中国特色社会主义思想为指导，深入践行习近平总书记在福建、在三明、在建宁调研时的重要讲话重要指示精神，巩固拓展疫情防控和经济社会发展成果，继续做好“六稳”“六保”工作，主动对接谋划“三明实践”项目，做实做足“四篇文章”、推进“四个着力”、深化“五比五晒”，做强特色重点产业，保持经济平稳较快发展和社会和谐稳定，全方位推动高质量发展超越，为“十四五”规划实施和现代化建设开好局、起好步。主要预期目标是：地区生产总值增长7.5%以上；农林牧渔业总产值增长4%；规模以上工业增加值增长8.5%；第三产业增加值增长9%；固定资产投资增长8%；社会消费品零售总额增长8%；地方一般公共预算收入增长2%；城镇居民、农村居民人均可支配收入分别增长7%、8.5%。

（摘编：蔡志轩）

泰宁县产业经济发展概述

2020年，泰宁县坚持以习近平新时代中国特色社会主义思想为指引，统筹疫情防控和经济社会发展，经济运行在经历一季度全面下行之后呈现回升向好态势。全县地区生产总值增长3%；农林牧渔业总产值增长4%；规模以上工业增加值增长2.5%；地方一般公共预算收入增长2%；固定资产投资增长4.5%；社会消费品零售总额增长1%；城乡居民人均可支配收入分别增长2.9%和6.8%。令人振奋的是：

多项工作走在全省、全国前列。获得省上“五个一批”项目综合考评正向激励、环境质量提升、山水林田湖草生态修复等奖励和公立医院综合改革省上最高奖励，县级财政管理绩效综合评价跻身全国百强（居全国第53、全省第5、全市第1位）。

文旅康养产业迎来大发展。围绕串点成线、串珠成链，打造“三际三园一夜游”等精品项目，受到各方面一致好评。泰宁世界地质公园通过联合国教科文组织中期评估，获得“绿牌”。获评国家全域旅游示范区和省级森林养生城市，被授予全国影视指定拍摄景地，上榜中国最美乡村县。际溪村、崇际村入选全国乡村旅游重点村，并与水际村一同入选省级金牌旅游村。梅口乡获评省级森林康养小镇，耕读李家、境元获评省级森林康养基地。

2020年产业经济发展主要工作和成效有：

面对突如其来的新冠肺炎疫情危机，努力在大战大考中交出合格答卷。一是毫不松懈抓疫情防控。第一时间启动重大突发公共卫生事件一级响应，全力压实属地、部门、单位和个人“四方责任”，着力把好入泰、村（社区）、单位、家庭个人和诊所药店等五道关口，坚决打赢疫情防控阻击战。二是精准施策抓复工复产。开展“访企业、解难题、促六稳”专项行动，推出了支持企业和项目复工复产27条、落实“六保”任务44条等系列政策措施，组建147个服务专班，3月8日起，全县重点项目、规模企业、限上商贸企业复工率达100%。全年落实减税降费3700万元、专项补助2400余万元，帮助企业减少用电成本630余万元，国有资产类经营性用房减免租金290余万元，新增贷款54.5亿元、增长11.1%。三是多措并举抓提振消费。推出提振消费14条措施，先后举办“全闽乐购·乐购三明”线上线下促消费活动6场次，与“拼多多”合作在全市率先开展县长直播带货，全年完成网上交易额12.9亿元、增长4.7%；持续激活旅游市场，积极承接职工疗休养、研学培训等活动，先后组织开展旅游专场推介23场次，分期发放旅游消费券3000万元、住宿消费券200万元，全年游客接待量550万人次、旅游总收入48亿元。

面对全方位推动高质量发展超越新要求，努力在应变求变中开创良好局面。一是持续做实“四篇文章”。着力唱响“风展红旗如画三明”品牌，举办泰宁淘气节、国际帐篷节、环大金湖自行车骑游大会等活动20余场次，国铁集团对口支援该县，全年向上争取各类补助资金约11亿元、增长10%。加大工业“五品”开发，峨嵋峰水资源系列产品生产一期等9个项目建成投产，全年引进工业企业35家，完成工业投资22亿元、工业税收5700余万元，分别增长11%和1%。实施文旅康养产业提升行动，福建（泰宁）影视基地开园，夜游九龙潭二期、景阳书院、长兴房车营地等一批项目建成投用。二是持续深化“五比五晒”。以“项目攻坚年”活动为抓手，建立“5+1+1”工作推进机制，组建县招商服务中心，开展冲刺四季度五大攻坚专项行动，24 个列入省市重点项目、7 个专项债券项目按序时进度推进，通用航空机场选址已报送民航、军方待批准审核，新增泰宁邱洪出入口列入“福建省乡镇便捷通高速工程”，连续三个季度位列全市“五比五晒”考评小组第一；强化征迁攻坚，突破解决三晶硅品、三泰木业等历史遗留征迁难题，汽车站征迁基本完成，全年完成房屋征迁 4.5 万平方米、土地收储 370.5 亩，盘活利用城区闲置资产 24.7 万平方米。

面对全面建成小康社会目标，努力在决战决胜中践行庄严承诺。一是坚决打好打赢“三大攻坚战”。精准脱贫全面完成，80% 的行政村自有收入达到 10 万元，水际村入选全国森林旅游扶贫典型案例。污染防治持续推进，河湖长制工作成效明显，山水林田湖草生态保护修复试点和矿山生态修复治理工作基本完成，第一、二轮中央环保督察反馈意见整改任务按序时进度推进，建成生态文明展示馆，生态环境质量保持全省前列。防范化解重大风险有力有效，全年累计化解银行不良贷款 0.84 亿元，不良贷款率控制在 1.1%，新增债券资金 5.6 亿元，债务规模低于限额。二是深入实施乡村振兴战略。朱口益村新型住宅小区集中建设试点工作顺利推进。全面完成农村土地承包经营权确权发证、集体资产清查等工作，实现场村合作营林造林 2086 亩，新增耕地 2000 亩。培育省级“一村一品”示范村 4 个、农业产业化示范联合体 2 家、家庭农场 2 家、农业产业化重点龙头企业 7 家，科荟种业入选省级重点后备上市企业名单，泰宁岩茶入选全国首批优势特色产业集群建设名单。“一革命五行动”扎实推进，完成农村公路升级改造 56 公里、危桥改造 2 座，90% 行政村完成人居环境整治任务，100% 行政村建立垃圾常态化治理机制，乡村公厕实现全覆盖，大田、梅口入选省级乡村治理示范乡镇，17 个村入选省级乡村治理示范村。

2020 年各项工作的扎实成效，为“十三五”发展划上了圆满的句号。五年拼搏，综合实力显著增强。地区生产总值突破百亿元大关，年均增长 6.7%，人均地区生产总值达到 8.92 万元，比 2015 年末增加 1.48 万元；农林牧渔业总产值年均增长 4.4%；规模以上工业增加值年均增长 6.9%；社会消费品零售总额年均增长 7.1%；旅游接待量、旅游总收入年均增长 9.2% 和 10.4%；累计实施重大项目 191 个、总投资 177 亿元，固定资产投资年均增长 12.4%；累计完成地方一般公共预算收入 13.68 亿元；新增市场主体 3.2 万家，是“十二五”时期的 11 倍；城乡居民人均可支配收入达 35786 元、18484 元，分别年均增长 7.1%、8.85%。五年培育，转型效益日益凸显。“12345”发展战略引领旅游加快转型，累计建成森林康养基地 8 个、主题民宿 20 家，发展影视公司 43 家，入选全国森林康养基地建设试点县和全国乡村旅游典型案例，被纳入全省影视产业发展“2 + 1”布局。水资源和竹木制品全产业链初步形成，工业“五品”产值占工业总产值的 67%，园区企业从 29 家增加到 56 家，累计新增规模以上工业企业 19 家。“五个一”特色农业持续壮大，创建“寻找泰味”公共品牌，累计认证“三品一标”33 个，获评国家级出口杂交稻种质量安全示范区、国家级农产品质量安全县和国家级电子商务进农村综合示范县。五年攻坚，发展活力加速释放。重点领域改革落地见效，先后承办 10 余场市级以上现场会，小型农田水利设施运行管护、松材线虫病防治、内河船舶“多证合一”“多检合一”等经验在全省推广，培育国家高新技术企业 4 家，全社会研发经费支出年均增长 18%。五年建设，城乡面貌日新月异。“修古城、建新城、管老城”取得明显成效，建成区面积从 6 平方公里拓展至 7.5 平方公里，城镇化率由 48.8% 提高到 52% 以上，连续三年上榜中国最美县域。累计实施美丽乡村建设 45 个，水际村、际溪村、崇际村入选中国美丽休闲乡村，2019 年度实施乡村振兴战略工作实绩考核位居全市第一。全县公路总里程突破 1000 公里，“镇镇有干线”目标顺利实现，乡镇通等级公路率、建制村通硬化路和通客车率均达 100%。河湖长制全面深化，累计治理水土流失 12.5 万亩，建成安全生态水系 38.8 公里、堤防护岸 56.2 公里。

（摘编：唐启阳）

明溪县产业经济发展概述

2020年明溪县以习近平新时代中国特色社会主义思想为指导，统筹疫情防控和经济社会发展，做实“四篇文章”、推进“四个着力”、深化“五比五晒”，沉着有力应对各种风险挑战，经济社会发展稳中向好，被评为2020年度福建省县域经济发展“十佳”县。全县地区生产总值增长4%，地方一般公共财政预算收入增长3%，城镇居民人均可支配收入增长4.6%，农村居民人均可支配收入增长6.7%。

一年来，产业经济发展主要抓了以下方面工作：

疫情防控精准施策。面对疫情大战大考，第一时间启动重大突发公共卫生事件一级响应，累计安排疫情防控资金4248万元，2个核酸检测实验室建成投用，完成县总医院负压病房改造，防控和救治能力不断提升。生产生活秩序加快恢复，制定应对疫情推动农业工业服务业平稳健康发展工作方案、促进建筑业高质量发展九条措施等惠企惠民政策；“一企一策”帮助海斯福、南方制药、致格公司等企业解决实际问题，推动南方制药在新三板完成两轮融资1.3亿元，指导13家企业列入疫情防控重点保障企业名单；兑现租金减免、用电奖补、设备补助等惠企资金1550万元，全年减税降费5269万元，新增市场主体1069家。举办“首届乐购三明直播节”“农民丰收节”等促销活动，帮助企业及早复工复产，上半年主要经济指标实现由负转正。

做实老区苏区文章。把握国家新一轮支持苏区振兴发展、国家中医药管理局对口支援明溪等机遇，策划重点对接项目82个，总投资175亿元，累计向上争取资金增长17.26%。融入长征国家文化公园建设，县革命纪念园等六大特色展示点加快推进，万春桥等3处革命文物修缮工程开工建设，滴水岩成功创建国家3A级旅游景区，红七军团铜铁岭战斗旧址列入第十批省保单位。

做实工业产业文章。聚焦“专精特新”，推动“三新”产业高质量发展，海斯福三期全面投产，南方制药二期、旻和医药、瑞德医药、沃林大健康等项目部分试生产，启动实施海斯福四期项目，科顺新型防水材料、卓跃氟硅新材料等项目加快推进；海西联合药业与浙江昂利康制药开展战略合作，瑞博奥脱氧核糖项目基本完成主体建设；康墨改性隔膜、格林韦尔NMP纳米导电剂、玮士迈锂电池环保装备等产业链项目建成投产，“三新”产业税收占总税收34.8%，成为经济增长重要引擎。加强企业技改提升，大林森活性炭等9个项目列入省级重点技改项目库，海斯福获省级技改基金支持1亿元。坚持创新驱动，全县规上工业企业研发经费投入增长30.77%，高技术产业增加值占规上工业增加值达18.2%，居全市前列；新增国家级高新技术企业2家，新获国家授权专利146件，成立省氟新材料工程研究中心，海斯福等企业两个项目获省科技进步奖。

做实绿色生态文章。坚持生态产业化、产业生态化，大力推进全域生态观鸟、森林康养产业发展，成立“村社合一”观鸟合作社5家，心海森林康养项目扎实推进，新增森林人家2个、森林康养基地12个，打造国家、省级森林村庄10个。发展中草药为主的林下经济基地1884亩，组建全市首家中药材农业产业化联合体。坚持质量兴农、科技兴农、品牌强农，与省农科院开展科特派集团服务示范区战略合作，实施首期示范带动项目6个；新增裕相猕猴桃、百思味乌龙茶等绿色食品认证4个，明溪黄桃入选“全国名特优新农产品”

名录、“华山野茶”获国际茶博会金奖、博冠黄金果获市级百香果鉴评会金奖，永溪、旦上、温庄获评省级“一村一品”示范村，明溪列入第三批省级农产品质量安全县创建试点单位。保障粮食安全，粮食播种面积完成任务的102%。加强生态保护与修复，完成植树造林1.07万亩，治理水土流失面积2.51万亩，武夷山国家森林步道明溪示范段首期竣工，鸟类监测管理指挥平台建成投用，鸣溪省级湿地公园、国际候鸟迁徙通道保护与修复等项目扎实推进，闽江流域山水林田湖草生态保护修复试点获省上正向激励。

项目攻坚深入开展。全力推进“项目攻坚年”活动，实施攻坚项目244个，78个地区生产总值增长点项目新增产值8.49亿元；53个投资增长点项目完成投资22.34亿元；22个税收增长点项目新增税收8326万元；63个招商攻坚项目开工53个，完成投资100.63亿元。新增“五个一批”实施类项目73个，其中32个项目开工建设、41个项目建成投产；16个市级以上重点项目开工建设7个、投产4个，累计完成投资14.34亿元。坚持“合算又合规”，建立“一筛二看三详查四比选”招商机制，深化产业链招商、以商招商，成立广东顺德招商服务站，与漳州金峰经济开发区建立协同招商关系，组织各类招商活动，签约项目182个，落地开工项目135个，完成投资59.37亿元。扎实开展“征迁攻坚年”活动，28个征迁攻坚项目完成土地征收2397亩，征收房屋2.59万平方米，突破坪埠东路（二期）、南关溪地块等历年遗留征迁问题，提前完成县总医院门诊综合楼、民主路改造提升、林业车队地块征迁任务，为城市发展腾出更多空间。

重点改革攻坚持续深化。教育改革稳步推进，完成县一中、二中初高中办学衔接，义务教育管理标准化学校创建覆盖面达88.9%，普惠性幼儿园覆盖面达91.2%。医改持续深入，“全民健康四级共保”“4+7”药品集中采购扎实推进，医保出院患者报销比例提高到70.41%；探索“医防融合”改革，列为全市“医防融合”改革试点县，完成县疾控中心综合改革。林改持续深化，推广发放林权抵押贷款、“益林贷”等贷款1.45亿元。完成农村集体产权制度改革，股权颁证率达100%，胡坊“林票”、夏阳“房票”“地票”试点工作有序推进。加强国企退休人员社会化管理，推动国有资产整合运营，净资产增长18.2%。基本完成乡镇机构改革。

精美城市更具特色。坚持小而精、小而美，按照“东进、北拓、中提升”思路，高质量推进《明溪县国土空间总体规划（2020—2035年）》编制，初步完成生态保护红线、永久基本农田、城镇开发边界“三线”划定，全年保障建设用地654亩。东部新区加快建设，开发面积达528亩，县档案馆周边地块开发有序推进，明洲大酒店正式运营，获评国家三星级旅游饭店；城区功能不断完善，完成经济局宿舍小区、原化工厂房改房老旧小区改造，紫岭路（二期）、红豆杉路人行道、实验小学和消防大队路口改造等项目建成投用，新改建城市道路13公里、城市给排水各类管网25公里。欧侨广场、时代广场、金茂广场等商圈经济、夜经济加快发展，欧陆风情步行街竣工投用，雪峰镇入选中国淘宝镇，人气商气财气加速聚集。

美丽乡村更加宜居。坚持规划先行，完成10个省级乡村振兴试点村和7个城郊融合村村庄规划编制。坚持“两统筹、两统管”，9个市县农村新型住宅小区和瀚仙镇、沙溪乡农村村民住宅规划建设管理试点工作有序推进；深入推进“千村整治、百村示范”工程，龙湖村、御帘村市县美丽乡村精品示范村加快建设，梓口坊村全域土地综合整治项目列入国家级试点，夏阳村获评省级乡村振兴实绩突出村。农村人居环境整治取得实效，水冲式公厕实现行政村全覆盖，户用厕所无害化改造覆盖率达97.2%，农村生活垃圾治理、生活污水治理覆盖率分别达100%、86.04%，新改建农村公路35公里。

基础设施更趋完善。加快园区承载力提升，新征用土地779.05亩，盘活闲置土地126亩、闲置厂房1.23万平方米，完成二次招商4家，园区综合发展水平连续2年位居省级扶贫开发工作重点县开发区前5位。融入闽西南协同发展区建设，“明溪—鲤城山海协作共建产业园”新增投资4100万元，奋发山海协作产业园首动区完成征迁438亩。

（摘编：李元）

将乐县产业经济发展概述

2020年是全方位推动高质量发展超越进程中极不平凡的一年，将乐县一手抓疫情防控，一手抓“六稳”“六保”工作。一年来，将乐县坚持以习近平新时代中国特色社会主义思想为指导，紧紧围绕“148”工作机制，全面贯彻落实中央和省市决策部署，科学应对复杂形势，主动克服重重困难，夯实了稳增长、保态势的坚实基础，全面建成小康社会和“十三五”规划实现圆满收官。在毫不放松抓好疫情防控的同时，科学有序组织企业复工复产，及时落实惠企惠民政策，积极争取地方政府债券、中央预算内投资等项目资金8.51亿元，增幅84.2%，用情帮助企业解决用工、资金、市场开拓等困难，发放纾困贷款1.38亿元，落实减税降费8055万元，与16家企业签订“一企一策”备忘录。据初步统计（下同），2020年全县地区生产总值165亿元，增长4%；城镇和农村居民人均可支配收入分别增长5%和8%。

2020年，产业经济的主要工作成效是：

以善作善成的决心促转型，产业结构优化升级。工业经济逆势前行。面对疫情大考，大部分规上企业经受住了考验，呈现出逆势发展的良好势头。轻合金产业势头强劲，金瑞高科新上1条4000T半固态压铸生产线，中标5G产品62款，比增47.6%，5G产品销售收入约1.2亿元；瑞沃康普成功试制多套模具产品，研发的航空用通信滤波器壳体得到美国卫讯公司青睐。传统企业不断加大技改，全年工业技改投资增长30%。开发区四期、轻合金产业园等项目加快推进，新增规上工业企业14家，为工业经济平稳运行提供了坚强保障。延伸了创新航线。与厦门钨业共建全市首家山海协作创新中心，加快轻合金材料加工与应用的关键共性技术与创新性成果研发；与中山大学、福州大学、福建建工集团合作，搭建了中山大学实训基地、量子点研究院（将乐分院）等平台。培育18家省科技小巨人和24家科技型中小企业，数量在全市前列。加速布局70个5G基站，城区重点区域覆盖率达90%。现代农业蓄势发力。粮食产量达7.72万吨，比增1.5%。种养基地持续壮大，芙蓉李、脐橙和水稻制种基地分别增加5700亩、3450亩、3000亩，建成温氏高标准养殖示范区7个、新增养鸭大棚100栋。新型经营主体加快培育，新增市级以上重点龙头企业18家、农民合作社和家庭农场15家。通过直播带货等方式，进一步拓宽了农特产品销售渠道。第三产业集聚发展。森林康养产业健康有序发展，全年接待游客、旅游收入分别增长3.6%、2.1%。以开展体育赛事、文化活动持续集聚人气、扩大消费，连续五年举办皮划艇、越野挑战赛等精品赛事，成功举办全国女子水球冠军赛等活动。国家女子水球队正在我县备战奥运会，极限运动中心投入使用。物流业保持向好发展态势，全年引进物流企业31家，其中冷链物流8家，货车吨位增长率居全市第一。鼓励永辉、琼伟等连锁商超新设商铺4家，电子商务、金融、房地产、健康养老等产业发展势头良好。拓展了改革路线。盯住企业和群众反映的环节多、来回跑等痛点、堵点，深入推进“放管服”改革，全县所有办理事项法定时限压缩比例88.7%，企业开办时间缩短到1个工作日内，在全省靠前，不动产登记工作走在全市前列。探索推广的“林票”制，解决了林业生产周期长、见效慢的矛盾，切实调动广大林农造林护林的积极性，全年发放林票2312.8万元，面积2.9万亩。竹林碳汇项目全省最多。

以共建共享的理念促融合，城乡面貌焕然一

新。城市建设显新姿。蝉联三届省级文明县城，万安镇建筑风貌管控工作接受省委省政府工作检查，得到省市充分肯定，并在全市推广。龟山、航华和县医院宿舍楼老旧小区改造项目主体完成，南门头老旧小区改造项目加快推进。强力开展“两违”整治，拆除违法建筑 24.6 万平方米。原供销社、原脱脂厂等地块拆除腾空，全年拆迁腾地 2.4 万平方米。盘活批而未供土地 497.5 亩。智慧将乐一期工程投入使用。乡村风貌展新颜。统筹整合资金 2040 万元用于村容村貌提升、农房整治等工作。“一革命四行动”任务基本完成。随着农村人居环境整治工作的深入推进，各乡镇均探索出了适合自身发展的整治路子，乡村面貌得到进一步改善提升。基础设施开新篇。霞客邑道和沙余线竣工通车。西彦水厂、建筑垃圾消纳场投入使用。洋新线、生活垃圾填埋场二期扩建等工程顺利推进。新增城乡污水管网 34.5 公里、天然气管网 5 公里。全面完成农村公路建设任务，改造危桥 4 座。实现县域带电作业全覆盖，电网供电能力和安全保障水平不断提升。

以决战决胜的信心破难题，三大攻坚战圆满收官。脱贫成效巩固提升。全面落实就业、产业、金融、健康、教育等扶贫政策，整合各类资金 4537 万元专项用于扶贫工作，加快推进住房、饮水安全巩固提升和产业发展等扶贫项目 123 个。生态环境持续向好。坚持铁腕执法，全力打好蓝天、碧水、净土攻坚战，空气和流域水环境质量保持全省前列。被评为“中国天然氧吧”。各类风险管控有力。政府债务风险整体可控。扎实推进安全生产专项整治三年行动，强化房屋、道路、矿山、危化品等重点领域隐患排查整治，全年未发生较大及以上安全事故。野生动物养殖场退养转产工作得到稳妥处置。

“十三五”时期，将乐县深入学习贯彻习近平新时代中国特色社会主义思想，积极践行新理念，坚持高质量发展，全力推进三大攻坚战，扎实推进稳增长、促改革、调结构、惠民生、防风险、保稳定各项工作，较好完成了“十三五”规划确定的各项目标任务。五年来，综合实力明显提升。地区生产总值、地方一般公共预算收入分别年均增长 7.1%、1.2%，城镇居民人均可支配收入、农村居民人均可支配收入分别年均增长 7.5%、9.4%，规模以上工业增加值等指标增幅连续多年保持全市前列。全县地方税收年均增长 7.7%，税收大户金牛水泥成为全市唯一进入省民营企业百强榜单的企业。开发区企业从 63 家增加到 110 家，实现税收 6.68 亿元，获评全省首批循环经济示范园区，获得国家“双创”升级版扶持中小企业发展专项资金 4500 万元。医改和打造“绿水青山”赢得“金山银山”两项经验做法获国务院通报表扬。以第二名的好成绩首次进入全省县域经济发展“十佳”县。

产业结构更趋合理。三次产业结构由 13.6∶51.1∶35.3 调整优化为 12.5∶51∶36.5。特色农林产业朝着集约化、规模化方向迈进，蜜饯、炭都科技、缘福木质素、福瑞华安种业等一批好项目入驻，温氏养鸭规模逐步扩大，带动村集体和农民增收。工业经济保持强势发展态势，装配式建筑、量子点等新兴产业异军突起，重点培育的轻合金产业从无人知晓到引起国内外铸造行业关注，产业链条初具雏形，采用半固态工艺研发的“复兴号”动车门锁、5G 通信配件等产品销往全国各地。培育了森林康养基地、文博小镇、特色体育赛事等现代服务业新增长点，旅游、电子商务、物流等服务业持续健康发展。

发展活力不断增强。持续比招商、晒项目，深化“五比五晒”，招商引资工作在各个领域都有了新气象新突破，引进中科、煌源、旭牧联等一批好项目，为项目接续建设和高质量发展备足了后劲。敢啃硬骨头，重要领域改革蹄疾步稳，医改、林改、河湖长制、总园制等民生领域改革得到上级肯定和群众认可，“放管服”、农村集体产权制度、国有企业等改革取得积极成效。更加注重创新发展，培育的高新技术企业数量居全市第三；克服本土人才、技术等瓶颈，以深化产学研合作为抓手，积极嫁接高校院所科研力量，促进一批科技成果转化，获得国家和省级科技进步奖 3 项。

（摘编：唐启阳）

沙县产业经济发展概述

2020年，沙县深入学习贯彻习近平新时代中国特色社会主义思想以及党的十九大和十九大以来历次中央全会精神，围绕做实做足“四篇文章”、推进“四个着力”、深化“五比五晒”，深入开展“项目产业发展攻坚年”活动，打好“项目产业百日攻坚大会战”。初步统计全县地区生产总值增长3.2%；农林牧渔业总产值增长4.5%；规模以上工业增加值增长3.3%；地方公共财政收入增长3%；全社会固定资产投资增长4.5%；社会消费品零售总额增长1.5%；城镇居民人均可支配收入增长3.5%；农村居民人均可支配收入增长7%；城镇登记失业率为2.19%，居民消费价格水平总体平稳。

在抗击新冠肺炎疫情中砥砺前行。面对突如其来的新冠肺炎疫情，沙县第一时间启动重大突发公共卫生事件一级响应。按照“外防输入、内防扩散”工作总要求，制定扶持农业12条、中小微企业18条、建筑业和房地产业13条、服务业11条、小吃业10条等政策，有效推动经济企稳回升。

在撤县设区机遇中谋求发展。按照市委市政府的统一部署，全面启动撤县设区工作，国务院已经受理并批转至民政部审核办理。同时，市县同城化持续推进，按照“产业民生先行、先易后难、高位规划、统筹推进”的原则，先行启动教育、医疗、交通、产业、金融、规划、电力等惠民举措，并取得了阶段性成效。在交通方面，优化延伸市县公交线路，统一运营价格，由原来的5元/人次降为2元/人次，推进三沙生态旅游区公路项目建设。

在“六稳”“六保”工作中攻坚克难。落实阶段性减免企业社会保险费、税费等政策，共减免失业保险费、企业养老保险费、工伤保险费等1.5亿元。向青山纸业、未来药业等526家企业发放稳岗返还资金359.38万元，惠及企业职工1.24万人。梳理出15个部门57项惠企政策兑现事项，累计办理2.23万件，兑现金额达6786.89万元。全县城镇新增就业1450人，失业再就业750人。27个省市重点项目、70个市“项目攻坚年”项目和219个县重点项目进展顺利。紧跟中央投资项目、地方政府专项债、新基建等政策，共争取到上级资金21.09亿元。启动“十四五”规划编制，谋划布局公共服务、新基建等480个重大项目。

回首五年的创新发展，最催人奋进的是，经济转型迈上新台阶。以深化供给侧结构性改革为主线，逐步优化产业结构，预计三次产业比例由2015年末的11.2∶60.3∶28.5调整为10∶59∶31。现代农业稳步发展。三明（沙县）国家农业科技园通过科技部验收授牌，农民创业示范基地升格为省级农民创业园；建成夏茂千亩制种、高桥50万羽蛋鸡养殖、神州克劳沃花卉物流等特色农业基地。工业实力不断增强。重新梳理、培育形成高端机械装备、硅及化工新材料、食品加工及生物医药等三大工业主导产业，2020年预计完成产值455亿元，占全县规上工业产值的49%，获评“中国无机硅之乡”。文旅康养产业提质升级。新组建沙阳文旅集团，水美土堡群获评沙县首个全国重点文物保护单位，马岩生态园入选第四批全国森林康养基地试点建设单位和全省首批职工疗休养示范基地；新增国家3A级旅游景区3个，游客年均接待量、旅游年均收入分别增长8.58%、13.12%。现代服务业活力迸发。闽中快递物流园、陆地港专业市场二期等项目竣工营业，邮政、顺丰、京东、“四通一达”三明、南平快递物流分拨中心落户我县，电商交易额年均增长12%。综合实力大幅提升。五年来，全县地区生产总值年均增长6.6%，规模以上工业增加值年均增长7.5%，全社会固定资产投资年均增长11.4%；城镇、农村居民人均可支配收入分别年均增长7.4%、8.6%。2017年以来，连续三年荣获市对县绩效考评优秀等次。

重点项目有序推进。深化“五比五晒”，以“工作项目化、项目清单化、清单责任化”为抓手，将重点工作纳入项目化管理。建立项目攻坚微信群，完善“一月一协调、一季一督查、半年一观摩”机制。天华智能、金杨电池零部件生产等142个省市重点项目，城乡供水一体化、思凯兰航空通航实训基地等1197个县重点项目进展顺利，完成“五个一批”项目414个。2017年、2018年连续两年获得全市“五比五晒”项目竞赛综合考评第一名。招商引资成果丰硕。组建县招商服务中心，扎实推进重点产业招商专项行动，实施金古园产城融合项目，加大二次招商力度，共签约绿色纤维产业园、大型高端装备关键零部件研发和生产等项目348个；落地立宜信节能环保设备制造、闽耀金属套件深加工等项目180个，总投资170亿元。营商环境提质优化。深化“放管服”和工程建设项目审批制度改革，梳理“最多跑一趟”“一趟不用跑”事项1259项，占所有审批服务事项的99.6%，审批和服务事项的承诺时限已压缩至法定时限的20%以内。

深化改革实现新突破。以列入全省首批县域集成改革试点县为契机，深化“金木水火土”农村改革。“金改”破解企业融资困难，创新推进企业资产按揭贷。“林改”完成全国林权类不动产登记规范化制度建设试点工作，开展集体林地“三权分置”改革，在全省率先推行“四共一体”共享经营模式和重点生态区位商品林赎买新模式；在8个乡镇20个村开展“林票制”试点改革，发行林票4033万元。“水改”以全省首批综合治水试验县为契机，破解水生态文明建设中多头监管、职责交叉等难题。“火改”依托沙县小吃集团，加速市场扩张，推进加盟连锁。小吃产业园、文昌美食街、中央厨房、冷链物流等项目建成投产或部分建成投产。积极融入国家“一带一路”倡议，沙县小吃遍布全球62个国家和地区。据统计，沙县小吃门店超8.8万家、从业人员超30万人、年营业额超500亿元。沙县小吃制作技艺已通过国家级非物质文化遗产项目评审，正在公示。沙县小吃国际文化交流中心被中国侨联授予“中国华侨国际文化交流基地”。“土改”在全省率先建立农村产权交易中心，共流转耕地14.75万亩，流转率达74.3%；在夏茂镇开展“房票”“地票”改革试点，成立全省首个乡镇农村产权服务中心。

城乡发展呈现新面貌。城市功能日趋完善。城市建成区面积增加3平方公里，新建商品房面积179.9万平方米；开展城市“五难”治理，新建停车场12个，新增标准公厕16个，改造老旧小区4个，打通金陵南路等城市“断头路”15条，改扩建三官堂路、建国路等道路12条，形成“六横六纵”城区路网结构。新建或改建七峰叠翠、鼓楼坪、铁路公园示范段等17个城市公园，建成“最美沙县”灯光秀、“印象沙县”3D水幕秀、“灵动沙县”喷泉秀，实现300米见绿、500米见园。乡村振兴扎实推进。现行标准下，全县建档立卡贫困人口1401户3159人顺利实现脱贫，32个建档立卡贫困村、14个空壳村摘帽退出。持续开展“一革命五行动”“两高”沿线整治专项行动、村庄清洁行动，乡镇生活垃圾转运系统实现全覆盖。夏茂镇被列入全省乡村振兴重点特色镇，凤岗街道水美村、富口镇白溪口村等10个村入选全省“千万工程”试点村，夏茂镇长阜村、富口镇白溪口村、南阳乡大基口村列入全市创建美丽乡村精品示范村。夏茂镇连续三届获评全国文明村镇，高砂镇连续两届获评全国文明村镇。生态环境不断提升。打好污染防治攻坚战，空气优良率常年保持99.66%以上，流域水质均符合地表水Ⅲ类标准；全面推行“河（湖）长制”，县级流域河长履职制度被水利部评为2018年基层治水十大经验之一，连续3年考核位居全市前列。

（摘编：尤文凡）

尤溪县产业经济发展概述

2020年，尤溪县坚决贯彻党中央、国务院和省市决策部署，因时因势打出了战疫情、促发展的“组合拳”，深入开展城市开发建设、乡村振兴、工业项目和园区平台、重大交通基础设施建设“百日攻坚”行动，较好完成了年度各项目标任务。全年实现地区生产总值226.7亿元，增长3.5%；农林牧渔业总产值88亿元，增长4.0%；规模以上工业增加值增长3.0%；地方一般公共预算收入8.37亿元，增长3.1%；固定资产投资增长3.9%；社会消费品零售总额65亿元，增长1.5%；城镇居民人均可支配收入37887元，农村居民人均可支配收入19947元，分别增长4.0%、6.5%。产业经济发展主要抓好以下方面工作：

抓疫情防控，着力促进健康安全。疫情防控有力有序，在全市率先实施全面暂停城区公交、出租车运营等有效措施，严密抓好境外、中高风险地区来尤人员跟踪健康管理，构筑起县、乡、村（社区）三级防控网络，自2020年2月16日起无新增确诊病例和疑似病例。公共卫生服务能力持续提升，完成核酸检测65343人次，完成第一阶段疫苗接种任务；综合推进县级医疗机构规范化建设，谋划实施疾病预防控制中心综合楼等17个项目，总投资20.5亿元。

抓重点攻坚，着力促进难题破解。全力打赢三大攻坚战，脱贫攻坚取得全面胜利，金融风险总体可控，不良率降至0.79%；污染防治成效明显，城市空气质量优良天数比例达100%，全县流域断面水质稳定达Ⅲ类标准以上，饮用水水源地水质均达Ⅱ类标准以上，水土流失率下降至7.13%。全力推进“项目攻坚年”活动，争取各类债券资金额度16.05亿元，全年共开展招商对接活动86场，签约项目109个，总投资162.3亿元，注册轻资产企业148家；“五个一批”新增开工项目47个、新增投产项目51个。

抓产业发展，着力促进经济提质。现代农业强基增效，完成粮食播面33.6万亩、粮豆总产量13.5万吨；加快推进省级现代食用菌产业园建设，食用菌全产业链产值达25亿元；实施华达茶叶精制茶加工迁建等12个项目，完成投资17亿元；祥云生物等第一批3家重点企业实现产值15亿元，增长16%。新增农民合作社7家、家庭农场11家，水稻生产综合机械化率达79.8%。工业经济稳中向好，企业复工复产措施有力，2020年5月底全县工业企业全部复工、所有规上工业企业实现达产，全年共减少企业用电成本4327.8万元，减租931万元。纺织产业实施“建链补链强链”工程，顺源6.5万锭粗细络联智能数字化纺纱、东方鑫威等项目建成投产，康运蕾丝花边面料智能化生产车间等项目投入使用，旭源35万锭混纺纱一期等项目序时推进。林产工业有效应对美国“双反”调查等外部市场冲击，44家林业规上企业总产值突破100亿元，实现逆势增长；竹木加工集中区动工建设。第三产业企稳回升，开展“我家在景区·度假来尤溪”系列旅游营销宣传活动，全域旅游实现复苏回暖，全县接待游客360万人次，实现旅游总收入33亿元，古溪星河获评国家4A级旅游景区，久泰小镇等3个景区获评国家3A级旅游景区；围绕“全闽乐购”主题，开展“网红直播”等助销活动，打造“我家尤礼”主播带货平台；启动闽中网货集散和快递物流运营中心等项目建设，全县完成电子商务交易额20.78亿元、网货零售额10.93亿元，分别增长12.6%、12.8%。

抓城乡建设，着力促进协调发展。城市发展有成效，西城新区建设取得阶段成效，签订房屋征收补偿安置协议104份，18个项目建设扎实推进；前进路等3个老旧小区改造基本完成，工人文化宫等一批基础设施项目有序推进，璞玥澜山等楼盘开工建设。城市管理有作为，实施城市管理“五难”治理攻坚行动，新增公共停车泊位312个，新建改造公厕9座，基本完成紫阳公园等5个公园绿地老年儿童活动设施改造提升。乡村面貌有提升，启动新阳中心片区建设，实施渔溪线等10个项目，农民文化主题公园等5个项目建成投入使用；抓好乡村振兴“两带一镇十村”示范创建，11个重点村实施项目103个，完成投资7741.2万元；加强农村村民住宅规划建设管理，溪尾乡、新阳镇被列入全市农村新型住宅小区集中建设试点乡镇；推进农村人居环境整治“一革命五行动”，全县无害化厕所普及率达96.08%，完成村庄规划编制102个，完成裸房整治700幢；深入实施农村公路提档升级三年攻坚行动，完成农村公路新改建及损毁修复134公里。

过去的五年，尤溪县成功克服了经济下行、新冠肺炎疫情等诸多困难挑战，较好完成了“十三五”规划，全面建成小康社会取得决定性成就。

综合实力实现大幅提升。全县主要经济指标实现较快增长，地区生产总值年均增长6.7%；一般公共预算总收入和地方一般公共预算收入实现双增，分别比2015年增长16.2%、14.1%，跻身全国县级财政管理绩效先进行列；外贸进出口总额从5.95亿美元增加到10.27亿美元，生产企业进出口规模连续五年居全市第一；全体居民人均可支配收入为26426元，比2015年增长54.6%。

产业发展实现重大突破。三次产业结构更趋合理，从25.3∶43.4∶31.3调整为23∶40∶37，形成了“3+2+2”产业发展新格局。工业方面，纺织产业成为第一大支柱产业，产值突破260亿元，混纺纱能力突破140万锭，被授予“中国混纺纱名城”；林产工业产值实现107.4亿元，林产品出口居全市首位，是全市唯一的省级林产品外贸转型升级基地县；矿产业实现绿色发展，铅锌企业从原来25家整合到1家，绿色铅锌产业园及非金属深加工产业集中区建设有序推进；工业园区建设取得重大进展，城南园、城西园初具规模，新建香精香料产业、临港工业等专业园区，形成“一区多园”发展新格局，尤溪经济开发区综合发展水平考核评价连续四年位居全市榜首。农业方面，农林牧渔业总产值历年位居全市首位，被列入首批国家农产品质量安全县、全国农村一二三产业融合发展先导区创建单位，被评为国家农村产业融合发展示范园、全国十大生态产茶县、全国休闲农业和乡村旅游示范县，联合梯田入选全球重要农业文化遗产。服务业方面，“我家在景区·度假来尤溪”品牌全面打响，创建5个国家4A级旅游景区、11个国家3A级旅游景区、28个国家和省级乡村旅游特色品牌，A级景区数量从无到位居全省首位，被国家文旅部认定为国家全域旅游示范区、全国旅游标准化示范单位。农村电商综合示范创建纵深推进，被评为全国县域电商示范百佳县、全国电子商务进农村综合示范升级版。

城乡面貌实现显著改善。城市功能优化提升，县城建成区面积拓展到15平方公里，城镇化率由41.8%提高到48.5%，初步形成宜居宜业宜商的山水新城，古城展现新貌；西城片区，加快西城新区开发建设，物流园等5个项目及配套设施建成投入使用。乡村建设步伐加快，半山村入选全国乡村治理示范村，西城镇和城关镇下村村等10个村列入省级乡村振兴试点镇、村，洋中镇、溪尾乡被列入省级乡村治理示范乡镇，尤墩村等29个村被列入省级乡村治理示范村；闽中综合交通枢纽初步形成，五年来累计投资141.2亿元，厦沙高速尤溪段、莆炎高速尤溪中仙段建成通车，新建改造农村公路315.48公里；水利基础设施网络更加完善，五年来实施防洪减灾等五大类71个项目，累计投资26.22亿元，投资体量位居全市首位；供电保障能力稳步提升，五年来累计投资3.35亿元，汤川风电等重大项目建成投产；信息设施建设持续加快，五年来累计投资1.8亿元，固定宽带家庭普及率达25.6%，农村光纤到户用户占比达15.8%。

（摘编：尤文凡）

大田县产业经济发展概述

2020年，面对新冠肺炎疫情带来的困难，大田县深入学习贯彻习近平新时代中国特色社会主义思想以及党的十九大和十九大以来历次中央全会精神，按照上级党委政府和县委各项决策部署，全力做好“六稳”工作、落实“六保”任务，做实“四篇文章”、推进“四个着力”、深化“五比五晒”，以“十大攻坚会战”为抓手，全方位推动高质量发展超越。初步统计，全县地区生产总值228亿元，增长4.1%；规模以上工业增加值增长2.8%；地方一般公共预算收入7.43亿元，增长3%，实现由负转正；城镇居民人均可支配收入39374元，增长4.5%；农村居民人均可支配收入19682元，增长7.5%。

2020年，产业经济的主要工作和成效是：

着力抓防控稳增长，经济保持平稳运行。疫情防控有力有效，坚持“外防输入、内防反弹”，县疾控中心被授予“福建省抗击新冠肺炎疫情先进集体”荣誉称号。全力落实“六稳”“六保”。不失时机推进复工复产，深入开展突破“难、硬、重、新”和“访、解、促”专项行动，及时出台支持中小微企业共渡难关、打通复工复产“五难”操作链工作方案等政策措施，3月10日起，全县重点项目和规模工业、限上商贸、农业龙头等企业全面复工，全年共落实减税降费9295.37万元，帮助企业节约用电成本5906.05万元、减租597.33万元，推动18家企业列入市融资担保企业“白名单”，发放小微企业纾困贷款6757万元，降低企业融资成本1850万元，办理应急转贷2.2亿元、政府性融资担保6070.5万元，通过开展“直播带货”活动，带动全县50家商贸企业参与线上线下促销，网上零售额销售增长10%，稳步推进23家县属国有企业整合重组，国有企业退休人员社会化管理工作基本完成。项目建设提速增效。抢抓中央支持振兴老区苏区发展政策的契机，进一步唱响“风展红旗·如画三明”品牌，将扶持政策转化为项目和资金，共向上争取各类补助资金16.08亿元；坚持早部署、早推动，持续深化“项目攻坚年”活动，新增省级“五个一批”项目228个、总投资467.14亿元，广建环保、超越科技等73个项目开工建设，聚丰铸造、腾达保温材料等58个项目建成或部分建成；组建县招商服务中心，新签约亿元及以上项目118个、总投资283.37亿元，凯沃铸件、冠耀环保建材等67个亿元以上项目落地建设。发展后劲增强。兴泉铁路（大田段）建设加快推进，莆炎高速（大田段）具备通车条件，国道纵五（大田段）二期全线贯通，总投资12.5亿元的新岩水泥技改项目顺利实施，总投资3亿元的科华石墨项目建成投产。

着力调结构促转型，质量效益明显提升。工业进的势头不断增强。坚持改旧育新两手抓，实施省、市重点技改项目87个，完成技改投资29.83亿元，鑫鹭峰破产重整进入收尾阶段，将成为全市首例企业破产重整成功案例，出台铸造、水泥等行业扶持政策，实现县内省级龙头企业和专精特新企业“一企一策”全覆盖，新增规模以上工业企业13家，新培育国家级高新技术企业6家、科技型中小企业11家，新开发园区面积2100亩，铿锋螺丝、维真园医药等16个工业重点项目建成或部分建成。农业稳的基础不断巩固。粮食安全省长责任制得到全面落实，成功举办首个国际茶日专场活动以及开茶节、丰收节、高山茶文化节等系列活动，“大田美人茶”列入全市茶叶重点发展品牌、两次登上央视宣传报道，大田县入选第二批福建特色农产品优势区，获评“美丽中国·魅力文旅目的地”称号，“华兴茶油”“济阳黄花菜”获国家地理标志证明商标，元沙、昆山被评为省级“一村一码”示范村，大田新奇特水果联合体被评为农业产业化省级示范联合体，新培育家庭农（林）场82个、专业合作社45个，其中省、部级示范社3个，新增“三品一标”认证农产品24个，新种植青梅面积1200亩，大田美人茶文创园、五兴肉兔等9个重点特色农业项目顺利实施；持续深化农村产权制度、林票制改革，文江成为全市首个整镇推进林票制度改革的乡镇。三产优的要素不断集聚。制定软件和信息产业扶持政策，大力发展数字信息产业，市网络生态治理中心落户我县，引进美亚柏科等6家网络科技行业龙头企业成立合资公司或设立分公司；翰霖泉森林康养基地、桃源最氧睡眠小镇分别获评省、市森林康养基地，济中获评第二批全国乡村旅游重点村，屏山大峡谷红色文化旅游、问佛谷生态旅游等10个项目动工建设，武陵大石欢乐谷景区、建设琵琶堡生态休闲旅游、福道鑫物流仓储中心3个项目建成运营；新增规模以上服务业、限上贸易企业39家，预计服务业增加值达62.5亿元，同比增长6.5%。

着力补短板提品质，城乡建设协调推进。城市建设持续发力。坚持“依法和谐征迁”，原汽车站片区、原火电厂及福田桥头片区改造有力推进，完成商住用地征迁602.44亩，兴泉铁路客运站站前路及站前广场、城乡供水一体化（一期）工程等市政项目稳步实施，三远大爱城、美地福邸、源昌誉璟台等开发项目加快建设，新建改造城区给排水管网27.85公里、天然气管道13.8公里，城区智慧停车系统、地表水厂（二期）、河滨健身栈道（三期）、生活垃圾应急填埋场等设施建成投入使用。城乡管理日益精细。持续开展市容市貌攻坚会战和城市管理“五难”治理专项行动，新增城市停车位180个，新建改造城乡农贸市场4个、城市公厕7座，整治背街小巷152条，完成老旧小区改造提升806套，拆除旱厕1557座，新建村镇公厕31座、旅游公厕15座，无害化改造厕所600户，村庄绿化267亩。乡村振兴稳步推进。高标准编制梅林、仙峰等22个试点乡村规划，强力推进10个省级乡村振兴试点村建设，阳春、上地被评为省级乡村振兴实绩突出村；统筹实施农村安全饮水、电网升级改造等项目，良元220千伏输变电工程基本建成，完成农村公路提档升级53.29公里，新开通城乡公交线路4条，实现18个乡（镇）生活污水处理设施全覆盖。

2020年是“十三五”规划的收官之年。五年来，大田县致力机制活，改革开放纵深推进。国家农村产权流转交易服务标准化、省级新型城镇化等一批试点任务落户大田，河长制工作被列为改革开放40周年“福建影响力”优秀案例；铁路从无到有，国道纵五（大田段）一期、泉南高速上京互通口建成通车，累计投入78.5亿元新改建高速31.8公里、国道51.8公里、三四级道路268公里，开放合作空间进一步拓展。

五年来，大田县致力产业优，结构调整成效显著。全县地区生产总值从143.22亿元增长到228亿元，年均增长7.4%，累计签约落地亿元以上项目113个。机械铸造、水泥建材等传统产业由弱到强，红狮水泥被列为省级龙头企业，省矿山机械及冶铸产品质量监督检验中心有效运营，国家开放大学铸造学院落户大田县，被列为“中国铸造产业集群试点县”；上京、均溪、罗丰等工业园区从无到有、从小到大，清航无人机、科华石墨等一批新兴产业项目落地建成，新增高新技术企业17家、科技小巨人领军企业5家，“交叉双旋翼复合推力尾桨无人直升机”项目获中国“互联网+”大学生创新创业大赛总冠军。“两茶一硒”攻坚行动持续深化，主导制定《美人茶》等4个省级团体标准颁布实施，“三品一标”农产品实现成倍增长，获国家地理标志证明商标5个，获评“全国十大魅力茶乡”，被列为省级富硒农业产业开发重点县、农产品质量安全县、平安农机示范县。创建国家A级景区5个，大田创业创新产业园建成运营，获评国家级电子商务进农村示范县，网络生态治理、网络直播等数字经济悄然兴起。

（摘编：王一星）

莆田市产业经济发展综述

2020年，莆田市坚持以习近平新时代中国特色社会主义思想为指导，全面贯彻党的十九大和十九届二中、三中、四中、五中全会精神，深入学习贯彻习近平总书记重要讲话重要指示批示精神和治理木兰溪的重要理念，增强“四个意识”、坚定“四个自信”、做到“两个维护”，扎实做好“六稳”工作，全面落实“六保”任务，突出开放招商、强化项目带动，实施强产业、兴城市“双轮”驱动，全方位推动高质量发展超越，奋力追赶全年目标任务，全面建成小康社会取得决定性成就。初步统计，地区生产总值2700亿元，增长3%；一般公共预算总收入231.3亿元，增长2.2%，地方一般公共预算收入147.1亿元，增长2.8%；固定资产投资额与上年持平；社会消费品零售总额1625亿元，与上年持平；外贸进出口额580.5亿元，增长43.4%；实际利用外资9.6亿元，增长6.5%；居民人均可支配收入3.2万元，增长5%；城镇登记失业率2.41%；居民消费价格总水平上涨2%。

一年来，莆田市全力以赴、全民动员、全心投入，高标准蝉联全国文明城市，摘取全国双拥模范城“六连冠”，湄洲岛晋级国家5A级旅游景区。城市新区落子起势，木兰溪南岸土地综合整治和生态修复试点获国家批准。改革创新成效斐然，获批国家跨境电子商务综合试验区、新能源产业创新示范区、北斗三号综合应用示范城市、产融合作试点城市和信息消费示范城市。各项工作取得了新成效：

众志成城，坚决打好打赢抗击疫情的“莆田战役”。面对突如其来的疫情，莆田市坚持把人民群众生命安全和身体健康放在第一位，全市上下团结一心、英勇奋斗，全力抗击新冠肺炎疫情。1月24日，启动一级响应，在全省率先实行“三个一律”“三个严禁”等超常举措，迅速铺开全市疫情防控工作；1月27日，暴发首起整村聚集性疫情，创新实施整村易地集中隔离，打赢了全省规模最大的聚集性疫情歼灭战；2月3日，全省首个治愈患者出院，3月7日全市本土住院病例、确诊病例、疑似病例全部“清零”，从首例确诊到全部清零仅用42天。在这场大战大考中，18名医护人员逆行出征、驰援武汉、载誉而归。在这场大战大考中，16万党员干部冲锋在前，医护人员白衣为甲，公安干警百战不殆，志愿人员默默奉献，镇街村居干部、环卫工人等一线人员昼夜坚守，海内外同胞守望相助，共同筑起守护生命的铜墙铁壁，换来妈祖故乡的平安无恙。每个人都是英雄，每个人都了不起！

抢占先机，创新创造复工复产的“莆田模式”。疫情没有阻挡莆田发展的脚步，从防护物资紧缺到企业火线转产，莆田市创新“三原三联”模式，用10天时间实现日产口罩从0到200万的蝶变；从精准援企稳岗到畅通“五难”链条，在全国率先出台支持中小微企业共渡难关10条等措施，创新莆惠金服平台、投保专项资金、复工复产综合险、稳外贸企业直通车、“莆田餐巴”等，为各行各业纾困解难，企业降本减负35亿元、新增贷款230亿元，用两个月时间全面实现复工复产，中央重点媒体80多次报道我市复工复产，为莆田模式叫好点赞。

创新赋能，全力加速产业转型升级。实施“343”重点产业发展计划，市领导挂帅十大重点产业链长，出台“双招双引”10条等措施，引进亿元以上产业类项目119个、总投资1496亿元，落地投资额396亿元的丙烷制丙烯系列项目。传统产业加快升级，创建鞋业产业赋能创新中心、新智造生态联盟和“莆田好童学”等平台，“制鞋行业大规模个性化定制解决方案”荣获第二届中国工业互联网大赛二等奖，鞋服产业转危为机逆势增长；品牌名师引领产业取得成效，郑春辉荣获“大国工匠年度人物”，林建军、黄福华荣获轻工“大国工匠”，工艺美术产业稳中向好、效益提升。战略性新兴产业规模壮大，新增国家高新企业49家、省科技小巨人领军企业15家，电子信息、新型功能材料规模产值分别增长20%、10%。未来产业快速发展，平台经济新增交易额1000亿元、税收20亿元，3家平台入选省“未来独角兽”“瞪羚”企业；妈祖健康城完成投资36亿元，建设妈祖质子重离子医院，建成39万平方米的高端专科医院集群和医技共享中心，已落地专科医院8个，瑞仕国际潜力少年综合中心开业运营，两岸生技产业园一期建成投用。

更实举措，持续提高城乡建设水平。城市新区启动建设，绶溪、沟头、龙德井等24个片区顺利征迁，出让土地2673亩、成交211亿元，建成棚改房9304套，改造老旧小区17个。完成安置房、历史遗留不动产办证11万套、5927宗。新改建市政道路60公里、城镇污水管网60公里、城乡公厕420座。新建公园绿地70公顷、口袋公园35个、绿道40公里。建成智慧停车管理系统，新增停车泊位5015个。公布两批71处历史建筑保护名录，拆除“两违”建筑超200万平方米，完成“两高”沿线环境整治。

锐意开拓，不断激发改革开放活力。实施开发区改革和创新发展三年行动计划，推进人事薪酬、“管委会＋公司”运营等机制改革，争取园区专项债42.2亿元，建成“两体两中心”项目40多个、专业化标准厂房17万平方米，盘活闲置厂房37万平方米，园区动力活力进一步激发。改革重组市属国有企业，形成5大国企集团，投融资能力和综合竞争力显著增强。深化“放管服”改革，打造政务云平台，推行企业开办“1＋X”套餐、政企直通车服务，“互联网＋电子政务”水平居全省第一。12345热线荣获全国政府服务热线“服务之星奖”“最佳管理效率奖”。成功举办第五届世界妈祖文化论坛、海峡论坛·妈祖文化活动周等活动，莆台交流合作走深走实。

守住底线，坚决打赢三大攻坚战。健全政司银企联动防范机制，加大信贷风险大户化解力度，银行业不良贷款率降至1.11%。开展脱贫攻坚补短板提质量行动，饮水安全全面覆盖，脱贫质量更高、成色更足。完成84项中央、省环保督察整改年度任务，实施30个木兰溪全流域治理项目，顺利推进蓝色海湾整治项目，创建20个污水零直排区，主要流域水质优良比例稳定在90%左右，饮用水源水质达标率、入河排污口整治率、近岸海水优良率居全省第一。

2020年是全面建成小康社会和“十三五”规划收官之年。回眸“十三五”，莆田市用行动践行使命，用实干推动转型，用奋斗书写担当，五年来的发展是全方位的，五年来的变化是深层次的。

坚定沿着习近平总书记指引的方向奋力前行，经历了一系列大事喜事要事，极大激发了全市上下奋斗新时代的磅礴力量。最激动人心的是中央主要媒体集中报道习近平总书记治理木兰溪的重要理念，木兰溪获评全国首批示范河湖、十大“最美家乡河”，实现了习近平总书记提出的“变害为利、造福人民”目标，生态文明建设的木兰溪样本全国瞩目。最振奋人心的是在习近平总书记五次直接关心和嘱托下，我们持续巩固木兰溪治理成果，全力保护好湄洲岛，成功举办五届世界妈祖文化论坛、第五届世界佛教论坛，汇聚了积极向上的正能量，提振了干部的精气神，增强了市民的凝聚力，提升了莆田的美誉度，开启了莆田高质量发展的新篇章。

坚持新发展理念，深化供给侧结构性改革，推动高质量发展落实赶超，经济结构更加优化，质量效益明显提升，综合实力跃上新台阶。地区生产总值是五年前的1.6倍，鞋服产值突破千亿元，工业总量跃升全省第五位，三次产业结构由5.8∶55.3∶38.9优化为4.9∶50.9∶44.2。前瞻布局5G、人工智能、电子信息、生命健康等产业，建成投产华佳彩一期、HDT高效太阳能电池、华峰系列项目、永荣己内酰胺、雪津迁建等一批产业龙头，获批国家级新型功能材料产业集群、海峡两岸生技和医疗健康产业合作区，制造业加速向中高端迈进。产业互联网平台蓬勃发展，获得全省唯一的平台经济示范区，63家平台企业累计交易额1700亿元、税收超30亿元。北理工东南信息技术研究院、中电研究院、兰州大学莆田研究院、中科院兰海核医学研究中心、黑马莆田分院、莆商领袖商学院等一批创新载体顺利落地，新增国家高新技术企业115家、是五年前的3倍。世界中式古典家具之都、中国古典工艺家具之都、中国油画产业之都落户莆田，莆田木雕亮相金砖厦门会晤国际舞台，莆田匠心智造绽放光彩。

全面融入闽东北协同发展区，纵深推进城市东拓南进西联北优中修，一个高素质高颜值的新莆田冉冉升起。荣获国家森林城市、园林城市、水生态文明城市、黑臭水体治理示范城市、社会信用体系建设示范城市等称号。城市新区全面铺开、妈祖健康城拔地而起、大学城建成投用、中心城区快速拓展，建成区面积从87.1平方公里扩大到132.4平方公里。城市更新焕发活力，完成征迁2181万平方米，建成棚改房7.8万套。世界妈祖文化论坛永久会址、会展中心、“三馆一宫”成为新地标，新增香格里拉、喜来登等国际品牌酒店，相继贯通莆涵大道、壶公路、滨溪北路，打通文献路等断头路44条，建成区道路总长度从678公里增加到1095公里，绿道长度从157.8公里增加到418.7公里，绶溪、南湖、环玉湖等城市公园成为“新网红”。新增人行天桥13座，“小黄人”公共自行车成为市民“新宠”、骑行量超6000万人次，城市品质跃升一个新台阶。现代立体交通体系日益完善，实现镇镇半小时上高速、村村通客车、岛岛通班轮。创新采用流域系统治理的PPP模式，城镇污水管网从824公里增加至1310公里，污水收集处理量从23.5万吨/日增加到30.5万吨/日，新增近50万人口污水收集处理量。建成区及乡镇污水处理设施实现全覆盖，城乡生活垃圾无害化处理率100%。生态绿心保护修复项目获评“中国人居环境范例奖”。

坚定不移推进改革开放，先行先试、开拓创新，改革春潮竞相涌流，开放活力充分迸发。全国首创“自己‘批’、网上办”审批新模式，“证照同办”“多证合一”改革走在全国前列，市场主体突破50万户、比五年前翻一番。改革重组市属国有企业，总资产是五年前的3倍。全力打赢防范化解金融风险攻坚战，银行业不良贷款率从全省第二高的6.06%回落至低于全省平均水平。莆田港口岸扩大对外开放通过国家验收，港口吞吐能力年均增长10%以上，东南沿海最大的罗屿40万吨码头列入国家布局规划，30万吨铁矿石巨轮成功靠泊，东方大港雄姿初展。开展妈祖千年首巡东南亚、20年赴台再巡安，设立大陆首家台胞医保服务中心，实现莆台海上货运直航，来莆台胞突破200万人次。

2021年莆田市经济社会发展的主要预期目标是：地区生产总值增长8%以上；规模工业增加值增长7.5%；一般公共预算总收入增长5%，其中地方一般公共预算收入增长5%；固定资产投资额增长9%；社会消费品零售总额增长9%；外贸出口总额增长8.5%，实际利用外资增长6.5%；居民人均可支配收入增长8%；城镇登记失业率3%以内；居民消费价格总水平涨幅3%左右；完成节能减排降碳任务。

（摘编：苏小雨）

仙游县产业经济发展概述

2020年，仙游县坚持以习近平新时代中国特色社会主义思想为指导，全方位推动高质量发展超越，突出开放招商、强化项目带动，实施强产业、兴城市“双轮”驱动，较好完成了年初确定的目标任务。初步统计，全年实现地区生产总值571亿元，增长4.5%；规模以上工业增加值205.8亿元，增长3.5%；全社会固定资产投资256亿元；一般公共预算总收入40.8亿元，增长1.7%，其中地方一般公共预算收入27.2亿元，增长4%；实际利用外资5000万元；外贸进出口总额162亿元，增长421.6%；社会消费品零售总额362亿元；农林牧渔业总产值43亿元，增长5%；居民人均可支配收入25496元，增长4.5%。

2020年，产业经济的主要成效体现在：

产业转型步伐加快。“强产业”扎实推进，市场主体突破13万户，保持全市第一。惠企政策有效落实，兑现补助资金2.49亿元，减税降费超3亿元。282家企业入选市级“白名单”企业，数量居全市第一。49家企业入选省级“百千”增产增效行动重点企业。工业经济提质升级。规模以上工业企业286家，实现产值722.2亿元。产值超亿元企业163家。完成工业投资110亿元、技改投资75亿元，增幅及进度均居全市第一。新增国家级“专精特新”小巨人企业1家、省级科技小巨人企业3家、工业龙头企业4家、循环经济示范试点企业2家。高新技术产业产值增加值增长12.2%。海安橡胶、意达科技列入省重点上市后备企业。仙游经济开发区获评省级绿色园区、省级循环经济示范试点园区。工艺产业园通过省文化产业重点园区复评，建成2个县级红木烘干处理中心。建筑业稳步发展，新增建筑施工总承包一级资质1家、二级2家。第三产业提速发展。新增限额以上商贸企业69家。限额以上电商企业达126家，完成零售额超35亿元。在全省率先出台县域产业带直播三年行动方案，京东、淘宝、抖音、快手产业带直播基地落户仙游。京东数字经济产业园入选省数字经济应用场景典型案例，京东云仓正式落地运营。平台经济交易额突破200亿元。中骏世界城、居然之家建成运营。成功举办美食节、云上红博会、农民丰收节等活动。入选省全域生态旅游示范县，旅游接待游客95.5万人次，仙水洋、绿源名贵植物园获评国家3A级旅游景区，三福红木文化产业园获评省工业旅游示范基地。现代农业提效创优。荣获全国农村承包地确权登记颁证工作典型地区。台湾农民创业园获评国家级农村创新创业园区，综合考评连续四年荣获全国“优秀”等次。城区中心农贸市场、农产品批发市场、机械化屠宰厂投入使用。发展设施农业2824.8亩、油茶基地3012亩、名贵林基地1015亩，新增“三品一标”农产品12个。建设高标准农田3.8万亩，创建农民专业合作社示范社24家。

项目攻坚成效明显。重点项目有力推进，获批林地780亩、土地450亩，完成征地1937.7亩、拆迁87.49万平方米。350个省市县重点项目超序时完成年度投资任务，实现开竣工176个。华峰绿色纤维产业园一期部分投产。3C产业园开园运营。慈岳片区一期完成土地平整260亩，鑫瑞科技新型功能材料产业链项目动工建设。电子信息产业园标准化厂房一期竣工，园区道路、学校、医院等配套设施基本完善。纵三线钟山湖亭至鲤南涵井段、游洋双峰至钟山麦斜段公路完工，瑞峰大桥建成通车。完成木兰溪防洪景观工程10.4公里。突出开放招商，全年策划项目150个，计划总投资2130亿元。中科声学、正邦农业产业链项目等94

个重大项目实现签约，计划总投资395.85亿元。

城乡建设统筹推进。“兴城市”有序实施，国土空间总体规划三条控制线基本划定，完成23个村庄规划编制。200个城建项目完成投资148亿元。建成区面积扩大2.6平方公里，城镇化率提高1.9个百分点。中心城区六大片区和滨海新城四大片区改造工作扎实推进。艺都大道、金凤大桥、北三环中段、东一环北段、东二环北段实现贯通，温南支路、来蜚路建成通车。温泉度假中心招商运营，美食城二期竣工，“六馆”加快建设。6个老旧小区完成改造。建成商品房面积74.5万平方米。城市精细化管理水平持续提高，成立县属国有城乡环卫公司，新建垃圾分类屋亭100座，新增城区停车泊位1083个。垃圾焚烧发电厂正式运营，飞灰固化物填埋场竣工投用。特色小镇加快建设，塔斗山公园二期建成启用，九鲤湖祈梦堂、望仙台竣工投用。乡村振兴战略扎实推进，完成22个省级乡村振兴试点村村庄规划编制。创成省级乡村旅游特色村3家、金牌旅游村2家，济川村荣获中国最美村镇治理有效成就奖。乡镇科技特派员工作站实现全覆盖。游洋兴山村等4个村荣获第二批“国家森林乡村”。强化农村人居环境整治和“两高”沿线环境综合整治，新改建公厕19座。

三大攻坚战持续突破。脱贫攻坚战成效进一步巩固，18个乡镇（街道）、38个贫困村扶贫产业基地实现全覆盖。污染防治攻坚战扎实推进，空气质量优良率100%达标，稳居全市第一。“双河湖长制”深入落实，木兰溪全流域系统治理全面推进，恢复水域面积7.6万平方米，木兰溪干流水质断面考核100%达标。列入全省首批农村生活污水治理试点县，农村生活污水治理专项规划完成编制，农村生活污水处理工程新建污水管网292.2公里。老城区雨污分流改造完成7公里，污水收集率进一步提高。经济开发区污水处理厂二期竣工投用。完成矿山生态恢复3个、治理水土流失2.5万亩、植树造林2.32万亩、商品林赎买1233亩，森林覆盖率居全市第一。防范化解重大风险攻坚战成效明显，化解34家企业不良贷款2.9亿元，不良率控制在1.7%以内，连续三年实现“双降”目标。为企业办理过桥转贷5.41亿元，“白名单”企业政策性融资担保贷款金额与笔数均居全市第一。年末金融机构本外币存贷款余额分别为439亿元、312亿元。跻身全国县级财政管理绩效先进行列。

2020年工作任务的完成，标志着“十三五”规划目标的顺利收官。这五年，全县地区生产总值、一般公共预算总收入、规模以上工业增加值、固定资产投资、居民人均可支配收入年均增长7.5%、7.7%、7.9%、7.6%、8.2%。绩效考核实现全市三连冠，系历史首次。“五个一批”综合考评、招商引资考评连续三年位居全市第一。华峰绿色纤维产业园、元生智汇智能终端项目、京东数字经济产业园等一批重大项目建成投用。三产结构由“十二五”末的4.9：58.3：36.8调整为3.9：52.5：43.6。新增超亿元企业16家、中国驰名商标2枚、高新技术企业10家。社会消费品零售总额年均增长9.8%，连续三年入选全国电商百强县。五年主要景区门票收入达到1.16亿元，较“十二五”时期实现翻番。获得中国地理标志证明商标3枚。荣获“世界中式古典家具之都”“首批国家全域旅游示范区创建单位”“第二批国家农产品质量安全县”等称号。城乡基础设施更加完善，交通路网密度由“十二五”末的1.48公里/平方公里增至1.63公里/平方公里，公交线路总长增加180.4公里，完成木兰溪防洪景观工程57.25公里，城乡供水一体化全面启动，新建污水管网993.3公里，新增110千伏电力线路145.5公里、110千伏变电站5座，建成4G基站3668个、5G基站213个，行政村全部实现光纤通达。乡村振兴卓有成效，入选“省级乡村振兴重点县”，乡村振兴战略规划完成编制并全面实施，重点培育省级乡村振兴特色镇2个、试点村22个，新建提升美丽乡村99个。连续三年入选“全国最美县域”，荣获“国家园林县城”“福建省森林县城”称号。

（摘编：李元）

荔城区产业经济发展概述

2020年，荔城区深入贯彻落实习近平总书记对福建工作的重要指示精神和治理木兰溪的重要理念，加快实施强产业兴城市“双轮”驱动战略，统筹推进疫情防控和经济社会发展，全方位推动高质量发展超越，全区经济呈现持续恢复态势。实现地区生产总值595亿元、增长3.6%，固定资产投资340亿元、增长2.0%，财政总收入44.80亿元、下降5.9%，地方级财政收入26.76亿元、下降5.7%，规模以上工业增加值225.3亿元、增长4.5%，社会消费品零售总额406亿元、增长5.0%，外贸出口总额63.0亿元、下降5.9%，实际利用外资2.64亿元，农林牧渔业总产值32亿元、增长1.0%，居民人均可支配收入41080元、增长8.6%，节能减排等约束性指标完成市下达任务。

2020年产业经济的主要工作和成效是：

聚焦创新转型，推进新旧动能大转换，产业结构持续优化。加快推进供给侧结构性改革，三次产业比重优化为2.9：53.4：43.7。农业生产平稳增长。建设利农现代农业基地、一鑫火龙果种植基地、高标准农田6000亩。新增无公害农产品认定6个、绿色食品认证1个、家庭农场22家。工业经济持续壮大。实施开发区（园区）改革和创新发展三年行动计划，加快建设“四个优先”“两体两中心”项目，华峰三期、和顺鞋业等产业项目开工建设，建成园区公共服务中心2个、产业链服务中心3个、科技育成中心3个，完成机器换工1300台。支持企业做大做强，恒而达新材料获创业板上市委审议通过，国内首条制鞋业规模化、产业化定制生产线在双驰公司实现投产。启动5G科创产业园建设，为园区转型升级探索发展路径。荔城经济开发区全省排名18名，再提升10个名次。第三产业加快发展。大力发展平台经济，着力把“流”量经济转化为“留”量经济，新增运营平台3个，全区21个运营平台预计实现交易额135亿元、税收1.5亿元。抢抓“直播带货”发展风口机遇，推动工艺城、零氪文化、走索等5家直播基地建设和发展，网上商品零售额同比增长19.7%，占社会消费品零售总额比重达38.2%，比上年提高6.9个百分点。率先开展餐饮促消费活动，组织83家企业开展“全闽乐购·约惠荔城”系列活动，发放消费券1000万元，推动各方共同让利6000万元，撬动全区消费3亿元。支持发展地摊经济、小店经济，评选“百家餐饮名店”。成功举办首届莆田沉香文化节，工艺美术城荣获“福建省文化产业重点园区”称号。

聚焦“五个一批”，实施重点项目大投资，发展后劲持续增强。新增入库“五个一批”项目110个，总投资1150亿元。392个区重点项目完成投资300亿元，磐龙府二期、兴化府历史文化街区修缮等65个项目开工建设，保利中央、泰盛一期等100个项目竣工投产。创新招商机制，成立贵阳市荔城商会，全面推进“五条战线”招商，新对接签约钛米科创产业园、豆讯云计算数据中心、肆壹人力资源平台等86个项目，计划总投资322.8亿元，已签约项目64个，其中总部平台类项目30个。

聚焦城乡发展，推动产城人文大融合，城市品位持续提升。完善提升城市功能配套，打通尚济街、下店路，基本建成玉湖环湖公园，玉湖正荣府、玉湖一号、大唐玉湖印象等环湖楼盘加快建设，中山中学荔浦校区动工建设，砺志学校投入使用，形成了“一环、两翼、四区”的城市公园格局。加快大学城建设，紫霄路实现通车，莆田学院完成部分搬迁，磐龙府、龙湖紫云赋加快建设，大学城南部片区一期基本完成签约。启动木兰溪南岸新度镇、黄石镇全域土地综合整治，加快陡西、古山、埭里、沙坂等片区征迁扫尾，全年征迁签约超500万平方米。加快15个安置房建设，渭阳、后埔、华中、厝柄等13个安置房完成主体建设，溪白、蒲坂安置房实现回迁。加快推进兴化府历史文化街区修缮及配套基础设施提升项目，基本完成2条古街商铺修缮改造，推动历史文化保护利用和城乡面貌品质实现双提升。完成顶务巷等12个老旧小区改造，推动小区“旧貌”换“新颜”，改造成果惠及905户群众。完善更新提升园林绿化项目15个，新建绿道6公里，新建口袋公园5个，创建“绿盈乡村”12个，建成天桥3座，率先建成11条“亮闪斑马线”。加快实施乡村振兴战略，9个省级乡村振兴村完成项目建设23个。整治黑臭水体2条，农村人居环境整治三年行动通过省级验收。实施城乡供水一体化，新建改建农村供水管网43公里。

聚焦重点领域，决战全面小康大会战，三大攻坚战取得新胜利。强化精准帮扶措施，新增产业扶贫基地15个，累计打造30个产业扶贫基地。帮助企业用好用活纾困专项贷款资金、政策融资担保等，化解企业融资难题。帮助企业完成74笔、共3.51亿元融资担保，为10家企业办理过桥担保15笔、共4.33亿元，化解13家企业不良贷款7.8亿元，全区不良率降至1.51%以内。建立健全防范化解政府隐性债务风险制度与政策体系，政府债务规模控制在省政府核定债务限额内。打好污染防治攻坚战。完成城乡污水整治PPP项目建设，累计建设管网1059公里、三格式化粪池4.92万户、污水提升泵井220座、小型污水处理场（站）6座。加快建设南洋水系综合治理PPP等重大水利工程，完成河道整治85.3公里，小流域水质全面提升。完成智慧水利测站点建设，筑起智慧防线，让防汛“耳聪目明”。开展餐饮油烟、柴油货车排查整治，完成107家涉VOCs企业提升改造，天气优良天数达标率95.6%。

2020年是“十三五”规划的收官之年，五年来荔城的发展是全方位的、变化是深层次的。经济总量跃居全市第一，地区生产总值年均增长11.0%，人均地区生产总值达1.45万美元。社会消费品零售总额、规模以上工业产值分别是“十二五”末的2.74倍、4.26倍，财政总收入连续9年全市第一，外贸出口总量连续5年全市第一。农业发展质量和效益稳步提高，建成3个省级优质农产品标准化生产示范基地。工业产业提质发展，新增上市公司1家、上市后备企业10家、高新技术企业13家、产值超亿元企业23家、中国驰名商标3枚。第三产业繁荣发展，现代服务业加速崛起，平台经济、总部经济、楼宇经济优势凸显，年纳税超亿元楼宇增至4幢，第三产业占地区生产总值比重提升7.9个百分点。一大批重点项目陆续建成，五年累计完成全社会固定资产投资1571.78亿元。基础设施全面改善，新增城市道路里程45公里。基本建成玉湖新城、珠宝城，大学城初具规模，城区跨溪南进步伐加快，城区面积持续扩大，累计开发商品房768万平方米，建成安置房332万平方米，回迁群众7509户。全力打好“蓝天、碧水、净土”三大保卫战，综合治理河道192公里，创成省级首批综合治水试验县。城乡污水得到系统治理，实现了农村污水收集处理从无到有的历史性跨越，基本构建了覆盖全区的污水收集处理大脉络，城镇生活污水处理率达95.2%以上，比“十二五”末提高25.6个百分点，木兰溪流域水质实现跨类提升。旅游综合收入增长1.76倍，获批国家3A级旅游景区1个，2A级旅游景区3个。五年累计完成为民办实事项目250件、资金总额超过50亿元。居民人均可支配收入比“十二五”末增长49%，贫困户年人均纯收入是“十二五”末的5.5倍，城乡低保补助水平增长114%。科教文卫体等各项事业建设取得长足发展，新建、改扩建公办中小学、幼儿园36所，新增学位1.8万个；“健康荔城”建设扎实推进，全区医疗机构新增床位855张。

（摘编：翁宁）

城厢区产业经济发展概述

2020年城厢区深入学习贯彻习近平总书记对福建工作的一系列重要讲话重要指示批示精神，统筹抓好强产业、兴城市、惠民生、优生态、保稳定、重党建等各项工作，经济社会实现平稳健康发展。全区生产总值完成515亿元，增长3%。农林牧渔业总产值20.5亿元，增长6%。规模以上工业产值395亿元，增长5.3%，规上工业增加值增长4%。固定资产投资增长10.5%。社会消费品零售总额530亿元，增长6.5%。财政总收入33.5亿元，其中地方级财政收入23.9亿元。外贸出口总额68亿元，增长1%。实际利用外资3200万元。全体居民人均可支配收入41700元，增长9%。

2020年，产业经济发展主要抓了以下工作：

经济提质迈出新步伐。现代服务业提速提效。三产增加值占地区生产总值比重达64.4%，创历史新高。拓展对外贸易，借力我市入选中国跨境电子商务综合试验区，大力推动莆田跨境电商“9610”通关平台建设，落地跨境电商B2B出口业务，日通关量超6万件，助力传统外贸企业进入跨境电商“航道”。做强电子商务，成功承办第五届中国电商讲师大赛全国总决赛、跨境电商综试区建设发展高峰论坛，建成“海丝”跨域集采数字化展馆，联发电商城、跨境电商生态园、油画交易中心等电商园区企业入驻率近100%，电商年交易额突破200亿元。壮大平台经济，出台专项扶持政策，新落地众智汇、萝卜创客等平台项目6个，17家平台年交易额突破45亿元。做大楼宇经济，建筑业总部入驻企业32家，莆田西、金海湾等一批专业楼宇加快产业集聚，实现年税收亿元以上专业楼宇2幢。发展直播经济，孵化百盛、0594、油画城等一批直播基地，打造专业化电商直播产业集群。扩大传统消费，开展“全闽乐购、富美城厢”系列促消费行动，汇聚3000家商户参与，带动消费3.1亿元，香格里拉酒店开业，社会消费品零售总额完成年计划的150%以上。工业经济稳中提质。大力实施创新驱动，规模以上企业研发支出增长22%，新增国家高新技术企业7家、工信部“专精特新”小巨人1家、省级高新技术企业8家、科技小巨人领军企业3家、企业技术中心2家，每万人发明专利拥有量跃居全市第一。鼓励企业技改升级，出台促进工业企业增产增效二十一条措施，新增省市级技改项目17个、企业上云42家；建立鞋服产业链原材料供应库，扶持辖区内企业互采互购；成立5G产业投资基金、莆育晟田产业投资基金，签约落地产业赋能创新中心平台，传统产业加快转型。深入实施质量强区战略，引导企业参与制定国家标准4个、行业标准2个、地方标准11个、团体标准2个，提高行业话语权。积极应对企业信贷风险，帮扶60家困难企业转（续）贷6.3亿元，妥善化解不良贷款16笔1.6亿元，企业信贷不良率稳控在1%以内。乡村振兴深入实施。出台七条产业发展扶持政策，培育农业农村转型发展新动能。聚焦示范带动，华亭五云、常太溪南等8个省级、13个市级试点村建设走在全市前列，承办莆田市2020年“中国农民丰收节”庆祝活动，促进消费向农村延伸；积极培育“互联网+农业”“平台经济+特色农业”等多种融合发展新模式，创新实施云端认养“智慧”枇杷树，推进农村产业融合发展。500亩桂圆示范基地、80万羽蛋鸡存栏项目、台湾牛樟芝种植基地等一批重点农业项目加快建设。落实粮食安全行政首长责任制，扎实抓好“米袋子”“菜篮子”供给及生猪稳产保供工作，创建优质农产品标准化示范基地2个，新建高标准农田2330亩。

城市建设展现新形象。大力提升城市品质，实施11个城乡面貌品质提升重点项目和19个园林绿化项目，完成新塘社区、福兴小区等6个老旧小区823户8.8万平方米改造，加快绶溪公园二期、木兰陂世遗公园建设，新建洋西、泗华等5个“口袋公园”，完善木兰溪、延寿溪、北渠等滨水绿道，新增绿道6公里。不断完善基础设施，滨溪北路实现通车，福厦客专、木兰大道三期、灵华线等重大交通设施项目加快建设。实施“安置房建设年”行动，有序推进24个安置区建设，实现华亭山牌、木兰溪防洪工程西许等7个安置房项目959套回迁，坂头东、霞林地块七等8个项目竣工扫尾，龙德井、顶墩下黄等5个项目动工建设。加强城市精细化管理，开展创城“十大”行动，出台数字城管案件处置奖惩机制，处置各类城管案件13万多件，按时处置率达99.96%。垃圾分类试点取得新成效，率先开展“环保酵素制作、生活垃圾减量”行动，大力推广垃圾分类“物业+、支部+、公司+”三种模式，建设城区100座分类屋亭，基本建成城区生活垃圾分类处理系统，生活垃圾无害化处理率达100%，垃圾分类逐步成为新时尚。

生态环境实现新突破。深入贯彻落实习近平总书记治理木兰溪的重要理念，深化木兰溪全流域系统治理，创新专业队伍无人机巡河护河机制，实施饮用水源地保护等一系列专项行动，全力推进中央、省、市生态环保督察反馈问题整改，整治2502个入河排污（雨）口，木兰溪干流水质优良（达到或优于Ⅲ类）比例、东圳水库水质达标率均达100%；强力实施内河综合整治，完成25处截污改造工程，建设城区污水管网6公里，下磨溪等10条城市内河全面消除劣Ⅴ类水质；持续开展农村黑臭水体治理，小流域7个考核断面水质均达到省考要求。大力推进“一革命四行动”，完成80个村庄房前屋后、1250栋既有农房整治和1300户户厕改造，新建城乡公厕25座，提升3条主要县道80公里沿线绿化景观，城镇生活垃圾无害化处理率达100%。大力实施“区级主导、镇街主责、村居主体、群众参与、长效管理”五方共治及“包工不包料”的农村污水治理模式，88个村近2000公里农村污水管网全面建成投用，治理经验全省推广。加大造林绿化力度，新增植树造林4000亩、森林抚育6700亩、封山育林7100亩，全区森林覆盖率达71.3%，稳居全市第一。

2020年各项目标任务的顺利完成，为“十三五”画上了圆满的句号。“十三五”期间，全区先后获得“全国节水型社会建设达标县（区）”“省平安县区”“‘四好农村路’建设省级示范县区”“全省创建无传销示范点省级达标单位”“省农产品质量安全区”等一系列荣誉称号。

发展后劲明显增强。全区生产总值由2015年的284.7亿元跃升到2020年的515亿元，年均增长7.3%，人均突破12万元；三次产业比例由3.8∶43.5∶52.7调整到2∶33.6∶64.4，服务业占比屡创新高；规模以上工业产值是五年前的1.5倍，社会消费品零售总额、规上服务业其他营利性营业收入均增长2倍以上。签约落地92个项目，301个重大项目实现开工，189个项目实现投产，全社会固定资产投资累计完成1170亿元。

新旧动能加快转换。实现“个转企”2130家、“下转上”630家，“规改股”2家，工贸体量不断壮大。“腾笼换鸟”共盘活存量土地28万平方米以上，腾出发展空间35万平方米以上；“空间换地”启动工业低效用地再开发277亩，提升改造老旧厂房30万平方米；“机器换工”实施重点技改项目119个，总投资达56亿元；“电商换市”成功承办两届“一带一路”电子商务国际合作论坛、电商讲师大赛全国总决赛等电商盛会，成立跨境电商通关平台，电商影响力不断扩大，全区限上电商企业达356家，交易额累计超900亿元。“引智换脑”全区专业技术人才总量达到2万人。第三产业进入“服务型经济”时代，平台经济、直播经济等新业态不断崛起，逐步成为经济发展的新引擎。全域旅游成效显著，新增国家3A级旅游景区3个，游客接待总量、旅游总收入年均增长20%以上。

（摘编：郑平名）

涵江区产业经济发展概述

2020年，面对突如其来的新冠肺炎疫情冲击，涵江区坚持以习近平新时代中国特色社会主义思想为指引，全面贯彻党的十九大和十九届二中、三中、四中、五中全会精神，深入学习贯彻习近平总书记重要讲话重要指示批示精神和治理木兰溪的重要理念，统筹推进常态化疫情防控和经济社会发展，突出开放招商、强化项目带动，实施强产业、兴城市“双轮”驱动，全方位推动高质量发展超越，奋力完成全年主要目标任务。初步统计：全年可实现地区生产总值606亿元，增长2.5%；规模以上工业企业产值1115亿元，增长3.2%；固定资产投资348亿元，增长4%；一般公共预算总收入40亿元，地方一般公共预算收入23.1亿元；农林牧渔业总产值31.9亿元，增长7.2%；社会消费品零售总额158亿元，增长2%；外贸进出口总额58.1亿元，增长4.1%；实际利用外资5.5亿元，增长329.5%；全体居民人均可支配收入3.6万元，增长4.9%。产业经济发展主要工作成效有：

同心战“疫”，奋力夺取“双胜利”。坚决贯彻党中央决策部署，落实常态化疫情防控措施，严守“四道关口”，织密“五张网”，筑牢“五道防线”，建成投用核酸检测实验室2个，仅用一个月时间实现病例清零，2个集体、4名个人荣获全省抗疫先进表彰。在全市率先启动防疫物资研发和转产工作，5家企业取得生产资质，额温枪、防护服、医用口罩等防疫物资纳入国家、省、市统一调配，为抗疫大局作出贡献。落实支持中小微企业共渡难关“10条”、复工复产“20条”等措施，累计拨付复工复产帮扶资金8900多万元，兑现减税降费和助企资金6.2亿元，为93家企业争取担保贷、纾困专项贷、应急周转金9.6亿元。开展“云招商”“全闽乐购”和直播带货等活动，引进落地点钢科技、百威东南销售总部等项目13个，用两个月时间实现全面复工复产。

“双轮”驱动，推动产城“双提升”。开展“三园三区”百日攻坚，签约SMT产业园、北斗产业园、海吉星国际农产品综合产业园，启动92万平方米标准化厂房建设，莆田高新区创客梦工场获评省级众创空间。迁建国圣食品产业园，华兴玻璃一期实现点火投产，福英泰手机显示模组一期项目主体完工，涵江港1—3号泊位工程上部结构全面开工。加快推进11个老旧小区改造、20个城市更新项目，完成白塘周墩、国欢黄霞等8个片区拆迁，竣工回迁安置房952套，办理安置房产权证1.6万套，首登率、转移率居全市第一。出让经营性土地376亩，出让金34.3亿元。开工建设塘北尚书公园，提升迎宾路至雪津大道园林景观，新建公共停车泊位810个，新增口袋公园5个。加强历史文化遗产保护，修缮东方二十五坎、广政楼，建成宫口河水生态治理核心示范带。全市率先开展房屋结构安全隐患大排查大整治专项行动，处置重大安全隐患房屋1012栋，整治“两高两铁”沿线房屋27.7万平方米，国土卫片综合执法、清理农村乱占耕地违规建房等工作走在全市前列。

守牢底线，坚决打赢三大攻坚战。坚决落实中央环保督察反馈问题整改任务，持续推进木兰溪全流域系统治理，清淤疏浚河道19公里，整治入河排污口2800多个，新建污水管网53.2公里，主要流域断面水质达到国省考核目标。脱贫攻坚工作通过省级督导评估，西吉县实现脱贫摘帽，“涵江村”获评闽宁协作示范村。重大风险有效防范，还本付息52亿元，列入全国建制县（区）隐性债务风险化解试点区。

2020年工作任务的顺利完成，标志着“十三五”规划各项工作画上了圆满句号。五年来，涵江区坚持新发展理念，落实高质量发展超越，接续努力、攻坚克难，综合实力在优化结构中稳步提升。地区生产总值年均增长6.5%，是五年前的1.5倍，人均地区生产总值持续保持全省全市前列。三次产业结构由4.0∶68.7∶27.3优化为2.8∶66.3∶30.9。累计完成固定资产投资1707亿元，是上一个五年的1.2倍。融入闽东北协同发展区，累计实施重点项目1787个，建成投用乌溪水库、市区联合粮食储备库、湄渝高速、莆涵大道等一批重大基础设施。久久为功推动滨海产业新城建设，16平方公里的港区陆域成为涵江新一轮高质量发展超越的广阔舞台。

主动适应新常态，推进供给侧结构性改革，创新引领、集群发展，产业经济在转型升级中提质增效。前瞻布局龙头产业，建成百威雪津世界级啤酒制造旗舰基地，获批国家新能源产业创新示范区核心基地，迁驻落地上市公司合力泰总部，福联砷化镓、华佳彩高新技术面板、福英泰手机显示模组成为全省“增芯强屏”战略重要一环，云度新能源汽车实现莆田造车“零”的突破。电子信息、装备制造、食品加工三大产业产值分别占全市的75%、66%、55%。制造业加速向高端迈进，莆田高新区综合发展水平跃居省级以上高新区第二位，R&D累计支出41亿元，占GDP比重2.46%，高于全国、全省平均水平，居全市首位，连续两年跻身全国工业百强区、省级外贸转型升级示范区。

着力推进新型城镇化，加快宜居涵江建设，优化配套、精细管理，城乡品质在加速提升中焕发新颜。塘北、兴涵水都、国际商贸城加快建设，白塘湖、大学城、动车站三大新区正在崛起，建成区面积从31平方公里拓展至55平方公里，蝉联省级文明城区“三连冠”，江口镇、梧塘镇分别获评全国文明乡镇、省级历史文化名镇。建成“两馆一中心”、隆恒·财富广场、天虹·水韵城等新地标，投用囊山、西河、啤酒广场等大型公园，城市颜值明显提升。“城涵一体化”发展潜力逐步释放，基础设施配套不断完善，形成“两高两铁四通道”立体交通网络。全面推进省级乡村振兴重点区建设，三江口啤酒小镇、萩芦体育小镇分别入选国家级、省级特色小镇，白沙镇坪盘村入选全国乡村旅游重点村名录，城乡协调发展水平显著提升。

落实治理新要求，打好蓝天碧水净土保卫战，保护优先、两溪共治，生态文明在绿色发展中展现靓丽底色。深入贯彻习近平总书记治理木兰溪的重要理念，全面落实河长制，保护木兰溪、萩芦溪，木兰溪入海口纳入国家“蓝色海湾”整治项目，宫口河入选全国城市黑臭水体治理示范河段。全市率先启动以水质达标为付费标准的水环境综合治理工程，建成投用滨海工业污水处理厂，建成区及乡镇污水处理设施实现全覆盖。全面完成“十三五”主要污染物减排目标，城市空气质量优良率、绿化覆盖率分别提高到93.7%、50.8%，涵江的水更清、天更蓝、山更绿、环境更宜居。

“十四五”时期，是开启全面建设社会主义现代化国家新征程的第一个五年，也是涵江全方位推动高质量发展超越的重要窗口期和战略机遇期，全区经济社会发展的指导思想是：高举习近平新时代中国特色社会主义思想伟大旗帜，深入贯彻党的十九大和十九届二中、三中、四中、五中全会精神，全面贯彻党的基本理论、基本路线、基本方略，紧紧围绕统筹推进“五位一体”总体布局和协调推进“四个全面”战略布局，增强“四个意识”、坚定“四个自信”、做到“两个维护”，坚持党的全面领导，坚持以人民为中心，坚持新发展理念，坚持深化改革开放，坚持系统观念，坚持稳中求进工作总基调，以全方位推动高质量发展超越为主题，以深化供给侧结构性改革为主线，以改革创新为根本动力，以满足人民日益增长的美好生活需要为根本目的，统筹发展和安全，努力在建设现代化经济体系上取得新的更大进展，在服务新发展格局上展现更大作为，在积极探索海峡两岸融合发展新路上迈出更大步伐，在推进社会治理体系和治理能力现代化上取得更大突破，实现经济行稳致远、社会安定和谐，不断增强人民群众获得感、幸福感、安全感，奋力谱写打造产业强区、建设宜居涵江的新篇章。

（摘编：苏小雨）

秀屿区产业经济发展概述

2020年新冠肺炎疫情突发以来，秀屿区万众一心、众志成城，严格落实分区分级精准防控和“外防输入、内防反弹”的总体防控策略，6例本土确诊病例全部清零，本地疫情防控取得了阶段性胜利。全力加强防疫物资保障，组织乐澄、宝得等10多家企业跨界转产口罩超9000万个、防护服4.2万套，永荣公司无偿提供125吨消毒液供应全市。爱心人士、商会、海外侨胞等社会各界积极支援抗疫，累计收到捐款1358万元，充分展现出“一方有难、八方支援”的大爱情怀。统筹抓好疫情防控和复工复产，成立复工复产工作服务小组，出台支持企业复工复产六条措施，全力畅通政策链、服务链，帮助企业破解“五难”问题，全面推动复工复产，社会秩序全面恢复，经济发展企稳复苏。

秀屿区深入贯彻落实习近平总书记对福建工作的重要指示批示精神和治理木兰溪的重要理念，深入实施强产业、兴城市“双轮”驱动，统筹做好疫情防控和经济社会发展，全方位推动高质量发展超越，产业经济发展取得了新成效。初步统计，全年实现地区生产总值372亿元，增长2.3%；规模以上工业总产值690亿元，增长1.6%；全社会固定资产投资402亿元，与去年持平；财政总收入22.6亿元，与去年持平；社会消费品零售总额80亿元，增长4%；农业总产值79亿元，与去年持平；外贸出口总额19.1亿元，实际利用外资1.6亿元；城镇居民人均可支配收入34300元，增长2%；农村居民人均可支配收入21400元，增长4%。

实体经济稳中有进。深入开展“千名干部帮千企、稳定产业促发展”专项行动，帮助149家企业列入全市“白名单”企业名录，为企业获得减税降费、增产增效奖励等资金2.4亿元；大力实施产业“百千”增产增效行动，化工新材料、纺织新面料、能源三大主导产业实现产值435亿元，增长4%。固投完成总量连续三年居全市第一。突出开放招商，新对接产业类项目58个，签约丙烷制丙烯、智慧电商物流园、智能装备制造等项目31个，总投资超1000亿元，其中20亿元以上重大项目9个。派驻金融工作专班，对接国开行、农发行等金融机构，取得授信44.9亿元，通过专项债券、工程包融资等方式，筹措资金20.8亿元，有力保障重大项目资金需求。获批创建省级海洋产业发展示范县，推进智慧渔业等8个项目，平海湾双壳贝类育苗基地成为全国主要贝类育苗基地之一；全省首创风电养殖融合发展模式，开发南日北港风电区养殖8000多亩，实现还海于民；提升改造黄瓜、鳌屿、罗盘3个渔港项目；新增优质农产品标准化示范基地4家，完成高标准农田验收2.7万亩；强化稳价保供，生猪存栏达7.2万头，“米袋子”“菜篮子”保障有力。大力稳外贸促消费，开展“全闽乐购，富美秀屿”促消费行动，举办“南日风鲍抗疫助农”直播带货、首届一站式木质家具家居用品集采节、第二届“七夕”上塘银饰小镇缤纷季等大型促销活动，撬动线上线下消费1.4亿元。依托港铁联运优势，引入国家国投合作建设陆地港，推进丰树物流、快递电商园二期等项目建设。

动能转换加速推进。战略性新兴产业持续发展壮大，占规上工业增加值比重达56%。实施企业技术改造，争取技改基金4.2亿元，上海电气、华兴玻璃等33个技改项目完成投资113亿元。实施高新技术企业倍增计划，新认定省级以上高新技术企业12家，华峰新材料合成纤维织物被列为国家级“单项冠军”产品。福人木业、佳通轮胎分别列入国家级绿色工厂、绿色设计产品。加快推进港产联动，莆头港开通首条“莆田－厦门”集装箱穿梭巴士，启动国投陆地港一期项目征迁，建成投用莆头港国林木材城二期，新签约化工新材料产业配套码头泊位11个，“前港后产”布局基本形成。实施“两体两中心”建设工程，华峰创新综合体、宏宝药械产业综合体、美家美居新零售中心等项目开工建设，华锦生活区17幢公寓全部竣工投用，产业软环境不断优化。平台经济持续壮大，药械网、平行威客、采木网等平台企业新增交易额110亿元，带动税收4亿元。探索区属国有企业改革和新一轮整合，区国投公司、产业发展集团2家企业资产均突破百亿元，全市首家区属国企获评AA主体信用评级，国有企业资产总量和现金流量不断做大。推进“互联网＋政务服务”，实行“自己‘批’网上办”，区级审批事项网上可办率达95%，精简材料事项49个，取消前置条件60项，56项审批环节压缩至2个环节。新增省“百人计划”专家1人，引进省工科类、市“壶兰计划”等各类高层次人才108人次。新授权专利384件，新注册商标4056件，每百户企业拥有注册商标215件，居全市第一。市场主体持续高速增长，新增市场主体9900多户，增长22%，增幅居全市前列。

城乡建设协调并进。抢抓莆田新区建设千载难逢的历史机遇，举全区之力推进启动区开发建设，抽调262名干部深入项目一线攻坚，仅用17天完成159万平方米房屋丈量，并陆续完成征迁。开展总体规划设计方案国际征集活动，规划建设国际鞋艺体验小镇，布局引入市实验小学秀屿分校、市第三实验小学等优质教育资源和市级综合医院，一揽子推动片区7条市政道路、7个安置区、4个学校开工建设，城市建设开启新篇。福厦客专、城际轨道F2线预埋工程顺利推进，联十一线进入全线施工，清塘大道四期实现通车，新改建市政道路20公里，城乡交通网络更加畅通。完成土海生态公园夜游提升工程和二期景观改造，新增口袋公园5个、绿道8公里。出让经营性土地7宗690亩，铜锣湾·万达广场、国投景园、大唐国韵世家等一批品质楼盘相继入市，销售商品房达40多万平方米。新投放2艘客渡轮船，新增公交站点30个，增设公共停车泊位1000多个，畅通群众出行“最后一公里”。扎实推进乡村振兴，深化农村集体土地“三权分置”和农村集体产权制度改革，颁发农村集体经济组织股权证16.5万本，颁证率达100%；成功举办秀屿区第三届农民丰收节；严格落实农村村民建房规划许可制度；建设“四好农村路”140公里；新建公厕30个，新改造户厕800户。持续推进大规模国土绿化和“两高”沿线环境综合整治，整治裸房1530幢、新增绿地花廊10万平方米。全面推行城乡环卫一体化社会化运作，实现城乡保洁全覆盖，生活垃圾无害化处理率达100%。

三大攻坚纵深推进。防范化解重大风险有力有效，化解企业不良贷款5.6亿元，辖区内银行不良贷款余额和不良率实现“双降”；大力整治非法采砂等行业乱象，深入开展各领域安全隐患大排查大整治，消除隐患3600多项。巩固脱贫成果有力有效，培育产业扶贫基地37个，贫困村实现稳定脱贫摘帽。污染防治攻坚有力有效，入选全国首批水系连通及农村水系综合整治项目试点县区，整治炉厝溪、埭头溪等农村河道4条25公里；巩固木兰溪全流域系统治理成果，严格抓好生态环保督察反馈问题及信访交办件整改落实，农村污水治理、城区黑臭水体整治加快推进，铺设污水管网160公里，建成小型污水处理站11座，整治河湖“四乱”问题76个，恢复岸线2.5公里；强化建筑工地和道路扬尘防控，整治餐饮业油烟819家，试点创建低碳社区1个；恢复治理废弃矿山6处；完成11个小区生活垃圾强制分类推行工作。

2021年是中国共产党建党100周年，也是“十四五”规划开局之年。秀屿区主要预期目标是：地区生产总值增长8%，规模以上工业总产值增长8.5%，全社会固定资产投资增长5%，财政总收入增长8%，社会消费品零售总额增长5%，外贸出口总额增长5%，实际利用外资2亿元，农业总产值增长3%，城镇居民人均可支配收入增长9%，农村居民人均可支配收入增长9.8%。

（摘编：陈闽声）

南平市产业经济发展综述

2020年是新冠肺炎疫情严重冲击下极不平凡的一年，南平市坚持以习近平新时代中国特色社会主义思想为指导，全面贯彻党的十九大和十九届二中、三中、四中、五中全会精神，深入贯彻习近平总书记重要讲话重要指示批示精神，认真落实省委、省政府的决策部署，统筹疫情防控和经济社会发展，扎实做好“六稳”工作、全面落实“六保”任务，大力实施“八项行动”，深入开展突破“难、硬、重、新”和“创新突破年”活动，凝心聚力全方位推动绿色高质量发展超越，决胜全面建成小康社会取得重大胜利。2020年全市生产总值2007.4亿元，增长0.3%；一般公共预算总收入146.1亿元、下降2%，地方一般公共预算收入98.2亿元、增长2%；固定资产投资增长0.1%；实际利用外资2.48亿元；社会消费品零售总额702.4亿元、下降3.9%；居民消费价格总水平上涨1.4%；城镇居民人均可支配收入36492元、增长3.8%，农村居民人均可支配收入18557元、增长6.7%；城镇登记失业率3.38%；省上下达的节能减排降碳任务全面完成。

2020年产业经济的主要工作和成效是：

统筹疫情防控和经济社会发展取得重大成果。早动员早部署，落实“疫情防控目标责任一张图”，创新推行“机关联乡村、联社区”机制，实行“大数据+网格化”管理，筑牢“外防输入、内防反弹”严密防线。集中优势资源全力救治患者，20例确诊病例全部治愈出院，从首例确诊病例到实现本土患者清零仅41天，至今无本土新增确诊病例。在共克时艰的日子里，先后派出6批次68名医护和疾控人员驰援武汉、宜昌、香港，抽调干部33批272人次派驻福州、厦门口岸及代表福建派驻成都、上海口岸。抢抓机遇、抓早抓实，创新“机关联企业”机制，开展“战疫情、抓复工、促发展”活动，选派360名干部网格化服务905家企业，有序推进复工复产、复商复市、复学复课；累计减免税费55.5亿元，下达各类扶企奖补资金3.02亿元，圣农、元力活性炭、闽铝轻量化、华宇等481家规模工业企业逆势上扬；牵头发起“清新闽东北　健康武夷+”行动，举办“全闽乐购”南平促消费行动和全国郊野钓鱼大赛、中国龙舟公开赛等赛事，滚动投放5500万元消费券，带动民宿、餐饮等服务业发展；全市生产总值、固定资产投资、地方一般公共预算收入等主要经济指标在一季度大幅下滑基础上逐季回升，顺利实现正增长。

三大攻坚战取得丰硕战果。全力打赢脱贫攻坚战，突出产业扶贫、就业扶贫、政策扶贫，持续实施“五个一百”示范带动工程，深化挂钩帮扶机制，开展“民企带村”“百企帮百村”活动，提前实现新时代脱贫攻坚目标。聚力打好污染防治攻坚战，坚决打好蓝天、碧水、净土三大保卫战，空气平均达标天数比例100%、空气质量保持全省第一；3条主要河流优良水质比例和123个小流域断面Ⅰ—Ⅲ类水质比例均100%；污染地块安全利用率100%。着力打好防范重大风险攻坚战，积极化解金融、房地产等重点领域风险隐患，不良贷款率降至1.21%；加强地方政府债务管理，严格控制在省上核定限额之内。

绿色发展创新进一步焕发新活力。“三项创新”持续深化、逐步向系统集成推进。成功举办“两山”理论实践与创新高峰论坛，发布《南平市生态文明治理现代化探索研究报告》，“生态银行”入选中国改革2020年度十大案例，顺昌“森林生态银行”、光泽“水美经济”列为全国生态产品价值实现典型案例；“武夷山水”品牌持续位列中国区域农业品牌影响力排行榜前三；水利部水规总院以南平为样板的《水美城市建设规划编制导则》正式发布。“四大经济”全面推进、成效凸显。实体经济逐步做强，三爱富氟新材料、泰盛纸业等重大项目加快推进，南平工业园区、邵武金塘工业园区列入省级标准化示范园区建设试点，工业技改投资增长43.3%、居全省第一，14家企业获评国家、省级专精特新“小巨人”企业、单项冠军等。数字经济迈出新步伐，围绕打造全省人工智能产业基地，建成“福建智能视觉AI开放平台”“区块链服务网络城市节点”等新型基础设施。回归经济持续壮大，开展“机关联商会、党建促回归”活动，深入实施“六个一”工程，引进喜马拉雅等回归项目574个、总投资559亿元。夜间经济进一步激活，加快实施146个、总投资109亿元的“六夜”工程项目，打造夜游延平湖、建瓯建发商贸综合体、武夷山印象建州文旅商业综合体等一批精品项目。七大绿色产业加快发展、稳步提质。推进生态产业化、产业生态化，绿色产业的规上工业增加值占全市比重86%，对规上工业增长贡献率达93.1%。成为全省唯一入选农业绿色发展全国先进行列地区，武夷岩茶列入国家级优势特色产业集群，新增市级农业龙头企业45家。累计接待旅游总人数、总收入增幅均高于全省平均水平，武夷山旅游股份公司重组上市步伐加快，9家企业获评省级最具成长性文化企业，获批创建省级绿色金融改革试验区试点。

高质量发展新动能不断积蓄。深入挖掘释放行政中心搬迁红利，紧扣“两新一重”和南平发展“新三线”，高质量谋划一批重大项目，获批地方政府专项债项目152个，争取地方政府债券资金109.36亿元、增长176%；新增“五个一批”项目1878个、总投资3389亿元，项目数居全省第三；5个县（市）先后6次进入全省“五个一批”正向激励综合考评前10名。持续开展项目集中开竣工活动，建阳新型卫材、建瓯闽北电商快递分拨中心、顺昌添裕生物新材料等项目开工，武夷山茶旅小镇会展中心、松溪康百赛新材料、光泽圣维兽用疫苗、浦城永芳合成香料等项目投产，武夷新区旅游观光轨道交通一期试运行。深化“一把手”招商、产业链招商、以商招商，成功举办首届资管峰会、第十四届海峡两岸茶博会、第四届食博会、第五届有机大会、第四届旅发会，引进深业生命健康中心、宝龙城市商业综合体等投资超5000万元项目475个、总投资933亿元。持续深化“放管服”改革优化营商环境，审批服务事项网上可办率达98.75%，“一趟不用跑”占比81.02%，“三减一提升”中减次数、减时限、提升即办件占比等3项指标居全省前列。率先在全省推行线上“一件事”套餐服务，创新推广“e政务”、企业用水“三减一免”服务、企业供电“三零”措施、不动产登记“四合一”联动过户模式。企业开办实现“零成本”，新增市场主体10.2万户、增长150.2%。

新型城镇化建设步伐加快。中心城市建设力度加大。争取省上出台支持武夷新区建设加快新南平全方位绿色高质量发展措施，行政中心搬迁后各项工作有序推进。邀请高水平团队，加快编制南平市国土空间总体规划（2020—2035）、建阳中心城区概念性总体发展规划（2019—2070）、中心城区（建阳）建筑风貌设计导则。武夷新区中国农批南平云仓储中心、氢燃料电池设备生产基地等项目落地，智慧物流园、教育实训基地等项目开工建设，福建船政交通职业学院职教园顺利开园。推进延平城区建设，宝武营、北门岭等示范社区和工业路一期改造基本完成，白炭黑及林产化工一体化、爱克太尔新材料、远驰科技等项目加快推进，产城融合态势日益凸显。县域城市功能持续完善。19个城市棚户区、91个城镇老旧小区改造和一批城乡历史文化保护项目加快实施，新改建城市道路147公里、地下管网531公里，新增绿道132公里、绿地101公顷、公共停车泊位3061个、公厕76座，城乡基础设施和品质风貌有效提升。乡村振兴扎实推进。实施乡村振兴“十大行动”，开展城乡人居环境整治百日大会战和大战60天“全域无垃圾”专项行动；按照“一带N点”模式，结合水美乡村建设和特色产业发展，打造189个乡村振兴示范点和22条乡村振兴示范带。

2020年是全面建成小康社会和“十三五”规划收官之年。“十三五”期间，南平市锐意进取、创新突破，绿色高质量发展迈出新的步伐。

持续加快绿色发展，综合实力显著增强。创造性构建以生态文明治理现代化为目标，以选准做优与绿水青山相得益彰的七大绿色产业为支撑，以全国首创的“武夷品牌”“生态银行”“水美经济”三项创新为动力，以绿色发展考核评价体系为导向的绿色发展体系。全市地区生产总值突破2000亿元大关、年均增长5.4%，人均地区生产总值高于全国平均水平，服务业增加值占地区生产总值比重提高5个百分点以上；全社会研究与试验发展经费投入年均增长超10%，新增国家级高新技术企业72家，新增省级以上“专精特新”中小企业、小巨人企业、单项冠军企业64家；成功创建国家森林城市、全国森林康养基地试点市，森林覆盖率达78.85%，提前一年完成“十三五”单位GDP能耗下降目标。

持续建设美丽南平，城乡面貌日新月异。举全市之力打赢“武夷新区决胜搬迁攻坚战”，平稳顺利完成行政中心搬迁。武夷新区开发建设累计投资超600亿元，延平新城、建阳西区生态城初具规模，53个总投资406亿元城市更新、旧城改造等片区开发项目加快实施，城市建成区面积新增31.5平方公里，常住人口城镇化率从54%提高到58.25%。5个县（市）列入国家生态文明建设示范县（市），数量居全省第一。水美城市建设向水美乡村、全域水美延伸，建成645个美丽乡村，农村无害化卫生户厕普及率达97.69%，整治农村裸房3.7万栋。

持续构建立体交通，基础设施全面提升。南三龙铁路、衢宁铁路建成通车，铁路营运里程新增115公里、总里程达848公里。高速南平联络线、顺邵高速、武夷新区绕城高速、武夷山高速北城互通建成通车，乡镇便捷通高速项目和普通国省道提级改造工程加快实施，高速公路通车里程新增115公里、总里程达1045公里，总里程居全省第一；农村公路建设与改造里程2092公里，居全省第一。武夷山机场迁建项目省空协议签订，闽江航道南平段整治工程完工，雷公口水库引调水工程通水。一批防洪排涝、水库除险加固和中小流域治理工程相继建成，供水、供气、电力、通讯等设施不断改善。落实耕地保护面积与永久基本农田划定面积全省第一，连续21年实现全市耕地占补平衡。

持续攻坚破解难题，发展环境不断优化。坚持先谋后动、统筹推进，全力攻克解决了畜禽养殖污染、违规违法开垦茶山、竹筏工罢工、延平库区用电秩序、中心城区“脏乱差”、工程质量问题等一批长期想解决而没有解决的复杂难题，延平辖区内20条劣V类小流域全面消除，党政领导生态环境目标责任制考评连续三年优秀；库区用电秩序整治入选2020年全国创新社会治理20个典型案例；南平中心城市成功创建省级文明城市。

持续抓改革促开放，创新活力竞相迸发。全面完成45项国家生态文明试验区重点改革任务，武夷山国家公园体制试点工作走在全国前列，领导干部自然资源资产离任审计南平做法成为全国典型；719个有经营性资产村全部成立股份经济合作社。组建7家市管国有企业，市属国有企业总资产1030亿元、增长28.7%，净资产408亿元、增长10.4%。科技特派员制度领跑全国，累计选派科技特派员7866人次，与高等院校组建科特派团队345个，建立利益共同体1055个，推广“五新”技术4000余项，带动农民增收55亿元。与中国工程院、中国农业科学院等建立战略合作关系，中科院STS项目落地实施18项。主动融入“一带一路”、闽东北协同发展区、闽浙赣皖福州经济协作区建设，南台融合持续深化。

（摘编：郑平名）

延平区产业经济发展概述

2020年，延平区坚持以习近平新时代中国特色社会主义思想为指导，统筹抓好常态化疫情防控和经济社会发展，全面落实“六稳”“六保”任务，扎实开展突破“难、硬、重、新”工作行动，凝心聚力全方位推动绿色高质量发展超越，决胜全面建成小康社会取得重大胜利。初步统计，2020年完成辖区生产总值415.8亿元，增长1.1%；一般公共预算总收入11.5亿元，地方一般公共预算收入7.3亿元；外贸出口增长12.1%；社会消费品零售总额102.7亿元；城镇居民人均可支配收入37591元，增长4.0%；农村居民人均可支配收入20386元，增长6.4%；节能减排降碳目标任务全面完成。一年来产业经济发展的主要工作和成效是：

齐心协力战疫情，群防群控有力有效。集中优势资源全力救治患者，4名确诊病例全部治愈出院，至今无本土新增确诊病例。建成2个核酸检测实验室并投入使用，9712万元防控资金直抵一线。选送1名优秀医务工作者驰援香港，抽调干部14批次分赴福州、厦门口岸做好防疫处置和转送工作，大数据推送、溯源追踪等外防输入工作从未间断，隔离管控、应检尽检等常态化防控措施从未停止。打好复工复产“组合拳”，选派100余名优秀干部驻点服务重点企业，累计减税降费2.6亿元，帮助企业协调申请银行贷款3亿元。

提质增效稳增长，经济发展稳中向好。紧紧围绕“两新一重”和“新三线”，新增“五个一批”项目287个，总投资566亿元，项目数和总投资均位居全市前列。现代农业持续推进。全区农林牧渔业总产值77.4亿元，增长4.4%。粮食生产保持稳定，建设高标准农田1万亩，流转耕地10.3万亩。华东球根百合种球研发进入试种阶段，闽北空心菜、黄金百香果等7个产品纳入全国名特优新农产品名录。新增国家级农业星创天地1家，市级农业龙头企业2家，农民专业合作社30家，家庭农场35家。示范推广新技术20项，新增“三品一标”认证10个。79家食用野生动物养殖场全面转产转岗。长富乳品成为全国首家巴氏鲜奶进校园企业，荣获全国第十八届农交会“十大乳品优秀企业品牌”。工业经济持续转型。新增中闽铝业、大乘科技2家规上工业企业，推动长富乳品、南线电力电缆等16家重点企业加快技改提升，天富生物新材料中间体生产线等9个项目列入2020年省重点工业技改项目，数量居全市第一。新增省级工业和信息化龙头企业2家、科技小巨人领军企业2家、高新技术企业6家，元力公司被评为国家级制造业单项冠军企业，总投资1.2亿元的福建源锦科技高分子新型环保材料项目成功落地。竹、碳、硅产业循环发展项目荣获国家“林业资源综合利用典型案例”，华孚电器电子元件及电子专用材料制造被评为省级单项冠军（产品）。三产业态持续升级。顺利承办南平市第四届旅游产业发展大会，成功举办2020年中国延平乡村旅游艺术季、新长江论坛·全国夜间经济发展论坛、中国龙舟公开赛10周年（福建·南平）龙舟精英邀请赛、全国郊野钓鱼大赛等系列主题活动，《延平问海》、夜游延平湖等项目受到广泛关注，在中央广播电视总台等50余家新闻媒体累计报道百余条（次）。持续打响“入延游”品牌，举办全闽乐购启动仪式和八闽美食嘉年华活动，开发“云上延平”微信小程序，全年旅游接待总人数超1000万人次，旅游总收入160.4亿元，新增限上商贸企业、规上服务业企业16家，三产增加值增长2.4%，拉动地区生产总值增长1.2个百分点。

深化创新促改革，绿色动能显著增强。实施“创新突破年”活动，拓宽“两山”理论转化通道，成功打造延平乡村艺术季、古厝生态银行等乡村振兴“延平样本”。三项创新持续深化。“武夷品牌”加快扩展，积极培育“延平茶洋窑瓷器”“洋后中洋花生”等地理标志证明商标，开设“武夷山水”延平旗舰店，茶洋窑遗址列入省级文物保护单位。“水美城市”加快实施，溪源峡谷4A景区、坑坪里溪、徐洋溪等“水美城市”小流域综合治理PPP项目进展顺利。“生态银行”加快推进，深化巨口“古厝生态银行”试点，建成岭根村北峰孝廉文化体验区和谷园村古商贸街。与中国社科教育培训中心合建“闽北乡村干部学校”，落户巨口并投入运营。特色经济融合发展。抓好福源畜牧数字农业应用推广基地等3项国家级、省级数字经济重点项目建设，推进7项省级工业化信息化融合重点项目。加快首批省级示范商圈四鹤广场建设，打造明天小镇等一批夜游发展项目。签约回归经济项目30个，总投资53.2亿元。抓好保温、游乐、建筑、酒店业等总部经济，与实业集团联合打造游乐产业集聚区，20余家企业入驻延平新城低碳科技园；完成建筑业增加值92.1亿元，实现税收3.5亿元；保温业产值40.7亿元，增长19.5%，实现税收1.5亿元。引进深圳中恒泰、杭州垂直科技、上海申富等3家平台企业。改革开放纵深推进。深化“放管服”改革，在全市率先出台《集群注册登记管理暂行规定》，引进南龙网商公司，新增市场主体3万余户，增长258.7%。全面开展“互联网+监管”系统应用工作，审批均压缩在三个环节以内，承诺时限统一控制在法定时限的50%以内。推行线上“一件事”服务套餐，实现审批服务事项网上可办率96%，“一趟不用跑”事项占比65%以上。深化“一把手”招商、产业链招商、以商招商，新引进总投资超5000万元以上签约项目44个，实际利用外资全市排名第二。

持之以恒抓落实，三大攻坚战成果丰硕。严格落实“四个不摘”要求，建档立卡贫困户4891人全部脱贫，40个贫困村全面摘帽，561户完成易地扶贫搬迁。深入实施大气、水、土壤污染防治三大行动计划，查处涉气“散乱污”企业6家，关闭工业炉窑9个，查处小流域环境违法案件23件，削减库区网箱养殖12万平方米，完成临时用地复垦12宗，治理废弃矿山3家。全区空气优良比例达100%，主要河流达标率100%。大力化解金融、房地产等重点领域风险隐患，不良贷款率降至0.82%，地方政府债务控制在省核定限额内。

2020年目标任务的基本完成，标志着“十三五”顺利收官。过去的五年，最振奋的是发展动能得到持续增强。经济总量不断扩张，辖区生产总值突破400亿元，年均增长4.1%，总量稳居全市前列。经济结构不断优化，七大绿色产业规上工业增加值占比达90%以上，一二三产业占比9.8∶39.6∶50.6，三产较“十二五”末提升13个百分点。发展后劲不断增强，五年固定资产投资达794.5亿元，招引项目261个，初步形成了电池生产、电线电缆、林产化工、针纺产业、乳业加工五大产业集群，成为闽北先进制造业基地。企业创新能力不断提升，15家企业通过国家两化融合管理体系贯标评定，全区现有高新技术企业16家、省级科技“小巨人”领军企业17家、省级“专精特新”中小企业10家、省级制造业单项冠军企业（产品）5家。产城融合更加坚定。江南新城、世华新城中心等片区开发日臻完善，建成恒大、正荣等一批高档住宅小区，海瑞路、朱熹路等市政道路和一批农贸市场全面提档。城市品质更加宜居，实施完成城市道路白改黑、三横四纵立面改造、“三江六岸”景观提升、棚户区改造等一批城市补短板项目，建成九峰山空中栈道、高铁延平站站前广场和站后公园、延平西站站前广场、莲花山公园等一批休闲设施、体育场馆。交通更加便捷，新增南三龙铁路、京台高速公路、延顺高速公路、高速南平联络线4条主干线，延平大桥等7座跨江大桥，以及杨真隧道、闽江路等新老城区互联互通项目建成通车。乡村更具魅力，建成55个美丽乡村，8个村入选“全国第五批中国传统村落名录”。

（摘编：郑平名）

建阳区产业经济发展概述

2020年，建阳区坚持以习近平新时代中国特色社会主义思想为指导，深入挖掘释放南平市行政中心搬迁红利，创新开展“四个年”活动，加快推进产业转型升级，做大做强实体经济，经济社会持续健康发展。产业经济的主要工作和成效是：

经济社会平稳有序。面对突如其来的新冠肺炎疫情，全区上下闻令而动、依令而行，创新“六位一体”综合防控体系，仅用42天完成南平市第四医院建设任务，再创“建阳速度”，至今342天无新增确诊病例和疑似病例。疫情防控形势平稳向好后，有序推动复工复产、复商复市，以最快速度恢复了正常生产生活秩序。初步统计，2020年全区生产总值256亿元，增长3%；一般公共预算总收入18.7亿元；地方一般公共预算收入13.4亿元，增长1.4%；农林牧渔业总产值70.7亿元，增长4.5%；社会消费品零售总额92.5亿元，增长0.2%；城镇居民人均可支配收入37944元，增长6%；农村居民人均可支配收入19500元，增长9%。

三大攻坚扎实推进。脱贫目标如期实现。扎实开展就业扶贫，策划生成104个总投资2682.8万元扶贫项目，增设公益性岗位安置贫困劳动力109人。生态环境持续向好。完成植树造林2.9万亩、现有林改培1.7万亩、人工林栽培2345亩，空气质量达标天数比例100%。认真落实“河湖长”制，建立生态巡查机制，在全市率先完成排污许可发证登记，集中式生活饮用水水源地、区域河流断面水质达标率100%。重大风险有效防控。坚持“化旧控新”“一企一策”化解不良贷款，不良率0.93%，连续19个月保持在1%以内。首创“金融纠纷调解中心”，累计办结金融纠纷457件8682万元。

千年古县焕发新机。全力服务搬迁大局，南平市行政中心正式迁驻建阳。市区一体加速融合。全面融入闽北新兴中心城市建设，精准高效破解征迁难题，全力保障云谷水系工程、新区综合医院等重点项目用地，稳妥有序推进留置地问题化解。积极配合南平市体育中心、武沙高速等重点工程建设，雷公口引调水工程通水，省道303全线贯通。全力对接市区一体管理机制体制，行政服务中心整体进驻市级中心，人社、不动产登记、医保等分中心同步入驻。搬迁红利加快释放。借势发展“四大”新经济业态，全年新增各类市场主体12465户，比增160%。首都师范大学学前教育学院2020年“国培计划”落地实施，建盏文化直播基地顺利揭牌，建阳建盏抖音电商直播基地启动招商。闽北物流集散中心投入运营，入驻企业45家。产业互补持续推进。建阳经济开发区产业发展格局基本形成，全年完成投资5亿元，征地3130亩，台地平整1550亩，入园大道、创业孵化园等项目建成投用。新引进企业52家，供地20家，医卫产业园实现福建闽瑞新合纤股份有限公司等8家全产业链企业入驻，达产后将成为建阳首个年产值超百亿元产业。

发展质效稳步提升。现代农业提质增效。新建粮食产能区34片2.5万亩，实现粮食产量20.6万吨，兑现耕地地力保护补贴3325万元。全面推广应用“滴滴农机”，水稻综合机械化率81.9%。持续提升桔柚、葡萄、茶叶等特色产业，成功举办首届茶文化节、首届“中国水仙茶研讨会”，茶叶项目纳入武夷岩茶产业集群建设，并入选全省果菜茶有机肥替代化肥试点。恒亮禽业总部落户建阳，回龙乡入选国家农业产业强镇建设名单。

工业经济支撑有力。深入开展“六严六帮”，打通“五难”操作链，帮助21家企业争取纾困资金1亿元，为22家企业转贷55笔，放款3亿元。规模以上工业企业产值增幅居全市前列，新增入规企业6家。青松股份入选2020年全省百强和制造业50强民营企业榜单及全省第四批制造业单项冠军企业名单。龙竹科技成为全国首批、福建首家新三板精选层企业，汽车锻压件厂、龙翔科技入选工信部第二批专精特新“小巨人”企业名单，龙翔科技高等级航空轮胎成型装备获国内首台（套）认定。第三产业加速回暖。顺利承办中国旅游日福建分会场线上主题活动，预计全年旅游接待总人数520万人次，旅游总收入72亿元。成功举办纪念朱子诞辰890周年祭祀大典，考亭书院教培基地投入运营，考亭讲坛开讲。深入实施“六夜”工程，完成潭人街夜市改造，嘉禾美食街获评省级美食街。积极参与“全闽乐购”促消费活动，投放消费券244万元，带动消费2000余万元，成功举办第二届大武夷赶山节暨“鱼”你同乐美食嘉年华活动。项目投资强力拉动。项目投资增长17.7%。围绕南平发展“新三线”，谋划生成686项，总投资1833亿元“十四五”重大项目。全年新增“五个一批”项目101项，总投资152.6亿元；地方政府专项债入库项目30项，总投资151亿元。42个省市在建重点项目完成投资32亿元。常态化开展项目集中开竣工，实现项目集中开工80项、竣工33项。新引进总投资超5000万元招商引资合同项目47项、总投资55亿元，全部实现开工。

城乡面貌明显改善。城市功能更加完善。西区生态城、童游嘉禾等核心商圈业态逐步完善，马尚道、正达商业街投入运营，西区、童游赤岸农贸市场开门营业。启动螃蜞路拓宽改造，双龙桥隧、交通枢纽等项目加快推进，完成嘉禾大道改造、垃圾焚烧发电二期建设，首条城市隧道—长安隧道建成通车，新增城区停车泊位1109个。启动北门、西桥等6个片区、总投资3亿元的老旧小区改造。加快推进潭山林下旅游项目，完成宋慈公园等3个城市公园改造，建成区绿化覆盖率46.8%。乡村振兴更加扎实。全面启动三大“卫星”集镇建设。水吉建盏小镇加快推进，旅游公路开工建设；徐市镇固定资产投资突破10亿元，与经济开发区产城融合稳步推进；麻沙镇入选省级商务特色小镇、福建全域生态旅游小镇名单，获评第六届全国文明村镇。水南村、溪源村等12个省级试点村和“一带N点”13个市区级示范村建设加快推进。实施新型农业经营主体培育工程，申报国家、省市级示范社14家、家庭农场15家。加快发展农村电商，打造电商示范村、服务中心17个。持续推进“四好农村公路”建设，完成农村公路单改双122公里，书麻线、将崇线等建成投用。深化农村人居环境整治，大力实施“一革命四行动”，新改建公厕198座，完成5个乡镇污水处理厂建设，“全域无垃圾”专项行动成效显著。

2020年各项工作的有效推进，为“十三五”划上了圆满的句号。五年来，综合实力稳步攀升。地区生产总值突破200亿元，年均增长10.8%；一般公共预算总收入年均增长6.4%。全社会固定资产投资稳步增长，一批重大项目建成投用。获评千年古县、中国建窑建盏之都、全国绿色发展百强区、全国百佳深呼吸小城。

转型升级步伐加快。三次产业结构由16：49：35调整为13：41：46。五大百亿产业发展壮大，绿色经济占经济总量80%以上。新增上市企业2家、规模工业企业29家，成功创建国家A级景区5家。25.7平方公里的建阳经济开发区从无到有，实现企业入驻63家。现代物流、金融等服务业加快发展。

发展活力不断增强。市区一体发展迈出新步伐。国企改革扎实推进，成功组建城投、建达、林业三大集团公司。环武夷山国家公园麻阳溪流域水美经济带建设有序推进，考亭水美城入选全国第三届水工程与水文化有机融合案例。

城乡面貌深刻变化。中心城区建成区面积从18.3平方公里拓展到34平方公里，城区人口总数突破20万人，城镇化率提高至62%。西区生态城实现收益57.6亿元，直接带动固定资产投资260多亿元，建发悦城、万达广场等城市综合体形成集聚效应。新建改建村级组织活动场所147个，建成美丽乡村61个，森林覆盖率达78.2%。

（摘编：翁宁）

邵武市产业经济发展概述

2020年是新冠肺炎疫情严重冲击下极不平凡的一年。邵武市坚持以习近平新时代中国特色社会主义思想为指导，深入实施“八项行动”，统筹抓好疫情防控和经济社会发展，凝心聚力全方位推动邵武绿色高质量发展超越。初步统计，全年实现地区生产总值245亿元；农林牧渔业增加值31亿元，规模以上工业增加值80亿元，固定资产投资额171亿元，一般公共预算总收入17.8亿元，地方一般公共预算收入13.2亿元，社会消费品零售总额96亿元，外贸出口27亿元，城镇居民人均可支配收入38040元，农村居民人均可支配收入21300元，完成上级下达的节能减排任务，入选全国县域经济综合竞争力400强、全国县域投资潜力400强。

2020年产业经济的主要工作和成效是：

项目攻坚有力推进。狠抓项目接续，新增“五个一批”项目236项、总投资272.56亿元。紧扣“两新一重”和南平发展“新三线”，策划生成“两新一重”项目134项、总投资283.19亿元，“十四五”项目364项、总投资1351.68亿元。持续深化精准招商，大力实施“回归工程”，引进亿元以上项目37项。全力加快项目建设，实施省、南平市、邵武市三级重点项目360项、总投资699亿元。开展每月项目集中开竣工活动，全年竣工或投产项目148项。华电邵武火电厂三期扩建项目转入商业运行，含香食品加工项目顺利投产。建成5G基站62个，城区实现5G全覆盖。完成征地2219亩，拆迁2.75万平方米，争取上级各类项目补助资金18.7亿元、地方政府债券资金8.97亿元，有力保障项目建设要素需求。

产业升级步伐加快。工业发展提质增效。园区标准化建设加快推进，金塘工业园区被列为全省第一批园区标准化建设示范试点、全省首批化工园区（化工集中区），经济开发区被评为全省循环经济示范试点园区。帝盛紫外线吸收剂、舜跃科技、永椿科技、凯昕药业、大诚家居等项目建成投产，永和新型制冷剂、海德福新材料、香缘饮用水等项目加快建设，江苏准信酚醛树脂、苏州矽索有机硅等项目签约落地。新增国家级高新技术企业3家、科技小巨人领军企业2家、专精特新“小巨人”企业1家，15家企业通过国家两化融合管理体系贯标评定，5家企业被列入2020年度省重点上市后备企业。成功举办中国（邵武）氟新材料产业高质量发展论坛。现代特色农业加快发展。落实粮食播种面积47.4万亩，实现产量18.4万吨；种植烤烟4.2万亩、食用菌1.79万亩、优质水果6000亩；发展中药材6162亩、林下经济8848亩、特色苗木3650亩；新增农民专业合作社100家、家庭农场44家；润身药业、华至果业、顺兴泰渔业等项目加快建设。邵武碎铜茶入选农产品地理标志产品，我市被评为第三批省级农产品质量安全县。第三产业平稳增长。借助南平市第四届旅发大会契机，文旅业态持续提升，获评全省首批全域生态旅游示范市。开展“全闽乐购”“南平消费促进月”等活动，发放各类消费券343万元。培育夜间经济、地摊经济，建成华美达广场滨水酒吧一条街、城南花鸟市场、东南商业城跳蚤市场，财富天下广场被评为2020年省级示范商圈。组织各类直播带货活动14场，新增电商企业22家，全年电商交易额达9.8亿元，被评为全国电子商务进农村综合示范县。闽赣（邵武）互联网产业物流园（一期）建成投入运营，邮政业务总量增速达42.3%。全年商品房销售面积54万平方米。

三大攻坚战取得突破。脱贫攻坚目标任务全面完成，统筹抓好“战疫”与“战贫”，健全防止返贫监测帮扶机制，21个贫困村实现摘帽。生态环境质量持续改善，上级生态环保督察反馈问题有效整改。严格“禁燃区”管控，全年空气质量优良天数比例达100%。深化“河湖长制”，加大打击河道非法采砂、电毒炸鱼行为力度，完成金山溪、洪武渠内河整治和城区污水处理厂、第二污水厂提标扩容工程建设。罐子窠旧垃圾填埋场封场，国家储备林质量精准提升工程扎实推进，完成绿化造林2.41万亩，治理水土流失2.7万亩。重大领域风险防控有力，化解不良贷款1.37亿元，银行业金融机构不良贷款率下降至1.12%。

水美邵武加快建设。启动国土空间规划编制，完成城郊廖家排、原邵泰线三里亭段、金山溪片区控制性详细规划编制。水美城市（一期）项目有序实施，下南寮、吴家塘农场、综合农场、高峰农场棚户区改造项目加快建设。积极向上争取老旧小区改造资金3.15亿元，实施老旧小区改造项目11个。学府路（一期）、丹桂路、四板路和张三丰大道人行过街天桥、坊上大桥及接线工程建成投入使用，客运枢纽中心正式开张运营。青少年户外活动中心、行政服务中心、廖家排等停车场对外开放，新增公共停车位1686个。新改建市政管网27公里，新增城市绿地15.54万平方米。城市卫生保洁市场化服务面积增至379.3万平方米。完成26个“一带N点”乡村振兴试点村规划编制。人居环境三年行动全面收官，普铁、高速沿线环境和农村裸房、农村房屋安全隐患整治强力推进，拆除“两违”建筑26.4万平方米，新改建农村公厕15座、三格化粪池1429户。新增全国“一村一品”示范村1个、省级“一村一品”示范村3个、省级传统村落3个，金坑乡金坑村入选国家级历史文化名村。农田水利设施加快建设，建设高标准农田4.62万亩、生态护岸7公里。全面落实“路长制”，拓宽改造农村公路18.9公里，建设安全生命防护工程26.7公里。

改革创新纵深推进。“三大创新”取得突破，新增准入“武夷山水”区域公用品牌企业24家，“邵武竹业”入选2020年度福建省十大农产品区域公用品牌；依托振鑫农业、永同盛闽赣（邵武）农副产品批发市场，持续探索农业“生态银行”创新实践；加快建设32项、总投资10.94亿元的“水美经济”项目，推动流域生态、河岸景观、片区开发和沿河业态融合提升。农村集体产权制度改革稳步实施，农村土地确权颁证率达100%。市属国企改革深入推进，市国有建设发展有限公司完成2A主体信用评级工作。加快生态文明体制改革，推进武夷山国家公园南大门生态文明试验区建设，完成新划入4万亩林地林权拨交和勘界定标工作。持续深化“放管服”改革，出台优化营商环境二十一条措施，率先在省网上办事大厅建成“政务服务旗舰店”，“一趟不用跑”“最多跑一趟”事项占比达99.3%，为各类市场主体减税降费6328.87万元，兑现各类奖励扶持资金1.98亿元。

2020年是全面建成小康社会和“十三五”规划收官之年。五年来，邵武市持续稳增长、调结构，综合实力明显增强。持续深化供给侧结构性改革，大力实施创新驱动战略，经济结构不断优化，经济运行速度、质量和效益稳步提升。全市地区生产总值年均增长4.8%；社会消费品零售总额年均增长9.9%；三次产业结构由15.6：48.1：36.3调整优化为12.3：46.9：40.8；经济开发区、金塘工业园区开发面积达17.2平方公里，新增规上企业55家，培育省级以上高新技术企业12家。扎实推进技术创新，新增各类专利技术（发明）1208件，每万人口发明专利拥有量6.88件，居南平市十县（市、区）首位。

持续强统筹、提品质，城乡面貌日新月异。城市中心区规划控制面积95平方公里，建成区面积25.12平方公里，城镇化率达69.6%。城市品质不断提升，有序实施城建项目106项、总投资51亿元。“两溪四岸”滨河步道实现闭合成环，八一大桥和张三丰大道、解放东路等改造提升工程相继竣工，建成太极张三丰公园。创建宜居小区19个、改造老旧小区114个。大乾水库实现供水。大力实施乡村振兴战略，深入开展农村人居环境整治行动，特色小镇和美丽乡村建设加快推进。

（摘编：蔡志轩）

武夷山市产业经济发展概述

2020年，武夷山市深入贯彻习近平总书记重要讲话重要指示批示精神，抢抓“两新一重”和南平“新三线”政策机遇，统筹推进疫情防控和经济社会发展，沉着应对疫情、“7.9”洪灾等不利因素影响，全方位推动绿色高质量发展超越，南平市绿色发展考评该市排名第一。全市生产总值208.05亿元，增长0.1%；一般公共预算总收入13.10亿元，增长0.67%。地方一般公共预算收入9.35亿元，增长3.39%；固定资产投资增长8.1%；城镇居民人均可支配收入37405元，增长3.1%；农村居民人均可支配收入19956元，增长6.2%；全社会用电量累计6.57亿千瓦时，与去年持平；银行存款余额197.58亿元，增长5.2%，贷款余额171.66亿元，增长14.03%。城镇登记失业率2.73%。一年来产业经济发展的主要工作和成效是：

奋力筑牢战疫防线。面对突如其来的新冠肺炎疫情，武夷山市按照党中央“坚定信心、同舟共济、科学防治、精准施策”总要求，严格落实“外防输入、内防反弹”防控策略，第一时间建立“集中统一、快速反应”的应急指挥体系，动员全社会力量、调动各方面资源，迅速形成了抗击疫情的强大合力。642个基层党组织冲锋一线，4661名党员、干部、志愿者下沉社区，3批23名优秀医护人员驰援武汉、宜昌，12批工作组派驻福州、厦门口岸。社会各界、海内外侨胞捐赠款物598.95万元。无数爱心汇聚成守望相助、共克时艰的巨大力量，新冠肺炎疫情发生以来，我市未出现本地聚集性感染和境外输入病例，3月5日实现新冠肺炎患者“清零”且至今无新增，社区疫情防控“三化三防”经验入选全国城乡社区疫情防控100个优秀案例。

奋力加快经济复苏。出台落实“六稳”“六保”22条政策措施，建立机关联企机制，20名联企干部网格化对接服务，稳妥有序推动全面复工复产、复商复市、复学复课。下达各类直达补助资金2.96亿元，减免税费1.05亿元、企业社会保险费6754.2万元，发放失业保险金408.8万元，缓缴767家企业各类费用958万元，支持中小微企业融资纾困1.2亿元，帮助企业有效应对疫情、渡过难关。首列中欧国际货运班列顺利开行。出台旅游优惠政策，策划举办首届“513旅游电商节”，开展系列直播促消费活动124场，带动消费超2亿元。农夫山泉年产100万吨饮用天然水生产线竣工投产。一般公共预算总收入等主要经济指标在一季度大幅下滑基础上，顺利实现正增长并完成赶超。

奋力扩大有效投资。持续深化“五个一批”项目推进机制，列入省、南平市重点项目46项，总投资240.1亿元，累计完成投资43.5亿元，占年度计划104.7%。新增“五个一批”项目153个，总投资265.8亿元；策划上报全省“十四五”规划项目150个，总投资879.3亿元；上报南平市“十四五”规划项目323个，总投资1790亿元。争取地方政府债券资金10.8亿元。创新推出“不见面”招商，深化“一把手”招商、产业链招商和回归经济工作，新引进深业生命健康中心、宝龙城市商业综合体等总投资超5000万元项目65个，开工转化率100%，回归经济和产业招商工作排名南平市第一。第二、三季度省政府“五个一批”正向激励考评分别排名全省第二、第五。

奋力优化产业结构。旅游产业加快转型，紧盯“2522”旅游产业高质量发展目标，实施“五大提升行动”，打造“五旅”融合基地。世茂御榕庄酒店等项目建成并投入运营，五峰九院、运动康复中心、印象建州、茶汤温泉、大红袍艺术馆等一批旅游项目扎实推进。引进低空游览项目，推出大红袍八段锦体验之旅。开展“品读双世遗、漫游武夷山”“武夷暖冬”系列宣传营销推广活动，成功举办大武夷超级山径赛、全国郊野钓鱼大赛等国家级、省级体育赛事16项。开行福州—武夷山旅游高铁专列，开通南京—武夷山—深圳航线。三木自驾车营地获评首批国家4C级自驾车旅居营地，五夫朱子文化园研学实践教育基地入选第三批福建省中小学生研学实践教育基地；南源岭村获评全国乡村旅游重点村，大安村、南源岭村入选福建金牌旅游村。茶产业做大做强，围绕茶产业全产业链发展和“11363”目标，实施“六大专项行动”，推动茶产业高质量发展。茶旅小镇会展中心建成并投入运营；茶人小镇、正山堂红茶博物馆、武夷星智能产品中心完成主体建设；瑞泉岩茶博物馆、京东·武夷茶数字生态茶产业基地序时推进；八马茶文化研学体验园项目实现当年招商、当年签约、当年落地、当年产生税收；新增“小升规”茶企7家，茶产业税收8499万元，比增30.9%。成功举办全国茶叶加工工（精制）职业技能竞赛决赛、第十四届海峡两岸茶业博览会。“正山小种”商标被认定为中国驰名商标；“武夷岩茶”“武夷山大红袍”“正山小种”列入中欧地理标志协定保护名录；武夷岩茶、武夷红茶入选中国农产品地域品牌价值2020年标杆品牌；武夷岩茶品牌强度905，品牌价值700.17亿元，连续4年蝉联中国茶叶类区域品牌价值第二。荣获“2020中国茶业百强”“2020年中国茶业品牌建设十强县”称号。新兴产业蓬勃兴起，生物制药、科技环保、电商、互联网经济等产业初具规模，1家企业获得省级科技小巨人企业认定，2家企业获得省星创天地认定。出台促进总部经济、平台经济发展若干措施，引进3家总部经济企业、4家平台经济企业，实现创税1.35亿元。

奋力推进城市建设。全力实施城市建设攻坚战，第一批52个项目，总投资56.8亿元，已开工48个，竣工27个，完成投资12.8亿元。完成宁武高速北城互通、国道G237（九曲路口至公馆大桥段）、疏港大道二期、武夷大道、五九大道等道路建设提升30条。新建、改造污水管网26.34公里，铺设市政燃气管网约30公里；建设智能化停车场8个，新增停车泊位1745个；拆除“两违”32.31万平方米，彩钢瓦9.34万平方米；绿化彩化31万平方米、提升绿地9.85万平方米。扎实推进城区生活垃圾分类，建成垃圾分类屋28座。实施老旧小区改造13个、1321户。水泥厂棚户区整治、高振农庄整治、疏港大道征迁、中山路拓宽等制约城市建设发展的问题，得到攻坚突破，城市面貌焕然一新，环境更美、品质更好、功能更全。

奋力推动乡村振兴。出台八条稳定脱贫措施，1988户建档立卡贫困户全部稳定脱贫，21个贫困村全部摘帽退出。积极对接长泰县对口帮扶，提高乡村振兴效果。扎实推进国家级田园综合体项目，累计投资8亿元，完成项目批复111.5%；大力推广“五新”技术，建立7个病虫害绿色防控技术示范区，示范面积2000余亩。黄柏溪引水至樟树水库连通工程基本建成，兴星灌区项目全面完工。开展城乡人居环境整治百日大会战和大战60天实现“全域无垃圾”专项行动，排查整治裸房（危房）6654栋，建设乡镇公厕19座、乡村公厕80座，新建改造户厕3567户，拆除旱厕453个。建设“四好”农村路6.81公里，改造危桥5座，完成农村公路安保工程51.73公里。稳妥推进农村综合改革，完成农业水价综合改革试点3.38万亩，列入全省农村公共基础设施管护体制改革试点。深入推进11个省级试点村、3个圆梦村建设，新增评定6个星级示范村、5个单项冠军村。

2020年各项工作的扎实有效，为“十三五”圆满收官作出了积极贡献。五年来，经济实力持续跃升，生产总值年均增长7.3%，2019年突破200亿元大关；累计开竣工项目192项，总投资916.99亿元，固投年平均增长4.61%；全市一般公共预算总收入、地方一般公共预算收入年均增长分别为4.36%、3.87%。

（摘编：陈闽声）

建瓯市产业经济发展概述

2020年，建瓯市以习近平新时代中国特色社会主义思想为指导，全方位推动绿色高质量发展超越，全市经济社会发展稳中有进。全年完成地区生产总值280.07亿元，下降5%；农林牧渔业总产值91.92亿元，增长4%；农林牧渔业增加值56.07亿元，增长4%；一般公共预算总收入14.78亿元，增长0.6%，地方一般公共预算收入10.58亿元，增长5.9%；社会消费品零售总额146.86亿元，下降3.8%；外贸出口总额24.08亿元，增长1.1%；城镇居民人均可支配收入36545元，增长4%；农村居民人均可支配收入19964元，增长4.9%。

坚持科学精准，疫情防控有力有效。面对突如其来的新冠肺炎疫情冲击，在南平市率先出台防疫标准措施22条、制定“四类人群”管理流程，率先启用人脸识别系统、推行“线上入瓯登记”，将疫情防控精准到村、到户、到人。选送3名医护人员驰援武汉，抽调12批15人次派驻福州和厦门机场口岸。科学有序推进复工复产复商复市，选派31名驻企联络员、188名干部挂钩帮扶企业，列入国家疫情防控重点保障企业13家、贷款2.24亿元，生产生活秩序全面恢复。

坚持创新突破，项目攻坚实干实效。深入开展“创新突破年”百亿攻坚行动，35项南平以上在建重点项目完成投资39亿元。坚持每月集中开竣工，全景实木智能家居等66个项目开工建设，北津湖旅游基础设施一期等33个项目竣工。实施线上招商、驻点招商，引进5000万元以上产业项目72项、亿元以上“回归经济”项目2个。围绕“两新一重”“新三线”，谋划“十四五”项目331个，总投资989.1亿元；新增“五个一批”项目192个，总投资309.5亿元。项目要素保障增强，争取专项债项目11个6.12亿元，争取中央、省上预算内资金项目17个6737万元；全年征迁项目用地3695亩，处置批而未供用地1030亩、闲置土地211亩，竞拍赎买标准厂房7幢，闲置资源进一步盘活。“一区三园”基础设施持续完善，完成300亩台地平整，城东工业园F区道路、丰乐工业园二期道路投入使用，北苑贡茶加工园区开工建设，产业发展空间持续拓展。

坚持绿色发展，产业转型提质增效。现代绿色农业发展加快，农业产业强镇建设扎实推进，建成高标准农田3.23万亩，播种粮食50.25万亩。晨曦种业、阳泽葡萄大棚农业物联网应用基地建成，翠松农业通过第八批省级标准化示范区验收。闽北乌龙茶科技小院连续两年被评为“十佳中国农技协科技小院”。入选第二批国家农村产业融合发展示范园名单、第三批省级农产品质量安全县创建试点单位名单。市笋竹生态资源公共服务线上平台启动，“竹生态银行”为3562家经营主体担保贷款4.7亿元。先进制造业提档升级加快。加强纾困帮扶，发放企业贷款12.94亿元，投入专项奖补资金4400万元，帮扶转贷2.1亿元。持续打造竹木、食品两个百亿产业集群，千亩高端竹产业园区和笋制品交易中心有序推进，大庄竹业、丸美竹业顺利投产，大亚科技华南总部落户我市。华宇集团等3家竹木企业入选省级龙头企业，双羿竹木等3家企业入选省重点上市后备企业名单。持续推进企业技改升级，双龙戏珠白酒扩建项目启动，黄华山酿酒等3家企业被认定为省级“专精特新”中小企业，中亿纸品等11家企业获评省“百千”重点企业，富晶宝等5个项目入选省级技术创新重大项目，利树热电联产等8个项目列入省两化融合重点项目，新增专利139件。商贸服务业特色凸显，实施“旅游＋红色＋夜间经济”发展模式，开发红色旅游路线11条，评出首届“建瓯名小吃”9类30家。闽台同根茶园景观提升工程竣工投入使用，建发夜市等夜间经济文化示范点建成投入运营，湖头村获评全国乡村旅游重点村。闽北电商快递分拨中心项目有序推进，宏创通网络货运平台投入运营，闽北物流中心加快建设。积极创建“建字号”公用品牌，成功举办中国乌龙茶产业（建瓯）高峰论坛。新增“武夷品牌”授权企业33家、地理标志证明商标3件。建瓯锥栗入选网友“2020我喜爱的中国品牌”。

坚持生态宜居，城乡建设卓有成效。启动国土空间总体规划编制，城北片区规划、第三次全国国土调查顺利完成。持续开展“打赢城市建设管理翻身仗”活动，中山西路等9条道路“白改黑”、钞库巷等17条背街小巷完成改造提升，新建改建公厕8座，三江口大桥开工建设。水南二桥、北坪防洪堤等水美项目加快建设，东门水厂完成改造提升，南环路道路及景观提升、北环路附属工程等项目投入使用，云际山公园二期将在春节前成为市民打卡点。深化乡村振兴“1带N点”模式，36个省级试点村和2个示范点建设加快，184个村完成农村集体资产股份制改革。可建村、房村村分别被评为“全国乡村治理示范村”和“2019年度福建省乡村振兴实绩突出村”。开展城乡人居环境整治百日大会战和大战60天“全域无垃圾”专项行动，新建改造示范农房1073栋、三格式化粪池4836个，阳泽村等6个村庄被列为国家森林乡村，吴大元村被评为中国少数民族特色村寨。基础设施不断完善，国道237线玉山至屏南界道路完成主体工程，衢宁铁路建瓯东站建成通车。落实“两高”、普铁沿线环境综合整治、生态环保督察问题整改，城西污水处理厂一期、14个乡镇集镇污水处理厂投入使用，池畲溪得到有效治理，境内3条主要河流水质为Ⅱ类。获省上闽江流域山水林田湖草生态保护修复试点正向奖励1500万元。

2020年工作任务的完成，为“十三五”规划画上了圆满句号。经过五年的艰苦努力，全市经济社会发展迈上了新台阶。过去的五年，攻项目、促增长，综合实力再上新高度。固定资产投资年均增长5.7%。2020年地区生产总值是2015年的1.4倍，年均增长5%。财政总收入和地方级财政收入分别是2015年的1.23倍和1.18倍，年均分别增长3.9%、3.4%。城镇居民、农村居民人均可支配收入年均分别增长6.8%、8.3%。“一区三园”建设加快，基础设施累计投资8亿元，引进企业38家，2020年园区企业产值106亿元，税收1.2亿元，比2015年分别增长了82%、65%，排名从全省97家开发区倒数第二上升至第42位。

抓创新、促转型，绿色发展迈出新步伐。三次产业结构由2015年的21.0%：42.2%：36.8%调整为2020年的19.4%：36.7%：43.9%。规模工业产值达252亿元，企业入库税收达2亿元，比2015年增长37%。科技创新引领加快，“科特派”机制持续深化，笋竹产业“互联网＋”区域化、链条化不断拓展，竹木百亿产业集群集聚效应凸显，2020年产值达129亿元，被认定为“笋竹中国特色农产品优势区”，再获“中国根雕之都”称号。绿色现代农业加快推进，粮食生产保持稳定，笋竹、茶叶、锥栗、蔬果等特色农产品品牌效应持续放大。数字信息、文旅、物流等产业持续做大，电商快递行业加速发展，2020年线上销售额22.3亿元，是2015年的4.68倍，被确定为全国“电商示范百佳县”“电子商务进农村示范县”“农村产业融合发展试点示范县”。

重建管、促形象，水美城乡呈现新面貌。城乡建设累计投入76亿元，是“十二五”期间的1.5倍。城镇化步伐加快，水南、高铁片区开发扎实推进，常住人口城镇化率达53.5%。打赢城市建设管理翻身仗、水美城市建设成效显著，完成40条城区道路、48条背街小巷、7个农贸市场、34个公厕和南环路、北环路提升改造，建成云际山公园栈道、东岳大桥。乡村振兴战略扎实推进，建设美丽乡村65个，列入国家级传统村落7个。

（摘编：李元）

顺昌县产业经济发展概述

2020年是极不平凡的一年。顺昌县深入学习贯彻习近平新时代中国特色社会主义思想和党的十九大及十九届二中、三中、四中、五中全会精神，统筹推进疫情防控和经济社会发展，加快推进“一城两翼三区”建设，全方位推动绿色高质量发展超越迈向新台阶。全县生产总值完成128.33亿元，比降4.3%；固定资产投资增长5.7%；财政总收入8.55亿元，地方财政收入5.57亿元，分别增长0.44%和1.43%；农林牧渔业总产值38.41亿元，增长5.6%；规模以上工业增加值比降21%；社会消费品零售总额31.7亿元，比降3.37%；外贸出口12.23亿元，增长18.78%；城镇居民人均可支配收入33361元，增长4.1%；农村居民人均可支配收入17725元，增长6.9%。

突出“一城”带动，城市建设加快推进。开展国土空间总体规划编制，推进“多规合一”。启动龙湖湾片区开发，策划实施城市客厅建设项目，有效拓展城市发展空间。博物馆竣工，水南复桥正式通车，体育中心、文化艺术中心、棚户区改造等项目加快推进。水南片区新建停车场2个、新增停车泊位114个。建成环湖慢道12公里。完成城区街巷立面改造2万平方米。武沙高速合掌岩互通及沿江快速通道工程快速推进，建西大桥及连接线、武沙高速郑坊互通及连接线工程竣工。深化省级文明县城创建，城区农贸市场完成搬迁，拆除“两违”25万平方米，城区秩序明显好转。

强化“两翼”驱动，产业发展后劲增强。以金山、浙商两大平台为重点，加快推进工业园区标准化建设，实施基础设施项目33项，完成投资2.14亿元，新建平台5910亩。浙商（中国）出口家具产业园标准厂房完成基础施工，注册企业40家。金山新材料产业园配套设施加快建设，落地企业9家。与浪尖集团开展战略合作，共建“竹木工业设计研究院”。19项省、市重点技改项目完成投资14亿元；9家企业列入省级两化融合重点项目；新增国家级“专精特新”小巨人企业1家、国家级高新技术企业5家、省级科技小巨人领军企业1家、规模以上工业企业4家。深化“一把手”招商，引进5000万元以上项目30项。政银企常态化沟通紧密，680家市场主体累获银行贷款27.8亿元。帮助企业争取各类资金1.9亿元。新增减税降费1.35亿元。加快发展商贸服务业，国际商贸城、华润医药第三方物流平台开工建设，新增限额以上贸易企业8家、规模以上服务业企业1家。实施旅游重点项目5项，开发建设合掌岩旅游度假区。成功举办第六届海峡两岸（福建顺昌）齐天大圣文化交流活动、郊野钓鱼大赛、洋口红色旅游村跑、第二届元坑传统汉俗文化节等特色活动，“清心顺昌”文旅品牌影响力持续扩大。

聚力“双抢”攻坚，有效投资持续扩大。开展“抢政策窗口期、抢项目开工期”攻坚活动，落实“五个一”项目工作机制，新增“五个一批”项目182项，总投资216亿元；23项省市重点在建项目完成投资32.5亿元；“一城两翼三区”开工项目92项。获省市“五个一批”正向激励奖励。强化要素保障，开展“六大片区”征迁大会战，完成征地1.7万亩，征迁房屋28.5万平方米；向上争取各类补助资金15.4亿元、地方政府债券27.1亿元；组建昌盛开发投资有限公司，设立“水之城”“绿之城”“金之城”三家子公司，通过市场化投融资，对接银行资金10.5亿元，有力保障重大重点项目资金需求。持续打好防范重大风险攻坚战，不良贷款率控制在1.54%。

坚持人民至上，疫情防控有力有效。疫情发生后，迅速启动响应机制，按照“坚定信心、同舟共济、科学防治、精准施策”总要求，全县人民众志成城，构筑起“外防输入、内防反弹”的坚固防线，有力保障了人民群众的生命安全和身体健康。转入常态化疫情防控后，立即出台应对疫情十九条帮扶措施，设立1000万元专项基金，累计发放帮扶资金437万元，有力推动产业链协同复工，被省发改委确定为全省复工复产典型发言单位。

巩固脱贫成果，乡村振兴扎实推进。建成精准扶贫精准脱贫大数据监测平台，探索“1+5+N”防贫助贫工作体系，全国首创“扶贫碳汇管理方法学”，“一元碳汇”上线运营。创新开展“共享农庄生态银行”试点工作，推进巩固拓展脱贫攻坚成果与乡村振兴有效衔接。受邀参加全省“决胜全面小康，决战脱贫攻坚”主题新闻发布会。深化科技特派员制度，建立科特派利益共同体19家，大历镇科技特派员高允旺获评“2020年度国家科技志愿服务先进典型”。坚持农业农村优先发展，粮食生产保持稳定，完成播种面积12.2万亩，实施高标准农田建设2.5万亩。推动特色现代农业高质量发展，海鲜菇菌包生产配送运营中心、海峡花卉产业园开工建设，洋墩、仁寿、埔上、岚下、高阳5个乡镇合力打造“顺昌芦柑优势区”，岚下生态农业示范区创建工作有序推进。品牌培育成效初显，17家经营主体入选“武夷山水”品牌，累计认证“三品一标”55件，新增地理标志证明商标4件，获评全国农作物绿色防控示范县。举办“县长、乡镇长带你买好货”活动，拓宽农产品销售渠道。高阳乡红阳新村4个小区列入省级村镇住宅小区建设试点。建成洋墩乡罗金山、仁寿镇水西新村二期2个灾后安置区，搬迁入住132户481人。推进元坑省级乡村振兴特色镇和11个省级乡村振兴试点村建设。建成“下沙—坊上—来布”37公里乡村振兴示范带。创建“绿盈乡村”中级版14个、高级版2个，双溪街道下沙村、岚下乡钱墩村入选全省乡村生态振兴典型案例。新建改造三格化粪池2597户、排污管网6.3公里，农村人居环境明显改善，获评“福建省村庄清洁行动先进县”，全省农村人居环境整治三年行动考核验收获得优秀等次。推进“四好农村路”建设，获评第四批省级示范县。建立“顺昌乡村振兴大学堂”，推进乡村人才振兴。

守护绿水青山，生态屏障更加牢固。持续打好污染防治攻坚战，主要流域省控以上断面地表水水质优良比例、县级集中式饮用水源地水质达标率、空气质量优良天数比例均达100%。加强生态流域治理，建成小流域水质自动监测站19座，持续推进畜禽粪污资源化利用和农药化肥科学减量增效行动。富屯溪与北门溪水系连通及综合治理工程完工，闽江防洪工程九期洋口段建成、职中段有序推进。深入开展打击非法交易和滥食野生动物专项行动。大力弘扬“洋林精神”，推动林业高质量发展。完成造林面积1.68万亩、中央林木良种培育任务116万株，赎买省级重点生态区位林1.2万亩。洋口获评“省级森林乡镇”。县国有林场取得国内首张欧盟FSC生态系统服务认证证书，获评“全国十佳林场”。“森林生态银行”入选全国生态产品价值实现典型案例。生态巡查机制写入《福建省河长制规定》。成功创建“国家生态文明建设示范县”。

2020年是全面建成小康社会和“十三五”规划收官之年。五年来，顺昌县坚持协调发展，发展结构更加均衡。全县生产总值年均增长7.1%，三次产业比重由2016年的20.5∶37.8∶41.7调整为14.8∶37.9∶47.3。累计获得6次全省“五个一批”正向激励。实施工业发展攻坚战，盘活重组企业16家，新增规上工业企业55家，建设工业平台7.48平方公里，初步形成氟新材料、竹木生态加工、光电机械、新型建材、现代绿色农业与食品加工五大主导产业体系。获评省级食用菌产业园、省级农产品质量安全示范县。推进城乡协调发展，实施城市建设攻坚项目72项，完成投资47.8亿元，城镇化率54.3%；乡镇敬老院改造建设全面完成，乡镇污水处理设施实现全覆盖，新建农村公路163公里，实现城乡公交一体化，农村基础设施逐步完善。

（摘编：邓新民）

浦城县产业经济发展概述

2020年，浦城县以习近平新时代中国特色社会主义思想为指导，统筹常态化疫情防控和经济社会发展，凝心聚力全方位推动绿色高质量发展超越，各项工作取得了新的进展。全县地区生产总值175亿元，比上年增长4.5%（下同）；一般公共预算总收入9.7亿元，下降3.26%；地方一般公共预算收入6.8亿元，增长0.09%；全社会固定资产投资增长9.3%；农林牧渔总产值增长4.5%；社会消费品零售总额42.7亿元，下降3.5%；城镇居民人均可支配收入33888元，增长2.1%；农村居民人均可支配收入17260元，增长8.5%；完成年度节能减排降碳任务。一年来产业经济发展的主要工作和成效有：

统筹疫情防控和经济发展。在抓好疫情防控的前提下，科学有序推进复工复产、复市复业，全县规上工业企业在3月份全部复工复产。强化政策支持，出台《应对新型冠状病毒感染肺炎，支持企业开复工建设的实施办法》等优惠政策，全年减税降费1.51亿元。加大金融支持，为35家企业提供9790万元工业产业基金贷款，为61家科技型初创小微经济实体提供无抵押担保贷款1865万元，阶段性减免企业基本养老保险费、失业保险费、工伤保险费1.03亿元，减免中小微企业和个体工商户房租452.65万元。落实奖补政策，帮助23家企业争取各类补助资金481.28万元。开展疫情期间农民工返岗复工“点对点”用工服务，给予15家企业1163名员工返岗补贴41.68万元。线上线下齐发力加速消费回暖，组织210家企业参加“全闽乐购”活动，开展直播带货助销农产品，其中“县长直播带货”2小时成交量达150余万元。全力以赴抓项目稳投资，积极向上争取债券资金11.66亿元，新增“五个一批”项目124个，总投资123.37亿元。全年项目开工139个，竣工43个，34项省市重点项目完成投资46.26亿元，115项县级重点项目完成投资53.96亿元。深化“一把手”招商，灵活运用产业链招商、以商招商等方式，全年新引进总投资超5000万元的招商引资合同项目48项，投资总额81.14亿元。

产业质效不断提升。现代绿色农业提效。认真落实粮食安全首长责任制，全面开展耕地抛荒撂荒整治，粮食播种面积49.51万亩、总产21.45万吨。积极打造“中国好粮油”示范县，新增产能区34个2.5万亩，完成高标准农田建设4.54万亩，成功创建20.27万亩全国绿色食品原料（水稻）标准化生产基地，浦城大米现代农业产业园列入省级十大现代产业园。扩大特色种植，落实薏米3.1万亩、灵芝0.18万亩、油茶13.5万亩、竹荪0.8万亩，利用冬闲田种植元胡、浙贝母等中药材0.6万亩，成功举办闽产中药高质量发展高峰论坛暨国家重点研发项目推进会。实施畜禽产业提升工程，圣农总投资1.2亿元的4个种鸡场基本建成，食品七厂建成投产。选派科技特派员服务团38个、科技特派员144名，培育利益共同体29家，实现科技特派员村村全覆盖。工业企业提质。浦潭生物专业园被评为省绿色园区和省级循环化绿色改造园区，日供水8000吨自来水厂、日处理6000吨污水处理厂投入使用，绿康生化扩建、蒙正生物续建等项目有序推进。全年实施市级技改项目15个，完成投资8.68亿元，新认定国家级高新技术企业5家。圣新能源荣获省级工业和信息化龙头企业称号，小密酒业获评省级工业旅游示范基地，仁宏医药、鑫隆达竹木被认定为福建省“专精特新”中小企业，荣华山现代物流园被认定为省级示范物流园区。全域旅游提速。成功入选福建省首批全域生态旅游示范县。匡山景区项目一期建成并招商运营，浮盖山景区、梦笔文化公园等项目加快建设，党溪、源头、际岭获评“全国森林康养示范基地”，大水口村获评省“金牌旅游村”并成为周边网红打卡地。结合全国首个“喜马拉雅有声城市”项目，打造研学旅游，通过抖音等平台加大旅游推介力度。推动水美经济与文旅、康养深度融合，马莲河景观提升工程加快推进，“十里莲塘”夜游项目开业，登俊水上休闲观光产业园入选省级“水乡渔村”休闲渔业示范基地，成功举办“铭塔杯”全国郊野钓鱼比赛、宜和佳苑杯中国电动冲浪公开赛等活动。发展“夜间经济”，建成美食街等4个特色街区。品牌建设提升。编制《浦城县品牌强县发展战略规划》(2021—2025)，19家企业9个产品入选“武夷山水”品牌，发布品牌数量564个。“浦城薏米”跻身全国地理标志产品区域品牌第64名，薏米精准扶贫广告在央视播出。成功举办“浦城大米”品牌发布周年研讨会，“浦城大米”获评国家地理标志证明商标、年度生态保护奖、2020国际大米品牌“十大潜力奖”。

城乡建设不断改善。推进新城建设与老城区改造，城西练夫人广场基本建成，铂悦花园等一批商住项目顺利交房，“五馆一中心”、工人文化宫、阳光建材城等项目加快推进，南启动区吕处坞路北段等5条道路开工建设。全面落实农村公路“路长制”，拓宽改造“四好农村路”33条142公里，建设客运站点4个，完成危桥改造10座，云峰大桥、茅洲大桥、九石渡大桥和双保大桥4个撤渡建桥项目建成通车。全长18.219公里的205国道余乐至仙阳段一级道路提级改造工程春节前可全线通车。有序推进上浦高速公路前期工作，温武吉铁路开展预可研，通航机场完成选址待军方核准，成功举办2020年通航产业发展论坛。

2020年各项工作的完成，标志着“十三五”顺利收官。过去的五年，在绿色高质量发展的道路上迈出了坚实步伐，全县地区生产总值年均增长7.4%，全社会固定资产投资年均增长12.5%，一般公共预算总收入在2019年首次突破10亿元，先后荣获“中华诗词之乡”、国家级“森林康养最佳目的地”等称号。

五年来，产业结构持续优化。三次产业结构由26∶39∶35调整为21∶36∶43。农业向特色化、专业化、品牌化发展，年粮食种植面积和产量均位于全省前列，培育市级以上农业产业化龙头企业22家、省级以上农民专业合作示范社15家，建成圣农肉鸡全产业链，大米、灵芝品牌影响力持续上升。工业集聚集群发展，浦潭生物专业园基础设施不断完善，蒙正生物、永芳香料等生物龙头企业陆续入驻，逐步培育百亿生物产业集群；新增国家高新技术企业5家、省级以上高新技术企业13家、科技小巨人领军企业15家；年产值超亿元的企业增至37家（其中县本级12家），纳税1000万元及以上工业企业由2家增加到11家；绿康生化、圣新能源分别在主板、新三板上市，改变我县没有上市公司的历史。全域生态旅游蓬勃发展，全力打造“清新福建·诗画浦城”旅游品牌，中国包酒文化博览园获评国家4A级旅游景区，际岭绿乐园、乌龙山农业观光园、十里莲塘等获评国家3A级旅游景区。

五年来，城乡颜值大幅提升。新城建设日新月异，路网、管网基本成形，学校、公园、体育场馆等公共服务设施加快建设。城西迎宾大道、龙浦高速浦城南互通连接线完成改造，丹桂城市广场、“水美城市”南浦溪示范段等建成使用，城市形象进一步提升。新建改造城市道路54.5公里、绿道74.2公里、供水管网50.2公里、燃气管道43公里、公厕29座，新增城市停车泊位950个。深入开展城乡人居环境整治三年行动，全面推进96个美丽乡村和26个省市县三级乡村振兴示范村建设工作。成功创建省级森林县城、园林县城，全县森林覆盖率提高至76.81%。工业危废集中处置、15个乡镇污水处理厂等一批重点环保项目建成并运营。交通建设投入达20.8亿元，高速公路总里程增加到123.9公里，国道增加到196.9公里，县道提级改造5条65.6公里，农村公路通车总里程2367.7公里，撤渡建桥4座，内外交通日益便捷。

（摘编：游永贵）

光泽县产业经济发展概述

2020年，光泽县坚持以习近平新时代中国特色社会主义思想为指导，紧扣建设“中国生态食品城”战略目标，坚持稳中求进工作总基调，全方位推动光泽绿色高质量发展超越，实现全县经济和社会事业稳步发展。全年实现地区生产总值117.29亿元，增长1.9%；农林牧渔业总产值83.57亿元，增长1.4%；规模以上工业增加值37.57亿元，增长3%；固定资产投资54.4亿元，增长13.5%；社会消费品零售总额20.17亿元，下降7.2%；出口总额4.8亿元，下降21.3%；财政总收入7.06亿元，增长3.6%，其中地方级财政收入4.56亿元，增长0.6%。

一年来产业经济发展的主要工作和成效是：

产业质量持续提升。继续做优做强“1+3+N”产业，成功举办第四届中国（武夷）生态食品博览会，全县食品产业产值达117.27亿元，规模以上食品企业占规上工业总产值的92.55%。圣农集团入选中国制造业民营企业500强，祖代鸡培育项目步入中试阶段，继续领跑全球白羽肉鸡行业，圣农千亿产业集群得到了市委市政府的高度重视和统筹推进。“承天黄精”入选中国黄精十大优质产品。圣维兽药4条疫苗生产线顺利通过农业农村部兽药（生物制品）GMP动态验收。现代渔业产业园加快建设，武夷山水二期成功落地。喔喔喔电子、凯圣发电等5家企业成功申报国家高新技术企业。工业园区入驻食品企业19家，酒、茶、油、粮等精深加工产业深入推进，多年坚持的中国生态食品城战略显现了良好的发展势头。

项目后劲初步显现。建立重点项目推进“六项机制”，全年累计签约超5000万元产业招商项目41个，新开工超5000万元项目38个，开工转化率超80%；新增省、市“五个一批”项目65个、总投资54.52亿元，第三季度获得省、市“五个一批”项目正向激励。强化项目攻坚，开工建设医共体、城区生活垃圾智能分类等项目，圣农生物质发电厂、动物疫苗及微生物制剂、晟成生态食品产业园、电子科技园等项目有序推进，废弃生鸡脂再利用、软骨素生产线等项目投产增效。加强要素保障，财税管理、服务和保障能力进一步提升，全年新增债券资金5.23亿元，争取上级转移支付资金12亿元；创新乡镇包片征迁工作模式，完成21个重点项目征迁攻坚工作，征地2105亩，拆迁7.3万平方米；工业园区在全省开发区综合发展考评中位列全市第一。

消费市场逐步回暖。持续推动夜间经济升温，完成凤凰华府夜间经济示范街、东关美食街改造升级，开放6处夜市试点。加快互联网新业态发展，推进传统企业加速“触网”，发放消费代金券193万元，引导腾农菌业、承天食品、沃纯然种植专业合作社等开展线上销售，63家合作社、商家入驻“中国生态食品网”。开通网络直播销售，顺应农产品消费升级规律，推广“网络认养”模式，打通“农超对接、网农对接”新渠道，建成生态大米认养种植基地400亩，优质农特产品直供新华都、永辉等大型超市。

继续完善城市功能。交通路网持续优化，光大线、册下环路建成通车，中山南路、乌君山大道、梅树湾大桥等项目有序推进，更新新能源公交车6辆，优化公交线路3条，延伸公交里程1.5公里。设施短板加快补齐，新建汽车停车泊位460个、电动车充电桩658个，铺设城区燃气管网10.1公里，升级污水泵站5座，建成5G基站50个，完成城区旱厕改造。供水能力不断增强，完成西溪水源地配套设施建设项目，加快推进城区供水管网及加压设施改造、西溪水厂迁建项目，提升改造供水管网 13.3 公里。

持续提升城市品质。水美城市建设继续推进，圣农大道综合整治工程、砂坪溪右岸滨水景观、西溪右岸东关公园提升改造圆满完工，新增城市滨水步道3公里，改造提升公园3个，水城交融生态线初步形成。扎实创建国家森林城市，新建改造城市绿道11公里、城市绿地8万平方米，城区绿化覆盖率达46.21%。群众居住条件不断改善，实施中山南路等6个片区老旧小区改造，新建、在建房地产项目16个，建筑面积超过20万平方米，930套安置房项目顺利推进。

推进现代农业升级。全力保障粮食安全和重要农产品供给，强化生猪稳产保供，落实粮食播种面积15.08万亩，建立优质稻示范片4000亩，完成粮食产能区建设任务7.9万亩，种植蔬菜2.8万亩。不断壮大特色经济作物规模，培育生态茶园2.6万亩、中药材1500亩，14家农业企业正在申报绿色食品认证。扎实推进科技兴农，农鼎检测中心成功申领CMA检测资质，建成5个农业科技示范点；与中国农业大学合作共建教授工作站，荣获全国县域数字农业农村发展先进县。实施1.7万亩高标准农田建设，全县水稻耕种收综合机械化水平达75.5%，获评省级“平安农机”示范县。

提升生态治理水平。实施“清新水域”工程，探索“环保管家”机制，持续推行“河湖长制”，深化“绿水维护补偿”机制，成功申报全省农村生活污水治理试点县。实施“洁净蓝天”工程，完成美迪化工煤改气项目，完成圣农饲料三厂、五厂锅炉技改升级，城区空气质量优良率100%。实施“清洁土壤”工程，餐厨（生鲜）垃圾处理、生活垃圾填埋场改扩建项目竣工投用，危废暂存间视频监控实现联网，14家医疗机构医疗危废全部实现规范化处置。

招商引资逆势上扬。在上海、厦门等地召开的乡贤座谈会反响热烈，有效激发乡贤回乡创业热情，全年共引进回归项目25个，总投资达19.5亿元。实施“筑巢招商”，盘活工业园区18栋5.3万平方米闲置厂房，创新“分割办证”方式，支持企业轻资产入驻。推进“以商招商”，引进日圣调味品、鸡油低温萃取等一批项目落地，晟成生态食品产业园、电子科技产业园等特色鲜明的“园中园”初具规模。

“三大创新”有机融合。积极探索“以水为媒”，实现武夷品牌、生态银行、水美经济三大创新有机融合。强化水资源保护，统筹山水林田湖草保护修复，投资4504.89万元完成15个生态保护修复试点项目，获得闽江流域山水林田湖草生态保护修复试点正向激励。深化与中国水权交易所合作，量身定制水生态产品市场化改革试点实施方案，入选第三批福建省生态产品市场化试点。结合“武夷品牌”建设，导入产业项目，成功获取鸾凤乡北坑矿区矿泉水探矿权，武夷山矿泉水连续三届成为数字中国建设峰会指定用水，水产业实现新增长。“水美经济（水生态银行）案例”作为福建省唯一案例，入选自然资源部第二批生态产品价值实现机制典型案例。

体制改革纵深推进。深化放管服改革，完成“互联网+放管服”平台建设，接入部门32个，涵盖权力事项1487项，推动“一网通办”。按要求完成乡（镇）机构改革，探索开展国资国企改革，推进生态文明体制改革，率先探索“政府主导、国企运作、系统治理、整体开发”河道清淤疏浚模式和巡山巡河生态修复司法机制，华桥物业经济模式作为典型案例被市委市政府推荐到国家农业农村部。落实医药卫生体制改革，筑牢县、乡、村三级医疗卫生服务网底，县总医院进入实质性运作。

2020年工作任务的完成，标志着“十三五”圆满收官。“十三五”期间，综合实力大幅跃升。地区生产总值突破100亿元大关，年均增幅5%，人均地区生产总值突破8.8万元，规模以上工业总产值突破130亿元。农林牧渔业总产值从2015年的68.4亿元增加到2020年83.57亿元。财政总收入年均增幅6.2%，地方级财政收入年均增幅3.1%。全社会固定资产投资年均增长20.6%。

（摘编：苏小雨）

松溪县产业经济发展概述

2020年，是新冠肺炎疫情严重冲击下极不平凡的一年，也是全面建成小康社会、完成“十三五”规划具有里程碑意义的一年。松溪县坚持以习近平新时代中国特色社会主义思想为指引，深入学习贯彻党的十九大和十九届二中、三中、四中、五中全会精神，按照中央、省、市的决策部署，深入实施“八项行动”，开展突破“难、硬、重、新”和“创新突破年”等活动，聚力“六保”“六稳”，各项事业取得新的成就。

统筹复工复产，恢复经济生产秩序。立足早谋划、早部署，及时指导企业（项目）推进复工复产，提供用工、用电、应急物资等要素保障。2月底，53家规上工业企业全面复产，18个省市重点项目全面复工，复工指数位列全市第3。全力打通“五难”操作链，认真落实省、市政策，制定出台松溪县《支持开复工建设的实施办法》系列措施，创新实施贴息贷款、稳岗奖励、“点对点”运输等办法，全年为企业发放再贷款7600万元、纾困专项贷款2975万元、转贷帮扶基金5100万元，办理养老、工伤、失业保险费退费256万元。实行“县处级领导挂点”“一企（项目）一专班”“机关联企业”机制，开展“战疫情、抓复工、促发展”“实体经济服务月”“3+1”主导产业大走访、大调研等活动，成功解决不动产权证办理、口罩缺乏等156项问题。全县地区生产总值实现80.16亿元、增长-1.5%；一般公共预算总收入3.9亿元、增长-1.8%；地方一般公共预算收入2.75亿元、增长0.2%；固定资产投资78.42亿元、增长19.2%；社会消费品零售总额34.11亿元、增长-3.3%；城镇居民人均可支配收入32074元、增长3.5%；农村居民人均可支配收入14449元、增长7.6%。

突出项目引领，注入发展内生动力。围绕“两新一重”等重大工程建设，深入开展项目攻坚。新增“五个一批”项目243个，在第二季度正向激励综合考评中取得历史性突破，位列全省第七；列入省市重点项目28个，全年完成投资15.44亿元，投资率达115%。衢宁铁路正式运营，环城北路实现通车，建成2条“四好农村路”，G353松溪段“四桥三隧”全线贯通，生态养老康复中心一期、湛卢冶金博物馆、人武部换址新建、山水林田湖草生态保护等重大项目基本完成，武装部至财富天下棚户区改造、老旧小区改造、餐厨垃圾处理及垃圾分类处置、冷链物流园等项目启动实施。深化“一把手”招商、产业链招商、以商招商，大力实施“回归经济”，全年新引进投资超5000万元项目34个，总投资47.09亿元，当年转开工32个，转开率94.12%。紧抓“新基建”政策窗口期，围绕“十四五”规划编制，成功争取各类专项债项目12个，总投资28.54亿元，获批专项债券4.6亿元；申报2021年专项债项目22个，总投资63.98亿元；谋划“两新一重”项目104个，总投资256.95亿元。

聚焦实体经济，做大做强绿色产业。先进制造业方面，新型轻纺产业链品质提升，康百赛自主研发的高端ES纤维技术位居国际前列，闽瑞新合纤荣获南平市制造业单项冠军，入选福建省重点上市后备企业名单，产业链全年完成产值6.4亿元；新引进4家精密铸造企业入驻旧县产业园，全部建成投产，目前全县集聚精密造企业21家。食品加工、竹木加工产业稳定发展。全年技改投资17.2亿元、增长195%；新增科技小巨人领军企业1家、国家高新技术企业4家、省级知识产权优质企业2家。现代绿色农业方面，引进欣溪农业建设特色南瓜种植园，建成旧县下墩高标准现代农业园。完成国家绿色循环优质高效茶叶促进项目，武夷美嘉、一品状元入选农业产业化省级示范联合体。发布“九龙大白茶”“松溪白茶”等五项团体标准。成功举办第二届松溪茶商大会。“松溪绿茶”入选2020中国农产品区域品牌价值榜，“松溪绿茶”“松溪红茶”入选《中欧地理标志协定》保护举办第三届闽北特有稀缺资源开发学术会议，成功研制雍百年酒等雍百年酒等“百年蔗”系列衍生产品。积极融入武夷品牌战略，入选“武夷山水”生产主体企业19家。旅游业方面，完成梅口埠国家3A级景区提升，推进湛卢山旅游综合开发及吴山头村景点打造。成功办第四届“千年松溪·百年蔗”文化旅游节等活动。龙源绿茶景区获评省级避暑清凉福地，招沙甲村入选中国少数民族特色村寨，长江村入选福建金牌旅游村。打造塔山·文秀湖夜间经济片区、河东水美夜经济区、东大夜小吃区，促进“夜间经济”发展。电商服务业方面，扎实推进国家级电子商务进农村综合示范县建设，探索“电商+直播”销售模式，举办“寻味松溪·公益助农”“县长带你买好货”等直播活动，全年电商销售额9.56亿元。平台建设方面，基本完成松溪县工业园区总体规划修编，完善城东工业园区、林屯工业园区控制性详细规划，启动三和园C区、城东园新型纺织标准化厂房等平台项目。建成园区排水、消防等7个工程项目。全年处置批而未供土地711.13亩，处置率位列全市第一、全省前列。

巩固脱贫成果，有序衔接乡村振兴。易地扶贫搬迁圆满完成，上合新村集中安置区入选全国“十三五”美丽搬迁安置区。深入实施乡村振兴战略，成功打造5条乡村振兴示范带，创建2个省级“一村一品”示范村，祖墩乡入选省级乡村治理示范乡。围绕产业兴旺，扎实推进科特派工作，选任71名省、市级科技特派员深入一线指导，成功打造4个精品示范点；探索推动“金土地生态银行”运营，流转土地8.4万平方米；新成立专业合作社16家、打造省级示范社1家。突出生态宜居，开展“全域无垃圾”专项行动，推广“爱心美德公益超市”“小手拉大手”“相约二八”等做法，实施“一革命四行动”和爱国卫生运动，推行“干湿分离”，建成62个可降解生物垃圾堆肥池，填埋垃圾减量38.5%，乡镇污水处理率70%以上。

办好为民实事，城市建设不断提升。建成雨污分流管网17公里，新增停车位200个、城区公厕6个，全面完成供水管网更新替换，建设标准对标省内一线城市，城市饮用水水质合格率100%，获评国家第三批“节水型社会建设达标县”。扎实推进省级文明城市创建，开展城区“六乱”治理，重拳打击“两违”。绿色家园更显生态，深化“河湖长制”，小流域水质均达到或优于Ⅲ类水质。完成松溪县长衍溪（花桥段）安全生态水系建设，县域集中式饮用水源达Ⅱ类水质，达标率100%。国家储备林质量精准提升工程连续三个季度在全市考评中位列第一。大林坑森林康养基地入选全国试点，源尾村、岭完村获评“国家森林乡村”，岩后村、招沙甲村、万前村入选“福建省森林村庄”。

优化营商环境，不断加强政府自身建设。深化“放管服”改革，梳理“最多跑一趟”“一趟不用跑”事项1240个、占入驻总事项的98.65%，平均承诺办理时限压缩至法定时限的15.5%；7类工程建设项目审批流程事项再优化，时限压缩22.25%。创新“八个 ·”机制，推进“ ·件事”套餐服务改革，编制套餐25种，办理满意率100%。完成新行政服务中心建设，为企业、群众提供“一站式”“一窗式”服务。

2020年是“十三五”规划收官之年，经过五年接续奋斗，全面建成小康社会目标如期实现。初步预计，全面小康的各项指标均达到或超过国家标准。其中，地区生产总值净增27亿元、年均增长5.9%；人均生产总值6.5万元，比“十二五”末增加2万元；三次产业比重由21.1∶38.3∶41.6调整为18.8∶37.5∶43.7；城镇居民人均可支配收入32074元，累计增加9046元、年均增长6.8%；农村居民人均可支配收入14449元，累计增加5073元、年均增长9%。

（摘编：陈闽声）

政和县产业经济发展概述

2020年是新冠肺炎疫情严重冲击下极不平凡的一年。面对疫情和全球经济下行的双重考验，政和县统筹推进疫情防控和经济社会发展，做好“六稳”工作，落实“六保”任务，为“十三五”画上圆满句号。产业经济主要工作和成效体现在：

坚持稳中求进，经济运行稳步复苏。创新“12345”工作法，全面落实纾困惠企20条措施，打通“五难”操作链，防范化解重大金融风险，企业、项目有序复工复产，全县累计兑现各项奖补资金1435万元，争取各类贷款6.5亿元，帮助企业节省融资、用电成本2308万元。全县104家规上企业基本达产达效，27家外贸企业出口比增10.8%，茶、竹木加工、机械制造三大主导产业税收增幅均达10%以上。引进5000万元以上产业项目43个、“回归”企业25家，开工转化率100%。经济开发区逆势上扬，全年完成产值34.6亿元、税收6818万元。数字经济、夜间经济稳步发展，消费渠道持续畅通，成功举办书记县长“直播带货”活动、“政和我意”全民电商节、“政和杯”国际竹产品设计大赛、竹木产业经贸洽谈会、全民品茗等促消费活动，全年电商交易额达14.9亿元，比增9.3%。旅游经济取得实效，成功举办纪念云根书院创建900周年暨朱子诞辰890周年、全国郊野钓鱼大赛等活动，佛子山景区游步道基本建成，东涧村被授予全国文明村镇，石圳村被评为全国乡村旅游重点村，念山村入选全省金牌旅游村。

坚持项目带动，有效投资持续扩大。坚持四套班子捆绑运作，组建16个项目工作组，设立项目前期工作经费，推行“一线工作法”。梳理9大类58个重点项目，实行清单化管理，由县领导挂点推进，倒排工期，抢抓进度，全力对冲疫情影响。26个省市重点在建项目完成投资22.6亿元，超额完成年度计划。新增“五个一批”项目260个、总投资235亿元，获全省“五个一批”正向激励奖。争取各项债券资金10.7亿元。惠德电机正式投产，念山至大岭旅游公路建成通车，寨岭隧道全面贯通，圣农熟食品厂、宁上高速洞宫山出入口及接线工程、澄源新康至寿宁上党公路、桃洋至坂头旅游公路等一批重点项目有序推进。与兴业证券集团合作，编制完成产业资本发展白皮书；与省旅发集团合作，建设红色教育基地——廖俊波精神教育学院，开发洞宫红河谷生态文明体验区；与省供销社合作，打造福建福供智慧农业产业园。

坚持协调发展，城乡面貌日益改善。水泥厂老旧小区改造、熊城大酒店亲水景观工程等项目如期竣工，城区第二饮用水源、污水干管深度排查、背街小巷提升工程、七星溪滨水休闲步道等项目启动实施。林贸至彩虹桥段道路改造、元峰大桥至姜屯连接线、白茶城片区路网等项目有序推进。城乡治理一体化巡查机制持续完善，“机关联社区、党建促和谐”结对共建共管机制有效运行。中央环保督察信访转办件高效办理，“全域无垃圾”专项整治深入开展，蓝天、碧水、净土三大保卫战取得实效。乡村振兴稳步推进，农村生活污水治理专项规划完成编制，农村人居环境整治三年行动持续开展。22个乡村振兴示范村、9条示范带、75个“绿盈乡村”取得实效。全县垃圾分类试点工作、国家级农业产业强镇项目扎实推进。第三次全国国土调查全面完成，划定生态保护红线、永久基本农田、城镇开发边界3条生态红线。国土空间总体规划启动编制，乱占耕地建房专项整治全面推进，裸房专项整治工作在全市率先开展。国家储备林质量精准提升工程、山水林田湖草生态保护修复试点项目稳步实施，全县森林覆盖率达79.6%。

坚持深化改革，政府建设不断增强。办理人大代表建议70件、政协委员提案69件，办复率100%。"放管服"改革深入推进，"审批不见面""最多跑一趟"等服务机制高效运行，全年合并、取消行政审批事项29项，所有审批事项平均承诺时限比省、市规定再降低20个百分点，免费赠送首套公章155套，实现开办企业"零成本"，营商环境成效评估排名全市第2位。"白茶+"生态银行有力推进，经验做法多次被《人民日报》《中国发展观察》《调研内参》等国家级、省级刊物报道。

"十三五"时期，政和县大力弘扬廖俊波精神，围绕突破"四大经济"工作思路，深入开展"百日攻坚""四比六促""项目提升年""绿色发展考评"等活动，较好完成了"十三五"规划确定的各项目标任务。

挖潜力、提质效，综合实力一年比一年强。2020年完成地区生产总值98.3亿元，年均增长6.7%，是2015年的1.6倍；三次产业结构优化为19.0∶37.1∶43.9，其中三产提升了10.7个百分点；工业用电量3.6亿度，年均增长17.3%，是2015年的2.2倍；社会消费品零售总额56.1亿元，年均增长10.3%，是2015年的1.6倍；城镇、农村居民人均可支配收入32260元、14662元，年均增长6.8%、8.8%，分别是2015年的1.4倍、1.5倍；公共财政总收入5.67亿元，年均增长0.8%，其中县级财政收入3.88亿元，年均增长0.9%。五年来，连续5次获得中国百佳深呼吸小城称号、3次入围全国电商百佳县榜单、2次摘取中国茶业百强县荣誉，先后被列为国家级、省级电子商务进农村综合示范县、全国健康促进县、国家知识产权强县工程试点县。对照小康社会指数，人均生产总值、城乡居民人均可支配收入、城镇化率等各项指标均高于基本标准，将与全国、全省同步迈入小康社会。

促集聚、调结构，转型步伐一年比一年快。经济开发区发展势头良好，五年完成征地2685亩，新增入驻企业86家、开工74家、投产65家，处置盘活困难企业15家，2020年在全省97个省级及以上经济开发区综合发展水平评比中，排名第48位，比2016年提升了28位。中国白茶城建设再现"政和速度"，7个月完成主体工程，签约入驻优质企业139家，今年4月即将投入运营。电商创业园初具规模，大数据公共服务中心投入使用，"电商一条街"入驻企业65家，全县新增电商企业516家，电商产业继续全市领跑。全域旅游全面推进，成功举办5届中华紫薇文化旅游节、4届旅游产业发展大会、4届"政和杯"国际竹产品设计大赛，成功创建国家3A级景区5个，国家级、省级旅游扶贫重点村、历史文化名村、传统村落、生态文化村、森林村庄63个。品牌战略持续深化，新增中国驰名商标2个、中国地理标志证明商标6个，41家企业获得"武夷山水"品牌授权，"政和白茶""政和工夫"品牌价值达80亿元。澄源风电、东平光伏发电顺利投产，泰隆村镇银行、中国银行入驻政和。

抓重点、攻难点，城乡变化一年比一年大。五年累计实施城乡建设项目110个，完成投资69.3亿元。成功创建省级园林城市、省级森林城市。衢宁铁路建成通车，进站大道投入使用，政和进入快铁时代。高速连接线综合改造、环城路稻香至林屯段、林屯至官湖段顺利竣工，"小环城"格局基本形成。新建改造市政道路14条23公里、国省干线5条31.8公里、"四好"农村路52条172公里、公路安全防护工程71条505公里、危桥15座，新增公交线路8条、新能源公交车25辆。完成城区沿河夜景亮化、体育场、七星公园提升工程、南门小公园建设，新建熊山公园、胜利洋、官湖洋等6条健康步道。建成停车场5个，新增停车位579个。珠山湾水厂完成扩建，4个城区垃圾中转站不断完善，9个乡镇污水处理厂投入使用，新增污水管道153.8公里、燃气管道23.6公里。完成建溪四期防洪工程，启动建溪五期防洪工程，水土流失治理面积13.67万亩。"河湖长制""路巷长制"全面落实，河道非法采砂、畜禽污染等重点整治成果持续巩固，三轮车平稳退市，环卫保洁明显提升，"两违"处置稳妥推进，共建共管共享新局面基本形成。

（摘编：翁宁）

龙岩市产业经济发展综述

2020年是极不寻常的一年。突如其来的新冠肺炎疫情，使生产生活秩序受到极大冲击，企业生产经营更加困难，经济增长明显放缓。面对疫情，龙岩市坚持以习近平新时代中国特色社会主义思想为指导，统筹疫情防控和经济社会发展，实行项目化推进工作落实机制，开展突破“难、硬、重、新”工作行动，扎实做好“六稳”工作、全面落实“六保”任务，经济社会保持平稳发展，全面建成小康社会取得决定性成就。全市生产总值2880亿元，增长4.2%左右；一般公共预算总收入329.8亿元、增长1.5%，地方一般公共预算收入158.6亿元、增长1.9%；固定资产投资增长3%；出口增长22.7%，实际利用外资下降16.9%；社会消费品零售总额下降4%；城镇居民人均可支配收入40370元、增长4%，农村居民人均可支配收入20180元、增长7%。产业经济发展主要工作成效有：

联防联控，疫情防控成效显著。疫情发生后，将疫情防控作为头等大事来抓，始终坚持人民至上、生命至上，坚决打赢疫情防控阻击战，成为全省确诊病例最少、全面清零最早的设区市，截至1月5日已连续332天无新增确诊病例、连续329天无新增疑似病例。抓“早”，迅速构建防控体系，第一时间成立市疫情防控应急指挥部，派驻云南、福州、厦门重点口岸工作专班，落实好“四早”“四集中”要求，有效防止疫情扩散。抓“紧”，建立提级管控、群防群治等制度，严格落实“四方”责任，织密织牢“五张网”，严把防控“四道关口”，坚决防止疫情反弹。抓“细”，规范预检分诊和发热门诊，强化重点人群健康管理，做好重点场所排查管控，开展聚集性疫情防控应急演练，毫不放松抓好疫情防控。抓“实”，全市各级财政投入5.5亿元用于疫情防控。建成康山医院，支持企业转产口罩和防护服，多方筹集防护、生活物资，有力保障疫情防控、复工复产。抓“常”，做好常态化疫情防控，实行“人”“物”同防，严格落实测温、验码、科学戴口罩等措施，强化外防输入、进口冷链食品全链条监管，日核酸检测能力提升至4万人次以上，有序组织疫苗接种。在这场严峻的疫情防控斗争中，广大医务工作者白衣为甲、逆行出征，广大党员、干部冲锋在前、日夜奋战，各级各部门履职尽责，各行各业坚守岗位，全市人民众志成城，共同构筑起疫情防控的坚固防线，为推动经济社会发展提供坚实保障。

精准施策，实体经济加快恢复。坚持助企纾困和激发市场主体活力并重，及时推出复工复产21条、“六稳”“六保”45条等政策措施，实施一二三产业增产增效行动，实行“一业一策”“一企一策”，打通“五难”操作链，全市经济较短时间内实现恢复性增长。有色金属、机械装备产业产值分别达1000亿元、590亿元，文旅康养产业总收入1010亿元，建筑业产值1350亿元，七大特色农业全产业链产值834亿元。实施百家成长型中小微工业企业培育计划，新增规上工业企业80家，规模工业增加值增长4.3%、企业利润总额增长4%。开展“千名干部挂千企”帮扶、“手拉手”供需对接等活动，减轻企业税费负担25亿元，拖欠民营企业无分歧账款全部“清零”，新增市场主体14.2万户、同比增长191%。出台支持汽车、家电消费六条措施，组织“全闽乐购·幸福龙岩”促消费系列活动、发放消费券2250万元。实施工业园区标准化建设三年行动，基础设施完成投资超70亿元，新建标准厂房91万平方米，新获批工业项目用地 1206 亩。

项目攻坚，发展后劲持续增强。出台稳投资 16 条等措施，开展重大项目集中开竣工、招商项目集中云签约等活动，“五个一批”项目、重点项目、“重中之重”项目均超额完成年度投资任务。常青三元前驱体一期、鑫鹭钨业等 75 个重大项目竣工投产，龙净智慧环保、时代思康、新兴纺织等 110 个重大项目开工建设，龙岩新机场选址获国家民航局批复。创新实行产业链招商、项目审批代办服务等招商机制，成功举办“11·8”机博投洽会、文旅产业发展大会，全年新签约项目 411 个、总投资 1137 亿元，其中 10 亿元以上项目 28 个。开展征地拆迁“百日攻坚”大会战，攻克了一大批征迁难题，149 个重点项目净地交付。

宜居宜业，城乡建设扎实推进。龙岩市、武平县蝉联全国文明城市，上杭县成功创建第六届全国文明城市，1 个镇和 6 个村被评为全国文明村镇。全市新改建道路 120 公里、供水污水管网 229 公里，新增公共停车位 3433 个，中心城区龙岩大桥、犀牛路一期、华莲西路一期等一批项目建成通车。中央苏区金融街建成开街，龙岩大道商圈成功创建省级示范商圈。全市完成 106 个老旧小区改造提升任务。中心城区 369 个小区生活垃圾分类全面铺开。开展“两治一拆”专项行动，完成农房整治 2.8 万栋、整治面积 287 万平方米。农村集中供水率达 94.7%。我市获评“福建百香果”中国特色农产品优势区，新增 3 个国家级农业产业强镇，乡村治理经验做法获农业农村部和省里肯定推广。上杭县获评全国村庄清洁行动先进县、入选国家数字乡村试点地区。

环境治理，生态质量巩固提升。加强中央、省生态环保督察反馈问题整改，突出抓好水环境治理保护，全市 3 条主要河流均为Ⅰ—Ⅲ类水质，82 条小流域中 80 条达Ⅰ—Ⅲ类水质标准。市、县两级集中式生活水源地水质 100% 达标。城市空气质量优良天数比例 99.2%，保持全省前列。实施森林质量精准提升工程，造林绿化 76.5 万亩，治理水土流失面积 47.7 万亩。完成国土空间总规纲要、“三线一单”编制工作。矿区生态恢复治理等 5 项举措被列为国家生态文明试验区改革模式进行推广。武平县获评国家生态文明建设示范县。武平县、梅花山被评为首批国家森林康养基地。新罗区、漳平市入选全省首批农村生活污水治理试点地区。

机制创新，重点改革取得突破。龙岩市及 7 个县（市、区）全部纳入中央国家机关及有关单位对口支援范围。全面完成乡镇（街道）机构改革。理顺厦龙合作区、龙雁组团开发建设机制。列入国家电子证照应用试点，入选全国社保卡“一卡通”创新运用综合示范地区。获批财政部支持深化民营和小微企业金融服务综合改革试点城市。在全省率先建立政务服务高频事项“跨省通办”合作机制。全面推行证明事项和涉企经营许可事项告知承诺制，“一窗受理”事项达 86%，企业开办时间压缩至半天。出台市属国企参与政府性投资项目规范管理办法，推动企业做强主业，市属国企实现营收 330 亿元、增长 209%，新增主体信用 AA 级以上企业 2 家。龙高股份主板上市获中国证监会审核通过，连城赛特新材在科创板上市。列入全国医保 DIP 付费改革试点城市，15 项医改重点指标中 9 项居全省前列。土地节约集约利用获国务院大督查通报表扬。市供销社获评“金扁担”改革贡献奖。永定区农村集体产权制度改革经验做法在全国推广。

惠民利民，民生事业不断进步。民生支出占一般公共预算支出比重达 78.8%。26 项为民办实事项目基本完成。精准落实就业、医疗等帮扶措施，新出台支持贫困户发展生产 11 条政策，2037 户脱贫不稳定户和边缘户全部消除贫困风险，易地扶贫搬迁办证率达 99%、得到自然资源部肯定。加大援企稳岗力度，创新“人力资源网上超市”就业服务，建立全省首个职业技能提升中心，城镇登记失业率 3.92%、新增就业 2.5 万人。加大基本民生兜底保障，发放低保金 2.4 亿元，临时救助困难群众 1.8 万人次，建成保障性安居工程 8078 套。全市 13 所中小学校秋季建成招生、新增学位 2.7 万个，33 所公办幼儿园开工建设。龙岩学院列入国家中西部高等教育振兴计划，闽西职业技术学院通过省示范性现代职业院校建设工程评估验收。龙岩市选手在首届全国职业技能大赛上取得优异成绩。市第一医院分院、市中医院医技综合大楼建成投入使用。

2020年，面对严峻考验，龙岩市顶住疫情冲击和经济下行的双重压力，较短时间有效控制疫情，较快时间推动经济复苏，十分不易，成之惟艰。“十三五”时期是全面建成小康社会决胜阶段，是新龙岩建设迈出新步伐的五年。习近平总书记强调“要饮水思源，决不能忘了老区苏区人民”。龙岩人民牢记习近平总书记的谆谆嘱托，紧紧抓住中央支持原中央苏区振兴发展的重大机遇，攻坚克难、砥砺前行，全力以赴推动高质量发展落实赶超，全面建成小康社会，基本完成“十三五”规划任务，为“十四五”发展、开启全面建设社会主义现代化国家新征程打下坚实基础。

综合实力显著增强。全市生产总值由1920亿元增加到2880亿元，年均增长7.1%；人均GDP突破10万元，年均增长6.7%。一般公共预算总收入由269.8亿元增加到329.8亿元；地方一般公共预算收入由124.6亿元增加到158.6亿元。固定资产投资年均增长10.4%。有色金属、文旅康养、建筑业产值均突破1000亿元。成功创建全国文明城市、国家新型工业化产业军民融合示范基地、国家应急产业示范基地等一批国字号品牌。上杭跻身全省县域经济实力十强县，长汀、连城、武平连续入选全省县域经济发展十佳县。

城乡面貌焕然一新。常住人口城镇化率达60%，提高7.4个百分点。铁路通车里程由625公里增加到744公里，高速公路通车里程由662公里增加到747公里，南三龙铁路、厦蓉高速扩容龙岩段等建成通车。中心城区建成区面积扩大12.7平方公里、达65.7平方公里，新增公园绿地面积281公顷、人均公园绿地面积达16平方米。农村人居环境整治三年行动顺利收官，“两高”、国省道沿线整治成效明显，建成“四好农村示范路”1200公里，新增中国历史文化名镇名村7个、中国传统村落48个、全国乡村旅游重点村5个。

生态环境持续优化。国家生态文明试验区建设深入推进，长汀水土保持综合治理模式被列为全国生态保护与修复工作典型，林改“武平经验”在全国推广，成功创建全国森林旅游示范市、全国绿化模范城市、全省首个国家级林业科技示范区，获批建立3个国家湿地公园。森林覆盖率79.39%，保持全省首位。关闭煤矿90家，淘汰落后产能701万吨。推动建立汀江—韩江流域上下游横向生态补偿机制，主要流域22个国（省）控断面Ⅰ—Ⅲ类水质比例由84.3%提高至100%，全面消除劣Ⅴ类水质小流域，小溪河治理经验做法在全国推广。

发展活力不断释放。法治政府建设扎实推进，营商环境进一步提升。多项改革举措获国家部委和省里肯定推广，获批设立国家级普惠金融改革试验区、跨境电商综合试验区。行政审批、基层医改、不动产登记等改革走在全国、全省前列。创新建立e龙岩网上公共服务平台。在全省率先实现国家级电子商务进农村示范县全覆盖。获批建设国家创新型城市，R&D占GDP比重提高0.46个百分点，高技术产业增加值年均增长21%，新增省级以上高新技术企业195家、高水平创新平台52家。

2021年是中国共产党成立100周年，也是实施“十四五”规划、开启全面建设社会主义现代化国家新征程的第一年。在实现“两个一百年”奋斗目标的历史交汇点，习近平总书记作出系列重要指示批示，赋予福建全方位推动高质量发展超越的重大使命，为新时代新龙岩建设提供了根本遵循，指明了前进方向，增添了新的动力。全年经济社会发展主要预期目标是：主要指标增速保持全省中上游水平。全市生产总值增长7.6%左右；一般公共预算总收入增长5.5%，地方一般公共预算收入增长5%；固定资产投资增长8.5%左右；出口增长8%左右，实际利用外资增长6%；社会消费品零售总额增长9%左右；城镇登记失业率控制在5.5%以内；城镇居民、农村居民人均可支配收入分别增长7.6%和8%；单位GDP能耗控制在省下达的目标内。

（摘编：马榕威）

新罗区产业经济发展概述

2020年，是经济社会发展进程中极不平凡的一年。新罗区坚持以习近平新时代中国特色社会主义思想为指导，围绕“首善之区”工作目标，全力“攻坚2020”，决胜六大行动，抓实“5个100”，在抓好常态化疫情防控的同时，认真落实“六稳六保”工作任务，经济社会保持平稳发展。全年地区生产总值实现1019亿元，增长5.5%，首次迈入“千亿方阵”；一般公共预算总收入实现39.3亿元、增长0.9%，地方一般公共预算收入实现25.1亿元、增长3.2%。一年来，产业经济发展的主要工作和成效有：

交出应对疫情的新罗答卷。1071个基层党组织和1.2万名党员冲锋在前，全体医务工作者、公安干警，区、镇（街）、村（居）三级干部不惧风险、坚守岗位；1650名网格长、5260名志愿者严守“责任田”，全区人民、海内外广大企业家同舟共济、守望相助，在最吃劲、最关键的时刻，共同严把疫情防控“四道关口”和“五张网”，把“四早、四集中”工作要求落实在“外防输入、内防反弹”的各项工作中，自2月8日以来保持着“零感染、无确诊病例、未出现无症状感染者”的平稳态势。

交出六稳六保的新罗答卷。第一时间成立6个复工复产服务小组，出台实施“六稳”18条、一二三产及建筑业等一系列暖企助企政策措施，通过“百名干部挂百企”暖企行动，累计为企业争取各级补助资金、贴补或减免费用超过13亿元，全年“4+5”产业产值突破2000亿元；规模工业增加值增长4.5%，亿元以上企业达203家；社会消费品零售总额达462.9亿元；城镇居民人均可支配收入44519元、增长2.6%，农村居民人均可支配收入23925元、增长6.1%。获评中国城区高质量发展水平百强区、中国工业百强区。

交出加快发展的新罗答卷。项目策划落地和项目招商落地取得“双丰收”，组建24个“三个一批”项目策划专班，策划项目170个，争取中央、省预算投资以及一般债、专项债27.4亿元；组建9个产业招商组26个招商小分队，引入9个招商中介平台，实施“镇（街）+部门”结对招商机制，承接粤港澳大湾区新能源、电子信息、总部经济等高端产业梯度转移，累计签约落地项目70个，总投资265亿元。实施“一项目一专班，一项目一清单”推进机制，54个省市重点项目、8个市“重中之重”项目、55个区“重中之重”项目，均超额完成序时进度，鑫鹭钨业、龙工铸锻、中央苏区金融街、龙津河“一河两岸”等一批重点项目建成营运，获省“五个一批”项目正向激励。

交出动能转换的新罗答卷。理顺厦龙合作区、龙雁组团管委会、龙州工业园区、龙雁开发区工作体制，在龙雁组团实施“多块牌子、一套人马”运作模式，全面推进北部未来城和东部银雁新城52个“产城人融合”重点项目建设，总投资213亿元，成为城市发展新增长极。抢抓中央对口支援重大机遇，在全市率先破题对口支援产业、政策、项目落地工作，启动1468亩能源互联网产业园建设，引入太阳电缆等15个项目，总投资69.1亿元，为打造百亿能源互联网产业园奠定坚实的基础。

交出破题攻坚的新罗答卷。决战决胜征地拆迁“净地行动”和“百日攻坚”工作，南芳小区、月苑小区等29个中心城区遗留十多年未完成的项目实现净地交付，累计征收房屋93.8万平方米、土地7212亩。财政投入8670万元，全面推进“两高”沿线及城乡环境综合整治，城乡面貌目之所及、焕然一新。在全市率先成立园区企业服务中心，免费为项目业主提供“保姆式”代办服务，全年受理办结服务事项1371件，办结率100%。

2020年是新罗乘风破浪加快发展的一年，也是新罗逆势而上加快转型的一年。同时，在过去五年里，圆满完成了“十三五”规划的主要指标任务，经济社会各项事业都取得了显著的成效。

加快转型升级，提高综合实力，构建了特色鲜明的现代产业体系。辖区生产总值突破千亿元。“4+5”产业体系跃上高端化、集群化发展轨道，百亿产业集群增加到5个、千亿产业集群实现零的突破，规模工业增加值年均增长7%。连续5年位列中国市辖区综合实力百强、最具投资潜力中小城市。

深化改革创新，完善体制机制，形成了向上向好的经济发展态势。完成新一轮区镇两级政府机构改革。组建国资、雁翔、龙盛、龙传四大国企。“双创”工作取得实效，拥有国家高新技术企业、省级创新型企业91家，个体工商户数比2015年增长2.7倍。农村承包地确权登记颁证工作获得全国通报表扬。成功创建国家应急产业示范基地、国家特色农产品优势区。龙岩大道商圈入选省级示范商圈。

注重功能优化，致力品质提升，建立了融合发展的城乡统筹格局。蝉联全国文明城市、省级文明城区。创新党建引领社区治理工作，完成第一批106个重点薄弱小区提档升级。累计完成房屋征收315.9万平方米，土地征收3万亩，“两违”治理腾出土地9100亩，中心城市建成区面积由2015年的56平方公里扩大至2020年的66平方公里，常住人口净流入10万人，达84万人。厦蓉扩容、南龙铁路、小池快速通道及小池互通建成通车。成功创建第五批中国传统村落6个、省级旅游特色村13个、省级美丽乡村78个。

重拳治理污染，守卫蓝天碧水，健全了常态长效的生态保护机制。九龙江及小溪河流域全面消除劣五类水质；25条省控小流域综合水质优良比例达100%，比2015年提高60个百分点；登高桥断面部分时段20年来首次达到Ⅱ类。完成水土流失治理、植树造林28.4万亩，森林覆盖率达79.8%。中心城区空气质量天数优良比例保持99%以上。紫金山体育公园入选全国生态文明改革案例。

“十四五”时期是我国全面建成小康社会，实现第一个百年奋斗目标之后，乘势而上开展全面建设社会主义现代化国家新征程、向第二个百年奋斗目标进军的首个五年，也是新罗区全方位推进高质量发展超越的关键五年。2035年远景目标是：与全省、全市同步基本实现全方位高质量发展超越，经济实力、科技实力大幅提升，经济总量和城乡居民人均收入迈上新台阶，建成现代产业体系；基本实现社会治理体系和治理能力现代化；国民素质和社会文明程度达到新高度，文化软实力显著增强；广泛形成绿色生产生活方式，美丽新罗建设目标基本实现；人均国内生产总值达到中等发达国家水平，基本公共服务实现均等化；平安新罗建设达到更高水平；人的全面发展、全体人民共同富裕取得更为明显的实质性进展。

2021年新罗区工作的总体思路和目标是：坚持稳中求进工作总基调，立足新发展阶段、贯彻新发展理念、构建新发展格局，扭住供给侧改革，注重需求侧改革，巩固疫情防控成效，拓展经济社会发展成果，落实“六稳六保”工作部署，深化项目化推进工作落实机制和“产业发展项目建设年”活动，围绕“五比一看”竞赛，突出“三个重点”，开展“三大行动”，抓实“3个100”，全面推进宜居宜业有温度的“首善之区”建设。全年经济社会发展主要预期目标是：地区生产总值增长7.7%—8%；一般公共预算总收入增长6%、地方一般公共预算收入增长5.5%；规模工业增加值增长7.5%—7.8%；固定资产投资增长8.6%；社会消费品零售总额增长9.5%；实际利用外资、外贸出口总值持平；城镇居民人均可支配收入增长7.7%，农村居民人均可支配收入增长7.7%；各项社会事业协调发展，以优异的成绩庆祝建党100周年。

（摘编：李元）

永定区产业经济发展概述

2020年，永定区坚持以习近平新时代中国特色社会主义思想为指导，深入学习贯彻党的十九大和十九届二中、三中、四中、五中全会精神，以及习近平总书记对福建、龙岩、永定工作的重要讲话重要指示批示精神，统筹推进疫情防控和经济社会发展，扎实做好“六稳”“六保”工作，围绕全方位推动高质量发展超越目标，全面实施“1334”发展战略，大力培育“341”主导产业体系，启动实施工业振兴三年行动计划“1234”工程，深入推进“六大工程”、开展“六大行动”，各项工作比预期好，圆满完成脱贫攻坚目标任务，决胜全面建成小康社会取得决定性成就，“重振永定雄风、再创永定辉煌”迈出更加坚实的步伐。

启动战时机制，果断行动，迅速遏制疫情扩散。新冠肺炎疫情发生后，永定区坚决贯彻落实习近平总书记关于疫情防控的重要讲话重要指示批示精神，把人民生命安全和身体健康放在第一位，在全市最早成立区疫情防控应急指挥部，并向合溪乡（天丰村）派驻重点区域疫情防控工作组，果断实施全面封闭管理、人员分类管控、环境全面消杀等防控举措，在短时间内治愈5例确诊病例、排除4例疑似病例，并调整为“低风险地区”，成功阻断了疫情扩散。同时，统筹推进常态化疫情防控措施，建成区医院、区疾控中心核酸检测实验室，日检测能力6400人以上，疫情防控能力得到质的提升。在疫情防控斗争中，广大党员干部不畏艰险、不辞辛苦、不计得失，医务工作者白衣执甲、逆行出征，社区干部、公安干警、志愿者日夜坚守、忘我工作，社会各界和港澳台同胞、海外侨胞守望相助、慷慨奉献，筑起了抗击疫情的巍峨长城。

抓好“六稳”工作，纾困解难，实体经济恢复向好。出台复工稳产措施，帮扶企业复工复产，精准纾困助企，累计新增减税降费2.2亿元，发放纾困专项贷款2.01亿元，提供应急资金4亿元，助力经济实体渡过难关，助推全区经济企稳向好发展。全年实现地区生产总值288.3亿元、增长5.5%；一般公共预算总收入16.8亿元、增长3%，其中地方一般公共预算收入10.87亿元、与上年持平；固定资产投资增长12%，其中工业投资增长40%；城镇居民人均可支配收入43150元、增长5.7%；农村居民人均可支配收入21130元、增长6.5%；节能减排降碳各项约束性指标完成年度任务。

攻坚“六大行动”，积蓄动能，凝聚突围突破力量。贯彻落实项目化推进工作落实机制，不折不扣推动“六大行动”落细落实。招商引资卓有成效，完成千人百团组建，开展精准招商，预计全年签约项目105个，其中亿元以上项目占比22.8%、工业项目占比42.5%。项目攻坚加速冲刺，143个区重点项目预计完成投资136亿元，其中33个省市重点项目预计完成投资96亿元，占年度计划的109%。征地拆迁进展顺利，累计完成征地3435亩、拆迁房屋约6万平方米，为项目落地提供关键要素保障。园区建设全面推进，开工建设标准厂房50余万平方米，建成21.8万平方米。光电信息产业园二期、三期和新材料产业园二期、三期加快建设，制衣产业园开工建设。文秀数字产业园标准厂房、莆永高速坎市互通、园区北环路等项目序时推进。永定红石材循环经济产业园一期13幢标准厂房全部投产。企业帮扶及时到位，“千名干部挂千企”帮扶活动成效明显，全年预计新增“四上企业”27家。“两治一拆”人居环境整治成绩斐然，累计拆除旱厕1.73万个，拆除空心房183万平方米，整治裸房223栋7.2万平方米。

抓牢产业支撑，架梁立柱，产业清晰度明显提升。全面启动工业振兴三年行动计划，加快培育“341”主导产业。建材、数字两大首位工业产业加速集聚。预计全年建材产业实现产值53亿元，数字产业营收51.5亿元，其中光电信息10.3亿元、比增8.1%。投资80亿元的国动通信产业南方基地项目实现开工；光纤光缆产业集群初步形成。永定红石材循环经济产业园“引石入永”实现突破，石粉深加工项目建成投产。文旅康养提质增效。获国家文旅部对口支援，“东楼西湖北线”全域旅游加快发展，成功创建省级旅游度假区，土楼景区夜景工程、特色土楼民宿等业态不断丰富；龙湖综合开发项目全面启动；中央红色交通线暨金砂红色小镇加快建设，牛牯扑毛泽东史迹馆对外开放。现代农业规模化程度进一步提高。引进闽西南协作·永定现代农业全产业链项目，“土楼农业”品牌打入厦门市场。能源、白酒酿造、生物制药、制衣等产业均有新的突破。

建设宜居家园，内外兼修，城乡品质加速提升。着力打造精美城区，永定大道景观提升、西溪河“一河两岸”改造等项目基本建成，老旧小区改造提升逐渐铺开。开工建设城乡供水一体化项目，建成城区供水管网11.5公里，城镇供水管网延伸35.8公里。成功创建第六届省级文明城区，首次以区的身份助力龙岩市蝉联全国文明城市荣誉称号。实现创建全国卫生县城三连冠。全面推进城乡环境综合整治，“一革命四行动”成效显著，23个乡镇污水处理设施及垃圾转运系统全面建成，完成14处乡镇简易生活垃圾填埋场整治。投资13.8亿元实施41个生态环保攻坚战役项目，断面监测水质达标率为100%；城区空气质量保持优良，空气达标天数比例达99.4%。

2020年工作任务的完成，标志着“十三五”规划的圆满收官。这五年，永定区积极适应体制调整，抢抓“撤县设区”和国家文旅部及省有关单位对口支援的历史机遇，扎实推进“二次创业”，永定发展的方向更加清晰，重振雄风的步伐更为坚定，再创辉煌的基础日益厚实，永定已经站上新的更高历史起点，正以崭新的风貌，在高质量发展超越的征程上阔步向前。

五年的不懈努力，让永定的综合实力显著提升。2020年地区生产总值预计比2015年增长36.6%、年均增长6.4%；人均GDP达8.6万元，增长了3.1万元；全区GDP增幅排名从2015年全市第6位提升到2020年的全市第3位。“十三五”全社会固定资产投资增速持续保持全市前三；地方一般公共预算收入年均增长7.1%；社会消费品零售总额年均增长13.9%。

五年的持续创业，让永定的主导产业再造升级。产业空间不断拓展，建成了永定工业园区、永定红石材循环经济产业园、文秀数字产业园三大产业发展平台，“341”产业新格局基本成型，特别是建材和数字两大首位工业产业迅速壮大，呈现集聚发展态势。旅游不再只是土楼的故事，红色旅游方兴未艾，中央红色交通线研学教育成为永定新名片，龙湖开发全面破题。三次产业结构由14：52.5：33.5优化调整为13.6：40.8：45.6。

五年的提质扩容，让永定的城乡风景更加靓丽。加快推动市区同城一体化和城乡一体化进程，常住人口城镇化率由2015年的44.3%提高到49.9%。城区建成区面积由2015年的9.98平方公里扩大至12.1平方公里。完成城建惠民项目总投资15.4亿元，建成永定大道等一批城市主干道，打通体育路等一批微循环堵点，新增停车位1013个。以点带面推动乡村振兴战略全面实施，36个乡村振兴试点村、110个市级以上美丽乡村建设成效显著，农村面貌日新月异。

五年的防治攻坚，让永定的生态文明成效凸显。全面打赢污染防治攻坚战，累计投入56.06亿元用于生态环境建设。全面推进河湖长制工作，投入10.8亿元建成一批水源工程、防洪工程和安全生态水系，关闭拆除生猪养殖场3989家118.8万平方米，主要流域水质达标率100%。治理水土流失26.82万亩，造林绿化12.9万亩，生态环境质量持续优化，城市空气质量保持优良，被评为“中国最美县域”“全国绿化模范单位”。

（摘编：周忠志）

上杭县产业经济发展概述

2020年，上杭县坚持以习近平新时代中国特色社会主义思想为指导，紧紧围绕“四个上杭”奋斗目标，统筹推进疫情防控和经济社会发展，各项事业稳步推进。全县实现地区生产总值432亿元，增长5.7%，增速全市第一；规模以上工业增加值增长7.3%；固定资产投资增长8.3%；财政总收入39.9亿元，增长1.7%，地方财政收入28.2亿元，增长3%；社会消费品零售总额152.8亿元，增长-5.7%；城镇居民人均可支配收入44402元，增长5%，农村居民人均可支配收入19449元，增长5.5%。获评“福建省经济实力十强县”，龙龙铁路（上杭段）全线铺开，超额完成年度投资计划。签约落地总投资180亿元的时代思康、总投资168亿元的新材料科创谷、总投资51.6亿元的传化新安等重大项目。在上杭县境内首次发现恐龙足迹群化石，为我省在恐龙及其遗迹方面的首次发现。

2020年产业经济发展的主要工作和成效有：

优化产业结构，发展支撑更加有力。及时出台“六稳”“六保”、支持复工复产、金融服务实体经济等政策措施，精准施策，打通“五难”操作链，努力将疫情对经济的影响降到最低。金铜产业实现产值969亿元，增长20.4%。新增金铜企业8家，铜冶炼扩产改造、年产3万吨超细铜丝等项目有序推进。支持紫金矿业发行60亿元可转债。新材料产业实现产值109.3亿元，增长55%。拓展延伸产业链条，建成瓮福蓝天二期、龙氟化工三期项目，年产1500吨含氟电子新材料、新型功能性氟材料等项目加快推进。发挥产业基金作用，吸引落地海博思创等5个生产性项目。建筑产业实现产值596亿元，增长5%。修订完善建筑业高质量发展扶持政策，新增建筑资质企业20家。“两基地三中心”项目稳步推进。才建集团申报特级资质取得积极进展。文旅康养产业全年接待游客851万人次，实现旅游收入68.1亿元。举办“乡约你·来上杭”系列活动，全域旅游PPP项目落地实施，江滨水岸休闲街区投入运营，新增3A级景区1个。获评首批全省全域生态旅游示范县；汀江旅游度假区获评省级旅游度假区；古田旅游区入选全国红色旅游发展典型案例。现代农业实现农林牧渔业产值102.9亿元。出台加强粮食生产十三条措施，全年实现粮食播种面积37.1万亩、总产16.3万吨。农业经营主体持续壮大，新增国家级示范农民专业合作社1家、省级示范家庭农场6家。农业标准化力度不断加大，新增“三品一标”产品20个。野生动物养殖场（户）退养转产稳步推动，非洲猪瘟防控工作有力有序。基本完成农村集体产权制度改革工作。获评全国农村创业创新典型县。聚胜家庭农场获评“全国粮食安全宣传教育基地”。商贸服务业实现产值125亿元，增长6%。新增规模以上服务业企业17家、限上商贸企业40家。开展“全闽乐购·幸福上杭”促消费活动，带动消费8800万元，有效刺激消费市场。物流业加快发展，现有规模以上物流企业13家。

深化改革创新，发展活力加快释放。创新能力显著增强。县工业园区创建省级高新技术园区通过评审。蛟洋工业区被列为全省首批标准化建设试点园区。抓好创新平台建设，新增省级众创空间1家、新型研发机构2家。加强企业创新能力建设，3家企业在全国创新创业大赛上取得佳绩，新增国家高新技术企业9家。“人才强县”战略深入推进，引进省级高层次人才10名，3名人才（团队）进入第七批省“百人计划”，数量均居全市第一。营商环境不断优化。全面落实减税降费政策，新增减税降费3亿元。71项营商环境提升任务基本完成。商事制度改革持续深化，“多证合一”和“证照分离”改革有序推进，企业开办时间压缩至0.5个工作日，新增市场主体5826户。全面推行“不见面审批”，93%的服务事项实现网上可办。交流合作持续深化。积极策划对接项目，与晋江市签订对口帮扶协议。军民融合加快发展，实现民品参军销售收入11亿元。闽台农业融合发展产业园项目稳步实施。向塞尔维亚波尔市捐赠防疫物资，友好城市关系更加紧密。

坚持统筹兼顾，城乡建设更富魅力。基础设施更加完善。永杭高速上杭城区南互通接线工程预计春节前通车。统筹安排1亿元资金实施“四好农村路”，完成72条“四好农村路”建设，竣工大中线（溪口段），乡村路网更加完善。在全市率先实现农村客运公交化运营改造乡镇全覆盖，群众出行更加经济便利。水利基础设施日趋完善，完成4个中小河流治理项目和4个安全生态水系项目，竣工汀江防洪工程（一期）、旧县片区烟区水源工程、白砂镇锦绣水库等项目。城市建设扎实推进。130个城建项目完成投资55亿元。完成体育路、三环路二期等9条道路工程，城市道路布局持续优化。开展市容环境整治，进一步完善公园绿地、休闲健身、教育文化卫生等配套设施，开工建设金山湖商业综合体，城市更加宜居宜业。“智慧路灯”等智慧城管项目加快建设，城市精细化管理水平有效提升。文旅康养试验区加快建设。古田山庄二期、全国中小学生研学实践教育营地一期等项目完成主体工程，古田会议旧址群修缮提升、景区综合提升、“一河两岸”改造提升等项目有序推进，池田快速通道、古步线建成通车。梅花山森林康养基地获评国家级森林康养基地。古田镇入选中国特色小城镇百强、省乡村振兴重点特色镇。乡村面貌有新提升。农村人居环境整治、房屋安全排查整治“百日攻坚战”成效明显，“两治一拆”专项行动深入推进，“零补偿”拆除空心房、废弃烤烟房、旱厕等210万平方米，全市农村人居环境整治现场会在上杭县召开。15个集镇改造提升项目、7个“最美村落”完成投资1.1亿元，新增3000个农村停车位，获评全国村庄清洁行动先进县，入选国家数字乡村建设试点地区。生态文明建设扎实推进。认真抓好省委省政府生态环境保护督察反馈问题整改。“河湖长制”工作纵深推进，重点断面水质达标率100%。开展大气专项治理，空气质量保持优良。推进土壤污染风险防控试点，率先在全市实现县、乡土长制全覆盖。深入推进矿山生态环境恢复治理，完成水土流失治理6.6万亩、植树造林1.8万亩。工业区区域节能评估审查工作走在全省前列。

2020年是“十三五”收官之年。五年来，坚持调优结构、提升质量，综合实力再上新台阶。地区生产总值从2015年的268亿元跃升至430亿元，人均地区生产总值达11.4万元，规模以上工业产值突破1000亿元，新材料产业产值突破100亿元，社会消费品零售总额突破100亿元，连续五年被评为“福建省经济实力十强县”，并逐步提升进位至全省第七。“五个千亿”工程取得重大进展，金融服务业融资规模、紫金矿业集团年销售收入均突破千亿。五年来，坚持深化改革、创新发展，发展活力再上新台阶。将改革创新作为加快发展的最大动力，扎实推进创新驱动战略，研究与试验发展经费投入强度保持全省前列，营商环境、国资运作、高层次人才引进等工作走在全市前列，兴杭国投公司成为我国首家县域AAA评级的国有公司。中国证监会挂钩帮扶上杭县，与海军装备部、中电科集团等共建持续深化，一批优质的创新平台和创新主体纷纷涌现，为高质量发展增添了强劲动力。五年来，坚持统筹兼顾、协调发展，城乡建设再上新台阶。开工建设龙龙铁路（上杭段），建成永杭、厦蓉扩容等高速（上杭段），实施一批“四好农村路”，“2345”交通圈基本形成，城乡基础设施建设水平显著提升。建成了汀江绿道、汀江大桥、张滩大桥等一批重大城建项目、“15分钟生活圈”项目和基础设施提升项目，加强城市精细化管理，获评全国文明城市、国家园林县城。扎实推进乡村振兴，打造了一批各具特色的工业强镇、商贸强镇、旅游强镇和美丽乡村。

（摘编：尤文凡）

武平县产业经济发展概述

2020年，武平县坚持统筹抓好疫情防控和经济社会发展，扎实做好“六稳”工作，全面落实“六保”任务，迅速出台控疫情、稳增长34条政策措施，最大限度减少疫情影响，经济社会发展经受住严峻考验。连续第五年荣膺福建省县域经济发展“十佳县”。

一年来产业经济发展主要工作和成效是：

经济运行稳中向好。初步核算，全年实现地区生产总值279.6亿元、增长5.5%，其中，第一产业增加值44.7亿元、增长3.4%，第二产业增加值118.2亿元、增长4.3%，第三产业增加值116.7亿元、增长7.5%；固定资产投资增长0.1%；财政总收入14.3亿元、增长0.4%，其中地方级财政收入9.6亿元、增长0.1%；城镇居民人均可支配收入37874元、增长3.5%，农村居民人均可支配收入19750元、增长9.5%。

项目建设再结硕果。全年争取项目建设资金22.8亿元，增长78.9%。获批项目建设用地861亩、林地2932亩。100个重点项目完成投资107亿元。龙龙铁路武平段建设有序推进。高梧至林坊公路改造项目开工建设，改造提升农村公路42公里、农村危桥11座。城乡供水一体化一期和岩前美子坑水库二期项目开工建设，完成5个乡镇安全生态水系建设。大禾—腊口35千伏线路工程建成投运。在全市率先实现城区5G网络全覆盖。

市场主体不断壮大。全县新增各类市场主体4108家、增长15.6%；新增“四上企业”57家，其中，规上工业企业15家、规上服务业企业7家、限额以上批零住餐企业19家、三级资质及以上建筑业企业16家；新增纳税千万元以上企业7家，总数达到20家。以新型显示为重点的信息首位产业招商形势喜人。全县引进产业项目37个，其中新型显示产业项目25个，有15个项目“拎包入住”省级科技孵化器二期标准厂房。新签约军民融合项目7个，实现民品参军3.1亿元。

制造业质效齐升。“1+4”先进制造业实现产值189亿元，增长3.5%，贡献率达70%。新型显示产业集群初步显现。颉瑞科技等项目开工建设，龙业光电等项目建成投产，燚塑光电等3家企业入选省级高成长培育企业名单，金时裕电子被认定为省“专精特新”企业。钢泓科技被评为福建省第三批绿色工厂。东益钢构一期、伊普思空压机一期等项目建成投产。喜浪农业被认定为省级星创天地。科宝轻烧白云石等项目动工建设，铭远多功能活性钙等项目建成投产。13家规上工业企业“上云上平台”。新增国家级高新技术企业7家，总数达20家。县工业园区实现产值74.7亿元，增长5.7%；武平高新区产值破百亿，达100.1亿元，增长8.6%；产值亿元以上企业破百家，达140家。

建筑业乘势而上。全县新增建筑业企业14家，总数达135家，新增二级资质企业5家。建筑业注册地总专包总产值实现90.1亿元，增长12%。制订实施建筑市场“红名单”管理制度，新培育金田建设、东日工程2家纳税千万元以上企业。产值亿元以上建筑业企业总数达19家。

服务业稳步发展。全域旅游亮点纷呈。黄坊田园乐园等一批乡村旅游重点项目建成开放。云寨、捷文、尧禄、六甲等乡村旅游重点村知名度进一步提升。新增千鹭湖景区获评4A级景区。成功举办第六届梁野山全国山地自行车爬坡赛。全年接待游客280万人次，实现旅游收入29亿元。教育培训业发展良好。继续教育基地二期建成投入使用，全年承接59批2877人次的教育培训，其中省外15批730人次。新增注册电商企业20家，实现电商交易额50.7亿元。龙洲物流园零担中心建成投入使用，新开通武平至福州冷链物流专线。武平“信息平台+统一配送”是福建唯一入选全国首批农村物流的服务品牌。

营商环境持续优化。全年新增减税降费1.5亿元。投入9亿元实施9个园区标准化建设项目，省级科技孵化器二期15万平方米标准厂房建成使用。引进产业经营管理等各类人才81名，帮助企业招用工800余人次。6家关停企业实现“腾笼换鸟”。全县金融机构为企业提供贷款48.3亿元、增长33.7%，县天信担保公司为企业提供应急保障和融资担保5.2亿元、增长6%。实行招商引资项目审批代办服务，入园企业设立登记到施工许可由480个工作日压缩至46个工作日。“武平服务”“武平速度”赢得客商赞誉。

生态环境更加靓丽。中央、省环保督察反馈问题得到有效整改。投入10.3亿元实施41个生态环保攻坚战役项目。城区生活污水处理厂二期建设及提标改造全面完成，畜禽粪污资源化利用整县推进项目扎实开展，垃圾资源化产业园项目开工建设。河（湖）长制深入实施。全县14条省控小流域断面水质优良比例100%，县级集中式饮用水源水质达标率100%。城区空气质量保持全省前列。入选2020年度“中国天然氧吧”福建唯一的最佳打卡目的地，综合效益指数评估全国第一。

城市品质不断提升。建成公园壹号、翰林春天二期等一批人居提质项目，实现商品房销售30万平方米，城区新开业个体工商户1774户，城区常住人口突破12万。沿河东路三期（儿童乐园至工业大道）、沿河西路三期（平通路至香樟田园公社）开工建设。鼓楼西路力争2021年春节前建成通车。新增城区停车位424个。新建改造城区公厕13座。城区供水管网、污水管网、燃气管网进一步完善。完成2个背街小巷整治、5个老旧小区改造、11个城区内涝点整治项目。采取“地面网格日常巡查+无人机区域扫描航拍”监管模式，形成“两违”全方位无死角管控网。

乡村振兴步伐加快。深入实施特色现代农业提质增收行动“851”工程，全县农林牧渔业实现总产值69.6亿元，增长3.5%。完成高标准农田建设1.9万亩。粮食播种面积36.6万亩，增长2.4%。“武平百香果”“武平蜂蜜”注册为地理标志证明商标，该县获评“武平象洞鸡”“武平紫灵芝”福建特色农产品优势区，武平绿茶荣获第十届全国名优绿茶产品质量推选“特金奖”。新增农产品“三品一标”3个。桃溪镇被列入第十批全国“一村一品”示范镇。科技特派员工作全省领先、全国有位。岩前、城厢2个省级乡村振兴特色镇和27个省、市、县乡村振兴试点村建设加快推进。农村人居环境整治成效明显。新建乡镇公厕46座，拆除危旧空心房52.1万平方米、旱厕2653座，推行城乡生活垃圾分类试点工作。获评全省村庄清洁行动先进县。全省全面建成小康社会补短板暨农村人居环境整治工作推进现场会在武平召开。

林改标杆更为凸显。国家集体林业综合改革试验示范区建设深入推进。新增发放“惠林卡”1457张，授信1.4亿元。新增重点生态区位商品林赎买1.1万亩。新增林业专业合作社、家庭（股份）林场25家，总数达131家。新增林下经济经营面积4.3万亩，总面积150.1万亩。全县森林人家达100家，总数保持全省第一。

对外开放持续扩大。实际利用外资3052万元。新增外贸出口企业6家，实现外贸进出口14.6亿元。首次举办武平·台东旅游产品推介交流会。武平、思明山海协作纵深推进。国投集团和省直有关单位对口支援工作扎实开展。受邀参加中国—东盟博览会，武平特色农产品亮相国际市场。

2020年政府各项工作的顺利完成，促进了“十三五”规划的圆满收官。五年来，经济实力显著增强。全县地区生产总值从2015年的163.7亿元增加到2020年的279.6亿元，年均增长7.4%，经济总量提前一年实现赶超任务。产业结构由2015年的22：40.4：37.6调整为2020年的16：42.3：41.7。去年文旅康养产业产值破百亿，今年武平高新区产值破百亿、产值亿元以上企业破百家。“十三五”期间连续五年荣膺福建省县域经济发展“十佳县”。

（摘编：李元）

长汀县产业经济发展概述

2020年，长汀县同心协力，克服新冠肺炎疫情冲击等诸多困难挑战，完成了“六稳”“六保”工作任务，经济增长好于预期，实现决胜全面建成小康社会、决战脱贫攻坚双胜利。全年完成地区生产总值311亿元、增长5.2%。一般公共预算总收入14.59亿元、增长1%，地方一般公共预算收入9.75亿元、增长2%。规模工业增加值增长5.5%。固定资产投资增长7%。社会消费品零售总额157亿元、与去年同期持平。城镇居民人均可支配收入29016元、增长4.2%，农村居民人均可支配收入17812元、增长5.5%。2020年产业经济发展主要工作体现在：

疫情防控有力有效。坚持人民至上，严格按照中央、省、市疫情防控要求，落实“外防输入、内防反弹”防控措施，抓牢抓实常态化疫情防控，全县始终保持“零疫情”。推出8个方面36项政策措施，工业企业、重点商贸流通企业、省市重点项目复工复产率达100%，成为全省重要的防疫物资生产供应基地。

特色农业再获丰收。落实惠农稳粮政策，发放惠农补贴4613.9万元，粮食总产达17.1万吨、烟叶收购15.1万担，七大优势产业全产业链产值达66.8亿元。河田鸡出笼突破1000万羽。创建省级优质农产品标准化示范基地5个，林下经济经营面积达176.5万亩。新增“三品一标”认证产品13个，新培育农民专业合作示范社41家、示范家庭农场38家。河田镇入选全国农业产业强镇建设名单。

先进制造业加快集聚。全省军民融合发展工作现场推进会在长汀召开。金龙稀土5000吨碳酸氢镁溶液等3个项目开工建设，中石油催化剂等5个项目竣工投产，稀土及其应用产业实现产值123亿元、增长4%。安踏二期等5个技改项目开工建设，天守纺织三期等4个技改项目竣工投产，纺织服装产业实现产值105亿元、增长4.3%。医疗器械产业园区二期竣工，新签约生产性企业13家，新投产企业5家，实现产值11.4亿元、增长11%。

现代服务业扩量提质。深化服务业“三比一看”竞赛，新增规模服务业企业、限上商贸企业27家，店头街入选省级夜间经济特色街区，河田镇获评省级商务特色镇。长征国家文化公园（长汀段）开工建设，旅游集散中心和智慧旅游平台投入使用，接待游客240.3万人次，实现旅游收入27.7亿元。开工建设华创康养等养老项目，实现健康养老产值15.5亿元。承办全市首届“非遗购物节”，获评全国非遗与旅游融合优秀县。开展“全闽乐购·幸福长汀”促消费系列活动，县长带头网络直播、线上带货，实现电商交易额91.5亿元，其中上行30.7亿元。

项目建设提速提质。实行项目化推进工作落实机制，“五个一批”“八个专项行动”和151项工作任务均超额完成。开工集翔乳胶手套等26个项目，竣工盼盼食品饮料等21个项目。新增入库项目419个。12个赶超重大项目、27个省市重点项目、3个市重中之重项目均超额完成年度投资计划。正向激励综合排名位居全市前列，连续两年作为全省项目拉练参观县份。

择商选资更精更优。出台“招商引资财税分成”“贸易经济及总部经济招商引资”奖励办法，重点围绕“3+4”产业，开展各类招商活动60余次，新签约项目91个，总投资126.7亿元，其中亿元以上项目30个，新签约项目数、投资额、开工率、转化率居全市前列。

服务保障做实做优。深化营商环境攻坚专项行动，群众、企业满意度进一步提升。争取到上级资金24.2亿元、地方政府债券12.6亿元。落实纾困惠企政策，减免税费、租金、电费2.9亿元，发放中小微企业贷款960笔25亿元。开展“难、硬、重、新”攻坚行动，征地拆迁促重点项目落地百日攻坚完成征地4030.9亩、拆迁6.64万平方米，清理盘活批而未供土地1236亩，解决项目用地2235亩。

生态建设再掀高潮。成立生态共治监管中心，推动条块环境治理向全域化、智能化转变。首获联合国全球环境基金支持，41个生态环保攻坚项目完成投资9.7亿元、占年度任务的136%，空气质量优良天数比例达99.3%，国、省控断面水质达标率100%。第二轮中央生态环保督察33件信访件全部整改销号，省生态环保督察17件信访件即交即办即改。《龙岩市长汀水土流失区生态文明建设促进条例》颁布施行，水土流失率下降至6.78%，治理经验获国家水利部通报表扬。

名城魅力日益显现。《龙岩市长汀历史文化名城保护条例》颁布实施。完成卧龙书院重建、东城墙考古和宋慈画舫及航栈等建设工程，夜游汀江项目试运营，唐宋古城历史风貌基本恢复，成为远近闻名的网红城市。深入开展“四城同创”，推行垃圾分类，城市更加干净美丽、宜业宜居。

乡村振兴全面发力。投入3.6亿元，“一革命四行动”“两治一拆”和乱占耕地建房、广告标牌设施、国省道及铁路高速公路沿线环境整治成效明显，无害化卫生厕所普及率达98.2%，乡镇生活污水处理率达83.8%，人居环境显著改善，顺利通过省、市考核验收。2个特色乡镇、20个试点村和166个试点项目建设顺利推进，涂坊镇洋坑村、铁长乡铁长村获评省级乡村振兴实绩突出村，三洲镇和中复村分别获评福建省全域生态旅游小镇、金牌旅游村。

基础设施提档升级。原中央苏区智能运营中心投入使用，新建5G基站76个、智能停车场2个、新能源汽车充电站9个。新改造农村道路45.3公里、危桥22座，完成生命防护工程535公里。城乡供水一体化项目有序推进，荣丰水库、余田坑水库竣工。完成污水管网改造61公里、电网改造156公里、天然气管道建设67公里、高标准农田建设3.6万亩、补充耕地916.4亩。

重点领域改革纵深推进。“放管服”和工程建设项目审批制度改革成效明显，“一趟不用跑”和“最多跑一趟”事项占比超过90%，政务服务基本实现“一站式”和“网上办”。一体推进国有企业投融资、薪酬、人事改革，企业资本运作、业务拓展能力不断提升，营业收入稳步增长。启动工业园区“一区多园”标准化建设。

2020年工作任务的基本完成，标志着长汀县“十三五”规划目标基本实现。五年来，综合实力实现新跨越。初步核算，“十三五”期间，地区生产总值从200.3亿元增加到311亿元、年均增长7.3%，经济总量跃居全市第三，人均地区生产总值接近8万元，超额完成省、市赶超任务。一般公共预算总收入从9.4亿元增加到14.59亿元、年均增长10.6%，地方一般公共预算收入从6.48亿元增加到9.75亿元、年均增长9.3%。规模工业增加值年均增长8.2%。固定资产投资年均增长11.8%。社会消费品零售总额年均增长11.7%。2017—2019年，连续三年荣获“福建省县域经济发展十佳县”称号。

产业兴县迈出新步伐。培育形成稀土、纺织服装两个百亿产业集群，医疗器械产业“从无到有”，文旅康养、特色现代农业、电子商务产业持续壮大，成为全国电商示范百佳县和全省农业可持续发展示范区、现代服务业集聚示范区。三次产业增加值分别达到46亿元、138亿元、127亿元，产业结构从16.6：49.1：34.3优化为14.7：44.4：40.9，初步形成以战略性新兴产业为引领、现代服务业和先进制造业为支撑的“3+4”现代产业体系。

城乡面貌展现新形象。城市南拓，工业新区、火车南站片区建设全面展开，县城规划面积扩展到35平方公里，城镇化率提高到60%。投入25.3亿元整体推进名城保护利用，完成7条街区整体改造、3条街区恢复性修复，八喜馆、济川门等建成开放。小城镇培育、特色小镇创建和乡村振兴战略深入实施。

（摘编：翁宁）

连城县产业经济发展概述

2020年，面对疫情冲击和经济下行压力，连城县坚持疫情防控和经济社会发展“两手抓”，有效对冲疫情影响，牢牢稳住了经济基本盘。全年实现生产总值280亿元，增长5.2%；规模以上工业增加值增长6%；城乡500万元以上固定资产投资增长5.3%；社会消费品零售总额117亿元，增长1.5%；财政总收入10.3亿元，增长2%；地方级财政收入6.8亿元，增长4.8%；城镇居民人均可支配收入35062元，增长5%；农村居民人均可支配收入18246元，增长6.5%。主要经济指标增速排名保持全市前列，蝉联福建省县域经济发展“十佳”县。

产业经济的主要工作及成效体现在：

做优产业提质效，转型步伐不断加快。工业经济较快增长。规模以上工业产值增长7%，工业固定资产投资增长30%，新增规模以上工业企业9家，赛特新材料创板敲钟上市。渡远工程塑料复合材料、载诚纳米薄膜功能片等项目开工建设，菲尔姆阻隔膜、中触大尺寸电容触摸屏等项目建成投产。深入实施“从空间上再造一个园区”计划，盘活“僵尸企业”16家，清理闲置用地780亩、厂房14万平方米，新建标准化厂房6.2万平方米。启动创建省级高新技术产业园区，组建福建省光电信息技术山海协作创新中心，新增国家高新技术企业1家、专精特新“小巨人”企业1家。特色农业稳中有进。实现农林牧渔业总产值70亿元、增长3.6%。规划建设中国地瓜产品交易中心，地瓜制品加工产值48亿元。白鸭年出栏量450万羽，北团入选全国农业产业强镇建设名单。连城地瓜干、连城白鸭获国家农产品地理标志登记保护。芙蓉李产值超亿元，四堡获评全国“一村一品”示范村镇。新增兰花种植面积300亩，新建兰花智能温室4万平方米，朋口上榜全国乡村特色产业十亿元镇，兰花产业“一园两带三区”格局基本形成。完成“莲乡西遇”区域公用品牌重塑，富硒产业产值达28亿元。文化旅游蓬勃发展。冠豸山创建世界地质公园和国家5A级旅游景区进程加快，县博物馆、萱和谷成功创建国家3A级旅游景区。四角井文化街区、培田古村落综合提升工程、新泉红色风情小镇等项目稳步推进，环冠豸山旅游公路一期工程建成通车，龙岩地质公园博物馆投入使用。开展“一元游连城”“云上马拉松”等活动，梅花山十八寨大本营晋升“网红打卡点”。商贸物流持续繁荣。莲冠电商物流产业园仓储中心完成扩建，全市首家快递智能分拣线投入使用，全县快递年吞吐量超1000万件。新增限额以上商贸企业21家，电商交易额超66亿元，顺利通过国家级电子商务进农村综合示范县验收。建筑业不断壮大。实现产值55亿元、增长25%，新增施工总承包一级资质企业1家、二级资质企业3家。

狠抓项目扩投资，发展后劲不断增强。招商引资成果丰硕。出台扶持企业上市、引进总部经济、促进建筑业发展等优惠政策，全年签约项目271个、总投资232亿元，其中，康莱宝运动产业园等投资5亿元以上项目8个、大洋气雾剂科技产业园等投资10亿元以上项目3个，引入总部经济企业2家。项目建设再创佳绩。全年策划项目270个，其中192个列入国家重大项目库，争取上级项目资金9.6亿元。省“五个一批”新增项目420个，两次获市正向激励综合考评第一。31个省市重点项目完成投资88亿元，3个重中之重项目完成投资10亿元，浦梅铁路站前广场等9个项目开工建设，文川医院异地新建等12个项目建成投入使用。要素保障更加有力。打响征地拆迁百日攻坚大会战，全县征收土地4661亩、房屋6万平方米，南前花园、永丰水厂等30个项目实现净地交付。全县银行业金融机构为重点项目、中小微企业提供贷款38.3亿元，县中小企业信用担保中心提供融资担保4.4亿元、应急还贷1亿元。为企业减税降费1.7亿元。

统筹城乡优生态，人居环境不断改善。城市功能持续完善。基本完成国土空间总体规划编制。开工建设人民路、幸福北路。实施城市道路“绿亮净美”76公里、“三线下地”4公里，新改建管网40.5公里、公厕18座，新增停车位2400个、绿化面积3万平方米，更换新能源公交车20辆。乡村面貌持续改善。乡村振兴战略规划完成编制并全面实施。建成美丽乡村示范片区2个、特色景观带2条。完成农村公路安保工程155公里，新改建农村公路75公里、危桥13座，成功创建“四好农村路”省级示范县。建设高标准农田2.5万亩，营造乡村生态景观林870亩。生态环境持续向好。顺利通过第二轮省生态环境保护例行督察。闽江上游连城段防洪工程、庙前历史遗留工矿重金属污染治理修复等项目有序推进，福地水库、文川河二期安全生态水系基本建成，全市首个生活垃圾气化发电项目投入使用，闽江流域山水林田湖草生态保护修复项目获省级正向激励奖励。植树造林1.7万亩，治理水土流失6万亩。国控省考断面水质和集中式饮用水水源地水质全部达标。全年空气质量优良天数比例100%。

深化改革谋创新，发展动能不断释放。九大领域51项全面深化改革工作重点突破事项全面完成。“放管服”改革持续推进，110个高频事项实现“最多跑一趟”，2937个事项实现“一趟不用跑”。工程建设项目审批实现“四个统一”，办件时间平均缩短120个工作日。国有资产整合工作扎实开展。住建部对口支援工作成效明显，策划生成援建项目96个，与中国燃气达成合作意向，邀请中规院修编排水防涝专项规划。深入开展小微企业质量管理提升行动，全国小微企业质量管理体系认证提升行动推进会在连城县顺利召开。

2020年各项工作任务的完成，为“十三五”画上了圆满句号。过去五年，是连城历史上发展最快、变化最大的五年，也是连城经济总量持续增长、综合实力持续提升、人民群众获得感持续增强的五年。

实现了综合实力的全面提升。生产总值由147.5亿元提高到280亿元，增长90%；财政总收入突破10亿元，增长77.9%；固定资产投资年均增长15.2%；社会消费品零售总额实现翻番；金融存贷款余额双双突破百亿。连续三年获评福建省县域经济发展“十佳”县。市对县目标绩效管理考核从2017年的一般等次，到2018年的良好等次，再到2019年的优秀等次。

实现了产业发展的持续增效。三次产业结构比由19.4∶42.2∶38.4调整为13.9∶45∶41.1。培育省、市农业龙头企业35家，获评“世界兰花之乡”“世界地瓜之都”“中国客家硒都”。新增规模以上工业企业38家，培育产值超5亿元企业9家，“一园两区”年产值达200亿元。建筑业年产值由9.9亿元增长至55亿元，年纳税额突破亿元。文旅产业年产值超130亿元，新增国家3A级旅游景区6个，入选国家全域旅游示范区创建单位，获评“中国十佳避暑康养小城”。培育限额以上商贸企业93家、规模以上服务业企业10家，建成莲冠电商物流产业园、亚琦国际物流商贸城，获评全国电商示范百佳县、农村淘宝福建电商惠民第一县。

实现了城乡面貌的全新转变。城市建成区面积增加2.14平方公里，城镇化率提高5.4个百分点。改造老旧小区5个、棚户区15万平方米，新建现代住宅小区11个。新增城市道路24.6公里，完成“白改黑”15.6公里，打通断头路8条，城区“两横四纵”路网全面拉开。新改建农村公路287公里、危桥82座，完成农村公路安保工程750公里。浦梅铁路连城段基本建成，双火车站时代即将来临。跻身全省城乡供水一体化试点县，建成城区第二水源。乡村振兴战略稳步实施，持续开展地瓜干生产加工和养殖业污染整治，污水、垃圾处理设施实现全覆盖，植树造林8.8万亩，治理水土流失22万亩，森林覆盖率稳居全市榜首。

（摘编：翁宁）

漳平市产业经济发展概述

2020年漳平市统筹推进疫情防控和经济社会发展，全方位推动高质量发展超越，经济社会保持平稳发展。全市生产总值280.2亿元、增长5.3%；固定资产投资增长11%；一般公共预算总收入突破15亿元、增长5.2%，地方一般公共预算收入9.7亿元、增长6.9%；城镇居民人均可支配收入38608元、增长4.5%，农村居民人均可支配收入20233元、增长6.8%。成功创建国家级农村电商示范县、“中国最美樱花胜地”、中国农民漆画创研产业基地、省级“食品安全社会共治示范市”“食品药品放心市”，入选全省首批农村生活污水治理试点县；《台式乌龙茶》《台式乌龙茶加工技术规范》两项国家标准正式发布，漳平水仙茶入选省十大农产品区域公用品牌；象湖镇入选全国森林康养基地试点，永福镇入选省“全域生态旅游小镇”。

产业经济的主要工作体现在以下方面：

防控成效持续巩固。漳平市坚持疫情防控和复工复产“两手抓”，制定出台了“六稳”工作24条、推动工业发展6条、稳岗稳就业等政策措施，推动各行各业复工复产、达产满产，“六稳”“六保”支出30.7亿元。

发展后劲持续增强。项目策划有力有效，通过开展“三比”竞赛活动，实现项目入库储备319个、增长34%，40个专项债项目进入国家重大建设项目库，获批专项债资金5.9亿元。招商机制不断健全，签约合同项目45个、总投资127亿元，实际利用外资6713万元，惠丰装配式建筑、铝合金建筑模板等优质项目落地。项目建设加足马力，119个重点项目完成投资125亿元，冠鑫新材料、锦源盛锆刚玉等60个项目开工，乔光压敏电阻、大西岭风电场等48个项目投用。开展项目征地拆迁“百日攻坚”战，征收房屋面积9.7万平方米、土地面积4373亩、净地交付4518亩，盘活低效闲置用地1050亩。争取上级项目建设补助资金6.3亿元，中央国家机关央企及省有关单位对口支援工作取得阶段性实效。

经济运行持续向好。政策扶持更加精准，出台扶持工业、建筑业、茶叶等产业发展政策，帮扶企业转贷解困资金3630万元，减税降费1.1亿元，兑现财政奖励资金1.1亿元。一产发展更加稳固，增加值39亿元、增长3.7%。粮食作物播种面积14.2万亩、产量6.2万吨。“一乡一特色、一村一品”不断巩固提升，五大特色农业全产业链产值突破120亿元。农村土地流转8.6万亩，新建设施大棚978亩。二产发展更加稳健，增加值123.3亿元、增长6%。实施工业发展“133”三年提升行动，工业固定资产投资、工业技改投资分别增长12.5%、15%；规模以上工业增加值增长5.2%，新增规模以上工业企业10家；工业用电量10.3亿千瓦时、增长3%。建筑业总产值58.7亿元、增长18%，新增资质等级企业9家。三产发展更加稳步，增加值118亿元、增长5.6%。外贸进出口总额28亿元、增长2.7%；社会消费品零售总额100.2亿元、增长1.5%，新增规模以上服务业企业6家、限额以上商贸业企业11家；金融机构人民币存贷款余额284.3亿元、增长12.3%；电子商务交易额11亿元、增长20%；文旅产业加速复苏，游客总人数和旅游消费实现恢复性增长，“八一路步行街”入选龙岩市夜间经济特色街区。

“产城人”融合持续深化。城市平台不断做优，投入5.3亿元完善城区基础设施建设，城北路网、外环路“白改黑”、中和路（二、三期）等

61个项目投用，老旧小区提升改造23处、停车场增至14个、停车位增至1564个，新建城市公厕17座、供水管网25.1公里、雨污管道26公里；城市执法力量下沉，“两违”、渣土扬尘、焚烧垃圾、占道经营等行为有效整治，拆除“两违”建筑789宗、面积90万平方米，新增城区绿地4.3万平方米，城市更加绿化、亮化、净化、美化。产业平台不断做强，实施工业园区标准化建设三年行动，投入3.9亿元完善园区基础设施，新征用地3400亩，工业园区产值161亿元、增长4.3%，税收1.6亿元，省级循环经济示范试点园区和高新技术产业园区加快创建，“一园四区”更具鲜明特色；钢铁产业园区基础设施建设快速推进，新征用地2700亩、新平整土石方700万立方米；新材料产业园区一期开发基本完成，新征用地700亩；登榜产业园区、富山产业园区功能日趋完善。对台平台不断做特，漳平“台湾小镇”累计完成投资5.4亿元，台湾村（街）、闽台花卉交易展销中心、市中医院迁建等项目加快建设，台品樱花茶园入选第十批国家农业标准化示范区，大陆台资企业漳平行活动成功举办。

乡村振兴持续推进。实施“百家经营主体”带动帮扶贫困户465户、人均增收3000元以上。集镇改造提升加快，永福、新桥、溪南、南洋、芦芝、赤水等乡镇在集镇扩容、道路改造提升等方面成效明显，所有乡镇（街道）环境整治取得新进展。农村面貌日趋靓丽，“一革命四行动”全力攻坚，新建农村公厕69座，旱厕消除1.38万个、基本实现“清零”，旧村复垦完成1312.3亩、指标交易1057.6亩，投入1.6亿元建成“四好农村路”31公里，城乡供水一体化（一期）完成投资9730万元，南洋镇梧溪村入选第十批全国“一村一品”示范村，赤水镇香寮村、桂林街道山羊村入选省级民族乡村振兴示范点。

体制机制持续放活。“放管服”改革不断深化，企业开办时间压缩至1个工作日以内，不动产登记实现“交房即交证”

“交地即交证”，重点项目“510”服务机制运行良好，“我来跑”企业代办服务创新推行，矿山整治百日行动取得阶段性成效。国有企业管理体制改革持续深化，闲置国有资产盘活取得新进展。制定三年内争创14个国、省级品牌方案及时间表，特色品牌加快创建。

2020年各项工作的顺利开展，标志着“十三五”规划主要目标基本实现，为“十四五”开好局奠定了厚实基础。五年来，漳平市坚持创新驱动，综合实力大幅跨越。“十三五”期间，全市生产总值年均增长7.2%；一般公共预算总收入年均增长8.5%，地方一般公共预算收入年均增长8.8%。经济结构持续优化，三次产业结构比例从2015年的15.3：44.6：40.1调整为2020年的13.9：44：42.1。现代农业迈出新步伐，农业总产值年均增长3.4%，现有龙岩市级以上农业产业化龙头企业35家，设施农业面积1.9万亩，漳平水仙茶制作技艺获国家级非物质文化遗产代表作，拥有国家农产品地理标志登记保护2个、省级示范家庭农场23家，荣获国家级农业科技园区、全国绿色食品原料（茶叶）标准化生产基地、国家漳平户外木竹制品产业示范园区、全国农村产业融合发展试点示范县等称号。工业经济转型升级，钢铁机械制造、建材、新材料等主导产业逐步形成，产值亿元以上工业企业达65家，其中5亿元以上企业6家，现有国家级高新技术企业17家及省级科技小巨人领军企业19家、高新技术企业14家、“专精特新”企业9家、高成长型企业4家、企业技术中心3家、单项冠军企业2家。工业园区获评2018—2019年省级劳动关系和谐工业园区，在2019年度省级开发区综合发展水平考评中位列第九、首次进入全省前十，水、电、路、通讯等基础设施不断完善，集中供热基本覆盖，现有规模以上工业企业91家，标准化厂房20万平方米、已入驻企业19家。服务业发展跃上新台阶，社会消费品零售总额年均增长9.6%，旅游、物流等现代服务业加快发展，农村电商村级公共服务全覆盖，永福镇入选全国淘宝镇，南洋镇入选省级商务特色镇。

（摘编：苏小雨）

宁德市产业经济发展综述

2020年，是极不平凡、极具挑战的一年，是拼搏进取、收获满满的一年。这一年，是“弱鸟先飞、滴水穿石”30年、撤地设市20周年，宁德市秉承习近平总书记在宁德工作期间开创的一系列重要理念、重大部署、宝贵经验和优良作风，坚持以习近平新时代中国特色社会主义思想为指导，深入实施“一二三”发展战略，统筹推进疫情防控和经济社会发展，扎实做好“六稳”工作、全面落实“六保”任务，成为全省唯一连续四个季度保持经济正增长的设区市。全市生产总值2619亿元、增长6%；规上工业增加值增长7.4%；一般公共预算总收入233.55亿元，地方一般公共预算收入137.79亿元，分别增长5.3%、8.6%；城镇居民人均可支配收入37121元、增长3.4%，农村居民人均可支配收入19050元、增长7%；进出口增长17.9%，其中出口增长17.9%；实际利用外资增长5.1%；固定资产投资增长0.7%；金融机构本外币存款余额2496.36亿元、贷款余额2299.24亿元，分别增长21.4%、14.6%；年度节能减排任务全面完成。

2020年产业经济发展主要工作和成效是：

众志成城共克时艰，战疫大考展现新担当。强化保障促发展。64天本地口罩日产能从1.5万只迅速增加到200万只，城市核酸检测基地建成投用，日检测量从1000份提高到4.9万份，具备5日内常住人口全员检测能力，8类重点人群“应检尽检”。出台支持中小微企业用工、融资、出口等一系列共渡难关政策措施，仅用2个月企业生产经营就恢复到上年同期水平。常态防控稳秩序。持续抓好“外防输入、内防反弹”各项措施落实，外籍轮船、修造船、渔船等三类船只严格管理，进口冷链食品、冷冻库规范管理，“人”“物”同防措施有效落实，“由物输入”风险有效控制，至今无本土新增确诊病例。

畅通循环壮大实体，产业发展汇聚新动能。主导产业支撑有力。四大主导产业增加值增长16.2%，对规上工业增加值增长贡献率达137.1%。锂电新能源产业实现产值734亿元、增长17.8%。锂电池投产产能100GWh，综合市场占有率稳居全球第一。时代三期、新能源科技三期、时代一汽、国泰、阿李科技项目建成投产，时代四期车里湾扩能、新能源科技四期、时代科士达项目开工建设，时代五期（福鼎）项目对接落地。新能源汽车产业实现产值65亿元。上汽宁德基地入选中国标杆智能工厂，新车型实现量产，月产量已达2万辆，年产量达到6.6万辆。不锈钢新材料产业实现产值1217亿元、增长7.7%。青拓不锈钢无缝钢管、奥展不锈钢一期和周宁不锈钢产业园一期项目建成投产，青拓棒线材、宏泰不锈钢产业科技园等项目加快建设。铜材料产业实现产值175亿元、增长28.5%。中铜东南铜业阴极铜产量达35万吨以上。正威一期10万吨精密铜线项目实现当年开工、当年投产。福浦一期、正威三期项目开工建设，嘉元铜箔项目签约落地，铜精深加工产业链加速延伸。企业竞争力不断增强。宁德时代21C创新实验室开工建设，新能源科技获批建设省重点实验室。宁德时代、新能源科技各一项关键技术荣获省科技进步一等奖。宁德时代储能微网入选国家首批科技创新（储能）试点示范项目。青拓集团笔尖钢实现量产，青拓特钢获批建设省高性能氮合金化不锈钢工程研究中心。第五届动力电池应用国际峰会暨首届中国新能源新材料（宁德）峰会、中国·宁德不锈钢新材料创新研讨会在我市召开，两大主导产业话语权持续增强。三祥液态金属、纳米氧化锆项目建成投产，镁铝合金项目开工建设。与省药监局签订闽东药城高质量发展合作备忘录，广生堂5个创新药进入临床审批阶段，一批仿制药通过一致性评价。华龙化油器信息化系统获评工信部企业上云典型案例。现代服务业增势良好。实现增加值973.4亿元、增长6.3%。总部经济、平台经济取得突破，正威总部、智享无限、宁德动游投入运营，国网时代储能、周宁大宗商品交易平台、福安益卓商贸签约落地。港口物流加快发展，货物吞吐量近5000万吨、增长17.5%，集装箱吞吐量14.5万标箱、增长10.9%，增幅均居全省第一。安吉物流宁德基地一期、上汽铁路专用线建成运营，全年汽车整车公铁水联运7万多辆。文旅融合加速发展。"乡村+文创""摄影+民宿""白茶+文化"等模式有效推广。寿宁"下乡的味道"红色之旅、古田生态休闲旅游列入全国乡村旅游精品线路，新增省级以上旅游村镇25个。成功举办第十届宁德世界地质公园文化旅游节，全市接待游客2615.64万人次、旅游总收入291.47亿元。发放消费券、乐购券价值4166万元，拉动消费1.52亿元。电子商务网络零售额312.23亿元、增长30.5%。周宁、霞浦入选国家级电子商务进农村综合示范县。

决战决胜脱贫攻坚，乡村振兴迈出新步伐。脱贫任务高质量完成。全市最后两个省级扶贫开发工作重点县周宁、柘荣实现摘帽。市本级投入1.17亿元用于巩固脱贫。发放扶贫小额信贷资金10.6亿元。实施产业扶贫项目1.33万个，1000多家农业企业、合作社带动1.5万户贫困户发展。完成造福工程搬迁522人，超额提前完成省里下达任务。特色现代农业加快发展。全市农林牧渔业总产值584.14亿元、增长3.1%，八大特色农业占比94%以上。建成高标准农田13.24万亩，粮食总产量47.24万吨。低产低质茶园改造提升2万亩。水产品产量103.49万吨、增长1.8%，渔业产值266.17亿元、增长1.7%。新建省级水果、蔬菜、食用菌等标准化生产基地16个，创建市级"菜篮子"示范基地20个。出台特色农业保险实施方案。"0593宁德号"区域公用品牌正式启用。新增"三品一标"认证产品133个。寿宁入选国家数字乡村试点县，古田、福安入选全国"互联网+"农产品出村进城工程试点县。乡村振兴有效衔接。积极探索具有闽东特色的乡村振兴之路，388名乡村振兴指导员、303名科技特派员和25名金融助理员驻乡联村服务。投入乡村振兴资金44.31亿元，110个省级乡村振兴试点村实施项目597个，306个市级产业薄弱村实施项目1139个，基本消除村级集体经济年收入10万元以下相对薄弱村。完成铁路沿线环境安全隐患整治，全面提升"两高一线"沿线362个乡村景观风貌。培育乡村文化振兴示范村38个、文化队伍653支、文化骨干4160名。

开放创新激发活力，营商环境彰显新优势。创新能力持续增强。获批建设中国（宁德）知识产权保护中心，成为全省第二家。新增国际专利申请4747件、增长3.75倍，居全省第一。卓高人选国家级专精特新"小巨人"企业，思客琦等16家企业入选省科技小巨人领军企业。三祥新材、安波电机、三禾电器被认定为省"专精特新"中小企业，时代电机、广生堂入选省产业领军团队。新增国家级高新技术企业29家、省级47家。新认定省企业技术中心6家。新获批博士后科研工作站2个。东侨获批建设全国大众创业万众创新示范基地。项目建设持续加快。千亿招商任务超额完成，签约项目440个、总投资1141.39亿元，履约率85.2%、开工率68.9%。获批专项债券资金支持项目70个、88.54亿元。PPP项目年度入库数、签约落地数均居全省第一。新增"五个一批"项目1468个、总投资4117亿元。福安、霞浦、柘荣、周宁进入全省"五个一批"项目季度正向激励综合考评前十名。300个在建市重点项目完成投资677.14亿元，占年度计划102.4%。组织开展"双百项目"百日攻坚行动，破解494个前期报批、79个安征迁和225.39亿元融资等问题。新开工重点项目128个、竣工137个，超额完成年度开竣工任务。衢宁铁路开通运营，结束了周宁、屏南不通铁路的历史。建成沙埕湾跨海通道工程，打通了对接长三角出省新通道。漳湾作业区7#泊位建成投用。霞浦核电2#机组开工建设。企业成本持续降低。新增减税降费超过22亿元，争取纾困资金15.75亿元。每季度召开一次政银企对接会，普惠小微贷款增长 38%，涉农贷款增长 10.1%。企业贷款平均利率下降 0.8 个百分点，普惠小微贷款利率下降 1.4 个百分点。普惠金融服务中心、政府性融资担保机构实现市县全覆盖，全省首创“担保云”融资服务平台上线运行，“见贷即保”实现批量业务，融资担保倍数放大到 2.81 倍。两次下调用气最高指导价，降幅达 10.8%。

标本兼治合力创建，宜居城市再添新名片。城市功能不断完善。中心城区实施城建项目 217 个，完成投资 68.3 亿元。四大馆、工人文化宫建成投用。时代广场、人民广场、镜台山公园一期完成改造提升。连城路及周边道路加快建设，三都澳新区路网基本形成，打通 3 条断头路，完成 24 个城市主干道交叉路口优化改造，“白改黑”28.8 公里。建成公厕 14 座。新增公共停车位（含临时）1 万多个、充电桩 1300 个。首批无人驾驶锂电新能源巴士在锂电新能源小镇上线运营。新增 92 辆纯电动公交车，公交路线增至 30 条，实现城区全覆盖。污染防治深入推进。中央生态环保督察第一轮整改任务全面完成，第二轮整改任务加快落实。海上养殖综合整治取得决定性胜利，累计投入资金 47.72 亿元，清退和升级改造渔排 142.7 万口、贝藻类 55 万亩，清海工作“宁德模式”成为全国生态环保督察整改典型经验、生态审计典型案例，海漂垃圾加快陆海统筹治理。中心城区重点流域黑臭水体基本消除，新建改造雨污管网 280 公里，新改扩建污水处理厂 3 个，污水日处理能力由 5 万吨提高到 16.5 万吨。全市 109 个大气治理项目、1647 个入河排污口排查、14 个农村“千吨万人”饮用水水源地环境整治全面完成。完成 2622 个自然村户厕改造。

2020 年各项工作取得扎实成效，为“十三五”规划收官划上圆满句号。“十三五”时期，是宁德练就“弱鸟先飞”本领，展现鸿鹄之志、传播闽东之光，发展影响力持续提升的五年，是宁德保持“滴水穿石”韧劲，念好“山海经”、抱好“金娃娃”，发展竞争力持续增强的五年，闽东大地旧貌换新颜。五年来，综合实力大幅跃升，成为全省新增长极。三次产业结构从 15.2∶53∶31.8 调整优化为 12.4∶0.4∶37.2。全市 GDP 接连迈上 2000 亿元、2500 亿元台阶，年均增长 7.2%，近两年分别以高于全省 1.6 和 2.7 个百分点的增速领跑全省，提前一年超额完成省里下达的赶超任务。人均生产总值突破 1 万美元。工业用电量连续两年增幅居全省第一。金融机构本外币存款净增 1200 亿元、贷款净增 898 亿元。一般公共预算总收入五年净增 86 亿元、年均增长 9.2%，连续四年增幅居全省第一，总量跃升至全省第六。全体居民人均可支配收入 28574 元、年均增长 8.3%，其中，城乡居民人均可支配收入年均分别增长 7.4%、9%。福安入选全国县域经济百强县，时隔六年重回全省县域经济发展十佳县。主导产业加速壮大，立起工业四梁八柱。规上工业增加值年均增长 8.2%，增速连续 3 年居全省第一。四大主导产业增加值年均增长 30.5%，占全市规上工业比重超六成，吸引集聚了上下游产业链企业近 200 家。拥有产值百亿级企业 10 家、十亿元以上企业 24 家、亿元以上企业 282 家。中铜、上汽宁德基地持续刷新项目建设“宁德速度”，“四干精神”全面推广。宁德时代、新能源科技成为世界级龙头企业。宁德时代成为创业板史上首个市值突破 8000 亿元的企业。青拓集团成为全省首家年产值超千亿元民营企业、位列民企制造业 50 强之首。

（摘编：郑平名）

蕉城区产业经济发展概述

2020年，蕉城区高举习近平新时代中国特色社会主义思想伟大旗帜，全面融入宁德市“一二三”发展战略，紧紧围绕“再创黄金期、建设新蕉城”中心任务，扎实做好“六稳”“六保”工作，推出一系列硬招实招，在危机中育先机，在变局中开新局，地区生产总值继续保持两位数的高速增长，全市发展“领头雁”的位置更加牢固。海上养殖综合整治取得决定性胜利，三都澳重现“碧海蓝天、渔舟唱晚”盛景；精准脱贫攻坚战圆满收官，实现“全面小康、全民共享”目标，经济社会发展呈现稳中有进、进中向好态势，全面完成了各项目标任务。全年完成地区生产总值803亿元，增长12.2%，增幅领跑全省；一般公共预算总收入40.97亿元，增长1.7%；地方一般公共预算收入22.27亿元，增长0.4%；农林牧渔业总产值83.8亿元，增长2.8%；规上工业增加值245亿元，增长20%；城镇居民人均可支配收入38918元，增长3%；农村居民人均可支配收入19104元，增长6%。

齐心协力度时艰，在战疫情、促发展中勇夺双胜利。面对年初突如其来的新冠肺炎疫情，蕉城区第一时间建立疫情防控组织领导体系，第一时间部署落实防控措施，全面开展摸底排查，全覆盖设立医学观察点，始终做到严而又严、实而又实、细而又细，抗疫取得重大成果，社会大局保持和谐稳定。党员开展的“戴党徽、亮身份、争先锋、做表率”活动，得到了省委、省政府的高度肯定，并在全省予以推行。在严密防控疫情的同时，紧紧抓住复工复产这个关键，坚持与企业同舟共济、患难与共，因地制宜出台支持企业共渡难关10条措施，全力破解“用工难”、打通“物流链”、注入“资金流”、激活“产业链”，仅用20多天就实现规模以上工业企业100%复工复产，取得疫情防控和复产复工双胜利，工作方法在全省做典型经验交流。

产业兴区促增长，在调结构、建集群中筑牢发展基础。工业发展势头强劲。在锂电新能源、新能源汽车、铜材料三大主导产业的带领下，工业经济保持强势上行。锂电新能源产业蓬勃发展，实现全产业链产值730亿元；宁德时代公司市值突破7000亿元，居中国500强民营企业第11位，动力电池装机量连续三年全球第一；新能源科技公司消费类电池出货量连续8年全球第一；晟硕、蓝海、莱普等产业链项目完成建设。上汽宁德基地产能逐步释放，引进豫新、宏协、辉吉、杰特、源申等配套供应商项目；上汽园区列入省级工业园区标准化试点，园区年产值达90亿元。铜产业产能稳步增长，实现产值170亿元。农业基础夯实稳固。粮播面积和粮食产量保持稳定，完成9000亩高标准农田建设。安排2600万元扶持茶叶、水果、蔬菜等产业发展，新建11个茶叶初加工中心，实施7个生态茶园建设项目，茶业年产值首次突破10亿元；新增水果种植5000亩，总面积达4.66万亩；新建蔬菜种植基地1660亩，有力保障了疫情期间的市场供应。完成《蕉城区海水养殖水域滩涂规划》修编，渔排和藻类养殖全面完成升级改造，海水产品年产值59.8亿元、增长4.3%，水产加工业年产值75亿元、增长7%。水利工程短板进一步补齐，农业防灾抗灾能力持续提高。现代服务业巩固提升。万达、宝信、金南门等商圈日益兴旺，形成连片效应；“蕉城夜市”点亮璀璨“夜经济”，为中心城市带来更多人间烟火气。开展“区长带你买好货”直播活动，点击量达380多万次，助力蕉城农产品开拓网销渠道，全区电商网络零售额22亿元，增长7%，居全市前列。东湖市场等6个农贸市场完成改造提升，闽东新亚大市场建成投用。福建三都澳、福建承科、宁德万兴等冷链物流项目完成建设。旅游开发持续推进，出台《加快实施乡村振兴战略乡村旅游发展八条措施》《民宿管理暂行规定》，三都岛和桃花溪两个全国红色旅游经典景区基础设施完成建设，洪口、赤溪获评市级旅游特色小镇。重点项目加快推进。主导产业再添3个重量级“金娃娃”，锂电车里湾基地、湖东锂电数字化精益制造工厂、上海福浦铜铝精深加工项目先后动工建设，总投资超200亿元。全区84个重点在建项目完成投资98亿元，26个省、市重点在建项目完成投资52亿元。全年招商引资项目13个，总投资239.31亿元。发展动能不断增强。坚定实施创新驱动发展战略，全社会研究与试验发展经费投入38.35亿元，占全市研发经费投入的92.3%，宁德时代、新能源科技双双荣获省科技进步奖一等奖，宁德时代公司获“全球新能源汽车创新技术”大奖，宁德时代21C创新实验室奠基。出台工业、商贸业、建筑业等领域惠企政策，全年减税降费约5.4亿元，企业开办时限从2.5个工作日压缩至1个工作日，营商环境进一步提升。

完善功能强配套，在夯基础、优生态中建设宜居之城。城市品质持续提升。累计投入11.8亿元，中心城区面貌大幅提升、城市魅力充分彰显，10个单位和47名个人荣获市级二等功、三等功荣誉。区新时代文明实践中心建成投用，打通服务群众的“最后一米”。增坂路、隆兴路完成建设，八一五路东段全线通车，署前路、青山路福洋段、鹤鸣路等完成“白改黑”，连城路建设有序推进；新增城区停车场7个，施划临时停车泊位8300多个；全面完成城区背街小巷改造和路灯安装。署前路棚改一期完成建设，长兴城、继光花苑等老旧小区改造加快推进。实施中心城区水系综合治理，铺设污水管网1.2万米，完成南山岩片区给水管道新建、金溪引水等工程建设，中心城区黑臭水体基本消除。农村建设步伐加快。该区列入省级乡村治理体系建设试点区。成立“五个振兴”工作专班，区领导全面挂钩乡村振兴试点村，下达乡村振兴专项资金2400万元，49个产业薄弱村实现乡村振兴指导员、科技特派员挂钩帮扶全覆盖。农村人居环境整治三年行动圆满收官，“两高沿线”和“重点旅游路线”农房整治尽显蕉城特色，全区本级累计投入1.64亿元。金涵上金贝村、八都猴盾村、霍童邑坂村和坑头村获评全国文明村，虎贝黄家村入选全国“一村一品”示范村镇，全国计生协会2020家庭健康主题推进活动在七都北山村举行。全区“绿盈乡村”占比达81.1%。实施霍童溪沿岸绿化美化项目，打造“桃花特色旅游休闲经济带”，在霍童溪畔种植近5万株桃树，沿岸景观摄影点加快建设，“百里画廊、曲水桃源”“十里桃花夹岸”盛景指日可待。交通建设稳步推进。衢宁铁路蕉城段顺利通车，支提山站、站前广场和通站道路节省投资5000万元，实现了又好又快建设，宁德汽车城铁路专用线建成投用。宁古高速公路蕉城段、国道228线城澳至罗源界段、碗窑至礁溪段加快建设，国道104线疏港路口至金涵苗圃段改扩建工程动工建设。实施“百乡千村”路网提升56公里，公路安全生命防护工程70公里。港口开发稳步推进，漳湾作业区18－21号泊位、城澳作业区西1号泊位动工建设。

2020年的发展，为“十三五”划上了圆满句号。五年来，快马加鞭勇争先，经济实力跃上新台阶。地区生产总值从“十二五”末的302亿元到“十三五”末突破800亿元大关，年均增长12.20%，增速连续三年居全省各县市区第一。规上工业增加值年均增长27.40%，增幅连续四年全市第一，撑起了蕉城经济的半壁江山。一般公共预算总收入年均增长20%，地方一般公共预算收入年均增长15.5%，地方财力进一步提升。社会消费品零售总额年均增长6.29%，城镇居民人均可支配收入年均增长7.51%，农村居民人均可支配收入年均增长9.2%，人民生活更加富足。发展质量和效益不断提高，连续两年获得市对县（市、区）绩效评估第一名。

（摘编：邓新民）

福安市产业经济发展概述

2020年是极为特殊的一年。面对突如其来的新冠肺炎疫情，福安市深入学习贯彻党的十九届五中全会和习近平总书记重要讲话重要指示批示精神，认真落实“一二三”发展战略，深入实施“一二六”行动计划，经济社会发展取得新成效，获评全省县域经济发展“十佳”县（市）。全市生产总值608亿元，增长6.3%；农林牧渔业总产值94.2亿元，增长4%；规上工业增加值增长7.3%；固定资产投资增长4%；社会消费品零售总额150亿元，增长3%；公共财政总收入51.23亿元，增长2.7%；地方公共财政收入27.88亿元，增长4.4%；实际利用外资4349万元，完成年度任务的167%；城镇居民人均可支配收入40495元，增长6%；农村居民人均可支配收入19717元，增长6.5%；城镇登记失业率3.83%。一年来产业经济发展的主要工作和成效是：

坚持科学防治，疫情防控成效显著。新冠肺炎疫情发生以来，千方百计加快复工复产，及时出台扶持传统企业开拓市场六条措施等援企惠企政策，组织开展“百家单位挂百企”“百名干部下村居”活动，畅通政策链、服务链、操作链，帮助企业破解“五难”问题，全市经济在短时间内全面恢复。

坚持精准施策，三次产业齐头并进。工业支撑强劲有力。规上工业总产值1464亿元，现价增长3%。工业用电量增长12.2%。电机电器、船舶修造、食品加工、大健康、传统冶炼等产业克服疫情不利影响，完成规上产值149亿元、出口总值32亿元，其中按摩器材出口总值增长30%。不锈钢新材料产业产值1212亿元，增长4.3%，对规上工业增长的贡献率达113.6%。青拓集团笔尖钢投入量产，有效破解了中国“笔尖难题”。青拓集团、福建甬金、宏旺实业荣登福建民企制造业50强、福建民企100强、福建企业100强，其中青拓集团位列福建民企制造业50强首位、福建民企100强第二位、福建企业100强第六位。全国体育用品标准化技术委员会按摩器材标准工作组筹备会在福安召开。亚南电机等3家企业被列为省重点上市后备企业，欧美达电器等3家企业入选省工业和信息化高成长培育企业，大成电机等14家企业通过国家两化融合管理体系贯标评定。现代农业质效齐增。新增耕地346亩，建成高标准农田2.05万亩。发放耕地地力保护、农机购置等补贴4982.2万元。稳定粮播面积23.89万亩，粮食总产量7.55万吨。新增水果钢结构大棚2323亩。新建标准化生猪养殖场8家，实现生猪存栏10万头。新增省级家庭农场示范场、省级农民合作社示范社10家。福安葡萄、穆阳水蜜桃、潭头芙蓉李、下白石特晚熟龙眼、苏阳杨梅入选全国名特优新农产品名录。福安葡萄被列为首批国家农产品地理标志保护工程品牌，荣登全国区域品牌（地理标志产品）百强榜。松罗、晓阳晚熟葡萄荣获“全国优质晚熟葡萄金奖”。“坦洋工夫”品牌入选首批中欧地理标志协定保护名录。福安农垦全国首个5G智慧茶园亮相第三届数字中国建设峰会。获评中国茶业百强县、全国茶业生态建设十强县，被认定为中国特色农产品（福安葡萄）优势区，入选全国“互联网+”农产品出村进城工程试点县、全国数字农业试点县、省级农产品质量安全县创建试点单位名单。社口镇获评全国农业产业强镇，穆云畲族乡获批建设国家农业产业强镇。象环村获评全国“一村一品”示范村，廉村等8个村获评省级“一村一品”示范村。第三产业增势良好。第三产业增加值170亿元，增长6.7%。

新增限上贸易业和规上服务业企业26家。组织开展“全闽乐购”“宁德市消费季促消费”等活动，兑现乐购券、普通消费券资金472.81万元，拉动消费4094万元。参加“闽山闽水物华新”市长带货直播活动，跻身抖音全国带货榜前55名，全渠道成交额1439万元。电商网络零售额212.48亿元，增长47.7%。数字文创产业园启动建设，新培育“伍喵视频”等6家数字文创龙头企业（团队），成功引进武汉动游互联网文创项目。商品房销售面积47万平方米。成功举办第十届宁德世界地质公园文化旅游节、福安葡萄采摘节、畲族“三月三”网络文化周等文旅活动。“坦洋茶谷春季茶旅——寻源坦洋工夫”入选全国茶乡旅游精品线路。白云山世界地质公园博物馆入选省文旅融合——研学旅行示范基地培育项目、房车营地建成运营。穆云畲族乡获评省全域生态旅游小镇。穆阳特色小镇旅游集散中心动工建设。全年接待游客230万人次，旅游综合收入23亿元。

坚持项目带动，发展支撑更加厚实。新增“五个一批”项目161个，总投资824.48亿元，获评省第一季度“五个一批”项目正向激励综合考评较好县（市）。组织实施在建重点项目171个，完成投资106.56亿元。列入宁德市“双百攻坚”在建项目14个，完成投资18.17亿元。全年新开工重大项目58个、竣工重大项目33个。

坚持品质提升，城乡面貌焕发新颜。基础设施有效提升。被国家发改委列入全国县级新型城镇化建设示范名单。实施城乡基础设施补短板项目85个，完成投资15.2亿元。高速西互通连接线公路、国道228溪尾临江至下邳段建成通车，国道104铁湖至溪柄段等5条道路完成“白改黑”，下白石宁海陆岛码头建成投用。栖云桥、韩赛快速通道、富春大道三期等市政路网加快建设。沈海高速湾坞收费站至国道228连接线改造、穆阳联虹大桥、溪柄黄沙大桥开工建设。环阳头岛慢道系统等市政景观工程、公园绿道完成提升。新增公共绿地面积20万平方米。铺设天然气管道25公里，新改建污水管道9.16公里、自来水管网10.5公里。新建城乡公厕184座、公共停车泊位222个、新能源汽车充电桩142个，新增新能源公交车30辆。建成5G基站150个，实现城区5G全覆盖。入选全国深化农村公路管理养护体制改革试点地区名单。新改建农村公路80公里、生命防护工程60公里。宜居建设有力推进。安居、鹤祥老旧小区改造扎实推进。“一革命四行动”纵深推进，完成自然村改水13个村、改厕647个村14339户。“两高一线”农村人居环境综合整治成效显著，景观风貌全面提升，打造形成小梨、南浦等省级农村人居环境整治典型样本。穆云畲族乡获评省级乡村治理示范乡镇，下岐等14个村获评省级乡村治理示范村，棠溪等12个村入选第五批中国传统村落。

2020年各项工作取得扎实成效，为“十三五”规划收官划上了圆满句号。福安市隆重纪念撤县建市30周年，展示了30年的沧桑巨变。五年来，综合实力迈上新台阶，经济总量连续四年保持全省县（市）第十位。2019年入选全国县域经济百强县，排名第96位。地区生产总值年均增长8.0%；人均地区生产总值达到10.53万元，较2015年提高60.2%；规上工业增加值年均增长8.1%；公共财政总收入、地方公共财政收入年均分别增长8.2%、3.5%；税性收入占公共财政总收入、地方公共财政收入的比重分别达到93.7%、88.4%。其他主要经济指标均达到或接近预期。产业发展实现新突破。三次产业结构从11.6∶64.3∶24.1调整优化为8.8∶63.2∶28.0。获评机械工业引领高质量创新发展产业集聚区。培育形成产值达10亿元企业7家、超百亿元企业4家。不锈钢新材料产业成为宁德市首个千亿产业集群，青拓集团成为全省首家年产值超千亿元民营企业。入选首批国家农业可持续发展试验示范区创建县，荣获中国红茶之都、中国特色巨峰葡萄之乡、中国电商百佳县、全国农产品网络零售额百强县等多个国家级荣誉称号。

（摘编：尤文凡）

福鼎市产业经济发展概述

2020年福鼎市坚持以习近平新时代中国特色社会主义思想为指导，深入学习贯彻习近平总书记重要讲话重要指示批示精神，坚持新发展理念，努力战胜各种风险挑战，经济社会发展总体平稳。全市生产总值430亿元、增长1.4%，城镇居民人均可支配收入39840元、增长4%，农村居民人均可支配收入19188元、增长7%。

2020年产业经济发展的主要工作成效是：

抓转型促增长，经济运行稳中有进。现代农业健康发展。全面落实强农惠农政策，全年支出涉农资金7.9亿元，农林牧渔业增加值62亿元、增长4%。稳粮保供成效明显，完成粮播面积19.6万亩、生猪存栏5.8万头，新增高标准农田1.9万亩。福鼎白茶佳绩频传，基地化生态茶园和信息化溯源体系建设稳步推进，创新“3+4+3”发展模式，白茶产业产销两旺，举办第九届福鼎白茶开茶节、首个“国际茶日”、首届中国白茶茶王赛，福鼎白茶位列中国茶叶区域公用品牌价值四强，入选首届中欧地理标志协定保护名录，11家茶企上榜中国茶业百强企业，天湖茶业入选农业产业化国家重点龙头企业，鼎白茶业获评全省休闲农业示范点。特色产业稳步发展，“福鼎黄栀子”获批国家农产品地理标志，栀子、四季柚入选第二批福建特色农产品优势区。蓝色经济加快拓展，海上养殖综合整治取得决定性胜利，累计升级改造深水大网箱1999口、塑胶渔排1863口、藻类6381亩，沙埕中心渔港竣工投用，点头龙田、硖门渔井等7个渔港动工建设，建成省级花鲈良种场。工业经济趋稳向好。发展动能持续激活，30个重中之重工业项目和20个省级重点技改项目扎实推进，实现工业投资增长11%，技改投资增长25%。国泰华荣电解液（一期）、汇得新材料（一期）、紧固件小微园等5个项目竣工投产，鼎盛钢铁（一期）投产在即，邦普产业园、友力化油器迁建、亚奇光学等13个项目加快建设。产业转型步伐坚实，实施合成革产业分类管理，加速汽摩配产业“机器换工”，推动食品产业精深加工，加快石材产业绿色升级。企业退城入园10家、腾笼换鸟10家，新增规上工业企业13家。创新驱动多擎发力，新增国家两化融合管理体系认证企业13家，列入国家级高新技术企业3家、省级科技小巨人领军企业2家，华益机电入选中国内燃机行业排头兵企业，品品香省企业技术中心通过评审。第三产业日渐活跃。实现服务业增加值137亿元，增长2.2%。获评首批省级全域生态旅游示范市，环太姥山麓生态休闲之旅入选中国美丽休闲乡村精品景点线路，嵛山入选省级滨海休闲度假福地，“海上仙都·太姥山”号高铁列车实现首发，嵛山、渔井、敏灶湾民宿成为网红打卡地。乡村旅游水北至库口段景观带加快打造，牛郎岗高空水滑道对外开放。商贸经济逐渐复苏，店下、前岐农贸市场完成改造，新增限上商贸企业31家、市场主体11257家。电子商务蓬勃发展，实现网络零售额29.8亿元、增长19%，荣膺县域农产品网络零售百强。房地产市场保持稳定，商品房销售面积59万平方米、增长5.4%。外资外贸趋稳向好，实际利用外资2700万元，出口总值21.6亿元。金融机构存贷款余额分别增长12.3%、9.2%。

抓项目聚动能，发展活力持续迸发。项目引擎持续发力。全年新增“五个一批”项目159个，其中开工36个、投产30个。18个在建省、宁德市重点项目完成投资70亿元，12个在建宁德市“双百项目”完成投资37亿元，149个在建政府性投资项目完成投资29.5亿元。交通“大动脉”加快联通，沙埕湾跨海公路通道、纵一线象洋至前岐段、薛家山隧道连接线、福东大道建成通车，沙埕港航道疏浚工程顺利完工。水利“大动脉”加快构建，东南河库连通、贯岭和敏灶湾片区一体化供水工程动工建设，东北部沿海军民融合引供水、城区安全供水总干渠改造和东南沿海供水工程（二期）竣工投用。能源“大动脉”加快成型，500千伏白琳棠园输变电工程动工建设，海西天然气管网（二期）福鼎段全线贯通。营商环境持续优化。“放管服”改革纵深推进，试行重点工业项目审批办法，完成公共资源电子化交易562宗。行政审批质效提升，省级行政许可“即办件”事项占比达56.1%，居宁德首位。开办企业时间压缩至1个工作日，审批事项网上可办率达98.7%。在全省率先打造“三公里”办税服务圈，实现首批27项业务闽浙跨省通办。减税降费全面落实，累计减免税费3.9亿元、租金1464万元。普惠金融发展提速，涉农贷款余额382亿元，居宁德首位。积极开展政银企对接，缓解企业融资困难，举办对接会5场，签约总额超13亿元，授信额度居宁德首位。金融风险有效防控，成立宁德市首个金融多元调处中心，处置不良贷款7.4亿元。要素保障力度加大，全年报批土地1860亩、林地1592亩，实现供地5305亩。

抓统筹优环境，城乡品质不断提升。城市面貌日益改善。新区建设全面提速，文化艺术中心主体完工，市医院百胜院区（一期）建成投用。城市路网加快完善，站前大道、滨海大道（一期）完成改造，江滨南大道、玉塘大道（二期）建成通车，新改建城市道路13公里。园林城市再添新绿，完成河中岛、龙山溪桐城段景观提升，新增绿化面积17.4万平方米、绿道慢道9.6公里。城市管理进一步提升，垃圾分类试点有效推进，城乡垃圾集中处理全域覆盖，治理“两违”71.6万平方米。建成雨水管网14公里、污水管网14公里，新增城区公厕9个、停车泊位465个、燃气管网14.4公里。“电动福鼎”加速打造，推广应用新能源汽车110辆，城区公交实现100%电动化，新增充电桩130个。启动太姥大道和法官公寓、上龙山老旧小区改造。乡村振兴卓有成效。太姥山获评国家卫生乡镇，点头上榜中国特色小城镇百强，佳阳获评首批全省民族团结进步重点区，叠石、店下、磻溪获评省级文明乡镇。赤溪、富民入选全国文明村（单位），柏洋获评全国乡村治理示范村，柏柳入选全国乡村特色产业亿元村，小白鹭获评省乡村振兴实绩突出村，楮楼、周山入选省级传统村落。乡村振兴全面推进，晋级改造“四好农村路”33公里。赤溪全国农村综合性改革试点试验成效显著，成为“摆脱贫困与政党的责任”国际理论研讨会现场观摩点，圆满完成全国民族地区决胜全面小康、决战脱贫攻坚经验交流现场观摩任务。“一革命四行动”深入开展，新增镇村公厕22个，完成农房整治24.8万平方米，列入省农村生活污水治理试点县。生态治理稳步推进。坚决打好蓝天、碧水、净土三大保卫战，城市空气优良达标率100%，城市饮用水源地水质达标率、小流域Ⅰ—Ⅲ类水质比例均为100%。海漂垃圾治理实现市场化运营，打击非法盗采海砂专项行动扎实开展。强化农业面源污染防治，茶叶有机肥替代化肥逐步推广。实施“青山挂白”专项整治，植树造林6397亩，森林覆盖率62.6%。

2020年工作任务的完成，标志着“十三五”规划的收官。这五年，综合实力显著增强。全市生产总值由2015年的332.5亿元增加到2020年的430亿元，年均增长3.8%。特色农业做强做精，福鼎白茶产业综合产值突破百亿大关，获评“十三五”茶业发展十强县。工业经济不断夯实，汽摩配、合成革、食品加工等传统产业稳步发展，锂电新能源、精品钢等新兴产业加快崛起，吸引3家上市公司落户投资，获评省知识产权强市。现代服务业蓬勃发展，市场主体较2015年增长190%，获评全国首个美食地标城市，三产占地区生产总值比重由2015年的24.2%提高到2020年的31.9%。

（摘编：陈闽声）

霞浦县产业经济发展概述

2020年，霞浦县坚持以习近平新时代中国特色社会主义思想为指导，统筹推进疫情防控和经济社会发展，扎实做好“六稳”工作，全面落实“六保”任务，较好地完成了各项目标任务。全年完成地区生产总值267亿元、增长2.3%；固定资产投资（不含农户）增长13%；公共财政总收入14.91亿元、增长15.6%，地方公共财政收入10.64亿元、增长22.1%；城镇居民人均可支配收入36800元、增长3.3%，农村居民人均可支配收入19200元、增长6.5%。

一年来，产业经济发展主要工作及成效是：

经济社会保持平稳。坚持全民战役，凝聚全县力量，创新“1+7”工作机制，落实精准科学防控，4例确诊输入性病例全部治愈出院，2月4日至今未新增确诊和疑似病例。发动社会各界力量支持防控工作，累计接收捐赠款物828万元；携手爱心企业向武汉及福建支援湖北医疗队捐赠海产品10多吨、价值200多万元，为打赢“湖北保卫战”贡献力量。制定支持中小微企业应对疫情共渡难关“18条”措施，开展领导干部挂钩帮扶、督导活动，全县省市重点项目、规上工业企业全部按时复工。坚持“一校一策”，扎实推进复学工作，全县各级各类学校如期实现复学开课。涌现出一批先进个人和集体，松港东昇社区党支部书记陈培仙荣获“抗击新冠肺炎疫情全国三八红旗手”称号，水门乡派出所获评“福建省抗击新冠肺炎疫情先进集体”。

发展后劲更加充足。项目建设有序推进。组建项目前期办，建立重点项目“1+N”推进工作机制，全力实施“双百项目”百日攻坚行动，32个省、市重点在建项目和169个“五大行动计划”在建项目分别完成投资93亿元、110亿元。时代一汽动力电池（一期）、福宁浦明胶技改升级、邦德超纤生产线树脂车间等60个重点项目竣工投产，霞浦核电基地、时代科士达储能设备、火车站站房改扩建等55个重点项目开工建设。引资争资成效明显。常态化开展招商引资活动，全年签约合同项目43个、总投资252亿元，履约落地率79.6%，开工率65.1%。加强项目策划包装，积极争取地方政府专项债券支持，县医院新院、学前教育扩建等7个项目获批专项债5.5亿元。改革开放持续深入。“一窗受理、集成服务”不断优化，“一趟不用跑”事项占比从46.4%提升到85.2%，提前办结率98.7%。企业开办实行“一窗通办”，开办时间压缩至1个工作日内。工程建设项目审批制度改革持续深化，政府投资项目和社会投资项目审批时间分别缩减至90和70个工作日。国企融合重组加速推进，调整组建国投、城投、海投“3+N”公司结构，整合归并原国有企业31家，国企资产总额增长104%。外贸企业不断壮大，新增出口企业8家，预计全年完成出口总值26.3亿元，增长1.2%。

产业结构不断优化。工业经济持续发展。全年完成工业固投21.5亿元，实现规上工业总产值94.5亿元。新增规上企业13家。创建省级以上高新技术企业5家。福宁浦明胶公司成功获得国家工信部颁发的两化融合管理体系评定证书。出台《霞浦县促进中小企业平稳健康发展的若干措施》，指导48家企业申报应急保障金、纾困专项资金2.94亿元，落实各级减税降费1.65亿元。园区标准化建设加快推进，霞浦经济开发区在全省省级开发区综合发展水平评价中从2017年第81名升至第60名，园区建设水平有了明显提升。农业产业稳产提质。全年完成农林牧渔业总产值131亿元，增长3.6%。15个省级乡村振兴试点村、28个县级乡村振兴示范村累计完成投资8000多万元，长春武曲村获评省乡村振兴实绩突出村，崇儒霞坪村上榜首批省民族乡村振兴示范点培育名录。建设高标准农田1.8万亩，新增水稻产能区示范片7000亩，粮食生产产能保持稳定。完成“霞浦白茶”行业团体标准制定，注册“三品一标”2个；新增农产品标准化生产示范基地5个，创成第一批全国农作物病虫害“绿色防控示范县”。柏洋董墩、下浒石湖等5个村上榜省级“一村一品”示范村名单。建成设施渔业项目2个、渔业科技试验示范基地3个；制定海带苗市场发展行业标准，注册“霞浦海带苗”县域公共品牌，全国首个采用压片工艺生产的“海参片”产品面世。预计全年水产品产量47.9万吨，增长5%。成功举办“中国·霞浦第二届海洋产业发展研讨会”，霞浦海洋产业知名度进一步提升。第三产业日趋活跃。全年完成社会消费品零售总额100亿元、增长1%，新增限上贸易单位42家。全域旅游进一步升温，设计旅游精品线路18条，新增玉潭樱花谷、葛洪农庄等2A级景区7个，霞浦获评“2020中国最值得投资民宿区域”和“2020中国秋季休闲百佳县”，三沙镇和三沙镇东壁村、柏洋乡柏洋村、沙江镇小马村分别荣获“福建省滨海休闲度假福地”“省级金牌旅游村”“省级旅游村”和“三星级旅游休闲旅游村”称号。出台《霞浦县民宿管理暂行规定》，成立全省首家县级民宿行业协会，授牌民宿20家。成功举办第五届滩涂摄影文化旅游周系列活动。全年接待游客483.5万人次、实现收入44.9亿元。电商产业稳步发展，完成实物网络零售额10亿元、增长33%，霞浦荣登全国县域电商百强榜、入选国家级电商进农村综合示范县。金融服务业稳健发展，成立县普惠金融服务中心和政府性融资担保公司，海岛乡创成全省首个“信用海岛”；至11月末，全县金融机构存贷款余额分别为189亿元和214亿元，增长15.4%、16.8%；处置不良贷款2.89亿元，不良贷款率1.18%，低于全市平均水平。

城乡面貌日益改善。扩容提质明显加快。成功入选国家级县城新型城镇化建设示范名单，新增污水管网8公里、天然气管道28公里，安泊智能停车场、宏翔山河桥等一批市政设施建成使用。“一革命四行动”顺利收官，改造自然村户厕1707户，新、改建公厕64座；拆除“两违”面积61万平方米和“两乱”坟墓160座、寺观教堂及民间信仰场所7座。基础设施不断完善。全年投入建设资金13.85亿元。新建、改造县乡村路网45公里，建成生命防护工程190公里、整治隐患里程105公里，改造危桥2座，新建陆岛码头4个，建成“三产路”8条，“白改黑”道路5条，时代一汽主物流通道及周边路网、罗汉溪景区配套路网（江边段）竣工通车，三沙疏港路（古镇至古桶段）全线贯通，“东海1号”风景观光道积石至间峡段动工建设。动工建设渔港9个，治理中小河流1条，完成建档立卡贫困村饮水安全巩固提升工程30个。新增变电容量2万千伏安、线路17.7公里，110千伏时代一汽专线工程竣工投运。生态建设扎实推进。新建安全生态水系46公里，治理水土流失面积3万亩。新增建成区公园绿地面积402亩，完成造林面积9612亩、松材线虫病林分改造1.1万亩，新增省级森林乡村7个、国家森林乡村5个。全面完成海上养殖综合整治和渔业转型升级目标任务，累计投入资金25.8亿元，清退禁养区渔排7.7万口、藻类3.3万亩，升级改造渔排64.9万口、藻类35.7万亩，打造6个渔排示范区和5个藻类万亩示范片，实现了“颜值”与“产值”双提升。

2020年各项工作任务的基本完成，为“十三五”收官划上句号，五年来，经济指标实现“十个增长”，全县地区生产总值年均增长5.4%；人均地区生产总值年均增长5.3%；农林牧渔业总产值年均增长4.4%；固定资产投资年均增长13.6%；社会消费品零售总额年均增长5.9%；进出口总值年均增长8.7%；公共财政总收入年均增长5.0%，地方公共财政收入年均增长2.3%；城镇居民人均可支配收入年均增长7.3%，农村居民人均可支配收入年均增长8.9%。

（摘编：邓新民）

寿宁县产业经济发展概述

2020年，是极其特殊的一年。寿宁县坚持以习近平新时代中国特色社会主义思想为指导，认真贯彻落实习近平总书记重要讲话重要指示批示和重要回信精神，扎实做好“六稳”工作，落实“六保”任务，奋力实现“双战双赢”。实现地区生产总值108亿元，增长4.2%，其中三次产业分别增长3.4%、1.5%、5.2%；规上工业增加值下降2.6%；一般公共预算总收入5.2亿元，地方一般公共预算收入3.3亿元，分别增长1.3%、6.2%；固定资产投资增长15%；社会消费品零售总额34亿元，增长3.8%；外贸出口2.8亿元，实际利用外资增长52%；城镇居民人均可支配收入29424元，增长5%；农民人均可支配收入16510元，增长7.5%。

坚持科学防控，抗击疫情成果显著。以战时状态迅速投入疫情防控，牢牢守护了福建“北大门”安全。集中优质资源，以最快速度完成PCR实验室、负压病房等硬件设施建设。从金融支持、援企稳岗、减税降费等方面制定落实一揽子政策措施，有力保障了重点项目和企业在最短时间内复工复产。

致力唱好山歌，特色农业持续培优。获评全国农村创新创业典型县，成功创建国家农村产业融合发展示范园，列入福建省特色农产品优势区。预计农林牧渔业增加值19.5亿元，增长3.2%。新增高标准农田1.5万亩，发放耕地地力保护补贴1748万元。完成粮播面积15.34万亩，粮食产量5.24万吨。新植改造茶园1万亩，茶业全产业产值30亿元。连续三年获评中国茶业百强县。“寿宁高山茶”入选全国第二批农产品地理标志保护工程，获评2020年度福建十大农产品区域公用品牌。厦航农庄·寿宁高山茶文化中心正式启用。新开发生态硒锌种植面积1.6万亩。万科作物中央厨房水溶肥生产项目建成投用。顺利承办中国营养学会微量元素营养分会第十五次学术会议暨富硒产业发展论坛。成立寿橙产业协会。众创空间入选全国农村创新创业孵化实训基地。创成省级“一村一品”示范村4个、农业产业化省级示范联合体3个、省级示范家庭农场3家。36家农业企业列入农业产业化市级龙头企业。科技特派员工作总站建成投用。农机、气象、水文、动植物疫病防控、农产品质量安全监管等工作取得新成效。

聚力稳企强企，工业经济稳步壮大。新增规上工业企业7家，工业用电量增长9.4%。致力培育宁德市第五大主导产业，锆镁产业园建设扎实推进。锆基非晶合金（液态金属）、纳米氧化锆项目建成投产，锆镁合金系列项目动工建设，镁合金生产项目签约落地。三祥新材被认定为福建省“专精特新”中小企业，获批设立博士后科研工作站，特种电熔氧化锆研发项目获福建省科学技术奖三等奖。寿宁工业园区盘活“僵尸企业”5家，新引进企业6家，获评省级循环经济示范园。际武工业集中区基础设施PPP项目稳步推进，园区产值增长15%。深入开展产业招商，签约落地项目35个、总投资42.71亿元。落实纾困惠企政策，减税降费6400万元，减免国有资产经营性房租233万元。金融扶持实体有力，企业融资成本降低10%以上。建筑业加快发展，新增7家资质企业，2家企业专业承包资质晋级。

深化文旅融合，朝阳产业顺势兴起。难忘下党、梦龙天池、银山花田、三峰公园等重点景区加速建设。官台山古银硐国家地质公园顺利通过评审认定。难忘下党红色旅游景区被认定为国家3A级旅游景区。“下乡的味道”红色之旅入选全国乡村旅游精品线路。下党乡列入福建全域生态旅游小镇。水洋樱花小镇入选宁德市第二批旅游小镇。下党村获评中国美丽休闲乡村，九岭村、亭溪村列入省级旅游村和三星级旅游休闲旅游村。2020福建红色旅游村跑在下党圆满收官。全年接待游客155.7万人次，旅游综合收入16.18亿元。促进消费“拓容回补”，新增限上商贸企业16家。获批国家数字乡村试点县。“全闽乐购·下乡的味道”国庆中秋专场活动在下党启动。寿橙、猕猴桃、葡萄、茶叶等系列丰收节精彩纷呈。成立寿宁县普惠金融服务中心和金桥融资担保公司，创建市级普惠金融信用乡镇3个、信用村41个，实现普惠金融服务乡村全覆盖。金融风险防范有力，不良贷款率控制在1.2%以内。房地产、交通运输、物流、邮电通讯等服务业健康发展。

积极扩投增量，发展基础不断夯实。新增“五个一批”项目162个。237个在建重点项目完成投资50.85亿元，16个省市在建重点项目完成投资18.57亿元。省道S207线寿宁下党至尤溪段公路提早三个月建成通车，创造了“下党速度”，经验做法在全市推广。“镇镇有干线”凤阳支线附属工程完工。新改建农村公路6条，建设农村公路安全生命防护工程93.4公里，建成港湾式客运站5个。城乡供水一体化、城区高水高排、赛江防洪三期、后坑垅抗旱应急水源等重大水利项目加快实施，新建防洪堤12.9公里，修复冬春水利水毁工程323处，解决9432名农村人口饮水安全问题。125个电网建设项目实现竣工。

共建美好家园，城乡品质日益提升。东部新城开发全面启动，清渡至水洋公路建成通车，福寿大桥、东郊路安置小区等加快推进，新城大桥、寿宁大道（一期）、翠微湖坝、工人文化宫动工建设。旧城改造稳步实施，蟾溪生态治理及城区市政提升工程扎实推进，新建污水管网7.3公里、城市绿道5.9公里，市政道路提升7公里，新增城市绿地6000平方米。南阳省级试点小城镇市政道路等基础配套项目加快推进。实施梅溪、大同、茗溪等城区停车场和26个乡镇停车场建设，新增停车位950个。深入开展“一革命四行动”，完成改厕1380户，新建乡村公厕31座。亭溪村列入省重点改善提升“十镇百村”名单。大韩村、承天村入选福建省乡村振兴实绩突出村。韶托村等6个村获评国家森林乡村。

注重标本兼治，生态环境明显改善。全面推进国家生态文明建设示范县创建，入选国家生态综合补偿试点县。中央环保督察整改任务如期完成。实施节能技改项目5个，空气质量优良天数比例达99.2%。河湖长制全面落实，建成生态安全水系20公里，饮用水源地和流域水环境水质达标率均为100%。获评全国第三批节水型社会建设达标县。托溪“红河谷”生态治理入选“2020年福建省优秀公众参与案例展播”。完成全县农用地土壤污染状况详查和重点行业企业用地调查。废弃矿山地质环境恢复治理26公顷。综合治理水土流失面积2201公顷。造林绿化7.75万亩。创建“绿盈乡村”150个。下党村、西浦村入选《福建省乡村生态振兴案例选编》。

2020年工作的完成，标志着该县“十三五”规划的基本实现。五年来，寿宁县积极主动作为，县域知名度明显提升。国家重点生态功能区、国家生态文明建设示范县、全国休闲农业和乡村旅游示范县、国家电子商务进农村示范县、全国重点产茶县、中国硒锌绿谷、中国木拱廊桥文化之乡、中国老年人宜居城市、杨梅洲峡谷国家森林公园、官台山古银硐国家地质公园等“国字号”招牌纷至沓来。福建农信“农村金融信用县”、省级富硒产业开发重点县、省级园林县城、省级森林县城等“省字号”名片接踵而至。特别是2019年8月4日，习近平总书记给下党乡乡亲们回信，为寿宁走出山门、加快发展创造了千载难逢的历史机遇。综合实力迈上新台阶。地区生产总值突破百亿大关，人均地区生产总值60439元，分别是2015年的1.61倍和1.57倍。财政收入质量明显改善，税收收入占公共预算总收入比重提高至73.1%。全社会固定资产投资年均增长10%。社会消费品零售总额年均增长10.5%。外贸出口总额年均增长21.2%。金融机构存贷款余额较2015年分别提高90.6%和85.8%。

（摘编：唐启阳）

周宁县产业经济发展概述

2020年是非同寻常的一年。面对突如其来的新冠肺炎疫情和严峻复杂的形势，周宁县坚持以习近平新时代中国特色社会主义思想为引领，不忘初心、牢记使命，攻坚克难、逆势前行，全面落实“六稳” “六保”任务，圆满收官“十三五”，全县经济社会发展迈出了新的一大步。产业经济发展的主要工作体现在：

“战疫”和发展两手抓，稳中求进更显不易。以战时状态，第一时间启动应急预案、组建指挥部，展开了周宁历史上动员范围最广、投入力量最大的疫情防控阻击战。千方百计筹集防疫物资，建成5条口罩生产线，成为全市较早拥有防护物资生产能力的县份之一；PCR实验室实现“双备份”，县总医院负压病房、感染病综合楼和县疾控中心综合楼等一批医疗应急设施项目加快推进，重点人群开始接种疫苗。在降为低风险地区后，果断按下复工复产“快进键”，在全市率先出台支持中小微企业共渡难关16条措施、推动项目企业复工复产18条措施，通过跨省“直通车”、“抗疫应急贷”、县属国有单位带头减免租金等纾困政策，规上企业复工率、产能恢复率和省、市重点项目复工率均在3月初就达到100%。全力帮扶贫困人口和边缘群体，支持返岗复工或就近就地就业，全县没有一户因疫情致贫返贫。在全市最早推出“惠聚周宁消费券”，积极开展“全闽乐购”“直播带货”等促消费活动，有效对冲疫情影响。更加重视疫情背景下的粮食安全和市场供应问题，新建高标准农田7800亩、补充耕地1039亩，新增储备粮1000吨，老百姓的“米袋子” “菜篮子”“肉盘子”安全稳定供给。在全县的共同努力下，GDP连续四个季度保持正增长，初步统计全年突破80亿元大关。

脱贫攻坚与乡村振兴齐发力，两者衔接更加紧密。全面落实“两不愁三保障”，有劳力贫困户充分就业，完全无劳力家庭应兜尽兜，九年义务教育巩固率达115.7%，城乡居民医保、养老保险覆盖面分别达99.2%、98.6%，医保叠加报销比例达95%以上，村级卫生所纳入医保定点达86.4%，住房、饮水安全等保障有力，2020年4月省委省政府正式公告周宁县脱贫摘帽。以乡村产业振兴为核心，按照现代农业“五化”思路抓好“8+1”特色产业，推动苏家山等10个示范村和溪坪等20个薄弱村整体提升，通过“抓两头带中间”，全县行政村集体经济收入均达10万元以上，预计全年农林牧渔业实现总产值15亿元、比增4.5%。坚持金融“活水”助力振兴，迅速成立县普惠金融服务中心和云上融资担保公司，省农发行将周宁作为“乡村振兴产业贷”首选试点县，首批贷款已审批下柜。农村人居环境整治三年行动圆满收尾，考核成绩居全市首位，我县“厕所革命”及资源化利用模式被农业农村部等三部委联合向全国推广。深化“两高一线”沿线环境整治，消除裸房1058栋。积极争取资金2000多万元，在全省率先采取EPC+O模式开展农村生活污水治理和运维，得到省生态环境厅支持推广。初步统计城镇和农村居民人均可支配收入分别比增7%、9%。

“工业四大片区”推进如火如荼，新旧动能更快转换。不锈钢（新型材料）深加工产业园一期土方平整、挡墙护坡、排水箱涵、电力线路、过渡道路等基础工程基本完成，22家企业进场施工，从打第一根桩到第一根管件试生产，剔除疫情影响仅历时9个月，以实际成效充分践行了“宁德速度”。山海协作产业集中区项目全面落地，仓山区对口帮扶的茶叶精加工、从长乐区引进的差别化高性能棉纺项目、与市交投合作的“天行山海”综合体、花卉组培展示交易一体化中心等快速推进，总投资21.8亿元。梨坪铸造产业科技园完成12个标准厂房建设，10家铸造企业逐步“退城入园”。站前工贸科技园打响安征迁“百日会战”，时代新能源下游配套的亿旺宏项目落地开工，周宁·东侨共建“飞地”园区的合作模式得到市委充分肯定。

重点项目“压舱石”效应凸显，后劲支撑更具底气。建立重大项目集中协调、专班推进机制，“五个一批”正向激励综合考评继去年之后，历史上第二次进入全省前十，预计全年固定资产投资比增15%。抽水蓄能电站作为曾经最大的产业项目，历时四年，全面进入机电安装阶段，首台机组明年并网发电在即。衢宁铁路（周宁段）建成通车，结束了周宁不通铁路的历史；纵三线（周宁北段）全面开工，银屏大道、仙风大道、三源大道等新城区PPP路网竣工投用，青山钢管、月牙湾酒店、强展装饰等一批生产性项目陆续投产。创新招商引资项目落地孵化机制和《工作导则》，通过“一把手”招商、“小分队”招商、以商招商等，共签约引进项目23个、总投资36.4亿元。全力开展“双百项目”攻坚，致力突破审批、用地、环评等“难硬重新”问题，安征迁完成率100%，交供地面积全市第一。深化营商环境改革，工程建设项目审批制度改革实现“四个统一”，省审改办将周宁县“免证办+零证办”创新做法向全省推广。

全域旅游的画卷越来越美，“云端周宁”更为宜居。文旅融合体制机制进一步理顺，“云端鲤乡·找到周宁”推介走进福州和衢州，上地铁、进坊巷；“衢宁旅游首发团”成功引进周宁过夜，淡季引流送客实现“破冰”；石门山·楼坪获评AAA级景区，陈峭入选全省避暑清凉福地，龙住院获评省级旅游特色村，苏家山获评省级金牌旅游村。高度重视文物保护与古厝文化传承，麻岭巡检司遗址等列入省级文物保护单位，洋中村等历史文化街区加快修缮保护，周宁成功申报“中国鲤鱼文化之乡”，“护鱼习俗”入选国家非遗保护名录备选名单，全省“红色村跑”活动首站在周宁启航。完成城区户外广告专项规划编制和“数字城管”建设，“店外店”“摊外摊”等顽疾有效整治，南街文明示范街和东洋溪综合整治（二期）靓丽出彩，省级文明县城创建接受总评。启动创建国家级生态文明建设示范县，中央环保督察交办问题和信访件全部办结。河（湖）长制有效落实，新建川中溪等安全生态水系26公里，综合治理水土流失面积5380亩，“水清、岸绿、河畅、景美”的长廊画卷吸引了越来越多游客，周宁“治水”成效得到国家水利部和省委充分肯定。

2020年的特殊历程，在周宁历史上写下了浓墨重彩的一笔；“十三五”的风雨兼程，全县经济社会发展又跃上了一个新的大台阶。这五年，周宁县感恩奋进，全面建成小康社会胜利在望。坚定不移沿着习近平总书记指引方向笃定前行，如期打赢脱贫攻坚战，5146名贫困人口全部稳定脱贫，35个贫困村全部出列，贫困发生率、漏评率、错退率均为零。坚持打基础、利长远，愚公移山建园区，引进“金娃娃”产业，办成一批大事要事，发展基础更加扎实。这五年，“打开山门”搞建设，山路变通途。先后投入21.4亿元，新增纵三线（南段）和衢宁铁路两条“出县”通道，新建和拓改农村公路387公里，80%以上建制村道路实现“单改双”，“四好农村公路”成为增收致富的产业路，“一通百通”的大交通格局正在显现。这五年，“破”“立”并举，百亿工业蓄势待发。通过壮士断腕“去产能”、“腾笼换鸟”促转型，顶住了结构调整的巨大经济下行压力，稳住了全县发展基本盘；痛定思痛再出发，重新培育新产业新动能，逐步摆脱“靠天吃饭”的被动局面。这五年，围绕“宜业宜居”，城乡旧貌换新颜。县城区面积从2015年的6平方公里扩展到16平方公里，人鱼特色小镇PPP路网、旅游集散中心、工人文化宫、公安和司法技术用房等项目相继建成，新城区框架全面拉开，“再造一个新县城”的蓝图从梦想照进现实；保护和建设一批传统古村落、美丽乡村、乡村振兴示范村，繁荣了一方经济，受益了一方百姓。

（摘编：李元）

柘荣县产业经济发展概述

2020年，柘荣县坚持以习近平新时代中国特色社会主义思想为指导，深入贯彻新发展理念，全县经济社会实现持续平稳健康发展。全年地区生产总值增长6%；固定资产投资增长5%；社会消费品零售总额增长4.2%；一般公共预算总收入4.43亿元，增长1.7%，地方一般公共预算收入2.71亿元，增长4.9%；农林牧渔业总产值增长4%；实际利用外资311万元；城镇居民人均可支配收入30048元，增长2.8%；农村居民人均可支配收入17212元，增长9%。全年实施118个重点建设项目，完成投资50.45亿元，“五个一批”项目工作获得省通报表扬。2020年产业经济发展的主要工作和成效是：

疫情防控富有成效。新冠肺炎疫情发生后，全县上下落实“外防输入、内防反弹”的防控策略，强化物资储备，保障口罩、防护服、消毒药水等基本防疫物资需求。完成PCR实验室建设，核酸日检测能力最高达2万份，具备5日内常驻人口全员检测能力，8类重点人员实现应检尽检。强化援企复产，精准出台支持企业用工、金融服务等助企纾困政策措施，“三难三多”问题切实解决，生产生活秩序加速恢复。

产业集群竞相发展。药业发展迎来春天。市委市政府更加关注柘荣县生物医药产业发展，市政府与省药监局签订了合作备忘录，共同致力推动“闽东药城”高质量发展。下村产业园基础设施日臻完善，全年共实施标准化厂房一期、本草路二期等项目7个。药企创新步入快车道。力捷迅完成股份制改革，上市工作顺利推进。广生堂“治愈乙肝登峰”计划、力捷迅微球制剂、时珍堂中药饮片生产线、天人药业太子参产业园等项目建设加快推进，共获批5个创新药临床批件，注册国家三类新兽药2个、保健食品1个，广生堂拉米夫定片（贺甘定）成为今年全省唯一通过一致性评价的药品。钢铁铸造产业不断壮大。加快机械制造产业集中区（二期）基础设施建设，推进华悦机械、荣信精密等项目，全县集聚钢铁铸造企业50家，全年产值38亿元。不锈钢产业加快培育。乍洋产业园路网、管网等基础配套加快推进，污水处理厂、酸洗厂等关键性工程加速建设，引进全国百强建材企业建华建材和不锈钢龙头企业宝丰钢业等实力型企业入驻，目前，园区入驻企业达33家，已建成投产3家，开工建设9家。传统产业提质增效。完成刀剪产业园标准化厂房主体建设，新增“退城入园”企业13家，预计全年产值15亿元。“柘荣剪刀”集体商标通过国家知识产权商标局审批。僧服产业健康发展，全国首个僧服标准《柘荣僧服通用技术规范》团体标准发布实施，填补了国内空白。旅游产业欣欣向荣。鸳鸯草场游客服务中心综合体、嘉馨民俗文化园、东狮山美术馆等文旅项目有序推进，县内各重点景区服务配套设施更加完善。全年接待游客66.95万人次，旅游收入4.95亿元。商贸流通持续繁荣，预计全年完成社会消费品零售总额35.39亿元，网络零售额2.7亿元。

城乡面貌日新月异。县级国土空间总体规划和村庄规划编制全面启动，基本完成多规合一的一张蓝图。争取债券资金6.26亿元，其中专项债券资金4.35亿元，位列全市山区县第一。大力实施交通和城区路网建设项目，完成国道104柘荣城关过境公路A2标段，推进鸳鸯头叉口至东源桥头段公路主体工程。东城路、塔下路东段建成投用，安亭路、岭边路、本草路延伸段、秀峰路、西源路加速建设。文昌北路、屿北路“白改黑”竣工，上桥路西段、河滨东路、龙滨路和文昌南路“白改黑”全面推进，城区80%主次干道实现“白改黑”。城市功能不断提升，完成全民健身漫步道（一期）建设，第二污水处理厂正常运营，县垃圾无害化处理场改造和旧垃圾场整治工程竣工投用，新增雨污管网15公里，新改建城区停车场4个、停车位151个。“四好农村路”扎实推进，建成农村公路20.7公里、安防工程68.2公里。城乡供水一体化（一期）、赛江流域防洪三期（柘荣段）、万里生态安全水系等项目加快建设。

乡村振兴亮点纷呈。决战决胜脱贫攻坚，今年4月省政府宣布柘荣县脱贫“摘帽”。深入实施“乡村振兴示范计划”，持续深化“2+N”特色农业产业体系，中药材、茶叶种植面积均突破7万亩，发展林下经济1.3万亩。全县新增省级“一村一品”示范村6个，省、市级家庭农场示范场13家、合作社示范社14家，生态菌果产业联合体被列入农业产业化省级示范联合体。打造乡村旅游特色品牌，靴岭尾剪纸文创、岭边亭茶旅休闲、富溪商贸旅游、鸳鸯民宿等乡村旅游新业态不断涌现，绸岭剪纸康养主题民宿园签约落地，榴香园研学教育小镇获评市达标旅游小镇，溪口被评为省三星级旅游村、湖头被评为省级旅游村。新赎买重点生态区位商品林1.1万亩，全面启动国家储备林（乡村振兴）森林质量精准提升工程PPP项目。柘荣县被认定为第二批福建特色农产品（油茶）优势区、第三批省级农产品质量安全县，“柘荣太子参”进入全国特色种植产品目录。前楼、铁场被评为省乡村振兴实绩突出村，湾里被评为全省民族乡村振兴示范点。

改革创新活力增强。各项改革稳步推进。重点生态功能区产业准入负面清单全面实施，矿山生态保护修复实践做法在全省推广。县级财政管理绩效工作在全国争先晋位，综合评价排名全国第134名、全省第11名，分别提高了1102名和21名。放管服改革深入开展，工程建设项目审批制度改革加快推进，“不见面审批”顺利推行，“一趟不用跑”事项增长25%，88%以上审批服务事项实现一窗受理，设立开办企业“一窗通办”窗口，全年新增各类内资企业542户，注册资金21.36亿元。新增各类减税降费4211万元。成立县级政府性融资担保机构，缓解小微企业等普惠领域融资难问题。招商引资成效明显。全年共签约项目13个，总投资36.3亿元，其中投资亿元以上项目10个，投资千万元以上项目3个。科技创新能力不断增强。实施省级区域重大专项、星火计划、区域引导性等项目5个，新增国家级高新技术企业2家、省级星创天地1家、省科技小巨人领军企业2家。广生堂“药物有效性和安全性筛选试验”项目列入2020年省新冠肺炎疫情防控技术专项计划。闽光电机列入市传统产业重点创新产品培育名单。

追溯“十三五”时期，这是柘荣县经济社会发展进程中锐意进取、开拓创新、成效显著的五年。这五年，柘荣县综合实力稳步提升。地区生产总值连续跨越60亿元、70亿元两个台阶，预计2020年实现地区生产总值77.37亿元，是2015年的1.4倍，年均增长5.9%。人均生产总值8.6万元，是2015年的1.4倍，年均增长5.7%。城镇和农村居民人均可支配收入分别年均增长7.1%、9.1%。产业转型卓有成效。三次产业结构更加合理，由2015年的13.6∶55.6∶30.8调整为2020年的11.9∶44.9∶43.2。农业发展成效明显，发展各类农业新型经营主体500多家，全县农林牧渔业总产值达15.83亿元，比2015年增加5.08亿元，年均增长9.45%。工业经济跨越发展，“一区三园”建设全面铺开，生物医药、钢铁铸造、不锈钢三大主导产业集聚效应明显，全县规模以上工业企业79家，比2015年净增28家。第三产业稳步提升，全县AAA级景区增至3个，旅游消费带动能力不断增强。2020年实现第三产业增加值33.43亿元，是2015年的2倍，年均增长7.6%。在一些重点工作领域取得重大突破，先后获得国家生态县、国家生态文明建设示范县、中国十大生态养生旅游福地、省级森林城市等称号，成功创建国家级健康促进试点县、国家级电子商务进农村综合示范县、省级可持续发展实验区、省级食品安全社会共治示范县。

（摘编：邓新民）

古田县产业经济发展概述

2020年，面对突如其来的新冠肺炎疫情，古田县坚持以习近平新时代中国特色社会主义思想为指导，以坚持全方位推动高质量发展超越为引领，打响“千年临水　健康古田”发展品牌，努力克服疫情带来的不利影响，经济社会发展逐步趋好。初步统计，全县生产总值增长3.6%；一般公共预算总收入10.86亿元，地方一般公共预算收入7.4亿元；固定资产投资增长7%；农林牧渔业总产值增长4%；规上工业增加值增长0.5%；社会消费品零售总额85亿元；外贸出口9.5亿元；实际利用外资2208万元、增长26.7%；城镇居民人均可支配收入35298元、增长4.6%，农村居民人均可支配收入20216元、增长7%。

2020年产业经济发展的主要工作和成效是：

众志成城战疫情，疫情防控成效显著。坚持把人民生命安全和身体健康放在第一位，3月4日实现新冠肺炎确诊病例、疑似病例全部“清零”，已连续9个月无新增确诊病例。统筹推进疫情防控和经济社会发展，积极推进复工复产，推出10个方面39项惠企纾困措施，减免企业房租1162万元，落实减税降费1.2亿元。

凝心聚力调结构，产业转型步伐加快。特色农业加快发展。新建食用菌标准化菇棚4010间，完成5个优质农产品标准化示范基地创建，国家现代农业（食用菌）产业园通过农业农村部验收。《袋栽银耳菌棒生产规范》国家标准颁布实施。银耳新品种“绣银1号”和真姬菇新品种“闽真3号、5号”通过省内专家品种鉴定。入选古田银耳中国特色农产品优势区。新增猕猴桃种植900亩、标准生态茶园1300亩。新增市级龙头企业6家、省市农民合作社示范社10个、“两品一标”7个，“古田水蜜桃”获评国家地理标志证明商标，“古田银耳”获评国家农产品地理标志。建成高标准农田2.3万亩，粮食总产量11.6万吨、增长2.4%。完成全县农村集体产权制度改革。工业经济稳中有进。工业投资增长12.3%。10个技改项目完成投资2.4亿元。新增规上企业12家、“专精特新”企业2家。华链铸件等3个产业项目建成投产、新增产值12.6亿元。古田药业提取车间生产线改建项目启动一平及边坡挡墙建设，食用菌产业园北区标准化厂房建成投用。第三产业稳步提升。古田“生态休闲旅游线路”入选“全国乡村旅游精品线路”，城东桃溪村获评“全国乡村旅游重点村”。全年接待游客123万人次，旅游收入9.5亿元。电子商务蓬勃发展，成功举办县长直播带货等推介活动10余场（次），县域网红直播基地落地建设，首批15家电商企业入驻“双创”基地，农产品网络销售额增长20%。入选全国“互联网+”农产品出村进城工程试点县、国家外贸转型升级基地。商贸流通保持平稳，新增限上商贸企业15家、出口备案企业21家。完成大世界农贸市场升级改造。完成商品房销售13.9万平方米。

攻坚克难上项目，发展后劲不断增强。深入开展“百日攻坚”行动，促进在建项目快投产、前期项目快落地。全年实施重点项目200个、完成投资54.2亿元。32个省市重点在建项目完成投资26.7亿元，新增“五个一批”项目104个、总投资120.6亿元。新增中央投资项目28个、总投资17.5亿元。万润首府等86个项目开工建设，美佳再生铝等73个项目实现竣工或投产。宁古高速安征迁序时推进，环湖休闲运动旅游公路、环大白溪马鞍头至溪边段公路建成通车，纵五线（G235）洋上至汶洋段完成主体工程。闽江古田溪（古田段）防洪一期工程完成C2、C4标段工程建设。招商引资成效显著，签约引进产业项目25个、总投资52亿元。要素保障有力有效，争取专项债券14.6亿元，报批用地6974亩、用林695亩。

统筹兼顾促协调，城乡面貌持续改善。新型城镇化宜居环境建设扎实推进，印石公园观景栈道及跨路天桥、玉田公园提升工程（二期）、新丰河景观亮化提升工程、闽江古田溪景观提升工程C4、C5标段竣工投用，完成古屏路世茂酒店至交警大队段、614路龙景佳园至城东街道办事处段沿街立面改造。城西片区供水工程投产运行，县第二水厂竣工验收，城乡生活垃圾治埋一体化项目建成试运行。新改建供水管网、雨污管网、燃气管道27公里，新增城区停车位169个、充电桩76个，新建绿化景观1.1万平方米。旧城改造试点积极推进。“五大振兴”全面推进，科技特派员覆盖服务46个产业薄弱村、10个省级试点村、15个县级重点培育村，党支部领办59个合作社。农村人居环境整治持续深化，完成171个自然村、917户改厕，新改建村镇公厕77座，完成255个行政村房前屋后整治，完成村庄绿化530亩，拆除违建82.4万平方米。完成县乡道晋级改造110公里。坂中村入选省委党校“四下基层”现场教学点。

精准发力破瓶颈，三大攻坚战果丰硕。脱贫成果有效巩固。全面落实“四个不摘”要求，全县现行标准扶贫对象全部稳定脱贫，实现全面小康路上不落一人。污染防治成效明显。第一轮中央环保督察反馈问题整改基本完成，第二轮中央环保督察信访件交账销号率达100%。完成山水林田湖草生态保护修复工程、敖江流域矿山生态修复工程和闽江流域入河排污口整治任务。城区集中式饮用水水源水质达标率100%，省控小流域优良水质比例88.9%，主要流域国控、省控断面水质均达考核目标要求。“河（湖）长+检察长”府检协作模式得到国家水利部和最高人民检察院肯定与推广。完成10个精准减排项目，城区空气质量优良天数比例达100%。完成造林绿化1.4万亩、治理水土流失1.5万亩。风险防范扎实有效。持续深化政银企联动协作，建立“税信贷”等6个融资平台，帮助65家企业争取授信8292万元。古田县民富融资担保公司成立运营，农村“两权”抵押贷款再续三年。不良贷款率降至1.64%。

2020年各项工作任务的圆满收官，标志着“十三五”规划目标的胜利实现。五年来，综合实力显著增强。全县生产总值达216.1亿元，按可比价格计算，是2015年的1.27倍。人均地区生产总值达65074元，年均增长8.2%。公共财政总收入、地方公共财政收入分别年均增长3.5%、1.1%。全社会固定资产投资五年累计达288亿元，比“十二五”总和增长19%。五年累计完成社消零售总额377亿元、年均增长5.6%。主要经济指标基本完成或超额完成“十三五”规划目标。

产业转型加快升级。三次产业结构由2015年的26.7∶37.3∶36调整为24.9∶27.4∶47.7。特色农业“五化”并进，获批国家现代农业（食用菌）产业园创建县，食用菌全产业链产值接近200亿元，菌都品牌影响力和知名度不断扩大。“一心两翼”工业布局打造成型，招商攻坚成效显著，五年来累计对接引进产业项目123个、总投资375亿元。新培育规上企业60家。核心景区破题发展，新创2个3A级景区。商贸流通日益繁荣，建成2个城市商贸综合体。电子商务蓬勃发展，入选国家级“电子商务进农村综合示范县”，电商交易额年均增长15%以上。文创旅游、养生健康等新业态不断涌现，经济发展质量和效益大幅提升。

基础设施日益完善。交通、能源、水利、通信等基础设施加快建设。五年来完成交通建设投资53亿元，建成海西高速网屏古联络线、横三线新华至湖滨段、环城南路、环湖旅游公路等一批重大交通工程，新增等级以上公路127公里，完成农村公路晋级改造292公里，实现镇镇通干线、村村通客车。改造农村电网7591公里，新增电力装机容量2.2万千瓦。新增安全生态水系37公里。新建和提升农田水利设施52处，改善灌溉面积2.2万亩。

（摘编：苏小雨）

屏南县产业经济发展概述

2020年，屏南县坚持以习近平新时代中国特色社会主义思想为指导，统筹推进疫情防控和经济社会发展，扎实做好“六稳”工作，全面落实“六保”任务，经济社会发展呈现“总体平稳、后劲增强”的良好态势。初步统计，完成地区生产总值93亿元，社会消费品零售总额38.7亿元，实际利用外资0.3亿元，一般公共预算总收入6.09亿元，地方一般公共预算收入4.03亿元，城镇居民人均可支配收入3.1万元，农村居民人均可支配收入1.7万元。2020年产业经济发展的主要工作和成效是：

坚持人民至上，疫情防控严密有序。面对突如其来的新冠肺炎疫情，出台支持中小微企业发展共渡难关15条、项目复工5条等系列措施，实行“五个一”工作机制，发放纾困贷款5925万元，减免承租国有资产的企业和个体工商户租金215万元，退还企业应缴社保费用163万元，重点项目、规上企业率先在全市全面复工复产。严格落实“外防输入、内防反弹”防控策略和常态化防控措施，强化进口冷链食品、冷冻库的风险排查和全过程监管，开展疫情防控应急演练桌面推演，保持了“零疑似、零确诊”的良好局面。

注重固本强基，乡村振兴全面发力。特色农业提质增效。实现农林牧渔业总产值26.2亿元，增长4%。完成6.2万亩水稻功能区建设，新增补充耕地810亩，稳定粮食产量4.62万吨。高山蔬菜、水果、食用菌、茶叶稳步发展，棠口千亩高山花卉产业园、龙潦花海四季观光园、上凤溪多肉基地等加快建设，花卉苗木种植面积突破1万亩，全产业链产值突破3亿元。引进上市公司傲农集团，建成全省最大的单体生猪养殖场。新增市级农业龙头企业8家、“三品一标”认证产品11个，“屏南高山花菜”获评全国名特优新农产品，入选省级农产品质量安全试点县、黑山羊特色养殖优势区。文创产业提档升级。争取专项债券资金8000万元投入文创村落建设，龙潭、厦地、双溪等一批文创基地集聚效应持续放大，“文创+”乡村旅游、旅居养生、研学旅行、新媒体经济等新业态加快发展。与中国人民大学可持续发展高等研究院等3所高等院校合作成立屏南乡村振兴研究院，聘请著名“三农”专家温铁军教授担任院长。龙潭村“文创+旅游”减贫模式入选世界旅游联盟旅游减贫案例，《人民日报》刊登了题为《古村焕发新活力（走向我们的小康生活）》介绍龙潭村文创助推乡村振兴经验。乡村治理提劲聚力。“十镇百村”改善提升项目和乡村振兴十大行动百项任务有效落实，实施乡村振兴发展项目205个、总投资4.8亿元，152个村集体经济年收入均达到10万元以上。全国美好环境与幸福生活共同缔造活动试点工作扎实推进，实施裸房整治1077幢，新增村庄绿地450亩、“绿盈乡村”43个，建成旅游公厕14座、乡村公厕37座，完成自然村改水5个，农村改水改厕通过市级验收。

突出转型升级，产业发展持续增劲。新兴工业加快培育。完成工业投资11亿元、同比增长50.5%，技改投资4.2亿元、同比增长41%，投资体量、质量均为近年最高。“一园五区”工业平台逐步搭建，甘棠板式家具产业园基本建成，溪角洋千亩园区、上源中小微企业双创产业园加快建设，时代新材料二期、大创傲农饲料产业化加工、华仁汽车零部件及配件制造、米艾西技术科研生产等项目落地，时代新材料一期、瑞幸咖啡、德茂无纺布、东峰尖和灵峰风电以及谊邦等3家板式家具建成投产，新增规上工业企业5家。全域旅游加快推动。促成市交投集团收购白水洋、鸳鸯溪景区股权。以“旅游＋文创”为主线的乡村旅游蓬勃发展，举办贯穿全年、覆盖全域的“四季屏南·乡村有约”乡村文化创意活动，龙潭村入选全国乡村旅游重点村，漈下被评定国家3A级旅游景区，北墘入选省级金牌旅游村，代溪黄酒特色小镇、甘国宝文旅小镇入选宁德市第二批旅游小镇。全年接待游客187万人次，旅游综合收入18亿元。现代服务业加快发展。国家级电子商务进农村综合示范县项目深入实施，快递产业园、辰颐物语电商物流产业园动工建设，全年线上交易额20.2亿元、网络零售额5.4亿元。新引进中网数信、森莱信息等平台企业5家。建成新时代乡村影视文化产业园，引进影视文化公司52家。新增限上商贸企业和大个体12家。

强化项目带动，发展支撑不断夯实。项目机制持续深化。完成项目指挥部优化整合，深入实施重点项目“百日攻坚”，固定资产投资增长10%，25个省市在建重点项目累计完成投资31亿元，新增“五个一批”项目104个、总投资150亿元。交通网络持续完善。累计投入交通基础设施建设资金11.7亿元。全县人民期盼已久的衢宁铁路正式通车，双溪至寿山、中共闽东北特委驻地旧址至237国道、上楼至922县道、公交枢纽应急指挥中心等项目建成投入使用，衢宁铁路屏南站站前广场、通站路、东棠大道、药膳小镇主路、文化西路春节前夕将全面完工，内连外畅的交通网络逐步完善。城市品质持续提升。中心片区建设实现收官，东区旅游生态城进入扫尾，新设立东湖社区，西环路、上洋头、长坋中路、外东环南路等片区开发稳步实施。东湖公园、古峰镇老旧小区改造、东区污水一体化泵站投入使用，城区供水加压泵及配套管网、麓山园南区改造等城建项目动工建设，公共服务中心及廉政文化中心、龙虎岔应急备用水源工程、城区污水处理厂二期扩建及配套管网等市政工程有序推进。新增污水管网7公里、供水管网3公里、燃气管道8.6公里、城市公厕6座、停车位150个、充电桩50个，提升改造一批公交候车亭，城区功能品位稳步提升。稳妥推进解决溪角洋工业园区、东区、西环路等历史征地安置遗留问题，全年累计完成征地1360多亩、林地审批830多亩。

紧盯重点领域，改革创新深入推进。深化放管服改革。推行行政审批公共服务“一窗通办、一件事套餐”服务，企业实现“一日开办”、抵押实现“三日办理”、不动产实现“四日登记”。推进工程审批制度改革，建立“一家牵头、一口受理、并联审批、限时办结”工作机制，政府投资项目和社会投资项目审批时间分别缩减至90和70个工作日。优化营商环境。落实减税降费7000多万元，全面停止收取企业公章刻制、电子交易平台各类交易服务费。坚持“一站式”服务、全链条保障，全年签约产业项目16个、总投资37.3亿元，12个项目实现“当年签约、当年建设”，签约项目落地率达85.7%。创新投融资机制。通过争取债券资金、引进社会资本、对接金融机构贷款等方式，全年新增融资21.1亿元。建立“政府＋银行＋担保”三方协调合作机制，为实体经济、中小微企业、农户提供担保620户1.1亿元，担保规模放大倍数扩大至5.4倍，居全省第二，全市政府性融资担保业务推进会在屏南召开。出台国有企业改革方案，整合国投、城投、知进等3家县属一级企业，以知进公司为平台，新组建农投、文旅投、资产管理、信息技术等4家二级企业。

2020年各项工作的顺利完成，为“十三五”规划收官划上了圆满句号。五年来，坚持发展为要，综合实力大幅提升。市对县综合绩效考核连续四年优秀。地区生产总值突破90亿元、是“十二五”末的1.4倍；一般公共预算总收入年均增长5.2%，地方一般公共预算收入年均增长3.1%，“两项收入”税性占比分别比“十二五”末提高5.6个和7.1个百分点；城镇居民人均可支配收入年均增长8.4%；农村居民人均可支配收入年均增长9.1%，增速连续五年高于全省平均水平。获得中国传统村落文化创意产业发展示范县、国家级电子商务进农村示范县、全国绿色旅游示范基地、全国民间药膳示范县、省级农村一二三产业融合发展试点县等多个国字号、省字号牌子。

（摘编：杨福来）

平潭综合实验区产业经济发展综述

2020年是全面建成小康社会和“十三五”规划收官之年，是平潭发展历史上极不寻常、极不平凡的一年。

这一年，平潭综合实验区牢记嘱托，砥砺奋进，深入实施习近平总书记亲自擘画的“一岛两窗三区”战略，旅游品牌全面打响，两岸融合、对外开放走深走实，改革创新成果丰硕，产业培育开拓新篇，高质量发展超越的步伐更加稳健。

这一年，在实验区干部群众全力冲刺年度和“十三五”目标任务的关键时刻，省委尹力书记来岚调研指导，充分肯定平潭发展成就，提出做好“四篇大文章”，为未来发展指明了方向，注入了强大动力。

这一年，实验区坚持人民至上、生命至上，严把“三道关口”，压实“四方责任”，筑牢“五道防线”，打赢了疫情防控的人民战争、总体战、阻击战，保持了“零确诊”，守护了群众生命安全和身体健康，为经济复苏增长创造了良好条件。

这一年，实验区发扬斗争精神，深化“八大工程”，打响“四大攻坚战”，爬坡过坎，奋力攻坚，持续掀起干事创业热潮，全年目标任务顺利完成，确保了“十三五”圆满收官，为“十四五”开局奠定了坚实基础。

一年来，在省委省政府和实验区党工委坚强领导下，实验区坚持以习近平新时代中国特色社会主义思想为指导，深入贯彻党的十九大和十九届二中、三中、四中、五中全会精神，增强“四个意识”、坚定“四个自信”、做到“两个维护”，坚持稳中求进总基调，坚持新发展理念，扎实做好“六稳”工作、全面落实“六保”任务，夺取了疫情防控和经济社会发展“双胜利”。2020年地区生产总值301.4亿元，增长5.4%；一般公共预算总收入90.8亿元，增长28.2%；地方一般公共预算收入54.6亿元，增长20%；进出口总值131.3亿元，增长31.4%；城镇登记失业率3%；城镇居民人均可支配收入43278元，增长3.9%；农村居民人均可支配收入18742元，增长6.6%；节能减排任务全面完成。一年来产业经济发展的主要工作和成效是：

坚持重点突破，经济发展提质增效。新经济新业态加速成长，启用跨境电商、新兴产业、直播经济三大产业园，金融港入港企业229家，基金管理规模达1800亿元，基金公司备案率在全国基金小镇中排名第三，总部平台经济营收突破450亿元。传统产业加快回归，岚商签约项目落地转化率达到68%。“大招商”成效明显，引进投资额3000万元以上项目532个。项目建设克难奋进，新开工世茂海峡恋岛、长江澳海上风电场等61个项目，建成高铁中心站及周边路网工程等60个项目。国有资产盘活、国企融资水平创历史新高。纾困政策有效落实，为中小微企业减免税费4.6亿元，兑现产业奖补资金21.6亿元。开展“全闽乐购”、发放消费券等系列促消费活动，撬动内需增长。

坚持探索新路，两岸融合行稳致远。经贸合作逆势上扬，台湾农渔产品贸易和保税进口货值分别增长48.2%、89.6%，构建“全球—台湾—平潭”海空联运通道，中转运输防疫物资超过4万批次。深化行业标准共通，率先构建覆盖职业资格、企业资质、商品检验的全链条采信体系。宗仁科技成为平潭首家在海峡股权交易中心挂牌的台资企业。台企参与制定的《海峡两岸绿色建筑评价标准》，成为福建省工程建设地方标准。海峡两岸交流培训中心开工建设，台胞社区加快建设。民间交流持续深化，成功举办第九届共同家园论坛、第三届两岸国学论坛、首届IM两岸青年影展、第十二届海峡两岸电视主持新人大赛等35场对台交流活动。基层治理创新发展，全国首创“一网三联”涉台司法服务模式和台湾法律专才实习实训试点，培育两岸基层融合试点村86个，形成8个各具特色的基层融合示范村居。

坚持提档升级，旅游发展步伐加快。国际旅游岛建设全面推进，获评“中国最美海岛生态旅游度假目的地”等殊荣。竹屿湾欢乐南岛项目签约落地，“6·8小镇”（一期）、海上环岛游投入运营。生态建设力度加大，全省率先实现36个历史废弃矿山“青山挂白”治理，完成“绿岛花城”建设面积1.6万亩，综合治理水土流失近1000公顷。旅游设施日益完善，民宿管理更加规范。建成6个智慧景区示范点，“智慧文旅”项目获评亚洲旅游“红珊瑚”奖。建成生态旅游廊道45公里，进入全国“十大最美农村路”推选名单。“影视+旅游”初见成效，竹屿湾影视基地和台湾风情影视基地双双发力，《守岛人》等17部影视作品在岚拍摄，落地影视企业260家。成功承办全国沙滩排球精英赛、国际风筝冲浪邀请赛等重大品牌赛事。更多国内外游客走进平潭观赏美景、品尝美食、体验独特的海岛人文风情。

坚持先行先试，改革创新彰显活力。深化集成创新、联合创新、融合创新，推出28项创新举措，其中全国首创15项，在全国全省复制推广13项。推进职权下放，赋予片区民生保障、工程建设等领域31项区级权限。商事登记、项目投资、招投标监管体制改革持续深化，与企业和群众密切相关的审批服务事项90%以上实现“全程网办”，290多个便民服务事项做到“一窗通办”。政银企联合攻关，全省率先创新“链融通”区块链金融服务平台，开通全国首个两岸电商跨境人民币服务平台。实施人才引进改革，全省率先创新实行“编制池”管理政策。开展“两步申报”“两段准入”通关改革试点，率先上线福建国际贸易单一窗口4.0版，口岸通关效率位居福州关区第一，对外开放和营商环境进一步优化。

坚持一体发展，城乡建设统筹推进。世界最长最美跨海公铁大桥建成通车，入选“2020年度央企十大超级工程”，平潭迈入高铁时代。全国首创5G通信基站建设“快车道”模式，建成5G基站663个，基本实现全岛5G信号全覆盖。新建、改造、打通市政道路30多条，新增各类停车位15000多个，污水、供水、燃气等管道建设进一步加快。积极创建全国文明城市，城市管理更加有序，“两违”综合治理保持良好态势。全省率先完成20个省级乡村振兴试点村庄规划编制，征迁清零、“三沿六区”坟墓整治、海域养殖清退任务全面完成，农村人居环境整治如期完成，7个村居被评为省级森林村庄。推动村（居）与区属国企合作，盘活闲置资金2.1亿元，186个村（居）年经营性收入达到10万元以上。现代农业加快发展，获批“绿色食品”认证4个、国家地理标志产品1个。河长制工作深入开展，城乡供水一体化建设正式启动，“一闸三线”平潭段等一批重大水利项目有序推进。

“十三五”时期取得的成效。过去五年，突出创新发展，综合实力跃上新台阶。地区生产总值年均增长7.1%，完成固定资产投资近1700亿元；一般公共预算总收入突破310亿元，年均增长24.7%，增幅连续五年居全省第一；上划中央收入116亿元，年均增长34%，实现了从向国家“伸手要钱”到开始为国家做净贡献的历史性锐变。产业培育力度加大，壮士断腕迁出一批高污染工业企业，注重选商选资选项目，文旅康体、总部经济、航运物流三大主导产业由小变大、加快发展，数字经济、现代金融、影视新媒体等新产业新业态从无到有、多点开花，三次产业比例为12∶28∶60，产业结构进一步优化。累计落地新经济企业400家、电子信息企业1161家、金融及类金融企业2214家。年营业收入超亿元以上企业达52家。

过去五年，突出协调发展，城乡面貌呈现新气质。切实加强城市规划建设管理，“栽得梧桐树，引得凤凰来”。金井新城日益繁荣，新区发展人兴业旺。城市基础建设全面升级，高标准建成海峡公铁大桥、高铁中心站、国际会展中心等一批城市新地标，环岛路、和平大道、中山大道、麒麟大道等城市主干路网四通八达，高铁入岛与福州形成半小时生活圈。全国首批综合管廊试点城市和智慧城市试点建设进展顺利。新汽车站、垃圾焚烧发电、餐厨垃圾处理、再生水厂等一大批重大市政设施投入使用，农贸市场、老旧小区、背街小巷和老旧管网改造全面推进。乡村振兴战略深入实施，建成64个省区级美丽乡村，打造了一批全国和省级乡村旅游重点村。新建农村生态示范路250公里，“镇镇有干线”建设完美收官。全省率先实现城乡公交一体化，主岛行政村全面实现“村村通公交”。

过去五年，突出绿色发展，生态建设迈开新步伐。遵循“原生态+现代化”理念，邀请新加坡、日本等国际顶级规划团队编制国际旅游岛概念性规划，规划引领作用进一步强化。特色鲜明滨海旅游工程接续实施，打造了一批高品质的景区景点、产品业态，旅游服务体系得到加强，内涵和品质进一步提升。累计接待游客近2200万人次，旅游收入近220亿元，知名度美誉度大幅度攀升。践行“绿水青山就是金山银山”理念，大力保护石头厝、沙滩、岸线、水下文物等“真宝贝”，加强三十六脚湖饮用水源地保护，推进金井新城水系提升和小流域整治，全区饮用水水质100%达标，保障了群众身体健康。新建改造城市公园8个，城市园林美化花化水平进一步提升。连续十年每年植树造林1000万株以上，森林覆盖率提升至38.85%，空气质量连续5年居全省九市一区首位，获评国家森林城市。

过去五年，突出开放发展，“两个窗口”开创新格局。在两岸关系复杂严峻的形势下，坚持先行先试，深化“一岛两标”，首创对台职业资格采信等65项惠台举措。平潭到台湾北、中、南部客货运航线实现全覆盖，经平潭口岸往来两岸旅客近100万人次，注册台企1200多家。率先落实台胞台企“两个同等待遇”，130多名台湾专才、台籍社区营造师参与公共事务管理和基层社区治理。台湾创业园、澳前台湾小镇、北港文创村、两岸影视基地等创新创业平台优化提升，国际南岛语族考古研究基地、两岸国学中心等文化交流平台深受青睐，“闽台合作的窗口”作用更加凸显。自贸试验区建设活力迸发，累计形成创新成果193项，为全国全省提供127项可复制可推广的“平潭经验”，“放管服”改革步伐加快，商事登记、投资管理、通关贸易等重点领域改革走在全国前列，绝大部分便民服务事项30分钟内办结。行政管理体制改革持续深化，审计监督作用有效发挥。引进各类人才1600余名，比“十二五”时期增长近1倍。来自国家部委、省直部门和全省各地的1200多名挂职干部为平潭开放开发作出了积极贡献。金井港区获批国家一类口岸，正式对外开放。成功举办中国-小岛屿国家海洋部长圆桌会议，与韩国、印尼、马耳他、阿联酋等20多个国家和地区深化交流合作。

2021年是我国现代化建设进程中具有特殊重要性的一年，是“十四五”规划开局之年，做好今年工作意义重大。实验区既要增强底线思维、清醒面对挑战，更要强化历史担当、积极奋发有为，紧扣“四篇文章”、攻坚“八大工程”，做好“六稳”工作、落实“六保”任务，在新的历史起点上开好局、起好步。经济社会发展的主要预期目标是：地区生产总值增长7.8%；一般公共预算总收入增长4.5%，地方一般公共预算收入增长4.5%；固定资产投资完成210亿元；进出口增长10%；实际利用外资增长10%；社会消费品零售总额增长10%；城镇登记失业率与上年持平；城镇居民、农村居民人均可支配收入分别增长7%和8%；完成省定生态指标任务。

（摘编：郑平名）

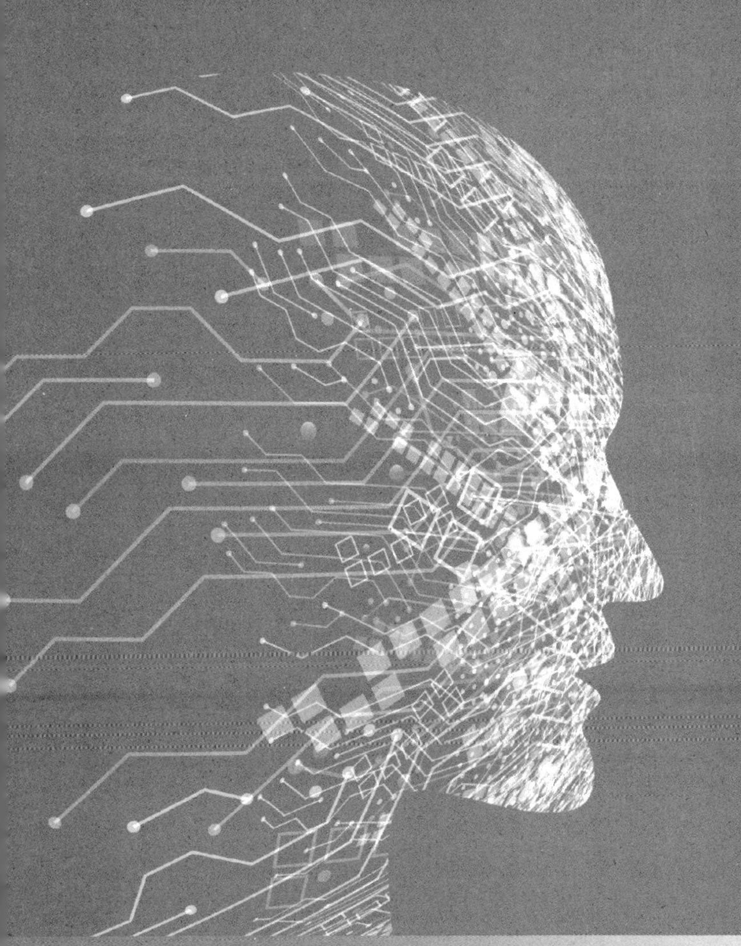

第五篇 开发园区

福建省开发区发展情况综述

2019年，国务院出台了《关于推进国家级经济技术开发区创新提升打造改革开放新高地的意见》和《关于促进综合保税区高水平开放高质量发展的若干意见》。7月26日，省政府召开常务会议，研究推进开发区创新提升工作，强调要认真贯彻落实国务院文件精神，推进全省开发区开放创新、科技创新和制度创新。省商务厅按照国务院文件精神和省政府关于促进开发区高质量发展的指导意见，大力推动开发区创新提升、高质量发展。2019年，全省开发区实现地区生产总值1.42万亿元，同比增长11.8%，占全省33.6%；实现税收收入1068亿元，同比增长1.8%，占全省24.7%；实际利用外资166.57亿元，占全省52.8%；对外直接投资额207.71亿元，占全省68.6%；进出口总额7521.79亿元，同比增长11.3%，占全省56.6%。

一、制定促进开发区高质量发展实施方案政策

牵头研究制定《贯彻〈国务院关于推进国家级经济技术开发区创新提升打造改革开放新高地的意见〉实施方案》《福建省促进综合保税区高水平开放高质量发展实施方案》《推动开发区高质量发展工作方案》和《关于开发区整合托管有关工作的通知》，会同省自然资源厅制定出台《关于严格土地节约集约利用促进开发区高质量发展十条措施》。以上方案政策均经省政府同意后印发实施。

二、着力在开发区管理体制机制创新上下功夫

指导推动10家国家级经开区研究制定创新提升具体实施方案，着力培育20个特色产业园区。东侨经开区围绕“做大锂电新能源千亿产业集群”的目标，锂电新能源产业以年均144%的增速爆发式发展，成为全球规模最大的锂电池生产基地；泉州经开区重点发展高端纺织鞋服产业和新兴产业，营造一流营商环境，2019年新签约项目实现数量、质量双提升，通过建设中意“两国双园”，加强意大利—中国（泉州）产业深度对接。开发区体制活力进一步激发，全省开发区管委会主要领导由所在地领导兼任的超过一半，设立运营公司的约占85%，成立专业化招商公司的近三分之一。

三、发挥开发区招商引资平台作用

推动开发区开展公司化招商、产业链招商和产业基金招商等模式。厦门9·8投洽会期间，组织全省20个开发区参展招商，展示开发区主导产业和良好的营商环境，吸引海内外客商投资开发区。据不完全统计，厦洽会期间开发区共签约内外资项目79个，总投资超千亿元。同时，积极配合推荐开发区参加境内外招商推介活动，引导省外开发区或客商到省内开发区投资考察，帮助协调联系，促进投资合作。

四、开展开发区年度综合发展水平考核评价

按照省商务厅等7个部门出台的《福建省开发区综合发展水平考核评价办法（暂行)》，委托第三方机构完成全省开发区年度综合评价工作，形成《2018年度福建省开发区综合发展水平考核评价报告》，考评结果通报各地政府和省直有关部门。对综合发展水平排名前10位、实际利用外资前10位的开发区分别给予奖励，对考评结果后5名的省级开发区予以警告、限期整改，引导激励开发区创新提升发展。

五、指导推动海关特殊监管区转型升级

推动福州出口加工区、福州保税港区、厦门海沧保税港区、厦门象屿保税物流园区等4家海关特殊监管区转型升级为综合保税区。指导泉州、

宁德等符合条件的地方设立保税物流中心（B型），泉州石湖港保税物流中心（B型）已获得海关总署、财政部、国家税务总局和国家外汇管理局四部委联合批准设立。同时，积极争取设立福州空港综合保税区，配合做好前期筹备工作。

六、促进区域协同发展

研究商务工作服务两大协同发展区建设机制，完成《两大协同发展区商务工作机制调研报告》和《提升两大协同发展区开放合作水平的对策建议》。支持闽西南协同发展区五市商务部门签订《闽西南协同发展区商务部门合作框架》，重点在搭建联合招商合作平台、促进产业布局调整和协同发展、加强商贸服务合作、开展电商和物流合作、深化口岸通关、推进菜篮子工程建设、加强对台交流合作等七大领域联动发展。推动闽宁开发区合作，省内有3家国家级经开区（东侨、融侨、龙岩）与宁夏2家国家级经开区（银川、石嘴山）在闽宁第23次联席会上签订合作协议，漳州金峰开发区与宁夏固原开发区签订合作协议，推动合作双方开展交流考察、深化合作。

七、督促开发区做好环境保护工作

配合做好中央第二轮环保督察工作。积极督促督察发现问题的整改，持续推进开发区落实规划环评和污水集中处理设施建设。目前全省省级以上开发区基本实现污水集中处理及在线监控全覆盖。

（撰稿：福建省商务厅
原载：《福建开发区年鉴——2020》）

福州省级及省级以上开发区概况

福州经济技术开发区

福州经济技术开发区于1985年1月经国务院批准设立（1992年与马尾区实行“两区合一”的行政管理体制），是中国首批14个国家级经济技术开发区之一。2019年，开发区完成地区生产总值587亿元，增长7.5%；一般公共预算总收入34.8亿元，下降2.8%；地方一般公共预算收入22.7亿元，下降5.4%；固定资产投资200亿元，下降35%；社会消费品零售总额232亿元，增长11%；进出口总额230亿元，下降23.6%；实际利用外资10.5亿元，增长158.9%；城镇居民人均可支配收入52776元，增长7.6%；农村居民人均可支配收入26930元，增长7%。

基础建设加快推进。地铁2号线马尾延伸段通过国家发改委专家评审。东部快速通道、港口路下穿、福马路提升改造等12条道路加快推进，铁南西路三期等4条道路建成投用，三江口大桥、东南绕城高速（琅岐段）顺利通车。新辟优化公交线路15条，新增公交车23辆、公共充电桩75台、公共停车泊位958个，建成琅岐公交枢纽站。实施缆化下地50项、夜景灯光工程13项，新建改造公厕9座、雨污管网45公里。天台水库、琅岐海峡水厂、福州主城区与马尾供水干管连接线工程完工，新建供水管网20公里。

产业发展快速壮大。建成27万平方米物联网产业创新发展中心，引入大唐高鸿、省电子信息集团、中国电信等51家知名企业，新认定物联网企业37家，产值达600亿元，比增20%。物联网开放实验室二期加快建设，实验室制定发布技术标准14项，与华为公司共建物联网联合认证实验室，华为全国首个物联网云计算创新中心投入使用。与中央党校合作共建的“智慧后勤”项目建成投用。承办第二届数字中国建设峰会物联网分论坛、福建省第二届工业控制系统信息安全攻防大赛等大型活动，马尾物联网产业的知名度和影响力持续提升。新兴产业快速发展。加大传统产业技术改造力度，重点推进34项省市重点技改项目，全年完成投资17.33亿元，比增30.79%。全力推动龙头企业、高成长企业发展，新认定省级以上高新技术企业86家、省级制造业单项冠军企业2家、省级科技小巨人领军企业12家，福水智联、中电合创等11家企业获评省级高成长企业，福光股份成为全省首家科创板上市企业。强化高成长性企业用地保障，飞毛腿、星云电子、腾景光电、超宏自动化等扩产项目全面动建。

科技创新再创佳绩。34个省市重点技改项目完成投资17.4亿元，增长30.8%，新增省级以上高新技术企业53家、制造业单项冠军企业2家、科技小巨人领军企业12家、“专精特新”中小企业4家，昇兴集团等21家企业入选省级工业龙头企业，福水智联等11家企业获评省级高成长企业，福光股份成为全国首批、全省首家科创板上市企业。新认定省级新型研发机构3家、工业设计中心1家，参与制定国家标准12项、行业标准3项，万人有效发明专利授权量居全省前列。战略性新兴产业产值占规上工业产值48%，居全市首位。新大陆科技、网龙网络荣登中国软件和信息技术服务综合竞争力百强榜，网龙网络、乐游网络入选中国互联网企业百强榜。

招商引资成绩斐然。2019年，新引进招商落地项目425个，总投资额566.86亿元，综合排名全市第6。按产业分类：一产项目5项，投资额

6.5亿元，二产项目50项，投资额152.8亿元；三产项目370项，投资额407.56亿元。按三维属性分类：央企项目1项，投资额0.6亿元；国企项目18项，投资额58.9亿元；民企项目375项，投资额423.08亿元；外企项目31项，投资额84.28亿元。从项目规模看：投资额5亿—10亿元（含5亿元）的大项目、好项目有12个，总投资额69.56亿元；投资额10亿—15亿元（含10亿元）的大项目、好项目有2个，投资额41.76亿元；投资额15亿—30亿元（含15亿元）的大项目、好项目有1个，投资额21.79亿元。2019全区重点项目实际完成投资207.74亿元。从完成投资量看，商贸服务、工业科技、城建环保居前三位，分别完成89.91亿元、39.30亿元、32.30亿元；从完成年度计划投资比例看，工业科技、交通、城建环保前三位，分别完成121.5%、109.0%、99.7%。马尾基金小镇设立全国首个私募基金综合服务平台，目前已集聚367家私募投资机构，基金管理规模达1444.2亿元，基金小镇被中国母基金联盟评为“2019年中国基金小镇行业年度杰出贡献20强”。

生态环保严格执法。环境安全大检查、“清水蓝天”、危险废物检查、环境执法大练兵等专项执法行动，在全区范围内开展拉网式排查工作，重点对企业污染设施运行情况、危废转移联单执行情况、应急预案编制情况、事故状态下应急处置措施情况、风险评价情况进行现场检查。全年查处环境违法企业29家，罚款63.08万元。青洲、快安、长安3家污水处理厂全年处理污水2034.86万吨，平均日处理5.57万吨。琅岐污水处理厂投入试运行，有效处理工业废水和生活污水；完成福人木业和中日达清洁生产审核工作；实施排污许可制度，全年核发新版排污许可证行业企业共3家；推进排污权工作，全年完成福州和盛食品有限公司初始排污权和马尾区鑫星月洗涤服务中心可交易排污权确认工作。

（摘编：杨福来）

福清融侨经济技术开发区

福清融侨经济技术开发区位于福建省福清市，创办于1987年，1992年经国务院批准成为国家级经济技术开发区。全区已开发面积约10平方公里，区内现设有光电科技园、出口加工区、洪宽台湾机电园、大埔工业园等专业园区，形成以电子信息产业为主导，玻璃精加工、铝冶炼、塑胶、食品、机电和装备制造业等多轮驱动的产业集聚园区，现拟再扩区近15平方公里。2019年，开发区173家规上工业企业完成产值1015.74亿元，比增7.2%；全社会固定资产投资104亿元，比增57.2%；其中工业固投95.23亿元，比增56%；规上工业税收15.54亿元，比增34.4%。在全国219个国家级经济技术开发区综合发展水平考评中进入全国百强（位居91位，上升37位）；在全省97个省级以上开发区综合发展水平考评中入选全省十强、福州市第二。

基础设施提升改造。组织实施洪宽工业村部分道路维修及绿化提升改造、南部片区清华路绿化改造等5项基础设施建设，总投资7534万元；推动市市建局、城设集团完善园区所在街道市政雨、污水管网建设，年内新增9个路段管网，总长12.3公里。

项目建设有序推进。2019年，梳理分析当年园区项目建设总盘子，制定“两单一表”，推行项目目标管理，实行全程跟踪服务；推进“抓项目促发展”专项行动和建设项目“问题清零”行动，每半个月召开一次项目协调会商会，梳理存在问题，及时协调推进。2019年列入省“五个一批”项目30个，年度计划投资14.49亿元，完成24.56亿元；在强产业补链条专项行动中，新开工项目任务15个，已完成20个；竣工项目任务11个，已完成15个。京东方柔性面板项目，已完成项目公司注册、备案、公告等工作，临建办公区主体结构已竣工，正在进行室内地板铺设及室外绿化施工。

科技创新改革创新。完成各类改扩建、技改项目31个，总投资约23.86亿元；新增国家级高新技术企业18家（其中复核4家，共43家）、省级高新技术企业16家（共28家）、科技小巨人领军企业5家（共17家）；新增有效发明专利126件（共570件）、实用新型专利396件（共2287件）、外观新型专利38件（共339件）、企业PCT专利15件（共62件）；新增国家级绿色工厂3家、绿色供应链管理示范企业1家，新增省级绿色工厂4家、绿色供应链管理示范企业1家、绿色设计产品7个等。冠城瑞闽入选福建省智能制造示范企业，福耀玻璃入选“2019中国民营企业500强”，捷联电子等3家企业获评“2019中国民营企业制造业500强”。

招商引资突出产业。推进“2019招商年”活动和“强产业补链条”专项行动，围绕电子信息、精密汽车部件、光学三大发展产业，进一步分析梳理“三大产业”上下游产业链，明确发展重点，开展精准招商。全年园区新增招商项目备案148个，属于三大产业的69项，其他为三大产业配套服务项目。在这些项目中，列入福清市“2019招商年”项目35个（任务17个），总投资96.01亿元。其中，电子信息产业项目备案12个，总投资51.08亿元；精密汽车部件项目备案8个，总投资14.9亿元；光学产业项目备案2个，总投资5.7亿元。这些项目的引进落地，进一步垒大产业集群，填补产业链短板，提升园区产业竞争力。

（摘编：蔡志轩）

福州高新技术产业开发区

福州高新技术产业开发区是1991年获批的全国首个国家级高新区。2016年6月，经国务院批复同意，启动国家自助创新示范区建设。2019年，开发区173家规上工业企业完成产值1015.74亿元，比增7.2%；全社会固定资产投资104亿元，比增57.2%；其中工业固投95.23亿元，比增56%；规上工业税收15.54亿元，比增34.4%。在全国219个国家级经济技术开发区综合发展水平考评中进入全国百强（位居91位，上升37位）；在全省97个省级以上开发区综合发展水平考评中入选全省十强、福州市第二。

基础设施提升改造。道路建设方面，高新区已建成市政道路44条约58.4公里。供水设施方面，已经与福州青源供水有限公司达成园区供水协议，供水管网已引入园区，可满足园区建设、生产生活用水的需求。供电设施方面，海西园和两园共规划7座变电站，目前建平变、蔗洲变、南屿变、桐南变4座110kV变电站已建成并投入使用。污水处理设施方面，辖区已建成大学城污水处理厂，目前处理规模为5万吨/日，2020年将启动大学城污水处理厂三期扩容工程建设，扩容规模为2.5万吨/日。通讯、网络已覆盖园区。

产业发展以点带面。围绕“4+1+1”产业布局战略规划（分别指半导体、电子信息、新能源和新材料、生物医药四大产业，以及总部经济集聚区，和创新创业孵化产业基地），以龙头企业引进，骨干企业培育为助力，通过不断加大对高新技术、高成长性、高附加值企业的招商力度，高起点打造优势产业集群。把握产业发展趋势，助推数字经济发展。立足于“4+1+1”产业布局战略规划，加大对符合产业发展规划的数字经济企业的招商力度。通过不断完善服务，优化企业的营商环境，落实各项优惠政策，以及数字经济公共服务平台的建设，吸引、承接软件、半导体、电子信息等数字经济企业落户。强化项目落地保障，促进高新技术产业集群发展。抢抓国家地球空间信息产业基地（一期）、清华光科技园、星网锐捷三期、吉特瑞等项目建设进度，确保完成项目的建设任务，建成海西最高端的高新科技园。协同创新优势逐步凸显。坚持“联合创新+孵化创新”为主的发展模式，通过与清华大学、海西研究院等国内外院所开展深度合作，联合成立创新创业中心，搭建孵化平台，培育高新企业，推进科技成果转化和产业化，提升产业竞争力。

招商引资成果喜人。2019年，高新区招商落地项目共468项、总投资1014.39亿元，在全市考评排名中位列第5名。其中产业链项目11项，总投资115.54亿元，技改项目56项，投资额112.93亿元。已完成招商项目373项，总投资额约844.19亿元，其中2019年上半年，高新区共落地招商项目173个，总投资额约365.04亿元；第三季度完成招商项目114个，总投资约252.61亿元，第四季度完成招商项目86个，总投资约226.54亿元，在库线索项目117项，预计总投约160亿元。高新区以“项目+资本”为突破，成立“福州高新区产业引导基金”，发挥财政资金杠杆放大效应，引导不同社会资本参与产业投资。1. 福州高新区引导股权投资合伙企业（有限合伙）。该基金投资方式为引入社会资本共同设立子基金，或联合直接投向高新区战略新兴产业和政府鼓励发展的领域。基金从2019年4月正式运作，截至目前已吸引落地5个项目；参与投资项目5个；后备项目10余项；拟投子基金3只。目前已投项目中，基金引导出资7700万元，引导投资效果显著。2.福建中科成果投资合伙企业（有限合伙）。该基金正在筹划落地中，基金重点布局光电、激光技术、新能源、新材料、生物医药等投资方向。核心项目源以中科院海西研究院为重点，投资于高新区项目的资金不低于基金可投金额的60%。融资服务概况。为支持高新技术企业创新发展，搭建“政府+银行+企业”合作模式，推出“高新贷”服务，为有技术、有市场的科技型企业提供信贷支持。“高新贷”以政府提供的3000万元风险补偿金为基础，建立“政府风险补偿金”机制，银行配合将总量按风险补偿金实际到位情况放大10—15倍展开。

科技创新孵化创新。2019年共举办2场高新技术企业认定培训，新增高新技术企业52家，通过复审高企18家，新增13家蹬羚企业，4家企业入选福建省科技小巨人领军企业，64家企业入选科技型中小企业名单。创业孵化体系不断健全，推进福建省大学生创新创业（福州）基地、创业黑马福州独角兽基地、国科双创等双创项目落地高新区，配合对13家市级众创空间进行年度考核。举办2019年全国双创活动周福建分会场暨创响中国·福州站启动仪式、科技部2019年“中日青年科技人员交流计划”（福州站）等活动。三是科技政策加快兑现，积极协助企业争取资金扶持，及时兑现各级科技扶持资金共计总计6004.52万元。全区共有国家千人计划23人，国家万人计划6人，省百人计划32人，省外专百人计划2人，省引进高层次ABC类人才11人，市引进高层次人才8人。

（摘编：邓新民）

福州元洪投资区（福州新区福清功能区）

福州元洪投资区是1992年经国务院原则同意设立，是当时全国最大的外商土地成片开发区。2003年批准为“中国食品示范园区”。2005年9月核准为国家级综合性投资区。2017年10月，根据福州新区总体规划，元洪投资区、龙田经济技术开发区园区管理机构整合为福州新区福清功能区管委会，保留元洪投资区国家级工业园区牌子。目前园区规划60平方公里，地跨福清城头镇全域、海口镇大部、龙山街道及南岭镇部分区域，已开发15平方公里，周边覆盖人口总数约12万人。2019年工业总产值创历史新高，累计完成259.93亿元，比增11%，其中规上工业产值254.83亿元，比增10.8%；固投累计完成67.9亿元，比增18.7%，其中工业固投55.08亿元，比增20.6%。

基础设施趋于完善。重点推进园区路网和创业服务中心、创业生态公园、华侨公园建设、A1区填海等，不断提升园区综合承载能力，已完成投资约9亿元。目前创业生态公园、元城次四路、洪城次一路、洪嘉大道延伸段、元城次三路和滨海大道物流园段（丰大冷库段）等一批项目已经建成投用。环境综合整治方面。重点推进大坝溪、首溪溪和东皋溪等水环境综合整治工程，实施海城路重要路段及其两侧强化绿化美化整治工程。目前“中国结”夜景灯光工程、山海路两侧人行道绿化带整治工作和洪嘉大道人行道改造工作已完成。

项目建设成果喜人。“强产业补链条”开竣工任务共38宗（开工22宗，竣工16宗），全年完成亚琦元洪商贸城二期、煜烁食品、宇邦纺织二期等项目开工22宗，完成胜田食品、丰大冷库一期等项目竣工16宗。

招商引资重点突出。围绕“建设食品产业生态链和大宗食材供应链”目标，推进产业链招商、平台招商。2019年完成招商项目29宗，总投资额82.54亿元，超额完成“福清市2019年招商年”要求，其中二产业项目4宗，总投资额11.79亿元；三产业项目20宗，总投资额63.15亿元；技改项目5宗，总投资额7.6亿元。

管理服务先行先试。根据福建省人民政府《关于促进开发区高质量发展的指导意见》“各开发区成立运营公司，实行市场化运作”的精神（闽政文〔2018〕15号），不断提高园区专业化、市场化运作。一是成立由市国投作为出资方、注册资本金10亿元的福州元洪商贸集团（融委财办〔2019〕2号），作为食品产业运营平台，并列入《福清市县域集成改革试点总体方案》（融委改办〔2019〕4号）。二是实现园区开发建设平台——港城公司于1月份独立运营。

（摘编：王一星）

福州保税区

福州保税区是1992年经国务院批准设立的第一批海关特殊监管区，规划面积1.8平方公里，首期实际开发0.6平方公里（另1.2平方公里于2007年底置换到江阴港区申报建设保税港区国际物流区）。2015年4月21日，中国（福建）自由贸易试验区福州片区挂牌成立，福州保税区成为福州片区马江区块的组成部分。2019年，福州保税区区内共有企业5987户，注册资本788.99亿元，其中外资105户、注册资本106.02亿元，规模以上企业162户。全年税收总收入5.05亿元。福州保税区综合服务大厅通过采用“一口受理”模式，依托福建市场监管一体化平台自动进行数据推送，开通线上线下同步办理渠道，推行“企业名称自主申报”“企业登记身份管理实名验证”等创新举措，企业开办时限由福州自贸片区挂牌前的15个工作日压缩到1个工作日，在材料齐全情况下最快3个小时内办结。2019年，保税区内新设企业2085户、注册资本120.82亿元，分别比增81%、20.3%。

（摘编：林汇智）

福州综合保税区

福州出口加工区是2005年6月经国务院批准成立的海关特殊监管区。2020年1月14日，国务院文件国函〔2020〕7号文已批复同意福州出口加工区整合升级为福州综合保税区，总体规划面积0.659平方公里。四至范围：东至长安港区10号码头、南至闽江、西至长安投资区长顺小区项目用地、北至国道104线。涵盖了国家级福州新区、自由贸易试验区、海上丝绸之路核心区、海关特殊监管区及生态文明先行示范区，是“五区叠加”的重点开放区域。2019年，招商落地项目28项，完成年计划140%，注册资本59.78亿元；“强产业补链条”已开工项目5项，总投资6.67亿元；省“五个一批”已完成开工项目4项，总投资8.53亿元；已完成竣工项目4项，总投资3.55亿元。全年实现进出口总额9.9亿元；实际利用外资1.43亿元；固定资产投资5.58亿元。

跨境电商飞速发展。跨境电商交易额交易量增量明显。全年跨境电商累计进口票数552.82万票，同比增长92.6%，占全市92.3%，占全省35.1%；进口销售额6.06亿元，同比增长50%，占全市78.8%，占全省38.3%。其中，“6·18”大促期间，累计跨境电商进口量34万单，同比增长85%；进口销售额4229万元，同比增长62%。“双11”期间累计跨境电商进口量58.7万单，同比增长64%；进口销售额9825万元，同比增长156%。目前，出口加工区跨境电商日交易达1.5万单（其中融达通1万单，百世物流3000单，考拉无尾熊2000单），日交易额180万元。推进跨境电商业务实现高质量发展。一是实现融达通供应链平台对接金关二期。二是实现考拉海购5月如期开仓运营，共调入福州仓商品2500多个品种、180余万件，累计发货80万余单。三是协调坡道式保税仓网易考拉和融达通调仓，及时安置誉金公司到邦信仓库。四是着力优化软服务。紧盯“6·18”、“双11”等电商促销活动关键时间节点，成立现场应急小组主动对接、靠前服务。

项目建设转型提升。建成普洛斯－科乐通现代物流中心项目，持续跟踪服务、积极协调，帮助中交产投实现央企重组并控股停产两年的汉吉斯冷链枢纽中心暨跨境电商中心项目，于2019年8月16日正式复工。积极推进伟成物流二期仓库企业安置工作，为综保区盘整提升做好前期准备工作。根据省市区的工作要求，积极推进转型升级综合保税区申报工作。促成省商务厅将《关于补充福州出口加工区内土地权属情况的函》上报给自然资源部。并按部委审核要求补充完善相关资料，自然资源部于7月底将规划土地审核函告海关总署。海关总署及时启动相关部委会签程序并报国务院审批。2020年1月14日，《国务院关于福州出口加工区整合优化为福州综合保税区的批复》（国函〔2020〕7号）同意福州出口加工区核减规划面积并整合优化为福州综合保税区。及时完成福建省开发区综合发展水平考核评价。2019年，福州出口加工区作为海关特殊监管区首次纳入福建省开发区综合发展水平考核体系参与考核评比。按照省商务厅关于《福建省开发区综合发展水平考核评价办法（暂行）》的工作要求，精心组织科室人员与区直各有关职能部门建立工作联系机制，加强与上级部门沟通对接，及时落实形成综合评价材料上报商务主管部门，在海关特殊监管区中考核结果全省排名第5位，全市排名第3位。

体制机制创新改革。多次与海关、企业座谈、协商，研讨体制机制创新举措，上报1条创新举措：福州海盛龙船舶物资有限公司实行由企业自行使用非海关监管车辆将进境保税货物从港口运输至海关特殊监管区内保税仓库的创新举措，该模式使通关作业环节减少，通关时间缩短，企业运营成本降低，推动海关特殊监管区与口岸之间的有效联动，促进“区”与“港”的共同发展。

安全生产严格执行。认真学习贯彻《福建省消防安全责任制实施办法》，全面落实安全生产责任制坚持季度安全工作例会，研究部署安全生产工作，将安全生产目标管理责任落实情况纳入年度考核，严格实行“一票否决”。建立“党政同责、一岗双责”的安全生产责任体系。同时，根据部署，组织开展系列专项重点整治活动，强化落实企业主体责任，确保综保区安全生产形势的安定稳定。

（摘编：马榕威）

福州福兴经济开发区

福州福兴经济开发区为省级开发区。2019年，开发区生产总值784.73亿元，完成规模以上工业产值392.4亿元，增长14.3%；工业固投24.3亿元；实际利用外资1.8亿元。茶花家居荣登中国最具价值品牌榜单，高意集团成功收购美国菲尼萨公司，5G生产线建成投产。喜相逢集团、中信网安、泉牌阀门、量子中金等优质高科技企业入驻福州软件园晋安分园。

项目建设扎实推进。“抓项目促发展”，开（竣）工项目78项、总投资434亿元。全球首个格兰富环境治理体验中心成功入驻中莉创新产业园。欧居智能创新中心、永正检测创新中心等一批创新型产业项目开工建设，麦克赛尔数字映象新生产基地项目基本建成。盛辉智慧物流园、盛丰云通供应链协调平台加快建设。成功出让2幅工矿仓储（创新型产业M1）用地，产业载体扩容升级。

科技创新再创新高。新增一家泉牌阀门科技市级专家工作站。兆丰华生物、钜全汽配选为2019年国家级学会创新驱动服务站。新增大禹科技等4家为福建省科技小巨人领军企业培育名单。长榕弹簧等10家企业通过国家高新技术企业认定，其中新增高新技术企业6家。

招商引资颇有成效。2019年，鼓山镇及福兴经济开发区招商注册、备案项目共170项，总投资达540.06亿元。其中，3亿元以上项目共39项，招商引资成果位居晋安区前列。相继引进永正检验检测大数据研发中心、金强房屋公园、福建建筑智能创新中心、顺大—腾讯福州数字产业园、天一同益智能电网创新中心等优质项目。

（摘编：李元）

福州金山工业园区

福州金山工业园区，地处福州市仓山区，是福州市委、市政府开发利用城市资源打造都市工业经济的试点区。园区主体开发始于2000年，是福建省人民政府批准，福州市人民政府直接兴办开发建设的省级开发区。2009年，仓山区政府接手园区进行日常的管理和服务，更名为福州金山工业园区（原名福州金山工业集中区）。园区的历史沿革由三部分构成：第一部分是1992年由原郊区建新镇在马榕地区开发的工业投资区（面积约400亩），第二部分是2009年接管的原市金山工业集中区（面积11600亩），第三部分是2012年纳入管理的义序机电园及福湾二期（面积共约1500亩）。园区现有占地面积约13500亩（9.01平方公里），包括五个片区即金山片、桔园洲片、浦上片、福湾片和义序片。2019年，园区实现规模工业产值491.33亿，比增12.8%；限上社零49.59亿元，比增16.3%；固定资产投资9.08亿元，比增184.8%；工业固定资产投资8.75亿元，比增204.1%；规上营利性服务业22.8亿，比增7%；建筑业总产值4.28亿元，比增29.1%；财政总收入4.79亿元，其中地方财政收入2.73亿元。全年新增提升工业企业39家，新增提升商贸企业18家，新增提升服务业企业12家，新增提升建筑业企业2家。现有企业3442家（其中规模以上工业企业145家、限额以上商贸企业65家、规模以上服务业企业73家），园区拥有各类省级以上创新创业平台机构数37个，拥有国家高新技术企业158家，有效发明授权量1131个。

基础设施不断完善。园区供电配置设计双回路，220kV变电站各一座；福州西区水厂和金山水厂为工业区提供两套供水系统，日供水能力15万吨；工业区污水管网已接入市政污水管道，日排污能力6万吨，并已开通金山污水处理厂及连坂污水处理厂；在园区各片区内均设有垃圾转运站或垃圾处理设施；电话装机容量1万门；设计配套管道液化气。

项目建设有序推进。一是打好感情牌，深挖技改项目，推荐兴凯彩印、奥特帕斯、汉佰康等企业进行技改项目备案，指导金源泉、誉信达、宏利兴等企业做好项目备案，有力推动强产业补链条。二是积极落实主官协调解决问题机制，全年主官协调解决问题累计162个。三是抓项目促发展，认真开展“强产业补链条”项目工作。“集中开工”全年累计上报开工数10个；“强产业补链条”全年累计实现开工数18个；“五个一批”全年累计实现开工数13个。

招商引资成果喜人。全年完成常规招商项目31个，投资额69.17亿元；技改招商项目31个，投资额120.03亿元。一是建立园区内可供招商厂房信息的定期摸底机制，通过与企业的紧密联系，实时掌握空置厂房情况，并定期进行数据的更新和发布，做到底数清、情况明，为招商工作打下良好基础。截至目前，园区内可供招商厂房共22处，面积约10.36万平方米。二是积极为业主和优质工业企业牵线搭桥，推动招商项目落地生效，已帮助金源泉和锦顺电子空置厂房、腾博电子和日宏电子空置厂房、易美特和永达鞋业空置厂房实现对接。

（摘编：杨福来）

福州高新技术产业园区（福州软件园）

2019年，园区汇聚770家企业，上市挂牌企业36家、上市公司分支机构15家，产值超亿元企业58家，国家重点软件企业10家，全国软件综合竞争力200强企业8家，高新技术企业163家，形成了软件产品及行业应用、集成电路及智能制造、互联网及大数据、文化创意与科技融合等四大特色产业集群。园区各项指标稳步增长，完成营业总收入1012亿元，同比增长25%；税收上缴21亿元，同比增长10%；营利性服务业收入62亿元，规模工业总产值47亿元，财政总收入2.4亿元，上缴鼓楼地方财政1.3亿元，实际利用外资1.1亿元，进出口总额12.13亿元。

基础设施提升改造。一是软件园A区双创新城投入使用，共投资9.76亿元，新增建筑面积17.38万平方米。二是两大基地启动建设，E区25地块光电芯片产业基地项目已开始动工；D区软件信息产业基地项目正在进行动工前期准备工作，计划年内动工。三是筹划园区整体提升改造规划，目前待福州市自然资源和规划局正式批复公示结果；完成B区、C区、G区支路白改黑。四是完成“腾笼引凤”三年计划，清退不符合园区产业发展、低附加值的企业20家，合计面积2.95万平方米。

推动实施创新配套。2019年，园区遵循“可持续发展、生态型、山水园林式科技园区”的理念进行规划、建设，注入现代科技元素，双创新城投入使用后新增建筑面积17.38万平方米，将园区容积率由0.55提升至1.1，园区营商环境、生产生活配套设施日益完善，福山郊野公园7.8公里步道和62公顷生态公园贯穿其中，是全国生态环境最佳科技园区之一。一是打造孵化加速平台。推动实施《福州软件园苗圃行动计划》，1万平方米拎包入住人工智能和资本加速器投入营运，依托创投、基金、知识产权等专业服务机构，全方位助力企业加速孵化。引进上市企业顶点软件内孵化团队、旺星人智能科技、信诺通信息、福建天目区块链及领鹿谷网络科技等优质项目，2019年孵化中心新落地项目共89个。二是成立福州市数字产业加速基金，为园区企业提供特色的普惠金融服务。三是完善生活配套。为入驻企业职工提供医疗健康管家服务，园区83家企业301位高管办理了保健服务卡；确保钱塘小学教学点正常运行，配合教育部门做好幼儿园开办先期准备工作，解决园区高管子女入学等实际问题；配备瑞幸咖啡等休闲场所，通过福州软件园App，园区员工的吃喝住行等需求进一步得到满足。四是连通休闲空间。连通大腹山步道和福山郊野公园休闲开放空间，G区党员户外活动中心山地公园投入使用，结合园区主干道景观绿化，进一步优化生态休闲空间。五是保护生态环境。配合市、区环境部门做好域内环境保护工作，保持园区山清水秀的生态环境，水系水质达到V类标准。

营商环境不断优化。一是落实企业直通车制度。落实企业直通车制度，开展“百十千”行动，走访企业251家次，负比增企业34家，帮助企业解决52个“一企一议”诉求，兑现省、市、区相关产业扶持政策，已兑现惠企政策扶持资金1037.85万元，惠及企业20余家，兑现力度位列市、区前茅。二是加大窗口建设力度。努力提升软件园政务中心服务水平，有针对性地解决园区企业办事难、环节多等问题，进一步优化税收考评、企业入驻、楼宇租赁等现有审批制度，压缩企业“跑手续”所需的时间。三是推动“智慧园区”建设。进一步完善综合业务管理平台、安防监控系统、园区数据库系统、园区应用支撑平台、安全系统等五个方面建设；建立智能停车管理系统，新增1013个停车位，逐步实现园区智慧化、智能化，协调电力、通讯等专业运营机构，合理降低相关费用，为企业减负。四是推进企业产权办理工作。为51家购楼企业办理产权证，为企业盘活资产、融资贷款创造良好条件。

招商引资成效显著。利用数字中国建设峰会举办的有利契机，接洽了一批知名数字经济企业，特别是瞄准国内外数字龙头企业，推动数字经济领域的领军企业落户园区。积极拓宽招商渠道，构建大招商格局，利用华为云创中心、基金大厦、知识产权交易、软交所福建工作中心等平台开展资本、平台招商，取得良好效果。2019年招商落地项目60.5项，总投资81.24亿元；启动“数字福州”项目5个，总投资5.56亿元；“抓项目、促发展”项目17项，总投资额23.75亿元。引进微医集团、毅达资本、武汉迈异等知名企业，阿里钉钉、新西兰绘梦集团、省农资集团、中景合天等重点项目落地园区。

平台建设持续深化。2019年，园区积极推进专业化服务建设，成功打造“五凤论见”精品论坛，华为软件云、基金大厦、“知创福建”、智慧园区、海峡人力资源产业园、软件交易福建工作中心等公共服务平台顺利运营。实施“众创空间—孵化器—加速器—园区”全链条、差异化的创新创业“苗圃计划”，不断致力创新服务生态圈，以技术、资本、IP、人才、市场全方位服务企业。一是持续深化“华为软件开发云”平台建设，为鼓楼区1172家、园区629家企业提供软件开发云相关服务，为340家企业发放补贴6417万元，与80余家优质企业建立生态合作伙伴关系；关联产值超过23亿。二是“基金大厦”公共服务平台引进基金管理公司12家，注册基金规模14亿元，实现投融资对接2.85亿元，资管规模14亿元，开发基金联盟单位13家；截至目前，基金大厦共聚集了66家基金类、股权投资类、资产管理类投资机构和基金公司，资管规模达485亿元，对外投资108亿元，其中投资鼓楼区企业82.4亿元。三是引进“知创福建”专业运营机构入驻办公，3家政府职能部门和33家国内外知识产权高端服务机构驻点服务。举办专题讲座、贯标会、宣传周、专业培训班等活动10场，服务企业430余家次。四是举办17期“五凤论见”活动，累计举办79期，参与活动企业超过3000家次，主题涵盖数字产业热点、人才发展、政策项目解读等领域，形成品牌效应，成为招商引资、企业服务、新阶参政的新渠道。五是成立软件交易福建工作中心，搭建标准化软件产品造价和评估体系，为80家企业提供政府信息化建设服务、进场招投标业务以及普惠金融服务。六是推动福建中小微企业普惠金融服务平台落地，联合建设、招商银行提供60亿元的授信额度，为16家企业发放贷款，累计贷款额度6500万元。

人才培育力度加大。一是建设软件人才拓展基地，成立数字人才工作站，为落地软件园数字人才工作站的创新大赛优胜团队提供30亿元银行授信、10亿元专业资本对接、10万平方米拎包入驻精装修孵化空间、1000万元云服务支持的“数字精英人才大礼包”。二是链接数字中国研究院的科研资源和海峡人力资源产业园的服务能力，举办海峡信息赛和鲲鹏训练营，推动发展“数字精英孵化计划”，吸纳各类数字经济方面的竞赛优秀人才与项目落地。三是积极支持和响应数字中国创新大赛，从资金、空间、技术、房补、子女就学等五个维度为优胜赛队提供扶持政策，促进优秀创新成果在园区转化落地，福州大学获奖赛队落地园区。四是走进长春、成都、兰州、西安、武汉、长沙、南昌等省外985、211高校开展招才引智交流活动；在省内举办十余场人才招聘会，在园区举办校企交流会，推进人才培育和人才支撑工作。2019年，园区集聚各类技术人才30000多名，其中国际欧亚科学院院士1人、国家“千人计划”专家4人、国家“万人计划”专家5人、国务院特殊津贴专家2人，博士近百人、硕士千余人。

（摘编：尤文凡）

闽侯青口汽车工业园区

闽侯青口汽车工业园区是经国家发改委核定的省级汽车工业园区，位于福州市的东南部，是省市重点打造的汽车生产基地，辐射涵盖闽侯县青口、祥谦、尚干三个乡镇，规划面积56平方公里，规划工业用地16平方公里，已开发工业用地12平方公里，主要发展汽车、机械、电子等工业，汽车产业占主导地位。目前，已有海峡两岸最大合资汽车项目东南（福建）汽车工业有限公司，以及国际品牌汽车福建奔驰汽车有限公司二家整车厂落户青口投资区。已建成投产企业280多家，其中汽车整车厂及六和机械、爱德克斯零部件、麦格纳汽车座椅等配套厂180多家，汽车销售企业奔驰、宝马、保时捷、奥迪4S店等30多家。目前为止，到青口投资区投资兴业的有德国戴姆勒汽车公司、日本三菱汽车公司、加拿大麦格纳公司、日本三井物产株式会社、日本爱德克斯株式会社、台湾中华汽车公司、台湾六基集团公司、台湾中华台亚公司等二十多个国家、地区的知名企业。目前，投资区已成为福建省重要的汽车生产基地，在省市县经济发展全局中都占有重要的位置。2019年，园区完成规上工业产值444.08亿元（其中汽车行业产值262.22亿元，占比59%；汽车配套厂规上产值123.09亿元），税收收入31.31亿元，社会消费品限额以上零售总额75.2亿元，固定资产投资完成66.3亿元。

基础建设加快推进。2019年，安排基础设施建设项目34个，计划投资约3.56亿元，其中在建项目16项，已完工10项，拟建项目8项，累计完成投资约3.04亿元。东台大道至陶精路污水干管工程（一期），完成污水管网5.9公里，沉井19座，累计完成97%工程量；203省道至林森大道污水干管工程验收并投入使用；203省道至扈屿路污水干管工程于10月完工；白水路改造工程水泥搅拌桩（软基处理）、箱涵、雨水、给水、污水、顶管工程、4座沉井、路基平整全部完成。路面水稳完成10800m^2、混凝土路面完成10700m^2，箱涵搭板1450米、箱涵调平层浇筑1450米、沥青路面铺设4500m^2，累计完成约88%工程量；洋山路道路改造工程累计完成54%工程量，计划2020年7月完工。灵岩路道路工程实施洋山路口至高速桥底约550米未涉及规划调整的路段，完成雨水管600米，污水管550米，给水管550米，道路平整390米，累计完成41%工程量；青潭溪上游段河道整治工程完成挡墙混凝土浇筑2780米，河道清淤1300米，累计完成约85%工程量；东台河下游段河道整治工程完成挡墙4700米，栏杆4500米，堤后路面4500米，河道清淤2300米，累计完成93%工程量；琯前河河道整治工程于11月完工。

产业发展成果丰硕。全年完成18项开工任务，总投资27.14亿元：福州六和机械有限公司汽车部件产能扩增技改项目（总投资1.01亿元）、福州泰全工业有限公司补增助力转向无刷马达4条生产线建设项目（总投资1.1亿元）、福州小糸大亿车灯有限公司新能源汽车用LED车灯生产线技术改造项目（总投资2亿元）等；完成9项竣工任务，总投资12.51亿元：东南（福建）汽车工业有限公司新能源汽车研发能力提升建设工程（总投资1.52亿元）、福州联泓交通器材有限公司汽车零部件生产项目（总投资1.26亿元）、福州宏玮工业有限公司技改项目（总投资1.05亿元）等。全年完成工业项目规划选址及总平规划批复12项、《建设用地规划许可证》8项、《建设工程规划许可证》12项（福奔汽车，龙生机械5#厂房，海通轩辕7#、10#、11#等），完成规划核验14项（中凯信，新力3#、4#、9#厂房，泰全车间四，联泓厂房四等）。园区在建企业项目共22项，总建筑面积552296.40平方米，其中：建成投产及主体建成的企业项目及配套设施项目13项（东南新能源研发能力提升工程、鸿溢服饰、联泓厂房四等6项建成投产，7项主体建成），总建筑面积328342.28平方米；主体在建的企业项目9项（海通轩辕、福奔汽车、鑫欣汽配等），总建筑面积223954.12平方米。

招商引资卓有成效。投资区主动发掘招商项目、三产项目线索180多个，新增落地项目有祥鑫股份汽配产业园项目、兰圃工业园项目等98个项目，涉及轻量化铝材、汽车橡胶、汽车玻璃、汽车制动器、新能源汽车、汽车销售、二手车销售等，总投资约196亿元。其中，祥鑫股份汽配产业园项目总投资为30亿元，兰圃工业园项目总投资为28亿元，福州三盛实业有限公司EVA/XPE/IXPE泡沫产品扩建项目总投资为5.11亿元，六和精密金属构件生产项目总投资为5亿元。签订合同外资项目2项：福州六和汽车零部件有限公司扩建项目总投资5900万美元，福州井原六和精密机械有限公司扩建项目总投资2500万美元。

营商环境诚信高效。坚持为企业提供优质便捷的服务，创造一个有利于企业发展的良好环境。2019年共召开46次服务企业有关会议，协调解决98个问题，多措并举提升服务企业水平。联合县科技部门、乡镇制定企业研发投入（R&D）文件汇编宣传册，对经费补助政策进行宣传并指导企业做到应统尽统；印制青口投资区投资指南3000本，优化青口投资区工业项目报审服务流程，以“简洁、周到、诚信、高效”为服务宗旨，协调各环节的问题，提升服务质量，增进投资区与企业之间的联系。

（摘编：林汇智）

罗源湾经济开发区

罗源湾经济开发区位于罗源湾北岸，以松山、白水两个垦区为腹地涵盖周边区域，规划开发建设面积31.46平方公里。松山垦区：北片工业区6000亩，主要以发展轻工业、新型建材为主，现落地有海峡西岸软包装、福亮钢化玻璃、福万玩具、南铝工程股份有限公司等项目；南片工业区及滞洪区1.8万亩，主要发展商住、金融、仓储、物流、高端制造业及部分城市公共事业，现落地有滨海新城、蓝海专用汽车、蓝海房车等项目。白水垦区1.2万亩，其中工业用地约8400亩，其余3600亩作为防洪、铁路、公路等基础设施用地，重点建设临港重工业，包括冶金建材、金属加工、机械制造等，现落地有宝钢德盛、闽光钢铁、亿鑫钢铁等项目。2019年，开发区完成规上工业产值444.8亿元，比增9.6%；完成固定资产投资26亿元，同比增长87.3%；完成地方级财政收入4.8亿元；完成其他营利性服务业1.1亿元，同比增长5.1%；完成社会消费零售总额2.9亿元，同比增长8.6%；完成出口总额1.9亿元。目前，开发区累计引进项目159个，合同投资总额632多亿元，已投产项目127个，其中规上工业企业31个，在建项目7个。

基础设施逐步完善。开发区完成金港工业园区规划编制，谋划产业布局，提高项目准入门槛，争取高回报、高效率、高产出项目入园。提高要素保障能力，建设完善园区基础设施配套，加强路网、水、电、气、通信等基础设施建设，已完成松山片区（大、小获片）防洪排涝工程、松山片区鹤屿水闸、泵站及滞洪区工程、金港工业区防洪排涝（横向排洪沟及JC截洪沟）工程，不断优化园区基础设施配套。南片工业区已建成进厂污水主干管、岐鹤路污水干管、江滨南路污水干管、滨海城污水干管。北片工业区完成污水管网及提升泵站的可研，并纳入罗源县南溪流域水环境综合整治PPP项目建设实施。

营商环境整合优化。依据罗源湾所拥有的港口、土地、区位优势及其他沿海发达地区发展临港工业的经验，罗源湾发展临港工业，港口地理位置适中，海洋资源丰富，产业特色突出，区域交通便捷，对外开放优势明显，具有良好的发展前景。一是抓体制机制创新，促扩大投资。推行"政企直通车"制度，构建亲清新型政商关系；定期召开民营企业家座谈会，听取民营企业家的意见和建议，全面推进企业投资项目高效审批，缩短项目落地时限；坚持问题导向，针对企业生产经营中遇到的具体问题，及时协调解决，提高办事效率，限时办结。二是抓转型升级，促优化产业结构。鼓励企业转型升级，扩大投资整合重组，形成产业集聚，自我壮大，以龙头企业为中心，推动支持完善工业上下游企业配套，形成规模效应和核心竞争力。加快企业结构调整步伐，去除低端产能，大力发展高端产品，提升产品附加值，提高综合竞争力。三是抓扩大开放开发，促千亿冶金产业基地。动员全区上下扎实开展营商环境大提升行动，切实筑牢"亲商、安商、富商、惠商"理念，打造精简高效的政务环境；坚持法治化方向，打造公平公正的法治环境；坚持市场化方向，打造活跃规范的市场环境；坚持便利化方向，打造快捷细致的服务环境，全力解决影响企业和群众办事的难点痛点堵点问题，打造法治化、市场化、便利化的一流营商环境。

招商引资凸显重点。把发展不锈钢下游精深加工项目作为开发区招商工作的一个重点，紧盯在谈意向企业，力促供应链企业加快聚集。鼓励和吸引更多大项目、好项目来开发区投资兴业，强化招商产业导向。2019 年招商任务数 20 个，累计完成 20 个，合计引资约 32 亿元。其中：10 亿元以上的项目 1 个，3 亿—10 亿元的项目 1 个。

生态环保严格执行。一是坚持绿色发展理念，严格执行重点产业发展布局，完成了《金港工业区环境影响报告书》，并通过了福州市罗源生态环境局审查，明确了金港工业区的环境容量，严把新上项目环保准入门槛，环境友好型产业布局初步形成。二是针对华东督查组督查发现的钢渣填埋问题，开发区以及金港有关钢铁企业立即开展钢渣问题风险调查评估，并根据评估意见和建议开展整治工作，目前已取得很大成效。三是针对第二轮中央环保督察重点关注领域问题，加强自查自纠力度，彻底清查未批先建、违规建设、偷排放、厂区脏乱差等突出环境问题，对排查出的问题及时整改到位。四是加强园区重点区域环保巡查工作，狠抓水、气、尘等环保突出问题的督查，共向区内有关企业发放 37 份整改通知书，并按时跟踪督查落实，全面提升环保工作水平，努力形成环保工作上下齐抓共管的良好局面。

（摘编：李元）

福清江阴经济开发区（福州江阴港城经济区）

福清江阴经济开发区为省级开发区。2019 年，全年完成规模以上工业产值 294.11 亿，比增 11.2%；完成固投 103.91 亿元，比增 44.2%；完成工业固投 94.53 亿元，比增 60.9%。江阴港区集装箱吞吐量首次突破 200 万标箱，达到 204.97 万，比增 12.2%；港口货物吞吐量 2865.88 吨，比增 9.1%；跨境电商共运营 94.22 万票，比增 416.8%；到港整车 5164 辆，比增 25%。截至 2019 年 12 月底，落地工业企业 93 家，已投产 71 家（规上企业 41 家）。

投资环境配套完善。园区配套建设 2019 年，福州江阴港城经济区加快提升园区公共服务配套，启动了钱塘洋起步区、新厝和江阴生活配套区等路网建设前期工作及生活配套用地报批、收储工作，同步推进福清一中和城关小学等福清名校落地新厝生活配套区，启动 3 万平方米公租房建设。完善提升园区基础设施配套，实施了路灯照明、消防栓建设、河道疏浚、道路、污水管网等一批基础配套项目建设，推动完善东部产业区电力配套。实施园区颜值提升工程，引入社会化力量实施道路保洁 200 万平方米，绿化管养 84 万平方米；种植防风林 21 万平方米，绿化提升和补植 60 万平方米，持续提升园区颜值。港口码头建设《江阴港区壁头作业区规划方案补充》于 2019 年 5 月，通过国家交通运输部审查，《江阴港区壁头作业区规划方案环境风险专项研究报告》修改完善中。6—9 号码头建设持续推进，13 号 ABC、18 号 19

号码头开展前期工作。2019 年，江阴港新增内外贸航线 9 条，内外贸航线达 54 条，8 条为“海丝”航线。

项目建设有序推进。2019 年，福州江阴港城经济区围绕加快推动千亿级化工新材料产业集群和百亿级清洁能源装备制造基地建设，深入开展“强产业补链条”项目年行动。全年共有正太新材一期、中水电四局等 20 个总投资 264.53 亿元的开工项目（完成全年任务 117.65%）；完成友谊一期、新福兴汽车玻璃一期、富仕一期等 12 个总投资约 64.9 亿元的竣工项目（完成全年任务 100%）。缘泰石油项目现场于 2019 年 9 月进行软基处理开工仪式以及进行试验性施工。友谊新材料科技工业园二期项目设备抓紧安装，福化天辰大型煤气化项目设备主体框架推进施工。中景石化科技园的美得石化第一套丙烷脱氢项目预计 2019 年第四季度完成设备安装。三峡风电产业园各项目基本投产，2019 年 7 月，江苏中车项目首台 30MW、60MW 直驱永磁风力发电机下线；2019 年 9 月，金风科技首台 8MW 海上风电机组下线，东方风电首台 10MW 海上风电机组下线；2019 年，产业园中的中国水电四局项目生产吊车梁、钢柱等结构件；丹麦 LM 项目主厂房承台及地坪全部浇筑完成，钢结构进行吊装。

招商引资成果喜人。2019 年，福州江阴港城经济区累计有正太新材料（一期）、艾尔姆叶片等 26 个招商项目备案，总投资约 157.06 亿元，其中产业链、技改项目 19 项。全力推动万华化学集团福建产业园项目落地，积极引进江苏旭川新材料项目，培育异氰酸酯、聚氨酯产业链，着力形成园区经济新增长点。

安全环保多措并举。2019 年，福州江阴港城经济区启用应急管理平台，完善在线监测与自动预警机制。打造专业化应急救援队伍，成立应急救援专家库。组织应急培训和演练，提升实战能力。又好又快推进中央环保督察发现问题整改工作，完成总长约 9 公里的园区污水管网建设，实施江阴污水处理厂提标改造。开展有毒有害气体环境风险预警体系建设、突发环境事故应急预案修编和“环保管家”服务方案编制工作。完成 2019 年污水深海排放口周边海域海洋跟踪监测工作。联合生态环境部门开展“散乱污”企业生态环境问题专项整治。

管理服务强化升级。2019 年，福州江阴港城经济区进一步推进审批便民化，于 2019 年 2 月在福清市行政服务中心大厅增设“福州新区、自贸区综合业务窗口”，派遣人员入驻对福州新区、自贸区下放的事项集中审批，让企业少跑一趟，提升审批速度，缩短审批时效，减少企业的时间和成本，落实“最多跑一趟”理念。

（摘编：苏小雨）

福清龙田经济开发区

福清龙田经济开发区，位于福清市龙高半岛龙田镇中心地段，创办于 1992 年 10 月，1999 年 5 月获福建省政府批准升级为省级经济开发区，2006 年 9 月 22 日经国家发改委核准为省级开发区，规划面积 3 平方公里。2019 年，开发区共有工业企业 106 家，其中规上工业企业共 26 家，全年共完成规模以上工业总产值 117.3 亿元，其中水产加工企业产值达 62.72 亿元；完成限上社零 4.79 亿元；完成全社会固定资产投资 21.15 亿元；工业固定资产投资完成 5.23 亿元；税收总收入 2 亿元。

基础建设稳步推进。道路新改扩建工程，滨海大通道、长福高速和滨海新城一期道路工程即将完工，打通龙锦路和龙鼎路两条断头路，其中龙锦路已投入数使用，龙鼎路正加快推进中；新建改建市政道路 4 条共 6 公里，投入 750 多万元改造乡村道路 9 条共 8 公里，基本实现农村公路“村村通”和“村通自然村”。投资 734 万元完成上一村农贸市场提升改造；投资 392 万元完成三村新市街环岛步梯修缮。镇区内建有 1 座容量 100 万立方米和 3 座容量达 10 万立方米的水库，分布有东张水库高干渠 14.2 公里；建有一个日供水 3 万吨的自来水厂和一座 110 千伏变电站；电视、网络、通讯覆盖率达 100%；东壁岛、西部友谊等一批偏远乡村实现了通自来水，城乡供水一体化工作稳步推进。龙田开发区完善镇区上下对接，做好镇区规划修编，基本完成环城东片区控制性详细规划、龙田经济开发区总体规划修编和山利村历史名镇名村保护规划编制等工作。园区周边 1 千米半径内，已配套1家四星级酒店及9家可供住宿的酒店，2座城市综合体，1家电影院，1座体育馆，3座集休闲娱乐健身为一体的景观公园，1家二级乙等医院和1家卫生院，4所中学，其中省一级达标校1所、中心小学2所，4家大型农贸市场，35家商业银行营业网点，4家大型超市，1家大型百货商场，9家医药连锁超市，20余家快递营业网点。

招商引资卓有成效。立足于"精准招商"，发挥在外乡贤众多优势，进一步推进招商引资工作，力求招商引资工作取得新的突破。招商产业项目类已备案6项，备案金额16.69亿元。全镇共培育楼宇企业112家，注册资金46.06亿元，其中2019年完成27家，注册资金23.52亿元，税收6500万元。

产业发展重点突出。坚持产业立区，打造优势产业。结合本地结构调整、产业发展实际，依托已形成的优势和特色产业，重点围绕水产品加工、五金制品以及精细化工三大主导产业，瞄准知名企业，有重点、有选择地进行产业链招商、定向招商，下力引进龙头型、基地型大项目，带动更多与之配套企业跟进，扩展产业链，加速产业聚集，形成现代制造业基地。发挥龙田水产加工和区位的优势，衔接元洪国际食品产业园和蓝色经济产业园，做大做强"全国水产品加工示范基地"，壮大百亿工业园区。园区共有亿元以上工业企业21家，共有中国驰名商标3枚、福建著名商标8枚，省名牌产品10项。友谊集团的"友日久"品牌胶粘带产品市场占有率居全国第一，也是目前国内最大的胶粘带生产商。东威集团的"东威"对虾系列产品远销美日欧和东南亚等国家和地区，在国内肯德基、必胜客及湾仔码头的供货占有率达50%以上。除此之外，产品还顺利打入沃尔玛商超，实现销售渠道多元化网络化的良好态势。谊华水产公司对虾产品获出口美国免检产品，并在前年成功获得美国ACC4颗星认证，目前全国仅有4家获此认证。

生态环保狠抓治理。城镇管理更加精细，全面整治镇村"六乱"，2019年累计整治乱堆放点位7000多处，清运垃圾约3000吨，清理乱贴乱写乱画2200多处；强化重点路段交通管控，2019年查处滴撒漏、乱倒乱弃违规渣土运输车辆100余起；引入了无人机巡查技术，加大"两违"整治力度，2019年共拆除违章建筑29座、面积达5.76万平方米；深入推进坟墓治理，截至目前共整治坟墓3899台，覆土深埋面积达4.1万平方米。生态治理强势推进，持续巩固治水成果，2019年共投入3000多万元，完成截污管道建设及河道清淤工程，共清理河、渠长度近8万米，水环境质量持续提升。耗资800多万元，完成84个自然村池塘建设，完成率达100%。全力抓好污水治理，查处污染源、排污口等408处，拆除临水违搭违建164处，修复破损管道144处，建设溢流式截污设施等62处，"污水零排河"工作取得新进展。城乡面貌加速改善，2019年重点围绕"清沟、扫地、摆整齐"集中开展村庄环境专项整治行动，不断优化农村环境卫生；深化农村生活垃圾治理工作，基本实现农村垃圾收集点、环卫设施和保洁队伍全覆盖；加强企业环境监管力度，拆除散乱污企业1宗，关停19宗；完成林分修复32亩，采伐迹地更新147亩，封山育林500亩；开展15个村植千树专项绿化行动，栽植各类绿化苗1万余棵；大力推进"厕所革命"，全面实施城乡卫生改厕，2019年以来新改建公厕11个，乡村文明水平得到进一步提升。

（摘编：翁宁）

连江经济开发区

连江经济开发区于2006年3月经省政府批准，国家发改委审核通过的省级开发区。开发区以敖江园区为依托，整合连江县城区周边的工业资源，将琯头园区、江南园区、东湖山岗工业集中区、东浦工业集中区和粗芦岛船舶修造基地纳入管理范围，"五园一基地"工业发展格局已初步形成，工业用地总面积近20500亩，其中敖江园区5000亩、琯头园区3000亩、江南园区300亩、东湖园区4000亩、东浦工业集中区3600亩、琯头粗芦岛船舶修造基地4500亩。2019年，开发区实现地区生产总值153.51亿元，比增30.8%；实现规模以上工业增加值85.22亿元，比增5.2%；实现税收5.88亿元；完成规模以上工业产值393.64亿元；完成固定资产投资96.77亿元（其中，公共基础设施建设投资20.9亿元，区内企业固定资产投资75.87亿元)，比增34.9%；实现出口总额36.48亿元，比增1.8%；实现进口总额5.37亿元，比增35%；实际利用外资9431万元，比增74.8%。全区现有内外资企业157家，其中，外资企业48家；全区现有规模以上企业85家，实现年产值亿元以上的企业有茶花家居、青岛啤酒、聚春园食品、德通金属等37家，其中，年产值超10亿元的有马尾船政、海汇生物、亿达食品、源博建材等8家。

基础设施逐步完善。康怡小镇PPP项目001、002、003地块场地平整、土石方平整工程已完成80%；西北经济区区间路路坯工程正在施工；格兰德机械、茶花家居二期、华兰泰五金、福立方家居、名木年华以及中马装配地块土石方平整工程已开工动建；新高技术标准厂房二期项目正在进行土石方平整，已完成30%。宏东水产加工基地宏晟冷链物流、宏海食品、聚力实业、龙福食品等项目启动土石方平整施工工程。

项目建设有序推进。全区有普洛斯（连江）物流园一期、冠通塑胶、新航食品、宜联管业等项目建成投产；宏东产业园一期软骨素、福宗实业、顺发机电、佳昆食品、宏鑫水产等项目完成主体工程建设；宏东产业园纵一路、福宗路、七号地块护坡工程以及东浦园区的都东路、岭下路等一批基础项目已开工动建，按序时进度推进。

产业发展成果丰硕。全区产业集聚水平不断提升，形成了以鞋帽制造加工、食品加工、船舶修造为主导的三产集聚产业。鞋帽制造加工产业产值152.26亿元、食品加工产业产值109.36亿元、船舶修造产业产值21.77亿元，共实现产值283.39亿元，占全区2019年工业产值的72%。全区共有省级龙头企业共6家、有效发明专利69项、通过ISO14000认证企业（项目）17家、省级企业工程技术研究中心1家、省级企业技术中心2家、市级企业技术中心6家、市知识产权示范企业4家、市知识产权贯标培育企业4家、院士工作站3家、市专家工作站5家。

（摘编：尤文凡）

长乐经济开发区

长乐经济开发区为省级开发区。2019年，开发区规模以上工业企业108家，实现规模以上工业总产值1196.5亿元，比增13.4%；固定资产完成投资217.65亿元，比增41.9%；纺织、化纤、冶金机械三大主导产业平稳增长，实现工业产值1099.79亿元，比增14%。集聚形成五大产业集群，以金源纺织、华源纺织为龙头的棉纺产业集群；以恒申合纤、金纶高纤为龙头的化纤产业集群；以大东海冶金为龙头的钢铁产业集群；以东龙针纺、永丰针纺为龙头的花边产业集群；以雪人制冷、鑫隆机械龙头的装备制造产业集群；以元成豆业为龙头的粮油加工产业集群。其中，福建元成豆业有限公司、福建省金纶高纤股份有限公司等11家企业入选省级龙头企业。

基础设施趋于完善。2019年，工业区二期路网供水和路灯照明工程年初竣工并亮灯，竣工结算及配套供水接驳工程进展顺利；工业区5号路改造工程已基本完成结算和结算审核工作；金纶大道拓改工程基本完成竣工决算审计等扫尾工作，正督促施工单位做好路面维护修复等工作；扎实推动松下粮食物流基地区间道路路网建设，其中1、2号支路前期已竣工，3号支路工程经福州市政府批准上报省国土厅进行土地批次等手续；松下片区集中供热二期项正着手锅炉的热源站安装，风机、电力改造、3.5KM增温增压管道和附属及环保配套设施同步开展，预计2020年5月试运行；推动污水处理厂提标改造，二期提标改造工程（6万吨/日）于2019年10月完成，一期提标工程（3万吨/日）正在建设，预计2020年完成。

招商引资探索创新。积极探索招商引资新模式，开拓招商引资新渠道，开展主题招商，推动基金招商，试行第三方招商，招商成果显著。2019年全年完成招商项目141个，落地项目总投资额352.09亿元。聚集一批龙头企业，华为鲲鹏生态基地、阿里巴巴、东方银星、均和集团、贝瑞和康和博思软件等国内外知名企业已入驻，并将区域总部设在滨海新城。平台经济进一步显现，已注册平台项目共11项，注册资本共4.96亿元，正在跟踪推动在谈的平台项目有 11 项，其中，东方银星公司下一步还将导入新的公司及业务，主营焦炭、油气等，年营收可达 80 亿元；上海均和集团供应链金融平台项目正在推进中，年营业收入可达 100 亿元。

项目建设稳中有序。全年共安排 153 项重点项目，年度计划投资 497.23 亿元，全年完成投资 574.29 亿元，超序时进度 15.5 个百分点。其中：84 项在建项目，全年完成投资 472.51 亿元，超序时进度 16.6 个百分点；35 项计划新开工项目，年度计划投资 92.06 亿元，全年完成投资 99.33 亿元，超序时进度 7.9 个百分点。

生态环保严格治理。开发区内需整治的散乱污企业 11 家，已全部整治关停；15 家企业共 51 个项目在线安装监控设施并联网；大力推进清洁能源，淘汰 10 蒸吨以下燃煤锅炉。

（摘编：苏小雨）

厦门省级及省级以上开发区概况

厦门海沧台商投资区

厦门海沧台商投资区为国家级开发区。2019年，台投区实现地区生产总值797亿元，同比上年增长7.8%；固定资产投资（不含农户）增长10.6%；财政总收入176.80亿元，增长1.6%；区级财政收入39.84亿元，增长1.9%；实际利用外资10.35亿元；实现城镇居民人均可支配收入5.39万元，增长8.5%；实现农村居民人均可支配收入3.06万元，增长10.1%。

科技创新积极探索。2019年，全区有73家企业获得国家级高新技术企业，其中重新认定30家、新认定43家。至2019年底，全区资格有效的国家级高新技术企业205家，同比增长26.5%。全年规模以上高新技术产业工业产值756.12亿元，占规模以上工业总产值的58%。其中117家规模以上高新技术企业实现工业产值543.81亿元。大博医疗获批2018年国家企业技术中心，松霖科技成功上市，特宝生物成为科创板厦门第一股。厦门生物医药产业协同创新创业中心基本完成建设。以厦门生物医药港为核心的厦门市生物医药产业入选国家发改委战略性新兴产业集群，成为全国首批入选的17个生物医药领域产业集群之一。与厦门大学第一附属医院联合共建“抗肿瘤新药临床评价技术示范性基地”，并获国家科技重大专项2019年立项支持。海峡两岸（厦门海沧）无人机暨智能机器人孵化基地入选国家级科技企业孵化器。SIP系统级封装平台启动建设，支撑集成电路设计企业、芯片制造企业及终端应用企业的发展。全年组织实施科技计划项目11批，财政投入科技扶持资金9876.8万元。推进大众创新创业，共有RQ空间、无人机孵化基地、创业公社等9家众创空间，孵化面积33475平方米，自设立以来累计为1526家初创企业（团队）提供孵化服务、创客人数累计5436人，累计孵化出国家级高新技术企业11家、市级高新技术企业21家。知识产权水平持续提升，全年国内专利申请量4141件，同比增长25.5%；国内专利授权量2697件，同比增长20.8%；有效发明专利拥有量1405件，同比增长16.6%。积极创新人才工作机制，探索实施科学合理的人才评价方式，集成电路产业实行“职务+薪酬”多维度人才评价标准；率先全省开展生物医药高级职称评审改革，通过副高级职称评审24人，通过率达77.4%，生物医药职称评审改革做法入选全国人才工作优秀案例；制定实施《海沧区企业人才实训基地建设三年行动方案（2019—2021年）》，首批评选13家区级人才实训基地，完成管理、专业技能等各类培训7.5万人次，开展大学生实习实训378人，推进“一企一策”培训工作，371家企业纳入名单库，共培训人才9575人，培训对象涵盖生物医药、智能制造等骨干、技能人才；与厦门大学合作共建国家集成电路产教融合创新平台，打造高水平的集成电路产业人才培养平台。全年新增引进市级以上高层次人才175人，柔性引才582人。推行安居工程留才，全年入住率最高达90.5%，904间人才公寓累计入住1139人，同比大幅增长427%。全年受理发放各类人才政策补贴5476万元。

招商引资改革创新。全面推进招商引资机构改革，建立招商引资项目库和招商载体资源库，编制产业招商地图，组建招商服务公司统筹全区招商工作。借助第二届进博会、9·8厦洽会、“瑞幸咖啡2019全球合作伙伴大会暨全球咖啡产业发展论坛”等开展招商推介，发动区内企业资源开展“以商引商”，盈趣科技、泰地海西总部等企业主动引入全球供应商年会、全国工商联金银珠宝业商会会长论坛等活动开展招商推介，外出招商100余次。三产招商实现突破，“SM新生活广场+”、马銮湾悦年华高端康养、阳光国贸、全桔融资担保有限公司（滴滴项目）等项目顺利签约落地；碧鑫蔬菜花卉种苗繁育基地项目签订协议，淘宝福建绿植花卉产业带直播平台落户；全国首台套AB－BNCT系统将在海沧完成总装并落户厦门弘爱医院，填补福建省大型医疗器械研发生产领域的空白。引进中硼医疗器械、国药控股生物科技等生物医药项目40个，其中央企国药控股参与投设的国药生物是全市服务业招商大会上海沧区唯一上会签约项目。引进万渤生物、晶华视康等有特色、有实力的初创项目，引进君建生物、德必碁、胜亚生物等外资港澳台资项目。全年共对接和推进招商引资项目491个，新引进项目163个，其中17个项目实现当年落地、当年入统。全区共引进500万元以上内资项目1482个，注册资本约310亿元，比增48%。受柯达、长塑等10余家企业减资影响，合同利用外资－2.19亿元，比降105.2%，实际利用外资10.35亿元，同比增长8.5%。

两岸融合推动发展。2019年，修订台湾人才引进办法，增加配套优惠条款，开展台湾地区专门职业及技术人员（技术士）考试及格证书比照认定职称。全年兑现8家企业，27名台湾人才57万元奖励补助。落实各项台企优惠政策，新落户台资项目17个。设立区级台商台胞服务站，召开台商台胞座谈会，形成常态化交流互动机制。探索两岸融合发展新模式，成立海峡城乡发展基金会，建立“顾问团队+执行团队+项目化运作”运行机制，推动海沧乡村治理经验走向宁夏泾源县、甘肃积石山县等，探索聘用台湾青年参与乡村振兴、社会治理模式在西北大地复制推广，新聘台胞社区营造员11名。开展两岸融合社区健康营造项目，引进台湾社区健康促进专家担任“健康促进项目总监”，在海虹社区和青礁社区2个试点社区开展以疾病预防、健康管理为主要内容的健康促进项目。全国首创引进台湾医疗专家进社区，每周服务不少于四诊，直接将台湾优质医疗资源下沉到最基层，特聘台湾专家担任社区医师4名。两岸交流平台不断丰富，建成大陆第一座以纪念颜思齐开台文化为主题的公园，两岸人文新地标金沙书院正式动工建设。第十二届海峡两岸保生慈济文化节、2019海峡两岸（海沧）乐活节等活动持续深化，举办第十一届海峡论坛“融合发展看海沧”主题论坛、大航海时代与21世纪海上丝绸之路研讨会、第二届海峡两岸人文学论坛等，与台湾中国时报合办“第40届时报文学奖暨金沙书院散文奖”，探索设立中国闽南文化研究中心，不断深化两岸人文交流。推动两岸教育常态化交流合作。全年共接待台湾宗亲、宫庙149个团组1.2万人次，组织12个团组223人赴台交流。

（摘编：李元）

厦门火炬高技术产业开发区

厦门火炬高技术产业开发区，1990年12月由国家科委和厦门市人民政府共同创办，1991年3月被国务院批准为首批国家级高新技术产业开发区。2019年，高新区完成规上工业总产值2918.4亿元，工业增加值增速11.5%，高于全市2.9个百分点，居全市第一位；固定资产投资增速10%，高于全市1个百分点；实际利用外资25.7亿元，居全市第一位；合同利用内资196亿元，比增102%，超额完成年度任务；软件与信息服务业实现营业收入1183.06亿元，比增18.2%，占全市68.3%，增速高于全市2.96个百分点；区内的国家级高新技术企业数915家，占全市国家级高新技术企业总数的47.46%。

产业发展成效斐然。全年实施“三高”企业增资扩产项目176个，备案计划总投资955.8亿元，2019年完成投资212亿元，项目数和完成投资额比增23%和30.3%。晋大纳米获评工信部第一批专精特新“小巨人”企业。弘信电子成为全国首批（7家）入围工信部《印制电路板行业规范条件》的企业。3家企业入选2019年全国软件百强，占全省一半。5家企业入选2019年全国互联网百强，排名全国第5。前沿布局初具规模。从事人工智能技术研发的骨干企业达18家，运用人工智能技术的企业超200家。瑞为人脸识别设备覆盖全国三分之一机场，并在北京大兴国际机场应用。云知芯搭建的厦门人工智能超算平台浮点运算能力正式突破1亿亿次/秒（10 PFLOPS），成为我国东南区域计算能力首屈一指的超算平台。成功举办第23届世界半导体理事会议和2019中国（厦门）石墨烯新材料产业峰会。芯米半导体、澜至科技等一批优质集成电路项目相继落户。清华大学厦门半导体工研院引进当年即投入运营，鑫天虹项目正式投产。

园区建设快速推进。厦门软件园三期东片区在建110万平方米全部竣工，园区新增核准入园企业899家，工商注册企业达2705家，比增46.3%。同翔产业基地重点完善起步区框架路网建设和同安、翔安起步区二期市政道路、水、电等基础设施项目建设，完成投资比增83%。环东海域现代服务基地美峰片区开发全面提速，美峰科创公园7栋研发主楼及4栋副楼基本建成。全年挂牌出让产业用地14宗，面积超1200亩，比增139%，位居全市第一。探索试点低效用地收储创新机制，获准园区存量土地房产收储权限。收回并盘活闲置用地300亩。园区生活配套日益完善。嘉福人才公寓新增公寓1248套。天马人才房提升改造工程启动建设。火炬国际学校主体结构封顶，翔安火炬实验学校加快前期工作。厦门软件园三期体育中心正式开业。生态文明建设持续深入。在全市率先试点工业园区环境污染第三方治理，完成“线上+线下”智慧化管理平台搭建，引进第三方环保服务商16家，推进园区环境污染治理“市场化、专业化、产业化”，获省、市主要媒体推广。

招商引资成果丰硕。全面形成大招商态势，中航锂电、天马6代AMOLED、浪潮3个百亿级项目，16个十亿级项目、50余个亿级项目均落户高新区。新增入区企业2107家，比增33.7%。其中新增注册资本亿元以上企业37家，比增37%。

创新创业全面升级。全年净增国家级高新技术企业140家，约占比全市46.7%。新增60家企业入选“省科技小巨人领军企业培育发展库”，占全市入选企业数的43.2%。1家企业参与的项目获国家科技进步一等奖；2家企业参与的项目获国家科技进步二等奖。4家企业进入“中国企业专利500强榜单”；1家企业获评第二十一届中国专利优秀奖；3家企业获评国家知识产权示范企业。由园区企业主导参与的17个项目获福建省科技进步奖。创新平台全面发展。全年新增2家国家级企业技术中心，1家省级重点实验室，2家省级企业技术中心，7家省级新型研发机构，占全市58.3%。新增3家市级重点实验室，1家市级新型研发机构，7家市级企业技术中心，占全市46.7%。支持设立3家院士专家工作站。首次认定2家“火炬创新研究院”、3家“火炬公共技术服务平台”、3家“火炬域外研发中心”。各类公共技术服务平台累计服务企业超2000家次，总服务金额比增45.2%。创新生态日益完善。新认定34家高水平创新券服务机构，首次评选“火炬十佳服务机构”，全年创新券授权额度比增100%，服务企业超700家次。科易网（火炬高新区）技术交易平台促成149个技术项目交易，比增29.6%，总签约金额达1.13亿元，服务企业超4000家次。举办厦门市首届“春晖杯”留学人才厦门行活动、厦门市首届“硬科技”创新创业大赛、2019创客中国和双创领袖峰会等各类创新创业活动近30场。创业孵化持续发力。厦门高新技术创业中心有限公司、厦门软件产业投资发展有限公司、厦门海峡科技创业促进有限公司获评国家级优秀（A类）科技企业孵化器。新增省级台湾青年就业创业基地1家，省级科技企业孵化器1家和省级众创空间8家，20家众创空间入选2019年度市级专业众创空间，占全市66.7%。成立“火炬众创之家”，搭建众创空间之间的合作交流平台。高层次人才队伍迅速壮大。全年新增高层次创新创业人才317人，其中国家“万人计划”2人，省“高层次人才”10人，市“双百计划”33人，市青年“双百”人才21人；市“特支人才”16人；市台湾特聘专家及专才62人，占全市65%；市重点产业紧缺人才173人，占全市80%。

（摘编：苏小雨）

中国（福建）自由贸易试验区厦门片区

2015年4月21日，中国（福建）自由贸易试验区挂牌成立。总面积118.04平方公里，包括福州片区、厦门片区和平潭片区三个片区。中国（福建）自由贸易试验区厦门片区（以下简称厦门片区）总面积43.78平方公里，包括两大功能园区：两岸贸易中心核心区（19.37平方公里，涵盖象屿保税区、象屿保税物流园区）和东南国际航运中心海沧港区（24.41平方公里，涵盖海沧保税港区）。2019年，厦门片区完成地区生产总值663.94亿元，比增12.2%；实现进出口总额2018.06亿元，比增21.6%，其中出口1047.70亿元，比增35.2%；财政收入93.37亿元，其中地方级收入51.25亿元。全年厦门片区新增企业9485家、注册资本829.92亿元；其中，新增外资345家、注册资本172.92亿元，引进世界500强企业壳牌、硕达等一批重点项目。厦门片区挂牌以来，累计新增企业45280家，注册资本6392.36亿元，实有企业51939家、注册资本7786.21亿元，企业注册数较挂牌前净增近6.8倍。

产业发展大力推进。重点打造航空维修、融资租赁、跨境电商、进口酒、黄金珠宝、集成电路、机电平台、文化贸易、国际水产品交易、中欧（厦门）班列、国际航运中心、三创基地、国际贸易“单一窗口”等14个重点平台，并分别制定三年行动方案，充分发挥政策和资金杠杆作用，以争取政策突破和推出创新举措为手段，将“保税+”“金融+”“互联网+”等自贸试验改革创新元素融合、协同、集聚到推动重点平台建设之中，同时在开办、运营、租金、人才等方面予以大力支持，以更高层次的系统集成，聚集一大批有带动力的创新创业创造的企业，打造拉动经济平稳快速增长、带动产业转型升级、增强区域发展竞争力的重要增长极，共同打造厦门千亿产业链。航空维修。落实厦门片区航空保税维修1371试点业务适用退税政策，推进特殊监管区外保税维修监管试点政策落地。对接中国商飞国产大飞机、拓展产业新领域。2019年，航空维修产值138.6亿元，超过80%为境外业务。进口酒。借鉴香港等地模式组建进口酒专业委员会，出台支持进口酒市场发展若干措施，推动厦门国际酒类交易平台集聚发展。2019年，厦门关区进口酒量达2.2亿升，其中进口啤酒1.9亿升，保持全国第一位，厦门口岸进口酒总量保持全国第二。融资租赁及中后期飞机处置产业链群。厦门片区引进融资租赁企业437家，为全国主要融资租赁聚集区。2019年引进租赁飞机22架，增长154.5%，累计引进租赁飞机125架，租赁金额81亿美元。累计开展船舶融资租赁船舶16艘，融资金额8亿元。引进国家集成电路大基金下属企业鑫芯租赁。机电设备。发挥“保税+”“金融+”“会展+”优势，打造智能制造全产业链一站式综合服务平台。已引进日本山崎马扎克、瑞士肖柏林机床、台湾百德机械等20多家知名品牌。2019年平台实现交易额超28亿元，区级纳税1010万元。国家文化出口基地。出台专门政策措施，发挥自贸试验区“保税+”优势，打造特色文化艺术品平台。国内首个大型保税艺术博览会博乐德艺术品保税共享平台开业；举办首场保税拍卖会，成交金额3731万元。举办东南亚中国图书巡回展，丹溪映画与巴基斯坦电视台等合作。国际航运中心。全国首创“进口直供、保税供船”监管模式，构建邮轮物供快速通道。2019年，接待国际邮轮136航次，比增41.7%，旅客吞吐量41.37万人次，增长27.4%；集装箱吞吐量1112.22万标箱，继续领先高雄港。

招商引资突出重点。树立全员招商工作理念，以企业需求为导向，系统运用产业链、专业化、社会化多种方式链动上下游产业，建立项目中心的全周期工作机制，出台《进一步加强招商引资工作的若干意见》，针对重点产业链建立“一个产业链、一个招商方案、一批目标企业、一支招商小分队”的“四个一”招商机制，开展精心精准精细招商，大力推动项目落地。主要落地项目有：京东（厦门）电商进出口运营中心、台湾大有海洋集团总部、厦航飞机跨境租赁、香港中环球跨境支付服务平台、顺利办信息服务股份有限公司南方总部等。离岸贸易业务持续增长。理顺厦门市企业开展离岸贸易外汇收支结算的操作流程，从厦门市首笔离岸贸易业务落地至2019年底，建发、国贸、象屿3家国企已在工、农、中、建、交和兴业6家银行累计办理了离岸贸易国际收支62.18亿美元，折合人民币430亿元，其中2019年外汇收支增量为50.91亿美元，折合人民币354亿元。构建跨境电商生态圈。获批国家跨境电商综合试点城市，打造跨境出口品牌营销中心，落地亚马逊、京东、雨果、拼多多国际等龙头项目，吸引跨境电商产业链上下游企业入驻，实现要素集聚。2019 年，厦门片区纳统的跨境电商 9610 进出口 294.5 万件、货值 4.25 亿元、比增 445.5%；其中，9610 出口 292.32 万件、货值 4.16 亿元、比增 480.8%，占比超九成，有力培育了厦门市外贸新模式、新业态，推动了外贸经济的转型发展。1210 保税备货进口 965 件，货值 159.58 万元；邮件快运进出口 3192.14 万件，其中邮件 2951.88 万件，快件 240.26 万件。其中对台海运邮快件 2494 个标箱，共 1054.47 万件，比增 4.4%。国际集拼成为出口增长新动能。率先在全国开展国际中转集拼业务，吸引东南亚等近洋货物在厦门港口分拆，再与国内出口货物集拼出口至欧美。2019 年，国际集拼实现箱量 11.5 万标箱，比增 10.7%；实现出口 380.17 亿元，占全市出口总额 10.8%，比增 46.8%，拉动全市出口增长约 3.6 个百分点。中欧班列持续拓展贸易渠道。抓住集装箱货物过境运输契机，推动越南货物首次连接中亚线，使得海铁联运全部覆盖欧洲、中亚、俄罗斯 3 条国际货运干线；匈牙利布达佩斯线和俄罗斯新西伯利亚首班返程班列发运，打通了厦门欧洲双向通道，台湾商品经中欧班列过境运输业务实现常态化运营。2019 年 1—12 月，已累计发运 234 列，同比增长 32%，货值达 50.49 亿元，同比增长 51%。

（摘编：蔡志轩）

厦门同安工业园区

厦门同安工业园区为省级工业园区。截至 2019 年底，园区共有工业企业 280 余家，其中规模以上企业 50 家。2019 年，园区实现生产总值 60.64 亿元，同比增长 17.4%；规模以上工业企业完成工业产值 106.9 亿元；规模以上企业实现增加值 26.54 亿元，同比增长 1.5%；税收收入 3.06 亿元。

基础设施配套完善。路网建设现状：园区已建成 18 米以上道路约 9.5 公里。工业区现对外交通较为便利，北侧为沈海高速，东侧为同集路，南侧为海翔大道，规划区内道路以方格网形式为主。为保证城市干道的快速畅通，白云大道与海翔大道，同集路与海翔大道的交叉口设有立交用地。片区规划道路划分为快速路、主干道、次干道和支路，快速路有海翔大道、同集路；主干道有白云大道，红线宽度 40 米；次干道设置红线宽度 24—30 米；支路设置红线宽度 18 米以下。工业区内道路已经基本建成，交通条件较为顺畅。供水、供电、供气设施：工业区现由集美天马水厂统一供水，供水压力约为 0.15MPa。本区的输水干管同集路西侧给水管道 DN500，其余道路下管径为 DN200—DN300。区内管道已铺设完毕。工业区内能源消耗以天然气和电力为主。区内现有一座 110kV 西柯变电站，现状主变容量 2×40MVA，占地 5700 平方米。110kV 电源引自 220kV 梧侣变电站，采用架空线沿道路和溪流架设。工业区内燃气气源为天然气，由厦门华润燃气公司供气，燃气管径采用 DN80—150。集中供热设施：工业区内企业现由厦门同集热电有限公司统一供热，该热电厂配置 2 台 35t/h 循环流化床燃煤锅炉及一台 6MW 抽气冷凝式汽轮机发电机组，基本完成轻工食品工业园供热全覆盖。

项目建设持续推进。2019 年，园区投入的项目主要有以下几项：美禾园排水工程，总投资 190 万元；园区标线施划项目，总投资 300 万元；美禾园美禾二路、美星五路等道路建设项目，总投资 1780 万元；美禾园周边配套绿化隔离带项目工程，绿化面积约 4900 平方米，植草砖停车场 1984 平方米，总投资 143 万元；工业区提升改造项目工程，主要内容为美禾一路、二路、五路、七路、官浔溪南路等道路改造，人行道、绿化提升工程，总投资 1500 万元；以上项目总投资约 3900 万元。

招商引资稳步增长。2019 年，园区内总投资 500 万元以上的企业实现固定资产投资 9105 万元，同比增长 29.9%，冠州食品、味华香、英之盛等企业项目竣工或投产。

生态环保监管到位。园区污水排水采用分流制。污水（包括生活污水与工业污水）独立排放，目前排入同安污水处理厂处理，轻工食品工业区污水待西柯污水厂建成后，规划区内污水改为排入西柯污水厂处理，污水必须经预处理达到标准后才能进入污水厂处理。雨水独立排放，就近排入水体。随着园区规划的实施，区域道路、污水管网等基础设施将逐步完善，同时结合区内农村改造，重新规划建设农村给排水管，加快实行雨污分流，并与工业区的给排水系统相衔接，农村生活污水接入工业区污水管网，纳入城市污水处理厂处理，区域水环境逐步改善。区域大气环境质量趋于改善，目前园区大气环境质量可满足《环境空气质量标准》（GB3095—2012）二级标准要求。随着同集热电公司实施日常锅炉烟气超低排放运行，可进一步改善区域大气环境质量。根据工业区的工业发展方向，规划范围内产生的工业固废主要以轻工、食品、机械等方面的废弃物居多，固体废物的类型主要是食品生产过程中产生的有机类的食品下脚料、食品剩余物等，均由企业委托有资质单位统一处置。园区规划环评已基本通过环保部门审查；截至2019年末，园区用于防治水污染的集中治理设施和在线监控设备（含与生态环境部门平台联网）已建成并正常运行，涉水排污企业接管率和处理率达到100%；园区固废和危废处置综合利用率达到100%；园区单位规模以上工业增加综合能耗为0.16吨标准煤/万元；截至2019年末，园区通过ISO14000环境管理体认证企业10家。

管理服务不断完善。为确保同安工业园区巡查、管理、服务工作正常进行，经区政府同意，同安资产管理有限公司就承接园区管理服务工作具体事宜派驻公司人员入园驻点开展日常管理和服务工作，主要是对园区进行巡查，配合相关部门做好园区公共设施配套、市容环境、园林绿化和监督园区物业等各项管理工作。

（摘编：邓新民）

厦门翔安工业园区

厦门翔安工业园区位于海翔大道以北，总规划用地面积约55.08平方公里，包括厦门火炬（翔安）产业区、厦门翔安工业集中区及同翔高新技术产业基地翔安片区。2019年全区329家规上工业企业完成产值1463.14亿元。形成以平板显示、半导体和集成电路、机械装备及新材料四大重点产业链为主导的产业体系，初步形成了光电、集成电路、软件、电子信息、电工行业、食品加工产业集群及轻工、精密装备制造等产业链。

厦门火炬（翔安）产业区：厦门火炬（翔安）产业区创建于2003年，2005年8月全面开工建设，规划总面积从零发展到29.14平方公里，该区为厦门火炬高新区最大的综合性园区。友达光电、冠捷电子、东元集团等一批台湾知名企业相继落户于此，成为海峡西岸承接台湾优势产业及先进制造业转移的最大基地。火炬（翔安）产业区设有国家LED检测中心、台湾科技企业育成中心、火炬（翔安）保税物流中心等，正日益成为集研发、中间试验、制造于一体的高科技工业园区。截至2019年底，火炬翔安产业区218家规模以上工业企业完成产值1184亿元；固定资产投资累计113亿元。

厦门翔安工业集中区：2006年3月，经福建省人民政府批准，原巷北工业区和银鹭工业区整合升级为厦门翔安工业园区，规划面积1.56平方公里。经建区十多年的持续发展，扩成巷北、市头、银鹭、内厝等四大工业集中区，规划总面积11.8平方公里，开发面积达6.47平方公里。主要发展、引进光电及其配套行业、电器电工、纺织化纤、电子信息和食品加工等高产值、高效益、高附加值和低污染、低能耗的行业。2019年，厦门翔安工业集中区落户规模以上企业111家，企业产值约279亿元，占全区规模以上工业产值的19%，吸纳产业工人近5万人。

同翔高新技术产业基地翔安片区：翔安片区（含内厝中航片区）位于翔安区内厝、马巷镇，规划用地面积11.78平方公里。由市土地开发总公司作为总业主，厦门信息集团分别作为翔安片区的代建单位，负责办理土地开发的相关手续和市政道路及配套的建设；产业用地收储后，由火炬高新区和各区联动招商出让建设。翔安片区2019年完成投资7亿元，主要项目有：翔安高新技术产业基地起步区建设项目25558万，乾照半导体高端LED芯片等半导体研发生产项目12274万元，6英寸碳化硅外延晶片生产线技术改造项目（E线、F线）1074万元，著赫科技园项目15648万元，芯光第三代半导体SiC功率模块研发及产业化2122万元。

（摘编：王一星）

漳州省级及省级以上开发区概况

东山经济技术开发区

东山经济技术开发区是1993年1月20日经国务院批准设立的国家级经济技术开发区，总规划面积10平方公里，区内主干道及排雨、排污、供水、供电、通讯等配套设施较为齐全，产业聚集效应突显。东山经济技术开发区下设两个园区，分别是玻璃和新材料产业园和海洋生物科技园。2019年，开发区规模工业产值完成241.15亿元，比增10.5%；工业增加值完成69.93亿元，比增6.2%；海关出口总额完成39.09亿元，比增-25.5%；全社会固定资产投资预计18.82亿元，比增-15.20%；财政总收入预计完成8.11亿元，比增17.2%。其中，本级财政收入预计完成4.6亿元，比增17.6%。

基础设施不断完善。道路建设方面，海科园开工的6条PPP道路已竣工验收并投入使用，园区“三纵六横”路网格局已然形成。玻璃园区观音山北路等七条道路的手续已完成工程可行性研究、地质勘察、施工图设计、工程预算价编制。污水处理厂方面，长山尾污水处理厂及两个污水提升泵站的土建和设备安装基本完成，园区企业污水已能够顺利排入污水管网。城垵污水处理厂预计2020年上半年投入试运行。其他方面，海科园新建南港东路至污水处理厂供电架空线，已完成南港东路段架空线的施工，该项目的完工为两个污水提升泵站的顺利投用提供供电保障和作为长山尾污水处理厂的第二电源。中交围海造地项目取得东山薄膜太阳能项目海域使用权竣工验收合格通知书，现已换发国有土地使用权证并被县土地收储中心收储，竣工验收结算审核送县审计部门审计，并委托中介机构编制中交围海造地工程竣工财务审计报告书。

招商引资重点突出。围绕水产业加工、海洋生物科技、玻璃及新材料产业等主导产业，加大对水产品精深加工、以海洋生物医药和新型科技类产业等重点产业进行项目推介和重点招商，招引“大项目”“好项目”。全年招商签约任务数9个，签约投资额任务数18亿元。截至12月底，已签约东山惜巢建材城项目、漳州海德宝电子科技项目、新鲜味食品项目、科能能源培训中心项目、包装制品项目、松元电子元件项目、东榜电子商务项目、东山天然气支线管道工程项目、永固船用设备项目、照瑞祥食品项目等10个项目，总投资18.7亿元。全力做好园区竞赛工作。抓好“三抓三比，十项竞赛”工业园区竞赛跟踪，截至12月底，上报新引进签约项目24个，签约金额44.35亿元，开工率100%；新增规上企业10家，新增产值98685万元；园区新纳入统计工业项目72个，完成投资358070万元，完成年计划投资279675万元的128%。全力推进两个园区通用厂房建设。积极与中商盛世对接洽谈，促其在两个园区投建通用厂房，吸引小微企业入驻，有效解决企业起步发展难的问题。同时，实现集约用地，缓解园区用地紧张的压力。进一步优化资源配置，形成产业集聚，推动园区统一规划建设。配合中商盛世6月14日举行项目招商推介会进行招商，邀请200多家企业参与会议，并组织参加9月26日举办的中商盛世（东山岛）智慧城项目开工仪式。

生态环保推进落实。落实生态环境部华东督察局对开发区规划环评情况的反馈，多次召开会议研究探讨，分工细化，专人负责，全力推进开发区规划环评工作。园区委托生态环境部中日友好环境保护中心（环境发展中心）开展规划环评工作已编制完成，报送生态环境部环评司。目前生态环境部环评司初审已完成，待围填海评估和修复手续上报国家备案完成后进行评审，力争2020年6月底前审批。做好围填海历史遗留问题处置工作。一方面加强与县自然资源局的沟通协调，加快对原海洋三所项目用地收储及超正周边道路的用地预审、选址意见、农转等手续的办理，促进存量土地的使用；另一方面开展涉及围填海历史遗留问题项目的《生态评估报告》和《生态保护修复方案》编制，于2019年3月28日通过福建省自然资源厅组织的专家评审，并形成《东山海洋生物科技产业基地围填海历史遗留问题处理方案》报送省自然资源厅，对依法处置两个围填海历史遗留问题提出相应的处置措施，正待省自然资源厅的审批意见，依程序推进解决用地问题。

管理服务深化拓宽。坚持走访企业制度，及时了解企业问题，坚持每月至少1次走访企业，在走访活动中有针对性地邀请相关职能部门的工作人员，要求现场咨询、解答处理，将为企业服务带到企业和工地、带到生产一线，更实效快捷地解决企业问题，主动“下访”有效地减少或避免“上访”，促进企业建设发展。2019年，共接到企业、农民工投诉、求助电话3起，并召开2019年农民工工资支付情况专项检查工作会，传达东山县2019年农民工工资支付工作联席会议精神，开展农民工工资支付情况专项检查。加强安全检查，建设平安园区。根据上级安全生产工作要求和会议精神，结合开发区实际，每年组织对重点行业，特别是对危险化学品行业、涉氨制冷企业开展安全生产大排查大整治。2019年，累计共出动154人次，检查区内企业50多家，发现安全隐患47项，责令整改完成45项，整改率95%。涉氨制冷企业中海、海魁两家压力管道未整改，7月24日已上报县安办，建议县行业主管部门采取措施。抓好项目挂钩，强化责任落实。结合主题教育，区领导干部挂钩企业、项目，坚持每月召开重点项目建设调度会，对纳入全区调度的县重点项目建设情况进行调度，详细了解每个项目手续办理情况、工程进展情况、项目存在问题，对每个项目存在的问题进行认真梳理，并加以解决，突出精准施策，一企一策，形成全区上下关心支持项目建设的氛围。

（摘编：杨福来）

漳州招商局经济技术开发区

漳州开发区总体规划面积56.17平方公里，为国家级经济技术开发区，全区分为临港工业区、行政科教商住区、高科技产业园区、港口工业区等四个功能区。建区28年来，全区已形成交通机械制造业、金属制造加工业、粮油食品加工业三个临港产业集群。2019年，开发区完成地区生产总值100.32亿元，同比增长4.9%；一般公共预算收入10.23亿元，同比增长-39.2%；其中，地方一般公共预算收入7亿元，同比增长-40.7%；外贸出口总值5.52亿元，同比增长-80.4%；社会消费品零售总额7.99亿元，同比增长7.1%；规模工业总产值82.69亿元，同比增长6.2%；规模工业增加值18.42亿元，同比增长5.9%；全社会固定资产投资37.74亿元，同比增长-19.4%。

产业发展结构优化。漳州开发区积极培育海工装备、港航物流等产业，豪氏威马、中集集装箱、路易达孚、嘉吉饲料、伟成油脂等一批临港工业不断延伸产业链；同时，继续围绕现有交通机械制造业、粮油食品加工、金属制品加工等产业集群，加大相关配套项目的引进和技改力度；着力布局智能汽车小镇、泛信息技术产业、旅游产业、大健康产业、临港产业五个百亿元产业集群，项目进展显著。港口经济有新发展。围绕区域融合发展，健全交通基础配套，厦门港最大等级散杂货码头后石港区3号泊位取得港口运营许可证，正式开港运营；后石航道二期工程15万吨级完成年度投资500万元；招银航道二期工程前期工作扎实开展，顺利通过省发改委立项批复。

投融资服务重点打造。漳州开发区着力打造科技金融服务、招商引资及资讯交流平台，面向金融机构、科技创新企业招商，为企业提供“融资、融智、融讯”的一站式企业服务，提升厦门湾区域科技金融影响力。积极鼓励各银行推出中小企业特色信贷产品并向区内企业提供信息服务；

通过召开银企对接会、实地走访企业等形式促进银行与企业贷款、信用证等业务合作；加大融资担保资金、应急周转金等政策的宣传力度；推动产融结合，利用“科技金融广场”平台，鼓励私募基金产业发展，截至2019年底，漳州开发区已设立三支产业引导子基金，子基金2019年累计投资项目5个，累计投资金额约1.5亿元。

招商引资成果喜人。全年累计洽谈对接约85个产业项目，签约安博物流等10个项目，合同资金额达60.69亿元，引进的威驰腾新能源汽车项目，实现了当年签约、当年落地、当年投产。在招商引资方面，主要立足开发区的资源禀赋和自身优势，着力打造三大产业平台。一是先进的海工装备制造平台。扩大招商重工与豪氏威马的合作规模，打造第八代深海钻井平台；利用区内诺尔起重公司用地，探讨与优质工业项目嫁接，打造新一代高端装备制造基地。二是厦门湾南岸的泛信息产业平台。开发区打造第四代产业综合体“芯云谷”泛信息技术产业园，产业园一期已于2019年11月投入运营，吸引了华为、腾讯云、中关村e谷等一批企业入驻。三是食品工业支持平台。利用漳州食品工业基础，以及开发区现有的世界500强路易达孚、中粮、伟成油脂等企业，打造食品工业的基础产业。此外，漳州开发区还通过参加厦洽会、花博会、进口博览会等一系列展会，积极出台各项招商引资政策，做好招商和推介工作。

科技创新加大投入。漳州开发区紧紧围绕市委市政府重大决策部署，通过强化组织领导、加大科技投入要素保障、充分发挥政策叠加效应、加快创新创业平台建设、着力推动重大科技创新项目落地，有力推进产业转型，充分激活科技创新要素。一是重点抓好企业研发投入，加大对科技创新型企业培育；二是培育双创孵化载体，加速创新创业项目转化，新增2家市级众创空间；三是努力提升“高企”培育服务工作水平，2019年获评国家级高企1家，省级高企1家；四是加快推进重大科技创新项目建设，“招商·芯云谷”正式开园投用；五是精心筹备举办第二届全球未来食品论坛，助力漳州食品企业创新发展。

生态环保稳步推进。持续开展排洪沟清淤及市政设施维修等工程。实施静湖公园及黄金海岸公园喷灌系统改造修复、苗木补植、木结构设施维护及排水沟渠修造等工程，完成山地生态园和黄金海岸喷泉广场局部塌陷、南鼎山大门地面沉降等3处应急抢修，有力应对暴雨、台风等特殊天气。环境保护持续加强。加强污染源头排查整治工作，组织开展第二次全国污染源普查，制定整治方案，将“双随机”抽查和专项检查相结合，对照梳理污染源69项。打好环保“三大攻坚战”，全年空气质量优良率不低于96%，6项污染物指标均达到环境空气质量二级标准。实施危险废物规范化管理考核，推进超期贮存危险废物清零专项行动，危险废物规范化考核达标率100%。顺利完成中央环保督察整改迎检及反馈整改工作。

体制机制创新改革。经福建省人民政府批准，漳州开发区由招商局集团负责经营管理。目前，漳州开发区管委会与招商局漳州开发区有限公司实行“政企合作”的管理模式。在体制机制创新方面，组成专项工作小组，草拟《漳州开发区管理办法》初稿，并推动报审，持续推进开发区机制体制改革。此外，2019年，漳州开发区还整合资源，推动行政审批制度改革走向纵深，一是精简审批流程，推进“多证合一”改革，将56项涉企证照事项合并办理。设立优化商事登记、建设审批、社保等综合窗口，实现企业注册登记3.5小时，提供24小时工商自助个体登记服务；推进工程建设项目审批改革，大幅缩短全流程审批时间。二是推进“证照分离”改革，作为首批国家级开发区试点，制定精准实施方案，率先在全市完成改革试点工作。三是确保“减税降费”落地生根，落实134项“最多跑一趟”清单，有效节省办税时间。四是设立人才服务窗口，一站式做好人才政策咨询、申报等服务，为全市首创。五是持续推进互联网+政务服务，完成“漳州港E-City”政务服务APP的建设，实现线上全流程政务服务。

（摘编：蔡志轩）

漳州台商投资区

漳州台商投资区于2012年1月获国务院批准设立，实行以区带镇管理模式，下辖角美镇及46

个村（居、场），区域总面积163.7平方公里，总人口约30.1万人。具有地理位置优越的特点，地处漳州、厦门城市节点，距厦门岛仅15公里，是厦门市“环岛半小时经济圈”和漳州主城区的重要组成部分。2019年，全区实现地区生产总值353.17亿元、增长7.2%；固定资产投资202.45亿元；规模工业总产值750.72亿元、增长9.4%；规模工业增加值204.07亿元、增长9.1%；一般公共预算总收入34.46亿元；地方一般公共预算收入21.19亿元；社会消费品零售总额36.79亿元、增长8.4%；实际利用外资38028万元；外贸出口总值80亿元，比增1.5%；城镇居民人均可支配收入40053.1元、增长8.1%；农村居民人均可支配收入20935元、增长10.1%；三产比重为2.5∶70.2∶27.3。在2019年国家级经开区综合发展水平考核评价中位列第162名、全省开发区综合发展水平考核评价中位列第17名，所辖角美镇连续五届蝉联“全国文明乡镇”，位列“2019年度全国综合实力千强镇”第49名，排名比2018年度上升2个位次。

项目建设赶超进度。围绕“三抓三比、十项竞赛”，以“五个一批”作为项目建设抓手，建立完善“一月一协调，一季一调度，一季一督查”重大项目管理机制、项目代办制，2019年，新开工建设重点项目27个，64个市级以上重点在建项目完成投资170.1亿元，6个“2018—2020”赶超重大项目完成投资25.3亿元，均超额完成全年目标，全区共落实“五个一批”项目100个，总投资约669.5亿元，“五个一批”项目综合考评连续五年保持全市开发区系列第一；积极融入闽西南协同发展区建设，5个重点协作项目完成投资2.1亿元；初步谋划“十四五”重大储备项目16个，总投资216.3亿元。

营商环境积极优化。率先在全市开展台商台胞金融信用证书试点工作，为台商台胞授信总额达15.7亿元。海峡两岸（漳州）设计创意中心已建成投用，并招引3家企业入驻。保税物流中心（B）型通过验收，成为厦门关区第二家保税物流中心（B型），区内企业可享受与自贸区一样的通关政策。拓宽招才引智渠道，成功举办第十七届6·18海峡人才交流合作大会，开展乡村振兴人才培训班，提高非在编教师队伍待遇，逐步实现同工同酬，为留住人才打好基础。持续优化营商环境，按照“一窗受理、信息共享、集成服务”企业申请不动产登记办理时间压缩在3个工作日内，抵押权注销登记实现“一趟不用跑”。设立企业“绿色通道”，实行“无障碍”“保姆式”服务举措，着力压缩企业开办时间，企业设立登记、刻制公章、申领发票三个开办环节压缩至1个工作日，除特殊复杂变更登记外，均实行当场办结；优化审批和服务事项环节，投资项目审批时间从项目立项到施工许可办结在28个工作日以内，承诺办事时限压缩率达50%以上。

招商引资成效显著。各大招商活动成效明显，成功举办首届文旅项目推介会、“北斗+卫星+海洋”应用研讨会等，共签约项目30个（含框架协议），总投资约105.57亿元，其中，总投资20亿元的中科智谷产业园实现“当年签约、当年开工、当年投产”。加大文化创意产业、服务业、建筑业等引导和扶持力度，成立“漳州台商投资区文化创意产业园区”，优化文创产业发展环境，出台重点文创项目“厦漳油画城”政策扶持文件，推动“厦漳油画城”油画产业健康发展。

体制机制改革创新。加快开发区改革，实行“区地合一”管理机制，新调整设置的11个机构在2019年全部挂牌成立，顺利承接市级下放的905项行政审批事项，实现“区内事区内办”；深化开放型经济体制建设，漳州台商投资区保税物流中心（B型）正式获批，大幅提高口岸通关效率，助推制造业转型升级；有效应对中美贸易摩擦和贸易壁垒，98家出口企业完成出口80亿元，外贸市场保持平稳；落实各级惠台政策，闽台交流不断深化，率先在全市开展台商台胞金融信用证书试点工作，为台商台胞授信总额达15.7亿元，充分发挥台资企业资本项目管理便利化试点作用，为15家台企办理111笔试点业务，金额达2.13亿美元，让台企享有更多政策“红利”；注重高质量招引，台企质量效益不断提升，目前，区内常驻台商台胞500多人，在册台资企业127家，总投资53.81亿美元，分别占外资总数64.77%，投资总额77.08%，成为区域经济发展的重要支撑。

（摘编：苏小雨）

漳州高新技术产业开发区

漳州高新技术产业开发区原名为“福建南靖高新技术产业园区”，由省级漳州高新技术产业园区（1992年10月批准建立）和省级南靖高科技工业园（2000年3月批准建立）于2003—2005年全国开发区整顿期间整合成立，核批面积3.29平方公里，于2012年11月23日经省政府批准（闽政文〔2012〕444号）更名为漳州高新技术产业园区，于2013年12月20日经国务院批准（国函〔2013〕141号）升级为国家高新技术产业开发区，定名为漳州高新技术产业开发区，实行现行的国家高新技术产业开发区的政策。2019年，漳州高新区（直管园区）完成固定资产投资113亿元，与2018年基本持平；完成规模工业产值168亿元，增长8.1%；规模工业增加值52亿元，增长8%；同口径（不含车购税）一般预算公共收入完成7.5亿元，增长26%；地方一般公共预算收入4.87亿元，增长42.2%。

基础建设重点突破。南江滨主路、金峰大桥、圆山大道Ⅲ标基本实现通车，圆山大道纵十路到象镇互通段开工，马洲大桥、芝山桥等跨江桥梁加快建设。市政配套扎实推进，新建改造城市道路11公里，雨水管网16公里，污水管网5公里，供水管网15.4公里，燃气管网5公里，新增绿道10公里，新增城市公共停车位200个，在全市率先完成住宅小区增设电动车智能充电桩任务。环保设施稳步提升，漳州工业废弃物处置利用中心焚烧系统正式点火投入运营，推进农村污水整治PPP项目，南星污水处理站等9个污水处理设施完成建设，马洲污水处理厂、林前污水处理厂实现开工。民生配套全面加快，新开工建设棚改项目2337套，组织龙江新苑、水仙花苑等安置房分房3009套，安置面积26.75万平方米；高新区“安得广”惠民安居工程全部封顶，首批64户符合申请条件对象成功选房；市医院总部加快建设，8栋主要建筑进入主体施工；职教园区完成所有单体工程施工；兰庭、莲浦、龙江新苑等安置房小区配套幼儿园项目基本完工，投用后可容纳45个班，1350个学位；谋划九湖中心小学、靖城中学扩建综合楼、长边中学等改造扩容提质项目9个。城乡面貌显著提升，大力推进324国道及南大道、龙江南路、西环城路等4个重点路段“六乱”整治以及“两高”沿线环境综合整治，拆除乱搭盖1057起，整治乱堆放1003处，取缔非法广告牌1660块，整治电线43.8公里，建成龙江南路垃圾分类示范线，漳州火车站整治成效显著成全市铁路沿线整治示范段，南大道成为高新区第一条现代化城市街区。

产业发展落实赶超。围绕漳州市委市政府“大抓工业，抓大工业，建设工业新城”的决策部署，聚焦“3+1”主导产业，即物联网、集成电路等新一代信息技术产业、智能制造产业、大健康产业、新材料产业，聚力工业发展，推动高质量发展落实赶超，产业集聚效应进一步增强。全力抓大工业。全年共开工建设工业领域项目10个，总投资33.6亿元，竣工投产焙之道食品（二期）、万宝龙非标制罐项目等工业项目12个。打造科创平台。建成高新区众创园、甲骨文双创基地、物联网示范园三个科创园，孵化器面积5万平方米，现已入驻科创型初创企业100多家，成功孵化出昌达光电、路达交通、博慧电子等一批优质科创型企业，新增院士工作站2家，省级百人计划人才2名，国务院津贴专家1名，新增专利400多件。建设示范园区。基本建成中盟科技园、智能制造园、健康产业示范园等三个标准化产业园区，引导有科技含量、有市场效益的中小企业入园集约发展，已集聚企业40多家。

招商引资健全机制。牢固树立“大招商、招大商”理念，坚持“一把手”抓招商，健全“商务110”商机对接中心，采取VR系统科技招商模式，持续加大对外开放和招商力度，瞄准京津冀、长三角、珠三角等地点对点招商，成功举办618专场招商推介会，总投资超过500亿元的漳州中铁世博城项目，国内机器人行业排名第2的漳州新松智能制造项目及排名前10的中信重工开诚（漳州）智能装备产业基地项目等一批重大项目相继签约落地，全年新签约项目44个，总投资257亿元，年度签约项目数量和投资额均创新高。2019年9月，高新区招商服务中心获得福建省人力资源和社会保障厅、商务厅联合授予的“全省商务系统先进集体”荣誉称号；2019年12月，漳州高新区《创新“商务110”招商模式，助力“大抓工业、抓大工业”突破成效》在第二届“推进机制活、建设新福建”机关体制机制创新案例征集评选活动中获得三等奖。

科技创新成果喜人。坚持把创新作为引领发展的第一动力，深入实施创新驱动发展战略。一是营造创新创业环境。全年共18家企业参加创新创业大赛，荣获三等奖5个，参赛及获奖企业数均居全市前列。截至2019年，漳州高新区共有18家企业在创新创业大赛上获得国家级荣誉4项、省级荣誉10项、市级荣誉17项。创新创业获得上级肯定，漳州高新区众创园获福建省科技厅推荐申报2019年度国家众创空间备案。二是做好科技项目扶持。5家企业获市级科技型中小企业技术创新资金项目立项；龙海市百叶水仙花专业合作社的“水仙花新品种高效优质标准化生产技术集成及栽培示范”项目列入2019年漳州市水仙花科技专项项目；福建路达交通设施有限公司的“公路桥隧节能防腐阻燃纳米瓷化涂料”项目列入2019年省科技项目计划（第四批）。三是健全科技企业梯度成长机制。新增福建省科技小巨人领军企业4家；新增通过备案省级高新技术企业8家；新增国家认定企业技术中心1家；8家企业通过国家高新技术企业认定。四是做好科技特派员工作。2019年8月“区地合一”后，采取多种方式选派科技特派员，省级科技特派员由原先空白增加到现在8人、镇（办）覆盖率超200%。

生态环保提升改善。紧密围绕“产城融合宜居宜业新城区”的发展定位，持续推动高新区生态环境质量持续改善提升。一是持续推进生态建设。实施南山水岸绿道建设、龙江南路绿化提升（二期）、南山湖生态园（一期）、水仙花海4个项目，完成投资3亿元，占年度计划的112.94%。南山湖生态园、梅溪花海等相继建成开放，建成花海180亩，湿地公园92亩。推进荔枝海、水仙花海生态建设，探索南湖管养模式。进一步强化水仙花保护管理措施，配合出台《漳州市人民政府关于推进水仙花原产地保护和产业发展的实施意见》。二是扎实推进环保督察整改。第二轮中央环保督察涉及高新区信访问题15件，已完成整改销号9件，其他问题均按序时推进。三是大力推进污染源治理。按照市委“源头治理、标本兼治、表里如一”的部署要求，落实表单化、清单化、项目化、责任化管理，对照五大类污染类型，开展拉网式排查，梳理污染源990个，已完成污染源治理514个，其余项目将于2020年内全部完成治理。

体制机制创新改革。2019年8月1日，根据漳州市委、市政府下发的《关于漳州高新区体制机制改革创新的意见》（漳委发〔2019〕14号），漳州高新区“区地合一”委托管理体制正式实施，按照“精简、高效、统一”原则，新组建14个工作机构，实行相对集中办公、大部制扁平化管理模式，有效提升管理效能；99名从芗城、龙海、南靖新转隶过来的干部及时承接到位，快速实现工作磨合、情感融合；1123项市级行政审批和公共服务事项全部在市委市政府部署要求时间内有序承接，基本实现“区内事区内办”，管理效率持续提升，工作合力显著增强，发展动力活力持续释放。项目审批实现大提速，在全市率先实行“集中审批、审管分离”模式，率先实施工业项目告知承诺审批，工业项目在市级审批时限66个工作日基础上压缩至30个工作日，压缩率超过50%。企业开办时间压缩至1个工作日内。用地前期实现大提升，全面优化项目用地报批流程，用地报批前期工作时间缩短到45个工作日，压缩率达50%。

（摘编：尤文凡）

漳州金峰经济开发区

福建漳州金峰经济开发区是第一批通过国家发改委审核的省级重点开发区之一，是漳州市吸引外资的重要窗口。开发区自创办以来，始终按照“规划一流、配套一流、服务一流、效益一流”的发展目标进行开发建设，已初步形成以家具制造、电子、钟表、汽车配件、文体器材、食品加工为骨干的产业群。2019年，园区规模工业企业共有209家，全年完成规模工业产值826.61亿元，比增9.4%；完成固定资产投资192.21亿元，比增13.4%，其中完成工业投资61.92亿元，比增

24.5%；完成限上社零20.73亿元，比增24.9%。新增新上工作成效显著。围绕全年任务8家的工作目标，2019年共完成14家，其中新增3家为闽光、奇力、科兴，新上11家为天铭、新三优、捷龙、邦晟、宝福、集龙、名庄、精铭、方拓、百图、傲科生物。综合发展水平名列前茅。近年来，金峰开发区综合发展水平连续三年在全省73家省级开发区中排第2名，在全省89家国家级、省级开发区中排第8位，成为漳州市第一个进入福建十强的省级开发区。

基础设施完善配套。构建高效便捷路网。园区主动脉——金塘路目前已完成地下综合管廊浇筑，正在进行主路面施工；提速宝石路、金珠路、宝天大道、林脚路、浯三路及金安片区5条道路等道路工程建设，进一步完善园区交通网。完善水电工程体系。完善实施金峰开发区北部片区供水工程，缓解浦南工业园、南山工业园一带企业生产生活用水压力；加快南山鳌门变等6个电力设施迁改和3个电力工程建设。营造宜居便企园区。“安得广”民生工程——大唐幸福里正在进行内部装修；总投资27.3亿元的铁塘片区、金安片区棚户区改造项目，已全面进场进行桩基施工；金峰开发区实验小学及附属幼儿园项目已完成立项，EPC公开招标已挂网，石亭中心小学项目已开工建设，两所小学建成后将有效缓解开发区企业员工子女就学问题；金峰中心广场已完成供地，计划今年开工建设。

产业发展创新格局。经过多年培育发展，开发区现已形成以正兴、科华、科晖等为龙头的装备制造产业，以三宝、闽光等为龙头的特殊钢铁产业及以傲农、大北农等为龙头的生物科技产业三大主导产业。2019年，三大主导产业分别创规模以上工业产值244.63亿元、384.97亿元、103.87亿元，占规模以上工业产值比重分别为29.6%、46.6%、12.6%；三大主导产业合计创规模以上工业产值733.47亿元，占规模以上工业产值比重为88.7%，产业集聚水平高。开发区将通过产业结构调整和培育，努力打造由省级龙头企业引领的钢铁深加工、装备制造、电子信息和现代服务业“3+1”的产业发展新格局。抢抓机遇布局新兴产业。在推动传统产业发展的同时，也要不断引入新兴产业。一方面助力传统产业开枝散叶，帮助他们在现有基础上，扩建厂房、增加生产线，抓住新一轮技术革命和产业变革的历史性机遇，转型升级，绿色发展，再上项目，乘势而上。另一方面抢先布局新领域新产业，开发区面对方兴未艾的新经济，快出手、快布局，对于企业用于工业生产的技改扩建项目，特事特办，马上研究批件，利用原有厂房进行转型升级，落地快、见效快。审时度势当好新经济引导员，建立干部职工卡片“挂牌”服务，每个项目由一名领导及一名干部挂点服务，深入具体项目，实时跟踪服务，保障项目用地，协调产能指标，为企业发展排忧解难，推动项目快速落地，帮助企业把好布局方向。

招商引资成效凸显。2019年共签约项目44个，签约数同比增长95.7%，签约金额87亿元，落地项目33个，落地率73.3%。签约项目中10亿元以上项目5个（主要有三宝炼铁配套改造项目、冷轧硅钢及金属制品深加工项目、辉源冷轧卷板及金属制品深加工项目、伟业城冷轧卷板及金属制品深加工项目、三宝80万吨高强度优线棒项目等），亿元以上项目11个，5000万元以上项目23个，在谈意向性项目39个。

生态环保严格执行。近年来，金峰开发区围绕着“绿色”做文章，做好规划环评，提升污水处理工艺，积极推动西区污水厂三期、南山工业园污水管网二期、三宝工业园污水管网等16个污水治理项目加快建设并逐步投入使用，保持较高的固废和危废处置综合利用率，并取得一系列成绩，彰显“绿色金峰”品牌效应：2017年12月，入选省商务厅“第一批绿色开发区示范区”，是漳州市唯一入选开发区；2019年9月，省工信厅发布“2019年福建省园区循环化改造重点支持备选园区公示名单”，金峰成为漳州市首个循环备选园区；2019年10月，入选发改委办公厅、工信部办公厅“工业资源综合利用基地名单（第二批）”，是福建省首个入选基地；2019年9月，三宝钢铁成功入选工信部“第四批绿色制造名单”，成为漳州市首家“国家级绿色工厂”；三宝钢铁、信华食品、正兴车轮成为省级绿色工厂，占漳州市比重42.9%。园区单位规模以上工业增加值综合耗能为

0.63 吨标准煤/万元，比降 8.7%；“四上”企业通过 ISO14000 认证 33 家，占比 10.6%；全年无发生环境污染事故。

体制机制大力改革。2019 年，区委、区政府对金峰开发区充分授权，将行政资源、要素保障资源、司法执法资源不断往开发区集聚，推动开发区体制机制改革。金峰开发区于 2019 年 12 月全面接管全区工业企业、物流企业、工业项目，扩大企业服务范围。成立芗城区工业项目统筹领导小组办公室，负责芗城区“大抓工业”相关工作，成立三宝集团综合服务协调办公室，负责乡城区“抓大工业”相关工作；抽调人员下沉一线，到金峰开发区和三宝集团挂职，集聚全区最重要的要素保障部门和人才队伍，高效服务企业和项目工作；将金峰开发区管委会办公地点搬至金峰众创园，就近服务辖区企业和项目；成立金峰开发区管委会安全生产监督管理局，金峰建设工程安全监督管理站更名为金峰建设工程服务中心，转变职能定位，更加贴近服务；恢复成立金峰派出所，行政服务中心分中心已投入运行；整合成立金峰投资集团，将区财政局原持有金峰投资集团的股权划转金峰开发区管委会，土地、厂房等资产注入集团，成立金峰招商服务中心有限公司，建立统一的招商平台，从招商引资走向招商选资。

（摘编：翁宁）

漳州蓝田经济开发区

福建漳州蓝田经济开发区位于漳州市龙文区，由蓝田、龙文两个省级工业区整合而成，总规划面积 10.19 平方公里，开发区按照城中有园、园中有城的建设理念，不断完善园区规划建设。福建漳州蓝田经济开发区前身系 1992 年 6 月经福建省政府批准设立的漳州市蓝田工业开发区，2006 年 3 月经福建省政府批准，蓝田工业区、龙文工业区整合成立福建漳州蓝田经济开发区，是漳州市第一个省级开发区。2019 年，开发区完成规模工业产值 264 亿元，同比增长 9.6%；完成全社会固定资产投资 57.3 亿元，同比增长 5%；完成限上消费品零售额（无石油）54 亿元，同比增长 10.2%；完成税收 5.51 亿元，同比下降 20%。

项目建设稳步推进。2019 年共实施投资项目 56 个，总投资 216.5 亿元，年计划投资 57 亿元：其中新开工项目 29 个，总投资 70.3 亿元，年计划投资 26.2 亿元，截至 2019 年 12 月已开工 14 个（含竣工项目 2 个）；续建项目 27 个，总投资 146.2 亿元，年计划投资 30.8 亿元，截至 2019 年 12 月已完工 11 个。17 个省、市重点项目（省级重点项目 2 个、市级重点项目 15 个）中，已有 15 个开工建设，其中 2 个竣工投用。

招商引资成果喜人。2019 年，共引进项目 84 个（含技改项目），总投资超过 60 亿元。漳州多特制针有限公司、漳州鸿莉家具有限公司钢管家具智能化生产示范项目、漳州富乘健康科技有限公司、漳州顶津食品有限公司瓶装饮用水生产线项目、漳州市宏香记食品有限公司智能化食品生产基地、聚盈漳州大健康物流园项目，佰优诺智能科技项目、日商产业园项目、瑞士独立制表大师工作室、爱迪欧广播卫视设备制造项目、长芯半导体等 11 个重点项目成功签约。积极盘活旧厂房，开展“腾笼换鸟”，新麦食品收购嘉顺制罐厂房，盈创信息科技收购晨辉茶叶厂房，闲置厂房得到有效利用，以厂房租赁形式引进项目 29 个，总投资 2.06 亿元。

园区服务提升质量。制定《关于规范漳州蓝田经济开发区工业企业产权转让的实施方案》，以提高开发区企业土地集约利用率和投入产出水平，促进工业经济良性循环发展；制定《为响应市委市政府关于“大抓工业、抓大工业”的指示的优惠政策建议》和《企业采用集中供热的激励办法》，帮助企业向上争取更多优惠政策，以加快开发区企业高质量发展步伐；制定《项目土地监管协议》，将土地投入产出效益纳入监管范畴，为规范项目招商奠定良好基础，提升招商选商质量。

生态环保严格治理。开展黑臭水体整治，累计排查企业 205 家，下发并督促整改雨污混排企业、小区 84 家，完成整改 43 家，其余正按要求督促其规范整改；完成雨污水管道实施检测 73 公里、清淤 65 公里；强化施工扬尘污染控制，针对辖区内 35 处在建工地，共发放扬尘整治检查表 252 份，检查整改存在扬尘问题 425 条。

安全生产加强监管。抓好安全生产工作，加

强道路交通综合整治，投入1500多万元增设交通信号灯、警示标志、路灯、凸面镜等安全设施。加强建筑工地安全监管，全年共检查在建工地35个，排查隐患274处，整改274处，整改率100%。深化有限空间专项整治，全年排查有限空间作业企业35家，发现隐患116处，整改116处，整改率100%。开展消防安全专项行动，共检查生产经营单位571家，提出隐患779条，整改隐患779项，整改率100%。突出危险化学品等工贸行业领域检查，共检查危险化学品企业及涉氨制冷企业13家，检查粉尘涉爆企业10家，发现隐患97条，整改隐患97项，整改率100%。开展物流仓储行业安全生产检查，加强对辖区14家物流仓储行业经营行为的监管，切实消除物流仓储行业中潜在的安全生产事故隐患。强化民众安全意识教育，群发安全生产宣传短信1000多条，转发《安全生产通知》289份，组织区内201家企业共332人参加安全生产管理人员资格证培训，组织17家企业3650人开展消防安全应急演练。

体制机制落实到位。围绕招商引资、项目建设等重点领域，全面提高服务水平和工作效能，落实干部一线考核制度，制定《2019年领导干部挂钩项目责任制》，成立项目督察组、项目协调组，确保每一名领导干部至少挂钩一个项目，通过每周集中汇报一次项目进度，每月开展一次项目督查、每季度召开一次现场会的机制，加快推动项目建设，真正做到奖勤罚懒，激励先进。认真开展全国第四次经济普查工作，组建开发区经济普查队伍，65名成员划分15个片区进行地毯式入户普查，普查登记924家非一套表企业（不含规模企业），切实掌握辖区企业情况。

（摘编：陈闽声）

长泰经济开发区

长泰经济开发区创办于1998年，是国家发改委审核通过的第一批省级开发区之一、漳州市11个省级重点开发区之一，总面积22平方公里，规划工业开发面积12平方公里。2019年，开发区全年实现规模工业产值339亿元，规模工业增加值95亿元，全社会固定资产投资48.5亿元；外贸出口53亿元；签约项目36个，新批办内资企业13家，新批办外资项目2家；财政收入完成6.49亿元；新增规模工业企业9家。2019年获长泰县重点项目建设工作先进单位、长泰县“大抓工业、抓大工业”工作先进单位。

基础设施配套完善。2019年，开发区基础配套开创崭新局面。一是商贸服务配套焕发新颜。2019年开发区促成凯悦广场、盛世嘉园等重新启动二期建设，推进兴博广场主体建设完工，推动兴泰公租房顺利将378套公租房配租给立达信、俪人鞋业等16家企业，完成公租房商场对外出租招标工作，公租房商场正由有实力的专业运营商进行改造，将填补园区商业配套短板，为企业和群众提供优质的配套环境，对于企业招工、稳工、留工等具有重要的意义。二是教育医疗配套扩充补齐。2019年累计投入2500万元，完成兴泰中学一期工程1#教学楼建设，推进兴泰中学二期工程完成开工前各项手续办理。投入1500多万元，推进中医院的主体装修及附属配套建设并完成验收。三是基础设施配套接二连三。2019年累计投入1500多万元，组织实施北环路南侧排洪渠开发区段一期、岩兴公路（陈积线）破损路面修复、园区绿化提升等6个为民办实事项目。继续推进聚牛山廉政文化公园建设，投资3500万元配合住建局、环保局进行工业园区污水管网、污水处理厂提标改造工程，完善基础设施和公共服务设施配套。投入300多万元，实施积山三角点到乐丫丫路段、前山工业园区的路灯LED改造工程，进一步提高园区道路交通安全水平。

项目建设平稳推进。2019年，开发区项目建设平稳快速推进，26个重点项目全年完成投资33.27亿元；新开工建设兴岩建筑科技、贝立家居等12个项目，其中亿元以上项目10个，10亿元以上项目1个（立达信科技小镇）；新投产易辰达烤炉、兴岩建筑科技等9个项目，其中亿元以上项目7家。2019年获长泰县重点项目建设工作先进单位、长泰县“大抓工业、抓大工业”工作先进单位。

招商引资势头良好。2019年开发区坚持“一把手”招商，主要领导每月组织1次以上外出招商，全年累计外出招商14次。积极转变招商思维，通过“零地招商”“飞地招商”等方式，重点引进投资效益好、科技含量高、产业关联紧的项目。全年签约引进欧宝贝儿童用品、宏辉金属、莫那烫画科技、兴岩建筑科技等36个项目（其中：新批办2000万以上民营企业13家），签约项目总投资额达60亿元，保持良好的招商势头。

科技创新再添佳绩。2019年，开发区实施技术改造项目5个，完成技术改造投资额2.5亿元。全年新增省级以上高新技术企业9家，省级企业技术中心2个、新增省级企业研发中心2个。至2019年，开发区累计有省级企业技术中心（研发中心）11个、省级科技企业孵化器1个、省级重点实验室1个、国家级轻工业重点实验室1个、省级以上高新技术企业34家，全区企业已获发明专利100多件，实用新型专利500多件。

生态环保全面整治。2019年，开发区投资140多万元，采取拓宽、清淤清杂、水草种植、沟底硬化等措施，消除兴吉路黑臭水体，提升辖区河道水质；投资500万元，推动2.5公里污水管网铺设；完成总投资3300万元的东区污水处理厂提标改造工程，促使排放标准由一级B提升到一级A。投入50万元，开展积山、欧山9.6公里高低排渠清淤拓宽，清运淤泥1500多立方米；全面开展整治洗砂场、农业养殖污染治理等行动；全年恢复绿化植被165亩，减少水土流失污染河道。

管理服务落实到位。在社会事务管理权限上，长泰经济开发区除受托管理开发区发展工业、招商引资、项目建设和企业管理与服务外，还直接负责对所带村的管理，并按照属地管理原则，区管委会还直接负责环境保护、安全生产、市场监管、治安维稳、道路管网、绿化保洁等公共事务的日常管理与服务工作，同时，实行“以区带村”的管理模式。园区设有招商科、企管科、规建科等科室专门管理与服务企业，并设立了企业微信公众号、政企平台，专门用于政府扶持政策的宣传。

（摘编：杨福来）

漳州古雷港经济开发区（古雷港）

古雷港经济开发区位于漳州市漳浦县古雷半岛，东临浮头湾，西靠东山湾，三面环海，与台湾隔海相望。区域包括古雷港及其后方的古雷镇、霞美镇、杜浔镇、沙西镇、下蔡林场、杜浔盐场及相关海域。辖区总人口23.6万，陆域面积393平方公里，海域面积1000平方公里。凭借得天独厚的区位优势，古雷开发区先后被确认为台湾石化产业园区、全国七大石化基地之一、中国化工潜力园区十强。2019年园区完成地区生产总值80.97亿元，增长8.2%；固定资产投资136.60亿元，增长55.2%；规模工业总产值309.77亿元，增长13.9%；实际利用外资13.3亿元，增长37.3%；城镇居民人均可支配收入39447元，增长9.4%；农村居民人均可支配收入21700元，增长9.8%。

产业发展加速聚集。进入石化产业规划布局方案的三大战略项目蹄疾步稳推进，主要以福海创160万吨/年PX项目、450万吨/年PTA项目为依托，配套建成海顺德23万吨/年特种油项目、春达化工增塑剂项目、康普化工氧化残渣处理项目等5个投产项目。炼化一体化核心区，2014年4月国家发改委批复面积为50.9平方公里，分1#、2#、3#地块，其中1#地块主要布置中沙古雷乙烯项目，2#地块主要布置炼化一体化一期百万吨乙烯及下游配套项目。中沙古雷乙烯项目，又称150万吨/年乙烯及下游深加工联合体项目，项目总投资达420亿元，2019年9月列入国家石化产业规划布局方案，时下项目环评、社稳评估、用地预审等严格按照省上议定的时间节点有序推进，预计2023年建成投产。古雷炼化一体化一期百万吨级乙烯项目，是迄今为止陆台合资最大规模的石化产业项目，规划建设1600万吨炼油、百万吨烯烃及配套化工装置。目前项目一期工程百万吨乙烯项目已开工建设，力争今年投入试生产。随着龙头项目的持续深入推进，中下游石化项目区，也迎来了新的入驻高峰，当前整个园区在建项目包括奇美45万吨/年ABS及AS项目、新阳不饱和树脂项目、海顺德催化剂项目等8个，待建项目包括奇美15万吨PC与2.5万吨PETG项目、科之杰烷氧基化衍生物项目、濮阳惠城酐酸酐衍生物项目、碳五碳九分离及下游新材料项目等14个，古雷石化全产业链发展框架基本形成。

招商引资精准定位。一年来，开发区突出产

业项目，精准招商。重点瞄准世界500强石化企业和台湾百大石化企业，以及国内著名的石化企业，组织招商小分队，主动出击，登门拜访，目前已经与二十几家知名国内外企业建立日常往来。突出以商招商，拜访推介。支持园区企业引入战略合作伙伴，在古雷做大做强。充分利用6·18、9·8、中国芳烃技术与项目论坛等平台，主动“走出去”宣传推介古雷。多次在北京、厦门开展专场招商宣传推介活动，向国内外客商充分展示园区的投资环境、区位优势、自然条件优势和政策优势，积极寻求新的合作可能。2019年，开发区共组织参与重大招商活动10场，拜访了沙特基础工业公司、奇美、中国石化工程建设有限公司等世界500强企业，并积极探讨项目在园区投资建设的可行性，储备并盯紧一批重大产业招商项目。2019年以来，共集中签约重大产业项目14个，总投资1020.27亿元，亩均计划投资超1500万元、亩均计划税收超150万元；其中，外资方面，世界第五大石化产品制造商沙特基础工业集团、世界50强石化企业法国液体空气集团分别签约投资436亿元、30亿元；台资方面，“台湾百强企业”长春集团、奇美集团分别签约投资45亿元、27.6亿元；国资方面，福建石化集团、福海创分别约签投资150亿元、70亿元；民资方面，舟基集团水封洞库项目签约投资120亿元。总投资40亿元的福建石化集团碳五碳九分离及下游新材料项目等7个项目实现当年签约、当年开工。

生态环保严格执行。经三次规模有序搬迁，古雷整岛搬迁任务基本完成，石化区实现无常住人口。为进一步打造安全可持续发展的生态环境，开发区借鉴新加坡裕廊石化园区先进管理经验，于2015年10月启动建设安全检查站建设，目前封口卡口已经建成投用。2015年，漳州市政府举全市之力完成古雷半岛整岛搬迁工作，核心区无常住人口，古雷成为国内首个封关管理的石化园区。对进出古雷半岛车辆、人员都进行有效监管，大大降低石化企业生产危险、运输危险、运营危险。古雷半岛将成为国内首个具备封关运行条件的石化专业园区。

机制创新全面推进。“双厅级”主官到位坐镇统筹、12个新机构集中揭牌亮相、70名机关事业干部划转到位，开发区管辖土地面积由原来石化园区的116平方公里拓展到古雷、杜浔、沙西、霞美4个乡镇的393平方公里，干部队伍由“区地合一”前104人增长到2026人，开发区机构、人员资源加速整合，干部干事创业活力充分激发。区党工委、管委会工作机制再优化。创新采用五个工作版块方式优化班子分工，推动组织领导、干部队伍向石化园区和乡镇发展两大工作重心聚集，形成经济发展和社会事务既独立运转又互相推动的格局，使主业更突出、力量更集中、管理更高效。创新服务“工业发展”新模式。成立园区协调办公室，选派6名处级干部、17名干部“一对一”挂钩园区重点工业项目，把精兵强将压到石化园区一线，实行“一个窗口”统一归口受理企业诉求，全力帮扶企业突破项目用地用林用海报批等发展要素保障瓶颈。“放管服”改革再深入。“一站式”行政服务中心启用并对外开放，顺利承接市级行政审批权限共1115项，承接漳浦县审批事项主项603项、子项1083项，积极推进省、市、县、乡“一张网”四级连通联办。除38项暂委托漳浦县办理外，基本实现“区内事区内办”，区级“一趟不用跑”和“最多跑一趟”事项占比达98%，企业项目从进入审批程序到开工平均时间缩短50%以上，至目前累计完成办件5075件，及时办结率100%。产业和城市规划再提升。按照“建设工业新城”的更高标准推动产城融合，坚持一体规划、一体运作、一体投入，从顶层设计上同步启动石化产业园区规划和港区新城规划修编等工作。先后推动《漳州市精细化工产业发展规划与产业招商报告》《漳州古雷石化产业园区增量配电业务试点项目建设方案》获批，与厦门大学携手启动古雷石化产业技术研究院建设，严格实施《招商引资产业项目评分标准》，抓紧编制开发区国土空间规划和古雷石化基地总体发展规划修编，持续推进古雷产城融合及关联产业战略与空间布局优化。

（摘编：李元）

漳州古雷港经济开发区（绥安）

绥安工业开发区设立于1991年6月，总规划面积34.59平方公里，1998年3月列为省级开发区。2019年，绥安工业区规模工业企业120家，全年实现规模工业产值205亿元，占全县的53.8%，产值达到50亿元以上企业1家（盈丰食品集团）；实现工业税收5亿元，占全县工业税收的55.6%；完成固定资产投资突破30亿元；实现出口创汇28.5亿元；完成财政收入5亿元，比增30%。

产业发展优化升级。绥安工业区按照“各有侧重、突出特色、协调发展”的原则，对园区产业规划布局进行再优化再提升，强化产业园区集聚效应，增强产业竞争力。重点发展食品加工、轻纺制品、运动器材等三大主导产业，全力打造食品产业园、自行车产业园、两岸农机产业园和互联网经济产业园等特色园区，2019年，三大主导产业实现规模工业产值162亿元，占全部规模企业产值的79%。

招商引资多措并举。一是不断优化营商环境。“软硬”建设并驾齐驱，设立了省级“政企直通车”服务站，为企业提供快速便捷优质服务；深入推进市委“追解促”行动，下沉一线解决项目建设难题，推动10个项目年内动工建设。提升园区的承载力，全年实施基础设施建设项目25个，总投资达1600万元，完善了天马南路、横一路、纵一路等区间路的硬化、绿化、亮化、美化工程，以及园区排污管网建设，在年度工业园区建设竞赛中名列全市前茅。二是突出产业链招商。围绕主导产业和自行车产业园、食品产业园两个主打特色园，紧盯珠三角、长三角、泉厦地区三大招商重点区域开展精准招商。全年外出招商16次，签约项目36个，总投资21.8亿元，其中，亿元以上项目8个，总投资14亿元，发展后劲支撑持续增强。三是力促企业增资扩产。进一步激活企业内生动力，促进企业增资扩产，推动同溢堂药业新增国医馆项目，总投资6亿元；自行车产业园先后引进自行车配件生产企业10家，总投资10亿元，目前，已有5家投产，另外5家正在加紧建设中，捷安特、爱地雅、意普等品牌整车生产企业也纷纷前来考察。

管理服务多管齐下。（1）增强要素保障。全年盘活闲置厂房近5万平方米、闲置土地195亩，工业用地产出比持续提高；完成已净地项目约150亩用地的供地手续办理；推动鹏利玩具、海新饲料、淞铂电动马达、达川食品、政伸印刷、欧康实业等32个签约项目开工投建，总投资30亿元；推进香江达成、金马百虹、联创光电等16个项目竣工投产，总投资11.5亿元；推动标准砂生产线改造项目、玮柏自行车配件增资项目、达川年产6万吨果汁增资项目等3个项目增资扩产，总投资2.1亿元。（2）优化企业服务。一是突出精准服务，主动上门走访，深入开展“下园区、进企业、惠企行”行动，充分挖掘企业科技创新潜力，扶持同溢堂药业、伟伊化纤、致易电子、舜洋食品等多家规模企业转型升级。二是联合县人社局开展招聘工作，全年共开展新春招聘会、省外招聘会、退伍转业军人亲属招聘会、国庆返乡务工招聘会、精准就业扶贫招聘会等多场次招聘会，累计为300多家企业成功招聘工人1100多人，有效缓解了企业招工用工难题，保障企业正常生产运营。三是按照“2019年全县人才工作要点”要求，着力推动政策措施落到实处，主动协调县教育局，成功解决致易电子、腾特实业、敏捷动漫等7家企业13名高管的子女就学问题，让企业高层管理及骨干人员安心在漳浦工作和生活。

（摘编：蔡志轩）

诏安工业园区

诏安工业园区创建于1988年，前身为“诏安县闽粤边界贸易加工区”，1992年被省政府正式批复为省级开发区，2005年12月，经国家发改委公告确认为省级开发区，正式更名为“福建诏安工业园区”。2015年3月，园区被确认为闽粤经济合作区先行启动区。2019年，园区完成规模工业产值170亿元，同比增长2.7%；财税收入完成2.03亿元，其中完成工业税收1.58亿元，同比增长30.3%；固定资产投资完成13.05亿元，同比增长62.5%；外贸出口完成8.4亿元，同比增长22.7%；新增规模以上企业2家，具体为福建省景生农业开发有限公司、福建融海新材料科技有限公司。

基础设施逐步完善。2019年启动的A区和B

区路灯亮化工程、B区绿化提升工程、农民工服务中心工程、兴业园通用厂房附属工程、C区纵二路建设5个基础设施项目均在年内完工。同步推进的工程还有城西污水处理厂项目、恒大物流园物华路项目、C区横一路、D区储备用地周边配套道路等工程，这些基础设施的完善可以进一步提升园区项目承载能力，为打造标准化园区提供基础保障。

产业发展合理规划。园区按“一片区一产业”布局产业格局：A区属园区老工业基地，主要发展服装和食品传统产业，规模小，因毗邻县城中心优势，拟实施“退城入园”，着力打造集银行、商业、居住、旅店、餐饮、文娱为一体的多功能生活配套服务区；B区主要突出聚集婴童文化创意产业，以漳州市京丰婴儿用品有限公司、福建麦凯智造婴童文化股份有限公司、福建星辉玩具有限公司等企业为龙头代表，辐射带动婴童产业发展壮大；C区大力发展新材料产业，打造闽粤绿之地产业园；D区借助厦深高铁交通优势，主要发展富硒食品加工、物流仓储等产业。截至2019年末园区共入驻企业126家，规模以上工业企业55家，高新技术企业3家。园区立足本地资源优势和毗邻潮汕的区位优势，契合县里经济发展总体规划，适应国土空间地理分布，已初步形成婴童文化、食品加工产业、轻工机械产业三大产业发展格局。2019年，以福建星辉玩具有限公司、福建麦凯智造婴童文化股份有限公司为龙头企业的婴童文化产业完成税收4244.36万元，同比增长18%；以福建大新电子科技有限公司为代表的电子轻工机械产业完成税收1210.64万元，同比增长16.2%；以福建能裕实业有限公司、福建合口味食品工业有限公司和诏安溜溜果园食品有限公司为代表的富硒食品产业完成税收4890万元，同比增长53%。

招商引资卓有成效。园区精准定位主导产业、锁定招商目标、出台优惠政策，借助小分队招商、以商引商和委托第三方招商机构等方式，紧紧围绕园区主导产业链条、谋划新兴科技产业和打造婴童文化创意产业园目标，把珠三角等经济发达地区作为招商引资的主要区域，1—12月，园区的招商分队共外出招商12次，主要对接珠三角、厦门、泉州等地区的婴童产业和食品加工等产业，共洽谈项目近40个，成功签约项目15个，总投资14.3亿元，项目涉及婴童用品、食品加工、电子轻工等园区主导产业。

生态环保全面治理。2019年，园区协同县生态环境局和有关执法部门开展了生态环境问题排查整治、水质提升整治、打击“散乱污”小作坊等工作，重点排查取缔漂染类小作坊和违规金属表面处理加工场，严肃查处了24起环保违规行为。通过全面摸清园区企业废水排放情况和采取工程技术措施综合治理，整治了涉及南湖片区企业排污问题；通过不断加强对赤水溪流域片区企业巡查和监管力度，充分发挥赤水溪入河排污口污水处理工程和D区连站大道零星污水收集工程作用，接入城区污水处理厂进行再次处理，基本解决了D区企业污水直排赤水溪问题；加速推进城西污水处理厂及配套管网工程项目前期工作，力争在2020年2月份动工建设。

管理服务多措并举。2019年，结合园区企业不断增加的现状，为更好地服务企业，优化园区营商环境，推动项目建成落地，园区创新服务体制机制。一是创新“四个中心”服务功能。通过设立企业服务中心、党群活动中心、职工文体中心、农民工服务中心，探索创新完善“四个中心”服务功能，使其功能作用相互补充、相互促进，实现“四个中心连一体”。为园区各类企业和新落户项目提供咨询、审批、代办、协调等事项“一条龙”服务，同时也为企业协调解决招工、人才引进、职工子女入学等问题，为企业员工开展学习、培训、文体活动提供全新平台，丰富员工业余文化生活。四个中心成立以来，累计服务企业142家、成功办结895件；帮助企业招工1800余人，帮扶困难职工55人，“金秋助学”56人。二是健全项目挂钩制。对每年新签约的项目及园区整合移交企业建立“一企一档”，安排精干人员深入企业生产一线、在建项目工地一线，实行点对点、面对面的“包项目、包工地、驻企业”的责任制，并定期召开项目联席会议，及时发现并帮助协调解决问题，实现精准服务。三是成立项目促督办。充分发挥项目促督办协调督查功能，针对入驻项目涉及的工商注册、土地报批、征迁遗留、项目报建等多个环节全程跟进，明确各小组责任人和工作职责，帮助企业解决开工建设、生产经营、转型升级等方面存在的难题，全面推动签约项目早落地、早动工、早投产。四是成立“项目服务青年突击队”。园区从各个部门中抽取青年骨干成立项目服务青年突击队，突击队员各司其职、环环相扣、整合资源，从对接部门、申请报备，到问题协调、办结归档，专门解决企业发展或项目建设存在的难题，2019 年共为企业解决各种疑难杂症 30 余项。此做法成效在全国“不忘初心、牢记使命”主题教育总结大会后的新华社通稿中，作为全省唯一的一个典型得以刊登肯定。

（摘编：蔡志轩）

云霄常山经济开发区

云霄常山华侨经济开发区是福建省省级重点经济开发区。2019 年，全区经济社会呈现总体平稳的良好态势。地区生产总值完成 35. 29 亿元；固定资产投资完成 31. 4 亿元；规模工业总产值完成 67. 83 亿元；规模工业增加值完成 18. 37 亿元；财政总收入完成 2. 64 亿元；地方财政收入完成 1. 59 亿元；外贸进出口完成 24. 28 亿元；实际利用外资 2305 万元；社会消费品零售总额完成 8. 45 亿元；城镇居民人均可支配收入 34686 元；农村居民人均可支配收入 18388 元。

基础建设有序推进。实现公共配套竞赛项目 25 个，年度计划投资 6. 41 亿元，覆盖道路建设、污水处理、城区排水等多个领域，目前已竣工项目 18 个，城区基础设施进一步完善。人居环境整治成效显著。实施“一革命四行动”，深化“两高”沿线环境整治，排查并整改安全隐患农房 289 座，新建城乡公厕 10 座；开展农村垃圾治理，清运生活垃圾 2672 吨；建立环卫保洁机制，聘用专职保洁员，投入 1100 万元引进社会化服务，实现垃圾收集清运全覆盖；漳州南部生活垃圾焚烧发电厂投产，实现垃圾无害化处理。

项目建设深化落实。落实重大项目建设推进机制，实施“五个一批”项目共 7 个，年度完成总投资 32. 59 亿元，赶超任务重大项目漳州南部生活垃圾焚烧发电厂顺利投产。加快推进省市重点项目建设。实施 15 个省市重点项目，年度计划总投资 11. 15 亿元，完成 11. 5 亿元，超序时 2 个百分点。促进漳州南部驾驶人考试场、美肯科技等项目开工建设。抓好“三抓三比、十项竞赛”活动。实施项目 53 个，年度计划总投资 20. 9 亿元，完成投资 29. 8 亿元，超序时 49 个百分点。其中，特色现代农业暨农业绿色发展等一系列指标在开发区系列名列前茅。

产业发展做大做强。深入实施“大抓工业、抓大工业”三年行动计划，落实领导干部挂钩企业的制度，按照“一个工业项目，一套人马，一站服务”，紧盯工业项目谋划、招商、开工、投产等环节，推动项目滚动发展；加大企业扶持力度，实行“一企一策”，持续跟踪扶持重点、重大工业项目；累计落实惠企补助资金 563 万元。落实减税降费政策，推行“点、线、面”宣传工作法，扩大宣传覆盖面；专人专岗，精准对接，解决沟通不畅问题。累计落实减税降费 1424 万元。产业加快转型升级，深化供给侧结构性改革，推动万佳华盛等企业技改升级，完成技改投资 10. 18 亿元。清理闲置低效用地和僵尸企业清理活动，盘活闲置用地 140 公顷。农业现代化进程加快。大力实施乡村振兴战略，实施乡村振兴战略项目 48 个。启动乡村振兴“345”示范工程，加快梧园、柘林、白竹等示范村建设，重点打造梧园管理区省级试点村建设，推动开发区乡村振兴。充分挖掘农村旅游消费潜力，发展休闲农林渔业，延长产业链，成功创建了国家现代农业示范区，打造天窗坪仙境山庄农业示范点，带动完成农、林、牧、渔业总产值 3. 77 亿元。现代服务业持续发展。乌山天池旅游专线基本建成通车，省级竞争性扶持重大项目 3000 万元旅游专项资金全部到位，建设进度明显加快；引进乌山湾现代田园度假项目，有望打造成乌山天池旅游专线门户配套；天窗坪仙境山庄已取得证照开园试运营，第三产业占比持续增大。

招商引资多路并进。坚持“走出去”和“引进来”两手抓。由“一把手”带队，分别前往浙江、深圳、苏州等地招商 11 场次，走访 30 多家企业，接待来访客商 60 多人次，在谈项目 21 个，举行集中签约3场，已签约项目8个，落地项目4个，总投资41.8亿元。

生态环保严格监管。污染防治取得阶段性成果，全年大气优良比例为96.4%。全面排查各类污染源，排查出136个污染源头并出台治理方案，完成整治66项；拆除2家沙企业，完成矿山复绿10公顷，中央第一轮、第二轮环保督查收到的6件信访件已全部办结；全面完成“水十条”年度目标任务，城市建成区无黑臭水体，杜塘水库水质达三类以上标准；完成造林绿化和森林经营任务3722公顷，常山管理区获得省级“森林村庄”荣誉称号，乡村生态景观持续升级。

管理服务深化改革。梳理明确全区权力清单事项156项、公共服务清单事项48项，“最多跑一趟”232项，“一趟不用跑”7项，进一步简化审批环节，规范审批行为，为企业、群众提供了便捷、高效的行政审批和公共服务，打通办事的“最后一公里”。

（摘编：马榕威）

平和工业园区

福建平和工业园区前身为平和县文峰工业区，始建于1999年3月，2002年8月被漳州市人民政府确认为市级工业园区，2006年经国家发改委、省人民政府审核批准升格为省级工业园区，总体规划面积5平方公里。2019年，园区共完成固定资产投资25.5亿元，完成规模工业产值90.66亿元；新引进项目8个，总投资19.5亿元；列入年度重点项目6个，完成投资8.29亿元；完成投资5000万—1亿元工业项目数2个，完成投资1亿—5亿元工业项目数10个。

基础设施日臻完善。2019年计划投资13500万元，新建7.2公里园区主干道，实际完成投资11800万元。进一步完善覆盖全园区的路、电、水、热、气、网络及配套管网等公用基础设施，以及污水集中处置设施等。

招商引资重点突出。园区围绕“五个一批”项目签约作为日常招商引资的核心任务，建立全方位、系统化的工作机制，充分利用蜜柚节、访乡贤等活动，一把手亲自抓招商，2019年引进兆木森、上峰机制砂、鹏龙新型建材、PVC塑料隔墙、木制品贴纸、海绵砖、PVC环保塑料制品、富美家具等亿元以上项目。

管理服务优化升级。投资38万元建设中小企业服务平台，网络平台包含资源门户网站、新闻资讯管理系统、政策资金管理系统、服务网城管理系统、培训活动管理系统、市平台数据互通互联、沟通工具系统、办公应用系统等，已完成全部投资38万元，公共服务平台已投入运行，并与市中小企业公共服务平台实现互联互通。贯彻落实支持企业发展的各项优惠政策，强化帮扶协调，推动企业技术创新、技术改造。深入重点企业，帮助企业解决融资、用工等问题，助力企业加快发展。强化培育引导，以技术创新、节能减排、循环经济为重点，加快中小微企业和高成长型企业培育。一年来，先后有华诚四期、美艺陶和鸿星技改抛光生产线、澳利软瓷砖、百得利扩建等一批技改项目开工和即将开工建设，推动平和县技改工作的步伐。

（摘编：王一星）

华安经济开发区

华安经济开发区位于漳州市北郊、华安县南部，规划面积62平方公里。2005年创办，2010年被省政府批准为省级经济开发区，先后荣获“福建省光电产业园”、“国家科技兴贸创新基地”等称号，已成为漳州北部经济增长极、汽配产业区、九龙生态经济区核心组成部分。2019年，开发区固定资产投资任务数11.1亿元，已完成11.99亿元，比增3.2%，完成年度任务的108%；固定投资（含飞地）完成61.92亿元，同比增长4.4%；规模以上工业总产值完成149.25亿元，比增17.2%；规模以上工业增加值完成42.51亿元，比增19.6%；公共财政总收入任务数39441万元，完成31564万元，比减13.6%，完成年度任务的80%；地方级财政收入任务数25683万元，完成16606万元，比减30.8%，完成年度任务61.7%；新增规模以上企业8家，分别是元大体育、际诺思、恒利鑫、泳力泰、河峰机械、卓逸窗饰、丰隆钢管、恒宝和工贸。

基础建设有序推进。全年建设道路10条，总投资1.54亿元，总长6.36公里。其中，浦角线东西两段300米路面已完成建设，九龙大道二期、36路一期，江滨路已验收完成。准备开工建设文峰自来水厂改扩建及管网建设工程，目前已完成取水口部分的预算，准备送财政审核。建设排洪渠4条（分别是长富、芹寨版、红岩、康山至浦西排洪渠），其中红岩排洪渠（27路排水渠）已完成，总投资9500万元，总长8.67公里。已完成九龙工业园污水提升泵站1、2、3号及配套管网建设工程，并已成功接入第二污水处理厂，基本完成园区所有污水收集工作。

产业发展突出重点。先进装备制造产业，以正兴铝车轮、金昌龙机械、徐工机械等企业为龙头，加快推进先进装备制造产业集群建设，延伸产业链，加快新能源汽车、电控电池等研发和产业化步伐。重点引进：大型整车制造及汽车核心部件龙头企业为核心，打造集汽车研发设计、生产制造、展示贸易、销售服务为一体的汽车产业链。节能环保新型材料产业。以新长诚重工、恒瑞环保新型建材等企业为龙头，以红狮水泥、九龙江北溪丰富沙石原料为基础，培育壮大若干个研发设计能力强、工艺技术水平高的龙头企业。重点引进："节能环保"新型建材项目。绿色食品产业。以立兴食品、星光食品、祥友食品、福创食品、巧食夫食品、知福茶业等企业为龙头，大力发展绿色食品、有机食品和农副产品深加工，延长食品产业链，提高精细加工和市场开发水平，提升产品附加值和产业竞争力。重点引进：果蔬菌罐头、铁观音茶叶精加工、保健品及饮料、酿酒、生物医药等有机、生态、绿色食品产业。家具产业。以华森家具、红梅家具、巴洛克纳家具等企业为龙头，推进百家强家具产业园建设。重点引进：高档特色家具生产研发企业，发挥产业集群效应，提升家具产业竞争力。电子信息产业。以利胜电光源、安控电气、午阳半导体等企业为龙头，发挥开发区省级光电产业园优势，积极承接台湾和厦门泉州深圳产业转移，主要打造LED照明、LED显示、太阳能光伏、集成电路、计算机设备、家用电子、数字家庭用品、仪器仪表等核心产品。重点引进：芯片、外延片等科技含量高的生产研发企业，提高科技企业比重，提升产业价值。电商物流产业。以电子商务为主，打造集商贸物流、仓储配送、供应链管理、研发设计、孵化培育、生活服务、文化创意等功能为一体的现代电子商务及物流服务体系。重点引进：电子产品、软件开发、电子信息产品研发与制造、现代物流中心、电商示范企业。

招商引资成果喜人。新引进项目共39个，总投资131.82亿元。其中，上亿元项目16个、上5亿元项目3个（厦门工学院、新页、华建管桩）、上10亿元项目2个（厦门工学院、新页无线充电）。

（摘编：杨福来）

泉州省级及省级以上开发区概况

泉州经济技术开发区

泉州经济技术开发区是泉州市委、市政府直接开发建设的国家级经济技术开发区，开发范围包括清濛园区、国家级泉州出口加工区。2019年，开发区实现地区生产总值228.09亿元，比增10%；工业增加值178.5亿元，比增7.9%；建筑业增加值3.3亿元，比增58.4%；第三产业增加值46.32亿元，比增17.3%；一般公共预算总收入16.37亿元；一般公共预算收入8.08亿元，比增2.4%；全社会固定资产投资比增12%；社会消费品零售额77.29亿元，比增6.9%；出口商品总值59.27亿元，比增41.03%；实际利用外资（验资口径）1.24亿元。其中，地区生产总值、建筑业增加值、第三产业增加值增速位居全市第一，出口商品总值增速位居全市第二。

项目建设扎实推进。实行“一个项目、一套人马、一拼到底”，扎实开展“项目攻坚2019”。技改项目。全区20个技改项目完成投资5.6亿元，完成年度计划的112.56%，超过时序进度12.56个百分点。特步、天地星、星美健等3个项目被纳入市级重点技改项目。积极培育产业转型升级典型示范企业，兆兴无纺布公司、三星电气公司生产车间被认定为市级数字化车间；天地星被认定为省级单项冠军企业；九牧王公司被认定为省级智能制造试点示范企业；安记、三星、万龙被认定为省级“专精特新”中小企业。重点项目。全区46个在建重点项目，累计完成投资25.66亿元，完成年度计划投资100.01%。其中，14个列入市级在建重点项目累计完成投资12.43亿元，完成年度计划投资107.58%，超额完成年度目标任务。“五个一批”项目。谋划项目27个，总投资287.49亿元，完成谋划任务的135%；签约项目24个，总投资93.40亿元，完成签约任务的240%；开工项目19个，总投资72.57亿元；竣工投产项目15个，总投资33.20亿元。

产业发展狠抓重点。抓龙头引领增后劲。充分发挥产业龙头企业支撑和引领作用，加快壮大现有龙头企业，紧盯规上企业，积极培育新的龙头企业，特步、九牧王、宏远等3家被认定为2019年省级工业龙头企业，推荐太平洋、锐驰、万龙等14家企业列入市级产业龙头企业；新增规下转规上工业企业15家，预计可新增产值3亿元；天际SUV汽车生产、九牧王产业园、足力健老人鞋、友臣食品等20个优质企业项目，预计可新增产值38.53亿元。稳妥应对中美贸易摩擦，不断壮大出口主体，全区全年新增出口备案企业64家，新增出口实绩企业59家。抓产业转升聚动力。把产业升级作为经济增长的“动力源”，鼓励企业创新创造，支持传统制造业通过技术改造向中高端迈进，积极培育产业转型升级典型示范企业，推动高新技术产业快速发展。抢抓服务制造融合大趋势，开展“第三产业提升年”活动，推进九牧王智能物流配送中心、建筑业和商贸服务业集聚园区及国脉生物科技项目等三产在建项目建设，引导新华旭智慧物流园申报市级现代服务业集聚示范区，力促三产集聚发展。支持企业承接“军转民”科技成果转化，参与军品研发生产，壮大军民融合产业，目前全区已有11家军民融合企业，21个产品列入军队采购目录。抓高新培育强支撑。坚持高端引领，着力培育具有特色的战略新兴产业，推进科技创新与构建现代产业体系紧密结合，加快构建以高新技术产业为主导、服务经济为主体、先进制造业为支撑的现代产业体系。思安公司等5家入选市战略性新兴产业成长型企业培育库；新增泰亚鞋业等5家省级科技小巨人领军企业；力声电子被认定为泉州市瞪羚企业；国家级高新技术企业孵化基地累计孵化企业达278家，累计毕业企业175家。大力发展商贸服务业、创意产业、现代生产性服务业，引导中小企业参与龙头企业、品牌企业的协作配套，推动产业之间横向结盟上规模，纵向整合成链条。

招商引资再添佳绩。以“提升招商引资水平，促进高质量发展”为工作重点，突出招大引强，打造特色产业，促进经济持续发展。制定出台《项目入驻、项目评估、项目退出管理办法（暂行）》，深入推进2.5产业园及智能产业园规范清理工作，共清退出企业9家，清理出闲置低效及违规占用的办公用房2.7万平方米，盘活存量土地242亩、闲置厂房19.9万平方米，嫁接引进新项目136个，项目总投资达8.2亿元。实施“三个一”招商工作机制（“一把手”带头抓招商，“一条龙”服务抓招商，“一队伍”专业抓招商），成功对接入库9个民企项目，合同总投资额46.1亿元人民币，超额完成市里下达的25亿元民企对接任务，完成率高达184.4%。引进集聚1765家互联网经济、工业设计、检验检测、创新金融、文化创意等新型业态。制定出台《泉州开发区关于鼓励利用空置厂房和土地进行二次招商的若干措施》等优惠政策，吸引项目进驻，有效激发招商活力，成功引进斐乐（FILA）全球采购中心、德尔电梯、维佳石材机械等大型优质项目。加快推进中意“两国双园”建设，成功引进“中意（泉州）时尚创意谷”“意大利CSMT（泉州）中心”两大平台入驻开发区，搭建起泉州市引进意大利资金、技术、品牌、设计师人才团队的桥梁和纽带。

管理服务提升质量。管理方面，将全区划分为5大网格片区，采取“一格四员、分层快处”形式延伸服务末梢，明确网格督导员、网格管理员、网格服务员、网格警务员这“网格四员”职责，压实工作责任，以此让企业群众有了困难和问题知道找谁办、到哪办、怎么办。该做法在全市强基促稳推进会上作经验介绍。美丽颜值再提升。落实好“城市提速年”项目，全区5个纳入市里的在建项目年度计划投资3050万元，完成投资3050万元，完成年度计划的100%，西片区第一公共停车场、学园路市政道路项目、A区慢行道及德泰路部分道路综合提升工程及泉州开发区智慧公厕工程建设改造项目等5个项目均已完工，园区宜居宜业舒适度进一步提升。扎实打好污染防治攻坚战，认真配合做好第二轮中央环境保护督察迎检工作，深入开展环境执法大练兵、“清水蓝天”专项执法行动、污染源“双随机”抽查，重点开展散乱污企业排查，采用错时执法、联合执法、信息公开等手段，严厉打击环境违法行为。作为泉州市唯一的全省生活垃圾分类试点，在全省率先推行市场化智能垃圾分类系统，生活垃圾分类的经验做法在“学习强国”平台、《侨区快讯》、《泉州晚报》、东南网等媒体刊载。安定稳定再夯实。扎实推进“强基促稳”三年行动，持续深化“扫黑除恶”专项斗争。坚决打好重大风险防范化解攻坚战，全年累计处置不良贷款3.04亿元，全区不良贷款余额自2016年以来首次降至1亿元以下，区域信贷风险呈现出企稳筑底态势。时刻绷紧安全生产这根弦，紧紧盯住危化企业、道路交通、消防安全、建筑工地、食品药品等重点行业和领域，共排查出安全隐患220多条，整改率达100%。在全市率先创新推出“智慧用电”监控系统，实现对重点企业安全用电情况进行全天候实时监控，让企业通过可视化手段切实预防电器火灾事故的发生。全区共有169家企业安装“智慧用电”系统895台，提前超额完成市安委会下达的任务数。健全劳资和谐保障、议事、调解机制，深入开展“无欠薪项目部”创建等活动，实现了保证金覆盖率、欠薪应急周转金覆盖率、工伤认定申请办结率、劳资矛盾受理率、调处成功率“五个100%”。

（摘编：苏小雨）

泉州台商投资区

泉州台商投资区成立于2010年，为国家级台商投资区，也是泉州国家高新技术产业开发区的主园区。2019年，台投区全年完成地区生产总值

330.34亿元，增长8.6%；规上工业增加值199.72亿元，增长8.5%；一般公共预算总收入20.05亿元，增长16%；一般公共预算收入11.65亿元，增长16.4%；社会消费品零售总额97.41亿，增长11.3%；出口商品总额24.53亿元，增长1.7%；实际利用外资6.42亿元，增长1.8%。一般公共预算总收入、一般公共预算收入、第三产业增加值3个指标增速排名全市第一。地区生产总值、一般公共预算总收入、一般公共预算收入、第三产业增加值、社会消费品零售总额等5个指标增速高于全市平均水平，高质量发展落实赶超迈出坚实步伐。

项目建设攻坚克难。高水平推进项目建设，实施大片区作战，实行重大建设项目定期、定量、定性考核机制，创新重点项目联合攻坚机制、村级成建制拆迁等措施，强力突破征拆滞后、前期缓慢、违法阻工等制约项目开工投产的“中梗阻”。全区119个区级以上重点项目完成投资219.7亿元，完成年度计划的101.5%，其中在建项目完成投资217.68亿元，完成年度计划的104.7%。海城大道（海山大道至张纬四路）等33个项目开工建设；海灵大道北段、嘉德利二期项目等51个建成投产。28个省市重点项目完成投资103.47亿元，其中玖龙纸业65万吨高档牛卡纸扩建、八仙过海大型旅游、白沙棚户区改造等21个在建项目（考核类）累计完成投资102.59亿元。开展“项目攻坚年”活动，新增谋划生成项目36个、招商（谋划转签约）项目34个、开工项目23个、建成（部分建成）项目27个，完成8个市级征迁攻坚项目房屋征迁2.34万平方米、征地（海）1612亩、坟墓拆除213个。实施2019年工程包活动，组织实施城镇污水管网等工程包19个，完成投资35.64亿元。

营商环境不断优化。城市布局进一步优化，启动全域乡村建设规划，加快推进白沙片区等单元控规编制及报批工作。实施“城市建设提速年”项目27个，完成投资45.8亿元。全区基础设施建设总量和规模位居全市第一。海湾大道（八仙段、双山段）等项目有序推进；杏东片区“七通一平”工程、江锦街（杏秀路—海山大道段）已基本完成；海灵大道北段、滨湖东路北延伸段已完工。泉州后渚大桥东桥头互通建成通车。投资72亿元建设海湾大道，打造泉州版最美“环岛路”。占地5000亩，总投资约7亿元的海丝生态公园顺利开园。引进10万平方米的世茂星河城城市综合体，打造湖东片区商业新城、高品质生活圈。按照“三留一活”工作目标，推进洛阳古街保护与利用。引进中建集团投资300亿元建设白沙片区，邀请国内规划大师、中国工程院吴志强院士进行城市规划设计，力争用5—10年时间打造现代化高端国际社区、洛阳江畔城市建设典范。扎实推进“四好农村路”建设，创建洛阳镇3.395公里和东园镇8.892公里生态示范路工程，东园镇被泉州市评为“四好农村路”示范乡镇。全区行政村公交覆盖率达96.15%，实现村村通客车。全区实施污水处理设施建设项目22个，累计完成投资1.5亿元，完成污水管道施工约74公里。

招商引资卓有成效。高质量抓好招商引资。制定2019年招商引资工作实施方案，形成全员招商工作局面。组建成立招商服务公司，与中国国际贸易促进委员会台港澳企业服务中心、中国国际经济咨询有限公司等专业第三方平台达成合作意向。全年签约泉州干细胞与再生医学研究院、东风重工、彩蝶湾养老养生村、中信重工智能装备产业基地等项目15个，总投资额约130.2亿元；签订启迪美术高级中学等项目框架协议13个，投资总额超百亿元。承办由国家工信部主办的2019年“创客中国”两岸新兴产业中小企业创新创业大赛，决赛获奖项目中来自台湾的CSI晶圆生产、无人驾驶机器人、基于北斗导航系统及天线等项目意向落户，拟共同建设“创客中国中小企业创新创业产业园”。成功举办工业设计暨台湾大学生来泉工作座谈会、2019泉州海峡两岸工业设计大赛暨海峡两岸大学生设计工作坊启动仪式、第二届海峡两岸（泉州）检验技术暨医保人才交流论坛、首届泉台医护人员岗位职工技能竞赛、第四届海峡泉台职工雕艺技能大赛等。组织企业参加进博会、广交会、慕尼黑国际体育用品展等境内外展会，第十七届6·18对接合同项目58个，总投资34.6亿元。

科技创新再创佳绩。谋划建设泉州科学城，打造国家创新型城市和国家自主创新示范区的

"新名片"。推动工业产业转型升级，舒华健身器材、立亚新材碳化硅研制等15个项目列入省市技改项目，华德机电、力达空压机等7家企业列入"数控一代"产品企业。新增国家级星创天地1家、国家高新技术企业11家、国家知识产权管理规范标准认定企业7家、省科技小巨人领军企业9家、省高成长企业11家、市瞪羚企业5家，市级企业技术中心2家。累计列入省、市两化融合重点项目、重点技改项目名单市、服务型制造企业培育对象、A级物流企业培育对象90个。加强科技创新平台建设，泉州装备制造研究所新增"电机驱动和功率电子国家地方联合工程研究中心""福建省复杂动态系统智能辨识与控制重点实验室"等2个科技服务平台；促成13个STS项目（中科院科技服务网络计划）进驻；建成全省电机领域首个国家地方联合工程研究中心——中科院海西研究院泉州装备制造研究所，为泉州市第一批国地联合共建的国家级创新平台；泉州国家农业科技园区创新能力指数跻身国家农业科技园区第九，是全省唯一进入全国排名前十的国家农业科技园区；新增省级众创空间1家、省级新型研发机构1家、市级新型研发机构1家。开展科技知识产权宣传周活动，累计申请专利2043件、授权专利1496件，全区有效发明专利达到829件，每万人口发明专利拥有量达到32.13件，排名全市第二。

管理服务保障落实。稳步推进减税降费工作，推行"中午不打烊"和"5+2周末轮班办税"制度，落实149项"最多跑一次"清单服务。全区减税降费政策减免税收2.15亿元，税务部门征收社会保险费减免1250万元。争取上级科技、外贸、用电等扶持资金6060.83万元，兑现区级科技、专利、技改等奖励资金3487.45万元。坚决打好防范化解重大风险攻坚战，发挥区级应急保障周转资金池作用，滚动使用应急保障金90笔4.20亿元，有效帮助70家企业解决转贷资金问题。全区各项贷款余额98.18亿元，达到年度目标的124.3%，各项存款余额88.02亿元，达到年度目标的103.6%。累计处置不良贷款3.1亿元，逾期类贷款、关注类贷款分别比去年同期下降0.08亿元、0.53亿元。优化项目用林、用地服务，经省政府批准农用地转用和土地征收共25个批次，批准面积3456.46亩，用地面积批准量全市第一，重点保障了白沙片区、海湾大道等省市重点项目用地需求。清理处置批而未供土地1575亩，其中工业用地259亩。全区共完成房屋征收签约1350宗，签约面积55.3万平方米；完成已竣工的7个安置小区涉及43个项目1179户选房回迁工作，共安置套房2025套，安置面积24.51万平方米，回迁选房率100%。

（摘编：蔡志轩）

泉州高新技术产业开发区（江南园）

泉州高新技术产业开发区为国家级开发区。2019年，高新区地区生产总值155.06亿元、税收收入9.52亿元，规模以上工业增加值69.53亿元。工业用地亩均产值达到946.7万元、亩均税收23.1万元。经过十多年的开发建设，高新区综合实力、创新能力、集约发展等各项指标在全省、全市各类开发区中均位于前列，连续三年获泉州高新区"一区多园"考核评价第一名。

基础设施趋于完善。高新区地处泉州市中心城区，距高铁泉州站8公里，距泉州后渚港17公里，距晋江国际机场15公里，城市交通主道南环路贯穿而过，区内有高速互通口一个，商场、公园、医院、学校、酒店、公交场站等城镇配套完善。

产业特色突出重点。鲤城高新区以微波通信、数字安防、电子元器件、太阳能光伏为主的电子信息产业，以服装面料、纺织材料、成品鞋服为主的纺织鞋服产业，以工程机械"四轮一带"及整机制造为主的机械汽配产业等为三大支柱产业。

项目建设积极推动。"流量测量仪表生产项目""立信节能设备产业园"落地建设，进一步壮大高新产业规模；引进建设"数字经济智慧园"，搭建汽配贸易、鞋服电子商务、仓储、办公、休闲、教育、培训等全方位服务平台；投资建设"高新区创业投资服务中心"，打造产业创新创业平台，提升配套服务水平；牵头促成万盛置业公司和红星美凯龙合作，谋划引进"星艺佳家居卖场"，带动周边区域商贸市场繁荣发展；帮助解决"骏雅轩艺术馆项目"配套场地问题，协调解决

“大众汽车城项目”用地征迁遗留问题，盘活存量资源对接落地“金泉商城”“培文学校”，破解项目建设瓶颈。

招商引资卓有成效。按照建设金融专业市场的要求，不断引进有品牌、有实力、有信誉的机构入驻，科技金融服务产品不断丰富，金融服务水平不断提高。截至2019年12月，金融中心累计已签约入驻各类金融服务单位70多家，其中金融机构5家、类金融机构10家、增值服务等其他机构60家，聚集效应已初步显现。

体制改革创新服务。按照省政府指导意见具体要求，主动融入全区国有企业改革大局，结合高新区当前发展阶段的实际需要，探索设立集招商、管理、服务为一体，具备资本运作、资产管理、信息咨询、投融资合作等功能的投资运营平台，成立公司作为平台运作主体。招商引进北京联东集团入驻投资建设“联东U谷·泉州产业综合体项目”，采取统一规划、统一建设、统一招商、统一服务的模式，由专业运营机构负责项目产业定位、规划方案设计、投资建设及招商运营管理，结合区域主导产业特点，吸引电子信息、智能制造为主导的高新技术产业，形成高端产业集群，打造聚合生产制造、研发设计、中试成果转化、生产企业总部、产品展示和生产配套功能于一体的都市型产业集聚地；项目占地面积120亩，计划总投资4.8亿元，达产后年可新增创税4800万元以上，亩均税收达到40万元以上。以综合体项目为示范和带动，持续探索市场化运作模式，借助专业运营机构的资金和资源优势，推动专精特微产业园建设。

（摘编：林汇智）

晋江经济开发区

晋江经济开发区（以下简称“开发区”）系省级开发区。2019年，开发区新增规上企业20家、“四上”企业35家、高新企业10家，全区完成规模以上工业总产值1052.16亿元，比增11.4%；限上企业批发销售额完成355.63亿元，比增18.5%；全社会固定资产投资完成58.8亿元，比增8.9%。经过多年发展，开发区“一区多园”现有入驻企业859家，其中，投产企业485家，在建企业147家。国家火炬计划重点高新技术企业3家，国家级企业技术中心3家，国家级工业设计中心1家，省级院士工作站3家，省级高新技术企业32家；省级创新型企业1家；省级创新型试点企业5家；省级行业星火计划创新中心4家；省级重点实验室4家；省级技术中心6家；泉州市行业技术开发中心8家；福建企业工程技术研究中心1家；泉州市工程技术研究中心6家；泉州企业技术中心18家；科技小巨人21家；瞪羚计划重点培育企业2家。园区入驻企业中获中国驰名商标14家，福建省知名商标18家。基本形成了以鞋服纺织、纸制品、食品饮料等3个传统产业为主，装备制造、高端印刷、光电能源等3个新兴产业为辅的产业格局，囊括恒安、安踏、361度、利郎、亲亲、蜡笔小新、雅客、优兰发等传统产业知名企业，以及金保利能源、三力机车、佶龙机械新兴产业优质企业。

基础设施配套完善。发展载体基本建成。持续完善园区路网体系，完成中源路等4条道路建设，全力推进时尚园阳溪北路等7条道路工程建设，加快进度解决新塘园横八路与泉州环城高速石狮收费站匝道工程项目可研批复相关工作。完成食品园景观配套用房工程桩基建设和新塘园垃圾转运站设备采购事项，安东园综合污水处理厂8万吨完成建设及设备联动调试。加大优质教育资源供给，第八实验小学及其大山后校区9月份正式投入使用。深化与晋江市医院共建医疗联合体，晋江市医院经济开发区院区暨晋江经济开发区社区卫生服务中心6月份正式投入运营，满足园区企业职工看病就医、卫生保健需求。有序推进林格廉租房的复工工作，1#、3#、5#楼的装修已完成，2#、4#、6#楼的装修工作进行中。

项目建设强化推进。强化分析研判，夯实要素保障，细化工作责任，确保重点项目投资力度不减。积极会同相关镇（街道），以点带面，逐步化解食品园北片区征迁历史遗留问题，完成海天项目、时尚园基础设施、第八实验小学项目等3个征迁问题销号，全力保障项目落地建设及快速推进。围绕企业投产做足配套文章，预判企业用水、用电、用汽、排污等需求，主动协调相关市直部门，减轻企业后顾之忧。2019 年 92 个重点项目完成年度投资 68.74 亿元，完成年度投资计划 103.94%；新增 21 个项目开工建设，25 个项目投产投用。

生态环保持续优化。狠抓生态水域治理，坚持每周召开环保专题会议，建立“网格 + 微信”工作机制，督促整治工作快速开展、落实到位。以梧垵溪、坝头溪流域治理为核心，以消除黑臭水体为目标，采取重点片区雨污分流和河道排污口截污整治相结合，努力实现河畅、水清、岸绿。2019 年全面排查管网 231 公里，编号溯源 271 个市政排放口，落图登记 987 个企业排放口，增设 95 个电子监控点，提升智能监管水平。加大环卫保洁投入力度，继续在全市卫生考评中保持前列。加强河道整治力度，严格按照“边排查、边建档、边整治、边验收”的原则，采取自来水放水的措施，对企业进行排查，加大约谈、处罚力度，督促企业立即采取措施，确保问题立即整改、全面整改、逐件落实。2019 年共约谈 34 家企业负责人，办理环保查封扣押案件 3 起，行政处罚案件 38 起，累计罚款 197.275 万元。

管理服务质量提升。着力提升服务质量，营造良好营商环境，服务企业既“定心”更“贴心”，努力构建“亲”“清”政商关系。推进“党建（人才）+经济（企业）+科技+商会”联动机制，开展企业总裁班、惠企政策、企业家沙龙等各类培训活动 14 次，受益 1000 多人次，全面提升企业家素质。推动优惠政策落地生效，全年协助企业申报 132 项优惠政策补助约计 2237 万元，指导 1 人成功申报国家千人计划，73 人申报高层次人才。以获批“2018 年度省级新型工业化示范基地”为抓手，创建高新技术企业培育库、科技项目库，指导凤竹鞋业、美力艾佳公司申报数字化车间；抓牢用地要素保障，完成农转用报批 83 亩、供地 2984.18 亩，协助企业办理不动产权证 49 宗共 1484.82 亩；依托“六大平台”，着力提升精细化管理水平。启动晋江经济开发区人才交流服务共享中心建设，举办“六个一”调研宣讲活动和“春风行动”大型招聘会，帮助企业破解招工、引才难题。着力打造“智慧园区”可视化平台，建成 1 个指挥中心、建设 10 个“瞭望天网”、增设 150 多个电子监控，实现基础设施网络化、日常管理敏捷化、功能服务精准化和产业发展智能化。

（摘编：翁宁）

洛江经济开发区

洛江经济开发区是 2006 年 4 月经国家发改委批准，由原万安开发区、双阳华侨经济开发区整合而成的省级经济开发区。2019 年，开发区经济运行速度快速增长，运行质量稳步提高。开发区区域范围内完成地区生产总值 241.83 亿元，比同期增长 39.2%，财政收入 14.68 亿元，实际利用外资金额 4.75 亿元。开发区在全区经济发展的主导地位日益显现，带动作用日益增强，对区域经济的贡献份额日益提高。第二产业再上台阶。规模以上工业企业达到 149 家，工业总产值 610.39 亿元，增长 16.7%。启动智谷高新技术产业园洛江园区规划建设，铁拓机械改扩建工程建成投产，三一筑工（泉州）建筑科技产业园落地，一批机械装备制造项目加快建设和入驻河市西片区，省级智能制造试点示范基地成型成势，智能装备产业产值增长 26%。发挥信和新材料、嘉泰数控、西人马等重点企业和成长型企业带动效应，机器人、传感器、石墨烯新材料等产业链加快延伸。改造提升传统优势产业，11 家企业 25 项产品入选泉州市“数控一代”示范项目名单，13 个省市重点技改项目完成投资 11.4 亿元，卫生用品、纺织鞋服行业分别增长 30%、17%。推动数字经济发展，列入省级数字经济项目完成投资 4.9 亿元，建成开通 39 个 5G 站点。修订建筑业发展壮大六条措施，稳步推进建筑业产业化，建筑业实现产值 210 亿元、纳税 4.2 亿元。创新驱动取得突破。落实泉州市国家创新型城市实施方案，规模以上工业企业研发投入增长 20%。高新技术企业、科技小巨人领军企业分别达 29 家、23 家，入围、新增一批工信部专精特新“小巨人”企业、省级制造业单项冠军企业、市级产业龙头企业，西人马列入工信部工业强基项目，2 家企业研发项目分别荣获福建省科学技术进步奖二、三等奖。培育壮大军民融合产业，与兵装集团在导航测控、新材料等项目达成合作，新认定 7 家军民融合企业。落实

“人才港湾”计划，新增高层次人才198人。

产业发展转型升级。开展“第三产业提升年”活动，24个三产重点项目完成投资12.6亿元。万安、双阳一批酒店、餐饮、文创园等退二进三项目投入营业，城区商业氛围渐浓，全区社会消费品零售总额增长12.5%。全区应用网络销售企业近1400家、销售额增长18.6%。汽车服务业沿万虹路两侧形成规模效应，奔驰、宝马、雷克萨斯等知名汽车品牌入驻，汽车销售额增长10%。现代物流业取得突破，新宜泉州枢纽物流中心开工建设，德邦物流东南基地等3个重大项目落地。

项目建设有序推进。2019年以来，园区内基础设施建设和公共配套均在有效推进：（1）园区建设加速提质。①投资2.5亿元市级重点项目泉州市洛江区小总部经济区市政道路等基础设施PPP项目，预计2021年1月完工。完成本项目的基础设施建设将推进洛江小总部经济区——建筑业总部园区项目开发，进一步形成开发区新的经济增长点，②河市西片区开发：投资10.8亿元的西环路市政道路工程于2019年完成道路建设竣工验收、绿化验收并通车。机械产业园（铁拓地块）、（中立机械地块）已完成平整场地238亩，并交付铁拓公司、中立机械进行厂房建设。西片区蛟南安置地基础部分总建设安置地211宗，已完成基础建设工作，并移交河市政府使用。③阳江路续建道路2019年阳江路2.5公里道路路基、管线、路面已全部完成，同步两侧绿化已完成100%，完成竣工验收。阳江路与万虹路口、阳江路与滨江路口交通信号灯、电警监控设备已完成建设并投入使用，道路已正式开放通车。（2）统筹城乡促协调。城市建设加速提质。落实市委市政府“城市建设提速年”“提升城市环境品质”活动部署，74个城建项目完成投资10.4亿元。实质性启动阳江片区规划建设，完成阳江新城城市设计，组织实施阳江片区土地收储和市政道路、水系整理、学校等项目建设。打通经五路和万安城区一批断头路，万安城区断头路问题基本解决；洛滨北路等主干道加快建设，西环路双阳段、经六路、经十路等前期工作有序推进。系统梳理城乡停车场、过街通道、公交停靠站、排水排污等领域短板，完成一批“XIN”行动和群众急忧盼项目建设。

招商引资拓展渠道。围绕建设智造生态新城区目标，突出智能制造、商贸物流、现代服务业等重点产业，做优链条、做强集群。突出产业链招商、以商招商、委托招商，一是新引进三一品牌，占地450亩、总投资11亿元的三一筑工（泉州）建筑科技产业园项目；二是引进民营医院项目，占地约87亩、总投资15亿元。熠跃泉州汽车后市场供应链基地、安必信跨境电商供应链区域总部、德邦物流东南总部基地等四个物流项目，发展以人工智能、大数据、GIA技术为基础的智慧物流，计划累计新增投资22亿元，新建物流高标仓库55万平方米。西片区智造产业园对接项目26个，其中铁拓机械已完成厂房建成并投产，三一筑工（泉州）建筑科技产业园等7个项目签约落地，4个项目已完成准入评估，9个项目完成论证评估。围绕泛在物联网、芯片、传感器等高新技术产业，与湖南云箭集团合作的泉州市云箭测控与感知技术创新研究院项目签约落地，智谷（泉州）万洋高新技术产业园、越疆机器人、骨科医疗机器人、联亚航空无人机等项目。

管理服务改革加快。政务服务便捷高效。落实“绿色通道”服务机制，深化“证照分离、多证合一”、不动产登记、工程建设项目审批制度改革，企业开办时间压缩至3个工作日内，不动产登记时限缩短至5个工作日内，工程建设项目审批流程科学合理，时限进一步压缩。推进“互联网+”政务建设，1010项行政审批和服务事项全部进驻省政务服务网洛江分厅运行。履行职责依法依规。开展“法治政府建设年”行动，推行行政执法公示、全过程记录、重大执法决定法制审核制度，完善和落实《洛江区人民政府重大行政决策若干规定》，加强规范性文件审查备案，深化重点领域政务公开。

（摘编：尤文凡）

永春工业园区

永春县工业园区经福建省政府批准设立，2006年国家发改委审核通过，为省级开发区，总体规划面积1.8万亩，首期已开发建设近8000亩。该区地处县城中心区南侧，“泉三高速”、省道三郊线、泉德线从区边经过，交通便利，具有独特的区位优势。2019年，轻工新城基础设施建设项目计划总投资20亿元，2019年完成投资103亿元，累计完成总投资额17.6亿元。其中，永春智慧产业园基础设施工程2019年主要实施轻工西路工程建设，投资约860万元，已于3月建设完成；轻工新城机械园安置房项目（济川、张埔安置区）已完成主体工程，开始进行室外配套设施工程、配电工程、通讯综合管线工程等施工；完善园区城市基础配套设施，实施轻工新城亮化工程，完成轻工人道、轻工北路、东二路及平一南路路灯施工。

土地利用腾笼换鸟。集约利用工业用地资源。一是消化供而未建闲置用地，动员锦佳机械（50亩）和禄富纸业（110亩）等2家公司分别于5月、10月向县政府递交收回土地的申请，锦佳机械已完成回收，禄富纸业进入固定资产评估。二是充分用好边角零星地块。2019年引导6家小微企业优先考虑一些园区边角。三是盘活闲置厂房，共盘活企业闲置厂房15.9万平方米，引入小微企业70家。

招商引资创新提升。为加大招商引资力度，管委会创新实行工业招商工作制度，与永春县工信商务局、投资促进局及乡镇协同协力，积极做好招商引资工作，进一步完善一月一信息交流、重大项目“一对一”跟踪服务、项目即时会商、进度汇报等机制。2019年度永春县确认招引入驻园区企业33家，总投资额13.6亿元，投资亿元以上的企业8家，投资5000万元—1亿元（不含）的企业5家，投资1千万—5千万元（不含）的企业20家。2019年盘活园区企业闲置厂房159001平方米，闲置土地203.55亩，共盘活园区闲置土地8块，企业破产重组成功2家。加强引办项目的服务工作，全年无休假做好企业选址服务；做好九牧项目、源福机械、永旺食品（二期）、禾力机械制造、永燠灵芝菌合剂二期、万润食品项目、顺意食品、传玻玻璃二期、宇领消防、新洁诚卫生用品、良格金属二期、百胜包装公司、紫隆陶瓷扩建、美律科技扩建、万鼎工贸、爵能厨卫科技、华飞金属制品、嘉恒陶瓷等18家在建企业的日常服务工作，确保项目建设的顺利进行。

管理服务多措并举。从5月起，管委会积极开展“企情日记”活动，组织全体干部深入企业摸实情、办实事、求实效，针对企业的问题需求精准做好服务。一是持续在探花山门口开展企业现场招工会，并通过微信公众号、LED电子屏，及时上传各级惠企政策和招聘信息。二是联系泉州市讲师团，集中百家企业进行“晋江精神”、“减税降费”、贸易战应对策略宣讲。三是对多处路口破损和污水管网堵塞问题进行处理。对南星厂区主干道封闭门进行整治，方便企业出入。完成轻工大道安全标线标识的设计与施工。联合县民政局，对工业园区14条未命名支路进行命名，为企业对外信息服务提供准确地址服务。四是加大整治乱倾倒建筑垃圾问题，2019年已移送县城市管理局执法处理20余起。五是协调协商县教育部门，帮助企业解决32位高管子女择校入学。六是联系县电影公司，推出“惠企暖心”免费观影工程，已组织14场7000多人次观看《红海行动》、《战狼》等爱国主义题材电影。

生态环保查缺补漏。一是借力督察契机完善环保基础资料。以第二轮中央环保督察工作为契机，结合《福建省开发区生态环境专项整治工作方案》，对园区生态环境进行大排查、大体检，继续对园区环保基础资料工作进行补缺补漏。二是突出重点督促企业雨污分流。园区管委会自4月底开始，经过企业自查、现场检查、督促整改三个阶段，持续五个月进行污水管道专项排查和整治工作。在排查的基础上列出问题清单，及时向县分管领导、县河长办、城市管理局和生态环境局报告，就园区市政管网涉及路段和企业外部接入问题，实行现场移交、无缝对接。主动组织清理疏浚排水管泥沙沉积、排污管内污泥，对沿溪不明排水孔进行水泥封堵处理，倒逼企业和园区中民居做好整改。对问题企业实行“闭环式销单管理”。三是启动园区规划环评修编工作。鉴于《永春县工业园区规划环境影响报告书》2020年6月将期满及部分产业需要适时调整，急需跟踪评价和部分修整。管委会自7月份启动园区规划调整工作，在多次征求县生态环保局意见的基础上，在10月份，向15家省内环评机构发出环评编制邀请函，共12家机构在规定期限反馈，4家机构到园区考察，正在委托代理机构实行招标，相关工作正在有序进行中。

（摘编：李元）

德化陶瓷产业园区

德化陶瓷产业园区于2012年9月12日被国家发改委确定为福建省唯一的国家循环化改造示范试点园区，为省级开发区。该园区总面积8.98平方千米，于2006年被国家发展改革委命名为德化陶瓷产业园区。截至2019年底，园区累计入园企业1750家，就业人数5.2万人，实现工业总产值160亿元，规模以上工业增加值32亿元，税收收入9.8亿元。园区形成了以陶瓷业为主导产业的发展模式，产业集聚水平高达82%。

基础建设赶超进度。园区利用城市周边的山杂地集中建设工业项目区，请工业上山，利用荒坡开发“工业梯田”，使园区布局更加合理。园区管委会集中力量抓好基础设施建设，包括交通、供电、供水、供气、电信、环卫、排水、污水和垃圾无害化处理、园林绿化等。基本形成设施配套、功能完善、布局合理、运行可靠的现代化园区基础设施体系，以便于筑巢引凤，发展壮大园区规模。2019年，项目建设成效显著，共推进县重点项目建设39个，完成投资327918万元（其中，财政性投资项目37776万元），完成年度投资计划的100.65%。

生态环保改造提升。德化陶瓷产业园区内企业均采用自建地下污水管网的形式，建成后全部接入县污水处理厂集中处理。园区生活垃圾由当地镇政府环卫站负责统一清理；工业垃圾由企业出资定期运至县级垃圾填埋厂集中进行处理。园区规划建设瓷土集中加工区，建设瓷土集中加工区污水管网配套工程，将浐溪上游瓷土加工类企业集中规划进区，这样可减少浐溪源头污染，改善城乡居民生活环境。此外，园区开发建设过程中十分注重做好水土保持、绿化养护等各项工作，大力建设街边绿地、袖珍公园。园区内现有阳光公园、嘉裕公园、月亮湾公园等场所供辖区内群众休闲娱乐，整个园区发展环境良好。

（摘编：邓新民）

安溪经济开发区

安溪经济开发区于2006年4月经省政府批复为省级开发区，现核准面积826.22公顷，共分为六个区块，形成“一区带三园”的格局，下辖城区、龙桥、湖头三个园区，以现代工业为主、以发展高新技术为导向的现代产业体系逐步形成，注重发展茶叶加工、生物医药、绿色食品、机械电子、光电产业、新兴材料、金属加工等产业，同时配套发展商贸物流、房产物业、旅游休闲等第三产业。2019年，开发区实现地区生产总值553亿元，比上年提升26.8%，规上工业增加值200.14亿元，比上年提升16.7%，高新技术企业数21家，增幅23.5%，财政对科技的实际投入2005万元，比上年提升28.8%，实际利用外资总额1.21亿元，增速27.2%，在历年来全省经济开发区综合发展水平评价位次逐年提高。其中，城区工业园累计引进福建高洁卫浴有限公司、福建省万家利洁具工贸有限公司、福建省罗丰集团有限公司等11个招商项目（超亿元项目4个），项目协议投资12.4亿元；湖头工业园引进闽光钢铁60亿元产能置换及配套、佳亿电力、锦龙金属等11个项目，总投资96亿元。其中，投资1亿元以上产业项目9个，60亿元重大技改项目1个；龙桥工业园引进项目19个，总投资36.5亿元。

城区工业园：根据规划建设和产业布局情况，园区规划城东、城南、城西和下长泰4大功能片区。其中，城东片区位于园区的东侧，是中心城市“东拓”的主要组成部分，规划面积780公顷，规划发展集茶叶精加工、交易、总部、研发、物流仓储、电子商务、文化交流、高等教育、观光旅游等功能为一体的城东茶业新城。城南片区位于县城南部，是中心城区“南扩”的主要组成部分，总规划用地面积830公顷，规划发展服装纺织等工业产业和酒店、金融服务、商业服务、房地产开发等第三产业为主的城南金融商务区，是安溪企业回归总部建设聚集地。城西片区位于西二环路沿线及周边区域，是中心城区“西进”的主要组成部分，总规划面积800公顷，规划发展商住、商贸、物流、家居工艺品等。下长泰片区位于省道308线沿线区域，规划用地面积890公顷，规划发展水暖卫浴、机电阀门、仓储物流等产业。用地报批方面，抓好卫浴新城未批用地、工人文化宫、参岭隧道（东二环—站前大道）、红星美凯龙西侧市政道路、建安片区27A地块、江兴大桥连接线、厦大医院、永安小学、中创机制砂等新增项目报批材料，累计完成11个林地报批项目合计9.3公顷、17个用地报批项目合计31.96公顷。安置房建设方面，德苑片区安置小区A、B区已回迁完成、三安大桥东片区城中村改造项目进入室内外装修，富源小区正在主体施工，涝港安置小区一期工程正在进行室外配套工程建设。卫浴新城建设方面，加快卫浴新城等项目土地报批、平整、道路等基础设施建设工作，完成3#排水渠、西溪护岸工程财审、招标及工程建设工作等相关工作；完成卫浴新城道路工程建设，督促设计院尽快完成污水处理厂项目建议书、可研报告等前期准备工作。目前，卫浴新城用地平整工程、排洪渠工程和护岸工程基本完成，一期区间道路工程正在进行路面施工。其他项目建设方面，负责各项目用地范围内电力、电信、移动、广电线杆迁移工作，完成茂雄物流园供电线路迁移工作，满足企业开工建设需要。

湖头工业园：加快推进新旧动能转换，建设钢铁产业园、绿色食品产业园以及安溪2025产业园湖头区等现代专业园区，钢铁、水泥等传统支柱产业在转型升级中持续发力，光电、光植物、智能物流等高新智造产业在孵化培育中强势补链。一是腾笼换鸟。盘活三元集发水泥厂闲置土地，引进恒佳铜业生产项目，建设安溪2025产业园湖头区。目前，已有3家企业入驻，恒佳铜业已取得建设用地规划许可证，1号厂房地面回填已完成，锦龙金属、佳亿电力等2个项目已完成环评工作。在云林村打造安溪绿色食品产业园区，已完成初步概念性规划，正在编制控制性规划。二是凤凰涅槃。不断加大传统产业改造提升力度。闽光钢铁公司60亿产能置换及配套项目加快上马，220平方米烧结改建和料场综合升级改造项目已启动建设，刚投入运行的全省首个钢铁智能物流园进一步引领企业向智能化转型升级，公司全年实现工业产值112.2亿元，营业收入111.23亿元，纳税12.68亿元，全县第一。三元集发水泥公司正积极与海螺集团洽谈重组事宜，加快推进企业提质增效，全年完成产能220万吨，营业收入6.7亿元，纳税6939万元。

龙桥工业园：园区内基础设施建设较为完善，省道206线贯穿园区南北，同时园区内已建成龙榜路、龙桥路、榜莲路等三条主干道，园区内道路通畅。园区附近建设有2座11万伏变电站可供应本园区用电，给排水管网完成建设，园区内配置1所小学及3所私立幼儿园，附近配备2所中学及1所卫生院。新建污水管网3公里，新建市政配套道路5公里。新兴产业主要涉及光电产业、水产物流、电子商务等，其中，光电产业发展良好，企业扩产增效明显，海佳彩亮、鼎泰光电两家企业，2019年总产值约12亿元，纳税额3300多万元；电子商务产业蓬勃发展，弘桥智谷电商园入驻企业近百家，据园区大致统计，2019年园区入驻企业整体交易额约20亿元，福建省弘桥智谷投资有限公司及下属的运营公司、物流公司也保持较好的发展势态；水产物流产业处于起步阶段，摘地企业均已开工建设，预计将于2020年下半年正式投产。

（摘编：蔡志轩）

南安经济开发区

南安经济开发区是2006年经国家发改委、省政府正式批准设立的省级工业园区，总规划用地含项目集中区面积约44.1平方公里，根据地理分布和产业规划分为三个工业园，即扶茂工业园、成功工业园、水暖工业园。2019年，地区生产总值496.96亿元，增速15.6%；规模以上工业增加值220.98亿元，增速20.2%；工业总产值997.64亿元，产业集聚水平70.8%；完成工商税收13亿元；合同利用外资3.79亿元，实质到资7558.4万元，外商（含港澳台）投资企业数达42家；出口总额19.39亿元，增速-3.7%，进口总额13.82亿元，增速16.2%；已崛起成为南安经济发展的重要支撑。

扶茂工业园：经济开发区的核心园区，总规划用地面积（含项目集中区）24.7平方公里，位于南安市区西北部，晋江西溪北岸。园区东邻泉三高速公路南安北互通，东隔檀林溪与观音山物流园区相连，南邻漳泉肖铁路南安火车站，隔漳泉肖铁路与南安市区城北组团相连。用地分属美林街道、省新镇和仑苍镇。区内现有县道金柳线南金路，通过南金路和东侧南安大道联系市区，国省干线纵三线（安溪—梅山段）、中心市区北环路、中部地区外环路均从本区通过。距泉州后渚港42公里，泉州高铁站32公里，晋江机场40公里、厦门国际机场80公里，正在建设中的兴泉铁路（江西赣州兴国—泉州）南安北站位于园区内，配套建有廉租房580套，恒大新城、源昌中央公园2大楼盘，南安市第十一小学（市直小学）和第六幼儿园（市直幼儿园）主体建筑封顶，交通便捷，配套设施完善，区位优势得天独厚。

成功工业园：规划面积2.5平方公里，位于南安市区西南溪美街道内，东至彭美社区、城南变，西至彭美水库、山园水库及山体，南至宣化村，规划中心市区南环路（国省干线横九线G358线，官桥至仑苍中心市区段），自东向西横贯通本区连接规划国省干线纵三线（乐峰至东田），距南同公路500米，省道306线2公里，离南安火车站5公里，距机场、港口、高速公路都在1小时圈内，交通四通八达，海陆空运输便捷通畅，配套建有房地产项目日昇新城和世茂璀璨新城，南安市柳城中学、南安市第八小学（在建）、南安北山森林公园等。

水暖工业园：位于南安市西部仑苍镇内，紧邻扶茂工业园。总规划用地面积（含项目集中区）16.9平方公里，按产业配套、工艺流程和生产特点分设“一城三园”，即中国水暖城、美宇阀门园、高新技术园、辉煌工业园。凡入驻开发区的企业，列入市重点工业项目管理，享受省、市各级关于民营经济发展的各项优惠政策。

体制机制创新措举。按照“一区多园”建设思路和“政企分开、独立运营”原则，将原有的18家权属企业进行资源整合提升，组建园区开发建设集团，实行行政管理主体（管委会）与开发运营主体（园区集团）相分离的管理体制，实现从建设园区向经营园区转变。截至2019年12月底，园区开发建设集团资产已达54.48亿元。主要做法：一是整合资源，健全机制，走集团化发展之路；二是规划引领，高端定位，走现代化园区之路；三是转变理念，创新模式，多元化参与市场化运营，增强自身造血功能。积极推进行业协会、龙头企业、国企央企等进行混改投资合作，优势互补，实现多赢，共计混改投资11家公司，实现资金流水3.8亿元，实现年经营性收入472万元，投资涉及中介市场服务、商业楼宇、装配式建筑、高端装备智造、再生资源利用、信息产业、劳务派遣等多个行业。

（摘编：王一星）

惠安经济开发区

福建惠安经济开发区始建于2002年，总规划面积38平方公里，主导产业为石雕石材、食品饮料、鞋服包袋、五金机械等四大工业主导产业。园区距离324国道13.7公里，距离泉州晋江机场42.1公里。由惠南、城南、泉惠石化、台商创业基地五大园区组成。2019年，开发区实现工业产值363亿元，完成固定资产投资6.26亿元，完成限额以上商品零售额2.16亿元，完成工商税收入库2.08亿元。

基础设施日臻完善。充分利用开发区紧邻县城的独特区位优势，结合开发区东拓及城南新区建设，调整开发区控规，引进与开发区发展相适应的商业综合体，建设能够满足企业外来工居住的房地产，丰富区内公交线路，侧重引进一批物流仓储企业进驻，建设农产品批发市场、教育、医疗、商超、酒店等一批商业配套。通过完善开发区的功能配套，不断发展和壮大现代服务业，形成开发区发展新的业态。

招商引资多措并举。更新招商观念，转变招商方式，广泛收集招商信息，积极搭建对接平台，引进一批优质企业入驻园区，其中慧芯激光项目规划用地250—300亩，分二期实施，计划总投资11亿元，其中一期用地93亩，投资额约7亿元。另有一些集成电路相关产业链项目进行洽谈中。详细排查摸清园区企业闲置的土地、厂房的具体情况，在盘活存量上下功夫，通过“腾笼换鸟”的方式，充分利用闲置土地和厂房引进新企业，以盘活存量提升增量，实现园区企业转型升级，提质增效。目前，已经盘活厂房面积23.75万平方米。

生态环保严格执行。加大对摆摊设点、占道经营现象的整治力度，切实整治乱倒垃圾、焚烧垃圾现象，园区的卫生状况大为改观，每月考评分有较大提高。

（摘编：李元）

惠安惠东工业园区

惠东工业园区是惠安县委、县政府为实现惠安经济新一轮腾飞、快速推进新型工业化、城镇化的建设进程，大力培植新经济增长点、有效增强经济发展后劲、进一步繁荣惠东区域工业经济，在整合涂寨、东岭、东桥、净峰、小乍等五个乡镇的基础上于2002年12月设立的县办工业园区，是福建省重点工业园区之一。至2019年底，园区完成规模以上工业产值132.71亿元、固定资产投资达10.9亿元，工商税收30018万元，限上商品零售额2.5亿元，各项主要经济指标均比2018年有较大幅度增长，高于全县平均增长速度。

项目建设快速推进。2019年园区认真贯彻落实县委“大干40天，比拼开门红”、春季攻坚、夏季百日攻坚等活动，积极协调化解项目用地、资金、用工、供电、供水等各类要素保障问题，推进项目落地建设、投建投产。2019年园区列入县重点项目共有14个，总投资48.54亿元。其中裕忠ES新材料项目、家世比工业4.0电商产业园项目列入2019年省重点项目。和亨商务中心项目列入第二季度重点开工项目，裕忠ES新材料项目列入第三季度重点竣工项目。宇翔机械、冠正塑胶、惠东电商物流基地、积力管道、南王包袋钢结构厂房、裕忠ES新材料及家世比工业4.0电商产业园、翔豪新城B地块等8个项目已建成或部分建成。

基础设施逐步完善。坚持产城融合发展理念，进一步完善园区道路、路灯、绿化等基础设施配套，推进翔豪新城B地块及和亨·幸福里项目建设，完成惠东污水处理厂提标改造工程，积极打造宜商、宜居、宜业的营商环境，为园区聚集人员、聚集产业奠定坚实的基础。

招商引资成果喜人。园区加大招商工作力度，创新招商思想，在新业态、产业链方面精准招商。主动走出去，先后赴北京、四川、贵州等地考察项目，招商成果喜人。意向落地项目有北京金都蓝天航空科技、北京神舟智汇科技、吉林宇恒光电、和群科技等。其中引进的和群科技项目，在9·8厦洽会上签约。该项目用地210亩，总投资20亿元，从事集成电路、半导体材料的研发、设计和制造。

生态环保严格执行。园区高度重视环保生态建设，严格抓好各项目环保措施落实，辖区内企业的生活污水全部接入惠东污水处理厂。其提标改造工程已于4月份竣工投入使用，排放标准由原来的一级B标准提升为一级A标准。积极开展园区闲置土地处置工作，提高土地的集约利用效率。

安全生产高度重视。园区高度重视安全生产工作。落实企业安全生产主体责任，与辖区内的企业签订安全生产目标管理责任书，实现全覆盖，压紧压实安全生产责任。扎实开展安全生产“大排查、大管控、大整治”工作，广泛开展安全生产月活动，落实智慧安监隐患排查治理工作，整改率达100%。2019年园区无发生安全生产事故，安全生产形势总体平稳。

（摘编：蔡志轩）

泉港石化工业园区

泉港石化工业园区位于中国东南沿海、台湾海峡西岸、福建省中部、湄洲湾南岸，是2007年9月福建省政府批准的《福建省湄洲湾石化基地发展规划》确定的湄洲湾石化基地先导区，是福建省发展石化产业的龙头地区。2012年3月，省政府正式批复园区升格为省级经济开发区。2019年实现税收收入82亿元。

产业发展重点凸显。园区遵循“大型、先进、系列、集约”的战略，坚持“大招商、招大商”，秉承“大项目—产业链—产业群—产业基地”的发展理念，围绕联合石化提供原料进行深度延伸产业链化，并结合周边市场的需求，重点发展多元化烯烃、乙烯、丙烯、碳四、碳五、芳烃等产业链。现已形成以联合石化乙烯为原料，带动下游EO/EG、乙（烷）氧基化物、表面活性剂等项目的乙烯产业链；以丙烯为原料，带动下游聚丙烯、环氧丙烷等项目的丙烯产业链；以碳四馏分、丁二烯为原料，带动下游碳四烷基化、丁二醇、丁苯橡胶、顺丁橡胶等项目的C4产业链；以芳烃为原料，带动下游环己酮、PTA等项目延伸芳烃产业链。园区近期引进国乔石化丙烷及聚丙烯项目由中国燃气液化烃码头仓储项目提供丙烷原料，将带动下游双氧水、环氧丙烷、聚醚等丙烯产业链条落户园区。同时，园区正在重点对接碳五、碳九项目，争取就地消化碳五、碳九原料，延伸延长石化产业链条。

招商引资突出优势。根据《湄洲湾石化基地发展规划修编（2011—2020年）》产业规划，坚持"大招商、招大商"，围绕联合石化"脱瓶颈"下游及其他深度延伸的石化产业链项目开展招商工作，推进石化产业链延伸，发挥石化基地的综合效益。目前，园区仙境片区、洋屿片区、氯碱片区已基本招商完成，落户了联合石化炼化一体化、天原化工聚苯乙烯、氯碱公司离子膜烧碱、振戎石化等从"油头"到"化尾"较为完善的上中下游石化产业，并配套相关仓储、码头公司，服务园区入驻企业，提供港口物流服务。南山片区作为园区今后产业项目发展的主战场，重点规划下游烯烃、芳烃等产业链条。2019年以来，园区引进投资500亿元新台币国乔石化新建100万吨/年丙烷脱氢及90万吨/年聚丙烯、投资7.34亿元天骄化学聚醚多元醇等项目，总投资192.14亿元。现已初步招商形成了"环氧乙烷-乙二醇/乙（烷）氧基化物-表面活性剂-聚醚多元醇/聚氨酯"等高新产业链条，并进一步完善"丙烯-环氧丙烷/双氧水-聚醚"等碳三产业链条，实现了园区做强上游，做精下游精细化工的产业模式，并不断提高产品附加值，提升企业产品市场竞争力。

科技创新转型升级。园区严把石化项目准入关口，注重企业科技研发创新，着力引进高附加值产业项目，同时，加快园区落后产能设备的技改升级进度，2019年园区联合石化推动汽油质量升级项目（GB VI）——新建30万吨/年烷基化装置、芳烃联合装置脱瓶颈及加氢裂化装置多产石脑油改造等项目技改进程，做好企业转型升级改造。借助福州大学泉港石化学院、福建师范大学泉港石化研究院、国家阀门检测中心、国家油品检测中心等一系列知名院校、科研、教育检测服务机构，为入园企业提供化工生产、研发的咨询服务，建成佑达精细电子化学新材料工程技术中心、丰鹏含银催化剂回收银新工艺研发实验室等一批省市级企业工程技术研究中心，加快园区科技创新推进力度，提升园区科技创新能力。

生态环保多管齐下。开展SO_2、NO_2、O_3、PM2.5、PM10等自动监测，区内已建成污水处理厂、公共应急池等安全环保配套设施，已编制印发园区应急救援体系建设方案报告、总体应急预案、生产安全事故应急预案、突发环境事件等应急预案，建成园区突发事件应急指挥平台，在应急指挥平台的基础上，建设高效可行石化园区有毒有害气体预警体系，提高环境风险预警能力。对企业安全隐患实行"零容忍"，组织督促园区企业开展演练，切实提升应急处置和综合协调能力。

体制机制创新举措。泉港石化工业园区相继出台《泉港石化工业园区管理规定》、《泉港石化工业园区石化投资项目专家评审准入制度》等相关文件，严格把关入园企业的政策符合性、产业关联性，规范管理入园企业，靠前服务项目，高效推进项目进度。创新党建工作，园区开展"工作共商、组织共建、资源共享、活动共办、人才共用、干部共培"的党建"六共"模式，园区党工委成立非公企业党委，将非公企业纳入党建工作范畴，摸清家底、建立台账，按照"园区党工委→园区非公企业党委→非公企业党组织"模式，在园区建立上下贯通的工作体系，实现园区基层组织"全覆盖"，完善非公企业党员e家平台建设。依托平台服务，建立"园区微事"微信公众服务平台，增设园区网站"园区先锋驿站"党建板块，全方位搭建党组织和党员日常管理、学习教育、互动交流的信息化平台，通过平台线上线下宣传、服务园区各入驻企业。设立驻泉港石化工业园区"检察官工作室"，定期收集企业需求，帮助企业解决发展难题，推进项目动建、投产进度。加强人才引进。园区采取"引进+返聘"机制，更好、更快的推动石化产业发展。一方面不断优化人才落户就业、创业环境，吸引更多优秀的管理型人才、精湛的技术型人才、熟练的操作型人才落户园区服务当地石化产业发展。另一方面加强对具备专业知识水平、技术能力和熟悉园区产业规划的退休专家进行“返聘”，以专家智力推动园区整体发展。

（摘编：林汇智）

泉惠石化工业园区

泉惠石化工业园区位于惠安县外走马埭垦区内，涉及东桥、净峰、辋川三个乡镇。该园区是湄洲湾石化基地的重要组成部分，规划面积33.8平方千米，2012年9月升格为省级开发区。园区在2018年度开发区综合发展考核评价中位列全省97家开发区第9位，比去年上升8个位次，位列73家省级开发区第3位；首次进入中国化工园区30强，位列全国第28位；被列为2019年福建省园区循环化改造重点支持备选园区，并获得省级切块节能与循环经济专项资金1000万元补助，获评福建省绿色园区。2019年实现工业产值656.4亿元，固定资产投资156.5亿元，完成工商税收32.33亿元。

项目建设赶超进度。坚定不移把项目建设作为经济发展的重要抓手，全力实施“项目攻坚2019”活动，及时跟踪了解各项目进度、存在问题及服务需求，精准调度，确保项目按照既定的时间节点推进。重点项目稳步推进。1—11月完成155.18亿元，占年度计划104.9%，占全县比重57.3%；完成谋划项目3个，签约项目6个，开工项目4个，各项指标均位全县前列。高效服务乙烯项目建设。今年以来编印乙烯项目进展周报29期，组织召开乙烯专题协调会11次，协调解决建设过程中遇到的有关乙烯综合配套项目建设、配套220kV外供电线路征地、管廊维护管护、中化泉州乙烯综合配套办公区项目涉及惠森公司项目搬迁等问题。乙烯项目在12月30日建成中交，正式从建设阶段进入试车阶段。项目实际完成总进度91.7%，全年完成投资136.3亿元，占年度投资计划的119.7%，累计完成投资295亿元，占总投资89.7%。积极推动县重点项目前期工作，危化品交易市场项目已完成项目建议书编制。

安全生产多措并举。围绕加强应急救援指挥中心平台智能化建设这个重心，以完善体制机制、开展应急演练为切入点，有力提升应急救援能力，致力打造泉惠石化工业园区“最强大脑”。提升应急平台功能。坚持以信息化为支撑，推行数据资源融合，把智能化建设应用与入园企业管理有机结合，将企业安全风险空间分布图、安全控制三线、数据实时在线监测折线图加入平台管理，接入中化视频监控及可燃气体探测器，实现了应急数据可视化分类及融合，为突发事件处置提供直观的决策支持。完善体制机制建设。严格落实省生态环境厅下发的《关于做好石化园区有毒有害气体环境风险预警体系建设的通知》精神，抓紧有毒有害气体环境风险预警体系和突发环境事件应急响应处置体系建设。修编突发环境事件应急预案，做到居安思危、防患于未然，切实解决突出环境风险问题，有效遏制和应对突发环境事件的发生，确保园区环境安全。组织开展应急演练。与长兴化工材料有限公司开展了仓库火灾事故综合应急联动演练，联合惠安生态环境局开展福建兴业东江环保科技有限公司突发环境事件应急演练，并督促企业完善应急预案，开展事故应急演练，中化石化销售有限公司于6月12日举办了“2019年危险品运输车辆道路应急救援演习”，磨合应急机制，锻炼应急队伍，全面提升应急救援能力。

生态环保全面推进。树牢安全环保生命线意识，始终把安全环保工作放在首要位置，坚持问题导向，凝心聚力，扎实抓好各项工作，园区安全环保工作整体水平有了进一步提升。全面落实安全生产责任。①全面推进安全指导服务工作，督促园区企业切实落实主体责任，持续深化隐患排查整治，园区采取购买技术服务方式，委托第三方开展12次（包括复查）隐患排查行动，排除生产企业安全隐患216项，消除企业一般隐患211项，未整改5项。②开展园区整体性安全风险评价工作，委托具有甲级资质的安全评价机构开展园区整体性安全风险评价工作，科学评估园区安全风险，提升园区本质安全水平。③认真组织摸排

（核查）各行业领域在危险化学品生产、储存、使用、经营、运输、废弃处置等环节的安全风险，建立危险化学品安全风险分布档案，推进安全风险分级管控建设。持续改善生态环境质量。①切实做好中央、省级环保督察、三合一环保督查问题整改工作，不定期深入项目现场，强化督导检查，扎实推进环保督察问题整改。②全面启动实施蓝天保卫战计划，强化园区臭氧污染形势的分析研判，强化 VOCs 排放、建筑施工扬尘等各类大气污染源整治，减少源头污染。③严格督导入园企业履行环保“三同时”，积极指导园区企业开展环境影响评价、应急预案等报告编制工作。

管理服务扎实落实。2019 民生保障项目建设，梳理 62 项民生保障项目，牵头组织财务中心、民事组对每个项目进行实地勘察，提出项目可行性意见。协助内设科室承办人大代表建议 2 件、政协委员提案 1 件，办理工作满意率均达到 100%。访贫问苦工作取得新成效。继续组织挂钩领导对园区挂钩的 36 户贫困户实行帮扶，每季度定期提醒干部入户访贫，保障贫困户 2020 年前不返贫，目前 36 户贫困户均已脱贫，个别贫困户已摘除贫困户帽子；利用春节、重阳节、建党日等重大节假日开展慰问困难群众及党员工作，2019 年共组织系列慰问活动 3 批次，涉及人员 540 多人次，送出慰问金 44.1 万元，救助范围覆盖 47 个村。

（摘编：尤文凡）

三明省级及省级以上开发区概况

三明高新技术产业开发区（金沙园）

三明高新技术产业开发区（金沙园）成立于2002年，2006年获批国家大型机械装备高新技术产业化基地，2012年获批福建省新型工业化产业示范基地，2015年国务院批准为国家级高新区。2019年，园区规上企业实现产值413亿元，同比增长11.6%；增加值104亿元，比增8%，完成税收1.8亿元；新增规模以上工业企业10家，新增限上贸易企业11家；全年完成固定资产投资10.3亿元，其中基础设施投资3.6亿元；闲置厂房二次招商13个，有效盘活闲置厂房8.55万平方米；26个省市县重点项目，全年完成投资20.06亿元；“五个一批”完成谋划项目21个，签约项目24个，开工项目8个，投产项目9个，增资项目4个。

产业发展加快集聚。园区推进供给侧结构性改革，培育龙头企业发展，加快产业集聚。中机院海西分院二轮共建扎实推进，突出大功率光纤激光器和超精密磨削数控装备为代表的高端装备板块，围绕石墨制品加工市场进行数控装备创新研发，现有4家中机系专业化公司均完成增资扩股，进一步做大存量、做优增量，全年营收增长137%。天华智能注塑机项目总投资10亿元，列入全市重点培育“百亿产业”。项目全年完成投资6854万元，生产注塑机68台；开诚机械绿色铸造项目总投资5亿元，完成投资9000万元，完成原有车间技改，正在进行研发楼和模具车间建设。项目建成投产后，可实现年产值5亿元以上，税收3000万元以上，打造全省大型高端装备关键零部件绿色铸造基地；厦工三重被厦门海翼集团列入混改试点，在做好主业的同时，积极对接泉州南方路机、漳州特种钢构企业，签订大量订单，全年生产经营稳定，实现销售收入2.7亿元。金杨科技电池零部件项目二期已完成厂房主体施工建设，正在进行厂房装修。生物医药产业持续推进，未来药业生物酶催化法高选择性制备医药中间体研发生产项目进行试生产；臻昕美化妆品、澜海生物已投产。

资产盘活腾笼换鸟。通过司法拍卖、合作重组、收购收储、租赁等方式，共引进了臻昕美化妆品生产、高温高压阀门生产、淳百味食品加工、华饮食品加工等项目13个，盘活闲置厂房8.55万平方米，有效化解债务，盘活资产，拓展产业发展空间。

招商引资卓有成效。围绕高端装备、生物医药、食品加工上下游产业配套的方向，积极对外开展招商活动。赴长三角、珠三角等地开展项目对接20余次，在广州、福州、厦门等城市举办3场招商推介会，引进项目24个，其中食品加工项目12个（华饮食品加工项目、淳百味食品加工项目等），高端装备项目9个（铝镁合金熔炼装备项目、大吨位锻压机床项目、年产13万套高温、高压阀门项目等），生物医药项目2个（臻昕美化妆品生产项目、盆底康复医疗产品），新材料项目1个（亲美家新型装饰材料生产项目）。同时大力发展快递物流及电商产业，推动电子商务与传统产业融合发展，新引进沙县中科科技、嘉行电子商务等10家电子商务企业。目前，金沙园电商产业园共有企业70家，形成浓厚的创新创业氛围。

科技创新再创佳绩。全年共组织82家的企业申报人才、上级政策扶持、科技荣誉等各项政策18项，其中获得国家级高新技术企业荣誉的企业有4家（宏盛塑料、开诚机械、中机精冲、未来药业），省级高新技术企业5家（华杰电气、开诚机械、中机精冲、圣智热处理、未来药业），8家企业入科技型中小企业库，3家企业被省工信厅评为福建省“专精特新”企业（中机数控、金杨科技、开诚机械），中机数控获得福建省科技小巨人荣誉，海西分院获得省级技术转移机构和国家制造业“双创”平台试点示范项目。截至2019年12月份，金沙园共有19家国家级高新技术企业，省高新技术企业11家，进入科技型中小企业库的企业24家，科技小巨人9家，省级高成长型企业4家，省知识产权优势企业3家，省创新型企业和创新型试点企业共计7家。

管理服务持续优化。园区继续深化落实企业“妈妈式服务”，为园区企业解难题、办实事，促进园区发展。一是深入企业调研。围绕市县工作部署，开展“下基层、摸实情、解难题、保平安、促发展”和“访企业，解难题，促‘六稳’”等活动，深入企业一线了解情况，与企业共同探索新方法、新路子，实现新发展。共帮助40余家企业解决问题60余个。二是缓解企业融资难题。积极推进企业融资租赁服务，金沙园租赁公司2019年为金杨科技提供1430万元设备租赁服务，缓解企业资金难题，并组织园区企业参加金融部门召开的工商银行、中国银行专场政银企座谈会2场，带领光大银行、渝农商银行和邮政储蓄银行到一品鑫食品、长发机械、金达等23家企业对接，帮助金杨科技、馨艺家具、科飞新材、玉景工贸等6家企业与渝农商银行对接贷款业务，助力金杨科技申请科技贷，推荐金达机电申请助保贷，为馨艺家具、科飞新材、金杨科技等企业提供1800万贷款。三是组织企业申报政策奖励。园区针对企业科技创新、品牌专利和人才给予补助，共补助11.1万元。

（摘编：翁宁）

三明经济开发区

三明经济开发区（原三明台商投资区）于2009年9月按“一区多园”组团方式筹建。2010年12月31日，福建省人民政府批准设立省级三明经济开发区，包括吉口、贡川两个园区，规划面积10平方公里。其中吉口新兴产业园规划面积7.9平方公里（园区总规37平方公里），东临岩前镇区，南起曹坑，西至大吉溪，北接明溪县瑶奢村。2019年，吉口园全年完成规上工业总产值47.8亿元，同比增长3.5%；企业实缴税收11337万元，同比增长71.2%；企业固投2.5亿元，同比增长73.6%；基础设施投资3300万元，同比增长16.6%。

产业发展突出重点。三明经济开发区吉口产业园是福建省稀土战略布局“一龙头、两园区”中的两园区之一。重点发展稀土新材料、新能源电池材料及氟新材料产业。现已形成新能源电池材料产业、水泥制造、重竹加工产业；贡川园重点发展石墨、石墨烯、纺织、化工、机械加工等产业。

招商引资多管齐下。围绕稀土产业、新能源材料产业、氟化工产业科学绘制“产业树”全景图，强化招商信息收集，实施“靶向招商”。一是精心策划项目。通过深度对接目标企业和项目发展方向，精心策划生成年产2万吨TFE项目、年产5千吨六氟磷酸锂项目、年产6千吨有机胺中间体及特种助剂等重点产业招商项目12个，项目投资总额超过25亿元。二是精心开展招商对接。以厦明共建园区名义，采用小分队招商方式，先后赴上海、昆山、汉中、厦门等地市开展“靶向招商”。同时，邀请香港润丰、台湾台氟、厦门海麒公司、北京汇智众成、台湾国统国际、昆山立邦等企业到三明考察。三是精细服务项目落地。全年引进项目5个，分别是福建悦淳新材料科技有限公司投资5亿元的年产6000吨有机胺中间体及特种助剂项目、三明钢联电力发展有限责任公司投资8000万元的年产30万吨再生资源循环利用项目、台氟科技股份有限公司投资6亿元的台氟科技含氟精细化工项目、安辰新能源科技（福建）有限公司投资5亿元的超高纯微电子新材料项目、安美医药（福建）有限公司投资5.5亿的年产1万吨医药和香料中间体项目。另有陕西邦华新能源动力有限公司投资7亿元的锂电池包整装产业基地项目、无锡华盈运输有限公司投资4500万的氟化工特种物流项目等多个有入园意向的项目在谈。

科技创新有序推进。围绕打造区域性的自主研发平台、技术交流平台、成果转化平台和公共服务平台，为区域新能源产业的全面发展提供技术支撑的目标，新能源产业技术研究院与厦大杨勇教授团队正式签订合作协议，启动新能源固态电解质项目研究，力争2020年上半年取得项目专利后同步启动中试。

体制机制健全完善。三明经济开发区管理委员会为市政府正处级派出机构，内设综合办公室、财政统计局、规划建设局、经济发展局、社会事业管理局等5个正科级行政部门，设招商服务中心、企业服务中心等2个正科级事业单位。三明经济开发区投资建设集团有限公司注册资本金1亿元，下辖三明吉源水务有限公司、三明市吉源市政建设有限公司、三明市吉源资产管理有限公司、三明市新能源产业技术研究院有限公司4家全资子公司。结合市委巡察和“不忘初心、牢记使命”主题教育要求，立足开发区实际，先后制定出台了开发区二级绩效考评、人员招聘录用管理、企业用水及污水处理服务费标准、研究院采购及人员薪酬、入园项目全流程一站式服务等相关制度政策，健全完善园区管理体系，进一步形成规范管理局面。

（摘编：苏小雨）

三元经济开发区

三元经济开发区成立于2002年12月，是经省政府批准，国家发改委公示的省级经济开发区，地处三元区辖区，毗邻已建的泉三高速、205国道、鹰厦铁路，在建的莆炎高速、534国道、南三龙铁路等路网，交通便捷。截至2019年底，园区已出让建设用地面积4722亩，共有入园企业178家。2019年开发区入园企业累计实现规模以上工业产值约220.53亿元；开发区内企业固定资产投资累计完成约68311万元；税收收入约9631.56万元；实现就业人数6042人。

基础设施不断完善。全年投入约1116万元完成园区基础设施建设。其中荆东工业园围绕安鑫液化气、罗桂英熏鸭、力建洗涤、盐业公司仓储等入园项目安装荆东小微园公用变压器一座、迁移10kV电力线路2000m、场地填方80000立方米，完成荆东污水厂危废暂存间建设及污水站公共设施建设项目，完成园区雨水管及路面修复等项目；黄砂新材料循环经济产业园完成AMG地块110kV荆铁线2#至3#段塔基迁移和盛达化工楼源线110kV迁移工程，完成道路边坡塌方治理和污水三期管道塌方抢修等工程；汇华工业集中园完成毅君铸造后山排洪沟项目；台江工业园完成205国道旁排洪沟抢修清淤工程。

土地利用腾笼换鸟。一是完成荆东工业园31.66亩盐业公司项目与3.8亩罗桂英熏鸭项目土地出让工作。对英华物流2.2亩、盛达化工13.33亩、三圆化学试剂7.42亩三地块完成农转用手续办理。二是对荆东园区三明市德丰电气有限公司边地块、黄砂循环经济产业园大段胶水地块、三元区竹洲园原捷龙地块等空闲土地共184.562亩闲置土地进行引入项目促成企业生产或对外租赁。三是收回明鑫矿业有限公司地块工业用地国有土地使用权，长安机械、永丰化工通过司法手段实现腾笼换鸟。

产业发展初具规模。开发区经过长期的发展，形成一区多园的组织架构，各园区产业定位明晰，发展前景广阔。荆东工业园距三明市区5公里，主要发展铸造机械加工、生物医药以及食品加工产业，规划用地总面积3690.45亩，现已开发建设用地2787亩。截至2019年12月，已入驻华灿生物、欣茂药业、聚海食品和麦尔食品等企业共计96家。汇华（含竹洲）工业园位于三元区莘口镇溪口，园区以冶金机械加工业为支柱，总占地面积约1724亩，已开发建设用地1490亩。截至2019年12月，已入驻丰润化工、毅君机械及汇华缸套等企业共计29家。台江工业园位于三元区台江片区，距三明火车站2公里，以机械制造、轻纺制品为主，总占地面积约730亩，已开发建设用地693亩。截至2019年12月，已入驻汇天医药、新源机械、华一机械、富丽礼品等企业共计42家。黄砂新材料循环经济产业园是三明市市区联办重点园区，是市区目前唯一一个已初步形成氟产业链的化工产业专业园。园区位于市区西南部，总体规划面积约3577亩，已开发建设用地约2270亩。截至2019年12月，园区入驻三农新材料、金氟化工、盛达化工、金利亚垃圾焚烧发电项目企业家共计11家。

招商引资围绕重点。开发区继续以重点产业“233”行动计划为指导，围绕延伸产业链，制订年度招商工作计划，策划招商引资项目，严守项目准入标准，不断提升产业集聚水平。全年共对接21个新项目，其中福建三众环创科技有限公司年产10万吨醋酸钠建设项目、三莆报废汽车回收有限公司机动车拆解项目等4个项目已完成区各部门会商会审，同意入园。上海竹虹年产6000吨有机胺中间体及特种助剂项目、黄砂新材料循环经济产业园集中供热项目及美国AMG铝业年产10000吨铝钛硼、4000吨合金金属建设项目等4个可望落地项目已完成入园预审工作。

生态环保严格监管。2019年在园区各污水厂完成安装污染源水质自动采样器及视频监控系统，实现在线监控并与环保部门平台联网。对三圆试剂、三泰化工公司等13家企业进行纳管污水管道设施建设，并签订了纳管协议，实现入园企业基本做到“雨污分流、清污分流”。组织完成荆东园区、黄砂园区突发环境事件应急预案重新编制和报备。黄砂园区环评规划修编工作已完成专家评审，荆东工业园环评规划修编已完成初稿。

体制机制创新优化。开发区管委会内设综合办、财务股、规划建设股、征地拆迁股、管理服务股、招商引资股，下设公共管理服务中心、项目服务中心2个事业单位和三明市金园开发有限公司、三明市三元区元诚资产经营有限公司2家管委会下属的国有企业。2019年积极开展好内设机构调整工作，并印发《福建三元经济开发区管理委员会内设机构职责和人员结构调整暂行规定》《中共福建三元经济开发区工作委员会　福建三元经济开发区管理委员会关于调整内设机构人员岗位的通知》文件，进一步理顺体制机制做好政企分离，确保各项工作高效运转。

管理服务多措并举。一是结合开发区实际开展“帮企业、解难题、敢担当、促发展”活动，成立三元经济开发区管理委员会各园区服务挂包队，每名开发区干部职工挂包5—7家企业，定期开展企业帮扶活动，及时宣传上级相关部门的惠企政策，协调解决企业投融资及生产各环节中的实际困难，提高服务效果。二是搭建政企服务平台。举办开发区第二届政银企综合金融服务对接会，共有24家参与了对接会，审核通过2家，通过审批金额400万元。会同市人社局、区人社局有关人员深入三明欣茂药业有限公司、圣力（三明）智能制造有限公司等园区内企业开展“春风送政策”活动。就高层次人才和技术项目（难题）需求、稳岗补贴、失业社保补助、技能人才补助等惠企政策进行宣传与解读，并现场解读企业惠企政策问题，有5家企业已经得到社保补贴的优惠。三是秉承“一站式”、“保姆式”、“妈妈式”的服务理念，从入园预审、项目落地到政策奖励，为企业提供全方位的协调沟通服务。构建“投资审批一条龙服务、项目建设全方位服务、企业生产经常性服务”三大服务体系，持续跟踪服务AMG、金氟化工、盛达化工等入园项目、在建项目。

（摘编：王一星）

梅列经济开发区

梅列经济开发区在2000年经三明市政府批准设立的三明市梅列区瑞云工业园区的基础上，于2006年3月经省政府批准、国家发改委公示升格为省级开发区。2019年，开发区共入驻企业71家，其中规模企业41家，企业用工4000余人。全年完成规模以上工业总产值121.18亿元，同比增长9%；完成固定资产投资40.6亿元，同比增长6.9%；完成基础设施建设投入1.5亿元。全年共收储土地51公顷，平整土地34公顷，土地报批27公顷，供地46公顷，其中挂牌出让8宗15.3公顷，土地出让金约3175万元。

基础建设有序推进。全年园区累计投入基础设施建设资金超过1.5亿元，5个完工项目、2个在建项目和3个开工建设项目上整体进展良好。在园区平台上，9月启动泉三高端装备产业园一期一批次16公顷土石方工程；信息经济产业园一期剩余土石方工程已基本完成。在设施建设上，加快小蕉第二供水工程一期项目（含杉坂坑引调水工程、砂坪水库清淤及大坝加高工程、泵站工程和第二自来水厂工程）建设，已全面启动工程的前期工作，委托设计公司编制双江口组团供水方案、砂蕉水库工程规划建设方案论证报告和净水厂项目可行性研究报告；生活配套服务区（安置房A）项目，完成一栋18层钢管束楼房主体建设，进入外墙装修阶段；规划一路及鹅坑河道边坡环境整治项目总投资约2800万元，已完成投资约2600万元，进入路基施工阶段。在路网建设上，生活配套服务区5条市政道路A、B线建设已完成投资200万元，完成图纸审查，开始办理用地手续；380平台道路改造项目完工并投入使用；宏力钢构至杭萧钢构路段修缮工程，于11月完成。

项目建设赶超进度。按照“资源优选配置、要素优先保障、问题优先协调”原则，不断深化“五比五晒”项目竞赛活动，确保项目能够按照时间节点完成建设进度。2019年，开发区管委会以服务换项目、以项目促发展，全年完成谋划任务数9个、签约6个、开工3个、投产项目7个和增资项目1个，累计完成26个“五比五晒”项目。其中，①投资1000万元的宝顺冶金余热发电项目于1月开工建设，已完成设备基础施工，部分设备已安装。②投资4000万元的益特高强高性能混凝土复合矿物外加剂生产项目于年初开工建设。③总投资2亿元的沈阳机床集团5D智造谷项目，展厅及厂房的装修已基本完成，前期100台智能机床已到货，进入安装和调试阶段，厂房空压机完成80%安装量。④总投资2.2亿元的PC生产项目（混凝土装配式生产线），上半年完成主厂房建设和PC生产设备调试，下半年投入正式生产。⑤总投资4亿元的城市资源循环利用中心项目，7月完成废钢破碎、汽车拆解、汽车衡及控制室、综合仓库和综合楼等建筑设施建设，9月正式竣工投产。⑥投资2亿元的年产8万吨特种石墨新材料项目，9月完成一期建设并投入试生产。

招商引资突出优势。围绕产业特点和小微企业创业园发展规划，继续紧盯京津冀、珠三角、长三角、浙江、福州、厦漳泉等6个重点区域，先后赴泉州、浙江、福州等地考察永康门业、固废综合利用和机械加工等生产项目，先后邀请泉州60多家机械加工企业和浙江伯纳激光、浙江春天门业和厦门曾志环保科技等公司来明洽谈业务，2019年与泉州28家机械加工企业签订投资协议（其中7家企业已开工建设），厦门儿童车生产项目已入驻小微园并投入生产，厨余垃圾成套设备和智能生物制药设备等2个生产项目进入厂房装修建设阶段。紧紧依托小微企业创业园招商平台，2019年在完成轻钢别墅构件和建筑抗震预埋槽管廊支架等8个生产项目签约入园基础上，重点抓好沈阳机床三明5D智造谷平台项目的引进，已完成厂房及展厅的装修，100台设备完成安装调试，投入试生产。

管理服务注重落实。依托“服务管理工作机制”，不断深化“进企业、解难题、促发展”、“敢担当、解难题、立新业”等活动，建立服务企业（项目）“零距离”专人对接机制，做到工作向上攀登、作风向下深入。注重融资帮扶，用足用好兴业担保公司的转贷资金，有效解决企业资金困难问题，2019年共为13家企业办理转贷近1.2亿元。扎实抓好园区安全生产，深入开展安全生产大检查活动，突出道路交通、建筑施工、危化品等重点部位安全管理，严格落实安全生产责任制。以围绕中心、服务大局为主线，持续开展生态环境保护及水土治理工作专项行动，重点做好标尾鱼塘微生物治理、污水厂一级A出水标准提升改造和污水管网建设等，大力推进环境保护工作。

（摘编：林汇智）

将乐经济开发区

将乐经济开发区是2006年8月由国家发改委审核并经省人民政府批准设立的省级经济开发区。2019年，开发区内110家规模以上企业完成工业总产值141.65亿元；完成企业固定资产投资18.63亿元；完成税收19331.52万元。新增规模以上工业企业6家。

基础建设逐步完善。2019年，将乐轻合金成形先进制造业产业孵化园：服务中心大楼配电室用电工程电缆对接完成准备初验；二装已基本完工，现进行收尾工作准备初验；道路工程已完成全部内容并进行初验；附属工程完成服务中心大楼、研发楼门前硬化，完成给水、消防及雨污管道敷设；第三期两栋标准厂房完成项目的立项批复并设计出图；轻合金6号厂房内部改造已完成。将乐县积善商服区职工文体中心道路工程初验完成，已进行整改及准备竣工验收资料。将乐开发区洋布污水管网项目现已完成约1445米污水管道铺设，现因横五线施工影响，约1740米污水管道铺设滞后，经双方协调，滞后路段将在横五线项目路基完成后开始继续施工。将乐积善园河滨路市政道路工程（第一期）A、B标段完成招标，办理施工许可证等材料。将乐开发区装配式公租房目前初验问题已整改完成，室外附属工程已完工，正在建设后期增加的消防水池。福瑞华安至炭都沿河路网工程目前正在路灯安装及路沿石铺设，预计12月底准备初验。将乐洋新线积善段雨水管道敷设工程基本完工，目前因炭都路段因积水问题还未建设，其余路段已回填。A栋标准厂房（QLED）项目装修改造已完工，已准备初验。积善工业园商服东区公租房A－E栋前期工作勘察图审已完成，正在施工图图审，准备招标代理。将乐县积善工业园区第四期主干道施工图纸完成。第四期土石方工程开工建设至今SQ1、SQ3、SQ4、SQ6、远大后山二期地块竣工验收完成，SQ5、远大后山地块竣工，结算审核完成，SQ2地块至完成约600万立方米，第四期拦渣坝坝体填土工程基本完成填土碾压。琼脂项目和蜜饯项目处路网工程已完成全部内容并进行初验。福建将乐新区污水处理厂（第三期）及配套管网工程已完成部分池体基础。污水处理厂（第一、第二）期厂水池加盖项目施工完成。

项目建设加速推进。落实重点项目代办和企业零距离服务，加快项目建设审批办证，帮助协调解决困难、问题，促进在建项目早投产、投产企业早达产在建项目51家。到年末建成投产或部分投产项目有源鼎新材料、瑞沃康普、旭牧联、创世纪铝业、科信赢力、金希新材料、装配式建筑、瑞隆节能、聚贤盛邦、台松工贸、新佳丰木业等11家，推进前期准备中国金属资源、中科金属、鑫金轮机械等23个项目。截至年底，110家入驻企业投产或部分投产72家、在建16家、签约待建22家。

招商引资成果喜人。重点抓好半固态轻合金、精细化工等产业链招商，重点打造轻合金特色产业。开发区签约22个项目，签约金额为人民币67.58亿元，超额完成县里下达的全年招商引资任务，分别是：福建将乐铝产业基地项目，投资15亿元；OLED镁提纯生产项目，投资1.5亿元；量子点微晶粉生产项目，投资6亿元；丰源矿业固体废物及尾矿综合利用扩建项目，投资0.6亿元；环保竹炭家电壳体及成品家电制造项目，投资1.5亿元；瑞沃康普半固态压铸项目，投资1.2亿元；年产20万吨再生铝、各类铝制品及铝型材模板生产项目，投资10亿元；年产15万吨再生铜、20万吨再生铝项目，投资11亿元；市政建材生产项目，投资0.6亿元；智能化环保设备生产项目，投资0.8亿元；年产300万台散热器生产项目，投资1.8亿元；年产800吨纳米级电子硅溶胶生产线，年产800吨的吡唑酸产品生产线及其他高新材料建设项目，投资10.3亿元；鲜果蜜饯果干深加工生产项目，投资0.65亿元；ERC系统开发项目，投资0.6亿元；复配食品添加剂生产项目，投资0.72亿元；将乐美朵内衣生产线项目，投资0.62亿元；户外公园花箱、屏风、凉亭扩建项目，投资0.62亿元；隧道、桥梁设备及汽摩精密项目，投资0.65亿元；水文在线传感设备及工业在线传感设备生产项目，投资0.62亿元；污染源在线监测设备及小型水质自动检测站生产项目，投资0.65亿元；水产品精深加工项目，投资1.5亿元；竹活性炭生产项目，投资0.65亿元。

（摘编：杨福来）

三明现代物流产业开发区

2009年9月，三明市委、市政府研究决定，启动三明现代物流产业开发区建设。2010年12月，经省政府批准（闽政文〔2010〕555号文件），同意设立三明现代物流产业开发区，纳入省级开发区管理。2019年，三明现代物流产业开发区（海西三明生态工贸区）全年完成企业固定资产投资28598万元；共有入园企业173家，从业人员626人，实现营业收入8740万元、财税贡献1039万元。三明陆地港完成进出口集装箱23171个标箱、累计货值约45576.11万美元，承揽的进出口散杂货约677.80万吨、累计货值约57490.12万美元，同比增长9.3%。

项目管理落实到位。深化“五个一批”工作

机制，开展“五比五晒”竞赛活动，为项目指派挂包领导和项目负责人，全程提供“妈妈式”服务。全年共实施重点项目 10 个，累计完成投资 1.43 亿元。明城新城广场已建成投产，12 月 8 日正式对外运营；南海岸医药物流中心主体已封顶；金泉家园二期建设、三明陆地港商住综合体（C2 地块）建设目、三明职业中专学校新校区续建、金泉 110kV 变电站等项目均按照序时进度正常推进。水南污水处理厂建设项目已完工，5 月 7 日正式开始试运营；湿地公园临水临崖安全防护工程于 10 月通过相关部门验收。

产业特色突出优势。开发区全力打造四大产业：一是以如意湖湿地公园、市第一医院生态新城分院、市医学科技职业学院为依托，建设三明生态康养城，实现智慧医疗、科学康养、健康金融等民生工程，创建全民健康科技示范先行区，打造文旅康养产业；二是以三明北大附属实验学校、三明职教园、市委党校为依托，建设全省先进教育示范区，打造教育培训产业；三是是以明城新城广场、生态新城文化广场为依托，建设商贸文化中心，发展绿色金融产业，打造商贸金融产业；四是以国家低碳城为平台，同中国城市规划研究院密切合作，引进新能源设施，建设宜居宜业山水旅游城，打造低碳宜居产业。

招商引资健全机制。印发《2019 年生态新城四个方面招商工作实施方案》，成立生态新城四个方面招商项目领导小组，各工作组组长由管委会分管领导和部门负责人担任，分别制定年度招商目标，对应落实，形成“全员招商”工作机制。2019 年以来，共完成项目策划 15 个，新落地项目 6 个，相继对接了市第一医院、三明医科技术职业学院、市卫计委、市邮管局、厦门旅游集团、亿利集团、恒大集团、厦门中远海运等企业、机构共计 50 余组团。除做好来访企业、机构对接工作外，管委会主要领导还多次带领招商团队赴晋江、石狮、厦门、抚州、共青城、大田等地考察洽谈。

（摘编：邓新民）

建宁经济开发区

建宁经济开发区位于建宁县城东北部，四至范围：北起渡头、南至塔下、西至寒坡岭、东至韩家园。规划总面积 15.27 平方公里。截至 2019 年止，开发区共有企业 39 家（规模以上企业 29 家），分别为：食品加工企业 15 家、造纸企业 3 家、非金属矿加工企业 2 家、生物质能源企业 1 家，其他企业 18 家。2019 年底，工业总产值实现 60.71 亿元，占全县规模以上工业增加值的比重为 33.5%；完成固定资产投资 35.12 亿元，亩均投资强度 150 万元。开发区围绕做强产业，转变发展方式，进一步优化产业结构、壮大产业规模，产业规模效能日益凸现，培育出一批具有一定规模和影响力的企业。其中培育了 1 个省级小微企业创业创新基地、1 个科技孵化器、1 个省级中小企业公共网络服务平台。获批高新技术企业 3 家（源容生物、汇利丰环保、禾丰种业），省级技术中心企业 2 家，市级技术中心企业 4 家，省级院士专家工作站 2 家，博士后科研工作站 1 个，省科技型小巨人企业 2 家。

项目建设稳步推进。坚持基础设施先行，配套设施一步到位的做法，合理布局，全面改善开发区的投资环境。全年共实施基础设施建设项目 4 项，计划总投资 7200 万元。其中新建项目 4 个、续建项目 3 个，已完成投资 6100 万元，占计划总投资 85%。全年共实施企业生产项目 6 项，计划总投资 6.8 亿元。已完成投资 5.1 亿元，占计划总投资 75%，分别是：科诺欣年产 1100 万套 LED 芯片及照明灯具生产项目；明一公司二期液态奶生产项目；铖盛公司重型机械及农用机械配件加工项目，源容公司二期液态产品生产项目；博宏铝业公司年产 10 万吨废旧铝及配件生产项目；林森光电公司 LED 铜线灯技改生产项目。

产业布局合理规划。开发区按照不同功能区划分为 6 个产业组团。即规划面积 73.9 公顷的助家井食品、生物及生物医药产业组团；规划面积 81.5 公顷的塔下特种纸、纸上下游关联及现代商贸物流产业组团；规划面积 376.81 公顷的曲滩高端装备制造业、仓储及城市综合体产业组团；规划面积 167.82 公顷的斗埕新能源、新材料及综合加工产业组团；规划面积 156.81 公顷的渡头机械、五金、水暖、纺织等器材加工产业组团；规划面积 180.65 公顷的韩家园信息、环保及轻工产业组团。

招商引资把握机遇。招商引资是加快县域经济发展的引擎，随着高铁和高速陆续开通，给全县经济发展带来了新机遇和挑战，开发区以发展县域经济的“第一抓手”为目标，确立了招商引资“四个转变”：即在思想上，变数量型招商为效益性招商；在组织上，变无序招商为规范化招商；在方向上，变盲目性招商为针对性招商；在模式上，变单一招商为合作共建招商。通过全力组织实施，取得了较好的成绩。截至2020年1月，意向入园企业10个，现已签约6个。

科技创新积极推动。注重推动科技创新，增强企业核心竞争力。定期对现有企业开展调查摸底，积极选报符合条件的企业实施科技创新项目，改造提升传统产业。已先后向国家、省、市组织申报耐高温透气性高档密胺原纸技术开发、软包装笋干二次乳酸发酵技术的研究及产业化应用、二步低温结合乙醇工艺开发魔芋葡甘露聚糖等项目，被省科技厅立项5项，其中创新基金2项、星火计划2项、区域重大项目1项。同时，大力支持企业与高校科研机构建立产学研合作关系，为企业搭建产学研合作大平台。经过共同努力，铙山纸业集团、文鑫莲业食品公司被确定为省级创新型企业；兴辉食品公司、闽江源绿田公司被确定为省级创新型试点企业。

管理服务多措并举。在开展硬环境建设的同时，以创“三优”单位为目标，强化服务软环境建设。一是充分发挥微小企业服务平台作用。为企业落地、建设、生产、发展等提供全程优质服务，协调解决企业在用工、融资等方面存在的困难问题。据统计，219年共帮扶小微企业6家，解决企业用工100余人，协调融资280万元。二是加强党组织及群团组织建设。按照“服务企业、服务项目、服务发展”要求，开展创建学习型党组织、学习型单位活动，强化机关党建和非公党建工作。三是进一步转变工作作风。落实规章制度，提高机关效能，强化干部职工服务意识，增强广大干部职工服务企业的积极性、主动性和创造性，形成服务企业、服务客商、服务项目的良好氛围。四是严格落实安全生产责任制。抓好企业、项目建设的安全生产，搞好隐患排查整治，有效遏制重特大安全事故发生，2019年度无发生重特大安全事故发生。五是抓好创建文明单位工作。积极开展创建活动，健全完善了创建材料，六是认真搞好挂村、计生等项工作。协助挂包村做好年初工作计划，配合抓好计生“四术”落实，致力保障各项任务的完成。

（摘编：马榕威）

明溪经济开发区

明溪经济开发区为省级经济开发区，开发区位于明溪县城关东北侧约3公里处，以306省道为基准，分为南、北两个分区，规划总面积约10.22平方公里，其中工业用地6100多亩。2019年，开发区企业实现税收1.39亿元，比增49.5%；规上工业总产值完成62.6亿元，比增14.3%；企业固定资产投资11.5亿元，比增43%；进出口总额2.78亿元。入驻企业增至61家，其中高新技术企业8家，上市企业3家。

工程建设保质保量。一是基础设施建设。完成主干道道路绿化1.7公里；工业集中区主干道北侧支路1.02公里和给排水工程基本建成；新建自来水增压泵房一座。二是项目用地建设。完成紫杉烷类原料药生产基地等项目16.7公顷土地平整。三是项目用水用电。完成海斯福三期双回路用电工程；完成工业集中区格林韦尔、瑞德医药、旻和医药、众诚塑业、科顺等家5企业临时用水用电工程。四是重点项目建设。海斯福高端氟精细化学品项目和锦浪微胶囊发泡剂扩建项目建成投产；南方制药抗肿瘤新药系列产品生产项目（二期）仓库主体已封顶，正在进行仓库内部装修、生产车间基础建设及厂区道路等附属设施施工；旻和含氟医药生产项目、瑞德医药中间体生产项目正在进行综合楼、车间、仓库主体施工；科顺新型防水材料项目正在进行基础施工。

招商引资创新改革。从“招商引资”走向“招商选资”，创新招商方式，采用精准招商、点对点招商、以商招商等方式，主动走访浙江、广东、厦门、泉州等地开展项目对接，引进福瑞明德药业、格林韦尔科技、玮士迈科技、旻和医药、卓跃氟硅、科顺新材料、瑞博奥、导洁等8家企业入驻园区，项目总投资超 14 亿元，“三新”产业链条逐步延伸，产业集聚效应初步形成。

安全环保严格落实。开发区管委会积极履行安全生产监督管理职责，与企业签订年度安全生产责任状。通过购买第三方服务，聘请有资质的安全专业技术人员对开发区企业安全生产情况进行检查指导，落实隐患整治整改，实现园区企业安全生产闭环管理。同时，制定开发区网格化环境监管实施方案，不定期开展网格区域内非法排污巡查和环境安全隐患排查等相关工作。全年检查、督查企业 168 家次，下发安全生产文件 100 余件，开发区安全生产形势稳定。

（摘编：王一星）

大田经济开发区

大田经济开发区原为京口工业集中区，成立于 2008 年 9 月；2012 年 6 月，经省政府批准，升格为省级经济开发区。开发区现有 29 家企业入驻或协议入驻，规模以上企业 11 家，2019 年规模以上工业产值 37.47 亿元，同比增长 100.2%；税收 3638 万元，企业固定资产投资 7.89 亿元。

基础建设不断完善。开发区不断完善基础设施建设，京口工业园笼式足球场建成并投入使用；微型消防站已建成；9 号平台土方石平整工程完成并验收；入园公路滑坡治理工程、C 线路灯工程完成施工。上京工业园主路口完成桩基、桥墩墩柱施工，进入预制桥梁阶段。罗丰工业园完成部分边坡绿化，10 千伏临时用电和 9 万立方“小山塘”选址、地勘、设计等前期工作，罗丰科华石墨 110 千伏线路基本建设完成。

项目建设稳步推进。清航无人机产业化项目已完成空域审批及跑道工程和仓库基础，1#厂房主体工程已完成，正在进行装修；集中供热项目完成烟囱、主厂房、碎煤楼、干煤棚主体建设及装修；正在进行综合楼基础建设、锅炉安装；科华石墨完成煅烧车间、石油焦仓库、煅烧炉砌筑及煅烧设备安装、煅烧生产线投产。正在进行石墨化车间建设、变电房基础、专有设备制作安装；大圣陶瓷项目目前已完成场地平整、护坡工程、厂房、宿舍楼基础施工。展晖机械铸造生产项目完成前期工作，11 月 26 日开工建设；卓利达生产项目完成一期工程建设，机器设备正在安装。

招商引资卓有成效。现各园区共有 29 个项目入驻或协议入驻，其中，京口工业园放宽准入门槛，建成综合性园区，共有 19 个项目，其中全年新引进卓立达箱包、维真园医药、铿锋螺丝、呈宇皮革、星恒化纤、集中供热、安然燃气等 7 个项目。上京工业园清航无人机、展晖机械、凯沃科技、津高阀门、建航阀门、超越科技等 6 个项目；罗丰工业园有科华石墨、申美石墨、仲荣冶金等 3 个项目；均溪工业园有大圣陶瓷项目。各园区 2019 年落地 5 个项目，全部开工建设，总投资 56688 万元。

（摘编：杨福来）

清流经济开发区

清流经济开发区 2006 年起步于清流国家级台湾农民创业园金星加工区，2012 年升格为省级经济开发区，开发区总规划面积 13.7 平方公里，按功能划分为“一区三园”。2019 年，开发区共投产企业 37 家（规模以上企业 26 家），10 个在建项目。全年实现规模工业总产值 77.27 亿元，较上年增长 18.4%，规模以上工业增加值 17.78 亿元，园区年创税 2.95 亿元。

基础设施逐步完善。2019 年，城南园垃圾中转站、停车场、新型城镇化道路（二期）已完工；氟新材料产业园产业园福宝片一期基础设施已完工，含氟新材料土方工程完工；金星园消防站、水厂、市政道路开工建设中。

招商引资政策优惠。开发区主动对标打造“六最”营商环境要求，全面落实县委县政府出台的《清流县招商引资若干规定（试行）》、《清流县促进工业经济稳步增长若干措施》、《清流县县域产业发展专项资金管理办法（修订）》等一系列含金量十足的惠企政策，在财税支持、土地供给、规费减免、用工保障、配套服务等方面，做好做足服务企业、服务项目这项基本功。2019 年，成功签约项目 8 个，其中上亿项目 5 个（142kt/a 环保型氟产品生产扩建项目、清流环保制冷剂小钢瓶灌装项目、有色金属氟化物生产项目、年产 8 万吨含氟精细化学品系列项目、沥青混凝土项目），亿元以下项目3个（清流天泽丰氟石膏生产项目、轻质抹灰石膏项目、思莉纺织生产项目）。目前，在谈项目13个。

（摘编：陈闽声）

三明埔岭汽车工业园区

三明埔岭汽车工业园区由三明、永安市两级政府共同开发，2013年12月1日经福建省人民政府批准设立为省级经济开发区，是海西生态工贸区的重要组成部分，也是福建省现有两个专业汽车工业园区之一，列入工信部《海西先进制造业发展规划》汽车产业的重点园区，是福建省重要的汽车产业发展平台和汽车及零部件制造业基地。2019年，园区规上企业完成产值78.95亿元，同比增长14%；完成固定资产投资1.07亿元，实现外贸出口2234.92万美元，新增规上企业2家，纳税超百万元企业4家。

基础设施完善配套。汽车零部件产业集聚区5#—8#标准化厂房投入使用，吉山甲污水输送管道项目竣工，完成永轴工业废水提升泵（管）安装建设；洛溪环路一期和吉洛支路竣工并通车，吉山甲大道扫尾工程完工，完成埔岭新村宅前路及水电配套工程。投入约资金650万元，完成征地补偿22亩，完成房屋征迁面积3100平方米，完成埔岭新村安置1户、洛溪新村安置3户、迁坟2座等。累计筹措资金20642万元，其中：扶持入园企业发展资金2325万元，专项建设资金5144万元，园区债务风险化解资金13173万元，有效的化解园区债务风险。园区标准化厂房三期项目列入2019年重点项目库，获批1.12亿元额度。

产业特色优势凸现。园区围绕“抓龙头、聚产业、强服务”的发展思路，发挥园区区位、产业优势，做强龙头，做大品牌，突出抓项目建设、突出抓招商引资、突出抓配套服务保障，做优营商环境，做大园区产业规模和经济总量，致力于发展整车及零部件产业，打造福建汽车制造基地，基本形成“一重一新一专一集聚区”产业格局，力促实现永安汽车产业跨越式发展。全年实施项目10个，全年完成投资7.07亿元。其中，开工项目3个（智能无人飞行器生产线项目、年产9500套汽车内外饰件生产项目、汽车货箱及副车架生产线扩建项目）；投产项目6个（中国重汽集团福建海西汽车有限公司新一代中重卡车身项目、永安载货汽车零部件配套工业园区基础设施建设项目、永安市中科动力年产2万套轻量化车身及配套设施项目、永安市年产500台隧道台车生产线项目、福建福迪车辆制造有限公司轻型卡车车身项目、福建省达康源电气有限公司年组装10万台空气能空调热水一体机项目）；增资项目1个（年产400万套高端轴承保持器及1000套工业智能机器人项目）。中国重汽福建海西汽车有限公司推出“新一代智能V7和轻型蓝牌金牛工程车”，实现智能V7、金牛地库工程车、麒麟轻型公路车“三箭齐发”，推动转型升级驶入高质量发展的快车道。全年产品出口国家从53个上升到72个，实现出口销售2531辆，增长53.8%，增长率位居同行前列，创造公司有史以来的最好记录；中科动力（福建）新能源汽车有限公司取得第315批纯电动厢式运输车生产企业资质，EV1型高速车型取得工信部产品公告；福建永安轴承制造有限责任公司参与制定、发布的“滚动轴承一般载荷条件下轴承修正参考额定寿命计算方法”国家行业标准5月1日正式实施。

招商引资发挥优势。积极发挥园区整车龙头企业优势，围绕“龙头招商”“以商招商”“供应链招商”等模式，不断拓展招商领域，提高招商成效。全年开展汽车及零部件专场招商活动8场，引进配套项目6个（汽车内外饰件项目、汽车线束项目、汽车货厢及副车架生产线扩建项目、汽车传动轴生产线项目、扩建海工车桥总成项目、汽车座椅、货厢及底盘件项目），引进市外资金7.43亿元。

科技创新成果喜人。2019年，海工车桥公司、兴业机械公司获得省高新技术企业称号，海西汽车公司、永安轴承公司列入省工业互联网应用标杆企业及重点项目。中国重汽福建海西汽车有限公司推出“新一代智能V7和轻型蓝牌金牛工程车”；福建省永安轴承有限责任公司参与制定、发布的“滚动轴承一般载荷条件下轴承修正参考额定寿命计算方法”国家行业标准5月1日正式实施。

人才工作积极引聘。中国重汽福建海西汽车有限公司依托中国重汽集团人才优势，建成了车身焊装培训工作站、总装现场培训工作站，招聘专业技术人员27名（本科生12名），拥有高级技师2人，技师9人；福建省永安轴承有限责任公司列入省引才“百人计划”人才1名，申报高级工程师3人，引进专业技术人员12名（本科生5人）。抽调永安市科协副主席邱承越驻企帮扶海工车桥公司，争取三明市政协政研室主任罗兴茂、中国银行永安分行客户经理曾治芳分别挂包帮扶中国重汽福建海西汽车有限公司、中科动力（福建）新能源汽车有限公司。完善校企合作，永安职专、三明第二高级技校等176名学生到海西和永轴公司实习，海西公司、永轴轴承公司与福建水力电力职业技术学院、三明医学科技职业技术学院合作，本年完成专业技术人才培训108人次。开展业务技能培训，海西公司开展管理、技术、销售等业务技能培训76项，轴承公司安开展中高层管理技能提升培训、技术专利知识培训、质量IATF16949培训、制造14000－18000环境体系培训等务技能培训20项；海西公司开展技术竞赛10余场次，参加人员达150多人次。

生态环保严格执行。园区规划环评要求，主动介入园区招商项目的前期工作，协助企业跟踪环保手续办理；完成永安轴承厂至园区污水处理厂污水管网、吉山甲污水处理跨区域输送项目建设；完善污水处理厂污染源自动监控配套设施，增加化学需氧量、氨氮在线监测仪器、数字采集仪、视频监控及水质自动采样器等，确保环境治理工作落实。全年通过网格化环保管理群等，开展不定期环保巡查60余次，转移处置生物化干污泥、化学废液1吨，处置危险废物135.941吨。

（摘编：陈闽声）

莆田省级及省级以上开发区概况

莆田高新技术产业开发区

莆田高新技术产业开发区是莆田市第一个国家级高新技术产业化基地，也是经科技部批准成立的全省六个国家火炬计划产业基地之一。2019年，高新区共聚集企业427家，其中规模以上企业188家，年产值超亿元企业109家，国家高新技术企业44家。全年实现规模以上工业产值790.2亿元，较上年同期增长8%。在全国169家国家级高新区排名中位列123位，2018年度综合发展水平位列福建省开发区第六名。

基础建设持续推进。促进站前进站大道、东港路东楼安置区、海防路一期改造提升工程以及东港路等4个工程开工；跟进迎宾路拓宽改造项目、涵江火车站进站广场项目、涵庭路东段建设等3个项目的手续办理；完成涵江火车站站前地块一、地块二的收储手续。

产业发展优化升级。形成电子信息、装备制造、食品加工三大主导产业，推动产业链向上下游延伸，促进产业高端化、集聚化发展。华佳彩高新面板、福联砷化镓产能逐步释放，HDT高效太阳能电池产品获得国际国内权威机构认证。云度新能源汽车与首汽约车合作，取得全市首家网约车运营资质。百威雪津启动25万吨产能扩增项目，全球第二条科罗娜生产线、全球高端百威大师生产线建成投产。

招商引资积极推动。深化以商招商、驻点招商，紧盯世界500强、全国百强和行业龙头，突出电子信息、装备制造、食品加工三大产业链招商，积极承接深圳等发达地区的产业转移，推动涵商回归、涵企回迁，完成朝业电气项目的引进：项目计划总投资约6000万元，建设5条生产线，计划生产电缆桥架、母线槽、电线电缆、钢导管、配电箱、配电柜，抗震支架等产品，已租用落户利邦环保公司；服务旺定实科技项目的落户；重点跟进英唐光显、天石源晶体切割设备、东之晖电容式触摸屏、鑫泽环保装备制造配套产业园项目的落户洽谈。

管理服务提升质量。建设企业管家服务中心，面积36平方米，完成内部装修、工作人员招聘和设备采购安装。着力促进优质教育资源往园区倾斜，挂牌涵江区实验小学高新区分校、涵江区实验幼儿园莆田高新区分园。挂牌二级乙等莆田高新区医院，筹建赤港医疗健康服务中心，优化园区医疗服务站布局。盘活现有酒店资源，不断提升园区酒店服务水平。向企业推送莆田市中小企业云平台、中关村天合科技成果转化促进中心平台资源，为彩龙化工、彩虹色卡等企业就水性油墨等新材料技术深入对接北京化工大学，服务企业转型升级；组织企业参加黑马创业服务企业转型升级培训及参选，参选企业10余家，入选的企业有6家，飞阳光电、家联宝、国邦、威诺、莆阳等。积极对接锦华投资基金、海峡基金港等投资机构，为云度新能源汽车等企业提供投融资咨询；举办电力市场交易政策解读，服务新宏益、亿丰、天天向上等企业进入电力市场交易，降低企业用电成本。

（摘编：马榕威）

莆田湄洲湾北岸经济开发区

湄洲湾北岸经济开发区于1996年经福建省人民政府批准设立，2002年莆田市行政区划调整时改设秀屿区，2007 年 3 月经国家发改委、国土资源部、建设部等部门核准保留为省级开发区。2010 年，北岸开发区被福建省委、省政府列为全省十大新经济增长区域之一。2019 年，全区地区生产总值95.3 亿元，比上年增长 5%。其中：第一产业增加值13.67 亿元，增长 4.7%；第二产业增加值40.41 亿元，增长 4.4%；工业增加值 21.75 亿元，下降 5.4%；第三产业增加值 41.22 亿元，增长 6.3%。人均地区生产总值 148187 元，增长 0.4%。规模以上工业总产值 82.57 元，下降 4%。农林牧渔业总产值 25.22 亿元，增长 5.3%。固定资产投资 208.25 亿元，增长 22.8%。社会消费品零售总额 16.26 亿元，增长 15.3%。外贸出口额 8.18 亿元，增长 99.5%。一般公共预算总收入 9.01 亿元，增长 6%；其中地方一般公共预算收入 5.46 亿元，下降 6.1%。城镇居民人均可支配收入 33587 元，增长 7.9%；农村居民人均纯收入 20564 元，增长 10%。

项目建设稳步推进。2019 年实施省市重点项目共 48 个（含市直及跨县区），投资 61.8 亿元，完成年度计划的 103.3%。“五个一批”在库项目 340 个，总投资 3825 亿元。列入市级开竣工项目共 18 个，其中开工项目 8 个，竣工项目 10 个，均顺利实现开竣工。太阳树原料药研发基地项目、国投湄洲湾煤炭码头一期工程预留线系统工程、世贸国风·湄洲、悦海壹号大酒店等项目实现开工；湄洲湾航道三期、中关村综合实验楼、港湾酒店、赛得利公司生产技术及设备改造等项目实现竣工。

产业发展再创佳绩。海峡两岸生技和医疗健康产业合作区获批设立，妈祖健康城“小镇客厅”临时展示厅建成投用，健康城启动区主体结构全部封顶，瑞仕国际潜力少年综合中心项目进入装修阶段。签订中科院近代物理研究所重离子治疗设备项目采购合同。中关村医学工程转化（福建）中心入驻企业 23 家；两岸生技产业园一期标准化厂房主体工程封顶，已入驻医疗器械制造企业 13 家。妈祖医学院全面完成前期工作，即将开工建设。罗屿作业区 9 号和 10 号泊位工程通过竣工验收，正式进入生产运营阶段。罗屿港铁矿石实现对台首航，正式启动对台铁矿石中转业务。台湾中钢确定罗屿港口保税堆场作为其物流中转基地。东吴港区全年实现港口货物吞吐量 3198 万吨，同比增长 54.3%。引进福建物泊科技有限公司、东南铁矿石及大宗散货交易中心、莆田建设交易平台等 6 个平台经济项目，其中物泊科技无车（船）承运平台 2019 年开票 58.51 亿元、完成税收 2.81 亿元。完善贤良港天后祖祠、莆禧古城、妈祖阁等景区旅游配套，开展“妈祖爱·元宵长”文化旅游宣传月、纪念妈祖诞辰 1059 周年系列活动等，推动南普陀山（紫霄洞）景区争创国家 3A 级景区、莆禧古城创建国家 2A 级景区，旅游接待人数达 119.17 万人次，旅游总收入 11.15 亿元，比增 37.6%。

城乡建设日新月异。新建市政公路 3 公里、绿道 2.1 公里、口袋公园 3 个，建成公共自行车系统项目站点 25 个。加快污水管网铺设，妈祖城核心区及山亭片区污水管基本连通。加强“两违”治理，拆除“两违”18.6 万平方米。推动环卫基础设施完善，持续推进垃圾分类收集处理工作。联合市振兴乡村集团谋划实施紫霄洞风景区、莆禧历史文化名村、莆禧研学基地、特色购物街等项目。新建农村公厕 3 座，完成无害化卫生户厕所改造 500 个，新建、改造三格式化粪池 1590 户，启动农村污水收集治理试点工程。累计建设省级美丽乡村村庄 20 个，占全区村庄比例 52.6%。深入开展六大专项行动，争取中央财政补助 2.15 亿元启动实施蓝色海湾整治项目，完成植树造林和森林经营任务 1010 亩。

社会事业欣欣向荣。建立 4 个产业扶贫基地，开发公益性岗位安置贫困人员 12 人，全面落实 71 名建档立卡贫困家庭学生资助、补助。推进教育强区建设，莆田第十三中学学生宿舍楼、安柄小学幼儿园综合楼、妈祖小学幼儿园综合楼竣工投入使用，组织实施了全面改薄项目，与莆田第一中学、擢英中学、市实验小学等市内优质学校开展合作共建。推进忠门中心卫生院与市第一医院合作共建，北岸急救分站建成投入使用，对 4 家村卫生所进行提升改造，开办健康巡回讲堂（健康夜校），深入推进家庭医生签约服务工作。建设基层综合文化活动场所 12 个，实现基层综合文化服务中心全覆盖，实施全民健身场地设施建设项目

11个。选树“百孝之星”典型，北岸孝文化教育基地建成投用，全域禁炮行动取得显著成效。推进社会治理创新，排查调解矛盾纠纷173件，化解信访积案7件，扫黑除恶专项斗争侦破涉黑涉恶案件16起，批准逮捕并移送起诉11人；在省级社区治理和服务创新实验区验收中，经开区被评定为优秀等次。2019年发生生产安全事故2起，同比减少1起，下降33.3%；死亡0人，同比持平；受伤2人，同比减少2人，下降50%。

（摘编：蔡志轩）

莆田华林经济开发区

福建莆田华林经济开发区为莆田市五大经济开发区之一，前身为莆田市华林工业园区，2006年4月17日经国家发改委批准为省级经济开发区。开发区现有入园企业419家，其中规上81家，规下338家，总计从业人数约2.3万人。2019年，规上工业企业完成总产值218.5亿元，占全区规上工业产值375亿元的58.3%，用地面积约3110亩，亩均产值702万元；实现税收3.7亿元，亩均税收11.9万元。太湖工业园现有入驻企业38家，员工约3380人，主要以食品、纺织鞋服、轻加工及建材4大产业为主。2019年园区规模以上企业达27家，实现产值82.59亿元、税收约5420万元。

基础设施日臻完善。华林工业园：华林工业园道路建设主要依托324国道，截至2018年已基本完成建成区基础设施建设，总投资64257万元。现今建有主干道三条华林路、竹林路和腾飞路，支路有：创业路、华中路、利民路、霞皋路、腾达路、支一路、支二路、支三路、后角路、郑庄路，全部覆盖开发区内企业，道路中含有路灯、雨污排水、绿化、人行道。园区内现有110kV变电站一座为园区内企业供电，企业生产和生活用水由市自来水公司供水，用气由莆田市旷远燃气公司提供，已基本覆盖园区内企业。2010年建设污水提升泵站一座，由泵站提升至荔园路市政污水管网，截至2018年初园区内企业污水已全部接入市政管网，防洪排涝工程建有郑庄沟、顺达沟、霞皋沟、宝溪沟等四条河道。园区绿化面积267.28公顷，绿地率41.32%，绿化覆盖率达到51.65%，主干道、建成单位均已按标准绿化。太湖工业园区目前已完成建设自来水管道、供电线路、通讯线路、燃气管道、污水收集管道等工程，为进一步完善园区基础配套设施，完成建设的配套设施有：一是沿滨海大道北侧至凯达纸业项目自来水管道铺设工程，总投资29万元；二是田厝村排水沟工程，总投资105万元；三是新栖枫路至篁山溪雨水收集管网工程，总投资49万元；四是太湖园区400kV变800kV项目，总投资46万元。正在建设的配套设施有：一是污水二期管网改线工程，目前正在变更设计图纸；二是沿滨海大道北侧至福铝家俱、韩廷药业项目自来水管道工程，已完成预算、财审。太湖园区基础配套设施已日臻完善，根据今后发展需要，园区将加大投资力度建设配套设施，进一步提升园区配套服务功能。

产业发展优势凸显。华林园区基本形成鞋服、食品、电子信息、工艺美术等四大产业集群亮点。其中：①鞋服产业规模以上企业42家，2019年工业产值为118.3亿元，占54.1%，比上年同期增长23.7%。重点企业有：力奴鞋业、三迪鞋服、祥冠鞋业、郭氏鞋业、新路体育、三威鞋业等。②电子产业规模以上企业15家，2019年工业产值为18.32亿元，占8.3%，比上年同期增长2.1%。重点企业有：三利谱电子、嘉辉光电、杰讯光电等。③食品产业规模以上企业11家，2019年工业产值为23.56亿元，占10.5%，比上年同期增长15.4%。重点企业有：天怡现代、亚明食品、复茂食品等。④工艺美术产业规模以上企业10家，2019年工业产值为28.7亿元，占13.1%，比上年同期负增长2.3%。重点企业有：庄严苑工艺、腾辉工艺、艺峰工艺、欧雅艺术等。⑤其他产业规模以上企业17家，2019年工业产值为29.62亿元，占13.5%，比上年同期负增长10.5%。重点企业有：新旺隆、建工混凝土、溢通环保、荔城纸业等。太湖工业园主要以食品、纺织鞋服、轻加工及建材4大产业为主。2019年园区规模以上企业达27家，实现产值82.59亿元、税收约5420万元。其中，食品类企业7家，产值24.6亿元，占园区总产值的29.8%；鞋服纺织类企业有7家，产值27.1亿元，占园区总产值的32.8%。轻加工类企业有11家，产值25.6亿元，占园区总产值

31%；建材类企业2家，产值5.3亿元，占园区总产值的6.4%。园内现有公共型保税仓库一个，面积8.28万平方米，可带动全市进口贸易及转口贸易的发展。

招商引资卓有成效。对华林工业园建成区，保留优质或优势骨干企业，继续壮大鞋服、电子、食品三大产业龙头企业的体量及影响力，支持重点企业改制上市，引导科技型企业加大研发投入，争创国家级高新技术企业或技术中心。引导企业争创国家级省级品牌，提高产品市场占用率。华林园区对接引进三利谱偏光片、中电科创城、大唐5G产业东南总部基地等产业类重大项目，预计总投资165亿元，建成后年新增产值300亿元，税收20亿元。太湖园区拟引进荔发建材、远东动力电池项目江南工业等8个项目，预计总投资20亿元，年新增产值50亿元，税收4亿元。

体制机制改革创新。机构配置上，华林经济开发区是区委区政府派出机构，属正科级事业单位，负责服务管理相关企业，财权由区政府拨付。开发区党政主官均由区政府党组成员兼任，人员编制54人，其中，科级干部12人，一般干部42人。实有科级干部7人，一般干部35人，工勤人员9人。投资运营上，设立开发区运营公司，实现政企分开、政资分开、独立运营。①设立莆田市城厢区樟林投资实业有限公司，注册资本5000万元，主要负责开发区道路建设、给排水管网、园区绿化、公共服务等。②设立莆田市城厢区工业园区发展有限公司，注册资本5000万元，主要从事土地开发经营、为企业提供投资贸易活动及城市基础设施建设与投资。

生态环保多措并举。开发区针对辖区内四条沟渠进行整治，组织网格挂钩干部并邀请技术单位全方位排查所有入河排污口，摸清底数，确定排污口所在具体位置，并立即彻底封堵。对有污水混入的雨水口，彻查污染源头，实施封堵、分流或深度治理等措施，从源头截断污染源。截至目前，共发现河道两侧企业生活污水排放口21个，全部完成封堵。“散乱污”企业整治。2019年，开发区共排查“散乱污”企业116家，截至目前整治到位116家，其中50家环保备案，46家搬迁，10家关停取缔，10家查封，整改率100%。强化生态环境监管为提高环境监管能力，制定了《华林经济开发区建立网格化环保监管体系实施方案》，并成立了开发区环保网格化管理工作领导小组，建立以开发区、各网格、各企业为单元的三级环保网格化管理体系，形成辖区环保监管工作制度化、规范化的长效管理机制。

管理服务强化意识。营造宜商环境，始终围绕“一站式受理，保姆式服务”的理念，与企业服务有关的规划、国土、住建等相关部门资源整合，为园区企业和新落户项目提供“一站式”服务，让企业办事少跑腿，做好企业项目手续代办服务；积极主动，勇于担当，建立完善领导干部挂钩项目服务、一般干部挂钩项目服务等机制，切实做到抓招商项目促落地、抓开工项目促进度、抓建成项目促投产的效果；牢固树立争先意识、实干意识、规矩意识、协作意识和服务意识，以“一切围绕企业、一切为了企业、一切服务企业”为宗旨，为确保企业可持续发展、项目按时序建设，园区采取推进例会、实地拉练等形式，针对企业、项目存在的问题，认真研究，找准重点，突破瓶颈问题，切实提升履职尽责能力。

（摘编：杨福来）

荔城经济开发区

荔城经济开发区原为莆田市荔园工业区，创办于2002年10月，2006年3月份经省政府批准成为省级经济开发区，同年4月份通过国家发改委审核。总体发展规划范围21.8平方公里，核准规划面积3.48平方公里，已开发3.26平方公里，正逐步成为一个服务一流、功能齐全、工业密集、商贸繁荣、环境优美、社会和谐的综合经济开发区。2019年，开发区完成50万元以上固定资产投资10.7亿元；规模以上企业创税收11.36亿元，达产值286亿元。

基础设施持续完善。一年来，开发区紧盯项目分季度目标、双过半指标任务以及年度总目标，坚持节点突破和项目攻坚，倒计时安排项目进度计划，着力在园区高质量发展方面，围绕园区“十个一”标准体系，在促竣工投产、促开工建设和促项目落地等方面下功夫、勤协调、促进度，重点持续完善开发区基础配套设施，加快荔园北路的路灯、绿化和人行道等道路配套设施建设，大力推进项目进度和转化升级进程。

项目建设稳步推进。开发区全年在建项目21个；预备项目10个；前期项目11个。其中已竣工2个，分别是：才子科技园项目、百利鑫易拉罐（一期）项目；已封顶1个，分别是：百利鑫易拉罐（二期）项目；新竣工及投产15个：分别是双源鞋业、新日鞋服、安健致远鞋业、艾力艾三路鞋业等。

体制机制改革创新。开发区已基本形成了相对独立的创新型管理体制、薪酬制度改革和无地招商运行模式，其体制创新工作成功经验主要有：1. 转变管理服务职能，深入推行服务型管理，为开发区企业提供生产安全、惠企政策服务以及办证服务协调等综合性服务。2. 开展薪酬制度改革，推行绩效工资制。3. 突出对接盘活无地招商，为企业牵线搭桥，促进闲置厂房出租。

生态环保加大投入。开发区污水管网已建成并投入使用的约为32公里，已形成以荔涵大道、南少林路、荔园路、东川路、九华路、绶溪路等为主干道的污水管网，上述污水管网中的污水经西天尾镇提升泵站统一纳入闽中污水处理厂收集处理。一年来，开发区已完成对园区内东川路、洞湖路、石盘路、工业一号路等污水管网进行疏通和清淤维护，确保污水有效收集。

（摘编：邓新民）

仙游经济开发区

仙游经济开发区为福建省省级开发区。2019年，核心区43家规模以上工业企业实现产值152.29亿元，同比增长9.6%；完成固定资产投入55.72亿元，同比增长130%；实现工业税收2.74亿元。年产值超亿元的企业将达26家，创税1000万元以上的企业达11家，综合经济实力持续提升。开发区列入2019年重点项目20个，项目总投资251.16亿元，2019年计划投资44.27亿元。（其中：在建重点项目15个、预备项目3个、前期项目2个。）已顺利开工建设项目9个，完工项目3个，正在推进和开展前期工作的项目10个。

基础设施优化完善。坚持以路网建设为引领，基础设施取得新进展。枫秀西路道路工程完成2.6公里路面，正在进行其余路面建设及下社段500米路基建设。枫笏路提升拓宽改造工程、塔东路市政工程已完工。开发区南片区至仙港大道连接线（枫亭段）道路工程正在进行审计工作。开发区主干道（海平路、北和路）大中修工程现已完成设计审查批复等前期工作，准备立项。园区东路道路工程已完成80%的工作量。公园东路道路工程已完成初设和概算编制、设计等工作，正在施工图图审。开发区核心区“一环两纵三横”路网基本形成，现已实现了“六通一平”，承载能力进一步增强。环保配套方面，开发区污水处理厂二期、污水处理厂配套污水管网建设、公共事故应急池、绿色纤维产业园工业废水管道工程均已完工。华腾、成联等周边企业污水收集管及提升泵站改造工程已完成施工图设计。五里岭污水主干管工程（一期）已进场施工。联十一线（仙游段）污水管道迁改工程正在进行审计工作。排洪防涝方面，枫秀路建国排洪渠完成300米挡土墙，完成80%箱涵建设。环境绿化方面，枫笏路提升扩宽道路绿化工程已完工。三杆迁移方面，塔东路电力杆线迁移工程已完工。其他工程，泰景装配式企业土方工程已完成90%土方工程。完成开发区（含枫亭）雨污管网淤堵情况探测以及《秀屿港区枫亭作业点岸线利用规划方案》编制工作。

项目建设准备充分。做好项目各项前期准备工作，促进项目挂牌出让。土地报批方面，完成和森纺织、艾利斯、仙港大道连接线等项目报批126.975亩，上报慈岳中路、公园东路、后沈片区过溪路等项目报批材料88.122亩。项目供地方面，组织完成辉强体育、塔西路、开发区中心幼儿园、开发区中心小学、海警仙游工作站共5个项目114.0415亩地块的招拍挂工作。

招商引资重点突出。坚持招商引资战略不动摇，不断加大招商引资力度。2019年以来，重点围绕精细化工、机械制造、电子信息、食品医药等产业类大项目招商。进一步研究探索“以市场换产业”的以商招商模式，突出产业招商、存量招商，着力招大引强，不断引进新项目，改造提升传统产业，加快发展新兴产业，推动供给侧结构性改革，加快调转促升级步伐。新引进的产业招商项目为：总投资3.5亿元的南伻生物中药饮片项目，正在筹备项目部、围墙建设，并进行施工设计；总投资5亿元的泰景装配式（PHC）项目，于5月24日摘牌，业主环评、总评、地勘合同均已签订；总投资1.5亿元的辉强鞋业项目，目前土地招拍挂已签约，场地已平整，挡土墙、围墙正在建设，施工图纸已送审；总投资10亿元的忠旺铝型材项目；总投资2亿元的康保无尘科级项目。

管理服务落实到位。重点在园区社会治安、权益保护、招商引资、产业支持等方面下功夫，积极构建亲商、安商、护商的投资环境。在扶持发展方面，协调解决了海安橡胶、滨海化工高压供电专线安全隐患、禾欣新材料产权分割办证用于融资以及南伻生物项目用地地上青苗清理，拨付天晶实业兼并重组蔡襄系企业项目补助、协诚鞋业消防应急通道补助以及蔡襄酒业燃煤锅炉改造补助，完成通用电梯周边秀峰路路面硬化以及禾欣新材料、钰诚化学、信力胶业等企业周边临时路灯建设，并对鑫益力置业周边排洪渠进行改造等事项，不断提高服务质量和水平，为企业开拓市场、稳定运营提供良好服务。政企共建方面，举办了劳动竞赛誓师大会和第五届福建仙游经济开发区“华峰杯”篮球赛，组织园区企业参加心理辅导健康讲座和三八妇女节登山活动，开发区与企业之间的互动交流不断加强。

（摘编：陈闽声）

湄洲湾国投经济开发区

2010年12月，福建省政府批复同意将湄洲湾（石门澳）产业园区确认为省级开发区，定名为湄洲湾国投经济开发区。2019年，开发区辖区范围内实现工业产值108.2亿元，财税收入约2.83亿元。

基础建设全面推进。开发区道路、供水、供电、供气、污水处理厂、防洪排涝、特勤消防站、公共应急池、码头等一批重大基础设施建设全面推进。一是道路及管网方面。形成“三横三纵”路网，“三横”即疏港路、石门澳路和沁峤路；“三纵”即城港大道、东九街、东五街。同时，西园片区通道、滞洪区南侧通道、东片区通道等支路正在同步推进。除污水管网、燃气管网预留管位外，道路供水、给水、电力、通信等管网建设一步到位。二是石化消防方面。总投资0.6亿元石门澳产业园特勤消防站是全省布局的综合应急救援石化特勤大队之一，于2018年1月建成投用，配备有原装进口泡沫消防车、远程供水系统等技术先进的消防车辆19部。三是防洪防潮方面。按照满足100年一遇的防潮要求，内侧堤防满足100年一遇的防洪要求，总投资约0.6亿元、全长5.3公里的堤防提升工程西堤、北堤标段已完工；总投资0.5亿元、全长3.2公里东堤、南堤及新建堤防标段计划2020年第三季度扫尾完工；总投资2.3亿元的西园片区防洪防潮排涝一期工程正在扫尾，该工程建成后，将与东沁水闸形成联动，石门澳产业园3473亩滞洪区将实现闭闸运行。四是供水方面。总投资2亿元的莆田金钟水利枢纽引水配套工程石门澳支线工程，由市水务集团承建，供水规模为19.21万立方米/日，管线总长11.17km，已建成供水；远期由莆田市东圳水库枢纽引水配套工程供给，将实现双水源供水。五是供电方面。总投资0.8亿元的石门澳产业园输变电工程由国网莆田供电公司承建，主要新建110kV变电站一座，110kV出线2回，线路全长12.38km，目前建成投用，形成双回路双电源供电；近期正在与莆田国网公司对接园区二级环网柜建设事宜。六是供气方面。投资0.16亿元（全线投资0.9亿元）的石门澳产业园供气工程由旷远能源股份有限公司承建，建成2条燃气管道，形成双气源供气，满足园区企业用气需要。七是用热方面。总投资约26.7亿元的热电联产项目由福建永荣科技有限公司承建，目前一期已投用，二期完成项目核准，正在加快设计等前期工作。八是码头建设方面。投资33亿元的石门澳作业区6#、9#化工码头、11#通用码头工程正在软基处理施工，计划2020年下半年主体工程动工，2023年建成投用。九是固废处置方面。投资约2.32亿元的莆田市工业固体废物综合处置项目二期填埋场项目，由莆田宏盛环保产业发展有限公司承建，占地58.5亩，填埋坑总库容为10万立方米，目前综合楼、固化车间、填埋场主体完工，正在进行管网、道路等配套工程施工。十是绿化方面。沿石门澳产业园堤岸长12公里已完成绿化林带建设550亩，构建产业园与村庄绿色屏障。同时，近期与中交上海航道局公司对接道路一期工程绿化方案，将形成网状道路防护带，更好地起到防护的作用。

产业发展突出重点。围绕园区“承接湄洲湾南岸石化产业链延伸，发展非炼化一体化的化工新材料产业”的功能定位，依托现有龙头企业，抓住列入国家战略性新兴产业集群发展工程名单的有利之机，全力打造莆田市国家级新型功能材料产业集群核心承载区。全力推进CPL一体化项目片区、华峰水性油墨项目片区、聚烯烃项目片区、新型涂料项目片区、复合材料项目片区五大片区，着力打造百亿税收千亿产值的化工新材料产业园区。

招商引资主动对接。对有意向企业、行业协会、第三方招商机构，借力用力、借智发力，着力在产业链招商、平台招商有突破有作为。2018年总投资201亿元的乙烷制乙烯签约落地、2019年7月总投资59亿元的华峰水性油墨项目项目签约落地，同时做好催化剂等CPL产业链配套项目的招商推介。

生态环保多管齐下。按照2015年11月省环保厅批复同意《莆田湄洲湾（石门澳）产业园总体规划（2014—2030）环境影响报告书》内容，一是在石门澳化工新材料产业园周边进行地形测绘并落标定桩，片区外设置200米的环保隔离带、2000米的环境风险防范区，落实环保隔离带内不得有居民区、学校、医院等敏感目标，环境风险防范区应控制人口规模，不新增居民区、学校、医院等敏感目标要求。二是建设日处理1万吨的石门澳产业园污水处理厂（一期）及配套管网工程，项目于2017年3月开工、2019年1月开始接收污水。三是建设总投资0.8亿元的石门澳产业园区公共应急池一期工程，容量为5.5万立方米，项目于2017年10月开工建设、2018年11月投入使用。四是建设总投资约0.12亿元，建设全天候自动监测站2座，东沁、苏厝环境空气自动监测站分别于2015年6月、2018年5月投入使用。五是建设投资约2.32亿元的莆田市工业固体废物综合处置项目二期填埋场项目，由莆田宏盛环保产业发展有限公司承建，占地58.5亩，填埋坑总库容为10万立方米，目前综合楼、固化车间、填埋场主体完工，正在进行管网、道路等配套工程施工。

（摘编：翁宁）

南平省级及省级以上开发区概况

南平工业园区

南平工业园区，为国家发改委审核通过、福建省人民政府批准创建的省级开发区。2019年，园区完成规模工业产值217.95亿元，同比增长6.2%；完成工业增加值48.28亿元，比增7.3%；税收入库9.34亿元。在市本级经济增长中持续发挥重要拉动作用。

基础建设逐步完善。一是路网、港口项目有序推进。南福路快速通道工程PPP项目完成业主、方案等重大变更工作。园区主干道路从彦路一期基本完工，新港路一期竣工验收。八仙三支路工程、张坑工业平台3#支路完工。南平港延平新城港区PPP项目完成项目公司组建，积极推动资金问题解决，施工前准备工作有序开展。二是陈坑—瓦口组团平台建设全面展开。完成延平新城产业园区项目B标场地平整，加快推进泰盛项目、三元竹业供地工作。三是供热、供水、排污、生活等配套工程日益完善。绿洲固废建成投产，江南工业水厂项目完成招标工作及授信贷款，综合服务区建成并对外招租，316国道污水管网B标完成建设。

项目建设全面推进。省市重点项目、赶超项目、“五个一批”项目、七大绿色产业重点支撑项目及工程包项目统筹推进，全面完成年度任务。省市重点项目13项，总投资70.4亿元，重点项目年内开工率、竣工率均居三大组图第一，其中在建项目9项，完成年度投资计划的100.2%。省在建项目5项，完成年度投资计划100%；赶超项目完成年度计划118.8%，提前完成年度任务；2019年新增“五个一批”项目35项，计划总投资116.88亿元。七大绿色产业重点支撑项目7项，总投资22.93亿元，均按序时进度推进；1—12月园区工程包项目完成投资1.93亿元，占年度投资计划的178.63%，居三大组团首位；年内还谋划有“十四五”实施项目5项，总投资19.54亿元。

招商引资成果喜人。继续围绕平台招商，以小分队招商为手段，立足园区产业基础，积极对接五南及园区优势企业、依托新城资源优势，开展上下游产业链招商、专业园招商，重点打造林产化工循环经济专业园。全面完成市政府下达的任务指标。泰盛纸业、彩虹织染、三元竹业等18个总投资5000万元以上招商引资项目完成合同签订；三元竹业、国投资源循环利用等14个项目当年实现转化开工，占年度任务（9个）的155.56%。招商引资工作有序铺开同时，聚焦产业链高位嫁接，推进优势龙头企业增资扩产，在延链、扩链、强链上重点发力。

安全环保严格监管。延续购买第三方服务的方式，引进安全生产和环保专业机构，充实园区安办、环保办工作人员，增强工作力量。安全生产工作方面。建立健全“党政同责、一岗双责、齐抓共管”工作机制，调整充实园区安委会班子成员，建立消防（电气）安全专项整治、应急管理工作机制；保持园区企业安全生产标准化建设基本全覆盖，完成安全生产标准化期满复评企业6家复评工作；以园区118加企业危险源辨识工作为基础，创新建立的“工业园区安全生产信息化管理服务平台”，实现园区企业日常安全管理数字化；全年园区安全监管检查165家企业（含厂中厂），发出整改通知114份，发现隐患327条，整改隐患327条，整改率100%。环保工作方面。持续开展园区6个组团169家企业污染物排放情况和污染治理设施运行情况监督检查，健全环保档案管理；完成长沙、张坑、陈坑组团污水管网图制作，提升企业污水排放监管时效；完成316国道改扩建B标污水管网建设；抓牢中央环保督察发现问题企业整改工作，完成各类问题整改；引入第三方企业前期环评咨询服务机构，依托环评服务单位，为计划入园企业开展前期环评咨询服务。

管理服务多措并举。成立企业服务中心，为企业提供安全环保、政策宣传、人力资源、法律咨询、企业融资、技术咨询、财税咨询、项目申报以及非公党建，共8+1项服务；建立动静结合的服务机制，积极开展“百名局长挂企业”、“实体经济服务月”等活动，围绕重点企业做大做强目标，持续解决企业困难；滚动收集企业需求，及时解决反馈；继续开展第二批园区“信用示范企业”评定活动，新增9家园区信用示范企业；挂点帮扶33家园区企业对接金融机构，拓宽融资渠道；支持园区企业嘉茂纳米至海峡股权交易中心挂牌展示，做好上市准备；支持企业列入优选供应商名录，2019年共有16家园区企业入选南平市地产名优工业品推荐目录，占全市入选总数的11.8%；全年园区企业申报获得奖励资金共计2381.86万元，较上年增长1590万元。获得“2019年省级高新技术企业”、“2019年绿色工厂称号”、等荣誉的企业超45家（次）；全年帮助园区重点企业超353名员工获得近65万元人才补贴及部分人才奖励用房；联合乡镇举办专场招聘，解决部分企业用工需求。

（摘编：李元）

南平高新技术产业园区（闽北经济开发区）

南平高新技术产业园区（闽北经济开发区）位于武夷山市和建阳市之间，地处闽北新兴发展区域的核心地带，于2005年10月经南平市政府批准设立，2006年4月，福建闽北经济开发区经国家发改委审核确认为省级开发区，并被列入福建省“十一五”规划重点建设工程。2019年，高新区新增规模工业企业2户，总数达到22户；规模以上工业产值38.62亿元，比去年同期现价增长15.6%；工业增加值10.92亿元，比去年同期增长8.1%；全社会固定资产投资完成46.1亿元。其中工业固定资产投资完成11.5亿元，同比增长21%。

基础建设逐步完善。高速公路方面，浦南、武邵、宁武3条高速在此汇集，武沙高速正在规划建设中。铁路方面，合福高铁全线贯通，吉武温城市铁路正在规划建设中。机场方面，已启动建设4D级武夷山新国际机场。此外，省内首条城市轻轨将于2021年通车。目前武夷新区已形成市域1小时经济圈，对接沿海中心城市和港口2—3小时经济圈，区域交通枢纽基本形成。

产业发展打造重点。重点发展先进制造、数字信息、旅游、健康养生和文化创意产业，加快培育特色产业集群。建立产业发展基金，出台《武夷新区促进工业经济发展的若干措施》从规模工业、税收奖励、科技创新等方面支持企业发展壮大，2019年兑现区内企业奖励资金208.52万元，指导企业向上争取项目扶持资金606万元。新能源汽车产业势头良好，发挥巨电新能源、海源新材料等高新技术龙头企业作用，辐射带动8家关联企业联盟发展，福建巨电与闽铝轻量化公司结成联合体，与武夷交投公司达成公交车采购批量协议。通过军民融合嫁接转化高科技项目，成立航天五院南平军民融合产业发展中心对接航天技术的转化，巨电新能源入选中国航天钱学森创新委员会实践基地。

招商引资成绩斐然。聚力招大商、大招商，重点对接正新集团、商汤集团、微医集团等，签约了检测认证（半导体芯片）实验室、台达绿色建筑节能等一批项目。2019年共引进总投资超5000万元产业项目18个，总投资54.12亿元，其中10亿元以上项目3个；当年签约当年转开工项目16个。为精准招商，引进龙头企业落地新区，对重点项目执行“一企一策”专题研究，积极为企业研究政策，全面激发企业家投资发展的热情，使企业继续保持旺盛的发展活力。如为虎扑项目研究前期运营补助政策，为同心项目研究场地租金与装修补助等政策。2019年与台湾金翔国际有限公司成功对接闽浙赣台湾商品集散中心项目并顺利召开“南平·金门同心同源系列产品发布会”。

科技创新积极构建。坚持引导企业走自主知

识产权、自主品牌、自主创新之路，大力构建以企业为主体、市场为导向、产学研相结合的技术创新体系。目前全区高新技术企业总数达到5家。闽铝轻量化汽车制造有限公司的专利“公交车骨架总成”获得第六届南平市专利一等奖、海源新材料公司的专利“一种汽车脚垫的制备方法”获得第六届南平市专利三等奖。

体制机制多措并举。“下级派单、上级接单”。搭建协调解决问题督办平台，通过强化上级部门与下级项目业主之间的统筹联动，督促审批、服务、征迁、进度滞后等四类问题加快协调解决，提高工作效率。腾笼换鸟，盘活资产。强力清除“僵尸企业”，加大对长期闲置土地、低效土地处置力度，在“退城进园”、“腾笼换鸟”、“旧厂房改建”等方面敢于创新探索合作重组、联合招商、收购储备、产权分割转让等方式盘活低效工业用地。通过政府收储派森家饰、龙翔机械等低效闲置用地700余亩。经济效益不明显或部分土地厂房闲置的企业予以盘活，提供给新入驻项目，提高土地利用价值。一企一策，帮扶企业。对区内22家规模企业继续实施包保责任制，积极主动为企业解决生产经营中的土地、资金、创新、市场等方面存在的困难和问题，促进企业做大做强。健全项目推进机制，落实领导联系、督查通报、考核奖惩等制度。大力宣传国家、省、市、县扶持企业发展的各项政策措施，2019年累计帮助企业争取补助资金600余万元。为入驻企业提供一站式全程代办服务，实行“一企一策”，加大政策扶持力度，提高政务服务水平，优化企业发展环境，促进企业做大做强，健康持续快速发展。

（摘编：蔡志轩）

光泽工业园区

光泽工业园区为省级开发区，总规划面积23.4平方公里，分为和顺工业园、金岭工业园。2019年，园区共实现工业总产值125.54亿元（其中规模以上企业产值119.26亿元），比上年增长24.4%，税收1.398亿元，比上年增长34.3%，解决就业19630人。目前，光泽工业园区拥有上市企业1家，国家级及省级高新技术企业4家。

基础设施配套完善。和顺工业园内水、电、路、讯等基础设施完善，已有农业产业化国家重点龙头企业、南方规模最大的联合型肉鸡生产加工企业圣农集团等企业入驻。金岭工业园已建成金岭110千伏专用变1座，已开发范围的道路、排水、排污、供水、供电、通讯已完善到位；建设标准厂房22幢，面积60000平方米，员工配套楼2幢，面积8160平方米；已开通城区至园区公交线路。

招商引资成绩斐然。2019年，全县共引进超5000万元产业招商引资合同项目31项，总投资48.6亿元，其中，已转化开工项目27项，项目履约率达87.1%。2019年“四比六促”招商项目考评成绩名列全市第三，全年招商氛围浓厚，招商活动频繁，一批有特点、有亮点的新项目、大项目陆续开工、在建和竣工投产。一是“走出去、请进来”。主要领导带队赴香港、台湾等地境外招商，陆续引进了一批外资项目，总投资达7.4亿元。在福州、惠安等地召开武夷山水品牌推介会，就武夷山水公用品牌及该县优质农特产品作招商推介。赴上海、厦门、福州等地召开乡贤招商座谈会。二是突出“1＋3”生态食品产业链招商。注重品牌培育及品牌推广，主要领导带队至福州等地举办“武夷山水”公用品牌推介会共3场；着力做大水饮品产业，推动福建武夷山水食品饮料有限公司获得首批授权使用“武夷山水”区域公共品牌，觉农红茶、华韵武夷茶业、圣绿山茶油等3家企业通过第二批“武夷山水”授权使用单位初审。加强与央企、省企及大型民企的多形式对接合作，壮大现有企业实力，加快推进项目建设。目前已成功推动泽汇渔业（光泽）有限公司与中建安装集团、福建承天金岭药业与国药集团江阴天江药业有限公司的合作等。三是优化营商环境。出台《关于促进工业经济跃升发展的若干意见》《关于进一步推进绿色产业发展的若干意见》等优惠政策，加大招商项目扶持力度。成立优化营商环境工作小组，针对项目落地审批过程中可能涉及的86项具体工作，列出牵头部门及责任单位，提升审批服务实效。建立快速会商落地机制，采取扁平式管理模式，第一时间召集相关部门与客商面对面交流，现场答疑，分头落实。

生态环保监管到位。和顺工业园投资近8000多万元建立4个污水处理厂，采用物化加生化相结合的处理工艺，每日可处理污水22000多吨，完成规划环境影响评价评审。金岭工业园绿化面积8.9万平方米，绿地率达31%，绿化覆盖率达36%。投资4000多万新建了日处理污水5000吨的金岭污水处理厂已投入营运。目前，工业园新一轮土地集约利用评价、水土保持方案、地质灾害评估。为提高项目投资的可行性，项目落地决策的科学性和确定项目投资政策的合理性，对投资入驻工业园区的投资项目，实行联合审核制度，确定项目是否可以入园。同时，对新上项目坚决执行“四不批”政策：即环境影响评价不过关的不批、环境容量不允许的不批、区域或流域排污总量超标的不批、污染防治措施不可行的不批。入园项目均通过环评审查，按要求建设污水处理、粉尘处理、降噪处理设施，尤其是对用水量大，要求建设水循环利用系统，加强定期监测，主要污染物符合全县污染物排放总量控制要求，有关企业固体废物综合利用率指标达到国家标准。

制度创新因地制宜。设立光泽工业园区管理委员会，主任由分管县领导兼任，根据工业园区开发的需要，及时协调相关部门解决征地、拆迁、杆线迁移、林木采伐、招商等矛盾。为确保园区的开发建设，同时成立了园区开发建设有限公司，与县招商局合署办公，实行“三块牌子，一套人马”运作，并从有关部门抽调了精干人员参与园区建设。制定了《光泽县项目联审制度暂行规定》，对投资入驻工业园区的生产性投资项目，实行联合审核制度。逐步完善工业园区各项管理制度，有力促进工业园区各项工作的有效开展。

管理服务健全措施。建立、健全园区系列管理措施，实行每周一例会制度，汇报工作、查找问题、提出对策。本着公开、公平、公正的原则，所有工程公开招标。加强施工管理，安排专人现场指导和督促，领导检查和监督，确保工程的进度和质量。建立重大事项的协调机制，设立园区建设联席会制度，定期不定期召开会议，协调解决园区项目建设和基础设施建设中的重大问题，建立入园企业高效服务机制，为入园企业提供“一站式、一条龙”服务。积极搭建银企合作平台，协助企业解决融资难问题，助推企业达产达效。

（摘编：陈闽声）

邵武经济开发区

邵武经济开发区规划面积20平方公里，自2003年2月开始建设，2006年8月经国家发改委审核确定，由福建省政府批准为省级开发区。2019年开发区共有企业250家，其中规模工业企业73家，2019年实现工业总产值163亿元，增长11%，增加值41.09亿元；完成固定资产投资21亿元；实现税收1.9亿元。

基础设施配套完善。2019年，开发区有供电能力220千伏安的安平变电站1座，有日供水量3万吨的紫金山水厂1座；日处理量为6000吨/天第二污水处理厂一座；集中供热项目已完成签约；区内广电、移动通信、互联网等实现全覆盖，设有农村信用社与多家存储点，建有“惠航”等多家超市，有黄峭广场、汽车站等。建成紫金、廖家排、傅家墩、香林等4个保障性住房安置小区，有安置房1800套，建有紫金城、皇庭新世界、城中花园等高档商品房小区，且幼儿园、小学、中学齐备，是闽北基础设施配套完善的多功能综合性产业园区之一。

产业发展重点突出。2019年，开发区已进驻福建王斌装饰材料有限公司、福建杜氏木业有限公司、福建味家生活用品制造有限公司、邵武现代家用有限公司、邵武市振达机械制造有限责任公司、福建含香食品有限公司、福建香缘饮用水有限公司、福建永同盛农业发展有限公司等企业，初步形成以林产加工、竹木加工、机械电子、机械制造、纺织服装、包装制品、食品加工、农副产品加工及非金属矿物制品、橡胶制品和市政交通物流配套为主导产业，致力于建设一个规模优势明显、配套齐全、产业特色突出、产业链条完善、产业集群集聚的综合性产业新区。

招商引资多路并进。开发区把招商引资作为重点工作来抓，采取以商招商、产业招商，请进来、走出去的招商办法，创新招商理念和招商方式，尝试引用“VR”科技招商，展示园区的区位、交通、生态人文、配套设施等优势，吸引客商前往洽谈投资。截至2019年底，全市招商引资（提交项目认定表的）落在园区的项目有30个，总投资29.03亿元，其中福建含香食品有限公司年产1万吨烤鳗项目、福建香缘饮用水生产有限公司年产50万吨天然饮用水项目、邵武盛鸿生物质能源有限公司竹产业热电联产循环加工项目、大诚世纪集成家居有限公司集成家居生产项目等7个项目总投资均超过1亿元。

科技创新再创佳绩。园区内企业福人集团森林工业有限公司2019年6月入选福建省第一批绿色制造名单；6月入选2019年福建省工业和信息化省级龙头企业名单；7月入选2019年国家级第四批绿色工厂名单；7月入选2019年度福建省工业和信息化高成长培育企业名单；8月入选福建省“专精特新”中小企业（精细化）；9月入选2019年省级智能制造重点项目；10月入选福建省循环经济示范点单位（第三批）公示名单。福建远翔新材料股份有限公司2019年6月认定为国家第一批“专精特新小巨人”企业；9月认定为福建省第三批制造业单项冠军企业。福建味家生活用品制造有限公司2019年10月获得工业企业知识产权运用试点企业（工业和信息化部科技司）；11月获得2019年度福建省工业企业质量标杆；12月获得福建省高新技术企业。全年开发区有2家企业获中国驰名商标、6家企业获高新技术企业称号。园区有3家企业成为电商孵化平台。园区企业有67个产品获得技术发明专利，有3个产品获得省级名牌产品称号。

生态环保严格落实。严守“环境质量只能更好、不能变坏”底线，坚持生态优先、加快绿色发展，以中央生态环保督察整改为抓手，结合“四比六促”活动，严格落实党政领导生态环境目标责任制，全力打好污染防治攻坚战，精心呵护好绿水青山。一是坚持高位推进，着力强化生态环保责任；二是坚持绿色发展，着力推动高质量发展；三是坚持综合治理，着力打好污染防治攻坚战；四是坚持问题导向，着力解决生态环境突出问题；五是坚持依法依规，着力提升环境监管水平；六是坚持与时俱进，着力构建生态环境治理体系；七是坚持从严治党，着力打造生态环境保护铁军。

体制机制创新改革。实行主体“两分离”，推进园区扁平化指挥。一是推行园区行政管理主体、开发建设主体和园区营运主体“主体两分离”的管理运行模式，明确经济开发区管委会作为园区行政管理主体对辖区内经济发展事务进行统一管理，负责园区规划、招商引资、企业服务等事项；福建邵武经济开发区建设发展有限公司作为园区投资开发主体，负责基础建设、管理运营等工作，加强对园区标准化厂房、水电、物业等规范管理及保障服务，推动园区规范化管理和市场化运作，有力推动园区管理从以政府为主导向市场化、公司化管理转变。二是科学设置经开区内设机构，按照“小机构、大服务”的原则将经济开发区机构设施为五部一室一中心：分别是工程部、安环部、项目服务部、公共社会事务办、财务部、办公室、管理服务中心，核定编制11个。三是经开区管委会与福建邵武经济开发区建设发展有限公司实行“区企合一”整合，有效整合人力、技术、行政等资源，实现“区企”统一指挥、扁平化管理。

（摘编：蔡志轩）

浦城工业园区

浦城工业园区地处县城北部，离中心城市3.5公里，工业园区紧连“长三角”与上海、温州、杭州、福州、南昌形成四小时经济圈。是福建浦城北大门前锋的重要平台，也是浦城承接长三角产业梯度开发的前沿平台及经济结构调整、产业升级和招商引资的重要基地。截至2019年底，园区建成面积已达2.5平方公里，全年完成规模工业产值24.6亿元，同比上升35.4%；完成税收1.19亿元，同比增长46%；固定资产投资4.48亿元，同比增长43%。

基础设施日臻完善。截至目前，浦城工业园区已建设道路工程约3.8公里。园区内污水管道及205国道污水管道已建设7公里，园区污水处理情况：1. 园区内部管网工程于2011年5月设计，按雨污分流标准进行设计，2011年6月开始施工，2011年12月竣工，管道总长3680米。2. 2015年

10月园区委托中国市政工程中南设计研究总院有限公司编制福建浦城工业园区A区工业废水接入城区污水处理厂可行性和可靠性论证报告，并通过专家评审。2016年3月县长朱金生主持召开第三次常务会议，同意园区工业废水达到环保批复的排放指标后排入县污水处理厂。同时经205国道从园区至市政管网工程同年按雨污分流的标准进行设计。于2016年7月开始施工，同年12月竣工，管道总长3880米。2017年2月浦城县环保局下发浦环函〔2017〕4号文同意浦城工业园区污水接入县城市污水管网进入城市污水处理厂。2017年2月份购买提升泵房和在线监控设备，同年6月份完成安装使用，同时园区管网接入市政管网，园区污水达标后排入县城市污水处理厂处理。园区内污水应急池于2017年12月完成，应急池容积300立方米，于2018年11月委托福建省靖桥企业服务有限该公司编制完成福建浦城工业园区（A片区）突发环境事件应急预案，并通过专家评审。园区自来水厂每天可供应10000吨自来水。两座污水提升泵房，一座容量为300立方米的污水应急池，又投入30万元在主管道安装污水监控，对污水中的COD、氨氮、流量指标进行监控。两座变电站：110kV变电站及220kV变电站。浦潭生物专业园计划总投资5.22亿元用于基础设施建设。35kV变电所竣工完成并已送电运行；横二路、纵二路、横四路建设已全面完成；自来水厂、污水处理厂已建设完成；热电联产项目专项规划已获省发改委批复，预计2020年底建成投产。施工便道已完工；土地平整设计已完成；横九路及大桥已开工建设；110kV大石溪变电站目前已开工建设，预计2020年6月完成建设。

产业发展突出重点。园区做大做强“三大产业”集群，三大“主导产业”2019年实现工业总产值147.44亿元。（1）提升生物制药产业发展质量。2019年实现工业总产值8.62亿元。（2）加强食品加工产业集群发展。2019年实现工业总产值57.65亿元。（3）延伸轻纺轻工产业链条。2019年实现工业总产值81.18亿元。

（摘编：王一星）

建瓯工业园区

建瓯工业园区为省级开发区，位于建瓯市东郊，距市中心1.5公里，距火车站约4公里，高速公路枢纽互通口设置其中，环城路和浦南高速公路均在中心区穿过，到武夷山机场约50分钟车程。中心区规划面积10平方公里，其中工业用地6.5平方公里、商住用地2平方公里、商贸中心0.5平方公里，休闲、绿地和公共设施用地1平方公里。2019年，园区实现总产值117.4亿元，同比增长8.5%，规上工业企业实现产值82.15亿元，同比增长5.6%；全园区实现税收约1.59亿元，与去年基本持平，完成固定资产投资30.19亿元，同比增长21.3%。2019年工业园区项目总任务数41个，完成项目数48个，其中谋划项目21个，签约项目11个，开工项目10个，竣工投产项目6个，超额完成全市“五个一批”项目任务。

基础建设加速推进。完成投资2200万元的莲花坪污水处理厂建设，并投入运营；投资3000多万元的F区新建道路、投资1000多万元的丰乐二期道路、投资800多万元的仕坑仔新建道路按时序进度加快推进；完善城东园C区8号路等多条道路建设，彻底打通“断头路”，实现园内建成区道路贯通全覆盖。谋划总投资3.34亿元的园区基础设施建设项目，包含城东污水处理厂、丰乐污水处理厂、丰乐自来水厂等11个子项目的工程包已采取EPC方式由省二建集团中标承建。

产业发展优势明显。建瓯工业园区根据发展调整优化产业布局，形成城东园以竹木加工为主导，中药制造、林产化工、新能源、废纸再生利用、汽车物流相配套，专业市场等公共服务设施综合发展，兼有部分生活居住的城市新区；丰乐园以食品加工、机械制造、电子信息为主导；莲花坪园以竹木加工、农产品加工为主导的产业集群化布局，促进产业集中积聚组团发展。特别是笋竹木产业链条完整，已成为建瓯市的支柱产业之一，连续两年举办的“中国笋竹产业（建瓯）高峰论坛”，提升建瓯笋竹产业影响力；园区规划1000亩竹产业专业园，拟建成高端竹产品加工区；大庄科技、丸美竹业等龙头企业落户园区，同时建设全国最大的笋产品交易中心，打造笋竹产业发展中心，实现产业集聚发。目前建瓯市竹胶板、竹地板产量居全省首位，水煮笋加工产量居全国首位。

招商引资开拓进取。不断开拓创新招商思路和招商方式，招商项目得到大力推进，已落地或准备签约落地，招商引资收到实效。一年来，在策划项目库中筛选出重点招商项目、做好前期准备工作 24 项，对接重要客商团组 52 批，对接异地商会，参与商会活动 4 场，洽谈推进招商项目 21 项，及时向市政府提供有价值的招商信息 6 条。建筑工业化生产，百丰竹业低碳环保竹菜板、竹家居及竹板材生产，竹笋精加工、银耳休闲食品，年产 8000 吨竹炭和 8000 吨树脂炭等项目，已竣工投入生产；大庄竹业项目已进入设备安装阶段，年内可投产；漳州水仙药业有限公司与新武夷生物制药合作项目，已完成合同签订、技改，扩大生产；城东工业园热电联产、邵武农资物流园、正顺汽配生产、万福汽车等项目已开工建设；此外，和泓纺织的高档地趟布及网布定型烘干后处理项目，实现当年引进、当年建设、当年投产。汽车拆解项目，落地丰乐工业园，面积 30 亩；竺骏竹业的户外重竹新型产品项目，落地莲花坪工业园，已完成供地及施工建设前期手续；全景、瑞景、美居 3 个智能家居项目已落户城东工业园。

管理服务结合实际。结合建瓯市千名干部挂点帮扶企业制度，园区推行干部派驻企业、重点项目制度，知企业所想、帮企业所需、解企业所难，及时破解企业发展难题，助推项目建设进度。推出“123 + N”创新项目服务机制，成立一个专帮团队、制定正反两项推进机制、设立三笔帮扶资金，依托“一站式服务中心”，变“企业跑”为“代办员”跑、“数据”跑，实现项目审批“零接触”、项目审批事项“一趟不用跑”。

（摘编：翁宁）

松溪经济开发区

松溪经济开发区于 2011 年 8 月经福建省政府批准纳入省级开发区管理。2019 年，开发区工业总产值 39.35 亿元，同比增幅 22.9%，完成固定资产投资 9 亿元，创税约 6050 万元。

基础建设全力推进。2019 年，开发区集中资源继续开展基础设施建设年活动，响应县委、县政府“四比六促”号召，全力推进工程建设，增强和完善省级经济开发区配套功能。全年基础设施建设投资约 3300 万元，其中旧县园 4 号路，道路总长 465 米，宽 8 米，总投资约 200 万元；旧县精密铸造产业园消防水池管网项目，投资约 200 万元；旧县园邦能智控有限公司新增地块土地平整 10 亩，投资约 130 万元；旧县园环境整治围挡工程及旧县园水毁抢修项目天山厂区边围挡工程，投资约 24 万元；三和园矮溪桥水渠建设，水渠全线长度 787.97 米，投资约 200 万元。普伦斯厂区道路建设，投资约 187 万元；三和园区聚酯瓶厂产业园 130 亩土地平整工程投资约 392 万元；新建消防水池、职工活动中心、非公企业党建活动中心等重点项目，道路、管网、绿化等工程也在顺利推进中。

产业发展欣欣向荣。开发区目前已形成竹木加工、纺织服装、机械电子为主与食品加工为辅的产业格局。城东园区内设两个专业园，分别为文化产业专业园和纺织服装专业园，占地面积 300 亩。文化产业专业园由 2 个加工区组成，分为文化产品加工区和工艺茶具加工区。目前，文化产业专业园已入驻投产企业 6 家，其中文化产品加工企业 2 家（时代文具、金亿文化），茶具生产企业 4 家（畅宏家具、居友工艺品、慧通工艺品、泓盛工艺品），均以竹木精深加工为主，产品主要有铅笔、工艺笔、眉笔、文具套装、软化板以及高档红木茶具等，产品主要销往美国、欧洲、日本等地。纺织专业园主要依托从华西村引进的总投资 7 亿元的闽瑞纤维项目，该项目分三期投资，共建设 8 条生产线，其中 1—6 条生产线已投产，7、8 条生产线正在建设当中；旧县园区自 2018 年以来新引进奥大铸造、京田阀门等 11 家精密铸造企业，运用再设计创新理念、精密成型创新工艺、技术装备智能化创新技术、管理运营创新思想和方法等手段，打造精密铸造产业园区。

招商引资优势凸显。开发区交通便捷，松建高速公路和 X830 线交战路从园区穿过，园区毗邻浙江省庆元县，离松建高速公路旧县互通口 1 公里，是闽北承接浙沪地区产业转移的“桥头堡”。交通便捷，供电、供水充足，基础设施齐全。目前园区内“七通一平”基础设施基本完成，园区已入驻企业60家，招商重点结合城东园纺织产业、旧县园精密铸造产业与三和园聚酯瓶片产业，开展产业链招商和专业园招商，重点打造纺织专业园、旧县精密铸造产业园区和三和聚酯瓶片产业园区。经过多年的建设发展，松溪经济开发区软硬环境不断优化，入园企业享受各级政府优惠政策，基础设施日臻完善，开发区内交通发达，社会治安良好，服务水平不断提高。已成为福建省投资兴业的热土。

生态环保多管齐下。一是着手对园区总体规划和规划环评进行修编，对“3+1”产业及其配套以外的项目，原则上不引入、不供地，对现有“三高一低”（高投入、高能耗、高污染、低效益）项目，引导企业异地搬迁、改造转型。二是推进企业节能减排，鼓励企业采用新工艺、新设备、新能源、新材料，全面完成园区企业燃煤锅炉整治工作。三是加快完善园区基础设施配套，推进城东园区污水管网建设维护以及、旧县园区水电路、污水管网、网络通讯等设施建设。

（摘编：尤文凡）

政和经济开发区

政和经济开发区于2012年6月获批省级经济开发区，总规划面积25平方公里，启动区6平方公里。开发区经过7年开发建设，累计完成投资10.5亿元，完成征地5656亩基本实现供地，区内水电路网、天然气等基础配套设施日趋完善，签约入驻企业107家，总投资约101亿元，全面达产后产值约156亿元。其中，18家正在建设，73家投产经营，初步形成以机械制造业为主，食品加工、竹制品深加工为辅的“1+2”产业布局。围绕机电产业，积极承接闽东南、浙东南地区产业转移，引进机电企业77家，总投资近60亿元，逐步形成发电机（组）、水泵、阀门、汽摩配4条产业链。2019年，开发区新增入驻企业8家，新增开工企业9家，新增投产企业7家；全年完成工业总产值约37.2亿元，比增17.2%，规模以上工业总产值约32.8亿元，比增16.8%；完成固定资产投资约12.8亿元；实现税收约5005.2万元，比增72%；实现工业用电量约11027.6万千瓦时，比增65.8%。在省商务厅发布的2018年度福建省国家级和省级开发区（全省94个）综合发展水平评价结果，政和经济开发区位列福建省第58位，综合发展水平较去年提升5位。

基础设施配套完善。开发区基础设施建设较为完善，目前建成道路约15公里，完成污水管网铺设18公里。建成日供水1.5万 m^3/d 的自来水厂、日处理0.5万 m^3/d 污水处理厂，住房518套房的公共租赁房3栋，并投入使用。2019年底，开发区小微企业创业园建成投入运营，预计2020年将孵化小微企业达20家，其他配套服务设施，如职工文体中心、羽毛球馆、篮球馆、游步道、同心公园、廖俊波事迹馆、机电展示中心等均已建成投入使用。

产业发展重点突出。目前开发区签约企业107家，投产73家、在建21家、未开工13家。机电产业：签约机电企业81家（铸造企业56家），总投资75亿元，预计全面投产后产值100亿元；其中正在建设11家，投产经营56家。竹木加工产业：签约竹木加工产业13家，投产10家，其中在建2家，未开工1家。食品产业：投产企业5家，在建1家。规上企业26家，其中8家竹木加工，食品产业2家，机电产业16家。开发区以铸造产业为主导培育产业，2019年以来，铸件产量约3万余吨，铸造企业年销售收入达23.4多亿元（按平均7800元/吨单价计算），年用电量达1.8亿kW·h。由于受到贸易战影响，园区铸件产量从2019年6月后增速放缓，抑制了铸件总产量，是园区铸件产量呈中低速增长态势。

体制机制持续优化。一是深化管理体制创新。开发区管委会内设综合协调部、规划建设部、招商服务部、经济发展部、维稳中心、安全生产办公室等6个部门，管委会主要领导均由县领导兼任，各部门负责人从相关县直机关单位抽调精干干部任职。管委会下设四个国有公司，其中经营管理公司承担园区项目运营与管理，建设公司负责园区开发区开发建设、投资运营，融资担保公司解决企业资金难题，通过运行机制创新，实现了市场化运作，政企分开，政资分开。二是优化服务机制提升。秉承“亲商、富商、安商”的宗旨，坚持24小时办公、全天候服务，着力营造良好营商环境。再造项目审批流程，启动项目联合预审机制，严把项目入园关。一方面在招商过程中，组织环保、经信和供电等部门专业人员，赴意向入园企业所在地实地察看环境影响、工艺流程、税收贡献等情况；另一方面，项目落地后联合发改、经信、环保、安全等部门召开联合评审会，缩短审批时限，推动项目早落地、早开工、早投产。

生态环保落实到位。突出绿色发展，推动生态文明建设。按照上级生态文明建设和环境保护的重大决策部署，积极推动绿色发展方式，以建设生态园区为目标，在实现经济快速发展的同时确保区内环境质量总体稳定，促进园区可持续发展。一是持续开展企业落后生产设备淘汰工作。全部企业完成铝壳中频炉更换为钢壳中频炉，除尘净化设备全部更新，吸附设施建设基本完善。二是规范园区保洁绿化管理。道路保洁绿化采用片区网格式管理，垃圾分类处置，集中处理，确保园区环境整洁亮丽。三是持续完善环保设施建设。全园区污水管网实现全覆盖，企业污水集中纳管排放至污水管网，固废贮存场建成并投入使用。

（摘编：马榕威）

顺昌工业园区

顺昌县工业园区总规划面积15.21平方公里，沿316国道和福银高速引线等交通干道布局，初步形成了“一区多园”发展格局，即以新屯机械加工园区为核心、促进金山化工园、郑坊光电园、文新生物质产业园、张坑绿色食品产业园等多个专业特色园区共同发展。其中，新屯片区已开发工业用地3500亩，尚有1500亩熟地可供，入驻企业22家。郑坊光电园已开发工业用地1800亩，尚有熟地1200亩可供，欧浦登（年产值10亿元）等6家企业入驻。2019年，新建和续建基础设施项目10项，其中竣工项目3项，在建项目4项，前期项目3项。总投资104643万元，当年计划投资26140万元，实际完成投资2680万元。

基础建设优化升级。一是园区总体规划修编和产城融合控规（修编）进行优化扩容，郑坊园区总体规划扩容至8.23平方公里。二是以项目建设推进基础设施配套改造升级。郑坊园区竣工完成污水处理厂、临时供水和园区主干道项目，临时供水当前已正常运行，园区主干道及快速通道（园区段）已竣工通车，完成召坑尾230万方的土方挖填，产城融合路网工程已开工建设，标准厂房和公租房三期以EPC模式已开工建设。三是推进园区基础设施改造升级，以神农菇业，欧普登等龙头带动企业增资扩产，促进企业不断做大做强。

招商引资精准定位。一是根据《入园项目管理服务办法》等政策，围绕项目上下游供应商，精准定位客商需求，推进轻资产招商，引资入园促进协议项目开工建设（智圣氢能源、辰星荟聚、神农三期、竺福林、爱乐钢琴、百佳能源、浩洋包装等）。重点推进顺昌浙商（中国）出口家具产业园建设，规划总面积3430亩，一期平台建设1200亩，包括土方工程、道路管网、快速通道、标准厂房等项目，引进企业投资强度为220万元/亩以上，税收15万元/亩以上。目前，产业园已完成征地3030亩，一、二期PC已开工建设，签约入园企业38家。二是以现有龙头企业（神农、欧浦登）为中心，积极推进企业增资扩产和企业上下游链条的延伸，形成产业集群。

管理服务健全完善。一是围绕建立高效运行机制的目标，健全完善园区议事、工作、请假、财务审批等相关制度，规范园区管理工作。二是设立园区企业服务中心，全天候为入园企业和落地项目提供优质服务。三是大力推进园区非公企业党的工作建设，提升企业生产和运营效率。四是注重培植龙头企业，在政策上、服务上为企业提供全方位支持，促进企业增资扩产、转型升级。

（摘编：陈闽声）

龙岩省级及省级以上开发区概况

龙岩经济技术开发区（龙岩高新技术产业开发区）

龙岩经济技术开发区设立于1998年7月，1999年5月经福建省人民政府批准为省级开发区，2012年3月2日经国务院批准升级为国家级经济技术开发区。2019年，龙岩经济技术开发区（高新区）按照“产城融合、二三并举，创新创业、招商引智，体制优化、精简高效”发展定位，全力打造“东肖产城融合区”“红坊现代物流区”“高陂高端制造产业区”三大片区，经济运行总体保持平稳增长的态势。全年实现规模以上工业总产值245.18亿元；规模以上工业增加值比增2%；财政总收入10.9亿元，地方级财政收入6.1亿元；500万元及以上固定资产投资、工业固定资产投资分别完成42.4亿元、7.1亿元；限上商品销售额174.1亿元。机械装备产业实现产值218亿元，8家龙头企业产值175.6亿元、比增5.8%。12家重点培育的中小微工业企业完成产值27.1亿元、比增23.9%。外贸出口完成29.1亿元，完成年度目标100%。新增规模工业企业3家，培育服务业龙头企业3家、限上商贸企业2家、规模以上服务业企业4家，26家企业实现“上云上平台”。

园区建设日新月异。按照“产业化、生态化、生活化”要求，重点推进红坊龙岩南高速出口地块概念规划设计和高陂万洋众创城产业园、中小微创业园、专用车配件园以及南北环路二期、上洋西路等“五园五路两配套”整体建设。扎实开展产业园区建设升级行动，实施配套项目16个，年度计划投资3.16亿元，新建南北环路二期、上洋西路、龙溪邦西路等市政交通路网13条，龙岩实验学校、专用车主题公园、平在3、4号路、标准厂房等项目基本完工，快速通道二期基本贯通，莲花安置小区三期回迁率达99%，完成铺设雨污水管网约6公里。

项目建设赶超进度。11个省市重点项目、3个“重中之重”产业项目分别完成投资45.7亿元、8.1亿元，占年度计划112.8%、129.3%。8个省级重点技改项目完成投资5.12亿元，占年度计划100%。“3个100”8家工业（服务业）企业、6个投资增长点项目、5家财税增长点企业分别完成4.5亿元、10.87亿元、3.38亿元，分别完成年度计划43%、120%、315.4%。举行12次项目集中开竣工仪式，54个项目（37个开工、36个竣工）实现开竣工，总投资78.7亿元，其中龙净环保输送装备及智能制造、龙马高端环卫装备扩建项目开工建设，越秀物流园、龙亿粉体、万乘智慧城市、龙夏电子半导体项目投产。

招商引资成绩斐然。组建粤港澳、京津冀、长三角招商小分队，成立招商公司，实现谋划项目18个、完成率138.5%，实现签约项目54个、完成率234.8%，总投资约142.6亿元，新签约项目开工46个、开工率85.2%，竣工项目43个、竣工率79.6%，招商接待中心投入使用。盯紧粤港澳、京津冀、长三角、闽西南四大区域，组织企业深度参与八场推进会，共引进项目37个，总投资约65亿元。引入字节跳动、爱迪尔珠宝、天英科技等上市公司，珠江大厦共入驻企业68家，年产值超30亿元，税收达2.5亿元。外出招商60批次，总投资26亿元天英数字产业、总投资10亿元智康光热等一批大项目、好项目顺利签约。

管理服务落实到位。成立高陂、红坊一线指挥部，抽调150余名干部职工走进项目一线，扎实开展“千名干部挂千企”“领导挂片、干部挂企”活动，实际解决困难问题28件；出台企业就学照顾性政策，照顾就学92人次，组织百余家企业参加15场人才招聘会，协助1300余人与企业达成初步就业意向；成立龙岩经开区（高新区）自然资源分局和市场监管分局，实行“一家牵头、一张表单、一份指南、一套机制”审批模式，审批时长从8个月缩减为4个月；企业服务大厅完成规范化建设，年办件量近8万件。

（摘编：杨福来）

漳平工业园区

漳平工业园区位于福建省龙岩地区漳平市菁城街道、和平镇、西园乡三个乡镇之间。福建漳平工业园区是国家发改委批准建设的省级工业园区。2019年，漳平工业园区规模以上工业企业94家，企业用工人数7800人（同比新增约350人），全年完成150.83亿元，同比增长12.5%。园区企业入库税收合计2.24亿元，同比增长24.1%。园区企业用电总量20015.29万千瓦时，同比增长4.9%，占全市工业用电总量的17.5%。2019年共签约项目22个，总投资约14.13亿元，新签约项目中新供地项目9个，共278.14亩。园区管委会被评为福建省循环经济试点单位（第三批）和征地拆迁促重点项目落地百日攻坚大战先进集体。

土地利用有力盘活。加大力度盘活闲置低效用地，促成了路路通（34.35亩）司法拍卖、骏代专用汽车收购伟明机械（81.78亩）、华滨（100亩）股权转让，共盘活216.13亩。近年来，已累计盘活2200亩闲置低效用地。

科技创新助力转型。实施科技创新驱动，加快产业转型升级，助推高质量发展，现拥有国家企业技术中心1家（天守），国家高新技术企业15家，省级科技小巨人领军企业12家、高成长型企业3家、科技型企业9家，省级技术中心5家、“专精特新”中小企业8家，博士后工作站2家，产学研基地11个，上市企业4家（木村公司2012年7月在香港联交所主板上市、瑞森公司2016年4月公司成功在“新三板”挂牌上市、德诺公司和九鼎公司分别在2015年7月份和2016年3月成功在“新四板”挂牌上市）。

生态环保严格实行。推进新材料产业园污水处理厂一期建设工作，目前已累计投资2658万元。完善企业环保一企一档，加强园区企业日常环保巡查，落实企业雨污分流，确保污水应收尽收，完成园区企业的达标排放。坚持常态化企业环保日常巡查，提升企业环保自主责任意识，2019年累计巡查企业455人次，发出整改通知书27份，与企业约谈4次。加强市政雨污管网排查，对工贸新区市政污水管网疑似地下水渗入严重问题开展两次大规模排查，累计排查56人次，排查迎宾大道污水管网2.2km，48个观察井。园区安全生产形势持续稳定向好。

营商环境优化提升。贯彻落实《进一步优化营商环境十条措施》，深入开展“三服务一信心”活动，采取有效的措施，积极化解企业生产或建设过程中碰到的困难和问题，积极深化与企业家沟通交心，倾听企业家心声，做到服务暖企心。同时，积极落实各项优惠政策，并将教育纳入工业园区发展规划中，为工业园区务工子女划出小学、中学教育资源，并专门设立漳平市工业园区幼儿园解决务工子女到公办幼儿园学前教育问题。今年来完成296名企业员工随迁子女申报2019年秋季入学，其中幼儿园93名（含漳平市工业园区幼儿园65名）、小学130名、初中73名。完成2018年度子女就学、返乡人员、购房补贴等各项补贴共计268239.5元。

（摘编：尤文凡）

武平工业园区

武平工业园区始建于2005年9月，位于县城南端，距古武高速互通口约0.5公里。2006年5月由省政府批准为省级工业园区，规划面积15平方公里，已建成约4.5平方公里。2019年园区实现总产值70.61亿元，增长15.7%；以不锈钢加工为重点的机械制造产业产值41.01亿元，实现税收8037.95万元，纳税百万企业12家，外贸出口1722.3万美元。

项目推进稳步推进。2019年，园区内省市县重点项目共20个，总投资87.48亿元，建成项目

10个，在建项目8个，开展前期项目2个。新签约落户园区项目6个（总投资17.17亿元），新开工项目5个；新建成投产项目8个。

产业发展加大投入。产业化方面，不断加大基础设施投入，园区基础设施投资完成投资比例居全市首位；科技孵化器一期建成投入使用，并认定为省级科技孵化器；总建筑面积15万㎡的科技孵化器二期暨光电新材料产业园项目于2019年10月开工建设；6月，武平工业园区成功获批第二批国家级中小企业创新创业特色载体；顺利完成高新区成立2周年暨军民融合对接交流会及全市“产业发展项目建设年”活动暨园区“三化”建设现场点评会各项筹备工作。生态化方面，严把环保准入关，对照准入负面清单，对不符合项目在项目招商考察、准入评审中给予否决；强化园区环保网格化巡查，加强对入园企业环保排查、监督。4月，宇田汽配完成3条在线监测污染因子、pH、总磷、流量、六价铬的监控实施；完成中央环保督查期间关于工业大道7号厂房福建利达新型线材有限公司废水、废气直排问题的调查整改。生活化方面，落实企业职工子女就读吉美幼儿园补助，给予园区企业职工名子女发放补助1.48万元；附小集文校区（24个班1200个学位）、高新区幼儿园（6个班210个学位）秋季开始招生；园区人才楼已入住企业高管、技术骨干约50人。园区创业楼一楼思明·武平共享职工之家正式揭牌投入使用，将为园区3000多名职工提供组织建设、休闲书吧、职工维权等服务。

安全生产全面落实。深入开展安全隐患排查治理，全年对41家企业共排查隐患233条，整改率100%；按时办结12345平台转发关于园林绿化、市政维护等诉求件20件；严厉打击非法采砂行为，会同城管、自然资源局等部门依法取缔园区4处非法洗砂场，确保生态安全；开展普法教育，全力化解矛盾纠纷，成功调解39件民事纠纷，认真落实治安巡防工作，核对流动人口近6400人次，加强园区治安巡逻，创建和谐园区。

（摘编：陈闽声）

连城工业园区

福建连城工业园区坐落在风景秀丽的国家重点风景名胜区冠豸山城区西部，是经国家发改委核准、省人民政府批准的省级工业园区。2019年，园区实现产值87.35亿元，比增21.6%；税收10466.14万元，比增137.9%；固投11.92亿元（工业固投10.5亿元）。

基础设施不断完善。光电产业园的交通、环境卫生、围墙已完成，职工公寓的便利店、餐饮、公交车已投入使用，生活区的灯光球场、休闲吧、海峡光电产业园职工活动中心等建成，完善园区的道路、绿化、路灯、夜景等配套设施。加大对园区及园区企业的宣传，树品牌标志以及在莲冠大道两侧树部分重点企业的宣传牌，完善企业服务中心展厅工程和绿化亮化工程。产业化方面建设特色产业园，并形成产业集聚，培育产业链，目前已初步形成光电产业、新材料产业、锂电池产业。

项目建设成果喜人。2019年新签约入园项目18个：总投资3.6亿元的无人机小动力电池生产项目、总投资10.5亿元的汽车智能座舱系统制造生产项目、总投资1.6亿元的年产600万台应急灯项目、总投资1.2亿元的储能锂电池生产项目、总投资2.5亿元的聚合物锂电池生产项目、总投资2.3亿元的小动力电动工具类锂电池项目、总投资1.2亿元的高端锂电池盖帽生产项目、总投资10.5亿元的年产100套垃圾气化发电成套设备生产项目、总投资4000万元的包装制品生产项目、总投资600万元的锂电池包装项目、总投资3000万元的五金配件及铝塑件生产线项目、总投资1亿元智能视窗防护玻璃生产线项目、总投资1.5亿元的佰盛金属新材料加工生产项目、总投资1.1亿元金属新材料注射成型项目、总投资3000万元的屋顶太阳能项目、总投资6000万元的台农食品公司的果蔬饮料生产线、总投资1.1亿元的85—100寸电容触摸屏生产项目、总投资2亿元的智能收银系统项目。

管理服务落实到位。持续抓“重中之重”项目。定期召开重点工业项目情况汇报会，及时了解项目进展情况，帮助解决项目建设过程中存在的困难，协助项目办理各项手续等服务工作。制定重点工业项目建设情况进度计划表，主要领导亲自抓，分管领导牵头，为允升复合不锈钢管项目、汽车智能座舱系统生产线项目、菲尔姆锂塑膜产业化项目、爱的电器年产200万台高性能直流水泵项目、达米拉新型显示器智能化生产项目、中触二期大尺寸触摸屏等项目设立服务秘书，及时帮助达米拉电子与省广电网络集团合作。多措并举帮助企业招工。县政府专门出台“推进企业用工服务六项措施”，解决企业用工、子女就学、职工购房等问题。园区每月定期收集企业员工信息以及企业招聘信息，将企业招聘信息发布在园区网站、微信公众号和人社局以及城区内各大LED显示屏上。2019年累计帮助企业招工1800余人。同时积极宣传公租房、职工子女就学等园区用工就业的优惠政策，指导帮助符合条件的员工申请。

（摘编：陈闽声）

永定工业园区

永定工业园区地处永定城区西南3公里，总体规划用地面积13.68平方公里，属省级工业园区。永定工业园区按照总体规划和产业布局，推进“一区多园”建设，加快光电信息产业园二期、新材料产业园二期、三期和制衣产业园建设，鼓励入园企业自建厂房；进一步做好园区美化、绿化、亮化，实施片区小流域治理，完善通信、电力、油气等基础设施配套，提升园区承载力。2019年，园区企业总数49家，其中工业企业36家（光电行业企业23家），已投产企业40家，规模以上工业企业11家。实现工业总产值15亿元，新上规企业5家，固定资产投资总额5.75亿元，解决劳动力就业1560余人。祥亿电子被评为国家级高新技术企业，臻普科技产品获得国家3C认证。

项目建设加速推进。园区加快光电信息产业园建设，着力引进一批竞争力强、技术含量高、产业链长的线材线缆项目，推动光电信息产业24家企业集聚发展，新增厂房面积3.67万平方米，新增13家企业落户，新开工工业项目9个，竣工项目4个，新增众冠科技等5家规上工业企业，康海通信等一批自建厂房企业相继落地投产。工业园区管委会被区委、区政府授予产业发展突破年暨项目攻坚2019年行动嘉奖单位。

招商引资成效显著。全年落户永定工业园区工业企业共13家（光电信息企业8家）；新开工工业项目9个，竣工项目4个；完成洽谈储备项目12个，“11·8”机博会签约落户园区项目3个，其中2个为纺织产业项目，制衣产业园项目建设取得突破性进展。工业园区管委会被区委、区政府授予2019年招商引资工作嘉奖单位。

管理服务持续优化。园区不断提升营商环境软实力，不断优化落地企业跟踪服务，简化项目审批程序，深化工程建设项目审批制度改革，让项目审批更便捷、更高效，完善“惠企政策兑现窗口”，让企业申报只进“一扇门”。不断提升人性化服务水平，建立了干部联系服务项目的长效机制，将保姆式的服务贯穿于项目招引、落地、达产全过程中，使企业家在园区投资安心、生活舒心、发展放心。不断完善园区配套设施，公共实训基地、职工文体活动中心、警务室、医疗卫生室、职工食堂等全面投入使用，给企业职工创造了良好的工作生活环境。

（摘编：王一星）

龙岩稀土工业园区

龙岩稀土工业园区建于2010年，规划总面积12.82平方公里，建设用地面积7.98平方公里，已纳入省级工业园区管理，为福建省重抓的20个产业基地（集群）之一，第二批福建省新型工业化产业示范基地。2019年园区完成稀土及相关应用产业产值118.9亿元，比增18%。现有企业14家，其中省级高新技术企业1家。福建省长汀金龙稀土有限公司2019年被国家工信部认定为第4批国家级绿色工厂及获“省级绿色设计产品”称号。2019年，园区有效发明专利数25个，发明授权数2个。

项目建设持续推进。2019年持续推进“五个一批”，项目建设成效显著。签约一批完成5个项目：上海比路电子股份有限公司智能音圈马达及其配套项目（二期），总投资1亿元，2019年9月签约；稀土绿色矿山示范项目，总投资2亿元，2019年9月签约；福建先知化学助剂制造有限公司铝基粘结剂项目，总投资达1.06亿元，2019年9月签约；金龙稀土公司年产5000吨碳酸氢镁溶液项目，项目总投资达1.2亿元；2500吨表面处理改扩建项目，项目总投资达0.53亿元，2019年11月19日签约。开工一批完成3个项目：福建贝思科电子材料股份有限公司高性能纳米钛酸钡粉体项目（二期）2019年3月开工；金龙稀土有限公司磁材机加工生产线升级改造项目2019年4月开工；长汀陇和无机盐公司催化剂原料配套项目2019年6月开工建设。建成一批完成2个项目：福建鸣友新材料有限公司热转印稀土新材料生产项目2019年6月底竣工投产；福建省长汀金龙稀土有限公司年产3000吨稀土永磁材料扩建项目2019年12月竣工投产。谋划一批完成4个：年产1000吨稀土永磁钐钴合金材料项目、热转印稀土新材料生产项目、智能音圈驱动马达项目、稀土特种玻璃精深加工项目。增资一批完成8420万元：福建省长汀金龙稀土有限公司年产3000吨稀土永磁材料二期生产线项目，已完成5594万元；长汀金龙稀土磁材机加工生产线升级改造项目，已完成2826万元。稀金精工特色小镇位于龙岩稀土工业园区内，规划总用地面积为2.94平方公里。小镇按照生产、生活、生态、生命“四生融合”的理念和产城融合——打造长汀南部新城的要求，突出稀土元素和军民融合特色，以国家4A级景区建设为标准，重点完善产业配套服务和生活、娱乐、商业、居住功能为主，规划总投资48.72亿元。2019年9月，稀土工业园区总体规划方案提升暨稀金精工特色小镇创建规划通过了评审，10月启动稀金精工特色小镇的征地拆迁及报批工作。

招商引资创新精准。龙岩稀土工业园区创新开展精准招商，2019年引进海上风电电机、中石油配套铝基粘结剂项目并已签订投资合同。

（摘编：马榕威）

宁德省级及省级以上开发区概况

东侨经济技术开发区

东侨经济技术开发区于2012年12月经国务院批准升级为国家级开发区，其前身是1997年在东湖塘华侨农场基础上成立的闽东华侨经济开发区，1999年5月经省政府批准成为省级经济开发区。2019年，开发区全年税收收入73.72亿元；规上工业增加值比增39.5%；固定资产投资比增33.9%；完成实际利用外资3350万元人民币。在2019年全省开发区综合发展水平评价中位列第二，较上年提升3个位次，年度绩效考评连续3年保持优秀等次。

产业发展重点打造。紧紧围绕“服务金娃娃，壮大产业链”这一条主线，突出“抓龙头、筑链条、建集群”，着力提高产业集聚水平。2019年锂电新能源产业持续保持良好增长态势，实现产业产值增长36.7%，拉动工业经济增长32个百分点，新能源产业产值全年突破660亿元。新能源科技、宁德时代在国内市场的份额分别达46%、5%，国际市场占有率均保持世界首位。新能源科技的动力电池产品及宁德时代主营的消费类锂离子电池产品销售额均居世界第一。宁德时代获评全国第一批智能制造标杆企业、省级循环经济示范试点企业，省政府质量奖、省科技进步一等奖，“福建能源器件科学与技术创新实验室”获批创建。新能源科技被认定为国家工信部第四批绿色制造名单（绿色工厂）和福建省第一批绿色制造名单（绿色工厂），入选国家第四批制造业单项冠军示范企业名单，被评为省级循环经济示范企业。星宇科技成为全市首家在港股主板上市的企业。卓高、凯利两家企业入选省级精特新企业。安波（宁德）有限公司新认定为省级循环经济示范试点企业。全年新增高新技术企业5家，高新技术产业产值占东侨规模以上工业产值比重达83.8%。

招商引资扎实推动。精心绘制产业链图谱，实施精准招商。建立全员招商机制，拓宽招商渠道，充分激发全区招商潜力，把招商与效能管理相结合，扎实推动招商引资工作。持续推进锂电新能源、新能源汽车产业链招商，加强对接产业链企业，坚持抓好要素保障，积极参加“锂电新能源产业链”、“9·8厦洽会”、第二届进博会等国家、省、市举办的招商会，成功举办汽车半导体论坛，不断吸引上下游企业入驻我区，促成中检锂离子电池、新能源汽车检测、日本安迪信铝箔分切、励润复合材料制品、卡蒂德电芯托盘等一批产业链项目成功签约，CATL二期、ATL二期、厦钨一期、杉杉一期等一批重大项目建成投产。2019年共对接、洽谈项目134个，预计投资300多亿元，其中服务业项目80个，工业项目47个，地产综合体项目7个，服务业招商培育与政策导向成效明显。共签约项目38个，总投资141.38亿元，完成全年任务141.4%。

体制机制优化升级。出台优化营商环境三年行动计划，制定并落实促进民营企业加快发展实施细则、高质量发展工作方案等政策措施，全年兑现各类企业奖励3.62亿元。积极落实减税降费政策，减免各类企业税费8.6亿元。领导机关入驻北部新区，设立企业服务中心，推动政务服务下沉。全面推行网格化服务企业，组建7支服务队，建立“一图一表三单”“三级会商+”机制，帮助企业协调化解问题431个。积极搭建“政银企”合作平台，出资1000万元作为风险补偿金，有效缓解小微企业融资难题。实施工程建设项目审批制度改革，建立政府投资小规模建设工程简易招标“阳光平台”。推进政务服务“一网一门一次”改革，落实“一窗受理、集成服务”，企业开办时间压缩至2.5个工作日以内，工程项目审批时间压缩至87个工作日以内；“一趟不用跑”和“最多跑一趟”事项达191项、占比91.4%。市场活力持续迸发，市场主体总量达20256户、增长42.3%。

（摘编：陈闽声）

福安经济开发区

福安经济开发区（原名福建省闽东赛岐经济开发区），地处闽东中心的赛江之畔，是福安市滨海新区建设的重要组成部分，是闽东地区第一个省级经济开发区，是宁德市（福安）军民融合深度发展产业园的核心区。2019年，开发区完成规上工业企业总产值35.73亿元，固定资产投资4.69亿元，税收收入2亿元。2019年，开发区共有规上工业企业29家，完成固投入库项目10个（华工智能、小学教学楼、震裕、天铭、金兰湾、科特、盛潮、安航、恒生、华旺金属），新增限上商贸企业2家（福建正丰建材实业有限公司、福建盎远供应链管理有限公司）。

基础建设持续推进。开发区完成一洲工贸、万家宝电器、微龙电子、知心养老院等项目133亩征地工作。全面开展樟港片区征地工作，组织江滨大道B段工程、樟港工业园区共233亩土地报批组件。三江水闸改造工程全面完成投入使用，总投资470万元；罗江大桥头三角坪景观提升改造工程和罗江江滨公园绿化提升工程全面完成。2019年，开发区完成罗江中心小学教学大楼建设，总建设面积3916平方米，教育资源进一步优化。

项目建设全面开花。开发区共实施重点项目15个，总投资约6亿元，其中震裕新能源、华工发电机组、恒盈电机等一批产业项目相继建成投入生产；罗江敬老院即将完工投入使用；世贸云玺和赛和江滨首府房地产共6幢楼主体封顶（约7万平方米），5幢楼正在开工建设；罗江中心小学教学综合楼完成建设，江滨大道B段工程已动工建设，罗江中学教学综合楼和罗江卫生院即将动工建设。

招商引资多措并举。开发区不断创新招商引资方式，改进招商引资方法，完善招商引资优惠政策，努力以大项目推进大发展。2019年以冶金铸造、新型电机和新能源等产业板块为重点，先后赴北京、上海、深圳、福州、厦门、浙江等地开展招商引资工作，共引进项目13个，签约投资金额25.3亿元，已落地项目6.42亿元。其中东旭浙大福安新能源产业园和研究院项目，是对接宁德上汽、新能源产业链，推进开发区转型升级的重点项目。

管理服务强化治理。2019年，福安经济开发区全面铺开环保整治工作，对原有入驻企业在噪声、空气、污水等领域提高要求，促进技改，着力打造绿色园区。加强安全生产宣传教育培训工作，严格日常安全监管，形成安全检查常态机制，安全生产大排查大整治工作取得明显成效。成立开发区服务企业工作领导小组，实行领导、干部挂钩服务企业制度，畅通了企业与开发区的联系渠道，持续优化投资环境。

（摘编：蔡志轩）

宁德三都澳经济开发区

宁德三都澳经济开发区于1998年3月经省政府批准设立，是以港口、商贸、加工业、海洋产业为主的省级经济开发区，位于天然深水良港三都澳内，已建成万吨码头和疏港公路，可建多个10－30万吨级泊位码头。中长期规划面积23.8平方公里，开发岸线7.5公里，已开发面积1500亩。目前已有海螺水泥、宁德三都港口、三都澳国际集装箱码头等十多家大中型企业入驻。2019年，开发区完成地区生产总值61.14亿元，地区生产总值增长80%；新增3家规上企业，规上工业增加值3.72亿元，增长100%；产业集聚水平达到90%；财政税收收入1.8亿元；公共基础设施建设投资69.85亿元；区内企业固定资产投资总额116.9亿元，增速203%；新增已建成工业用地面积4330亩；工业企业固定资产累计投资达155.46亿元；土地供应率达100%、建成率99.3%、综合容积率110%；高新技术主营业务收入0.62亿元；财政对科技实际投入805万元；固废和危废处置综合利用率达95.98%；通过ISO14000认证企业占15%；出口总额1.04亿元，增速999%。

项目建设全力推进。成立城澳园区重点项目安征迁指挥部，全力推进重点项目建设。228国道（城澳段）工程顺利施工；城澳作业区1#泊位30万吨级专业铁矿石卸船码头和2#泊位15万吨级专业化铁矿石装船码头施工图设计已完成；完成城澳片区防洪排涝工程项目工程可行性研究报告编制批复；海上养殖综合整治成效显著，通过“全面清、规范养、依规管”的组合拳，共清理非法养殖贝藻类6.2万亩、清退禁养区渔排15.8万口、清理海漂垃圾6402吨、岸线19.85公里、升级改造贝藻类3.9万亩，形成两个万亩藻类养殖示范区，并升级改造渔排7.97万口，打造新型塑胶渔排养殖示范点。三屿工业园区上汽宁德基地项目，总投资约200亿元（产能投资100亿元、基础设施配套100亿元），于2019年9月28日正式竣工投产，该项目投产以来，车间内流水线运行已趋于完美，车间产能已达单车满产状态，每2分钟可出产一台车子。至2019年底，入驻园区的供应商企业达32家。三屿园区已是厂房林立、道路四通八达、配套齐全、功能完善、全国先进、技术一流、绿色生态的现代化汽车城。

安全环保严格监管。宁德三都澳经济开发区规划环评及城澳园区污水处理设施项目工作取得突破。完成了开发区总体规划环境影响报告，并报省生态厅审查。开发区城澳片区污水处理设施和三屿园区污水处理厂均已建成投产，城澳园区在线监控设备安装完成，并与省污染源监控平台联网，正常运行。同时严格落实安全生产责任，确保全年环境污染零事故和生产安全零事故。

管理服务多措并举。一是理顺体制，构建精简高效的开发区机构。在市委、市政府关心和区委、区政府领导的大力支持下，经宁德市委机构编制委员会批复，核增三都澳经济开发区党工委书记（副处级1名），对开发区管委会现有内设机构及职能进行重新整合，由原有“一办四局”调整设置为党政综合办公室、经济发展局、社会事务局，规格升格为为正科级。经区委机构编制委员会批复，将开发区下属国土规划建设事务管理中心更名为“三都澳经济开发区招商服务中心”，机构规格升格为相当正科级。二是以党建为引领，加强非公企业党建工作。建立非公党组织工作台账，在新纳入开发区的三屿园区设立企业联合党支部，鼓励并带动新入园的非公企业成立党支部，开发区党组织覆盖率达69.4%；同时选派党建工作指导员入企业，帮助企业解决生产生活中的问题，广泛宣传党的政策，积极开展党的活动，充分发挥党员先锋模范带头作用，实现开发区企业党的工作全覆盖。三是实行周例会制度，及时调度和协调解决问题。开发区每周一召开项目推进会，每周与上汽项目公司开一次对接会，并频赴工地一线调研督促检查工程进展情况，开发区各工作部门坚持每天一碰头、三天一协调，对重点、难点技术问题通过组织专家论证，科学决策，精准施策，确保项目服务及时到位。

（摘编：蔡志轩）

古田工业园区

古田工业园区位于古田县城区西南面的局下、浣中、浣下、官江一带，距城区约2公里，总用地面积为249公顷，其中一期工程47.5公顷。园区根据现状用地控制情况与202省道衔接。区内交通便捷，三面环山，区内现有一座35kV变电所，有4回35kV进出线，并将规划建设一座220kV古田变电站，位于本区东北方向古田县城300立方米高位水可向本区供水，是古田县最大的工业新区。2019年，园区实现地区生产总值40.8亿元，比增15%，规模以上工业增加值4.17亿元，比增37%。纳税总额8266.6万元，进出口总额65625万元，从业人员约5000人。

基础设施日臻完善。西区6栋标准化丙类工业厂房和1栋配套用房正在建设中，配套建设停车位1321个、6个电动汽车快速充电桩。同时加快西区路网工程建设，启动供水、供电工程建设，园区日均处理污水2000吨的污水处理厂已在建设中。古田工业园区在交通、供水、供电、污水处理、垃圾处理等方面基础设施配套趋于完善。

项目建设落实政策。以扶持县食用菌支柱产

业为原则，根据国家、省、市的工业用地调整的政策要求，在符合规划、不改变土地用途的前提下，按照相关法律法规，对东区采取厂房增层扩容、建筑立面改造的办法，扩大企业生产空间。获得2019年福建省革命老区中央苏区县财源增长点建设资金200万元，用于提升园区景观风貌，更好的展现“中国食用菌之都”的形象。同时配合推进“双创”基地项目、“文化三馆”、城西双语幼儿园等项目建设，扶持推动、引导动员对驻留厂区窄小和旧厂房的企业退城入园，集聚发展。

生态环保严格要求。一是建立健全环保机制，制定园区环保检查计划和方案，加强环境保护管理；二是严格监管已入园企业，明确环保要求，并要求已建成投产企业严格落实环保责任，排放污染物必须达到环保排放标准；三是全面开展“一企一档”工作，收集园区内企业环保方面信息。现东西区规划环保评估已完成，固体废物与维修废物处置综合利用率两年连续达到100%，园区土地建成率57.9%，综合容积率0.89%。园区企业环保相关信息已进行摸底排查，数据库逐步建立。

（摘编：苏小雨）

寿宁工业园区

寿宁工业园区2006年4月被省政府确定为省级工业园区，是寿宁县对接长三角、承接浙东南产业转移的重要平台，也是宁德市较早定位、启动的工业园区之一。在推进工业发展和园区建设中，寿宁坚持“布局集中、资源集约、企业集群、产业集聚、规模适中”的原则，以南阳工业园区为核心区，辐射建设各具特色的际武、武曲和三祥科技园三个拓展区，着力在双湖二级公路、福寿高速公路沿线打造以工业新材料、精密铸造、汽摩配件、电机电器等为主导产业的“绿色工业走廊”。工业园区规划总面积25326亩，已开发8750亩，目前入驻企业96家，2019年实现工业总产值501603万元，税收13200万元。

基础设施日趋完善。采取“依托城镇、集中突破、不断完善”措施，使配套设施建设日趋完善。南阳工业园区污水处理厂、园内主干道硬化、通讯网络等建成投用。际武工业集中区涵盖职工生活区、污水处理厂、溪滨山前路硬化、景观公园等，PPP项目正在有序推进，预计年内可建成投用。三祥科技园职工之家、产品展览厅、科研楼已建成投用，为园区的进一步发展夯实基础。

制度创新因地制宜。在贯彻落实好省市有关优惠政策的基础上，结合寿宁实际，制定出台一系列政策措施，在土地开发利用、资源节约、生产经营、项目建设、品牌创建等方面给予企业优惠鼓励；采取“一企一议一策”办法，对规模企业、高新技术企业和其他普通中小企业，采取不同的激励措施，促进企业发展；设立工贸企业应急保障资金，（一期注入2000万元）帮助部分企业解决融资转贷困难，防范和化解资金风险，扶持工贸企业持续发展。不断完善高效、优质、便捷的服务体系，着力优化投资环境，推进“全程代办制”服务，提高服务水平，企业所有办证、审批等手续都由园区管委会全程代办；在全县范围内实行领导干部“一对一”挂点扶持企业，深入企业释疑解惑，帮助企业解决困难和问题，实现精准帮扶；建立政、银、企沟通合作长效机制，重点项目联系领导和挂钩服务部门为企业和银行牵线搭桥，为投资者创造良好融资环境。

管理服务创新意识。2014年寿宁县编制委员会正式核编成立福建寿宁工业园区管理委员会，园区管理由原来以部门指导、乡镇管理为主，转变为以管委会统一管理为主、乡镇配合相结合的方式，强化了园区管委会的管理和服务职能。为促进南阳工业园区和际武工业集中区日常管理工作走上规范化轨道，给入园企业提供优质高效的服务，经县委常委会议定，县编委会于2017年7月14日批复成立“寿宁县南阳工业园区企业服务中心”和“寿宁县犀溪际武工业集中区企业服务中心”（寿编〔2017〕10号）。南阳园区与际武工业集中区两个企业服务中心秉持“硬件不足软件补、条件不足服务补”理念，对入驻企业办理证照、项目审批等手续以及与政府相关部门的沟通联系实行全程跟踪服务。已帮助瑞祥、九鼎、凯盛、林福铝业等11家新入驻企业完成项目备案；帮助园区威马车业，华尔泵阀，永旺等企业办理子女入学问题；帮助企业解决用水难问题，南阳园区自来水旧管道改造已部分投用；帮助兆翔车业，凯优，博瑞，西奈山等企业解决劳务纠纷多起。贯彻落实惠企政策，多方面助推企业发展。正确解读国家、省、市有关工贸项目优惠政策，引导企业申报项目并跟踪落实到位，帮助企业减轻负担、轻装上阵。召开惠企政策宣讲活动，讲解企业优惠政策，指导企业申报相关补助。归纳、收集、整理惠企政策、办事流程，编制成《企业服务指南》发放给企业，并定期到企业解读宣传，让企业明白、掌握、理解惠企政策及各项办事流程。

（摘编：林汇智）

柘荣经济开发区

柘荣经济开发区分三个片区，包括砚山洋山海协作示范区、下村生物医药循环经济产业区、富源工业区。

项目建设全面发展。2019 年，开发区基础设施项目投资 2 亿元，启动建设企业服务中心、园区兴业路、标准厂房、滨溪南路、本草路二期及南部片区路网等 10 个基础设施项目，截至 12 月完成投资 21000 万元，占年度计划投资 105%。（1）园区兴业路项目。全长 1.522 公里，宽 18 米，内含中桥一座（造价 596 万元），总投资 7117.28 万元。其中建安费 5209.6 万元。除太阳村段单幅水泥路面硬化正在实施外，项目主路面全部完工。（2）本草路二期 A 段项目。道路总长 427.894 米，宽 18 米，总投资 1832.08 万元。其中建安费 1394.1 万元，财审后造价 1375 万元。目前交易平台挂网施工招标，于元月 7 日开标。（3）滨溪南路项目。道路总长 1.961 公里，宽 12 米，内含中桥一座（造价 274 万元），原总投资 8814.64 万元，建安费 5767 万元。为了解决滨溪南路北侧可用地块、道路高程及造价偏高等问题，管委会会同县自然资源局与规划设计单位进一步研究，通过设计变更、标高调整及造价优化，建安费调整为 4100 万元，造价降低了 1700 万元，道路线型调整，增加用地面积 16.3 亩。完成施工图设计变更，进入造价编制。（4）南部片区路网项目。建设园区西源路、宝塔路延伸段、本草路延伸段 3 条道路，总长 4.95 公里，总投资 3.74 亿元。其中建安费 2.95 亿元（本草路延伸段建安费 4448 万元，西源路建安费 21416 万元，宝塔路延伸段建安费 3680 万元）。本草路延伸段已启动建设；西源路已完成施工图设计及施工招标，正在进行勘察、监理招标及土地报批；宝塔路延伸段已完成施工图设计及勘察，正在进行造价编制和土地报批工作。（5）标准厂房项目。园区标准厂房项目规划用地 210 亩，建筑 21 万平方米，一期实施 2 栋 1.6 万平方米标准厂房及配套设施建设，总投资 5386 万元。其中建安费 4250 万元。已完成项目用地土石方工程及场地平整、土地挂牌成交、建设用地审批、施工图设计及审查、造价编制，正在预算财审，紧接着施工、监理招标。同时启动标准厂房项目二期用地土石方工程，二期项目土石方工程量达 124 万方，其中土方 76 万方，石方 48 万方；场内竖向标高进行优化调整，调整后场内标高挖方 124 万方，填方 41 万方，土石方量剩余约 83 万方。园区考虑到投入成本核算，将土方部分先实施，利用石方利润贴补土方工程成本，降低了三通一平成本。（6）企业服务中心项目。项目用地面积 11.5 亩，建筑面积 5596 平方米（其中主楼 3354 平方米，附属楼 2174 平方米，地下室 68 平方米），总投资 2821.86 万元。其中建安费 2585.77 万元。11 月底建设完工，12 月 25 日正式入驻使用。（7）电力杆线迁移项目。生物医药园区内 6 回线路、34 根杆线的整合迁移，总投资 1560 万元。截至目前，已全线迁移架设完成。（8）茶产业集中区项目。规划面积约 260 亩，据初步测算，园区路网、基础设施配套、场地三通一平就要投入 1 个亿。已完成林地报批、项目规划、设计等前期工作，实施茶叶园区建设软硬条件已具备，紧接着开始实施路网、场地三通一平和茶企业平面布局等工作。（9）工业用地收储项目。完成工业用地收储 642 亩。其中，城郊乡完成征地 220 亩，东源乡完成征地 422 亩。

招商引资围绕重点。坚持招商引资战略不动摇，不断加大招商引资力度。重点围绕生物医药产业，发挥现有药业企业老板关系网、本地药业能人、外地柘荣商会、山海协作平台作用，加强以商招商，寻求产业合作发展，先后组织人员走访安徽、泰和、亳州、广东普宁、江西樟树等全国重点药业集散地，成功引进帝氏药业、汉广集团、福建时珍堂等10家企业落户园区，进一步引导主导产业加快发展，提升集聚化发展水平。目前时珍堂、帝氏药业用地均已进入一平。坚持以商招商、以情招商，发挥药业企业资源优势，努力实现引进一个龙头企业、培育一个产业集群、打造一个特色园区。截至2019年底，累计入园企业22家，累计投资总额40亿元。全年新签约项目5个，新开工项目3个，续建项目2个。

（摘编：邓新民）

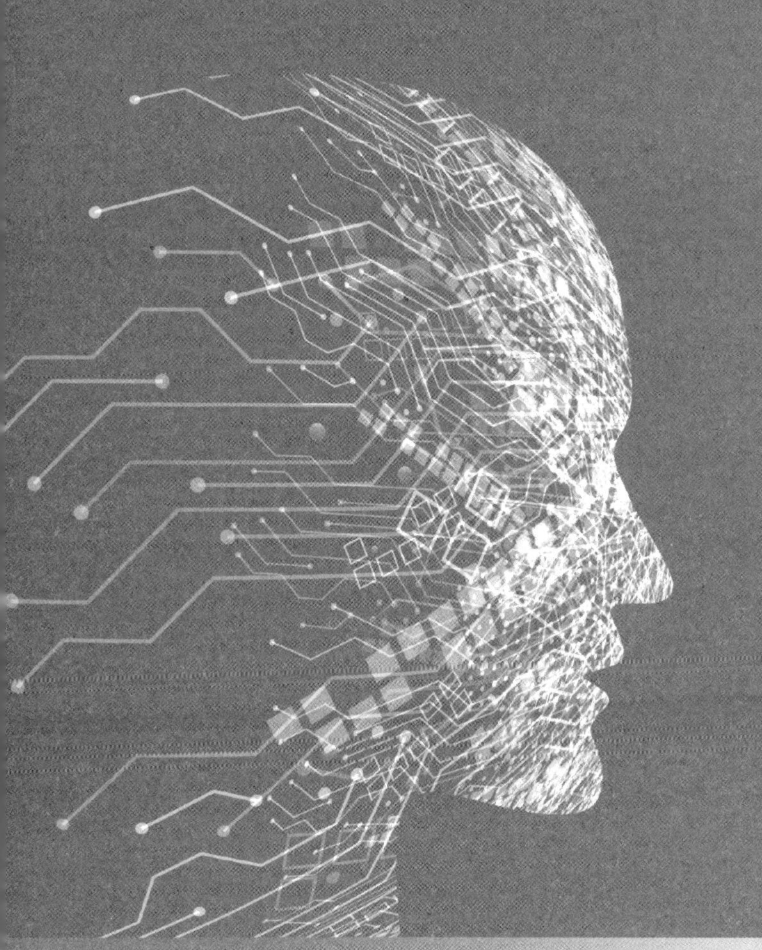

第六篇 品牌建设

2020 福建 100 强企业榜单

2020 福建企业 100 强发布大会暨福建企业家大讲坛 11 月 20 日在宁德市举行。会上，省企业与企业家联合会联合福建省社会科学院发布了“2020 福建企业 100 强”榜单。

从 2020 福建企业 100 强榜单来看，福建省大企业整体规模和效益增长态势良好：今年福建百强企业的入围门槛为 70.47 亿元，比去年增加了 12.55 亿元；总营业收入为 39711.34 亿元，相当于全省国内生产总值的 93.7%，比上年增长 13.5%；纳税总额为 2138 亿元，比上年增长 7.1%；最高营业收入为 3519.52 亿元，比去年增加 146.6 亿元；发明专利数 8876 项，比上年增加 22%；海外员工数 29800 人，比上年多出 93%。

从地区分布看——

福建省的百强企业呈现出高度不平衡，主要集中在省会福州和经济特区厦门，其中福州上榜企业 45 家，占 45%；厦门上榜企业 30 家，占 30%。此外，泉州上榜企业 9 家，占 9%；宁德、漳州、龙岩、三明、南平地区累计上榜 16 家。

从行业来看——

百强企业中含制造业企业 47 家、服务业企业 37 家，建筑业企业 15 家，其他行业 1 家。

兴业银行、厦门建发、厦门国贸、象屿集团、阳光龙净集团、青拓集团、紫金矿业、国网福建电力、融侨集团、永辉超市位列榜单前十。

在同时发布的“制造业百强”“服务业百强”榜单中——

青拓集团、紫金矿业、戴尔（中国）、大东海实业、福建联合石化、三钢集团、永荣控股、中化泉州石化、宁德时代、盛屯矿业居“福建制造业 100 强”前十；

兴业银行、厦门建发、厦门国贸、象屿集团、阳光龙净、国网福建电力、融侨集团、永辉超市、融信集团、省农信社列“福建服务业企业 100 强”前十。

今年，省企联还首次发布了“战略性新兴产业领军企业 100 强”——

天马微电子、恒申合纤、龙净环保、申远新材料、力恒锦纶、厦钨新能源、星网锐捷、力达信、厦门信息集团、明达实业领衔这一榜单。

值得一提的是，在这份榜单中，民企上榜数量最多，达 72 家，他们为传统产业和企业转型升级、加快推进结构调整起到了较好的带头示范作用。

据省企联有关人士透露，今年榜单评选主要考核“营业收入、企业净利润、资产总额、纳税总额”等综合指标，以营业收入为标准，评选对象包括国企、民企、外企等各种所有制企业，程序上严格经过“企业自行申报、各设区市企联及相关经济社团、行业协会推荐、由主办单位组织成立的评审委员会审定”等步骤，榜单发布前面向社会公示，在公示的基础上，及时了解和充分吸收社会意见，综合多方面因素，最终确认了最终的榜单。

2020 福建企业 100 强榜单

排行	企业名称	属性	地区	行业	2019 营业收入（万元）
1	兴业银行股份有限公司	国有	福州	服务业	35195200
2	厦门建发集团有限公司	国有	厦门	服务业	33969015
3	厦门国贸控股集团有限公司	国有	厦门	服务业	29561335
4	厦门象屿集团有限公司	国有	厦门	服务业	28418162
5	阳光龙净集团有限公司	民营	福州	服务业	24807843
6	青拓集团有限公司	民营	宁德	制造业	13675492
7	紫金矿业集团股份有限公司	国有	龙岩	采掘业	13609798
8	国网福建省电力有限公司	国有	福州	服务业	11526360
9	融侨集团股份有限公司	民营	福州	建筑业	8650762
10	永辉超市股份有限公司	民营	福州	服务业	8487696
11	福建省冶金（控股）有限责任公司	国企	福州	制造业	8208892
12	戴尔（中国）有限公司	外资	厦门	制造业	6173735
13	福建大东海实业集团有限公司	民营	福州	制造业	5733625
14	福建联合石油化工有限公司	中外合资	泉州	制造业	5704659
15	融信（福建）投资集团有限公司	民营	福州	建筑业	5164651
16	恒申控股集团有限公司	民营	福州	制造业	5044661
17	福建永荣控股集团有限公司	民营	福州	制造业	5013949
18	福建省农村信用社联合社	国有	福州	服务业	4930327
19	福建省能源集团有限责任公司	国有	福州	制造业	4881451
20	中化泉州石化有限公司	国有	泉州	制造业	4879553
21	宁德时代新能源科技股份有限公司	民营	宁德	制造业	4578802
22	福建省电子信息（集团）有限责任公司	国企	福州	制造业	4218900
23	三盛集团有限公司	民营	福州	建筑业	4030205
24	均和（厦门）控股有限公司	民营	厦门	服务业	3975451
25	厦门路桥工程物资有限公司	国有	厦门	服务业	3759382
26	盛屯矿业集团股份有限公司	民营	厦门	制造业	3731427
27	福建省金纶高纤股份有限公司	民营	福州	制造业	3267586
28	厦门航空有限公司	国有	厦门	服务业	3261199
29	正荣地产控股股份有限公司	民营	福州	建筑业	3255766
30	中建海峡建设发展有限公司	国有	福州	建筑业	3192289
31	安踏体育用品集团有限公司	民营	泉州	制造业	3106855
32	福建石油化工集团有限责任公司	国有	福州	制造业	2715768
33	厦门港务控股集团有限公司	国有	厦门	服务业	2755758
34	福建建工集团有限责任公司	国有	福州	建筑业	2611924
35	厦门中骏集团有限公司	民营	厦门	服务业	2477304
36	厦门禹洲集团股份有限公司	民营	厦门	服务业	2324071

续表

排行	企　业　名　称	属性	地区	行业	2019 营业收入（万元）
37	中国移动通信集团福建有限公司	国有	福州	服务业	2317670
38	福建圣农控股集团有限公司	民营	南平	制造业	2300956
39	三宝集团股份有限公司	民营	漳州	制造业	2300647
40	福建恒安集团有限公司	民营	泉州	制造业	2249284
41	达利食品集团有限公司	民营	泉州	制造业	2137525
42	福耀玻璃工业集团股份有限公司	中外合资	福州	制造业	2110388
43	福建省汽车工业集团有限公司	国有	福州	制造业	2033451
44	漳州市九龙江集团有限公司	国有	漳州	服务业	1867395
45	兴业证券股份有限公司	国有	福州	服务业	1859849
46	福建省高速公路集团有限公司	国企	福州	服务业	1812100
47	福建捷联电子有限公司	台港澳独资	福州	制造业	1777452
48	厦门天马微电子有限公司	国有	厦门	制造业	1705268
49	厦门国际银行股份有限公司	国有	厦门	服务业	1688388
50	厦门翔业集团有限公司	国有	厦门	服务业	1660297
51	宸美（厦门）光电有限公司	外资	厦门	制造业	1619450
52	龙岩烟草工业有限责任公司	国有	龙岩	制造业	1575021
53	福建百宏聚纤科技实业有限公司	民营	泉州	制造业	1515545
54	中国电信股份有限公司福建分公司	国有	福州	服务业	1509965
55	鹭燕医药股份有限公司	民营	厦门	服务业	1500888
56	中铜东南铜业有限公司	国有	宁德	制造业	1469013
57	福建省国有资产管理有限公司	国有	福州	服务业	1466739
58	福建省和顺碳素有限公司	民营	南平	制造业	1395632
59	福建省交通运输集团有限责任公司	国有	福州	服务业	1331064
60	名城企业管理集团有限公司	民营	福州	服务业	1304405
61	祥兴（福建）箱包集团有限公司	民营	福州	制造业	1282556
62	中建四局建设发展有限公司	国有	厦门	建筑业	1279100
63	厦门烟草工业有限责任公司	国企	厦门	制造业	1278783
64	福建正祥投资集团有限公司	民营	福州	建筑业	1259385
65	宝钢德盛不锈钢有限公司	国有	福州	制造业	1193706
66	厦门夏商集团有限公司	国有	厦门	服务业	1184724
67	中国人民财产保险股份有限公司福建省分公司	国有	福州	服务业	1126795
68	福建三安集团有限公司	民营	厦门	制造业	1125357
69	厦门航空开发股份有限公司	民营	厦门	服务业	1125318
70	厦门恒兴集团有限公司	民营	厦门	服务业	1118454
71	福州京东方光电科技有限公司	国有	福州	制造业	1070000
72	福建省闽南建筑工程有限公司	民营	泉州	建筑业	1062588

续表

排行	企业名称	属性	地区	行业	2019营业收入（万元）
73	福建奔驰汽车有限公司	中外合资	福州	制造业	1031625
74	福建漳龙集团有限公司	国有	漳州	服务业	1003810
75	厦门正新集团	外资	厦门	制造业	992737
76	宸鸿科技（厦门）有限公司	外资	厦门	制造业	987558
77	中国（福建）对外贸易中心集团有限责任公司	国有	福州	服务业	984528
78	福建甬金金属科技有限公司	民营	宁德	制造业	965475
79	福建宁德核电有限公司	国有	宁德	制造业	938931
80	福建宏旺实业有限公司	民营	宁德	制造业	917877
81	厦门海沧投资集团有限公司	国有	厦门	服务业	917523
82	厦门黄金投资有限公司	国有	厦门	制造业	911031
83	福建福清核电有限公司	国有	福州	制造业	907695
84	福建福欣特殊钢有限公司	中外合资	漳州	制造业	890348
85	中交一公局厦门工程有限公司	国有	厦门	服务业	870596
86	福建一建集团有限公司	国有	三明	建筑业	869310
87	福建省船舶工业集团有限公司	国有	福州	制造业	819896
88	福建省华荣建设集团有限公司	民营	福州	建筑业	786977
89	福建省南平铝业股份有限公司	国有	南平	制造业	783299
90	冠城大通股份有限公司	民营	福州	服务业	778733
91	永富建工集团有限公司	民营	福州	建筑业	771312
92	福建路港（集团）有限公司	民营	泉州	建筑业	733867
93	飞毛腿（福建）电子有限公司	民营	福州	制造业	731404
94	福建省惠东建筑工程有限公司	民营	泉州	建筑业	730004
95	福建巨岸集团有限公司	民营	厦门	服务业	729993
96	福建发展集团有限公司	民营	福州	建筑业	714152
97	平安银行股份有限公司福州分行	民营	福州	服务业	709040
98	厦门宏发电声股份有限公司	民营	厦门	制造业	708149
99	厦门金圆投资集团有限公司	国有	厦门	服务业	707854
100	福建海峡银行股份有限公司	国有	福州	服务业	704740

2020福建制造业企业100强

排行	企业名称	属性	地区	2019营业收入（万元）
1	青拓集团有限公司	民营	宁德	13675492
2	紫金矿业集团股份有限公司	国有	龙岩	13609798
3	戴尔（中国）有限公司	外资	厦门	6173735
4	福建大东海实业集团有限公司	民营	福州	5733625

续表

排行	企　业　名　称	属性	地区	2019 营业收入（万元）
5	福建联合石油化工有限公司	中外合资	泉州	5704659
6	福建省三钢（集团）有限责任公司	国有	三明	5672576
7	福建永荣控股集团有限公司	民营	福州	5013949
8	中化泉州石化有限公司	国有	泉州	4879553
9	宁德时代新能源科技股份有限公司	民营	宁德	4578802
10	盛屯矿业集团股份有限公司	民营	厦门	3731426
11	福建省金纶高纤股份有限公司	民营	福州	3267586
12	安踏体育用品集团有限公司	民营	泉州	3106855
13	福建石油化工集团有限责任公司	国有	福州	2715768
14	三宝集团股份有限公司	民营	漳州	2300647
15	福建恒安集团有限公司	民营	泉州	2249284
16	达利食品集团有限公司	民营	泉州	2137525
17	福耀玻璃工业集团股份有限公司	中外合资	福州	2110388
18	合力泰科技股份有限公司	国有	莆田	1849984
19	厦门金龙汽车集团股份有限公司	国有	厦门	1789059
20	福建捷联电子有限公司	台港澳独资	福州	1777452
21	厦门钨业股份有限公司	国有	厦门	1739551
22	厦门天马微电子有限公司	国有	厦门	1705268
23	长乐恒申合纤科技有限公司	民营	福州	1666763
24	翔鹭石化（漳州）有限公司	国有	漳州	1627319
25	宸美（厦门）光电有限公司	外资	厦门	1619450
26	龙岩烟草工业有限责任公司	国有	龙岩	1575021
27	福建百宏聚纤科技实业有限公司	民营	泉州	1515545
28	中铜东南铜业有限公司	国有	宁德	1469012
29	福建省和顺碳素有限公司	民营	南平	1395632
30	腾龙芳烃（漳州）有限公司	国有	漳州	1371452
31	祥兴（福建）箱包集团有限公司	民营	福州	1282556
32	厦门烟草工业有限责任公司	国企	厦门	1278783
33	宝钢德盛不锈钢有限公司	国有	福州	1193706
34	福建福日电子股份有限公司	国有	福州	1137741
35	福建三安集团有限公司	民营	厦门	1125357
36	福建龙净环保股份有限公司	民营	龙岩	1093502
37	福州京东方光电科技有限公司	国有	福州	1070000
38	福建奔驰汽车有限公司	中外合资	福州	1031625
39	厦门正新集团	外资	厦门	992736

续表

排行	企业名称	属性	地区	2019营业收入（万元）
40	宸鸿科技（厦门）有限公司	外资	厦门	987558
41	福建长源纺织有限公司	民营	福州	985062
42	福建甬金金属科技有限公司	民营	宁德	965475
43	福建宁德核电有限公司	国有	宁德	938931
44	福建星网锐捷通讯股份有限公司	国有	福州	926577
45	福建宏旺实业有限公司	民营	宁德	917877
46	福建申远新材料有限公司	民营	福州	914936
47	厦门黄金投资有限公司	国有	厦门	911031
48	长乐力恒锦纶科技有限公司	民营	福州	909060
49	福建福清核电有限公司	国有	福州	907695
50	福建福欣特殊钢有限公司	中外合资	漳州	890348
51	福建省船舶工业集团有限公司	国有	福州	819896
52	福建省南平铝业股份有限公司	国有	南平	783298
53	飞毛腿（福建）电子有限公司	民营	福州	731404
54	厦门宏发电声股份有限公司	民营	厦门	708149
55	福建南平太阳电缆股份有限公司	民营	南平	697486
56	福建省长乐市山力化纤有限公司	民营	福州	682019
57	福建盼盼食品有限公司	民营	泉州	662587
58	九牧集团有限公司	民营	泉州	631580
59	福建友谊胶粘带集团有限公司	民营	福州	608075
60	三棵树涂料股份有限公司	民营	莆田	597226
61	福建匹克集团有限公司	民营	泉州	595650
62	福建傲农生物科技集团股份有限公司	民营	漳州	578808
63	漳州片仔癀药业股份有限公司	国有	漳州	572227
64	福建金源纺织有限公司	民营	福州	549994
65	奥佳华智能健康科技集团股份有限公司	民营	厦门	527627
66	福建安井食品股份有限公司	民营	厦门	526666
67	捷太格特转向系统（厦门）有限公司	外资	厦门	505461
68	立达信物联科技股份有限公司	民营	厦门	504028
69	中铝瑞闽股份有限公司	国企	福州	493743
70	福建龙麟集团有限公司	民营	龙岩	485084
71	明达实业（厦门）有限公司	外资	厦门	468009
72	福建经纬新纤科技实业有限公司	民营	福州	461592
73	百路达（厦门）工业有限公司	民营	厦门	438303
74	福建龙马环卫装备股份有限公司	民营	龙岩	422792

续表

排行	企业名称	属性	地区	2019 营业收入（万元）
75	华特控股集团有限公司	民营	厦门	422531
76	福建天辰耀隆新材料有限公司	国有	福州	418259
77	福建元成豆业有限公司	民营	福州	413727
78	林德（中国）叉车有限公司	民营	厦门	411648
79	路达（厦门）工业有限公司	民营	厦门	396070
80	厦门轻工集团有限公司	国有	厦门	387454
81	科华恒盛股份有限公司	民营	厦门	386930
82	厦门银祥集团有限公司	民营	厦门	369370
83	福建七匹狼实业股份有限公司	民营	泉州	362319
84	福建金牛水泥有限公司	民营	三明	360892
85	福建省轻纺（控股）有限责任公司	国有	福州	360391
86	大通（福建）新材料股份有限公司	民营	福州	351073
87	厦门建霖健康家居股份有限公司	外资	厦门	339303
88	福建天马科技集团股份有限公司	民营	福州	329046
89	厦门市建潘集团有限公司	民营	厦门	327381
90	厦门金达威集团股份有限公司	民营	厦门	319178
91	福建恒杰塑业新材料有限公司	民营	福州	315633
92	福建佳通轮胎有限公司	民营	莆田	305815
93	厦门强力巨彩光电科技有限公司	民营	厦门	300229
94	福建青松股份有限公司	民营	南平	290812
95	厦门翔鹭化纤股份有限公司	合资	厦门	276951
96	山鹰华南纸业有限公司	民营	漳州	270809
97	福建奋安铝业有限公司	民营	福州	269757
98	福建省青山纸业股份有限公司	国有	三明	267026
99	福建金德尚黄金有限公司	民营	福州	259882
100	腾龙特种树脂（厦门）有限公司	外资	厦门	258269

2020 福建服务业企业 100 强

排行	企业名称	属性	地区	2019 营业收入（万元）
1	兴业银行股份有限公司	国有	福州	35195200
2	厦门建发集团有限公司	国有	厦门	33969015
3	厦门国贸控股集团有限公司	国有	厦门	29561334
4	厦门象屿集团有限公司	国有	厦门	28418162
5	阳光龙净集团有限公司	民营	福州	24807843
6	国网福建省电力有限公司	国有	福州	11526360

续表

排行	企 业 名 称	属性	地区	2019 营业收入（万元）
7	融侨集团股份有限公司	民营	福州	8650762
8	永辉超市股份有限公司	民营	福州	8487696
9	融信（福建）投资集团有限公司	民营	福州	5164651
10	福建省农村信用社联合社	国有	福州	4930327
11	三盛集团有限公司	民营	福州	4030205
12	均和（厦门）控股有限公司	民营	厦门	3975451
13	厦门路桥工程物资有限公司	国有	厦门	3759382
14	厦门航空有限公司	国有	厦门	3261199
15	正荣地产控股股份有限公司	民营	福州	3255766
16	中建海峡建设发展有限公司	国有	福州	3192289
17	厦门港务控股集团有限公司	国有	厦门	2755757
18	福建建工集团有限责任公司	国有	福州	2611924
19	厦门中骏集团有限公司	民营	厦门	2477304
20	厦门禹洲集团股份有限公司	民营	厦门	2324071
21	中国移动通信集团福建有限公司	国有	福州	2317670
22	漳州市九龙江集团有限公司	国有	漳州	1867395
23	兴业证券股份有限公司	国有	福州	1859849
24	福建省高速公路集团有限公司	国企	福州	1812100
25	厦门国际银行股份有限公司	国有	厦门	1688388
26	厦门翔业集团有限公司	国有	厦门	1660297
27	中国电信股份有限公司福建分公司	国有	福州	1509965
28	鹭燕医药股份有限公司	民营	厦门	1500887
29	福建省国有资产管理有限公司	国有	福州	1466738
30	福建省交通运输集团有限责任公司	国有	福州	1331063
31	名城企业管理集团有限公司	民营	福州	1304405
32	中建四局建设发展有限公司	国有	厦门	1279099
33	福建正祥投资集团有限公司	民营	福州	1259385
34	厦门夏商集团有限公司	国有	厦门	1184724
35	中国人民财产保险股份有限公司福建省分公司	国有	福州	1126795
36	厦门航空开发股份有限公司	民营	厦门	1125318
37	厦门恒兴集团有限公司	民营	厦门	1118454
38	福建省闽南建筑工程有限公司	民营	泉州	1062588
39	福建漳龙集团有限公司	国有	漳州	1003810
40	中国（福建）对外贸易中心集团有限责任公司	国有	福州	984527
41	厦门海沧投资集团有限公司	国有	厦门	917523
42	中交一公局厦门工程有限公司	国有	厦门	870595

续表

排行	企 业 名 称	属性	地区	2019 营业收入（万元）
43	福建一建集团有限公司	国有	三明	869310
44	福建省华荣建设集团有限公司	民营	福州	786977
45	冠城大通股份有限公司	民营	福州	778732
46	永富建工集团有限公司	民营	福州	771312
47	福建路港（集团）有限公司	民营	泉州	733867
48	福建省惠东建筑工程有限公司	民营	泉州	730004
49	福建巨岸集团有限公司	民营	厦门	729993
50	福建发展集团有限公司	民营	福州	714152
51	平安银行股份有限公司福州分行	民营	福州	709040
52	厦门金圆投资集团有限公司	国有	厦门	707854
53	福建海峡银行股份有限公司	国有	福州	704740
54	厦门住宅建设集团有限公司	国有	厦门	703127
55	福建省泷澄建设集团有限公司	民营	漳州	701548
56	大洲控股集团有限公司	民营	厦门	696350
57	福建豆讯科技有限公司	民营	莆田	684725
58	福建省永泰建筑工程公司	民营	福州	680942
59	福建省第五建筑工程公司	国有	泉州	667870
60	中国联合网络通信有限公司福建省分公司	国有	福州	657682
61	新大陆科技集团有限公司	民营	福州	647914
62	福建三木集团股份有限公司	民营	福州	638000
63	厦门市万科企业有限公司	民营	厦门	636541
64	福建省人力资源服务有限公司	国有	福州	635480
65	厦门市明穗粮油贸易有限公司	民营	厦门	634199
66	福建省九龙建设集团有限公司	民营	厦门	622652
67	厦门经济特区房地产开发集团有限公司	国有	厦门	612744
68	新华都购物广场股份有限公司	民营	福州	600551
69	厦门海澳集团有限公司	民营	厦门	598272
70	中国工艺福建实业有限公司	国有	厦门	582262
71	厦门宝拓资源有限公司	私营	厦门	581667
72	泉发建设股份有限公司	民营	泉州	581534
73	福建网龙计算机网络信息技术有限公司	民营	福州	579308
74	福建省二建建设集团有限公司	国有	福州	572501
75	泉州市燃气有限公司	民营	泉州	569770
76	泉州银行股份有限公司	国有	泉州	560852
77	福建省东霖建设工程有限公司	民营	泉州	560631
78	厦门特房建设工程集团有限公司	国有	厦门	552008

续表

排行	企业名称	属性	地区	2019 营业收入（万元）
79	厦门中联永亨建设集团有限公司	民营	厦门	534375
80	福建宏盛建设集团有限公司	民营	福州	513863
81	安通控股股份有限公司	民营	泉州	504973
82	中铁二十二局集团第三工程有限公司	国有	厦门	473013
83	福建璟榕工程建设发展有限公司	民营	福州	463214
84	厦门信和达电子有限公司	民营	厦门	457321
85	福建漳州城投集团有限公司	国有	漳州	454198
86	中城建设有限责任公司	私营	福州	449971
87	福建省投资开发集团有限责任公司	国有	福州	436641
88	鑫东森集团有限公司	民营	厦门	432451
89	福建同春药业股份有限公司	国有	福州	429178
90	福建广电网络集团股份有限公司	国有	福州	429166
91	福建东百集团股份有限公司	民营	福州	410000
92	厦门源昌城建集团有限公司	民营	厦门	408503
93	福建省顺安建筑工程有限公司	民营	莆田	400648
94	中铁十七局集团第六工程有限公司	国有	厦门	386093
95	福建海峡人力资源股份有限公司	国有	福州	378986
96	福建泉州市嘉晟供应链有限公司	民营	泉州	374758
97	厦门市嘉晟对外贸易有限公司	民营	厦门	368706
98	四三九九网络股份有限公司	民营	厦门	349032
99	福建联美建设集团有限公司	国有	厦门	345189
100	顺通达集团有限公司	民营	厦门	342754

2020 福建战略性新兴产业企业 100 强

排行	企业名称	战新业务所属领域	企业所属行业	属性	地区	2019 营收（万元）
1	厦门天马微电子有限公司	新一代信息技术	电子核心产业	国有	厦门	1705268
2	长乐恒申合纤科技有限公司	新材料	化学纤维制造	民营	福州	1666763
3	福建龙净环保股份有限公司	节能环保	专用设备制造	民营	福州	1093503
4	福建申远新材料有限公司	新材料	化学纤维制造	民营	福州	914936
5	长乐力恒锦纶科技有限公司	新材料	化学纤维制造	民营	福州	909060
6	厦门厦钨新能源材料股份有限公司	新材料	先进有色金属材料	国有	厦门	697919
7	锐捷网络股份有限公司	新一代信息技术	新型信息技术服务	国有	福州	522391
8	立达信物联科技股份有限公司	高端装备制造	智能关键基础零部件制造	民营	厦门	504029
9	厦门信息集团有限公司	新一代信息技术	新型信息技术服务	国有	厦门	485860

续表

排行	企　业　名　称	战新业务所属领域	企业所属行业	属性	地区	2019 营收（万元）
10	明达实业（厦门）有限公司	新材料	先进石化化工新材料	外资	厦门	468009
11	漳州立达信光电子科技有限公司	新一代信息技术	智能消费相关设备制造	民营	厦门	401975
12	科华恒盛股份有限公司	新一代信息技术	新型信息技术服务	民营	厦门	386931
13	新中冠智能科技股份有限公司	新一代信息技术	新型信息技术服务	民营	福州	318754
14	厦门金鹭特种合金有限公司	新材料	先进有色金属材料	国有	厦门	317795
15	厦门强力巨彩光电科技有限公司	新一代信息技术	电子核心产业	民营	厦门	300229
16	福建青松股份有限公司	生物	化学药品与原料药制造	民营	南平	290811
17	福建网龙计算机网络信息技术有限公司	数字创意	网络游戏	民营	福州	288824
18	腾龙特种树脂（厦门）有限公司	新材料	先进石化化工新材料	外资	厦门	258269
19	福建祥鑫股份有限公司	新材料	铝及铝合金制造	民营	福州	256689
20	福建省长汀金龙稀土有限公司	新材料	先进有色金属材料	国有	龙岩	246341
21	福州朴朴电子商务有限公司	新一代信息技术	互联网平台服务（互联网＋）	民营	福州	246067
22	厦门弘信电子科技集团股份有限公司	新一代信息技术	电子核心产业	民营	厦门	246018
23	科之杰新材料集团有限公司	新材料	新型建筑材料制造	民营	厦门	237648
24	兴证全球基金管理有限公司	相关服务业	金融服务	国有	福州	233796
25	锐珂（厦门）医疗器材有限公司	生物	先进医疗设备及器械制造	外资	厦门	222452
26	福建省福投新能源投资股份公司	新能源	其他新能源运营服务	国有	福州	221387
27	厦门 TDK 有限公司	新一代信息技术	电子核心产业	外资	厦门	220812
28	开发晶照明（厦门）有限公司	新一代信息技术	电子核心产业	国有	厦门	219385
29	厦门吉比特网络技术股份有限公司	数字创意	网络游戏	民营	厦门	217037
30	厦门市美亚柏科信息股份有限公司	新一代信息技术	新型信息技术服务	国有	厦门	206741
31	福建海峡企业管理服务有限公司	新一代信息技术	新型信息技术服务	国有	福州	195207
32	联芯集成电路制造（厦门）有限公司	新一代信息技术	集成电路制造	外资	厦门	189077
33	福建升腾资讯有限公司	新一代信息技术	新型计算机及信息终端设备制造	国有	福州	182970
34	福建恒捷实业有限公司	新材料	化学纤维制造	民营	福州	180486
35	福建天晴数码有限公司	数字创意	数字文化创意软件开发	民营	福州	174830
36	厦门松霖科技股份有限公司	高端装备制造	智能关键基础零部件制造	民营	厦门	173863
37	厦门强力巨彩显示技术有限公司	新一代信息技术	新型电子元器件及设备制造	民营	厦门	168808
38	漳州蒙发利实业有限公司	高端装备制造	其他智能设备制造	民营	厦门	166637
39	福建省电信技术发展有限公司	新一代信息技术	工业互联网及支持服务	国有	福州	158135

续表

排行	企业名称	战新业务所属领域	企业所属行业	属性	地区	2019营收（万元）
40	厦门乾照光电股份有限公司	新一代信息技术	电子核心产业	民营	厦门	153426
41	华映科技（集团）股份有限公司	新一代信息技术	电子核心产业	国企	福州	147412
42	福建鑫森合纤科技有限公司	新材料	高性能纤维及制品和复合材料	民营	三明	144126
43	联通（福建）产业互联网有限公司	新一代信息技术	工业互联网及支持服务	国有	福州	141793
44	福建福华新材料集团有限公司	新材料	先进钢铁材料	民营	福州	138000
45	南威软件集团	新一代信息技术	新兴软件和新型信息技术服务	民营	泉州	137925
46	长乐力源锦纶实业有限公司	新材料	高性能纤维及制品和复合材料	民营	福州	130945
47	中电福富信息科技有限公司	新一代信息技术	新型信息技术服务	国有	福州	107864
48	福建省海安橡胶有限公司	新材料	先进石化化工新材料	民营	莆田	106588
49	厦门通士达照明有限公司	节能环保造	高效节能电气机械器材制	国有	厦门	106084
50	漳州立达信灯具有限公司	高端装备制造	其他智能设备制造	民营	厦门	95836
51	易联众信息技术股份有限公司	新一代信息技术	新型信息技术服务	民营	厦门	94871
52	福建龙溪轴承（集团）股份有限公司	高端装备制造	智能关键基础零部件制造	国有	漳州	94602
53	厦门蒙发利电子有限公司	高端装备制造	其他智能设备制造	民营	厦门	93151
54	福建博思软件股份有限公司	新一代信息技术	新型信息技术服务	民营	福州	89654
55	福建广源再生资源回收有限公司	节能环保	城乡生活垃圾综合利用	民营	福州	86799
56	福建飞毛腿动力科技有限公司	新材料	二次电池材料制造	民营	福州	84318
57	厦门金达威维生素有限公司	生物	生物饲料制造	民营	厦门	83850
58	泉州恒普光伏有限公司	新能源	太阳能设备和生产装备制造	民营	泉州	82519
59	厦门梦加网络科技股份有限公司	数字创意	数字文化创意软件开发	民营	厦门	76667
60	福建中闽水务投资集团有限公司	节能环保	资源循环利用产业	国有	福州	76251
61	三祥新材股份有限公司	新材料	先进有色金属材料	民营	宁德	76108
62	阳光中科（福建）能源股份有限公司	新能源	太阳能设备和生产装备制造	民营	泉州	75212
63	福建星网智慧科技有限公司	新一代信息技术	新型计算机及信息终端设备制造	国有	厦门	73549
64	福建永晶科技股份有限公司	新材料	先进石化化工新材料	民营	南平	72507
65	福建翔丰华新能源材料有限公司	新材料	高性能纤维及制品和复合材料	民营	三明	63632
66	厦门雷霆互动网络有限公司	数字创意	数字文化创意软件开发	民营	厦门	59465
67	福建固美金属股份公司	新材料	新型铝合金制造	民营	泉州	58998
68	厦门狄耐克智能科技股份有限公司	高端装备制造	其他智能设备制造	民营	厦门	58573
69	中闽能源股份有限公司	新能源	风能、太阳能、生物质能	国有	福州	58075
70	福建福光股份有限公司	新一代信息技术	新型电子元器件及设备制造	民营	福州	57991

续表

排行	企　业　名　称	战新业务所属领域	企业所属行业	属性	地区	2019 营收（万元）
71	厦门嘉戎技术股份有限公司	高端装备制造	其他智能设备制造	民营	厦门	57363
72	恒锋信息科技股份有限公司	新一代信息技术	互联网相关信息服务	民营	福州	5666
73	大通互惠集团有限公司	高端装备制造	其他智能设备制造	民营	漳州	55625
74	福建三棵树建筑装饰有限公司	新材料	科技推广和应用服务	民营	莆田	53251
75	厦门蒙发利健康科技有限公司	高端装备制造	其他智能设备制造	民营	厦门	52651
76	漳州亚邦化学有限公司	新材料	高性能塑料及树脂制造	中外合资	漳州	51548
77	福建天泉药业股份有限公司	生物	化学药品与原料药制造	民营	龙岩	50395
78	罗普特科技集团股份有限公司	新一代信息技术	新型信息技术服务	民营	厦门	49173
79	厦门柏事特信息科技有限公司	新一代信息技术	新型信息技术服务	民营	厦门	48288
80	厦门美图之家科技有限公司	新一代信息技术	人工智能软件开发	民营	厦门	46778
81	富春科技股份有限公司	新一代信息技术	新一代移动通信网络服务	民营	福州	46766
82	清源科技（厦门）股份有限公司	新能源	太阳能产业	民营	厦门	46576
83	德京集团股份有限公司	新能源	风能产业	民营	宁德	45910
84	福州智永信息科技有限公司	新一代信息技术	产业互联网相关信息服务	民营	福州	45712
85	厦门雷霆网络科技股份有限公司	数字创意	数字文化创意内容制作服务	民营	厦门	44988
86	厦门市市政工程设计院有限公司	相关服务业	新技术与创新创业服务	民营	厦门	44417
87	福建福晶科技股份有限公司	新材料	新材料相关服务	国有	福州	43438
88	厦门点触科技股份有限公司	数字创意	数字文化创意软件开发	民营	厦门	43272
89	福州市鸿生建材有限公司	新材料	新型建筑材料制造	民营	福州	42913
90	福州迈新生物技术开发有限公司	生物	生物医药相关服务	民营	福州	42043
91	福建广生堂药业股份有限公司	生物	生物药品制品制造	民营	宁德	41486
92	福建福安闽东亚南电机有限公司	节能环保	高效节能电气机械器材制造	民营	宁德	40425
93	福建赛特新材股份有限公司	新材料	真空绝热板	民营	龙岩	40093
94	福建傲农生物科技集团股份有限公司	生物	生物饲料制造	民营	漳州	39593
95	福建万安实业集团有限公司	新材料	涂料制造	民营	漳州	39048
96	福建泉工股份有限公司	高端装备制造	重大成套设备制造	民营	泉州	38966
97	福建省闽东力捷迅药业有限公司	生物	化学药品与原料药制造	民营	宁德	38598
98	长威信息科技发展股份有限公司	新一代信息技术	新兴软件和新型信息技术服务	民营	福州	38050
99	麦克奥迪实业集团有限公司	生物	先进医疗设备及器械制造	民营	厦门	37842
100	厦门汉印电子技术有限公司	高端装备制造	其他智能设备制造	民营	厦门	37765

（摘编：苏小雨）

2020 福建省民营企业 100 强名单

2020 年 8 月 27 日，省工商联在福州发布了“2020 福建省民营企业 100 强”“2020 福建省民营企业制造业 50 强”榜单，同时发布《2020 福建省民营企业 100 强分析报告》《2020 福建省民营企业社会责任报告》。报告显示，我省民营经济高质量发展成色明显，成为经济社会发展的重要力量和创造社会财富的重要来源。

规模总量不断壮大。本次百强入围门槛近 18 亿元，比上年提高 19.5%。营业收入超过 100 亿元的企业有 31 家，营业收入平均增长 4.39%。其中，排在榜首的阳光龙净集团有限公司本年度营业收入达 2480.78 亿元，比上年净增 271.82 亿元；名列次席的青拓集团有限公司本年度营业收入达到 1367.55 亿元。

质量效益不断提升。减税降费成效显现，发展态势总体良好。税后利润总额达 958 亿元，人均营业收入 218.66 万元，人均税后净利润 12.79 万元。

社会贡献更加彰显。实现纳税总额 774.26 亿元，纳税超 20 亿元的企业有 12 家。员工总人数为 74.92 万人，比上年增加 7.26 万人，同比增长 10.74%，为增加社会就业作出重要贡献。其中，永辉超市股份有限公司成为百强中员工人数最多的民营企业，达到 11 万人。

产业结构不断优化。第三产业入围企业有 33 家，比上年增加 2 家；第二产业入围企业有 67 家，与上年持平；第一产业没有入围企业，比上年减少 2 家。以第二、三产业为主体驱动经济发展的效应明显。进一步来看，营业收入排名前十的企业中，第三产业企业占 5 家。

制造业仍然占主体地位，入围数量高达 53 家，排名前十的企业中制造业占 5 家。

2020 福建省民营企业 100 强名单

序号	企 业 名 称	地区	所 属 行 业	营业收入（万元）
1	阳光龙净集团有限公司	福州	综合	24807843
2	青拓集团有限公司	宁德	黑色金属冶炼和压延加工业	13675492
3	融侨集团股份有限公司	福州	房地产业	8650762
4	永辉超市股份有限公司	福州	零售业	8487696
5	福建大东海实业集团有限公司	福州	黑色金属冶炼和压延加工业	5733625
6	融信（福建）投资集团有限公司	福州	房地产业	5164651
7	恒申控股集团有限公司	福州	化学原料和化学制品制造业	5044661
8	福建永荣控股集团有限公司	福州	化学纤维制造业	5013949
9	宁德时代新能源科技股份有限公司	宁德	电气机械和器材制造业	4578802
10	三盛集团有限公司	福州	房地产业	4202313
11	均和（厦门）控股有限公司	厦门	综合	3975451

续表

序号	企　业　名　称	地区	所　属　行　业	营业收入（万元）
12	盛屯矿业集团股份有限公司	厦门	有色金属矿采选业	3731427
13	安踏体育用品集团有限公司	泉州	皮革、毛皮、毛及其制品和制鞋业	3392785
14	福建省金纶高纤股份有限公司	福州	化学纤维制造业	3267586
15	正荣地产控股股份有限公司	福州	房地产业	3255766
16	泰禾集团股份有限公司	三明	房地产业	2362062
17	名城企业管理集团有限公司	福州	房地产业	2327108
18	禹洲地产股份有限公司	厦门	房地产业	2324071
19	福建圣农控股集团有限公司	南平	农副食品加工业	2300956
20	三宝集团股份有限公司	漳州	黑色金属冶炼和压延加工业	2300347
21	福建恒安集团有限公司	泉州	造纸和纸制品业	2249284
22	达利食品集团有限公司	泉州	食品制造业	2137525
23	福耀玻璃工业集团股份有限公司	福州	非金属矿物制品业	2110388
24	福建闽海石化有限公司	福州	批发业	2081540
25	福建捷联电子有限公司	福州	计算机、通信和其他电子设备制造业	1777452
26	福建百宏聚纤科技实业有限公司	泉州	化学纤维制造业	1515545
27	祥兴（福建）箱包集团有限公司	福州	其他制造业	1282556
28	厦门恒兴集团有限公司	厦门	批发业	1137085
29	厦门航空开发股份有限公司	厦门	批发业	1125317
30	福建省闽南建筑工程有限公司	泉州	房屋建筑业	1062589
31	盈众控股集团有限公司	厦门	零售业	1013489
32	福建长源纺织有限公司	福州	纺织业	985062
33	福建甬金金属科技有限公司	宁德	黑色金属冶炼和压延加工业	965476
34	福建宏旺实业有限公司	宁德	黑色金属冶炼和压延加工业	917877
35	厦门宏发电声股份有限公司	厦门	计算机、通信和其他电子设备制造业	848247
36	特步（中国）有限公司	泉州	皮革、毛皮、羽毛及其制品和制鞋业	818272
37	冠城大通股份有限公司	福州	综合	778732
38	福建省永富建设集团有限公司	福州	房屋建筑业	771313
39	福建省辉源金属制品有限公司	泉州	黑色金属冶炼和压延加工业	743479
40	福建省惠东建筑工程有限公司	泉州	房屋建筑业	730004
41	福建省泷澄建设集团有限公司	漳州	房屋建筑业	701548
42	福建南平太阳电缆股份有限公司	南平	电气机械和器材制造业	697487
43	大洲控股集团有限公司	厦门	综合	696350
44	福建省长乐市山力化纤有限公司	福州	化学纤维制造业	682019
45	福建盼盼食品有限公司	泉州	食品制造业	662587
46	新大陆科技集团有限公司	福州	软件和信息技术服务业	647914
47	九牧集团有限公司	泉州	非金属矿物制品业	631580

续表

序号	企业名称	地区	所属行业	营业收入（万元）
48	福建吴航不锈钢制品有限公司	福州	黑色金属冶炼和压延加工业	631116
49	厦门海澳集团有限公司	厦门	批发业	598272
50	三棵树涂料股份有限公司	莆田	化学原料和化学制品制造业	597226
51	福建匹克集团有限公司	泉州	纺织服装、服饰业	595650
52	福建网龙计算机网络信息技术有限公司	福州	软件和信息技术服务业	579308
53	福建傲农生物科技集团股份有限公司	漳州	农副食品加工业	578808
54	厦门宝拓资源有限公司	厦门	批发业	577473
55	福建省东霖建设工程有限公司	泉州	房屋建筑业	560631
56	福建金源纺织有限公司	福州	纺织业	549994
57	厦门中联永亨建设集团有限公司	厦门	房屋建筑业	534375
58	立达信物联科技股份有限公司	厦门	电气机械和器材制造业	506572
59	福建源盛纺织服装城有限公司	福州	纺织服装、服饰业	485224
60	福建龙麟集团有限公司	龙岩	非金属矿物制品业	485084
61	福建经纬新纤科技实业有限公司	福州	化学纤维制造业	461591
62	弘信创业工场投资集团股份有限公司	厦门	商务服务业	447602
63	福建凯邦锦纶科技有限公司	福州	化学纤维制造业	443014
64	鼎丰集团（中国）有限公司	厦门	综合	439102
65	福建龙马环卫装备股份有限公司	龙岩	专用设备制造业	422792
66	华特控股集团有限公司	厦门	石油、煤炭及其他燃料加工业	422531
67	福建元成豆业有限公司	福州	农副食品加工业	413727
68	福建固美金属有限公司	泉州	有色金属冶炼和压延加工业	398285
69	科华恒盛股份有限公司	厦门	计算机、通信和其他电子设备制造业	386931
70	厦门银祥集团有限公司	厦门	农副食品加工业	368702
71	福建七匹狼实业股份有限公司	泉州	纺织服装、服饰业	362320
72	方圆建设集团有限公司	泉州	房屋建筑业	358867
73	恒晟集团有限公司	厦门	房屋建筑业	340453
74	福建巨岸建设工程有限公司	莆田	房屋建筑业	337315
75	厦门永同昌集团有限公司	厦门	房地产业	323422
76	新中冠智能科技股份有限公司	福州	互联网和相关服务	318755
77	中建富林集团有限公司	泉州	房屋建筑业	312325
78	鑫泰建设集团有限公司	厦门	房屋建筑业	304354
79	厦门强力巨彩光电科技有限公司	厦门	计算机通信和其他电子设备制造业	300229
80	福建青松股份有限公司	南平	化学原料和化学制品制造业	290812
81	福建中绿投资有限公司	厦门	商务服务业	287653
82	福建鸿星尔克体育用品有限公司	泉州	皮革、毛皮、羽毛及其制品和制鞋业	284334
83	福建省凯景投资集团有限公司	福州	房地产业	282979

续表

序号	企 业 名 称	地区	所 属 行 业	营业收入（万元）
84	泉舜集团有限公司	厦门	房地产业	274103
85	山鹰华南纸业有限公司	漳州	造纸和纸制品业	270810
86	福建奋安铝业有限公司	福州	有色金属冶炼和压延加工业	269757
87	福建国航远洋运输（集团）股份有限公司	福州	水上运输业	255779
88	漳州旗滨玻璃有限公司	漳州	非金属矿物制品业	254575
89	福建天马科技集团股份有限公司	福州	农副食品加工业	242838
90	中晟海峡建设有限公司	泉州	房屋建筑业	232514
91	福建二叶集团有限公司	泉州	批发业	231932
92	盛辉物流集团有限公司	福州	道路运输业	229920
93	福建恒利集团有限公司	泉州	造纸和纸制品业	226459
94	福建省五洲建设集团有限公司	泉州	土木工程建筑业	213969
95	厦门市美亚柏科信息股份有限公司	厦门	软件和信息技术服务业	206741
96	通达（厦门）科技有限公司	厦门	橡胶和塑料制品业	205156
97	福建光通实业有限公司	福州	批发业	201051
98	福建恒捷实业有限公司	福州	化学纤维制造业	189005
99	福建省泉州美岭集团有限公司	泉州	综合	186052
100	厦门保沣实业有限公司	厦门	金属制品业	179989

2020 福建省民营企业制造业 50 强

序号	企 业 名 称	地区	所 属 行 业	营业收入（万元）
1	青拓集团有限公司	宁德	黑色金属冶炼和压延加工业	13675492
2	福建大东海实业集团有限公司	福州	黑色金属冶炼和压延加工业	5733625
3	恒申控股集团有限公司	福州	化学原料和化学制品制造业	5044661
4	福建永荣控股集团有限公司	福州	化学纤维制造业	5013949
5	宁德时代新能源科技股份有限公司	宁德	电气机械和器材制造业	4578802
6	安踏体育用品集团有限公司	泉州	皮革、毛皮羽毛及其制品和制鞋业	3392785
7	福建省金纶高纤股份有限公司	福州	化学纤维制造业	3267586
8	福建圣农控股集团有限公司	南平	农副食品加工业	2300956
9	三宝集团股份有限公司	漳州	黑色金属冶炼和压延加工业	2300347
10	福建恒安集团有限公司	泉州	造纸和纸制品业	2249284
11	达利食品集团有限公司	泉州	食品制造业	2137525
12	福耀玻璃工业集团股份有限公司	福州	非金属矿物制品业	2110388
13	福建捷联电子有限公司	福州	计算机、通信和其他电子设备制造业	1777452
14	福建百宏聚纤科技实业有限公司	泉州	化学纤维制造业	1515545
15	祥兴（福建）箱包集团有限公司	福州	其他制造业	1282556

续表

序号	企业名称	地区	所属行业	营业收入（万元）
16	福建长源纺织有限公司	福州	纺织业	985062
17	福建甬金金属科技有限公司	宁德	黑色金属冶炼和压延加工业	965476
18	福建宏旺实业有限公司	宁德	黑色金属冶炼和压延加工业	917877
19	厦门宏发电声股份有限公司	厦门	计算机、通信和其他电子设备制造业	848247
20	特步（中国）有限公司	泉州	皮革、毛皮、羽毛及其制品和制鞋业	818272
21	福建省辉源金属制品有限公司	泉州	黑色金属冶炼和压延加工业	743479
22	福建南平太阳电缆股份有限公司	南平	电气机械和器材制造业	697487
23	福建省长乐市山力化纤有限公司	福州	化学纤维制造业	682019
24	福建盼盼食品有限公司	泉州	食品制造业	662587
25	九牧集团有限公司	泉州	非金属矿物制品业	631580
26	福建吴航不锈钢制品有限公司	福州	黑色金属冶炼和压延加工业	631116
27	三棵树涂料股份有限公司	莆田	化学原料和化学制品制造业	597226
28	福建匹克集团有限公司	泉州	纺织服装、服饰业	595650
29	福建傲农生物科技集团股份有限公司	漳州	农副食品加工业	578808
30	福建金源纺织有限公司	福州	纺织业	549994
31	立达信物联科技股份有限公司	厦门	电气机械和器材制造业	506572
32	福建源盛纺织服装城有限公司	福州	纺织服装、服饰业	485224
33	福建龙麟集团有限公司	龙岩	非金属矿物制品业	485084
34	福建经纬新纤科技实业有限公司	福州	化学纤维制造业	461591
35	福建凯邦锦纶科技有限公司	福州	化学纤维制造业	443014
36	福建龙马环卫装备股份有限公司	龙岩	专用设备制造业	422792
37	华特控股集团有限公司	厦门	石油煤炭及其他燃料加工业	422531
38	福建元成豆业有限公司	福州	农副食品加工业	413727
39	福建固美金属有限公司	泉州	有色金属冶炼和压延加工业	398285
40	科华恒盛股份有限公司	厦门	计算机、通信和其他电子设备制造业	386931
41	厦门银祥集团有限公司	厦门	农副食品加工业	368702
42	福建七匹狼实业股份有限公司	泉州	纺织服装、服饰业	362320
43	厦门强力巨彩光电科技有限公司	厦门	计算机、通信和其他电子设备制造业	300229
44	福建青松股份有限公司	南平	化学原料和化学制品制造业	290812
45	福建鸿星尔克体育用品有限公司	泉州	皮革、毛皮、羽毛及其制品和制鞋业	284334
46	山鹰华南纸业有限公司	漳州	造纸和纸制品业	270810
47	福建奋安铝业有限公司	福州	有色金属冶炼和压延加工业	269757
48	漳州旗滨玻璃有限公司	漳州	非金属矿物制品业	254575
49	福建天马科技集团股份有限公司	福州	农副食品加工业	242838
50	福建恒利集团有限公司	泉州	造纸和纸制品业	226459

（摘编：吴建翰）

福建省入围国家产融合作试点城市名单

2020年12月22日工业和信息化部、财政部、中国人民银行、银保监会和证监会日前联合发布了《五部门关于同意北京市朝阳区等51个城市（区）列为国家产融合作试点城市的通知》，我省的厦门市入围第一批延续试点名单，泉州市、莆田市入围第二批试点名单。

根据通知，五部门将在四方面加强对试点城市的工作指导和政策支持，包括：按照市场化、法治化原则推动开展专项产融对接活动，引导战略合作金融机构予以重点支持，加大中长期、信用贷款供给，构建循环畅通、发展稳健的产业链生态；优化国家产融合作平台和工业互联网产融服务，加强数字技术应用，完善企业标签体系和数字图谱，推进数据综合分析和产融智能对接，全面支持与地方平台对接，降低企业融资综合成本；推动中央层面基金与地方基金加强合作，开展企业上市联合培育，畅通企业多元化融资渠道；加强产融合作政策辅导、培训交流和融资能力建设，及时宣传推广试点经验成果。

（摘编：苏小雨）

福州获得“中国领军智慧城市”奖

2020年11月17日，第22届中国国际高新技术成果交易会消息，福州市在2020年度亚太智慧城市评选中荣获“中国领军智慧城市”奖。这是福州连续第5年获得该奖项。

今年初以来，面对疫情防控的严峻形势，福州市及时调动社会资源，通过应用大数据、智能分析及可视化等技术手段，构建集实时监测、线索核查、人员管控、分析研判、民生服务为一体的“e防控”体系。

一方面，上线“抗疫服务专栏”“口罩预约”“核酸检测预约”等便民服务，帮助市民解决疫情期间物资供应、生活出行、复工复产等难题；另一方面推出“掌上办、网上办、就近办”，引导市民与企业用户通过福州12345便民（惠企）服务平台、“e福州”APP、“e福州”便民服务自助终端等渠道办理业务，实现“线上线下”相结合的服务模式，有效减少人员聚集，提升了市民的办事体验。

（摘编：翁宁）

福州入选国家骨干冷链物流基地建设名单

2020年7月7日，国家发改委印发《关于做好2020年国家骨干冷链物流基地建设工作的通知》，福州国家骨干冷链物流基地列入建设名单，为全省唯一入选的基地。

此次入选的福州国家骨干冷链物流基地以马尾冷链物流基地为主要载体。2019年，马尾区冷库库容达105万吨（已建成70.5万吨、在建34.5吨），约占福州全市总量的70%，全省总量的25%。

借此契机，福州市、马尾区积极建设冷链物流基地，规划面积2000亩，其中核心功能区面积约1000亩、配套功能区1000亩。规划至2023年，基地冷库年总周转量提升至400万吨，将马尾冷链物流基地打造成为水产品商贸流通枢纽平台、衔接“一带一路”的国际冷链物流枢纽。

福州马尾发展冷链物流优势明显。区内水产品产业链完整，冷藏设施连片布局存量大，已建成冷库26座，拥有冷链物流配送企业41家，年配送能力达20556.16吨。

（摘编：尚岩）

福建省获中央财政产粮（油）大县奖励名单

2020年7月24日《福建日报》报道：从省财政厅获悉，根据对近五年平均粮食产量和近三年油料产量等指标测算，今年我省共有16个市、县获得中央财政产粮（油）大县奖励。财政部已于近日下达相应奖励资金。

获得中央财政产粮大县奖励的是浦城、建阳、建瓯、邵武、宁化，奖励资金4279万元。

获得中央财政产油大县奖励的是莆田、南平和福清、尤溪、惠安、永泰、漳浦、仙游、宁化、清流、平和，奖励资金2476万元。

另外，建宁县作为国家级制种大县，单独获得奖励资金1000万元。

（摘编：苏小雨）

福建获得国家生态文明建设示范市县名单

2020 年 10 月 17 日《福建日报》报道：生态环境部日前发布《关于命名第四批国家生态文明建设示范市县的公告》和《关于命名第四批“绿水青山就是金山银山”实践创新基地的公告》，其中，漳州市东山县、泉州市永春县 2 个县被命名为第四批“绿水青山就是金山银山”实践创新基地；三明市宁化县、三明市建宁县、泉州市安溪县、南平市顺昌县、南平市邵武市、龙岩市武平县等 6 个县（市）被授予第四批国家生态文明建设示范市县称号。

（摘编：陈闽声）

福建省入选全国“互联网 +”农产品出村进城工程试点县名单

2020 年 8 月 30 日，农业农村部公布“互联网 +”农产品出村进城工程全国 110 个试点县名单。我省安溪县、福安市、永春县、古田县、平和县在列。

今年 5 月，农业农村部在全国启动“互联网 +”农产品出村进城工程试点工作，计划优先选择包括贫困地区、特色农产品优势区在内的 100 个县开展试点，到 2021 年底，基本完成试点建设任务。

试点县应具备一定的资源禀赋和产业比较优势、一定的网络销售基础，且当地地方政府高度重视。试点县工程建设重点任务包括培育县级农产品产业化运营主体、以运营主体为核心打造优质特色农产品供应链、建立适应农产品网络销售的运营服务体系、建立有效的支撑保障体系等。

（摘编：尤文凡）

福建省入选2020年全国乡村特色产业十亿元镇、亿元村和全国“一村一品”示范村镇名单

2020年12月11日农业农村部推介91个镇（乡）为2020年全国乡村特色产业十亿元镇，36个村为2020年全国乡村特色产业亿元村。我省3个镇、5个村入选。

诏安县太平镇、平和县小溪镇、连城县朋口镇等3个镇入选2020年全国乡村特色产业十亿元镇；罗源县起步镇上长治村、晋江市金井镇围头村、云霄县下河乡下河村、云霄县马铺乡客寮村、福鼎市点头镇柏柳村等5个村入选2020年全国乡村特色产业亿元村。

近日，农业农村部公布第十批423个全国“一村一品”示范村镇名单，我省14个村镇入选。

它们是：安溪县尚卿乡（藤铁工艺品）、永春县岵山镇（水果）、永春县湖洋镇（芦柑）、晋江市金井镇南江村（鲍鱼）、邵武市拿口镇庄上村（肉牛）、武夷山市星村镇（茶叶）、福安市赛岐镇象环村（葡萄）、龙岩市新罗区小池镇培斜村（竹制品）、长汀县河田镇（河田鸡）、上杭县湖洋镇文光村（脐橙）、武平县桃溪镇（绿茶）、连城县四堡镇（芙蓉李）、漳平市南洋镇梧溪村（水仙茶）、蕉城区虎贝镇黄家村（竹制蒸笼）。

（摘编：陈闽声）

福建省上榜国家县城新型城镇化建设示范名单

2020年6月21日福建省发改委消息，国家发展改革委日前印发《关于加快开展县城城镇化补短板强弱项工作的通知》，提出通过加大财政资金支持等方式，在优先支持公共卫生防控救治设施、医疗废物集中处置设施建设的同时，有序推进公共服务设施提标扩面等4大领域17项建设任务。《通知》公布县城新型城镇化建设示范名单，包括24个省份共120个县及县级市。我省霞浦县、闽侯县、永泰县、永春县、德化县、上杭县、长汀县、福清市、福安市、晋江市上榜示范名单。

（摘编：杨福来）

福建省加大对跻身全国县级财政管理绩效先进县市奖励力度

2020年10月29日，为提高我省县级财政管理绩效水平，鼓励更多县市跻身全国县级财政管理绩效先进行列，省级财政进一步加大对先进县市的奖励力度。近日，省财政厅下达2020年县级财政管理绩效奖励资金1.5亿元，对进入2019年度县级财政管理绩效综合评价全国前500名的17个县市给予分档奖励。

其中，排名进入前200名的古田、周宁、云霄、长泰、泰宁、政和、邵武、明溪、宁化、建宁、柘荣、浦城、尤溪、仙游14个县市，每县奖励1000万元；

进入201—300名的屏南奖励400万元；

进入401—500名的大田、建瓯，每县奖励200万元。

今年，我省进入全国县级财政管理绩效综合评价前500名的县市达到17个，比去年增加13个。省级财政奖励规模也大幅度增加，增量达1.33亿元。

（摘编：邓新民）

福建省确定第三批省级农产品质量安全县创建试点单位

2020年10月29日，省农业农村厅公布第三批26个省级农产品质量安全县创建试点单位名单。它们分别为：平潭综合实验区、永泰县、闽清县、长泰县、南靖县、诏安县、漳浦县、南安市、莆田市涵江区、莆田市秀屿区、三明市三元区、三明市梅列区、明溪县、宁化县、沙县、永安市、南平市建阳区、建瓯市、邵武市、松溪县、政和县、长汀县、福安市、屏南县、寿宁县、柘荣县。

农产品质量安全县创建试点单位以落实地方政府属地管理责任为重点，以健全农产品质量安全体系为核心，坚持“产出来”和“管出来”两手硬、标准化生产与执法监管两手抓，把农产品质量安全作为转变农业发展方式、加快现代农业建设的关键环节，按照发展高产、优质、高效、生态、安全农业的要求，建立覆盖全过程的农产品质量安全监管制度，发挥农产品质量安全县示范带动作用，提升我省农产品质量安全水平。

（摘编：陈闽声）

获得闽江流域生态保护修复试点正向激励县名单

2020年11月2日，福建省财政厅消息，经市县自评、专家核验和省级复查，2019年度我省共有29个县市区获得闽江流域山水林田湖草生态保护修复试点正向激励，奖励资金总额达2.25亿元。

作为调动县市区开展生态保护主动性、创造性的正向激励措施，我省在闽江流域山水林田湖草生态保护修复试点工作中，建立正向激励资金机制，对在年度试点工作绩效评价排名靠前的县市区给予奖励。

其中，将乐、顺昌、建瓯、建阳、光泽分别奖励1500万元；松溪、政和、邵武、连城、泰宁、武夷山、沙县、三元、宁化、明溪分别奖励800万元；浦城、大田、古田、梅列、建宁、永安、延平、长汀、清流、长乐、闽清、闽侯、尤溪、永泰分别奖励500万元。

通过实施闽江流域山水林田湖草生态保护修复项目，我省17项生态环境指标持续提升，闽江流域劣五类水质断面数从14个至完全消除。

（摘编：李元）

获省文化产业发展专项资金支持县（市、区）名单

2020年11月15日为支持我省文化产业发展，省财政提前下达2021年省文化产业发展专项资金3600万元，对省内文化产业发展基础较好、增长潜力大的12个县（市、区）给予重点支持。

经过竞争性分配方式申报、评审，仓山区、晋安区、长泰县、安溪县、德化县、泰宁县、仙游县、秀屿区（湄洲岛旅游经济区管理委员会）、建阳区、武夷山市、武平县、屏南县，被列入我省文化产业发展专项资金支持名单，将连续三年得到财政扶持。资金集中用于发展地方特色文化产业项目。

（摘编：陈闽声）

福建省获批农业产业强镇建设名单

2020年6月3日，农业农村部、财政部公布259个2020年农业产业强镇建设名单。我省晋江市东石镇、宁化县城郊镇、永泰县嵩口镇、福安市穆云畲族乡、龙海市东园镇、龙岩市新罗区大池镇、连城县北团镇、德化县上涌镇、南平市建阳区回龙乡、长汀县河田镇等10个镇（乡）入选。

按照要求，入选镇（乡）应聚焦1至2个农业主导产业，聚集资源要素，强化创新引领，加快全产业链建设、全价值链开发，着力支持提升生产基地、仓储保鲜、加工营销等设施装备水平，培育产业融合主体，创新利益联结机制，持续助力脱贫攻坚，打造主导产业突出、一二三产业深度融合、创新创业活跃、产村产城一体的农业产业强镇。

农业农村部、财政部于2018年启动农业产业强镇示范建设工作。截至目前，我省共有3批次共27个镇（乡）开展农业产业强镇示范建设。

（摘编：尤文凡）

福建省入选国家农村产业融合发展示范园名单

2020年9月18日《福建日报》报道：日前，国家发改委等7部门认定100个单位为第二批国家农村产业融合发展示范园。我省尤溪县国家农村产业融合发展示范园、建瓯市国家农村产业融合发展示范园、寿宁县国家农村产业融合发展示范园入选。

2017年，国家发改委等7部门启动国家农村产业融合发展示范园创建工作，提出以示范园建设为抓手，着力打造农村产业融合发展的示范样板和平台载体，充分发挥示范引领作用，带动农村一二三产业融合发展，力争到2020年建成300个融合特色鲜明、产业集聚发展、配套服务完善、组织管理高效的示范园。2019年，我省南平市武夷山市国家农村产业融合发展示范园、三明市建宁县国家农村产业融合发展示范园等两个单位入选首批示范园。

（摘编：林汇智）

厦门火炬高新区获双料第一

2020年11月10日，福建省商务厅通报了全省开发区2019年度综合发展水平考核评价结果，厦门火炬高技术产业开发区获评综合发展水平第一名、实际利用外资第一名。

以产业集聚为依托，厦门火炬高新区实现了发展质量和效益的全国领先。在这里，每平方公里土地创造出163亿元工业产值，以占厦门不到1%的土地，实现厦门近43%的工业总产值。

2019年，在工信部发布的国家新型工业化产业示范基地发展质量评价结果中，厦门火炬高新区软件和信息服务产业获评“五星级”。今年年初，厦门火炬高新区电子信息（光电显示）产业也获评“五星级”。今年5月，厦门火炬高新区“双创”工作获国务院通报表扬，这是继2018年厦门火炬高新区“双创”工作获国务院督查激励后，再获殊荣。

（摘编：吴强）

厦门软件园入选首批国家数字服务出口基地

2020年4月18日，商务部、中央网信办、工业和信息化部联合发布公告，认定12个园区为首批国家数字服务出口基地，厦门软件园上榜。

2019年，厦门软件园成为我省首个5G产业园区，形成了以大数据人工智能、智慧城市与行业应用、移动互联、数字文化创意、电子商务五大行业细分领域为主的产业格局，并通过龙头带动，加速数字经济与实体经济的融合发展。

2019年7月，商务部等三部门联合启动国家数字服务出口基地创建工作，经省级商务、网信、工业和信息化主管部门联合推荐，专家材料评审和答辩评审，有关部门综合评议、公示等多个程序，最终得出认定结果。此次入选的园区还包括中关村软件园、天津经济技术开发区、大连高新技术产业园区、上海浦东软件园等。

（摘编：邓新民）

福建省六大台创园继续包揽前六名

2020年6月8日，省农业农村厅消息，近日在2019年大陆国家级台创园建设评价中，我省6个国家级台创园继续包揽前六名。其中，漳平台创园、漳浦台创园并列第一名，清流台创园紧随其后，仙游台创园、福清台创园并列第四，惠安台创园位居第六。

近年来根据《台湾农民创业园建设发展评价试行办法》要求，农业农村部会同国台办联合开展大陆台创园发展建设第三方评价工作。根据近日新一轮台创园建设评价结果显示，现有的27家国家级台创园中，15家评价等级为优秀、11家评价等级为良、1家评价等级为合格。其中，我省6个国家级台创园评价等级全部为优，并包揽前六名。这也是我省台创园连续三次包揽前六名。

作为大陆距离台湾最近的省份，福建充分发挥对台优势，积极先行先试，持续拓展闽台农业合作交流平台，并按照“集聚发展、优化产业、典型示范”要求，持续加大台创园扶持力度。为促进台创园发展，我省成立专门管理机构，制定专项扶持政策，实施贷款贴息、电价减收、专项补助等优惠办法，加强园区基础设施建设，吸引台胞入园创业。截至目前，已累计吸引624家台资企业入园，引进台资11.7亿美元，推动了特色产业向优势区域集聚发展，已初步形成“一园一特色、一区一产业”发展格局。

（摘编：李元）

福建省新增国家4A级景区名单

2020年1月6日省文旅厅消息，三明市尤溪县九阜山景区、泉州市永春县北溪文苑旅游区近日通过公示，正式成为国家4A级旅游景区。南平市浦城县匡山景区、政和县念山云上梯田景区同日成为省级生态旅游示范区，泉州晋江市紫帽山景区成为省级旅游度假区。

我省在促进文旅深度融合，构建“全福游、有全福”产业产品体系方面持续加力，加大优质产品供给，扩容重点旅游景区，目前全省共有A级旅游景区351家。

（摘编：翁宁）

福建省2020年省级示范物流园区名单

2020年10月30日福建省工业和信息化厅下发《关于公布2020年省级示范物流园区名单的通知》（闽工信函服务〔2020〕541号），根据我厅《关于印发福建省创建省级示范物流园区实施细则的通知》（闽经信服务〔2017〕144号）、《关于组织申报2020年省级示范物流园区的通知》（闽工信函服务〔2020〕271号）精神，经研究，同意将美兴物流园（一期）等8家物流园区列为2020年省级示范物流园区。现将有关事项通知如下：

一、按照《福建省创建省级示范物流园区实施细则》（闽经信服务〔2017〕144号）规定，对获评的省级示范物流园区，从省工业和信息化发展专项转移支付资金中给予一次性100万元奖励（厦门市获评园区由厦门市参照奖励）。

二、各设区市物流牵头部门要加强指导，推动已获评的省级示范园区进一步完善公共基础配套设施，提高园区运行效率，创新园区运作模式，提升园区信息化标准化水平，强化服务地方经济和产业集群的能力，在推动我省物流业高质量发展超越中发挥示范带动作用。

三、各设区市物流牵头部门要对照省级示范物流园区创建办法，加强对辖区内物流园区的统筹规划和科学发展，努力培育建设一批布局集中、用地集约、功能集成、特色明显的示范物流园区，加快推进我省物流业融入以国内大循环为主体、国内国际双循环相互促进的新发展格局。

2020年福建省省级示范物流园区名单

序号	园 区 名 称	企 业 名 称	属地	备注
1	美兴物流园（一期）	福建美兴实业有限公司	福州市	
2	象屿厦门前场物流园区（一期）多联中心	厦门铁路物流投资有限责任公司	厦门市	
3	嘉晟供应链物流基地	厦门市嘉晟创新投资有限公司	厦门市	
4	鑫展旺物流园	福建鑫展旺物流有限公司	漳州市	
5	罗屿港口物流园	福建省罗屿港口开发有限公司	莆田市	
6	莆田市双赢物流中心	福建省莆田市双赢物流有限公司	莆田市	
7	南平荣华山现代物流园	福建荣华物流有限公司	南平市	
8	平潭跨境电商园	平潭综合实验区岚台物流有限公司	平潭综合实验区	

（摘编：王一星）

福建省获评 2020 年度
国家小型微型企业创业创新示范基地名单

2020 年 11 月 27 日福建省工业和信息化厅下发《关于公布我省获评 2020 年度国家小型微型企业创业创新示范基地名单的通知》（闽工信函中小〔2020〕587 号）提出，根据《工业和信息化部关于公布 2020 年度国家小型微型企业创业创新示范基地名单的通告》（工信部企业函〔2020〕260 号），省工信厅推荐上报的福大怡山文化创意园、领 SHOW 天地文化创意产业园、橙客空间等 3 个基地被工信部认定为 2020 年度国家小型微型企业创业创新示范基地（以下简称“示范基地”）。现就有关事项通知如下：

一、落实资金奖励政策

根据《福建省人民政府关于促进中小企业平稳健康发展的若干意见》（闽政〔2020〕3 号）、《福建省财政厅　福建省工业和信息化厅关于下达 2020 年中小微企业发展专项资金的通知》（闽财企指〔2020〕11 号）、《福建省省级中小微企业发展专项资金管理暂行办法》（闽财企〔2018〕16 号）等文件精神，请福州市、南平市工信局商当地财政部门，从省级中小微企业发展专项资金中分别给予福州怡山文化创意有限公司（福大怡山文化创意园运营机构）、福建味家生活用品制造有限公司（橙客空间运营机构）100 万元专项资金补助。领 SHOW 天地文化创意产业园属重新复核通过认定的国家示范基地，不再重复享受有关资金奖励政策。

二、发挥示范引领作用

各设区市工信部门要督促辖区内示范基地不断优化中小企业创业创新环境，改善设施和条件，吸引创新型中小企业集聚发展；运用现代信息技术创新服务和运营模式，建立健全服务制度，完善服务功能，提高服务效率，着力提供专业化、个性化服务；主动开展公益性服务，积极承担政府部门委托的各项任务；加强示范基地之间的交流学习，充分发挥示范带动作用。要督促示范基地指定专人负责每月通过全国中小企业服务大数据平台按时报送运营、服务情况。请福州、南平市工信局汇总 2020 年新认定的国家示范基地报送数据人员名单及联系方式，并于 12 月 15 日前报送我厅中小企业处。

三、抓好示范基地创建

各设区市工信局、平潭综合实验区经发局要把示范基地建设作为做好“六稳”工作、落实“六保”任务的重要抓手，对照《国家小型微型企业创业创新示范基地建设管理办法》，加强示范基地培育，激发市场主体创新动力和活力，促进中小企业健康发展；要定期对辖区内示范基地的服务质量开展监督检查，指导其规范有效运营，为中小企业创业创新创造提供有力支撑。

（摘编：唐启阳）

福建省装配式钢结构生产基地名单

2020年9月9日福建省住房和城乡建设厅办公室下发《关于公布福建省装配式钢结构生产基地有关事项的通知》（闽建办筑函〔2020〕16号）提出，为方便建筑市场各方主体及时掌握我省装配式钢结构生产基地情况，按照《关于组织推荐装配式钢结构生产基地的函》（闽建办筑函〔2019〕39号）要求，经省建筑业协会组织推荐，现将我省第二批钢结构生产基地名单予以公布。

第一批福建省装配式钢结构生产基地名单（闽建办筑函〔2019〕43号）公布后，部分入选企业反映因申报名称不规范，给后续招投标等工作带来不便。经省建筑业协会组织核实，现将第一批福建省装配式钢结构生产基地名称进行统一规范并重新公布，闽建办筑函〔2019〕43号文同时废止。

第二批福建省装配式钢结构生产基地名单

序号	基地名称	基地地址	重型钢构年设计生产能力（万吨）
1	福建东钢钢铁有限公司装配式钢结构生产基地	福建省福清市阳下镇洪宽工业村沿溪路5号	5
2	福建屹鑫钢业有限公司装配式钢结构生产基地	福州市长乐区潭头镇大宏工业区899号	6
3	福建新鑫钢结构工程有限公司装配式钢结构生产基地	福州市快安高新园区湖里支路6号	5
4	福州铭林钢塔钢构制造有限公司装配式钢结构生产基地	福州铭林钢塔钢构制造有限公司仓山区城门工业区生产基地	8
5	福建省华厦建筑钢结构有限公司装配式钢结构生产基地	福州市闽侯县白沙镇楼格村	5
6	福建天安建筑钢铁制品有限公司装配式钢结构生产基地	福建省福清市阳下街道洪宽二路下坝村安明桥36号	5
7	龙岩市隆顺金属工程有限公司装配式钢结构生产基地	龙岩市新罗区龙州工业区、龙雁工业区	6
8	东益钢结构有限公司装配式钢结构生产基地	福建省龙岩市武平县十方村上葛藤坪186号	8
9	福建东日钢构制造有限公司装配式钢结构生产基地	福建省龙岩市永定区高陂镇高新工业园区沿河西路2号	5
10	福建省荣德胜建设发展有限公司装配式钢结构制造基地	福建省南平市建阳区闽北经济开发区（童游）一期5号地	5
11	漳州中城投建筑科技有限公司装配式钢结构生产基地	漳州市华安县经济开发区九龙工业园111号	5
12	福建河峰机械制造有限公司装配式钢结构生产基地	福建省漳州市华安经济开发区九龙工业区	6

续表

序号	基地名称	基地地址	重型钢构年设计生产能力（万吨）
13	恒晟集团有限公司装配式钢结构生产基地	漳州市华安县丰山镇内角村	5
14	福建宏之升钢结构工程有限公司装配式钢结构生产基地	漳州市南靖高新技术开发区	5
15	漳州厦钢钢结构有限公司装配式钢结构生产基地	漳州市长泰县古农农场顺祥路 17 号	5
16	中交三航（厦门）工程有限公司装配式钢结构生产基地	厦门市翔安区新店镇新澳路 9 号（中交三航厦门机电工程处）	8
17	赛博思（莆田）钢结构房屋工程有限公司装配式钢结构生产基地	福建省莆田市城厢区灵川镇太湖工业园区柯朱街 368 号	5
18	厦门鑫创好钢结构有限公司装配式钢结构生产基地	厦门市同安区洪塘镇新霞路 308 号	6
19	厦门瑞生祥钢结构股份有限公司装配式钢结构生产基地	漳州市华安工业区	5.2
20	厦门鑫红祥钢结构工程有限公司装配式钢结构生产基地	福建省漳州市长泰县古农农场内	5
21	漳州市军立工贸有限公司装配式钢结构生产基地	漳州市北斗工业区	5.6
22	福建省兴岩建设集团有限公司装配式钢结构生产基地	基地 1：漳州市长泰县岩溪镇工业集中区 基地 2：漳州市长泰县兴泰开发区仙景工业园 106 号	5
23	中铁科工集团轨道交通装备有限公司福州装配式钢结构生产基地	福州市长乐区江田镇东漳路	5.2

第一批福建省装配式钢结构生产基地名单（重新公布）

序号	基地名称	基地地址	重型钢构年设计生产能力（万吨）
1	中建海峡建设发展有限公司装配式钢结构生产基地	福建省福州市闽清县云龙乡后陇村	6
2	福建博那德科技园开发有限公司装配式钢结构生产基地	福建省福州市长乐区文岭镇前董村文鹤路 168 号	6
3	金强（福建）建材科技股份有限公司装配式钢结构生产基地	福建省福州市长乐区潭头镇金福路二刘村路段 3#厂房 1 层（金强工业园）	5
4	福建和谐钢结构工程有限公司连江装配式钢结构生产基地	福建省福州市连江县东湖镇飞石岗工业区	6
5	福建海峡榕都建设工程有限公司装配式钢结构生产基地	福建省福州市连江县坑园镇兴港路 3 号	6
6	福建省工业设备安装有限公司装配式钢结构生产基地	福建省泉州市泉港区界山镇鹅头村福建省工业设备安装有限公司基地	5
7	福建荣盛钢结构实业有限公司装配式钢结构生产基地	福建省泉州市泉港区普安工业区、前黄工业区	8
8	福建省万成建筑工程有限公司装配式钢结构生产基地	福建省泉州市南安霞美镇埔当工业区	5.1

续表

序号	基地名称	基地地址	重型钢构年设计生产能力（万吨）
9	福建省恒隆建设工程有限公司装配式钢结构生产基地	福建省泉州市南安康美镇雪峰经济开发区	5.2
10	泉州市中骄构件制造有限公司装配式钢结构生产基地	基地1：福建省泉州市台商投资区惠南工业区（张坂镇） 基地2：福建省泉州市惠安县紫山镇美仁工业区	5.2
11	厦门新长诚钢构工程有限公司漳州华安装配式钢结构生产基地	福建省漳州市华安经济开发区	15
12	福建鑫晟钢业有限公司装配式钢结构生产基地	福建省漳州市长泰县兴泰开发区	5
13	福建十八重工股份有限公司装配式钢结构生产基地	福建省漳州市云霄县列屿镇疏港路18号	6
14	福建省凯第杭萧钢构有限公司装配式钢结构生产基地	福建省漳州市高新区靖城园区	H型钢梁1.5万吨 箱型钢0.5万吨 钢管束6万吨
15	福建省日誉建设集团有限公司装配式钢结构生产基地	福建省漳州市九湖镇工业园区内	5
16	龙岩市杰新钢结构工程有限公司钢结构生产基地	福建省龙岩经济技术开发区联发路1号	5
17	福建联泰建设工程有限公司（福建省联泰钢构有限公司）装配式钢结构生产基地	福建省龙岩市上杭县临城镇南岗工业园区黄竹路8号	6
18	住宅产业化（三明）生产基地	福建省三明市梅列区小蕉工业园兴业五路19号	6
19	福建飞阳钢结构有限公司装配式钢结构生产基地	福建省莆田市涵江区石庭工业区内	5
20	福建省马尾造船股份有限公司装配式钢结构生产基地	福建省福州市连江县琯头镇粗芦岛船政大道一号	8
21	福建东南造船有限公司装配式钢结构生产基地	福建省福州市经济技术开发区建设路7号	5.5
22	福建福宁船舶重工有限公司装配式钢结构生产基地	福建省福安市甘棠镇奎住村	6
23	厦门船舶重工股份有限公司装配式钢结构生产基地	福建省厦门市海沧区排头路	5.5
24	福建福船一帆新能源装备制造有限公司装配式钢结构生产基地	福建省漳州市六鳌镇新厝村	20
25	厦门天重钢结构有限公司装配式钢结构生产基地	基地1：福建省厦门市集美区北部工业区东林路1111号 基地2：福建省漳州市长泰县兴泰开发区积山村塘边1026号	5.2

（摘编：邓新民）

第一批福建省省级工业旅游示范基地名单

2020年4月28日福建省工业和信息化厅、福建省文化和旅游厅《关于公布第一批福建省省级工业旅游示范基地名单的通知》（闽工信函服务〔2020〕189号）提出，经研究，确定福建船政文化保护开发有限公司等9家企业为第一批福建省省级工业旅游示范基地，现予以公布。

第一批福建省省级工业旅游示范基地名单

序号	企业名称	工业旅游基地名称	属地
1	福建船政文化保护开发有限公司	福建船政文化保护开发有限公司	福州
2	漳州片仔癀药业股份有限公司	漳州片仔癀药业股份有限公司	漳州
3	漳州天福茶业有限公司	漳州天福茶观光工厂	漳州
4	福建泉州南星大理石有限公司	东星奢石文创园	泉州
5	福建七匹狼实业股份有限公司	七匹狼中国男装博物馆	泉州
6	福建省三钢（集团）有限责任公司	福建三钢工业旅游示范基地	三明
7	百威雪津啤酒有限公司	百威中国啤酒博物馆	莆田
8	福建省三福古典家具有限公司	福建省三福文化产业基地	莆田
9	福建省小密酒业有限公司	印象小密——中国包酒文化博览园	南平

（摘编：林汇智）

福建省入选首批国家森林康养基地名单

2020年6月10日，国家林业和草原局、民政部、国家卫生健康委员会、国家中医药管理局等四部门公布96家第一批国家森林康养基地名单。我省4地5单位入选。

其中，以县为单位的国家森林康养基地有福州市晋安区、武平县、将乐县、顺昌县；以经营主体为单位的国家森林康养基地有福建省梅花山旅游发展有限公司建设的梅花山森林康养基地、福建省邵武市国有林场二都场建设的邵武市二都森林康养基地、三明市三元格氏栲森林旅游公司建设的三元格氏栲森林康养基地、福建岁昌生态农业开发有限公司建设的岁昌森林康养基地、浦城县旅游投资开发有限公司建设的匡山生态景区（一期项目建设工程）。

（摘编：游学荣）

福建省2020年省级外贸转型升级基地名单

2021年1月4日福建省商务厅《关于公布2020年新认定省级外贸转型升级基地名单的通知》(闽商务〔2021〕1号)提出，为贯彻落实《中共中央 国务院关于推进贸易高质量发展的指导意见》和《国务院办公厅关于推进对外贸易创新发展的实施意见》，加快我省贸产融合，推动外贸转型升级，省商务厅组织开展了2020年外贸转型升级基地认定工作。经各单位申报、设区市初审推荐、组织评审、公示等程序，现将2020年省级外贸转型升级基地名单予以公布。

建设外贸转型升级基地是培育技术、标准、品牌、质量、服务等竞争优势的有效途径，也是稳定和畅通产业链、供应链，推进外贸创新发展的重要举措。请各设区市商务局、基地所在县(市、区)商务主管部门进一步加强对基地工作的组织领导，结合当地实际制订基地发展规划和相关政策，总结经验，大胆创新，优化营商环境，推动基地不断培育外贸竞争新优势、发挥示范带动作用，为全省外贸高质量发展作出更大贡献。

2020年省级外贸转型升级基地名单

1. 福州市福清市外贸转型升级基地(平板显示产业)
2. 漳州市漳州台商投资区外贸转型升级基地(家电产业)
3. 漳州市长泰县外贸转型升级基地(光机电产业)
4. 三明市永安市外贸转型升级基地(汽车及零部件产业)
5. 龙岩市上杭县外贸转型升级基地(金铜产业)

(摘编：尤文凡)

福建省获评全国十佳林场名单

2020年7月7日，中国林场协会公布2019年全国十佳林场名单，我省顺昌县国有林场、长汀楼子坝国有林场位列其中。

近年来，顺昌县国有林场深入践行“两山”理念，在全国木材战略储备基地建设、森林质量精准提升、“森林生态银行”试点建设和林业碳汇项目开发利用上，进行了大胆探索和创新，探索出了一条把“绿水青山”转化为“金山银山”的实现路径。

长汀楼子坝国有林场积极参与长汀县“建设绿色生态”“建设绿色文明”“创建国家森林城市”等系列活动，主动参与长汀水土流失精深治理，做好国土绿化的先锋示范，同时大力推广“薄壳山核桃优良品种引种试验”等，着力推动绿色产业发展。

（摘编：游学荣）

福建省入选中国印刷包装企业百强榜企业

2020年8月4日，“2020年中国印刷包装企业百强排行榜”揭晓，我省共有16家印刷企业入选，入选企业数位居全国第一。

在此次发布的全国百强榜中，厦门合兴包装印刷股份有限公司以年销售收入107亿元再登榜首。其余入围的福建印刷企业分别为：厦门吉宏科技股份有限公司（第11位）、昇兴集团股份有限公司（第16位）、厦门保沣实业有限公司（第21位）、达利食品集团有限公司（第50位）、泉州金白利包装用品有限公司（第51位）、福建南王环保科技股份有限公司（第58位）、鸿博股份有限公司（第67位）、福建华发包装有限公司（第76位）、祥恒（莆田）包装有限公司（第78位）、福建泰兴特纸有限公司（第85位）、易联众信息技术股份有限公司厦门市思明分公司（第88位）、福建省文松彩印有限公司（第95位）、厦门安妮股份有限公司（第96位）、福建中粮制罐有限公司（第99位）、漳州市天辰纸品包装有限公司（第100位）。

从地区入选数量看，厦门、泉州各5家，福州、莆田、漳州各2家，这基本反映了我省印刷业以厦门为龙头，泉州为次中心，辐射福州、莆田、漳州等沿海地区的产业发展格局。

“中国印刷包装企业百强排行榜”活动是由北京科印传媒文化股份有限公司所属《印刷经理人》杂志社负责发布，至今已连续开展18年。该排行榜是全国印刷业唯一权威榜单，今年能进入百强榜单的企业年销售额都超过3.97亿元。

（摘编：蔡志轩）

福建省高新技术企业概况

福建省2019年第一批高新技术企业

2020年1月21日福建省科学技术厅、福建省财政厅、国家税务总局福建省税务局下发《关于认定福建省2019年第一批高新技术企业的通知》（闽科高〔2020〕2号）提出，根据《高新技术企业认定管理办法》（国科发火〔2016〕32号）（以下简称《认定办法》）和《高新技术企业认定管理工作指引》（国科发火〔2016〕195号）有关规定，以及《关于福建省2019年第一批高新技术企业备案的复函》（国科火字〔2020〕10号），现认定福州易户外网络科技有限公司等530家企业为福建省2019年第一批高新技术企业，发证日期为2019年12月2日。高新技术企业资格有效期3年。

福建省2019年第二批高新技术企业

2020年1月21日福建省科学技术厅、福建省财政厅、国家税务总局福建省税务局下发《关于认定福建省2019年第二批高新技术企业的通知》（闽科高〔2020〕3号）提出，根据《高新技术企业认定管理办法》（国科发火〔2016〕32号）（以下简称《认定办法》）和《高新技术企业认定管理工作指引》（国科发火〔2016〕195号）有关规定，以及《关于福建省2019年第二批高新技术企业备案的复函》（国科火字〔2020〕11号），现认定福建省鑫海湾建材科技有限公司等702家企业为福建省2019年第二批高新技术企业，发证日期为2019年12月2日。高新技术企业资格有效期3年。

福建省2020年第一批更名高新技术企业

2020年6月28日福建省科学技术厅、福建省财政厅、国家税务总局福建省税务局下发《关于公布福建省2020年第一批更名高新技术企业名单的通知》（闽科高〔2020〕20号）提出，根据《高新技术企业认定管理办法》（国科发火〔2016〕32号）和《高新技术企业认定管理工作指引》（国科发火〔2016〕195号）的有关规定，现对2020年第一批32家企业变更高新技术企业名称予以公布，其高新技术企业证书编号和有效期不变。

福建省 2020 年第一批异地搬迁高新技术企业

2020 年 7 月 10 日福建省科学技术厅、福建省财政厅、国家税务总局福建省税务局下发《关于福建省 2020 年第一批异地搬迁高新技术企业名单的公告》（闽科高〔2020〕21 号）提出，根据《高新技术企业认定管理办法》（国科发火〔2016〕32 号）和《高新技术企业认定管理工作指引》（国科发火〔2016〕195 号）关于高新技术企业异地搬迁的有关规定，经审核，福建新诺机器人自动化有限公司、龙岩智康太阳能科技有限公司等 2 家企业符合整体迁移条件，其高新技术企业资格和《高新技术企业证书》继续有效，证书编号与有效期不变。

福建省 2020 年第二批更名高新技术企业

2020 年 8 月 2 日福建省科学技术厅、福建省财政厅、国家税务总局福建省税务局下发《关于公布福建省 2020 年第二批更名

高新技术企业名单的通知》（闽科高〔2020〕23 号）提出，根据《高新技术企业认定管理办法》（国科发火〔2016〕32 号）和《高新技术企业认定管理工作指引》（国科发火〔2016〕195 号）的有关规定，现对 2020 年第二批 10 家企业变更高新技术企业名称予以公布，其高新技术企业证书编号和有效期不变。

取消 8 家高新技术企业资格名单

2020 年 1 月 21 日福建省科学技术厅、福建省财政厅、国家税务总局福建省税务局下发《关于取消福建神画时代数码动画有限公司等 8 家高新技术企业资格的通知》（闽科高〔2020〕12 号）提出，根据《高新技术企业认定管理办法》（国科发火〔2016〕32 号）和《高新技术企业认定管理工作指引》（国科发火〔2016〕195 号）的有关规定，经研究，决定取消福建神画时代数码动画有限公司（证书编号：GR201635000457）、福州德格索兰机械有限公司（证书编号：GR201635000496）、财佰通科技有限公司（证书编号：GR201735000397）、福建宏祥智能科技股份有限公司（证书编号：GR201735000418）、文创科技股份有限公司（证书编号：GR201735000323）、福建科捷智能机电股份有限公司（证书编号：GR201635000130）、福建省光都电子科技有限公司（证书编号：GR201635000056）、龙岩盛丰机械制造有限公司（证书编号：GR201635000105）等 8 家企业 2017 年至 2018 年高新技术企业资格。

（摘编：苏小雨）

福建省循环经济示范试点园区、企业（第四批）

2020年11月23日福建省工业和信息化厅下发《关于公布福建省循环经济示范试点园区、企业（第四批）名单的通知》（闽工信函节能〔2020〕576号）提出，为推进我省循环经济示范试点园区和企业循环化发展，2020年省工信厅继续开展第四批循环经济示范试点遴选工作，经组织专家评审和公示，现将列入福建省循环经济示范试点（第四批）名单的6家园区和87家企业予以公布。

（摘编：游永贵）

福建省第三批绿色制造名单

2020年6月18日福建省工业和信息化厅下发《关于公布福建省第三批绿色制造名单的通知》（闽工信节能〔2020〕88号）提出，为贯彻落实工业和信息化部《工业绿色发展规划（2016—2020）》《绿色制造工程实施指南（2016—2020年）》，加快建设我省绿色制造体系，打造绿色制造先进典型，引领相关领域工业绿色转型，根据《福建省绿色制造体系创建实施方案》（闽经信环资〔2018〕248号，以下简称《实施方案》）及《关于组织申报工信部第五批绿色制造名单的通知》（闽工信函节能〔2020〕105号）要求，省工信厅组织开展了福建省第三批绿色制造名单推荐工作。经企业申报、各设区市工信部门推荐、专家评审、公示、复核并征求相关部门意见，确定福建省第三批绿色制造名单，其中绿色工厂64家、绿色供应链18个、绿色园区6个、绿色设计产品20款。

（摘编：游永贵）

福建省农业产业化省级重点龙头企业更名名单

2020 年 3 月 25 日福建省农业农村厅下发《关于同意部分 2019 年农业产业化省级重点龙头企业更名的通知》（闽农产函〔2020〕157 号）提出，根据《福建省农业产业化省级重点龙头企业认定与监测管理办法》（闽农综〔2019〕115 号），经审查，福建省连江远嘉冷冻食品有限公司等 22 家农业产业化省级重点龙头企业符合更名条件，同意予以更名；闽清县金沙大龙湾生态养殖场有限公司、罗汉峰（漳州）檀香股份有限公司、福建省碧诚工贸有限公司、泉州市润山生态农业综合开发有限公司、南安鼎盛养殖有限公司在 2019 年申报中名称录入有误，同意予以更正。

福建省农业产业化省级重点龙头企业更名名单

序号	原名称	变更后名称
1	福建省连江远嘉冷冻食品有限公司	福建省远嘉海洋科技有限公司
2	福州大北农生物科技有限公司	兆丰华生物科技（福州）有限公司
3	长乐闽发食品水产有限公司	福州市长乐区闽发食品水产有限公司
4	厦门百利种苗有限公司	厦门百利控股有限公司
5	厦门中盛粮油集团有限公司	厦门新盛洲植物油有限公司
6	莆田广东温氏家禽有限公司	莆田温氏家禽有限公司
7	福建省安溪县华源茶业有限公司	福建省中闽华源茶业有限公司
8	福建省金霞生态园林景观工程有限公司	福建金霞生态园林股份有限公司
9	泉州市耀华园林工程有限公司	耀华园林股份有限公司
10	漳州嘉蕈食品有限公司	福建奇蕈食品股份有限公司
11	福建三和食品集团有限公司	三明惊石农业科技有限公司
12	福建丰茂生物科技有限公司	三明元利珍稀菇有限公司
13	福建文鑫莲业股份有限公司	福建文鑫莲业有限责任公司
14	永安市九龙湖农业发展有限公司	绿耕耘股份有限公司
15	福建省华融禽业有限公司	福建华融农牧集团有限公司
16	福建科宏生物工程有限公司	福建科宏生物工程股份有限公司
17	福建金山都发展有限公司	福建金山都种业发展有限公司
18	福建省龙岩市喜浪米业有限公司	福建省喜浪农业科技发展有限公司
19	福鼎市云鼎茶业有限公司	福建华香茶业有限公司
20	福建正茸农业发展有限公司	福建正茸农业科技股份有限公司
21	福建天人药业有限公司	福建天人药业股份有限公司

续表

序号	原名称	变更后名称
22	平潭县冠超市发展有限公司	福建冠业投资发展有限公司
23	闽清县金沙大龙湾生态养殖有限公司	闽清县金沙大龙湾生态养殖场有限公司
24	泉州润山生态农业综合开发有限公司	泉州市润山生态农业综合开发有限公司
25	南安市鼎盛养殖有限公司	南安鼎盛养殖有限公司
26	罗汉峰（漳州）檀香有限公司	罗汉峰（漳州）檀香股份有限公司
27	福建省碧城工贸有限公司	福建省碧诚工贸有限公司

（摘编：蔡志轩）

福建省入围全国轻工业200强企业

2020年8月7日，中国轻工业联合会正式发布2019年度轻工业200强企业，海尔集团、美的集团、格力电器、贵州茅台和天能股份居榜单前五位。7家福建企业上榜，分别为安踏、特步、闽华电源、富丽堂家居、雨丝梦洋伞实业、青蛙王子、舒华体育。其中，安踏和特步进入榜单的前100名，分列第19和第57位。

据了解，轻工业200强企业是依据轻工企业2019年度的营业收入、实现利润、科研投入、营业收入增长速度、营业收入利润率及税收占利税总额比重等六项指标进行量化评分评出。这些企业分布在全国24个省（市、自治区），涉及皮革、家电、食品、酿酒、造纸等41个轻工行业。轻工业前100家企业的营业收入总额3.14万亿元，占轻工规模以上企业营业收入的15.87%；实现利润总额3144亿元，占轻工规模以上企业利润的24.27%。轻工业前100家企业营业收入利润率达到10%，是高质量发展的先进典范。

（摘编：陈闽声）

2020 年福建省工业和信息化省级龙头企业名单

2020 年 6 月 28 日福建省工业和信息化厅下发《关于发布 2020 年福建省工业和信息化省级龙头企业名单的通知》（闽工信投资〔2020〕91 号）提出，为贯彻落实《福建省人民政府办公厅关于印发新一轮促进工业和信息化龙头企业改造升级行动计划（2018—2020 年）》（闽政办〔2018〕50 号），经企业申报、各有关单位审核推荐和网上公示，现将福建省能源集团有限责任公司等 518 家 2020 年福建省工业和信息化省级龙头企业（含子公司）名单予以发布。

各设区市及平潭综合实验区工信部门（物流牵头部门）、在闽央属企业、省属控股（集团）公司要将龙头企业作为日常管理、支持和服务的重点，指导和督促龙头企业登录“福建省工业企业服务云平台”定期报送企业生产经营信息，及时做好动态跟踪服务，推动龙头企业加快改造升级，持续做大做强。

2020 年福建省工业和信息化省级龙头企业名单

序号	企业名称	所在地区	大类行业	细分行业
1	福建省能源集团有限责任公司	福州	煤炭开采和洗选业	煤炭开采和洗选业
2	1 福建煤电股份有限公司	龙岩		
3	2 福建省永安煤业有限责任公司	三明		
4	3 福建省鸿山热电有限责任公司	泉州		
5	4 福建晋江天然气发电有限公司	泉州		
6	5 福建省福能新能源有限责任公司	莆田		
7	6 福建福能南纺卫生材料有限公司	南平		
8	7 福建水泥股份有限公司	福州		
9	8 福建水泥股份有限公司炼石水泥厂	南平		
10	9 福州炼石水泥有限公司	福州		
11	10 福建永安建福水泥有限公司	三明		
12	11 福建安砂建福水泥有限公司	三明		
13	12 福建省永安金银湖水泥有限公司	三明		
14	13 福建省福能龙安热电有限公司	宁德		
15	福建马坑矿业股份有限公司	龙岩	黑色金属矿采选业	铁矿采选
16	益海嘉里（泉州）粮油食品工业有限公司	泉州	农副食品加工业	谷物磨制
17	莆田市利源米业有限公司	莆田		
18	厦门海嘉面粉有限公司	厦门		

续表

序号	企业名称	所在地区	大类行业	细分行业
19	福建元成豆业有限公司	福州	农副食品加工业	饲料加工
20	福建傲农生物科技集团股份有限公司	漳州		
21	1 漳州傲农牧业科技有限公司	漳州		
22	2 龙岩傲农饲料有限公司	龙岩		
23	3 福州傲农生物科技有限公司	福州		
24	福建长德蛋白科技有限公司	福州		
25	福建天马科技集团股份有限公司	福州		
26	1 福建天马饲料有限公司	福州		
27	漳州大北农农牧科技有限公司	漳州		
28	福州开发区高龙饲料有限公司	福州		
29	泉州福海粮油工业有限公司	泉州	农副食品加工业	植物油加工
30	中纺粮油（福建）有限公司	漳州		
31	福建康宏股份有限公司	福州		
32	福州集佳油脂有限公司	福州		
33	厦门中禾实业有限公司	厦门		
34	福建圣农控股集团有限公司	南平	农副食品加工业	屠宰及肉类加工
35	1 福建圣农发展股份有限公司	南平		
36	2 福建圣农发展（浦城）有限公司	南平		
37	3 福建圣农食品有限公司	南平		
38	4 圣农发展（政和）有限公司	南平		
39	5 福建海圣饲料有限公司	南平		
40	6 福建省圣新能源股份有限公司	南平	电力、热力、燃气及水生产和供应业	电力生产
41	天怡（福建）现代农业发展有限公司	莆田	农副食品加工业	屠宰及肉类加工
42	福建容和盛食品集团有限公司	龙岩	农副食品加工业	屠宰及肉类加工
43	福建正大食品有限公司	龙岩		
44	1 龙岩正大有限公司	龙岩		
45	福建东山县顺发水产有限公司	漳州	农副食品加工业	水产品加工
46	福建福鼎海鸥水产食品有限公司	宁德		
47	福建新福水产集团有限公司	漳州		
48	福州旭煌食品有限公司	福州		
49	漳州市东好水产食品有限公司	漳州		
50	福建新华东食品有限公司	漳州		
51	漳州泉丰食品开发有限公司	漳州		
52	阿一波食品有限公司	泉州		
53	福建省红太阳精品有限公司	莆田		

续表

序号	企业名称	所在地区	大类行业	细分行业
54	诏安县安邦水产食品有限公司	漳州		
55	福建亿达食品有限公司	福州		
56	宁德市金盛水产有限公司	宁德		
57	漳州元新食品有限公司	漳州	农副食品加工业	水产品冷冻加工
58	福建岳海水产食品有限公司	宁德		
59	中港（福建）水产食品有限公司	漳州		
60	长乐聚泉食品有限公司	福州		
61	海欣食品股份有限公司	福州	农副食品加工业	鱼糜制品及水产品干腌制加工
62	1 东山腾新食品有限公司	漳州		
63	如意情集团股份有限公司	厦门	农副食品加工业	蔬菜加工
64	福建省晋江福源食品有限公司	泉州	食品制造业	焙烤食品制造
65	达利食品集团有限公司	泉州		
66	蜡笔小新（福建）食品工业有限公司	泉州		
67	福建久久王食品工业有限公司	泉州		
68	福建东方食品集团有限公司	漳州	食品制造业	糖果、巧克力及蜜饯制造
69	1 漳州含羞草食品有限公司	漳州		
70	天喔（福建）食品有限公司	莆田		
71	福州龙福食品有限公司	福州	食品制造业	方便食品制造
72	福建安井食品股份有限公司	厦门		
73	福建长富乳品有限公司	南平	食品制造业	乳制品制造
74	福建紫山集团股份有限公司	漳州	食品制造业	罐头食品制造
75	安发（福建）生物科技有限公司	宁德	食品制造业	其他食品制造
76	百威雪津啤酒有限公司	莆田	酒、饮料和精制茶制造业	酒的制造
77	厦门太古可口可乐饮料有限公司	厦门	酒、饮料、茶制造业	饮料制造
78	漳州天福茶业有限公司	漳州	酒、饮料和精制茶制造业	精制茶加工
79	厦门烟草工业有限责任公司	厦门	草制品业	卷烟制造
80	龙岩烟草工业有限责任公司	龙岩		
81	福建长源纺织有限公司	福州		
82	福建金源纺织有限公司	福州		
83	福建省长乐市锦源纺织有限公司	福州	纺织业	棉纺织及印染精加工
84	福州翔隆纺织有限公司	福州		
85	福建龙峰纺织科技实业有限公司	泉州		

续表

序号	企业名称	所在地区	大类行业	细分行业
86	福建新华源发展集团	福州		
87	1 福建新华源纺织集团有限公司	福州		
88	2 福建华源纺织有限公司	福州		
89	3 福建恒源纺织有限公司	福州		
90	福建经纬集团有限公司	福州	纺织业	棉纺织及印染精加工
91	福建省长乐市第二棉纺织厂	福州		
92	福建省长乐市华亚纺织有限公司	福州		
93	福建省长乐市正隆纺织有限公司	福州		
94	福建省宏鑫纺织有限公司	龙岩		
95	福建省永泰县金泰纺织有限公司	福州		
96	福建省天和纺织实业有限公司	福州	纺织业	棉纺纱加工
97	福建省长乐金沙港纺织有限公司	福州		
98	福建金磊纺织有限公司	福州		
99	福建华锦实业有限公司	莆田	纺织业	棉印染精加工
100	福建锦程高科实业有限公司	福州	纺织业	化纤织造及印染精加工
101	福建华峰新材料有限公司	莆田	纺织业	针织或钩针编织物及其制品制造
102	信泰（福建）科技有限公司	泉州		
103	福建浔兴拉链科技股份有限公司	泉州	纺织业	产业用纺织制成品制造
104	福建源盛纺织服装城有限公司	福州		
105	1 福州融裕行纺织织造有限公司	福州		
106	2 福州茂盛投资有限公司	福州		
107	福建柒牌时装科技股份有限公司	泉州		
108	九牧王股份有限公司	泉州		
109	才子服饰股份有限公司	莆田	纺织服装、服饰业	机织服装制造
110	利郎（中国）有限公司	泉州		
111	莆田市金利莱斯服饰织造有限公司	莆田		
112	福建七匹狼实业股份有限公司	泉州		
113	1 晋江七匹狼服装制造有限公司	泉州		
114	福建利瑶纺织制衣有限公司	泉州		
115	福建华耀运动用品科技有限公司	莆田	纺织服装、服饰业	运动机织服装制造
116	匹克（中国）有限公司	泉州		
117	晋江市七彩狐服装织造有限公司	泉州		
118	福建宏远集团有限公司	泉州	纺织服装、服饰业	针织或钩针编织服装制造
119	福建南安市万家美针织有限公司	泉州		
120	兴业皮革科技股份有限公司	泉州	皮革、毛皮、羽毛及其制品和制鞋业	皮革鞣制加工
121	1 福建瑞森皮革有限公司	漳州		

续表

序号	企业名称	所在地区	大类行业	细分行业
122	祥兴（福建）箱包集团有限公司	福州	皮革、毛皮、羽毛及其制品和制鞋业	皮革制品制造
123	特步（中国）有限公司	泉州	皮革、毛皮、羽毛及其制品和制鞋业	制鞋业
124	安踏体育用品集团有限公司	泉州		
125	莆田市鑫龙鞋业有限公司	莆田		
126	安踏（中国）有限公司	泉州		
127	贵人鸟股份有限公司	泉州		
128	莆田启明鞋业有限公司	莆田		
129	三六一度（中国）有限公司	泉州		
130	乔丹体育股份有限公司	泉州	皮革、毛皮、羽毛及其制品和制鞋业	制鞋业
131	泉州鸿荣轻工有限公司	泉州		
132	莆田市辉特体育用品有限公司	莆田		
133	福建协丰鞋业有限公司	莆田		
134	三六一度（福建）体育用品有限公司	泉州		
135	福建鸿星尔克体育用品有限公司	泉州		
136	莆田市来克体育用品有限公司	莆田	皮革、毛皮、羽毛及其制品和制鞋业	皮鞋制造
137	莆田市永丰鞋业有限公司	莆田		
138	福建东方猎狼服装织造有限公司	莆田		
139	莆田市新日鞋服有限公司	莆田		
140	福建荔丰鞋业开发有限公司	莆田		
141	莆田市力奴鞋业有限公司	莆田		
142	双驰实业股份有限公司	莆田		
143	1 福建省莆田市双源鞋业有限公司	莆田		
144	福建省连江县飞鹭鞋业有限公司	福州	皮革、毛皮、羽毛及其制品和制鞋业	塑料鞋制造
145	福建华峰运动用品科技有限公司	莆田	皮革、毛皮、羽毛及其制品和制鞋业	其他制鞋业
146	福建省永安林业（集团）股份有限公司	三明	木材加工和木、竹、藤、棕、草制品业	人造板制造
147	1 福建森源家具有限公司	三明		
148	武夷山市美华实业有限公司	南平	木材加工和木、竹、藤、棕、草制品业	木质制品制造
149	福建华宇集团有限公司	南平	木材加工和木、竹、藤、棕、草制品业	竹、藤、棕、草等制品制造
150	1 福建居怡竹木业有限公司	南平		
151	2 福建驰宇装饰材料有限公司	南平	橡胶和塑料制品业	塑料制品业
152	家世比科技有限公司	泉州	家具制造业	其他家具制造
153	1 泉州天隆金属制品有限公司	泉州	金属制品业	建筑、安全用金属制品制造

续表

序号	企业名称	所在地区	大类行业	细分行业
154	联盛纸业（龙海）有限公司	漳州	造纸和纸制品业	造纸
155	玖龙纸业（泉州）有限公司	泉州		
156	福建省青山纸业股份有限公司	三明		
157	山鹰华南纸业有限公司	漳州	造纸和纸制品业	纸制品制造
158	福建恒利纸业有限公司	泉州		
159	中天（中国）工业有限公司	泉州		
160	怡佳（福建）卫生用品有限公司	泉州		
161	福建恒安集团有限公司	泉州		
162	1 晋江恒安家庭生活用纸有限公司	泉州		
163	2 晋江恒安心相印纸制品有限公司	泉州		
164	3 福建恒安卫生材料有限公司	泉州		
165	4 福建恒安家庭生活用品有限公司	泉州		
166	5 恒安（中国）卫生用品有限公司	泉州		
167	6 恒安（中国）纸业有限公司	泉州		
168	福建友谊胶粘带集团有限公司	福州	文教、工美、体育和娱乐用品制造业	文教办公用品制造
169	福建省三福古典家具有限公司	莆田	文教、工美、体育和娱乐用品制造业	工艺美术及礼仪用品制造
170	福建杜氏木业有限公司	南平		
171	福建金德尚黄金有限公司	福州		
172	舒华体育股份有限公司	泉州	文教、工美、体育和娱乐用品制造业	体育用品制造
173	厦门钢宇工业有限公司	厦门		
174	福建联合石油化工有限公司	泉州	石油、煤炭及其他燃料加工业	精炼石油产品制造
175	中化泉州石化有限公司	泉州		
176	福建石油化工集团有限责任公司	福州	化学原料和化学制品制造业	基础化学原料制造
177	1 福建省东南电化股份有限公司	福州		
178	2 福建湄洲湾氯碱工业有限公司	泉州		
179	3 福建省福橡化工有限责任公司	泉州		
180	4 福建福海创石油化工有限公司	漳州		
181	5 腾龙芳烃（漳州）有限公司	漳州		
182	福建天辰耀隆新材料有限公司	福州		
183	三明厦钨新能源材料有限公司	三明		
184	瓮福紫金化工股份有限公司	龙岩		
185	福建省清流县东莹化工有限公司	三明		
186	福建榕昌化工有限公司	南平		
187	福建合盛气体有限公司	福州	化学原料和化学制品制造业	其他基础化学原料制造

续表

序号	企业名称	所在地区	大类行业	细分行业
188	三棵树涂料股份有限公司	莆田	化学原料和化学制品制造业	涂料、油墨、颜料及类似产品制造
189	福建中锦新材料有限公司	莆田	化学原料和化学制品制造业	合成材料制造
190	福建中景石化有限公司	福州		
191	福建省中江石化有限公司	福州		
192	腾龙特种树脂（厦门）有限公司	厦门		
193	长春化工（漳州）有限公司	漳州		
194	中仑塑业（福建）有限公司	泉州		
195	翔鹭石化（漳州）有限公司	漳州	化学原料和化学制品制造业	合成纤维单（聚合）体制造
196	福建永荣科技有限公司	莆田		
197	福建元力活性炭股份有限公司	南平	化学原料和化学制品制造业	专用化学产品制造
198	1 南平元力活性炭有限公司	南平		
199	2 福建省南平市元禾化工有限公司	南平		
200	福建青松股份有限公司	南平		
201	福建省金鹿日化股份有限公司	泉州		
202	厦门金达威集团股份有限公司	厦门	医药制造业	化学药品原料药制造
203	漳州片仔癀药业股份有限公司	漳州	医药制造业	中成药生产
204	1 福建片仔癀化妆品有限公司	漳州		
205	赛得利（福建）纤维有限公司	莆田	化学纤维制造业	纤维素纤维原料及纤维制造
206	恒申控股集团有限公司	福州	化学纤维制造业	锦纶纤维制造
207	1 长乐恒申合纤科技有限公司	福州		
208	2 长乐力恒锦纶科技有限公司	福州		
209	3 福建申远新材料有限公司	福州		
210	4 长乐力源锦纶实业有限公司	福州		
211	福建永荣锦江股份有限公司	福州		
212	1 福建新创锦纶实业有限公司	福州		
213	福建凯邦锦纶科技有限公司	福州	化学纤维制造业	锦纶纤维制造
214	福建景丰科技有限公司	福州		
215	福建恒捷实业有限公司	福州		
216	福建万鸿纺织有限公司	福州		
217	福建省金纶高纤股份有限公司	福州		
218	福建百宏聚纤科技实业有限公司	泉州	化学纤维制造业	涤纶纤维制造
219	福建省长乐市山力化纤有限公司	福州		
220	福建正麒高纤科技股份有限公司	泉州		
221	福建经纬新纤科技实业有限公司	福州		
222	厦门翔鹭化纤股份有限公司	厦门		
223	晋江市锦福化纤聚合有限公司	泉州		
224	福建逸锦化纤有限公司	泉州		

续表

序号	企业名称	所在地区	大类行业	细分行业
225	福建佳通轮胎有限公司	莆田	橡胶和塑料制品业	橡胶制品业
226	福建省海安橡胶有限公司	莆田		
227	正新（漳州）橡胶工业有限公司	漳州		
228	建新轮胎（福建）有限公司	三明		
229	厦门长塑实业有限公司	厦门	橡胶和塑料制品业	塑料制品业
230	厦门建霖健康家居股份有限公司	厦门		
231	1 厦门英仕卫浴有限公司	厦门		
232	2 厦门百霖净水科技有限公司	厦门		
233	3 厦门阿匹斯智能制造系统有限公司	厦门		
234	4 漳州建霖实业有限公司	漳州		
235	福融辉实业（福建）有限公司	福州		
236	福建百宏高新材料实业有限公司	泉州		
237	福建恒杰塑业新材料有限公司	福州		
238	天守（福建）超纤科技股份有限公司	龙岩		
239	福建龙麟集团有限公司	龙岩	非金属矿物制品业	水泥、石灰和石膏制造
240	1 福建龙麟环境工程有限公司	龙岩		
241	2 漳浦龙麟水泥有限公司	龙岩		
242	3 龙岩市华麟混凝土有限公司	龙岩		
243	漳平红狮水泥有限公司	龙岩		
244	1 大田红狮水泥有限公司	三明		
245	2 龙海红狮水泥有限公司	漳州		
246	3 漳州紫金建材有限公司	漳州		
247	4 南安红狮水泥有限公司	泉州		
248	福建塔牌水泥有限公司	龙岩		
249	1 福建塔牌矿业有限公司	龙岩		
250	福建金牛水泥有限公司	三明		
251	1 将乐金牛水泥有限公司	三明		
252	2 三明金牛水泥有限公司	三明		
253	3 南平金牛水泥有限公司	南平		
254	4 福州金牛水泥有限公司	福州		
255	福建春驰集团有限公司	龙岩	非金属矿物制品业	水泥制造
256	1 福建春驰集团新丰水泥有限公司	龙岩		
257	2 国产实业（福建）水泥有限公司	龙岩		
258	福建建华建材有限公司	福州	非金属矿物制品业	水泥制品制造
259	溪石集团发展有限公司	泉州	非金属矿物制品业	砖瓦、石材等建筑材料制造
260	金强（福建）建材科技股份有限公司	福州		
261	南安市水头康利石材有限公司	泉州		

续表

序号	企业名称	所在地区	大类行业	细分行业
262	南安市奥力石业有限公司	泉州	非金属矿物制品业	建筑用石加工
263	福建泉州南星大理石有限公司	泉州		
264	福耀玻璃工业集团股份有限公司	福州	非金属矿物制品业	玻璃制造
265	1 福建省万达汽车玻璃工业有限公司	福州		
266	漳州旗滨玻璃有限公司	漳州		
267	莆田市日晶玻璃制品有限公司	莆田	非金属矿物制品业	玻璃制品制造
268	九牧厨卫股份有限公司	泉州	非金属矿物制品业	陶瓷制品制造
269	福建福欣特殊钢有限公司	漳州	黑色金属冶炼和压延加工业	炼钢
270	福建大东海实业集团有限公司	福州		
271	福建顺昌和兴实业有限公司	南平		
272	福建省三钢（集团）有限责任公司	三明		
273	1 福建罗源闽光钢铁有限责任公司	福州		
274	2 福建泉州闽光钢铁有限责任公司	泉州		
275	三宝集团股份有限公司	漳州		
276	1 福建三宝钢铁有限公司	漳州		
277	2 福建三宝特钢有限公司	漳州		
278	宝钢德盛不锈钢有限公司	福州		
279	福州吴航钢铁制品有限公司	福州		
280	福建吴航不锈钢制品有限公司	福州		
281	福建青拓镍业有限公司	宁德		
282	福建鼎信实业有限公司	宁德		
283	福建青拓实业股份有限公司	宁德		
284	福建三山（集团）南平市钢铁有限公司	南平	黑色金属冶炼和压延加工业	钢压延加工
285	福建甬金金属科技有限公司	宁德		
286	福建宏旺实业有限公司	宁德		
287	福建三钢小蕉实业发展有限公司	三明		
288	1 福建天尊新材料制造有限公司	三明		
289	2 福建天尊铸业有限公司	三明		
290	福建凯景新型科技材料有限公司	漳州		
291	福建青拓设备制造有限公司	宁德		
292	福建青拓上克不锈钢有限公司	宁德		
293	首钢凯西钢铁有限公司	漳州		
294	福建省辉源金属制品有限公司	泉州		
295	福建省明光新型材料有限公司	三明		
296	福建鼎信科技有限公司	宁德		
297	福建统一马口铁有限公司	漳州		

续表

序号	企业名称	所在地区	大类行业	细分行业
298	福建联德企业有限公司	宁德	黑色金属冶炼和压延加工业	铁合金冶炼
299	紫金矿业集团股份有限公司	龙岩		
300	1 紫金铜业有限公司	龙岩	有色金属冶炼和压延加工业	常用有色金属冶炼
301	2 紫金矿业集团黄金冶炼有限公司	龙岩		
302	3 福建紫金铜业有限公司	龙岩		
303	中铝东南铜业有限公司	宁德	有色金属冶炼和压延加工业	铜冶炼
304	福建省闽发铝业股份有限公司	泉州	有色金属冶炼和压延加工业	有色金属压延加工
305	中铝瑞闽股份有限公司	福州		
306	厦门钨业股份有限公司	厦门		
307	1 厦门金鹭特种合金有限公司	厦门		
308	2 厦门虹鹭钨钼工业有限公司	厦门		
309	3 厦门嘉鹭金属工业有限公司	厦门	有色金属冶炼和压延加工业	有色金属压延加工
310	4 厦门朋鹭金属工业有限公司	厦门		
311	5 宁化行洛坑钨矿有限公司	三明		
312	6 福建省长汀金龙稀土有限公司	龙岩		
313	7 厦门厦钨新能源材料股份有限公司	厦门		
314	8 宁德厦钨新能源材料有限公司	宁德	有色金属冶炼和压延加工业	稀有稀土金属冶炼
315	福建省南平铝业股份有限公司	南平		
316	1 福建省南铝板带加工有限公司	南平		
317	2 福建省华银铝业有限公司	南平		
318	厦门厦顺铝箔有限公司	厦门	有色金属冶炼和压延加工业	有色金属压延加工
319	福建奋安铝业有限公司	福州		
320	福建固美金属股份公司	泉州		
321	福建祥鑫股份有限公司	福州		
322	福建博那德科技园开发有限公司	福州	金属制品业	结构性金属制品制造
323	福建冠盖金属包装有限公司	莆田		
324	昇兴集团股份有限公司	福州	金属制品业	集装箱及金属包装容器制造
325	漳州中集集装箱有限公司	漳州		
326	厦门保沣实业有限公司	厦门	金属制品业	金属包装容器及材料制造
327	路达（厦门）工业有限公司	厦门		
328	厦门松霖科技股份有限公司	厦门	金属制品业	建筑、安全用金属制品制造
329	百路达（厦门）工业有限公司	厦门		

续表

序号	企业名称	所在地区	大类行业	细分行业
330	福建申利卡铝业发展有限公司	泉州	金属制品业	金属表面处理及热处理加工
331	通达（厦门）科技有限公司	厦门	金属制品业	锻造及其他金属制品制造
332	福建省威盛机械发展有限公司	泉州	通用设备制造业	金属加工机械制造
333	林德（中国）叉车有限公司	厦门	通用设备制造业	物料搬运设备制造
334	龙工（福建）桥箱有限公司	龙岩	通用设备制造业	轴承、齿轮和传动部件制造
335	福建联迪商用设备有限公司	福州	通用设备制造业	文化、办公用机械制造
336	玉晶光电（厦门）有限公司	厦门		
337	龙工（福建）机械有限公司	龙岩	专用设备制造业	采矿、冶金、建筑专用设备制造
338	福建晋工机械有限公司	泉州		
339	大博医疗科技股份有限公司	厦门	专用设备制造业	医疗仪器设备及器械制造
340	福建龙净环保股份有限公司	龙岩	专用设备制造业	环保、邮政、社会公共服务及其他专用设备制造
341	1 福建龙净脱硫脱硝工程有限公司	厦门		
342	2 龙岩龙净环保机械有限公司	龙岩		
343	3 厦门龙净环保技术有限公司	厦门		
344	东南（福建）汽车工业有限公司	福州	汽车制造业	汽车整车制造
345	福建奔驰汽车有限公司	福州		
346	厦门金龙联合汽车工业有限公司	厦门		
347	厦门金龙旅行车有限公司	厦门		
348	中国重汽集团福建海西汽车有限公司	三明		
349	上海汽车集团股份有限公司乘用车福建分公司	宁德	汽车制造业	新能源车整车制造
350	福建龙马环卫装备股份有限公司	龙岩	汽车制造业	改装汽车制造
351	正兴车轮集团有限公司	漳州	汽车制造业	汽车零部件及配件制造
352	1 华安正兴车轮有限公司	漳州		
353	厦门日上集团股份有限公司	厦门		
354	1 厦门新长诚钢构工程有限公司	厦门		
355	2 厦门日上钢圈有限公司	厦门		
356	3 厦门日上金属有限公司	厦门		
357	4 新长诚（漳州）重工有限公司	漳州		
358	福州六和机械有限公司	福州		
359	厦门金龙汽车集团股份有限公司	厦门		
360	1 厦门金龙汽车车身有限公司	厦门		
361	2 厦门金龙汽车新能源科技有限公司	厦门	电气机械和器材制造业	电机制造
362	云集（福建）实业有限公司	福州	铁路、船舶、航空航天和其他运输设备制造业	铁路运输设备制造

续表

序号	企业名称	所在地区	大类行业	细分行业
363	福建省船舶工业集团有限公司	福州	铁路、船舶、航空航天和其他运输设备制造业	船舶及相关装置制造
364	1 福建省马尾造船股份有限公司	福州		
365	2 厦门船舶重工股份有限公司	厦门		
366	3 福建东南造船有限公司	福州		
367	4 福建福宁船舶重工有限公司	宁德		
368	5 福人木业（福州）有限公司	福州		
369	6 福人木业（莆田）有限公司	莆田		
370	7 福建福船一帆新能源装备制造有限公司	漳州		
371	8 福人集团森林工业有限公司	南平		
372	上海电气风电设备莆田有限公司	莆田	电气机械和器材制造业	电机制造
373	厦门 ABB 开关有限公司	厦门	电气机械和器材制造业	输配电及控制设备制造
374	厦门宏发电声股份有限公司	厦门		
375	1 厦门宏发电力电器有限公司	厦门		
376	2 厦门宏发电力电子科技有限公司	厦门		
377	3 厦门精合电气自动化有限公司	厦门		
378	4 厦门宏发汽车电子有限公司	厦门		
379	5 厦门金越电器有限公司	厦门		
380	6 厦门宏发开关设备有限公司	厦门		
381	7 厦门宏远达电器有限公司	厦门		
382	8 漳州宏发电声有限公司	漳州		
383	9 厦门宏发信号电子有限公司	厦门		
384	科华恒盛股份有限公司	厦门	电气机械和器材制造业	输配电及控制设备制造
385	1 漳州科华技术有限责任公司	漳州		
386	阳光中科（福建）能源股份有限公司	泉州	电气机械和器材制造业	电线、电缆、光缆及电工器材制造
387	大通（福建）新材料股份有限公司	福州		
388	福建南平太阳电缆股份有限公司	南平		
389	1 福建上杭太阳铜业有限公司	龙岩		
390	2 福建南平太阳铜业有限公司	南平		
391	宁德新能源科技有限公司	宁德	电气机械和器材制造业	电池制造
392	宁德时代新能源科技股份有限公司	宁德		
393	飞毛腿（福建）电子有限公司	福州		
394	福建南平南孚电池有限公司	南平		
395	福建省闽华电源股份有限公司	泉州		
396	飞毛腿电池有限公司	福州	电气机械和器材制造业	锂离子电池制造

续表

序号	企业名称	所在地区	大类行业	细分行业
397	漳州蒙发利实业有限公司	漳州	电气机械和器材制造业	家用电力器具制造
398	厦门华联电子股份有限公司	厦门		
399	宁化月兔科技有限公司	三明		
400	奥佳华智能健康科技集团股份有限公司	厦门		
401	1 厦门蒙发利电子有限公司	厦门		
402	2 厦门蒙发利健康科技有限公司	厦门		
403	漳州灿坤实业有限公司	漳州		
404	厦门通士达照明有限公司	厦门	电气机械和器材制造业	照明器具制造
405	戴尔（中国）有限公司	厦门	计算机、通信和其他电子设备制造业	计算机制造
406	戴尔（厦门）有限公司	厦门	计算机、通信和其他电子设备制造业	计算机整机制造
407	漳州万利达科技有限公司	漳州		
408	锐捷网络股份有限公司	福州		
409	福建捷联电子有限公司	福州	计算机、通信和其他电子设备制造业	计算机外围设备制造
410	福建省电子信息（集团）有限责任公司	福州	算机、通信和其他电子设备制造业	计算机、通信和其他电子设备制造业
411	1 福建星网锐捷通讯股份有限公司	福州		
412	2 福建省星云大数据应用服务有限公司	福州		
413	3 福建升腾资讯有限公司	福州		
414	4 四创科技有限公司	福州		
415	5 福建闽东电机股份有限公司	宁德		
416	6 三禾电器（福建）有限公司	宁德		
417	7 福建福强精密印制线路板有限公司	福州		
418	8 福州瑞华印制线路板有限公司	福州		
419	9 福建省数字福建云计算运营有限公司	福州	互联网和相关服务	互联网数据服务
420	厦门美图移动科技有限公司	厦门	计算机、通信和其他电子设备制造业	通信设备制造
421	国脉科技股份有限公司	福州		
422	厦门亿联网络技术股份有限公司	厦门		
423	中邮科通信技术股份有限公司	福州	计算机、通信和其他电子设备制造业	通信系统设备制造
424	福建省石狮市通达电器有限公司	泉州	计算机、通信和其他电子设备制造业	广播电视设备制造
425	厦门强力巨彩光电科技有限公司	厦门		
426	1 厦门强力巨彩显示技术有限公司	厦门		

续表

序号	企业名称	所在地区	大类行业	细分行业
427	冠捷显示科技（厦门）有限公司	厦门		
428	新大陆科技集团有限公司	福州		
429	1 新大陆数字技术股份有限公司	福州		
430	2 福建新大陆支付技术有限公司	福州	计算机、通信和其他电子设备制造业	非专业视听设备制造福州
431	3 福建新大陆自动识别技术有限公司	福州		
432	4 福建新大陆软件工程有限公司	福州		
433	5 福建新大陆通信科技股份有限公司			
434	瑞芯微电子股份有限公司	福州	计算机、通信和其他电子设备制造业	集成电路制造
435	宸美（厦门）光电有限公司	厦门		
436	友达光电（厦门）有限公司	厦门		
437	宸鸿科技（厦门）有限公司	厦门		
438	厦门天马微电子有限公司	厦门		
439	华映科技（集团）股份有限公司	福州	计算机、通信和其他电子设备制造业	显示器件制造
440	1 华映光电股份有限公司	福州		
441	2 福州华映视讯有限公司	福州		
442	3 福建华冠光电有限公司	福州		
443	福州京东方光电科技有限公司	福州		
444	祥达光学（厦门）有限公司	厦门		
445	厦门三安光电有限公司	厦门		
446	开发晶照明（厦门）有限公司	厦门	计算机、通信和其他电子设备制造业	半导体照明器件制造
447	福建天电光电有限公司	泉州		
448	漳州立达信光电子科技有限公司	漳州		
449	1 漳州立达信灯具有限公司	漳州	计算机、通信和其他电子设备制造业	光电子器件制造漳州
450	福州高意通讯有限公司	福州		
451	太龙（福建）商业照明股份有限公司			
452	厦门盈趣科技股份有限公司	厦门	计算机、通信和其他电子设备制造业	其他电子器件制造
453	1 漳州盈塑工业有限公司	漳州	橡胶和塑料制品业	橡胶制品业
454	长鸿光电（厦门）有限公司	厦门		
455	泉州嘉德利电子材料有限公司	泉州	计算机、通信和其他电子设备制造业	电子元件及电子专用材料制造
456	厦门弘信电子科技集团股份有限公司	厦门		
457	宝宸（厦门）光学科技有限公司	厦门	仪器仪表制造业	光学仪器制造
458	福建雨丝梦洋伞实业有限公司	泉州	其他制造业	日用杂品制造

续表

序号	企业名称	所在地区	大类行业	细分行业
459	福建兴达船业有限公司	福州	金属制品、机械和设备修理业	铁路、船舶、航空航天等运输设备修理
460	晋江太古飞机复合材料有限公司	泉州		
461	福建有道贵金属材料科技有限公司	三明	废弃资源综合利用业	金属废料和碎屑加工处理
462	福建宁德核电有限公司	宁德	电力、热力生产和供应业	电力生产
463	华阳电业有限公司	漳州		
464	福建华电可门发电有限公司	福州		
465	神华福能发电有限责任公司	泉州		
466	1 福建晋江热电有限公司	泉州		
467	2 神华福能（福建雁石）发电有限责任公司	龙岩		
468	福建大唐国际宁德发电有限责任公司	宁德	电力、热力生产和供应业	电力生产
469	国投云顶湄洲湾电力有限公司	莆田		
470	福建太平洋电力有限公司	莆田		
471	中海福建燃气发电有限公司	莆田		
472	国电福建电力有限公司	福州	电力、热力生产和供应业	电力供应
473	1 国电福州发电有限公司	福州	电力、热力生产和供应	电力生产
474	东亚电力（厦门）有限公司	厦门	电力、热力生产和供应	火力发电
475	华能国际电力股份有限公司福州电厂	福州		
476	国电泉州热电有限公司	泉州	电力、热力生产和供应	热电联产
477	中海福建天然气有限责任公司	莆田	燃气生产和供应业	燃气生产和供应业
478	泉州市燃气有限公司	泉州		
479	盛丰物流集团有限公司	福州	道路运输业	道路货物运输
480	福建好运联联信息科技有限公司	福州		
481	1 福建好运福融物流有限公司	福州		
482	泉州安通物流有限公司	泉州	多式联运和运输代理业	运输代理业
483	中国厦门外轮代理有限公司	厦门		
484	厦门国贸泰达保税物流有限公司	厦门		
485	福建省交通运输集团有限责任公司	福州	装卸搬运和仓储业	装卸搬运
486	1 福建省海运集团有限责任公司	福州		
487	2 中国福州外轮代理有限公司	福州		
488	厦门市顺丰速运有限公司	厦门	邮政业	快递服务
489	福州京邦达供应链科技有限公司	福州	邮政业	其他寄递服务
490	四三九九网络股份有限公司	厦门	互联网和相关服务	互联网信息服务
491	厦门网宿有限公司	厦门		
492	厦门美柚股份有限公司（集团）	厦门	互联网和相关服务	互联网其他信息服务
493	1 厦门柚子家信息科技有限公司	厦门		

续表

序号	企业名称	所在地区	大类行业	细分行业
494	福建中海创集团有限公司	福州		
495	1 福州福大自动化科技有限公司	福州		
496	厦门信息集团有限公司	厦门	软件和信息技术服务业	软件和信息技术服务业
497	1 厦门信息港建设发展股份有限公司	厦门		
498	2 厦门路桥信息股份有限公司	厦门		
499	咪咕动漫有限公司	厦门		
500	福建网龙计算机网络信息技术有限公司	福州		
501	国网信通亿力科技有限责任公司	厦门		
502	1 福建亿榕信息技术有限公司	福州		
503	2 福建网能科技开发有限责任公司	福州		
504	中电福富信息科技有限公司	福州		
505	厦门市美亚柏科信息股份有限公司	厦门		
506	1 厦门美亚中敏科技有限公司	厦门	软件和信息技术服务业	软件开发
507	2 厦门安胜网络科技有限公司	厦门		
508	南威软件股份有限公司	泉州		
509	厦门亿力吉奥信息科技有限公司	厦门		
510	福建榕基软件股份有限公司	福州		
511	1 福建榕基软件工程有限公司	福州		
512	福建天晴数码有限公司	福州		
513	厦门美图之家科技有限公司	厦门		
514	富春科技股份有限公司	福州		
515	易联众信息技术股份有限公司	厦门		
516	1 厦门市易联众易惠科技有限公司	厦门	软件和信息技术服务业	软件开发
517	2 福建易联众保睿通信息科技有限公司	厦门		
518	厦门美图网科技有限公司	厦门	软件和信息技术服务业	应用软件开发

（摘编：尚岩）

2020 年福建省“专精特新”中小企业名单

2020 年 12 月 3 日福建省工业和信息化厅下发《关于公布 2020 年福建省“专精特新”中小企业名单的通知》（闽工信中小〔2020〕158 号）提出，为贯彻落实《福建省人民政府关于促进中小企业平稳健康发展的若干意见》（闽政〔2020〕3 号），根据《福建省工业和信息化厅关于印发〈福建省“专精特新”中小企业认定管理办法〉的通知》（闽工信法规〔2020〕118 号）和《福建省工业和信息化厅关于开展 2020 年福建省“专精特新”中小企业认定申报工作的通知》（闽工信中小〔2020〕119 号）等文件精神，经企业自愿申报、设区市审核推荐、我厅审核并公示后，认定丽珠集团福州福兴医药有限公司等 89 家企业为 2020 年福建省“专精特新”中小企业。现将名单予以公布，并就有关事项通知如下：

一、落实奖励政策

对经认定的福建省“专精特新”中小企业，由省工信厅授予“福建省‘专精特新’中小企业”称号、颁发牌匾，并由所在设区市工信、财政部门统筹省级中小微企业发展专项转移支付资金和设区市相关资金，按照“惠企政策项目管理系统”有关要求，完善资金拨付程序，按规定优先兑现奖励资金（厦门市可参照执行），切实打通政策落实“最后一公里”，增强我省“专精特新”中小企业发展信心。

二、加大政策支持

各设区市工信部门要精心抓好辖区内“专精特新”中小企业跟踪服务工作，在资金奖励、融资支持、技术改造、品牌培育、市场开拓、管理提升等方面加大政策支持，引导企业专注主业、重视研发、提升质量，培育一批细分领域专精特新“小巨人”企业，持续为我省工业和信息化高质量发展超越提供新动能。

三、抓好运行监测

为精准做好“专精特新”中小企业的跟踪培育和服务工作，省工信厅将省“专精特新”中小企业纳入中小企业运行监测体系。获得认定的 89 家省“专精特新”中小企业须于 2020 年 12 月底前登录工业和信息化部“中小企业生产经营运行监测平台”（http：//baosong. miit. gov. cn）完成注册，于 2021 年 1 月 15 日前完成首月数据报送，并指定专人负责，往后于每月 15 日前完成数据报送工作。此外，获得认定的企业要登录福建省“专精特新”中小企业培育平台（网址：zjtx. fujiansme. com），于每季度结束后的第一个月 15 日前填报生产经营情况数据等信息。各设区市工信部门要认真组织辖区内“专精特新”中小企业做好注册和数据报送工作，加强跟踪督促，按时、保质、保量抓好中小企业生产运行监测工作。

四、加强动态管理

按照《福建省“专精特新”中小企业认定管理办法》规定，省工信厅对省“专精特新”中小企业实行动态管理，每三年复核一次，对复核不合格的企业，将取消其称号。各设区市工信部门要加强对本辖区内“专精特新”中小企业的跟踪管理，在省“专精特新”中小企业发生更名、重组、重大违法违规事件后，应按规定及时做好报告工作。

附件

2020年福建省“专精特新”中小企业名单（89家）

序号	所属地市	企业名称
1	福州	丽珠集团福州福兴医药有限公司
2	福州	福建亚通新材料科技股份有限公司
3	福州	福建祥龙塑胶有限公司
4	福州	福州迈新生物技术开发有限公司
5	福州	福建闽威科技股份有限公司
6	福州	福州英迪特智能科技有限公司
7	福州	福州富昌维控电子科技有限公司
8	福州	福建闽高电力股份有限公司
9	福州	福州华虹智能科技股份有限公司
10	福州	福建耀美斯坦利机电科技有限公司
11	福州	福州上华防火设备有限公司
12	福州	福州春晖制衣有限公司
13	福州	福建森源电力设备有限公司
14	福州	福建腾博新材料科技有限公司
15	福州	金强（福建）建材科技股份有限公司
16	福州	福州万德电气有限公司
17	福州	福建源鑫建材有限公司
18	福州	大莲电瓷（福建）有限公司
19	福州	福建省闽清双棱竹业有限公司
20	福州	福清市新大泽螺旋藻有限公司
21	福州	福建钰融科技有限公司
22	福州	福建光阳蛋业股份有限公司
23	福州	福建御冠食品有限公司
24	厦门	厦门康柏机械集团有限公司
25	厦门	厦门金龙汽车新能源科技有限公司
26	厦门	厦门安科科技有限公司
27	厦门	双桥（厦门）有限公司
28	厦门	厦门东声电子有限公司
29	厦门	厦门特宝生物工程股份有限公司
30	厦门	厦门汉印电子技术有限公司
31	厦门	厦门万新橡胶有限公司
32	厦门	厦门嘉戎技术股份有限公司
33	厦门	博益宁（厦门）医疗器械有限公司
34	厦门	厦门力巨自动化科技有限公司
35	厦门	厦门致善生物科技股份有限公司

续表

序号	所属地市	企业名称
36	厦门	厦门璞真食品有限公司
37	厦门	厦门狄耐克智能科技股份有限公司
38	漳州	福建立兴食品有限公司
39	漳州	福建吉邦电子有限公司
40	漳州	福建金正丰金属工业有限公司
41	漳州	福建粤海饲料有限公司
42	漳州	福建省腾龙工业公司
43	泉州	福建立信换热设备制造股份公司
44	泉州	泉州市一鸣交通电器有限公司
45	泉州	福建省百川资源再生科技股份有限公司
46	泉州	福建省晋江市励精汽配有限公司
47	泉州	晋江市安海联诚机械有限公司
48	泉州	晋江万兴隆染织实业有限公司
49	泉州	福建中益制药有限公司
50	泉州	福建省海兴凯晟科技有限公司
51	泉州	福建省炎英包装科技有限公司
52	泉州	南安市恒发纸品包装有限公司
53	泉州	泉州日美卫浴有限公司
54	泉州	福建省江南冷却科技有限公司
55	泉州	泉州市正域数码科技有限公司
56	泉州	环球石材（福建）有限公司
57	泉州	回头客食品集团股份有限公司
58	泉州	福建立亚新材有限公司
59	三明	三明市普诺维机械有限公司
60	三明	三明市海斯福化工有限责任公司
61	三明	福建省展化化工有限公司
62	三明	福建省尤溪永丰茂纸业有限公司
63	莆田	福建东亚机械有限公司
64	莆田	新万鑫（福建）精密薄板有限公司
65	莆田	福建省海安橡胶有限公司
66	莆田	福建长城华兴玻璃有限公司
67	莆田	福建省山河药业有限公司
68	莆田	福建华兴玻璃有限公司
69	南平	武夷山香江茶业有限公司
70	南平	福建省建瓯黄华山酿酒有限公司
71	南平	福建驰宇装饰材料有限公司

续表

序号	所属地市	企业名称
72	南平	福建双羿竹木发展有限公司
73	南平	福建仁宏医药化工有限公司
74	南平	福建鑫隆达竹木科技有限公司
75	南平	福建省神六保健食品有限公司
76	龙岩	福建龙岩喜鹊纺织有限公司
77	龙岩	福建龙麟环境工程有限公司
78	龙岩	福建铭麟科技有限公司
79	龙岩	上杭县紫金佳博电子新材料科技有限公司
80	龙岩	福建清景铜箔有限公司
81	龙岩	龙岩金时裕电子有限公司
82	龙岩	福建省长汀盼盼食品有限公司
83	龙岩	福建爱的电器有限公司
84	龙岩	福建漳平协龙高新化纤有限公司
85	龙岩	福建省漳平市九鼎氟化工有限公司
86	龙岩	福建致尚生物质材料发展有限公司
87	宁德	三禾电器（福建）有限公司
88	宁德	三祥新材股份有限公司
89	宁德	安波电机（宁德）有限公司

（摘编：翁宁）

2020 年福建省智能制造试点示范企业遴选名单

2020 年 10 月 9 日福建省工业和信息化厅下发《关于公布 2020 年省智能制造试点示范企业遴选名单的通知》（闽工信装备〔2020〕510 号）提出，根据《福建省人民政府关于加快发展智能制造九条措施的通知》（闽政〔2015〕36 号）和《福建省工业和信息化厅关于开展 2020 年福建省智能制造试点示范企业遴选工作的通知》（闽工信函装备〔2020〕164 号）要求，经各设区市推荐和省工信厅评审、公示，遴选福建兰天包装材料有限公司等 44 家企业为 2020 年省智能制造试点示范企业，现予以公布。

2020 年福建省智能制造试点示范企业遴选名单

序号	企业名称	项目名称	类型
1	福建兰天包装材料有限公司	新型多层高阻隔、多功能塑料软包装材料项目	流程型智能制造
2	福建东龙针纺有限公司	提升绿色生态型内衣面料档次及深加工项目	流程型智能制造
3	厦门三安光电有限公司	半导体照明核心器件智能制造新模式应用	离散型智能制造
4	厦门倍杰特科技股份公司	智能马桶盖板的智能制造试点示范	离散型智能制造
5	厦门金龙汽车新能源科技有限公司	新能源汽车动力电池 PACK 研发及生产建设项目（一期）	离散型智能制造
6	漳州伟伊化纤有限公司	年产 1000 吨包覆纱自动化生产线建设项目	流程型智能制造
7	漳州万利达科技有限公司	基于 5G + 万物互联的万利达智能制造	离散型智能制造
8	漳州松霖智能家居有限公司	高端家居产品智能工厂	离散型智能制造
9	福建省德化同鑫陶瓷有限公司	日用陶瓷标准化厂房及数字化车间建设项目	离散型智能制造
10	玖龙纸业（泉州）有限公司	年产 65 万吨高档牛卡纸智能制造项目	流程型智能制造
11	华辉玻璃（中国）有限公司	玻璃深加工智能化工厂改造	离散型智能制造
12	陆升（福建）集团有限公司	高档酒店瓷自动化和信息化生产项目	离散型智能制造
13	福建省中科生物股份有限公司	植物工厂产业化项目	流程型智能制造
14	福建逸锦化纤有限公司	年产 20 万吨聚酯高强低伸棉型短纤生产数字化车间	流程型智能制造
15	德化县宏顺陶瓷有限公司	日用陶瓷生产自动化及信息化技术应用项目	离散型智能制造
16	福建良瓷科技有限公司	九牧永春智慧制造产业园（一期）	离散型智能制造
17	晋江万兴隆染织实业有限公司	晋江万兴隆面料染整加工智能制造生产线示范项目	流程型智能制造
18	福建纳川管材科技股份有限公司	钢骨架塑料复合管材智能制造生产线	流程型智能制造

续表

序号	企业名称	项目名称	类型
19	晋江市天守服装织造有限公司	运动服装数字化智能制造试点示范项目	离散型智能制造
20	福建回头客食品有限公司	烘焙类系列产品生产线智能制造试点示范项目	流程型智能制造
21	福建省德化龙顺陶瓷有限公司	龙顺日用陶瓷自动化成产车间项目	离散型智能制造
22	福建省向兴纺织科技有限公司	染整生产、包装、仓储一体化智能制造项目	流程型智能制造
23	福建顺成面业发展股份有限公司	全自动智能面粉生产车间	流程型智能制造
24	石狮市新华宝纺织科技有限公司	石狮市新华宝纺织科技有限公司印染改扩建项目	流程型智能制造
25	裕忠（福建）新材料科技有限公司	高端差别化复合短纤智能制造试点示范项目	流程型智能制造
26	信泰（福建）科技有限公司	新型环保鞋面材料智能工厂智能制造试点示范	流程型智能制造
27	福建欣兴泰新材料股份有限公司	新增20000吨无纺布智能制造项目	流程型智能制造
28	永悦科技股份有限公司	不饱和聚酯树脂智能制造生产线建设项目	流程型智能制造
29	福建省德化明英华陶瓷有限公司	福建省智能制造试点示范企业	离散型智能制造
30	福建钜能电力有限公司	HDT太阳能电池及组件智能制造生产线	流程型智能制造
31	福建省莆田市双源鞋业有限公司	智能制造车间升级项目	离散型智能制造
32	福建华佳彩有限公司	显影智能生产线	离散型智能制造
33	福建恒而达新材料股份有限公司	双金属带锯条数控智能制造项目	离散型智能制造
34	双驰实业股份有限公司	双驰企业鞋业工业互联网示范项目	大规模个性化定制
35	福建紫金铜业有限公司	福建紫金铜业智能工厂项目	流程型智能制造
36	福建龙麟环境工程有限公司	利用水泥窑处置危险废物	流程型智能制造
37	福建天守纺织新材料有限公司	智能化纺织数字车间项目	离散型智能制造
38	福建易动力电子科技股份有限公司	新能源电池集成系统生产项目	离散型智能制造
39	龙岩市海德馨汽车有限公司	应急专用车智能健康服务系统平台试点示范	远程运维服务
40	龙工（福建）机械有限公司	“龙工”牌装载机改扩建项目	离散型智能制造
41	福建龙马环卫装备股份有限公司	环卫装备远程运维服务平台	远程运维服务
42	福建建豪建筑科技有限公司	PC构件智能制造项目	流程型智能制造
43	上海汽车集团股份有限公司乘用车福建分公司	上汽乘用车福建分公司智能制造项目	离散型智能制造
44	福建华龙化油器有限公司	化油器研产供销集成数字化车间建设项目	离散型智能制造

（摘编：游学荣）

福建省第四批制造业单项冠军企业（产品）名录

2020年10月30日福建省工业和信息化厅关于公布福建省第四批制造业单项冠军企业（产品）名录的通告（闽工信产业〔2020〕147号）提出，为贯彻落实《工业和信息化部制造业单项冠军企业培育提升专项行动实施方案》，引导我省制造业企业专注于细分产品市场的创新、产品质量提升和品牌培育，提升我省制造业核心竞争力，推动产业迈向中高端，带动福建制造走向全国乃至全球，根据《福建省制造业单项冠军企业（产品）管理实施细则》（闽经信产业〔2017〕159号），经企业自主申报，设区市、平潭综合实验区工信部门推荐，专家论证和网上公示等程序，确定了福建省第四批制造业单项冠军企业（产品）名录，现予公布。

各设区市、平潭综合实验区工信部门、有关行业协会要加强对企业的服务和支持，引导企业专注细分产品领域的创新、产品质量提升和品牌建设，培育具有全国乃至全球竞争力的一流企业。

福建省第四批制造业单项冠军企业（产品）名单

一、单项冠军企业（9家）

序号	企业名称	主营产品
1	福州旭福光电科技有限公司	G8.5代液晶玻璃基板
2	福建祥鑫股份有限公司	特种铝合金棒材及铝材
3	奥佳华智能健康科技集团股份有限公司	保健按摩器具
4	沙迪克（厦门）有限公司	慢走丝线切割机床
5	泉州嘉德利电子材料有限公司	电容器用聚丙烯薄膜
6	福建金杨科技股份有限公司	二氧化锰原电池（组）零件
7	福建省展化化工有限公司	过硫酸钠
8	福建中锦新材料有限公司	聚酰胺切片
9	福建青松股份有限公司	合成樟脑系列

二、单项冠军产品（32个）

序号	主营产品	企业名称
1	星光级超高清ETC高速摄像头	福建福特科光电股份有限公司
2	高性能铝合金摇臂	福建华威钜全精工科技有限公司
3	车用齿轮、传动和驱动部件	福州金锻工业有限公司
4	高性能防火电缆	福建礼恩科技有限公司
5	建筑用高强铝型材	福建奋安铝业有限公司

续表

序号	主营产品	企业名称
6	HDPE 网箱框架系统	福建亚通新材料科技股份有限公司
7	电力电缆护套用改性聚丙烯管材	福建和盛塑业有限公司
8	己内酰胺	福建申远新材料有限公司
9	新型高强工业聚酯纤维空间布	福建思嘉环保材料科技有限公司
10	涤纶纱	福建金源纺织有限公司
11	免疫组化检测试剂	福州迈新生物技术开发有限公司
12	三维锡膏印刷检测设备 - 3D SPI	厦门思泰克智能科技股份有限公司
13	低熔点聚酯/聚酯复合牵伸丝	厦门翔鹭化纤股份有限公司
14	立方体磷酸锆载银抗菌粉	晋大纳米科技（厦门）有限公司
15	钢制汽车轮毂	厦门日上集团股份有限公司
16	4 英寸图形化蓝宝石衬底	福建晶安光电有限公司
17	阀控式密封铅酸蓄电池	泉州市凯鹰电源电器有限公司
18	疏水阀	英侨机械制造有限公司
19	生态陶板	福建华泰集团股份有限公司
20	SBR 有机硅闭孔发泡材料	易宝（福建）高分子材料股份公司
21	微棱镜反光膜、微棱镜反光布	福建夜光达科技股份有限公司
22	鞋材用非织造布	晋江市港益纤维制品有限公司
23	人造石	福建鹏翔实业有限公司
24	智能坐便器	泉州科牧智能厨卫有限公司
25	酚醛塑料	沙县宏盛塑料有限公司
26	EPDM 颗粒	福建奥翔体育塑胶科技股份有限公司
27	HAPTIC 印刷鞋面产品	华峰运动用品科技有限公司
28	氢氟酸	福建永晶科技股份有限公司
29	锡磷青铜铜带（铜箔）	福建紫金铜业有限公司
30	二氧化硅（白炭黑）	福建正盛无机材料股份有限公司
31	不锈钢棒材	福建青拓镍业有限公司
32	电子感应垃圾桶	福建纳仕达电子股份有限公司

（摘编：尤文凡）

福建省第二批建设培育产教融合型企业名单

2020 年 9 月 16 日，省发改委、教育厅、人社厅公布我省第二批建设培育产教融合型企业名单，共有 21 家企业上榜。

这 21 家上榜企业为：厦门优优汇联信息科技有限公司、福建工大岩土工程研究所有限公司、三棵树涂料股份有限公司、华峰华锦集团有限公司、福建致道投资发展有限公司、惠安县双喜制衣有限公司、福建南平太阳电缆股份有限公司、福建星云电子股份有限公司、福建钜能电力有限公司、福州派科自动化科技有限公司、四创科技有限公司、福州安博榕信息科技有限公司、福建华众互联网科技有限公司、厦门风云科技股份有限公司、龙净实业集团有限公司、福建省晨曦信息科技股份有限公司、福建佳通轮胎有限公司、福建永荣科技有限公司、福建华佳彩有限公司、厦门海迈科技股份有限公司、福建莱仁家政有限公司。

（摘编：翁宁）

福建省 2020 年新增省科技小巨人领军企业培育名单

2020 年 7 月 7 日福建省科学技术厅、福建省发展和改革委员会、福建省工业与信息化厅、福建省财政厅下发《关于公布 2020 年省科技小巨人领军企业新增培育名单等情况的通知》（闽科企〔2020〕3 号）提出，根据省政府办公厅《关于印发培育科技小巨人领军企业行动计划（2016—2020 年）的通知》（闽政办〔2016〕18 号，以下简称《行动计划》）和省科技厅、发改委、工信厅、财政厅《关于组织开展 2020 年科技小巨人领军企业遴选和认定等工作的通知》（闽科企〔2020〕1 号）的要求，经各设区市遴选推荐、省科技小巨人领军企业培育工作联席会议单位确认，福建帝视信息科技有限公司等 527 家企业符合条件，列入“科技小巨人领军企业培育发展库”；取消福建蓝海湾游艇发展有限公司等 12 家省科技小巨人领军企业资格；确认已入库的贝思瑞婴童用品有限公司等 49 家省科技小巨人领军企业名称变更。现将上述企业名单予以公布，请各有关单位按《行动计划》的责任分工，切实落实扶持政策，做好省科技小巨人领军企业培育发展工作。

（摘编：林汇智）

第八批福建省省级工业设计中心名单

2020年7月27日福建省工业和信息化厅下发《关于公布第八批福建省省级工业设计中心名单的通知》（闽工信函服务〔2020〕334号）提出，根据《福建省工业和信息化厅关于组织申报2020年（第八批）省级工业设计中心的通知》（闽工信服务〔2020〕43号），按照《福建省省级工业设计中心认定管理办法》（闽经信政法〔2018〕99号文）有关规定，经研究，将福建省尚飞制衣有限公司等9家企业的工业设计中心以及厦门威迪思汽车设计服务有限公司、福建（泉州）哈工大工程技术研究院2家工业设计企业认定为第八批福建省省级工业设计中心，现予以公布。

第八批福建省省级工业设计中心企业名单

1. 福建省尚飞制衣有限公司
2. 厦门唯科模塑科技股份有限公司
3. 厦门强力巨彩光电科技有限公司
4. 厦门万仟堂艺术品有限公司
5. 正兴车轮集团有限公司
6. 漳州科能电器有限公司
7. 福建省东山县辉永泰体育用品实业有限公司
8. 福建杜氏木业有限公司
9. 福建省瑞祥竹木有限公司
10. 厦门威迪思汽车设计服务有限公司
11. 福建（泉州）哈工大工程技术研究院

（摘编：王一星）

福建省第五批省级新型研发机构

2020年9月3日福建省科学技术厅下发《关于公布第五批省级新型研发机构的通知》（闽科政〔2020〕3号）提出，为贯彻落实《福建省人民政府办公厅关于鼓励社会资本建设和发展新型研发机构若干措施的通知》（闽政办〔2016〕145号）精神，根据《福建省科学技术厅关于组织申报第五批省级新型研发机构的通知》（闽科政函〔2020〕25号）要求，在自主申报、省级主管单位或设区市科技部门推荐的基础上，经组织专家评审、实地核查和公示后，确定福建中信网安信息科技有限公司等54家单位为我省第五批省级新型研发机构。

（摘编：郑平名）

福建省2020年省级技术转移机构名单

2020年12月11日福建省科学技术厅下发《关于公布2020年省级技术转移机构名单的通知》（闽科成〔2020〕3号）确定“福建师范大学技术转移中心”等26家机构为2020年省级技术转移机构。

2020年省级技术转移机构名单

<table>
<tr><th>序号</th><th>机　构　名　称</th><th>推　荐　单　位</th></tr>
<tr><td>1</td><td>自然资源部第三海洋研究所产业处</td><td>自然资源部第三海洋研究所</td></tr>
<tr><td>2</td><td>福建省农业科学院农业质量标准与检测技术研究所</td><td>福建省农业科学院</td></tr>
<tr><td>3</td><td>中科院宁波材料所福建技术转移转化中心</td><td>中国科学院福建物质结构研究所</td></tr>
<tr><td>4</td><td>福建师范大学技术转移中心</td><td>福建师范大学</td></tr>
<tr><td>5</td><td>福建鑫恒动信息技术有限公司</td><td rowspan="13">福州市科技局</td></tr>
<tr><td>6</td><td>福建博思创业园管理有限公司</td></tr>
<tr><td>7</td><td>福州琴声创业园管理有限公司</td></tr>
<tr><td>8</td><td>福建省闽量校准技术中心</td></tr>
<tr><td>9</td><td>福建省中智科技成果评价中心</td></tr>
<tr><td>10</td><td>福州创新驿站孵化器管理有限公司</td></tr>
<tr><td>11</td><td>福建省智能制造发展促进会</td></tr>
<tr><td>12</td><td>福州金大瑞商务咨询有限公司</td></tr>
<tr><td>13</td><td>福建鸣鹤网络科技有限公司</td></tr>
<tr><td>14</td><td>福建紫慧信息技术有限公司</td></tr>
<tr><td>15</td><td>福州顺升科技有限公司</td></tr>
<tr><td>16</td><td>福建西闽安全科技有限公司</td></tr>
<tr><td>17</td><td>福建省原道生态环境研究院</td></tr>
<tr><td>18</td><td>漳州市食品科技应用研究院</td><td rowspan="3">漳州市科技局</td></tr>
<tr><td>19</td><td>福建省正启企业管理咨询有限公司</td></tr>
<tr><td>20</td><td>漳州市安信企业管理咨询有限公司</td></tr>
<tr><td>21</td><td>福建（泉州）哈工大工程技术研究院</td><td rowspan="6">泉州市科技局</td></tr>
<tr><td>22</td><td>泉州装备制造研究所</td></tr>
<tr><td>23</td><td>浙江伍一技术股份有限公司泉州分公司</td></tr>
<tr><td>24</td><td>泉州市启智企业管理服务有限公司</td></tr>
<tr><td>25</td><td>闽南理工学院技术转移转化中心</td></tr>
<tr><td>26</td><td>南安市融和中欧技术转化中心</td></tr>
</table>

（摘编：尤文凡）

2020年福建省星创天地名单

2020年12月3日福建省科学技术厅下发《关于公布2020年福建省星创天地名单的通知》（闽科星〔2020〕1号）确认“两岸（漳州）星创天地”等24家星创天地为“福建省星创天地”。

2020年福建省星创天地认定名单

序号	星创天地名称	运营单位名称	负责人	推荐单位
1	两岸（漳州）星创天地	福建省农业科学院亚热带农业研究所	郑开斌	福建省农科院
2	福建省长汀盼盼食品有限公司星创天地	福建省长汀盼盼食品有限公司	蔡丕鹏	龙岩市科技局
3	上杭县供销农产品双创孵化园星创天地	上杭县旧县福村鸿建山鸡专业合作社	张美焕	龙岩市科技局
4	武平梁野农业科技星创天地	福建省喜浪农业科技发展有限公司	钟林添	龙岩市科技局
5	绿之梦星创天地	长汀县贞美红叶杨专业合作社	易小贞	龙岩市科技局
6	绿欣农业星创天地	龙岩市绿欣农业发展有限公司	李建珍	龙岩市科技局
7	元生泰星创天地	武夷山元生泰生物科技有限公司	毛景华	南平市科技局
8	万鑫源星创天地	武夷山市万鑫源农庄有限公司	谢章财	南平市科技局
9	龙源星创天地	福建省龙源茶业有限公司	游辉文	南平市科技局
10	慢客花卉星创天地	长泰金诺农业科技有限公司	黄彩霞	漳州市科技局
11	绿洲星创天地	漳州绿州农业发展有限公司	黄卫刚	漳州市科技局
12	大老古星创天地	福建大老古食品有限公司	郑新岳	莆田市科技局
13	莆田金日兴星创天地	莆田市金日兴生物科技开发有限公司	郑文金	莆田市科技局
14	莆田高新区创客梦工场星创天地	福建易达号信息科技有限公司	吕　强	莆田市科技局
15	拓天农科星创天地	福建拓天生物科技有限公司	方丽金	福州市科技局
16	满堂香星创天地	福建满堂香茶业股份有限公司	高晨生	福州市科技局
17	福清岚湖山现代农业创业创新园区星创天地	福建省南湖山茶业有限公司	黄　建	福州市科技局
18	农时通星创天地	福建省福州外贸食品冷冻厂有限公司	张君临	福州市科技局
19	闽清县三农服务星创天地	福州引凤惠农科技服务有限公司	杨小浪	福州市科技局
20	益智源星创天地	宁德市益智源农业开发有限公司	杨丽琴	宁德市科技局
21	燕吉鸿星创天地	福建燕吉鸿原生态农业投资有限公司	范纯斌	三明市科技局
22	福鑫星创天地	建宁县福鑫莲业食品有限公司	罗四歪	三明市科技局
23	集盛鸽业星创天地	福建集盛鸽业发展有限公司	陈孝秋	泉州市科技局
24	安溪铁观音集团星创天地	福建安溪铁观音集团股份有限公司	刘纪恒	泉州市科技局

（摘编：翁宁）

福建省工业互联网 APP 典型应用案例

2019 年福建省工业互联网 APP 典型应用案例

2020 年 1 月 3 日，为深入推进《工业互联网 APP 培育工程实施方案（2018—2020 年）》，发挥典型应用案例示范引领作用，推动我省工业互联网 APP 生态建设，省工信厅在全省公开征集工业互联网 APP 典型应用案例。经设区市工信部门推荐、专家评审、现场演示、网上公示等环节，最终于近日遴选出 10 个工业互联网 APP 典型应用案例。

此次入围的工业互联网 APP 典型应用案例包括：厦门乐石科技有限公司的乐石 I2025 智慧制造管理系统 APP——科牧、厦门奥普拓自控科技有限公司的厦门市碳排放智能管理云平台、福建晋工机械有限公司的晋工“车管家”APP、宁德厦钨新能源材料有限公司的宁德厦钨年产 4 万吨锂离子正极材料生产项目一期智能化系统、福建思安智能科技开发有限公司的智慧车间规范化管理系统大数据工业互联网 APP 应用解决方案、福建华拓自动化技术有限公司的能效管理工业 APP、福建华平纺织服装实业有限公司的华平“掌上能管”安全节能管理 APP、摩尔元数（厦门）科技有限公司的摩尔云生产系统、厦门卡伦特科技有限公司的卡伦特在线 CAD 设计平台、雅马哈发动机（厦门）信息系统有限公司的基于 TPM 理念的设备保全管理系统。入围的工业互联网 APP 项目将在资金安排等方面获得优先支持。

2020 年福建省工业互联网 APP 典型应用案例

2020 年 12 月 7 日福建省工业和信息化厅下发《关于公布 2020 年福建省工业互联网 APP 典型应用案例的通知》（闽工信函软件〔2020〕598 号）提出，为深入贯彻落实《工业和信息化部关于印发〈工业互联网 APP 培育工程实施方案（2018—2020 年）〉的通知》（工信部信软〔2018〕79 号）和《福建省工业和信息化厅关于加快工业软件产业发展七条措施的通知》（闽工信政法〔2019〕39 号，以下简称《工业软件七条》），根据《关于组织开展 2020 年工业互联网 APP 典型应用案例征集活动的通知》（闽工信软件〔2020〕72 号）要求，在全省公开征集工业互联网 APP 典型应用案例，经设区市工信部门推荐、材料初审、现场演示、专家评审、网上公示等环节，最终遴选出硕橙（厦门）科技有限公司的“机器听诊大师——基于设备噪声的工业预测性维护 APP 应用解决方案”等 11 个工业互联网 APP 典型应用案例，现予以公布。

请你们根据《工业软件七条》确定的奖励标准，安排资金予以支持和奖励，并积极加强工业互联网 APP 典型应用案例的宣传推广，扩大案例应用范围，支撑引领行业和企业提质增效、转型升级。同时鼓励工业互联网企业大力研发技术含量高、市场前景广的产品和服务，推动我省工业互联网 APP 生态建设。

（摘编：林汇智）

福建省首版次软件产品名单

2020年3月25日福建省工业和信息化厅下发《关于公布2019年福建省首版次软件产品的通知》（闽工信软件〔2020〕45号）提出，厦门奥普拓自控科技有限公司的“奥普拓城市碳排放智能管理云平台系统V1.0”等8个软件列入2019年福建省首版次软件产品。

2019年福建省首版次软件产品名单

序号	企业名称	首版次软件产品名称
1	厦门奥普拓自控科技有限公司	奥普拓城市碳排放智能管理云平台系统V1.0
2	易联众信息技术股份有限公司	易联众基于C-DRG的医保实时刷卡结算系统V1.0
3	福建智涵信息科技有限公司	智涵劳动人事争议仲裁调解系统V1.00
4	福建顶点软件股份有限公司	顶点A5证券交易系统V1.0
5	恒瑞通（福建）信息技术有限公司	恒瑞通公共信用信息系统V2.0
6	长威信息科技发展股份有限公司	EVECOM通用多维度数据探索分析平台
7	漳州万利达科技有限公司	无纸化智能会议系统（V1.0.6.1）
8	福建思特电子有限公司	“一品一码”食品安全信息溯源监管平台系统（V1.0）

（摘编：翁宁）

2019年度福建省金融创新十大项目

2020年12月10日，在福建普惠金融工作推进会上，福建省金融监管局公布了获评2019年度福建省金融创新十大项目名单。

其中，获评一类项目的是福建省金服云有限公司的福建省金融服务云平台项目；获评二类项目的有3个，分别为：中国人寿财产保险股份有限公司福建省分公司的“农民工工资支付履约保证保险”项目，福建省农村信用社联合社龙岩办事处的“普惠金融·惠林卡”项目，宁德市国有融资再担保有限公司的“乡村振兴特色产业保”项目；获评三类项目的有6个，分别为：中国农业银行股份有限公司福建省分行的“老区苏区乡村振兴贷”项目，厦门国际银行股份有限公司的“‘国行e家’生态金融立体交互体系”项目，兴业证券股份有限公司的“挂钩LPR及利率互换ABS”项目，中国出口信用保险公司福建分公司的“福建‘跨境电商+海外仓’业务模式”项目，福建省海峡兴业金融服务有限责任公司的“海峡基金港——私募基金综合服务平台”项目，中国建设银行股份有限公司福建省分行的“‘MOST’科技金融综合服务方案”项目。

（摘编：游永贵）

福建省新增一超级稻新品种

2020年6月29日，农业农村部发布2020年度超级稻确认品种名单。经各地推荐和专家评审，确认11个品种为2020年度超级稻品种。福建省农科院水稻研究所选育的优质杂交稻新品种福农优676在列。

福农优676具有米质优、产量高、再生力强等优点，两年区域试验产量平均比对照组增产11.37%，亩产达到801.06公斤，头季加再生季产量亩产达到1238公斤。

截至目前，我省共有8个自主培育的超级稻新品种获得农业农村部确认，分别为福建省农科院水稻研究所选育的特优航1号、Ⅱ优航1号、Ⅱ优航2号、宜优673、两优616、福农优676；福建省农科院生物技术研究所选育的天优3301；三明市农科院选育的Ⅱ优明86。

（摘编：邓新民）

福建省企业获颁全国首张独立储能电站发电业务许可证

2020年6月1日，省发改委消息，近日，福建省投资集团所属晋江闽投电力储能科技有限公司的福建晋江百兆瓦时储能站试点示范项目建成并通过初步验收，获颁电力业务许可证（发电类），这是全国首张独立储能电站电力业务许可证。

晋江储能电站是福建省首个电网侧大型储能示范站项目，列入国家重点研发计划智能电网技术与装备重点专项，由省投资集团、宁德时代新能源和中电建福建电力设计院联合投资建设，一期总投资2.68亿元。该储能电站采用长寿命磷酸铁锂电池系统，额定功率30兆瓦、电池容量108.8兆瓦时，可为附近3个220kV重负荷变电站提供调峰调频服务，目前该项目已并网并调试完成、建成验收。

储能能够为电网运行提供调峰、调频、备用、黑启动、需求响应支撑等多种服务，是提升传统电力系统灵活性、经济性和安全性的重要手段，能够显著提高风、光等可再生能源的消纳水平，促进能源生产消费开放共享和灵活交易、实现多能协同。

（摘编：马榕威）

全省首张 柒牌拿下转产无菌医用防护服生产许可证

2020年2月26日，福建省食品药品质量检验研究院传来消息，由中国柒牌送检的“无菌型医用一次性防护服”按照国家标准检验全部检测合格。在福建省药品监督管理局指导、晋江市市场监管局协调下，省药品监督管理局完成对柒牌医用一次性防护服产品注册和生产许可审批。

中国柒牌成为我省首家“转产”并获得无菌型医用防护服生产许可的服装企业，目前正开足马力生产，日产能为4000件。

截至目前，中国柒牌已经投入数百万元用于设备及面辅料的采购，并将生产线扩增至4条。而中国柒牌位于英林工业园的生产车间，医用防护服亦在开足马力生产。

（摘编：翁宁）

福建省每万人口发明专利达11.1件排名全国第9位

2020年1月22日，国家知识产权局举行2020年首场例行新闻发布会，集中发布了2019年专利、商标、地理标志、集成电路布图设计的年度统计数据。数据显示，我省以每万人口发明专利拥有量11.1件，排名全国第9位；全省专利电子申请率达99.15%，居全国第1位；地理标志商标总量居全国第2位。

2019年全省专利申请受理153279件，其中发明专利申请30083件；专利授权98955件，其中发明专利授权8963件。截至2019年底，全省共存有效发明专利43791件，同比增长13.68%；每万人口发明专利拥有11.112件，同比增长12.81%。新增国家级知识产权优势（示范）企业52家、省级优势企业76家。新增专利代理机构6家，新增具有专利代理资质的律所2家，累计拥有专利代理资质的机构达54家。新设2个商标受理窗口，新增注册商标34.45万件，同比增长35.15%，新认定驰名商标6件，新注册地理标志商标61件，累计有效地理标志注册商标497件，地理标志商标总量居全国第2位。

（摘编：吴建翰）

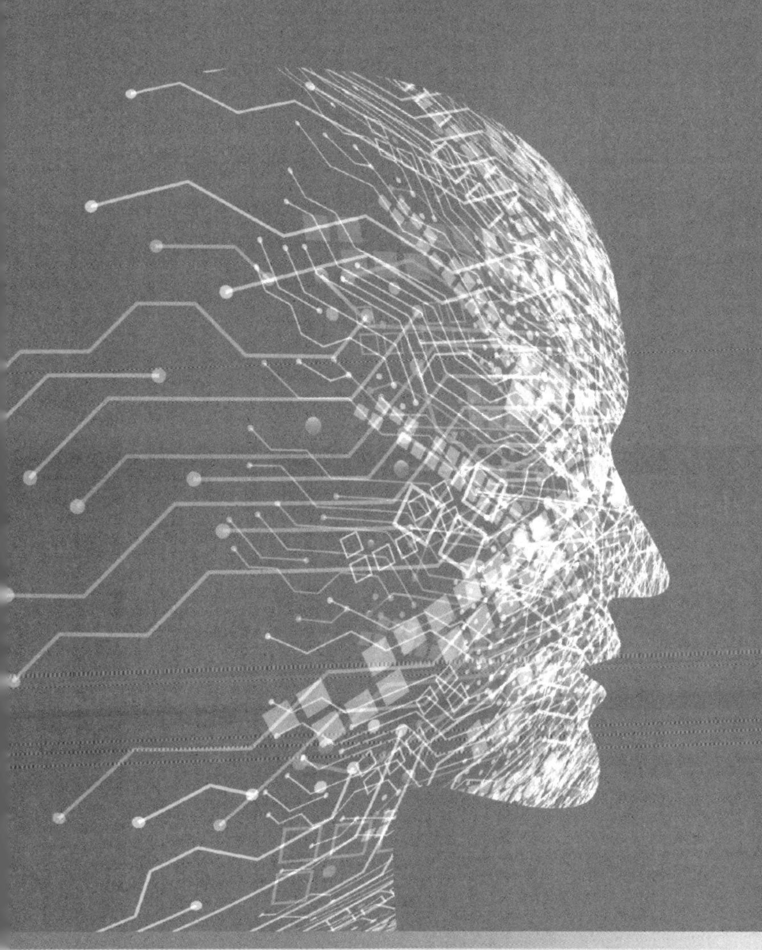

第七篇

年度纪事

年度纪事

一月

1 日，全省 16 个高速公路省界收费站全部撤销。

2019 年 12 月 31 日晚，取消高速公路省界收费站工程并网切换进行。从 2020 年 1 月 1 日零时起，全国 29 个联网省份的 487 个省界收费站全部取消，其中我省取消 16 个省界收费站，分别为：宁德沈海闽浙、溧宁闽浙收费站；南平长深闽浙、浦建闽浙、京台闽浙、宁上闽赣、宁光闽赣、福银闽赣收费站；三明浦建闽赣、泉南闽赣收费站；龙岩厦蓉闽赣、古武闽赣、长深闽粤、莆永闽粤收费站；漳州沈海闽粤、沈海复线闽粤收费站等。

从 2020 年 1 月 1 日零时起，收费计费方式由分省封闭式收费调整为全网开放式收费，由最短路径和最低费额收费转化为精确路径收费。此外，通行高速公路货车收费模式由计重收费转为车（轴）型收费；鲜活农产品运输车辆将通过预约通行服务平台或收费站入口进行预约通行，享受免费政策；国际标准集装箱运输车辆将通过预约通行平台预约通行，享受通行优惠。

2 日，我省三景区入围三项榜单。

中国社会科学院财经战略研究院和美团点评联合课题组发布中国景区旅游消费便利度指数（Travel Convenience Index，TCI），这是国内首个衡量旅游消费便利度的量化评估指标。在发布的榜单中，福州三坊七巷入围全国 5A 免费景区 TCI 30 强，位列第 9 位；厦门方特梦幻王国入围全国 4A 收费景区 TCI 50 强，位列第 47 位；中国闽台缘博物馆入围全国博物馆类景区 TCI 20 强。

3 日，福建省自助办税管理平台上线。

上月 30 日晚，福建省自助办税管理平台上线仪式在建瓯市举行，标志着该平台在福建省范围内正式上线，我省纳税人和缴费人从此在办税自助终端上就能轻松自助办理 90% 的常办业务，享受 365 天不间断、全天候自助随办、一台多能业务通办的便捷服务。

5 日，全省交通运输去年完成投资 920 亿元。

省交通运输厅消息，全省交通运输 2019 年完成投资 920 亿元，不仅超额完成年度计划，而且再创历史新高。“十三五”前四年累计完成投资 3624 亿元，超序时进度 6 个百分点，为完成规划主要目标奠定坚实基础。

6 日，省领导调研生猪等“菜篮子”产品稳产保供工作。

省领导带队赴福州市调研生猪等“菜篮子”产品稳产保供工作，现场察看生猪规模化养殖、非洲猪瘟防控、设施蔬菜生产、生猪定点屠宰等情况。

7 日，我省实施六项高速公路收费优惠政策。

经省政府批准，近日省交通运输厅、省发改委、省财政厅联合印发我省优化高速公路差异化收费试点工作的通知，明确今年 1 月 1 日至 12 月 31 日实行六项免征、差异化收费等优惠政策。

8 日，我省开展海洋环境突出问题专家帮扶行动。

为帮助指导沿海各地解决海洋环境突出问题，日前，省生态环境厅组织省环境科学研究院、省环境监测中心站、省近岸海域环境监测站等单位有关海洋生态环境监测、监管领域专家赴沿海六市一区开展巡回帮扶。

9 日，多元“突围”，福建外贸量质齐升。

2019年前11个月，全省累计完成进出口总额人民币11999.2亿元，同比增长6.4%，进出口、出口规模分列全国第7位和第6位，增幅在前7大进出口外贸省市中均位列第一，分别高于全国4个和4.3个百分点。在严峻复杂的外部形势下，从中央到省里，稳外贸政策持续发力，培育竞争新优势成为引领福建外贸高质量发展的新引擎，福建外贸逆势而上、量质齐升。

11日，省人大代表分组审议政府工作报告。

下午，出席省十三届人大三次会议的代表开始分组审议政府工作报告。代表们认为，省政府工作报告以习近平新时代中国特色社会主义思想为指导，认真贯彻落实习近平总书记对福建工作的重要讲话重要指示批示精神，全面落实高质量发展要求，总结成绩实事求是，分析形势深刻透彻，部署工作精准有力，说的是实情、出的是实招、求的是人民实惠，是一份凝聚共识、求真务实、催人奋进的好报告。

12日，聚焦政府工作报告：奋发有为做好2020年工作。

主要预期目标：全省生产总值同比增长7%—7.5%；一般公共预算总收入增长2.5%左右，地方一般公共预算收入增长2%左右；固定资产投资增长7.5%左右；进出口增长3%，实际使用外资增长3%；社会消费品零售总额增长9.5%，居民消费价格总水平涨幅3.5%左右；城镇登记失业率控制在4.2%以内；城镇居民、农村居民人均可支配收入分别增长8%和8.5%；完成节能减排降碳目标。

14日，贯彻新发展理念，推动高质量发展。

下午，省十三届人大三次会议主席团第三次会议审议通过关于福建省2019年国民经济和社会发展计划执行情况及2020年国民经济和社会发展计划草案审查结果的报告。

15日，2020年省政府第一次全体会议召开。

省长唐登杰主持召开2020年省政府第一次全体会议，对《政府工作报告》提出的主要任务和重点工作进行细化分解、明确责任，强调要紧扣全面建成小康社会目标任务，只争朝夕加油干，奋发有为开好局，以新时代新福建建设的新成效践行初心使命，切实兑现向全省人民作出的庄严承诺。

16日，福建省首届供销年货嘉年华活动启动。

福建省首届供销年货嘉年华启动仪式在福州举行。此次活动以“供销好年货，欢乐过大年”为主题，通过展销与活动为一体的形式，展示全省供销社系统名特优农产品，配套丰富多彩的公益活动。嘉年华活动由省供销社、省商务厅等单位指导，前后为期4天，持续至19日。供销年货展销部分福州以冠亚广场为主会场，共设供销社展区、消费扶贫展区、美团点评展区、老字号展区、文联公益区、非遗文化活动区等6个展区。

17日，我省举办农业农村重点工作培训班。

全省农业农村重点工作培训班在福州举办。副省长李德金出席并讲话。

17日，去年全省水利投资再创新高。

从全省水利工作会议获悉，去年全省水利投资再创新高，共完成水利投资407.67亿元，占年度计划的100.6%。其中，重大水利项目完成投资321.37亿元、民生水利工程完成投资86.3亿元，圆满完成年度目标任务。

19日，去年福建新增减税降费540亿元。

从福建省税务工作会议上获悉，2019年，全省税务部门（含厦门，下同）共计组织税费收入5821.1亿元，同比增长3.2%，其中，税收收入完成4322.39亿元，同比增长0.9%。累计新增减税降费540亿元，其中，深化增值税改革减税253.1亿元，小微企业普惠性政策减税58.9亿元，个人所得税改革减税120.7亿元，社保费降费46.5亿元。减税降费政策效应持续释放。

21日，我省规上工业增加值居全国第二位.

全省工业和信息化工作视频会议在福州召开。从会上了解到，2019年我省规模以上工业增加值预计增长8.8%，高于全国平均3.2个百分点，居全国第二位、东部10省市第一位。

21日，我省农业产业化省级重点龙头企业达926家。

省农业农村厅等11部门联合公布2019年农业产业化省级重点龙头企业增补名单，共244家企业入选。至此，我省农业产业化省级重点龙头企业数量达到926家。省级重点龙头企业是指以农产品生产、加工或流通为主业，通过合同、合作、股份合作等利益联结方式直接与农户紧密联系，使农产品生产、加工、销售有机结合、相互促进，在规模和经营指标上达到规定标准并经省农业产业化联席会议审定、省政府批准后认定的农业企业。

21 日，去年我省旅游入账 8101.21 亿元。

从省政府新闻办举行的新闻发布会上获悉，2019 年，我省累计接待国内外游客 5.37 亿人次，同比增长 16.5%。其中，接待过夜游客 2.65 亿人次、同比增长 15.2%；实现旅游总收入 8101.21 亿元、同比增长 22.1%，游客人均花费 1510 元、同比增长 4.8%，实现了游客总量、逗留天数、消费总额三个显著增长。去年以来，我省围绕“全福游、有全福”品牌进行全媒体、全覆盖、全方位的宣传营销，促进我省旅游品质持续提升。

23 日，我省加大疫情防控物资生产。

省工信厅专门组织 3 个工作组分赴泉州、漳州、厦门等地加强调研指导，指导相关企业加大疫情防控物资生产。其中，泉州组到恒安集团现场调研，了解企业卫生湿巾（杀菌湿纸巾）库存和春节期间生产安排。该企业现有库存量 7 万件，3 班生产最大产能 4500 件/日。接到任务后，公司重新组织工人按照最大生产能力安排 3 班满负荷生产杀菌湿纸巾产品。漳州组到漳浦健德医疗器械公司、片仔癀医疗器械公司调研指导。漳浦健德医疗器械公司接到任务后，已开始组织生产，春节期间不停产，每天可生产不少于 20 万个口罩。漳州片仔癀医疗器械公司 20 日库存一销而空，企业目前已暂停员工放假，开始恢复生产，日产口罩 5 万片，目前原、辅材料库存充足。厦门组走访了弈安防护品、弓立医疗、美润医疗、中科贝思达等 4 家主要口罩生产企业。这些企业正召回已放假员工，组织企业恢复生产或满负荷生产。其中，弈安公司目前一条立体口罩生产线保持 24 小时生产，产量 4 万只/天，另有平面口罩产能 30 万只/天，企业全面动员开工生产，预计产量 15 万只/天。

27 日，省交通运输厅：保障防控物资运输优先通行。

省交通运输厅近日多次召开紧急会议，全面部署全省交通运输部门疫情防控工作。要求各级交通部门认真落实联防联控工作机制，协助卫生健康部门对公路、水路交通工具及承运人员实施卫生检疫、查验工作，严格防止疫情通过交通运输环节传播；切实保障疫情处置人员、物资、药品、器械等应急物资和有关标本的运送。目前，各级交通运输主管部门和运输企业 24 小时值班值守，对疫情实行日报告制度。

29 日，我省发布延迟省内企业复工通知。

经省委、省政府研究决定，省政府办公厅今日发布关于延迟省内企业复工的通知，明确除涉及保障城市运行、疫情防控、群众生活必需及其他涉及重要国计民生的相关企业稳定生产、做好服务保障外，其他企业复工时间不早于 2 月 9 日 24 时。

31 日，我省九措并举确保粮油保供稳价。

省发改委、省粮储局日前制定下发《关于落实疫情防控部署切实做好粮油保供稳价工作方案》，围绕确保全省应急供应网点不出现脱销断供、保障全省大米应急加工能力跟得上的目标，出台九条具体措施。

（摘编：王一星）

二月

1 日，我省第一批进口疫情防控物资免关税企业名单明确。

财政部、海关总署、税务总局联合发布《关于防控新型冠状病毒感染的肺炎疫情进口物资免税政策的公告》。福州轻工进出口有限公司、福建省旅贸实业有限公司、厦门国贸集团股份有限公司、中国（福建）对外贸易中心集团有限责任公司、国药控股福州有限公司等 5 家企业，成为我省首批确认的进口疫情防控物资免关税企业，其进口的口罩、医用手套、防护服、隔离衣、消毒液等9种防疫物资免征进口关税。

2日，省药监局出台《服务企业保障防护医疗器械产品供应特别措施》。

福建省药监局出台《服务企业保障防护医疗器械产品供应特别措施》，对相关产品注册、生产许可和检验检测等实施特别措施，提升疫情防控医疗器械审评审批效率，全力配合做好急需防护类医疗器械产品供应保障。

4日，24小时发放6000万元贷款！

24小时内，发放6000万元贷款！今日中国进出口银行福建省分行充分发挥政策性金融作用，开辟绿色审批通道，实现“当日受理、当日审批、当日放款”，为我省采购防疫物资企业提供资金保障，在另一条战线上防控疫情。

5日，我省123家大米应急加工企业全部具备开工条件。

省发改委、粮储局消息，目前我省粮油市场供货渠道畅通，市场货源充足，价格保持平稳。

截至2月4日，全省123家大米应急加工企业全部具备开工条件，总体大米日加工能力为1.94万吨。其中，104家已开工生产，日加工能力1.53万吨。全省现存地方储备粮食342万吨，粮食加工企业自有原粮库存量26.2万吨，其中：小麦14.9万吨、稻谷11.3万吨；全省库存大米11.68万吨，库存小麦粉3.47万吨。

6日，我省多措并举支持企业扩产转产新建。

为确保疫情应急物资供应，经省政府同意，省政府办公厅近日发布《关于做好福建省疫情防控物资扩产、转产、新建“三个一批”工作的通知》，多措并举、强化激励，支持企业通过扩产、转产、新建等方式，尽快实现全省口罩日产量2000万个、防护服日产量10万件的目标。

7日，我省发布防控疫情和全面打通省内交通物流二十条措施。

省应对新型冠状病毒感染肺炎疫情工作领导小组综合协调组发布《关于统筹做好当前疫情防控和全面打通省内交通物流的二十条措施的通知》，部署在有效防控疫情的情况下扎实做好“六稳”工作，分类施策保障交通运输服务，着力保障重大工程等八大类重要国计民生物资的运输，支持企业恢复和开展正常的经营活动。

7日，国网福建电力调整暂停用电政策。

连日来，国网福建电力已主动为全省8400余户企业客户办理暂停用电业务，预计每日为实体企业节省电费640多万元。

9日，省内部分道路客运班线恢复。

今日我省南平、龙岩、三明、泉州等地的部分道路客运班线恢复，各市际县际客运班线、农村客运、公交专线也在逐步恢复当中。随着假期结束，各地交通部门根据省里相关通知精神，在疫情有力有效防控的情况下，有序做好交通运输保障。

10日，我省台资企业有序复工复产。

今日起，我省部分台资企业开始逐步复工，同时防疫、复产措施并举，有序推进企业复产。截至11日，全省台资企业共有190家正常生产。

10日，支持疫情防控企业发债融资。

为做好企业债券对疫情防控的支持与保障工作，省发改委印发《关于做好疫情防控期间企业债券申报发行工作的通知》，明确六条措施支持疫情防控企业发行企业债券融资。

11日，我省两家企业发行上市工作顺利完成。

继瑞芯微2月7日在上交所正式挂牌上市交易，赛特新材也将于2月11日在上交所科创板上市交易。2月3日至5日，兴业证券保荐承销的福州瑞芯微电子股份有限公司上交所主板IPO项目和福建赛特新材科技股份有限公司科创板IPO项目顺利完成发行工作，合计募集资金8.89亿元。

11日，11个省级重点水利工程已率先开工。

省水利厅消息，截至目前，罗源霍口、一闸三线（福州段）、一闸三线（平潭段）、泉州白濑等“172”节水供水重大水利工程，以及永春马跳等11个省级重点水利工程和福鼎、沙县等2个城乡供水一体化工程已于10日前全部复工。

11日，调入3.8万吨粮食，“引粮入闽”保障粮食供应。

省发改委、省粮储局消息，1月26日以来，我省积极从江西、安徽、江苏、黑龙江、湖南等产销协作省调入3.8万吨粮食，确保我省疫情防控期间粮食供应不脱销、不断供，在动员、支持粮食应急加工企业复工生产的同时，积极“引粮入闽”。

12 日，有序有力有效推进复工复产。

日前，我省出台做好社区（村）疫情防控 5 个方面措施、11 个一律要求和扎实做好“六稳”工作 24 条措施，印发《关于切实加强疫情科学防控有序推进企业和项目复工复产的意见》，提出 7 个方面 21 条具体措施。全省各地在坚持疫情防控不放松的同时，以硬核政策和真金白银，帮助企业纾困解难，为稳定经济社会大局提供有力支撑。

13 日，400 多家“闽”优企业承诺：价格不涨！质量不降！供应不断！

当前人民群众对防疫用品、食品药品等重要民生商品的需求激增，对此，福建市场监管部门积极引导生产经营企业与商家参与“保价格、保质量、保供应”系列行动。目前，全省已有 400 多家企业与商家参与此次“三保”行动，他们向消费者做出庄严承诺：疫情防控期间保障防疫用品、重要民生商品价格不涨、质量不降、供应不断，努力保持生产生活平稳有序，让人民群众满意、放心；同舟共济、众志成城，同全国人民一道，坚决打赢疫情防控阻击战。

13 日，重点交通项目力争 20 日前实质性复工。

省交通运输厅出台措施，在做好疫情防控的同时，突出重点，推动尽早复工。原则上省重点项目、2020 年计划完工项目、“十三五”扶贫攻坚项目中的控制性工程，应在 15 日前做好复工准备，力争 20 日前实质性复工；高速公路项目争取在 16 日前 50% 标段、23 日前全部标段复工。

13 日，央媒集中报道福建有序推进复工复产情况。

13 日起，中央各主要新闻媒体集中宣传报道福建在抓好疫情防控工作的基础上，相继出台财税、融资、外贸、减负、就业、服务等多层面惠企政策，有序推进复工复产情况。

13 日，省农业生产服务小组扎实推进农业复工复产。

省农业生产服务小组召开视频调度会，针对基层反映家禽养殖企业出现的困难，点对点调度了解福建圣农集团、正大食品、大通农牧、光阳蛋业等重点农业企业复工复产情况和存在困难，协调解决具体问题。根据省委的部署要求，省农业生产服务小组要求统筹推进疫情防控和农业复工复产工作，切实做好粮食和菜篮子稳产保供工作。

16 日，规上企业复工率接近 60%，财政累计下达资金超 29 亿元。

今晚，中央广播电视总台新闻联播以《福建：严守防疫关口　保障经济运行》为题，报道福建一方面筑牢疫情防控安全网，一方面帮助企业复工复产，推动经济社会发展。在做好疫情防控的同时，福建还先后推出 45 项措施，加大技改基金对中小企业的财政贴息力度，对在库及新增项目，年利息由 4.5% 降到 3.5%。截至目前，全省各级财政累计下达资金超 29 亿元，用于疫情防控和支持企业复工复产。全省规模以上企业复工率近 60%。

17 日，鼓励国有金融企业积极捐赠。

省财政厅作为履行省属国有金融企业出资人职责的部门，近日印发了《关于国有金融企业积极做好疫情防控捐赠有关事项的通知》，鼓励国有金融企业积极履行社会责任，根据疫情防控需要实施捐赠，并明确相关政策措施。截至 2 月 13 日，全省国有金融机构疫情防控捐赠金额合计 8926 万元，其中兴业银行、省农信联社、兴业证券捐赠金额居前。

17 日，七举措推行“不见面”审批。

省发改委日前下发通知，提出七条举措做好疫情防控期间投资项目远程审批服务工作。大力推行投资项目（除涉密项目外）“不见面”审批在线办理，完善、畅通福建省网上办事大厅互联网端在线办理项目申报、进度查询功能，尽快完善网上出件功能，办件审批结束后应使用电子印章，同步按照规范要求生成电子证照、电子批文等审批结果文件，方便项目单位通过福建省网上办事大厅、闽政通 App 等获取审批结果。

17 日，多种交通陆续恢复。

从举行的省政府新闻发布会上获悉，我省将遵循“突出重点、统筹兼顾，分类指导、分区施策”的原则，在落实好疫情防控的基础上，坚持交通先行，满足群众务工返岗、日常出行的需求，支持企业复工复产，促进经济社会稳定发展。

19 日，6 部门联合出台暖企措施支持复工稳岗。

为解决企业复产的用工困难，经省政府同意，省人社厅、省工信厅、省教育厅、省财政厅、省交通运输厅、省卫健委联合下发通知，出台一系列暖企措施支持疫情防控期间复工稳岗。通知明确，切实发挥各级农民工工作领导小组办公室的统筹协调作用，加强劳务用工有效对接，对具备外出务工条件、可成规模输送到我省用工地，并在出行前14天内及在途没有相关症状的，可由用工地和输出地联合开展“点对点、一站式”直达企业的专门运输。省级公共就业服务机构可与主要劳务输出省份签订劳务协作协议、设立劳务协作工作站，对每个工作站给予一次性10万元就业服务经费补助。鼓励优先聘用本地劳务人员。未经省应对新冠肺炎疫情工作有关机构确认的疫情防控急需物资生产企业引进劳动力的，一次性用工服务奖补标准最高提到每人2000元。对上述企业坚持在生产一线工作的职工，给予每人每天100元的生活补助，纳入一次性用工服务奖补范畴。对春节当月至疫情一级响应结束月，采取稳定职工队伍保持连续生产的企业，给予一次性稳就业奖补。

20日，省级国有经营性房产为中小企业等减免房租。

从支持企业复工复产、降低企业经营成本的角度，省财政厅、机关事务管理局联合印发《关于新冠肺炎疫情防控期间减免企业房租和做好防控资产保障工作的通知》，明确疫情防控期间省级国有资产类经营性房产可减免相应的房租。承租省级国有资产类经营性房产的中小企业和个体工商户（不含国有独资、控股企业），可免收一个月并减半收取两个月租金，减免租期为2020年2月1日至4月30日。承租企业应在5月31日前向出租的省直单位提出申请，并签订减免租金协议，报主管部门备案。

21日，我省印发通知要求全面复工复产全面恢复正常生产生活秩序。

我省应对新冠肺炎疫情工作领导小组综合协调、疫情防控、科研攻关及学校组印发通知，要求各地各部门各单位深入学习贯彻习近平总书记重要讲话重要指示批示精神，按照2月20日全省视频会议部署，切实把分区分级精准施策十个“不放松”要求抓实、抓细、抓落地，为全面复工复产、全面恢复群众正常生产生活秩序创造条件。

21日，全力推动重大水利项目复工复产。

省水利厅组织有关单位召开重大水利项目复工复产视频调度会，现场协调解决部分重点水利项目建设具体问题。会议现场视频连线罗源、永泰、永春、安溪等地，了解各地水利工程复工复产情况，并对霍口水库、“一闸三线”引水工程、马跳水库、白濑水库等项目进行视频调度。

21日，六部门发文对受疫情影响严重企业给予贷款贴息。

为扎实做好“六稳”工作，支持受疫情影响严重企业渡过难关，省财政厅、工信厅、商务厅、农业农村厅、地方金融监管局、人行福州中心支行联合印发通知，对受疫情影响严重的企业给予贷款贴息。贷款贴息支持的行业包括交通运输、餐饮、住宿、旅游等四大类。贴息范围为2020年6月30日前向困难行业企业新发放的，且单户余额不超过1000万元部分的优惠利率贷款，给予0.5个百分点贴息支持，期限不超过1年。

21日，省总工会助力企业复工复产。

福建省总工会办公室印发《福建省总工会关于组织动员职工坚决打赢疫情防控阻击战、助力企业复工复产的通知》。通知指出，福建省总工会将全力协助企业平稳有序复工复产。加大援企引工力度，拓展工会网上就业招聘渠道，通过网络积极为企业用工和职工求职牵线搭桥，提供网络就业咨询、就业指导、就业培训等服务。鼓励采取包车、包机、包专列或给予交通补贴等方式，引导、组织外地职工有序返岗复工。

25日，开发性金融助力福建交通战“疫”。

国开行福建分行与福建省高速公路集团有限公司签订《开发性金融支持福建高速公路集团战疫情稳投资战略合作协议》。省高速集团将继续做好疫情防控期间免收我省高速公路车辆通行费工作，促进福建经济社会秩序恢复、稳定发展。国开行福建分行发挥开发性金融逆周期调节作用和长期、大额、稳定的资金优势，与高速集团同舟共济、共克时艰，助力打赢疫情防控阻击战，切实保障全省高速公路项目建设及运营资金需求，确保全省高速重大工程和重点项目投资力度不减、任务目标不变；将通过加大资金规模保障、提供最优贷款条件以及优化计结息周期等方式，做好综合金融服务。此前，国开行福建分行已向省高速集团提供复工复产专项贷款等信贷支持20亿元，强化“保运转、保融资”支撑。

25日，全省高速公路恢复正常通行。

省交通运输厅消息，今日零时起，全省因疫情影响临时管制的高速公路收费站全部解除管制，恢复正常通行。公路查验点100%取消，交通运输秩序恢复正常。全省高速公路实行免费通行。高速服务区便利店、加油站正常运营，在符合疫情防控要求的前提下，各服务区餐饮档口将陆续恢复营业。

28日，确保完成今年省重点项目建设投资5005亿元。

经省政府同意，省发改委印发了2020年度省重点项目名单，确定省重点在建、预备项目共1567个，年内计划完成投资首超5000亿元。

28日，478个交通建设在建项目100%复工。

省交通运输厅消息，截至27日，全省478个交通建设在建项目全部恢复施工，其中高速公路13个、普通国省道92个、农村公路304个、水运工程53个、运输场站16个。下一步，全省交通运输部门将采取远程审批、电子招标等方式，保障今年计划开工项目审核审批和招标工作顺利开展，促进项目尽快开工。

28日，全省复工复产政银企融资对接会举行。

全省复工复产政银企融资对接会在福州举行。省有关部门和监管机构在会上进行了政策解读宣导，相关金融机构进行了融资产品业务推介，相关企业介绍了复工情况及融资需求。20家金融机构与40家企业现场签订合作协议，融资金额326亿元。

（摘编：王一星）

三月

1日，我省举办首届食品网交会。

为统筹推进疫情防控和食品企业复工复产，在省工信厅的推动下，首届福建省食品网交会于3月1日拉开帷幕，将持续到4月1日。活动期间，网交会将陆续推出品牌食品直播盛典、大宗食品食材网络供需对接会等系列网上产供销对接交易活动，旨在扩大我省生态食品、海洋食品、休闲食品、特色食品等品牌宣传和产品销售，将优质美味食品推广到全国乃至世界各地。

2日，我省确定实施乡村振兴战略十大行动。

省委实施乡村振兴战略领导小组日前印发《2020年福建省实施乡村振兴战略十大行动重点任务》，在全省组织实施特色产业发展、人居环境整治、乡村生态保护、文明乡风塑造、乡村治理提升、乡村民生改善、农村脱贫攻坚、人才科技支撑、农村改革创新、农村党建引领等十大行动，着力推进100项重点任务落实。此次确定的100项重点任务，每项均明确年度目标、责任单位，采取季度通报、年度报告、实绩考核等措施，及时跟踪掌握、协调调度工作进度，确保任务落地见效。

3日，补短板稳投资应急专项项目开始申报。

省发改委消息，统筹做好“六稳”工作，近日省发改委会同国开行福建分行设立融资总量500亿元的补短板稳投资应急专项，支持受疫情影响企业尽快复工复产，全力稳企业稳投资稳发展。目前，省发改委已会同国开行福建分行组织各地开展项目申报，对各地申报并纳入应急专项支持的项目，国开行将按照“特事特办、急事急办”原则，在服务团队、审批流程、贷款规模、授信条件、融资利率等给予专项优惠政策支持。

4日，“抗疫债券”持续落地，闽企发债规模大增。

省金融监管局消息，发债融资成为我省企业抗击疫情的重要抓手。今年头两月，全省企业在银行间市场和沪深交易所发债融资698.33亿元，同比增长67.1%。特别是1月22日新冠病毒疫情防控全面升级以来，至2月底，我省企业在银行间市场和沪深交易所发债融资共计406.13亿元，同比增长128.02%。

5日，工信部公示2020年大数据产业发展试点示范项目。

从福建省大数据管理局获悉，近日，工业和信息化部办公厅公示了2020年大数据产业发展试点示范项目名单，我省8家企业的项目上榜。

5日，我省确定2020年农产品质量安全工作要点。

省农业农村厅印发《2020年福建省农产品质量安全工作要点》，从加强风险防控、强化执法监管、着力提质保供、推进制度创新、提升条件保障、深化共治共享等六方面，确定了今年全省农产品质量安全工作要点。

5日，我省年度植树造林任务完成过半。

省林业局消息，截至3月5日，全省完成植树造林51.9万亩，占总任务90万亩的57.7%。

6日，莆田"屏对屏"签约40个项目。

莆田举行"开放·招商"全球云推介会暨招商项目线上签约活动，总投资547.6亿元的40个项目通过"屏对屏"方式进行线上签约。在主会场网络签约项目8个，投资总额270.5亿元，主要涵盖医疗健康、电子信息、高端装备、能源、化工新材料、数字经济等领域。

6日，我省已向1037家旅行社暂退保证金。

从福建省新冠肺炎疫情联防联控工作第十三场新闻发布会上获悉，疫情发生以来，我省文旅部门积极出台支持或惠及文旅企业的政策措施。其中，加快暂退旅行社质量保证金，要求各地务必于3月15日前完成，目前全省1191家旅行社已经完成1037家，暂退金额约2.45亿元。

9日，国家重大和省重点水利项目全部复工。

省水利厅消息，我省国家重大和省重点水利项目复工率100%。截至目前，全省4个"172"国家节水供水重大水利项目已全部复工，复工率100%；62个"省重点"水利项目中，除3个推进前期项目外，在建项目59个已全部复工，复工率100%；254个年度重大水利项目已复工250个，复工率98%。

10日，县级以上区域今年实现5G网络覆盖。

省通信管理局消息，我省将制定和优化建设5G计划，加快5G特别是独立组网建设步伐，争取把受疫情影响的进度抢回来，确保到2020年底全省建成5G基站2万个，实现县级以上区域（含重点乡镇）实现5G网络覆盖。我省已正式出台进一步支持5G网络建设和产业发展的十八条措施。

10日，全面开展安全隐患大排查大整治。

全省各地认真贯彻落实省委省政府省市县视频会议精神，全面开展安全生产和安全隐患大排查大整治。

13日，工信部复工复产联络工作组肯定我省复工复产工作。

工信部复工复产福建联络工作组与省工信厅在福州召开座谈会，沟通交流复工复产工作调研情况，共同研究近期工作重点和解决方案。自2月28日抵达福建以来，联络工作组深入全省九个设区市生产一线，调研指导企业、项目复工复产和疫情防控工作，走访调研投资超10亿元工业项目、单项冠军企业、专精特新"小巨人"企业及产业示范基地等70多家，收集地市、企业诉求和问题50多个，并快速通过部、省、市相关渠道推动解决。联络工作组对我省的复工复产工作给予肯定。

14日，海关总署与福建省政府签署合作备忘录。

省商务厅（口岸办）消息，近日，海关总署和福建省政府签署备忘录。海关总署将在支持福建营造良好口岸营商环境、促进贸易创新发展、推动两岸融合发展、支持原中央苏区革命老区以及重点平台和新业态发展等方面给予积极支持。福建省政府将在海关强化监管优化服务、强化打私工作、建设智慧海关、完善监管配套设施、提升人才队伍等方面为海关工作开展创造条件、提供保障。

16日，四部门排查整治土壤环境重点监管企业。

为打好土壤污染防治攻坚战，落实中央生态环保督察问题整改，省生态环境厅、自然资源厅、农业农村厅、工业和信息化厅等4部门日前联合下发《"守护净土"重点监管企业排查整治工作方案》，集中力量开展土壤重点监管企业排查整治专项行动，以188家省级土壤环境重点监管企业为主要对象，查清查明各类土壤环境重点污染源，解决土壤环境监管和风险防控中的老大难问题，逐步建立健全长效监管机制。

18日，平潭“云签约”25个项目，总投资139.6亿元。

平潭综合实验区2020年经济发展产业培育工程第一阶段招商项目“云签约”活动举行。活动采用“主会场+分会场+视频签约”的形式，“云签约”25个项目，总投资139.6亿元，涉及旅游文化康体、总部经济、传统产业升级、新兴产业等领域。

22日，我省下达中央和省级污染防治资金16.3亿元。

省生态环境厅消息，为全力保障疫情防控与复工复产“两不误”，我省在安排污染防治资金时向受疫情影响较重的县（市、区）和乡（镇、街道）倾斜，并加快清算下达2020年度重点流域生态补偿资金，切实保障各地污染防治资金需求，目前已安排下达中央和省级污染防治资金16.3亿元。生态环保专项资金重点支持开展应急监测和处置、加强饮用水水源地环境保护、垃圾填埋场地下水环境监管等，切实保障人居环境安全。

23日，我省口罩日产量突破2000万。

省发改委消息，截至19日，我省口罩日产量已突破2000万大关，达到2119万只，产能产量均位居全国前列。我省在四十多天内实现口罩产能产量跨越式增长，受到国家发展改革委肯定和表扬。

24日，全省重点排查整治六类建筑。

为深刻汲取欣佳酒店“3·7”坍塌事故血的教训，举一反三全力做好安全防范工作，坚决遏制重特大事故发生，根据省委、省政府部署，省政府办公厅印发方案，明确20日起在全省开展房屋结构安全隐患大排查大整治百日攻坚专项行动，一栋不漏一户不落，重点排查整治六类建筑。

25日，今年投资6亿元推进27个县连片开展农村生活污水治理。

省生态环境厅、住建厅、农业农村厅、卫健委日前联合下发《福建省2020年农村生活污水治理实施方案》，明确今年将完成年度有效投资6亿元，推进永泰等27个县（市、区）、358个村庄连片开展农村生活污水治理。358个村庄中，福州26个、漳州63个、泉州36个、三明47个、莆田37个、南平28个、龙岩20个、宁德86个、平潭15个。同时，福清、诏安、南安等地开展农村黑臭水体治理试点，促进农村生态环境明显改善。

29日，全省林业产业化龙头企业复工率99%

省林业局消息，全省325家林业产业化龙头企业，已有322家复工，复工率达99%以上。

30日，今年我省投资53亿元“升级”农村电网。

国网福建省电力有限公司消息，今年，该公司将完成农村电网投资53亿元，进一步缩小城乡用电差距，助力我省决战决胜脱贫攻坚。至2019年底，我省农村户均配变容量达3.3千伏安，已达到小康用电标准。

30日，我省中小企业复工率近七成。

省工信厅消息，根据工信部近期对220万户使用云平台的中小企业监测初步测算，我省中小企业复工率为68.9%，高出全国7.4个百分点，位居全国前列。全省规上工业企业复工率达99.7%，同样居全国前列。

（摘编：王一星）

四月

2日，我省部署做好防汛抗旱工作。

在收听收看全国防汛抗旱工作电视电话会议后，我省立即动员部署贯彻落实工作。

3日，省属国企复工率超过99%。

福建省新冠肺炎疫情联防联控工作第十八场新闻发布会消息，截至3月31日，省国资委监管的各级企业已复工1037家，复工率超过99%，其中生产型企业复工率为100%；复工人数超过20万人，已超过疫情前在岗员工数。

3日，省农信联社与海交中心签订股权登记托管合作协议。

福建省农村信用社联合社与海峡股权交易中心签订商业银行股权登记托管合作协议。股权登记托管是区域性股权市场基础业务，也是推进建立现代企业制度，规范企业法人治理结构，实现企业产权资本证券化的重要基础和途径。我省非上市金融机构股权托管工作开局良好，目前泉州农商行、莆田农商行等7家试点金融机构已完成股权在海峡股权交易中心的集中登记托管，累计托管股本158亿股，托管股东人数约1.2万人。

3日，今年福建电网建设开工规模创历史新高。

福建省电力有限公司消息，一季度，福建电网建设新开工35千伏及以上项目45项、投产35千伏及以上项目37项，其中提前开工项目9项，提前投产10项，超额完成计划，开工复工成效初显。据悉，今年国网福建电力计划开工35千伏及以上电网项目267项，开工规模创历史新高。

6日，110家企业获专利权质押贷款贴息支持。

省财政厅消息，为支持企业通过专利权质押方式获取贷款，促进专利权市场化运用，近日，省财政厅下达专项资金1715万元，对符合条件的110家企业予以贴息支持。

8日，今年我省从五方面推进海洋强省建设。

省发改委消息，今年，我省从五方面加大力度推进海洋强省建设。一是推进海洋经济发展示范，加快建设福州、厦门市海洋经济发展示范区。二是推进海洋产业高质量发展，重点是深化海洋渔业“蓝色”转变，推动临海工业优化升级，培育壮大海洋新兴产业，大力发展滨海旅游业。三是推进涉海基础设施建设，重点是加快完善港航设施，构建港口集疏运体系，提升防灾减灾设施水平。四是推进海洋科技创新，重点是强化重大创新平台支撑，实施重大科技创新工程，畅通科技成果转化渠道。五是推进海洋生态建设，重点是努力推动解决项目用海问题，抓好海洋生态修复和污染防治，加强渔业资源保护和恢复。

8日，第三届数字中国建设峰会筹备顺利。

省发改委消息，福建省发改委、数字办会同省网信办、福州市政府正在有序开展第三届数字中国建设峰会筹备工作，总体进展顺利。

8日，我省率先开展海水养殖赤潮指数保险。

省渔业互保协会消息，我省在全国率先开展海水养殖赤潮指数保险，为渔民提供更多风险保障。该保险采取指数化的理赔方式，无需现场查勘，渔民只需通过福建省海洋与渔业局官方网站发布的赤潮检测信息明确赤潮面积和赤潮属性，即可快速获得保险赔款。

11日，我省全面推行个体工商户全程智能化登记。

为更好地推进大众创业万众创新，省市场监督管理局日前印发《关于在全省推广个体工商户全程智能化登记的通知》，提出全面推行个体工商户全程智能化登记。这意味着今后在福建申办个体工商户，只需在手机上操作就能随时随地轻松完成全部流程。

12日，张志南接受中央纪委国家监委纪律审查和监察调查。

据中央纪委国家监委网站4月12日消息，福建省委常委、副省长张志南涉嫌严重违纪违法，目前正接受中央纪委国家监委纪律审查和监察调查。

13日，省级财政支持做好粮油储备。

省级财政预拨专项资金4.86亿元，用于省储备粮有限公司承担粮油储备任务所需的保管、轮换费用，以及轮换所需资金的贷款利息等，支持做好省级粮油储备工作。

14日，3月末福建省存贷款增速创近年新高。

人行福州中心支行消息，2020年3月末，福建省金融机构存贷款增速均创近年来新高，在支持实体经济复工复产中发挥出显著的支撑与提振作用。3月末，福建省各项贷款余额55570.86亿元，同比增长14.39%，增速创近5年来新高，较全国高2.07个百分点。一季度累计增加2930.04亿元，相当于去年全年增量的50.35%，同比多增1172.50亿元。

19日，财政部给予世行亚行贷款项目利费减免。

省财政厅消息，近日，财政部根据我省项目偿还世行、亚行贷款债务情况，给予福州南台城市交通等4个项目贷款利费减免，减免额16.71万美元，折合人民币约118.2万元。这是财政部为鼓励债务单位及时还款给予的减免奖励。

19 日，3 月省重点项目完成投资 429 亿元。

省发改委消息，3 月我省重点项目完成投资 429 亿元，占年度计划投资的 8.6%，超序时进度 0.3 个百分点，完成投资额同比增长 4%。

20 日，我省提前完成排污许可清理整顿工作。

省生态环境厅消息，4 月 20 日，我省提前 10 天完成 33 个行业 14589 家企业排污许可清理整顿工作，成为全国率先完成清理整顿任务的 6 个省份之一。

21 日，加速回暖，企稳向好。

省统计局发布了今年一季度我省经济运行情况：初步核算，一季度我省实现地区生产总值 8999.09 亿元，按可比价格计算，同比下降 5.2%。其中，第一产业增加值 443.95 亿元，增长 2.2%；第二产业 4008.27 亿元，下降 8.8%；第三产业 4546.87 亿元，下降 2.0%。总体看，虽然我省一季度主要经济指标出现下滑，但 3 月份主要经济指标降幅已明显收窄，一季度我省一产稳定、二产回暖，新经济新业态新模式加快成长，经济发展加速回暖、企稳向好。

21 日，我省确定籼稻谷最低收购价。

根据国家发改委、财政部、农业农村部、国家粮食和物资储备局、中国农业发展银行《关于公布 2020 年稻谷最低收购价格的通知》精神，经省政府同意，省发改委等五部门日前发布 2020 年我省籼稻谷最低收购价。其中，早籼稻为每 50 公斤 121 元，中晚籼稻为每 50 公斤 127 元。

21 日，省商务厅与建行深化“两稳一促”合作。

省商务厅与建设银行福建省分行深化战略合作签约仪式暨建行“百千万”金融行动启动会在福州举行。根据协议，省商务厅与建设银行福建省分行将围绕“稳外贸、稳外资、促消费”，在深化自贸试验区改革创新、稳住外贸基本盘、拓展外资服务新方式、助力拉动消费市场、提振商贸流通、支持闽企“走出去”、聚焦单一窗口线上服务、拓宽普惠金融覆盖、推动资源对接共享等 9 个方面深化战略合作。建设银行福建省分行将提供不低于 100 亿元的意向性融资，重点支持省百大外贸及疫情防控外贸企业；与中信保福建分公司签署“信保贷 + 白名单政策”专项合作协议，支持外贸企业开拓国际市场；推出 20 条措施助力百行万企、千家万户复工复产、复商复市。

24 日，福建：进一步加强复工复产疫情防控常态化工作。

为深入贯彻落实习近平总书记关于统筹推进疫情防控和经济社会发展工作的重要讲话重要指示批示精神，我省日前发布《关于进一步加强复工复产疫情防控常态化工作的通知》，牢牢坚持外防输入、内防反弹，毫不放松抓好复工复产后常态化疫情防控各项措施，积极引导人民群众做好必要防护，不断巩固疫情持续向好形势，加快推进生产生活秩序全面恢复。

24 日，福建 30 个部门开展口岸联防联控工作。

下午，由福州海关、厦门海关、福建省商务厅（口岸办）牵头组织，福建省外事办、税务局、厦门边检总站等 30 个部门（单位）通过“云签署”方式，共同签署了《福建省口岸安全风险联合防控机制》。此举旨在加强信息共享、拓展联合研判、密切协同配合，提升福建省口岸安全风险联合防控能力。

25 日，发力新基建，抢占新风口。

省数字办公布省数字经济年度重点建设项目，其中数字新基建项目 52 个，总投资 729 亿元，年度计划投资 286 亿元；在今年确定的省重点建设项目中，一批新基建项目格外引人注目。

26 日，我省“点对点”接回返闽返企农民工 7.84 万人。

省人社厅消息，作为农民工输入大省，为缓解疫情期间企业复工复产“用工难”，我省在全国较早开展农民工返岗复工“点对点”“一站式”服务保障工作，自 2 月 13 日至 4 月 20 日，全省累计包机（专线）87 架次（包机数量名列全国第一）、专列（专厢）18 趟次、专车 3246 辆次，接回返闽返企农民工 7.84 万人，有效服务企业复工复产。

26 日，一季度全省新登记企业增长 12.48%

省市场监管局消息，今年一季度，全省新登记企业 58636 户，同比增长 12.48%；企业实有 143.02 万户，同比增长 13.21%。

26 日，省十三届人大常委会第十八次会议决定免去张志南副省长职务。

今天福建省第十三届人大常委会第十八次会议在福州召开。鉴于张志南涉嫌严重违纪违法，会议决定，免去张志南的福建省人民政府副省长职务。

26日，一季度全省九大工业行业增加值保持增长。

省统计局消息，今年一季度，全省九大工业行业增加值保持增长。分别是：烟草制品业同比增长16.8%，化学纤维制造业增长12.8%，石油加工炼焦和核燃料加工业增长9.7%，有色金属矿采选业增长7.5%，化学原料和化学制品制造业增长1.3%，水的生产和供应业增长4.9%，有色金属冶炼和压延加工业增长5.2%，黑色金属冶炼和压延加工业增长3.4%，医药制造业增长0.4%。

27日，福建：做好“六稳”落实“六保”四十三条措施抓紧抓实抓细抓到位。

我省出台《关于扎实做好“六稳”工作落实“六保”任务的实施方案》，坚持稳中求进工作总基调，坚持新发展理念，坚持以供给侧结构性改革为主线，在抓紧抓实抓细抓到位上下功夫，努力克服新冠肺炎疫情带来的不利影响，在常态化疫情防控中全面推进复工复产达产，恢复正常经济社会秩序。

27日，我省对在建工程项目开展拉网式排查，确保农民工按时足额获得报酬。

省人社厅消息，福建省根治拖欠农民工工资工作领导小组办公室（简称省治欠办）日前下发通知，明确各地于4月15日至5月15日对全省所有规模以上在建工程项目开展拉网式排查，推进各项工资支付保障制度的有效落实，确保农民工按时足额获得劳动报酬。

28日，水系连通及农村水系综合整治试点名单公布。

省财政厅消息，财政部、水利部日前公布第一批55个水系连通及农村水系综合整治试点县（区、市）名单，我省建宁县、南安市、莆田秀屿区被列为试点，试点期限为2020—2021年。中央财政将采取先建后补、奖补结合的方式给予支持，目前已下达资金1.25亿元。

30日，这十六类项目列入2020年省数字经济发展专项资金扶持。

省数字办、省财政厅下发关于组织申报2020年省数字经济发展专项资金5G产业、人工智能、卫星应用、平台经济、物联网、数字丝路等六个专项项目的通知，明确提出重点扶持的16类项目。

（摘编：游学荣）

五月

2日，五一假期首日，我省旅游市场平稳有序。

省文旅厅消息，五一假期首日，我省景区视频监测系统全天候监测85家4A级及以上景区，该厅派出的10个工作组共暗访检查16家景区。从检查情况看，各地未出现游客集聚问题，未发生安全事故及重大投诉，全省旅游市场整体平稳有序。

2日，我省成立运行11个农业科技创新专业联盟。

从福建省农业科技创新联盟2019年度总结会议暨2020年工作会上获悉，我省已成立并运行福建省茶叶产业技术创新联盟、福建省水果产业技术创新联盟等11个专业联盟，筹备成立4个专业联盟。福建省农业科技创新联盟由省农业农村厅、省农科院、福建农林大学共同发起成立，由全省农业农村行政管理部门、农业科研机构、高校、农业技术推广机构及新型农业经营主体等共同组成，旨在解决农业科技资源条块分割、创新力量碎片化问题。自2019年7月20日成立以来，福建省农业科技创新联盟及各专业技术联盟实施106个科技示范推广项目，服务重点企业等新型经营主体329个，示范推广新技术、新品种784个，解决区域产业重大、关键技术瓶颈和企业技术难题307项。示范辐射面积58.75万多亩，带动社会经济效益10.12亿元。帮扶返乡创业青年人数113人，举办技术培训班62期，培训技术人员和农民5300

余人。

4 日，福建省补贴性职业培训管理平台全面试运行。

省人社厅消息，为全面完善补贴性培训实名制信息管理，加强职业技能提升行动专账资金监管，“福建省补贴性职业培训管理平台”日前在全省范围内上线推广试运行，实现培训项目全覆盖、培训参与全实名、培训补贴全流程、培训管理全监管、数据统计全支撑。

5 日，省财政厅下达今年再融资债券额度 350 亿元。

省财政厅消息，为缓解市县偿债压力，近日，省财政厅下达市、县（区）2020 年再融资债券额度 350 亿元，比上年增长 210%。再融资债券用于偿还对应的到期政府债券本金，有利于支持市、县（区）腾出更多资金用于统筹疫情防控和经济社会发展，推动做好“六稳”工作，落实“六保”任务。

6 日，厦门成立首家涉海企业院士专家工作站。

厦门蓝海天院士专家工作站在美丽的厦门集美湖畔揭牌。这是厦门市成立的首家涉海企业院士专家工作站，中国工程院院士金翔龙出席仪式。院士专家工作站是中国科协为推进产学研联合所实施的创新人才政策，是服务经济社会发展、服务企业技术创新的开创性工作。

6 日，助力稳外贸，跨境电商加速跑。

今日公布的最新一批跨境电子商务综合试验区中，我省漳州、莆田、龙岩入列。加上此前已在试点之列的厦门、福州、泉州，我省跨境电商综试区已达 6 个。今年以来，先后受国内、国际新冠疫情影响，传统外贸方式受到冲击，但跨境电商等新业态增速显著，成为稳外贸的“利器”之一。据福州海关统计，一季度，在全省货物贸易进出口总额下降 3.6% 的背景下，福建省企业通过海关跨境电商管理平台进出口增长 7.7 倍。

6 日，省级农产品质量安全监督抽查总体合格率 98.8%。

省农业农村厅消息，2020 年第一次省级农产品质量安全监督抽查总体合格率 98.8%。本次监督抽查随机抽检了福州、宁德、莆田、泉州、漳州、三明、龙岩、南平等 8 个设区市和平潭综合实验区的 238 个种植基地、73 个畜禽养殖场和 15 个生猪屠宰厂（场），对象为农产品生产企业、农民合作社、家庭农场，抽检蔬菜、水果、食用菌、禽肉、禽蛋和生猪尿样等 6 大类产品，检测农药兽药残留参数 84 项，抽检样品 924 个。

7 日，产业链强，园区经济韧性足。

面对疫情影响，集中了全省绝大多数规上工业企业的各工业（产业）园区，通过龙头牵引、产业链协同、持续上新项目等硬招，保持了稳健的发展势头。

10 日，省财政下达第二批中央财政专项扶贫资金 6.09 亿元。

省财政厅消息，为积极应对疫情影响，决战决胜脱贫攻坚，省财政在下达第一批中央专项扶贫资金 5.64 亿元的基础上，日前又下达第二批中央专项扶贫资金 6.09 亿元，重点支持老区苏区脱贫奔小康。

11 日起，海关扩大自助打印原产地证书范围。

福州海关消息，自 11 日起，海关扩大自助打印原产地证书范围，在原有 15 种自助打印原产地证书基础上，增加输印尼和新加坡的《中华人民共和国与东南亚国家联盟全面经济合作框架协议》项下原产地证书以及输印度的《亚洲—太平洋贸易协定》项下原产地证书为可自助打印证书。

12 日，我省扎实推进安全隐患大排查大整治。

省安办消息，自 3 月 10 日我省各领域全面开展安全隐患大排查大整治以来，截至目前，全省各地共派出执法人员 54 万人次，组织开展执法检查指导服务 18.4 万次，检查单位和场所（含房屋）250.2 万家次，排查发现隐患 27.2 万项，其中重大隐患 3544 项，已完成整改 21.4 万项，责令限期整改单位（场所）3.8 万家，停业整改 1223 家，关停取缔 291 家，行政处罚 1341.14 万元。

13 日，助力企业逆势而上，福建打出“组合拳”。

疫情之下，保市场主体就是保发展。为助力企业逆势而上，我省加快落实好中央和省里出台的各项政策措施，瞄准资金、市场等痛点，进一步补齐政策链条，带动经济企稳向好。数据显示，到 3 月底，全省规上工业企业产能已基本恢复到去年同期水平。

13日，国家发改委发布数字化转型伙伴行动倡议。

国家发改委发布数字化转型伙伴行动倡议，福建省第一时间响应，6家企业成为第一批联合倡议方，共同发布《数字化转型伙伴行动倡议》。我省参与联合发布的6家企业为：福州物联网开放实验室有限公司、福建中海创科技有限责任公司、南威软件股份有限公司、福建星网锐捷通讯股份有限公司、西人马联合测控（泉州）科技有限公司、嘉泰数控科技股份公司。

14日，以精准化防控推进文旅场所安全有序开放。

为贯彻《国务院应对新型冠状病毒感染肺炎疫情联防联控机制关于做好新冠肺炎疫情常态化防控工作的指导意见》，近日，我省印发《关于做好文化旅游场所新冠肺炎疫情常态化防控和安全有序开放工作的实施意见》，加强文化旅游场所新冠肺炎疫情常态化防控工作，提高常态化防控条件下的精准化水平，推进文旅场所安全有序开放。

15日，前四月福建实际使用外资同比增长23.8%。

在全球疫情迅速蔓延、经济下行压力增大、供应链阻断等因素下，福建外资持续逆势保持较大幅度增长。从商务部门、统计部门获悉，今年1—4月，全省实际使用外资139.8亿元人民币，同比增长23.8%，完成全年目标43%，超序时进度9.7个百分点。

15日，激活产业链，蓄力再前行。

保产业链稳定，就是守住经济基本盘。面对新冠疫情影响，我省通过破难点、除痛点、疏堵点，推动龙头企业率先复工复产，从而带动产业链上下游协同运转。创新赋能和项目带动，让产业链更具韧性和活力。如今，在八闽大地，蓄力满满的福建制造正全速开动。

17日，打通惠企纾困政策落地全链条。

疫情发生后，省“政企直通车”迅速开展“复工复产暖心行动”，全国率先上线“政策诊断”助手，精准推送各项惠企政策；24小时热线覆盖全省，快速分办，全程跟踪协调各项“政策落实”诉求。自2月开展专项行动以来，“政企直通车”累计办理企业来件7000多件，办结率99.6%。建立标准化办理流程，形成政策促落实“闭环”，加速推动复工复产政策兑现，增强企业获得感。

17日，我省设立10亿元政策性优惠贷款风险分担资金池。

省财政厅消息，我省整合设立规模10亿元的省级政策性优惠贷款风险分担资金池，支持符合条件企业融资，并出台相关管理办法，对资金池资金的使用和管理进行规范。政策性优惠贷款风险分担资金池由省财政整合相关部门资金设立，主要用于支持小微企业贷款、科技型企业贷款、外贸、商贸、“三农”、线上经济企业贷款和其他政策性优惠贷款。纳入风险资金池分担范围的企业以小微企业为主，单户贷款规模原则上控制在1000万元以内。

18日，4月份我省经济继续向好。

省统计局发布了4月份我省的经济运行数据。数据显示，随着疫情得到有效控制，以及我省“六稳”“六保”政策措施实施效果的持续显现，4月全省国民经济主要指标较一季度有不同程度好转，部分指标当月转正。

19日，互联网银行两巨头加盟福建“银税互动”。

福建省助力小微企业复产复工银税互动座谈会上，省税务局分别与浙江网商银行股份有限公司、深圳前海微众银行股份有限公司签订“征信互认　银税互动”协议，标志着互联网银行两大巨头正式加盟“福建银税互动平台”。

21日，推动福建茶产业持续健康发展。

国家主席习近平向“国际茶日”系列活动致信表示热烈祝贺，在我省干部群众和茶界人士中产生热烈反响。大家表示，要认真贯彻落实习近平总书记的致信精神，推动福建茶产业持续健康发展，深化茶文化交融互鉴，让更多的人知茶、爱茶，共品茶香茶韵，共享美好生活。

21日，坚守福建“茶道”，多彩闽茶香飘万里。

5月21日是联合国确定的首个“国际茶日”，国家主席习近平向“国家茶日”系列活动致信表示热烈祝贺，在我省各茶叶产区产生热烈反响。在福鼎市举行的首个“国际茶日”福建主会场活动现场，春茶飘香，以福鼎白茶制作的首个“国际茶日”纪念砖正式发售。安溪、武夷山、大田等各茶叶主产区也纷纷组织开展形式多样的“福茶”宣传、“福茶”体验、“福茶”消费等茶事活动。

22日，中国（福建）国际贸易单一窗口4.0版正式上线。

中国（福建）国际贸易单一窗口4.0版正式上线。副省长郭宁宁到场见证。中国（福建）国际贸易单一窗口是我省落实“数字福建”建设，推进跨境贸易便利化的重点项目。本次上线的4.0版，突出提供全链条一体化服务，应用大数据、人工智能和区块链等新一代技术，全面汇聚融合进出口业务流、货物流、信息流、资金流，实现关、港、贸、税、银一体化全链条运作，使贸易更加简单、更智能，贸易数据共享更加透明、互信，推进了通关、税务及金融服务等领域的管理创新。

22日，省领导赴龙岩市调研农业农村工作。

21至22日，副省长李德金带领省直有关部门负责人，前往长汀、武平、连城等地调研农业农村工作，实地察看了易地扶贫搬迁和产业就业扶贫、特色畜禽保种扩繁、农村人居环境整治、房屋安全隐患排查整治等工作情况，并在连城县召开挂钩帮扶工作座谈会。

27日，“云端”办展会，助力稳外贸。

27日，我省商务部门启动外贸云展会，福建品牌“上线出海”之旅开启，我省外贸企业“线上”开拓市场再添新平台，为传统外贸转型创造契机。

28日，福建提前两年完成“十三五”农村环境综合整治任务。

省生态环境厅消息，我省提前两年完成“十三五”农村环境综合整治任务，农村生活污水治理率达66.5%，畜禽粪污综合利用率达88%。在生态环境部、农业农村部日前联合召开的推进打赢净土保卫战和农业农村污染治理攻坚战视频会议上，福建作典型发言。

28日，福建省信创生态适配测试中心正式启动。

福建省信创生态适配测试中心启动仪式在长乐区滨海新城东南健康医疗大数据中心隆重举行，工信部电子五所副所长王蕴辉、省电子信息集团董事长宿利南等8位嘉宾共同按下启动按钮，开启我省信创产业生态建设的又一里程碑，王蕴辉、宿利南为福建省信创科技有限公司揭牌。省工信厅、机要局、大数据委及福州新区管委会、长乐区委等单位领导出席活动，华为、统信软件、麒麟软件、龙芯中科、天津飞腾、无锡先进技术研究院、上海兆芯等23家合作企业共同参加。

29日，福建两个500千伏输变电工程提前30天开工。

国网福建省电力有限公司投资的集美500千伏输变电工程和棠园500千伏输变电工程比原计划提前30天开工建设，这两个项目都是国家电力发展“十三五”规划项目、福建省重点项目。

31日，我省“五个一批”项目首季正向激励资金下达。

省财政厅消息，为支持我省“五个一批”产业项目实施，进一步提高项目建设质量效益，近日，省财政厅下达第一季度项目正向激励奖励资金2500万元，对固投增速、新开工战略性新兴产业项目数等指标综合考评较好的福州、厦门、龙岩分别奖励500万元，对马尾区、罗源县、鼓楼区、翔安区、大田县、泰宁县、石狮市、顺昌县、福安市、新罗区十个县（市、区）分别奖励100万元。

31日，我省开出全国首张跨省缴纳交通罚款电子票据。

省财政厅消息，四川的李先生通过招商银行手机App缴纳了一笔此前在福建收到的现场交通违法罚单，5月30日，他通过“福建财政”微信公众号中“福建省非税收入和财政电子票据公共服务平台”获得一张《福建省非税收入电子票据》。这是我省第一张交通违法罚款电子票据，也是全国首张跨省缴纳交通违法罚款电子票据。

31日，交通建设工程质量安全监督条例（草案）提交一审。

《福建省交通建设工程质量安全监督条例（草案）》提交省人大常委会会议一审。

（摘编：游学荣）

六月

2日，渔民投保“渔业互保”雇主责任附加险有保费奖励。

省财政厅会同省海洋与渔业局、渔业互保协会印发通知，为防止渔民因灾返贫，充分发挥渔业互助保险的风险保障作用，对自愿投保渔业互助保险雇主责任附加险的渔民，在0—35万元（含）额度内，由省级财政给予投保渔民对应保费10%的投保奖励。此前我省已向沿海渔船渔工和远洋渔船船员投保雇主责任互助保险给予40%的保费补贴。

5日，生态“高颜值”再交亮丽答卷。

在6月5日世界环境日到来之际，我省发布的2019年生态环境状况公报显示，全省主要河流水质比全国平均水平高21.6个百分点；PM2.5浓度24微克/立方米，比全国平均浓度低三分之一；森林覆盖率继续居全国首位。

6日，数字经济成为我省高质量发展新引擎。

省经济信息中心日前发布2019年福建省数字经济发展指数（简称FJDEI指数）评价结果：全省数字经济发展指数达72.09，数字经济规模突破1.7万亿元，增速近20%，占全省GDP比重超过40%。数字经济成为我省经济高质量发展的新引擎。

6日，首趟“全福游 有全福”旅游专列开行。

7时30分，Y585次空调列车从宁德站始发，满载着700余名游客开始了为期2天的长汀欢乐之行。这是我省自疫情后开出的首趟专列，也标志着“全福游 有全福”旅游专列系列活动拉开序幕。

7日，福建好货永久IP启用，10县（市、区）长接力带货。

7日起，由福建省发改委、福建省数字办联合字节跳动共同发起的“闽山闽水物华新”大型福建直播带货栏目，将在抖音平台上正式上线。届时，主办方将借助抖音的数据、技术、流量、影响力优势，共同打造省级特色产品电商专属IP，通过直播助力经济复苏、拉动消费、推广特色产品。系列直播带货活动将从6月7日起持续到8月中旬。

7日，我省第一批政府债券资金全部拨付至项目。

省财政厅消息，为有效拉动投资，推动重点领域和重点项目建设，我省从债券资金使用的各环节加快兑现进度。截至5月底，今年我省第一批政府债券资金612亿元，已全部拨付至项目单位，进度居全国前列。

8日，我省首笔“总对总”政府性融资担保业务落地。

省财政厅消息，我省首笔“总对总”政府性融资担保业务落地，三明市国有融资担保公司为兴业银行三明分行发放的中小微企业纾困贷款280万元提供担保，贷款企业无需提供反担保。“总对总”担保模式是政府性融资担保机构与银行业金融机构为加快落实企业纾困资金贷款，缩短审批时间所采取的一项创新担保模式。

10日，我省开展专项整治“利剑”行动。

省农业农村厅印发《福建省2020年农产品质量安全专项整治“利剑”行动方案》，决定在全省组织开展农产品质量安全专项整治“利剑”行动，聚焦农产品种植养殖过程中质量安全管控不规范、违法使用禁用药物和非法添加物、农药兽药残留超标等问题，严厉打击农产品质量安全领域的违法违规行为，坚决守住农产品质量安全底线。本次整治行动主要围绕“利剑1号”“利剑2号”两大行动开展。本次“利剑”行动将持续至今年底。

12日，1—5月省重点项目完成投资量同比正增长。

省发改委消息，我省重点项目复工后施工负荷持续加大、投资进度加快。截至5月底，省重点项目累计完成投资2047亿元、占年度计划的40.9%，同比增长3%。其中，5月份省重点项目完成投资542亿元、占年度计划的10.8%，达到当月投资任务要求。

12日，省财政厅汇编发布财政惠企政策指南。

省财政厅向社会发布了《2020年福建省省级财政惠企政策指南》。《指南》梳理汇编的财政惠企政策共13类74项，涉及企业资本金类2项、企业认定类11项、企业基建类1项、企业技改类5项、企业科研类5项、企业人才类3项、企业社保类9项、企业融资类13项、企业税收类6项、企业非税类5项、企业商务类4项、企业政府采购类5项、其他类5项。

14日，福建首个海岛造林绿化提升规划通过评审。

由省林业局委托省林业调查规划院编制的《湄洲岛造林绿化提升建设规划（2020—2025年）》，近日通过专家组评审。该规划是我省首个完成编制的海岛造林绿化提升规划。

15日，“数字福建”闯新路。

省发改委组织省经济信息中心发布2019年福建省数字经济发展指数（简称FJDEI指数）评价结果。结果显示，我省2019年数字经济规模突破1.7万亿元，增速近20%，占全省GDP比重超过40%——数字经济已成为我省经济高质量发展的新引擎。

19日，5月份我省工业生产继续回升。

省统计局发布数据显示，5月份，全省规模以上工业增加值同比增长6.3%，分别比3月份和4月份加快2.7个和1.8个百分点。1—5月，全省规模以上工业增加值同比下降1.3%，降幅比1—4月收窄2.2个百分点。

19日，我省5月份社会消费品零售总额实现正增长。

省统计局发布数据显示，5月份，随着疫情防控形势持续向好，企业复商复市扎实推进，居民生活秩序有序恢复，特别是在扩大内需、促进消费等多项政策推动下，消费市场持续回暖。5月份社会消费品零售总额今年首次实现正增长，由4月份的同比下降1.1%转为同比增长3.1%（名义增长，下同）。1—5月，全省实现社会消费品零售总额7020.79亿元，下降7.3%，降幅比1—4月收窄2.5个百分点。

20日，全省固定资产投资降幅收窄。

省统计局发布数据显示，1—5月全省固定资产投资同比下降5.9%，降幅比1—4月收窄4.6个百分点。民间投资降幅也呈现继续收窄的趋势。1—5月，我省民间投资下降5.2%，降幅比1—4月收窄4.9个百分点。

20日，今年我省首个区域协作旅游推介活动举办。

今年福建首个区域协作旅游推介活动——“闽西南e家人”旅游产品发布会及公众销售会在厦门举办。厦门、漳州、泉州、三明、龙岩五市文旅局组织376家文旅企业通过线上云发布，展示了615款特色旅游产品，其中有50家企业到厦门开展现场展销，为闽西南区域文旅消费市场注入活力。

21日，前5月我省进口逆势增长。

进博会溢出效益持续显现，来自海关的统计数据显示，今年前5个月，我省进口额达1989.8亿元，居全国第7位，同比增长3.7%，好于全国平均水平8.9个百分点，增幅居全国前7大外贸省市第一位。

21日，我省多举措推进降费助企减负。

省发改委消息，我省多举措推进降费，助企减负。一是降低用电成本。二是降低用气成本。三是加大价格临时补贴力度。四是持续落实港口降费政策。

22日，全国首台千吨级高铁箱梁运架一体机在福厦高铁投入使用。

9时28分，红色的高铁箱梁运架一体机将1000吨箱梁成功架设到新建福州至厦门高铁湄洲湾跨海大桥的桥墩上，标志着全国首台千吨级高铁箱梁运架一体机投入使用，宣告我国高铁装备制造和施工水平获得又一重大突破。这台1000吨级流动式架桥机是目前我国自主设计制造的功能最全的高铁桥梁提运架设备，集提梁、运梁、架梁于一体，能够满足24米、32米、40米不同跨度的高铁箱梁施工作业，具有智能化程度高、多用途等特点。

27日，机制砂产业迎来商机。

为解决建设用砂短缺问题，去年我省出台了《福建省保障建设用砂规范发展指导意见》，要求加快机制砂矿山选址出让，坚持高标准开采和高质量生产。据测算分析，2019至2021年全省建设用砂预测需求总量约为3.3亿立方米，年均约1.1亿立方米（其中用于钢筋主体结构用砂7600万立方米，用于工程回填等非结构用砂3400万立方米)，而我省河砂开采年度控制总量仅700万立方米左右，既有机制砂年产能约2000万立方米，缺口大。

29日，我省“2020年全国节能宣传周”启动。

上午，我省在宁德市举办2020年全国节能宣传周启动仪式。与此同时，其他设区市也组织开展了内容丰富、形式多样的节能宣传活动。启动仪式上，开展了节能宣传周主题签名，节能法律法规、政策标准咨询以及有奖答题宣传，节能新产品新技术推广等活动。数据显示，今年一季度全省单位GDP能耗下降3.88%，能耗增速下降8.83%，继续保持在合理区间。

29日，2020年九龙江流域河湖长制工作视频会议召开。

2020年九龙江流域河湖长制工作视频会议在龙岩召开。副省长、副总河长兼九龙江流域河长林宝金出席会议并讲话。会前，林宝金带领省直有关部门和有关市、县（区）政府负责人前往漳州九十九湾、龙岩小溪河、铁山污水处理厂及马坑矿业开展调研检查。

29日，“惠企政策进百园入万企”省级专场线上活动举行。

省促进中小企业发展工作领导小组办公室（省工信厅）在福州举办第四个“中小微企业日”暨“惠企政策进百园入万企”省级专场线上活动。本次活动旨在帮助我省中小微企业应对疫情影响，推动各项惠企政策有效落地，营造全社会共同关心关注中小微企业发展的浓厚氛围。活动共吸引超过14万人次在线观看。

30日，中央财政加大对我省县级基本财力保障奖补力度。

省财政厅消息，为帮助基层政府有效应对疫情冲击影响，增强县级政府“保基本民生、保工资、保运转”能力，近日，财政部下达我省2020年县级基本财力保障机制奖补资金68.59亿元，比上年增长17.1%。奖补资金主要用于支持县级政府保障“三保”支出需求、引导和激励地方各级财政将财力向基层和困难地区倾斜、鼓励县级加强财政管理水平等。

30日，我省“独角兽”“瞪羚”企业成长势头强劲。

省经济信息中心发布我省首份《福建省“独角兽”“瞪羚”企业发展报告（2020）》。分析显示，我省数字经济领域的89家创新企业（3家“独角兽”企业、14家未来“独角兽”企业、72家“瞪羚”企业）在经营效益、研发创新等方面表现良好，成为推动全省数字经济发展的重要支撑。

30日，首张省级旅游年卡出炉。

“全福游产业振兴广电一卡通”启动仪式暨全福卡上线发布会今天在福州举行。启动仪式上，福建首张省级旅游年卡“全福卡”启动销售。“全福卡”为电子虚拟卡，售价99元。游客手机购卡后凭卡片二维码或本人身份证，即可在一年内免首次门票畅游包括永定土楼、三坊七巷、鸳鸯溪等我省精品网红及流量景区景点，并可获得景区二销产品、周边美食、民宿和地方特色产品优惠。

30日，我省将中央直达资金第一时间全额下达市县基层。

省财政厅消息，经省委、省政府和财政部备案同意，按照当好“过路财神”，不做“甩手掌柜”的要求，省财政厅于6月30日将中央新增财政赤字和发行抗疫特别国债分配我省部分资金第一时间全额下达市县。特殊转移支付资金部分，用于支持基层政府保基本民生、保工资、保运转，做好“六稳”工作，落实“六保”任务，统筹推进新冠肺炎疫情防控和经济社会发展工作。

（摘编：游学荣）

七月

1 日，我省在全国率先公布每日水质排名。

自今日起，我省通过网络向社会公开全省地表水水质实时监测信息，并在全国率先开展设区市和重点流域每日水质状况排名工作。

2 日，20%！我省提前完成“十三五”碳强度下降目标

今天是全国低碳日。省生态环境厅消息，“十三五”以来，我省强化温室气体与大气污染物协同减排，有效推进落实温室气体控排目标。据初步测算，截至 2019 年底，碳强度较 2015 年累计下降 20% 左右，提前完成“十三五”下降 19.5% 的目标任务。

2 日，福建省人民代表大会常务委员会决定任命名单。

2 日福建省第十三届人民代表大会常务委员会第二十次会议通过，任命王宁、崔永辉为福建省人民政府副省长。

2 日，福建省人民代表大会常务委员会关于王宁代理福建省人民政府省长职务的决定。

根据《中华人民共和国地方各级人民代表大会和地方各级人民政府组织法》第四十四条第九项、《福建省人民代表大会常务委员会任免国家机关工作人员条例》第六条第二项的规定和福建省人民代表大会常务委员会主任会议的提请，福建省第十三届人民代表大会常务委员会第二十次会议决定：王宁代理福建省人民政府省长职务。

2 日，唐登杰履新国家发改委党组副书记。

国家发改委官网消息：7 月 2 日，国家发展改革委党组召开扩大会议，学习贯彻习近平总书记在中共中央政治局第二十一次集体学习上的重要讲话精神。党组书记、主任何立峰同志主持会议，党组副书记穆虹、唐登杰同志和党组其他同志出席会议。上述消息显示，原任福建省委副书记、省长的唐登杰已经出任国家发改委党组副书记。

3 日，“台资企业拓内销”推介对接活动成功举办。

上午，由商务部、国台办和福建省政府共同指导，海峡两岸经贸交流协会、全国台企联、福建省商务厅和福建省台办共同主办的“台资企业拓内销”线上推介对接系列活动首场对接会成功举办。据初步统计，活动现场及场外共促成有效配对 1000 余场次，达成意向签约金额近 10 亿元人民币，成效得到参加企业普遍认可。

5 日，我省加快增值税留抵退税进度。

省财政厅消息，为增加企业流动资金，缓解企业经营压力，我省加快增值税留抵退税工作进度，确保符合退税条件的企业应退尽退。1—6 月，全省共兑现增值税留抵退税 108.38 亿元。

5 日，2020 年度省级农民专业合作社示范社评定工作启动。

近日，省农业农村厅、省财政厅联合发文，决定开展 2020 年度省级农民专业合作社示范社评定和 2015 至 2016 年度省级农民专业合作社示范社监测工作。2020 年全省拟评定省级农民专业合作社示范社 100 家以上，由各设区市、平潭综合实验区差额推荐申报。各设区市分配到县的指标由各设区市相关行业主管部门会同财政部门协商安排，农业类合作社中要安排一定比例的粮食类和农机服务型合作社。

8 日，我省实施海砂采矿权和海域使用权“两权合一”招拍挂出让制度。

省自然资源厅下发通知，在全省全面实施海砂采矿权和海域使用权“两权合一”招标拍卖挂牌出让制度，进一步加强我省海域海砂开采管理，保障重点项目建设用砂需求。

8 日，福州保税港区升级为福州江阴港综合保税区。

福州海关消息，近日，国务院正式批准福州保税港区整合优化为福州江阴港综合保税区，为福建外贸高质量发展高水平开放增添新平台。整合优化后的福州江阴港综合保税区共 2.64 平方公里，将充分发挥江阴整车进口口岸、临港资源、海铁联运等独特优势，重点发展保税加工、保税物流、保税服务等业务，推动整车保税仓储和展示交易、进口棉花保税仓储、保税燃料油、跨境电商等新业态发展，逐步培育形成整车进口、航

运物流、保税仓储物流三大临港特色支柱产业。

8日，闽企资本市场直接融资加速度。

省金融监管局消息，今年初以来，为抢抓科创板、新三板机遇，我省充分发挥资本市场融资服务功能，全力推动企业上市融资。1—6月，全省非金融企业股权融资152.16亿元，较去年同期增加86.22亿元，同比增长130.76%。截至6月末，全省共有境内上市公司142家，居全国第7位；境外上市公司数量达到146家。全省上市公司实现优先股、增发、配股等股权再融资139.43亿元。

9日，纳税信用修复让1.8万闽企重塑信用资产。

福建省税务局消息，今年初以来，全省有1.8万户企业通过纳税信用修复，实现了纳税信用提档升级，其中6412户企业信用级别受益于信用修复机制升至A级。

10日，我省上半年实际使用外资增长21.7%。

从省商务厅获悉，今年1—6月，全省实际使用外资213.2亿元人民币，同比增长21.7%，完成全年目标65.6%，超序时进度15.6个百分点，圆满完成“双过半”目标任务。全省累计到资亿元以上企业40家，合计金额179亿元、增长36.9%，拉动全省外资增长27.6个百分点。

10日，我省“云推介”科技抗疫和复工复产技术成果。

“2020年科技抗疫和复工复产技术成果云推介活动”在线视频直播。活动由省科技厅、省发改委、省工信厅主办，福建海峡技术转移中心、福建省高新技术创业服务中心、福州市科技局和中科院科技服务网络（STS）福建中心承办，旨在进一步促进科技创新成果应用于疫情防控和复工复产，推动科技成果转化和产业发展。

10日，我省接入全国财政电子票据查验平台。

全国财政电子票据查验平台开通福建财政电子票据查验功能，我省成为首批成功接入全国财政电子票据查验平台的六省份之一。财政电子票据实行网络在线认证方式，通过查验服务平台的认证功能，实现财政电子票据真伪查验和流转。

12日，6月份我省工业生产者出厂价格同比降幅收窄。

国家统计局福建调查总队提供的数据显示，6月份，福建省工业生产者出厂价格环比由上月下降0.4%转为上涨0.2%；同比下降2.3%，降幅比上月收窄0.1个百分点。另外，6月，我省工业生产者购进价格环比由上月下降1.5%转为上涨0.2%；同比下降3.3%，降幅比上月扩大0.1个百分点。

12日，国内首台10兆瓦海上风电机组在福清并网发电。

21时25分，国内首台10兆瓦海上风电机组在三峡集团福建福清兴化湾二期海上风电场成功并网发电。这是目前我国自主研发的单机容量在亚太地区最大、全球第二大的海上风电机组，刷新了我国海上风电单机容量新纪录。它的并网发电，标志着我国具备10兆瓦大容量海上风机自主设计、研发、制造、安装、调试、运行能力，标志着我国风电开发能力实现历史性跨越，跻身世界第一方阵。

13日，我省最高用电负荷首破4000万千瓦。

福建全省最高用电负荷达4063万千瓦，这是今年以来我省最高用电负荷第5次创历史新高，比2019年最大值增长5.86%，也是全省最高用电负荷有史以来首次突破4000万千瓦。目前我省电网运行平稳，电力供应充足。

14日，“全能型”便利店崭露头角。

全新便利店品牌“便利客”全国首家新型门店在福州东二环泰禾广场开业。在店内看到，除了传统便利店商品外，升级版便利店还导入咖啡热饮、早餐面点、鲜食热食、营养套餐等轻食，增设休息用餐区，并提供对外开放卫生间、无线网络Wi－Fi、饮用冷热水、手机充电站等便民服务。

14日，中国·福建—意大利经贸合作在线推介会举行。

中国·福建—意大利经贸合作在线推介会在两国七地以视频直播连线方式举办，吸引中意工商企业界代表超过3000人在线观看。

15日，汀江—韩江流域横向生态补偿机制再获财政部奖补。

省财政厅消息，在汀江—韩江流域第一轮横向生态奖补政策支持下，流域水质始终保持在Ⅲ类以上水平，生态环境得到有效保障。为持续推动流域生态建设，近日，财政部再次下达我省2020年汀江—韩江流域上下游横向生态补偿机制奖励资金2亿元，确认给予第二轮奖补政策支持。

15日，“独角兽”“瞪羚”领跑数字经济。

近期，省数字办公布2020年度福建省数字经济领域创新企业名单，首次遴选出89家数字经济领域创新企业。其中，“独角兽”企业3家、“未来独角兽”企业14家、“瞪羚”企业72家。这些后起之秀在经营效益、研发创新等方面表现良好，其中不少已经成为新兴产业、传统产业转型升级的引领者，成为推动全省数字经济发展的重要支撑。

16日，兴业银行与省生态环境厅开展绿色金融战略合作。

兴业银行与省生态环境厅签署绿色金融战略合作协议，计划未来5年向福建省生态环保领域提供不低于500亿元意向性融资额度。根据协议，双方将加强绿色信贷、绿色债券、绿色产业基金等融资模式创新。同时，兴业银行将对重点环境治理项目和优质环保企业，建立绿色审批通道和差异化授信政策，共同推动我省生态环境产业发展。

16日，我省首座5G共享基站投运。

我省首座配电网箱式变电站5G共享基站在三明市建成并投运。年底前，全省将投运2万座5G共享基站。

17日，6月我省进出口值增长12.3%。

从厦门海关获悉，6月福建省进出口值逆势增长，进出口1339.5亿元人民币，增长12.3%；其中，出口804.5亿元，增长0.5%；进口535亿元，增长36.5%。厦门海关统计，今年上半年，福建省货物贸易进出口6175.9亿元，比去年同期下降3.2%，与同期全国进出口增速持平；其中，出口3654.6亿元，下降10.1%；进口2521.3亿元，增长9.1%。

18日，产业强镇，撬动乡村振兴。

农业农村部、财政部公布2020年259个农业产业强镇建设名单。我省晋江市东石镇、宁化县城郊镇等10个镇（乡）入选。自2018年全国农业产业强镇示范建设工作启动以来，我省共有3批次27个镇（乡）开展示范建设工作。它们聚焦优势特色产业，促进生产要素集聚，推动产业链条延伸，创新农民利益联结机制，成为撬动乡村产业振兴的重要支点。

18日，我省经济社会发展加速回暖。

从省统计局获悉，经初步核算，上半年我省地区生产总值同比增长0.5%，二季度增长5.5%，经济增长实现转正，主要指标恢复性增长，全省经济社会发展加速回暖、企稳向好。

19日，第八届福建创新创业大赛启动。

从省科技厅获悉，第九届中国创新创业大赛（福建赛区）暨第八届福建创新创业大赛日前启动。报名截止时间为7月31日。本届大赛由省科技厅、教育厅、财政厅、网信办和省工商业联合会、共青团福建省委、致公党福建省委担任指导单位，由省科技型中小企业技术创新中心承办。参赛的企业应具有创新能力和高成长潜力，主要从事高新技术产品研发、制造、服务等业务。大赛分新一代信息技术、生物、高端装备制造、新材料、新能源、新能源汽车、节能环保等战略性新兴产业，企业应准确选择其中一个行业。本届大赛共设奖金197万元，一等奖可获得奖金15万元，还有各种配套奖励措施和支持政策。

19日，上半年我省治理水土流失面积占年度计划的93.6%。

省水利厅消息，我省双管齐下加强水土保持工作，上半年全省治理水土流失面积占年度计划的93.6%。今年来，我省持续推进长汀水土保持示范区建设，对水土流失较严重的安溪、南安、平和、诏安实施四地攻坚，开展宁化等10个重点县水土流失治理。截至6月底，全省已治理水土流失面积187.2万亩，占年度计划200万亩的93.6%。同时，我省运用卫星遥感等手段，开展生产建设项目水土保持“天地一体化”区域监管及项目监管，重点对疑似违规流失斑进行现场核查，查处一批“未批先建、未验先投”等水土保持违法违规行为。

19日，我省电影院做好开放营业准备。

在关闭了近180天后，影院终于要复工了。7月16日，国家电影局下发通知，在疫情防控常态化条件下有序推进电影院恢复开放。19日，省电影局下发通知，我省电影院可在7月20日开始恢复开放。此通知一出，电影人和影迷喜大普奔。

当日是我省电影院在各项防控措施有效落实到位的前提下，有序恢复开放营业的第一天，11时18分，我省迎来电影院恢复开放营业后的首场电影是在厦门湖里万达广场店上映的《第一次的离别》，有7位观众入场观影。

20日，我省推进中药饮片专项整治。

本月起，我省对全省范围内中药饮片开展集中专项整治。此项工作为期一年半，检查对象包括全省中药饮片和中药制剂生产企业、中药饮片批发企业和零售连锁总部。

20日，我省十八名优秀青年荣获全国青年岗位能手（标兵）称号。

团省委消息，在共青团中央、人力资源社会保障部联合开展的第20届全国青年岗位能手评选活动中，我省共有18名优秀青年受到表彰。其中，王家政、王志沿荣获“全国青年岗位能手标兵”称号，马俊、涂闽杰、李琳等16人荣获“全国青年岗位能手”称号。此次被命名表彰的50名“全国青年岗位能手标兵”和760名“全国青年岗位能手”，是通过层层遴选、严格审核和社会公示产生的。

20日，福建上半年实际利用台资同比增长45%。

省商务厅消息，今年以来，我省努力克服两岸形势变化和新冠肺炎疫情影响，着眼两岸大局大势，助力台企复工复产，着力推进闽台经贸融合发展，取得较好工作成效。利用台资增长较快。1—6月，全省合同台资101亿元，同比增长45%；实际利用台资5.9亿元，同比增长45%，高于全省实际利用外资23.3个百分点。闽台贸易逆势而上。1—5月，闽台进出口310.4亿元，同比增长1.3%，高于全省外贸增幅8个百分点，对台出口140.5亿元，同比增长8.5%，高于全省出口增幅21.3个百分点。

20日，我省正式恢复跨省团队旅游。

经省委、省政府批准，省文化和旅游厅印发《关于恢复跨省（区、市）团队旅游业务有关事项的通知》并附加全省旅行社有序恢复经营疫情防控指南。根据通知，我省自即日起恢复旅行社及在线旅游企业经营跨省（区、市）团队旅游及“机票+酒店”业务，所有A级旅游景区接待游客量由原先的不得超过最大承载量的30%提升至50%。

20日，上半年我省规上工业增加值累计增速转正。

省统计局发布半年经济数据显示，上半年，我省规模以上工业增加值同比增长0.1%，今年以来累计增速首次实现正增长，分别比一季度和1—5月提高6.9和1.4个百分点。6月份，全省规模以上工业增加值同比实际增长5.9%，这也是自3月起连续四个月实现增长。

21日，我省普惠金融改革发展加快推进。

以创建宁德、龙岩普惠金融改革试验区为契机，我省普惠金融改革发展加快推进。5月末，全省普惠型小微贷款6436.17亿元，比年初增加644.06亿元，同比增长25.27%；1—5月全省普惠型小微贷款平均利率5.75%，比上年度下降0.71个百分点；6月末，全省涉农贷款余额14258.46亿元，较年初增加1033.47亿元，其中，农村企业贷款余额7498.71亿元，占52.59%，具有直接支农属性的农户贷款余额5003.11亿元，同比增长14.83%，涉农贷款中直接支农贷款占比持续提高，涉农贷款质量不断提高。

21日，我省民营企业家热议习近平总书记重要讲话。

习近平总书记主持召开企业家座谈会时强调，激发市场主体活力，弘扬企业家精神，推动企业发挥更大作用实现更大发展。我省是民营经济大省，民营企业总量大、贡献大、出口多、吸纳就业多。连日来，我省广大民营企业家持续热议习近平总书记重要讲话，大家一致表示，习近平总书记重要讲话鼓舞信心、振奋士气，为民营企业迎难而上实现更大发展指明了方向。今后，大家将弘扬企业家精神，继续发扬“敢为天下先、爱拼才会赢”的闯劲，进一步解放思想，改革创新，敢于担当，勇于作为，不断做大做强，为国家经济社会持续健康发展发挥更大作用。

21日，习近平总书记重要讲话激励我省干群奋发有为。

习近平总书记主持召开企业家座谈会时强调，要千方百计把市场主体保护好，激发市场主体活力，弘扬企业家精神，推动企业发挥更大作用实现更大发展，为经济发展积蓄基本力量。连日来，习近平总书记的重要讲话在我省广大党员干部和企业家中持续引发热烈反响。大家一致表示，要坚定信心、迎难而上，集中力量办好自己的事，打造未来发展新优势，为全方位推动高质量发展超越贡献智慧和力量。

22 日，赵龙任福建省副省长。

上午，福建省第十三届人大常委会第二十一次会议第一次全体会议决定任命赵龙为福建省人民政府副省长。

22 日，42 家骨干旅行社获省级纾困帮扶补助。

省财政厅消息，为促进旅游业复苏，纾解旅行社资金周转困难，近日，省级财政下达纾困帮扶资金2000 万元，对2019 年度纳税排名靠前的42家骨干旅行社给予补助（兼顾区域平衡），支持其恢复经营发展。补助标准分三档，第一档补助 80万元，第二档补助 50 万元，第三档补助 30 万元。此前，我省还通过财政贴息方式，对受疫情影响严重的旅游业新发放优惠利率贷款予以 0.5 个百分点贴息补助。

22 日，上半年我省网络零售额同比增长 16.1%。

省商务厅消息，根据商务部和浪潮大数据分析，1—6 月，我省网络零售额 2672.0 亿元，同比增长 16.1%，高于全国增速 14.7 个百分点。其中，实物商品网络零售额 2367.3 亿元，同比增长 24.4%，高于全国增速 15.0 个百分点。1—5 月，全省跨境电商进出口货物总额 33.68 亿元，同比增长 4.9 倍。

22 日，省科技厅与建设银行福建省分行签订合作协议，未来三年提供超 100 亿元信贷，支持科技型中小微企业创新。

为扎实做好“六稳”工作，全面落实“六保”任务，省科技厅与建设银行福建省分行签署助力福建科技创新合作协议，共同实施“科技型中小微企业创新发展行动”，加大对科技企业支持力度，通过专项资金支持、融通平台构建、投贷联动机制等全景式、全链条服务，精准助力科企复工复产、转型升级。截至 2020 年 7 月份，我省“科技贷”业务累计投放金额 62.58 亿元，累计服务科技型中小微企业 748 户。今后将打造服务科技型企业的专属服务品牌“MOST”，未来三年提供不少于 100 亿元的专项信贷，通过“融资 + 融智 + 融商 + 融技”的一站式科技金融服务，引新金融活水，激活科企创新活力。签约仪式上，我省 52 家科技型小微企业共享到“科技贷”普惠红利。

24 日，我省将创建工业旅游精品线路。

省工信厅、省文旅厅联合印发创建福建省工业旅游精品线路实施细则的通知。通知提出，我省将积极创建首批省级工业旅游精品线路，对入围的企业给予支持和奖励。

25 日，“一县一周”福建供销名特优农产品展销会举办。

“一县一周”福建供销名特优农产品展销会在福建省供销合作社一楼举行。首展是来自建瓯的各种名特优农产品，建瓯物产丰饶，不仅有驰名中外的坡田大米和笋竹产品，还有莲子、板鸭、北苑贡茶、锥栗等特产。“一县一周”名特优农产品展销会将以一个县组织一周的形式，通过搭建农产品产销对接平台，助力精准扶贫和乡村振兴。

27 日，福建自贸试验区新推出 36 项制度创新成果。

省自贸办消息，经评估，福建自贸试验区推出第 16 批 36 项创新举措，其中全国首创 24 项，具对台特色 9 项。目前，福建自贸试验区已累计推出创新举措 446 项，其中全国首创 181 项、对台 98 项。

27 日，福建 GDP 首超台湾之后。

当日出版的今年第 30 期新华通讯社《瞭望》新闻周刊刊登特稿《福建 GDP 首超台湾之后》。文章说，党的十八大以来，福建经济发展快马加鞭，GDP 连续跨越三个万亿级台阶，2019 年经济总量更是突破 4 万亿元人民币，首次超越台湾。福建经济总量赶超台湾，将给两岸融合发展带来新的契机。向高质量发展迈进的八闽大地，将为台胞提供更大的发展舞台、更多的实惠便利、更好的心灵契合。

28 日，我省整治农村乱占耕地建房问题。

省自然资源厅、省农业农村厅联合下发《关于坚决遏制农村乱占耕地建房问题的紧急通知》，对我省农村乱占耕地建房问题整治作出部署，要求坚决遏制农村 8 类乱占耕地建房行为。

28 日，福平铁路全线铺轨贯通。

11时，福州长乐松下站建设工地，中铁二十四局作业人员将最后一根长轨换铺到位。这标志着国家重点项目福平铁路全线铺轨贯通，也为该条铁路的正式开通运营奠定了基础。福平铁路是京福高铁的重要延伸段，线路全长88.433公里，为时速200公里的Ⅰ级双线铁路。全线设福州、福州南、长乐、长乐东、松下、平潭6座车站，其中福州、福州南为既有站，其余为新建站。福平铁路全线桥隧占比79.04%，其中有9座隧道、3座桥梁邻近或跨越既有铁路线。施工过程中先后完成了乌龙江特大桥、平潭海峡公铁两用大桥等重难点工程。

28日，我省首座配网5G共享杆塔基站建成。

国网宁德供电公司消息，位于宁德市蕉城区飞鸾镇的我省第一座配网标准化5G共享杆塔基站完成建设。据介绍，配网标准化5G共享杆塔基站的建成，不仅解决该区域动车轨道周边信号弱、覆盖存在盲点的问题，还解决了该区域配电网自动化通信信号差等问题。

29日，上半年全省行政事业单位减免企业租金3.3亿元。

根据省财政厅、省机关管理局印发的有关新冠肺炎疫情防控期间减免企业房租的通知，我省从今年2月1日起，对承租行政事业单位经营性房产的中小企业和个体工商户，给予免收一个月和减半收取四个月租金。截至6月30日，全省行政事业单位共减免租金3.3亿元，其中省级行政事业单位减免0.93亿元。

29日，农产品质量安全专项整治“利剑”行动取得初步成效。

省农业农村厅消息，农产品质量安全专项整治“利剑”行动自今年6月份启动以来，已取得初步成效。“利剑1号”行动重点整治种植业生产中违法使用禁限用农药，不遵守安全间隔期制度，未按国家有关强制性技术规范使用保鲜剂、防腐剂等违法行为。近两个月，全省共出动监管执法人员8062人次，检查种植生产主体3831家次，监督抽查蔬菜、水果等种植业样品3741批次，行政执法立案9起，涉案金额1.12万余元。“利剑2号”行动重点整治畜禽养殖过程中违法使用禁用药物、不执行休药期规定、生猪私屠滥宰、无证收购贩运等违法行为。近两个月，全省共出动监管执法人员7977人次，检查养殖生产主体2707家次，监督抽查畜禽样品2060批次，行政执法立案8起，移送司法案件3起，涉案金额34.74万余元。为进一步提高农产品生产主体的质量安全生产意识，全省还开展相关指导培训480场次、8662人次。本次行动将持续至今年年底。

30日，福州推行企业开办刻章“零延时”“零费用”。

上午10点30分，在福州市行政服务中心，新设立企业——福建省星宇建筑大数据运营有限公司董事长马力遥在领取营业执照时，还同步收到了免费的意外之喜——企业正常经营所需的4枚印章。据悉，这是福州在全省率先推行企业开办刻章“零延时”“零费用”服务后，发出的第一套印章。这意味着，今后，在福州开办企业，在登记环节，刻章由政府买单，企业一分钱都不用花了。

30日，我省首张“房票”在将乐发出。

将乐县高唐镇常口村村民孙桂英拿到了县里统一发的“房票”，和她一起拿到“房票”的共有18户人家。“房票”把农村闲置的住宅折算成票面价值，以“票”的形式发给农民，这在我省尚属首创。

30至31日，我省举办动物检疫检验员技能竞赛。

全省动物检疫检验员技能竞赛在厦门市举行。来自全省的10支代表队共30名动物检疫员，围绕动物防疫相关法律法规、动物检疫规程、兽医专业理论、生猪屠宰生产线上检疫操作实践等展开比拼。经过两天角逐，竞赛共产生一、二、三等奖共6名。此次竞赛由省农业农村厅、省人力资源和社会保障厅、省总工会主办，福建省动物卫生技术中心承办。

31日，上半年全省减免企业社保费153.61亿元。

省财政厅消息，自今年2月起实施阶段性减免企业社会保险费政策以来，截至6月底，全省共减免企业社会保险费153.61亿元，其中企业职工基本养老保险114亿元、工伤保险5.21亿元、失业保险3.78亿元、职工基本医疗保险30.62亿元；减免政策惠及44.73万家企业、736.39万参保职工。阶段性减免企业社会保险费是国家为纾解企业困难、推动企业发展、稳定扩大就业而实施的一项政策。按照这一政策，我省对2—6 月企业缴纳的职工医保单位缴费费率从 8. 7% 下调至 4. 35%（各地下调至不低于 4. 35%），免征中小微企业养老、失业、工伤保险单位缴费部分，对大型企业等其他参保单位减半征收相关保险费，企业因此直接获取政策红利。

（摘编：蔡志轩）

八月

1 日，《入境货物检验检疫证明》电子证书在线可查。

福州、厦门海关正式上线《入境货物检验检疫证明》电子证书。截至 8 月 4 日，仅厦门海关就下发《入境货物检验检疫证明》电子证书 341 份。海关部门提醒，进口企业通过单一窗口报关，选择申领《入境货物检验检疫证明》的，应在涉检信息中填写申请人手机号，以便后续接收查询码等信息。同时，企业仍可根据需要按相关规定申领纸质版本，具体操作方法可向当地海关服务窗口咨询。

2 日，“两山”理论实践与创新高峰论坛在南平举办。

南平市在武夷新区举办“两山”理论实践与创新高峰论坛，邀请专家学者通过实地调研，总结南平践行“两山”理论的创新实践，共同研究探讨“绿水青山”转化为“金山银山”的科学机制和路径。论坛集中展示了南平“两山”理论实践与创新的成果，现场发布由中国工程院“生态文明建设”国家战略重大咨询项目课题组编制的《南平市生态文明治理现代化探索研究报告》和水利部水利水电规划设计总院编制的《水美城市建设规划编制导则》。

3 日，我省通报重点流域和小流域资金奖惩预警情况，水质与奖补挂钩，治水更高效。

省生态环境厅通报 1—6 月重点流域生态补偿和小流域“以奖促治”资金奖惩预警情况。松溪县、连江县等 20 个市、县的“水质下降幅度”和“生态保护补偿资金减少比例”一目了然。2020 年度已预拨付省级小流域“以奖促治”资金的 31 条小流域中，26 条小流域水质达标，有 5 条未达到各自年初确定的水质提升目标，分别是福州市福清市的太城溪，漳州市漳浦县和龙海市的九龙江（南溪），泉州市南安市的石井江/大盈溪、泉港区坝头溪，三明市梅列区和三元区的焦溪；往年已获得省级小流域“以奖促治”资金的小流域中，福州市福清市北溪（龙江）水质未达标。这些小流域水质状况若不加以改善，预计到年末清算奖补资金时，相关小流域将被扣减资金。

4 日，上半年全省 PM2. 5 平均浓度再创新低。

从省生态环境厅召开的新闻发布会获悉，今年 1—6 月，全省生态环境质量稳中向好。9 个设区城市空气质量平均优良天数比例为 98. 6%，同比持平，比全国平均水平高 13. 6 个百分点。其中，PM2. 5 平均浓度 22 微克/立方米，同比下降 15. 4 个百分点，比全国平均水平低 38. 9 个百分点，优于世界卫生组织二阶段标准（欧盟标准）。在全国 168 个重点城市中，厦门、福州空气质量排名分别位居前 6 名、前 12 名。全省空气质量从相对较好开始排名，依次为南平、龙岩、厦门、宁德、三明、莆田、泉州、福州、漳州。水环境质量方面，全省 12 条主要河流Ⅰ—Ⅲ类水质比例为 97. 2%，同比持平，比全国平均水平高 13. 4 个百分点。其中，Ⅰ—Ⅱ类水质比例为 66. 4%，同比上升 6. 3 个百分点；55 个地表水国考断面Ⅰ—Ⅲ类水质比例为 92. 7%，比全国平均水平高 12. 6 个百分点；小流域Ⅰ—Ⅲ类水质比例为 93. 2%，同比上升 5. 3 个百分点。近岸海域水环境质量方面，全省近岸海域 235 个国控省控点位一、二类水质比例为 77. 4%，同比上升 16. 3 个百分点。

5 日，我省高标准推进重点行业企业用地调查。

省生态环境厅消息，为打好土壤污染防治攻坚战，摸清土壤污染状况“家底”，我省加快推进重点行业企业用地土壤污染状况调查，以数据质量为导向，实现从质控体系建立到抽查整改的全链条、闭环式无缝管理，工作进展和质量居全国前列。截至目前，2385个地块已全部完成基础信息采集，形成“一图、一表、一报告”，325个地块采样调查按序时推进。

5日，福建首张药品研发机构上市许可持有人《药品生产许可证》颁出。

省药监局为福建海西新药创制有限公司颁发了省内首张药品上市许可持有人《药品生产许可证》，标志着福建省首家研发机构作为上市许可持有人研发的药品上市销售，该公司获批上市的莫沙必利片，将挂网参与全国药品集中采购。

6日，我省启动“会计名家培养工程”。

近日，省财政厅发布“会计名家培养工程”建设方案。从2020年起，在全省范围内选拔优秀会计人才，建立会计人才库、会计专家池和会计名家工作室。会计人才库主要由企业会计类、政府会计类、注册会计师类，学术理论类等领域优秀人才组成。会计专家池从会计人才库中择优聘任会计理论、企业会计、政府会计、会计中介机构四类会计专家。会计名家工作室则通过会计专家池，选聘在全国影响力大、行业公认度高，拥有较高学术威望和丰富实践经验的专家，推动建立闽东南、闽东北两个片区会计名家工作团队。入库人才将承担会计领域改革发展难点的研究攻坚，并提出政策建议。省财政厅对入库人才在参加相关培养、承担课题、职称评审等方面予以优先推荐，并对名家工作室承担的项目给予10万—30万元经费补助。

7日，上半年我省新登记企业同比增长19.08%。

从日前召开的全省市场监管工作推进视频会议获悉，今年以来，我省市场监管系统从调整疫情期间审批工作、延期办理相关证照时限、减免检验检测费用等方面入手，克服疫情冲击，持续优化营商环境。数据显示，上半年全省新登记企业14.66万户，同比增长19.08%；新登记各类市场主体46.69万户，6月底实有各类市场主体476.54万户，同比增长16.10%。

7日，2020年省河湖长制成员单位第二次会议召开。

2020年省河湖长制成员单位第二次会议在福州召开，认真贯彻7月30日全省河湖长制工作推进会精神，部署下阶段推进工作的具体措施。副省长、副总河长李德金出席会议并讲话。

8日，写好乡村振兴的“闽东答卷”。

习近平总书记给寿宁县下党乡的乡亲们回信一年来，宁德念好“山海经”，乡村振兴动力足。上半年，宁德市农村居民人均可支配收入增幅居全省第一位、农林牧渔业总产值增幅居全省第二位。这份沉甸甸的成绩单背后，凝结着当地干群的拼与干。当地抓住难得机遇，激发内生动力，赢得发展新优势，农业强起来、农村美起来、农民富起来。

9日，上半年我省水产品总产量达411.82万吨。

省海洋与渔业局消息，上半年全省水产品总产量411.82万吨，同比增长4.1%，渔业产值604.68亿元，同比增长3.7%（可比价增速），实现了全省渔业经济的平稳运行。

10日，我省推进“科技小院”建设工作。

2020年福建省“科技小院”建设工作推进会在福州召开。今年，省科协将紧扣我省农业主导产业和特色产业，在全省创建第二批科技小院。“科技小院”在中国农技协的指导下，由省科协联合福建农林大学、省农科院等高校和科研院所共同创建，是农业科技创新、农业技术服务、农村科学普及、人才培养培训四位一体，服务“三农”和乡村振兴的新模式。2019年省科协围绕我省十大乡村特色产业，创建了闽侯青梗菜、平和琯溪蜜柚等首批5家科技小院。

11日，千亿产业，高位寻突破。

改革开放以来，“建材之乡”南安市大力发展石材、水暖、卫浴、泵阀、消防等一系列建材细分产业，缔造了一个庞大的千亿建材产业。统计数据显示，目前南安的建材产业链年产值已达1300亿元，成为当地县域经济产值的主要贡献者。然而，这些传统制造业，近年来也面临产能过剩、产品单一等发展困境。在经济高质量发展的大背景下，南安的千亿建材产业正在高位寻求突破。

11日，省财政补助工科类青年专业人才。

为支持做好工科类青年专业人才引进工作，近日，省财政厅下达省级补助资金6937万元，对新引进的371名工科类青年专业人才给予补助。工科类青年专业人才补助主要面向“985工程”“211工程”等境内外重点高校，学科门类为工学的全日制毕业生及期满出站博士后。其中，对受聘于企业的，按企业税前支付薪酬60%的标准发放补助，最高每年不超过我省上一年度城镇单位在岗职工平均工资4倍；到众创空间培育的，按我省上一年度城镇单位在岗职工平均工资发放补助。该政策自2016年开始实施，截至目前，已累计下达补助经费4.24亿元，支持工科类青年专业人才引进6449名。

11日，电力大数据，让“生态云”治污更精准。

省生态环境厅和国网福建电力有限公司签署战略合作协议，通过“生态环境+电力大数据”政企合作新模式，提升生态环境治理能力现代化水平，依托东南能源大数据中心，围绕企业污染防治大数据应用，研发“电力+环保”数据服务产品，辅助我省生态环境大数据云平台决策分析。

11日，28地获批全面深化服务贸易创新发展试点。

国务院发布《关于同意全面深化服务贸易创新发展试点的批复》，同意在北京、天津、上海等28个省、市（区域）全面深化服务贸易创新发展试点。全面深化试点期限为三年，自批复之日起算。《批复》指出，原则同意商务部提出的《全面深化服务贸易创新发展试点总体方案》，同意在北京、天津、上海、重庆（涪陵区等21个市辖区）、海南、大连、厦门、青岛、深圳、石家庄、长春、哈尔滨、南京、苏州、杭州、合肥、济南、威海、武汉、广州、成都、贵阳、昆明、西安、乌鲁木齐和河北雄安新区、贵州贵安新区、陕西西咸新区等28个省、市（区域）全面深化服务贸易创新发展试点。

12日，三部门联合打击危险废物环境违法犯罪行为。

根据生态环境部、公安部、最高人民检察院统一部署，省生态环境厅、省公安厅、省人民检察院日前联合印发《福建省严厉打击危险废物环境违法犯罪行为专项行动方案》，决定从即日起至11月在全省范围内集中开展严厉打击危险废物环境违法犯罪行为专项行动。此次专项行动重点检查的行业包括化学原料和化学制品制造业、医药制造业、金属表面处理及热处理加工、皮革鞣制加工、合成革制造、有色金属矿山采选等行业生产企业；危险废物焚烧、填埋处置单位和医废处置单位等；非法收集和利用处置废铅蓄电池黑窝点，非法电镀、非法炼铝、非法炼铅、非法焚烧电子垃圾等黑作坊，非法处置铝灰、废弃危化品、废酸、废矿物油单位、企业等。重点检查区域为：以化工石化园区和以化工企业为主的工业园区或聚集区；沿江、沿河、沿湖、沿库、沟渠、山谷，废弃房屋、矿坑、溶洞、主要交通干线两侧、城乡接合部及行政区划交界地带等可能非法倾倒、处置危险废物的区域。

12日，我省六方面优化服务促创业担保贷款发放。

省财政厅等四部门近日印发通知，为推动创业担保贷款支持就业创业，在此前出台创业担保贷款贴息支持政策基础上，进一步从六个方面优化服务，推动各地增加创业担保贷款。

确定省农信系统、邮储银行、招商银行为首批开展创业担保贷款业务的机构，要求其按照创业担保贷款条件开发具有特色的产品。各地可根据实际确定其他经办银行。

12日，2020厦洽会9月8日—11日举办。

从省政府召开新闻发布会上获悉，2020厦门国际贸易洽谈会暨丝路投资大会（简称“2020厦洽会”）将于9月8日—11日在厦门国际会展中心举办。模式：“线上+线下”，推出“云上投洽会”平台。将重点邀请境内低风险地区客商及境外驻华使领馆、政府机构参会，以境内为主体，并创新办会模式，进一步提升大会实效。本届厦洽会的主宾国为菲律宾，主宾省为山西省。目前已经报名参会客商团组已超过200个。

14日，福州自贸片区新推出12项全国首创举措。

省自贸办发布了福建自贸试验区第16批36项创新举措。据悉，来自福州自贸片区的创新举措有19项，其中12项为全国首创，占福建自贸试验区全国首创举措的一半。截至目前，福州自贸片区共推出16批创新举措217项，其中全国首创75项，发挥了全面深化改革“试验田”的作用。在中山大学发布的43个自贸（片）区2019年度至2020年度中国自贸试验区制度创新指数排名中，福州自贸片区排名第八。

14日，我省为打赢净土保卫战提供财政保障。

省财政厅消息，我省高度重视土壤污染防治工作，持续加大投入，取得积极成效。土壤污染防治法实施一年多以来，我省仅省以上财政投入到与土壤污染防治相关的资金就达94.85亿元，为打赢净土保卫战提供了强有力财政保障。

14日，省领导在漳州调研。

近日，副省长李德金带领省直有关部门负责人赴漳州调研，深入芗城区及漳浦县长桥镇、盘陀镇等地，实地察看指导“米克拉”台风抢险救灾、历史文化街区保护、矿山生态综合整治等工作。

14日，《福建省促进消费行动方案》出台。

14日，商务部门举办媒体见面会，拉开了“全闽乐购”序幕，8月22日福建促消费行动将正式全面启动。《行动方案》提出，通过实施“百千万亿”行动，撬动全省消费1000亿元；力争2020年我省社会消费品零售总额同比增长5%，增速高于全国平均水平2个百分点。方案提出11项重要举措，包括实施整合资源多元促销、激励各方共同让利、培育发展网红经济、繁荣发展夜间经济、推进文化旅游消费、提升消费供给品质、促进便民消费圈、线上线下融合发展、完善消费物流网络、降低企业用电成本、加大金融助商惠民等。

14日，福建自贸试验区高质量制度创新成果居全国自贸试验区首位。

福建自贸试验区五周年评估报告评审会暨高质量发展研讨会在福州市举行。从会上获悉，5年来，福建自贸试验区推出实施446项创新举措，其中全国首创181项、对台98项。国务院及五部委发文在全国复制推广的创新经验中，福建报送34项，占31.2%，居全国前列。国务院部际联席会议办公室发文在全国学习借鉴的“最佳实践案例”中，福建报送6个，数量在全国最多。5年来，福建自贸试验区累计新增企业9.43万户、注册资本2.06万亿元，分别是挂牌前历年总和的6.1倍、9.3倍，以不到全省千分之一的面积，引进了全省四成的新增外资，贡献了六分之一的外贸进出口额。今年以来，克服疫情影响，通过网上洽谈、“云签约”等招商方式，加速引进一批大项目、好项目，推动签约项目120多个，投资总额逾千亿元。1—6月实际利用外资4.02亿美元，同比增长45.6%。

14日，上半年两批次全省集中开工重大项目完成投资341亿元。

省发改委消息，截至7月底，3月18日集中开工的265个重大项目已累计完成投资218亿元，占年度计划的47.6%，福州、三明、莆田等地市的项目投资完成率已达六成。5月18日集中开工的170个重大项目累计完成投资123亿元，占年度计划的48%，厦门、莆田、龙岩等地市的项目投资完成率已达五成。3月18日、5月18日，省委、省政府先后组织两批次共435个重大项目集中开工，各地持续加大推进力度，增加有效投资。

15日，我省中小微企业纾困专项资金贷款增加五家合作银行。

据省财政厅消息，为及时纾解中小微企业面临的暂时流动性困难，我省进一步拓宽中小微企业纾困专项资金贷款投放渠道，在原有十二家贷款银行基础上，新增招商银行、中信银行、光大银行、浦发银行和民生银行五家银行作为纾困专项贷款银行。

16日，前7月省重点项目完成年度计划投资的63.5%。

省发改委消息，省重点项目施工负荷持续加大、投资进度继续加快。7月份完成投资427亿元，同比增长2%；1—7月累计完成投资3178亿元，同比增长12.9%，已完成年度计划的63.5%。从分级管理单位看，福州、厦门、漳州、泉州、三明、莆田、南平、龙岩、平潭等地区的完成投资量达到序时进度要求。从各领域看，农林水利、交通、城乡建设与生态环保、工业、服务业、社会事业等领域项目达到序时进度要求。

17日，长乐：用好工业互联网，打通“三条链”。

目前，长乐区已推动65家企业总投资185亿元的项目进行智能化改造，打造出8个数字化示范车间、5个智能化工厂、4个工业互联网平台。在数字赋能之下，2020年纺织化纤行业规模以上工业产值有望突破2200亿元。此外，长乐区还积极建设“三创园”等新兴产业集聚平台，大力推动新基建项目落地，让工业互联网“强筋壮骨”、迸发出更强劲的产业助推力。

17日，厦门成为服务贸易创新发展试点。

从厦门市商务局消息，国务院于日前下发《关于同意全面深化服务贸易创新发展试点的批复》，厦门成为我省唯一试点城市。文件要求试点地区要重点在改革管理体制、扩大对外开放、完善政策体系、健全促进机制、创新发展模式、优化监管制度等方面先行先试，为全国服务贸易创新发展探索路径。

18日，我省构建全链条环境监管防线。

从省生态环境厅获悉，作为全国首个生态文明试验区，我省环评改革率先全国再探新路。日前，我省出台《构建建设项目全链条环境监管机制的指导意见》，意味着环评监管从“严进宽出”迈入“全周期、全链条、全要素”监管体系，得到生态环境部肯定。

20日，一列综合检测列车行驶在衢宁铁路川中大桥上。

当日，衢宁铁路福建段启动试运行综合动态测试，对轨道、通信、信号、电力及牵引供电等各系统性能及状态进行测试和试验，确保各系统达到设计要求，具备开通条件，为衢宁铁路正式开通运营提供科学依据。

21日，省领导会见新加坡驻厦门总领事一行。

副省长郭宁宁在福州会见新加坡驻厦门总领事池兆森、候任总领事吴俊明一行。闽新经济社会发展需求契合度高，双方在现有良好合作基础上，共同克服疫情影响，不断深化贸易、投资、一带一路互联互通等领域合作，通过云平台云对接方式加强政府与民间交流，提升双边合作长效机制，实现互利共赢。

23日，2020年福建省科技活动周启动。

2020年福建省科技活动周启动仪式在福建医科大学举行，拉开了全省科技活动周的序幕。本次科技活动周由省科技厅、省委宣传部、省卫健委、省科协共同主办，围绕“科技战疫创新强国”主题，于23日至29日在全省各地举办科技战疫展、战疫英雄演讲、科普讲解大赛、“科学之路”科普课堂、全民科学素质网络竞赛活动、气象科普、防灾减灾、应急救援、粮食安全、禁毒宣传、农产品质量安全科普等各类大型专题专场活动近百场，参与开放活动的全省科研机构和高校40多个。

25日，我省启动守合同重信用企业公示工作。

省市场监管局为支持企业复工复产达产，进一步推动我省企业信用体系建设，“2018—2019年度福建省守合同重信用企业”公示工作已于日前启动。

25日，省财政厅下达2019年度规范实施PPP工作成效明显市县奖补资金。

为持续规范推广运用政府和社会资本合作（PPP）模式，鼓励市县扩大运用PPP模式提升公共服务质量与效率，省财政下达奖补资金，对2019年度规范实施PPP工作成效明显市县给予正向激励。其中，福州、宁德各奖励500万元；福安、霞浦、福鼎、福清、惠安、南安、仙游、上杭、建阳、邵武分别奖励300万元。

25日，我省多举措推进全面深化服务贸易创新发展试点工作。

从省商务厅举行的媒体见面会上获悉，我省将多举措推进全面深化服务贸易创新发展试点工作，以新一轮试点为平台和突破口，全面推进服务贸易改革、开放、创新。本轮国家推进服务贸易全面深化试点是在前两轮基础上的全面深化，重点围绕推动服务贸易改革、开放、创新，提出三个方面8项试点任务、122项具体举措。之前的两轮试点中产生的复制推广经验已有19项在我省细化落实并初见成效。当前，我省正结合实际对国务院推出的6项开放便利举措以及34项政策保障措施，继续加以借鉴推广。

25日，我省启动乡镇便捷通高速工程建设年底全省80%乡镇半小时内上高速。

经省政府同意，省交通运输厅、发改委25日联合印发《福建省乡镇便捷通高速工程实施方案》。方案明确，重点推进38个项目建设，建设便捷通高速工程里程503公里，到2020年底预计新增32个乡镇30分钟内上高速，届时全省累计共有732个乡镇便捷连通高速公路，通达率80%；既有省级以上产业园区、重要交通枢纽通达率达到100%。

26日，增值税留抵退税，我省进度全国居前。

省财政厅消息，今年我省加快增值税留抵退税进度，1—7月，全省共计向1584户企业兑现增值税留抵退税143.46亿元，政策落实成效居全国前列，有效减轻了企业负担。目前，省财政已将新增资金全额分解到相关市、县（区），鼓励各地持续做好增值税留抵退税工作，支持实体经济发展。

27日，我省再发69.72亿元地方政府一般债券。

我省在上交所成功发行69.72亿元地方政府一般债券，本批债券得到市场高度认可，认购倍数达29.05倍。我省争取中央新增地方政府债券规模1594亿元，其中一般债券241亿元、专项债券1353亿元。截至目前，一般债券已发行206.72亿元、专项债券1036亿元。剩余债券额度将于9月底前全部发行到位。

27日，2020福建省民营企业100强发布。

省工商联在福州发布了"2020福建省民营企业100强""2020福建省民营企业制造业50强"榜单，同时发布《2020福建省民营企业100强分析报告》《2020福建省民营企业社会责任报告》。报告显示，我省民营经济高质量发展成色明显，成为经济社会发展的重要力量和创造社会财富的重要来源。

28日，特殊人才可申报高级职称。

为充分发挥职称评价指挥棒作用，最大限度释放和激发专业技术人才创新创业创造活力，省人力资源和社会保障厅日前发布《关于开展第三届特殊人才高级职称认定（评审）工作的通知》，各设区市、各单位可在2020年9月15日前向省职改办报送申报材料。

28日，第三届"创响福建"中小企业创新创业大赛落幕。

第三届"创响福建"中小企业创新创业大赛暨2020年"创客中国"中小企业创新创业大赛福建省区域赛决赛在福州落幕。本届大赛以"围绕产业链、部署创新链、配置资金链"为主题。经过比拼，"集成电路用旋涂碳光刻胶材料研发及产业化项目"获得企业组一等奖，"Holotable全息显示桌面项目"获得创客组一等奖。

28日，上半年我省农产品质量安全监测总体合格率达99.6%。

近日从省农业农村厅获悉，今年上半年农业农村部对我省农产品质量安全监测总体合格率为99.6%，高于全国平均水平2.1个百分点，位居全国前列。上半年，农业农村部共抽检了我省生产和销售的种植业产品（蔬菜、食用菌、水果、茶叶）284个以及畜禽产品（猪肉、猪肝、牛肉、羊肉、禽肉、禽蛋）165个，检测农兽药残留和非法添加物参数130项。监测结果显示，总体合格率99.6%，其中，蔬菜（含食用菌）、水果、茶叶和畜禽产品合格率分别为99.6%、93.3%、100%和100%。

28日至30日，我省举办首届茶叶加工工职业技能竞赛。

全国茶叶加工工（红茶）职业技能竞赛福建省初赛暨福建省首届茶叶加工工职业技能竞赛，在"中国茶叶之乡""中国红茶之都"福安市举办。本届赛事由省农业农村厅、省人力资源和社会保障厅、省总工会联合主办，福安市人民政府承办。赛事分初赛、决赛两个阶段，采取理论知识闭卷笔试、现场技能操作考核相结合的方式进行，旨在公开遴选一批熟悉技术规程、传承制茶工艺、在行业有影响力而且能够敬业守信、推陈出新的制茶大师。评委从茶叶条索、香气、汤色、口感、茶底等方面，对送评的75个传统工艺型和87个创新工艺型红茶茶样综合评分，最终评选出坦洋工夫红茶和新工艺坦洋工夫红茶茶王各1名，特别金奖31名、金奖若干名。

29日，衢宁铁路开始试运行。

29日7时，随着一声汽笛声响起，K8746次试验列车从福州火车站出发，开往松溪站。这是衢宁铁路开行的第一列试运行列车，标志着衢州至宁德铁路正式进入试运行环节，衢宁铁路距离正式通车又近一步。衢宁铁路起自浙江省衢州市终至福建省宁德市，线路全长约379公里，设计时速160公里。衢宁铁路北接沪昆铁路、九景衢铁路，南连沿海铁路通道，在闽东北至浙西南、赣东北地区间架起一条快捷的运输通道，将结束浙闽两省的遂昌、松阳、龙泉、庆元、松溪、政和、屏南、周宁等县市不通铁路的历史。

30 日，我省首届退役军人创业创新大赛举行。

由省退役军人事务厅主办，省人社厅、中国海峡人才市场协办，建设银行福建省分行、省退役军人服务中心承办的“建行杯”福建省首届退役军人创业创新大赛在福州举行。本次大赛分为初赛和复赛，设置了新兴产业、传统产业及生活服务业、现代农业、精准扶贫、创新团队等 5 类奖项。初赛从今年初启动，共有 159 支队伍报名参赛，24 家优秀退役军人企业、团队进入省级复赛。最终决出大赛一等奖 1 名，二等奖 2 名，三等奖 4 名，其中福州福链科技有限公司的 Chain - BCS 福区块链系统项目获得新兴产业组一等奖。

31 日，我省根治农民工欠薪显成效。

日前从省人社厅获悉，为坚决杜绝拖欠、克扣农民工工资现象，我省积极打造根治欠薪“防火墙”，取得明显成效。目前，福州市被列为部级构建和谐劳动关系综合配套改革试点城市，全省有 6 个工业园区、40 家企业被评为全国劳动关系和谐工业园区与和谐企业；73 个工业园区、1430 家企业、32 个乡镇、23 个街道被评为省级劳动关系和谐工业园区、和谐企业、和谐乡镇（街道）。同时，我省严格实施欠薪失信联合惩戒，将欠薪问题纳入住建、交通运输、铁路、通信等建设领域信誉考评范围，实行“一票否决”，让恶意欠薪者“一处违法、处处受限”。上半年，全省公布 30 起重大劳动保障违法行为，将 5 家严重拖欠农民工工资用人单位列入“黑名单”。

（摘编：蔡志轩）

九月

2 日，我省首期百亿中小微企业纾困资金全部落地。

从省金融监管局获悉，至 9 月 2 日，纳入福建省中小微企业纾困名单的企业已达 7926 家，融资需求 492.66 亿元，相关银行已放款纾困 100.51 亿元。受疫情影响，不少民营企业遇到暂时流动性困难。5 月，我省设立首期 100 亿元贷款规模的中小微企业纾困专项资金，对中小微企业提供 1 年期的优惠贷款，支持企业复工复产达产。首批困难企业名单 6 月 4 号确定以来，短短三个月，百亿资金全部落地，户均 418.28 万元，共惠及 2403 家中小微企业。

3 日，进博会我省交易团已注册专业观众近千名。

省商务厅召开第三届中国国际进口博览会福建省交易团新闻通气会。据介绍，福建省交易团抓住进博会带来的国际贸易、国际投资、人文交流和开放合作新机遇，广泛发动企业参与采购，并通过多渠道宣传推送进博会相关信息，目前我省已注册专业观众近千名。第三届进博会将于 11 月 5 日至 10 日在上海举办。相较于往届，今年进博会将呈现四大特点：展览规模更大、展区设置更优、展商质量更高、人文交流内容更加丰富。

4 日，福建：创新成果亮相服贸会。

由商务部和北京市政府共同主办的 2020 年中国国际服务贸易交易会在北京开幕，我省组织参展商展示服务贸易领域创新成果和发展新机遇。本届服贸会以“全球服务，互惠共享”为主题，通过线上线下联动，为参展参会企业提供智能推荐、在线洽谈、展品直播等服务。我省以“智慧服贸”为主题，组织 9 家服务贸易企业及商务部重点邀请企业参展。同时，厦门作为我省唯一经国务院批复同意的服务贸易创新发展试点城市，近年来服务贸易保持了较快增长，进出口顺差全国领先，在展区版块中得到重点展览展示及推介。还有 18 家我省企业积极参与本届服贸会福建展区及大会组织的各项活动。

6 日，23 个综合性生态保护补偿实施县获环境质量提升奖励。

省财政厅消息，我省不断健全完善综合性生

态保护补偿机制，对环境质量提升的23个综合性生态保护补偿实施县加大倾斜支持力度。近日，省财政厅根据考核结果，下达奖补资金给予鼓励。此次下达的1.45亿元资金，是在年初预拨3.45亿元奖补资金基础上进一步下达的，全年奖励资金累计达4.9亿元。其中，考核位列前10名的光泽、德化、连城、大田、宁化、柘荣、长汀、武平、永春、寿宁，每县获得2950万元，其余13个实施县各获得1500万元。资金可由实施县自主用于补齐生态环境保护短板的重点项目。

7日，中国经济社会理事会来闽联合开展调研。

7日至10日，全国政协常委、人口资源环境委员会主任，中国经济社会理事会副主席李伟率调研组赴福建，开展“以发展乡村富民产业为重点促进农民增收”专题调研。在闽期间，调研组一行前往福州、泉州、漳州等地，与省委省政府、市委市政府有关部门座谈交流，并实地走访企业、乡村，考察乡村富民产业发展情况。福建省副省长崔永辉，省政协副主席许维泽、秘书长陆开锦参加相关活动。

7日，全省花卉市场已恢复至去年同期水平。

从省林业局获悉，目前我省花卉苗木销售正在迅速复苏。杜鹃花、山茶花、君子兰等传统盆花和玫瑰、月季、非洲菊等主要鲜切花销量已恢复至去年同期水平，且价格上涨明显。

8日，“丝路电商”政企对话会举行。

2020“丝路电商”政企对话会在厦门举办。会议以“对话丝路电商·推动经贸合作”为主题，通过线上线下相结合的方式，中外代表就进一步扩大合作开展交流探讨，在畅通物流、资金流、信息流等方面达成共识。副省长郭宁宁出席会议并讲话。意大利、冰岛、匈牙利、拉脱维亚、哈萨克斯坦、俄罗斯、乌兹别克斯坦等7国驻华使领馆代表，商务部及省有关单位、电商龙头企业、商协会代表参加会议。

8日，我省提前完成排污许可全覆盖任务。

从省生态环境厅获悉，8月25日，我省提前35天完成了所有行业共计114510家企业排污许可发证登记工作，基本实现排污许可全覆盖，位居全国前列。

8日，福建广电网络集团与厦门国际银行举行银企合作对接会。

福建广电网络集团与厦门国际银行在厦门举行银企合作对接会，副省长郭宁宁出席活动。通过此次合作，厦门国际银行支持福建广电网络推动港澳及海外市场业务拓展，推动“文化出海”，讲好“中国故事”，输出“中国好产品”，服务跨境电商产业链。

8日，第五届中国国际绿色创新发展大会举行。

第五届中国国际绿色创新发展大会在厦门举行，大会以“大力推进生态文明建设，努力实现绿色发展目标——共建新平台、共创新生态、共享新成果”为主题。中国国际投资促进会会长马秀红、副省长郭宁宁出席会议有关活动。会议发布了《绿创名校教育园建设指导白皮书》《中国乡村教育均衡现状及破解之法白皮书》，启动中国县域城乡生态环境治理项目，并为“2020中国国际绿色发展创新企业”授牌。大会同期举办第五届中国国际绿色创新技术产品展，现场展示国内外知名环保企业的绿色低碳创新技术、智能产品及服务，并开展投资、融资、贸易合作等多场对接洽谈活动。

9日，联手支持环保守信企业发展。

从省生态环境厅获悉，为着力缓解环保守信企业融资贵、融资难问题，帮扶中小企业化危为机，省生态环境厅、兴业银行福州分行和国网福建省电力有限公司9日联合举办环保守信企业政银电对接洽谈会，进一步完善环境诚信体系，促进环保守信企业融资需求和金融资本精准对接。

10日，我省开展“封港清查”行动。

10日起，省海洋与渔业局、省公安厅、福建海警局、福建海事局、省工信厅联合在全省范围内同步启动“封港清查”行动，重点清查船长12米以上大中型涉渔“三无”船舶。截至目前，沿海各设区市、平潭综合实验区共查获涉渔“三无”船舶80艘，已拆解12艘。

10日，于伟国会见华润（集团）有限公司董事长王祥明一行。

省委书记于伟国在福州与华润（集团）有限公司董事长王祥明一行就深化双方产业合作进行

深入座谈交流。会见后，双方签署了战略合作框架协议，华润集团将投资一千亿元，拓展我省居民消费市场，推进建材、医药、燃气服务、电力能源和城市综合投资开发运营等合作。

11 日，全国渔业水上突发事件应急演练举行。

由农业农村部联合武警部队、交通运输部和福建省人民政府共同举办的“2020 全国渔业水上突发事件应急演练”在东山海域举行。农业农村部副部长于康震、中国人民武装警察部队参谋长助理陈锡春少将、福建省副省长李德金出席演练活动。

11 日，服务老区苏区福建财政博士服务队成立。

省财政厅举行福建财政博士服务队成立暨服务老区苏区出征仪式。成立博士服务队，是财政厅贯彻落实新时代党的组织路线，创新干部人才工作机制和服务老区苏区工作机制，在基层一线培养选拔优秀年轻干部的重要举措。服务队以“服务人民、奉献社会、提升自我、建强队伍”为宗旨，着力打造福建财政机关党建新品牌、服务基层新抓手、干部成长新平台，推动高层次人才在践行以人民为中心的发展思想、服务发展大局和提高综合素质上发挥骨干带头作用，建设高素质专业化干部队伍，更好地提高财政服务基层的工作效率，更好地服务新时代新福建建设、全方位推动高质量发展超越。首批博士服务队由 19 位博士组成。率先奔赴三明、龙岩原中央苏区县挂职锻炼的 5 位博士表示，一定要在服务基层、服务群众中不断加强思想淬炼、政治历练、实践锻炼和专业训练，努力为振兴老区苏区作出积极贡献。

11 日，王宁与沙特基础工业公司李雷一行会谈。

省委副书记、代省长王宁在福州与沙特基础工业公司副总裁兼北亚区总裁、中国投资有限公司董事长李雷一行，就加快推进重大项目实施、深化务实合作进行会谈。省委常委、副省长赵龙，省直有关部门、漳州市政府、省石化集团负责同志参加会谈。

11 日，福建与宁夏联手举办 2020 闽宁出口商品巡回展。

闽宁出口商品巡回展新闻发布会在宁夏银川举办。福建与宁夏两地将于 17 日至 27 日分别在厦门与银川两地举办“2020 闽宁出口商品巡回展”。

14 日，首届中国资产管理武夷峰会下周在南平举办。

从省政府新闻办召开的新闻发布会获悉，2020 中国资产管理武夷峰会将于 9 月 26 日在南平举办。首届峰会由中国人民大学国家发展与战略研究院、中国证券投资基金业协会、福建省地方金融监督管理局、南平市政府主办，将围绕“新资管 · 新征程 · 绿色发展”主题，重点探讨金融开放背景下中国资管行业的变革、开放与创新之路。

14 日，50 余家企业亮相海峡股权交易中心。

海峡股权交易中心全省“台资板”暨平潭“海峡板”企业集体鸣锣授牌仪式在平潭综合实验区举办，50 余家企业亮相海峡股权交易中心，正式登陆区域股权市场。数据显示，截至今年 8 月底，海峡股权交易中心累计挂牌及展示企业 4874 家，实现各类企业融资 64.87 亿元。其中，“台资板”共挂牌与展示企业 581 家，平潭“海峡板”共挂牌与展示企业 582 家。

15 日，省财政 5500 万元补助投保农村公路灾毁保险。

从省财政厅获悉，为减轻自然灾害导致的恢复重建及养护维修费用负担，提升农村公路抗灾抢修能力，我省积极推行农村公路灾毁保险。近日，省财政下达资金 5500 万元，对投保农村公路灾毁保险给予补助，补助里程达 9.01 万公里。截至目前，省财政已累计落实保费补助 1.98 亿元，推动我省基本实现农村公路投保全覆盖。

15 日，更高标准锚定目标、更高质量创新发展、更高水平保障民生、更高站位探索新路。

出席省十三届人大四次会议的代表分组审议了《福建省人民代表大会关于动员全省人民全方位推动高质量发展超越的决议（草案）》。

15 日，三明稻种，种遍全国。

三明已成为全国杂交水稻制种第一大市、建宁为制种第一大县。“加大对三明‘中国稻种基地’的支持，从源头上保障国家粮食安全!”15 日，多位院士专家和企业家齐聚三明，在建宁县举行的“2020 年福建三明 · 中国稻种基地发展大会”上联名发出建议书。17 日，“杂交水稻之父”袁隆平为“福建省建宁县国家现代农业产业园”题名。

16 日，我省率先完成新增政府债券和再融资债券发行任务。

据省财政厅消息，我省在上海证券交易所顺利发行第三批地方政府专项债券 261 亿元，至此，今年财政部下达我省的新增政府债务限额 1594 亿元已全部发行完毕。加上已发行的再融资债券 379. 2 亿元，我省成为全国首个完成全年新增政府债券和再融资债券发行任务的省份。

16 日，“全闽乐购”显成效。

省政府新闻办召开福建省“全闽乐购”促消费行动新闻发布会。从会上获悉，今年 1—8 月，全省社会消费品零售总额 11764. 4 亿元，其中 8 月份增长 2. 9%，已连续 4 个月实现单月正增长。全省网络零售额 3705 亿元，同比增长 21. 4%，一系列促消费举措的成效正在显现。从今年 8 月起到明年 3 月，我省将在全省范围内组织开展以“全闽乐购”福建促消费行动为主题的系列活动。

16 日，我省伏季休渔全面结束。

从省海洋与渔业局获悉，16 日我省北纬 26 度 30 分以北海域结束伏季休渔。至此，我省 2020 年海上伏季休渔期全面结束。伏休期间，全省沿海各级渔业执法机构共查处各类违规案件 461 起，查获渔获物 1100 多吨，其中查办拆卸屏蔽安全设备的案件 73 起，予以顶格处罚。福州市海洋渔业执法支队查获的 2 起故意拆卸屏蔽北斗示位仪案，分别处以 15. 43 万元罚款，这成为《福建省实施〈中华人民共和国渔业法〉办法》实施以来，全省渔业案件单笔最高罚款。

17 日，第三届数字中国建设峰会新闻发布会在京举办。

从国务院新闻办新闻发布厅举行的第三届峰会新闻发布会上获悉，本届数字中国建设峰会将围绕开幕式、主论坛、分论坛、成果展览会、创新大赛、应用场景发布和闭幕式等七个环节，采取线上线下相结合方式举行，亮点多多。本届峰会将突出高科技智能化办会，将设立“云上峰会”平台，线上线下同步展现峰会盛况。数字中国建设成果展览会将同步开设“云展区”，通过云计算、VR、人工智能等方式，充分展示数字中国建设的最新成果。将运用无感刷脸、数字身份认证等新技术，进一步提升信息化会务服务水平；5G 网络场馆全覆盖、地铁人脸识别、智慧停车场等一批智慧应用场景将在峰会期间集中亮相，让嘉宾体验数字赋能的无限魅力。峰会将突出人工智能、大数据、云计算、区块链等数字技术发展应用，安排一系列精彩纷呈的活动。

19 日，2020 厦洽会福建省团外资项目签约好于预期。

从省商务厅获悉，2020 厦门国际投资贸易洽谈会暨丝路投资大会上，福建省代表团双向投资稳步推进，外资项目签约好于预期。2020 厦洽会期间，全省共对外签约外商投资合同项目 282 项，总投资 152. 4 亿美元，拟利用外资 76. 1 亿美元，超预期目标任务 8. 7 个百分点。签约“走出去”项目 33 个，中方协议投资额 13 亿美元，同比增长 19. 1%。其中，投资“一带一路”项目 16 个，中方协议投资额 6. 5 亿美元；中方协议投资额 1000 万美元以上的项目 10 个，总投资额 12. 5 亿美元，增长 37. 5%，占签约对外投资总额的 96. 4%。此外，推出 801 个网上招商项目，投资总额 16822 亿元，重点推介 7 场对接活动，进一步拓展我省招商引资维度。

19 日，2020 海峡科技专家论坛举行、

由中国科协主办、省科协承办、两岸 30 多家单位和社团共同协办的 2020 海峡科技专家论坛在厦门开幕。论坛采用线上线下结合的方式，设置海峡两岸管理论坛等 6 个分会场，分别在厦门、福州、龙岩等地举行，并连线台湾。本次论坛以“两岸新时代　科技新融合”为主题，副省长郭宁宁在厦出席论坛开幕式并致辞，中国科协书记处书记宋军通过视频致辞。

22 日，2019 年福建专利奖揭晓。

2019 年福建省专利奖揭晓。经福建省专利奖评审委员会评审，并经省政府常务会议研究同意，来自中铝瑞闽股份有限公司的“一种中等强度阳极氧化用铝合金带材及其制备方法”被授予特等奖；厦门虹鹭钨钼工业有限公司的“一种磁控线圈用粉末的掺杂方法”、厦门大学的“一种检测核酸序列变异的方法”和宁德新能源科技有限公司

的“电解液以及包括该电解液的锂离子电池”等三项专利获得了一等奖。另有10项专利获得二等奖、30项专利获得了三等奖。省政府于2010年设立福建省专利奖，目前已评选7次，共评选出获奖专利305项。2019年度专利奖获奖项目有两个新特点：获奖项目主要来源于我省优势产业和新兴产业领域，44项获奖专利的专利权人和发明人绝大多数来自企业。业内人士认为，这对进一步促进专利成果交易转化，提升知识产权创造、保护、运用和管理水平，服务福建全方位推动高质量发展超越起到了积极作用。

22日，礼赞丰收，共迎小康。

第三个中国农民丰收节如期而至。福建各地围绕“八闽丰收节节高　幸福小康样样红”的主题，组织开展系列庆丰收活动，展示全省农业农村发展成就，礼赞丰收，致敬农民，共迎小康。

24日，产城人融合，厦门同翔高新城崛起。

一个产城融合的高新产业新城正加速崛起。同翔高新技术产业基地经过五年的开发建设，已初具规模。截至8月底，片区开发面积近5平方公里，累计完成固定资产投资475.76亿元，已落地产业项目37个，已竣工10个项目。

24日，福州机场开通首条洲际大型全货机航线。

一架由美国康尼航空执飞的波音747－400全货机从福州机场腾空而起，飞往美国洛杉矶，标志着福州—洛杉矶全货机航线正式开通，这是福州机场开通的首条洲际大型全货机航线。该航线装载量单程约为100吨，每周一、周四各执飞1班。该航线的开通，进一步优化了福州机场货运航线网络布局。除了此次开通的美国康尼航空福州—洛杉矶航线，还有美国西部环球航空公司、美国国家货运航空等航空企业也计划在福州机场开通北美洲际、欧洲洲际全货机航线。

25日，福建省河湖健康评估蓝皮书发布。

福建省河湖健康研究中心发布《2019—2020年福建省河湖健康评估蓝皮书》。通过对全省流域面积大于200平方公里的179条河流和21座大型水库“体检”评估，我省河流和水库总体健康状况良好，河流生态流量有明显改善，但是河流纵向连通性和水生生物多样性保护是福建省河湖健康持续改善的目标。

25日，2020福建互联网大会在榕召开。

2020中国福建互联网大会在福州举行，各界精英学者及业内人士会聚榕城，聚焦5G的发展应用，深入探讨5G时代变革。本次大会由福建省委网信办、福建省通信管理局、福建省发展和改革委员会、福建省工业和信息化厅、福建省数字福建建设领导小组办公室指导，福建省互联网协会主办。大会围绕“5G共创，产业互联”主题，设有一场主论坛及一个5G智能体验展，展示福建省在5G领域取得的前沿理论和技术成果，探讨5G对互联网行业带来的机遇与挑战。会上发布了《2019年福建省互联网发展报告》，颁奖并公布2020年福建省互联网企业30强榜单，同时，还颁奖公布福建省互联网最具成长型企业名单，以及福建省互联网最具创新型企业名单。

27日，制造业大市的“智造”路。

《福建日报》报道：在推进传统产业智能升级的同时，泉州市正催生一个全新的智能装备制造产业。2019年，泉州培育建设市级数字化车间24个、省级智能制造重点项目80个、省级智能制造试点示范和样板工厂（车间）14个，8项装备产品被评为省级重大技术装备与智能制造装备。目前，全市已有近2000家规模以上企业使用新型智能装备，规模以上企业装备数控化率超过50%。

27日，福建省消防救助慈善基金设立。

省消防救援总队与省慈善总会举行设立福建省消防救助慈善基金仪式。省慈善总会专门设立福建省消防救助慈善基金，救助对象除了省消防救援总队行政编制指战员外，还包括了政府专职消防员、消防员文员和指战员直系亲属（包括配偶、父母、子女），以及在灭火和应急救援中见义勇为的地方人员。

27日，衢州至宁德铁路开通运营。

27日9时59分，T8006次列车从宁德站缓缓驶出，开往浙江衢州，标志衢宁铁路正式开通运营。自此，我省的松溪、政和、屏南、周宁等4县结束不通铁路的历史。衢宁铁路于2015年开工建设，北起浙江省衢州市，向南途经浙江丽水市、福建省南平市，终至福建省宁德市，线路全长379公里，为国铁Ⅰ级客货共线单线电气化铁路，设计时速160公里，全线设衢州、龙游南、遂昌、松阳、龙泉市、庆元、松溪、政和、建瓯东、屏南、周宁、支提山、宁德等13个客运车站。届时，衢州至宁德最快运行时间为5小时17分钟。从衢宁铁路沿线城市坐火车出发，向南可直达宁德、福州等东南沿海城市，向西可直达武昌、达州、重庆等华中、西南地区，向北可直达北京、天津、沧州、济南等华北地区，沿线群众出行将更方便快捷。

28日，晋江国际鞋纺城获批国家市场采购贸易方式试点。

从省商务厅获悉，日前国家商务部、发改委、财政部、海关总署、税务总局、市场监管总局、外汇局七部委联合发文，同意福建晋江国际鞋纺城开展市场采购贸易方式试点。这意味着我省稳外贸工作和贸易新业态发展取得又一项重要突破。市场采购贸易方式，是指在经认定的市场集聚区采购商品，由符合条件的经营者办理出口通关手续的贸易方式。据了解，晋江国际鞋纺城总规划面积7900亩，其中专业市场占地2200亩，致力于打造中国乃至亚太地区最大鞋纺专业市场、鞋纺产销链集成服务平台、生产性服务贸易重点基地。专业市场项目一期总建筑面积56.8万平方米。市场全部建成后，将实现鞋材乃至体育产业全链条产品展示和交易、信息发布、物流配送、会展推广、网批中心、跨境电商等6大功能。

29日，福建举办银行业保险业降低小微企业融资成本线上发布会。

由福建银保监局指导，农业银行福建省分行、建设银行福建省分行、福建省农信联社、人保财险福建省分公司四家金融机构参加的“助小微强经济”福建银行业保险业降低小微企业融资成本线上新闻发布暨政策宣导会成功举办。活动通过直播方式对《关于进一步降低小微企业融资成本的意见》进行线上新闻发布和政策解读。

（摘编：蔡志轩）

十月

1日，双节假期首日全省381家景区全开放。

全省文化旅游市场热闹开启中秋节、国庆节假期。全省381家景区全部开放，游客接待量提升至最大承载量75%。部分省级博物馆开启“夜场”，电影院每场放映的上座率上限调整为75%，排片量增加。从福建省文化和旅游厅获悉，双节长假期间，全省各地将持续推出“全福游　有全福”千团万人系列活动，举办50多场特色旅游活动，100多场文化节庆活动。

9日，全省道路水路客运量超千万人次。

国庆中秋长假期间，全省交通运输系统紧盯公路通行、运输服务、港口生产、工程建设、安全监管等重点领域，全力以赴保运输、保通行、保建设、保安全。截至10月8日，全省组织1.5万辆客运班车、2.1万辆公交车、150列地铁、260艘船舶参与运输，道路、水路累计发送旅客1018万人次，高速公路出入口总交通流量达2939万辆次，总体通行秩序良好。

9日，国庆中秋假期我省实现旅游收入同比增长10.2%。

从省文旅厅获悉，今年国庆中秋假期，我省按照“限量、预约、错峰”常态化的总体要求，加大节假日文旅产品高质量供给，推出各类节庆和优惠活动，创新组织文化场馆夜间开放，有效促进了假日文旅市场快速复苏和假日旅游消费热度，取得疫情防控和经济社会发展的“双丰收”。据测算，全省累计接待游客3928.45万人次，同比增长5.5%；实现旅游收入340.88亿元，同比增长10.2%。

10日，省人大常委会开展反不正当竞争法执法检查。

受全国人大常委会委托，省人大常委会近期开展《中华人民共和国反不正当竞争法》执法检查。10日，执法检查组在榕召开汇报会，省人大常委会副主任邓力平出席会议并讲话。副省长郭宁宁到会介绍我省贯彻落实法律情况，省直有关部门作了相关汇报。执法检查组将赴福州开展实地检查，并委托厦门、泉州、三明市人大常委会进行检查。

12 日，东南能源大数据中心揭牌。

在第三届数字中国建设峰会数字福建分论坛上，东南能源大数据中心揭牌。该中心立足福建、辐射东南，汇聚共享能源行业数据，推进“平台 + 数据 + 生态”一体化发展，致力于服务政府治理能力提升、能源行业转型升级和社会便捷高效用能。

12 日，数字生态分论坛举行。

第三届数字中国建设峰会数字生态分论坛举行。生态环境部副部长庄国泰作视频致辞，副省长李德金出席会议并致辞。本次论坛由生态环境部、福建省政府主办，以“大数据助推治理现代化　云智慧赋能美丽中国建设”为主题，同时开设“生态环境大数据助力打好污染防治攻坚战”和“大数据赋能‘十四五’规划，智能化引领高质量发展”两个子论坛，共同探讨数字化助力生态环境治理的新模式、新思路、新方向。论坛上，中国科学院院士王桥、欧亚科学院院士方创琳、浪潮集团有限公司副总裁赵绍祥、省生态环境厅厅长付朝阳等先后作主旨发言。现场首次增设数字生态典型应用案例发布环节，发布由生态环境部评选产生的 20 个典型案例。

12 日下午，数字福建分论坛举行。

由福建省政府主办的第三届数字中国建设峰会数字福建分论坛举行。十二届全国政协副主席、国家电子政务专家委员会主任王钦敏作题为《纪念“数字福建二十年”》主旨演讲，副省长郑建闽出席论坛并致辞。本届论坛主题为“二十年开拓奋进　新时代创新发展”，旨在总结交流 20 年来数字福建建设的成果与经验，展望新时代数字福建创新发展远景，为新时代数字福建建设建言献策，为数字中国贡献新的智慧和力量。

12 日，我省设立第二期 100 亿元中小微企业纾困专项资金。

省财政厅消息，在首期百亿纾困专项资金于 9 月 2 日提前超额完成放款任务基础上，我省第二期 100 亿元中小微企业纾困专项资金设立。第二期纾困专项资金在延续支持对象、贷款条件、名单收集、贷款发放、担保支持、财政贴息、合作银行等原有做法基础上，进一步优化了相关服务。首期 100 亿元纾困专项资金共为 2475 家困难企业解决了资金需求，户均贷款 404 万元，年化利率低于 3.35%。

13 日，物联网分论坛举行。

由福建省人民政府主办，中国电子学会、福州市人民政府、福州经济技术开发区管委会、中国·福州物联网开放实验室等承办的第三届数字中国建设峰会物联网分论坛在福州举行。本次分论坛依托国家新型工业化产业示范基地，聚焦国内外物联网产业发展前沿，以典型示范引导，邀请国内外科学院、工程院专家学者、知名物联网企业领军人物以及物联网相关行业代表等，共同分享交流物联网产业前沿资讯，深入探讨物联网产业发展趋势和实际应用，进一步推动产业结构调整和发展方式转变。

13 日，省内首家卫星互联网产业园落户长乐。

省内首家卫星互联网产业园项目——福州达华卫星产业园在第三届数字中国建设峰会上完成签约。作为福建省数字经济重大项目之一，该项目由达华智能（集团）牵头筹建，现已完成园区一期用地购置、产业规划、平台开发、主体项目试运行等，预计最快于今年底前动工，建设期为两年。同时，国内首个“卫星海联网”应用场景也正式在峰会亮相。该项目以福州达华卫星产业园为基地，联合有关国企及生态链相关各方，共同打造基于通导卫星应用的海联网生态产业体系，实现海岸互联、船船互联、海洋感知、军民融合、渔获交易及普惠金融等，并对处置非法采砂、非法越界作业、海洋垃圾等形成有力科技支撑。

13 日，数字丝路分论坛举行。

第三届数字中国建设峰会数字丝路分论坛举行。副省长郑建闽出席论坛并致辞。论坛以“创新数字丝路模式　共同激活合作动能”为主题，突出国际交流合作特色，深入探讨数字经济发展、前沿技术创新、数字文化交流、数字教育资源共享等内容，推进数字丝路建设机制、政策、平台、应用的突破，推动世界经济不断焕发生机活力。

论坛上，印度尼西亚驻华大使周浩黎、加纳教育部图书管理局局长海福德·肖、联合国教科文组织原副总干事格塔丘·恩吉达以线上参会的形式，分别发表了主旨演讲。中国工程院院士倪光南、中国信息化百人会执委徐愈、网龙网络公司CEO熊立、上海振华重工（集团）股份有限公司副总裁陈斌等业内专家分别围绕“双循环新发展格局下推进新基建”“加强数字经济合作，培育创新发展新动能”“深化数字教育合作　助力数字丝路发展”“关注海洋即未来”等主题发表演讲。论坛现场发布了日本教育信息化合作云平台和全球数字教育资源生产基地项目的建设成果。

14日，我省四个海关特殊监管区域整合优化为综合保税区。

从省商务厅获悉，今年以来，国务院先后批复同意福州出口加工区、福州保税港区、厦门象屿保税物流园区、厦门海沧保税港区等4个海关特殊监管区域整合优化为综合保税区，这标志着我省海关特殊监管区域整合优化工作取得阶段性成果。海关特殊监管区域具有承接国际产业转移、连接国内国际两个市场的特殊功能和政策，由海关为主实施封闭监管，包括保税区、出口加工区、保税物流园区、跨境工业区、保税港区、综合保税区等模式，目前综合保税区是海关特殊监管区域的最高形态。

15日，全国双创活动周福建分会场暨创响中国·福州站启动。

以“创新引领创业，创业带动就业”为主题的2020年全国双创活动周福建分会场暨创响中国·福州站启动仪式在福州数字中国会展中心举行，省长王宁出席并致辞。在收听收看全国双创活动周启动仪式后，王宁宣布我省活动正式启动并发表致辞，向崇尚创新、激情创业的创客朋友表示诚挚问候。省直有关单位负责同志参加启动仪式。2020年全国双创活动周于10月15日至21日举行，采用线上线下相结合的方式，在全国各省市同步展开。国内知名投资机构、众创空间、孵化器，以及相关院校学生代表、各领域创业者等参加活动。

16日，2020年世界城市日中国主场活动10月底在福州举办。

从16日在京召开的2020年世界城市日中国主场（福州）活动新闻发布会获悉，今年世界城市日的年度主题为“提升社区和城市品质”，中国主场活动由住房和城乡建设部、福建省人民政府和联合国人居署共同主办，福州市人民政府承办，将于10月30日至11月1日举办。2020年世界城市日中国主场活动将围绕年度主题，重点交流和展示世界各地在落实推动城市可持续发展和改善人居环境方面的政策、经验和做法，活动内容包括开幕式、《福州倡议》宣读仪式、《上海手册·2020年度报告》首发仪式、主题演讲、城市发展案例展及相关配套活动等。联合国人居署、有关国家和地区政府部门负责人等将通过视频方式参会。活动还将邀请我国部分城市负责同志、驻华使领馆官员、城市规划建设管理专家学者等参加。2020年世界城市日中国主场活动将采取线上线下相结合的方式举办。

18日，全省最新河湖“健康体检”报告出炉。

近日，福建省河湖健康研究中心通报了省河湖健康评估最新报告。报告显示，福建河湖健康状况良好，2019年1—6月主要河流流域国控断面Ⅰ—Ⅲ类水质比例94.5%，高出全国平均水平20个百分点。福建省流域面积大于200平方公里的179条河流健康综合指数在70分以上的有159条，健康状况良好率达88.8%，其中健康综合指数在85分以上的河流有22条，主要分布在南平和三明地区。去年体检不健康的7条河流“治愈”了，雁石溪、杯溪、芗江、梅溪（闽清）和九龙江南溪的水质改善较为明显。据介绍，今年我省除了对原有179条河流开展评估外，还对21座大型水库进行首次健康评估，水库健康综合指数优良率达90.5%。

19日，省总工会开展省五一劳动奖“云表彰”活动。

由省总工会主办的2020年福建省五一劳动奖“云表彰”活动在福州举行。省人大常委会副主任、省总工会主席黄琪玉出席表彰会。省总工会率先在全国工会系统采用“云表彰”的方式，通过云端连线，为受到表彰的个人和集体点赞加油。活动现场，“云表彰”对象分享了他们的劳动体会、创新经验和对工匠精神的感悟；通过一段短片，与会者倾听奋战在防疫抗疫一线劳动者的故事。据统计，表彰会直播的全网观看量接近100万人次。为表彰先进、宣传典型、树立榜样，营造劳动光荣、劳模伟大的社会风尚和精益求精、争创一流的敬业风气，省总工会决定：授予福州春晖制衣有限公司等80个单位福建省五一劳动奖状；授予侯艳梅等230名职工福建省五一劳动奖章；授予福建华博教育科技股份有限公司技术中心等143个企业集体福建省工人先锋号；福建省福州第十中学化学教研组等87个机关事业集体福建省五一先锋号。同时，为弘扬抗疫精神，专项授予福建省福州肺科医院等20个单位福建省五一劳动奖状；授予康德智等100名职工福建省五一劳动奖章。

19日，第十六届粮食产销协作福建洽谈会召开。

由福建、山东、江西、吉林、安徽、河南、黑龙江、湖南、江苏、湖北、内蒙古等11省（区）政府共同举办的第十六届粮食产销协作福建洽谈会在海峡国际会展中心举办。

19日，福建省对外公开第二轮中央生态环境保护督察整改方案。

省政府网站刊发：2019年7月15日至8月15日，中央第二生态环境保护督察组对我省开展了生态环境保护督察，并同步开展海洋生态环境问题专项督察，2020年5月8日，中央督察组向我省反馈了督察意见。福建省委、省政府高度重视中央生态环境保护督察整改工作，督察进驻结束后，立即召开省委常委会会议研究部署推进整改工作。督察反馈后，省委、省政府多次研究部署，成立由省委和省政府主要领导任组长的督察工作领导小组，在组织立行立改的同时，研究制定了《福建省贯彻落实中央生态环境保护督察报告整改方案》。

20日，海归英才八闽行项目对接洽谈会举行。

由省人社厅主办的“2020年海归英才八闽行项目签约暨留学人员项目路演对接洽谈会”在福州举行。本次对接洽谈会是省人社厅“国家扶贫日”系列活动之一，旨在发挥留学人员优势，服务八闽大地尤其是贫困地区发展，通过线上对接和线下帮扶，为基层输送人才技术、对接项目。活动征集到29名海外人才和31个项目，线上对接累计促进人才引进和项目合作意向35项。对接洽谈会现场，留学人才与企业成功签约了2个技术合作项目。

21日，我省成立科技成果转化创业投资基金。

省科技厅发起设立了“福建省科技成果转化创业投资基金”，工商核准名称为福建阳明创业投资合伙企业（有限合伙），基金总规模3.75亿元。其中：省级财政出资0.5亿元，国家科技成果转化引导基金出资0.75亿元，社会资本出资2.5亿元，并作为国家科技成果转化引导基金子基金。该基金主要投资国家重点支持的高新技术企业，特别是投资于国家科技成果转化项目库中的企业，对促进我省科技成果转化和科技产业的发展具有重要作用。

21日，我省与中国交通建设集团签署深化战略合作协议。

省委书记于伟国、省长王宁在福州与中国交通建设集团有限公司董事长王彤宙一行就深化务实合作、加快综合交通建设等进行座谈，并见证我省与中交集团签署深化战略合作协议。根据协议，中交集团将在“十四五”期间加大对福建投入力度，加快推动相关业务板块、产业项目落地福建，整合集团先进的研发、设计、施工力量，参与福建相关领域建设。

22日，加快推进我省清洁能源转型升级。

省委书记于伟国、省长王宁在福州与中国三峡集团董事长雷鸣山一行就进一步深化战略合作、加快推进我省清洁能源转型升级等进行洽谈。三峡集团将认真贯彻落实习近平总书记重要指示精神，充分发挥自身优势，积极融入福建发展战略，继续加大投资力度，以海上风电产业园为平台，大力发展新能源，延伸拓展产业链，加强在城镇污水治理等方面合作，为福建经济社会发展作出新贡献。

23日，福建省政府部署推进第四季度安全生产工作。

省政府召开第四季度防范重特大生产安全事故暨安委会成员会议，认真贯彻习近平总书记关于安全生产重要论述重要指示批示精神和李克强总理批示要求，分析当前安全生产形势，部署推进第四季度安全生产工作。省长王宁出席会议并讲话，省委常委、常务副省长赵龙主持会议。会议以视频形式召开，各市、县（区）和平潭综合实验区设分会场。省公安厅、海洋渔业局、消防救援总队作了汇报发言。

23 日，推动文化产业高质量发展超越座谈会召开。

推动文化产业高质量发展超越座谈会在榕召开。省委常委、宣传部长邢善萍主持座谈会并讲话，副省长郑建闽出席。

23 日，我省举办学习习近平生态文明思想专题培训班。

我省举办党政领导干部学习习近平生态文明思想专题培训班，邀请中央生态环境保护督察办公室督察专员陈亮作专题报告。陈亮以“秦岭违建别墅事件的始末与启示——增强抓好整改的政治自觉思想自觉行动自觉”为主题，围绕习近平生态文明思想，从秦岭违建别墅整治案例入手，剖析中央环保督察整改相关案例，内容丰富，说理透彻，对我省做好中央环保督察反馈问题整改具有重要推动作用。省中央环保督察整改工作领导小组成员单位、省直有关单位和中直单位驻闽机构负责同志参加培训班；各县（市、区）以及各地中央环保督察整改工作领导小组成员单位、相关企业负责同志等通过视频参加。

24 日，三明南平将创建省级绿色金融改革试验区。

经省政府研究，同意三明市、南平市创建省级绿色金融改革试验区。近日，省政府办公厅下发工作方案，要求两地和各有关部门认真贯彻执行，做好整体策划、系统推进、重点突破，抓紧实施、取得实效，打造具有福建特色亮点的绿色金融服务体系。

25 日，福建省技改基金投资利率从 3% 降至 2.5%。

省财政厅消息，为进一步降低企业融资成本，推动企业加快转型升级，日前，省技改基金第十届基金理事会全票通过关于降低省技改基金投资项目年化收益利率的方案，决定从 2020 年 9 月 23 日至 2021 年 3 月 23 日，基金向融资企业新增投资的首年利率由 3% 下降到 2.5%。投资利率降低后，已有福建南平南孚电池有限公司、三明阿福硅材料有限公司、福建新中冠数据技术有限公司等 8 家企业的 12.17 亿元技改项目融资获得降率优惠。

26 日，我省鼓励市场化方式开展废弃矿山生态修复。

福建省自然资源厅近日下发通知，要求各地逐步构建“政府主导、企业主体、社会参与”的废弃矿山生态修复体系，坚持“保护优先、自然恢复为主”“谁修复、谁受益”，通过政策激励，吸引社会各方投入，探索实施“生态修复 + 废弃资源利用 + 产业融合”的废弃矿山生态修复新模式；建立本地区废弃矿山生态修复项目储备库，统筹安排，分类推进历史遗留废弃矿山（点、硐）生态修复工作。

27 日，第十一届机博投洽会 11 月 8 日举办。

从省政府新闻发布会上获悉，第十一届海峡两岸机械产业博览会暨第十三届中国龙岩投资项目洽谈会将于 11 月 8 日—11 日在龙岩举行。本届展会以“两岸合作，发展共赢”为主题，展览展示面积 3 万平方米，约 1500 个标准展位。设产业发展、工程和环保机械、专用车和应急装备、台湾机械、智能制造、配件等六大专业展区，将展示工程机械、环卫机械、新能源汽车、专用车辆、军民融合、高端数控机床、激光切割设备、应急装备、智能工业机器人、云计算、VR 应用、大数据与机械产业应用等机械设备。

28 日，新疆昌吉州在闽推介文化旅游。

“闽疆情・闽昌行”2020 年昌吉州文化旅游推介会在福州举行，现场推介了新疆首条跨地州旅游环线“环游天山——千里黄金线”等昌吉州特色文化旅游资源。福建省旅游集团与昌吉州文旅局签订战略合作协议，双方将进一步推动文化旅游合作，助力福建对口援疆工作。活动期间，昌吉州推介团队走访了福建省旅游发展集团和福州、厦门、泉州等地的重点旅游企业，向福建省近 200 家旅行社面对面推介旅游资源、点对点洽谈合作事宜。推介中，昌吉州发布了大团游（专列、散客）奖励政策：旅行社组织疆外游客来昌吉州的专列团队，跨昌吉州两个县市，住宿过夜超过 1 晚，含规定景区（点）任选 2 处，其他 A 级景区任游 1 处，每团人数 300 人以上奖励 3.5 万元、过夜 2 晚的奖励 4.5 万元；500 人以上奖励 6 万元、过夜2晚的奖励7.5万元。此外，针对福建省发往昌吉州境内的包机，实施特殊政策：跨昌吉州两个县市，住宿过夜超过2晚，含规定景区（点）任选3处，其他A级景区任游2处，当日人数达50—100人的，每人奖励200元；100—200人的每人奖励300元；200—300人的每人奖励400元；300人以上每人奖励500元。

28日至29日，全省海上养殖综合整治和绿色发展现场会召开

全省海上养殖综合整治和绿色发展现场会在宁德召开。副省长李德金出席会议并讲话。会前，与会人员还前往三都澳海域实地观摩宁德海上养殖转型升级和海漂垃圾治理现场。

29日，数字中国建设峰会实施“碳中和”。

省生态环境厅消息，第三届数字中国建设峰会期间，共举办大型活动19场、参会人数近1万人。根据估算，数字峰会期间因交通、餐饮、住宿、展会等活动新增二氧化碳排放约900吨。为实现绿色办会，在省生态环境厅指导下，福州市生态环境局与数字峰会主办方实施“碳中和”行动，通过购买林业碳汇项目减排量抵消中和峰会活动实际产生的二氧化碳排放，实现峰会“零排放”。

29日，中国食品行业国际竞争力高峰论坛在石狮举行。

由中国副食流通协会、中国食品土畜进出口商会、中国国际贸易促进委员会福建省委员会、泉州市人民政府主办的中国食品行业国际竞争力高峰论坛暨市场采购贸易助力预包装食品出口推介会在石狮举行。论坛上，石狮首次面向全国食品行业推介预包装食品出口试点政策。石狮是全国首个预包装食品出口试点城市，建成中国石狮国际食品城，为预包装食品生产企业和采购商的展示、对接、采购提供了一站式服务，初步形成“买全国、卖全球”的预包装食品出口格局。

（摘编：游永贵）

十一月

1日，中国石墨烯产业发展竞争力指数（2020）在永安发布。

为期3天的“2020中国福建（永安）石墨烯创新创业大赛暨项目成果对接会”圆满闭幕。会上，工信部赛迪研究院发布了《中国石墨烯产业发展竞争力指数（2020）》，这是国家级智库发布的首个石墨烯产业竞争力发展指数。据介绍，全国各地石墨烯产业发展基本呈现“四个梯队”。江苏省以90.44的指数居第一梯队榜首，福建省处于发展势头迅猛的第二梯队，以74.78居第二梯队首位。在发展环境指数方面，全国石墨烯政策环境整体趋好。全国30多个省、区、市的同向比较中，福建省在产业政策和组织建设两方面都具有较明显的领先优势，发展环境指数位居全国第二。据悉，中国石墨烯产业发展竞争力指数今后三年将固定在永安发布，将极大提升中国福建（永安）石墨烯创新创业大赛暨项目成果对接会以及三明石墨和石墨烯产业的知名度。

2日，我省财政资金为养殖业提供保险补贴。

近日，省财政厅及时下达1.05亿元，对2020年养殖业保险保费补贴给予支付。同时将对当年新增保险保费给予据实结算。作为一项政策性农业保险，养殖业保险以保险公司的市场化经营为依托，通过政府保费补贴扶持，对养殖业因遭受自然灾害、意外事故和疾病造成的经济损失提供风险保障，承保对象为能繁母猪、育肥猪和奶牛。其中财政补贴70%，养殖户承担30%。目前能繁母猪每头保险金额为1500元，费率6%；育肥猪每头保险金额800元，费率5%或5.5%；奶牛每头保险金额10000元，费率6%。截至9月，今年全省共承保能繁母猪、育肥猪、奶牛363.36万头，提供风险保障达31亿元。

2日，第三批国家药品集采结果即将在我省落地实施。

省医保局和省卫健委联合日前印发《关于落实第三批国家组织药品集中采购和使用有关工作

的通知》，明确我省于11月13日起在采购平台挂网执行第三批国家组织药品集中采购中选结果。明确全省所有公立医疗机构和驻闽军队医疗机构（含药材供应机构）全部参加，药品范围为第三批国家集中采购确定的55个品种，执行国家联合采购办公室统一确定的采购周期。第三批国家组织药品集中采购平均降价约53%，药品品种数量接近前两批之和。

2日，第三届进博会福建省交易团集结完毕。

第三届进博会将于11月5日至10日在上海举办。2日上午，福建省交易团召开第三届进博会行前媒体见面会，介绍各项筹备工作及主要活动情况。从会上获悉，首届和第二届进博会，省交易团（含厦门交易团）累计签约金额66.5亿美元（按大会统计口径），其中：福建省交易团签约44亿美元，已履约41.5亿美元，履约率94.3%；厦门交易团签约22.5亿美元，履约率93.1%。金融机构为我省22家采购商提供1024亿元的配套融资服务，已实际放贷468.1亿元。本届进博会期间，省团将在上海继续举办“福建新一轮开放政策解读和项目对接会”和“福建省医疗器械及医药保健采购对接会”，并新增“福建省海洋战略性新兴产业对接会”，全面解读福建开放的各项政策，展示福建发展的新机遇，以采购促招商，吸引、集聚一批好项目、大项目。在第二届成功举办非遗暨老字号展演活动的基础上，今年将新设福建展演展示馆和“中国旅游”专区福建展区，宣传福建“老字号”、福建“国家级步行街”（福州三坊七巷），并结合融入“非遗”“茶酒两红”等特色品牌产品、工艺展示互动、主题演出及旅游推介活动，展示福建丰厚的历史文化底蕴与多彩人文魅力，打造人文交流新高地。

2日，今年首趟福建援疆旅游专列游客抵达昌吉。

乘坐“闽昌号”福建援疆旅游专列的500余名游客抵达昌吉州。这是新疆疫情防控进入常态化阶段后，今年福建到昌吉州的首趟援疆旅游专列。本次“闽昌号”福建援疆旅游专列从福州市出发，全程15天，行程包括昌吉、和田、阿克苏、阿勒泰、乌鲁木齐、吐鲁番等地特色旅游景区（点）。近年来，随着福建对昌吉州支援工作的推进，文旅援疆力度持续加大，切实推动了闽昌两地文化旅游的交流交往交融，在引客入疆、培训援疆、资源援疆等方面取得丰硕成果。

4日至5日，王宁率福建省交易团参加第三届进博会并召开企业家座谈会。

省长王宁率福建省交易团赴上海参加第三届中国国际进口博览会，加强国际采购，深化投资促进，开展政策推介和项目对接，在开放合作中推动高质量发展。省领导郭宁宁、王光远参加。4日晚，王宁、郭宁宁等出席了进博会开幕式。5日上午，王宁与37家参会的跨国企业、知名民企和机构代表座谈，面对面听取意见建议，深化交流、共商合作。巴西淡水河谷、美国ADM、比利时百威集团、台达集团、杉杉控股、上海百汇星融、月星集团、上海河姆渡实业、中国进出口银行福建省分行、阳光龙净集团等企业代表先后发言，大家表示，福建发展势头强劲、市场空间广阔，“特别是把企业放在心上、把服务放在首位，让我们很有信心”，希望通过进博会这一开放平台，与福建加强交流合作。省商务厅、工信厅介绍了我省支持外资企业和民营企业发展的政策举措。座谈会上签约了17个投资、采购及银企合作项目。5日下午，王宁一行还前往国家会展中心，走访了通用电气、三菱电机、ABB、西门子、冠捷科技、辉瑞、辉瑞普强、阿斯利康、强生等参展企业展台，仔细了解新技术、新产品、新服务，与参展商深入交流。

6日，第二十一届绿博会暨第十四届有机博览会在厦门举办。

经国家农业农村部批准，由中国绿色食品发展中心、福建省农业农村厅主办的第二十一届中国绿色食品博览会暨第十四届中国国际有机博览会在厦门举办。本届博览会福建省以“生态福建、绿色农业”为主题，以“五福临门　乡村振兴”为展示内容，以“福”字号系列福建优质农产品划分了八大功能区，在展品征集上优先选择福建著名农业品牌、绿色食品、有机食品和地理标志农产品，重点推介福建茶叶、水果、蔬菜、食用菌、畜禽等十大特色优势产业，充分展示了我省绿色食品以及品牌农业发展的成果。

6日上午，福建新一轮开放政策解读和项目对接会举办。

第三届进口博览会“福建新一轮开放政策解读和项目对接会”在上海举行。对接会全方位、多角度推介福建省开放政策和良好营商环境，宣示我省坚定不移推进落实新一轮高水平对外开放的决心，鼓励世界知名企业到福建投资兴业，推动福建加快构建以国内大循环为主体、国内国际双循环相互促进的新发展格局。境外参展商、境内意向采购商代表等近300名嘉宾参加对接会。会上，省商务厅就营造新环境、培育新业态、拓展新市场、扶持新产业等相关开放政策进行解读，福州市、泉州市作开放政策推介，多家金融机构介绍金融服务进口相关措施。西门子医疗、通用电气医疗、福建陆地港集团1233全球消费品供应链平台等境内外企业代表也上台作了推介。福建省立医院、福建医科大学附属协和医院、福州地铁集团、福建华佳彩、紫金矿业物流、福建元成豆业、福建赛隆科技等重点企业分别达成采购与合作协议，现场签约6批次29个项目，签约项目涉及医疗设备、工程机械、轨道交通、仪器设备、变频器和电气元件、农副产品、化纤原料等多个行业领域。

6日，第十六届海峡两岸（三明）林业博览会暨投资贸易洽谈会开幕。

第十六届海峡两岸（三明）林业博览会暨投资贸易洽谈会开幕。副省长崔永辉出席开馆仪式。本届林博会以“深化海峡两岸合作，做实绿色三明文章”为主题，围绕贯彻落实习近平生态文明思想，积极践行“绿水青山就是金山银山”理念，发挥三明“林深水美人长寿”生态优势，展示三明生态文明建设新成果、新面貌，展销两岸绿色生态森林食品，宣传推介全域森林康养产品，持续打响“中国绿都·最氧三明”品牌，促进海峡两岸林业交流融合，全方位推动三明林业高质量发展超越。本届林博会突出全域全时，推出“云上林博会”，并设立主会场、分会场和线上会场，其中，主会场设立三明特色产业展、森林食品展、海峡两岸特色小吃展3大展区，分会场在各县（市、区）开展主题活动，线上会场设置e三明“掌上林博会”，组织开展森林食品直播带货、康养基地直播推介、线上看展会等3项新媒体直播推介活动。开馆仪式上，发布了三明市森林生态系统功能价值评估结果、“中国绿都”评价结果、三明道地药材“明八味”评选结果，现场为2020年三明市十佳制茶大师、秋季茶王赛和团体茶艺赛获奖者颁奖，并举行了项目集中签约仪式。

7日上午，“闽茶中国行”在京推介。

“闽茶中国行”北京站在国家会议中心推介柘荣高山白茶。此次活动为期4天，以“‘柘’有好茶，‘荣’耀京城”为主题。“闽茶中国行”活动是我省大型的茶产业茶文化推广活动，由福建日报报业集团、海峡两岸茶业交流协会、福建省农业农村厅、省农业科学院、省供销合作社联合社共同举办。自2010年6月13日在福州正式启动以来，活动至今已成功地走过了台湾、上海、北京、新疆、澳门等15站，每一站都以不同主题和形式呈现福建茶产业及福建茶文化的博大精深。十年来，“闽茶中国行”已成为福建茶产业茶文化宣传推广的亮丽名片。柘荣是我省重要的产茶县，茶园面积约7万亩，年产茶叶5000多吨，全产业链总产值约7亿元，全县70%人口从事茶叶生产经营。

7日，福建省海洋战略性新兴产业对接会举行。

由省商务厅、省海洋与渔业局共同主办的“福建省海洋战略性新兴产业对接会”在上海举行。本次对接会以“新福建·新产业·新海洋”为主题，邀请国内相关领域的权威专家和重点企业，通过交流世界及我国海洋战略性新兴产业最新发展趋势及最新技术成果，促进关键技术突破引领产业转型升级，推进福建省海洋工程装备、海洋生物医药等海洋战略性新兴产业向纵深发展。作为第三届进博会福建省交易团活动的重要组成部分，本次对接会是福建省推进海洋科技创新和“生态海丝”建设、进一步扩大开放合作的具体举措。专家智囊团对福建海洋战略性新兴产业发展的方向、思路、举措提出了针对性意见，指导我省海洋产业科学发展、跨越发展、高质量发展。对接会上，福建省海洋与渔业局、省进出口银行、中国银行、交通银行分别与福安海荣不锈钢制品、省船舶工业集团、天马科技集团、中铁福船海洋工程、宏东渔业等知名企业达成采购与合作协议，现场签约3批次17个项目，涉及海洋生态环境监测科研平台、对海测绘遥感应用、智慧海上福建应用、海上新材料新技术融合应用、水海产品加工、船舶等前沿领域。

8 日，省农业科学院举办建院 60 周年庆祝活动。

省农科院举办建院60周年庆祝活动。副省长崔永辉、省级老同志王美香、中国工程院院士卢耀如、中国科学院院士谢华安出席活动。省农科院现场授予谢华安等60名同志福建省农业科学院建院60周年“农业科技先进工作者”荣誉称号。当天还召开了科技创新推动福建农业高质量发展超越论坛。

11 日，补助受疫情影响严重行业企业，我省发放贷款超 8 亿元。

为帮助企业渡过难关，扎实做好“六稳”工作，近日，省财政厅下达贴息资金400万元，对受疫情影响严重行业企业贷款给予补助。今年 2 月，我省出台受疫情影响严重企业贷款贴息政策，对交通运输、餐饮、住宿、旅游等四类受疫情影响严重行业企业，在 12 月 31 日前新发放符合条件的优惠利率贷款，且单户贷款余额不超过 1000 万元部分，在优惠贷款利率基础上予以 0.5 个百分点贴息，贴息期限不超过一年。贴息资金采取“先贴后补”方式，符合贴息条件的贷款企业不需另行申请贴息资金，由各银行业金融机构在发放优惠贷款时，先行直接扣减。据金服云平台统计，截至10 月中旬，受疫情影响严重行业企业贷款共发放 414 笔，贷款金额达 8.01 亿元。

11 日，海峡两岸茶业博览会 16 日启幕。

从省政府新闻发布会获悉，第十四届海峡两岸茶业博览会将于 11 月 16 日至 18 日在武夷山市举行。本届茶博会共有参展企业 811 家，其中，台湾参展企业 89 家。本届茶博会突出四个新亮点：新模式，打造“永不落幕”的茶博会模式，线上依托百度技术和链接打造“云上茶博会”，线下以茶旅小镇国际会展中心为载体，每月举办各类茶事活动；新展馆，首次启用茶旅小镇会展中心，展览面积 4.5 万平方米，规划标准展位 1800 个，较上届增加近 50%；新内容，在继续做强海峡两岸民间斗茶赛、“走百企、进百店、入百园”等特色专场活动基础上，举办“万里茶道”环中国自驾游集结赛、武夷岩茶品质化学特征与保健功能研究成果发布会、武夷山水——武夷茶品牌营销活动等；新平台，依托主流直播平台阵地，为茶博会提供全年全覆盖的互联网新媒体推广平台。

11 日，福建团 23 项“硬科技”亮相深圳高交会。

第二十二届中国国际高新技术成果交易会在深圳会展中心及相关分会场拉开序幕。福建代表团组织 21 家企业和高校携 23 个项目参加本届成果交易会，集中展示和推介我省“十三五”期间前沿技术、传统产业转型升级等方面的典型成果和优秀项目，着力推动我省科技成果转移转化。中国国际高新技术成果交易会由商务部、科技部、工信部、国家发改委、农业农村部、国家知识产权局、中国科学院、中国工程院等部委和深圳市政府共同举办。本届高交会以“科技改变生活、创新驱动发展”为主题，汇聚创新资源，促进产业、科技、资本大融合与大发展，为提升科技创新水平、促进国际科技经济合作、强化危机应对能力、增强经济发展动力发挥积极作用。本届高交会总展览面积超过 14 万平方米，有 3300 多家海内外展商、近万个项目参展，各项活动将超过 140 场。

12 日，我省部署冬春农田水利与高标准农田建设等工作。

在收听收看全国冬春农田水利暨高标准农田建设电视电话会议后，我省紧接着部署相关工作。会议还部署了当前农业农村重点工作。会议强调，要落实秋冬种生产计划，不折不扣完成生猪稳产保供任务；要压紧压实攻坚责任，巩固脱贫成果，全面落实防止返贫监测和帮扶机制，高质量打赢脱贫攻坚战；要抓考核验收、整改落实和“回头看”，确保全面完成农村人居环境整治任务；要按中央部署和省里要求，有序推动农村承包地管理工作，稳慎推进农村宅基地制度改革试点，巩固深化林改成果；要抓好重大动物疫病防控、松材线虫病防控、森林防火、行业安全生产监管等防灾减灾工作；要抓紧谋划“十四五”及明年农业农村工作，推动明年“三农”工作开好局、起好步。

13 日，全闽乐购“双十一”线上消费 438 亿元。

根据浪潮等第三方机构数据显示，购物节期

间福建省网络零售销量达4.3亿件，网络零售额438.0亿元，居全国第6位，同比增长64.9%。其中，实物网络零售额411.0亿元，同比增长65.2%。网络零售额超过1000万元的福建企业和店铺分别达167家和211个。与往年"双十一"不同，为对冲疫情影响，促进消费回暖，2020"双十一"在天猫、淘宝、京东、拼多多、苏宁等各大电商平台的带领下提早启动，于10月底开始预售，并首次分为11月1日至3日、11月11日两个购物期，将往年的购物节升格为购物季。总体有三大特点：一是狂欢时间加长，首次比往年多出3天时间，网络流量更加汇聚，规模效应更加凸显；二是优惠力度更大，仅天猫平台超过500万家商家的1600万款商品集体促销，不少一线品牌积极参与；三是种类更加齐全，房子、车子、农副产品齐齐上线销售。

13日，优化营商环境政企对话会（福建专场）举行。

由中国贸促会主办、中国贸促会投资促进中心和福建省贸促会共同承办的"优化营商环境政企对话会（福建专场）"通过视频连线形式举行。副省长郭宁宁、中国贸促会副会长张慎峰分别在福州、北京会场出席活动。

16日，我省农村普惠金融服务点2022年底将实现建制村全覆盖。

据省财政厅、人行福州中心支行近日联合印发的有关加强农村普惠金融建设、提升服务点功能的通知，我省将通过两年时间，实现农村普惠金融服务点在建制村全覆盖。

18日，国内首套全国产化DCS系统在榕发布。

在福州华能电厂召开的全国首套100%国产化DCS系统发布会传来好消息：全国产化DCS在华能福州电厂试验验证机组连续运行12天稳定可靠，硬件板卡精度、抗干扰能力与运行环境适应性等多项指标超过国外同类产品水平。这标志着我国发电领域工业控制系统完全实现自主可控，全面解决了受制于人的短板。

18日，省委常委会召开会议。

省委常委会会议召开，认真学习贯彻习近平总书记在浦东开发开放30周年庆祝大会、江苏考察调研、全面推动长江经济带发展座谈会和出席金砖国家领导人第十二次会晤时的重要讲话精神，研究我省具体贯彻落实措施；认真学习贯彻习近平总书记向博鳌亚洲论坛国际科技与创新论坛首届大会开幕致贺信精神，部署推进我省科技创新工作；研究推动我省生态环境保护和宗教工作。会议还研究了其他事项。

19日，第17届中国标准化论坛在榕举行。

以"国家标准化与制造强国战略之实施"为主题的第17届中国标准化论坛在福州举行，论坛以现场和线上直播方式同时进行，国内外标准化领域知名专家、学者，研究机构的领军人物以及全国20多个省、自治区、直辖市的400多名标准化工作者、集团企业代表参加论坛现场活动，近万人收看论坛线上直播。论坛邀请多位标准化专家和学者，解读国家标准化工作政策举措；分享涉及智能制造、数字经济、工业互联网、工业园区（产业）标准化建设、团标发展等新成果和新实践；推广、普及标准化知识。会上，中国标准化协会颁发2020年度科学技术奖，包括我省的福建龙净环保股份有限公司、新大陆数字技术股份有限公司在内的8家单位获得本年度的科学技术奖单位奖；福建省农业科学院农业质量标准与检测技术研究所主任潘葳等17人获得科学技术奖个人奖。

21日，福建出台防控导则严把进口冷链食品关。

针对近日进口冷链食品带来新冠肺炎疫情输入性风险增加的情况，21日，我省出台《进口冷链食品新冠肺炎疫情防控导则》，并在全省范围内对2019年12月1日至2020年11月14日期间进口的冷链食品库存情况进行全面摸底排查。根据导则，我省将在远端防控方面督促进口企业境外采购时严格落实相关防控措施，严厉打击走私，并对检出阳性的境外食品生产企业实施暂停其进口申报1周至4周的紧急预防性措施。

22日，福建自贸试验区第八批23项创新成果省内推广。

福建省商务厅消息，近日省政府印发《关于推广福建自贸试验区第八批可复制创新成果的通知》，将福建自贸试验区第八批23项改革创新成果在省内复制推广。至此，累计有179项自贸创新成果在全省复制推广。最新一批的复制推广事项中，包含贸易便利化13项、投资便利化3项、金融开放创新2项、事中事后监管4项、政府服务1项，以突出系统集成、科技创新、产业导向、疫情防控、对台特色为主要特点。

23日，福建企业百强榜单发布。

2020福建企业100强发布大会暨福建企业家大讲坛近日在宁德市举行。会上，省企业与企业家联合会联合福建省广播影视集团、福建省社会科学院发布了“2020福建企业100强”榜单。该榜单评选主要考核企业“营业收入、企业净利润、资产总额、纳税总额”等综合指标，以营业收入为标准，评选对象包括国企、民企、外企等各种所有制企业，程序上严格经过“企业自行申报，各设区市企联及相关经济社团、行业协会推荐，由主办单位组织成立的评审委员会审定”等步骤，并经过公示等程序。兴业银行、厦门建发、厦门国贸、厦门象屿、阳光龙净、青拓集团、紫金矿业、国网福建电力、融侨集团、永辉超市位列“百强榜”前十。

24日，我省全国劳模和先进工作者晋京接受表彰。

2020年表彰全国劳动模范和先进工作者大会在北京人民大会堂隆重举行。从省总工会获悉，我省共有68人荣获2020年全国劳动模范和先进工作者称号，其中45人获全国劳动模范称号，23人获全国先进工作者称号。我省的68名全国劳模、全国先进工作者都是近年来在各行各业中作出突出贡献的典型代表，长期在平凡的一线岗位中默默奉献。他们中有企业一线工人和专业技术人员23人、农民及农民工14人，女性14人。

25日，福建省两个单位获交通运输系统抗疫先进集体表彰。

交通运输部日前下发《关于表彰全国交通运输系统抗击新冠肺炎疫情先进个人和先进集体的决定》，并在京召开全国交通运输系统抗击新冠肺炎疫情表彰大会。我省漳州市芗城区交通运输局、南平市交通运输局两个单位荣获全国交通运输系统抗疫先进集体表彰。

25日，大力弘扬劳模精神劳动精神工匠精神

省委书记于伟国主持召开座谈会，与载誉归来的我省全国劳动模范和先进工作者共同学习贯彻习近平总书记在全国劳动模范和先进工作者表彰大会上的重要讲话精神，大力弘扬劳模精神、劳动精神、工匠精神，激发全省人民劳动热情和创造活力，为全方位推动高质量发展超越汇聚强大正能量。省长王宁，省政协主席崔玉英出席。

27日上午，我省发布航空运动产业发展规划。

《福建省航空运动产业发展规划（2020—2030年）》在福州正式发布。该规划由福建省航空运动协会起草编制，由福建省体育局、福建省发展和改革委员会和福建省财政厅等11家单位联合发布。规划深入分析了当前福建省发展航空运动产业的基础和面临的形势，提出了引领航空运动基础设施建设布局等五大重点任务，展望了到2030年我省航空运动产业初具规模的远景目标，即在全国率先形成200公里航空运动飞行圈，基本建成一批具有一定国际影响力和知名度的航空运动产业项目，并通过与旅游、康养、教育、体育制造等产业的融合发展，基本形成基础扎实、结构合理、内容丰富、产业带动性强的航空运动产业体系。航空运动产业是以航空运动项目为载体，提供相关系列产品、服务和产业链的经济活动的总称。航空运动产业涵盖目前我国正式开展的运动飞机、热气球、滑翔伞、飞机跳伞、轻小型无人驾驶航空器、航空模型等六大类共26个运动项目。

27日，2020福建旅游生活展开幕。

2020福建旅游生活展在福州开幕。全省九设区市和平潭综合实验区以主题馆形式入驻展会，进行“全福游　有全福”优质资源推介、特色产品推广和品牌形象展示。生活展采用“展会+互联网”的线上线下联动模式，设有福建省文化和旅游厅、各设区市文化和旅游局和平潭综合实验区文旅局展区，省旅游集团、旅行社和酒店展区，省内旅游景区展区，“全福游欢乐购”特卖展区，传统工艺、非遗和文创产品展区，金融展区，乡村振兴展区，产教融合展区等八大展区。展会全场共有100多家企业参与热卖，景区门票、旅行社及OTA、酒店、文创产品等丰富的旅游产品引爆全福乐购，共同为市民打造“旅游特卖惠”，现场还有促销叫卖、特价秒杀、惊喜抽奖等活动吸引观众。动期间还将举办2020中国旅游投资高峰论

坛、“全福游　有全福”旅游产品创意设计大赛颁奖典礼、营销大联盟、全福游欢乐购、文旅产业合作签约仪式等活动。

27日，我省600余种名优农产品亮相农交会。

第十八届中国国际农产品交易会在重庆开幕。福建省农业农村厅牵头组织全省100多家农业企业携600余种展品参展。本届农交会上，我省设农产品地理标志专业展区和海峡两岸农业合作展区及市场化展区，参展面积达800多平方米。农产品地理标志专业展区分为“实施地标保护工程、促进乡村产业振兴、推动中欧地标互认、加大知识产权保护”四大板块，重点展示宣传“福茶”“福果”“福菌”“福菜”“福禽”等“五福”福建地标品牌产品；海峡两岸农业合作展区集中展示40家台资合资企业150多个产品，突出展示引进试种台湾果蔬新品种、农产品加工新技术和先进的管理新经验等，突显了近年来闽台农业合作成果。福州市和泰宁县分别以“有福之州、幸福之城，山珍海味、鲜美农品”和“寻找泰味、岩上好茶”为主题设立了市场化展区。本届农交会以“品牌强农，巩固脱贫成果；开放合作，共迎全面小康”为主题，为期4天。

27日，第三届海丝博览会暨第二十二届海交会线上展会启动。

第三届21世纪海上丝绸之路博览会暨第二十二届海峡两岸经贸交易会线上展会在福州仓山万达广场启动。省委常委、福州市委书记林宝金，副省长郭宁宁出席活动，共同启动本届海丝博览会暨海交会线上VR展会平台。马来西亚驻华大使拉惹·拿督·努西尔万、两岸企业家峰会大陆方面理事长郭金龙、两岸企业家峰会台湾方面理事长萧万长、中国贸促会副会长张慎峰等通过视频方式发来祝贺。本届展会以“拓展海丝合作、深化两岸融合、共享发展机遇”为主题。当天启动的线上展会平台分为协作城市馆、福建福州馆、海丝精品馆、海峡特色馆等四大展馆，共有1232家企业展商参与线上展会，含60个国家馆和1个海淘馆。启动仪式后，林宝金、郭宁宁走进云直播间，与受邀参会的刘仪伟、何雯娜等主播互动交流，亲身体验VR线上平台，随后还察看了线下展销活动。

29日，福建旅游生活展文旅合作项目签约金额超30亿元。

2020福建旅游生活展29日落幕。展会采用线上线下联动模式，吸引线上线下观展人数突破560万人次，现场文旅合作项目签约金额超30亿元，线上线下消费金额超800万元。生活展举办期间，福建省旅游发展集团及权属企业分别就“全福游、有全福”旅游营销大联盟、产教融合－校企合作、闽昌玉石文化交流以及旅游开发合作等项目，与合作单位签订战略合作协议或合作协议。

30日，福建省财政提前下达明年商务发展资金。

福建省财政厅消息，为更好落实中央和我省各项稳外贸、稳外资、促消费政策，近日，省财政提前下达2021年部分省级商务发展资金5.9亿元。资金主要用于推进贸易创新发展，实施更大范围、更宽领域、更深层次对外开放；支持利用外资，促进开发区转型升级和高质量发展；支持全面促进消费，推进商贸流通产业结构调整和转型升级；优化商务发展环境，推动金融支持商务领域发展；促进商务区域协调发展等。

（摘编：游永贵）

十二月

1日，中共中央决定：尹力同志任福建省委委员、常委、书记。

省委召开领导干部会议。中央组织部副部长李小新出席会议并宣布中央决定：尹力同志任中共福建省委委员、常委、书记，于伟国同志不再担任中共福建省委书记、常委、委员职务。于伟国主持会议并讲话，尹力、王宁讲话，崔玉英出席。

1日，福州大学首发智力资本信息披露指数。

福州大学近日举行2020福建省上市公司智力资本信息披露评价发布会，首次发布上市公司智力资本信息披露指数，并公布了福建省A股上市公司智力资本信息披露测评结果。福州大学智力资本课题组在其承担的国家课题成果基础上，自主开发了上市公司智力资本信息披露指数，并利用该指数对福建省A股上市公司智力资本信息披露水平进行全面测评。A股福建板块104家公司评级入榜。

1日，特色蔬菜产业技术体系学术交流会在长汀举行。

2020年国家特色蔬菜产业技术体系关于芥菜新品种及槟榔芋现场观摩暨学术交流会在长汀举行，来自全国17个省市共38家科研推广单位的70多位专家参加会议。据悉，我省蔬菜年播种面积830多万亩，产量1360多万吨。特色蔬菜是我省重要的蔬菜种植品种，其中芥菜种植面积35万多亩、产量54万多吨，槟榔芋种植面积40多万亩、产量70多万吨。长汀是槟榔芋种植大县，长汀县种植大户在县内及周边县市种植槟榔芋超15万亩，年产鲜芋12万吨，年产值超10亿元。本次交流会分学术报告和现场观摩两个部分。全体与会人员观看了《长汀槟榔芋产业》电视专题片，现场观摩了来自全国各地的105个鲜食芥菜品种。6位专家在会上进行特色蔬菜产业发展的学术报告。与会人员还前往长汀河田镇、涂坊镇、晋江（长汀）工业园现场观摩芥菜新品种、槟榔芋加工、芥菜加工和槟榔芋生产示范基地。

2日，我省优化大黄鱼价格指数保险方案。

省渔业互保协会近日针对大黄鱼价格指数保险方案的目标价格、保单生效日期等进行优化调整，推出大黄鱼价格指数保险最新优惠方案，更好地为养殖户提供风险保障。

2日，中央加大力度对我省提前下达转移支付资金。

省财政厅消息，为更好地发挥积极财政政策效应支持地方发展，近期中央转移支付资金提前密集下达。截至11月27日，中央财政共提前下达我省2021年各类转移支付资金747.81亿元，比上年同期增长12.6%，其中均衡性转移支付、县级基本财力保障机制奖补资金等财力性转移支付较上年增长10.9%。省财政按照预算法要求，将中央提前下达的转移支付编入2021年省本级预算或提前下达市县财政，统筹推进全省常态化疫情防控和经济社会发展。

2日，我省“十四五”规划编制有序推进。

省人大常委会会议分组审议了《关于“十四五”规划编制情况和主要内容的报告》。记者从会上了解到，目前，我省“十四五”规划编制工作有序推进，初步提出了我省“十四五”发展的主要目标和重点任务，其主要内容深化拓展了我省全方位推动高质量发展超越九个方面超越等任务，突出了加强科技创新、优化产业结构、增加居民收入等重点。各专项规划编制牵头单位正抓紧推进专项规划的编制工作。

3日，福建省财政厅下达专项资金支持文化产业发展。

福建省财政厅消息，省财政厅会同省委宣传部近日下达2020年省文化产业发展专项资金9330万元。一是支持重点文化产业项目建设，对音乐剧《瞿秋白》、长汀县长征出发点红色文化创意基地建设等35个重点文化产业项目进行补助。二是注重奖补结合，对获评省文化企业十强、省重点文化产业园区、高新技术企业、省级以上工业设计中心等项目企业进行奖励。三是以贴息形式支持企业发展，对新冠肺炎疫情期间文化企业新增贷款及省文化产业投资基金投资项目等进行贴息。

3日，国家发改委、民航局支持福州临空经济示范区建设。

国家发展改革委、民航局近日联合复函支持福州临空经济示范区建设。复函强调，福州临空经济示范区建设要以服务闽东北经济协作区和福州新区开放开发为重点，着力推进区域航空枢纽、立体交通网络建设，集聚发展航空运输业、临空高端制造业、新一代信息技术产业、现代服务业等，推动临空产业集群与滨海现代都市融合发展，打造具有区域竞争力的临空经济示范区，推动福州城市转型升级，助力新福建建设。

3日，我省出台信息化工程项目招投标监管办法。

福建省信息化工程项目招投标监管办法正式

出台。近日，省数字办印发三个规范性文件，重点对招标人、投标人、设计单位、招标代理机构等市场主体标前量身定做、标中围标串标、标后违法分包及转包等违法违规行为依法进行查处，并纳入社会信用体系管理，实行行政处罚，涉及犯罪的移送司法机关处理。这三个文件是：《福建省信息化工程项目招标投标行政监督管理办法（试行）》《福建省信息化工程项目招标投标若干规则（试行）》《福建省信息化项目招标文件示范文本（试行）》，于2021年1月1日起生效实施。

3日，去年福建所有地级市人均GDP均超全国平均水平，为全国唯一省份。

福建省统计局数据显示，2019年，我省人均GDP为107139元，除港澳台地区外，仅次于北京、上海、江苏、浙江，排名全国第五。在我省各设区市中，人均GDP最高的是厦门，为142739元；福州、泉州紧随其后，分别为120879元、114067元，龙岩、三明两个山区市的人均GDP同样突破10万元大关，排名第四、第五。南平市去年这项数据也达到了74036元，高于全国平均的70892元，福建也成为全国仅有的所有地级市人均GDP都超过全国平均水平的省份。

3日，福建省中小企业商会大会在榕举行。

第二届福建省中小企业商会大会在福州举行。活动由福建省中小企业商会主办。来自全省各地的800多位中小企业家参与了“创新品牌·赋能成长”分享交流。企业家们纷纷表示，要不断创新品牌驱动发展，赋能企业危中寻机。

3日，我省两部条例将于明年元旦起施行。

省人大常委会会议表决通过《福建省种子条例》和《福建省交通建设工程质量安全条例》，这两部法规都将于2021年1月1日起施行。

3日，我省水库管护水平位居全国前列。

全国水库除险加固和运行管护工作会议在福州举行。会议指出，我省扎实推进水库安全鉴定全覆盖、除险加固常态化、日常管护社会化等工作，水库管护水平位居全国前列。近五年来，我省投入2.36亿元，对1771座水库进行了安全鉴定，做到应检尽检，基本实现安全鉴定全覆盖。经安全鉴定为三类坝，或发现重大险情、工程重大隐患的水库，第一时间实行严格管控，落实安全防范措施，降低水位或空库运行。同时，马上启动除险加固程序，及时开展维修，做到“发现一座、维修一座、销号一座”。据统计，近五年来共投资11.17亿元，完成346座水库除险加固。此外，我省在全国率先推行小型水库日常管护社会化。截至目前，共有73个县（市、区）采用政府购买服务的方式对小型水库进行管护，占比达87%，服务覆盖2098座小型水库。

3日，省委书记尹力赴宁德调研。

省委书记尹力赴宁德调研时强调，要深入学习贯彻习近平总书记重要讲话和党的十九届五中全会精神，秉承习近平总书记在闽工作期间的重要理念和重大实践，全面把握新发展阶段，坚定不移贯彻新发展理念，服务构建新发展格局，拿出只争朝夕的干劲，保持滴水穿石的韧劲，全方位推动高质量发展超越，奋力谱写全面建设社会主义现代化国家的宁德篇章。

4日，闽东北两翼基础设施发展基金首投落地。

由福州市金融控股集团有限公司、兴业银行福州分行联合宁德、南平、莆田、平潭综合实验区合作的福建闽东北两翼基础设施发展基金近日实现首笔项目投放。兴业银行福州分行联动宁德分行向华电福新周宁抽水蓄能有限公司“周宁蓄能电站项目”投放贷款5000万元，利率较现行5年期LPR下浮后，可为企业节约融资成本400万元。为促进闽东北协同发展区建设和区域协调可持续发展，福州市联合宁德、南平、莆田、平潭综合实验区等闽东北四市一区共同设立福建两翼（东北翼）基金。兴业银行福州分行担任闽东北两翼基础设施发展基金管理人，基金规模40亿元，期限10年，主要投放于重点基础设施建设、产业园区建设以及实体企业技术升级改造等。目前基金首期项目库已储备超30个项目。

4日，凝心聚力全方位推动高质量发展超越。

2020年福建统一战线建言献策成果汇报会暨第十六届建言献策论坛在福州召开。会议通报了2020年统一战线建言献策有关情况。省各民主党派、工商联负责人和无党派人士代表分别交流了重点调研成果，省直有关部门负责同志作了积极回应。

4日，“十四五”我省将推进升级版污染防治攻坚战。

省生态环境厅消息，“十四五”期间，福建将系统推进打好升级版污染防治攻坚战，确保我省环境质量继续领先全国。坚持污染减排与生态扩容两手发力，持续降低污染物排放总量，实现“分子减量”的同时，坚持山水林田湖草系统治理，实施重大生态系统保护修复工程和生物多样性保护重大工程，系统推进闽江、九龙江等重点流域大保护和可持续发展，实现“分母增量”。

5日，省领导调研福州滨海新城项目建设。

副省长李德金赴福州滨海新城调研，实地察看了福州滨海新城综合医院、G228国道（东湖湿地公园段）、轨道交通6号线道庆洲过江通道等项目建设情况，现场协调解决有关问题。

6日，2019年度福建省科学技术奖揭晓。

根据《福建省科学技术奖励办法》的有关规定，省科学技术奖励委员会近日组织对2019年度福建省科学技术奖进行评审，经省委研究，省政府决定对2019年度在科学技术进步活动中作出重要贡献的科学技术人员和组织给予奖励，并为获奖者颁发奖状、证书和奖金。

7日上午，我省举行重大食品安全突发事件应急演练。

福建省重大（Ⅱ级）暨福州市较大（Ⅲ级）食品安全突发事件应急演练在福州举行，副省长郑建闽观摩演练并讲话。

7日，省政府召开常务会议。

省长王宁主持召开省政府常务会议，认真贯彻落实中央和省委部署，审议通过《福建省扩大农业农村有效投资加快补上“三农”领域突出短板的实施方案》《福建省农业综合行政执法事项指导目录（2020年版）》《关于促进砂石行业健康有序发展的实施方案》，审议《福建沿海港口布局规划（2020—2035年）》《福州都市圈发展规划（2020—2035年）》，部署推动我省集成电路和软件产业高质量发展、推进我省第二次全国污染源普查后续工作。会议还研究了其他事项。

7日晚，省领导会见深交所党委书记、理事长王建军。

副省长郭宁宁在福州会见了深圳证券交易所党委书记、理事长王建军一行，共同见证福建省金融监管局与深交所签约共建深圳证券交易所福建基地协议和基地挂牌仪式。会见后，双方举行了签约仪式。根据协议，双方将在现有合作基础上，加强上市挂牌企业孵化培育、提升企业利用资本市场能力、加强福建资本市场建设等合作力度。

8日，金砖国家新工业革命伙伴关系论坛在厦门举办。

金砖国家新工业革命伙伴关系论坛在厦门举办，金砖国家新工业革命伙伴关系创新基地正式启动。工信部部长肖亚庆通过视频致辞，省长王宁出席并致辞。工信部副部长辛国斌主持开幕式。金砖国家智库合作中方理事会理事长、中联部副部长郭业洲，俄罗斯联邦工业和贸易部副部长格鲁杰夫，南非贸易工业和竞争部工业竞争和增长司副司长伊尔莎·克拉格，新开发银行副行长阿尼尔·基肖拉，金砖国家工商理事会中方理事、中国通用技术集团总经理陆益民，联合国工业发展组织总干事李勇，省委副书记、厦门市委书记胡昌升先后致辞或视频致辞。省领导赵龙出席。金砖各国政府、企业、研究机构和联合国工发组织代表等嘉宾，聚焦加快建设金砖国家新工业革命伙伴关系、打造“数字金砖”和“绿色金砖”等议题展开深入研讨。论坛还发布了“促进金砖工业创新合作”项目成果。

8日，“促进金砖工业创新合作”项目集发布。

2020金砖国家新工业革命伙伴关系论坛在厦门举行，会上，发布了“促进金砖工业创新合作”项目集。经各地工业和信息化主管部门推荐，以及企业自主申报，共收到“促进金砖工业创新合作”申报项目153个，最终，2014巴西世界杯新能源客车、柳工印度公司结构件智能制造等21个项目入选，涵盖人工智能、绿色制造、智能城市、数字化转型、健康医疗、防疫等众多前沿领域。

8日，促进金砖工业创新合作大赛颁奖。

2020促进金砖工业创新合作大赛在厦门举行颁奖仪式。经过激烈角逐，最终三个赛道共有36个项目获奖，其中一等奖9名、二等奖9名、三等奖18名。本次大赛以“促进后疫情时代金砖创新合作”为主题，聚焦非接触经济、新经济等，评选优秀工业创新项目，加强金砖国家抗击疫情和经济复苏合作。大赛分“创新设计”“未来技能”“青年创客”3个赛道、5个赛事，在北京、湖北、广西、福建四个赛区开展选拔赛和总决赛，共有452个境内外项目团队参加选拔赛，遴选出75个优秀项目进入决赛。

8日，中小台资企业金融服务论坛举办。

由福建省金融监管局、厦门市金融监管局指导，厦门金圆集团主办、金圆统一证券承办的中小台资企业金融服务论坛在厦门举办。两岸企业家峰会金融产业合作推进小组大陆方面召集人李礼辉，福建省副省长郭宁宁以及两岸金融机构、台资企业负责人共计70多人参加活动。

9日，全省农村养老服务业推进会议召开。

全省农村养老服务业推进会议在大田县召开，副省长郑建闽出席并讲话。会议还传达了全国农村养老服务推进会议精神，漳州市、莆田市、永春县、大田县、宁化县和古田县领导在会上就开展农村养老服务作交流发言。会后，参会人员实地观摩考察了大田县多个农村养老服务照料中心。

9日，做大做强实体经济，全力推动高质量发展。

省长王宁在漳州调研产业发展情况，强调要深入学习贯彻习近平总书记重要讲话和党的十九届五中全会精神，着力优化产业结构，大力发展实体经济，加快建设工业新城，全方位推动高质量发展超越。食品产业是漳州传统优势产业。王宁来到龙海东园工业区，走进然利食品生产车间，详细了解产品工艺、技术创新、设备研发、市场销售等情况。在林德叉车凯傲漳州工厂、金龙汽车龙海新能源汽车生产基地、正新漳州橡胶生产车间，王宁对企业的生产经营、技术创新、工人收入、生产销售等，问得很具体、很仔细，并且现场协调推动企业反映困难问题的解决。他希望企业心无旁骛做实业，立足自主创新，加快推广智能制造，扩大优势产能，注重生态环保和节能减排降耗，增强核心竞争力，提升产业链供应链现代化水平，努力将企业越办越好。

9日至10日，大力推进老区苏区振兴发展。

省委书记尹力在龙岩调研时强调，要认真学习贯彻习近平总书记重要讲话和党的十九届五中全会精神，大力弘扬古田会议和古田全军政治工作会议精神，传承红色基因、全面加强党的建设，矢志艰苦奋斗大力推进新时代老区苏区振兴发展。尹力一行来到位于古田会议会址北侧的毛主席纪念园，在毛泽东雕像前肃立致敬、敬献花篮。尹力走上前整理花篮上的缎带，带领大家向毛泽东雕像三鞠躬，缓步绕行雕像一周，怀着崇敬的心情，深切缅怀老一辈革命家的丰功伟绩。尹力瞻仰了古田会议会址、古田会议纪念馆，参观了古田全军政治工作会议会址，重温那段革命峥嵘岁月。尹力实地调研了龙工（福建）挖掘机有限公司和龙马环卫装备股份有限公司。他强调，要抓住机遇，深化供给侧结构性改革，加强技术攻关，增强企业核心竞争力；要瞄准国内外市场，生产更多国家发展建设需要、质量好的优质产品；要加强产品的跟踪服务，巩固拓展市场，延伸产业链。

10日上午，福建普惠金融工作推进会举行。

作为海创会金融馆的首场活动，福建普惠金融工作推进会在福州举行。副省长郭宁宁出席会议并讲话。会上，福建省农村信用社联合社、中国银行福建省分行等金融机构进行了数字普惠金融产品推介，省金融办公布了获评2019年度福建省金融创新十大项目名单，省农信社代表全省金融机构发表了《福建发展普惠金融共同宣言》，20个产融项目进行了集体签约，项目签约总金额近200亿元。

10日，我省开展职业技能提升攻坚行动。

省人社厅消息，我省近期集中开展2020年职业技能提升攻坚行动，以全力推进职业技能提升行动深入实施，努力完成今年各项工作目标任务。攻坚行动提出，加大专账资金使用效能，优先使用专账资金开展各类职业技能培训、以工代训和技能扶贫等各项工作，加快专账资金使用执行进度，确保2020年底资金使用率完成当年任务目标数的50%以上。有条件的地区可安排经费，对培训组织动员工作进行奖补。

10日，我省派代表队参加第一届全国技能大赛。

由人社部主办，广东省人民政府承办，广东省人社厅、广州市人民政府协办的第一届全国技能大赛在广州开幕。我省选派97位技能精英组成代表队，参加本届大赛所有86个比赛项目的角逐。副省长崔永辉参加开幕式等活动。我省参赛选手都是福建省各类职业技能大赛的优胜者，福建代表队还将参加大赛组织的“中华绝技”展演、技能展示交流、技能互动体验等活动，同时向观众展示漳浦剪纸、福州寿山石雕、建窑建盏烧制技艺等多项福建的传统绝技绝活。

10日，第十八届海创会“云上海创会”启动。

第十八届中国·海峡创新项目成果交易会在福州举办“云上海创会”启动仪式。副省长郑建闽、中科院院士陈宗懋、中科院院士戴民汉出席仪式。天津大学党委书记李家俊通过视频致辞。本届海创会以“汇聚‘三创’活力，驱动高质量发展”为主题，采取线上+线下的方式举办。线上展会方面，设置网上展厅、论坛活动、科技商城、创新成果板块，着力构建展会及展商详细信息展示以及线上观众和展商互动交流的一体化展会平台。其间还举办近十场会议、论坛类线下活动。启动仪式上，厦门大学与省招标采购集团，省招标采购集团与福建工程学院，华为技术有限公司与三明新基建产业发展有限公司，省招标采购集团与三明市投资发展集团有限公司等签署了系列合作协议。

11日，全省金融工作座谈会在福州召开。

省长王宁在会上强调，全省金融系统要深入学习贯彻习近平总书记重要讲话和党的十九届五中全会精神，立足新发展阶段、贯彻新发展理念、服务新发展格局，深化金融供给侧结构性改革，加大服务实体经济力度，积极稳妥防范化解金融风险，为全方位推动高质量发展超越提供有力金融支撑。副省长郭宁宁主持会议。

14日，福建“丝路海运”航线吞吐量再创新高。

省发改委消息，截至11月底，福建60条“丝路海运”航线共开行2203个航次，完成集装箱吞吐量207.87万标箱，超过去年全年总量。我省“丝路海运”建设在国家有关部委的支持下，不断走深走实，在航线网络建设、合作伙伴拓展、服务标准提升、品牌宣介推广等方面持续取得进展。

14日，省数字办公开征集公共数据资源开发利用示范项目。

为推动公共数据资源开发利用，加快培育数据要素市场，省数字办日前发出通知，决定面向全社会公开征集公共数据资源开发利用示范项目。征集内容主要围绕发展以数据为关键要素的数字经济，突出公共数据资源的开发和创新应用，重点在健康医疗、食品安全、交通运输、卫星应用、文化旅游、生态环境、金融等领域，征集一批公共数据资源开发利用示范项目。

14日，全省已设立国家企业技术中心99家。

从国家企业技术中心培育工作座谈会上获悉，近年来，我省积极构建高技术企业成长加速机制，加快培育国家企业技术中心工作。今年，我省又有7家企业列入国家企业技术中心公示名单，目前全省已推动设立99家国家企业技术中心，这一批国家企业技术中心在科技研发、成果转化、产业升级、人才引进等方面发挥了积极作用。国家企业技术中心是由国家五部委认定，各部委根据各自的相关职能形成共同推进企业自主创新工作的协调互动机制。各部委不单单给企业建平台给予经费补助，还有相关科技专项以及资金、奖项等扶持，鼓励企业加大技术创新投入。

14日，王宁会见中国宝武集团董事长陈德荣。

省长王宁在福州会见中国宝武钢铁集团有限公司党委书记、董事长陈德荣一行。王宁说，1780热轧项目顺利投产，标志着宝钢德盛精品不锈钢绿色产业基地建设取得重大阶段性成效。希望中国宝武以此为契机，加大在闽投资力度，延伸产业链，注重节能环保，提升科技含量。陈德荣表示，将充分发挥自身优势，扩大在闽项目布局，深化双方务实合作，为全方位推动高质量发展超越作出更大贡献。

15日，闽澳举行第三次合作会议双方深化多领域合作。

闽澳第三次合作会议在澳门举行，澳门特区政府经济财政司司长李伟农、福建省副省长郭宁宁在会上均表示，双方将进一步深化在经贸会展、文化旅游、金融、中医药产业和青少年教育等多个领域的交流与合作。两地发挥各自优势，携手参与和助力国家“一带一路”建设，借澳门中葡平台作用，联合开拓葡语国家市场。会上，闽澳分别签署了《福建省文化和旅游厅与澳门特别行政区政府文化局、旅游局关于拓展闽澳文化旅游合作的协议》《关于深化闽澳会展产业合作的协议》和《关于共同推动澳门青年在闽见习实训的合作协议》。

16 日上午，全省打击非法采砂采矿暨“两违”综合整治工作现场推进会召开。

全省打击非法采砂采矿暨“两违”综合整治工作现场推进会在漳州龙海召开。副省长李德金、田湘利出席会议并讲话。会议要求，各地各有关部门要深入贯彻习近平生态文明思想，认真落实省委部署和省政府工作要求，压紧压实属地管理责任、部门监管责任、企业主体责任，层层传导压力，强化网格化监管，集中力量、重拳出击，严厉打击非法采砂采矿和“两违”问题。会议组织参会人员实地观摩龙海市紫泥镇违规船舶扣押点。漳州市、龙岩市、厦门市在会上汇报交流了经验做法。

16 日，全省首个国家级农业社会化服务标准化试点项目启动。

日前福清市农村综合改革标准化试点启动大会召开。这是国内首个以畜禽粪污资源化利用为试点对象的农业社会化服务标准化试点项目，也是全省首个国家级农业社会化服务标准化试点项目。该项目将以提高畜禽粪污综合利用率为目标，涵盖畜禽粪污基础设施建设、收集、储存、运输、利用全过程；开展重点标准研制，形成系统的服务标准和技术标准，建立畜禽粪污资源化利用社会化服务长效机制。同时，通过总结福清市畜禽粪污资源化利用采取的政府和社会资本合作（PPP）模式，探索建立“政府引导、部门监管、业主付费、专业处理、市场运作”的第三方治理机制，着力提高畜禽粪污资源化利用的专业化、标准化、规模化、绿色化和集约化水平，形成标准引领、覆盖全程、综合配套、便捷高效的新型农业社会化服务体系，为推动农业高质量发展、乡村振兴和生态文明建设提供有力支撑。

17 日，我省连续 20 年实现耕地占补平衡。

省政府新闻发布会消息，2000 年以来，我省坚持落实耕地占补平衡责任，严格补充耕地计划管理，强化新增耕地质量建设，已连续 20 年实现了耕地占补平衡，耕地保有量达到国家下达的 1895 万亩目标，落实了 1609 万亩永久基本农田保护任务。

17 日，国网福建电力多举措保障电力供应。

福建全省最高用电负荷达 3577 万千瓦，比 2019 年 12 月用电负荷最大值增长 9.5%，创今年入冬以来用电负荷新高。为确保全省电力可靠供应，国网福建电力加强电网调度运行，做好电力电量平衡分析和用电负荷预测，合理安排电厂机组开机方式。同时，加强电网设备维护，加大变电站、跨区跨省输电通道、冬季重载电力线路的巡视检测频次，落实防覆冰、防山火、防外力破坏等措施，确保电网安全稳定运行。在保证福建区域内电力供应充足的同时，国网福建电力还通过 1000 千伏浙北—福州特高压输电线路满负荷送电华东地区。12 月以来，福建电网共向华东地区输送电量 14.1 亿千瓦时，支援华东地区电力供应。

18 日，全国农业农村标准化试点示范项目启动会在福州召开。

全国农业农村标准化试点示范项目启动会在福州召开，来自水利部、农业农村部、粮食和储备局、林草局、供销总社等国家部委以及全国 28 个省（自治区、直辖市）的市场监管局（厅、委）近 50 名代表参加会议。水利部以及福建、吉林等 7 个省份代表作经验交流发言。会议宣布全面启动第十批国家农业标准化示范区、第四批全国农村综合改革标准化试点、第四批新型城镇化标准化试点建设。我省的漳平国家生态樱花茶园产业融合标准化示范区、南靖国家高山茶种植标准化示范区被列入第十批国家农业标准化示范区；福清农村综合改革标准化试点被列入第四批全国农村综合改革标准化试点。

19 日，省委常委会召开（扩大）会议，认真学习贯彻中央经济工作会议精神。

省委书记尹力主持召开省委常委会（扩大）会议，认真学习贯彻习近平总书记在中央经济工作会议和中央政治局第二十六次集体学习时发表的重要讲话精神，研究提出我省贯彻落实措施。省长王宁传达李克强总理在中央经济工作会议上的讲话精神。会议还研究了其他事项。

20 日，全国市场监管领域优秀案例发布，我省7个案例入选。

第三届市场监管领域社会共治大会在北京举行。会议发布了政府类社会共治优秀案例10个、企业类社会共治优秀案例10个、政府类社会共治提名案例20个、抗击疫情助力复工复产优秀案例5个，我省共有7个项目入选。在政府类社会共治优秀案例十大案例中，我省有两个项目入围；在十大企业类社会共治优秀案例中，我省同样占据两席，分别是厦门银鹭食品集团有限公司的“打造食品安全文化主题园，提升全民食品安全卫生意识”、惠安县崇武镇食品加工行业协会的“加强行业自律管理，提升食品安全社会治理水平”。厦门市标准化研究院的“冷链标准促行业发展社会共治保食品安全”、福州市市场监管局的“后疫情时期校园团餐监管的福州探索”入围抗击疫情助力复工复产优秀案例。

21日，中共福建省委十届十一次全会在榕举行。

全会由省委常委会主持，省委书记尹力讲话。全会深入学习贯彻习近平新时代中国特色社会主义思想和习近平总书记对福建工作重要讲话重要指示批示精神，全面贯彻落实党的十九届五中全会精神，听取和讨论了尹力受省委常委会委托作的工作报告，审议通过了《中共福建省委关于制定福建省国民经济和社会发展第十四个五年规划和二〇三五年远景目标的建议》。

21日晚，福建与加拿大新斯科舍建立友好省关系。

我省与加拿大新斯科舍省举行结好协议书线上签字仪式。省长王宁和新斯科舍省省长斯蒂芬·麦克尼尔共同签署《中华人民共和国福建省与加拿大新斯科舍省建立友好省关系协议书》并致辞。中国驻加拿大大使丛培武、加拿大驻华大使鲍达民在仪式上致辞。签字仪式前，王宁会见了加拿大驻华大使鲍达民一行。副省长郭宁宁，省政府秘书长，省直有关部门负责同志参加。

22日，省委经济工作会议在福州举行。

省委书记尹力主持并讲话，认真学习贯彻中央经济工作会议精神，落实省委十届十一次全会部署，总结2020年经济工作，部署2021年经济工作，推动“十四五”福建发展开好局、起好步。省委副书记、省长王宁对明年经济工作作出具体部署。会议确定，明年要抓好以下十个方面重点任务。一是毫不放松继续做好疫情防控工作。二是确保全省经济运行保持在合理区间。三是依靠科技创新推动实体经济发展。四是依靠产业结构优化升级推动高质量发展。五是依靠拓展内需积极融入国内大循环。六是依靠深化改革扩大开放全面参与国内国际双循环。七是依靠新时代“山海经”推动城乡区域协调发展。八是依靠打造“生态福建”推动建设美丽中国示范区。九是依靠全民共建共治共享推动人民生活品质提高。十是依靠抓早抓小、防微杜渐防范化解重大风险。

22日，尹力会见参加“院士专家八闽行”活动的院士专家。

省委书记尹力在福州会见了参加今年“院士专家八闽行”活动的院士专家一行。“院士专家八闽行”是习近平总书记在闽工作期间亲自倡导推动的创造性实践，已成为福建实施科技兴省、人才强省和创新驱动发展战略的重要载体。福建深入贯彻落实习近平总书记对福建工作的重要讲话重要指示精神，全方位推动高质量发展超越，离不开科技创新这个第一动力源，离不开各位院士专家的大力支持。中科院数学物理学部院士、咨询委主任沈文庆表示，将结合福建实际需求，在推动产业升级、科技成果转化等方面加大支持力度，助力新福建建设。

22日，福建首颗卫星“海丝一号”发射成功。

北京时间2020年12月22日12时37分，我省首颗卫星“海丝一号”搭载长征八号运载火箭在文昌卫星发射中心发射升空。卫星进入测控站覆盖区后，遥测信号显示卫星工作正常，太阳翼、天线均展开正常，发射任务圆满成功。“海丝一号”卫星由厦门大学、省招标采购集团、三明投资集团、天仪研究院和中国电科38所等单位联合策划研制，是国内首颗对标国际先进指标的、基于有源相控阵天线的轻小型SAR遥感卫星。它的成功发射，实现了福建卫星从0到1的新突破。“海丝一号”重约180公斤，不到传统SAR卫星的十分之一。它的成像幅宽最大为100千米，分辨率最高可达1米，同时它又是透视眼，可以穿透云层进行全天时全天候的观测。“海丝一号”主要观测对象为我国东南沿海和西北太平洋海域，可为全球变化背景下海洋动力环境参数的遥感反演、海洋灾害监测、洪水监测和地表形变分析等提供有力支持。

22 日，“十四五”怎么干？福建出台规划《建议》描绘建设蓝图。

省委举行新闻发布会，介绍和解读中共福建省委十届十一次全会精神。省委新闻发言人、省委常委、秘书长郑新聪，省委台港澳工作办公室、省发展和改革委员会、省工业和信息化厅、省商务厅、省委政策研究室、省科学技术厅主要负责人出席发布会并回答记者的提问。

22 日，王宁会见国家林业和草原局局长关志鸥。

省长王宁在福州会见国家林业和草原局局长关志鸥一行。关志鸥表示，国家林草局将发挥优势，全力支持福建生态文明建设和林业综合改革，助力福建全方位推动高质量发展超越。

23 日，全方位推动高质量发展超越院士专家恳谈会举行。

我省举行院士专家恳谈会，邀请参加今年八闽行活动的院士专家，为全方位推动高质量发展超越把脉建言。省长王宁主持恳谈会并讲话，省领导周联清、赵龙出席。会上，中科院咨询委主任沈文庆，副主任吴国雄、饶子和等 17 位院士专家，围绕科技创新、产业转型升级、生态文明建设、民营经济发展、人才培养等我省“十四五”发展的重点问题，提出了具有前瞻性针对性的意见建议。

23 日，三明成为全国首个林业改革发展综合试点市。

全国林业改革发展综合试点市授牌仪式在三明沙县举行，国家林业和草原局为三明市授牌。这标志着三明市正式成为全国首个林业改革发展综合试点市。试点期为 2021—2023 年，重点在森林资源管理、林业适度规模经营、林业产业高质量发展、林业金融创新、国有林场改革、林票制度改革等方面进行探索，形成一批可复制、可推广的经验做法。国家林草局和省政府将在项目安排、资金投入、人才培养、政策机制等方面给予支持，为试点工作的顺利开展提供良好的环境和条件。目前，三明正在制定全国林业改革发展试点市建设总体方案。

23 日至 24 日，深入实施“3820”战略工程，加快建设现代化国际城市。

省委书记尹力在福州调研时强调，要深入贯彻落实习近平总书记重要讲话重要指示精神，学习贯彻党的十九届五中全会和中央经济工作会议精神，秉承弘扬习近平总书记在福州工作期间的创新理念和重大实践，深入实施“3820”战略工程，立足新发展阶段，贯彻新发展理念，积极服务并深度融入新发展格局，加快建设现代化国际城市，在全方位推动高质量发展超越中走在前列、作出示范。省长王宁出席调研座谈会。尹力来到福州高新区创新园一期、二期，了解园区建设情况，强调高新区要不断提高科技创新能力，着力加强创新服务平台建设，注重为制造而制造的技术研发，避免核心技术“卡脖子”。要加快高新技术企业聚集，把数字福州建设得更有内涵。要把高新产业与旅游相结合，发展全域旅游、工业旅游，激发青少年热爱科技的热情。在恒申控股集团，尹力鼓励企业加快科技自主创新，延伸上下游产业链，不断提升核心竞争力。在滨海快线建设工地，尹力说，地铁对新城建设至关重要，能够促进经济发展，方便群众出行，改善人民生活，要加快建设进度，统一站点形象设计，带动商业综合体开发。要时刻绷紧安全生产这根弦，深化隐患排查整治，严格落实安全生产主体责任，确保工程质量和施工安全。

24 日，直播带货超亿元，“闽山闽水物华新”收官。

近日，随着福州高新区专场直播结束，全国首个省级品牌电商专属 IP“闽山闽水物华新”大型直播带货年度活动在抖音平台圆满收官。为常态化疫情防控和复工复产赋能，省数字办充分运用信息技术，联合字节跳动推出了“闽山闽水物华新”大型直播带货栏目。从 6 月 7 日开始至 12 月中旬，“闽山闽水物华新”先后举办了晋江、政和、福安、永安、建宁、德化、长汀、屏南、连城和福州高新区专场等 10 场直播活动，线上邀请 36 个明星团和 36 个达人团作为八闽好物推荐官助力加油，线下请来福建 10 位设区市领导、县长和

10位明星化身主播，直播带货推广福建本地产品。活动累计吸引超过1亿人次在线观看，总曝光量破4.5亿，104款产品全渠道销售额突破1亿元，让福建各地好物闻名全国。该栏目荣获2020年度博鳌国际旅游奖年度营销创意大奖。

24日，泉州地区生产总值预计突破万亿元。

从泉州市有关方面获悉，“十三五”时期，泉州全市地区生产总值连跨4个千亿台阶，今年预计突破万亿元，全国城市排名由“十二五”末的第23位上升到2019年的第18位；经济结构持续优化，工业总产值跃上2万亿元台阶。

24日，省政府召开常务会议。

省长王宁主持召开省政府常务会议，认真贯彻落实中央部署和省委要求，研究《政府工作报告（讨论稿）》《关于福建省2020年预算执行情况及2021年预算草案的报告（送审稿）》《关于福建省2020年国民经济和社会发展计划执行情况及2021年国民经济和社会发展计划草案的报告（送审稿）》，研究生态环境保护责任清单和红线划定、农村宅基地制度改革、加快金融业发展、应急救援领域省与市县财政事权和支出责任划分、电力市场交易等工作。会议还研究了其他事项。

24日至25日，认真践行习近平生态文明思想，努力建设社会主义现代化美丽福建。

省委书记尹力在莆田调研时强调，要深入学习贯彻习近平生态文明思想，学习贯彻落实党的十九届五中全会和中央经济工作会议精神，立足新发展阶段，坚持新发展理念，积极服务并深度融入新发展格局，把省委十届十一次全会的部署和省委经济工作会议安排落实到位，科学谋划推动全省“十四五”发展，努力建设社会主义现代化美丽福建。尹力一行来到莆田，首先到木兰溪防洪工程奠基点，实地了解工程建设情况，并参观了木兰溪治理展示馆，重温了习近平总书记在闽工作期间治理自然灾害的重要理念和生动实践。在罗屿港口大型铁矿石对台基地，尹力详细了解全省港口整合及吞吐量、货源、航线等情况。他说，要坚定不移推动改革创新，落实省委省政府改革部署，把我省港口建设发展放在全国、全球物流大局中来谋划，强化功能定位，加强分工协作，提高整体效率和效益，利用现代信息技术建设专业化信息平台，打造连接内陆省份、台湾地区和东南亚国家的“一带一路”运输通道，积极服务和深度融入构建新发展格局。在永荣科技有限公司，尹力鼓励企业心无旁骛创新创造，发挥龙头企业作用，带动上下游关联产业加快聚集，形成配套完整的产业链，提升综合效益。要严格落实责任，全面提升安全生产水平，确保安全运营、安全生产。地方党委政府要帮助企业解决实际问题，让项目早日建成达产，让企业发展得又好又快。

25日，省高速公路科技创新会议召开。

福建省高速公路科技创新会议在福州召开。副省长崔永辉出席会议并致辞，中国工程院院士王复明、张建民、邓铭江，交通运输部有关司局、高校科研院所、企业代表参加会议。会上，自动化作业技术交通运输行业研发中心、坝道工程医院福建交通分院揭牌落户福建高速，省高速集团与中国航天科工集团二院、华为、宁德时代等6家单位分别签订了战略合作协议。自动化作业技术交通运输行业研发中心是由福建省高速集团牵头，联合清华大学、同济大学、交通部公路院等12家单位建立的多学科、跨专业、跨领域的全国性产学研用合作基地，有助于带动福建相关产业集群发展。坝道工程医院福建交通分院则是诊断处治我省交通建设“疑难急险”的“专业医师”。福建省高速公路创新平台正式启动，省高速集团将设立5亿元的创新产业基金，并每年安排至少5000万元作为研发经费，吸引国内外各类交通运输领域优秀科技创新技术落地福建。

25日，“全闽乐购·跨年购”暨第二届商博会开幕。

旨在为消费者带来好看、好玩、好吃、好购、好体验的“全闽乐购·跨年购”暨第二届商博会在福州海峡国际会展中心开幕。副省长郭宁宁出席活动。本次跨年购分启动仪式、成果展示和跨年消费活动三大板块。时值年末采买的消费节点，跨年购现场设置了老字号展示区、德化白瓷展示区、八闽美食嘉年华展示区、福茶及茶文化展示区、福建红曲酒展示区、“下乡的味道”等县域品牌展示区、厦航展示区、台澎金马精品展示区、美发饰品展示区、日用百货优品展示区、直播及电商平台展示区、甘肃特产展示区、陕西展示区等13大展示区，可一站式满足群众在日用百货、食品、茶酒、县域特产等方面的消费需求。展会将从25日持续到27日。同时，主办方还邀请了流量主播进行主直播间直播与云逛展直播，线上同步带来各类精选产品进行促销售卖，双线互动，惠利于民，让更多未能到现场的消费者也参与到“看直播，抢年货”中。自8月启动“全闽乐购”福建促消费行动以来，截至目前，全省累计发放全闽乐购券1132万张，发放金额2.29亿元，有力汇聚了人气、商气，消费市场回暖态势进一步巩固，全省社会消费品零售总额已连续7个月实现单月正增长。

26日，高铁从平潭首发。

福平铁路正式开通运营。9时43分，满载乘客的G5322次列车驶出平潭站，平潭正式开启高铁时代，与福州形成“半小时生活圈”。全长88公里的福平铁路，设有平潭、长乐、福州等6个车站，平潭至福州最快35分钟可达。运营过渡期后，沿着这条线路平潭可抵达北京、上海、深圳等地。平潭海峡公铁大桥全长16.34公里，桥址所在处是世界著名的风口之一，建设历时7年，被誉为世界“奇迹”。列车在大桥上飞驰，窗外是水天相接的美景，车厢里旅客欢呼雀跃。未来，围绕“一岛两窗三区”战略蓝图，平潭将以建设国际旅游岛为主线，打造闽台合作窗口和国家对外开放窗口，在服务祖国统一、对外开放上作出更大贡献。

28日，福建省打击药品化妆品医疗器械违法犯罪执法联动办公室成立。

《福建日报》报道，近日，省药监局与省公安厅在福州举行“福建省打击药品化妆品医疗器械违法犯罪执法联动办公室”揭牌仪式。执法联动办公室以省药监局执法监督处与省公安厅治安总队为具体联络机构，制定执法联动联席会议、执法联动办公室工作、重大违法犯罪案件联合督办、重大违法犯罪案件信息联合发布、打击违法犯罪执法联动介入支持等制度，以求有力推动药品监管执法联动工作常态化、规范化，形成精准打击整治药品领域违法犯罪活动的强大合力。

28日，出实招稳就业让更多人有活干有钱赚。

《福建日报》报道，近日，国务院办公厅对国务院第七次大督查发现的43项典型经验做法给予通报表扬。其中，“福建省创新1234稳就业工作法保持就业局势总体平稳”榜上有名。“十三五”期间，我省坚持就业优先战略，制定实施一系列具有福建特色的积极就业政策，打好稳就业“组合拳”，实现就业局势稳中向好。五年来，全省城镇新增就业总量达292.98万人，提前完成“十三五”目标任务。每年筹集并支出就业专项资金约20亿元，城镇登记失业率保持在3.5%—4.0%之间，控制在目标以内。

28日，福州出台落户“零门槛”实施细则。

11日，福州市发布了《关于进一步降低落户条件壮大人口规模的若干措施》（下称《若干措施》），全面放开落户限制。此次，又制定出台了《〈关于进一步降低落户条件壮大人口规模的若干措施〉实施细则》，与《若干措施》一并于2021年1月1日正式施行。城市提升能级需要人口规模，创新驱动发展需要人才支撑。近年来，福州坚定传承“3820”战略构想，全方位推动高质量发展超越，建设现代化国际城市。在此背景下，迫切需要人才和劳动力资源的有序流动。28日，福州市发布落户“零门槛”相关实施细则。今后，落户福州想落尽落、能宽尽宽、可简尽简，为全方位推动高质量发展超越、建设现代化国际城市提供人才和劳动力资源保障。

28日，省委常委会召开会议。

省委书记尹力主持召开省委常委会会议，认真学习贯彻习近平总书记致首届全国职业技能大赛的贺信精神，研究我省贯彻落实措施；审议通过《福建省沿海港口布局规划（2020—2035年）》《湄洲湾港总体规划（2020—2035年）》《泉州港总体规划（2020—2035年）》，审议通过《福建省国企改革三年行动实施方案（2020—2022年）》，审议通过《福建省省直有关部门生态环境保护责任清单》。会议还研究了其他事项。会议强调，要深入学习贯彻习近平总书记贺信、李克强总理批示精神，围绕全方位推动高质量发展超越，全面提升我省职业技能教育和培训水平，更好地推动产业工人队伍在实体经济发展中展示风采。要提高政治站位，大力弘扬劳模精神、劳动精神、工匠精神，积极营造劳动光荣、技能宝贵、创造伟大的时代风尚，激励更多劳动者特别是青年一代走技能成才、技能报国之路。要突出工作重点，健全技能竞赛体系和机制，持续实施知识更新工程、技能提升行动，深化闽台技能人才交流，培养更多高技能人才和大国工匠。要完善工作机制，健全培养、评价和使用机制，加大职业院校技能培训力度，强化校企挂钩，切实提升职业技能水平和就业率。各级党委和政府要高度重视技能人才工作，健全工作格局、形成工作合力。会议指出，构建新发展格局，为我省发挥港口优势提供了难得的历史机遇。要认真抓好港口规划实施，树立“全省一盘棋”思想，加快全省港口资源整合，科学定位沿海各港口功能，推动沿海港口分工合作、协调发展，提高整体效率和效益，推动港产城联动协调发展。要加快港口高质量建设发展，加强重点港区整体连片开发，进一步提升港口规模化、专业化、智能化、信息化水平，深化“丝路海运”建设，增强港口服务经济社会发展的能力。同时，要抓好港口发展要素保障工作。会议强调，要深入实施国企改革三年行动，做大做强做优国有资本和国有企业，切实增强国有经济竞争力、创新力、控制力、影响力和抗风险能力。要坚持和加强党对国有企业的全面领导，实现党的领导与公司治理有机融合。要推进国有经济布局优化和结构调整，全面提升国有企业科技创新能力，推动国有资本向打造“六四五”产业新体系发力。各级党委和政府要加强组织领导，推动改革稳步实施。会议强调，省直有关部门要带头践行习近平生态文明思想，围绕实施生态省建设战略，落实党政同责、一岗双责，以实际成效增强“四个意识”、坚定“四个自信”、做到“两个维护”。要以明责知责为前提，坚决扛起生态环境保护政治责任；以履责尽责为关键，严格按照责任清单及其他相关规定履行职责；以追责问责为手段，着力形成具有福建特色的生态环境保护工作责任体系，加快建设美丽福建。

29日上午，福安正威一期10万吨精密铜线竣工投产暨三期铜箔项目开工活动举行。

福安正威宁德电子信息新材料科技城项目一期10万吨精密铜线投产暨三期铜箔项目开工活动在福安市举行，副省长郑建闽出席活动。福安正威宁德电子信息新材料科技城项目总投资约80亿元，分四期建设，建设内容包括：一期年产10万吨低氧光亮铜线、精密控制铜线；二期年产25万吨连铸连轧低氧光亮铜杆；三期年产6万吨精密铜箔、挠性覆铜板；四期年产6万吨电气化铁路架空导线和2200万盒单晶纳米铜线等。项目全部达产后预计年产值将达350亿元。

29日，全省科学技术奖励大会在榕举行。

全省科学技术奖励大会在福州举行，表彰在我省科技战线作出突出贡献的科技工作者。省委书记尹力出席并讲话，他强调，要深入学习贯彻习近平总书记重要讲话和党的十九届五中全会精神，按照省委十届十一次全会要求，立足新发展阶段、贯彻新发展理念、积极服务并深度融入新发展格局，把科技创新作为第一动力源，深入实施科教兴省、人才强省、创新驱动发展，为全方位推动高质量发展超越注入更为强大、更为持久的科技创新力量。会议宣读了2019年度福建省科学技术奖励的决定，与会省领导为获奖代表颁奖。于岩、康德智等代表获奖人员作发言。本次全省表彰了192项优秀科技成果，涵盖基础研究、先进制造、农业生产、医疗卫生、新材料、大数据等领域。尹力代表省委、省政府向全体获奖人员表示热烈祝贺，向全省广大科技工作者致以崇高敬意。省长王宁主持会议。

29日，省政府召开常务会议。

省长王宁主持召开省政府常务会议，认真贯彻落实中央部署和省委要求，进一步部署冬春季疫情防控工作，审议《福建省国民经济和社会发展第十四个五年规划和二〇三五年远景目标纲要（送审稿）》，研究《2021年省委省政府为民办实事项目建议方案（送审稿）》等。会议强调，要深入贯彻落实习近平总书记对福建工作的重要讲话重要指示批示和党的十九届五中全会精神，按照省委十届十一次全会部署，突出福建特点和优势，立足新发展阶段，贯彻新发展理念，积极服务并深度融入新发展格局，高质量编制好“十四五”规划和二〇三五年远景目标纲要。要聚焦全方位推动高质量发展超越，着力补短板、强弱项，强化重大工程、重大项目、重大政策对规划实施的支撑。要坚持开门编规划，广泛征求意见，汇聚各方智慧，实事求是制定发展目标。

29 日至 30 日，大力传承弘扬“晋江经验”，勇当全方位推动高质量发展超越主力军。

省委书记尹力在泉州开展调研，强调深入学习贯彻习近平总书记重要讲话重要指示批示精神，贯彻落实党的十九届五中全会和中央经济工作会议精神，大力传承弘扬“晋江经验”，立足新发展阶段，贯彻新发展理念，积极服务并深度融入新发展格局，充分发挥侨的独特优势，加快民营企业创新发展，勇当全方位推动高质量发展超越的主力军。省长王宁出席座谈会。调研中，尹力一行来到晋江经验馆，认真学习习近平总书记当年七到晋江、亲自调研总结的“晋江经验”。他说，习近平总书记提出的以“六个始终坚持”和“正确处理好五大关系”为主要内容的“晋江经验”，是对晋江发展的深刻总结、对改革开放规律的深刻把握、对中国特色社会主义发展道路的深刻思考，极具前瞻性、战略性、指导性，至今仍闪耀着真理的光芒，具有十分重要的现实指导意义。晋江的发展历程是我省乃至我国改革开放的一个缩影。谱写全面建设社会主义现代化国家福建新篇章，必须大力弘扬“晋江经验”，在实践中不断深化认识，引导各级党委和政府始终坚持做实做强做优实体经济，打造一流的营商环境，争当社会主义现代化建设、推动高质量发展的主力军。尹力深入安踏集团，详细了解企业生产经营和科技研发等情况。他强调，要始终牢记习近平总书记的重要嘱托，实实在在、心无旁骛做主业，加大科技创新研发力度，为企业发展赋能，让企业插上科技的翅膀。要发挥晋江体育产业优势，促进体育场馆综合开发利用与体育赛事、工业旅游有机结合。在盼盼食品集团，尹力希望企业切实把好食品安全和质量关，不断注入新的科技成果，把食品工业民族品牌做得质量优、规模大、影响力强；要抓好非公企业党建，坚持把支部建在车间上，促进企业健康发展。在晋江五店市传统街区，尹力说，地方传统建筑记载着当地历史、寄托着乡愁，是宝贵的历史文化财富，我们一定要保护好，努力把这些富有特色的符号更好地体现在现代建筑中，让我们城市建设更有特色、更有魅力。

30 日，福州 15 个市级夜色经济体验示范街区开街。

福州市 15 个市级夜色经济体验示范街区同步开街。省委常委、福州市委书记林宝金，副省长郭宁宁在“上下杭·金银里”商业步行街主会场出席开街活动。夜色经济体现着一座城市的商业活力、生活品质和文化氛围，已经成为激发消费潜能的重要引擎，成为扩内需促消费的重要增长点。近年来，福州市紧扣消费发展趋势，积极打造夜间消费品牌，推进“上下杭·金银里”商业步行街等 15 个夜色经济体验示范街区建设提升，取得了明显成效，为全省夜色经济发展作出了良好示范。这次开街活动与“全闽乐购”活动相呼应、相衔接，将进一步扩大影响、聚集人气、提升消费，为促进福州乃至全省做好“六稳”工作、落实“六保”任务发挥重要引领带动作用。此次同步开街的 15 个体验示范街区主要依托历史文化街区、城市综合体和多元业态商业街开展建设提升，包括鼓楼区三坊七巷、长乐区东湖数字小镇、闽侯县上街大学城永嘉天地、福清市万达广场等。

（摘编：游永贵）

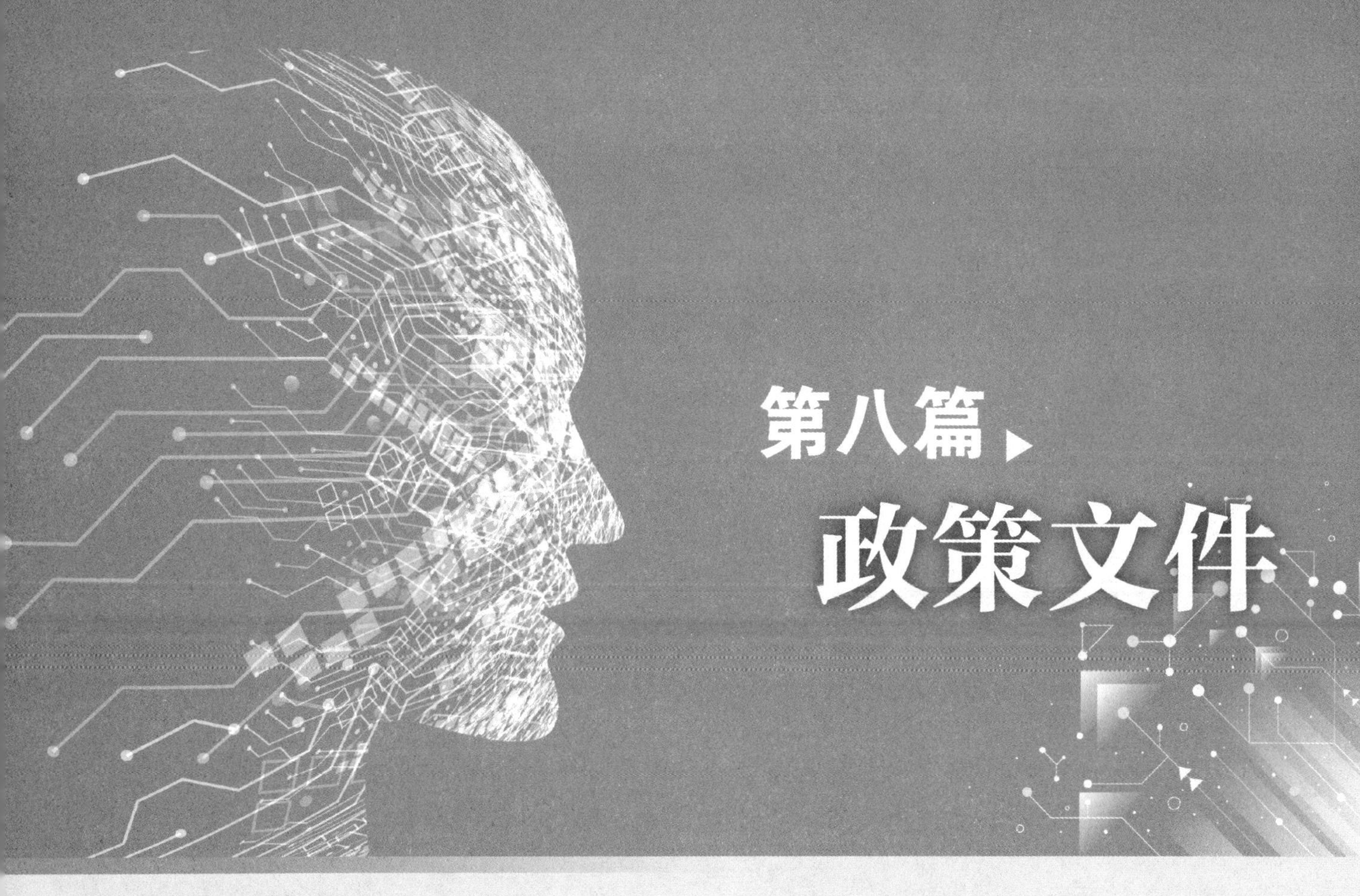

第八篇 政策文件

福建省产业经济政策选编

福建省人民政府关于实施工业（产业）园区标准化建设推动制造业高质量发展的指导意见

各市、县（区）人民政府，平潭综合实验区管委会，省人民政府各部门、各直属机构，各大企业，各高等院校：

为深入贯彻习近平总书记在中央财经委员会第五次会议上的重要讲话精神和对福建工作的重要讲话重要指示批示精神，打好产业基础高级化、产业链现代化的攻坚战，加快建设制造强省，推动制造业高质量发展，打造具有战略性和全局性的产业链，全面提升我省工业（产业）园区发展水平，更好地促进优质生产要素集中集聚，为全省高质量发展落实赶超提供有力支撑，经研究，制定本指导意见。

一、总体要求

指导思想。以习近平新时代中国特色社会主义思想为指导，全面贯彻落实习近平总书记对福建工作的重要讲话重要指示批示精神和党中央决策部署，坚持新发展理念，坚持以供给侧结构性改革为主线，围绕主导产业重在“强”、新兴产业重在“培”、传统产业重在“优”的发展方向，强化闽东北、闽西南两大协同发展区产业协调布局，切实抓好工业园区、工业互联网“一实一虚”两大平台建设，加快园区标准化建设，提升产业基础能力和产业链水平，把制造业高质量发展作为构建现代化经济体系的关键环节，推动我省经济高质量发展。

发展目标。围绕“扶引大龙头、培育大集群、发展大产业”，支持主导产业发展壮大、新兴产业占比提升、传统产业转型升级，到“十四五”末，电子信息与数字产业、先进装备制造、石油化工、新材料与新能源、现代纺织服装、食品与医药等产业进一步发展壮大，力争打造3个超万亿产业、3个超8000亿产业，形成20个以上规模超千亿的产业集群，培育60家以上产值超百亿元工业企业（集团），其中产值超千亿元的10家。

二、做强做优做大产业

“强”主导产业。电子信息与数字产业：强化“增芯强屏”，重点拓展新型显示和芯片设计、制造、封装测试等产业链，打造东南沿海集成电路产业集聚区和电子信息产业基地。先进装备制造产业：重点推动汽车、工程机械、数控机床、工业机器人、环保设备、高技术船舶、海工装备等加快发展。石油化工产业：围绕“两基地、一专区”，重点发展对苯二甲酸、对二甲苯、乙二醇、聚乙烯、己内酰胺/尼龙6等产品。新材料与新能源产业：积极推进纳米、超导、智能等共性基础材料研发和产业化，重点发展高端不锈钢冶金新材料、高性能稀土磁性材料、有机硅/氟材料、发光材料、储氢材料及石墨烯等新材料和核电、海上风电、新能源电池、氢能等清洁能源。现代纺织服装产业：重点发展功能性差别化纤维、高档面料、高性能产业用纺织品等，发展壮大化纤、棉纺、织造、染整、服装产业链。食品与医药产业：重点做大食品加工业，做强生物制药、做精现代中药、做优医疗器械，发展核医学产业，积极培育大数据智能医疗等健康产业新业态。

“培”新兴产业。实施新兴产业倍增计划，对接世界和国内500强企业，精准谋划一批产业链缺失、延伸和升级项目，着力突破一批重大关键核心技术，推动新一代信息技术、高端装备、海洋高新、新能源汽车、新材料、生物医药、高效太阳能电池等战略性新兴产业发展。着力推进制造业与一产、三产融合发展，打造“工业+旅游”等新业态。加强集成创新，完善新兴产业技术创新体系，分行业组织实施一批新兴产业重点项目、培育一批龙头企业、建设一批示范工程，培育壮大“双高”企业。

“优”传统产业。强化对传统产业的分类指导、分业推进，在轻工、纺织、机械、建材等行业领域继续实施“机器换工”，推动数字化控制技术应用，集成创新一批高端数控装备和工业机器人，提升装备信息化水平，促进传统产业向数字化、高端化、智能化、绿色化转型升级。实施新一轮技改专项行动，推进研发、制造、营销、服务等环节的协同融合。发挥智能制造样板工厂（车间）的示范作用，打造一批产业创新中心，建成一批供应链服务业平台，推动传统产业从“制造”向“智造”转变。

“融”数字经济。大力发展数字经济，加快数字技术与制造技术的渗透、融合和创新应用，重点发展互联网、物联网、大数据、安全可控、云计算、边缘计算、人工智能、智能制造、5G、区块链、卫星应用、无人机、智能网联汽车等技术和产业，推动制造业加速向数字化、网络化、智能化发展，推动互联网、大数据、人工智能和实体经济深度融合。推动实施一批先进制造业与现代服务业深度融合试点示范项目，大力发展平台经济、共享经济、体验经济等新业态新模式。深化“互联网+先进制造”，推动中小企业“上云上平台”。实施“人工智能+”以及工业互联网“十百千万”等工程。推动“5G+工业互联网”产业园、标杆企业、工业互联网平台应用创新推广中心建设。建设工业数字化服务平台，形成数据驱动型创新体系和发展模式，打造数据驱动的工业新生态。

三、突出龙头品牌带动

充分发挥龙头企业带动作用，加强产业链协同创新，打造更强创新力、更高附加值的产业链。持续实施百亿龙头、千亿产业集群推进计划，落实新一轮龙头企业改造升级行动，带动形成一批优势龙头企业和科技小巨人领军企业。鼓励上市企业加强与“一带一路”沿线国家合作扩大国际市场，加大研发和品牌宣传，进一步提升质量品牌核心竞争力。加强对上市后备企业的培育和辅导，打造更多国际国内知名品牌。实施增品种、提品质、创品牌的“三品”战略，强化品牌建设，鼓励企业争创中国质量奖、省政府质量奖。支持园区中小微企业走“专精特新”发展道路，培育一批细分行业“单项冠军”企业，促进园区大中小企业融通发展，鼓励联盟创牌，打造福建制造新名片。

四、促进产业集约发展

提高效益。制定完善亩均税收、投入产出强度、全员劳动生产率等亩均效益综合评价办法。对亩产达标企业，在政策上优先支持、用地上优先保障；鼓励“零地增资”，支持企业在符合规划和安全要求、不改变用途的前提下利用现有土地，拓展地上地下空间，提高容积率。对亩产不达标企业，根据国家产业政策、土地政策及安全生产、环保等有关规定，制定差别化用能、水电价、排污及改造提升等政策措施，倒逼企业转型升级。

盘活存量。优先保障制造业发展空间。采取“存量盘活+扩区增容”的办法，积极引进培育产业龙头、产业链配套、生产性服务业等项目。对低效工业用地和高耗能、高污染、低水平重复建设、产能过剩项目，通过合作重组、联合招商、收购储备、司法拍卖等方式盘活的，经有权地方政府批准，可采取产权分割转让方式，促进土地资产处置。通过土地“改功能、不改性质”的模式，实施“腾笼换鸟”，引导园区内企业利用原工业用地兴办信息服务、研发设计、文化创意等新兴产业以及我省鼓励发展的生产性或高科技服务业，实行5年过渡期政策。过渡期内，可暂不办理土地用途变更手续。过渡期满，需办理改变用地主体和规划条件手续时，可通过协议方式办理，并依法确定规划条件。

五、建立完善园区标准化体系

强化工业（产业）园区建设标准化。推动工业（产业）园区规划与经济社会总体发展规划、国土空间规划、产业规划以及生态保护红线、环境质量底线、资源利用上线、环境准入清单（“三线一单”）等有机衔接，促进“多规合一”。加快园区生态环境基础设施建设，严格落实环境监管要求，提高环境治理能力。支持一批集约程度较高的国家级、省级园区修订完善规划，依法依规扩区升级；结合国土空间规划和重点产业布局，加快推进工业企业“退城入园”转型升级。

开展工业（产业）园区标准化建设试点。每个设区市选择若干试点园区，力争2—3年内形成一批示范标杆园区。引导工业（产业）园区从园区规划、基础设施、土地利用、投入产出、园区配套、管理服务、安全生产等方面加强建设，改造提升为功能完备、宜居宜业的标准化园区。对标一流，构建高水平的园区产业发展标准体系，鼓励园区建立并推行企业标准“领跑者”制度，引导企业制定实施严于国际国内标准的企业标准；支持企业主导或参与制定产业发展的国际标准、国家标准、行业标准；鼓励企业发展个性定制标准。深入实施知识产权战略，加快培育知识产权密集型产业园区。[《福建省工业（产业）园区标准化建设指南》见附件]

六、加大财政金融支持

引导开发性、政策性金融机构多渠道筹集中长期资金支持重大制造业项目建设。各市、县（区）政府在省级核定的新增债务限额内统筹支持所辖园区基础设施建设。支持工业（产业）园区利用专项债券实施基础设施配套建设，促进园区融资渠道多元化。

省级企业技改投资基金扩大至200亿元，优先用于支持重点工业（产业）园区内企业技术改造、园区配套设施建设。引导省PPP基金、省产业股权投资基金、省地方产业基金等各类基金倾斜支持园区标准化建设和园区内企业发展。支持园区盘活经营性资产，构建园区建设投融资实体，吸引各类股权投资基金或国内外专业化园区建设机构加盟。

加大金融支持力度，支持园区搭建一站式金融服务综合平台，引导金融机构在园区设立营业网点，创新金融产品服务，推广“无间贷”、园区资产按揭贷和知识产权、仓单质押等融资模式，探索“政银保”信贷模式。

深化产教融合，鼓励市、县（区）建设工业（产业）园区职业技能提升中心。鼓励引进培养制造业高端人才、高技术职业工人，鼓励园区内企业专业技术人员和管理人员参加继续教育培训，并按规定对参加职业技能和岗位技能提升培训的城乡劳动者予以补贴。

整合引导省级发改部门基础设施建设、工信部门技术改造、科技部门研发创新、人社部门职业培训、商务部门商贸服务、生态环境部门环保基础设施建设以及教育、医疗、文旅、体育、民政等方面资金约40亿元，向试点园区标准化建设倾斜（政策执行期3年）。各市、县（区）政府也要整合各部门有关资金，重点支持所辖园区标准化建设和质量提升品牌创建工作。鼓励各地设立工业（产业）园区产业发展基金，开展园区标准化建设。

七、创新体制机制

坚持创新驱动，集成完善创新政策，打造高水平国家级实验室和省级实验室，实施工业强基工程，集中突破一批“卡脖子”关键共性技术，不断提升产业基础能力。加快建设特种机器人、智能装备、专用车辆、石墨烯、LED等一批国家级或省级质检中心，以及国家产业计量测试中心、国家技术标准创新基地等国家级平台，打造园区标准计量认证检验检测“一站式”公共技术服务平台。支持采用一区多园的管理模式，探索国家级、省级园区管委会主要领导分别由市、县（区）领导兼任，优化管理体制，促进内部扁平化管理。理顺并完善园区与属地政府管理体制，理顺园区安全生产、环保等社会管理职责。自贸试验区创新成果率先在标准化建设试点园区复制推广。优先支持有条件的试点园区设立海关特殊监管区，赋予保税功能，服务对外开放。探索制定工业（产业）园区税收分成办法，强化园区建设资金保障。鼓励实行“园区管委会+公司”的管理模式，将园区资产打包由专业的运营公司统一管理、运营，负责厂房回购、招商引资、专业化服务等工作。探索通过政府引导、市场化运作，实施园区标准化建设。健全完善工业（产业）园区发展工作联席会议制度。

八、实施考核评价

对试点标准化建设的工业（产业）园区实施

考核评价。试点园区依据工业（产业）园区标准化建设要求，适时调整修订园区发展规划。结合“福建省开发区综合发展水平考核评价”工作，建立完善考核评价体系，实施分等考核。省级财政安排1亿元，对考核评价优秀的试点园区按照正向激励机制给予一定奖励，在专项债券、专项资金等方面予以倾斜支持，并列为示范园区加以经验推广；对考核评价不达标的园区督促其加快标准化建设、整改提升。

附件：福建省工业（产业）园区标准化建设指南

福建省人民政府
2020年2月14日

（此件主动公开）

附件

福建省工业（产业）园区标准化建设指南

一、规划布局科学

工业（产业）园区规划与当地经济社会总体发展规划、国土空间规划、产业规划等有机衔接，落实“多规合一”。每个园区应规模适中、布局合理、用地集约。园区内形成1—2个主导产业，主导产业定位清晰，具有明显的示范引领和辐射带动作用。

二、基础设施完善

加大工业（产业）园区基础设施和公用配套设施建设投入，组织实施园区改造提升工程包，园区实现“七通一平”。供水、供电、通信方面，能够保障园区内企业的基本需求；道路方面，园区内道路可满足机动车、非机动车、行人交通需求和交通安全，并形成闭环；安全方面，建立安全管理应急平台，健全应急管理队伍建设，能够实施安全生产与应急一体化管理；环保方面，建成完善污水集中处理设施或入园企业能够方便接入市政管网，且雨污分流，按规划要求建设完善危废、固废集中处理设施；场地平整方面，可基本满足项目落地施工条件。

三、土地利用集约

试点园区核准土地面积原则上不低于5平方公里，已开发面积比例超过50%。按照“一区多园”整合的园区，可统一计算。园区内工业用地容积率高于全省平均水平，专业工业（产业）园区工业用地容积率参照《福建省城市规划管理技术规定》执行。

四、投入产出高效

以传统产业为主的试点园区，工业总产值达到300亿元以上，实现税收10亿元以上，工业用地亩均产值达到250万元/亩以上。以战略性新兴产业为主的试点园区，工业总产值达到400亿元以上，实现税收15亿元以上，工业用地亩均产值达到300万元/亩以上。试点园区的R&D投入高于全国平均水平。园区内新落地项目产出指标，按照当地产业投入与产出控制指标执行。按行业类别，投资强度、税收强度不低于全省平均水平，环保符合相关规定，能耗达到国内行业先进水平。

五、生产生活配套

加大教育、医疗、住宿、商贸、文体、社区服务等方面投入，园区具有综合性、全方位、多功能的综合配套服务设施，具备科研、商业、服务等公共设施建设功能，满足园区职工基础的就学、医疗、居住、消费等需求。

六、管理服务高效

具有完善的管理服务组织体系，成立专业化的管理、运营、招商团队，实行市场化运作，承担园区开发建设、招商引资、投资运营、专业化服务等功能。建设园区综合服务中心，培育专业化中介服务机构，探索服务不出园区，为项目落地提供全过程“保姆式”服务。健全社区组织，完善社区综合服务设施，强化社区服务功能。培育创新中心，建设公共研发检测平台、行业联合实验室、产业研究院、工业互联网等初创孵化平台和成果转化平台。建设职业技能提升中心，成为面向工业（产业）园区产业工人、企业管理人员、专业技术人员等对象提供职业技能培训的公共服务平台。引入金融机构营业网点、专业创投和风投基金公司，并建立信息共享平台，有效对接企业投融资需求。

七、标准研制一流

工业（产业）园区内企业具有行业特色、协调配套的标准体系，建立科研成果向标准同步转化机制、创新技术与标准推广运用机制、标准实施与效果评价长效机制，采用国际标准和国外先进标准，实施团体标准培优计划和企业标准“领跑者”制度，积极承担或参与国际、国家、行业和地方标准制修订以及国际、全国、省级标准化技术组织工作，争取更多标准“话语权”。

发文机关：福建省人民政府

文　　号：闽政〔2020〕1号

标　　题：福建省人民政府关于实施工业（产业）园区标准化建设推动制造业高质量发展的指导意见

发文日期：2020年2月14日

福建省人民政府
关于促进中小企业平稳健康发展的若干意见

各市、县（区）人民政府，平潭综合实验区管委会，省人民政府各部门、各直属机构，各大企业，各高等院校：

为深入贯彻落实习近平总书记重要讲话重要指示批示精神，扎实做好“六稳”工作，全面落实“六保”任务，实施“八项行动”，让企业稳得住、能发展，贯通产业链供应链堵点断点，促进中小企业平稳健康发展，提出以下意见。

一、畅通产业链条

（一）开展产业链固链行动。聚焦电子、机械、石化等重点产业，突出抓龙头企业带动大中小企业协同，抓产业协作促进上下游贯通，抓关键替代维护供应链稳定。市、县（区）财政可依据龙头企业协作配套销售额或委托加工费、中小企业为龙头企业配套加工产值或加工费的一定比例，分别给予龙头企业、中小企业相应补助。

（二）打通产业链、供应链堵点。加强统筹指导和协调服务，采取“一事一议”“一企一策”方式，推动解决龙头企业及其配套中小企业复工复产、增产增效的跨部门跨地区问题，协调解决企业实际困难，强化要素保障。

（三）推动产业链填平补齐。深入梳理相关产业链薄弱环节，精准策划生成一批产业龙头项目及产业链缺失、延伸和升级项目。围绕产业链填平补齐，大力开展产业链招商，对接引进一批产业协同配套、区域协同发展重点项目，市、县（区）可根据项目投资情况给予一次性奖励。

责任单位：省中小办、发改委、商务厅，各市、县（区）人民政府，平潭综合实验区管委会

二、帮扶纾困解难

（四）减税费。自2020年2月起，阶段性减免企业基本养老保险、失业保险、工伤保险（以下简称三项社会保险）单位缴费部分，其中2月至6月，免征中小微企业三项社会保险单位缴费部分。对新冠肺炎疫情期间为服务业小微企业减免租金的非国有房产出租方，可按现行规定减免当年房产税、城镇土地使用税。对餐饮、住宿、公路水路运输、部分旅游行业免征2020年度江海堤防工程维护管理费。落实阶段性减征职工基本医疗保险费政策，阶段性减征实施时间为2020年2月至6月。

责任单位：省人社厅、财政厅、医保局，福建省税务局、厦门市税务局，各市、县（区）人民政府，平潭综合实验区管委会

（五）纾困难。用好首期100亿元贷款额度的省中小微企业纾困专项资金，及时纾解中小企业面临的暂时流动性困难。充分发挥各级政府设立的企业应急周转金作用，为企业提供“过桥”周转服务。

责任单位：省财政厅、工信厅、金融监管局，人行福州中心支行、福建银保监局、厦门银保监局，各市、县（区）人民政府，平潭综合实验区管委会

（六）降成本。适当放宽受疫情影响企业稳岗返还政策认定标准，对受疫情影响不裁员、少裁员的中小微企业，企业及其职工上年度缴纳的失业保险费全额返还，对暂时经营困难且恢复有望的符合条件的参保企业，稳岗返还政策实施期限延至2020年底。对中小微企业吸纳高校毕业生就业的，2020年按每人1000元的标准给予用人单位一次性吸纳就业补贴，从各地就业补助资金中列支。至2020年6月底，对承租国有经营性房产的

中小企业免收或减半收取房租，服务业小微企业免除上半年3个月租金。

责任单位：省人社厅、发改委、工信厅、财政厅、国资委、市场监管局、机关管理局，各市、县（区）人民政府，平潭综合实验区管委会

（七）缓期限。阶段性缓缴职工基本医疗保险费，缓缴期限延期至2020年10月底。缓缴期间不收取滞纳金、暂不划拨个人账户。指导银行业金融机构根据企业申请，结合企业受疫情影响情况和经营情况，给予企业一定期限的临时性延期还本付息安排，还本付息日期最长可延至2020年6月底，免收罚息。

责任单位：省医保局、金融监管局，人行福州中心支行、福建银保监局、厦门银保监局

三、支持企业融资

（八）加大信贷支持力度。引导银行业金融机构对市场前景好、经营诚信但暂时出现经营困难的中小企业，不盲目抽贷、断贷、压贷，不随意压缩贷款规模和授信额度，不随意调降贷款分类标准，适当提高中小企业不良贷款容忍度；提高新发放贷款中的“首贷户”、信用贷款、中长期贷款和无还本续贷业务比重；合理控制小微企业贷款利率，进一步压降普惠型小微企业综合融资成本。发挥政府性融资担保机构作用，推广“总对总”批量担保业务并对其取消反担保要求，在可持续经营的前提下，引导政府性融资担保机构逐步降低担保费率至1%以内。

责任单位：省金融监管局，人行福州中心支行、福建银保监局、厦门银保监局

（九）大力发展供应链金融。支持供应链创新与应用试点企业基于真实交易场景，根据需要开展应收账款、仓单和存货质押和预付款融资。支持我省中小企业经“中征应收账款融资服务平台”或银行业金融机构自建的供应链融资平台开展应收账款融资的，省级财政按我省中小企业通过应收账款获得年化融资额不超过1%的比例，对供应链核心企业给予奖励，最高不超过200万元。

责任单位：省工信厅、财政厅、商务厅，人行福州中心支行、福建银保监局、厦门银保监局

（十）深化产融对接合作。进一步发挥省、市、县（区）三级产融合作工作机制，借助“产融云”“金服云”等平台，创新产融合作政银企对接模式，统筹省、市相关专项资金对市县产融合作对接活动予以支持。整合设立规模10亿元的省级政策性优惠贷款风险分担资金池，促进银行业金融机构通过“快服贷”和助保贷产品，支持符合条件的中小企业融资。发挥省技改基金带动作用，中小企业技改项目融资额占比不低于50%。

责任单位：省中小办、财政厅、金融监管局，人行福州中心支行、福建银保监局、厦门银保监局，各市、县（区）人民政府，平潭综合实验区管委会

（十一）建立“白名单”制度。对产业带动能力强、经济效益高、信用记录优的中小企业实行动态“白名单”管理，优先满足“白名单”企业的融资需求。支持政府性融资担保机构为“白名单”企业提供不收取保证金的融资担保服务，按照合理比例分摊担保风险。

责任单位：省中小办、财政厅、科技厅、商务厅、农业农村厅、金融监管局，人行福州中心支行、福建银保监局、厦门银保监局，各市、县（区）人民政府，平潭综合实验区管委会

（十二）加大清理拖欠企业账款力度。各级政府部门（含事业单位）和国有企业与中小企业的往来账款在依法依规条件下优先支付。对符合条件但因政府部门或国有企业方面未组织项目验收和开展财政审核审计等原因造成拖欠的，应立即采取措施加快项目验收和财政审核审计进度，切实提高清偿率。各级政府应及时支付企业征迁补偿款。

责任单位：省中小办、财政厅、住建厅、国资委，各市、县（区）人民政府，平潭综合实验区管委会

四、加大财政支持

（十三）用好专项发展资金。中小企业发展专项资金重点用于支持中小企业创业创新、公共服务体系和融资服务体系建设，并向小微企业倾斜。中小企业获得贷款贴息、认定类和奖励类项目的省级资金补助，可同时享受其他省级资金补助。

责任单位：省工信厅、科技厅、商务厅、财政厅，各市、县（区）人民政府，平潭综合实验区管委会

（十四）发挥政府投资基金作用。积极对接国家中小企业发展基金，整合现有省内扶持中小企业发展各类基金，引导带动社会资金，支持初创期中小企业创业创新发展和融资担保体系建设。有条件的市、县（区）应设立本级中小企业发展基金。

责任单位：省财政厅、发改委、工信厅、科技厅、金融监管局，各市、县（区）人民政府，平潭综合实验区管委会

五、推动市场开拓

（十五）发展新模式新业态。通过产业与金融、物流、交易市场、社交网络等生产性服务业的跨界融合，扶持疫情防控期间涌现出的在线办公、在线教育、远程医疗、无接触配送等新模式新业态加快发展。打造产业供需对接平台，促进产供销衔接。发展工业旅游、文化旅游、休闲农业乡村旅游等，对列入省级工业旅游示范基地的，给予一次性不超过50万元的奖励。

责任单位：省工信厅、教育厅、文旅厅、卫健委、商务厅、农业农村厅，省邮政管理局，各市、县（区）人民政府，平潭综合实验区管委会

六、实施梯度培养

（十六）引导个体工商户转为企业（“个转企”）。简化“个转企”程序，按照“一注一开”的原则和程序同时办理；在不违反企业名称有关规定的前提下，可保留原个体工商户的名称及特点；在经营有效期内，如经营场所（住所）不变，原个体工商户工商登记前置许可的有效证件、经营场所证明可以继续使用。对“个转企”的小微企业给予不低于5年的过渡期，在过渡期内对账证不健全的转型企业符合相关规定的可以实行核定征收；“个转企”过程中，办理土地、房屋权属变更时，投资主体、经营范围不变，且符合国家税收政策规定的，免征契税。对完成登记手续的“个转企”主体，市、县（区）可给予一次性奖励。

（十七）推动小微企业上规模（“小升规”）。以年营业收入500万元—2000万元的小微工业企业为重点培育对象，建立“小升规”工业企业培育库，实施“一对一”精准对接服务。对新增的规模以上工业企业，市、县（区）可给予一次性奖励。

（十八）推动规上企业股份制改造（“规改股”）。每年筛选一批条件成熟、成长性较好的企业，作为上市后备企业，在企业改制、政策培训、综合金融服务等方面加大服务力度。对完成股份制改造的规模以上企业，市、县（区）可给予一次性奖励。

（十九）推动企业上市融资（“股上市”）。对在全国中小企业股份转让系统和省内区域性股权市场挂牌交易的小微企业，以及在沪深交易所主板、中小板、创业板、科创板首发上市的企业，市、县（区）可给予一次性奖励。

省级财政对推动实施梯度培养成效明显的前三名设区市（含平潭综合实验区），分别给予500万元、300万元、200万元正向奖励。

责任单位：省中小办、市场监管局、住建厅、财政厅、商务厅、自然资源厅、统计局、金融监管局、发改委，福建省税务局、厦门市税务局、福建证监局、厦门证监局，各市、县（区）人民政府，平潭综合实验区管委会

七、引导提质增效

（二十）支持“专精特新”发展。对新认定的省“专精特新”中小企业和国家专精特新“小巨人”企业，分别给予一次性不低于10万元、50万元奖励；对新认定的省制造业单项冠军和国家制造业单项冠军，分别给予一次性不低于50万元、100万元奖励。

责任单位：省工信厅、财政厅，各市、县（区）人民政府，平潭综合实验区管委会

（二十一）支持创业创新。支持纳入省级高新技术企业培育库的中小企业享受最低20万元最高不超过200万元的补助。发挥“创响福建”等创新创业大赛作用，激发“双创”活力。推进创业创新载体建设，对新获评国家小型微型企业创业创新示范基地，统筹省、市资金给予一次性100万元奖励。鼓励各地组织开展企业管理提升活动，统筹省、市相关专项资金给予一定补助。弘扬企业家精神，表彰突出贡献企业家。

责任单位：省科技厅、工信厅、财政厅，省工商联，各市、县（区）人民政府、平潭综合实验区管委会

八、强化服务保障

（二十二）提升“政企直通车”服务效能。推进省、市、县（服务站）三级平台互联互通、数据共享，形成“1+10+N”服务平台网络，与各级网上办事大厅、闽政通APP、12345便民服务平台及各涉企部门网上服务系统等对接。对完成建设验收的市、县级平台和园区服务站分别给予一次性50万元、30万元、20万元建设补助。

责任单位：省中小办、财政厅、发改委及其他省直有关单位，各市、县（区）人民政府，平潭综合实验区管委会

（二十三）优化公共服务体系。加大对全省中小企业公共服务平台网络运营的支持力度，对完成考核目标任务前10名的平台给予不超过30万元的运营补助。加强中小企业公共服务示范平台建设和培育，支持申报“国家中小企业公共服务示范平台”。

责任单位：省工信厅、财政厅，各市、县（区）人民政府，平潭综合实验区管委会

九、加强组织领导

（二十四）发挥协调机制作用。充分发挥各级促进中小企业发展工作领导小组和办公室协调机制作用，定期研究中小企业发展工作，帮助企业解决实际困难。加强福建省惠企政策统一发布平台建设，扩大政策知晓率。深化“三个一百”活动。开展中小企业发展环境评估并向社会公布。建立中小企业运行监测、统计分析、预测预警机制。

责任单位：省中小办及其他省直有关单位，各市、县（区）人民政府，平潭综合实验区管委会

本意见自印发之日起实施，所涉及的资金奖补政策适用年限为2020年至2022年。

福建省人民政府

2020年5月19日

（此件主动公开）

发文机关：福建省人民政府
文　　号：闽政〔2020〕3号
标　　题：福建省人民政府关于促进中小企业平稳健康发展的若干意见
发文日期：2020年5月19日

福建省人民政府办公厅关于印发切实加强高标准农田建设提升粮食生产能力实施方案的通知

各市、县（区）人民政府，平潭综合实验区管委会，省人民政府各部门、各直属机构：

《切实加强高标准农田建设提升粮食生产能力实施方案》已经省政府同意，现印发给你们，请认真贯彻执行。

福建省人民政府办公厅

2020年7月23日

（此件主动公开）

切实加强高标准农田建设提升粮食生产能力实施方案

为贯彻落实《国务院办公厅关于切实加强高标准农田建设提升国家粮食安全保障能力的意见》（国办发〔2019〕50号）精神，切实加强我省高标准农田建设，提升粮食生产能力，夯实粮食安全保障基础，经省政府同意，现提出以下实施方案。

一、总体要求

坚持以习近平新时代中国特色社会主义思想为指导，落实新发展理念，紧紧围绕实施乡村振兴战略，按照农业高质量发展要求，推动藏粮于地、藏粮于技。坚持政府主导、多方参与，因地制宜、分类指导，依法严管、良田粮用，以提升粮食产能为首要目标，聚焦重点区域，统筹整合资金，加大投入力度，统一规划布局、建设标准、组织实施、验收考核和上图入库，强化项目管理，突出抓好耕地保护和地力提升，大力推进高标准农田建设，加快补齐农业基础设施短板，提高水土资源利用效率，切实增强农田防灾抗灾减灾能力，为提升我省粮食生产能力奠定坚实基础。

2020—2022年，全省每年新增建设高标准农田130万亩，每年实施高标准农田建设省级示范项目10万亩，稳定保障500万吨以上粮食产能；到2022年，全省累计建成高标准农田1380万亩；到2035年，全省高标准农田保有量持续增加，建设标准和质量持续提升，农田防灾减灾能力明显增强，粮食产能明显提高。

二、重点任务

（一）科学规划布局

运用空间地理信息技术、卫星遥感影像等手段，全面摸清全省“十二五”以来高标准农田建设数量、质量、分布和利用状况。严格落实全国高标准农田建设规划，加强与国土空间规划、水资源利用规划等相关规划的衔接，结合区域资源禀赋和承载能力、农田建设潜力，科学编制全省“十四五”高标准农田建设规划，形成省、市、县三级农田建设规划体系。按照突出重点、多措并举、集中连片、整体推进、分期建设、综合治理等要求，重点在永久基本农田保护区，特别是800万亩水稻生产功能区，集中建设高标准农田；按照“填平补齐”的原则，合理布局设计，优先建设农田灌溉小型水源设施，对已建项目区进行改造提升，持续推进高标准农田提质增效。优先支持粮食主产区、革命老区苏区、经济欠发达地区以及工作基础好的地区建设高标准农田。

责任单位：各市、县（区）人民政府，平潭综合实验区管委会，省农业农村厅、发改委、财政厅、自然资源厅、水利厅（以下均需各地人民政府和平潭综合实验区管委会负责，不再逐一列出）

（二）构建统一标准体系

根据国家高标准农田建设通则，结合我省实际，科学制定我省高标准农田建设项目设计报告编制大纲、建设标准、工程建设规范及工程概算定额等系列技术规范文件，健全耕地质量监测评价标准，构建符合我省实际的农田建设标准体系。综合考虑农业农村发展要求、市场价格变化等因素，适时调整建设内容，提高投资标准。

责任单位：省农业农村厅、发改委、财政厅、水利厅

（三）实施示范提升项目

开展绿色农田建设示范，推动耕地质量保护提升、生态涵养、农业面源污染防治和田园生态改善有机融合，提升农田生态功能。及时对接全国规划，加大高标准农田提升改造建设力度和建设规模。各地在确保完成年度新增高标准农田建设任务基础上，加大高标准农田示范项目建设资金投入力度，持续对已建农田进行提升改造，严要求、高标准建成路相通、渠相连、涝能排、旱能灌、适应农机化、规模化生产的高标准示范农田。2020—2022 年，省级统筹资金每年支持实施高标准农田建设省级示范项目 10 万亩以上，鼓励建设潜力大、基础条件好、积极性高的地区整县、整乡（镇）推进高标准农田示范建设。

责任单位：省农业农村厅、财政厅、水利厅

（四）加强项目建设管理

各地要根据永久基本农田和水稻生产功能区面积、规划目标、评估结果、可建后备耕地资源、资金筹措能力等因素，加快建立健全高标准农田建设项目库，提前谋划、合理布局一批储备项目。按照建设规划和项目管理要求，优化项目管理流程，规范开展项目前期准备、申报审批、招标投标、工程施工和监理、竣工验收、监督检查、移交管护等工作，实现农田建设项目集中统一高效管理。充分调动农民参与高标准农田建设积极性，积极支持新型农业经营主体承担建设高标准农田。

责任单位：省农业农村厅、发改委、水利厅

（五）严格项目验收考核

按照粮食安全省长责任制考核要求，将高标准农田建设任务纳入对市、县（区）政府责任制考核内容。按程序开展农田建设项目竣工验收和评价，实行县级自查验收、设区市竣工验收和省级抽查制度，允许委托第三方机构实施验收，开展市、县两级联合验收或授权县级验收试点，实行公示公告，接受社会和群众监督，确保建设质量。进一步完善高标准农田建设评价和激励制度，对任务完成情况好的市、县（区）给予倾斜支持，对未及时保质保量完成任务的进行通报、约谈。

责任单位：省农业农村厅、发改委、财政厅、粮储局

（六）加快统一上图入库

各级农业农村部门负责牵头抓总，按照国家统一部署，运用遥感监控等技术，以土地利用现状图为底图，全面承接高标准农田建设历史数据，建立农田管理大数据平台。农业农村部门会同发改、自然资源、水利、烟草等部门，抓紧对接移交，及时按要求将农田建设项目立项、实施、验收、使用等相关信息上图入库、建档立卡，加快建成全省农田建设“一张图”和监管系统，实现有据可查、全程监控、精准管理、资源共享。

责任单位：省农业农村厅、发改委、自然资源厅、水利厅，省烟草局

（七）健全建后管护机制

结合农村集体产权制度和农业水价综合改革，按照“谁受益、谁管护”的原则，建立健全“县负总责、乡镇监管、村为主体”的高标准农田建后管护机制，明确管护主体，落实管护责任。高标准农田建设竣工验收后，全面做好登记造册，及时移交使用主体或村委会（村集体经济组织）。各市、县（区）要建立农田建设项目管护经费合理投入保障机制，高标准农田建设项目结余资金由县级统筹用于农田管护、灾毁修复等支出。鼓励保险机构开发针对高标准农田建设和管护的农业保险产品。各级要调动受益主体管护积极性，将建后管护落实情况纳入年度高标准农田建设评价范围，确保建成的工程设施正常运行。

责任单位：省农业农村厅、发改委、财政厅、自然资源厅、水利厅、金融监管局，福建银保监局、厦门银保监局

（八）强化新增耕地管理

各地要以土地整理为主要手段，通过连片开发、纳入周边零星非耕地、实施土方工程、适度

发展管道灌溉、应用水肥一体化设施、合理控制田间基础设施占地率等措施，切实做好高标准农田建设新增耕地及产能提升工作。农业农村、自然资源部门要积极配合、主动对接，共同核定高标准农田建设项目新增耕地，自然资源部门要优化高标准农田建设新增耕地和新增产能的核定流程、核定办法。高标准农田建设新增耕地指标经核定后，及时纳入补充耕地指标库，在满足本区域耕地占补平衡需求的情况下，可跨区域调剂使用。

责任单位：省自然资源厅、财政厅、农业农村厅

三、保障措施

（一）压紧压实责任

落实农田建设"中央统筹、省负总责、市县抓落实、群众参与"的工作机制。市、县两级政府要严格落实主体责任，主要负责人负总责，分管负责人直接负责，全力抓好规划实施、任务落实、资金保障、监督评价和运营管护等工作；要充分发挥县、乡、村项目建设主体作用。农业农村部门要全面履行好农田建设集中统一管理职责，发改、财政、自然资源、水利、人民银行、银保监等有关部门要分工负责、密切配合，做好规划指导、资金投入、新增耕地核定、水资源利用和管理、金融支持等工作，协同推进高标准农田建设。

责任单位：省农业农村厅、发改委、财政厅、自然资源厅、水利厅、金融监管局，人行福州中心支行、福建银保监局、厦门银保监局

（二）加大政策支持

保障资金投入。健全农田建设投入稳定增长机制，积极争取国家政策和资金支持，省、市、县（区）财政共同承担农田建设支出责任，列入本级政府预算，省级财政承担地方财政投入的主要支出责任。省对市、县实行差别化分担原则，省级对经济欠发达地区承担更多支出责任。鼓励经济较发达地区加大市、县两级财政投入，提高项目建设标准、投资标准。各地要优化财政支出结构，将农田建设作为财政资金保障的重点事项，加大土地出让收入对高标准农田建设的支持力度。县级财政每年要安排农田建后管护资金，确保管护制度有效落实到位。

责任单位：省财政厅、发改委、农业农村厅

完善新增耕地指标调剂收益使用机制。加强新增耕地指标跨区域调剂统筹和收益调节分配，拓展高标准农田建设资金投入渠道。土地指标跨域调剂收益要按规定用于增加高标准农田建设投入。省级财政对通过建设高标准农田新增耕地每亩给予奖补1.5万元。各地要将高标准农田建设新增耕地指标调剂收益优先用于农田建设再投入和债务偿还、贴息等。

责任单位：省财政厅、自然资源厅、农业农村厅

创新投融资模式。发挥政府投入引导和政策激励作用，充分调动各方面积极性，撬动金融资本和社会资本投入高标准农田建设。鼓励开发性、政策性金融机构支持高标准农田建设，引导商业金融机构加大信贷投放力度，完善政银担合作机制，加强与信贷担保等政策衔接。在严格规范政府债务管理的同时，鼓励市、县政府在政府债务限额内通过政府债券支持符合条件的高标准农田建设，对于市、县政府利用政府债券、金融和社会资本投入高标准农田建设的，省级以上的资金将按照各地承担的建设任务，继续安排年度建设资金予以支持。

责任单位：省财政厅、发改委、农业农村厅、金融监管局，人行福州中心支行、福建银保监局、厦门银保监局

（三）强化技术支撑

加强农田建设管理和技术服务体系队伍建设，重点配强县乡两级工作力量，满足农田建设管理工作需要。通过政府购买服务等方式，支持市场化服务力量开展耕地质量监测评价，加密监测网点，增加监测样次，完善耕地质量监测评价体系。依托科研院校，开展高标准农田关键技术研究。大力引进、推广高标准农田建设先进实用技术，加强工程建设与农机农艺技术的集成和应用，推动科技创新与成果转化。

责任单位：省农业农村厅、发改委、科技厅、财政厅、水利厅

（四）严格耕地保护利用

坚决守住耕地红线，对建成的高标准农田，

要划为永久基本农田，依法严管、良田粮用，实行特殊保护，防止“非农化”，任何单位和个人不得损毁、擅自占用或改变用途。经依法批准占用高标准农田的，要及时补充，确保高标准农田数量不减少、质量不降低，省自然资源厅、农业农村厅按照职责及时衔接国家有关政策，加强规范管理。对因灾损毁的高标准农田，要纳入年度建设任务，及时修复、改造、提升。完善粮食主产区利益补偿机制和种粮激励政策，引导高标准农田集中用于重要农产品特别是粮食生产。大力推进建设占用耕地表土层剥离再利用，确保按技术规范将剥离后表土用于土地整理、中低产田改造、高标准农田建设等，增加耕作层厚度，改善土壤结构。加大用地养地，扩大应用水旱轮作、粮经轮作耕作模式，实行秸秆回田，鼓励种植绿肥和增施有机肥，培肥耕地地力。加强土壤污染防治，健全受污染耕地监测监管体系，改善耕地土壤环境质量，严禁将不达标污水排入农田，严禁将生活垃圾、工业废弃物等倾倒、排放、堆存到农田，严禁受污染耕地不安全利用。

责任单位：省农业农村厅、自然资源厅、发改委、财政厅、生态环境厅

（五）强化风险防控监管

完善项目管理、资金管理、监督检查和验收评价等全程化、规范化防控管理体系。充分利用各类媒体，加强农田建设宣传，提高政策措施知晓度，扩大群众监督面。加强对农田建设资金全过程监督管理，做好绩效运行监控和评价，强化结果应用。加强工作指导监督，发现问题及时督促整改。严肃工作纪律，对履职不力、监管不严、失职渎职的，依法依规追责问责。

责任单位：省农业农村厅、发改委、财政厅

发文机关：福建省人民政府办公厅

文　　号：闽政办〔2020〕30号

标　　题：福建省人民政府办公厅关于印发切实加强高标准农田建设提升粮食生产能力实施方案的通知

发文日期：2020年7月23日

福建省人民政府办公厅关于印发福建省新型基础设施建设三年行动计划（2020—2022年）的通知

各市、县（区）人民政府，平潭综合实验区管委会，省人民政府各部门、各直属机构，各大企业，各高等院校：

经省委和省政府研究同意，现将《福建省新型基础设施建设三年行动计划（2020—2022年）》印发给你们，请认真组织实施。

福建省人民政府办公厅
2020年8月5日

（此件主动公开）

福建省新型基础设施建设三年行动计划（2020—2022年）

为加快构建面向未来的新型基础设施体系，高起点建设国家数字经济创新发展试验区，打造全方位推动高质量发展超越新引擎，制订本行动计划。

一、总体要求和工作目标

以习近平新时代中国特色社会主义思想为指导，深入贯彻落实习近平总书记重要讲话重要指示批示精神，坚持系统化、整体化、集约化思维，构建政府引导、市场主体、应用导向、创新驱动的运作机制，大力实施新网络、新技术、新算力、新安全、新融合、新平台等新型基础设施建设工程，促进数字产业化、产业数字化、数字化治理和数据价值化，为全方位推动高质量发展超越提供强大基础支撑。

到2022年，高速、移动、安全、智能、泛在的新一代信息基础设施体系进一步健全，陆海空天地一体化信息网络设施进一步升级，基本建成国家东南区域网络枢纽和海上数字丝绸之路信息通信枢纽；传统和新型基础设施深度融合，5G、大数据、物联网、工业互联网、人工智能、区块链等新技术全面赋能经济社会高质量发展；创新基础设施支撑能力显著提升。全省新型基础设施建设规模、发展水平、创新能级处于全国先进行列。

二、主要任务

（一）统筹部署新网络基础设施

1. 加快建设“5G＋宽带”双千兆网络。加大5G基站站址、用电等支持力度，加快5G网络建设，逐步向有条件的县（市）、乡（镇）延伸覆盖。支持5G独立组网核心网建设和商用。加快面向室内覆盖场景的新一代小（微）基站建设。鼓励5G网络应用部署人工智能、网络切片、边缘计算、云计算、公网频谱局域专用等技术。推动完善国际通信出入口局功能，适时开展福州国家级互联网骨干直联点扩容。充分发挥海峡海底光缆作用，提升闽台信息联通水平。建设新一代超大容量、智能调度的光传输网，开展千兆光纤接入试点和移动网络扩容升级，优化偏远农村和海岛地区的网络服务。升级电子政务省级广域网、省级城域网。推进IPv6全面部署。到2022年，全省建成5G基站8万个以上；城镇宽带具备千兆接入能力，互联网省际出口带宽达40Tbps，IPv6活跃用户在互联网用户中占比超过60%。

2. 巩固提升物联网水平。建立全省统一的物联网感知设施标识。加快实现窄带物联网络覆盖县级以上城市主城区、重点区域和面向室内、交通路网、灯联网、地下管网等应用场景。统筹利用4G、5G、窄带物联网和光纤等接入技术，提供支持固移融合、宽窄结合的物联接入能力。打造千万级社会治理神经元感知节点，推动工业、农业、交通、物流、能源、城市管理等重点行业感知设施建设。建设物联网接入管理与数据汇聚平台，实现感知设备统一接入、集中管理和数据共享利用。建设50个以上物联网创新应用示范平台。到2022年，物联网终端用户数达到5000万户以上，打造3个以上全国知名物联网应用服务运营平台。

3. 加快建设工业互联网。增强国家工业互联网标识解析二级节点（福州）功能，加快推动各设区市和一批行业龙头企业建设工业互联网标识解析二级节点。开展“5G＋工业互联网”融合应用，加快工业互联网高质量外网建设，推动重点行业龙头企业、地方骨干企业开展工业互联网内网改造升级和示范应用。到2022年，新增工业互联网标识注册量1亿以上，提升10个以上省级工业互联网示范平台，形成3个以上具有全国影响力的工业互联网平台。

4. 积极发展空天地一体化卫星互联网。深入实施数字福建“151”卫星应用工程，加快建设海丝卫星数据服务区域分中心和行业分中心、基于人工智能的卫星数据智能解译平台、国家北斗导航位置服务数据中心福建分中心。建设省遥感卫星地面站、卫星互联网通信关口站等卫星地面基础设施以及空间信息集输平台、多源异构空间信息数据仓库、综合服务平台等，构建海量空间信息数据体系。建设省级自然资源卫星应用技术中心。

（二）积极打造新技术基础设施

1. 加快建设人工智能平台。建设数字福建人工智能公共平台、福建智能视觉AI开放平台。建设提供技术开发、知识图谱、算法训练、产品优化、开源代码托管等共性服务的开放性云平台。建设一批高质量主题数据库，提供人工智能创新应用多场景验证和训练环境。深入实施人工智能“双百行动”，在重点领域建设100个以上“5G＋AI”深度应用示范项目。

2. 有序部署建设区块链平台。推进建设安全可控可扩展的区块链底层基础服务平台以及区块链算力平台、基础软硬件平台等，启动建设基于区块链服务网络（BSN）的国家东南区域区块链主干网，开发上线数字福建区块链应用公共平台。建设跨链平台，形成支持金融、政务、民生等数字化发展的分布式信任体系。实施“链上政务”工程。在智能合约、金融、物联网、智能制造、供应链管理、不动产、智慧城市等领域培育100个以上区块链典型应用。

（三）加快构建新算力基础设施

1. 统筹布局云计算大数据中心。依托数字福建（长乐、安溪）产业园优先布局大型和超大型数据中心，打造闽东北、闽西南协同发展区数据汇聚节点。加快存量数据中心绿色化、集约化改造。支持在土地资源宽裕、能源富集区域科学布局建设满足离线非实时业务需求的数据中心集中区。争取国家一体化大数据中心区域分中心在我省布局，重点推进中国移动（厦门）数据中心、中国土楼云谷等大型互联网企业区域性数据中心建设，推动金融、工业互联网大数据中心建设。推进建设具备计算能力、桌面交付能力、存储空间和软件服务能力的云计算中心，有序发展混合云。加快建设市级政务数据中心，推进设区市及下辖县（市、区）部门数据中心统一迁移整合。到2022年，全省在用数据中心的机架总规模达10万架，形成“1＋10”政务云平台服务体系。

2. 合理部署边缘计算中心。加快数据中心从“云＋端”集中式架构向“云＋边＋端”分布式架构演变，推动云边端设施协同有序发展。建立面向特定场景的边缘计算能力，优先在数据量大、时延要求高的应用场景集中区域部署建设一批边缘计算资源池节点。

3. 加快建设超级计算中心。推动省超算中心（二期）建设，布局建设智能计算中心，提供超高速算力资源。推进厦门鲲鹏超算中心扩展升级，提供大数据集群、云搜索等多样化的新型超算服务。到2022年，全省算力达到P级以上。

（四）健全完善新安全基础设施

1. 建设网络运行安全设施。建设网络安全攻防演练平台，加强网络安全威胁信息共享，全面提升大数据环境下防攻击、防泄露、防窃取的监测预警和应急处置能力。加强关键信息基础设施、政务网络、工业互联网等重要信息系统网络安全技术检查。

2. 建设网络信息安全设施。建设网络信息安全保障平台，建立公共数据全生命周期安全保障和分级分类管理体系。建设国家计算机网络与信息安全管理中心福建分中心安全管控平台。加强重要领域敏感数据监管，保护个人信息安全。

3. 建设安全可信支撑设施。加快信创政务云平台建设。在推进新型基础设施建设过程中，同步规划、同步建设、同步运行密码保障系统并开展定期评估，强化密码技术在关键信息基础设施中的推广应用，扩大数字证书应用范围。建设面向新型基础设施安全防护的一体化协同作战指挥平台。

（五）推进建设新融合基础设施

1. 建设数字乡村基础设施。推动农村水利、公路、电力、冷链物流、农业生产加工等传统基础设施数字化转型。实施“农业云131”信息工程，加快形成全省农业信息资源“一张图”。创建一批省级现代农业智慧园、农业物联网应用基地。实施“互联网+”农产品出村进城工程。

2. 建设新型智慧城市基础设施。实施城市大脑工程，打造智慧城市数据底座。建立城市综合管理服务平台，推进市政基础设施智能化改造。加快城市各类杆（塔）共杆建设，推广多功能智慧杆，发展智慧管网、智慧水务、智慧井盖等。建设全省统一数字信息视觉网络和服务平台，加强公有视频监控资源整合和共享利用。实施智慧社区示范工程，支持智能停车、智慧门禁、智慧养老等应用。推广城市智能物流设施和末端配送设施应用。到2022年，全省各设区市（含平潭）至少打造1个具有区域特色的智慧城市（县域）示范区，建成15个智慧社区样板。

3. 建设智慧交通基础设施。加快公路、铁路、轨道交通、航空等传统基础设施数字化改造。建设全省交通大数据中心。建设智能网联汽车云控平台，推进平潭综合实验区、福州马尾区、福州滨海新城、莆田湄洲岛等地“5G+车联网”建设。建设公共停车信息平台。依托中国（福建）国际贸易“单一窗口”打造新型智慧口岸。建设智慧港口，建立“一站式”“一网通”等信息服务平台，推动厦门港海沧港区建设无人集装箱码头示范区。推进厦门机场、福州机场智能化建设，拓展无纸化一证通关等便利服务。

4. 建设智慧能源基础设施。建设东南能源大数据中心。建设油气管道综合管理平台，推进管道数字化改造、智能化应用。推进燃气远程抄表。建设覆盖主城区的一体化“互联网+”充电设施。打造10个以上智慧能源示范工程。

5. 建设智慧教育基础设施。科学规划与推动省级教育专网建设。拓展省教育资源公共服务平台功能，实现“专递课堂”“名师课堂”“名校网络课堂”在中小学校常态化按需应用。建设高校数字图书馆，推进高校图书馆在线资源共享。加强职业院校、高校虚拟仿真实训教学环境建设。支持智慧校园建设。

6. 建设智慧医疗基础设施。建设省统筹全民健康信息平台。实施县域医疗卫生服务信息能力提升工程。推动电子健康卡码、医保电子凭证等与八闽健康码的“多码融合”应用，加快实现全省看病就医“一码通行”。健全重大疫情监控网络。加快5G技术在疫情预警、院前急救、互联网诊疗、远程手术、无线监护、医保结算等环节的应用。推广人工智能辅助诊疗系统及智能服务机器人应用。新增20家互联网医院。

7. 建设智慧生态环境基础设施。深入实施“生态云”工程，构建陆海统筹、天地一体的生态环境监测物联网。建设空气质量预报预警及会商平台（三期），拓展水环境和大气环境综合分析、自然生态监管、“绿盈乡村”等系统应用，实现生态环境智能化管理。

8. 建设智慧海洋基础设施。完善海洋立体实时观测网，建设海洋监测观测设施，提升海洋感知和灾害预测预报服务能力。建设福建海域通信网，促进海底与海上、海上与陆上通信网络的互联互通。建设智慧海洋大数据中心（一期）、渔业渔政综合管理平台和服务平台等，构建海洋大数据体系。

9. 建设智慧广电基础设施。改造升级有线电视网络，实施智慧广电乡村工程。推进有线、无线网络和卫星一体化综合覆盖，建设新一代广播电视基础网络，完善提升县—乡干线的路径保障和高带宽回传能力。打造智慧广电云平台。

（六）全力建设新平台基础设施

1. 积极争创国家级创新平台。加快宁德时代新能源电化学储能技术国家工程研究中心建设。围绕新一代信息技术、生物医药、新能源、新材料等战略性新兴产业，创建一批国家工程研究中心、制造业创新中心、技术创新中心，依托行业龙头企业争创一批国家级企业技术中心。

2. 合力打造高水平创新平台。推动中科院海西研究院（三期）建设、中国机械科学研究总院海西分院第二轮共建，推进中国兵器装备集团—福州大学先进技术创新研究院、北京石墨烯研究院福建产学研协同创新中心、省新药研发中心、康复产业研究院等建设。加快省创新研究院和光电信息、能源材料、化学工程、能源器件等省创新实验室建设，培育产业发展的“先导中心”、国家实验室的“预备队”。吸引国内“一流高校一流学科”在我省设立分校、研发分中心。加快高级别生物安全实验室布局建设，进一步提升我省现有生物安全三级（P3）水平和二级（P2）水平实验室的检测服务能力。

3. 推进建设科研试验支撑平台。加快建设省信息技术应用创新适配检测中心、集成电路晶圆测试公共服务平台、物联网产品测试验证平台等，布局建设支撑新型通信设备验证的区域性实验场地和面向高超声速飞机发动机、车联网、无人机等新技术新装备的专用试验场地。

4. 建设完善数据资源基础平台。拓展省市政务数据汇聚共享平台、省公共数据资源统一开放平台功能，运行全省统一的公共数据资源开发服务平台。建设东南大数据交易服务平台，培育数据要素市场。建设重点行业大数据平台，开展行业大数据应用。到2022年，基本形成公共数据资源管理应用体系。

三、保障措施

（一）加强统筹协调。建立省政府主要领导牵头、各分管省领导担任各项重点任务召集人的新型基础设施建设推进工作机制。将新型基础设施建设纳入政府绩效考评内容。省数字办发挥牵头协调作用，会同省直相关部门统筹谋划和整体推进全省新型基础设施布局建设，加强省市县协同，避免碎片化、分割化和重复建设。各市、县（区）要建立相应工作机制，加强新型基础设施重大项目策划生成和招商引资，研究出台具体支持举措。

（二）加强规划衔接。统筹衔接人口分布、城镇化现状，在人口流入地区适当超前、重点布局新型基础设施。充分利用通信、交通、能源、气象等公共基础设施，统一规划新型基础设施公用资源，实现共建共享。在国土空间规划中统筹考虑新型基础设施布局，在市政道路、轨道交通、风景区、客运站、住宅小区、商业区等规划建设时同步规划、同步建设。

（三）落实要素保障。对列入省重点项目的单独选址的新型基础设施项目用地，在批准用地时直接配置计划指标。统筹全省工业用能指标，向具有重要功能的互联网数据中心建设项目适当倾斜。支持符合条件的5G基站、运营机柜超过150台的超算中心或数据中心、充电桩参与电力市场直接交易。

（四）拓展应用场景。推进“上云用数赋智”行动，树立一批数字化转型典型应用场景。支持在数字中国建设峰会场馆、福州滨海新城核心区、马尾物联网基地、平潭综合实验区和数字经济重点园区等区域开展数字技术集成应用探索。鼓励各地挖掘、开放、创造更多应用场景，引导各类新产品、新技术和新模式在我省“首秀”、在真实场景中“演练”。

（五）创新支持方式。探索新型基础设施建设运营新模式，消除民营企业参与新型基础设施建设的隐性壁垒，鼓励实施规范的政府和社会资本合作项目。充分发挥省属企业作用，优化国有资本新型基础设施投向，强化政府购买示范引领。用好地方政府专项债券，加大新型基础设施项目支持力度。充分利用国家基础设施领域不动产投资信托基金（REITs）试点政策，进一步创新投融资机制，有效盘活存量资产，促进新型基础设施高质量发展。

附件：福建省新型基础设施建设三年行动计划（2020—2022年）主要任务分工

附件

福建省新型基础设施建设三年行动计划（2020—2022年）主要任务分工

工作任务		牵头单位
（一）统筹部署新网络基础设施	1. 加快建设“5G＋宽带”双千兆网络	省通信管理局
	2. 巩固提升物联网水平	省发改委、数字办
	3. 加快建设工业互联网	省工信厅
	4. 积极发展空天地一体化卫星互联网	省发改委、数字办、国防科工办
（二）积极打造新技术基础设施	1. 加快建设人工智能平台	省发改委、数字办
	2. 有序部署建设区块链平台	省发改委、数字办
（三）加快构建新算力基础设施	1. 统筹布局云计算大数据中心	省发改委、数字办
	2. 合理部署边缘计算中心	省通信管理局
	3. 加快建设超级计算中心	省发改委、数字办
（四）健全完善新安全基础设施	1. 建设网络运行安全设施	省委网信办
	2. 建设网络信息安全设施	省委网信办
	3. 建设安全可信支撑设施	省密码管理局、发改委、数字办
（五）推进建设新融合基础设施	1. 建设数字乡村基础设施	省农业农村厅
	2. 建设新型智慧城市基础设施	省住建厅、发改委、数字办
	3. 建设智慧交通基础设施	省交通运输厅
	4. 建设智慧能源基础设施	省发改委、工信厅
	5. 建设智慧教育基础设施	省教育厅
	6. 建设智慧医疗基础设施	省卫健委
	7. 建设智慧生态环境基础设施	省生态环境厅
	8. 建设智慧海洋基础设施	省海洋渔业局
	9. 建设智慧广电基础设施	省广电局
（六）全力建设新平台基础设施	1. 积极争创国家级创新平台	省发改委、科技厅
	2. 合力打造高水平创新平台	省科技厅、发改委
	3. 推进建设科研试验支撑平台	省发改委、数字办
	4. 建设完善数据资源基础平台	省发改委、数字办

发文机关：福建省人民政府办公厅

文　　号：闽政办〔2020〕32号

标　　题：福建省人民政府办公厅关于印发福建省新型基础设施建设三年行动计划（2020—2022年）的通知

发文日期：2020年8月5日

福建省地方金融监督管理局等 5 部门关于印发金融支持一二三产业“百千”增产增效行动的若干措施的通知

省发改委、工信厅、农业农村厅、商务厅、国资委，各设区市金融监管局（金融办）、财政局和平潭综合实验区财政金融局，人民银行省内各市中心支行、福州各县（市、区）支行，各银保监分局、各直属监管组，省内各金融机构：

为落实省委、省政府关于一二三产业“百千”增产增效行动的决策部署，省金融监管局、财政厅、人行福州中心支行、福建银保监局、福建证监局等部门联合制定了《金融支持一二三产业“百千”增产增效行动的若干措施》，经省政府同意，现印发给你们，请认真贯彻执行。

福建省地方金融监督管理局
福建省财政厅
中国人民银行福州中心支行
福建银保监局
福建证监局
2020 年 7 月 20 日

（此件主动公开）

金融支持一二三产业“百千”增产增效行动的若干措施

根据《中共福建省委办公厅　福建省人民政府办公厅关于印发〈实施一二三产业“百千”增产增效行动方案〉的通知》（闽委办〔2020〕12 号）要求，为进一步提升金融服务实体经济能力，帮助企业实现复工复产、复商复市，特制定以下措施。

一、做好“百千”企业的信贷服务

（一）提升对“百千”企业的信贷支持力度。推动各银行机构加大对“百千”企业的信贷供给，力争“百千”企业贷款增速高于全省各项贷款平均增速，实现“百千”企业贷款余额增量在全省各项贷款余额增量中的占比与其在三次产业中的贡献度相匹配。对纳入“百千”增产增效行动重点支持帮扶清单的企业探索全面建立主办银行机制，原则上企业基本户开立银行或借款余额最大的银行为主办银行。督促主办银行按照市场化、法治化原则对符合条件的企业逐企制定综合金融服务方案，统筹开展融资管理、资金结算、资产盘活、风险管控等综合金融服务。与企业建立“一对一”专案推进、专班服务、专人跟踪、专项考核工作机制，坚持分类施策，优先配置信贷计划，建立专属服务通道，优化业务审批流程，进一步提升企业融资能力和银企互信水平，建立稳定共赢的中长期银企合作关系。加快研究“新基建”优惠利率专项贷款计划。

责任单位：人行福州中心支行、福建银保监局，省金融监管局、发改委、工信厅、财政厅

（二）降低企业融资成本。疏通贷款定价机制，将专项再贷款、再贷款、再贴现、定向降准等优惠政策不折不扣传导到企业。积极落实贷款市场报价利率（LPR）改革，推动金融机构加快存量浮动利率企业贷款定价基准转换，进一步向实体经济让利。引导银行机构根据“百千”企业特点实行差异化定价，积极推广无还本续贷等业务，

帮助企业以较快捷的方式、较低的成本获得信贷资金。积极推动通过控制利率成本、规范收费成本、压缩过桥成本、减少附加成本、降低担保成本等措施，进一步降低“百千”企业综合融资成本。

责任单位：人行福州中心支行、福建银保监局，省金融监管局

（三）增加涉农项目和企业信贷投放。推动银行机构重点支持一批乡村产业发展重点项目，并加大对农业开发和农村基础设施建设的中长期信贷支持；重点满足农业产业化龙头企业和农业社会化服务组织等涉农大客户的资金和服务需求，积极开发特色农业贷款产品，做好“福林贷”“惠林卡”等“闽林通”系列普惠绿色金融产品的推广和服务，促进农村产业结构进一步调整优化。

责任单位：福建银保监局，省金融监管局

（四）提升制造业信贷服务水平。引导银行机构持续优化信贷结构，增加制造业中长期贷款投放，对银行机构制造业贷款余额、占比等指标进行量化评价，福建银保监局按季实施考核通报，努力实现制造业贷款同比持续正增长，且贷款增速不低于各项贷款增速。加大设备更新和技改授信投入，为传统制造业企业转型升级提供精准信贷支持；推动技改基金发挥更大作用，支持“百千”企业加快转型升级步伐。鼓励对符合条件的优质制造业企业，在第一还款来源覆盖充分的前提下，提供信用免担保授信。鼓励银行机构根据制造业企业经营情况设置与生产周期相匹配的贷款周期及还款方式。突出全生命周期服务理念，加强对新兴制造业的市场调研和前瞻性研究，创新金融服务，探索将制造业企业客户筛选的主要边界由成熟期前移至成长期。

责任单位：人行福州中心支行、福建银保监局，省金融监管局

（五）加强对服务业企业的支持力度。在信贷规模、办贷时效、优惠政策等方面，优先保障“百千”企业，尤其是物流、文旅、商贸、信息技术、体育等服务业领域的企业。鼓励银行机构为服务业行业设立专项信贷额度；针对服务业企业需求灵活、用款急等特点，创新线上融资产品和服务；开辟绿色审批通道加快审查审批。鼓励银行机构加大对外贸企业贷款支持力度，用好进出口银行福建省分行600亿元外贸专项贷款。

责任单位：福建银保监局，省金融监管局

（六）做好对受困企业的纾困工作。加快100亿元中小微企业纾困专项资金贷款投放进度。督促银行机构对受疫情影响暂时出现经营困难的“百千”企业，不盲目抽贷、断贷、压贷，不随意压缩贷款规模和授信额度，不随意调降贷款分类标准，“一企一策”制定帮扶方案，采取调整还款付息安排、适度降低贷款利率、完善展期续贷衔接等措施综合施策，帮助企业稳定生产经营。引导国有银行对减免租金的不动产出租方视需要给予优惠利率质押贷款等支持。

责任单位：福建银保监局，省金融监管局、财政厅

二、大力发展直接融资

（七）推进企业股权融资。紧抓资本市场注册制改革机遇，持续做好上市后备企业名单筛选建立工作，加强孵化培育。推动各地各有关部门加快出台支持企业上市的优惠政策和措施，提高企业上市积极性。建立健全“一企一策”研究协调机制，帮助“百千”企业解决上市中的问题。指导省内证券公司发挥专业优势，为“百千”企业提供IPO、再融资等金融服务。支持新三板挂牌公司通过定向发行融资，鼓励符合条件的新三板企业进入精选层。对于列入年度省重点上市后备名单的“百千”企业，在当年完成股改的，省级财政奖励30万元用于补助企业改制相关费用。

责任单位：福建证监局，省财政厅、金融监管局

（八）畅通企业发债融资渠道。继续摸排企业发债需求，支持企业通过发行公司债券、企业债券、中期票据、短期融资券等拓宽低成本融资渠道，对募集资金主要用于疫情防控的企业债务融资工具开辟“绿色通道”，适时召开全省企业发债对接推进会，并组织金融机构做好对接服务。引导省内证券法人机构积极参与、规范发展债券与资产证券化业务，创新增信方式和债务融资工具。鼓励金融机构认购省内实体企业发行的债券，支持我省优质企业发债。

责任单位：福建证监局、人行福州中心支行，

省发改委、金融监管局

（九）持续优化基金服务。引导政府资金参与设立的各类产业投资基金依法依规积极开展业务，建立和完善绩效评价制度，加大基金对关键核心技术攻关工作的支持力度。采取省、市、县（市、区）共建形式，在全省若干个地区打造基金集聚区，积极引入优质规范的天使投资、创业投资、股权投资等基金机构。引导政府投资基金、私募股权基金拓宽长期资金来源和退出渠道，大力支持科技型“百千”企业发展，推动科技成果资本化。

责任单位：省财政厅、金融监管局、发改委，福建证监局

（十）支持企业借力资本市场做大做强。鼓励省内上市“百千”企业通过发行可转债、定向增发等方式再融资，促进企业产业升级，实现规模扩张；利用并购基金、并购债、并购贷款、优先股等工具，推进高质量并购重组，引进优质产业，优化资产结构，实现跨越发展。积极发挥各级纾困基金和纾困债作用，协调金融机构给予支持帮助，按照市场化、法治化原则持续帮助上市企业缓解流动性困难。

责任单位：福建证监局、福建银保监局，省金融监管局

三、发挥保险机构和地方金融组织作用

（十一）提升“百千”企业保险保障。引导保险机构在风险可控和商业可持续的前提下，根据“百千”企业生产经营特点和行业特征，积极扩大农业保险覆盖面，开展首台（套）重大技术装备保险、雇主责任险等业务。推动出口信用保险省分公司做到应保尽保，在防范系统性风险的前提下，适度提高风险容忍度，加大全省外贸企业的限额需求支持力度；开辟定损核赔绿色通道，在贸易真实的情况下适当放宽理赔条件，应赔尽赔。

责任单位：福建银保监局

（十二）发挥政府性融资担保机构作用。加大银担合作力度，大力推广“总对总”批量担保业务，推动各级政府性融资担保机构对“总对总”批量担保业务实行“见贷即保”，简化担保审批流程，并取消反担保措施。在可持续经营的前提下，引导政府性融资担保机构逐步将担保费率降低至1%以内。稳步做大政府性融资担保机构支持小微企业和“三农”发展业务规模，对为小型企业提供融资担保服务的，按不超过年度新增业务金额的10‰给予风险补助，对为微型企业和“三农”主体提供融资担保服务的，按不超过年度新增业务金额的16‰给予风险补助。对小微企业和“三农”业务贷款利率和担保费率保持较低水平或降幅较大的银行机构和政府性融资担保机构在考核评价中给予加分，持续放大支小支农效应。

责任单位：省金融监管局、财政厅，福建银保监局

四、提升金融综合服务能力

（十三）加快推进企业链上融资。推动银行机构拓展供应链、产业链融资业务，为产业链核心企业的上下游客户提供应收账款质押、保理、电子票据线上贴现、票据池融资、订单融资、买方信贷等产品。加快推进“金服云”平台优化升级，完善“快服贷”产品，为龙头企业及其产业链配套企业上线“金服云”平台提供更加快捷、高效、便利、优惠的融资服务，助力企业增产增效。鼓励省内供应链核心企业支持我省中小微企业经“中征应收账款融资服务平台”或银行机构自建的供应链融资平台开展应收账款融资，省级财政按我省中小微企业通过应收账款获得年化融资额不超过1%的比例，对供应链核心企业给予奖励，最高不超过200万元。引导保险公司、商业保理公司等金融机构积极参与，扩大链上融资在各行业的覆盖面。

责任单位：人行福州中心支行、福建银保监局，省工信厅、财政厅、国资委、金融监管局

（十四）发挥期货市场服务实体经济功能。开展“期货进企业”活动，督促期货经营机构开展期货市场功能与作用宣传，积极推介期货风险管理业务功能，为企业量身定制套期保值方案。支持期货公司向“百千”企业提供场外期权等衍生品服务，为企业管理物料成本风险、稳定生产提供保障。支持符合条件的企业设立期货交割仓（厂）库。

责任单位：福建证监局，省金融监管局

（十五）加强政银企信息共享。省金融监管局要会同农业农村厅、工信厅、发改委等牵头部门

及时将一二三产业“百千”增产增效行动方案重点支持帮扶企业清单推送给省内各金融机构，加强“百千”企业发展现状、规划、导向等信息的共享，督促金融机构积极主动对接清单内企业，针对企业实际需求，做好金融服务，并督促金融机构做好台账管理。

责任单位：省金融监管局、发改委、工信厅、农业农村厅，人行福州中心支行、福建银保监局、福建证监局

（十六）平衡促发展与防风险的关系。金融机构在积极支持一二三产业“百千”增产增效、提升服务实体经济质效的同时，应根据监管规定、自身风险偏好、风险管理水平和地方经济金融环境等因素，按照市场化、法治化原则，科学设定目标任务，加强风险防范，严守风险底线。

责任单位：人行福州中心支行、福建银保监局、福建证监局，省金融监管局

发文机关：福建省地方金融监督管理局
福建省财政厅
中国人民银行福州中心支行
福建银保监局
福建证监局

文　　号：闽金管〔2020〕40号

标　　题：福建省地方金融监督管理局等5部门关于印发金融支持一二三产业“百千”增产增效行动的若干措施的通知

发文日期：2020年7月20日

各设区市产业经济政策选编

福州市人民政府
关于进一步支持货运航空加快发展的意见

各县（市）区人民政府、高新区管委会，市直各委、办、局（公司），市属各高等院校，自贸区福州片区管委会：

为进一步促进我市货运航空加快发展，经研究，特制定本意见。

一、洲际货运航班

对开通福州直达洲际空白航点的货运定期航班，按照机型及飞行小时给予三年的航班奖励和货量奖励。第一年，大机型往返飞行时间20小时（含）以内的，给予2.3万元/飞行小时航班奖励，超过20小时部分给予1.5万元/飞行小时奖励；第二、三年航班奖励分别按第一年标准的85%、70%执行。同时，按照舱单给予进出港货物货量奖励4元/公斤。

中机型按照大机型航班奖励标准的70%执行。

加密航班、不定期航班及非空白航点航班，按定期航班标准的70%给予航班奖励和货量奖励。

二、亚洲货运航班

对新开通福州直达亚洲的货运定期航班，给予三年的航班奖励和货量奖励。第一年航班奖励6万元/班，第二、三年分别按第一年标准的85%、70%执行。同时，按照舱单给予进出港货物货量奖励2元/公斤。

加密航班、不定期航班按定期航班标准的70%给予航班奖励和货量奖励。

三、国内及港澳台地区货运航班

对新开通福州直达国内及港澳台地区货运定期航班，给予不超过三年的航班奖励。第一年奖励4万元/班，第二、三年分别按第一年标准的85%、70%执行。

四、货运代理

（一）对通过客运航班腹舱载货的航空货运代理企业，按照进出港货物清单给予年货运增量奖励1元/公斤。以2016年以来年度货运量最大值作为基数计算增量。首次进入福州机场从事腹舱载货的航空货运代理企业，从第二年起开始享受年货运增量奖励。

（二）对在福州新成立物流区域分拨配送中心的货运航线运营企业，按企业缴纳税款地方留成部分分3年予以奖励，总额不超过500万元。本条款与我市鼓励加快总部经济发展的有关政策存在不一致的，按照“就高不重复”原则予以奖励。

五、其他事项

（一）大机型是指航班最大业载不低于80吨（含）的机型。中机型是指航班最大业载为40吨（含）至80吨的机型。飞行时间计算以民航局批文或电报为准。

“客改货”航班平均达不到每周一班或未飞满一个航季，以及临时包机航班，视为不定期航班。其中，执飞“客改货”航班机型为双通道的视为大机型，单通道的视为中机型。

（二）申请人需提前与元翔（福州）国际航空港有限公司签署相关协议，向市发改委报备，并签订信用承诺书，方可申请奖励。申请人不得相互串通、恶意套取奖励，一经发现，全额追回已拨付的奖励金，将其失信信息纳入福州市公共信用信息平台，并追究其法律责任。

（三）航线航班奖励申报按榕政综〔2019〕10

号文件规定的办法执行。货量奖励每航季申请一次，货运增量奖励每年度申请一次，由申请人向市发改委申请，申请材料包括但不限于：申请人基本情况、舱单、申请奖励金额、对申报材料内容真实性负责的声明书及市发改委要求提供的其体材料等。申请人为承包运营的，还必须提供奖励金权益唯一归属的协议或承运航空公司出具的具有中国法律效力放弃相关权益的声明函。

（四）现有政策与本意见不一致的，按“就高不重复”原则执行。遇有特殊情况，仍按“一事一议”方式确定。

（五）受疫情影响，2020 年上半年航空代理货运量大幅减少，不能真实反映代理单位实绩，因此，仅对今年下半年货运量同比 2016 年以来下半年货运量最大值的增量进行考核奖励，2021 年的考核基数仍以 2016 年以来的年度最大值为准。

（六）本意见由市发改委和市财政局负责解释，自 2020 年 1 月 1 日起实施，有效期至 2022 年 12 月 31 日。

发文机关：福州市人民政府

文　　号：榕政综〔2020〕124 号

标　　题：福州市人民政府关于进一步支持货运航空加快发展的意见

发文日期：2019 年 7 月 20 日

厦门市人民政府
关于印发促进电子商务高质量发展若干措施的通知

各区人民政府，市直各委、办、局，各开发区管委会，各有关单位：

《厦门市人民政府关于促进电子商务高质量发展的若干措施》已经市政府同意，现印发给你们，请认真组织实施。

厦门市人民政府
2020 年 1 月 23 日

（此件主动公开）

厦门市人民政府关于促进电子商务高质量发展的若干措施

为促进电子商务高质量发展，加快培育经济新动力，按照国家、省、市有关文件精神，以及我市促进新经济高质量发展、推进“两高两化”城市建设工作部署，制定如下措施。

一、促进电子商务提质增量

（一）*支持电子商务平台做大做强*。支持本市电子商务交易平台规模化发展，做大做强一批地方特色突出的专业性、垂直性电商平台。

对上年度纳统营业收入首次超过 5000 万元、1 亿元、2 亿元的企业，分别给予 50 万元、100 万元、150 万元的奖励；第二次及以上超过，且本年度纳统营业收入与上一年度相比增幅达到 15% 以上，按比上一年度增量的 1% 给予奖励，但最高不超过 100 万。

牵头单位：市商务局

配合单位：市发改委、市工信局、市财政局、厦门市税务局，各区人民政府

（二）*支持电子商务平台创新发展*。鼓励企业在电子商务产业链中应用大数据、物联网、人工智能、区块链等新技术，提高企业运营效率和营销水平，提升电子商务服务质量和服务体验。

相关奖励政策按照市科技研发经费补助政策执行。

牵头单位：市科技局

配合单位：市财政局、厦门市税务局、市商务局、市工信局

（三）*加大对电子商务平台投资力度*。充分发挥市产业引导基金杠杆效应，支持发起设立电子商务等新经济投资子基金，并优先投向电子商务项目。鼓励社会资本投资优秀电子商务项目，引导各类天使基金、风险投资基金、并购基金等投向本市电子商务企业。

牵头单位：市财政局

配合单位：市金融监管局、市发改委、市商务局

（四）*加大力度引进电子商务龙头企业*。加大招商引资和政策宣传力度，积极对接国内外大型电商企业落户厦门并享受相应总部经济扶持政策。对于重点引进的特别重大项目，可结合实际情况研究专门的支持措施。

牵头单位：市发改委

配合单位：市工信局、市商务局

（五）*支持电子商务园区发展*。鼓励各区结合产业特色和电了商务发展实际，优化电子商务专业园区招商政策，发挥自身优势，通过进行“三旧”改造以及加大电商园区和楼宇的建设，重点打造一批产业链完整、专业性强、配套齐全、集聚效应明显的电商园区（基地、楼宇）。

对运营时间 1 年以上、办公使用面积超过 1 万平方米，入驻有纳税的电子商务企业数量达 20 家

以上，且同期入驻企业中电子商务企业占比75%以上的电子商务园区（基地、楼宇）的主办方予以奖励，按入驻电子商务企业实际租售面积以每平方米100元的标准核定，每个园区累计奖励不超过200万元。

奖励资金应当用于提升载体与电子商务相关的人才、物流、仓储等公共配套服务建设。

牵头单位：市商务局

配合单位：市发改委、市财政局、市规划局，各区人民政府、自贸委、火炬管委会

（六）*推进电子商务标杆示范建设*。积极引导电子商务基地（园区）和电子商务企业开展示范建设活动，加强成果示范推介活动，促进行业、企业间交流学习。引导媒体加强我市电子商务名企、名网、名人宣传，形成合力推动电子商务发展的浓厚氛围。

对获批成为国家级电子商务示范基地的，一次性奖励200万元；对获批成为国家级电子商务示范企业的，一次性奖励100万元。

牵头单位：市商务局

配合单位：市发改委、市财政局、市市场监管局，各区人民政府

（七）*积极发展数字商务*。积极发展数字商务，鼓励和引导企业积极应用先进信息技术创新发展，加快企业数据赋能，引领市场主体向数字化、网络化、智能化发展。促进线上线下深度结合的“新零售”；推动发展无人商店、近场支付等新服务。

对获批成为国家级数字商务示范企业的，一次性奖励50万元。

牵头单位：市商务局

配合单位：市科技局、市工信局、市交通局，各区人民政府，人行厦门市中心支行

二、深入拓展电子商务应用

（八）*做大做强一批电子商务应用企业*。发挥大企业的行业引领作用，支持品牌效应明显、产品标准化程度高的大型企业开展网络销售业务。鼓励传统企业应用电子商务往商贸流通方面转型。

按照统计制度要求，对规模以上纳统的商贸企业的网络销售额达500万元—1亿元以下，且同比增长15%以上的，按照申报年度电子商务销售额比上年新增部分的1%给予奖励，最高不超过100万元；对网络销售额达1亿元以上，且同比正增长的，按照申报年度电子商务销售额比上年新增部分的0.5%给予奖励，最高不超过200万元。

牵头单位：市商务局

配合单位：市发改委、市工信局、市财政局、市统计局、厦门市税务局，各区人民政府

（九）*加快培育电子商务发展新增长点*。积极发展电子商务新业态，加快培育新的电子商务增长点。鼓励社交、直播、内容电商等电子商务新业态的发展，形成电子商务新的生态模式。鼓励建立区域性电商直播基地，支持利用国内外知名网络平台为厦门优势产业建立电商直播基地。

对运营时间1年以上，获得主流平台授牌的直播基地牌照，直播基地占地面积超过5000平方米，直播间数量超过50间，机构注册活跃主播人数超过30人，签约本地品牌数量超过5个，给予一次性200万元奖励，分2年支付。（该项政策不与本措施第五项园区奖励政策重复享受）。

牵头单位：市商务局

配合单位：各区人民政府

（十）*支持跨境电子商务加快发展*。加快推进跨境电子商务综合试验区建设，完善跨境电子商务产业链，提高贸易各环节便利化水平，促进跨境电子商务产业向规模化、标准化、集群化、规范化方向发展。推动跨境电子商务等外贸新业态新模式创新发展，支持跨境电子商务企业围绕技术、物流、服务创新商业模式，鼓励建设应用海外仓。具体扶持政策另行制定。

牵头单位：市商务局

配合单位：市发改委、市财政局、厦门海关、市邮政管理局、人行厦门市中心支行、外汇局厦门市分局

（十一）*鼓励企业拓展市场*。支持企业利用展会拓展市场，鼓励电子商务应用企业参加国内外知名电子商务专业展会，并按照开拓国内、国际市场的相关政策给予补助。鼓励在厦门举办电商展等电商专业展会，并按照促进会展业发展相关政策执行。

牵头单位：市商务局

配合单位：市财政局、市工信局、市文旅局、

市贸促会、市会展促进中心

三、完善电子商务服务体系

（十二）支持电子商务与快递物流协同发展。鼓励快递物流企业提升信息化、网络化、智能化水平，为电子商务提供专业化配送服务。强化绿色发展理念，鼓励企业开展绿色消费活动，引导消费者使用绿色包装或减量包装。支持包装回收和循环利用。将快递业纳入电商园区发展业态，鼓励和引导电子商务平台与快递物流企业之间开展数据交换共享。具体扶持政策由市邮政管理局另行制定。

牵头单位：市邮政管理局

配合单位：市物流办、市交通局、市财政局、市商务局、市国土局、市规划局

（十三）推动电子商务人才体系建设。鼓励高校优化电子商务教学科目，培养适应电子商务发展需要的各类专业技术人才和复合型人才。鼓励有条件的院校、研究机构合作创办电子商务特色学院。

牵头单位：市教育局

配合单位：市商务局

将高层次电子商务人才（团队）纳入市人才工作重点，鼓励电子商务人才（团队）参评“海纳百川”人才计划。对列入“海纳百川”人才计划的电子商务人才，可按规定享受相应优惠政策，对新引进国内外知名的电子商务总部企业的高层次人才，可按规定享受本市总部经济人才相关政策。

牵头单位：市人社局

配合单位：市委组织部、市发改委、市财政局

（十四）支持举办电子商务活动。支持高校、行业协会等组织电子商务博览会或峰会论坛、开展电子商务培训等活动。

对经市商务局同意举办，参加人数在200人以上并经参加人员测评满意度达80%以上，取得较好效果的活动，按项目实际支出的场地及设备租赁费、专家劳务费（含交通费和住宿费）等费用的50%予以补助，单场活动上限15万元，单个承办机构每年获得补助的场次最多不超过3场。

对经市政府批准的重要电子商务活动，可结合实际情况研究专门的经费支持措施。

牵头单位：市商务局

配合单位：市发改委、市工信局、市财政局、市教育局、市人社局、市会展促进中心（投促中心），各区人民政府

四、优化电子商务保障措施

（十五）强化组织领导。进一步完善电子商务跨部门协调工作机制，建立联席会议制度，由分管市领导牵头，组织市商务、工信、发改、科技、财政、资源规划、交通、农业农村、市场监管、统计、地方金融监管等部门和各区政府统筹协调全市电子商务发展工作。市各有关部门结合自身职能，分工合作，形成推动电子商务发展合力。加强电子商务相关行业协会建设，充分发挥社会组织在行业自律、统计、监测、技术推广、交流合作等方面的作用。各有关单位于每年12月10日前将推动电子商务发展有关工作材料报市商务局，涉及工业电子商务的同时报市工信局。

牵头单位：市商务局

配合单位：市发改委、市委网信办、市教育局、市工信局、市科技局、市公安局、市财政局、市人社局、市交通局、市农业农村局、市卫健委、人行厦门市中心支行、厦门海关、厦门市税务局、市市场监管局、市文旅局、市统计局、厦门市邮政管理局，各区人民政府、自贸委、火炬管委会

（十六）强化政策引导。市财政局每年安排电子商务发展专项资金用于促进电子商务发展。在商务、工信、文旅、农业、交通、教育、卫健等部门预算中，充分运用现有相关产业扶持政策资金渠道，安排足额财政资金，支持电子商务高质量发展。市直各单位要根据自身职能，制定具体的促进政策措施，并加强部门协同，形成工作合力。各区、各开发区管委会要落实属地主体责任，结合当地实际，研究制定具体政策措施，并做到与现有扶持政策的有机衔接。

牵头单位：市商务局、市工信局

配合单位：市发改委、市财政局，各区人民政府、自贸委、火炬管委会

（十七）健全统计体系。推动建立电子商务统计制度和统计指标体系，建立电子商务统计网上直报平台，建立企业直报和第三方数据相结合的统计体系。完善跨境电子商务统计制度，加强跨

境电子商务大数据分析和预警。鼓励行业协会、研究机构、大专院校、电子商务企业构建电子商务数据库，为企业运营、政府宏观调控提供可控性数据。

牵头单位：市商务局

配合单位：市统计局、市发改委、市工信局、市科技局、市市场监管局、厦门海关

（十八）完善监管体系。按照包容审慎监管原则，建立完善适应电子商务市场规律的治理机制与监管体系。整合电子商务平台、网站、相关业务主管和监管部门及企事业单位获取和掌握的电子商务市场主体基础信息资源，建设电子商务市场主体信息库，并与市公共信用信息共享平台对接共享、动态更新。推动电子商务企业信用信息公示，建立健全电子商务领域失信行为联合惩戒机制。

牵头单位：市市场监管局

配合单位：市发改委、市公安局、市委网信办、市商务局

本措施由市商务局会同相关部门负责解释。本措施涉及的扶持政策，与厦门市出台的其他优惠政策类同的，企业可按就高原则申请享受，但不重复享受。

本措施自发布之日起施行，有效期3年。《厦门市人民政府关于印发促进电子商务发展的若干措施的通知》（厦府〔2015〕67号）文件，同时废止。

发文机关：厦门市人民政府

文　　号：厦府规〔2020〕2号

标　　题：厦门市人民政府关于印发促进电子商务高质量发展若干措施的通知

发文日期：2020年1月23日

漳州市人民政府办公室
关于实施工业企业技改投资正向激励措施的通知

各县（市、区）人民政府，漳州、常山、古雷开发区管委会，漳州台商投资区、漳州高新区管委会，市直有关单位：

为扎实做好“六稳”工作落实“六保”任务，实施我市技术改造专项行动，充分调动各投资主体推进技改项目投资的积极性，经研究，市政府决定对2020年全市技改投资目标完成情况实施正向激励。现就有关事项通知如下：

一、考评对象及条件

（一）考评对象：第一系列：11个县（市、区）；第二系列：5个开发区（投资区、高新区）。

（二）条件要求：考评对象在考评时段的技改投资增速必须达到全省平均水平以上。

二、考评内容和考评时间

（一）考评内容及计分办法：

（1）技改投资增速，权重占50%，排位第一名得50分，11个县（市、区）按排名先后依次递减5分计分；5个开发区（投资区、高新区）按排名先后依次递减10分计分。

（2）技改投资总量贡献率，权重占50%；排位第一名得50分，11个县（市、区）按排名先后依次递减5分计分；5个开发区（投资区、高新区）按排名先后依次递减10分计分。

（二）分阶段考评：按前三季度、全年二个阶段分别进行考评和奖励。

三、奖励标准

综合得分位居全市县（市、区）第一、二名的，分别给予300万元、200万元的奖励；位居全市开发区（投资区、高新区）第一名的，给予200万元的奖励（若总得分相同时按技改投资增速高低排序）。

四、其他事项

（一）奖励资金主要统筹用于辖区内工业企业技改投资项目的奖励。各县（市、区）、开发区（投资区、高新区）可结合实际制定《实施细则》，并参照制定配套政策措施。

（二）技改投资以市统计局提供数据为准，由市工信局综合评定。

（三）奖励资金由市财政全额承担。

漳州市人民政府办公室
2020年6月19日

（此件主动公开）

发文机关：漳州市人民政府办公室
文　　号：漳政办〔2020〕43号
标　　题：漳州市人民政府办公室关于实施工业企业技改投资正向激励措施的通知
发文日期：2020年6月19日

泉州市人民政府关于印发泉州市促进科技成果转移转化若干意见的通知

各县（市、区）人民政府，泉州开发区、泉州台商投资区管委会，市人民政府各部门、各直属机构，各大企业，各高等院校：

经市政府第76次常务会研究同意，现将《泉州市促进科技成果转移转化若干意见》印发给你们，请结合实际，认真抓好贯彻落实。

泉州市人民政府
2020年1月7日

泉州市促进科技成果转移转化若干意见

为进一步实施创新驱动发展战略，推动国家自主创新示范区和创新型城市建设，优化我市科技成果转化环境，激发创新活力和创造潜能，鼓励高校、科研机构及科技人员在泉转移转化科技成果，构建具有泉州特色的，以企业为主体、市场为导向、产学研深度融合的技术转移和科技成果转化体系，制定如下意见：

一、促进科技成果转化

（一）在泉高校、科研机构等事业单位对其持有的科技成果可以自主决定转让、许可或者作价投资等方式实施转化。除涉及国家秘密、国家安全外，不需另行审批或者备案。

在泉高校、科研机构等事业单位将其持有的科技成果转让、许可或者作价投资给国有全资企业的，可以不进行资产评估；给非国有全资企业的，由单位自主决定是否进行资产评估。

支持在泉高校、科研机构等事业单位试点开展科技成果权属改革，以市场委托方式取得的横向项目，单位可与科技人员约定其成果权属归科技人员所有或部分拥有；对利用财政资金形成的新增职务科技成果，单位可与科技人员共同申请知识产权，赋予科技人员成果所有权。

责任单位：市科技局、教育局、财政局、人社局、国资委，市属科研机构主管部门

（二）科技成果转让、许可和作价投资遵从市场定价原则，可通过协议定价、第三方评估定价、技术交易市场挂牌交易、拍卖等市场化方式确定价格。协议定价或第三方评估定价的，科技成果持有单位应当在本单位公示科技成果名称和拟交易价格，公示时间不少于15日。

责任单位：市科技局、教育局、人社局，市属科研机构主管部门

（三）在泉高校、科研机构等事业单位转移转化科技成果所获得的收入全部留归单位，纳入单位预算，不上缴财政，扣除对完成和转化职务科技成果作出重要贡献人员的奖励和报酬后，应当主要用于科学技术研发与成果转化等相关工作，并对技术转移机构的运行和发展给予保障。

在泉高校、科研机构等事业单位开展技术开发、技术咨询、技术服务、技术培训等活动取得的净收入视同科技成果转化收入，可留归本单位自主使用，并按照促进科技成果转化政策规定实施奖励。

责任单位：市科技局、教育局、人社局、财政局、市场监管局，市属科研机构主管部门

二、激励创新创业

（四）在泉高校、科研机构等事业单位在制定转化科技成果收益分配制度时，应当充分听取本单位科技人员的意见，并在本单位公开。科技成

果转移转化后，应当对完成该项科技成果和为成果转化作出贡献的人员给予奖励，按照以下规定执行：

1. 以技术转让或许可方式转化职务科技成果的，应当从技术转让或许可所取得的净收入中，提取不低于70%的比例用于奖励。

2. 以科技成果作价投资实施转化的，应当从作价投资取得的股份或出资比例中，提取不低于70%的比例用于奖励。

3. 科技成果1年以上未启动转化的，成果完成人和参加人在不变更职务科技成果权属的前提下，可以根据与成果所有单位的协议进行该项科技成果的转化，并享有协议规定的权益，转化收益的70%—90%归其所有。

4. 以股份或出资比例等股权给予科技人员的奖励，暂不缴纳个人所得税，获奖人在授（获）奖的次月15日内向主管税务机关办理备案；获奖科技人员按股权、出资比例取得分红或转让股份、出资比例取得所得时，应依法缴纳个人所得税。

责任单位：市教育局、科技局、人社局，市税务局，市属科研机构主管部门

（五）在泉高校、科研机构等事业单位从科技成果转化活动和专利奖励、政府及社会组织科技进步奖励等所获得的经费中，给予科技人员的报酬、奖励等支出，专项据实核增计入当年单位绩效工资总量，不纳入单位绩效工资总量基数。

责任单位：市教育局、科技局、市场监管局、人社局，市属科研机构主管部门

（六）鼓励在泉高校、科研机构等事业单位科技人员在履行岗位职责、完成本职工作的前提下，经征得单位同意，按相关规定办理手续，可兼职到企业从事科技成果转化活动。或者离岗创业的，可在3年内保留人事关系，保留原聘专业技术职务，工龄连续计算，并与原单位其他在岗人员同等享有参加职称评定、岗位等级晋升和社会保险等方面的待遇。3年内要求返回原单位的，按原职级待遇安排工作。

责任单位：市教育局、人社局、科技局，市属科研机构主管部门

三、促进技术市场发展

（七）按照“一个线上网络平台、一处线下服务大厅和一套市场运营体系”的工作框架，建设泉州市科技大市场，构建互联互通的技术交易网络。对科技大市场技术交易服务平台的运营机构，每年按照其促成技术交易额增量部分的1%予以奖励，每年奖励金额最高不超过50万元。

责任单位：市科技局、市场监管局，各县（市、区）人民政府，泉州开发区、泉州台商投资区管委会

（八）对企业开展技术交易所签订的四技合同（包含技术开发、技术转让、技术咨询、技术服务），经技术合同登记机构认定登记备案分别给予奖励。在泉州就地输出技术或吸纳各方技术年实际技术交易金额在1500万元以下部分（包含1500万），分别按1%和0.5%给予奖励，超过1500万元以上部分（不包含1500万），分别按0.5%和0.25%给予奖励，单个项目最高不超过50万元，每家企业每年奖励金额最高不超过100万元，奖补资金由市和受益县（市、区）、泉州开发区、泉州台商投资区两级财政各按50%的比例承担。

责任单位：市科技局，各县（市、区）人民政府，泉州开发区、泉州台商投资区管委会

（九）对技术合同认定登记机构每年完成技术合同认定登记额达到1亿元，给予5万元基础奖励，超过部分按0.6‰给予奖励，单个机构每年奖励金额最高不超过100万元。

责任单位：市科技局

四、拓展科技成果转移空间

（十）依托企业、高校、科研机构建设一批聚焦细分领域的科技成果中试、熟化基地，布局建设一批科技成果产业化基地或产学研合作示范基地，对评为省级基地的给予10万元奖励，对引进的重大基地按“一事一议”给予支持。

支持企业与高校、科研机构等事业单位共建各级企业技术中心、工程研究中心、工程技术研究中心、重点实验室以及新型研发机构等。经认定为国家级、省级和市级企业技术中心的，分别给予150万元、80万元、30万元奖励；经认定为国家级、省级工程研究中心的，分别给予150万元、80万元奖励；经认定为国家级、省级重点实验室的，分别给予100万元、50万元奖励；引进国家、省级重点实验室按“一事一议”给予支持；

经认定为省级、市级新型研发机构的，最高给予80万元、30万元的奖励。

责任单位：市工信局、发改委、科技局、教育局，各县（市、区）人民政府，泉州开发区、泉州台商投资区管委会

（十一）推进“一带一路”“港澳台”和“闽西南协同发展区”的科技交流与合作，支持科技型中小微企业技术创新，鼓励企业、创新联盟与高校、科研机构进行产教研融合，面向泉州产业转型升级、社会发展的科技需求，组织实施一批产学研和对外科技合作项目。举办各类学术会议、成果对接会等。支持企业参与国内、国际各类科技博览会、科技成果推介会等，对于参展省外展会的单位给予一次性补助1万元，单家企业每年补贴最高不超过2万元。鼓励企业、科研机构在境外设立离岸研发中心、技术转移中心和企业孵化器等。

责任单位：市科技局

五、激励科技成果产业化

（十二）鼓励设立各类科技成果转化基金。整合科技创新专项资金，与相关企业、金融投资机构合作，采用政府引导+市场化方式专项支持科技成果转移转化，实现产业化。

责任单位：市科技局、金融监管局，各县（市、区）人民政府，泉州开发区、泉州台商投资区管委会

（十三）在泉高校、科研机构等事业单位的科技成果在我市就地转化的，经技术合同认定登记机构认定登记，年实际技术交易金额在1500万元以下部分（不包含1500万）按1%给予奖励，超过1500万元（包含1500万）以上部分按0.5%给予奖励，单个项目最高不超过50万元，每家每年奖励金额最高不超过100万元。

责任单位：市科技局

（十四）企业向非关联单位购买国内（含港、澳、台）一类知识产权（专利、集成电路布图设计专有权、国家新药、国家一级中药保护品种、植物新品种、国家级农作物品种等）和境外发明专利技术在泉实施转化并取得一定经济效益的，经技术合同认定登记机构进行交易见证或复核备案，50万元以上的科技成果购买项目，按其实际支付技术交易额给予6%奖励，单个项目最高不超过100万元，每家企业每年奖励金额最高不超过300万元；奖补资金由市和受益县（市、区）、泉州开发区、泉州台商投资区两级财政各按50%的比例承担。同时优先推荐申请省级购买科技成果后补助。

责任单位：市场监管局、科技局，各县（市、区）人民政府，泉州开发区、泉州台商投资区管委会

（十五）每两年组织评选一次泉州市专利奖，对获得重大发明专利奖和一、二、三等奖的项目，分别给予100万元、20万元、10万元、5万元的奖励。对我市企事业单位或个人作为前三完成单位或完成人获得国家科技奖任一奖项和作为第一完成单位或完成人获得福建省科技奖任一奖项，按照1∶1的比例给予配套奖励。对于泉州市外获得国家科技奖的成果在泉落地转化产业化的项目，由受益县（市、区）、泉州开发区、泉州台商投资区财政给予最高不超过100万元的资金支持，对重大项目按“一事一议”给予支持。对泉州市外获得中国专利奖或福建省专利奖，在泉落地转化的，其专利产业化配套资金奖励按照《泉州市专利奖评奖规定》（泉政文〔2019〕51号）执行。

责任单位：市场监管局、科技局，各县（市、区）人民政府，泉州开发区、泉州台商投资区管委会

六、促进科技服务业市场发展

（十六）鼓励在泉高校、科研机构等事业单位和企业的科技人员从事技术转移工作。推动有条件的高校根据科技成果转移转化的需求科学设置培训课程，储备和培育专业化技术经纪人队伍，在不增加编制的前提下建设专业化技术转移服务机构。科技成果转化后，可在科技成果转化净收入中提取不低于10%的比例，用于机构能力建设和人员奖励。鼓励国内外知名技术转移服务机构、知识产权运营机构、高校、科研机构、产业联盟、协会、企事业单位独立或联合在泉设立“产学研协同创新中心”或“技术转移服务机构”等。建立有利于促进科技成果转化的专业技术职称评审体系，并将科技成果转化创造的经济效益和社会效益作为科技成果转化人才职称评审的主要评价因素。

责任单位：市教育局、科技局、人社局、工信局、市场监管局，市科协

1. 对引进的重大科技服务机构按“一事一议”给予支持；现有技术转移服务机构获得国家级、省级技术转移示范机构称号的，分别给予一次性50万元、10万元奖励；同时优先推荐申报各级各类补助。

责任单位：市科技局、教育局

2. 依法设立的技术转移服务机构，按其年度促成科技成果在我市转化的技术合同的技术交易额的2%给予奖励，单个项目奖励最高10万元，每家机构每年奖励最高为50万元。

责任单位：市科技局

（十七）对选派的科技特派员、科技特派员团队根据工作业绩，分别给予1万元、5万元的工作经费补助；对科技特派员与基地（企业）开展的技术合作及成果转化项目，根据合作成效给予10万元项目后补助。

责任单位：市科技局

（十八）扶持专业机构开展有偿科技成果评价服务。对在我市开展工作好的专业评价机构给予连续3年、每年20万元的扶持经费。同时鼓励和引导我市科技服务机构开展科技成果评价工作。

责任单位：市科技局

七、优化科技成果转移转化环境

（十九）在泉高校、科研机构等事业单位的主管部门要承担科技成果转化有关国有资产管理的主体责任，财政部门要加强监管。完善评价监督机制，在对在泉高校、科研机构等事业单位进行绩效考评时应将科技成果转化情况作为重要评价指标之一。在科技成果转移转化活动中有弄虚作假等失信行为的，相应单位和人员信息将计入本市公共信用信息平台。

责任单位：市科技局、教育局、财政局、发改委，市属科研机构主管部门

（二十）在泉高校、科研机构等事业单位、国有企业以科技成果对外投资实施转化的，经审计确认发生投资亏损的，由其上级主管部门审定已经履行了勤勉尽责义务且未牟取私利的，不纳入在泉高校、科研机构等事业单位、国有企业对外投资保值增值考核范围。

责任单位：市教育局、科技局、国资委，市属科研机构主管部门

本意见有效期3年，自印发之日起施行。

发文机关：泉州市人民政府
文　　号：泉政文〔2020〕2号
标　　题：泉州市人民政府关于印发泉州市促进科技成果转移转化若干意见的通知
发文日期：2019年1月7日

三明市人民政府关于印发
三明市支持氟新材料产业加快发展政策措施的通知

各县（市、区）人民政府，市直各单位：

《三明市支持氟新材料产业加快发展政策措施》已经市委九届九次全会审议通过，现印发给你们，请认真组织实施。

三明市人民政府

2019年6月20日

（此件主动公开）

三明市支持氟新材料产业加快发展政策措施

氟新材料已成为发展新材料、新能源、电子信息、新医药等战略新兴产业和提升传统产业所需的配套原材料，对促进制造业结构调整和产品升级具有十分重要的意义。为促进我市氟新材料产业加快发展，提出以下意见：

一、发展目标

充分发挥萤石资源优势，通过加快高端无机氟化物、新型含氟制冷剂、含氟聚合物材料、含氟精细化学品产业发展，填平补齐氟新材料产业链，推动产业聚集发展。2019年、2020年，分别计划实现产值50亿元、80亿元，年税收增长10%以上。单个企业完成上缴地方实得税收比上年度增长10%以上，兑现相关扶持政策。

二、政策措施

（一）管控资源保障生产。（1）萤石采矿和精粉加工企业不得超过批准的年生产规模进行生产，推进矿产资源向我市优势企业集聚，推动产业结构转型升级；对销售到区域外的萤石采矿和精粉加工企业，不再享受我市各项奖励和优惠政策。（2）对已探明储量但尚未办理采矿权的萤石探矿权，支持市县两级成立的国有矿业公司按市场化运作进行收储。（3）对现有采矿权证，除已配置给下游加工企业的外，若采矿权到期的，支持市县国有矿业公司与采矿权人协调，按市场化运作进行收储。（4）支持国有矿业公司拓展区外萤石矿资源，保障我市深加工企业原料需求。

（二）支持新上产业链项目。对符合产业政策的重点氟新材料产业链项目给予专项资金支持。（1）新建项目：新引进投资1亿元以上项目，企业注册地在我市，由项目所在地政府制定“一企一策”予以扶持。（2）技改及扩建项目：对技改完工投产的氟新材料企业，按《三明市人民政府办公室关于印发三明市工业企业技术改造奖励实施办法的通知》（明政办〔2017〕65号）文件规定，对其上缴税收地方实得财力增量部分的40%实行奖励，奖励资金专项用于企业加大技改投入。对列入省级技改项目库中的氟新材料企业，优先申报省级技改基金和专项技改奖励资金。近期，重点推进的建设项目见附表（可根据实际情况动态调整）。

（三）加大园区配套设施建设力度。按照全市氟新材料产业“一区四园”的总体布局，即三明市氟新材料产业聚集区，建设三元黄砂新材料循环经济产业园、吉口循环经济产业园、明溪氟新材料产业园、清流氟新材料产业园等4个专业园区，三元区、明溪县、清流县要按照化工园区建设标准，进一步完善规划，对现有园区用地做出区块规划扩大园区容量，保障园区用地需求。同时，加快推进园区“七通一平”等基础设施建设，特别是加大对污水厂、集中供热、供电设施、环保及安全设施的投入。四个氟新材料园区企业产生的税收增量地方财力实得部分，扣除奖励给企业之外部分，50%返还给园区，用于公用设施项目建设。

（四）推动建立企业联合体。改革氟化工协会运作模式，以政府购买第三方服务的形式，促进项目策划、招商引资、人才培训、行业诊断等方面工作的开展。发挥龙头企业引领作用，在产业链上下游产品互采互购、科技研发平台共享、安全应急救援队伍共建等方面，采取政府补助、受益企业有偿接受服务相结合的形式，为园区企业提供公共服务。

（五）拓宽项目融资渠道。鼓励氟新材料优势龙头企业通过兼并、重组，做大规模，优先纳入省、市重点上市后备企业，推动其到境内外资本市场挂牌、上市。将鼓励类氟新材料产业项目列入金融机构重点支持范围，鼓励开展股权、自主知识产权质押等信贷业务。支持企业通过股权、债券等融资方式，拓宽融资渠道。充分发挥已设立的明氟新材料产业投资基金的作用，扩大基金的规模，推动基金公司采取带项目、带研发团队的方式与我市进行合作，撬动更多的社会投资，形成多元化的投融资渠道。

（六）支持产业研发创新。（1）鼓励龙头企业设立新型氟新材料产业研发基地，对氟新材料行业新认定的省级、国家级重点实验室，分别给予一次性奖励100万元、200万元。（2）积极鼓励和引导氟新材料企业整合技术资源建立研发中心，对获得市级、省级、国家级的企业技术中心、工程研究中心、工程技术研究中心的氟新材料企业，分别给予一次性奖励10万元、30万元、100万元。（3）支持氟新材料企业享受研发费用税前加计扣除政策，对企业符合条件的研发费用未形成无形资产计入当期损益的，在按照规定据实扣除的基础上，按照研发费用的75%加计扣除；形成无形资产的，按照无形资产成本的175%摊销。对符合条件并经认定为高新技术企业的氟新材料企业，在其高新技术企业证书有效期内按照15%的税率征收企业所得税。（4）支持氟化工企业享受研发经费分段补助政策，统一按省市文件执行。

（七）推进产业人才聚集。（1）定期制定和发布我市年度紧缺急需的氟新材料产业人才引进目录，对引进到企业工作的具有高级职称或博士学位、硕士学位、学士学位的紧缺急需产业人才，分别给予每人每月3000元、1500元和500元的补助；对新引进和新评定的高级技师、省级以上技术能手的产业人才，给予每人每月500元补助。（2）支持在明高校、职业中专围绕氟新材料产业发展的人才需求，调整、优化学科专业设置，所培养的大中专及以上毕业生、技校生到三明氟新材料工业企业工作，签订三年以上聘用（劳动）合同的，分别按照大专及以上学历每人800元、中专（中技）学历每人500元标准，给予培养院校一次性经费补助，促进人才培育与产业发展融合。（3）对我市氟新材料行业年度纳税地方实得3亿元及以上的企业，在职高层经营管理团队和拥有正高级职称的技术人才在岗在职均享受特殊待遇：一是就医可享受二级保健医疗待遇，所需费用由税收受益地财政承担。二是工薪收入个人所得税地方实得部分全部以“高级人才奖励金”的方式给予奖励，用于住房和生活补助。三是子女就学义务教育阶段由当地教育行政管理部门就近安排到城区公办学校就读，并负责为其办理入学手续；升入高中学习，在同等条件下优先录取；普通高中阶段转学，同类别学校可以互转。

三、其他事项

（一）组建由市政府分管领导牵头的工作专班，精准服务全市氟新材料产业发展，及时帮助企业协调解决发展中遇到的困难问题，高效推进产业链项目建设，推动氟新材料产业加快发展。

（二）上述政策如与省、市出台的相关政策措施有不一致或重复的，按“就高不重复”的原则执行。

（三）上述政策需地方财政承担的资金，按照现行财政体制，遵循“谁受益谁承担”的原则，由受益地财政予以兑付。单家企业年度享受的补助资金不超过企业税收对地方财力贡献的增量。

（四）本政策措施由市工信局与市财政局负责解释。

（五）本措施实施期暂定为2019—2020年。

附件：三明市氟新材料产业重点建设项目一览表（略）

发文机关：三明市人民政府
文　　号：明政〔2019〕6号
标　　题：三明市人民政府关于印发三明市支持氟新材料产业加快发展政策措施的通知
发文日期：2019年6月20日

莆田市人民政府关于推进城镇低效产业用地再开发促进高质量发展的指导意见（试行）

各县（区）人民政府（管委会），市直有关单位：

为促进土地资源的节约集约利用，推动城镇低效产业用地再开发，提高土地资源利用水平，促进经济结构调整和发展方式转变，实现高质量发展落实赶超，根据《国土资源部关于印发〈关于深入推进城镇低效用地再开发的指导意见（试行）〉的通知》（国土资发〔2016〕147号）、《福建省人民政府办公厅关于加快推进工业企业“退城入园”转型升级的指导意见》（闽政办〔2019〕52号）等有关文件精神，结合我市实际，提出以下指导意见：

一、加强统筹引导

（一）明确再开发的原则。低效产业用地再开发应遵循“政府引导、规划先行，市定政策、区负主责，企业协商、依法依规，利益共享、多方共赢”的原则。强化市级统筹力度和发挥土地储备在盘活低效产业用地的主渠道作用，积极稳妥推进低效产业用地的再开发利用。

（二）明确再开发的范围。城镇低效用地，是指经2009年第二次全国土地调查已确定为建设用地中的布局散乱、设施落后、利用粗放、用途不合理且权属清晰、无法律纠纷的城镇存量建设用地。重点是荔城经济开发区、华林经济开发区、涵江高新技术园区、湄洲湾国投经济开发区、湄洲湾北岸经济开发区及工业集中区（以下简称“园区”）范围内的存量产业建设用地（含工业、仓储、物流、科研等用途），但现状为闲置土地的不得列入改造开发范围。以下土地可列入城镇低效产业用地再开发范围：

1. 国家产业政策规定的禁止类、淘汰类产业用地；

2. 不符合安全生产和环保要求的产业用地；

3. 建筑物和构筑物存在严重安全隐患的产业用地；

4. “退二进三”的产业用地；

5. 现状土地利用效率低的用地，包括建筑容积率、建筑系数低于合同要求或产业标准，投入产出率低等；

6. 其他经市政府同意列入的改造项目。

二、实行再开发用途分类管理

（一）对于改变土地用途的管理。允许园区内一小部分符合规划要求的配套服务设施按“三旧”改造方式进行“工改商”。即在符合园区整合提升实施规划和控制性详细规划（以下简称“控规”）的前提下，将以出让方式取得的工业仓储用地和现状建筑改变作为商业、办公、酒店等园区配套生产生活设施用地（经营性商品住宅除外），按规定评估并依法缴纳土地出让金后，依法给予变更土地用途，自持经营或合作经营，不予分割产权。实行“工改商”的，应当结合发展规划，所在园区统筹补足工业发展用地。

（二）对于暂不改变土地用途的管理。土地使用权人根据《国土资源部关于印发〈关于深入推进城镇低效用地再开发的指导意见（试行）〉的通知》（国土资发〔2016〕147号），对工业用地原址转型升级改造，利用原有工业仓储用地和现状建筑兴办信息服务、研发设计、创意文化等新兴产业，我省鼓励发展的生产性或高科技服务业，及园区配套的教育、医疗等公共服务设施，实施“腾笼换鸟”，实行“工改工”的过渡模式，改功能、不改用途。所在园区管委会要对项目的准入进行审核把关、在项目建设及经营过程要进行全程监管。该类项目经区政府（管委会）批准，可继续按原用途使用，过渡期为5年。过渡期满后，自然资源部门明确项目的规划用途，报有权政府依法批准后，土地使用权人应当按新的规划用途完善用地手续，补交土地出让金，办理不动产登记手续。

三、城镇低效产业用地再开发方式

（一）明确再开发方式。按照土地处置方式划分，再开发方式分为政府收储、自主开发和合作开发三种方式。原地块因规划被分割为多个地块的，原土地使用权人可组合利用上述方式综合开发。鼓励国有企业以联营、入股、并购等方式参与低效产业用地再开发。

（二）政府收储。规划为商品住宅、商住混合用地及其配套城市基础设施、公共服务设施的城镇低效用地，其土地应当由政府依法收储，涉及商品住宅应以招拍挂方式供地后进行改造。其中，对城区内园区外，且供地10年以上或未满10年但因城市建设需要使用的工业、社会事业类用地拟改变作为商业办公及其他商服用途，按照我市“三旧”改造有关政策执行。对城区片区改造的工业用地收回收储补偿和补贴标准按照《莆田市人民政府关于城区片区改造工业用地收回收储的实施意见》（莆政综〔2019〕47号）执行。

（三）自主开发。除纳入政府收储的情形之外的城镇低效产业用地，在符合国家鼓励的现代服务业等优先发展产业的前提下，可由原土地使用权人按照控规要求，选择自主进行改造实施再开发，涉及市政道路的，经区政府（管委会）同意，可由改造主体拆为净地后无偿移交政府。但对“工改商”（工业改酒店除外）的原土地使用权人应当按控规将不低于该项目用地面积的15%用于城市基础设施、公共服务设施或其他公益性设施建设。移交的用地不需缴交土地出让金。根据控规，公益性用地面积不足15%的（含改造地块面积较小，无法提供有效的公益性用地的），将不足部分用地按政府批准的控规容积率计算建筑面积，按办理时点的该用途基准楼面地价核算土地价款，纳入应缴交的土地出让金范围上缴财政。

（四）合作开发。充分盘活利用低效用地，对低效利用的抛荒地，鼓励原有企业继续建设厂房扩大生产或二次招商出租。因企业无继续投资建设意愿的，允许对宗地剩余土地进行盘活合作开发；鼓励国有企业作为投资主体，采取独资、联营、入股、并购等方式，会同社会资本参与建设标准化厂房、创新创业场所及科技孵化器建设，经园区管委会同意后，其载体房屋可按幢、层进行产权登记并出租或转让，引进相关产业，作为“零地”招商的重要载体。

（五）鼓励集中整体开发。鼓励市场主体收购相邻多宗低效利用地块，向属地区政府、园区管委会申请集中改造开发；自然资源部门可根据申请，依法将分散的土地合并变更登记。城镇低效用地再开发涉及边角地、夹心地、插花地等难以独立开发的零星建设用地，可一并进行改造开发，但单宗零星用地面积原则上不超过3亩，且累计面积不超过改造开发项目总面积的10%。

四、完善项目审批机制

（一）参照“三旧”改造方式进行“工改商”。在符合园区整合提升实施规划的前提下，利用工业仓储、社会事业类用地及现状建筑改变作为商业、办公、酒店等园区配套服务设施（经营性商品住宅除外），由区政府（管委会）提出改造方案，经市自然资源局审核后转报市政府研究，同时，由属地政府组织编制地块控规并按程序报批，参照“三旧”改造方式进行审批，自然资源部门按新规划用途依法办理用地变更有关手续。土地使用权人补交土地出让金，并办理不动产登记。

（二）临时改变功能及“工改工”审批。一是按现状建筑进行临时功能（过渡期5年）改造为园区公共服务设施（如教育、医疗、文化等公共服务设施）、新兴产业及我省鼓励发展的生产性或高科技服务业的，由项目业主将改造方案报所属区级政府，以区级部门联审纪要及联合审批方式作为临时改变使用功能的依据。拟改变的项目必须已取得不动产权证，使用功能必须符合房屋结构、质量、消防等安全要求，涉及改建的，应按规定办理相关手续。二是涉及利用现有土地新建或拆除重建的，由属地政府编制地块控规并按程序报批后，由各区级相关部门根据联审纪要及经图审的建施图等按规定办理建设工程规划许可、施工许可、消防、竣工验收等手续。过渡期内，可暂不办理土地用途变更手续；过渡期满，符合有关规定的，可以协议方式依法办理土地用途变更等相关手续。

五、再开发实施步骤

（一）开展调查摸底。各区政府（管委会）、园区管委会根据国土空间规划（过渡期内根据土地利用总体规划、城市规划）、城镇低效产业用地再开发范围等，对辖区内的城镇低效产业用地进行摸底调查，全面掌握用地现状与开发潜力，查清土地权属关系，了解土地权利人意愿。对符合改造条件的地块，要将拟列入改造开发范围标注在遥感影像图、地籍图和土地利用总体规划图上，建立城镇低效用地数据库，并与不动产登记数据库衔接。

（二）编制专项规划。各区政府（管委会）、园区管委会会同市自然资源、住建等部门根据国土空间规划（过渡期内根据土地利用总体规划、城市规划）、莆田市产业园区整合提升规划等要求，编制辖区内城镇低效产业用地再开发专项规划，明确再开发的目标任务、规模布局、功能定位、配套设施、开发时序、资金筹措平衡及保障措施等内容。专项规划报市政府同意后实施。

（三）制定年度计划。各区政府（管委会）、园区管委会根据城镇低效产业用地再开发专项规划，结合区域年度经济社会发展的要求，按照“统筹平衡、突出重点、先易后难、分步推进”的原则，制订再开发年度实施计划，报市自然资源局审核，经市政府同意后执行。

（四）细化实施方案。根据城镇低效产业用地再开发专项规划和年度实施计划，由各区政府（管委会）、园区管委会与再开发实施主体充分协商，选定具体项目，制订项目实施方案。项目实施方案包括：拟改造地块的详细规划，确定土地用途、用地界线、容积率、绿地率以及建筑高度、建筑密度、配套设施；拟改造地块的搬迁安置方案，明确补偿标准、安置方式和时间安排；拟改造地块的实施主体及改造方式等。项目改造实施方案由项目业主向所在园区管委会申报，经区政府（管委会）研究同意后，由市自然资源局负责审核并转报市政府批准实施（其中没有涉及改变土地用途的，由区政府批准实施，并报市政府备案）。

（五）实施改造评价。各区政府（管委会）、园区管委会应加强项目实施跟踪评估，保证改造开发工作规范有序开展。项目实施后，应对项目产生的经济效益、社会效益、生态效益进行评估，形成实施评估报告，报市自然资源局备案。市自然资源局要定期组织对实施项目进行督查考核。

六、强化工作保障

（一）强化组织领导。市政府成立莆田市城镇低效用地再开发工作领导小组，负责统筹协调全市城镇低效用地再开发各项工作，由市政府市长担任组长，分管副市长担任常务副组长，市政府分管副秘书长、市自然资源局局长担任副组长，荔城区政府、城厢区政府、涵江区政府、秀屿区政府、湄洲岛管委会、北岸管委会主要领导，市自然资源局、发改委、财政局、住建局、工信局、商务局、生态环境局、国资委、消防救援支队、行政服务中心管委会分管领导为成员。领导小组下设办公室及政策研究、规划管理、项目审批等三个专项小组；办公室负责领导小组日常工作及综合协调，挂靠在市自然资源局，主任由市自然资源局局长兼任，副主任由市自然资源局分管领导兼任，各成员单位相关科室负责人为成员；三个专项小组由市自然资源局分管领导担任小组长，成员由领导小组及其办公室相关成员担任。请各成员单位于2020年4月30日前将成员名单报到市城镇低效用地再开发工作领导小组办公室（市自然资源局）汇总（联系人：陈琳，电话：2695556）。各区政府（管委会）相应成立工作领导小组，明确各级各有关单位职责和要求，加强沟通，齐抓共管，确保城镇低效用地再开发工作规范有序推进。

（二）明确部门职责。城镇低效用地再开发实行属地负责、部门协同的操作原则。各区政府（管委会）、园区管委会是本区城镇低效产业用地再开发的责任主体，为改造资金筹集的主体，负责辖区内再开发工作，包括：委托技术单位开展城镇低效产业用地的摸底调查、上图入库及专项规划的编制，再开发项目的具体实施、承担改造成本、落实好相关资金扶持政策等。财政部门要将城镇低效用地再开发工作资金列入预算，对列入低效再开发项目，涉及市、区土地出让金比例分成给予适当调整。市自然资源局、发改委、财政局、住建局、工信局、商务局、生态环境局、国资委、消防救援支队、行政服务中心管委会等部门应根据自身职责，主动靠前服务，认真履职，做好协同配合工作。

（三）强化全程监管。各区政府（管委会）要制定城镇低效产业用地再开发工作的民主决策、信息公开、全程监管等配套工作制度。规范工作程序和土地市场秩序，严格执行土地出让相关程序，严防“权力寻租”等行为发生，涉及出让的必须集体决策、公示结果，确保工作公开、公平、公正。再开发工作应严格按照规划执行，控规一经确定，不得擅自修改或调整。

（四）严格考核管理。城镇低效产业用地再开发工作实行目标责任制管理，各区政府（管委会）完成情况纳入市政府年度目标考核范围。各区政府（管委会）、园区管委会要切实履行执行主体的责任，积极拓宽再开发启动资金筹措渠道，严格控制好再开发的进度和成本，切实提高再开发运作水平。

仙游县可参照执行。本意见自印发之日起施行，有效期为两年。

莆田市人民政府

2020年4月26日

发文机关：莆田市人民政府

文　　号：莆政综〔2020〕36号

标　　题：莆田市人民政府关于推进城镇低效产业用地再开发促进高质量发展的指导意见（试行）

发文日期：2020年4月26日

南平市人民政府关于印发
南平市促进平台经济发展行动方案的通知

各县（市、区）人民政府，武夷新区管委会，市直有关单位：

《南平市促进平台经济发展行动方案》已经市政府同意，现印发给你们，请认真贯彻执行。

南平市人民政府
2020 年 5 月 13 日

（此件主动公开）

南平市促进平台经济发展行动方案

为加快全市平台经济发展，充分运用互联网、物联网、大数据等现代信息技术，构建平台产业生态，推动产业优化升级，现提出以下行动方案。

一、指导思想

以习近平新时代中国特色社会主义思想为指导，全面贯彻党的十九大和十九届二中、三中、四中全会精神，坚持新发展理念，进一步解放思想、创新机制，立足我市生态优势、资源优势、区域优势，强化平台经济对我市发展的带动作用，推动经济发展质量变革、效率变革、动力变革，为加快绿色发展推动高质量发展提供有力支撑。

二、基本原则

（一）坚持市场主导。充分发挥市场配置资源的决定性作用和企业主体作用，深化“放管服”改革，突破制约平台经济发展的体制机制瓶颈，加快形成政府引导、市场主导、多方联动、互利共赢的平台经济发展局面。

（二）坚持分类推进。坚持重点突破和整体推进相结合，培育一批有影响力的行业平台企业，扶持一批已有一定规模的平台进一步做大做强。

（三）坚持突出特色。立足特色优势，结合我市旅游、茶叶、笋竹等优势产业，积极引进一批平台经济项目。

（四）坚持创新突破。适应新形势、解决新问题，在招商方式、服务理念、政策制定等方面谋求新突破，着力打造一支服务意识强、专业水平高的招商、服务队伍。

（五）坚持规范管理。落实和完善包容审慎监管要求，加强监管部门协同，形成监管合力，促进平台经济规范健康发展。

三、目标任务

（一）将武夷新区、延平区打造成我市平台经济聚集地。

（二）积极打造各类平台经济，重点培育金融服务平台、物流业服务平台、建筑业平台、人力资源平台、文化旅游平台、工业互联网平台以及我市特色产业的电子商务平台等七大行业平台经济，同时及时关注其他新兴行业平台经济。

四、保障措施

（一）组织保障

1. 成立工作领导小组

成立由市政府主要领导任组长，相关市领导任副组长，市直有关部门主要领导为成员的平台经济工作领导小组，负责总体谋划和统筹协调全市平台经济发展工作。领导小组下设办公室，挂靠市财政局，办公室主任由市财政局局长兼任，办公室副主任由市发改委副主任、市财政局副局长担任，人员由发改、财政等相关部门抽调组成，负责平台经济发展行动方案的具体落实。

2. 建立联席会议制度

领导小组适时召开联席会议，听取平台经济发展有关重大事项汇报，协调解决推进过程中的重大问题。

3. 压实部门单位职责

市财政局、发改委主要负责平台经济政策的研究制定工作，协调解决平台企业出现的相关问题。同时，市财政局负责做好平台企业奖补政策兑现工作。

市商务局主要负责统筹平台企业招商工作，重点负责电子商务平台企业招商及服务工作，研究和完善平台经济相关政策。

市金融监管局主要负责金融服务平台企业招商及服务工作，研究和完善金融服务平台经济相关政策。

市交通运输局主要负责物流专业服务平台企业招商及服务工作，研究和完善物流专业服务平台经济相关政策。

市住建局主要负责建筑业平台企业招商及服务工作，研究和完善建筑业平台经济相关政策。

市人社局主要负责人力资源平台企业招商及服务工作，研究和完善人力资源平台经济相关政策。

市文旅局主要负责文化旅游平台企业招商及服务工作，研究和完善文化旅游平台经济相关政策。

市工信局主要负责工业互联网平台企业招商及服务工作，研究和完善工业互联网平台经济相关政策。

市农业农村局、林业局结合电子商务平台，重点做好茶叶、笋竹等特色产业平台经济招商、服务及政策研究工作。

市市场监督管理局主要负责做好企业登记注册服务，研究和推动平台企业登记制度创新工作。

市行政服务中心主要负责配合做好入驻平台企业专窗设立等工作，提供优质服务。

市税务局主要负责税收政策辅导工作。

人民银行南平市中心支行主要负责平台经济企业开户及相关金融服务工作。

（二）政策保障

1. 经营贡献奖励。据实计算征收的平台企业，按其纳税地方贡献额留成部分的80%为计算参考给予经营贡献奖励；对我市有重大贡献的可持续发展的平台企业，采取“一企一策”“一事一议”的方式给予经营贡献奖励。

2. 入驻房租补贴。为更好地将武夷新区、延平区打造成我市平台经济聚集地，凡入驻聚集地的平台企业，入驻起5年内给予办公用房房租60%的补贴。平台企业所有奖补金额合计不超过企业当年地方税收贡献额。

3. 市县利益共享。充分运用“飞地”政策，树立全市一盘棋思想，凝聚招商合力，引导和鼓励各县（市、区）将平台企业招引至武夷新区和延平区，收入按5∶5比例分成，共享平台经济发展成果。

（三）服务保障

1. 完善配套。针对平台企业需求，加快完善武夷新区、延平区等聚集地的高速网络、物流配送、物业服务等软硬件配套设施，为平台企业入驻提供舒适便利的经营环境。

2. 设立专窗。抽调相关单位业务骨干，在市、延平区行政服务中心设立平台企业服务专窗，为平台企业落地和持续经营做好全方位服务。

3. 跟踪服务。业务主管部门指定专人，挂钩联系对口平台企业，为落地平台企业持续稳定经营做好全程跟踪服务。

4. 全程代办。引导和培育会计师、税务师、律师事务所等中介机构在武夷新区、延平区落地，市场化提供平台企业落地专业服务，依法依规全程代理代办入驻平台企业的各项事宜。

5. 及时兑现。平台企业应享受的各项优惠政策做到一季一兑现；月纳税超千万元的平台企业，做到次月兑现。

五、加大招商力度

（一）强化回归招商。依托闽北异地商会，精准对接海内外乡贤，加大优惠政策宣传，吸引平台企业回归。

（二）强化精准招商。市直各部门和各县（市、区）人民政府要深入研究各类平台经济特点，根据不同平台经济企业需求，做到精准招商。

（三）强化招商考核。采取正向激励的方式，将平台企业招商列入对市直部门和县（市、区）人民政府效能考核内容。

附件：南平市促进平台经济发展工作领导小组（略）

发文机关：南平市人民政府

文　　号：南政综〔2020〕56 号
标　　题：南平市人民政府关于印发南平市促进平台经济发展行动方案的通知
发文日期：2020 年 5 月 13 日

龙岩市人民政府办公室关于印发龙岩市进一步推进商标品牌工作若干措施的通知

各县（市、区）人民政府，龙岩经开区（龙岩高新区）、厦龙合作区管委会，市直各有关单位：

现将《龙岩市进一步推进商标品牌工作若干措施》印发给你们，请认真组织实施。

龙岩市人民政府办公室
2020 年 8 月 18 日

（此件主动公开）

龙岩市进一步推进商标品牌工作若干措施

为发挥商标品牌对企业、产业、区域发展的促进作用，推进全市产业转型升级和持续稳定增长，根据《国务院办公厅关于发挥品牌引领作用推动供需结构升级的意见》（闽办发〔2016〕44 号）精神，结合龙岩实际，现制定以下措施：

一、加大商标品牌培育力度

指导企业强化商标意识，加强商标注册、使用、保护，运用商标品牌推动企业发展。重点培育闽西支柱产业高知名度商标，推广企业字号与商标名称一致的商标策略。引导实力较强的企业注册防御商标、联合商标，合理扩大商标类别，引导扩张型企业对准备进入的行业提前注册商标。引导农业大户、家庭农场和农村经济合作社注册农产品商标、集体商标。指导市场主体做好地理、历史、文化遗产的商标注册，防止恶意抢注。引导企业走科技创新、商标运用与品牌提升的融合发展之路，加快推动创新成果向自主商标品牌转化。对新获得驰名商标认定保护的，一次性给予 50 万元的奖励；对新认定的地理标志证明商标和集体商标，一次性分别给予 10 万元的奖励，涉及的奖励资金由市财政和同级财政各承担 50%。已依据其他优惠政策获得更高数额奖励的，不再给予重复奖励。

二、促进商标品牌提质升级

支持、指导企业特别是高新技术企业、现代服务业企业加强驰名商标认定保护。鼓励企业多渠道开展商标品牌形象传播活动，利用电子商务平台、参加展销（洽谈）会、商标品牌节等方式提高商标品牌知名度。支持企业采取商标专用权投资入股、质押融资、转让、许可使用等方式开展经营活动，实现商标价值的转化、利用和提升。鼓励驰名商标和地理标志商标企业实施以商标品牌为核心的市场经营策略，加强商标品牌的层级化、差异化管理。支持企业以商标品牌为纽带，构建统一的生产和销售体系，提高市场占有率。鼓励小微企业、农民专业合作社、农户等加入行业协会或集体组织，加强集体商标、证明商标使用，更好地拓展市场。推广“公司（农民专业合作社）＋商标（地理标志）＋农户”的生产经营模式，引导优势农产品企业加强商标品牌运作，不断延伸农业产业链、提升价值链。推进农业商标品牌建设，加大我市特色优势粮油商标品牌的宣传力度，新增一批区域公用品牌、粮油商标品牌和名牌农产品，推动现代农业高质量发展。

三、积极实施商标品牌走出去战略

支持外向型企业通过开展马德里商标国际注册、跨国兼并、品牌收购、品牌推广等方式实施商标国际战略。支持企业加强境外商标权保护，积极应对境外商标侵权，主动参与相关诉讼，维护企业境外商标的合法权益。力争至2025年全市马德里商标国际注册80件。市财政设立马德里商标国际注册补助金，以指定国家的数量为补助标准，指定5个以下国家或地区的每件补助0.5万元，指定10个以下国家或地区的每件补助1万元，指定10个以上国家或地区的每件补助1.5万元，对单个企业补助单件基础商标（一个国内注册号）补助金额不超过2万元或一个企业一年马德里国际商标注册补助金不超过10万元。

四、加强商标品牌保护管理

围绕食品、药品、粮油农产品等重点商品，围绕驰名商标、地理标志商标、涉外商标等重点商标，围绕网络、商标印制、定牌加工、展览展销会等重点领域开展行政执法。加强对商标品牌中介服务机构的监管，坚决打击恶意抢注、夸大宣传、欺骗欺诈等违法行为。加强联合执法，强化部门间的沟通与协作，建立行政执法机关之间的信息共享和协作机制，完善涉嫌商标犯罪案件移送制度，形成打击合力。加强区域协作，支持我市企业开展全国性或区域性的统一执法行动。建设长效机制，广泛使用行政指导、教育告诫、事前辅导、违规警示等柔性管理手段，引导企业加强商标品牌人才培育和管理队伍建设，建立健全知识产权保护工作制度，逐步由专项整治、突击检查向长效管理、常态监管转变。

五、强化商标品牌工作保障

各级各有关部门要协同加强商标品牌工作，积极构建“市场主导、企业主体、政府主推、市场监管局主力、部门协同”的工作格局，推动全社会参与商标品牌工作。充分发挥驰名商标、国际注册商标、地理标志商标、集体商标、老字号商标等重点商标在企业转型升级、产业结构调整、资源要素保障、促进农民增收中的重要作用，优先支持具有闽西地域特色品牌的商标发展。从2020年起，市财政每年酌情安排商标工作经费，由市市场监管局用于涉及商标宣传培训、重大案件查处、专项执法行动、海外维权、对外交流、表彰奖励等项工作。各县（市、区）在本辖区内选择1—2个经济实力强、商标总量较多的重点乡镇、街道（可以当地市场监管所为依托）试点设立商标工作指导站，加强商标行政指导并加强对品牌指导站的经费、人员、场所等保障。

六、其他

1. 本措施与以往政策有不一致的，按本措施执行。

2. 本措施由市市场监管局承担具体解释工作。

3. 本措施自印发之日起实施，《龙岩市人民政府办公室转发市工商局关于推进商标品牌工作若干措施的通知》（龙政办〔2016〕236号）同时废止。

发文机关：龙岩市人民政府办公室
文　　号：龙政办〔2020〕74号
标　　题：龙岩市人民政府办公室关于印发龙岩市进一步推进商标品牌工作若干措施的通知
发文日期：2020年8月18日

宁德市人民政府办公室关于宁德市促进商贸业提质增效六条措施的通知

各县（市、区）人民政府，东侨经济技术开发区管委会，市政府各部门、各直属机构，各大企业，各大中专院校：

经市委、市政府研究同意，现将《宁德市促进商贸业提质增效的六条措施》予以印发，请认真抓好贯彻落实。

宁德市人民政府办公室
2020年6月29日

（此件主动公开）

宁德市促进商贸业提质增效的六条措施

为应对新冠肺炎疫情影响，促进消费回补和潜力释放，推动商贸业提质增效，保持消费稳定增长，增强消费对我市经济的拉动作用，制定以下措施。

一、加大限上企业培育。对新开业当年达到限额以上企业标准且纳入限额以上贸易统计的法人企业，以及当年由限额以下成长为限额以上且在年度纳入限额以上贸易统计的法人企业，达标当年由市级财政在县（市、区）已安排奖励基础上给予1万元一次性奖励。对商贸个体户注册成为商贸法人企业，在完成注册、当年达到限额以上企业标准且纳入限额以上贸易统计的法人企业，达标当年由市级财政在县（市、区）已安排奖励基础上给予1万元一次性奖励。

二、鼓励企业工贸分离。对于由工业企业实施工贸分离而来的新商贸法人企业，正式运营满一年且纳入限额以上贸易统计，销售额分别达到0.5亿元、1亿元、2亿元的，达标当年由市级财政在县（市、区）已安排奖励基础上分别给予5万元、10万元、15万元一次性奖励；对工贸分离后新设立的商贸法人企业，当年销售额达到20亿元以上（含20亿元）的企业缴纳印花税、江海堤防工程维护管理费地方留成部分由受益财政予以全额奖励。

三、拓展电子商务应用。扶持培育本地电商企业发展壮大，支持建设“京东”“苏宁”等大型电商平台“宁德馆”，鼓励发展跨境电子商务，不断扩大电商在地方特色产品销售、新兴市场开拓等方面的应用。支持传统商贸流通企业依托实体网点拓展线上消费市场，推进社区商业与便民服务、物流配送的互联互通，实现线上线下交易的互动融合。

四、推进流通设施建设。加快农产品批发市场、城乡农贸市场建设改造，规划建设配送节点设施，完善商贸服务配送网络。鼓励冷链物流龙头企业建设具备预冷、冷藏、初加工、交易、仓储、配送等功能的果蔬、食用菌等特色农产品产地集配中心、低温物流园区。鼓励市属国有企业、社会资本参与城市流通基础设施投资，建立多元投入机制，促进电子商务示范园区、快递物流园区等项目建设。

五、推动流通主体升级。鼓励批发、零售、住宿、餐饮等行业具有一定规模的城乡个体工商户转型升级，注册成为商贸法人企业。引导具备条件的工业企业剥离销售业务，开展供应链采购或集中销售，注册成立商贸法人企业。引进“世界500强”中的服务业企业、“中国服务业500

强”和知名商贸企业来宁设立商贸法人企业或区域总部、区域结算中心。

六、实施正向激励考评。对各县（市、区）社会消费品零售总额增长率、限额以上零售额占社会消费品零售总额的比重、新增限额以上商贸企业年度目标户数等三项目标完成情况进行百分制考评，市级财政分别给予总分排名前三的县（市、区）一次性考评激励资金 15 万元、10 万元、5 万元。

以上奖励项目资格认定年限从 2020 年 1 月 1 日起至 2021 年 12 月 31 日，同一项目市级奖励或补助遵循从优且不重复享受原则。各县（市、区）政府结合本地实际制定配套政策。

本措施自发布之日起施行，由市商务局负责解释，市城联社负责做好限下商贸样本企业运行监测，及时掌握企业运行质量，并协助市商务局做好限下商贸行业管理服务工作。

发文机关：宁德市人民政府办公室
文　　号：宁政办〔2020〕71 号
标　　题：宁德市人民政府办公室关于宁德市促进商贸业提质增效六条措施的通知
发文日期：2020 年 6 月 29 日

平潭综合实验区管委会关于印发《平潭综合实验区工业标准厂房开发经营实施意见（试行）》的通知

各片区管理局，区直各部门，各区属国企，各有关单位：

《平潭综合实验区工业标准厂房开发经营实施意见（试行）》已经2020年实验区党工委第20次委员会议审议通过，现印发给你们，请认真贯彻执行。

平潭综合实验区管委会
2020年6月9日

平潭综合实验区工业标准厂房开发经营实施意见（试行）

为进一步贯彻落实《福建省人民政府关于实施工业（产业）园区标准化建设推动制造业高质量发展的指导意见》（闽政〔2020〕1号）精神，集约利用土地，提高土地的投入产出率，鼓励多层工业标准厂房的开发，加快成长型中小企业发展，促进产业集聚，根据《中华人民共和国土地管理法》《中华人民共和国城乡规划法》《中华人民共和国物权法》《不动产登记暂行条例》《国务院办公厅关于完善建设用地使用权转让、出租、抵押二级市场的指导意见》《福建省工业用地招标拍卖挂牌出让实施办法》等法律法规和规章规定，结合我区实际，就工业标准厂房开发经营制定本实施意见。

一、适用范围

本意见所称的工业标准厂房，指工业标准厂房开发单位在平潭新兴产业园区（含流水分园）、金井片区范围内以出让方式取得的工业用地（不含仓储用地）上，根据本指导意见开发建设用于分割出售或出租的工业标准厂房。企业通过购买或租用工业标准厂房开展工业生产经营活动（以下简称：入驻项目）。

二、对接机制

工业标准厂房项目按照实验区产业招商项目对接机制组织实施，工业标准厂房开发单位需编制工业标准厂房项目建设方案（含用地规模、投资强度、资金拼盘、主要建设内容及指标、项目倒排计划、入驻项目产业定位、产值和税收产出率、招商团队介绍、租售计划、拟入驻项目情况、入驻项目服务和物业管理在内的运营管理计划、运营团队等相关情况），区招商与产业促进中心按程序提请区产业项目会商会研究同意后，各有关职能部门按照会商会议定意见推进后续工作。

三、供地方式

工业标准厂房用地必须以招标、拍卖或者挂牌方式出让。工业标准厂房项目建设参照商品房开发项目立项、报规、报建行政审批程序，通过行政审批局等相关职能部门依法办理相关手续后，方能进行开发建设。

四、供后监管

工业标准厂房开发单位应与行业主管部门、区资源生态局签订《产业发展监管协议》，作为签订《土地出让合同》的前提，约定入驻项目产业定位、投资强度、租售转让、产出率等事项，对《国有建设用地使用权出让合同》《产业发展监管协议》中约定的土地使用权人的权利和义务承担全部责任。分割转让后，应当经《产业发展监管协议》中的行政主管部门同意并由三方签订相应的补充合同或协议，由受让方概括承担相应的权利和义务。

五、建设标准

每宗地面积不小于30亩，计容建筑面积3万平方米以上；每幢工业标准厂房计容建筑面积2000平方米以上。分割转让后原则上不得擅自改变主体结构和建筑外观等物理形态，确需改变的应依法办理相关手续并符合现行安全、消防、环保等技术标准。

六、租售要求

工业标准厂房（不含仓库）可按幢、层为基本单元办理分割，最小分割单元建筑面积不低于500平方米，办公、生活服务配套用房不得转让。土地竞得人应自持的计容建筑面积不低于总计容建筑面积的30%，或根据区党工委产业项目会商会确定自持比例，在土地出让合同中予以明确。自持部分只能自用、自营或出租，不得办理分割转让。工业标准厂房购买对象限定为在实验区内注册设立的独立法人，二次交易的对象也必须是在实验区内注册设立的独立法人。入驻项目应符合实验区产业发展方向、工业标准厂房园区的产业定位以及环保和安全等要求，符合工业标准厂房园区的产业定位及关联产业的入驻项目集聚度原则上不低于70%。工业标准厂房预售、销售及不动产转移登记参照商业地产模式办理。

七、运营管理

入驻工业标准厂房园区项目要自觉接受有关部门的检查监督，认真执行有关安全生产、环境保护有关法律法规，并符合所在园区关于产业定位、投资强度、产出、税收等方面要求。工业标准厂房项目开发单位必须组建或聘请具备资质的入园企业服务和物业管理机构，负责保障和维护项目内配套设施，满足入驻企业所需条件，承担项目内的物业管理，可参照《福建省物业管理条例》有关规定进行管理。

八、扶持政策

鼓励多层工业标准厂房的开发，工业标准厂房项目建设所涉及的城市市政基础设施配套费：建设4层（不含地下层）以上厂房的，第3层以上部分（不含第3层）全额免征。扶持政策可与国家、福建省、实验区其他政策叠加享受。

九、本实施意见由区经发局、资源生态局会同有关部门负责解释，根据实施意见试行情况适时修订。

十、本实施意见自文件印发之日起试行，有效期三年。

发文机关：平潭综合实验区管委会

标　　题：平潭综合实验区管委会关于印发《平潭综合实验区工业标准厂房开发经营实施意见（试行）》的通知

发文日期：2020年6月9日

第九篇

数据资料

说明：本篇内容摘自《2021 福建统计摘要》，采用近 3 年的数据（除注明外），“#”表示其中的主要项。

（摘编：朱文强）

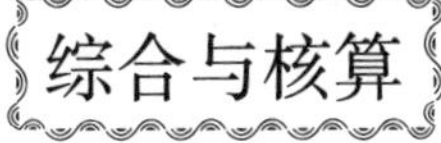

国民经济和社会发展情况

项　　目	单位	2019 年	2020 年	比上年增长（%）
国民经济核算				
地区生产总值	亿元	42326.58	43903.89	3.3
第一产业	亿元	2595.53	2732.32	3.1
第二产业	亿元	20065.48	20328.80	2.5
第三产业	亿元	19665.57	20842.78	4.1
主要行业				
# 工业	亿元	15654.00	15745.55	1.7
建筑业	亿元	4482.03	4654.13	5.8
人民生活				
居民人均可支配收入	元	35616	37202	4.5
城镇居民人均可支配收入	元	45620	47160	3.4
农村居民人均可支配收入	元	19568	20880	6.7
财政				
一般公共预算总收入	亿元	5147.25	5158.35	0.2
# 地方一般公共预算收入	亿元	3052.93	3078.96	0.9
一般公共预算支出	亿元	5077.93	5214.61	2.7
金融				
金融机构本外币存款余额	亿元	49836.41	56386.92	13.1
金融机构本外币贷款余额	亿元	52640.82	59859.66	13.7
固定资产投资				
固定资产投资	亿元			-0.4
项目投资	亿元			-3.4
房地产开发投资	亿元	5673.13	6026.80	6.2

续表1

项　　目	单位	2019年	2020年	比上年增长（%）
国内贸易				
社会消费品零售总额	亿元	18896.83	18626.45	-1.4
对外经济				
进出口总额	亿元	13309.29	14035.65	5.5
出口总额	亿元	8282.86	8474.41	2.3
进口总额	亿元	5026.43	5561.25	10.6
实际利用外商直接投资	亿元	315.41	347.91	10.3
农业				
农林牧渔业总产值	亿元	4636.57	4901.07	3.3
主要农产品产量				
粮食	万吨	493.90	502.32	1.7
茶叶	万吨	43.99	46.14	4.9
园林水果	万吨	681.61	717.05	5.2
肉类	万吨	255.15	259.39	1.7
水产品	万吨	814.58	830.34	1.9
工业				
规模以上工业主要产品产量				
原煤	万吨	831.72	645.85	-23.1
水泥	万吨	9443.13	9686.90	2.6
布	亿米	102.75	74.49	-26.0
钢材	万吨	3737.66	3861.65	3.5
汽车	万辆	16.95	18.04	11.4
全社会发电量	亿千瓦小时	2572.94	2636.49	2.5
建筑业（只含总承包和专业承包）				
建筑业企业年末从业人员	万人	457.00	483.79	5.9
建筑业总产值	亿元	13164.44	14117.80	7.2

续表2

项　　目	单位	2019年	2020年	比上年增长（%）
交通运输邮电				
客运量	万人	49379	25490	-48.4
货运量	万吨	133693	139927	4.7
沿海主要港口货物吞吐量	万吨	59484	62132	4.5
邮电业务总量	亿元	3880.76	4764.31	22.8
旅游				
国内旅游人数	万人次	52697.08	36981.07	-29.8
国内旅游收入	亿元	7393.43	4927.72	-33.3
入境旅游人数	万人次	958.28	229.67	-76.0
国际旅游收入	亿美元	102.43	20.69	-79.8
教育				
普通高等学校在校生数	万人	86.12	94.72	10.0
普通中学在校生数	万人	200.38	211.66	5.6
普通小学在校生数	万人	334.40	343.61	2.8
文化				
图书出版总印数	亿份	1.44	1.25	-13.2
期刊出版总印数	亿份	0.22	0.20	-9.1
报纸出版总印数	亿份	7.38	6.98	-5.4
卫生				
卫生技术人员数	万人	26.34	27.81	5.6
#医生	万人	9.95	10.54	5.9
卫生机构床位数	万张	20.24	22.25	10.0
#医院、卫生院	万张	18.84	20.75	10.1
价格指数				
居民消费价格指数	上年=100	102.6	102.2	2.2
工业生产者出厂价格指数	上年=100	100.6	98.4	-1.6
工业生产者购进价格指数	上年=100	99.0	98.6	-1.4

国民经济与社会发展结构情况

单位:%

指　　标	2019 年	2020 年	比上年增减（+/-）
地区生产总值			
第一产业	6.1	6.2	0.1
第二产业	47.4	46.3	-1.1
第三产业	46.5	47.5	1.0
一般公共预算收入			
中央	40.7	40.3	-0.4
地方	59.3	59.7	0.4
按收入性质分			
税收收入	72.4	71.0	-1.4
非税收入	27.6	29.0	1.4
金融机构各项存款			
#住户存款	43.3	43.8	0.5
非金融企业存款	30.4	31.1	0.7
非银行业金融机构存款	8.0	9.4	1.4
金融机构各项贷款			
住户贷款	48.8	49.6	0.8
企（事）业单位贷款	50.7	49.8	-0.9
非银行业金融机构贷款	0.5	0.6	0.1
固定资产投资			
#基础设施	26.0	24.7	-1.3
按产业分			
第一产业	1.8	1.7	-0.1
第二产业	30.5	30.8	0.3
第三产业	67.7	67.5	-0.2
农林牧渔业总产值			
农业	38.3	37.1	-1.2
林业	9.0	8.0	-1.0
牧业	19.7	23.3	3.6
渔业	29.4	28.0	-1.4
农林牧渔服务业	3.6	3.6	0.0
农作物播种面积			
粮食作物	49.9	49.6	-0.3
经济作物	50.1	50.4	0.3
规模以上工业增加值			
大型企业	32.9	32.7	-0.2
中型企业	29.5	28.9	-0.6
小型企业	36.5	37.4	0.9
微型企业	1.2	1.1	-0.1

续表

单位:%

指　　标	2019 年	2020 年	比上年增减（+/-）
货物运输量			
铁路	3.1	2.7	-0.4
公路	65.3	65.1	-0.2
水运	31.6	32.2	0.6
民航	0.021	0.016	-0.004
旅客运输量			
铁路	25.8	29.6	3.8
公路	63.2	58.4	-4.8
水运	3.7	2.9	-0.8
民航	7.3	9.1	1.8
国际旅游			
入境旅游人数结构			
外国人	38.9	40.9	1.9
港澳同胞	20.6	23.0	2.4
台湾同胞	40.5	36.1	-4.3
社会消费品零售总额			
城镇	86.6	86.9	0.3
乡村	13.4	13.1	-0.3
货物进出口总额			
出口	62.2	60.4	-1.8
进口	37.8	39.6	1.8
城镇居民消费结构			
食品烟酒	30.8	31.7	0.9
衣着	5.4	4.7	-0.6
居住	28.9	30.7	1.8
生活用品及服务	5.0	5.0	0.0
交通通信	12.0	12.3	0.3
教育文化娱乐	9.9	7.5	-2.4
医疗保健	5.5	5.8	0.4
其他用品和服务	2.5	2.2	-0.3
农村居民消费结构			
食品烟酒	35.5	38.4	2.9
衣着	4.8	4.6	-0.1
居住	23.3	24.1	0.8
生活用品及服务	5.0	5.3	0.4
交通通信	11.7	10.3	-1.4
教育文化娱乐	9.9	7.5	-2.4
医疗保健	7.4	7.8	0.3
其他用品和服务	2.4	1.8	-0.5

国民经济和社会发展比例和效益指标

项　　目	2019年	2020年
就业		
城镇登记失业率（%）	3.50	3.82
国民经济核算		
工业增加值占地区生产总值比重（%）	37.0	35.9
财政金融		
一般公共预算总收入相当于地区生产总值比例（%）	12.2	11.7
金融机构年末人民币贷款余额相当于地区生产总值比例（%）	121.4	133.4
能源		
电力消费弹性系数	0.51	1.03
农业		
粮食亩产（千克）	400.4	401.3
工业		
规模以上工业		
资产负债率（%）	50.65	50.38
产品销售率（%）	97.15	96.53
环境与交通		
森林覆盖率（%）	66.8	66.8
铁路网密度（公里/万平方公里）	283	304
公路网密度（公里/万平方公里）	8854	8880
对外贸易		
进出口总额相当于地区生产总值比例（%）	31.4	32.0
出口总额相当于地区生产总值比例（%）	19.6	19.3
居民生活		
城乡收入比	2.33	2.26
教育卫生		
高中阶段毛入学率（%）	97.2	97.3
每千人口拥有医生数（人）	2.51	
每千人口拥有卫生机构床位数（张）	5.09	

主要年份地区生产总值

单位：亿元

年　份	地区生产总值	第一产业	第二产业	第三产业
2018	38687.77	2379.02	18847.75	17461.00
2019	42326.58	2593.53	20065.48	19665.57
2020	43903.89	2732.32	20328.80	20842.78

主要年份地区生产总值增速

单位:%

年　份	地区生产总值	第一产业	第二产业	第三产业
2018	8.3	3.4	8.8	8.6
2019	7.5	3.5	5.4	10.4
2020	3.3	3.1	2.5	4.1

按行业分地区生产总值

单位：亿元

指　　标	2019 年	2020 年	比上年增长（%）
地区生产总值	**42326.58**	**43903.89**	**3.3**
按产业分			
第一产业	2595.53	2732.32	3.1
第二产业	20065.48	20328.80	2.5
第三产业	19665.57	20842.78	4.1
按行业分			
工业	15654.00	15745.55	1.7
建筑业	4482.03	4654.13	5.8
交通运输仓储和邮政业	1482.18	1497.31	4.8
批发零售业	4422.91	4667.60	5.3
住宿和餐饮业	655.59	614.44	-7.7
金融业	3040.51	3418.36	6.4
房地产业	2697.75	2904.80	3.0
其他服务业	7200.48	7568.37	3.7

三次产业对经济增长的贡献率

单位:%

年　　份	地区生产总值	第一产业	第二产业	第三产业	工业
2018	100.0	2.7	52.6	44.7	44.7
2019	100.0	2.9	36.4	60.7	28.3
2020	100.0	5.7	37.7	56.6	20.7

“三新”经济增加值

指　　标	2018 年		2019 年	
	绝对额（亿元）	相当于 GDP 的比重（%）	绝对额（亿元）	相当于 GDP 的比重（%）
“三新”经济增加值	**7290. 22**	**18. 8**	**8433. 79**	**19. 9**
一、按产业分				
第一产业	292. 73	0. 8	319. 66	0. 8
第二产业	3561. 67	9. 2	4351. 59	10. 3
第三产业	3435. 82	8. 9	3762. 54	8. 9
二、按“三新”大类分				
现代农林牧渔业	304. 31	0. 8	332. 30	0. 8
先进制造业	2949. 10	7. 6	3723. 26	8. 8
新型能源活动	353. 04	0. 9	467. 56	1. 1
节能环保活动	267. 82	0. 7	174. 86	0. 4
互联网与现代信息技术服务	769. 33	2. 0	905. 08	2. 1
现代技术服务与创新创业服务	378. 04	1. 0	429. 48	1. 0
现代生产性服务活动	1442. 65	3. 7	1527. 86	3. 7
新型生活性服务活动	802. 84	2. 1	855. 63	2. 0
现代综合管理活动	23. 08	0. 06	17. 75	0. 04
三、按“三新”经济重点领域分				
# 战略性新兴产业增加值	3478. 98	9. 0	4602. 88	10. 9
高技术产业增加值	2726. 74	7. 0	3075. 15	7. 3
电子商务增加值	1326. 19	3. 4	1431. 34	3. 4

主要年份各种价格指数

（以上年价格为100）

年 份	居民消费价格指数	农业生产资料价格指数	工业生产者出厂价格指数	工业生产者购进价格指数
2018	101.5	103.1	102.8	102.8
2019	102.6	102.2	100.6	99.0
2020	102.2	103.3	98.4	98.6

2018—2020年居民消费分类价格指数

（以上年价格为100）

指 标	2018年	2019年	2020年
居民消费价格	**101.5**	**102.6**	**102.2**
按城乡分			
城市	101.5	102.6	102.2
农村	101.5	102.7	102.1
按商品非商品分			
服务价格	101.6	100.8	100.3
消费品价格	101.5	103.8	103.2

续表　（以上年价格为100）

指　　标	2018年	2019年	2020年
按类别分			
食品烟酒	**101.7**	**107.3**	**107.0**
食品	101.7	110.0	109.3
粮食	100.8	99.4	100.3
食用油	99.3	101.6	104.6
鲜菜	107.8	104.5	101.8
畜肉类	95.0	131.9	137.0
猪肉	91.8	145.3	146.4
水产品	102.7	100.6	103.1
蛋类	110.1	103.9	90.0
奶类	100.8	102.4	101.8
鲜瓜果	104.1	120.9	85.6
烟草	100.6	100.2	100.4
酒类	100.7	100.4	101.0
衣着	**99.6**	**102.7**	**99.9**
服装	99.9	102.9	99.6
衣着加工服务费	102.1	101.5	102.3
鞋类	98.0	102.4	100.5
居住	**101.9**	**100.5**	**100.0**
租赁房房租	100.7	100.6	100.0
水电燃料	101.5	100.3	99.7
生活用品及服务	**100.9**	**100.6**	**100.6**
家用器具	100.5	99.6	98.8
家庭服务	104.2	104.1	104.1
交通和通信	**101.2**	**97.8**	**97.0**
交通工具	99.0	99.5	98.5
交通工具用燃料	112.2	89.5	86.0
交通工具使用和维修	101.2	101.3	102.3
通信工具	96.6	97.7	98.6
通信服务	99.9	100.0	100.0
邮递服务	100.5	100.5	100.2
教育文化和娱乐	**102.1**	**101.4**	**101.2**
教育服务	102.7	101.8	102.0
旅游	102.0	101.2	100.5
医疗保健	**102.1**	**101.4**	**100.2**
中药	105.4	104.9	102.6
西药	105.3	104.5	100.3
医疗服务	101.1	100.3	99.8
其他用品和服务	**100.5**	**103.1**	**103.7**

2018—2020 年商品零售分类价格指数

（以上年价格为100）

指　　标	2018 年	2019 年	2020 年
商品零售价格	**101.5**	**101.9**	**101.3**
食品	102.1	108.5	108.0
饮料烟酒	101.0	100.3	99.9
服装鞋帽	99.2	102.5	99.6
纺织品	102.5	102.1	100.3
家用电器及音像器材	99.3	98.7	98.3
文化办公用品	100.3	99.8	101.1
日用品	101.0	101.2	100.6
体育娱乐用品	100.2	99.4	100.2
交通通信用品	97.9	97.4	97.9
家具	101.3	99.8	99.2
化妆品	100.1	101.1	101.1
金银珠宝饰品	97.5	110.3	119.2
中西药品及医疗保健用品	104.4	104.2	100.7
书报杂志及电子出版物	102.9	104.8	101.4
燃料	110.5	94.4	91.6
建筑材料及五金电料	102.7	100.2	99.9

2018—2020 年农业生产资料分类价格指数

（以上年价格为 100）

指　　标	2018 年	2019 年	2020 年
农业生产资料价格	**103.1**	**102.2**	**103.3**
农用手工工具	101.6	105.8	101.1
饲料	102.7	100.5	104.2
仔畜幼畜及产品畜	96.4	135.4	131.2
半机械化农具	100.0	97.7	98.5
机械化农具	99.9	100.8	100.2
化学肥料	107.1	98.2	98.4
农药及农药器械	105.4	102.6	100.9
农机用油	110.6	91.9	88.1
其他农用生产资料	100.7	100.1	100.3
农业生产服务	100.6	101.9	101.0

2018—2020年农产品生产价格指数

（以上年价格为100）

指　　标	2018年	2019年	2020年
农产品生产价格	**102.6**	**106.9**	**102.3**
种植业产品	**102.6**	**103.8**	**100.1**
谷物	97.9	98.9	102.3
早籼稻	99.8	100.5	102.3
晚籼稻	95.1	101.3	108.9
薯类	98.5	96.9	113.9
油料	93.9	103.3	102.4
蔬菜	105.0	104.8	101.4
烤烟叶	100.1	104.8	97.3
食用菌（干鲜混合）	101.0	103.3	93.7
水果	104.3	112.4	92.8
茶叶	99.2	96.8	99.2
林业产品	**110.8**	**103.2**	**89.1**
木材	101.7	100.0	92.4
竹材	100.4	104.3	95.4
饲养动物及其产品	**95.7**	**128.8**	**119.7**
活猪（毛重）	89.3	155.0	151.9
家禽（毛重）	105.8	110.4	97.0
渔业产品	**103.9**	**98.4**	**95.8**
#海水养殖产品	104.0	97.6	94.2
海水捕捞产品	99.3	101.2	105.0
淡水养殖产品	107.0	98.3	91.1

2018—2020 年工业生产者出厂价格指数

（以上年价格为 100）

指　　标	2018 年	2019 年	2020 年
工业生产者出厂价格	**102.8**	**100.6**	**98.4**
按轻重工业分类			
轻工业	101.2	101.0	99.2
以农产品为原料	101.4	101.3	99.7
以非农产品为原料	100.7	100.5	97.9
重工业	104.1	100.2	97.8
采掘工业	104.2	103.4	99.0
原材料工业	107.7	100.1	94.3
制造工业	102.7	100.1	99.1
按生产、生活资料分			
生产资料	104.2	100.1	97.1
采掘	104.2	103.4	99.0
原料	107.2	99.6	93.2
加工	103.1	100.1	98.5
生活资料	100.2	101.5	100.8
食品	100.9	102.1	101.7
衣着	99.8	101.3	100.6
一般日用品	100.1	101.8	101.0
耐用消费品	99.3	99.0	97.8
按工业部门分类			
冶金工业	105.7	99.0	99.2
电力工业	99.3	100.0	99.6
煤炭及炼焦工业	102.8	97.0	95.5
石油工业	119.3	104.2	83.3
化学工业	104.6	98.4	94.6
机械工业	100.0	99.9	98.5
建筑材料工业	106.1	102.6	101.2
森林工业	101.2	101.1	99.7
食品工业	101.2	101.9	101.7
纺织工业	103.7	99.6	93.4
缝纫工业	100.6	101.2	101.2
皮革工业	99.1	101.7	99.9
造纸工业	105.6	100.0	98.6
文教艺术用品工业	100.3	99.9	98.6
其它工业	100.4	103.4	102.7

2018—2020 年工业生产者购进价格指数

（以上年价格为 100）

指　　标	2018 年	2019 年	2020 年
工业生产者购进价格	**102.8**	**99.0**	**98.6**
燃料、动力类	107.8	98.4	92.1
黑色金属材料类	103.1	101.5	100.9
有色金属材料类和电线类	106.5	98.5	104.5
化工原料类	104.3	95.9	92.7
木材及纸浆类	102.6	96.2	98.8
建材材料及非金属矿类	108.4	102.2	100.2
其他工业原材料及半成品类	99.5	99.3	100.0
农副产品类	97.7	105.4	110.6
纺织原料类	99.4	98.5	99.2

农 业

2019—2020 年农业基本情况

指　　标	2019 年	2020 年	比上年增长（%）
农作物播种面积（万亩）	2472.04	2523.00	2.1
粮食作物播种面积	1233.65	1251.65	1.5
非粮作物播种面积	1238.40	1271.35	2.7
茶叶年末实有面积（万亩）	329.71	335.91	1.9
园林水果年末实有面积（万亩）	516.12	533.70	3.4
水产品养殖面积（万亩）	375.10	375.37	0.1
海水养殖	245.57	244.72	-0.3
淡水养殖	129.53	130.65	0.9
农林牧渔业总产值（亿元）	4636.56	4901.07	3.3
农业	1774.77	1818.17	4.0
林业	417.33	390.57	3.0
牧业	914.39	1141.12	3.6
渔业	1361.68	1373.12	1.9
农林牧渔服务业	168.40	178.08	4.2

农林牧渔业总产值

单位：亿元

年　份	农林牧渔业总产值	农　业	林　业	牧　业	渔　业	农林牧渔服务业
2018	4229.52	1653.45	389.00	718.42	1318.20	150.44
2019	4636.57	1774.77	417.33	914.39	1361.68	168.40
2020	4901.07	1818.17	390.57	1141.12	1373.12	178.08

农林牧渔业总产值指数

（上年为100）

年　份	农林牧渔业总产值	农　业	林　业	牧　业	渔　业	农林牧渔服务业
2018	103.5	104.7	104.1	97.9	105.1	105.8
2019	103.6	104.0	104.1	100.5	104.3	106.1
2020	103.3	104.0	103.0	103.6	101.9	104.2

2019—2020 年主要农产品产值

单位：亿元

指　　标	2019 年	2020 年	占农林牧渔业总产值比重（%）
粮食	173.75	180.42	3.7
#稻谷	123.93	128.38	2.6
薯类	36.54	36.95	0.8
豆类	8.11	9.06	0.2
油料	24.35	22.77	0.5
甘蔗	3.08	3.29	0.1
烤烟	30.85	33.36	0.7
蔬菜	520.65	547.64	11.2
茶叶	237.22	223.43	4.6
水果	335.60	345.44	7.0
食用菌	229.41	229.28	4.7
竹木采运	170.45	152.59	3.1
林产品	204.94	195.85	4.0
肉类	814.31	1021.19	20.8
#猪肉	331.88	507.33	10.4
主要禽肉	418.84	446.88	9.1
主要禽蛋	77.09	90.23	1.8
奶	14.30	19.53	0.4
水产品	1361.68	1373.12	28.0
淡水产品	199.98	195.41	4.0
海水产品	1161.69	1177.71	24.0

注：主要禽肉产值指活鸡、活鸭和活鹅产值，主要禽蛋指鸡蛋、鸭蛋和鹅蛋。

2019—2020 年主要农产品产量

单位：万吨

指　　标	2019 年	2020 年	比上年增长（%）
粮食总产量	493.90	502.32	1.7
#稻谷	388.79	391.75	0.8
早稻	61.59	62.16	0.9
中稻	169.38	171.16	1.1
晚稻	157.81	158.42	0.4
薯类	78.77	82.15	4.3
甘薯	57.89	60.66	4.8
马铃薯	20.88	21.49	2.9
油料	22.03	22.73	3.2
甘蔗	26.25	26.98	2.8
烤烟	9.40	10.05	6.9
蔬菜	1437.33	1492.30	3.8
茶叶	43.99	46.14	4.9
园林水果	681.61	717.05	5.2
食用菌	133.36	137.88	3.4
毛竹（万根）	61304.00	62910.00	2.6
篙竹（万根）	31572.00	32784.00	3.8
木材（万立方米）	1453.81	1450.66	-0.2
竹笋干	41.74	44.10	5.7
肉类	255.15	259.39	1.7
#猪肉	103.03	103.75	0.7
主要禽肉	141.87	146.56	3.3
主要禽蛋	48.58	53.66	10.5
奶	14.99	17.48	16.6
水产品	814.58	830.34	1.9
淡水产品	91.05	92.49	1.6
淡水养殖	83.94	85.47	1.8
淡水捕捞	7.11	7.02	-1.2
海水产品	723.53	737.85	2.0
海水养殖	510.72	526.80	3.1
海水捕捞	212.81	211.05	-0.8

注：主要禽肉产量指活鸡、活鸭和活鹅肉产量，主要禽蛋指鸡蛋、鸭蛋和鹅蛋。

2020 年主要农作物产量

指　　标	总产量		单　　产	
	总量（万吨）	增长（%）	亩产（公斤）	增长（%）
粮食作物	**502.32**	**1.7**	**401.3**	**0.2**
#稻谷	391.75	0.8	434.0	0.3
甘薯	60.66	4.8	393.0	1.1
马铃薯	21.49	2.9	286.8	1.4
大豆	9.47	4.4	183.8	-0.5
杂豆	2.52	9.4	208.9	-2.2
非粮作物				
#油料	22.73	3.2	191.1	0.8
#花生	21.68	3.0	197.5	0.7
油菜籽	0.96	5.3	112.4	3.4
芝麻	0.04	8.6	94.3	2.3
甘蔗	26.98	2.8	3666.8	1.3
烟叶	10.05	6.5	140.9	0.5
#烤烟	10.03	6.7	140.8	0.4
莲籽	0.58	25.9	113.3	4.5
蔬菜	1492.30	3.9	1666.5	0.8
青饲料	6.42	-2.8	1357.1	-0.3

2019—2020年农作物播种面积

单位：万亩

指　　标	2019年	2020年	比上年增长（%）	比重（%）
农作物播种面积	**2472.04**	**2523.00**	**2.1**	**100.0**
粮食作物播种面积	**1233.65**	**1251.65**	**1.5**	**49.6**
# 稻谷	898.85	902.58	0.4	35.8
甘薯	148.90	154.36	3.7	6.1
马铃薯	73.84	74.94	1.5	3.0
非粮作物播种面积	**1238.40**	**1271.35**	**2.7**	**50.4**
# 油料	116.26	118.97	2.3	4.7
# 花生	107.27	109.78	2.3	4.4
油菜籽	8.42	8.58	1.9	0.3
甘蔗	7.25	7.36	1.5	0.3
烟叶	75.29	71.29	-5.3	2.8
# 烤烟	75.06	71.20	-5.1	2.8
蔬菜	869.70	895.46	3.0	35.5
绿肥	11.47	13.64	18.9	0.5
青饲料	4.85	4.73	-2.4	0.2

2020年畜牧业生产情况

指　　标	出栏数		存栏数	
	数量（万头）	增长（%）	数量（万头）	增长（%）
猪	1299.86	0.2	910.90	42.0
牛	22.07	12.8	31.64	6.5
羊	159.06	2.1	105.90	0.2
主要家禽	103102.07	3.7	20700.94	6.4
兔	1125.86	5.5	565.15	11.7

注：主要家禽指活鸡、活鸭和活鹅。

工业与能源

主要年份工业总产值和增加值

年　份	工业总产值		工业增加值		规模以上工业增加值	
	总量（亿元）	比上年增长（%）	总量（亿元）	比上年增长（%）	总量（亿元）	比上年增长（%）
2018	57735.35	9.4	14781.03	9.2		9.1
2019	63172.56	8.8	15654.00	5.2		8.8
2020			15745.55	1.7		2.0

注：2018 年及以前年份工业增加值及增速数据为经普后修订数。

2020 年按类型分规模以上工业增加值与出口交货值增速

指　标	工业增加值	工业出口交货值
	比上年增长（%）	比上年增长（%）
规模以上工业	**2.0**	**-6.6**
# 国有控股企业	9.4	-25.9
# 主导产业	5.7	0.2
电子信息	6.6	5.5
机械装备	1.1	2.9
石油化工	10.6	-19.2
按轻重分		
轻工业	-0.2	-6.8
重工业	4.3	-6.4
按规模分		
大型	5.1	-2.9
中型	0	-9.7
小型	3.4	-4.3
微型	-38.8	-85.8
按经济类型分		
# 私营企业	2.0	-3.5
# 国有企业	-6.1	28.5
集体企业	13.6	27.8
股份制公司	3.1	-5.1
外商及港澳台商投资企业	-0.4	-7.9

2020年按行业分规模以上工业增加值和出口交货值增速

指　　标	工业增加值	工业出口交货值
	比上年增长（%）	比上年增长（%）
总　计	**2.0**	**-6.6**
采矿业	**1.2**	**-15.3**
煤炭开采和洗选业	-12.7	
石油和天然气开采业		
黑色金属矿采选业		
有色金属矿采选业	16.9	
非金属矿采选业	6.0	-15.3
开采辅助活动		
其他采矿业		
制造业	**1.9**	**-6.6**
农副食品加工业	-6.0	-8.5
食品制造业	-5.4	-30.9
酒、饮料和精制茶制造业	-9.0	-16.8
烟草制品业	6.6	20.5
纺织业	5.9	-1.0
纺织服装、服饰业	-0.3	-4.2
皮革、毛皮、羽毛及其制品和制鞋业	-7.0	-19.9
木材加工和木、竹、藤、棕、草制品业	-3.6	-22.5
家具制造业	-0.6	-4.4
造纸和纸制品业	-1.1	-6.3
印刷和记录媒介复制业	10.3	-5.1
文教、工美、体育和娱乐用品制造业	-4.6	-10.8
石油加工、炼焦和核燃料加工业	20.0	-45.5
化学原料和化学制品制造业	7.4	-3.8
医药制造业	29.7	16.2
化学纤维制造业	23.7	-12.4
橡胶和塑料制品业	-0.5	-0.6
非金属矿物制品业	4.8	-7.2
黑色金属冶炼和压延加工业	5.8	-37.1
有色金属冶炼和压延加工业	6.9	-16.0
金属制品业	6.6	1.9
通用设备制造业	-0.4	-7.3
专用设备制造业	4.7	55.2
汽车制造业	-13.4	-6.9
铁路、船舶、航空航天和其他运输设备制造业	-5.0	-18.6
电气机械和器材制造业	8.9	16.2

续表

指　　标	工业增加值	工业出口交货值
	比上年增长（%）	比上年增长（%）
计算机、通信和其他电子设备制造业	6.6	5.5
仪器仪表制造业	-8.8	-4.1
其他制造业	0.8	-8.1
废弃资源综合利用业	21.2	48.3
金属制品、机械和设备修理业	-24.3	-37.3
电力、燃气及水的生产和供应业	**3.8**	
电力、热力的生产和供应业	3.1	
燃气生产和供应业	5.7	
水的生产和供应业	10.1	

2020年规模以上工业企业主要财务指标

指　　标	2020年	比上年增长或增减（%、+/-）
企业单位数（个）	18600	4.2
#亏损企业数（个）	1566	30.8
资产总计（亿元）	41501.46	5.0
流动资产合计（亿元）	21159.85	5.3
营业收入（亿元）	55475.40	-3.5
营业税金及附加（亿元）	503.53	-3.2
利润总额（亿元）	3470.08	-9.7
亏损企业亏损额（亿元）	183.00	-16.9
利税总额（亿元）	4568.35	-12.1
本年应交增值税（亿元）	594.74	-28.7
“两金”占比（%）	32.9	2.4
产成品	23.9	2.4
应收账款	8.9	-0.1
经济效益综合指数	347.60	9.39
产品销售率（%）	96.53	-0.71
资本保值增值率（%）	105.88	-0.86
成本费用利润率（%）	6.70	-0.49
总资产贡献率（%）	11.66	-2.25
全员劳动生产率（元/人）	385625	29166
流动资产周转次数（次）	2.80	-0.20
资产负债率（%）	50.38	-0.41

注：“两金”占比指产成品库存和应收账款净额占流动资产的比重。

2020年按类型分规模

项目	资产总额		营业收入	
	总量（亿元）	比上年增长（%）	总量（亿元）	比上年增长（%）
合　计	**41501.46**	**5.0**	**55475.4**	**-3.5**
#国有控股企业	10523.89	4.9	7407.31	1.0
#主导产业	17575.73	8.5	20119.70	-4.6
电子信息	4288.81	10.3	4189.66	-7.9
机械装备	8038.52	11.3	8724.32	-4.0
石油化工	5248.40	3.2	7205.72	-3.2
按轻重分				
轻工业	16527.13	4.6	27360.36	-4.5
重工业	24974.33	5.3	28115.04	-2.6
按规模分				
大型企业	16228.53	7.4	15902.93	-4.1
中型企业	11741.15	3.6	15582.66	-4.0
小微型企业	13531.78	3.5	23989.81	-2.8
按登记注册分				
#私营企业	16086.47	6.7	29455.37	-2.8
#国有企业	116.91	7.5	37.54	-13.7
集体企业	44.70	6.4	231.79	4.6
股份制公司	28347.73	7.0	38674.02	-1.9
外商及港澳台商投资企业	12838.82	0.9	16008.24	-7.4

注：国有企业利润总额同期利润1.94亿元。

以上工业企业主要指标

利税总额		#利润总额		本年应交增值税	
总量（亿元）	比上年增长（%）	总量（亿元）	比上年增长（%）	总量（亿元）	比上年增长（%）
4568.35	**-12.1**	**3470.08**	**-9.7**	**594.74**	**-28.7**
789.39	-12.1	366.72	-14.7	139.09	-24.0
1547.74	-7.7	1190.45	-6.3	192.40	-18.3
280.18	20.9	233.66	21.9	33.68	25.8
775.09	-6.3	637.33	-2.8	88.32	-26.8
492.47	-20.4	319.46	-24.5	70.40	-20.1
2444.94	-11.2	1884.69	-7.9	265.60	-34.7
2123.42	-13.0	1585.39	-11.7	329.14	-22.9
0.00					
1619.03	-13.6	1104.64	-13.6	208.18	-26.5
1356.17	-7.6	1103.33	-4.1	164.46	-29.0
1593.15	-14.0	1262.12	-10.6	222.09	-30.4
2209.66	-11.8	1786.04	-7.6	288.66	-31.8
0.52	-83.1	-1.10		0.63	-16.0
8.81	-2.5	6.04	8.8	1.38	-29.2
3110.97	-9.7	2320.00	-6.3	428.86	-29.4
1407.38	-16.7	1111.15	-16.1	160.47	-25.6

2020 年按行业分规模

项目	资产总额		利税总额	
	总量（亿元）	比上年增长（%）	总量（亿元）	比上年增长（%）
合计	**41501.46**	**5.0**	**4568.35**	**-12.1**
煤炭开采和洗选业	113.52	-10.7	10.42	-15.5
石油和天然气开采业				
黑色金属矿采选业	95.60	-4.4	12.27	7.7
有色金属矿采选业	75.78	48.6	5.99	-35.0
非金属矿采选业	146.74	12.1	24.17	-18.5
开采辅助活动				
其他采矿业				
农副食品加工业	1533.05	0.1	193.75	-30.0
食品制造业	991.05	2.3	167.42	-23.7
酒、饮料和精制茶制造业	608.14	-1.4	109.07	-15.5
烟草制品业	267.83	4.3	222.82	8.4
纺织业	1742.91	-0.2	180.63	-20.2
纺织服装、服饰业	1315.27	-5.6	210.35	-12.2
皮革、毛皮、羽毛及其制品和制鞋业	1810.17	-1.1	324.28	-18.8
木材加工和木、竹、藤、棕、草制品业	373.88	-6.4	63.75	-29.1
家具制造业	279.81	-0.1	40.67	-18.1
造纸和纸制品业	931.88	-7.0	122.27	-4.3
印刷和记录媒介复制业	251.78	2.7	35.36	-7.7
文教、工美、体育和娱乐用品制造业	893.45	7.6	172.98	-17.3
石油加工、炼焦和核燃料加工业	1081.40	-2.5	122.99	-41.8
化学原料和化学制品制造业	2074.56	4.7	153.14	-23.7
医药制造业	507.93	14.0	85.14	26.0
化学纤维制造业	886.56	8.0	68.92	11.6
橡胶和塑料制品业	1205.88	2.7	147.42	1.6
非金属矿物制品业	2961.15	4.1	459.40	-10.4
黑色金属冶炼和压延加工业	1320.95	10.7	130.24	-30.3
有色金属冶炼和压延加工业	2073.49	9.3	125.47	-6.4
金属制品业	1138.31	8.3	121.23	2.4
通用设备制造业	1025.87	1.5	120.16	-14.6
专用设备制造业	1064.26	9.7	141.49	35.2
汽车制造业	999.35	1.5	71.41	-35.4
铁路、船舶、航空航天和其他运输设备制造业	311.89	-6.1	1.31	-87.2
电气机械和器材制造业	3140.43	24.1	290.30	-2.4
计算机、通信和其他电子设备制造业	4288.81	10.3	280.18	20.9
仪器仪表制造业	251.09	10.9	20.45	-18.6
其他制造业	151.39	0.6	18.94	-12.5
废弃资源综合利用业	74.33	-1.8	20.11	-11.1
金属制品、机械和设备修理业	107.32	-8.9	8.72	-56.5
电力、热力生产和供应业	4557.42	3.6	238.83	-6.0
燃气生产和供应业	259.59	-12.2	32.81	6.3
水的生产和供应业	588.65	14.8	13.51	-0.1

注：铁路、船舶、航空航天和其他运输设备制造业利润总额同期利润2.78亿元。

以上工业企业主要指标

#利润总额		营业收入		本年应交增值税	
总量（亿元）	比上年增长（%）	总量（亿元）	比上年增长（%）	总量（亿元）	比上年增长（%）
3470.08	**-9.7**	**55475.40**	**-3.5**	**594.74**	**-28.7**
4.79	-12.9	80.48	-15.0	3.69	-26.8
0.00	0.0				
7.43	31.7	230.51	-0.7	3.17	-23.1
3.66	-28.5	87.29	11.0	0.75	-52.2
15.46	-18.5	304.66	-4.0	3.21	-35.8
170.64	-28.5	3193.33	-8.5	15.81	-45.8
143.28	-20.8	1650.99	-9.3	18.39	-42.4
83.10	-13.1	1015.29	-11.1	13.53	-33.7
20.59	108.2	309.46	4.6	27.40	-7.5
153.27	-15.7	3248.04	-5.1	18.83	-43.0
169.84	-7.6	2538.15	-2.4	28.10	-34.5
263.65	-14.1	3804.07	-9.3	41.86	-39.1
49.55	-24.7	1280.41	-12.3	9.56	-46.0
32.97	-14.6	636.83	-0.1	4.98	-37.8
98.03	-1.1	1246.32	-2.8	19.14	-17.5
28.60	-1.4	477.19	1.9	4.38	-36.1
147.05	-11.2	2122.01	-5.6	14.49	-52.5
25.92	-73.3	1408.65	-9.2	24.49	-22.3
113.06	-30.9	2437.85	-2.7	23.32	-10.3
71.06	31.2	459.55	10.4	10.95	4.9
62.15	16.8	1497.66	5.8	3.76	-25.2
118.34	8.3	1861.57	-5.5	18.83	-26.2
364.53	-6.7	4569.34	2.5	63.44	-29.9
107.19	-32.3	2169.41	1.1	18.45	-20.4
99.09	-5.8	2910.69	11.5	19.06	-14.8
98.21	9.6	1884.93	-1.1	16.38	-20.9
102.53	-11.5	1373.70	-4.8	11.27	-34.3
119.55	53.4	1163.53	0.8	15.02	-24.0
45.13	-43.4	1092.93	-16.8	13.99	-27.0
-4.71		262.43	-9.0	3.32	-29.7
253.26	0.7	2560.56	3.0	24.13	-28.8
233.66	21.9	4189.66	-7.9	33.68	25.8
16.14	-19.7	272.08	-3.7	3.37	-13.6
16.46	-4.6	263.78	-3.0	1.57	-49.7
3.14	-45.1	222.07	11.0	14.86	-1.4
7.21	-59.5	118.16	-46.2	0.84	-36.8
184.81	8.1	2056.58	0.9	43.48	-39.1
31.28	11.2	384.87	-3.6	0.85	-55.7
10.15	-1.3	94.36	5.5	2.41	5.7

2019—2020 年规模以上工业主要产品产量

指标名称	计量单位	2019 年	2020 年
饮料酒	万千升	192.07	188.92
饮料	万吨	809.20	834.43
卷烟	亿支	879.13	886.45
纱	万吨	580.91	543.45
布	亿米	102.75	74.49
硫酸（折 100%）	万吨	342.65	343.73
烧碱（折 100%）	万吨	38.98	35.90
乙烯	万吨	121.67	138.74
化学纤维	万吨	849.31	856.36
水泥	万吨	9443.13	9686.90
平板玻璃	万重量箱	5113.94	5361.63
生铁	万吨	1038.08	1106.21
粗钢	万吨	2390.28	2466.50
钢材	万吨	3737.66	3861.65
十种有色金属	万吨	73.41	73.97
电解铝	万吨	8.29	7.05
混凝土机械	台	812	832
环境污染防止专用设备	台（套）	9687	9928
汽车	万辆	16.95	18.04
#轿车	万辆	0.78	2.64
SUV	万辆	3.12	4.04
载货汽车	万辆	3.82	3.60
新能源汽车	万辆	1.93	2.55
家用房间空气清洁装置	万台	34.95	303.92
微型计算机设备	万台	2192.40	1493.63
手机	万台	1802.92	2382.81
智能手机	万台	1581.16	804.61
彩色电视机	万台	790.85	1330.02
智能电视	万台	768.33	1307.82
集成电路	亿块	9.56	16.95

2019—2020 年全社会用电量及能耗系数

指　　标	2019 年	2020 年	比上年增长（%）
全社会用电量（亿千瓦小时）	**2402.34**	**2483.00**	**3.4**
第一产业	35.74	39.51	10.5
第二产业	1538.44	1563.05	1.6
第三产业	364.04	376.98	3.6
居民	464.12	503.47	8.5
城镇	234.53	251.47	7.2
乡村	229.59	252.00	9.8
主要行业			
工业	1503.15	1527.86	1.6
交通运输、仓储和邮政业	44.08	42.80	-2.9
信息传输、软件和信息技术服务业	29.04	32.40	11.6
批发和零售业	95.99	102.00	6.3
住宿和餐饮业	31.12	29.54	-5.1
金融业	5.87	6.03	2.7
房地产业	26.27	27.72	5.5
租赁和商务服务业	14.68	15.88	8.2
公共服务及管理组织	111.12	114.41	3.0
能源消费弹性系数	**0.60**		
电力消费弹性系数	0.51	1.03	

固定资产投资

主要年份固定资产投资

年份	固定资产投资	房地产开发投资	
	增速（%）	总量（亿元）	增速（%）
2018	11.5	4940.34	3.0
2019	5.9	5673.13	14.8
2020	-0.4	6026.80	6.2

2019—2020年按行业分固定资产投资（不含跨区项目）增速

单位:%

指标	2019年	2020年
固定资产投资额	**5.9**	**-0.4**
按产业分		
第一产业	-1.3	-8.3
第二产业	14.2	0.7
第三产业	2.8	-0.7
按行业分		
农、林、牧、渔业	-0.5	-6.4
采矿业	18.6	32.1
制造业	16.2	-2.3

续表

单位:%

指　　标	2019 年	2020 年
电力、热力、燃气及水生产和供应业	10.0	19.8
建筑业	-87.8	-32.5
批发和零售业	-45.0	15.4
交通运输、仓储和邮政业	-14.8	-16.1
住宿和餐饮业	-11.6	25.0
信息传输、软件和信息技术服务业	-14.1	7.4
金融业	-5.4	20.1
房地产业	15.4	4.5
租赁和商务服务业	16.7	-13.8
科学研究和技术服务业	-20.7	-13.0
水利、环境和公共设施管理业	-7.2	-6.3
居民服务、修理和其他服务业	-31.4	14.6
教育	36.5	2.1
卫生和社会工作	24.8	0.6
文化、体育和娱乐业	5.1	4.1
公共管理、社会保障和社会组织	-53.0	-10.2
国际组织		

2019—2020 年固定资产投资（不含跨区项目）增速

单位:%

指　　标	2019 年	2020 年
固定资产投资额	**5.9**	**-0.4**
按登记注册类型分		
内资企业	5.7	-1.0
#国有企业	-11.3	-45.3

续表

单位:%

指标	2019年	2020年
集体企业	-42.2	-34.4
私营企业	2.2	28.7
港、澳、台商投资	13.7	-8.4
外商投资企业	10.9	62.0
个体经营	-53.5	-80.2
按构成方式分		
建安工程	6.2	-4.7
设备工具器具购置	5.0	1.3
其他费用	5.5	14.0
按隶属关系分		
中央投资	58.1	3.0
地方投资	4.6	-0.5
新增固定资产	**16.1**	**5.3**
建设项目计划总投资	**3.7**	**6.4**
# 本年新开工项目	-19.3	28.0
施工项目个数	**-5.9**	**-6.9**
# 本年新开工	-29.6	5.4
全部建成投产项目个数	**16.0**	**-8.8**
投资资金情况		
上年末结余资金	9.8	-4.7
本年资金来源小计	7.3	4.8
国家预算内资金	7.1	25.3
国内贷款	-8.5	-11.8
债券	419.4	-98.3
利用外资	120.2	-39.1
自筹资金	11.6	4.2
其他资金来源	1.2	26.4

2019—2020 年房地产开发情况

指　　标	2019 年	2020 年	比上年增长（%）
房地产开发			
企业个数（个）	3519	3608	2.5
完成投资额（亿元）	5673.13	6026.80	6.2
施工面积（万平方米）	34140.18	34556.77	1.2
# 新开工面积	6398.36	6637.99	3.7
商品房屋竣工面积（万平方米）	**2882.29**	**3804.07**	**32.0**
住宅	1813.90	2403.09	32.5
办公楼	177.59	226.57	27.6
商业营业用房	367.91	391.51	6.4
其他	522.88	782.90	49.7
商品房屋销售面积（万平方米）	**6456.13**	**6607.18**	**2.3**
住宅	5073.73	5210.03	2.7
办公楼	331.17	224.80	-32.1
商业营业用房	425.93	431.97	1.4
其他	625.30	740.38	18.4
商品房屋销售额（亿元）	**6938.79**	**7497.75**	**8.1**
住宅	5685.25	6343.34	11.6
办公楼	425.47	236.41	-44.4
商业营业用房	472.73	527.89	11.7
其他	355.33	390.10	9.8
商品房屋待售面积（万平方米）	**1862.04**	**1807.37**	**-2.9**
# 1—3 年待售面积	665.27	652.84	-1.9
# 住宅	532.54	479.44	10.0
房地产交易数据①			
商品房屋销售面积（万平方米）	**4890**	**4732**	**-3.2**
# 住宅	3895	3812	-2.1
商品房屋销售额（亿元）	**5284**	**5548**	**5.0**
# 住宅	4429	4764	7.6

注：①数据由房地产交易中心提供。

交通运输与邮电

主要年份各类运输总量

年　份	客运量（万人）	旅客周转量（亿人公里）	货运量（万吨）	货物周转量（亿吨公里）
2018	51435	1153.28	136974	7652.89
2019	49379	1190.02	133693	8296.62
2020	25490	661.97	139927	9020.34

注：2019 年起全省道路货物运输量调查范围不包含总质量 4.5 吨及以下普通货运车辆。

2019—2020 年交通运输业基本情况

指　标	2019 年	2020 年	比上年增长（%）
运输线路长度（公里）			
铁路营业里程	3509	3774	7.5
公路里程	109785	110118	0.3
# 等级公路	93753	95316	1.7
# 高速公路	5347	5635	5.4
旅客运输量（万人）	**49379**	**25490**	**-48.4**
铁路	12741	7539	-40.8
公路	31199	14882	-52.3
水运	1821	742	-59.3
民航	3618	2327	-35.7

续表

指　　标	2019 年	2020 年	比上年增长（%）
旅客周转量（亿人公里）	**1190.02**	**661.97**	**-44.4**
铁路	396.25	223.16	-43.7
公路	189.99	90.64	-52.3
水运	2.66	0.77	-71.1
民航	601.13	347.40	-42.2
货物运输量（万吨）	**133693**	**139927**	**4.7**
铁路	4086	3750	-8.2
公路	87317	91137	4.4
水运	42263	45018	6.5
民航	28	23	-17.7
货物周转量（亿吨公里）	**8296.62**	**9020.34**	**8.7**
铁路	191.61	180.90	-5.6
公路	962.48	1021.69	6.2
水运	7135.60	7811.73	9.5
民航	6.94	6.02	-13.2
港口货物吞吐量（万吨）	**59483.99**	**62132.47**	**4.5**
内贸吞吐量	35731.68	38582.85	8.0
外贸吞吐量	23752.31	23549.62	-0.9
沿海主要港口货物吞吐量（万吨）	**59483.99**	**62132.47**	**4.5**
福州港	21255.49	24896.84	17.1
湄洲湾港	9425.71	9806.11	4.0
莆田市港区	4158.51	4681.09	12.6
湄洲湾南岸港区	5267.20	5125.01	-2.7
泉州港	7458.88	6679.98	-10.4
厦门港	21343.91	20749.54	-2.8

注：2019 年起全省道路货物运输量调查范围不包含总质量 4.5 吨及以下普通货运车辆。

续表

指　　标	2019 年	2020 年	比上年增长（%）
集装箱吞吐量（万标箱）	**1725.97**	**1720.19**	**-0.3**
福州港	353.90	352.47	-0.4
湄洲湾港	1.92	1.28	-33.1
莆田市港区	1.92	1.28	-33.1
湄洲湾南岸港区			
泉州港	257.93	225.92	-12.4
厦门港	1112.22	1140.53	2.5
全社会机动车拥有量（万辆）	**1118.94**	**1208.86**	**8.0**
#汽车	681.28	731.34	7.3
#私人汽车	591.40	632.67	7.0
#载客汽车	598.34	642.07	7.3
大型	3.56	3.47	-2.6
中型	2.20	2.04	-7.3
小型	589.37	633.64	7.5
微型	3.21	2.92	-9.1
#载货汽车	79.32	86.33	8.8
重型	14.10	15.68	11.2
中型	2.01	1.87	-6.8
轻型	63.09	67.84	7.5
微型	0.12	0.08	-34.8
三轮汽车		0.00	
低速货车		0.86	

2019—2020 年邮电业务基本情况

指　　标	2019 年	2020 年	比上年增长（%）
邮电通信业务量			
邮电业务总量（亿元）	3880.76	4764.31	22.8
邮政业务总量	646.01	856.48	32.6
电信业务总量	3234.74	3907.83	20.8
函件（万件）	4755	3268	-31.3
快递（万件）	261951	343190	31.0
移动电话年末用户（万户）	4720	4739	0.4
固定电话年末用户（万户）	764	733	-4.0
固定互联网宽带接入用户（万户）	1779	1831	2.9
移动互联网用户（万户）	3916	3980	1.6
电信通信水平			
固定电话普及率（部/百人）	19.4	18.5	-4.6
移动电话普及率（部/百人）	119.8	119.3	-0.4
固定宽带家庭普及率（%）	133.3	135.4	1.6
移动宽带用户普及率（%）	104.4	100.3	-3.9

国内、国际贸易与旅游

主要年份国内外贸易情况

年份	社会消费品零售总额（亿元）	进出口总额（亿元）			进出口总额（亿美元）		
			出口	进口		出口	进口
2018	17178.37	12357.29	7624.07	4733.21	1875.76	1156.85	718.90
2019	18896.83	13309.29	8282.86	5026.43	1930.86	1201.83	729.03
2020	18626.45	14035.65	8474.41	5561.25	2026.66	1224.05	802.61

2019—2020年社会消费品零售总额

单位：亿元

项　　目	2019年	2020年	比上年增长（%）
社会消费品零售总额	**18896.83**	**18626.45**	**-1.4**
限额以上	8360.08	8250.07	-1.1
吃类商品	1532.44	1580.73	7.1
穿类商品	961.13	1029.20	5.9
用类商品	5335.48	5158.94	-3.7
# 汽车	1936.37	1905.44	-2.4
限额以下	10536.75	10376.38	-1.7

2019—2020 年实际利用外资情况

单位：万元

项　　目	2019 年	2020 年	比上年增长（%）
实际利用外资	3154094	3479111	10.3
# 农、林、牧、渔业	9191	11881	29.3
制造业	1641422	1399125	-14.8
电力、燃气及水的生产和供应业	16136	17106	6.0
交通运输、仓储和邮政业	50532	39936	-21.0
批发和零售业	172613	294444	70.6
房地产业	328396	300955	-8.4
租赁和商务服务业	310373	616690	98.7

2019—2020年进出口主要分类情况

单位：亿元

项目	2019年	2020年	比上年增长（%）
进出口总额	**13309.29**	**14035.65**	**5.5**
出口总额	8282.86	8474.41	2.3
进口总额	5026.43	5561.25	10.6
出口商品总额	**8282.86**	**8474.41**	**2.3**
初级产品	683.93	693.41	1.4
工业制品	7598.93	7779.72	2.4
进口商品总额	**5026.43**	**5561.25**	**10.6**
初级产品	2820.31	3210.74	13.8
工业制品	2205.71	2350.36	6.6
机电产品进出口	**4062.15**	**4230.33**	**4.1**
出口总额	2978.63	3199.43	7.4
进口总额	1083.52	1030.90	-4.9
高新技术产品进出口	**1742.07**	**1757.45**	**0.9**
出口总额	979.07	1016.49	3.8
进口总额	763.00	740.96	-2.9
外商投资企业进出口	**4273.77**	**3917.33**	**-8.3**
出口总额	2464.02	2318.80	-5.9
进口总额	1809.75	1598.53	-11.7
一般贸易进出口	**9703.12**	**10509.61**	**8.3**
出口总额	5926.34	6007.48	1.4
进口总额	3776.78	4502.13	19.2
加工贸易进出口	**2183.38**	**1931.18**	**-11.6**
出口总额	1438.11	1282.03	-10.9
进口总额	745.27	649.15	-12.9

2020年按主要国别（地区）分进口、出口商品贸易额

单位：亿元

国别（地区）	进出口		进口		出口	
	总量	比上年增长（%）	总量	比上年增长（%）	总量	比上年增长（%）
总计	**14035.65**	**5.5**	**8474.41**	**2.3**	**5561.25**	**10.6**
亚洲	**6612.89**	**3.4**	**2602.95**	**5.6**	**4009.95**	**2.0**
#中国香港	451.03	-11.6	14.40	94.4	436.63	-13.2
中国澳门	2.56	-28.6	0.00	-98.9	2.56	-26.1
中国台湾	829.65	10.9	430.62	3.6	399.04	19.9
日本	674.20	3.3	241.63	13.7	432.57	-1.8
菲律宾	686.80	12.9	65.29	14.2	621.51	12.7
泰国	347.03	16.6	114.14	6.2	232.90	22.4
马来西亚	469.80	29.0	203.44	28.0	266.36	29.8
新加坡	185.64	14.7	44.70	27.5	140.94	11.2
阿拉伯联合酋长国	114.90	-13.3	19.32	44.1	95.58	-19.8
欧洲	**2380.55**	**3.4**	**1682.60**	**1.3**	**697.95**	**8.8**
#德国	409.30	1.4	114.93	4.1	294.37	0.4
法国	135.11	-3.4	33.53	2.7	101.59	-5.2
意大利	126.71	-15.2	26.85	-4.7	99.86	-17.7
芬兰	21.88	-16.0	13.52	-21.7	8.35	-4.9
英国	276.31	13.6	18.94	-47.3	257.37	24.2
丹麦	29.67	5.2	4.99	33.6	24.68	0.8
瑞典	38.32	-8.8	12.30	41.2	26.02	-21.9
瑞士	33.75	-61.6	24.80	-69.0	8.94	13.3
西班牙	154.36	5.1	29.05	-15.9	125.31	11.6
北美洲	**2140.38**	**6.5**	**411.75**	**9.7**	**1728.63**	**5.7**
#加拿大	316.62	19.5	151.57	10.0	165.05	29.8
美国	1822.35	4.5	258.85	9.7	1563.50	3.7
大洋洲	**1037.78**	**25.7**	**831.48**	**28.0**	**206.30**	**17.2**
#澳大利亚	898.29	28.6	730.69	31.1	167.60	19.1
拉丁美洲	**1261.69**	**14.5**	**814.61**	**31.0**	**447.08**	**-6.9**
非洲	**599.27**	**-10.8**	**199.42**	**-26.4**	**399.85**	**-0.2**

2019—2020 年旅游人数和收入情况

指　　标	2019 年	2020 年	比上年增长（%）
入境旅游人数（万人次）	**958.28**	**229.67**	**-76.0**
外国人	373.23	93.92	-74.8
亚洲	244.75	51.94	-78.8
#日本	40.28	10.18	-74.7
美洲	53.40	19.16	-64.1
#美国	38.77	12.56	-67.6
加拿大	7.88	4.34	-44.9
欧洲	48.45	14.63	-69.8
#英国	8.06	3.18	-60.5
法国	5.37	1.61	-70.1
德国	6.75	2.38	-64.8
大洋洲	15.89	5.49	-65.5
#澳大利亚	10.61	3.47	-67.3
新西兰	3.45	1.18	-65.9
非洲	10.74	2.71	-74.7
港澳同胞	197.40	52.73	-73.3
台湾同胞	387.64	83.02	-78.6
国际旅游外汇收入（亿美元）	**102.43**	**20.69**	**-79.8**
国内旅游人数（万人次）	**52697.08**	**36981.07**	**-29.8**
#一日游游客人数	27041.92	17740.01	-34.4
国内旅游收入（亿元）	**7393.43**	**4927.72**	**-33.3**
外省游客消费	3394.37	1821.75	-46.3
本省多日游游客消费	2605.38	2288.61	-12.2
一日游游客消费	1393.68	817.36	-41.4
国内旅游人均花费（元）	**1403**	**1332**	**-5.0**

财政、金融与保险

主要年份财政金融情况

单位：亿元

年　份	一般公共预算总收入	地方一般公共预算收入	一般公共预算支出	人民币各项存款	人民币各项贷款
2018	5045.49	3007.41	4832.69	44677.70	45173.87
2019	5147.25	3052.93	5077.93	48754.92	51396.64
2020	5158.35	3078.96	5214.61	55160.49	58589.49

注：2020 年财政收支为快报数，决算数须待人大批复后确定（约 6 月）。

2019—2020 年一般公共预算收入与支出

单位：亿元

指　　标	2019 年	2020 年	比上年增长（%）
一般公共预算总收入	**5147.25**	**5158.35**	**0.2**
地方一般公共预算收入	**3052.93**	**3078.96**	**0.9**
#增值税	850.01	839.36	-1.3
企业所得税	399.02	368.42	-7.7
个人所得税	168.91	192.81	14.2
资源税	9.17	7.26	-20.9

续表

指　　标	2019 年	2020 年	比上年增长（%）
城市维护建设税	123.90	122.31	-1.3
房产税	87.47	81.74	-6.6
印花税	39.57	42.89	8.4
城镇土地使用税	34.87	31.60	-9.4
土地增值税	254.53	229.67	-9.8
车船使用和牌照税	24.35	26.30	8.0
耕地占用税	15.03	12.42	-17.3
契税	193.31	219.72	13.7
烟叶税	5.19	6.36	22.4
一般公共预算支出	**5077.93**	**5214.62**	**2.7**
#一般公共服务支出	458.78	471.53	2.8
公共安全支出	332.86	347.50	4.4
教育支出	968.54	1023.69	5.7
科学技术支出	133.41	148.44	11.3
文化体育与传媒支出	104.00	111.10	6.8
社会保障和就业支出	507.89	573.99	13.0
医疗卫生支出	467.76	521.92	11.6
环境保护支出	179.55	156.95	-12.6
城乡社区事务支出	558.87	419.66	-24.9
农林水事务支出	442.06	448.43	1.4
交通运输支出	255.00	233.96	-8.3
资源勘探信息等支出	223.78	255.77	14.3
住房保障支出	102.16	130.20	27.4

注：2019 年为决算数，2020 年为快报数。

2019—2020 年政府性基金收支

单位：亿元

指　　标	2019 年	2020 年	比上年增长（%）
政府性基金预算收入	**2569.68**	**3429.71**	**33.5**
#大中型水库库区基金收入	1.54	2.04	32.8
国有土地使用权出让金收入	2425.66	3278.86	35.2
国有土地收益基金收入	53.06	62.45	17.7
农业土地开发资金收入	3.52	1.87	-47.0
彩票公益金收入	20.20	18.30	-9.4
政府性基金预算支出	**3187.97**	**4291.94**	**34.6**
#文化体育与传媒支出	1.30	0.32	-75.5
社会保障和就业支出	8.82	10.10	14.6
#大中型水库移民后期扶持基金支出	8.80	10.05	14.3
城乡社区支出	2768.13	2946.40	6.4
#国有土地使用权出让金支出	2224.29	2530.48	13.8
国有土地收益基金支出	76.53	50.03	-34.6
农业土地开发资金支出	2.82	1.42	-49.4
农林水事务	8.64	6.89	-20.4
交通运输	125.26	137.97	10.2
#港口建设费安排的支出	3.44	4.24	23.3

2020 年金融机构存贷款余额

单位：亿元

	本外币	比上年增长（%）	人民币	比上年增长（%）
金融机构各项存款余额	**56386.92**	**13.1**	**55160.49**	**13.1**
境内存款	55389.85	13.1	54529.18	13.1
住户存款	24283.91	14.6	24052.60	14.8
非金融企业存款	17229.09	15.8	16604.36	15.8
#企业活期存款	5885.26	7.2	5505.85	5.9
企业定期存款	1917.43	30.6	1724.27	35.1
企业保证金存款	1544.10	3.1	1515.87	3.6
#财政性存款	1053.15	3.5	1053.15	3.5
非银行业金融机构存款	5199.52	32.3	5196.99	32.3
境外存款	997.07	17.4	631.31	13.6
金融机构各项贷款余额	**59859.66**	**13.7**	**58589.49**	**14.0**
境内贷款	58815.45	13.8	58270.11	13.8
住户贷款	29159.49	15.6	29158.11	15.6
短期贷款	8539.89	3.5	8538.57	3.5
个人消费贷款	4908.82	-13.9	4907.50	-13.9
个人经营性贷款	3631.07	42.2	3631.07	42.2
中长期贷款	20619.60	21.5	20619.54	21.5
个人消费贷款	16444.03	24.3	16443.96	24.3
个人经营性贷款	4175.58	11.5	4175.58	11.5
企（事）业单位贷款	29308.74	11.8	28764.78	11.8
短期贷款	9604.35	12.2	9305.03	12.1
#单位经营贷款	8186.02	10.6	8113.93	10.5
单位固定资产贷款	77.75	-6.0	76.95	-4.1
中长期贷款	17412.62	12.8	17169.65	12.8
#单位经营贷款	3520.39	28.0	3404.98	26.0
单位固定资产贷款	13413.84	9.3	13293.25	9.7
融资租赁	105.49	21.2	105.49	21.2
票据融资	2173.47	3.7	2173.47	3.7
各项垫款	12.81	-49.7	11.15	-46.7
非银行业金融机构贷款	347.22	48.8	347.22	48.8
境外贷款	1044.21	7.6	319.38	59.0

2020 年保险公司业务经济技术指标

单位：亿元

指　　标	保费	比上年增长（%）	赔款及给付	比上年增长（%）
合计	**1242.25**	**5.7**	**393.23**	**7.8**
财产保险公司	**390.04**	**2.0**	**243.16**	**8.3**
企业财产保险	16.37	3.5	7.42	5.8
家庭财产保险	2.75	3.8	0.78	-47.2
机动车辆保险	238.81	-2.8	143.21	-0.9
工程保险	3.93	23.1	2.66	32.7
责任保险	23.75	18.8	12.06	21.9
信用保险	11.90	9.3	7.04	19.6
保证保险	20.57	-8.0	16.43	33.9
船舶保险	3.32	7.2	1.90	11.8
货物运输保险	3.73	0.8	1.79	-2.7
特殊风险保险	1.30	-51.1	2.82	396.5
农业保险	7.17	17.9	4.77	-6.9
健康险	38.76	23.3	34.49	34.0
意外伤害保险	14.20	12.0	5.53	14.3
其他	3.47	46.7	2.26	42.3
人寿保险公司	**852.21**	**7.6**	**150.07**	**7.4**
寿险	619.98	6.0	86.50	2.9
健康险	210.51	14.5	58.93	16.5
人身意外伤害险	21.72	-6.9	4.64	-6.9

市、县、区主要统计指标

2020 年设区市主要统计指标

	单位	福州	平潭	福州（不含平潭）	厦门	莆田
国民经济核算						
地区生产总值	亿元	10020.02	301.43		6384.02	2643.97
第一产业	亿元	560.70	36.03		28.89	125.66
第二产业	亿元	3840.77	84.44		2519.83	1362.33
工业	亿元	2532.16	6.56		1892.18	1094.00
建筑业	亿元	1328.23	78.04		655.90	270.96
第三产业	亿元	5618.55	180.96		3835.29	1155.98
三次产业结构						
第一产业	%	5.6	12.0		0.4	4.8
第二产业	%	38.3	28.0		39.5	51.5
# 工业	%	25.3	2.2		29.6	41.4
第三产业	%	56.1	60.0		60.1	43.7
农业						
农林牧渔业总产值	亿元	1000.78	68.44	932.34	61.03	237.41
粮食产量	万吨	48.54	1.89	46.65	2.51	18.53
水产品产量	万吨	283.75	45.72	238.03	7.59	99.51
农作物播种面积	万亩	394.17	14.39	379.78	33.76	101.47

续表

	单位	三明	泉州	漳州	南平	龙岩	宁德
国民经济核算							
地区生产总值	亿元	2702.19	10158.66	4545.61	2007.40	2870.90	2619.00
第一产业	亿元	314.57	226.60	498.71	329.76	319.73	325.92
第二产业	亿元	1401.90	5808.14	2056.79	759.42	1263.37	1319.69
工业	亿元	1022.10	5120.69	1606.63	526.97	861.51	1089.10
建筑业	亿元	383.88	695.86	453.63	232.76	401.86	232.16
第三产业	亿元	985.72	4123.91	1990.11	918.22	1287.80	973.40
三次产业结构							
第一产业	%	11.6	2.2	11.0	16.4	11.1	12.4
第二产业	%	51.9	57.2	45.2	37.8	44.0	50.4
# 工业	%	37.8	50.4	35.3	26.3	30.0	41.6
第三产业	%	36.5	40.6	43.8	45.8	44.9	37.2
农业							
农林牧渔业总产值	亿元	534.49	411.42	919.75	587.14	564.92	584.14
粮食产量	万吨	94.53	49.83	41.25	117.82	82.07	47.24
水产品产量	万吨	11.47	104.99	204.47	8.88	6.19	103.49
农作物播种面积	万亩	455.16	244.93	262.65	450.55	324.55	255.76

续表

	单位	福州	平潭	福州（不含平潭）	厦门	莆田
固定资产投资						
固定资产投资	亿元					
#工业投资	亿元					
房地产开发投资	亿元	2070.23	109.86	1960.37	1055.76	395.41
国内贸易						
社会消费品零售总额	亿元	4225.61	58.82	4166.79	2293.87	1612.26
对外经济						
海关进出口总额	亿元		131.32	2504.83	6915.77	628.05
出口	亿元		59.16	1786.46	3572.92	228.61
进口	亿元		72.16	718.38	3342.85	399.44
实际利用外资	亿元		6.54	70.07	166.05	9.62
财政						
一般公共预算总收入	亿元	1108.36	90.80	1017.56	1351.24	350.65
地方一般公共预算收入	亿元	675.61	54.60	621.00	783.92	147.10
一般公共预算支出	亿元	950.20	96.06	854.14	976.89	256.14
居民生活						
居民人均可支配收入	元		28305	40477	58140	32106
城镇居民人均可支配收入	元		43278	49300	61331	41007
农村居民人均可支配收入	元		18742	22669	26612	20823

续表

	单位	三明	泉州	漳州	南平	龙岩	宁德
固定资产投资							
固定资产投资	亿元						
#工业投资	亿元						
房地产开发投资	亿元	151.22	962.83	678.35	235.63	230.16	247.22
国内贸易							
社会消费品零售总额	亿元	781.71	5228.87	1697.15	702.37	1259.21	825.40
对外经济							
海关进出口总额	亿元	115.43	1970.81	807.46	125.35	334.10	502.54
出口	亿元	106.59	1503.61	538.24	115.10	228.56	335.17
进口	亿元	8.84	467.20	269.22	10.25	105.54	167.37
实际利用外资	亿元	1.41	46.39	41.14	2.48	2.73	1.48
财政							
一般公共预算总收入	亿元	813.32	170.15	231.27	146.12	329.78	233.55
地方一般公共预算收入	亿元	111.16	454.04	218.56	98.18	158.61	137.79
一般公共预算支出	亿元	334.85	711.33	447.76	332.78	333.11	357.05
居民生活							
居民人均可支配收入	元	30302	40772	30949	28579	30403	28574
城镇居民人均可支配收入	元	39259	50968	40008	36492	40190	37121
农村居民人均可支配收入	元	19533	23459	21103	18557	20150	19050

2020年设区市主要统计指标增速

单位:%

	福州	平潭	福州（不含平潭）	厦门	莆田
国民经济核算					
地区生产总值	5.1	5.4		5.7	3.3
第一产业	4.0	2.0		2.5	1.4
第二产业	6.2	1.8		6.1	1.5
工业	5.1	-11.2		5.4	1.9
建筑业	8.8	3.4		8.6	-0.3
第三产业	4.4	7.7		5.5	5.8
农业					
农林牧渔业总产值	4.1	2.1	4.2	2.3	1.7
粮食产量	3.5	10.1	3.3	3.0	1.3
水产品产量	4.5	3.6	4.7	1.6	1.6
农作物播种面积	2.7	0.8	2.8	1.8	2.7
工业					
规模以上工业增加值	5.3	-23.8	5.3	6.0	2.2
固定资产投资					
固定资产投资（不含跨区项目）	9.6	-9.6	10.9	8.8	-2.3
#工业投资	9.9	51.4	9.0	12.9	8.1
房地产开发投资	14.2	2.3	15.0	17.4	-5.3
国内贸易					
社会消费品零售总额	0.6	-10.8	0.8	1.6	-0.8
对外经济					
海关进出口总额		31.4	-1.0	7.8	59.9
出口		52.4	-1.1	1.2	-0.8
进口		18.1	-0.8	16.0	146.0
实际利用外资		-50.5	7.3	23.8	6.8
财政					
一般公共预算总收入	1.2	28.2	-0.7	1.7	2.2
地方一般公共预算收入	1.1	20.0	-0.3	2.0	2.8
一般公共预算支出	0.0	0.8	0.0	7.0	8.6
居民生活					
居民人均可支配收入		5.4	4.5	4.1	5.2
城镇居民人均可支配收入		3.9	2.9	3.9	2.4
农民人均可支配收入		6.6	6.3	7.3	5.8

续表

单位:%

	三明	泉州	漳州	南平	龙岩	宁德
国民经济核算						
地区生产总值	4.1	2.9	-3.9	0.3	5.3	6.0
第一产业	3.9	1.8	3.1	3.9	3.3	3.1
第二产业	4.2	2.8	-9.1	-3.5	5.3	6.6
工业	3.0	2.9	-11.2	-7.2	4.4	7.0
建筑业	7.6	1.6	0.9	7.5	7.6	4.7
第三产业	4.1	3.2	1.1	2.4	5.7	6.3
农业						
农林牧渔业总产值	4.0	1.8	3.3	4.0	3.4	3.1
粮食产量	1.5	1.7	1.1	1.8	1.7	0.6
水产品产量	2.6	-1.9	0.7	1.8	2.7	1.8
农作物播种面积	1.3	2.3	1.6	2.2	2.7	1.3
工业						
规模以上工业增加值	3.1	3.0	-13.5	-9.5	5.1	7.4
固定资产投资						
固定资产投资（不含跨区项目）	7.1	-2.4	-27.8	0.1	2.4	0.7
#工业投资	17.8	-2.9	-35.6	19.1	23.8	1.1
房地产开发投资	11.5	5.0	-11.8	8.3	-17.4	9.3
国内贸易						
社会消费品零售总额	-0.3	-2.3	-5.0	-3.9	-4.1	-2.7
对外经济						
海关进出口总额	-37.4	-6.7	11.3	2.9	10.0	17.9
出口	-39.7	3.5	14.6	1.0	27.0	17.9
进口	13.1	-29.1	5.1	29.8	-14.8	18.0
实际利用外资	7.3	5.1	8.0	-54.9	-16.9	5.1
财政						
一般公共预算总收入	1.0	-3.1	-1.6	-2.0	1.5	5.4
地方一般公共预算收入	3.2	-0.8	-0.4	2.0	1.9	8.7
一般公共预算支出	5.8	8.1	1.7	7.2	3.4	5.2
居民生活						
居民人均可支配收入	5.6	4.1	5.0	4.5	5.8	5.9
城镇居民人均可支配收入	3.5	2.8	2.7	3.8	3.5	3.4
农民人均可支配收入	6.7	6.0	6.1	6.7	6.8	7.0

2020年县（市、区）地区生产总值及三次产业构成

县（市、区）	地区生产总值		三次产业构成（%）		
	数值（亿元）	增长（%）	第一产业	第二产业	第三产业
全　省	**43903.89**	**3.3**	**6.2**	**46.3**	**47.5**
福州市	**10020.02**	**5.1**	**5.6**	**38.3**	**56.1**
鼓楼区	2069.86	3.2	0.0	15.1	84.9
台江区	600.81	6.3	0.0	14.7	85.3
仓山区	902.27	5.8	0.2	38.2	61.6
马尾区	604.96	5.7	1.6	58.7	39.7
晋安区	959.05	5.7	0.8	26.5	72.7
长乐区	1003.41	6.8	5.8	64.9	29.3
福清市	1228.54	6.7	9.0	50.4	40.6
闽侯县	793.04	5.0	6.1	52.1	41.8
连江县	594.85	0.2	24.7	37.3	38.0
罗源县	316.61	6.3	15.5	54.2	30.3
闽清县	344.88	6.2	10.5	53.6	35.9
永泰县	300.31	6.2	18.8	46.6	34.6
平潭县	301.43	5.4	12.0	28.0	60.0
厦门市	**6384.02**	**5.7**	**0.4**	**39.5**	**60.1**
思明区	2053.04	4.5	0.1	15.9	84.0
海沧区	815.75	4.5	0.2	56.2	43.6
湖里区	1395.75	6.4	0.0	39.1	60.9
集美区	822.41	5.5	0.4	48.6	51.0
同安区	591.21	7.9	1.9	52.3	45.8
翔安区	705.87	8.0	1.4	67.8	30.8
莆田市	**2643.97**	**3.3**	**4.8**	**51.5**	**43.7**
城厢区	485.85	3.8	2.3	35.1	62.6
涵江区	595.12	5.4	2.9	65.8	31.3
荔城区	548.01	2.2	3.0	52.2	44.8
秀屿区	493.50	1.2	11.8	52.1	36.1
仙游县	521.49	3.8	4.3	49.3	46.4
三明市	**2702.19**	**4.1**	**11.6**	**51.9**	**36.5**
梅列区	355.83	3.4	1.6	45.8	52.6
三元区	247.43	3.9	5.3	59.6	35.1

续表

县（市、区）	地区生产总值		三次产业构成（%）		
	数值（亿元）	增长（%）	第一产业	第二产业	第三产业
永安市	446.26	3.6	8.4	58.8	32.8
明溪县	111.00	4.0	18.8	48.5	32.7
清流县	154.58	5.6	15.7	53.6	30.7
宁化县	201.97	3.7	14.5	45.0	40.5
大田县	228.72	5.1	19.7	50.4	29.9
尤溪县	223.87	4.1	23.3	37.7	39.0
沙　县	323.87	3.5	10.0	58.8	31.2
将乐县	165.31	5.0	12.4	49.4	38.2
泰宁县	103.07	3.9	14.5	48.7	36.8
建宁县	140.29	6.0	13.5	56.5	30.0
泉州市	**10158.66**	**2.9**	**2.2**	**57.2**	**40.6**
鲤城区	621.85	-3.4	0.0	48.9	51.1
丰泽区	763.92	3.9	0.2	19.5	80.3
洛江区	284.94	2.0	1.9	64.4	33.7
泉港区	734.44	3.8	1.5	79.9	18.6
石狮市	937.16	2.9	2.6	45.1	52.3
晋江市	2616.11	4.2	0.8	60.3	38.9
南安市	1352.72	4.8	2.7	58.5	38.8
惠安县	1317.71	0.7	2.4	71.1	26.5
安溪县	747.63	3.3	7.5	50.8	41.7
永春县	494.52	3.0	5.4	62.0	32.6
德化县	287.66	4.1	4.4	59.2	36.4
漳州市	**4545.61**	**-3.9**	**11.0**	**45.2**	**43.8**
芗城区	752.46	-2.2	1.6	40.9	57.5
龙文区	349.07	-3.6	1.7	33.4	64.9
龙海市	1115.75	2.3	7.2	56.9	35.9
云霄县	231.65	-11.1	16.7	42.7	40.6
漳浦县	495.61	-5.1	17.9	31.8	50.3
诏安县	287.63	1.0	19.6	47.0	33.4
长泰县	344.54	-3.6	5.7	65.5	28.8
东山县	198.25	-23.4	19.2	35.7	45.1

续表

县（市、区）	地区生产总值		三次产业构成（%）		
	数值（亿元）	增长（%）	第一产业	第二产业	第三产业
南靖县	345.33	-7.4	21.8	44.8	33.4
平和县	254.57	-6.3	19.0	26.4	54.6
华安县	170.76	-2.2	20.9	51.5	27.6
南平市	**2007.40**	**0.3**	**16.4**	**37.8**	**45.8**
延平区	415.82	1.1	9.8	39.6	50.6
建阳区	261.94	4.6	15.0	40.6	44.4
邵武市	241.66	-0.6	12.1	44.4	43.5
武夷山市	208.05	0.1	13.7	35.9	50.4
建瓯市	280.29	-4.0	18.9	35.5	45.6
顺昌县	128.33	-4.3	17.3	35.3	47.4
浦城县	175.54	4.2	22.6	33.3	44.1
光泽县	117.29	1.9	37.6	31.9	30.5
松溪县	80.16	-1.5	17.7	36.4	45.9
政和县	98.32	0.1	19.0	37.1	43.9
龙岩市	**2870.90**	**5.3**	**11.1**	**44.0**	**44.9**
新罗区	1018.81	5.5	5.8	47.0	47.2
永定区	285.83	5.2	13.9	39.4	46.7
漳平市	274.70	4.6	13.5	42.8	43.6
长汀县	309.77	4.9	13.4	44.3	42.4
上杭县	431.87	5.7	14.0	41.5	44.5
武平县	273.38	4.7	15.0	41.9	43.1
连城县	276.55	5.0	14.7	44.5	40.8
宁德市	**2619.00**	**6.0**	**12.4**	**50.4**	**37.2**
蕉城区	782.81	12.6	5.4	63.2	31.4
福安市	600.16	6.7	8.9	61.8	29.3
福鼎市	418.69	0.8	14.5	52.3	33.2
霞浦县	264.48	1.5	26.2	24.7	49.1
古田县	204.97	3.5	23.9	25.4	50.7
屏南县	91.84	0.5	17.8	25.7	56.5
寿宁县	104.68	3.7	16.6	36.4	47.0
周宁县	76.16	3.3	11.0	30.9	58.1
柘荣县	75.23	5.0	11.9	42.7	45.4

2020年县（市、区）一般公共预算收支

县（市、区）	一般公共预算总收入		地方一般公共预算收入		一般公共预算支出	
	数量（亿元）	增长（%）	数量（亿元）	增长（%）	数量（亿元）	增长（%）
全　省	**5158.35**	**0.2**	**3078.96**	**0.9**	**5214.61**	**2.7**
福州市	**1108.36**	**1.2**	**675.61**	**1.1**	**950.20**	**0.0**
鼓楼区	51.56	1.3	30.84	2.5	35.98	-5.2
台江区	24.99	-7.5	16.19	-5.3	22.47	6.0
仓山区	41.03	-6.4	27.16	-4.7	36.14	-11.8
马尾区	31.57	-9.6	21.00	-8.1	41.29	19.2
晋安区	33.58	-12.8	22.88	-5.7	34.72	10.1
长乐区	82.73	5.2	51.17	3.5	78.73	21.2
福清市	155.26	11.5	91.26	7.3	117.11	0.1
闽侯县	126.05	8.4	78.14	6.7	98.83	-7.0
连江县	56.87	7.4	34.76	4.1	78.44	9.8
罗源县	15.40	-18.8	9.68	-14.2	27.01	-16.5
闽清县	29.01	0.3	16.01	1.5	35.17	9.0
永泰县	20.42	0.4	12.46	1.4	34.26	8.3
平潭县	90.80	28.2	54.60	20.0	96.06	0.8
厦门市	**1351.24**	**1.7**	**783.92**	**2.0**	**976.90**	**7.0**
思明区	130.87	6.8	63.01	7.5	109.78	9.4
海沧区	122.40	2.6	33.98	-14.7	72.28	-10.7
湖里区	98.18	9.5	51.05	2.9	89.16	52.4
集美区	61.63	5.5	40.16	6.0	78.23	15.1
同安区	44.92	4.9	26.26	2.3	71.75	11.0
翔安区	36.18	13.9	22.46	7.5	49.83	-4.1
莆田市	**231.27**	**2.2**	**147.10**	**2.8**	**256.13**	**8.6**
城厢区	34.25	-2.0	25.02	2.7	28.83	5.8
涵江区	40.19	0.3	23.60	0.7	30.94	4.3
荔城区	46.24	-2.8	27.55	-2.9	34.17	3.0
秀屿区	40.87	21.5	24.53	17.0	40.10	24.8
仙游县	40.84	1.7	27.24	4.0	57.80	2.0
三明市	**170.15**	**1.0**	**111.16**	**3.2**	**334.85**	**5.8**
梅列区	10.18	-2.8	7.73	0.9	13.18	17.6
三元区	7.48	6.1	5.14	11.9	11.79	4.8

续表

县（市、区）	一般公共预算总收入		地方一般公共预算收入		一般公共预算支出	
	数量（亿元）	增长（%）	数量（亿元）	增长（%）	数量（亿元）	增长（%）
永安市	31.03	14.8	19.00	4.1	33.59	3.2
明溪县	5.44	3.3	3.47	5.9	17.38	7.3
清流县	6.84	-6.7	4.35	5.5	20.60	-3.4
宁化县	9.13	-5.2	6.73	0.3	31.88	1.0
大田县	11.47	3.8	7.56	4.8	30.05	73
尤溪县	11.72	-3.1	8.37	3.1	32.19	6.0
沙　县	15.09	9.4	10.46	5.5	27.98	1.6
将乐县	11.05	2.3	6.64	2.7	22.69	5.8
泰宁县	4.15	9.3	2.86	5.7	17.69	3.6
建宁县	4.85	0.1	3.40	2.5	18.70	5.4
泉州市	**813.32**	**-3.1**	**454.04**	**-0.8**	**711.33**	**8.1**
鲤城区	21.21	1.0	12.28	9.2	14.64	-5.7
丰泽区	26.19	-23.3	16.08	-19.8	27.07	14.8
洛江区	21.51	1.2	12.82	6.9	17.00	-2.1
泉港区	89.40	-7.8	25.58	1.0	35.91	8.9
石狮市	56.70	-3.6	36.03	-2.0	57.38	32.6
晋江市	227.67	2.7	139.28	1.0	150.68	8.6
南安市	90.56	1.5	53.05	6.0	90.11	13.6
惠安县	76.18	-3.6	34.62	-8.7	55.55	0.6
安溪县	43.82	-14.5	28.65	-7.6	68.61	-5.2
永春县	18.52	-4.5	11.82	-3.7	37.26	11.9
德化县	19.37	2.9	12.86	7.4	30.92	9.4
漳州市	**350.65**	**-1.6**	**218.56**	**-0.4**	**447.76**	**1.7**
芗城区	29.25	-4.4	15.41	-4.1	27.40	5.8
龙文区	17.49	-2.5	11.47	-0.4	15.84	3.2
龙海市	45.46	-1.4	24.83	3.4	44.76	6.1
云霄县	10.42	5.1	6.88	1.6	28.38	7.3
漳浦县	52.47	23.1	32.67	25.6	63.65	11.0
诏安县	10.94	6.1	6.92	8.9	32.83	16.2
长泰县	18.32	-13.6	11.20	-12.3	23.73	5.1
东山县	15.35	-1.6	10.47	0.2	21.83	-4.7

续表

县（市、区）	一般公共预算总收入		地方一般公共预算收入		一般公共预算支出	
	数量（亿元）	增长（%）	数量（亿元）	增长（%）	数量（亿元）	增长（%）
南靖县	12.54	-14.7	8.20	-8.6	29.20	5.2
平和县	8.92	-5.4	6.34	0.3	33.51	-5.6
华安县	7.94	1.5	5.40	9.6	14.82	-7.9
南平市	**146.12**	**-2.0**	**98.18**	**2.0**	**332.78**	**7.2**
延平区	11.53	-5.4	7.26	-0.4	27.11	9.7
建阳区	18.65	-5.6	13.36	1.4	31.81	9.6
邵武市	17.75	-5.9	13.21	3.3	31.03	7.4
武夷山市	13.10	0.7	9.35	3.4	29.58	6.5
建瓯市	14.78	0.6	10.58	5.9	35.04	-1.4
顺昌县	8.55	0.4	5.57	1.4	24.76	13.5
浦城县	9.69	-3.3	6.80	0.1	33.73	1.3
光泽县	7.06	3.6	4.56	0.6	19.30	2.9
松溪县	3.90	-1.8	2.75	0.2	17.24	9.9
政和县	5.67	0.6	3.88	3.6	20.42	12.1
龙岩市	**329.78**	**1.5**	**158.61**	**1.9**	**333.11**	**3.4**
新罗区	38.49	5.2	24.29	-0.2	48.94	6.8
永定区	16.05	-1.6	10.35	-4.7	30.23	3.7
漳平市	15.19	5.4	9.74	7.3	26.04	5.5
长汀县	14.71	1.8	9.80	2.5	39.11	2.6
上杭县	39.91	1.7	28.21	3.0	51.12	1.5
武平县	14.88	4.6	10.14	5.6	34.01	3.2
连城县	10.24	1.7	7.02	7.5	30.78	3.9
宁德市	**233.55**	**5.4**	**137.79**	**8.7**	**357.05**	**5.2**
蕉城区	41.95	4.1	23.04	3.9	43.40	10.6
福安市	51.23	2.7	27.88	4.4	46.10	-2.0
福鼎市	28.45	-4.6	18.15	-2.4	41.87	3.4
霞浦县	14.88	15.4	10.77	23.6	41.02	8.3
古田县	10.80	-9.3	7.48	-7.0	30.37	6.3
屏南县	6.07	-8.7	3.94	-8.9	20.10	-6.1
寿宁县	5.19	1.0	3.36	8.1	21.65	3.4
周宁县	5.40	-2.6	3.91	5.6	21.74	22.8
柘荣县	4.48	2.8	2.72	5.2	14.94	11.4

2020年县（市、区）农林牧渔业总产值及农作物播种面积

县（市、区）	农林牧渔业总产值		农作物播种面积	
	数值（万元）	增长（%）	数值（万亩）	增加（万亩）
全　省	**49010675**	**3.3**	**2523.00**	**50.96**
福州市	**10007800**	**4.1**	**394.17**	**10.36**
鼓楼区	1600	-84.6		
台江区				
仓山区	34836	1.5	2.90	0.02
马尾区	174592	20.7	3.51	0.08
晋安区	134885	4.0	9.73	0.21
长乐区	1029849	3.6	48.94	0.58
福清市	2025899	4.1	85.97	2.64
闽侯县	842773	3.9	78.29	3.40
连江县	2659821	4.5	20.28	0.09
罗源县	886078	4.1	21.85	0.91
闽清县	597546	4.7	43.54	1.03
永泰县	935551	4.5	64.76	1.27
平潭县	684368	2.1	14.39	0.11
厦门市	**610258**	**2.3**	**33.76**	**0.60**
思明区	49719	16.4	0.00	0.00
海沧区	42796	8.7	1.92	0.03
湖里区	178		0.00	0.00
集美区	68743	6.7	4.16	0.20
同安区	232584	4.7	14.32	0.23
翔安区	216238	-3.8	13.36	0.14
莆田市	**2374078**	**1.7**	**101.47**	**2.71**
城厢区	225234	3.9	5.01	0.09
涵江区	327241	6.6	13.46	0.44
荔城区	304936	-2.7	24.19	0.44
秀屿区	1095900	0.6	26.20	0.73
仙游县	420767	4.0	32.60	1.02
三明市	**5344912**	**4.0**	**455.16**	**5.96**
梅列区	97208	3.0	5.24	0.15
三元区	224876	4.0	9.28	0.05

续表

县（市、区）	农林牧渔业总产值		农作物播种面积	
	数值（万元）	增长（%）	数值（万亩）	增加（万亩）
永安市	635125	3.6	35.25	1.11
明溪县	349311	4.4	38.25	0.93
清流县	414520	4.8	61.74	2.70
宁化县	496746	3.8	78.04	-1.84
大田县	760568	4.5	58.29	0.94
尤溪县	869598	3.8	52.35	0.82
沙　县	551741	3.1	32.50	0.55
将乐县	340783	4.6	28.70	0.29
泰宁县	263471	3.9	21.75	0.45
建宁县	340965	3.5	33.77	-0.19
泉州市	**4114219**	**1.8**	**244.93**	**5.41**
鲤城区	5337	9.9	0.65	0.03
丰泽区	40399	9.6	0.77	0.06
洛江区	108408	3.6	6.15	0.39
泉港区	210711	1.6	6.30	-0.05
石狮市	470017	-3.2	4.43	-0.10
晋江市	405908	3.8	23.53	-0.10
南安市	641189	4.6	56.47	2.00
惠安县	586488	-3.8	31.88	0.82
安溪县	927629	4.0	51.86	0.60
永春县	466057	4.9	37.73	0.66
德化县	252076	5.3	25.16	1.12
漳州市	**9197479**	**3.3**	**262.65**	**4.11**
芗城区	211821	4.8	4.46	0.16
龙文区	105516	3.7	2.95	0.03
龙海市	1404398	1.6	33.09	0.83
云霄县	658332	1.6	25.97	0.26
漳浦县	1623317	5.7	75.17	0.97
诏安县	1007413	5.3	34.23	0.76
长泰县	374343	4.4	18.85	0.16
东山县	808216	-0.2	7.45	0.01

续表

县（市、区）	农林牧渔业总产值		农作物播种面积	
	数值（万元）	增长（%）	数值（万亩）	增加（万亩）
南靖县	1487509	4.1	31.72	0.64
平和县	913637	2.1	15.55	0.24
华安县	602977	4.1	13.22	0.05
南平市	**5871385**	**4.0**	**450.55**	**9.88**
延平区	773856	4.4	31.24	0.60
建阳区	670447	4.6	70.84	1.42
邵武市	509178	1.3	69.24	1.68
武夷山市	477230	4.7	39.88	0.81
建瓯市	908829	4.4	76.15	1.90
顺昌县	384141	5.6	18.99	0.20
浦城县	743977	7.0	64.48	1.15
光泽县	835713	1.4	29.35	0.56
松溪县	240289	1.9	22.12	0.86
政和县	327726	5.0	28.26	0.71
龙岩市	**5649180**	**3.4**	**324.55**	**8.61**
新罗区	1108068	3.8	21.46	0.38
永定区	706714	3.3	38.42	0.90
漳平市	624455	3.7	32.62	0.95
长汀县	737011	3.1	62.25	2.08
上杭县	1028555	3.5	68.10	2.05
武平县	746079	2.7	51.72	0.64
连城县	698298	3.2	49.99	1.61
宁德市	**5841364**	**3.1**	**255.76**	**3.31**
蕉城区	828865	0.4	17.21	-1.63
福安市	922730	3.4	53.97	0.42
福鼎市	1047769	3.4	46.32	0.97
霞浦县	1293929	1.6	26.30	0.01
古田县	852352	5.2	38.95	0.69
屏南县	287814	6.3	19.04	0.45
寿宁县	294903	4.4	26.31	0.85
周宁县	153126	5.0	13.02	0.77
柘荣县	159876	4.4	14.65	0.78

2020年县（市、区）规模以上工业增加值增速

单位：%

县（市、区）	规模以上工业增加值	重工业	轻工业
全　省	**2.0**	**4.3**	**-0.2**
福州市	**5.3**	**7.8**	**3.1**
鼓楼区	2.5	2.7	1.1
台江区	3.9	18.8	-12.0
仓山区	5.3	9.8	3.3
晋安区	5.3	7.1	4.4
马尾区	6.2	6.5	5.9
长乐区	8.3	11.1	7.5
福清市	8.4	8.2	8.8
闽侯县	3.3	6.6	-1.3
连江县	-9.5	30.0	-38.2
罗源县	7.6	8.1	2.3
闽清县	5.3	1.9	25.3
永泰县	5.2	2.1	7.2
平潭县	-23.8	-23.2	-30.2
厦门市	**6.0**	**3.7**	**10.2**
思明区	4.4	7.6	-9.6
海沧区	8.4	1.3	13.2
湖里区	1.3	3.0	-11.6
集美区	6.9	9.9	2.1
同安区	8.5	2.5	12.4
翔安区	6.9	3.3	24.4
莆田市	**2.2**	**6.5**	**0.2**
城厢区	4.2	1.9	4.7
涵江区	3.3	14.4	-2.3
荔城区	3.3	7.6	2.7
秀屿区	1.0	7.0	-6.5
仙游县	-0.3	-6.7	2.2
三明市	**3.1**	**1.8**	**6.1**
梅列区	0.5	0.4	4.3
三元区	3.3	2.6	4.8

续表 单位:%

县（市、区）	规模以上工业增加值	重工业	轻工业
永安市	2.9	1.9	5.5
明溪县	3.6	1.3	8.2
清流县	3.2	8.2	-8.5
宁化县	3.8	8.1	0.6
大田县	4.0	5.6	-2.1
尤溪县	4.1	3.6	4.3
沙　县	3.0	1.7	5.3
将乐县	3.9	6.5	0.5
泰宁县	2.8	1.5	3.8
建宁县	3.5	4.9	1.9
泉州市	**3.0**	**8.8**	**-0.8**
鲤城区	-8.0	-8.1	-7.9
丰泽区	-4.3	3.8	-11.8
洛江区	3.4	-2.5	5.4
泉港区	5.1	23.3	-58.4
石狮市	3.0	4.2	2.4
晋江市	5.0	2.1	5.9
南安市	6.2	9.2	0.7
惠安县	-1.2	6.1	-9.0
安溪县	4.5	6.8	3.4
永春县	3.3	3.8	3.2
德化县	5.0	4.1	5.3
漳州市	**-13.5**	**-10.7**	**-16.2**
芗城区	-16.2	-20.5	1.8
龙文区	-23.8	-39.7	-14.6
龙海市	8.3	16.5	2.6
云霄县	-20.1	-26.2	-14.0
漳浦县	-33.2	3.4	-49.4
诏安县	1.7	-24.2	9.0
长泰县	-13.1	-11.8	-14.6
东山县	-56.5	-2.7	-65.0

续表

单位:%

县（市、区）	规模以上工业增加值	重工业	轻工业
南靖县	-15.0	-10.9	-20.4
平和县	-30.8	-24.1	-38.2
华安县	-10.0	3.7	-26.3
南平市	**-9.5**	**-10.5**	**-9.2**
延平区	-6.8	-6.8	-8.4
建阳区	-1.9	-0.8	-2.8
邵武市	-7.4	-1.1	-11.2
武夷山市	-18.1	-6.0	-18.9
建瓯市	-18.8	-22.5	-16.4
顺昌县	-21.0	-23.0	-17.7
浦城县	-2.7	-3.2	-2.6
光泽县	3.0	-22.5	5.3
松溪县	-18.1	-19.6	-17.5
政和县	-7.3	-18.2	-1.4
龙岩市	**5.1**	**4.1**	**6.7**
新罗区	4.5	3.0	6.0
永定区	3.3	-3.5	26.8
漳平市	6.1	7.6	3.6
长汀县	5.5	4.1	7.3
上杭县	7.3	8.6	-24.9
武平县	4.4	-0.1	13.7
连城县	6.6	7.5	5.9
宁德市	**7.4**	**8.4**	**6.3**
蕉城区	18.4	32.1	15.9
福安市	5.8	6.9	-26.6
福鼎市	-7.5	1.0	-20.9
霞浦县	-16.0	3.2	-21.8
古田县	0.2	55.1	-18.6
屏南县	-32.1	-41.4	-13.8
寿宁县	-2.9	-1.4	-5.7
周宁县	-13.4	-13.4	-13.5
柘荣县	-7.0	-0.2	-11.9

2020年县（市、区）固定资产投资

县（市、区）	固定资产投资（不含跨区项目）增长（%）	房地产开发投资	
		数值（亿元）	增长（%）
全　省	**-0.4**	**6026.80**	**6.2**
福州市	**9.6**	**2070.23**	**14.2**
鼓楼区	8.0	83.08	0.5
台江区	19.2	125.93	33.2
仓山区	10.3	434.45	36.6
马尾区	10.2	89.93	-13.7
晋安区	10.1	411.95	12.6
长乐区	14.2	130.72	-1.9
福清市	13.2	242.35	11.2
闽侯县	11.4	250.35	19.6
连江县	11.2	82.29	-9.3
罗源县	18.2	20.20	9.3
闽清县	20.3	22.02	38.8
永泰县	15.6	67.09	23.6
平潭县	-9.6	109.86	2.3
厦门市	**8.8**	**1055.76**	**17.4**
思明区	11.0	119.50	93.4
海沧区	3.4	144.57	-13.2
湖里区	26.1	289.25	81.1
集美区	16.8	199.16	58.7
同安区	-25.2	133.83	-33.3
翔安区	20.8	169.44	-8.5
莆田市	**-2.3**	**395.41**	**-5.3**
城厢区	10.6	94.27	3.6
涵江区	3.6	77.29	-14.7
荔城区	2.9	101.78	8.2
秀屿区	-0.2	53.65	25.4
仙游县	-26.7	68.42	-31.1
三明市	**7.1**	**151.22**	**11.5**
梅列区	4.9	45.18	71.4
三元区	6.1	14.33	-20.5

续表

县（市、区）	固定资产投资（不含跨区项目）增长（%）	房地产开发投资	
		数值（亿元）	增长（%）
永安市	6.2	10.89	-29.1
明溪县	4.7	2.42	28.2
清流县	5.2	2.11	31.4
宁化县	5.6	11.35	-32.2
大田县	6.0	10.96	-13.1
尤溪县	5.1	13.49	22.1
沙　县	5.4	21.57	-0.7
将乐县	4.6	9.39	46.5
泰宁县	4.8	5.68	105.3
建宁县	5.8	3.84	252.3
泉州市	**-2.4**	**962.83**	**5.0**
鲤城区	-1.7	59.51	12.1
丰泽区	-14.8	104.11	-21.4
洛江区	1.9	49.84	4.6
泉港区	-16.6	41.11	-49.6
石狮市	-16.5	60.31	-13.0
晋江市	-2.7	182.91	18.2
南安市	13.1	119.43	32.1
惠安县	-2.4	152.05	19.6
安溪县	1.3	124.94	18.6
永春县	0.7	25.61	42.4
德化县	6.9	43.00	16.5
漳州市	**-27.8**	**678.35**	**-11.8**
芗城区	-14.2	101.67	-22.6
龙文区	-23.3	138.39	-19.9
龙海市	-20.2	190.75	-19.1
云霄县	-51.4	15.57	-41.7
漳浦县	-29.8	54.60	-13.8
诏安县	2.8	46.65	218.7
长泰县	-35.3	70.53	38.9
东山县	-41.4	25.06	-18.2

续表

县（市、区）	固定资产投资（不含跨区项目）增长（%）	房地产开发投资	
		数值（亿元）	增长（%）
南靖县	-44.3	14.23	2.1
平和县	-12.7	10.15	-31.2
华安县	-16.3	10.76	-23.5
南平市	**0.1**	**235.63**	**8.3**
延平区	-2.0	36.27	-10.5
建阳区	3.4	56.59	44.7
邵武市	-24.0	26.94	1.9
武夷山市	8.1	28.82	-16.7
建瓯市	-3.8	36.52	24.9
顺昌县	5.7	8.69	23.8
浦城县	7.0	23.62	23.7
光泽县	13.5	7.80	-31.5
松溪县	19.2	6.38	24.1
政和县	14.4	4.00	-20.0
龙岩市	**2.4**	**230.16**	**-17.4**
新罗区	-10.3	140.75	-26.2
永定区	19.7	7.83	-40.5
漳平市	12.2	15.79	15.7
长汀县	8.3	17.77	2.3
上杭县	8.3	23.41	166.0
武平县	0.2	8.21	-56.7
连城县	3.5	16.40	3.5
宁德市	**0.7**	**247.22**	**9.3**
蕉城区	-12.4	75.89	3.2
福安市	3.9	46.09	18.6
福鼎市	0.6	36.92	-15.3
霞浦县	20.3	43.24	52.0
古田县	6.5	14.30	24.5
屏南县	9.4	14.52	24.2
寿宁县	17.6	1.72	1033.5
周宁县	16.4	9.83	-2.7
柘荣县	1.6	4.73	-43.0

2020 年县（市、区）城乡居民人均可支配收入

县（市、区）	全体居民人均可支配收入		城镇居民人均可支配收入		农村居民人均可支配收入	
	数值（元）	增长（%）	数值（元）	增长（%）	数值（元）	增长（%）
全　省	**37202**	**4.5**	**47160**	**3.4**	**20880**	**6.7**
福州市	**40477**	**4.5**	**49300**	**2.9**	**22669**	**6.3**
鼓楼区	58160	3.0	58160	3.0		
台江区	53912	2.9	53912	2.9		
仓山区	45916	3.2	45916	3.2		
马尾区	46543	3.7	54653	2.9	29323	6.2
晋安区	49328	2.8	49670	2.8	23184	6.4
长乐区	36409	4.7	50670	2.9	25888	6.5
福清市	36775	4.6	49967	2.9	26779	6.2
闽侯县	33534	4.5	46538	3.0	21693	6.2
连江县	28232	5.1	40563	3.5	20779	6.4
罗源县	24650	4.3	36790	2.9	17329	5.4
闽清县	22777	5.3	35151	2.7	17204	6.9
永泰县	22554	4.6	34285	2.4	16808	6.0
平潭县	28305	5.4	43278	3.9	18742	6.6
厦门市	**58140**	**4.1**	**61331**	**3.9**	**26612**	**7.3**
思明区	74012	4.0	74012	4.0		
海沧区	54704	4.0	55989	3.8	32781	7.3
湖里区	60263	3.9	60263	3.9		
集美区	52540	3.9	54960	3.7	32056	7.0
同安区	45016	6.4	51775	3.9	24619	7.3
翔安区	36402	7.5	43816	4.4	24206	7.7
莆田市	**32106**	**5.2**	**41007**	**2.4**	**20823**	**5.8**
城厢区	40405	5.7	47081	2.7	23067	6.3
涵江区	36116	5.2	39059	2.6	20055	5.7
荔城区	40076	6.0	46074	2.9	23567	6.4
秀屿区	24976	4.7	34060	1.4	21735	5.7
仙游县	25485	4.5	35338	2.4	18792	4.9
三明市	**30302**	**5.6**	**39259**	**3.5**	**19533**	**6.7**
梅列区	44521	3.3	45261	2.8	21197	5.0
三元区	39660	4.4	42615	3.4	22268	6.0

注：该表福州市数据不含平潭。

续表

县（市、区）	全体居民人均可支配收入		城镇居民人均可支配收入		农村居民人均可支配收入	
	数值（元）	增长（%）	数值（元）	增长（%）	数值（元）	增长（%）
永安市	33314	4.4	40236	3.4	20784	5.7
明溪县	25415	5.1	33206	1.9	18212	7.4
清流县	25240	5.7	34586	4.0	18594	6.7
宁化县	22290	5.6	31579	3.6	17904	6.7
大田县	28618	6.2	39325	4.4	19682	7.5
尤溪县	26911	5.9	37824	3.8	20054	7.1
沙　县	32967	4.8	39981	3.3	21855	6.5
将乐县	28488	5.8	37743	3.7	19763	7.4
泰宁县	26350	5.5	35999	3.5	18474	6.7
建宁县	23867	6.1	32615	3.8	18321	7.3
泉州市	**40772**	**4.1**	**50968**	**2.8**	**23459**	**6.0**
鲤城区	49217	3.1	49217	3.1		
丰泽区	60100	2.9	60100	2.9		
洛江区	33471	5.0	44706	3.3	19929	6.1
泉港区	30157	5.6	39011	2.8	22698	5.7
石狮市	56947	3.5	64830	3.1	29023	6.0
晋江市	44827	3.2	54594	2.6	27344	5.3
南安市	39385	5.4	50667	2.7	25094	5.9
惠安县	37336	4.9	48007	2.7	24258	6.8
安溪县	25574	6.2	35548	2.8	19145	6.2
永春县	27886	3.2	35077	1.8	18163	6.0
德化县	32568	3.4	37702	3.0	18105	6.6
漳州市	**30949**	**5.0**	**40008**	**2.7**	**21103**	**6.1**
芗城区	43341	5.7	45163	3.3	21087	6.7
龙文区	43244	6.0	46019	3.6	22874	7.0
龙海市	31776	4.3	41054	2.5	22191	6.0
云霄县	26307	4.0	35484	2.3	19417	5.6
漳浦县	30316	5.6	40788	3.4	23111	6.5
诏安县	23794	4.7	32992	2.7	18798	6.0
长泰县	31040	5.5	41660	3.5	22228	6.1
东山县	32127	4.4	39823	2.3	24141	7.6

续表

县（市、区）	全体居民人均可支配收入		城镇居民人均可支配收入		农村居民人均可支配收入	
	数值（元）	增长（%）	数值（元）	增长（%）	数值（元）	增长（%）
南靖县	27106	3.8	35816	1.1	20009	5.9
平和县	25524	4.4	34940	1.5	20770	7.7
华安县	27154	4.3	37289	2.7	20630	5.2
南平市	**28579**	**4.5**	**36492**	**3.8**	**18557**	**6.7**
延平区	32228	4.1	37591	4.0	20386	6.4
建阳区	29429	7.2	37425	4.6	18607	7.3
邵武市	33432	3.4	38343	3.3	21200	6.0
武夷山市	30125	5.7	37405	3.1	19956	6.2
建瓯市	28069	5.7	36683	4.4	20134	5.8
顺昌县	25514	6.8	33361	4.1	17725	6.9
浦城县	25093	7.1	34340	3.5	17048	7.2
光泽县	23922	6.6	33093	3.9	16138	6.7
松溪县	22856	7.2	32074	3.5	14449	7.6
政和县	22654	6.0	32260	3.8	14662	6.1
龙岩市	**30403**	**5.8**	**40190**	**3.5**	**20150**	**6.8**
新罗区	38531	3.1	44519	2.6	23925	6.1
永定区	29759	6.0	42535	4.2	21062	6.1
漳平市	29215	3.9	38053	3.0	20290	7.1
长汀县	23353	6.1	28988	4.1	18149	7.5
上杭县	28434	6.0	43768	3.5	19699	6.8
武平县	25562	6.0	37837	3.4	19244	6.7
连城县	25014	6.8	34644	3.8	18331	7.0
宁德市	**28574**	**5.9**	**37121**	**3.4**	**19050**	**7.0**
蕉城区	31350	3.7	38788	2.7	19271	6.9
福安市	31818	5.8	39660	3.8	19851	7.2
福鼎市	30578	6.8	39610	3.4	19288	7.6
霞浦县	26576	6.1	37118	4.3	19286	6.8
古田县	25871	6.5	35018	3.8	20262	7.2
屏南县	22732	5.7	30976	3.2	17201	6.5
寿宁县	22079	6.4	28941	3.3	16536	7.7
周宁县	24380	5.7	31917	3.6	17705	7.0
柘荣县	24462	4.3	30150	3.1	16797	6.4

2020年县（市、区）社会消费品零售总额

县（市、区）	数值（万元）	增长（%）	县（市、区）	数值（万元）	增长（%）
全　省	**186264501**	**-1.4**	涵江区	1630204	-5.9
福州市	**42256054**	**0.6**	荔城区	4386086	-2.5
鼓楼区	13050714	1.9	秀屿区	1165672	-4.6
台江区	2453216	3.5	仙游县	3489238	-3.6
仓山区	4887906	0.0	**三明市**	**7817132**	**-0.3**
马尾区	1827604	-3.4	梅列区	1108120	-0.6
晋安区	9065109	1.3	三元区	765140	-5.3
长乐区	1585609	-0.9	永安市	1281163	2.0
福清市	3180779	3.3	明溪县	235980	-1.6
闽侯县	2972032	-3.9	清流县	488151	0.2
连江县	1273625	-1.8	宁化县	604673	-1.2
罗源县	513063	5.0	大田县	545726	2.4
闽清县	454980	3.6	尤溪县	644089	-1.7
永泰县	403260	-5.7	沙　县	951798	0.4
平潭县	588158	-10.8	将乐县	528242	2.8
厦门市	**22938702**	**1.6**	泰宁县	304180	-2.5
思明区	8236833	0.7	建宁县	359870	-0.3
海沧区	2892921	-1.6	**泉州市**	**52288729**	**-2.3**
湖里区	4729376	0.2	鲤城区	3397741	-7.8
集美区	1928215	1.4	丰泽区	5239187	-1.0
同安区	3946416	8.1	洛江区	682666	3.7
翔安区	1204941	1.6	泉港区	1338702	-15.7
莆田市	**16122648**	**-0.8**	石狮市	5434006	-2.9
城厢区	5451448	5.2	晋江市	15135428	0.1

续表

县（市、区）	数值（万元）	增长（%）	县（市、区）	数值（万元）	增长（%）
南安市	7383970	-4.5	顺昌县	316999	-3.4
惠安县	5052932	-2.9	浦城县	415963	-6.6
安溪县	5684176	0.9	光泽县	201697	-7.2
永春县	1683210	-3.0	松溪县	341065	-3.3
德化县	1256711	-1.8	政和县	561190	-2.7
漳州市	**16971489**	**-5.0**	**龙岩市**	**12592060**	**-4.1**
芗城区	2964609	-5.3	新罗区	4629491	-7.2
龙文区	2211338	-5.5	永定区	1251681	-4.6
龙海市	2476063	-0.9	漳平市	1038156	-0.2
云霄县	1134291	-14.4	长汀县	1541017	-1.7
漳浦县	2437758	-2.1	上杭县	1527573	-5.7
诏安县	995793	-5.7	武平县	1390012	0.7
长泰县	866061	-3.2	连城县	1214131	-0.5
东山县	827428	-5.2	**宁德市**	**8253955**	**-2.7**
南靖县	1038237	-8.4	蕉城区	1597766	-7.8
平和县	995804	-6.5	福安市	1496106	2.4
华安县	411765	-5.6	福鼎市	1969638	-3.5
漳州高新区	612341	-1.4	霞浦县	979959	-1.3
南平市	**7023732**	**-3.9**	古田县	880814	-6.7
延平区	1026520	-5.8	屏南县	388609	1.2
建阳区	891928	-3.4	寿宁县	320233	2.1
邵武市	1154432	-1.9	周宁县	277095	0.1
武夷山市	657131	-1.7	柘荣县	343734	1.2
建瓯市	1456807	-4.6			

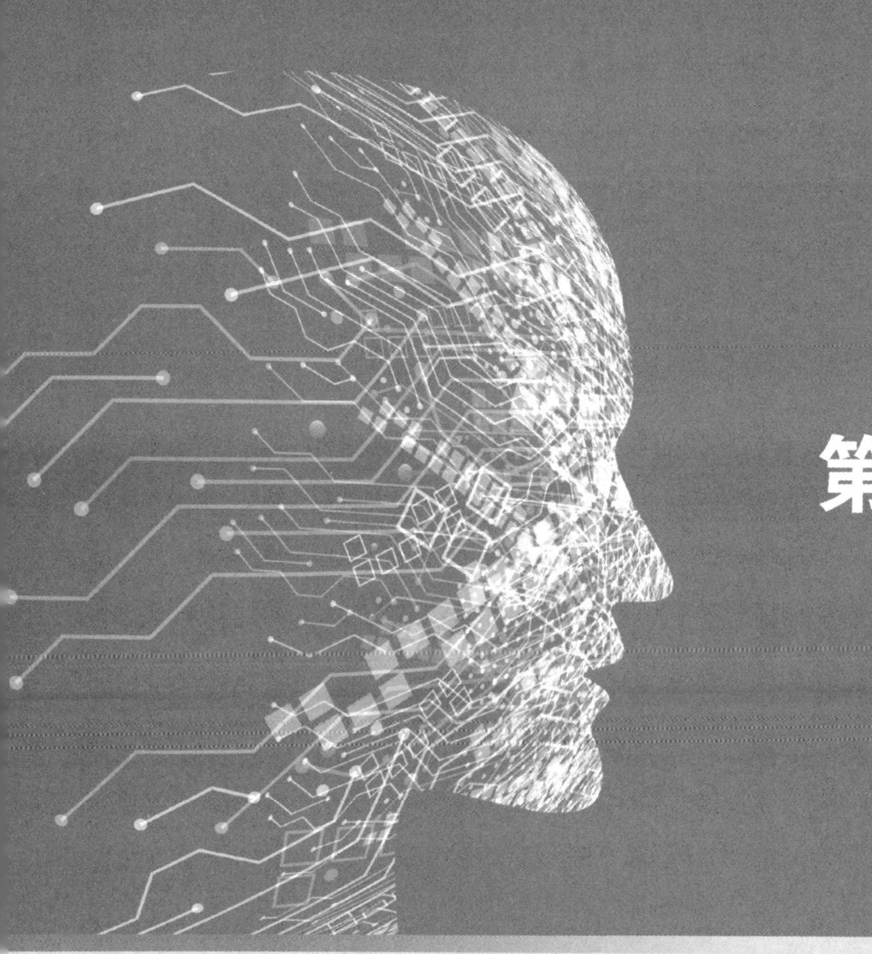

第十篇

高级人才

产经人才

2019 年度福建省科学技术奖获奖名单

2020 年 11 月 25 日福建省人民政府下发《福建省人民政府关于 2019 年度省科学技术奖励的决定》（闽政文〔2020〕209 号）提出，为深入贯彻习近平新时代中国特色社会主义思想和党的十九大和十九届二中、三中、四中、五中全会精神，大力实施创新驱动发展战略，营造有利于创新创业创造良好发展环境，鼓励科技成果转移转化，根据《福建省科学技术奖励办法》的有关规定，省科学技术奖励委员会组织对 2019 年度福建省科学技术奖进行评审，经省委研究，省政府决定对 2019 年度在科学技术进步活动中作出重要贡献的科学技术人员和组织给予奖励，为获奖者颁发奖状、证书和奖金。具体如下：

一、授予“染料敏化二氧化钛纳米晶太阳能电池的应用基础研究”等 2 项成果福建省自然科学奖一等奖，授予“环境中抗生素抗性基因的形成和传播扩散机理”等 3 项成果福建省自然科学奖二等奖，授予“多源异构模糊多目标群体决策理论与方法”等 8 项成果福建省自然科学奖三等奖。

二、授予“复合功能化车载玻璃关键技术研发及产业化”福建省技术发明奖一等奖，授予“利用首炉堆芯备用燃料组件提高反应堆燃料安全性的方法”等 2 项成果福建省技术发明奖三等奖。

三、授予“基于 64 位 8 核处理器的移动互联终端 SoC 芯片”等 25 项成果福建省科学技术进步奖一等奖，授予“高耸杆塔及其基础关键技术与工程应用”等 57 项成果福建省科学技术进步奖二等奖，授予“43 英寸液晶显示面板 MMG 套切技术研发及产业化”等 94 项成果福建省科学技术进步奖三等奖。

希望获奖的科技工作者珍惜荣誉，再接再厉，充分发挥科技创新的模范带头作用，勇攀高峰，再创佳绩。全省各级各部门及广大科技工作者要认真贯彻落实习近平总书记关于科技创新工作的重要讲话重要指示批示精神，围绕科技自立自强战略目标，坚持“四个面向”，抢占创新先机、强化技术攻关、加快成果转化，发扬创新精神和使命担当，力争取得更多重大科技成果，为全方位推动高质量发展超越，加快新时代新福建建设作出新的更大贡献。

2019 年度福建省科学技术奖获奖名单

序号	项目名称	主要完成单位	主要完成人
一、自然科学奖（13 项）			
一等奖			
1	染料敏化二氧化钛纳米晶太阳能电池的应用基础研究	华侨大学	吴季怀、兰　章、林建明、黄妙良、黄昀昉
2	器官尺寸大小调控机理与靶向干预	厦门大学	周大旺、陈兰芬、邓贤明、耿　晶、张世浩

续表

序号	项目名称	主要完成单位	主要完成人
二等奖			
1	环境中抗生素抗性基因的形成和传播扩散机理	中国科学院城市环境研究所、中国科学院生态环境研究中心	朱永官、苏建强、乔　敏、崔　丽、安新丽
2	基于二维材料的宽波段短脉冲激光技术及应用	厦门大学	罗正钱、蔡志平、翁　建、徐　斌、许惠英
3	非中心对称结构光电功能晶体材料	中国科学院福建物质结构研究所	罗军华、赵三根、孙志华、沈耀国、李丽娜
三等奖			
1	多源异构模糊多目标群体决策理论与方法	福州大学	李登峰、万树平、董九英
2	量子信息中的算子论方法	厦门大学	杜拴平、白朝芳
3	复杂系统的分岔与同步	华侨大学、湖南大学	汤龙坤、汪东树、温振庶、皮定恒、李继彬
4	集成分类和降维方法及生物信息学应用	厦门大学	邹　权、林　琛、曾念寅、曹刘娟、洪志令
5	基于人工智能的医学影像处理研究	厦门大学、中国人民解放军第一七四医院	王连生、黄绍辉、鞠　颖、刘昌华
6	石墨烯结构设计性能调控及可控制备	福建师范大学	郑勇平、徐兰青、冯　倩、刘金养、黄志高
7	锂离子电池功能电解质与作用机理的研究	厦门大学	杨　勇、张忠如、赵玉芬、郑建明、路　密
8	多重环境压力下海洋酸化的生理生态影响及其食物链效应	厦门大学、江苏海洋大学、汕头大学	高坤山、金　鹏、徐军田、李富田、陈善文
二、技术发明奖（3项）			
一等奖			
1	复合功能化车载玻璃关键技术研发及产业化	福耀玻璃工业集团股份有限公司、厦门大学、福建工程学院	周忠华、蒋炳铭、郭善济、王乾廷、阳　欢
二等奖（空缺）			
三等奖			
1	利用首炉堆芯备用燃料组件提高反应堆燃料安全性的方法	福建福清核电有限公司	蔡光明、耿　飞、肖冰山、张　羽、张　鹏
2	智能变频脉冲电源	厦门锐传科技有限公司	马宗煊、黄志超、杨佳林、许怀佑、陈顺乐
三、科学技术进步奖（176项）			
一等奖			
1	基于64位8核处理器的移动互联终端SoC芯片	福州瑞芯微电子股份有限公司、福州大学	李诗勤、林峥源、郑明魁、韩　江、黄　涛、苏培源、邓训金、陈　炜、张圣钦、陈志峰
2	动力电池快充关键技术及应用	宁德时代新能源科技股份有限公司	柳　娜、王升威、王家政、骆福平、卢光波、张　明、何立兵、邹启凡、康　蒙、杜鑫鑫

续表

序号	项目名称	主要完成单位	主要完成人
3	规模化电池储能系统运行控制关键技术及工程应用	国网福建省电力有限公司电力科学研究院、中国电力科学研究院有限公司、北京交通大学、科华恒盛股份有限公司、许继电源有限公司、北京索英电气技术有限公司	李相俊、吴　涵、惠　东、范元亮、唐　芬、郑　高、甘江华、王上行、王仕城、冯晓滨
4	超高电压锂离子电池及其关键材料技术	宁德新能源科技有限公司	徐磊敏、栗文强、王　亮、王　梦、唐　超
5	智能化集成化的机器学习云平台	福州大学、国网信通亿力科技有限责任公司、福建省星云大数据应用服务有限公司、福建六壬网安股份有限公司	郭文忠、陈　星、郭　昆、陈　宏、张　毅、王　琦、陈羽中、戴远飞、林欣郁
6	铝型材厂污泥和铅锌尾矿高值化利用	福州大学、福建省德化县创捷窑具有限公司、福建省大田县鑫城水泥工业有限公司、福建省建筑科学研究院有限责任公司、至永建设集团有限公司	于　岩、阮玉忠、林生凤、庄赞勇、罗　列、陈瑞文、李　杰、吴任平、林春莺、杜育红
7	高性能功能性 TPU/PET 纤维复合材料关键技术研发及产业化	福州大学、福建恩迈特新材料有限公司、福建思嘉环保材料科技有限公司、福建省长乐市伊纺达针纺有限公司、浙江华峰热塑性聚氨酯有限公司	郑玉婴、邓中文、蒋石生、陈金恩、张　通、李宝铭、王炳喜、温　娜、王振祥、曹宁宁
8	大型危化品储运设备安全运维关键技术研究与工程应用	福州大学、厦门市特种设备检验检测院、上海交通大学、厦门市标准化研究院	钟舜聪、伏喜斌、彭志科、钟剑锋、黄学斌、张金梅、张秋坤、林杰文、周　宁、陈伟强
9	基于乘波原理的飞行器前体/进气道/发动机一体化设计方法及应用	厦门大学	尤延铖、朱呈祥、朱剑锋、李怡庆、黄　玥、吴了泥、邱若凡、李　涛、施崇广、郑晓刚
10	高精度衡器载荷测量仪开发和应用	福建省计量科学研究院、福州大学、泉州市计量所、绍兴市肯特机械电子有限公司	姚进辉、池　辉、许　航、杨晓翔、郭贵勇、王秀荣、赖征创、梁　伟、林　硕、柳历波
11	大跨度空间新型管桁架及复杂节点设计理论与应用	福州大学、中建海峡建设发展有限公司、福建省二建建设集团有限公司、福建六建集团有限公司、福州市一建建设股份有限公司、福建江夏学院、华侨大学、中铁二十四局集团新余工程有限公司	陈　誉、李　峻、黄跃森、蒋国平、徐接武、王卫华、钟栋材、王　耀、何　康、陈育新
12	基于多传感器融合的工程建设远程监管关键技术及应用	福建汇川物联网技术科技股份有限公司、闽江学院、福建省建设工程质量安全总站	郑　文、林文忠、黄立强、韩晓东、孙小燕、张　翔、陈周与、郭月容、傅　平、罗海波
13	基于纳米材料形貌变化的可视化传感技术研究及应用	福州大学、福建中检华日食品安全检测有限公司、长乐聚泉食品有限公司	林振宇、郭隆华、陈劲星、邱　彬、翁齐彪、苏建峰、许梢华、陈国南
14	天然蛋白源抗冻多肽的高效制备关键技术及产业化应用	福州大学、上海交通大学、福建莆田市海一百食品有限公司、安徽国肽生物科技有限公司、福建圣农食品有限公司	汪少芸、吴金鸿、蔡茜茜、陈　旭、赵立娜、蔡　晟、张　恒、周　红、付才力、马荣池
15	复杂动力条件下砂质海滩修复理论与关键技术研究与应用	自然资源部第三海洋研究所、河海大学、自然资源部海岛研究中心、自然资源部第一海洋研究所、中国海洋大学、自然资源部第二海洋研究所	蔡　锋、张　弛、戚洪帅、郑金海、杜　军、雷　刚、刘建辉、李广雪、时连强、朱　君

续表

序号	项目名称	主要完成单位	主要完成人
16	燃煤烟气多污染物干式协同超净技术及装置	福建龙净环保股份有限公司、福建龙净脱硫脱硝工程有限公司	张　原、王建春、林春源、詹威全、陈树发、赖毅强、饶益龙、苏清发、初　琨、陈旭荣
17	再生稻高产高效生产关键技术创新与应用	福建省农业科学院水稻研究所、尤溪县农业技术推广站、浦城县农业技术推广站、福建省种植业技术推广总站	张建福、姜照伟、谢华安、林　祁、林　武、郑　莉、陈丽娟、林　强、解振兴、朱永生
18	太子参连作介导土壤环境灾变机理与消减关键技术	福建农林大学	林文雄、林　生、吴林坤、张志兴、方长旬、陈　婷、张重义、林伟伟、黄冬寿、彭来真
19	杉木人工林长期生产力保持关键技术及其应用	福建农林大学、国际竹藤中心、南京林业大学	马祥庆、吴鹏飞、林开敏、范少辉、曹光球、邹显花、陈　杰、刘　博、李　明、俞元春
20	脑胶质瘤基础与综合治疗系列研究	福建医科大学附属第一医院、厦门大学	康德智、杨朝勇、姚培森、吴巧艺、黄理明、王行富、林元相、洪金省、许文桑、张　声
21	基于放疗的食管癌个体化精准治疗的临床研究	福建省肿瘤医院、福建医科大学附属协和医院、泉州市第一医院	陈俊强、陈明秋、蔡文杰、康明强、林　宇、李建成、陈晓辉、胡彩容、陈元美、吴海山
22	肿瘤耐药基因表型筛查与靶向治疗关键技术及临床应用	中国人民解放军联勤保障部队第九○○医院、福建省肿瘤医院、浙江省肿瘤医院、浙江省荣军医院	余宗阳、王水良、郑雄伟、宋正波、朱有才、许春伟、林贤东、赵忠全、孔文翠
23	胆囊癌淋巴转移影响因素及其临床应用	福建医科大学附属协和医院	陈燕凌、洪海杰、蒋　雷、杜　强、林　伟、朱广伟、刘敏超、韩圣华、江小杰
24	危重症孕产妇三级转诊、救治综合体系建立及关键技术推广应用	福建省妇幼保健院（福建省妇儿医院）、福州大学	颜建英、郑博仁、张　栋、张宇龙、廖秋萍、韩　晴、蒋玲玲、黄科华
25	出血中风继发性损伤和闭、脱证微观病理机制的系列研究	福建中医药大学附属第二人民医院、福建省立医院、福建医科大学附属协和医院	吴成翰、严晓华、高丽丽、廖远生、王开宇、林菊珊、廖联明、王谨敏、谢步霓、杨瑞玲
二等奖			
1	高耸杆塔及其基础关键技术与工程应用	国网福建省电力有限公司、中国电力科学研究院有限公司	韩军科、黄明祥、卞宏志、吴　静、杨文智、杨风利、郑　宇
2	MW级储能变流器装置关键技术与产业化	漳州科华技术有限责任公司、福州大学、科华恒盛股份有限公司	苏先进、曾春保、赖永春、林镇煌、林琼斌、蔡逢煌、陈海森
3	支撑分布式能源高效利用的主动配电网运行控制关键技术及示范应用	国网福建省电力有限公司、国网福建省电力有限公司厦门供电公司、福州大学、中国电力科学研究院有限公司、国网北京市电力公司	刘文亮、陈金祥、杨占勇、陈国伟、熊　军、张　逸、郭熠昀
4	高效高可靠LED照明产品关键技术及产业化应用	厦门大学、厦门市产品质量监督检验院、厦门通士达照明有限公司、厦门华联电子股份有限公司	吕毅军、史　园、陈　朝、黄叶彪、沈亚锋、傅诺毅、朱丽虹

续表

序号	项目名称	主要完成单位	主要完成人
5	基于仿生原理的微波仿真与测试系统研究及产业化应用	华侨大学、福建火炬电子科技股份有限公司、四川中测微格科技有限公司、泉州市中仿宏业信息科技有限公司	柳培忠、杜永兆、张育钊、邓建华、骆炎民、胡亚楠、黄德天
6	基于循环经济的高品质可组合性 LED 灯模块化技术及其产业化	漳州立达信光电子科技有限公司、漳州立达信灯具有限公司	王其远、董永哲、许建兴、马永墩、曹亮亮、温晓良、杨小明
7	超高密度小间距 LED 芯片关键技术开发及应用	厦门市三安光电科技有限公司、厦门三安光电有限公司	林素慧、洪灵愿、何安和、王　锋、郑高林、夏章艮、彭康伟
8	融合全场景智能终端的远程交互协作系统关键技术研发与产业化	厦门理工学院、厦门大学、厦门亿联网络技术股份有限公司、华侨大学	朱顺痣、张联昌、丁兴号、曾焕强、朱　晨、廖　昀、陈　思
9	智慧公交管理服务平台关键技术研发与推广应用	厦门卫星定位应用股份有限公司、厦门大学、华侨大学、汉纳森（厦门）数据股份有限公司	赖增伟、许旺土、李文锋、钱建裕、高悦尔、赖永炫、王　成
10	企业级安全通信系统的关键技术研发及产业化	福建星网锐捷通讯股份有限公司、北卡科技有限公司、福州大学	魏和文、陈明志、许春耀、陈荣观、黄昉菀、谢加良、郑一鸣
11	基于大数据的智慧应急关键技术及其综合服务系统	福建工程学院、长威信息科技发展股份有限公司、清华大学、福建省预警信息发布中心	吴建平、廖律超、黄炳裕、陈治杰、邹复民、潘正祥、蒋新华
12	智慧园社区泛在融合自组网设备关键技术研发	厦门大学、立达信物联科技股份有限公司、厦门盈趣科技股份有限公司、厦门立林科技有限公司	黄联芬、高志斌、林和志、张润福、赵毅峰、钟扬贵、吴振达
13	高可用云计算数据中心关键技术与应用	华侨大学、国富瑞（福建）信息技术产业园有限公司、国富瑞数据系统有限公司、浙江师范大学	莫毓昌、谢扬海、张　昭、贾　静、游银萍、吴明辉、黄种育
14	植被遥感与数字化建模分析技术服务于区域生态监测评价	福州大学、福建省林业调查规划院、福州林景行信息技术有限公司	邱炳文、陈崇成、唐丽玉、邹　杰、李　峥、黄洪宇、刘　斌
15	面向海洋工程装备的石墨烯重防腐涂料的技术研发及产业化应用	泉州师范学院、信和新材料股份有限公司、中国科学院福建物质结构研究所	卓东贤、王诗榕、吴立新、瞿　波、王　立、王书传、吴海波
16	可弯曲高强韧刀模钢制造的关键技术及应用	福建恒而达新材料股份有限公司、莆田学院	林正华、郎兆林、唐群华、黄福生、陈建兴、陈秋星、沈群宾
17	高品质铜合金线、管、带及箔材开发与应用	福州大学、福建紫金铜业有限公司	向红亮、周建辉、邓丽萍、曾佳伟、沈莉香、罗仁昆
18	印刷版基用超高品质铝合金带材成形制造关键技术及产业化	中铝瑞闽股份有限公司、福建工程学院	黄瑞银、魏祥昭、吴建新、崔志香、徐始祥、刘　琼、林善斌
19	大规格长纤维增强热塑性复合材料的关键制造技术与产业化	福建海源复合材料科技股份有限公司、福建海源新材料科技有限公司、福建工程学院、福州大学	李良光、陈　晖、方　辉、王永刚、廖永辉、程国龙、林建全
20	废弃轮胎裂解炭黑的高性能改性技术及工业化应用	三明学院、明溪县宝福再生资源开发中心	苏志忠、黄世俊、林明穗、崔国星、罗正根、王仁章、张启卫

续表

序号	项目名称	主要完成单位	主要完成人
21	镶块式高性能旋切刀辊关键技术及应用	三明市普诺维机械有限公司、三明学院、圣智（福建）热处理有限公司、三明市锐格模切科技有限公司、德普惠（福建）自动化设备有限公司	陈阳升、吴　龙、郭尚接、林炜鑫、高　浩、廖昌城、余富才
22	重载工程机械高效电液驱动与能量回收系统研制及产业化	华侨大学、福建华南重工机械制造有限公司	林添良、庄钦河、付胜杰、万禹平、任好玲、郭海波、陈其怀
23	汽车曲轴加工用高品质异形刀具	厦门金鹭特种合金有限公司	邹伶俐、吴其山、何耿煌、陈艺聪、林凤添、林亮亮、鄢国洪
24	客车多元材料轻量化关键技术研发	厦门金龙联合汽车工业有限公司、吉林大学	苏　亮、那井新、吴长风、林银聚、周维毅、陈龙志、陈新柱
25	城市客车电动化关键技术研发与产业化	厦门金龙旅行车有限公司、厦门理工学院	房永强、周水庭、石添华、周毅鹏、韩锋钢、康燕语、林剑健
26	潜水支持船的技术研究与应用	福建省马尾造船股份有限公司	罗益根、余　平、林善军、罗新东、涂家鹰、吴恭鼎、张成虎
27	逆流式节能型沥青混合料厂拌热再生关键技术及设备	福建铁拓机械有限公司、长安大学、福建荣建集团有限公司、龙岩市西安建筑工程有限公司	高岱乐、殷作耀、潘泽源、傅章敏、谢立扬、党森纪、杨健中
28	微棱镜型反光膜制造关键技术研发及产业化	集美大学、福建夜光达科技股份有限公司	皮　钧、杨　光、许明旗、刘菊东、姜　涛、许经厨、沈志煌
29	含砷炭质难处理金矿加压预氧化关键技术开发及工业化应用	紫金矿业集团股份有限公司、贵州紫金矿业股份有限公司、中国恩菲工程技术有限公司、厦门紫金矿冶技术有限公司	陈景河、王　春、刘　诚、黄怀国、傅建国、李　静、熊　明
30	海参加工关键技术创新与产业化应用	福建农林大学、胜田（福清）食品有限公司、福州聚春园食品股份有限公司、莆田市汇龙海产有限公司	张龙涛、郭泽镔、曾绍校、王锦锋、胡正红、王　跃、林海鹏
31	结构型温湿控制运动面料制备关键技术及产业化	泉州师范学院、安踏（中国）有限公司、东华大学、泉州海天材料科技股份有限公司、中原工学院、福建百宏聚纤科技实业有限公司	王黎明、李景川、权震震、王启明、何建新、叶敬平、邱夷平
32	拉链布带的超临界无水染色技术与装备	福建浔兴拉链科技股份有限公司、中国科学院福建物质结构研究所	林锦新、余　培、黄婷婷、曾国赞、张　田、崔红生、李　伟
33	车间非点源 VOCs 和颗粒物协同治理关键技术及产业化	福建工程学院、澳蓝（福建）实业有限公司、福建三建工程有限公司、厦门中联永亨建设集团有限公司、福州大学、福建立盛建筑集团有限公司	范亚明、何华明、戴文新、刘润雨、石成春、翁仁贵、林　莹
34	高温多雨地区耐久沥青路面建造关键技术	福建省高速公路建设总指挥部、交通运输部公路科学研究院、东南大学、福建路桥建设有限公司	陈礼彪、严二虎、马　涛、曾俊铖、徐　剑、陈岳峰、黄晓明
35	复杂地质护坡灾变防控与生态防护关键技术研究与应用	福建荣建集团有限公司、浙江大学城市学院、福建创盛建设有限公司、神州建设集团有限公司、厦门中联永亨建设集团有限公司、福建天蒙建设有限公司	王新泉、徐化新、韩尚宇、刁红国、谢勇成、陈徐东、黄传宝

续表

序号	项目名称	主要完成单位	主要完成人
36	不良地质环境复杂群洞隧道施工关键技术	福建工程学院、中铁隧道集团二处有限公司、鲲鹏建设集团有限公司、中铁四局集团有限公司、福建市政建设有限公司、福建承昌建设工程有限公司	吴　波、姚志雄、牛　瑞、翁志坚、郑军锋、蔡俊华、陈治雄
37	复杂地层条件下地铁车站建造及站－桥同位合建关键技术	福州大学、中铁十八局集团有限公司、福建省建筑科学研究院有限责任公司、中国电建集团华东勘测设计研究院有限公司、南昌铁路勘测设计院有限责任公司	黄　明、沈启炜、李志伟、简文彬、郑　斌、陈林靖、詹刚毅
38	装配式 RCS 混合结构抗震性能提升与建造关键技术	华侨大学、厦门源昌城建集团有限公司、厦门特房建设工程集团有限公司	刘　阳、黄群贤、郭子雄、程　强、黄春彩、胡红松、刘小娟
39	新型装配式结构抗震性能及结构三维隔震减震关键技术与应用	福州大学、福建江夏学院、福州建工（集团）总公司、福建省昊立建设工程有限公司、福建创盛建设有限公司、福建省龙祥建设集团有限公司	颜学渊、王素裹、林　伟、肖三霞、陈尚鸿、陈再现、林祥武
40	华南火成岩区地热资源探测理论与技术	中国地质科学院水文地质环境地质研究所、中国地质大学（武汉）	王贵玲、蔺文静、张　薇、马　峰、甘浩男、刘彦广、刘德民
41	河口仿生态鱼道关键技术研究与应用	福建省水利水电勘测设计研究院、福州市水务投资发展有限公司、福州水务平潭引水开发有限公司、水利部交通运输部国家能源局南京水利科学研究院	杨首龙、陈宏景、杨晓峰、黄智刚、付开雄、范晓辉、宣国祥
42	番茄特色新品种选育与优质栽培关键技术研究及推广应用	福建农林大学、福建省种子管理总站、酒泉市华美种子有限责任公司、厦门中田金品种苗有限公司、福州田美种苗科技有限公司	钟凤林、林义章、侯毛毛、吴　双、林志强、许　茹、贾　琪
43	重要蚊虫快速鉴定及高效杀蚊 Bt 制剂创制关键技术	福建农林大学、福州国际旅行卫生保健中心、福建省疾病预防控制中心、青海省疾病预防控制中心、中国检验认证集团天津有限公司	张灵玲、关　雄、吴松青、黄恩炯、张小娟、林立旺、郭　鹏
44	利用捕食螨携菌多靶标控制害虫害螨的研究与应用	福建省农业科学院植物保护研究所、四川省农业农村厅植物保护站、福建艳璇生物防治技术有限公司	张艳璇、余德亿、孙　莉、徐　翔、黄　鹏、陈　霞、姚锦爱
45	双孢蘑菇种质创新与新品种 W192 等的选育及应用	福建省农业科学院食用菌研究所	廖剑华、陈美元、郭仲杰、蔡志欣、卢园萍、曾志恒、柯斌榕
46	半番鸭种质创新与高效生产关键技术研究及应用	福建省农业科学院畜牧兽医研究所、福建农林大学、南靖品原养殖有限公司、漳州昌龙农牧有限公司	郑嫩珠、辛清武、缪中纬、朱志明、李　丽、章琳俐、黄一帆
47	腹腔镜直肠癌关键技术的创新与推广应用	福建医科大学附属协和医院	池　畔、黄　颖、官国先、卢星榕、林惠铭、蒋伟忠、陈致奋
48	胰腺癌多重耐药机理与治疗策略的关键技术应用	中国人民解放军联勤保障部队第九〇〇医院、福州市第一医院	陈　雄、陈　曦、谭　挺、李　捷、季洪兵、张　霞、翁向群
49	多种引起人类急性呼吸道感染的新型病毒的发现和分子生物学研究	福建省疾病预防控制中心、福建省妇幼保健院（福建省妇儿医院）	修文琼、郑奎城、刘光华、谢剑锋、吴冰珊、欧剑鸣、黄　萌

续表

序号	项目名称	主要完成单位	主要完成人
50	非编码RNA等介导急性白血病表观遗传调控的机制研究	福建医科大学附属协和医院	沈建箴、周华蓉、付海英、吴淡森、张媛媛、徐成波、沈松菲
51	高危难治急性髓细胞白血病的早期诊断和干预新策略	厦门大学附属第一医院（厦门市第一医院）、南方医科大学南方医院	徐　兵、方志鸿、李志峰、史鹏程、郭绪涛、李　银、董慧娟
52	难治性股骨颈骨折及股骨头坏死的创新性治疗研究	中国人民解放军联勤保障部队第九〇九医院	练克俭、林达生、王　雷、罗德庆、陈志文、林　斌、翟文亮
53	社会心理因素致人群健康损害及其评价指标体系构建和应用	福建医科大学	吴思英、李煌元、田　俊、林少炜、柴文丽
54	颅脑肿瘤、0T多模态磁共振成像的技术创新和临床应用	福建医科大学附属第一医院	曹代荣、邢　振、佘德君、杨谢锋、丁雅玲、陈潭辉、康德智
55	引导组织再生技术的创新发展与推广应用	福建省博特生物科技有限公司、中国医学科学院北京协和医院、深圳市人民医院、中国医学科学院整形外科医院、福建医科大学附属口腔医院、厦门大学	张其清、张　瑗、刘玲蓉、张　丁、邱　晨、栾　杰、陈　江
56	闽台特色藤本类药材基础研究及转化应用	福建中医药大学、厦门中药厂有限公司、福州市望心生物科技有限公司	林　羽、徐　伟、褚克丹、范世明、陈　红、陈　丹、关　斌
57	榕基自主可控技术创新工程项目	福建榕基软件股份有限公司	
		三等奖	
1	43英寸液晶显示面板MMG套切技术研发及产业化	福州京东方光电科技有限公司	王宝强、JANGJONGSEOK、王文超、方　涛、赖意强
2	闭环实时控制高性能开关关键技术	福州大学、厦门宏发开关设备有限公司	许志红、庄杰榕、陈细金、郑　昕、汤龙飞
3	模块化多模多频手机关键技术研究及产业化	联想移动通信科技有限公司、联想移动互联科技（厦门）有限公司	康志洪、侯西荣、蔡志艺、王　宝、罗炳财
4	无新线通信射频分量融合关键技术及其综合应用	国网福建省电力有限公司宁德供电公司、福建省亿坤通信股份有限公司、福州大学	丁智华、王东方、林维明、章浦军、涂承谦
5	一种智能油电混合式汽车万用表的研发	漳州市东方智能仪表有限公司	黄志刚、陈志宏、周毓荣
6	M310核电机组工程建设重大创新与技术改进	福建福清核电有限公司	陈国才、林传清、宋　林、薛峻峰、徐金龙
7	面向新型源网荷特征的电压暂降监测、评估和治理技术及应用	国网福建省电力有限公司电力科学研究院、福州大学、四川大学、国网福建省电力有限公司厦门供电公司	黄道姗、汪　颖、张　逸、郭敬东、林　焱
8	智能全保真光学电流互感器研制与应用	国网福建省电力有限公司电力科学研究院、福州大学、江苏凌创电气自动化股份有限公司、国网福建省电力有限公司福州供电公司	徐启峰、李　超、谢　楠、张　炜、王韧秋
9	同期线损计算分析关键技术研究与应用	国网信通亿力科技有限责任公司、国网福建省电力有限公司信息通信分公司	黄文思、陆　鑫、李宏发、陈　婧、谷　峪
10	复杂水电站群多策略调度决策系统研究与应用	中国华电集团有限公司福建分公司、南京金水尚阳信息技术有限公司	杨炳良、陈瑞兴、李昌平、陈士永、曹春兰

续表

序号	项目名称	主要完成单位	主要完成人
11	输电线路雷击故障精准定位与降低雷害风险的关键技术及应用	国网福建省电力有限公司检修分公司、武汉大学、国家电网公司华中分部、国网福建省电力有限公司电力科学研究院	李　涵、陈　灵、倪孟华、刘　溟、周文俊
12	大面积停电多源情景耦合应急处置智能推演决策关键技术与应用	国网福建省电力有限公司检修分公司、全球能源互联网研究院有限公司、国网山东省电力公司应急管理中心、国网福建省电力有限公司福州供电公司	余尔汶、孙世军、门永生、王智敏、蔡　维
13	基于区块链和大数据的电网企业运营多维分析关键技术及应用	福建网能科技开发有限责任公司、国网能源研究院有限公司、国网甘肃省电力公司、国网江苏省电力有限公司	郑厚清、林　芬、贾德香、罗义钊、高　骞
14	核电厂物理燃料技术支持系统开发及应用	福建福清核电有限公司	孟凡锋、李振振、程宏亚、郑东佳、兰蛟龙
15	高比能长寿命磷酸铁锂动力电池系统	宁德时代新能源科技股份有限公司	吴　凯、胡建国、周灵刚、刘晓梅、韩昌隆
16	多物理场影响下宽频高量程光学互感器实用化关键技术及工程应用	国网福建省电力有限公司莆田供电公司、中国电力科学研究院有限公司、国网陕西省电力公司电力科学研究院、国网福建省电力有限公司经济技术研究院	胡　蓓、庄建煌、成　林、刘东伟、林瑞宗
17	煤粉工业锅炉清洁燃烧无烟煤的技术开发及应用	集美大学、福建永恒能源管理有限公司	何宏舟、赵　雪、张榕杰、张　军、郑捷庆
18	基于云计算与大数据的可视化防伪电子票据关键技术及应用	福建博思软件股份有限公司	林初可、宋冬林、肖　勇、黄荣明、张晓龙
19	基于多基线优化的多源视频融合技术	罗普特科技集团股份有限公司	张　翔、陈延艺、江文涛、张　龙、卢天发
20	服务质量智能管控模式研究与应用	厦门航空有限公司	张　宁、陈哲毅、郑少帅、许　蕊、谢　歆
21	公安智能感知大数据平台	南威软件股份有限公司	许辉奇、陈嵩荣、许仕明、吴清顺、林雪红
22	机器视觉智能测量及传输系统关键技术研发与应用	金钱猫科技股份有限公司	林大甲、许锡顺、程永红、林宝栋、庄世勇
23	复杂场景下多源电子数据恢复关键技术研究及应用	厦门市美亚柏科信息股份有限公司、公安部第三研究所	吴少华、吴松洋、沈长达、吴鸿伟、黄志炜
24	物联网智能抗干扰技术及其应用	厦门大学、厦门盈趣科技股份有限公司、京信通信系统（中国）有限公司、厦门盈趣汽车电子有限公司	肖　亮、唐余亮、刘思聪、陈建成、方绍湖
25	数字建造关键技术研究及应用	福建农林大学、福州大学、中建海峡建设发展有限公司、三明莆炎高速公路有限责任公司	陈日清、陈国栋、杨长才、蔡俊华、陈　兵
26	连续缠绕技术生产高流动性高强耐磨耐腐蚀玻璃纤维复合管材	福建路通管业科技股份有限公司	王　磊、吴文露、章爱美、张秀英、郭文真
27	高值利用陶瓷废料和低质原料的生态陶板的自主研发与产业化	福建华泰集团股份有限公司	陈岚波、吴国良、吴国伟

续表

序号	项目名称	主要完成单位	主要完成人
28	交通运输用高温、耐磨铝合金材料的研制及产业化	福建祥鑫股份有限公司	黄铁明、冯永平、刘金霞、张建雷、池海涛
29	特种电熔氧化锆的研发	三祥新材股份有限公司	程诗忠、胡天喜、包晓刚、李小毅、叶旦旺
30	IGCC 技术在大型炼油化工一体化系统中的首次成功应用	福建联合石油化工有限公司	林　栩、唐礼焰、李永吉、陈金表、张爱新
31	环境友好型含氟多氧杂表面活性剂的产业化技术及应用	三明市海斯福化工有限责任公司、三明学院	吴成英、肖旺钏、谢伟东、李奇勇、吕　涛
32	内外编码一体化工业雷管	福建省民爆化工股份有限公司	杨荣生、颜建议、华富春、曾陆平、林素英
33	制冷螺杆压缩机制造关键技术及产业化应用	福建雪人股份有限公司、福州大学	吴维青、张功旺、林汝捷、魏德强、翁明祖
34	智能化数控矿山金刚石绳锯机	泉州师范学院、华侨大学、泉州市洛江区双阳金刚石工具有限公司	宋金玲、顾立志、陈秋平、杨惠山、梁凤顺
35	基于深度学习的中厚板表面缺陷在线检测及质量评估系统	福建三钢闽光股份有限公司、北京科技大学、福建省三钢（集团）有限责任公司、北京科技大学设计研究院有限公司	陈玉叶、徐　科、詹光曹、杨朝霖、郑芳垣
36	病死畜禽无害化智能处理机关键技术及应用	三明学院、福建省农业机械化研究所、华南理工大学、漳州市天洋机械有限公司	任　雯、陈金瑞、艾子健、赖森财、胥布工
37	乘用车发动机皮带轮精密旋压关键技术及设备	福建威而特旋压科技有限公司	林卫东、张培凯、钟宜钦、高日华、许兆昌
38	高品质大型汽轮机铸钢件关键技术研究与应用	福建省开诚机械有限公司、三明学院、温州市开诚机械有限公司	张滨旭、刘建军、俞　惠、高伟峰、黄海彪
39	农用轮式挖掘机的关键技术研究及产业化	福建晋工机械有限公司	赵家宏、吕志忠、肖传奇、刘雄伟、吴景毅
40	垛装物料装车托盘自动转换设备关键技术	龙合智能装备制造有限公司	杨　静、卢衍湘、谭鲁民、杨林海、高　超
41	高性能特大型高锰钢圆锥破碎机衬板关键技术研究及应用	三明市毅君机械铸造有限公司、三明学院、三明市蓝天机械制造有限公司	刘渊毅、王春荣、蔡　建、黄高翔、夏尔冬
42	锦纶 6 智能高效生产及立体仓储系统集成技术研究与应用	福建景丰科技有限公司、福建锦江科技有限公司、闽江学院	付重先、吴华新、刘冰灵、金志学、杨金富
43	民用建筑机电设备噪声及振动控制关键技术研究与应用	闽江学院、厦门嘉达声学技术有限公司、厦门嘉达环保科技有限公司、福建省特种设备检验研究院	郑祥盘、宋继萍、林　洁、潘健鸿、林嘉祥
44	新能源汽车动力锂电池系统组装装备的高可靠性制造关键技术与应用	福建星云电子股份有限公司、福建工程学院	汤　平、刘成武、李有财、赖秋凤、邓秉杰
45	新能源汽车动力电池箱专用自动灭火装置	中汽客汽车零部件（厦门）有限公司	洪伟艺、洪清泉、熊孝新、许燕青、华　伟
46	低品位含铜金矿高效提金及铜综合回收关键技术研究与应用	紫金矿业集团股份有限公司	谭希发、巫銮东、沈贤德、江　城、简勇章
47	无氨氮参与的磷酸镧铈铽关键制备技术及产业化	福建省长汀金龙稀土有限公司	钟可祥、李来超、叶纪龙、张榕贵、赵德森

续表

序号	项目名称	主要完成单位	主要完成人
48	基于鞋材功能性的研究及其在鞋底中的应用	茂泰（福建）鞋材有限公司	卢　鑫、丁思博、丁思恩、罗显发、郑荣大
49	特色海产食品深加工关键技术创新及产业化	福州百洋海味食品有限公司、福建省农业科学院农业工程技术研究所	赖谱富、高向登、滕忠希、李怡彬、黄茂坤
50	茶叶功能成分保健效应研究与产业化应用	武夷学院、福建农林大学、浙江大学、福建春伦集团有限公司	叶乃兴、屠幼英、吴　仲、KIM EUNHYE、张　渤
51	乌龙茶及速溶茶粉风味品质提升关键技术的开发与应用	集美大学、福建八马茶业有限公司、大闽食品（漳州）有限公司	李利君、倪　辉、林荣溪、翁淑燚、黄高凌
52	红茶自动化加工关键技术装备集成创新与产业化应用	福建佳友茶叶机械智能科技股份有限公司、中国农业科学院茶叶研究所、集美大学	董春旺、陈加友、陈英勇、江进福、刘建华
53	高效低阻纳米高温复合滤材产业化技术开发	福建福能南纺新材料有限公司、厦门大学	李祖安、孙道恒、黄族健、吴德志、黄桢宝
54	面向经编智能化生产的机器视觉在线检测关键技术及产业化	福建省晋江市华宇织造有限公司、泉州思玛特信息技术有限公司、天津大学	苏成喻、苏子旭、陈孝蒙、张效栋、苏子滩
55	福建区域性重要天气气候过程定量化监测评估关键技术研究	福建省气候中心	邹　燕、刘爱鸣、林　昕、江晓南、杨志勇
56	软弱地层浅埋暗挖大跨隧道近接施工技术	福建省科建控股股份有限公司、深圳市市政设计研究院有限公司、大连理工大学、中铁十一局集团有限公司	林位玉、王建新、王峥峥、彭　琦、何承国
57	通航受限水域船舶航行安全智能管控关键技术与应用	闽江学院、武汉中原电子集团有限公司、交通运输部东海航海保障中心福州航标处、中设设计集团股份有限公司	何　伟、陈明忠、初秀民、陈先桥、刘　轰
58	复杂路堑高边坡运营风险监测评估及养护对策与工法研究	龙岩双永高速公路有限责任公司、福州大学	王　浩、林治基、陈善棠、丘仁科、豆红强
59	排水沥青路面的关键技术研究	福州大学、深圳海川新材料科技股份有限公司、国智建筑科技有限公司、中恒宏瑞建设集团有限公司	肖　鑫、许　莉、王志滨、鲍丹宇、张利铨
60	沿海强震区混凝土桩基抗震设计计算方法与应用	福州大学、中建五局土木工程有限公司、福建省宏实建设工程质量检测有限公司、福州市规划设计研究院	黄福云、罗文艺、庄一舟、郑杰圣、蔡纪锋
61	水域工程地震勘探关键技术研究与应用	福建省建筑设计研究院有限公司	刘宏岳、戴一鸣、殷　勇、刘俊龙、林孝城
62	装配式约束混凝土柱蜂窝钢梁组合结构研究与应用	华侨大学、福建省第五建筑工程公司、厦门市建安集团有限公司、厦门市聚雄建设集团有限公司	李升才、肖清云、吴马保、胡振烽、沈夏磊
63	高水头浅覆盖层低桩承台钢板桩围堰施工技术	中交一公局厦门工程有限公司	黄　宇、王　禹、费志高、王铁法、谷世平
64	大断面管廊长距离过海顶管技术	中铁二十二局集团第三工程有限公司	刘四德、王　宏、王新荣、孟祥龙、郑一明
65	加筋土与微型桩新型边坡组合支挡体系关键技术与应用	福建省地质工程勘察院、宁波大学、福建永强岩土股份有限公司、龙岩市西安建筑工程有限公司	齐昌广、张智超、孔秋平、郑敏洲、仉文岗

续表

序号	项目名称	主要完成单位	主要完成人
66	多层级互动式智能化防汛平台关键技术及示范应用	福建省水利水电勘测设计研究院	朱光华、陈继泉、陈　敏、郑涛、李　东
67	福建省河流生态安全评价方法及其应用	福建省水利水电科学研究院、福建师范大学	康辉平、陈兴伟、李孝成、李世恩、林炳青
68	优质抗病紫肉甘薯新品种选育与应用	福建省农业科学院作物研究所、福建省种植业技术推广总站	邱永祥、邱思鑫、罗维禄、刘中华、李华伟
69	进出境重要花卉、果树和蔬菜病毒快速检测关键技术及应用	福州海关技术中心、中国检验检疫科学研究院、福建农林大学、福建省农业科学院果树研究所	沈建国、张永江、吴祖建、高芳銮、谢丽雪
70	福建茶树主要害虫绿色防控规范化技术研究与应用	福建省农业科学院茶叶研究所	吴光远、曾明森、王庆森、刘丰静、王定锋
71	凹叶厚朴良种繁育及规范化栽培关键技术研究	福建农林大学、福建林业职业技术学院	郑郁善、荣俊冬、陈礼光、陈凌艳、何天友
72	“建阳桔柚”品种选育及其生态果园构建与配套关键技术集成应用	南平市建阳区经济作物技术推广站、福建省农业科学院农业生态研究所、福建省农业科学院生物技术研究所、南平市建阳区玉女桔柚生态示范场	刘　韬、吴瑞东、雷　僰、王义祥、翁伯琦
73	食用菌高效安全生产关键技术研究及应用	福建农林大学、河南世纪香食用菌开发有限公司、福建省食用菌技术推广总站、福建万辰生物科技股份有限公司	江玉姬、邓优锦、陈炳智、李彦增、肖淑霞
74	秀珍菇高产安全栽培关键技术提升	福建省农业科学院食用菌研究所	卢政辉、柯斌榕、兰清秀、兰世步、陈国平
75	秃杉品种选育和资源高效培育技术研究与应用	福建省德化葛坑国有林场、福建省林业科学研究院	连勇机、欧阳磊、林贤山、陈元品、张先动
76	先锋植物类芦对困难立地植被修复机理及其生态应用	福建农林大学	蔡丽平、侯晓龙、周垂帆、岳　辉、王友生
77	肉羊舍饲关键技术研究与应用	福建省农业科学院畜牧兽医研究所、福建省畜牧总站、宏畅（福建）农牧科技有限公司、福建省福之羊生态农业科技有限公司	李文杨、刘　远、吴贤锋、沈华伟、李桂贤
78	海水鱼刺激隐核虫病防控关键技术研发与应用	福建省农业科学院生物技术研究所、宁德市富发水产有限公司、福建省淡水水产研究所、福建省闽东水产研究所	龚　晖、樊海平、陈　佳、池洪树、郑炜强
79	脑缺血再灌注血脑屏障损伤新机制：免疫蛋白酶体调控作用	福建省立医院	陈兴泳、汪银洲、张　旭、江秀龙、雷惠新
80	冠心病介入治疗后再狭窄的相关基础和临床研究	福建省立医院	陈海峰、卢　楠、陈新敬、郑炜平、王热华
81	高血压脑出血神经组织损伤机制及微创手术治疗策略	中国人民解放军联勤保障部队第九〇〇医院、重庆医科大学附属永川医院（重庆市第二人民医院）	袁邦清、王守森、杨　曌、郑兆聪、吴贤群

续表

序号	项目名称	主要完成单位	主要完成人
82	类风湿关节炎治疗新靶标的基础研究及其干预	福建医科大学附属第一医院	林锦骠、欧启水、杨　滨、何毓珏、陈君敏
83	福建省乙肝高流行区流行规律及儿童乙肝免疫防控策略研究	福建省疾病预防控制中心、复旦大学附属妇产科医院	周　勇、黄丽芳、杨秀惠、吴江南、潘伟毅
84	基于细胞自噬影响卵巢癌化疗耐药的机制及相关临床研究	福建省立医院	孙　阳、晋　龙、刘佳华、眭玉霞、杨　茵
85	前列腺癌诊疗体系创新和临床应用	福建医科大学附属第一医院、香港中文大学威尔斯亲王医院	薛学义、许　宁、吴志辉、魏　勇、郑清水
86	自体神经移植物微环境调控及其在脊髓与周围神经损伤中的应用	福建医科大学附属第一医院、香港大学李嘉诚医学院	张文明、方心俞、张立群、Carolin Ruven、吴武田
87	人工智能在糖尿病及并发症管理中的研发及应用	福州康为网络技术有限公司、北京大学第一医院、闽江学院、中国疾病预防控制中心	宋李斌、郭晓蕙、谭　枫、林中燕、周盛宗
88	重要吸血医学昆虫分类鉴定关键技术和系统发育构建	福州国际旅行卫生保健中心	张建庆、方义亮、杨美琼、陈　敏、郑爱萍
89	革兰阴性杆菌耐药性及耐药机制的系列研究	泉州市第一医院	明德松、苏智军、吴一波、陈清清、陈晓婷
90	奥美拉唑碳酸氢钠胶囊	厦门恩成制药有限公司	乐云峰、林亚玲、郭加明、张家福、贺　宇
91	常用牙科合金再生循环利用的系列研究	福建医科大学附属口腔医院、福建医科大学	程　辉、张长源、王颖卉、林泓磊、江　磊
92	痰瘀同治阻断肝病传脾干预2型糖尿病研究	福建中医药大学附属人民医院、福建中医药大学、漳州市中医院	衡先培、黄苏萍、蓝元隆、杨柳清、李　亮
93	脑卒中中医康复护理关键技术的建立与推广应用	福建中医药大学、福建中医药大学附属康复医院	陈锦秀、李壮苗、杨　柳、葛　莉、郑丽维
94	茵陈蒿汤类方治疗非酒精性脂肪性肝病的物质基础研究与应用	厦门大学、厦门市中医院	陈少东、梁惠卿、唐金模、赖鹏华、吴春城

（摘编：吴建翰）

第十八届福建省优秀企业家名单

2020 年 9 月 26 日福建省企业与企业家联合会下发《福建省企业与企业家联合会关于授予王磊等 134 位企业经营管理者第十八届福建省优秀企业家荣誉称号的决定》（闽企联〔2020〕33 号）提出，根据中共福建省委办公厅、省人民政府办公厅《关于公布省级考核检查、评比表彰及认定类项目清理结果的通知》（闽委办发〔2014〕6 号）精神，两年一次的“福建省优秀企业家”评选工作由福建省企业与企业家联合会组织开展。今年我省组织开展的“第十八届福建省优秀企业家”评选活动，经过各设区市企业与企业家联合会、省直有关部门、省级主要行业协会、商会等机构推荐，由省直十三个部门、单位领导组成的省优秀企业家评选委员会进行两轮评审，征求了法院、应急管理、生态环境、总工会、人民银行等有关机构意见，并在我省主要媒体上公示，现决定授予王磊等 134 位企业经营管理者为第十八届福建省优秀企业家荣誉称号。

新当选的 134 位全省优秀企业家在推动企业转型升级、提质增效、绿色发展及履行社会责任等方面做出了优异成绩，是一批德才兼备、善于经营、充满活力，致力于创新创业创造的优秀企业家，为推动我省经济社会发展做出了突出贡献。特别是他们在抗击新冠肺炎疫情特殊时期，充满爱国情怀，尽显责任担当，为新时代企业家精神注入了新内涵。他们分布在全省各地、各个行业中，既有国有企业的经营管理者，也有民营、外资企业的经营管理者；既有艰苦创业、奋斗多年、事业有成的年富力强企业家，也有勇于拼搏、大胆创新、迅速成长的年青一代企业家，他们都是我省企业家的先进代表和模范人物。

希望新当选的第十八届福建省优秀企业家继续发扬“敢为天下先，爱拼才会赢”的福建企业家精神，深入学习贯彻习近平总书记在企业家座谈会上的重要讲话精神，珍惜荣誉，戒骄戒躁，开拓进取，再立新功。同时，希望全省企业经营管理者向优秀企业家学习，高举爱国主义旗帜，努力提升自身素质和治企能力，牢牢坚守主业，做强做优做大企业，为福建推动全方位高质发展超越，为实现中国民族伟大复兴的中国梦做出新的更大贡献！

第十八届福建省优秀企业家名单

（按姓氏笔画排序）

姓　名	单　位　名　称
王　磊	厦门天马微电子有限公司总经理
王亚华	通达（厦门）科技有限公司董事长
王志芳	中国电信股份有限公司福建分公司党委副书记、副总经理
王茂玲	福州聚春园集团有限公司党委书记、董事长
王卿泳	梅花（晋江）伞业有限公司总经理
尤信情	宁德市金盛水产有限公司董事长

续表

姓　名	单　位　名　称
毛克升	福建省顺昌县升升木业有限公司董事长
计红日	晋江市红日袜业有限公司董事长
卢　健	福建省华荣建设集团有限公司总裁
叶剑峰	厦门盛元集团有限公司总经理
丘鸿彬	国鼎投资集团有限公司国鼎集团董事局主席
冯浩然	福建华威农产品供应链有限公司董事长
吕　锜	大帝集团有限公司总裁
朱志强	厦门强力巨彩光电科技有限公司董事长
刘志军	厦门金龙联合汽车工业有限公司党委书记总经理
刘鸣鸣	福建安井食品股份有限公司董事长
刘征敏	福建省金正建设工程有限公司董事长
刘荣海	福建南平南孚电池有限公司总经理
刘梅萱	福建泉州闽光钢铁有限责任公司党委书记、总经理
江庆元	宝钢德盛不锈钢有限公司党委书记、董事长
江银强	福建武夷交通运输股份有限公司党委书记、董事长
许柏强	福建龙麟集团有限公司执行总裁
许清水	泉州泉商置业有限公司董事长
许德洁	福建省粮油食品进出口集团有限公司党总支书记、董事长、总经理
阮加勇	福建星网锐捷通讯股份有限公司总经理
孙文钰	三明市丰润化工有限公司总经理
严　明	福建马坑矿业股份有限公司党委书记、董事长
苏军良	兴业银行股份有限公司福州分行党委书记、行长
苏志芳	福建省晋江豪山建材有限公司董事长
苏清泉	福建省泉州美岭水泥有限公司总经理
李　翔	福建省南平铝业股份有限公司党委书记、董事长
李成光	盛辉物流集团有限公司副总裁兼车管本部后市场业务本部总经理
李坤云	固克节能科技股份有限公司总裁
李贵生	智恒科技股份有限公司董事长兼总裁
李智平	福建省永泰建筑工程公司董事长
李曜君	厦门钢宇工业有限公司集团总裁
杨　明	厦门盈趣科技股份有限公司轮值总裁
YANG WENCHU	安费诺电子装配（厦门）有限公司总经理
杨希龙	福建永荣控股集团有限公司执行总裁
杨金辉	福建省大地管桩有限公司总经理
杨宗铭	福建福铭食品有限公司董事长
连健昌	福建龙泰竹家居股份有限公司董事长

续表

姓名	单位名称
肖　玉	福建璟榕工程建设发展有限公司董事长
吴　刚	中电福富信息科技有限公司党委书记、总经理
吴志雄	南威软件集团党委第一书记、董事长
吴继贤	晋大纳米科技（厦门）有限公司董事长
邱志祥	福建省闽南建筑工程有限公司总经理
邱忠生	福建湄洲湾控股有限公司总经理
邱碧香	福建亿达食品有限公司总经理
佘钟龙	福建省人力资源服务有限公司总经理
余建铣	福建凯邦锦纶科技有限公司总经理
邹剑寒	奥佳华智能健康科技集团股份有限公司董事长、总经理
张　骏	中闽能源股份有限公司党委书记、董事长
张永亮	福建省圣新环保股份有限公司董事、总经理
张连枝	福建省惠东建筑工程有限公司董事长、总经理
张青年	厦门宏发电力电器有限公司总经理
张清海	泉州文化旅游发展集团有限公司党委副书记、副董事长、总经理
张澍楠	福建省领秀文旅集团有限公司董事长
陈　苹	富春科技股份有限公司党委副书记、总裁
陈　航	福建博思软件股份有限公司董事长
陈为仁	福建华东船厂有限公司董事长
陈志平	厦门港务控股集团有限公司党委书记、董事长
陈丽霜	厦门建发国际旅行社集团有限公司董事长兼 CEO
陈良地	福建合信包装有限公司总经理
陈国才	福建福清核电有限公司总经理
陈明宏	福建长源纺织有限公司总经理
陈金聪	闽消消防科技有限公司总裁
陈建华	福建省建阳金石氟业有限公司董事长、总经理
陈秋华	福建福晶科技股份有限公司总经理
林　冰	阳光控股有限公司执行总裁
林　苑	福建省闽东力捷迅药业有限公司总经理
林　经	福建发展集团有限公司总经理
林　景	福建经纬新纤科技实业有限公司总经理
林一文	福建永福电力设计股份有限公司党委书记、董事长、总经理
林卫东	福建威而特旋压科技有限公司总经理
林有希	福建省天湖茶业有限公司董事长
林向武	中建海峡建设发展有限公司党委书记、董事长
林向前	泉州农村商业银行股份有限公司党委书记、董事长

续表

姓　名	单　位　名　称
林军华	福州城市建设投资集团有限公司副总经理
林志雄	大博医疗科技股份有限公司董事长
林环周	中国建筑第四工程局有限公司福州分公司党委书记、总经理
林国镜	福建大东海实业集团有限公司董事长
林荣华	七星电气股份有限公司董事长
林柳强	漳州市九龙江集团有限公司党委副书记、总经理
林炳润	中国电建集团福建工程有限公司党委书记、执行董事、法定代表人
林振聪	福建省东霖建设工程有限公司董事长
林爱花	福建省九龙建设集团有限公司总经理
林焰锋	福清东龙湾花蛤小镇投资实业有限公司总经理
林镇土	福建一建集团有限公司董事长
卓本与	福建永强力加动力设备有限公司党委书记、总裁
周建辉	福建紫金铜业有限公司总经理
郑　文	福建汇川物联网技术科技股份有限公司董事长
郑　宏	福建升腾资讯有限公司总裁
郑　彬	印象大红袍股份有限公司总经理
郑华杰	平潭中发商品混凝土有限公司总经理
郑庆华	鑫泰建设集团有限公司总经理
郑丽煌	福建聚合网络有限公司总经理
郑施波	福州海王福药制药有限公司总经理
柯永远	晋江市远祥服装织造有限公司董事长
俞　凯	名城地产（福建）有限公司董事长
俞代华	武夷山市九龙袍茶业有限公司董事长
姜海洪	青拓集团有限公司董事长
洪清池	厦门华夏国际电力发展有限公司党委书记、总经理
倪章益	永富建工集团有限公司董事长
徐建革	赢创嘉联白炭黑（南平）有限公司总经理
郭丹冰	福建省博达企业管理咨询服务有限公司董事长
郭玮韡	福建亚南电机集团总经理
郭建涛	福建三能节能科技有限责任公司董事长
唐光宇	福州智永信息科技有限公司董事长
黄　伟	喜相逢集团有限公司董事长、总经理
黄丹青	融汇（福建）集团有限公司总裁
黄圣辉	福建省武夷山瑞泉茶业有限公司董事长
黄进明	漳州片仔癀药业股份有限公司总经理
黄国盛	福建凯灏劳务工程有限公司董事长

续表

姓 名	单 位 名 称
黄金星	福建路港（集团）有限公司董事长
黄偏明	厦门经济特区房地产开发集团有限公司党委书记、董事长
龚信嘉	福建钜闽机械有限公司董事长
符 磊	福建奔驰汽车有限公司党委书记、执行副总裁
章旭升	福建金牛水泥有限公司董事长、总经理
梁军湘	福建天辰耀隆新材料有限公司党委书记、董事长
彭宜斌	福建省富强石材有限公司董事长
董德建	中核华辰建设有限公司党委书记、董事长
蒋兴华	福建宁德核电有限公司党委书记、总经理司董事长
傅天甫	福建春伦集团有限公司总经理
蔡金钗	福建盼盼食品有限公司总裁
蔡燕英	才子服饰股份有限公司总裁
熊 立	网龙网络控股有限公司首席执行官（CEO）
潘庆建	福建省工业设备安装有限公司党委书记、董事长
薛从福	焙之道食品（福建）有限公司董事长
薛君南	祥兴（福建）箱包集团有限公司总经理
穆秀鳌	福建省百盛建设发展有限公司董事长
戴继成	福建省海安橡胶有限公司总经理
魏 军	青岛啤酒（福州）有限公司党委书记、总经理

（摘编：翁宁）

福建省正高级会计师职务任职资格人员名单

丁毅等8位同志正高级会计师职务任职资格人员名单

2020年11月30日福建省人力资源和社会保障厅下发《关于批准确认丁毅等8位同志正高级会计师职务任职资格的通知》（闽人社批复〔2020〕650号）。经研究，批准确认由2020年福建省正高级会计师任职资格评审委员会评审通过的丁毅等8位同志正高级会计师职务任职资格。任职资格确认时间为2020年10月31日，现予公布，名单如下：

一、福建省教育厅（1人）：

福建省教育考试院：丁毅

二、福建省卫生健康委员会（2人）：

福建省妇幼保健院：吴中

福建省妇幼保健院：江志坚

三、福建省医疗保障局（1人）：

福建省药械联合采购中心：郑成艳

四、福建建工集团有限责任公司（1人）：雷志华

五、厦门市（3人）：

厦门优胜卫厨科技有限公司：黄欣

福建厦门海晟连锁商贸有限公司：任励

欣贺股份有限公司：陈国汉

（摘编：苏小雨）

福建省正高级工艺美术师任职资格人员名单

2020年12月29日福建省人力资源和社会保障厅下发《关于批准确认林劭川等3位同志工艺美术系列正高级工艺美术师任职资格的通知》（闽人社批复〔2020〕707号）。经研究，批准确认2019年度全省正高级工艺美术师职务任职资格评审委员会评审通过的林劭川等3位同志的正高级工艺美术师任职资格。任职资格确认时间为2020年12月6日，现予公布，名单如下：

一、福建省旅游发展集团有限公司（1人）

福建省工艺美术实验厂有限公司：林劭川

二、福州市（2人）

福州市寿山石行业协会：姚仲达

福州寿山石鉴定中心有限公司：刘传斌

（摘编：林汇智）

福建省农业技术高级职务任职资格人员名单

2020年7月7日福建省人力资源和社会保障厅下发《关于批准确认黄宝珠等132位同志农业技术高级职务任职资格的通知》（闽人社批复〔2020〕346号）：经研究，批准确认由省第二十四届农业技术高级职务评审委员会评审通过的黄宝珠等132位同志农业技术高级职务任职资格。任职资格确认时间为2020年7月7日，现予公布，名单如下：

一、福州市（12人）：

高级农艺师：黄宝珠、林达荣、肖祖胜、叶燕丽、陈星文

高级畜牧师：廖冰麟、潘建文

高级兽医师：曾菊英、林后全

高级农经师：苏祥鼎、谢秀芳、张贤锥

二、厦门市（3人）：

高级农艺师：张发治

高级兽医师：林坎婴

高级农经师：柯明乐

三、漳州市（14人）：

高级农艺师：詹炮国、吴俊光、黄汉明、蔡跃庆、陈水利、王国鑫、赖添财、张明真

高级兽医师：陈文志、李绿生、黄耀生

高级农经师：吴剑评、杨著发、杨春龙

四、泉州市（12人）：

高级农艺师：蔡国明、傅建卿、陈进火、叶媛蓓、蔡英杰

高级畜牧师：周世业、杨家飞

高级兽医师：汤智君、李宝忠、张玉泉、林晚忠

高级农经师：陈锦聪

五、三明市（39人）：

高级农艺师：严衍旺、陈李平、陈知年、张菊凤、卓芳梅、黄显锋、黄勇、赖仁仲、黄峥嵘、肖灿荣、洪东方、黄绍明、张久勇、吴光侣、赖忠南、上官锦旺、朱振柳、陈彩霞

高级畜牧师：张占春、詹祖焜、张宏盛

高级兽医师：金艳冬、陈庆、吴善力、陈华吉、郑承吉、叶建波、张春兰、李志中、李正根

高级农经师：詹爱清、曾竹花、班沁、卓斌玲、张芙蓉、刘兴致、余梅花、罗妃、刘真华

六、莆田市（3人）：

高级农艺师：柯蓓

高级兽医师：杨国生、陈文明

七、南平市（20人）：

高级农艺师：全祖和、袁美莲、魏苑生、邱国富、沈世胜、吴建兵、吕义妹、张全婢、胡萍、邓文明、杨辉和、陈美清、陈成椿、佘修华

高级兽医师：官聪雷、周立良、管惠云

高级农经师：张闽皖、刘宏珍、张水生

八、龙岩市（11人）：

高级农艺师：邹海忠、吴才玉、王增炎、王允勇、

高级兽医师：杨宝云、陈椿水、朱瑞平、钟耀培、丘远明、林志源

高级农经师：游秀玲

九、宁德市（18人）：

高级农艺师：黄钰森、郭郁文、蓝春准、林喜盈、黄晓霞、张羽、陈秀梅、胡培蓉、李斌、方巧玉、王晓丹、姚晖、卓仁、刘成涛

高级兽医师：吴小红、陈瑞玉

高级农经师：何鸿銮、陈卫娜

（摘编：蔡志轩）

福建省高级工程师职务任职资格人员名单

林宗明等28位同志通信专业高级工程师任职资格

2020年7月16日福建省人力资源和社会保障厅下发《关于批准确认林宗明等28位同志通信专业高级工程师任职资格的通知》（闽人社批复〔2020〕375号）：经研究，批准确认由省工程系列通信专业高级职务任职资格评审委员会评审通过的林宗明等28位同志高级工程师任职资格。任职资格确认时间为2020年7月16日，现予公布，名单如下：

一、中国移动通信集团福建有限公司（21人）

林宗明、郑立、林伟、杨家珠、黄艳欢、郭冬奎、黄友亮、张磊、林洁、庄蕊、郑仁富、苏春颖、王亦淳、庄彦、高盛昌、吴松林、戴毅鸣、孙立杰、刘青青、杨川、王勇

二、中国联合网络通信有限公司福建省分公司（1人）

李诺

三、中国铁塔股份有限公司福建省分公司（2人）

林化琛、李志博

四、中国海峡人才市场（3人）

徐天文、谢晖、蔡进林

五、厦门市专用通信局（1人）

陈仲源

黄炜等127位同志高级工程师职务任职资格人员名单

2020年7月27日福建省人力资源和社会保障厅下发《关于批准确认黄炜等127位同志高级工程师职务任职资格的通知》（闽人社批复〔2020〕393号）：经研究，批准确认由省工程系列林业专业高级职务任职资格评审委员会评审通过的黄炜等127位同志高级工程师职务任职资格。任职资格确认时间为2020年7月27日，现予公布。

1. 省林业局（5人）

福建省林业调查规划院：林力、郑开基、王如均

福建省林业科技试验中心：朱育端、程习梅

2. 海峡人才市场（2人）

陈光、林漳河

3. 福建建工集团（1人）

李燕祥

4. 厦门市（3人）

厦门市绿化中心：樊改丽

厦门市同安区小坪林业试验场：郑志征

厦门市翔安区林政资源事务中心：郑海军

5. 漳州市（12人）

福建省华安金山国有林场：邹圭碧

福建省诏安国有防护林场：许丽鸿

福建省南靖永丰国有林场：陈南州

福建漳州城投集团有限公司：陈毅建

漳州市林业科学研究所：申巍

华安县林业局仙都林业管理站：蔡史杰

华安县林业局沙建林业管理站：邹楷泽

诏安县林业规划设计队：陈松泉

诏安县白洋乡林业工作站：许毅松
平和县林业局崎岭林业站：赖河生
东山县樟塘林业工作站：林义保
南靖县森林病虫防治检疫站：庄启茂
6. 泉州市（9人）
福建省南安罗山国有林场：杨建清
福建省泉州罗溪国有林场：蒋丽蓉
泉州市洛江区林业技术推广站：徐丽萍
南安市林业局营林管理站：戴碧鸿
石狮市林业资源站：林明富
永春县林业局蓬壶林业工作站：张煌城
德化县国有生态林场：林承章
德化县南埕林业工作站：赖瑞政
德化县杨梅林业工作站：林其华
7. 莆田市（2人）
仙游县不动产登记中心：黄霖珍
仙游县林业局钟山林业工作站：张清云
8. 三明市（42人）
福建省三明市国有林场工作站：许建伟
福建省尤溪国有林场：罗素珍、郑云峰
福建省将乐国有林场：方萍
福建省泰宁国有林场：卢远锦
福建省清流国有林场：黄述河、李玉琪
福建省永安国有林场：黄和顺、邓鸿荣、陈宇
福建省沙县水南国有林场：肖靖萍
福建省大田梅林国有林场：叶敏
福建省大田桃源国有林场：郑肇快、刘国昌
福建省清流林业有限责任公司：吴美和
福建省永安林业（集团）股份有限公司永安人造板厂：叶新强
三明市林业科技推广中心：许春枝
三明市林业执法支队：李锦烨
三明市林业基金站：朱业辉
三明市园林中心：陈新艳
三明市速生丰产林工作站：陈水木
三明市三元区森林资源站：张莉
三明市三元区林业科技推广中心：卢爱红
三明市三元区岩前林业工作站：孔智翔
三明市梅列区森林病虫防治检疫站：游桂接
沙县木材经营总公司：易晓冬
尤溪县林业行政执法大队：邱其才
尤溪县林权服务中心：郑小妹
尤溪县林业局梅仙林业站：杨林
尤溪县林业局中仙林业站：严圣钦、吴宇飞
尤溪县林业局汤川林业站：林志满
将乐县南口林业站：肖慎元
大田县速生丰产林基地建设办公室：林玉秀
大田县均溪林业工作站：林文雄
大田县屏山林业工作站：施明灿
宁化县县属国有林场：张元明
宁化县森林病虫害防治检疫站：陈眺
宁化县林业局曹坊林业站：余华生
清流县林业执法大队：林钟洪
明溪县林地承包纠纷调解处理中心：叶伟光
建宁县林业科技推广中心：王福根
9. 南平市（14人）
福建省顺昌埔上国有林场：黄杭延
南平市建阳区不动产登记中心：郑元华
南平市延平区林业综合行政执法大队：黄炜
南平市延平区大横林业站：陈兴章
南平市延平区茫荡林业站：杨正琴
浦城县林业苗圃：徐金俊
浦城县丹洋生态国有林场：袁正军、伍基滨、吴陈富
浦城县古楼林业工作站：余定峰
光泽县林业规划设计队：吴靖
光泽县华桥林业工作站：王金魁
建瓯万木林省级自然保护区管理处：卓鸣秀
建瓯市徐墩林业工作站：朱忠泰
10. 龙岩市（21人）
福建省龙岩市林业科学研究所：王友生
福建省长汀楼子坝国有林场：邱建华、邱建声
福建省武平南坊国有林场：严明基
福建省武平南坊国有林场：李永秀
龙岩市地质公园保护发展中心：詹林星
龙岩市永定区林业局湖雷林业站：廖小昆
上杭县林业局珊瑚林业站：黄贵福
上杭县林业局白砂林业站：刘斌
上杭县林业局旧县林业站：伍素萍
连城县林业执法大队：黄隆元、罗俊鸿
连城县生态公益林管理站：巫楚森
连城县宣和林业管理站：伍志斌

连城县姑田林业管理站：罗仕祥、巫克荣、汤长江

连城县莒溪林业管理站：邹凤艳

长汀县宣成林业工作站：童远明

武平县林业局湘店林业工作站：余涛养

武平县林业局东留林业工作站：钟太欣

11. 宁德市（16 人）

福建省霞浦国有林场：郑道雄

福建省福安国有林场：张雨平

福建省屏南古峰国有林场：陈明久

宁德市森林资源管理中心站：上官保国

福安市林业局赛岐林业工作站：陈彬

福安市林业局溪潭林业工作站：阮柏斌

古田县凤都林业站：张胜

屏南县林业行政执法大队：黄虎妹、杨华思

屏南县林业局路下林业站：张家桥

屏南县林业局熙岭林业站：柯凯春

寿宁县林业局清源林业工作站：范新绿

周宁县林业局规划队：缪希潮

周宁县林业局浦源林业工作站：李立志

霞浦县林业局溪南林业站：林立法

霞浦县林业局沙江林业站：徐光

陈培焕等 147 位同志高级工程师职务任职资格人员名单

2020 年 8 月 20 日福建省人力资源和社会保障厅下发《关于批准确认陈培焕等 147 位同志高级工程师职务任职资格的通知》（闽人社批复〔2020〕461 号）：经研究，批准确认由省工程技术人员交通专业高级职务任职资格评委会评审通过的陈培焕等 147 位同志高级工程师职务任职资格。任职资格确认时间为 2020 年 7 月 24 日，现予公布，名单如下：

一、福建省交通运输厅（38 人）

1. 福建省泉州港口发展中心（1 人）：陈培焕

2. 福建省交通建设质量安全中心（2 人）：陈思晓、陈阵阵

3. 福建省交通科技发展集团有限责任公司（35 人）

（1）福建省交通规划设计院有限公司（16 人）

福建省交通规划设计院有限公司（15 人）：林明杰、黄晓伟、唐晖、侯海璇、陈祖鑫、郑津津、王伟伟、许睦军、魏嫦、吴聪雅、廖志聪、陈炳、宗绍利、林伯福、杨洋

福建省交设工程咨询有限公司（1 人）：林秋明

（2）福建省交通科研院有限公司（5 人）：刘齐辉、江华、王祖鑫、蔡亦来、林善伟

（3）福建省交通人力资源有限公司代理人员（6 人）

福建省交通建设工程试验检测有限公司：陈津凯

福建省闽西交通工程有限公司：黄绍焰

福州路港交通工程试验检测中心：高丹

福州市长乐区纵横交通建设有限公司：张颖

福州新洋海事咨询服务有限公司：林超明

中铁十七局集团第六工程有限公司：董健

（4）福建省港航勘察设计院有限公司（8 人）：苏良德、秦日松、丁学圣、杜虎、张惠、王璐、林姗、吴远东

二、福建省教育厅（1 人）

福建船政交通职业学院：杨相如

三、福建省水利厅（1 人）

福建省水利水电勘测设计研究院：陈义华

四、福建省交通运输集团有限责任公司（1 人）

福建省港口工程有限公司：阮寅锴

五、福建建工集团有限责任公司（2 人）

福建建工路桥有限公司：杨飞

漳州通广云平高速公路有限公司：叶利邦

六、福建省高速公路集团有限公司（22 人）

福建省高速公路养护工程有限公司：金亮、徐志华

福建省高速公路信息科技有限公司：肖伦营

福建省高速公路达通检测有限公司：李思泉、林张滨、陈汉发、项龙

福建省高速公路集团有限公司福州管理分公司：陈建堂、程竞、邱劲、潘小松、陈旭栋

福建省高速公路集团有限公司漳州管理分公司：杨敏成

福建省高速公路集团有限公司泉州管理分公司：傅继伟

三明福银高速公路有限责任公司：伍耀华

福建省高速公路集团有限公司莆田管理分公司：阮金宇、王振华

福建省高速公路集团有限公司南平管理分公司：张丽丽

福建省高速公路集团有限公司龙岩管理分公司：郑建荣

福建省福宁高速公路有限责任公司：傅永强、游乃安、张聿盛

七、福建省招标采购集团有限公司（6人）

福建省交通建设工程监理咨询有限公司：林文榕、王赟、黄森勇、林小辉、张臣美、陈鹏

八、中国海峡人才市场（3人）

平潭综合实验区管廊投资管理有限公司：游华明

连江县城市建设发展有限公司：郑建智

福建路信交通建设监理有限公司：黄国庆

九、漳州市（9人）

漳州市公路事业发展中心：张淑林、张林城

漳州市公路事业发展中心南靖分中心：石金龙

漳州市交通运输综合执法支队：许筱明

漳州通平漳武高速公路有限公司：黄春圆、林东发

漳州市市政工程有限公司：赖明振

漳州市先行勘测设计院有限公司：陈艺伟

福建闽泰交通工程有限公司：严惠娜

十、泉州市（18人）

泉州市公路局桥梁隧道管理中心：郑文杰

福建路港（集团）有限公司：吴丽珍

福建第一公路工程集团有限公司：黄晓新、林桂阳、汪君君、林燕祥、林春辉、梁蓝艺、吴雄伟、沈吟春、胡长江、蒲义成、朱洪明、张根

福建省华福工程检测有限公司：尤亚珍

泉州市路桥建设开发有限公司：许贵标

泉州台商投资区城市建设发展有限公司：吴大建

永春县公路建设开发有限公司：李志聪

十一、三明市（15人）

三明市公路路面养护中心：孔陆敏

三明市公路养护中心：彭锋

三明市公路养护中心明溪分中心：胡元清

三明市公路养护中心三元分中心：邱梅英、唐圆

三明市公路养护中心沙县分中心：柯志芳

三明市公路养护中心尤溪分中心：余思良

三明市交通运输综合执法支队：徐木旺

福建闽中交通勘察设计有限公司：陈海灶

福建省海盛交通投资有限公司：杨帆、朱起荣

福建省华明路桥建设有限公司：李智曙

福建省永信交通设计院有限公司：吴钗香

福建亿达工程勘察设计研究院有限公司：黄文泉

尤溪县顺安交通发展有限公司：凌元和

十二、莆田市（1人）

莆田市轨道交通有限公司：杨丽芳

十三、南平市（8人）

福建省南平市公路局顺昌分局：陈辉

福建弘沁工程勘察设计有限公司：蔡茂星、曾晓波

福建省恒通路桥工程有限公司：杨忠强

南平高速建设有限公司：王才树

南平市公路工程试验检测中心：罗晓安

南平武沙高速公路有限责任公司：黄章文

武夷新区创业服务中心：康文娟

十四、龙岩市（13人）

龙岩市公路养护中心：戴金龙

福建海瑞工程建设有限公司：陈景

福建省闽西交通工程有限公司：聂强、万长青、尹晓林

龙岩东环高速公路有限责任公司：赖旺林

连城县县乡公路站：罗兆雄

上杭县公路工程管理站：朱启标

龙岩交通建设集团有限公司：丘利盛、黄双杰、卢蒋继、汪有贵、徐楚鋆

十五、宁德市（9人）

宁德市公路局：林廷春、林光锋、吴晓龙

宁德市交通建设发展中心：郭颖华

古田县交通建设质量安全监督所：程瑜

宁德沈海复线双福高速公路有限责任公司：林兆新

宁德市交通投资集团有限公司：赖盛君

宁德市蕉城宏鑫交通工程投资有限公司：黄金华

宁德市港航设计有限责任公司：范国娟

潘震宇同志地震专业高级工程师职务任职资格

2020 年 8 月 21 日福建省人力资源和社会保障厅下发《关于批准确认潘震宇同志地震专业高级工程师职务任职资格的通知》（闽人社批复〔2020〕464 号）：经研究，批准确认厦门市地震遥测中心潘震宇同志地震专业高级工程师职务任职资格，任职资格确认时间为 2019 年 12 月 27 日，现予公布。

李聪等 13 位同志水产专业高级工程师职务任职资格人员名单

2020 年 8 月 21 日福建省人力资源和社会保障厅下发《关于批准确认李聪等 13 位同志水产专业高级工程师职务任职资格的通知》（闽人社批复〔2020〕474 号）。经研究，批准确认由省工程技术人员水产专业高级职务任职资格评委会评审通过的李聪等 13 位同志高级工程师职务任职资格。任职资格确认时间为 2020 年 7 月 18 日，现予公布，名单如下：

一、福建省海洋与渔业局（4 人）

福建省渔业资源监测中心：李聪、陈火荣、丁光茂、王臻

二、漳州市（2 人）

漳州市水产技术推广站：曾凡荣

云霄县农产品质量安全检验检测站：汤晓丹

三、泉州市（1 人）

晋江市海洋与渔业技术服务中心：王宝珍

四、三明市（3 人）

中国渔政泰宁县大队：陈明贵

大田县湖美乡水产技术推广站：范锦桧

清流县畜牧兽医水产中心：兰海荣

五、南平市（1 人）

光泽县水产研究所：沈朝平

六、龙岩市（2 人）

连城县水产技术推广站：林兴榕、黄清梅

李世君等 71 位同志高级工程师职务任职资格人员名单

2020 年 9 月 23 日福建省人力资源和社会保障厅下发《关于批准确认李世君等 71 位同志高级工程师职务任职资格的通知》（闽人社批复〔2020〕518 号）：经研究，批准确认由 2018 年度福建省地勘专业高级工程师评审委员会评审通过的李世君等 71 位同志高级工程师职务任职资格。任职资格确认时间为 2020 年 8 月 29 日，现予公布，名单如下：

一、福建省地质矿产勘查开发局（64 人）

福建省闽北地质大队：李世君、池书华

福建省闽西地质大队：郑振梅、刘检生、柳其坤、杨芬、吴惠强、钟文君、陈首开、邓丽菊、陈辉标、陈群星、黄志坚、潘宁、谢鑫、赵林、贾健、李继红、徐文荣、周云梅

福建省闽东南地质大队：谢燕光、卓福星、庄学聪、蒋祖增、卢文平、蔡伟、朱明新、陈佑飞、蔡元最

福建省第二地质勘探大队：杨生、赖永木、刘建标

福建省第四地质大队：刘成俊、陈桂全、林才秀

福建省第八地质大队：洪国平、邹道全

福建省闽南地质大队：彭军、吴灿辉、许益青、庄小荣、范贤奕、杨志明、蔡加清

福建省地质工程勘察院：张智超、张晓斌、宋闽宏

福建省地质工程大队：姚文胜

福建省地质测试研究中心：杨芳芳

福建省地质测绘院：黄雪峰、张林曼、朱方、陈仁表、刘芳丽、柴旭、卓韦通

福建省地质物资供应站：方南平

福建省地质调查研究院：黄新鹏、雷玉平、杨修明、吴继东

福建省核工业二九五大队：张桂、李强、马文政

二、福建省煤田地质局（3人）

福建省121地质大队：罗冠平、张宏刚、任开林

三、海峡人才市场（2人）

福建省闽东工程勘察院：高钦棂

福建金地勘测规划有限公司：何仕扬

四、龙岩市（2人）

紫金矿业集团股份有限公司：阮诗昆、张立中

郑火娇等46位制茶高级工程师任职资格人员名单

2020年9月27日福建省人力资源和社会保障厅下发《关于批准确认郑火娇等46位制茶高级工程师任职资格的通知》（闽人社批复〔2020〕541号）：经研究，批准确认由福建省第二届制茶高级工程师任职资格评审委员会评审通过的郑火娇等46位同志制茶高级工程师任职资格。任职资格确认时间为2020年9月20日，请予公布，名单如下：

一、福州市（2人）：郑火娇、陈由权

二、漳州市（1人）：林燕腾

三、泉州市（17人）：汪健仁、林金俗、蔡银笔、周有良、苏成家、何环珠、周爱民、朱文伟、詹国珍、林慧峰、刘敏珍、刘金龙、李金登、王清海、刘协宗、陈素全、林茂安

四、三明市（1人）：林秀娟

五、南平市（16人）：吴成建、季素英、黄绍斌、叶文珍、卓庆霖、徐杰、曹士先、刘仕章、林小荣、刘安兴、徐秋生、黄圣亮、林小明、周泽有、彭仲坚、叶昌飞

六、宁德市（9人）：陈真、何孟生、林飞应、谢中银、陈祖贝、邵克平、张礼雄、王传意、曾兴

孔祥猛等137位同志高级工程师职务任职资格人员名单

2020年11月5日福建省人力资源和社会保障厅下发《关于批准确认孔祥猛等137位同志高级工程师职务任职资格的通知》（闽人社批复〔2020〕625号）：经研究，批准确认由2020年省工程技术人员水利水电专业高级职务任职资格评委会评审通过的孔祥猛等137位同志高级工程师职务任职资格。任职资格确认时间为2020年9月27日，现予公布，人员名单如下：

一、福建省水利厅厅属单位（39人）

1. 福建省水利水电勘测设计研究院（12人）：孔祥猛、刘正风、刘耀辉、杨艳、辛丽萍、张森、陈耀闽、林金勇、姚莉莉、徐毅、游允越、潘占燃

2. 福建省水利水电工程局有限公司（14人）：余火明、张洪菲、陈伟锋、林贻贤、胡永建、洪宝城、袁刚、倪硕、徐柳柳、黄永辉、黄杰宏、韩钟昌、程方圆、曾瑜璇

3. 福建省围垦建设工程有限公司（1人）：杨志亮

4. 福建省水利水电建设有限公司（3人）：张纯银、陈孝银、黄航

5. 福建省水投勘测设计有限公司（3人）：马富明、王妹凤、张云慧

6. 福建省水利建设中心（1人）：林舟

7. 福建省九龙江北溪水资源调配中心（2人）：陈金炜、官国焱

8. 福建省水利水电工程质量技术站（2人）：吴燕烽、黄惠嘉

9. 福建省水土保持试验站（1人）：汪水前

二、海峡人才市场（6 人）

1. 福建润闽工程顾问有限公司：蒋宁、缪时佳

2. 福建省建江水利水电设计咨询有限公司：陈元俊

3. 福建省永川水利水电勘测设计院有限公司：李翰铨

4. 福建绿景生态工程咨询有限公司福州分公司：陈明

5. 泰宁县鑫辉水利水电工程有限公司：王胜

三、漳州（7 人）

1. 漳州市水利水电勘测设计有限公司：卢灿先

2. 漳州市峰头水库运行中心：蔡冬松

3. 华安县水利电力工作站：陈秀玲

4. 长泰县水利建设与运行站：叶娇贵

5. 云霄县水利建设技术队：汤继城

6. 福建芗江工程项目管理有限公司：吴毅鑫

7. 福建联冠建设有限公司：余燕琼

四、泉州（22 人）

1. 泉州市彭村水库管理处：林添德

2. 泉州市山美水库管理处：陈辉程、陈谋育、曾佳福

3. 泉州市水利建设站：曾翠蓉

4. 泉州市区应急备用水源管理所：黄越鹏

5. 泉州市石壁水库管理处：黄庆坛

6. 泉州市河务管理中心：陈守珊

7. 泉州市金鸡拦河闸管理处：贾香香

8. 泉州市龙门滩引水工程管理处：赖更松

9. 泉州水务工程建设集团有限公司：林智巍

10. 晋江市堤防管理中心：李加进

11. 南安市水利电力管理站：庄天宝、黄智强

12. 南安市水利局：苏敬爱

13. 惠安县水利工程建设管理站：许春城

14. 惠安县惠女菱溪陈田库区事务所：李仕钢

15. 永春县农村水电建设服务中心：康碧云

16. 永春县水利工程规划建设服务站：刘少平

17. 安溪县龙涓乡农业服务中心：蔡宗根

18. 福建路港（集团）有限公司：刘庆春、何毅伟

五、三明（22 人）

1. 三明市明兴水利水电勘察设计有限公司：李腾达、徐永滨、凌宗锴

2. 三明市水利工程站：刘小娟

3. 永安市水利水电工程质量技术站：兰荣辉、林兆成、林丽、林鹏

4. 将乐县古镛镇水利水电工作站：汤忠寿

5. 将乐县电力工作站：揭仕华

6. 沙县水利水电工程质量服务中心：吴义妹

7. 沙县水利水电技术服务中心：苏玉金

8. 尤溪县水利工作站：陈晓婷

9. 尤溪县水电工程管理站：陈玉清

10. 宁化县水利局工程质量安全监督站：夏银香

11. 泰宁县水利水电工作站：吴升平

12. 泰宁县水政监察大队：肖世文

13. 泰宁县水利工程站：陈友森

14. 大田县水土保持工作站：叶德广、周庆生

15. 福建省中建荣鼎建设有限公司：刘庆棠

16. 福建省明兴工程建设有限公司：陈敏

六、莆田（2 人）

1. 莆田市水利局水利建设站：张碧钦

2. 仙游县水政监察大队：林申升

七、南平（15 人）

1. 福建省南平市水利电力工程处：郑欧田

2. 南平市水利工程安全质量技术中心：林昱

3. 南平市建阳区漳墩镇水利工作站：鄢全春

4. 邵武市水利管理站：肖厚平

5. 建瓯市农业技术推广中心：郑其华

6. 建瓯市东游镇水利电力工作站：江云福、李德顺

7. 建瓯市迪口镇水利电力工作站：江华丽

8. 建瓯市徐墩镇水利电力工作站：冯吉荣

9. 建瓯市房道镇水利电力工作站：杨瑞钊

10. 武夷山市东溪水库管理局：黄彩兰

11. 浦城县水利水电工程质量安全技术中心：江东武

12. 政和县水利水电工程管理站：马征飞

13. 政和县水利规划基建室：陈鎏士

14. 光泽县水政水资源管理站：王瑾

八、龙岩（13 人）

1. 龙岩市水利投资发展有限公司：罗金云

2. 龙岩市永定区水利工作站：陈元华

3. 龙岩市永定区河道管理中心：简万富

4. 上杭县水利水电工程质量监督站：李永娘

5. 上杭县水利水电规划室：黄盛桃

6. 上杭县水利工作站：蓝茂秋

7. 武平县水利水电工程移民发展中心：钟小樟

8. 武平县水利水电服务中心：张新连

9. 长汀县水土保持站：林根根

10. 长汀县水政监察大队：赖荣东

11. 福建亿水工程勘察设计有限公司：华叶萍

12. 福建安澜水利水电勘察设计院有限公司：董国聪

13. 福建韩江工程咨询有限公司：武柯君

九、宁德（10人）

1. 福鼎市水利技术队：董延城

2. 福安市河道堤防管理处：郭幼珠

3. 霞浦县水利电力技术队：雷翠芳

4. 霞浦县水土保持试验站：陈仲永

5. 屏南县水利局：黄华杰

6. 屏南县水电开发有限公司：周茂露

7. 屏南县河务管理中心：包思智

8. 柘荣县水利水电局水利电力技术队：彭秀松

9. 周宁县水利水电技术队：吕石源

10. 福建大创水电集团有限公司：陆术勇

十、平潭（1人）

平潭综合实验区城乡建设与交通运输服务中心：陈鹏程

李晓征等46位同志高级工程师职务任职资格人员名单

2020年11月26日福建省人力资源和社会保障厅下发《关于批准确认李晓征等46位同志高级工程师职务任职资格的通知》（闽人社批复〔2020〕646号）：经研究，批准确认由2019年度省工程技术人员科技管理专业高级职务任职资格评委会评审通过的李晓征等46位同志高级工程师职务任职资格。任职资格确认时间为2020年11月8日，现予公布，名单如下：

一、福建省教育厅

福建省学生资助管理中心：李晓征

二、福建省科技厅

福建省科学技术信息研究所：王林伟

三、福建省应急管理厅

福建省安全生产科学研究院：吴剑锐

四、福建省地质矿产勘查开发局

福建省闽西地质大队：张仁炳

五、福建省煤田地质局

福建省197地质大队：周闽

六、福建省科学技术协会

福建省科协闽台科技交流中心：邹光盛

七、福建省汽车工业集团有限公司

福建省汽车工业集团有限公司：陈建业

八、福建省电子信息（集团）有限责任公司

福建省星云大数据应用服务有限公司：颜阿南

福建省安华智星信息技术服务有限公司：张林

九、福建省国有资产管理有限公司

福建福特科光电股份有限公司：郭少琴

福州正先安全科技咨询服务有限公司：王凌、陈基文

十、福建省投资开发集团有限责任公司

福建省投资开发集团有限责任公司：赵汝峰

十一、福建龙溪轴承（集团）股份有限公司

福建龙溪轴承（集团）股份有限公司：郑裕斌

十二、中国海峡人才市场

中海福建天然气有限责任公司：陈本峰

十三、福州市

福州市高新技术产业创业服务中心：王德喜

福建合盛气体有限公司：曾少宁

十四、漳州市

漳州片仔癀药业股份有限公司：殷婷婷

漳州市不动产登记中心常山华侨经济开发区不动产登记处：方云显

漳州发展水务集团有限公司：孙少群

漳州市环境信息中心：张达敏

漳浦县国土资源新信息中心：陈朝远

漳浦县安全生产应急救援中心：陈永发

十五、泉州市

泉州市科学技术信息研究所：黄峻

泉州高新技术产业开发区创业服务中心：陈坚议

泉州市环卫处：荆慧

泉州市节能监察中心：庄要民

泉州市市政工程管理处：王双波

泉州市排水管理中心：洪诗南

福建省雄伟安全技术咨询有限责任公司：柯文耀

泉州市环境卫生管理处：陈金凤

泉州市安全生产执法支队：谢文辉

德化县安全生产应急救援中心：林惠欣

晋江市安全生产应急救援中心：柯晓瑜

十六、三明市

三明市科技信息研究所：胡庆祯

大田县太华镇农业服务中心：张玉勇

建宁县溪口镇农业服务中心：余斌朝

永安市应急救援中心：雷朝添

清流县经济开发区企业服务中心：郑新家

十七、莆田市

莆田市荔城区安全生产应急救援与重大危险源监控中心：林棋衔

十八、南平市

南平武夷集团有限公司：牟宏霖

福建省南平市第一医院：龚进梅

十九、龙岩市

龙岩市公共资源交易中心有限公司：罗峰

二十、宁德市

古田县人民政府城西街道办事处农业服务中心：余深艾

周宁县公共资源交易中心：何斌

福安市地震办公室：刘树生

郭振挺等87位同志高级工程师职务任职资格人员名单

2020年12月7日福建省人力资源和社会保障厅下发《关于批准确认郭振挺等87位同志高级工程师职务任职资格的通知》（闽人社批复〔2020〕666号）：经研究，批准确认由福建省工程技术人员冶金专业2019年度高级职务评审会评审通过的郭振挺等87位同志高级工程师职务任职资格。任职资格确认时间为2020年11月22日，现予公布，名单如下：

一、福建省冶金（控股）有限责任公司

（一）福建省三钢（集团）有限责任公司（36人）：郭振挺、陈钢明、方建龙、张祥远、郑原首、吴志逊、杨东武、吴伍彬、何刚、马超群、黎永恒、陈金、郑永平、时伟伟、许英华、林贤洪、王金华、刘光华、凡俊、邓海平、柯国强、蒋有军、黄继平、张恒、刘先进、张鹏、陶兴华、文承、范芳东、周汝锦、李元文、曾金旭、王振雄、施文杰、李长银、陈长生

（二）厦门钨业股份有限公司（3人）：蓝琴、吕喆、郑枝木

（三）厦门欧斯拓科技有限公司（3人）：师大伟、王顺德、王威

（四）厦门厦钨新能源材料股份有限公司（1人）：尹秉胜

（五）厦钨电机工业有限公司（1人）：王鹏

（六）厦门金鹭特种合金有限公司（4人）：卢杰、臧文海、王明胜、陈路

（七）洛阳金鹭硬质合金工具有限公司（1人）：杨跃

（八）福建省长汀金龙稀土有限公司（2人）：黄清芳、李来超

（九）宁化行洛坑钨矿有限公司（5人）：邱小斌、周英茂、黄景华、王锦胜、詹克军

（十）福建省南平铝业股份有限公司（6人）：黄祥、朱晓驰、廖儒福、陈茂新、卢寿超、桑叶靖

（十　）福建马坑矿业股份有限公司（2人）：王选、钟龙芳

二、厦门市（7人）

（一）紫金（厦门）工程设计有限公司（2人）：陈志兴、谢火明

（二）厦门紫金矿冶技术有限公司（5人）：梁治安、陈晓芳、徐其红、王俊娥、许晓阳

三、龙岩市（15人）

（一）紫金矿业集团股份有限公司（10人）：吴智、孔繁琼、朱厚生、华建彬、赖秋祥、黄宇林、秦忠虎、李洪文、陈建平、郑正华

（二）紫金铜业有限公司（1人）：吴万华

（三）福建紫金矿冶测试技术有限公司（2人）：林英玲、俞金生

（四）福建金鑫钨业股份有限公司（1人）：谢建干

（五）龙岩市稀土产业服务中心（1人）：李贵乾

四、宁德市（1人）

福建青拓实业股份有限公司（1人）：袁少平

林思益等69位同志高级工程师职务任职资格人员名单

2020年12月7日福建省人力资源和社会保障厅下发《关于批准确认林思益等69位同志高级工程师职务任职资格的通知》（闽人社批复〔2020〕667号）：经研究，批准确认由2019年度省工程技术人员能源专业高级职务任职资格评委会评审通过的林思益等69位同志高级工程师职务任职资格。任职资格确认时间为2020年11月21日，现予公布，名单如下：

一、福建省能源集团有限责任公司（37人）

福建煤电股份有限公司：林思益、张杰彬、魏二兴、吴太元

福建省永安煤业有限责任公司：吴伯乐、林科渊、陈义得、徐建智、肖付钊、陈其晖、涂鹏绍、田富波

福建省天湖山能源实业有限公司：梁文江、姚文华、廖旭辉

福煤（漳平）煤业有限公司：赖伟平、李秀祥

福建晋江天然气发电有限公司：陈金欣、李德兵、汪明

福建省鸿山热电有限责任公司：冯磊、黄万武、连晖、章凯、陈志洋、陈咨财、郭伟康、欧昇玮

福建省石狮热电有限责任公司：庄松田

福建省福能龙安热电有限公司：李燕福

福建省福能晋南热电有限公司：罗学亮

福建福能东南热电有限责任公司：陈厚钗

福建省华厦能源设计研究院有限公司：严积琼、杨金

福建省配电售电有限责任公司：郭俊杰

福建福能南纺卫生材料有限公司：雷禄燕

福能环保新材（泉州）有限责任公司：蔡彦煌

二、福建省煤田地质局（4人）

福建省196地质大队：罗序琪

福建省197地质大队：刘鑫尧、钟颖先

福建省121地质大队：王磊

三、福建省水利厅（3人）

福建省水利水电勘测设计研究院：陈怡、甘毅、朱学敏

四、福建建工集团有限责任公司（9人）

福建建工建材科技开发有限公司：陈维灯、刘阳杰、詹丽萍

福建省建筑工程质量检测中心有限公司：蔡清芬、陈梓荣、黄欢、刘蓉凯、张标富、吕文生

五、福建省投资开发集团有限责任公司（2人）

福建中闽海上风电有限公司：戴锦山、耿克红

六、中国海峡人才市场（6人）

中海福建燃气发电有限公司：念小文、王武

福建省东锅节能科技有限公司：邱瑞飞、吴金玲

中国城市建设研究院有限公司福建分院：张益阳、

北京华能新锐控制技术有限公司：刘碧峰

七、福州市（1人）

福州市红庙岭垃圾综合处理中心：刘正根

八、三明市（5人）

清流县煤炭中心：江长兵

福建省清流县煤炭工业公司：李水长

清流县矿产品流通服务中心：董继慈

福建惠峰矿业有限公司：吴占相

福建三明生态工贸区生态新城集团有限公司：吴定勇

九、龙岩市（2 人）

龙岩市交通工程试验检测中心：林才强

龙岩高岭土股份有限公司：曹泽亮

连扬鹏等 49 位同志高级工程师职务任职资格人员名单

2020 年 12 月 9 日福建省人力资源和社会保障厅下发《关于批准确认连扬鹏等 49 位同志高级工程师职务任职资格的通知》（闽人社批复〔2020〕671 号）：经研究，批准确认由 2019 年度省工程技术人员电子专业高级职务任职资格评委会评审通过的连扬鹏等 49 位同志高级工程师职务任职资格。任职资格确认时间为 2020 年 11 月 22 日，现予公布，名单如下：

一、福建省卫生健康委员会（1 人）

福建省立医院：连扬鹏

二、福建省广播电视局（1 人）

福建省广播电视节目收听收看中心：蓝宏斌

三、福建省电子信息（集团）有限责任公司（20 人）

福建省星云大数据应用服务有限公司：黄旭

福建星海通信科技有限公司：华广有、张霖

福建星网锐捷通讯股份有限公司：林勇、赖增凯、倪海鸥、卓康志、郑远

锐捷网络股份有限公司：洪炳林、李丽清、张凯、张希弓、章建钦、陈建祥、黄米青、林川、罗才彬、罗来财、唐文、王靖天

四、福建广电网络集团股份有限公司（1 人）

福建广电网络集团股份有限公司：陈智阳

五、福建省广播影视集团（8 人）

福建省广播影视集团：陈洁颖、林凌、林敏、林田、林翔

福建省广播电视传输发射中心：曹荣丰、高荣华

福建省广播电视传输发射中心三 O 四台：林炜

六、福建省国有资产管理有限公司（1 人）

福建东赫信息技术有限公司：谢德海

七、海峡人才市场（5 人）

福州皓视光电科技有限公司：连全塔

福建捷联电子有限公司：刘妍侦

联勤保障部队第九〇〇医院：倪少石

福州理工学院：陈亮

福州芝麻智能科技有限公司：王龙南

八、新大陆数字技术股份有限公司（1 人）

福建新大陆自动识别技术有限公司：郭锋

九、厦门航空有限公司福州分公司（2 人）

厦门航空有限公司福州分公司：丁金亮、叶颖新

十、漳州市（5 人）

龙海市融媒体中心：陈宽录

福建省长泰吴田山微波站：陈马泰

漳州芝山转播台：甘坤耀

漳州市芗城区融媒中心：林庆良

漳州科华技术有限责任公司：陈少俊

十一、泉州市（1 人）

泉州广播电视台：林志强

十二、龙岩市（1 人）

龙岩市广播电视发射台：林洪喜

十三、宁德市（2 人）

宁德人民广播电台：林华

宁德电视台：韦弦

姜晓娜等50位同志高级工程师职务任职资格人员名单

2020年12月11日福建省人力资源和社会保障厅下发《关于批准确认姜晓娜等50位同志高级工程师职务任职资格的通知》（闽人社批复〔2020〕675号）：经研究，批准确认由2019年度省工程技术人员汽车、船舶专业高级职务任职资格评委会评审通过的姜晓娜等50位同志高级工程师职务任职资格。任职资格确认时间为2020年11月28日，现予公布，名单如下：

一、福建省交通运输厅（1人）

福建省港航事业发展中心：姜晓娜；

二、福建省船舶工业集团有限公司（28人）

福建省马尾造船股份有限公司：曹铁军、雷杼致、庄榕、罗新东、刘国泰；

福建东南造船有限公司：李绿琴、刘文平、王建东、吴远东；

厦门船舶重工股份有限公司：王立、袁青梅、陈渊彬、刘健、王毅、徐裕强、薛伟胜、董帝尧、苏国材、杨帆、邱海君；

福建省福船海洋工程技术研究院有限公司：林媛、肖祖维、黄俊华、赵巨斌；

福建福船投资有限公司：常永辉；

中铁福船海洋工程有限责任公司：林炎；

福建福船一帆新能源装备制造有限公司：郭平；

福建省新能海上风电研发中心有限公司：曾晨；

三、福建省汽车工业集团公司（11人）

东南（福建）汽车工业有限公司：曾毅、张岩金、王钊、黄道进、江金寿、陈义、肖泽辉、薛学贵、王孝全；

福建新龙马汽车股份有限公司：罗水平、游扬彬；

四、海峡人才市场（4人）

福州万商汽车服务有限公司：陈育彬；

泉州鑫豪工程机械科技有限公司：詹小朋；

福建奔驰汽车有限公司：林钰泓、吴燕；

五、云度新能源汽车股份有限公司（2人）

福建省汽车工业集团云度新能源汽车股份有限公司：林钊、刘艳；

六、漳州市（1人）

漳州市交通发展集团有限公司：陈少仪；

七、龙岩市（2人）

福建龙马环卫装备股份有限公司：黄荣明；

龙岩畅丰专用汽车有限公司：张红艳；

八、宁德市（1人）

福建省白马船厂：郑福光

蒋冬升等88位同志高级工程师职务任职资格人员名单

2020年12月11日福建省人力资源和社会保障厅下发《关于批准确认蒋冬升等88位同志高级工程师职务任职资格的通知》（闽人社批复〔2020〕676号）：经研究，批准确认由2019年度省工程技术人员环保专业高级职务任职资格评委会评审通过的蒋冬升等88位同志高级工程师职务任职资格。任职资格确认时间为2020年11月30日，现予公布，名单如下：

一、福建省生态环境厅直属事业单位（25人）

福建省环境监测中心站：蒋冬升

福建省辐射环境监督站：陈永伟、林国灿、陈达、时磊、江春

福建省固体废物及化学品环境管理技术中心：张鸿斌

福建省生态环境应急与事故调查中心：陈影声

福建省近岸海域环境监测站：王晓娟

福建省福州环境监测中心站：潘文、郭维超、周淑玲、陈奇亮

福建省漳州环境监测中心站：李怀旻、张妙芬、林丛宾、张坤龙、林晓洁、林炎平

福建省泉州环境监测中心站：林晓峰

福建省莆田环境监测中心站：黄芳茹、陈艳、陈中健

福建省龙岩环境监测中心站：郭敏容

福建省辐射环境监督站泉州分站：施养树

二、福建省住房和城乡建设厅（1人）

福建省建筑科学研究院有限责任公司：雷思聪

三、共青团福建省委员会（6人）

福建省环境保护设计院有限公司：钟启俊、陈烨、赵银中、李宝华、戴锋

中检集团福建创信环保科技有限公司：韩宁

四、海峡人才市场（17人）

福建省环境监测中心站：蒋本锋

福建省环境保护设计院有限公司：张碧云、张秋花

福建省金皇环保科技有限公司：李涛、郑耀辉、林巧香、姜蓉蓉

福州市环科检测技术有限公司：钟厚璋

福建闽科环保技术开发有限公司：罗静

福建鑫泽环保设备工程有限公司：范禄宝

福建拓普检测技术有限公司：严和盛

福州庆林环保科技开发有限公司：黄巧燕、罗玉琴、陈冰

环德（福建）环保科技有限公司：吴学钦

福建省伟邦市政环保工程设计研究院有限公司：李永霞

福建腾晖环境建设集团有限公司：蓝达群

五、福建建工集团（3人）

福建省建筑科学研究院有限责任公司：贾婧姝

福建省石油化学工业设计院：朱彩燕

福建省环境科学研究院：陈君君

六、福建省能源集团公司（2人）

福建省华厦能源设计研究院有限公司：杨宇、陈玉相

七、福建省国有资产管理有限公司（1人）

福建省蓝深环保技术股份有限公司：张金

八、福建龙净环保股份有限公司（5人）

福建龙净环保股份有限公司：连娥桂、杨钰锦、左鹏、李立锋、赖鼎东

九、漳州市（3人）

漳州市龙文环境监测站：徐松立

漳州市龙海环境监测站：刘毅芬

漳州市平和环境监测站：罗茂樟

十、泉州市（7人）

鲤城区环境监测站：黄永兴

泉州市泉港区环境监测站：黄韵绮

晋江市环境保护应急中心：冯吉燕

南安市溪美街道企业服务中心：林庆华

泉州南京大学环保产业研究院：周聪海

福建省蓝深环保技术股份有限公司：高德提

芳源环保（惠安）有限公司：苏俊新

十一、三明市（3人）

三明市三元环境监测站：黄鹏

三明医学科技职业学院：钟建生

尤溪县河务管理中心：游荣仙

十二、莆田市（4人）

莆田市环境保护科学研究所：刘建生

莆田市环境监测站：陈伟民

莆田市荔城区排水管理中心：胡金育

莆田市科龙环保技术有限公司：姚俊冰

十三、南平市（5人）

南平市环境科学研究所：杨丽

南平市环境信息与宣传教育中心：苗淑芳

南平市建阳环境监测站：张婧

南平市武夷山环境监测站：卢正生

南平市松溪环境监测站：王暾

十四、龙岩市（4人）

紫金矿业集团股份有限公司：谢桂芳、林秀培

紫金铜业有限公司：李涛

福建百灵天地环保科技有限公司：范景彪

十五、宁德市（2人）

宁德市环境保护科学研究所：吴卫平

宁德市疾病预防控制中心：周珊

郭月容等694位同志高级工程师职务任职资格人员名单

2020年12月11日福建省人力资源和社会保障厅下发《关于批准确认郭月容等694位同志高级工程师职务任职资格的通知》（闽人社批复〔2020〕680号）：经研究，批准确认由福建省2019年度工程技术人员土建专业高级技术职务评审委员会评审通过的郭月容等694位同志高级工程师职务任职资格。任职资格确认时间为2020年11月12日，现予公布，名单如下：

一、省住建厅（1人）

福建省建设工程质量安全总站：郭月容

二、团省委（3人）

1. 福建福大建筑设计有限公司：余玉龙
2. 福建三峰建设工程有限公司：朱绍鑫
3. 福州俊达建筑机械租赁有限公司：洪炳泉

三、省交通运输厅（19人）

1. 福建省交通规划设计院有限公司：王枝茂、傅庆凯、杨为品、刘文刚、徐其玮、叶晨峰、郭大敬、许丽娟、陈犀喆、陈凯军、程文鑫、肖志坚
2. 福建省交设工程咨询有限公司：林佳聪
3. 海峡（福建）交通工程设计有限公司：王小燕
4. 北京建友工程造价咨询有限公司：严腾
5. 建发房地产集团有限公司：陈宏泉
6. 福建华闽通达信息技术有限公司：陈吓俤
7. 泉州市工程建设监理事务所：陈学龙
8. 福鼎市市政工程建设投资有限公司：黄文华

四、省煤田地质局（3人）

1. 福建东辰综合勘察院：郑国星
2. 福建省东辰建设工程集团有限公司：刘用俊
3. 福建东辰市政工程有限公司：朱俊峰

五、省地矿局（2人）

1. 福建省闽南地质大队：张晓瑜
2. 福建省地质工程公司：郑惠昭

六、省国有资产管理公司（8人）

1. 中闽（福建）勘察设计有限公司：郑立土
2. 杭德（建阳）混凝土有限公司：吕元师
3. 万喜（福建）发展有限公司：谢衍锋
4. 福州市鼓楼建筑工程集团公司：杨光
5. 中建鑫宏鼎环境集团有限公司：林巍
6. 福建省路海工程管理有限公司：谢池清
7. 福建盛越建设有限公司：陈艺辉
8. 福州中博建设发展有限公司：曾美玲

七、省高速公路集团公司（1人）

福建省高速技术咨询有限公司：念其振

八、省机电（控股）公司（1人）

福建省机电建筑设计研究院：李凌

九、福州大学（1人）

福建福大建筑设计有限公司：陈建东

十、福建商学院（1人）

福建商学院：宁大勇

十一、省交通运输集团公司（1人）

福建省高速公路养护工程有限公司：林伟

十二、省能源集团公司（4人）

1. 福建省华厦能源设计研究院有限公司：杨建平、林亮
2. 福建联美建设集团有限公司：陈育菡、张雷朋

十三、省石化集团公司（1人）

福建湄洲湾氯碱工业有限公司：叶淑滨

十四、省冶金（控股）公司（2人）

福建省三钢（集团）有限责任公司：张孜逊、郑飞凤

十五、省招标采购集团公司（2人）

1. 福建工大岩土工程研究所有限公司：江凡
2. 福建省闽招咨询管理有限公司：施丽雄

十六、福建建工集团公司（67人）

1. 福建建工集团有限责任公司：卓亦超、柯宇轩、阮沛霖、廖斯汉、林发飞、黄金甲、金钟城、翁海辉、郑侃、陈琪、刘贤景、何怀旭、姜麟、高翔、王锦文、刘键辉
2. 福建七建集团有限公司：卢增荣
3. 福建省工业设备安装有限公司：俞传达
4. 福建省建科工程技术有限公司：黄志强、

王小幸

5. 福建省建研工程顾问有限公司：郑柳杨、王立平、吴友、尹文柯

6. 福建省建筑工程质量检测中心有限公司：郑小强、章东、范江平、褚福鹏、张羲岭、黄君一、曾小勇、王永祯、吴灵燕、范勇、王沣、翁启奋、徐国宾、耿丽

7. 福建省建筑科学研究院有限责任公司：林新锋、陈定艺、杨淑波

8. 福建省建筑设计研究院有限公司：施春华、李茂林、王敏、王剑、郑硕、陈艳艳、王磊磊、郭久栋、李欣、苏昭剑、张红梅、许祯昱、林佳、齐欣、吴超、林坤河、施玉艳、雷海霞、吴兵

9. 中国武夷实业股份有限公司：黄敬利、林秀巧、李文兰、蔡仁贵、叶宇鸿、黄能文、黄声漩

十七、福建建工集团公司（人才中心代理165人）

1. 福建百禾市政建筑设计有限公司：沈强
2. 福建博海工程技术有限公司：谭双双
3. 福建博业建设集团有限公司：林育培
4. 福建博宇建筑设计有限公司：饶世营
5. 福建博越建筑设计有限公司：邓恩玲
6. 福建诚正工程造价咨询有限公司：蔡乌秀、李爱珠
7. 福建创盛建设有限公司：林育芳
8. 福建创盈建设发展有限公司：黄福灵
9. 福建春锦市政园林有限公司：刘浪
10. 福建笪升建设发展有限公司：何晓莉
11. 福建东政智能科技有限公司：薛理代
12. 福建富力方工程管理有限公司：詹海通
13. 福建工程建设监理有限公司：林金太、张铁军
14. 福建广宇建筑设计院有限公司：余惠
15. 福建宏瑞建设工程有限公司：黄青山
16. 福建宏盛建设集团有限公司：郑麟翔、吴炜林
17. 福建华益工程造价咨询有限公司：蔡燕玲
18. 福建嘉博联合设计股份有限公司：郑永鑫
19. 福建建工集团有限责任公司：彭涛、王秀燕、林金发、柳元志、魏敦全、林佳
20. 福建金华夏建筑发展有限公司：郑斌杰
21. 福建九鼎建设集团有限公司：邱妹仔
22. 福建开辉市政建设有限公司：陈元雄
23. 福建乐航景观建设发展有限公司：刘东
24. 福建联审工程管理咨询有限公司：王林敏
25. 福建联谊建筑工程有限公司：陈训东
26. 福建六建集团有限公司：檀鲁铭、郑光辉、郑展
27. 福建闽审工程造价咨询有限公司：刘付斌
28. 福建普尔泰集团有限公司：余挺
29. 福建清华建筑设计院有限公司：余传强
30. 福建清秀市政园林集团有限公司：林森杰、王雨生
31. 福建融茂水利水电工程有限公司：唐兴华
32. 福建山海装饰装修工程有限公司：郑芳
33. 福建昇华工程造价咨询有限公司：苏晓晓
34. 福建省城乡规划设计研究院：罗义锥、刘伟琴、孙思敏、翟寅初、林峰、谢森玺、乐文健、吴正莺
35. 福建省村镇建设发展中心：林伟
36. 福建省二建建设集团有限公司：廖祥超、董晔
37. 福建省高德工程建设有限公司：许文德
38. 福建省工大工程设计有限公司：陈建英、沈细春、江平
39. 福建省浩发绿化工程有限公司：鲍日善
40. 福建省宏实建设工程质量检测有限公司：邹清林
41. 福建省华庭建筑设计有限公司：巫海兰
42. 福建省机电设备招标有限公司：郑凯峰
43. 福建省集泰建筑设计有限公司：池新锋、李靖
44. 福建省建诚工程咨询有限公司：雷鑫根
45. 福建省建设工程咨询有限公司：黄雪灿
46. 福建省建信工程管理集团有限公司：曾淑芬
47. 福建省建研工程顾问有限公司：王圣杰
48. 福建省建筑设计研究院有限公司：黄玉庭
49. 福建省金亚园林景观工程有限责任公司：王燕
50. 福建省兰竹生态景观工程有限公司：毛起剑

51. 福建省林业勘察设计院：李建东、方肖芳
52. 福建省泷澄建设集团有限公司：范庆祥
53. 福建省绿榕园林设计有限公司：练金
54. 福建省闽建工程造价咨询有限公司：陈妙卿
55. 福建省闽招咨询管理有限公司：林治锴
56. 福建省明建工程咨询有限公司：黄丽兰
57. 福建省南方建筑设计有限公司：林其双
58. 福建省泉州市东海建筑有限公司：谢剑星
59. 福建省榕圣市政工程股份有限公司：刘风
60. 福建省顺安建筑工程有限公司：周剑毅
61. 福建省桃城建设工程有限公司：许衍宝
62. 福建省腾达园林工程有限公司：蔡佳清
63. 福建省天闽建筑装饰有限公司：赖卫周
64. 福建省天润园景景观工程设计股份有限公司：郑燕华、林丹殊
65. 福建省伟邦市政环保工程设计研究院有限公司：陈文赐
66. 福建省吴航建筑工程有限公司：黄文智
67. 福建省五建装修装饰工程公司：蔡宝清
68. 福建省向春建设工程有限公司：林久
69. 福建省兴宏创建设发展有限公司：周明
70. 福建省兴岩建设集团有限公司：林峰鑫
71. 福建省浔益建筑工程有限公司：林天堂
72. 福建省雅林建设集团有限公司：陈强
73. 福建省永正工程质量检测有限公司：姜真
74. 福建省长希园林建设工程有限公司：温俊灵
75. 福建省正大青商工程造价咨询有限公司：柯滨颖
76. 福建省中孚检测技术有限公司：林克琴
77. 福建省中隧建设工程有限公司：王钦俊
78. 福建盛宇欣建设工程有限公司：钟志诚
79. 福建顺恒工程项目管理有限公司：王桂香
80. 福建舜晟建设工程有限公司：倪伟勋
81. 福建舜天绿艺园林工程有限公司：洪建南、洪国贤
82. 福建新宝龙建设发展有限公司：肖铭镇
83. 福建艺景园林工程有限公司：张佳招
84. 福建永宏建设工程有限公司：张仁庚
85. 福建远昌建设工程有限公司：江贵生
86. 福建中道景观设计有限公司：林智惠
87. 福建中恒华筑建设设计有限公司：陈武
88. 福清市永盛钢构安装工程有限公司：蒙刚
89. 福州轨道交通设计院有限公司：潘臻
90. 福州惠光照明设计工程有限公司：王德毓
91. 福州江河图测绘有限公司：范巧萍
92. 福州诺成工程项目管理有限公司：叶金文
93. 福州融城房地产开发有限公司：周丽平
94. 福州三禾园林景观工程有限公司：蒙露梅
95. 福州市第三建筑工程公司：陈魁荣
96. 福州信源工程造价咨询有限公司：张银花
97. 福州盈创筑业工程设计有限公司：朱木发
98. 福州中博建设发展有限公司：吴翔飞
99. 福州中恒建设发展有限公司：阙庆钟
100. 福州紫光高科投资发展有限公司：王旭婀
101. 广通建设集团有限公司：许国荣、黄秀妹
102. 海曜建工集团有限公司：王水忠
103. 湖南城市学院规划建筑设计研究院：黄强风
104. 华地设计有限公司：邱德勇
105. 健研检测集团有限公司：洪凤超
106. 晋江艺森建筑工程有限公司：何艺森
107. 闽武长城建设发展有限公司：陈明
108. 平潭综合实验区城市投资建设集团有限公司：倪晓君
109. 泉州嘉瑞置业有限公司：陈翰瑶
110. 泉州市工程建设监理事务所：黄琪宗
111. 融侨集团股份有限公司：瞿佳
112. 厦门安能建设有限公司：沈贤芬
113. 厦门高诚信工程技术有限公司：陈志华
114. 厦门海沧土地开发有限公司：程春
115. 厦门骏业市政园林工程有限公司：林德根
116. 厦门凯翔建设工程有限公司：汪文泽
117. 厦门珑禹生态建设有限公司：詹仕发
118. 厦门市精宏诚建筑工程有限公司：江南
119. 厦门万银环境科技有限公司：王两季
120. 上海经纬建筑规划设计研究院股份有限公司：吴祥斌、辜进海

121. 上海中福建筑设计院有限公司：李竹盛

122. 上海中森建筑与工程设计顾问有限公司：伍春雨

123. 深圳市市政设计研究院有限公司：凌建林

124. 石狮市规划设计院有限公司：谢国林

125. 耀华园林股份有限公司：沈喜炎

126. 瀛华生态环境股份有限公司：袁成军

127. 漳州市海滨城置业有限公司：陈明磊

128. 漳州卫生职业学院：叶威捷

129. 浙江同方建筑设计有限公司：李清平

130. 中城建设有限责任公司：蔡福来

131. 中国市政工程西北设计研究院有限公司：林雨初

132. 中建华磊建设发展有限公司：陈金密

133. 中建旷博（福建）有限公司：吴育晖

134. 中建四局建设发展有限公司：汪翀

135. 中交建宏峰集团有限公司：黄英明、童发

136. 中元（厦门）工程设计研究院有限公司：张和杰

137. 中智（福建）科技有限公司：吴洁华

十八、中国海峡人才市场（129 人）

1. 北京城建设计发展集团股份有限公司：王超峰

2. 北京中榕建工程造价咨询有限公司：张春华

3. 博亚（福建）建筑设计有限公司：张旭

4. 大成工程建设集团有限公司：何冬祥

5. 福建诚正工程造价咨询有限公司：黄义明

6. 福建城航建设工程有限公司：郭浩华

7. 福建东方园林景观工程有限公司：童林伟

8. 福建方逌建筑工程有限公司：林钊

9. 福建翰文景观设计工程有限公司：林鹏飞

10. 福建宏盛建设集团有限公司：黄俊熠

11. 福建华兴资产评估房地产土地估价有限公司：张君亮

12. 福建华亿建设咨询有限公司：林敏榆

13. 福建皇兴生态园林建设有限公司：黄兴勇

14. 福建汇景生态环境股份有限公司：李子林、郑章发

15. 福建建工集团有限责任公司：林幼莉

16. 福建江海苑园林工程有限公司：柯立东

17. 福建经帆市政园林工程有限公司：陈强

18. 福建景尚建筑环境设计工程有限公司：刘庆珏

19. 福建联审工程管理咨询有限公司：许宗烜

20. 福建领建建设有限公司：吴端锦

21. 福建六建集团有限公司：林友臣、詹明豪、邱文辉、陈秋平、杨海山、黄茂文、林泺、蓝晓辉、翁燕华、杨挺、徐伟、袁亚锋、杨洪庆

22. 福建泉宏工程管理有限公司：潘波

23. 福建融耀建材有限公司：林国忠

24. 福建瑞兴达幕墙设计有限公司：陈亮

25. 福建山水城市规划设计研究院有限公司：许宗添

26. 福建省百顺达建设发展有限公司：江腾龙

27. 福建省福联集成电路有限公司：张升

28. 福建省福瑞工程招标有限公司：程翔

29. 福建省国翰建设发展有限公司：薛涵

30. 福建省华庭建筑设计有限公司：周荣钦

31. 福建省建福工程管理有限公司：郭中南

32. 福建省建信工程管理集团有限公司：卢文初

33. 福建省建园景观工程有限公司：黄伟山

34. 福建省聚星建设发展有限公司：姚钦云、张明清

35. 福建省林业勘察设计院：林达、郑国芳、林苗、吴日辉

36. 福建省闽南建筑工程有限公司：廖志刚

37. 福建省闽武建筑设计院有限公司：方朝晖

38. 福建省明通建设集团有限公司：黄渊文

39. 福建省南方建筑设计有限公司：詹世鹏

40. 福建省奇尚园林工程有限公司：陈让跃

41. 福建省群溢建筑工程有限公司：郑晓华

42. 福建省实华建设监理有限责任公司：吴绍福

43. 福建省岩林建筑装饰有限公司：林添

44. 福建省永富建设集团有限公司：陈漫群

45. 福建省永正工程质量检测有限公司：罗金灵、杨兴垒、卓慧灵

46. 福建省中孚检测技术有限公司：邹明亮

47. 福建省中景建筑设计院有限公司：王林
48. 福建鑫正建设工程有限公司：陈振祯
49. 福建易而商信息技术有限公司：邱文钊
50. 福建永福电力设计股份有限公司：张晓迎
51. 福建章诚隆建设工程有限公司：黄振
52. 福建中成工程检测有限公司：胡学珍
53. 福建中诚信工程造价咨询有限公司：宣新
54. 福建筑景宜居景观工程有限公司：周晓杰
55. 福清洪宽园艺有限公司：颜燕
56. 福清明发混凝土有限公司：邓树峰
57. 福州城建设计研究院有限公司：黄山、周强、梁小光、吴则基
58. 福州地铁集团有限公司：李娜、王岐山
59. 福州广荣建筑工程管理有限公司：陈全健
60. 福州轨道交通设计院有限公司：李俊
61. 福州国伟建设设计有限公司：黄翔宇
62. 福州精业建筑工程设计咨询有限公司：吴抒闻
63. 福州世茂世悦置业有限公司：余雪松
64. 福州市规划设计研究院：汪博文、查伟、汪波、欧耀、张斌、郄磊堂、邱香港、杜沐露、林靖锋
65. 福州市鸿腾房地产开发有限公司：谢超禄
66. 福州市琅岐路桥建设有限公司：王永安
67. 福州铁建建筑有限公司：肖向淼
68. 福州中博建设发展有限公司：许斌
69. 冠榕盛（福建）园林景观规划建设有限公司：张斌
70. 光大成贤（福建）建设有限公司：朱建华
71. 广州市住宅建筑设计院有限公司：刘辉
72. 翰林（福建）勘察设计有限公司：梁耀俊
73. 宏晖建设工程有限公司：李宏伟
74. 湖南城市学院规划建筑设计研究院：赖加庆
75. 垒智设计集团有限公司：林木棍
76. 联盛建信（福建）设计院有限公司：李清辉
77. 平潭综合实验区岚城投资开发有限公司：刘孙英
78. 平潭综合实验区森林园林管养有限公司：时顺锋
79. 平潭综合实验区市政园林有限公司：林存、李桂玲
80. 莆田市贤良港交通投资有限公司：黄志刚
81. 泉州建工检测有限公司：黄炳艺
82. 泉州市德安工程检测有限公司：肖三保
83. 泉州市南翼港区发展有限公司：陈剑鹏
84. 厦门市城邦园林规划设计研究院有限公司：黄晓滨
85. 上海经纬建筑规划设计研究院股份有限公司：陈慧水
86. 时代建筑设计院（福建）有限公司：戴甜杰、林峰
87. 水立方建设集团股份有限公司：李量
88. 同舟（福建）工程技术有限公司：杨晶
89. 耀华园林股份有限公司：胡美姬
90. 永同昌建设集团有限公司：郑伟斌
91. 中北工程设计咨询有限公司：李小明
92. 中国城市建设研究院有限公司：张长浩、刘明浩
93. 中交远洲交通科技集团有限公司：姚珍凤
94. 中铁二十二局集团第三工程有限公司：郑佳豪
95. 中铁二院（成都）咨询监理有限责任公司：严拱永

十九、中国电信股份有限公司福建分公司（1人）

福建省邮电规划设计院有限公司：郑团磊

二十、海关总署（1人）

福州海关后勤管理中心：连扬群

二十一、中核工建设集团有限公司（1人）

中核工建设集团第四工程局有限公司：潘三平

二十二、厦门市（1人）

厦门华润燃气有限公司：唐海侠

二十三、漳州市（49人）

1. 安华城投集团有限公司：欧阳坤辉
2. 北京东方筑中建设规划设计有限公司：黄兆阳
3. 东山县正达混凝土有限公司：蓝建武
4. 福建安华发展有限公司：杨燕玲
5. 福建富达城市发展集团有限公司：黄怀哲
6. 福建光正工程项目管理有限公司：曾清华、

黄颜彬

7. 福建联冠建设有限公司：陈仕强

8. 福建明裕建设工程有限公司：杨志明

9. 福建荣冠环境建设集团有限公司：李长江、张炜禧

10. 福建瑞宇工程咨询有限公司：罗美妍

11. 福建省春天生态科技股份有限公司：詹明旭

12. 福建省建融工程咨询有限公司：王滟滟

13. 福建省禹澄建设工程有限公司：王明镜

14. 福建省漳州市建筑设计有限公司：颜铖炜、李源鸿

15. 福建兴艺建设集团有限公司：林清福

16. 福建漳州城投集团有限公司：杨芳

17. 南京市市政设计研究院有限责任公司：黄雅容、黄俊波

18. 南靖县基建投资审计中心：韩少敬

19. 三宝集团股份有限公司：张先兰

20. 信和置业（漳州）有限公司：林卫华

21. 云霄县建设工程造价管理站：方开恩

22. 漳浦县房屋征收服务中心：李夏婷

23. 漳浦县江滨建设投资开发有限公司：潘晓红

24. 漳浦县投资审计中心：陈艺芩

25. 漳州城投建工集团有限公司：戴玉凤

26. 漳州高新区靖城建设开发有限公司：李燕山

27. 漳州古雷港经济开发区自然资源服务中心：蔡耿生

28. 漳州金峰经济开发区建设工程服务中心：管鸣强

29. 漳州市城市规划设计有限公司：何镇文、蔡艺明、杨惠贤、李秀燕、陈涵杰、戴阿花

30. 漳州市古雷交通发展有限公司：蒋艳红

31. 漳州市建筑工程有限公司：陈晓雄、陈传博

32. 漳州市龙文区城市建设开发中心：陈亚彬

33. 漳州市水利电力工程有限公司：陈恩源

34. 漳州台商投资区市容园林服务中心：夏国兰

35. 漳州唐盛房地产开发有限公司：杨圣雄

36. 漳州圆山新城建设有限公司：颜伟平

37. 长泰县村镇建设工作站：杨健

38. 长泰县国土空间规划中心：方艺洪

39. 长泰县园林服务中心：叶葆瑄

二十四、泉州市（70人）

1. 安溪县小城镇建设投资有限公司：黄毅鹏

2. 德化陶瓷产业园区发展服务中心：李德清

3. 德化县雷峰镇村镇规划建设环保站：黄晓茹

4. 福建省第五建筑工程公司：石宁波、柯伟刚、黄翔、黄金钢、史凯旋、林炜鑫、杨志强、曾小龙、戴玉婷、刘素贤

5. 福建省东霖建设工程有限公司：陈贤龙

6. 福建省弘惠建设工程有限公司：黄旻弘

7. 福建省鸿嘉建设工程有限公司：艾忠红

8. 福建省华策建设集团有限公司：叶志建

9. 福建省惠东建筑工程有限公司：陈育平

10. 福建省金晶建设工程有限公司：王志坚

11. 福建省闽南建筑工程有限公司：吴烟平、庄添和、许云标、傅志风、林国洪、陈晓明、邱建辉

12. 福建省汤头建筑工程有限公司：练发焰

13. 福建中择建设有限公司：陈美萍

14. 华城建设集团有限公司：肖美虹

15. 晋江海川市政园林工程有限公司：施若凡

16. 晋江市城乡规划管理中心：许天注、翁信托

17. 晋江市城乡规划局总工程师办公室：陈志平、杨平生

18. 晋江市园林管理处：吴雅湄

19. 垒智设计集团有限公司（原泉州市建筑设计院有限公司）：郑维佳

20. 南安市城乡规划编制管理中心：罗静

21. 南安市建设工程质量与安全监督站：陈奕盛

22. 泉州清源山景区资源保护中心：庄一凰

23. 泉州三众工程管理有限公司：杨坤明

24. 泉州市城建项目管理中心：黄平阳

25. 泉州市城市规划设计研究院：林宝炎、汪建丁

26. 泉州市城乡规划局总工程师办公室：潘盛艺

27. 泉州市房地产开发经营公司：唐应钦、廖玉柱

28. 泉州市公园管理中心：刘志煌

29. 泉州市海上丝绸之路申遗中心：苏志明

30. 泉州市鲤城房地产公司：夏哲龙

31. 泉州市廉租住房与公房管理所：黄种才

32. 泉州市市政园林古建筑设计院有限公司：甘玲玲

33. 泉州市西北洋滞洪排涝工程管理处：苏建达

34. 泉州市园林管理局：许红红

35. 泉州市政府投资项目评审中心：王珊珊

36. 泉州市住房和城乡建设局总工程师办公室：洪燕虹

37. 泉州市住宅建筑设计院：吴雍容

38. 泉州台商投资区城市建设发展有限公司：张宇霖、陈志福、郑晓伟

39. 泉州台商投资区建设工程质量安全监督站：陈志明

40. 泉州台商投资区开发建设有限责任公司：曾灵蓉

41. 泉州永信房地产评估项目咨询有限公司：郭建宏

42. 石狮市城市建设服务中心：卢秀力

43. 石狮市城市建设有限公司：蔡明晓

44. 石狮市村镇规划服务站：张振海

45. 石狮市市政公用事业处：谢扬乙

46. 石狮市政府投资审计服务中心：黄明忠

47. 耀华园林股份有限公司：范联国

48. 中建恒杰集团有限公司：吴志龙

49. 中建远南集团有限公司：阮设加

二十五、莆田市（4 人）

1. 福建省南方建筑设计有限公司：潘喜锋
2. 莆田市荔城区村镇建设服务中心：吴智丹
3. 莆田市建设工程质量安全监督站：彭程
4. 莆田市荔城区住房保障服务中心：徐建伟

二十六、三明市（48 人）

1. 大田县城乡规划服务中心：吴成坎
2. 大田县建筑工程工作站：郑娜
3. 福建金鼎建筑发展有限公司：陈彩霞、周钦
4. 福建闽华晟工程管理有限公司：余孟铭
5. 福建三明市政工程有限公司：郭煜娟
6. 福建沈榕建设有限公司：陈金耀
7. 福建省枞煊建设工程有限公司：赵令浩
8. 福建省东南建筑设计院：李榕燕
9. 福建省广厦工程咨询有限公司：陈春华
10. 福建省国泰建设有限公司：林家催
11. 福建省蓝图监理咨询有限公司：王秀美
12. 福建省明建工程咨询有限公司：张明
13. 福建省磐石混凝土工程有限公司：张志荣
14. 福建一建集团有限公司：林志强、卢新埜、周腾铝、林兴、程文清、桂智聪、郑学士、曹启良
15. 福建庸博咨询有限公司：乐德深
16. 华宇（福建）置业集团有限公司：黄开章、冯文明
17. 将乐诚方建筑材料检测有限责任公司：陈剑
18. 将乐县村镇建设站：陈春生
19. 闽晟集团城建发展有限公司：李伟
20. 宁化县交通工程有限公司：高世有
21. 清流县公用事业工作站：黄祯勤
22. 三明高新技术产业开发区金沙园建设发展有限公司：吴国权
23. 三明市城市建设投资集团有限公司：曹发根、黄修阳
24. 三明市公路养护中心：张斌
25. 三明市明顺工程检测有限公司：陈潘
26. 三明市三元区建设工程质量服务中心：谢建枫
27. 三明市三元区建设工程质量服务中心、三明市三元区建设工程安全生产服务中心：陈卫东
28. 三明市园林中心：何丽晖、李贵梁
29. 沙县市政工程中心：茅小明
30. 厦门建兴工程管理有限公司：徐毅迁
31. 泰宁县城乡规划建设技术中心：童本聪
32. 永安市建设工程技术服务中心：汪方尾
33. 永安市建筑安全站：方浩
34. 尤溪县规划勘测设计院：詹光和
35. 尤溪县台溪乡村镇建设规划管理站：陈善裕

36. 尤溪县溪尾乡村镇规划建设管理站：黄邦社

37. 中建厚德建设有限公司：卢俊晨

二十七、南平市（29 人）

1. 福建南平九峰建设工程有限公司：郭清标

2. 福建省睿翼建设有限公司：徐子林

3. 福建武夷高新技术园区开发建设有限公司：何祖强

4. 福建武夷山旅游发展股份有限公司：熊居华

5. 福建新纪建设集团有限公司：刘建辉

6. 光泽县固定资产投资审计中心：管金莲

7. 建瓯市城乡规划设计室：张声雄

8. 建瓯市通济街道国土资源所：何家灿

9. 南平市城乡规划设计研究院：饶杰、熊识铭

10. 南平市房地产开发总公司：杨炎辉

11. 南平市工业园区建设服务中心：张化大

12. 南平市国土空间规划技术研究中心：章灵玲

13. 南平市建设工程造价管理站：王舟

14. 南平市建通工程检测有限公司：钟金龙

15. 南平市政园林工程有限公司：李震

16. 南平水务发展有限公司：张慧敏

17. 南平正诚建设工程检测有限公司：江燕芳、黄荔香

18. 浦城恒鑫建筑工程有限公司：齐雄

19. 浦城县城乡建设规划设计室：余雯娟

20. 邵武市房地产交易管理所：陈安乐

21. 邵武市建设工程管理服务中心：岳志华

22. 邵武市建设工程质量安全监督站：王学高

23. 邵武市园林管理处：黄祖健

24. 顺昌县郑坊镇村镇规划建设服务中心：张聚才

25. 武夷山风景名胜区后勤保障中心：郑碧凤

26. 武夷山市城乡建设技术发展中心：陈云龙

27. 武夷山市环境卫生管理处：吴继英

二十八、龙岩市（58 人）

1. 福建博业建设集团有限公司：林金水、张春进

2. 福建成森建设集团有限公司：黄胜荣、罗良誉

3. 福建城航建设工程有限公司：邱爱珍

4. 福建大恒建设工程有限公司：王永金

5. 福建大华鑫建设工程有限公司：黄日标

6. 福建互华土木工程管理有限公司：王小炜

7. 福建惠丰建筑工程有限公司：江益珍

8. 福建开泰建设发展有限公司：廖超平

9. 福建可盛市政园林工程有限公司：邱惠芳

10. 福建龙净环保股份有限公司：陈世见

11. 福建荣建集团有限公司：纪铭愿

12. 福建瑞晟建设工程造价咨询有限公司：陈小平

13. 福建省恒基建设股份有限公司：王建煌

14. 福建省龙岩市城市建设投资发展有限公司：王云岗、邹立舜、王芳洁

15. 福建省龙岩市城乡规划设计院：周左、周文升、林柳、李建波

16. 福建省天成建筑工程设备有限公司：陈成灿

17. 福建省同源建设工程有限公司：王剑锋

18. 福建省长汀县规划设计院：蔡欣

19. 福建西景市政园林建设有限公司：李晓烨

20. 福建新华夏建工有限公司：陈勇

21. 福建永强岩土股份有限公司：孔秋平

22. 福建筑景园林建设有限公司：郭升柳

23. 广通建设集团有限公司：谢镜华

24. 恒亿集团有限公司：李美娘、吴伟霖

25. 连城县固定资产投资审计中心：罗超

26. 连城县市政公用事业建设管理中心：黄文亮

27. 龙岩城发地产有限公司：曾念盛

28. 龙岩城发市政公用工程有限公司：江建辉

29. 龙岩佳迅建筑工程有限公司：洪龙福

30. 龙岩交发地产有限公司：赵豫

31. 龙岩交通发展集团有限公司：林继仪

32. 龙岩龙津河建设发展有限公司：林亚惠

33. 龙岩市安居住宅建设有限公司：郑奇锋、张钊华

34. 龙岩市城乡规划设计院：卢建新

35. 龙岩市固定资产投资审计中心：陈烨嫔

36. 龙岩市环境卫生管理处：郭泽冰

37. 龙岩市吉城建设发展有限公司：郑华勇

38. 龙岩市市政维护管理处：黄龙华

39. 龙岩市政建设集团有限公司：林亚谷

40. 龙岩水发自来水有限责任公司：陈滨、卢锦煌

41. 龙岩住厦房地产开发有限公司：杨建雄

42. 厦门天恒建业工程管理有限公司：林南扬

43. 上杭县城乡建设工作站：邱国安

44. 上杭县建设工程质量安全监督站：胡康福、刘俊峰

45. 顺裕（龙岩）混凝土有限公司：陈峰

46. 武平县固定资产投资审计中心：兰彬发

47. 紫金矿业建设有限公司：温富源

二十九、宁德市职改办（18人）

1. 东侨经济技术开发区建设工程质量安全站：张剑平、赵承辉

2. 福安市城市规划办公室：陈晓枫

3. 福安市建设工程质量安全监督站：林忠锦

4. 福安市市政工程管理处：陈晔

5. 福鼎市固定资产投资审计中心：曾云拯、谢瑾、吴晓莉

6. 福建省宁德市建筑设计研究院：谢昭华

7. 古田县房屋交易管理中心：徐书文

8. 宁德市城建教育投资有限公司：丁善銮

9. 宁德市城市建设发展中心：陈志伟

10. 宁德市城乡规划设计院：汤传民

11. 宁德市建设工程质量安全站：胡裕兴、徐苏桐

12. 宁德市园林绿化中心：罗澍、曹有泉

13. 霞浦县建设工程质量监督站检测室：刘飞

三十、平潭综合实验区（3人）

1. 平潭综合实验区财政金融事务服务中心：俞榕芳

2. 福建誉洲建设有限公司：曾剑波

3. 长江中兴工程顾问（平潭）有限责任公司：章容甄

徐名中等61位同志高级工程师职务任职资格人员名单

2020年12月22日福建省人力资源和社会保障厅下发《关于批准确认徐名中等61位同志高级工程师职务任职资格的通知》（闽人社批复〔2020〕702号）：经研究，批准确认由2019年度省工程技术人员质量专业高级职务任职资格评委会评审通过的徐名中等61位同志高级工程师职务任职资格。任职资格确认时间为2020年11月29日，现予公布，名单如下：

一、福建省市场监督管理局

福建省产品质量检验研究院：徐名中、雷晓阳

福建省计量科学研究院：黎健生、吕丹、沈明炎

福建省特种设备检验研究院：林其岳、许竞、陈泰潮、卢松俊、孙朝志、李擎

福建省锅炉压力容器检验研究院：黄晓芝、王芳、吴高峰、林娟、王锦温

福建省纤维检验中心：林枫、许龚彦

福建省工业产品生产许可证审查技术中心：苏宁子

福建省特种设备检验研究院泉州分院：曾国源、陈金游、蔡育晓、黄四彬、林俊杰

福建省特种设备检验研究院漳州分院：陈伟林、高绍忠

福建省特种设备检验研究院龙岩分院：王曾赟

福建省特种设备检验研究院三明分院：陈伟斌

福建省特种设备检验研究院南平分院：吴金星

福建省锅炉压力容器检验研究院宁德分院：张桂忠、刘毅

福建省锅炉压力容器检验研究院莆田分院：林重庆

福建省锅炉压力容器检验研究院泉州分院：刘贵超、杨钊勇

福建省锅炉压力容器检验研究院漳州分院：黄志鹏、游龙

福建省锅炉压力容器检验研究院三明分院：刘耀文、罗贤寿

福建省标院信息技术有限公司：李海晏

二、福建省粮食和物资储备局

福建省粮油质量监测所：林滉、陈宜

三、中国海峡人才市场

中国检验认证集团福建有限公司：朱明伟

四、福建省能源集团

福建福能南纺卫生材料有限公司：林清华

五、福州市

福州市产品质量检验所：吴忠兴、李黎榕、许艳军、陈鑫、吴芳华

福州市工业产品生产许可证审查技术中心：余明远

连江县产品质量检验所：黄长增

六、漳州市

漳州市食品药品审评与不良反应监测中心：黄枝梅

诏安县质量计量检验检测所：沈综宗

七、泉州市

泉州市计量所：刘灵文、刘跃华

福建省正基检测技术有限公司：吴小丽

中科汇聚（福建）检测科技有限公司：熊正燕

八、莆田市

莆田市家具产品质量监督检验中心：朱涛

莆田市工业产品生产许可证审查技术中心：陈荔红

九、三明市

三明市检验检测中心：邱开云

十、龙岩市

龙岩市产品质量检验所：池永亮

十一、宁德市

宁德市计量所：詹华挺

周灿洪等52位同志高级工程师职务任职资格人员名单

2020年12月22日福建省人力资源和社会保障厅下发《关于批准确认周灿洪等52位同志高级工程师职务任职资格的通知》（闽人社批复〔2020〕695号）：经研究，批准确认由2019年度省工程技术人员化工专业高级职务任职资格评委会评审通过的周灿洪等52位同志高级工程师职务任职资格。任职资格确认时间为2020年12月6日，现予公布，名单如下：

一、福建石化集团公司（8人）

福建石油化工集团有限责任公司：周灿洪

福建省东南电化股份有限公司：林昌艳

福建湄洲湾氯碱工业有限公司：汤小琪

福建福海创石油化工有限公司：蔡顺利、徐学阳、黄身旺

福建省福化天辰气体有限公司：杨聪永、余晟

二、福建省煤田地质局（2人）

福建省121地质大队：赵振、杨牡丹

三、中国海峡人才市场（4人）

福州三合元生物科技有限公司：黄平

中海油（福建）应急维修有限责任公司：李超平

中国检验认证集团福建有限公司：张雅婷

中海福建燃气发电有限公司：吴荔丹

四、福建省冶金（控股）有限责任公司（1人）

福建省三钢（集团）有限责任公司：包晓晖

五、福建省国有资产管理有限公司（3人）

福建医工设计院有限公司：翁凯、沙洁

中仑塑业（福建）有限公司：简锦炽

六、福建龙净环保股份有限公司（2人）：李晓峰、卢茂源

七、宁德新能源科技有限公司（7人）：陶兴华、高潮、蒋晨曦、唐超、王梦、何金铧、刘祖超

八、宁德时代新能源科技股份有限公司（12人）：何立兵、李星、李永坤、刘成勇、牛少军、史东洋、王家政、张明、张小文、马林、冯欣、唐代春

九、漳州市（1人）

漳州旗滨玻璃有限公司：张志强

十、泉州市（2人）

中纺协检验（泉州）技术服务有限公司：黄龙

福建省安元光学科技有限公司：蔡志发

十一、莆田市（1人）

莆田市排水管理处：肖雄

十二、三明市（2人）

福建三明金氟化工科技有限公司：张蒙

三明市海斯福化工有限责任公司：王孟英

十三、南平市（2人）

福建仁宏医药化工有限公司：王国洪

浦城县永芳香料科技有限公司：张琦

十四、龙岩市（5人）

福建龙氟化工有限公司：雷游生

紫金矿业集团股份有限公司：张玲文

福建紫金选矿药剂有限公司：罗忠岩

龙岩高岭土股份有限公司：沈耀生

时代思康新材料有限公司：魏丽招

鲍俊等119位同志高级工程师职务任职资格人员名单

2020年12月22日福建省人力资源和社会保障厅下发《关于批准确认鲍俊等119位同志高级工程师职务任职资格的通知》（闽人社批复〔2020〕694号）：经研究，批准确认由2019年度省工程技术人员机械专业高级职务任职资格评委会评审通过的鲍俊等119位同志高级工程师职务任职资格。任职资格确认时间为2020年11月22日，现予公布，名单如下：

一、福建省机电控股有限责任公司（14人）

福建海峡科化股份有限公司：鲍俊、丁海峰、胡黎东、洪进青、刘银、林起革、刘桑花、彭慧明、徐敬华、张满福、张美足、朱广杰

福建省机电建筑设计研究院：何泳滨、尤伟钦

二、共青团福建省委员会（1人）

福建云端智能科技有限公司：林敏毅

三、省教育厅（2人）

福建水利电力职业技术学院：黄谊福

福建林业职业技术学院：张碧清

四、福建省市场监督管理局（1人）

福建省特种设备检验研究院泉州分院：魏李平

五、福州大学（1人）：郑开魁

六、福建医科大学（1人）

福建医科大学附属第一医院：薛建伟

七、福建省高速公路有限责任公司（2人）

福建省高速公路信息科技有限公司：林勇攀

福建省福泉高速公路有限公司：吴舒曼

八、福建省能源集团有限责任公司（2人）

福建福维股份有限公司：冯光彬

福建肖厝港物流有限责任公司：黄循超

九、福建石油化工集团有限责任公司（1人）

福建省石油化学工业设计院：刘岳

十、福建建工集团总公司（2人）

福建广和信息科技有限公司：陈献妹

福州新南建设开发有限公司：阮春辉

十一、福建省轻纺（控股）有限责任公司（1人）

福建省青山纸业股份有限公司：李建桥

十二、福建省国有资产管理有限公司（10人）

福建广电网络实业发展有限公司：刘杰林

福建宏瑞建设工程有限公司：陈奕群、范海芳、许建雄、柯钦雨

福建闽高电力股份有限公司：郑召兴

福建省电力建设工程咨询有限公司：李海燕

福建同力工程顾问有限公司：谢丙寅、徐云飞

新大陆数字技术股份有限公司：冯星火

十三、中国海峡人才市场（29人）

福建博电工程设计有限公司：苏明强

福建金三洋控股有限公司：郑建全

福建晋工机械有限公司：吕志忠

福建联合动力机电科技有限公司：林宗院

福建荣冠环境建设集团有限公司：丁映

福建省锅炉压力容器检验研究院：王锦温

福建省环境保护设计院有限公司：陈伟

福建省闽航飞腾科技有限公司：吴玉发

福建省特种设备检验研究院：万当

福建省特种设备检验研究院泉州分院：陈金游、陈少伟

福建扬天电能有限公司：陈镇清

福建永福电力设计股份有限公司：黄嵩、赖培敦、方峰

福建原力称重设备有限公司：林海清

福建源发电力勘察设计有限公司：马永峰

福建中天电力咨询有限公司：陈杰

福州电力设计院有限公司：李勤

福州良正机械有限公司：柯才杰

福州万山电力咨询有限公司：陈杨健

宁波钜智自动化装备有限公司：林华章

泉州华中科技大学智能制造研究院：苏惠阳

厦门奥林特环保科技有限公司：杨祖成

厦门电力勘察设计院有限公司：李锦辉

上海市隧道工程轨道交通设计研究院：刘艳

亿兴电力有限公司：苏韵

中检集团康泰安全科技有限公司：林雄文

漳州电力勘察设计院有限公司：汤添贵

十四、泉州市（4 人）

福建华南重工机械制造有限公司：万禹平

福建南方路面机械股份有限公司：颜伟泽、杜月香

福建亿兴电力设计院有限公司：姚蓉

十五、漳州市（2 人）

福建联冠建设有限公司：林文和

福建省同舟建设有限公司：刘礼家

十六、龙岩市（7 人）

福建龙马环卫装备股份有限公司：张福燕、李基锋、简溪金、赖振赋

紫金铜业有限公司：袁立新、林仁华

龙岩电力勘察设计院有限公司：何富昌

十七、三明市（2 人）

福建省永安林业（集团）股份有限公司：陈建新

中机数控科技（福建）有限公司：余辅华

十八、南平市（1 人）

福建海源新材料科技有限公司：王永刚

十九、福建龙净环保股份有限公司（27 人）：李宏桢、陈张文、赖碧伟、林锋源、赖标贵、林荷、王妨、高海欧、李文晖、林航英、苏存芳、林启桃、张卡德、黄举福、杨健晖、林志洪、李东春、丘会兴、黄炬彩、舒晓媛、黄展、陈晓凤、彭宇泉、沈钦添、丘书荣、刘发秀、张智成

二十、福建龙溪轴承（集团）股份有限公司（5 人）：

邹宽城、陈德平、戴明钟、陈朱池、张丽盆

二十一、宁德时代新能源科技股份有限公司（3 人）：

郑于炼、叶永煌、陈才松

二十二、宁德新能源科技有限公司（1 人）：丛艳斌

颜潮勇等 54 位同志高级工程师职务任职资格人员名单

2020 年 12 月 28 日，福建省人力资源和社会保障厅下发《关于批准确认颜潮勇等 54 位同志高级工程师职务任职资格的通知》（闽人社批复〔2020〕709 号）：经研究，批准确认由 2019 年度省工程技术人员测绘专业高级职务任职资格评委会评审通过的颜潮勇等 54 位同志高级工程师职务任职资格。任职资格确认时间为 2020 年 12 月 12 日，现予公布，名单如下：

一、测绘专业 49 人

（一）福建省自然资源厅（10 人）

福建省测绘院：颜潮勇、陈文慧、郭晓雅、郭绍航、张丽文

福建省基础地理信息中心：王伟凡、吴平

福建省制图院：郑兴辉

福建省测绘产品质量检测中心：王晓贺

福建省国土资源信息中心：谢晓云

（二）福建省交通厅（1 人）

福建省港航勘察科技有限公司：管孝汉

（三）福建省林业局（1 人）

福建省林业调查规划院：许雪玲

（四）福建省地质矿产勘查开发局（1 人）

福建省地质调查研究院：李明

（五）海峡人才市场（12 人）

1. 福州市勘测院：杨菁元、林亦林、张清龙、杨志胜、林世妹、王福生、郑学祺、李二振

2. 福州星球勘测设计有限公司：廖辉灿

3. 福建润闽工程顾问有限公司：谢建良

4. 福建省纵横地理信息有限公司：张秀美

5. 石狮市规划设计院有限公司：郭先通

（六）福建省国有资产管理有限公司（1 人）

福建省地质遥感与地理信息服务中心（代理人员）：宋秋风

（七）厦门市（4人）

1. 厦门亿力吉奥信息科技有限公司：李凌

2. 厦门精图信息技术有限公司：陈云

3. 厦门市政智慧城市科技有限公司：黎云

4. 福建悟海工程咨询有限公司：邹天涯

（八）漳州市（6人）

1. 漳州市测绘设计研究院：陈莉、康毅清

2. 漳州市水利水电勘测设计有限公司：李凌斌

3. 长泰县不动产登记中心：黄亚兴

4. 东山县自然资源局土地收购储备中心：何建寿

5. 漳州通正勘测设计院有限公司：罗李清

（九）泉州市（3人）

1. 泉州市土地开发整理中心：杨培源

2. 福建泉州勘测设计院有限公司：刘荣昌

3. 泉州中正测绘咨询代理有限公司：郑建国

（十）莆田市（1人）

福建省永胜测绘有限公司：陈飞虎

（十一）龙岩市（3人）

1. 龙岩市勘察测绘大队：易元春、张玲

2. 长汀县测绘管理服务中心：李小金

（十二）三明市（3人）

1. 三明市测量队：陈静冰

2. 三明市国土信息与土地整治中心：刘蔡斌

3. 永安市土地开发整理中心：张根福

（十三）南平市（2人）

1. 南平市国土资源与地理信息管理中心：方利超

2. 松溪县不动产登记中心：陈绍文

（十四）宁德市（1人）

福安市白云山风景名胜区管理委员会：郭斌

二、土地规划利用专业5人

（一）福建省地质矿产勘查开发局（1人）

福建省地质测绘院：苏梅琳

（二）海峡人才市场（2人）

1. 福建省地科勘测规划有限公司：徐锦柏

2. 福州市仓山区土地开发建设投资有限公司：吴国明

（三）厦门市（1人）

厦门高新人才开发有限公司：洪冬琳

（四）平潭综合实验区（1人）

平潭综合实验区自然资源服务中心：许琳琳

（摘编：陈闽声）

福建省高级经济师职务任职资格人员名单

苏爱琴等227位同志高级经济师职务任职资格人员名单

2020年2月11日福建省人力资源和社会保障厅下发《关于批准确认苏爱琴等227位同志高级经济师职务任职资格的通知》（闽人社批复〔2020〕76号）：经研究，批准确认由省经济专业高级职务任职资格评委会评审通过的苏爱琴等227位同志高级经济师职务任职资格，任职资格确认时间为2020年2月11日，现予公布，名单如下：

一、福建省工业和信息化厅

福建省中小企业服务中心：苏爱琴

二、福建省发展和改革委员会

福建省价格研究所：陈成沐

福建省经济信息中心：余晓红

三、福建省财政厅

福建省预算编审中心：林晓丹

四、福建省人力资源和社会保障厅

福建省人力资源和社会保障厅行政服务中心：吴燕玲

福建省人事人才研究所：段晓川

五、福建省交通运输厅

福建省湄洲湾港口管理局东吴港务管理站：邱新建

六、福建省卫生健康委员会

福建省疾病预防控制中心：陈少锋

七、福建省林业局

福州植物园：邱勇、王尔斌

八、福建省市场监督管理局

福建省计量科学研究院：曾惠容

九、福建省地质矿产勘查开发局

福建省闽北地质大队：李秋荣

福建省地质探矿机械设备服务中心：陈锦芳

福建省地质测绘院：黄琛

十、福建省煤田地质局

福建省197地质大队：肖细妹

福建省196地质大队：郑鸿雁

福建省121地质大队：罗榕梅

十一、福建省投资开发集团有限责任公司

福建省投资开发集团有限责任公司：苏杰、周天行

十二、福建省能源集团有限责任公司

福建省天湖山能源实业有限公司：刘婀娴

福建省鸿山热电有限责任公司：王英门

十三、福建省冶金（控股）有限责任公司

福建省冶金（控股）有限责任公司：赖建平

福建省三钢（集团）有限责任公司：蔡良毅、柳丽

福建三钢闽光股份有限公司：翁汪茵

十四、福建省交通运输集团有限责任公司

福建省莆头港口开发有限公司：葛绍健

福建漳州港口有限公司：郑亚宝

福州新港国际集装箱码头有限公司：陆捷

十五、福建省电子信息（集团）有限责任公司

福建航空装备维修中心：谢飞

十六、福建建工集团有限责任公司

福建建工集团有限责任公司：王自樑、江华

福建七建集团有限公司：张纯枝

福建省工业设备安装有限公司：卢毓

福建省建筑科学研究院有限责任公司：刘榕蓉

福建省建筑设计研究院有限公司：薛莹莹

中国武夷实业股份有限公司：杨乃建、金鸣迪、林秀娟

十七、福建省高速公路集团有限公司

福建省高速公路经营开发有限公司：刘心寰

十八、福建省汽车工业集团有限公司

福建省汽车工业集团有限公司：高学城

十九、福建省广播影视集团

福建省广播影视集团：蔡加珍

二十、海峡出版发行集团有限责任公司

海峡出版发行集团有限责任公司：薛川、张帆

二十一、福建省招标采购集团有限公司

福建省招标采购集团有限公司：李曦

二十二、兴业银行股份有限公司

兴业银行股份有限公司：林仁德

二十三、福建省农村信用社联合社

福建省农村信用社联合社：叶盛锋

福建莆田农村商业银行股份有限公司：郑金滨

连江县农村信用合作联社：陈辉

德化县农村信用合作联社：林荣答

二十四、中国海峡人才市场

福建华通银行股份有限公司：叶振和

福建嘉信资产评估土地房地产估价有限责任公司：吴心媛

福建六建集团有限公司：徐海燕

福建省城乡综合开发投资有限责任公司：万荔

福建永福电力设计股份有限公司：吴漩、程秋嫣

海峡股权交易中心（福建）有限公司：曾维翰

海峡石化产品交易中心有限公司：吴钦明

浙江稠州商业银行股份有限公司福州分行：杨开宝

二十五、中国电信股份有限公司福建分公司

中国电信股份有限公司福建分公司：孙吟、赵俊来

中国电信股份有限公司福清分公司：江密

中国电信股份有限公司厦门分公司：林瑞祥

中国电信股份有限公司福建号百信息服务分公司：钱政新

福建省电信技术发展有限公司福州分公司：陈建平

福建省通信产业服务有限公司：林娟

福建省邮电规划设计院有限公司：陈艳楠

二十六、福州海关

福建出入境检验检疫局机关服务中心：连扬群

福州出入境检验检疫局综合技术服务中心：郑璇

二十七、中国移动通信集团福建有限公司

福建福诺移动通信技术有限公司：鞠圆

二十八、厦门航空有限公司福州分公司

厦门航空有限公司福州分公司：陈济成

二十九、漳州市

福建大迅安装有限公司：吴定山

福建龙溪轴承（集团）股份有限公司：曾雅萍

福建漳发建设有限公司：庄奕桑

福建漳州发展股份有限公司：叶钦妹

漳州市就业培训和失业保险管理中心：陈颖

漳州古城保护开发有限公司：郑闽敏

漳州市城市建设投资开发有限公司：陈雅卉

漳州市峰头水库管理局：罗云集

漳州市妇幼保健院：阮丽芬

漳州市工程咨询中心：柯俊君

漳州市市政工程中心：郑富明

漳州市游泳水上运动管理中心：郑慧君

漳州市中小企业发展服务中心：王仁华、郑殷恬

漳州圆山新城建设有限公司：王长和

龙海市第一医院：黄育苹

龙海市固定资产投资审计中心：林智慧

华安经济开发区公共事业管理中心：苏金妹、黄锦云

三十、泉州市

泉州经贸职业技术学院：苏超君

泉州市地质环境监测中心：连锦华

泉州市房屋交易中心：黄金瓶、汪燕花

泉州市林业基金管理站：陈小萍

泉州市数字泉州建设办公室：连世佳

泉州市政府和社会资本合作（PPP）管理中心：李志贤

泉州台商投资区市政管理有限责任公司：李秋兰

泉州永信房地产评估项目咨询有限公司：郭建宏

泉州展览城管理处：王春鸥、姚鸣毅

福建第一公路工程集团有限公司：陈维淳

福建洛江经济开发区管理处：叶生化

洛江区不动产登记中心：刘小艺

鲤城区国库支付中心：刘水园

鲤城区机关后勤管理处：王锦锋

福建省恒雕装饰广告有限公司：黄复望、庄萠

福建省远宏物业管理有限公司：黄永发

锦兴（福建）化纤纺织实业有限公司：欧阳春风

福建省南安五台山国有林场：粘东平

南安市市场服务中心：郭海生

晋江市城城置业有限公司：陈耀从

晋江市农业农村局：王巧艺

石狮市住房保障管理中心：黄美花

德化县工人俱乐部：吴寿山

德化县国库支付中心：黄宗锡

德化县资产管理中心：林明花

惠安县建筑安全监督站：陈东军

永春县财政局非税收入征收管理中心：周新娜

永春县东平镇经济社会事务服务中心：徐小君

永春县疾病预防控制中心：潘静宜

永春县煤炭工业公司：姚秀编

永春县社会劳动保险管理中心：陈建基

三十一、三明市

福建一建集团有限公司：范希枚

三明市城市建设投资集团有限公司：林金香

三明市第一医院：胡素琴

三明市公路局：童燕青

三明市公路局梅列分局：季蓉

三明市疾病预防控制中心：陈建布

三明市林业总公司：陈丽清

三明市住房公积金管理中心：林明榕

永安市测绘管理站：罗文光

永安市土地开发整理中心：黄海

永安市土地收购储备中心：戴燕

福建尤溪经济开发区综合服务中心：罗仕龙

三明市尤溪县不动产登记中心：陈成鑫

尤溪经济开发区综合服务中心：陈文清、谭丹芸

尤溪县坂面镇企业管理站：徐承强

尤溪县城乡居民社会养老保险管理中心：罗晓丽

尤溪县地震办公室：陈书才

尤溪县房地产管理所：黄瑞钏

尤溪县副食品基地协调中心：毛毓楠

尤溪县公共资源交易中心：林圣雄、余锦霞

尤溪县国有公益水库管理中心：卓传洁

尤溪县环境监测站：陈霞云

尤溪县机关事业单位社会保险管理中心：魏成川

尤溪县金融服务中心：陈春华

尤溪县劳动就业中心：林冬妹

尤溪县林业行政执法大队：纪小梅、张春苹

尤溪县林业局城关林业站：赖春仙

尤溪县梅仙镇乡镇企业技术管理服务中心：陈晓云

尤溪县人防指挥信息保障中心：陈建樟

尤溪县散装水泥与新型建材推广中心：叶开春

尤溪县市场服务中心：黄巧珠

尤溪县市政园林中心：杨小青

大田县济阳林业工作站：陈长征

大田县价格监测中心：连幼琴

福建省大田梅林国有林场：刘兴明

福建省将乐国有林场：李红豫

将乐县城乡居民社会养老保险管理中心：严土旺

将乐县公共资源交易中心：余文彬

福建省宁化国有林场：张满水

三明市宁化县第三产业发展办公室：王远球

宁化县城乡低保中心：孔金凤

宁化县电子商务服务中心：张华金

福建泰宁工业园区管理委员会综合服务中心：吴慧梅

建宁县国有资产管理中心：曾宪华

沙县村镇建设管理站：卓玲

沙县体育中心：杨芳

三十二、莆田市

莆田赤港华侨经济开发区管委会：陈瑢

莆田高新技术产业开发区管理委员会：林雪玉

莆田市城厢区工业办公室：詹丽明

莆田市涵江区城乡居民社会养老保险管理中心：李凡

莆田市涵江区价格认定局：郑秀凤

莆田市园林科学研究中心：杨丽英

仙游县工业和信息化局：黄异炜

三十三、南平市

福建南平太阳电缆股份有限公司：陈有智

福建省南平市公路局：陈晖

南平市浦城县社会劳动保险管理中心：林建斌

南平市社会劳动保险管理中心：郑琼

南平市水南街道经济委员会：鄢宝妹

南平市土地发展集团有限公司：陈应华

南平市延平湖旅游开发区管理中心：黄秀琴

南平市住房公积金管理中心：王盛富

建瓯市迪口镇流通与信息工作站：程本浩

建瓯市林权流转交易中心：叶琳

浦城县富岭镇村镇规划建设服务中心：刘翠妹

浦城县婚姻登记处：余振平

浦城县机关事业单位退休人员管理办公室：陈启东

浦城县人力资源公共服务中心：吴浦娟

邵武市劳动人事争议仲裁院：吴秀凤

顺昌县双溪国土资源所：林丹

武夷山风景名胜区后勤保障中心：林敬志

武夷山市不动产登记中心：周志春

武夷山市立医院：陈芸

三十四、龙岩市

福建省龙岩市公路局：谢剑虹

福建省龙岩市中心血站：陈学源

龙岩市12345便民服务平台管理中心：刘东明

龙岩市第一医院：陈厦

龙岩市公路局永定分局：朱亮英

龙岩市河务管理中心：黄文侣

龙岩市医疗保障基金管理中心：张耀新

上杭县科技兴县领导小组办公室：陈蓄茂

上杭县市场监督管理局：廖美东

漳平市机关事业单位社会保险管理中心：黄进士

紫金矿业建设有限公司：苏华英

三十五、宁德市

宁德市林业局：吴小芳

宁德市人力资源和社会保障电子政务管理中心：陈亮

宁德市食品药品执法支队：汤圭

宁德市医疗保障基金管理中心：王叶震

宁德市医院：陈晓玲

宁德市漳湾临港工业区开发建设有限公司：王飞

福安市不动产登记中心：林锋

福安市科学技术情报研究所：林婕

福鼎市基本建设工程预决算审核中心：廖书善

福鼎市农村综合改革办公室：谢传耀

古田县机关事业单位社会保险管理中心：严慧华

屏南县财政国库支付中心：陈昌保

屏南县人事人才公共服务中心：韦传

屏南县双溪镇企业服务中心：何春燕

寿宁县公安文职人员服务中心：练逢斌

霞浦县人事考试培训中心：章丽清

柘荣县人事人才公共服务中心：陈小芳

三十六、平潭综合实验区

平潭综合实验区城市投资建设集团有限公司：梁要春

黄恒等32位同志高级经济师职务任职资格人员名单

2020年4月20日福建省人力资源和社会保障厅下发《关于批准确认黄恒等32位同志高级经济师职务任职资格的通知》（人社批复〔2020〕183号）：经研究，同意确认由省非公有制企业高级专业技术职务考核委员会考核并审议通过的黄恒等32位同志高级经济师职务任职资格。任职资格确认时间为2020年4月20日，请予公布，名单如下：

一、**福州市**（6人）：黄恒、李行送、黄敏强、许姜、王艳珍、于祯

二、**厦门市**（2人）：陈晓灵、李伟

三、**漳州市**（3人）：黄丽玲、毛灯辉、赖永春

四、**泉州市**（12人）：赖非洪、黄美容、程定义、张华锋、李荣、苏介全、黎小宝、张真、林群星、黄玉丽、刘锦宏、简义龙

五、**南平市**（2人）：刘峰、吴丽敏

六、**宁德市**（1人）：郭玮韡

七、**莆田市**（2人）：林承鑫、吴其明

八、**北京福建企业总商会**（2人）：杨文芳、谢庭荣

九、**省酒业协会**（1人）：林原

十、**省轻工业联合会**（1人）：丁志猛

（摘编：尤文凡）

福建省海洋船舶系列
高级专业技术职务任职资格人员名单

2020年7月7日福建省人力资源和社会保障厅下发《关于批准确认刘奇凯等6位同志海洋船舶系列高级专业技术职务任职资格的通知》（闽人社批复〔2020〕347号）提出，根据《交通运输部办公厅关于公布全国海洋船舶系列高级专业技术职务任职资格2019年度评审结果的通知》（交办人教函〔2020〕424号），现将由全国海洋船舶系列高级专业技术职务任职资格评审委员会评审通过的刘奇凯等6位同志船舶系列高级专业技术职务任职资格予以公布，任职资格确认时间2020年7月7日，名单如下：

一、高级船长（3人）

厦门海隆对外劳务合作有限公司：刘奇凯

集美大学：张永强、张锋

二、高级引航员（3人）

厦门港引航站：陈春洪、屈浩东、夏成龙

（摘编：王一星）

福建省高级会计师任职资格人员名单

丁毅等8位同志正高级会计师职务任职资格人员名单

2020年11月30日福建省人力资源和社会保障厅下发《关于批准确认丁毅等8位同志正高级会计师职务任职资格的通知》（闽人社批复〔2020〕650号）：经研究，批准确认由2020年福建省正高级会计师任职资格评审委员会评审通过的丁毅等8位同志正高级会计师职务任职资格。任职资格确认时间为2020年10月31日，现予公布，名单如下：

一、福建省教育厅（1人）：

福建省教育考试院：丁毅

二、福建省卫生健康委员会（2人）：

福建省妇幼保健院：吴中

福建省妇幼保健院：江志坚

三、福建省医疗保障局（1人）：

福建省药械联合采购中心：郑成艳

四、福建建工集团有限责任公司（1人）：雷志华

五、厦门市（3人）：

厦门优胜卫厨科技有限公司：黄欣

福建厦门海晟连锁商贸有限公司：任励

欣贺股份有限公司：陈国汉

关晓宏等119位同志高级会计师职务任职资格人员名单

2020年11月30日福建省人力资源和社会保障厅下发《关于批准确认关晓宏等119位同志高级会计师职务任职资格的通知》（闽人社批复〔2020〕649号）：经研究，批准确认由省会计专业高级职务评审委员会（事业类）评审通过的关晓宏等119位同志高级会计师职务任职资格。任职资格确认时间为2020年10月25日，现予公布，名单如下：

一、福建省教育厅（2人）：

福建省教育考试院：关晓宏

福建水利电力职业技术学院：俞秀梅

二、福建省人力资源和社会保障厅（1人）：

福建省引进人才服务中心：叶彩霞

三、福建省财政厅（1人）：许利毅

四、福建省卫生健康委员会（9人）：

福建省级机关医院：林丽、洪珊；

福建省妇幼保健院：朱晶艳、李沁蔚、徐敏惠

福建省肿瘤医院：朱希

福建省立医院：何敏、黄健美、黄鑫

五、福建省地质矿产勘查开发局（2人）：

福建省地质探矿机械设备服务中心：黄蓉

福建省地质测绘院：郑宇虹

六、福建省煤田地质局（1人）：

福建省煤田地质岩土测试中心：卢琳

七、海峡人才市场（3人）：

福建师范大学协和学院：陈辉

中国共产主义青年团福建省团校：徐超

福建农林大学金山学院：唐青峰

八、福建医科大学（4人）：

福建医科大学附属第一医院：黄离团、陈憬、李心

福建医科大学附属协和医院：陈立

九、福建中医药大学（4人）：

福建中医药大学：卢建华

福建中医药大学附属康复医院：吴萍

福建中医药大学附属人民医院：李飞飞、张赛如

十、福建师范大学（1人）：刘秀华

十一、福建商学院（1人）：林琼

十二、闽南师范大学（1人）：杨金瑞

十三、福州市（8人）：

福州市鼓楼区温泉街道办事处：郑治锹

福州保税港区综合服务中心：简桂梅

福州市高新技术产业创业服务中心：贾琳

福清市国库支付中心：林华玉、俞宏平

福清市滨江初级中学：林秀霞

罗源县医院：陈萍

连江县医院：陈苒

十四、厦门市（13人）：

中国共产党厦门市委员会党校：王月燕

厦门广播电视集团：陈婷婷

厦门大学附属第一医院：林丽娜、邵静

厦门大学附属中山医院：陈德坤、韩群红

厦门市中医院：谢小琴

厦门市仙岳医院：吴丹

厦门理工学院：黄舜婷

厦门信息学校：陈燕晖

厦门市湖里区禾山街道网格化综合服务管理中心：林静

厦门市湖里区殿前街道社区卫生服务中心：何丽碧

厦门市翔安区非税收入中心：叶美祝

十五、漳州市（7人）：

漳州市市属国有企业服务中心：陈丽冰

漳州卫生职业学院：吴舒婷

福建省漳州市医院：蔡毅敏

漳州市龙文区财政局国库支付中心：林小燕

漳浦县妇幼保健院：林小芳

福建省龙海市妇幼保健院：谢惠斌

龙海市第一医院：张丽明

十六、泉州市（6人）：

泉州师范学院：郭艳萍

泉州市洛江区财政国库支付中心：张玮

永春碧卿国有林场：潘群英

晋江市财政国库支付中心：陈慧

南安市柳城小学：林海燕

福建省南安五台山国有林场：赖世裕

十七、莆田市（3人）：

莆田市廉政教育中心：陈秀美

莆田市城厢区工业办公室：张秋兰

仙游县国有资产投资营运中心：何金如

十八、三明市（7人）：

三明市第一医院：陈宏

三明市医疗保障基金中心：黄式涛

三明市三元区城关街道社区卫生服务中心：林丽萍

三明医学科技职业学院：罗春梅

尤溪县西城镇卫生院：林开森

尤溪县人民政府采购事务服务中心：余美然

明溪县疾病预防控制中心：罗卿

十九、南平市（28人）：

南平市医疗保障基金管理中心：章青妹

南平市第一医院：陈旻

南平市公共资源交易中心：陈芳

南平市国土空间规划技术研究中心：林燕

南平市延平区财政局国库收付中心：黎敏

南平市延平区机关事业单位社会保险管理中心：叶玉兰

南平市建阳区住房保障和房地产交易管理处：李芾

南平市建阳区纪检监察网络舆情信息中心：吕光贵

南平市建阳区国库支付中心：郑小玲

浦城县国库支付中心：兰启平

浦城县医院：关健

福建省建瓯市立医院：谢淑美

建瓯市中西医结合医院：叶婷

建瓯市教育会计核算中心：雷建平

建瓯市小松林业工作站：许莲

光泽县鸾凤乡三农服务中心：邓方妩

光泽县李坊乡卫生院：谢爱华

光泽县财政国库集中支付中心：蔡小玉

顺昌县国库支付中心：匡冬娣、罗长金、饶秀珍

顺昌县固定资产投资审计中心：宋芳

福建省武夷山市疾病预防控制中心：胡仁吉

武夷山市财政局国库收付中心：李明丽、胡美连

政和县财政监督检查中心：许文珍

邵武市财政国库收付中心：许丽娜

邵武市环境卫生管理处：许骁军

二十、龙岩市（8人）：

龙岩市地质灾害防治中心：邱文义

龙岩市住房公积金管理中心：钟海英

福建省龙岩市城乡规划设计院：陈春芹

福建省龙岩师范附属小学：蔡燮斌

上杭县财政国库支付中心：黄海鹰

武平县中医院：王雪飞

武平县审计局举报中心：李向阳

武平县乡镇财政服务中心：黄益琴

二十一、宁德市（6人）：

宁德市妇幼保健院：王丽雪

古田县收费票据管理所：吴翔峰

古田县医院：郑金玲

宁德市福鼎精神病人疗养院：林少杰、郑心晶

霞浦县国库集中支付中心：林心

林莉莉等3位高级会计师职务任职资格人员名单（中直单位委托评审）

一、福建省气象局（1人）：

福建省莆田市气象局：林莉莉

二、中国科学院福建物质结构研究所（1人）：沈佳

三、交通运输部（1人）：

交通运输部东海航海保障中心福州航标处：欧阳彦华

罗裕富等326位同志高级会计师职务任职资格人员名单

2020年12月2日福建省人力资源和社会保障厅下发《关于批准确认罗裕富等326位同志高级会计师职务任职资格的通知》（闽人社批复〔2020〕658号）：经研究，批准确认由省会计专业高级职务评审委员会（企业类）评审通过的罗裕富等326位同志高级会计师职务任职资格。任职资格确认时间为2020年11月15日，现予公布，名单如下：

一、福建省交通运输厅（3人）

福建省交通科研院有限公司：罗裕富、黄晖

聚材谷（福建）电子商务有限公司：王娉

二、福建省水利厅（3人）

福建省水利水电工程局有限公司：王剑波

福建省水利投资开发集团有限公司：曹仕镛

福建省水利水电勘测设计研究院：陈勤

三、共青团福建省委（1人）

福州市规划设计研究院：李铭

四、兴业银行股份有限公司（1人）：倪良锁

五、福建省农村信用社联合社（6人）

福建省农村信用社联合社：李乾雷、伍锦香

南安农村商业银行股份有限公司：陈晓真

政和县农村信用合作联社：张丽芬

龙岩农村商业银行股份有限公司：陈南方

邵武市农村信用合作联社：傅丽

六、福建省轻纺（控股）有限责任公司（1人）：张应蕊

七、福建石油化工集团有限责任公司（1人）

福建省福橡化工有限责任公司：姚新

八、福建省机电（控股）有限公司（1人）

福建省民爆化工股份有限公司：吴晶

九、福建省交通运输集团有限责任公司（7人）

福建省交运集团财务有限公司：倪晓燕、黄勇

福建省海运集团有限责任公司：邱燕阳

福建省港航建设发展有限公司：魏言村

福建省商业（集团）有限责任公司：柳昕

福州青州集装箱码头有限公司：吴晶晶

泉州市泉港闽运出租车有限公司：黄国勇

十、福建省冶金（控股）有限责任公司（1人）

福建省南平铝业股份有限公司：宋勤

十一、福建省电子信息（集团）有限责任公司（9人）

福建省电子信息（集团）有限责任公司：许妍

福建省电子信息应用技术研究院有限公司：林君

福建省数字福建云计算运营有限公司：陈莹莹、丛俏

福建兆元光电有限公司：简少煌

福建省和格实业集团有限公司：魏文金

福建福日电子股份有限公司：吴慕毓

四创科技有限公司：李雅聪

麦克赛尔数字映像（中国）有限公司：何贤锋

十二、福建建工集团有限责任公司（11人）

福建建工集团有限责任公司：陈全省、俞汪洋、姚雪英、刘廷利、林梅、曾金

中国武夷实业股份有限公司：刘奇辉、林华富、郑福明

福建省建筑设计研究院有限公司：李芝浚

上海家趣物业服务发展有限公司：郭芬

十三、福建省汽车工业集团有限公司（1人）

福建福奔汽车有限公司：黄碧燕

十四、福建省能源集团有限责任公司（4人）

福建省能源集团有限责任公司：尤伟红

福建省华厦能源设计研究院有限公司：姜冬妹

福建省永安煤业有限责任公司：方丽萍

福建省天湖山能源实业有限公司：叶舒蔚

十五、福建省投资开发集团有限责任公司（5人）

福建省投资开发集团有限责任公司：邱鹏忠、畅静、陈玉贤

福建中闽水务投资集团有限公司：伍碧倩、林晓斓

十六、福建省高速公路集团有限公司（1人）：蔡伟华

十七、福建省旅游发展集团有限公司（1人）

福建福旅旅游股份有限公司：卢小平

十八、福建省招标采购集团有限公司（1人）：李美美

十九、福建省国有资产管理有限公司（1人）

福建森源电力设备有限公司：肖月英

二十、中国海峡人才市场（31人）

福建金品农业科技股份有限公司：张为武

永辉超市股份有限公司：林伟

致同会计师事务所（特殊普通合伙）福州分所：叶文征、杨莹

国药控股福州有限公司：潘家琪

福建大世界企业集团有限公司：赵子纯

福建省二建建设集团有限公司：谢梅智、邓凌扬

福州天泽奥莱商业管理有限公司：王东

福建东百集团股份有限公司：高萍

福建弘华会计师事务所有限公司：杨恩淋

国药控股福州有限公司：范闽

福州物联网开放实验室有限公司：齐爱青

福建天志互联信息科技股份有限公司：黄育霞

福建新紫金医药有限公司：郭联锋

恒锋信息科技股份有限公司：郭小萍

福建安吉达智能科技有限公司：游旋

福建路桥建设有限公司：陈永熙

福州世纪联华商业有限公司：欧星萍

立信中联会计师事务所（特殊普通合伙）：黄彩香

融侨集团股份有限公司：张昊

融侨（福州）置业有限公司：林兆永

福建永荣控股集团有限公司：林腾

福建文丰农业机械有限公司：黄东山

福建冠业投资发展有限公司：金辉

福州市聚春园食品股份有限公司：房志勇

福建三木集团股份有限公司：戴建成

福建永福电力设计股份有限公司：张玉科

福建省天润园景景观工程设计股份有限公司：陶乃生

福州地铁集团有限公司：林小丽

南平万达地产有限公司：张郑钟

二十一、福州市（19人）

福建新大陆通信科技股份有限公司：张敏晞

福州市鼓楼区房地产开发公司：彭秀平

福州市金融控股集团有限公司：吴太荣

福州新榕城市建设发展有限公司：张院斌、干昊程

福建钧正会计师事务所有限公司：林颖

福州富昌维控电子科技有限公司：卢宏端

福州中税税务师事务所有限公司：杨丽金

弘扬软件股份有限公司：吴勇州

福州市水务投资发展有限公司：郭梅钦

福州市建设发展集团有限公司：曹云

福州达华智能科技股份有限公司：王景雨

福建航兴建设发展有限公司：周巧兴

福州市电子信息集团有限公司：姚华

福州鑫桥实业有限公司：岳燕萍

新大陆科技集团有限公司：林奋

福州市粮食购销有限公司：魏宏振

福州市第三建筑工程公司：陈海坤

福州新区开发投资集团有限公司：高美芳

二十二、厦门市（128 人）

厦门龙净环保投资有限公司：陈丽仙

明达实业（厦门）有限公司：许丽萍

法福来（厦门）医疗器具有限公司：陈芬

厦门居本信息科技集团股份有限公司：曾顺生

厦门建发纸业有限公司：彭丽红

福建实达集团股份有限公司：艾丽燕

厦门国贸控股集团有限公司：林艺娜、谢亚璇、林秉雄、庄月兰

厦门市锐思投资有限公司：常智华

厦门三五互联科技股份有限公司：何碧帮

福建磊鑫（集团）有限公司：侯守赞

厦门象屿股份有限公司：陈春晓、陈健、李计银

福建广电网络集团股份有限公司厦门分公司：傅建盛

厦门片仔癀宏仁医药有限公司：张奇智、李志艇

厦门市翔安投资集团有限公司：陈燕治

厦门航空有限公司：蔡进高、陈松长、卢翔云、黄耿耿

厦门仙侠网络股份有限公司：黄育青

厦门中骏集团有限公司：林芬

厦门轻工集团有限公司：李慧

厦门美柚股份有限公司：陈晓亮

厦门畅享信息技术有限公司：黄亚影

立信会计师事务所（特殊普通合伙）厦门分所：宋文龙

厦门信息集团商贸有限公司：赖海榕

厦门市房屋修建工程有限公司：叶丽芬

厦门唯恩电气有限公司：高亮

厦门安居集团有限公司：邱小英

厦门住宅建设集团有限公司：林敏

七匹狼控股集团股份有限公司：张承洪

厦门市政集团有限公司：戴阿芬

厦门嘉晟集团：何进福

厦门市市政建设开发有限公司：张蓉、许水堤

厦门新兴海峡实业有限责任公司：肖一

厦门盈趣科技股份有限公司：郭惠菁

厦门高新技术创业中心有限公司：罗丽璇、邹宇筠

泉州市国大药房连锁有限公司：王友德

安费诺电子装配（厦门）有限公司：陈海燕

厦门立马耀网络科技有限公司：刘丽华

厦门九华通信设备厂：刘玉龙

厦门市巨茂新能源有限公司：崔丽

奥佳华智能健康科技集团股份有限公司：南玫

圣元环保股份有限公司：黄宇

建盟设计集团有限公司：骆毅荣

厦门信达股份有限公司：侯灿灿

厦门三优光电股份有限公司：孙方韦

海峡西岸（厦门）置业发展有限公司：刘祖良

厦门港务疏浚工程有限公司：吴晓如

厦门市环境能源投资发展有限公司：孙文鑫

瀚蓝（晋江）固废处理有限公司：李太祥

厦门东旭启德置业有限公司：蔡建能

福建德盛物流有限公司：陈丽贞

厦门海翼地产有限公司：林艺泉

厦门华夏国际电力发展有限公司：张翼

罗普特科技集团股份有限公司：徐亚玲

厦门市住房置业融资担保有限公司：林丽娜

厦门永和会计师事务所有限公司：赵锋斌

厦门信息港建设发展股份有限公司：廖美英

厦门业华会计师事务所有限公司：罗兰

润丰集团福建中润投资有限公司：吴素柳
福建小鱼网络科技股份有限公司：钱剑粦
厦门市磊艺进出口贸易有限公司：陆秀琴
九牧厨卫股份有限公司厦门分公司：熊燕芳
厦门夏商集团有限公司：王耀华
厦门威迪亚精密模具塑胶有限公司：陈秋花
厦门夏商配送有限公司：陆旭
厦门港务发展股份有限公司：何碧茜
厦门市神力机械有限公司：王文志
厦门信达物联科技有限公司：彭杰
通达（厦门）管理顾问有限公司：吴海燕
厦门美润无纺布股份有限公司：康建立
中科建设（厦门）有限公司：叶晓伟
厦门华润燃气有限公司：游小芬
厦门建发医疗健康投资有限公司：叶斌
厦门大学附属厦门眼科中心有限公司：吴淑春
厦门市易家网讯科技有限公司：郭碧华
厦门宏发电声股份有限公司：林坤明
厦门与梦信息技术有限公司：李加东
厦门太古飞机工程有限公司：杨晓峰
厦门海沧投资集团有限公司：王小平
恺霖卫浴科技（厦门）有限公司：郑阿瑜
厦门金圆投资集团有限公司：方瑄
南安市圣元环保电力有限公司：魏建坤
汉纳森（厦门）数据股份有限公司：邱宣达
欣贺股份有限公司：杨霞、庄等治
厦门赫特置业有限公司：张桂花
厦门经济特区房地产开发集团有限公司：左晓琴
厦门雅瑞光学有限公司：范雪芳
厦门联合国际船舶代理有限公司：王志艺
厦门市磊元贸易有限公司：林振坝
联发集团有限公司：陈丽芳
厦门钨业股份有限公司：苏小燕、陈权
瑞达期货股份有限公司：詹建芳
厦门海投工程建设有限公司：吕学招
厦门建发集团有限公司：钟婉华
厦门尚品宅配家居用品有限公司：颜美珠
厦门金龙汽车集团股份有限公司：蔡通林
厦门市亚太鹏盛税务师事务所有限公司：邢婷婷
厦门趣店科技有限公司：杨奶铃
厦门建发股份有限公司：周舰、康乐乐
厦门市德保通通信有限公司：苏玉华
厦门恒兴集团有限公司：邓金榕、李苏
厦门百城建设投资有限公司：杜东旭
厦门市观音山物业服务有限公司：吴丽丽
厦门文广传媒集团有限公司：李立菁
厦门港务金融控股有限公司：乐晓娟
厦门光莆电子股份有限公司：王丽君
厦门潮人新能源汽车服务有限公司：王帅
厦门市民数据服务股份有限公司：李新煌
厦门港务地产有限公司：蔡俊杰
福建博业建设集团有限公司：张园演
合诚工程咨询集团股份有限公司：杨碧琼
厦门地铁物资有限公司：杨佳聪
厦门港务集团石湖山码头有限公司：陈昕
厦门市集美区产业投资有限公司：余红梅
上海欣成祥汽车配件有限公司：陈燕惠

二十三、漳州市（9 人）

漳州城投建工集团有限公司：张霞阳
漳州圆山新城建设有限公司：林丽惠
福建富达城市发展集团有限公司：郑敦火
福建漳州城投集团有限公司：蔡素容
中海油福建漳州天然气有限责任公司：黄扬琤
福建龙溪轴承（集团）股份有限公司：刘丽虹
漳州市金信财务有限公司：林蓉
漳州片仔癀药业股份有限公司：颜月清
福建省长泰县物资局：郑秀玉

二十四、泉州市（21 人）

福建溪石股份有限公司：许儒
晋江市新合发塑胶印刷有限公司：吴传良
福建省晋江市大远鞋塑有限公司：吴高传
泉州港务集团有限公司：林益群
石狮市赛琪体育用品有限公司：叶琦
福建省泉州市董酒销售有限公司：金青青
福建盼盼食品有限公司：杨乐金
福建第一公路工程集团有限公司：黄昌林
德化县瓷艺城投资建设有限公司：郑金柳
华兴诚信（晋江）财务咨询有限公司：颜秋花

功夫动漫股份有限公司：罗旌永

福建南方路面机械股份有限公司：林燕

泉州台商投资区开发建设有限责任公司：裴敏燕

泉州交通发展集团有限责任公司：李永堂

晋江福兴拉链有限公司：杨汉标

泉州中泉国际经济技术合作（集团）有限公司：吴安阳

劲霸男装股份有限公司：杜利君

福建安踏投资有限公司：许建水

安踏体育用品集团有限公司：陈晓端

泉州市宏途网络科技有限公司：庄宜萍

中大（福建）工程建设集团有限公司：庄扬平

二十五、莆田市（2人）

金强（福建）建材科技股份有限公司：肖武智

莆田湄渝高速公路有限责任公司：张风荣

二十六、三明市（6人）

国药控股三明有限公司：李玉芬

福建省永安林业（集团）股份有限公司大坑采育场：林开虹

福建省沈郎油茶股份有限公司：黄登侣

三明信达通宝汽车销售服务有限公司：方晓秋

福建省清流县自来水厂：林生木

福建鑫盛建设有限公司：郑雅瑜

二十七、南平市（4人）

武夷山茶旅小镇开发有限公司：魏六妹

福建鸿志兴股份有限公司：肖唐亮

南平市高建养护工程有限公司：余禄兴

福建建阳龙翔科技开发有限公司：王艳萍

二十八、龙岩市（25人）

福建省龙岩市城市建设投资发展有限公司：卢静文

紫金矿业集团股份有限公司：丘寿才、林军、刘永豪

福建省梅花山旅游发展有限公司：陈春兴

龙岩市汇金发展集团有限公司：祝桂英、华小红

龙岩住厦房地产开发有限公司：林艳华

福建龙马环卫装备股份有限公司：廖建和

上杭县鑫源自来水有限公司：阙金亮

龙岩市莲花湖实业有限公司：陈颖

福建九州龙岩高岭土公司：钟俊福

龙岩市龙地置业有限公司：章滇芸

福建省南方联合置业有限公司：黄水英

黑龙江紫金龙兴矿业有限公司：丘燕华

福建龙净环保股份有限公司：邱娟

龙岩铁路建设发展集团有限公司：陈爱明

紫金矿业集团股份有限公司紫金山金铜矿：巫庆

龙岩投资发展集团有限公司：罗志杰

龙岩水发自来水有限责任公司：郑炜

龙岩交通发展集团有限公司：兰春花

龙岩城发地产有限公司：练珊琴

福建省龙岩汇金置业有限公司：沈泽琴

福建正大食品有限公司：刘小群

龙岩经济发展集团有限公司：杜小华

二十九、宁德市（7人）

中国人民解放军第四八〇七工厂（福建省白马船厂）庄志萍

宁德沙埕湾跨海高速公路有限责任公司：李玲芳

福建闽东电力股份有限公司：陈重源、陈青

宁德市国有资产投资经营有限公司：钟智

福建省广拓会计师事务所有限责任公司：刘芳

福建德润会计师事务所有限责任公司宁德分所：阮斌云

三十、平潭综合实验区（1人）

平潭综合实验区旅游集团有限公司：郑永明

卫帆舟等14位高级会计师职务任职资格人员名单（中直单位委托评审）

一、中国移动通信集团福建有限公司（2人）

中国移动通信集团福建有限公司：卫帆舟

中国移动通信集团龙岩分公司：罗秋平

二、中国电信股份有限公司福建分公司（4人）

中国电信股份有限公司福建分公司：陈果、林强

中国电信股份有限公司三明分公司：邱亚蓉

福建省邮电工程有限公司：杨英珠

三、中国邮政集团福建分公司（2 人）

中国邮政集团有限公司福建省分公司：林金

中国邮政集团有限公司尤溪县分公司：陈百荣

四、中国邮政储蓄银行股份有限公司（2 人）

中国邮政储蓄银行股份有限公司福建省分行：吕文杰

中国邮政储蓄银行股份有限公司宁德市分行：戢清娥

五、中储粮集团福建分公司（1 人）

中央储备粮福州直属库有限公司：谢萍

六、中国农业发展银行（2 人）

中国农业发展银行福建省分行：周胜、庄丹枚

七、中纺粮油进出口有限责任公司（1 人）

中纺粮油（福建）有限公司：田颖君

（摘编：邓新民）

福建省高级审计师职务任职资格人员名单

2020 年 12 月 28 日福建省人力资源和社会保障厅下发《关于批准确认胡国屏等 11 位同志高级审计师职务任职资格的通知》（闽人社批复〔2020〕708 号）：经研究，批准确认由省审计专业高级职务任职资格评委会评审通过的胡国屏等 11 位同志高级审计师职务任职资格，任职资格确认时间为 2020 年 11 月 21 日，现予公布，名单如下：

一、福建省农村信用社联合社（1 人）

福建省农村信用社联合社宁德审计中心：胡国屏

二、漳州市（1 人）

长泰县乡镇审计中心：林映惠

三、莆田市（1 人）

仙游县审计局：李清雄

四、三明市（2 人）

尤溪县乡镇审计办事处：王永峰

明溪县融媒体中心：夏丽琴

五、南平市（3 人）

南平市固定资产投资审计中心：谢独俊

邵武市政府投资审计中心：蔡爱兰

松溪县政府投资项目审计中心：叶旌方

六、龙岩市（1 人）

连城县固定资产投资审计中心：项静榕

七、宁德市（1 人）

福安市固定资产投资审计中心：张小辉

八、平潭综合实验区（1 人）

平潭综合实验区廉政教育与审计事务服务中心：黄俊朝

（摘编：马榕威）

福建省高级工艺美术师任职资格人员名单

林海斌等51位同志高级工艺美术师职务任职资格人员名单

2020年4月20日福建省人力资源和社会保障厅下发《关于批准确认林海斌等51位同志高级工艺美术师职务任职资格的通知》(闽人社批复〔2020〕188号):经研究,同意确认由省非公有制企业高级专业技术职务考核委员会考核并审议通过的林海斌等51位同志高级工艺美术师职务任职资格。任职资格确认时间为2020年4月20日,请予公布,名单如下:

一、福州市(1人):林海斌

二、厦门市(1人):陈秋英

三、漳州市(1人):洪冰晖

四、泉州市(27人):郭惠春、林慧、陈钦聪、张竟志、张华达、陈杰、王伯昌、陈拥军、庄平章、谢新家、刘爱民、孙义渊、林吉祥、张丽娇、赖瑞攀、郭桂星、李国信、张昶林、王顺、邱桂还、曾昭良、李文质、李志峰、曾华良、徐金宝、李焕燃、苏崇辉

五、三明市(2人):毛祚胜、王建忠

六、南平市(2人):范志华、孙莉

七、莆田市(1人):林锐群

八、省轻工业联合会(16人):王悦鑫、傅华中、张其仕、陈德兴、温清民、林灵月、郭诚裕、郑国锋、黄雪玉、欧宙翼、林少虎、陈国钦、陈廷实、阮孝肇、林荣泰、陈培一

林劭川等3位同志工艺美术系列正高级工艺美术师任职资格人员名单

2020年12月29日福建省人力资源和社会保障厅下发《关于批准确认林劭川等3位同志工艺美术系列正高级工艺美术师任职资格的通知》(闽人社批复〔2020〕707号):经研究,批准确认2019年度全省正高级工艺美术师职务任职资格评审委员会评审通过的林劭川等3位同志的正高级工艺美术师任职资格。任职资格确认时间为2020年12月6日,现予公布,名单如下:

一、福建省旅游发展集团有限公司(1人)

福建省工艺美术实验厂有限公司:林劭川

二、福州市(2人)

福州市寿山石行业协会:姚仲达

福州寿山石鉴定中心有限公司:刘传斌

(摘编:杨福来)

福建省技校系列副高级职务任职资格名单

2020年12月25日福建省人力资源和社会保障厅下发《关于批准确认欧锦等20位同志技校系列副高级职务任职资格的通知》（闽人社批复〔2020〕704号）：经研究，批准确认2019年度全省技校系列副高级职务任职资格评审委员会评审通过的欧锦等20位同志的副高级职务任职资格。任职资格确认时间为2020年12月6日，现予公布，名单如下：

一、高级讲师（18人）

（一）省人社厅（3人）

福建省第二高级技工学校：欧锦、张芸

福建省技工教育中心：马光凯

（二）厦门市（8人）

厦门技师学院：郭木阳、张樱、蔡雄彬、方昕、柯笔桦、连瑞红、陈颖、杨玲

（三）宁德市（1人）

宁德技师学院：张德权

（四）漳州市（3人）

漳州市高级技工学校：刘玉岩

漳州市平和技工学校：林秀莲、林国茂

（五）龙岩市（2人）

龙岩技师学院：陈建生、卢永煌

（六）南平市（1人）

闽北高级技工学校：李彦辉

二、高级实习指导教师（2人）

（一）福州市（1人）

福州第二技师学院：林各锦

（二）龙岩市（1人）

二、龙岩技师学院：张经友

（摘编：李元）

表彰奖励

福建三位青年科学家获2020年度“科学探索奖”

2020年11月14日，2020年“科学探索奖”颁奖典礼在北京钓鱼台国宾馆举行，来自九大领域的50位获奖人从奖项发起人手中接过奖杯。其中，福建籍科学家徐集贤、史大林、陈兴分别在能源环保、天文和地球科学、化学新材料领域获奖。

出生于1986年的徐集贤来自莆田，目前是中国科学技术大学化学与材料科学学院特任教授、博导，他长期从事新型光电转换材料和器件的研究。

史大林1977年出生于福州，目前是厦门大学特聘教授、博导，近海海洋环境科学国家重点实验室（厦门大学）首席科学家，厦门大学环境与生态学院副院长，他的主要研究方向为海洋生物地球化学与全球变化。

来自龙岩的陈兴出生于1980年，目前是北京大学化学与分子工程学院教授、院长，兼任北大－清华生命科学联合中心高级研究员、北京大学合成与功能生物分子中心研究员，其主要研究方向为化学糖生物学和生物纳米技术。

（摘编：林汇智）

华侨大学科研团队
获商务部（2019）商务发展研究成果奖

2020年6月8日国家商务部“2018—2019年度商务发展研究成果奖”评选结果日前揭晓，华侨大学工商管理学院张向前科研团队申报的成果《中国政府购买服务、社会资本合作与社会组织发展研究》获得报告类优秀奖。该成果基于公共治理、政府与市场失灵、社会组织管理等理论，立足于我国政府购买服务、社会资本合作（PPP）与社会组织发展的历史与现状，研究创建多主体参与国家治理机制，政府借助社会组织的力量，鼓励和引导社会投资、增强公共产品供给能力，促使各类资本优势互补、相互融合，充分发挥公共服务市场化配置的效益优势，与社会资本建立利益共享、风险分担及长期合作机制，满足社会公众对公共服务供给的层次化和个性化需求，实现政府、社会组织、大众的多赢，为相关决策主体提供有效的理论支持和政策建议。

“商务发展研究成果奖”是国家商务部设立的面向全国的社会科学类奖项。

（摘编：尚岩）

第十七届“福建青年五四奖章”集体和个人名单

2020年4月24日共青团福建省委、福建省青年联合会下发的《关于表彰第十七届“福建青年五四奖章”集体和个人的决定》提出，经过专家评审、公示、复核，共青团福建省委、福建省青年联合会研究决定，授予晋江青年商会等50个集体第十七届“福建青年五四奖章集体”荣誉称号（其中，福州肺科医院隔离病房团队等10个集体为第十七届“福建青年五四奖章集体标兵”），授予李圆圆等99名同志第十七届“福建青年五四奖章”荣誉称号（其中，纪荣嵘等10名同志为第十七届“福建青年五四奖章标兵”），追授杨波同志第十七届“福建青年五四奖章”荣誉称号。此次受表彰的先进集体和个人，集中展示了新时代福建青年在以习近平同志为核心的党中央集中统一领导下，坚定政治信念，矢志拼搏奋斗，勇于开拓创新，在统筹疫情防控和经济社会发展工作大局中作出积极贡献，是全省广大青年追求进步的楷模和成长成才的榜样。名单如下：

第十七届“福建青年五四奖章集体标兵”获得名单

（共10个，排名不分先后）

福州肺科医院隔离病房团队

厦门北站台湾青年双创基地

华侨大学“精卫”旅游扶贫志愿服务队

三明市公安局白沙派出所

古田县大学生创业协会

福建医科大学附属协和医院援鄂医疗队

福建师范大学海峡两岸高中语文教材编写与推广团队

莆田高速“一路帮”志愿服务队

漳州市检察院未检“水仙花”团队

泉州市消防救援支队

第十七届“福建青年五四奖章集体”获得名单

（集体共40个，排名不分先后）

青年创业团队：

晋江青年商会

青年科研团队：

福建师范大学泉港石化研究院

福建农林大学福建省生态公益林重大有害生物防控福建省高校重点实验室

福建中医药大学康复学科团队

福州大学光电信息团队

厦门大学固体表面物理化学国家重点实验室

青年卫士团队：

福州市台江区人民检察院第五检察部

平和县公安局巡特警反恐大队

福建医科大学附属第二医院重症医学科

松溪县检察院湛卢青检先锋连

福建省公安厅交警总队龙岩高速公路支队二大队新泉中队

上杭县公安局城关派出所

龙岩市永定区人民法院坎市人民法庭

厦门市湖里区人民法院自由贸易区法庭

青年志愿服务团队：

福州职业技术学院青年志愿者服务总队

中建三局第三建设工程有限责任公司厦门分公司

泉州市青年志愿者协会

南平市建阳区人民法院

宁德市公安局大门山派出所环东湖巡防队

华侨大学归根情·情暖归侨侨眷志愿服务队

南平能源公司“萤火虫”志愿者服务队

青年精准扶贫团队：

阳光学院智力助农服务乡村振兴大学生实践队

其他综合类团队：

中建海峡青少年活动中心项目部

厦门国贸集团股份有限公司百人团员青年攻坚队

厦门象屿集团青年突击队

国网漳州供电公司无人机作业班

长泰县融媒体中心记者部

莆田市消防救援支队梅雪路特勤站

福建省政协研究室综合处

福建省中小企业服务中心

福建省地质测绘院服务乡村振兴项目组

泉州银保监分局统计信息与风险监测科

疫情防控一线优秀集体：

福州市疾控中心新冠肺炎疫情防控青年突击队

厦门大学附属第一医院防控疫情杏林青年突击队

泉州市第一医院疫情防控救治区

南平市人民医院急诊科

龙岩市第一医院新冠肺炎疫情防控青年突击队

福州市长乐区闽运交通运输有限公司疫情防控青年突击队

福建女子监狱援鄂工作队

福清市城投集团

第十七届“福建青年五四奖章标兵”获得名单

（共10名，以姓氏笔画为序）

纪荣嵘　厦门大学信息学院教授

李璋高　德化县璋高陶瓷研究所雕塑师

吴伟锋　莆田市湄洲日报社记者

何伙珍（女）　福州建筑工程职业中专学校教师

何金兰（女）　龙岩人民医院内分泌科主治医师

张长禄　漳州市公安局巷口派出所所长

林思彤（女）　残疾人运动员

卓惠长　福建医科大学附属第一医院重症医学科主治医师

郑艺娟（女）　南靖县特殊教育学校一级教师

程贤芳（女）　尤溪县重症医学科护士

第十七届“福建青年五四奖章”获得名单

（个人共89名，以姓氏笔画为序）

青年农民：

李圆圆（女）　福建省方圆恒达农业发展有限公司总经理

陈燕金（女）　连江县江南乡梅洋村党支部书记、村委会主任

雷金玉（女，畲族）　福安市坂中畲族乡后门坪村支部书记兼村委会主任

青年技能人才：

王亚东　中国铁路南昌局集团有限公司福州工务段桥隧工

王家政　宁德时代新能源科技股份有限公司主任、工程师

朱清强　一鼎（福建）生态园林建设有限公司总经理、高级工程师

严登峰　福建省环境监测中心站副主任

李　生　国网龙岩供电公司配电运检中心配电二次运检班班长

张天水　三明市消防救援支队白沙路特勤站副站长

陈小波　国网福州供电公司信通分公司物联网建设管理高级师

陈明伟　福建省泷澄建设集团有限公司董事长

林华春　福建三钢棒材厂副厂长、副总工程师

郭贵勇　福建省计量科学研究院建交所实验室主任、工程师

雷金彪（畲族）　厦门虹鹭钨钼工业有限公司小转盘成品操作工

青年科教人才：

付进华　福建省福州高级中学教务处副主任

朱建亭　莆田擢英中学副校长

陈　星　福州大学数学与计算机科学学院院长助理、副教授、博士生导师

徐通达　福建农林大学海峡联合研究院园艺中心副主任、教授

黄　彬（女）　福建警察学院教研室副主任、区域反恐研究中心主任、副教授

崔志香（女）　福建工程学院材料科学与工程学院副院长、副教授

韩瑞峰　福建广播电视大学公共管理学院讲师

程栋梁　福建师范大学地理科学学院教授

魏展画　华侨大学材料科学与工程学院教授、发光材料与信息显示研究院副院长

青年法务工作者：

卞国平　漳州市芗城区人民法院审判员

朱华银　漳平市公安局和平派出所所长

刘洁君（女）　福建省高级人民法院民一庭二级法官助理

吴宇春　福建省检察院办公室综合科负责人

陈胜男（女）　闽侯县人民检察院第五检察部副主任

陈婷婷（女）　福州市鼓楼区人民检察院办公室主任

林　敏　闽侯县人民法院综合办主任

林娇鸿（女）　泉州市人民检察院副主任科员

郭　婕（女）　三明市中级人民法院少年与家事审判庭副庭长

潘进格（女）　漳州市龙文区人民检察院一级检察官

青年经济商务工作者：

王　钻　福建纵腾网络有限公司总裁

王隆元　福建华平纺织服装实业有限公司职务总经理

朱才华　福建远勤建设工程有限公司董事长

杨　辉　福州港马尾港务有限公司人力资源部经理，建宁县溪源乡都团村党支部第一书记（挂职）

何加伟　福建银保监局银行检查处一级主任科员

余鸿侠　福建中闽医药贸易有限公司总经理

陈晓君（女）　厦门美柚股份有限公司党总支书记、联合创始人

林　溱　厦门中达集团有限公司总经理

林　聪　闽西兴杭国有资产投资经营有限公司董事、副总经理

洪炳煌　恒丰（福建）化纤科技有限公司总经理

洪锽淮　劲霸男装股份有限公司 CEO 兼创意总监

高锦海　福建明海鑫企业股份有限公司总经理

韩　婷（女）　南平市武夷新区管委会经济发展局四级主任科员

潘德标　福建申远新材料有限公司总经理

青年台港澳及海外华侨人士：

吴志鸿　三明学院专任教师

何　佳（女）　平潭县人民法院审判管理办公室法官助理

陈安邦　福建长源纺织有限公司特聘副总工程师

周志豪　福建晶安光电有限公司研发课长

郭屹凡　福建景盈国际贸易有限公司法人代表

彭欧雅（女）　北京大学创业训练营两岸青年众创空间副总经理

蔡志阳　漳浦台丰山生态农业有限公司总经理、高级农艺师

蔡佩纭（女）　多纳思维教育咨询有限公司创始人

潘　达　福建师范大学音乐学院声乐教授

青年社会组织和社会中介骨干：

吴玉季（女）　南安青年商会常务副会长兼秘书长

张　洁（女）　福州市信任社会工作服务中心中心主任

陈跃腾　厦门市集美区和欣社工服务中心总干事

青年新闻及文体工作者：

吴鸿珍（女）　宁德市千乘桥文化创意有限公司董事长

林卫军　福州广播电视台主任记者

颜　鹏　泉州晚报社总编室副主任、综合部主任

青年医药卫生工作者：

庄智敏　漳浦县医院住院医师

宋惠雯（女）　三明市第一医院分院感染科科主任

张炎达　福建贝迪药业有限公司科技项目部经理、企业技术中心主任

林　韦（女）　福建医科大学附属第一医院主管护师

尚秀玲（女）　福建省立医院重症医学三科

副主任医师

其他综合类：

刘博娴（女）　谷文昌纪念馆讲解员

许大东　福建省人民政府发展研究中心机关党委一级主任科员、驻南平市延平区洋后镇大禄村党支部第一书记

许玮玮　福建省委办公厅一级主任科员，长汀县大同镇红湖村党支部第一书记（挂职）

阮昭群（女）　泉州市公路局南安分局副局长

苏武源　福建省纪委第十二纪检监察室一级主任科员

陈茂旺　北京城市学院党委宣传部、教师工作部部长、福建驻北京团工委书记

郑荣跃　厦门市湖里区土地房屋征收事务中心副主任（主持工作）

郑航毅　福州市公安局水部派出所案件审理一中队中队长

徐澄钰（女）　闽江学院人文学院2016级汉语言文学班学生

黄相钰　福州市委组织部非公企业和社会组织工委办公室主任

黄裕林　福建省直机关工委宣传部一级主任科员、省直工委派驻武平县永平镇梁山村支部第一书记

疫情防控一线优秀个人：

马鸿伟　厦门市公安局指挥情报中心情报处警务技术二级主管

王　旌　福建省妇幼保健院副主任技师

叶　冰（女）　福建医科大学附属协和医院重症医学科主治医师

许婉婷（女）　福建省厦市第五医院外科护师

陈黄冰　莆田市涵江医院重症医学科副护士长主管护师

林世丹　柘荣县卫健局党组成员、科技副局长（挂职），福建省卫生健康委医政管理处三级主任科员

林春锦　福建省立医院副主任医师

郑　翔　福建省委组织部人才工作处副处长、省委人才办副主任

郑丽玲（女）　福州市鼓楼区温泉街道东大社区书记、主任

柯伟龙　福州机场边检站执勤业务四队检查员

涂思义　福建中医药大学附属第二人民医院主治医师

第十七届“福建青年五四奖章”追授名单

疫情防控一线优秀个人：

杨　波　中国联合网络通讯有限公司平潭实验区分公司支撑总监

（摘编：陈闽声）

2019—2020 年度福建三八红旗手（集体）名单

2021 年 3 月 8 日《福建日报》刊载 2020 年全国三八红旗手（集体）福建上榜名单、2019—2020 年度福建三八红旗手（集体）名单。

2020 年度全国三八红旗手

付　虹　谢宝缘　戴清华　吴雄英　林　黎
任　希　李秀妃　严雪蕾　董六妹

2020 年度全国三八红旗集体

福州市罗源县人民法院
漳州市检察院未检“水仙花”团队
莆田市涵江区人民法院
南平市人民医院妇产科
龙岩市妇联
福建省高级人民法院民事审判第一庭

2019—2020 年度福建省三八红旗手标兵

李白蕾　许卫宁　蔡惠珍　庄丽芬　张秀平
蔡晶晶　季伙凤　温晓红　郭莩苓　苏雅彤

2019—2020 年度福建省三八红旗手

吴　靓　陈　媚　陈　瑜　沈彧澜　陈建英
王小红　王榕琴　翁晨霞　梁碧娥　卓艳华
叶尔贞　刘文彬　林　艳　陈　嫣　杨　莹
张　敏　王艳玲　唐丽虹　李　芹　杜开颜
游素华　黄　艳　戴晓芳　蔡佩纭（台胞）
林　曦　林云芝　施　丹　余　英　杨　萍
林桂云　张锦榕　卢　静　卢　筠　陈颖媛
陈连珠　郑文娟　沈层层　林小兰　陈春红
叶燕芬　郭　静　林方园　戴爱珍　刘敏玲
佘　逸　戴仕梅　张越颖　陶　云　魏晓红
陈　琦　方　全　陈晓君　吴　艳　吴月清
范　虹　王　慧　马爱平　韩秋英　汤丰榕
陈瑛瑛　柯雪梅　洪瑞莲　李秀丽　吴秀玉
魏　美（石羡）　林妙玲　王碧祥　蓝阿花
汤启慧　王丽华　林惠儿　陈晓冬　朱惠珍
庄绿绒　马阿芬　黄淑芬　黄小环　郑丹红
赵　烨　洪佩瑄　黄丽萍　朱美华　许艺彬
林惠芳　杨小惠　郑迎春　吴惠珍　许瑞梅
张慧芳　郑丽琼　游岚岚　高艺滨　曾凤蓉
洪丽萍　彭碧玉　庄碧凤　施少芳　蔡婉妮
龚晶莹　李丽金　苏敏玉　刘水清　周玉英
陈冰玲　蔡斯艺　林玉婷　吴旭菁　林海虹
林安娜　丁美清　陈美满（台胞）　郭锦红
苏彬彬　吴端端　郑玲玲　陈雅云　黄秀枝
曾玉云　李　立　叶永萍　郭玉凤　伍婷婷
王月娇　郑秀棉　陈鸿琴　柯琪琪　陈秀治
郭　婕　林文菊　曾凤清　张春英　陈翠玲
潘文霞　张欣颐（台胞）　张　宁　陈艺容
俞　艳　邱　婕　黄兰芳　林文琴　王莉莉
黄翠霞　郑　艳　李金媚　谢淑萍　林芳芳
谢碧霞　陈晓霞　李　艳　杨　奕　李　静
黄萍萍　唐爱兰　陈峻英　林亦霞　廖荔红
郭丽卿　林梅治　黄琼霞　肖　卿　黄于芳
曾慧敏　彭丽萍　刘慕媛　方娟娟　黄　华
林美玉　朱丽晶　林力华　罗淑贞　刘文英
傅秀兰　季素英　杨　艳　冯秀玲　周红霞
马　贞　陈　燕　宋秋萍　丁文新　肖向丽
赖　玲　孙　莉　陈冬花　林秀珍　李　治
陈秀丽　叶晶晶　邬建蓉　张成琳　翁艳丽
杜婷婷　阙金梅　黄晓琴　刘石英　谢桃荣
邱建平　熊小莉　周彩霞　聂淑玲　邱祥美
林志华　郑奕玲　周艳红　邱鹭鹭　黄凤婷
黄颖娴　欧阳芳芳　肖丽萍　廖琳虹　陈秀惠

李园园 秦燕平 徐雪珍 王文慧 陈玉华
李 锐 何丽瑶 张宇芳 崔 航 潘慧青
罗 立 缪 玉 陈秀喜 孙玉莺 兰淑琴
陈 桥 徐晓宇 余爱惠 黄婷婷 詹述琴
魏瑞娇 蔡秀英 康素群 丁美娇 陈 璇
丁 玲 张旭玲 郑丽玲 郑智明 丁 珌
张 珅 陈 宜 黄 青 邓淑丹 郑 芷
蔡 丽 林 芳 花 蕾 陈 梅 朱探芳
张建蓉 李亚贞 李丽琴 郑春晖 阮惠婷
刘爱珠 潘海洪 杨 媚 王凌云 郑 琦
郑福连 许素琴 陈丽红 林清艳 郑榕美
陈 丽 杜丽卿 王 雯 李晓岚 毛 宁
张雪梅 孙 姝 刘玉洁 李 华 林 艳
池菊香 李长芳 陈巧玲 姚秀娟 周晓芬
陈芝薇 魏平珠 骆惠玉 陈湘平 叶雯婧
张海燕 陈湘琦 陈丽敏 刘安娜 魏 琴
连宁芳 赵建铭 吴 凡 张燕茹 林丽玲
王幼绢 高 晶 林 昭 刘丽敏

2019—2020 年度福建省三八红旗集体

福州市鼓楼区洪山镇锦江社区、福州市晋安区象园街道乐园社区、闽侯县甘蔗街道滨江社区党支部、福州市长乐区航城街道洋屿村村委会、福清市玉屏街道步行街社区总支部委员会、福州市连江阳光幼儿园、福州市残疾人辅助器具服务中心、福州广播电视台新闻频率、福州市第二医院急诊科、福州文教职业中专学校、福州市公安局指挥中心、福州地铁集团有限公司运营事业部客运一中心车站服务一部福州火车南站、厦门市思明区滨海街道办事处、厦门市五缘实验幼儿园、厦门市海沧区新阳街道霞阳社区居委会、厦门市同安区汀溪镇顶村村妇联、国家税务总局厦门市翔安区税务局第一税务所、厦门市中级人民法院民事审判第五庭、厦门市儿童医院急诊科、厦门市招商中心、芗城区卫生健康局、龙海市妇女联合会、漳浦县人民法院立案庭（诉讼服务中心）、云霄县公安局治安大队户政中队、东山县公安局妇委会、中国农业银行股份有限公司诏安县支行营业厅、平和县实验幼儿园、南靖县“土楼红妹子”宣讲队、长泰县审计局、漳州市审计局、漳州人民广播电台综合广播、泉州微公益协会、丰泽区泉秀街道华丰社区居委会、洛江区机关幼儿园、泉港区妇女联合会、石狮市总医院重症医学科、晋江市第三实验幼儿园、南安市向阳乡女子民兵队、惠安县螺阳镇尾透村惠女调解室、安溪县红十字会、泉州市医疗保障局永春分局、国网德化县供电公司浔中镇供电所内勤班、泉州市妇女援助中心、“风展红旗如画”红色三明故事宣讲团、三明市公安局出入境管理支队受理办证队、三明市第九中学美术教研组、福建三明机场有限公司安检护卫部、华电福建福新能源有限公司池潭水力发电厂水工班、三元区富兴堡街道东霞社区居民委员会、永安市安砂镇培竹村妇联、清流县人民法院民事审判庭（家事少年庭）、莆田市直机关妇工委、莆田市儿童活动中心幼儿园、莆田市实验小学、莆田市仙游县卫生健康局、莆田市荔城区妇女联合会、莆田市城厢区沟头小学、莆田市涵江区卫生健康局、中国人寿保险股份有限公司莆田市秀屿区支公司、印象大红袍股份有限公司、建瓯市妇女联合会、浦城县南浦街道梦笔社区、邵武市民政局婚姻登记中心、顺昌县农村信用合作联社城关信用社、福建广电网络集团股份有限公司光泽分公司综合部、南平市政府督查室、福建省南平实验小学、龙岩市新罗区妇女联合会、国家税务总局龙岩市永定区税务局第一税务分局、上杭县人民法院诉讼服务中心、武平县人民检察院第一检察部未成年人刑事检察办公室、长汀县公安局河田派出所户籍室、连城县公安局城关派出所户籍室、漳平市菁城街道富山社区居民委员会、龙岩市不动产登记中心窗口、中国人寿保险股份有限公司古田县支公司、福鼎市行政服务中心妇委会、柘荣县关爱留守儿童协会、福安市妇女联合会、霞浦县松城街道俊贤社区、蕉城区社区居家养老服务中心、周宁县人民法院立案庭（诉讼服务中心）、寿宁县公安局交警大队直属女子骑行中队、平潭综合实验区公安局妇委会、平潭综合实验区海坛片区红山社区、福建省人大常委会法工委一处、福建省纪委监委信访室、中共福建省委党校福建行政学院图书馆、福建省档案馆信息技术处、福建省人民检察院第十一检察部、福州港马尾港务有限公司客运站黄岐客运班、莆田市荔城区总工会、龙岩人民医院产科、福州大学工会、联勤保障部队第九〇〇医院儿科、96714部队41分队、福州肺科医院隔离病房团队、福州市晋安区茶园街道社区卫生服务中心疫情防控小组、厦门大学附属第一医院杏林分院、厦门市疾病预防控制中心新冠病毒采样检测组、漳州市医院新冠肺炎救治团队、泉州市疾控中心新冠肺炎疫情现场流行病学调查处置组、三明市第一医院感染科、莆田市疾病预防控制中心传染病防治科、南平市疾病预防控制中心微生物检验科、龙岩市康山医院护理团队、宁德市闽东医院新冠肺炎隔离病房团队、福建省立医院抗击新冠肺炎疫情团队、福建省妇幼保健院护理部、福建省级机关医院护理部（院感科）、福建医科大学附属协和医院援鄂医疗队、福建医科大学附属第一医院援鄂医疗队、福建医科大学附属第二医院呼吸与危重症医学部、福建中医药大学附属人民医院发热门诊、福建中医药大学附属第二人民医院急诊科护理团队、福建中医药大学附属第三人民医院三病区护理组

（摘编：苏小雨）

福建获得生态环境部表彰的 2019年全国执法大练兵先进集体和个人名单

2020年3月29日，生态环境部通报表扬2019年生态环境保护执法大练兵表现突出集体和个人，福建“环保铁军”继续保持高水平，再创佳绩。

福建省生态环境厅获评2019年生态环境保护执法大练兵表现突出组织单位，居全国第一梯队首位。

莆田市环境执法支队、泉州市环境监察支队、龙岩市环境监察支队、宁德市生态环境保护综合执法支队、福州市闽侯生态环境局、莆田市城厢生态环境局、三明市三元生态环境局、泉州市安溪生态环境局、泉州市晋江生态环境局、宁德市霞浦生态环境局等10个环境执法单位获评表现突出集体。

俞扬、黄立都、陈德仁、周治诚、陈先哲、谢晓彬、李新发、占凯滨、顾宗元、傅蔡捷等10名环境执法人员获评表现突出个人。

（摘编：李元）

2020 年福建省服装制版师职业技能竞赛获奖选手和单位名单

2020 年 12 月 21 日福建省工业和信息化厅、福建省人力资源和社会保障厅、福建省总工会下发《关于公布 2020 年福建省服装制版师职业技能竞赛获奖选手和单位的通知》（闽工信函消费〔2020〕614 号）提出，根据《福建省工业和信息化厅 福建省人力资源和社会保障厅 福建省总工会关于举办 2020 年福建省服装制版师职业技能竞赛的通知》（闽工信消费〔2020〕134 号），2020 年福建省服装制版师职业技能竞赛已于 11 月 20－22 日在泉州晋江市举行决赛，按照赛事规则，经现场评审及结果公示，并报竞赛组委会研究审定，现将获奖名单公布如下：

一、获奖选手

（一）一等奖

1. 晋江七匹狼服装制造有限公司　胡牛崽

（二）二等奖

2. 三六一度（中国）有限公司　王　帆
3. 福建柒牌时装科技股份有限公司　刘向伟
4. 福州澳酷服饰有限公司　张　丽

（三）三等奖

5. 晋江七匹狼服装制造有限公司　王哲琴
6. 闽侯县程榕新服装工作室　程榕新
7. 惠安县双喜制衣有限公司　柯天送
8. 春晖科技集团有限公司　陈万聪
9. 瑞美特（厦门）进出口贸易有限公司　虞灵华
10. 厦门安踏体育用品有限公司　王德宽

获得一等奖的选手，由省人社厅授予“福建省技术能手”荣誉称号；符合授予“福建省五一劳动奖章”条件的（从事本工种三年以上，非企业负责人），可按程序向省总工会申报“福建省五一劳动奖章”，并可向国家纺织行业职业技能鉴定指导中心申请认定服装制版师技师职业资格。获得二等奖和三等奖的选手，可向国家纺织行业职业技能鉴定指导中心申请认定服装制版师高级工职业资格。

二、优秀组织单位

福州市工业和信息化局

厦门市工业和信息化局

泉州市工业和信息化局

各地各有关单位要深入学习贯彻党的十九届五中全会精神，认真按照中央决策部署及省委省政府工作要求，加大行业技术创新人才培养，大力倡导劳动光荣的行业风尚，全方位推动我省纺织服装产业高质量发展超越。

（摘编：游学荣）